인지심리학의 기초

Michael W. Eysenck · Marc Brysbaert 공저
김태훈 · 이윤형 · 최원일 · 최지연 공역

Fundamentals of Cognition, 3rd Edition

Fundamentals of Cognition, 3rd Edition
by Michael W. Eysenck and Marc Brysbaert

| 역자 서문 |

인지심리학은 인간의 정보처리 과정에 대한 심리학적 이해를 목적으로 하는 심리학의 분과 학문이다. 지각, 주의, 기억, 학습, 언어 등 인간이 환경으로부터의 자극을 어떻게 인식하고, 처리하여 저장하며, 또 사용하는지를 연구하는 학문이기에 인간의 삶과 밀접하게 맞닿아 있다고 볼 수 있다. 이러한 학문적·실제적 중요성 때문에 인지심리학은 심리학을 공부하는 사람들이 꼭 알아야 하는 중요한 분야이지만, 그럼에도 불구하고 소위 인기가 있는 분야는 아니다. 인기가 높지 않은 정확한 이유를 알기는 어렵지만, 인지심리학의 자연과학적이고 기초학문적인 성격 때문에 이 분야에 정말 관심이 있는 학생들을 제외하고는 약간은 지루하다거나 어렵다고 생각하기 쉬운 것 같다.

이러한 상황에서 『Fundamentals of Cognition』이라는 인지심리학 교과서를 만난 것은 역자들에게는 행운이었다. 특히 역자들이 번역한 원서의 3판은 언어 및 인지심리학 연구의 세계적인 권위자인 마크 브리스벌트(Marc Brysbaert) 교수가 마이클 아이젱크(Michael Eysenck) 교수와 함께 공동저자로 참여하여 책의 수준이 한 단계 업그레이드되었다. 이번 개정판에서 저자들은 인간의 실제적인 삶 속에서 경험할 수 있는 인지심리학의 다채로운 예시를 많이 추가하였다. 이를 통해 학생들은 인지심리학이 현실적으로 얼마나 중요한 학문인지를 보다 쉽게 체감할 수 있을 것이다. 이 책의 또 한 가지 중요한 특징은 인지심리학 관련 최신 신경과학 연구들을 많이 소개하고 있다는 점이다. 인간의 정보처리 과정을 이해하려 할 때 뇌를 빼놓고 이야기하는 것은 김빠진 콜라를 마시는 것과 비슷할 것이다. 뇌과학이 엄청난 속도로 발전하고 있고, 인지심리학 연구 역시 뇌과학 연구방법을 통하여 이론적이나 응용적인 측면에서 더 충실해지고 확장되고 있다. 이 책은 이러한 학문적 조류를 잘 반영하고 있다. 이 책을 통해 학생들은 최신 인지심리학 연구들의 내용과 전반적인 흐름을 파악할 수 있을 것이다.

원서가 가지는 장점을 생각하면 역자들이 이 책을 번역하기로 한 것은 자연스러운 결정이었다. 대학에서 인지심리학을 가르치고 연구하는 4명의 교수들이 의기투합하여 이 책 『인지심리학의 기초』의 번역을 완성하였다. 1 · 3 · 4장, 용어 해설은 최원일 교수가, 5 · 6 · 7장은 이윤형 교수가, 2 · 8장과 11장의 전반부는 최지연 교수가, 그리고 9 · 10장과 11장의 후반부는 김태훈 교수가 번역하였고, 완성된 초고를 모든 역자가 돌아가며 읽으면서 전반적으로 내용을 다듬었다. 원서를 꼼꼼하고 정확하게 번역하려고 애썼지만 부족한 부분이 있을 것이다. 이는 모두 부족한 역자들의 탓이니, 이 책에서 잘못된 부분을 발견하시면 출판사나 역자들에게 알려 주시기를 요청 드린다.

원서에서 저자들도 언급하고 있다시피, 인지심리학 연구는 최근에 폭발적으로 증가하였고, 지금 이 순간에도 인지심리학 발전에 많은 영향을 미칠 연구들이 진행되고 있다. 교과서라는 특성상 이 책이 급속도로 진행되는 인지심리학 분야의 학문적 진보를 전부 담아낼 수는 없다. 하지만 이 책을 통해 인지심리학이 너무 어렵다고 생각하거나 이제 막 입문하려는 학생들, 그리고 타 분야 연구자들께서 보다 쉽고 즐겁게 인지심리학의 기초를 다지실 수 있기를 기대한다. 마지막으로 출판의 결정부터 교정, 편집, 그리고 완성된 책으로 세상에 나오기까지 애써 주신 학지사 관계자분들께 깊은 감사의 마음을 전한다.

2021년 9월

역자를 대표하여 최원일

| 추천사 |

"아이젱크(Eysenck)와 브리스벌트(Brysbaert)는 이상적인 인지심리학개론 교재를 출판하였다. 폭넓은 주제에 학문적 깊이도 더하고 있으며, 지나치게 단순하지도 않으면서 본문에 대한 접근성이 높다. 또한 인지심리학에 대한 중요한 역사적 관점을 놓지 않으면서도 최신의 아주 좋은 연구 사례들을 소개하고 있다. 이는 잘 확립된 발견을 통해 독자들이 과학적인 도전을 하도록 돕는다."

–로버트 로지(Robert Logie), 영국 에든버러 대학교 인간 인지신경과학 전공 교수

"이 책은 사람들이 실제로 어떻게 세상을 살아가고 삶을 운영하는지와 인지심리학의 주제를 어떻게 적용하는지를 특별히 강조하는 훌륭한 인지심리학 교과서이다. 내용의 깊이 역시 적절하다. 생동감이 넘치고 몰입할 수 있게 쓰였으며, 이 주제에 대해서 전혀 모르는 독자들도 이 책을 통해 인지심리학의 상당히 전문적인 수준까지 신속히 이를 수 있을 것이다."

–트레버 할리(Trevor Harley), 영국 던디 대학교 인지심리학 전공 학과장

"제목에서부터 알 수 있듯이, 이 책은 모든 심리학과 학생들을 위한 기초이다. 인간의 인지에 대해 우리가 아는 것을 기술하는 것은 엄청난 도전이지만, 아이젱크와 브리스벌트는 인지심리학의 모든 영역을 잘 다루고 있으며, 학생들이 흥미로운 인지심리학 분야의 발견들을 차근차근 배울 수 있도록 명확한 학습 목표와 가장 중요한 개념들에 대한 정의, 그리고 유용한 예시와 활동들을 제공한다."

–발레리 카모스(Valérie Camos), 스위스 프라이보그 대학교 발달심리학 전공 교수

"아이젱크와 브리스벌트의 『인지심리학의 기초』는 인지심리학에 대한 정말 좋은 입문용 교과서이다. 각 장의 시작 부분에 학습 목표가 주어지며, 본문 곳곳에 중요한 핵심 개념들을 정리하고 있다. 이 책에서 정말 돋보이는 부분은 '현실세계에서'라는 섹션이다. 학생들은 인지심리학의 연구 결과가 일상의 삶에서 어떻게 사용되는지를 이 섹션을 통해 배울 수 있는데, 이는 다른 어떤 교재에서도 볼 수 없는 특별한 점이다."

–얀 테이우스(Jan Theeuwes), 네덜란드 암스테르담 자유 대학교 인지심리학 전공 교수

| 저자 서문 |

인지심리학은 우리 주변의 세상을 이해할 수 있게 하고, 우리가 매일 마주하는 삶의 문제들에 대처하는 방법에 대해 합리적인 결정을 내릴 수 있도록 해 주는 과정과 관련이 있다. 이처럼 인지심리학은 심리학 전체에서도 중요한 분야이다. 인지심리학자들이 이룩한 학문의 진보는 대부분 다른 심리학 분야들로 스며들었고, 이상심리학이나 사회심리학과 같은 분야는 인지적 접근에 의해 변화되고 있다. 물론 이는 우리 인지심리학자들의 편향된 의견일 수 있으나, 인지심리학이 심리학의 핵심이라고 진심으로 믿는다.

중국 속담에 "흥미로운 시대를 살아가기를"[1)]이라는 말이 있다. 인지심리학자들에게는 바로 요즈음이 흥미로운 시대라는 것은 부인할 수 없다. 이렇게 생각하는 중요한 이유는 현실세계에서 인지적 접근의 시의성을 보여 주는 연구들이 상당히 많이 이루어지고 있기 때문이다. 이 책에서 논의될 내용만 해도 다음과 같다. 공항에서의 보안 검색 과정, 왜 지문 감식 전문가들이 실수를 하는지, 불안 장애를 겪는 환자들의 잘못된 해석, 목격자 증언의 오류가능성, 인간의 추론이 왜 종종 명백히 비논리적인지, 웹사이트에 접근할 때 당신이 식별해야만 하는 연결된 글자 이미지인 캡차(CAPTCHAS: 자동 로그인 방지 시스템)가 지각 과정에 대해 무엇을 말해 주는지 등의 예이다.

인지심리학이 갈수록 더 흥미로워지고 있는 또 다른 중요한 이유는 과학 기술의 발전으로

---

1) 역주: 사실 이 속담이 정말로 중국에서 유래했는지에 대해서는 확인된 바 없다. 또한 이 속담에서 '흥미로운'의 의미는 격변과 전쟁, 배반과 혼란으로 가득한, 그래서 '흥미로운' 시대를 말하는, 다소 반어적인 의미를 담고 있다.

인해 활동하고 있는 뇌를 아주 자세히 관찰할 수 있기 때문이다. 여러분은 수많은 잡지의 표지에서 발견되는 형형색색의 뇌 사진들을 통해 이러한 분야에서의 연구 결실을 의심의 여지없이 목도하고 있다. 이 책에는 뇌 영상 기법에 기반한 흥미진진한 발견을 많이 소개하고 있다.

우리는 이 책을 쓰면서 우리를 도와주었던 많은 사람에게 감사를 표현하고 싶다. 그들의 이름은 바로 세리 그리피스(Ceri Griffiths), 에이미 웰머스(Amy Welmers), 마리 루이스 로버츠(Marie Louise Roberts)이다. 마지막으로, 이 책의 저자인 마이클 아이젱크는 그의 아내인 크리스틴(Christine)에게 엄청난 감사의 빚을 지고 있다. 그녀는 이 책에서 논의된 중요한 논문들을 찾는 데 수백 시간을 할애하였다. 마크 브리스벌트는 비록 본인이 직접 논문을 찾긴 했지만, 아내의 지원이 없었다면 이 책을 쓰는 데 훨씬 더 오랜 시간이 걸렸을 것이다. 이 책은 마땅히 이들에게 헌정되어야 한다.

마이클 아이젱크(Michael W. Eysenck), 마크 브리스벌트(Marc Brysbaert)

| 이 책에 대한 소개 |

어떤 것에 대해 의식적 자각 없이도 배울 수 있을까?
정서는 우리가 생각하는 방식에 어떻게 영향을 줄까?
우리는 기억력을 어떻게 향상시킬 수 있을까?

『인지심리학의 기초(Fundamentals of Cognition, 3rd Edition)』는 우리가 주변 세상과 성공적으로 상호작용하기 위해 사용되는 핵심적인 인지 과정에 대한 개괄적인 내용을 독자들이 이해하기 쉬운 방식으로 제공한다. 주의, 지각, 학습, 기억, 언어, 문제 해결, 사고, 추론 능력은 매일의 삶에서 일어나는 일들에 대처하기 위해 우리 모두에게 아주 중요하다. 이러한 정보처리를 인지심리학의 연구들을 통해서 이해하는 것은 인간 행동을 이해하는 데 필수적이다.

제3판은 특히 인지심리학을 입문하는 단계의 학생들이 내용을 잘 이해할 수 있도록 책을 수정하고 개정하는 데 역점을 두었다. 특히 이번 판에는 언어심리학계를 세계적으로 선도하는 마크 브리스벌트 교수가 공동저자로 참여하여 다음의 내용을 추가하였다.

- 학생들이 내용에 더 잘 몰입할 수 있도록 돕기 위해 '연구 따라잡기'와 '현실세계에서'라는 섹션을 새롭게 넣거나 보강하였다.
- 주의력 결핍 및 과잉 행동 장애에 대한 논의, 난독증 환자의 읽기 문제, 마술이 효과적인 이유, 우리가 애플사의 로고를 정확하게 기억할 수 없는 이유 등의 실생활과 관련 있는 주제들이 새롭게 추가되었다.

- 온라인 웹사이트를 통해 학습에 유용한 선다형 문제, 플래시 카드, 토론 문제에 대한 약식의 모범 답안, 교수자를 위한 다양한 자료 등을 제공하였다.

이 책은 인지심리학에 대한 전통적 접근을 통한 연구와 최신의 연구 기법을 이용한 인지신경과학, 인지신경심리학의 연구를 균형 있게 다룬다. 이 책은 인지와 관련된 핵심 주제들에 관한 필수적인 연구들을 전반적으로 다루기 때문에 인지심리학에 관심 있는 학생들뿐만 아니라 임상심리학을 포함한 관련 학문 분야의 학생들이 공부하기에도 좋다.

저자인 마이클 아이젱크는 런던 대학교 로얄 홀로웨이 대학 심리학과의 명예교수이자, 영국 로햄튼 대학교의 교수이다. 『인지심리학(Cognitive Psychology)』『기억(Memory)』『인지심리학의 기초(Fundamentals of Cognition)』 등 베스트셀러 대학 교재를 집필하였다.

마크 브리스벌트는 벨기에 겐트 대학교의 심리학 교수이다. 『Quarterly Journal of Experimental Psychology』의 편집자이고, 많은 대학 교재를 집필하였다.

사실만을 담는 단순한 기록자가 되지 말고,
그 근원의 신비를 파헤치려 애쓰라.

이반 파블로프(Ivan Pavlov, 1849～1936)

| 차례 |

- 역자 서문 3
- 추천사 5
- 저자 서문 7
- 이 책에 대한 소개 9

Chapter 1
인지심리학이란 무엇인가 · 15

서론 16
인지심리학의 역사 19
현대 인지심리학 27
이 책의 구조 50

Chapter 2
시지각 · 57

서론 58
감각에서 지각으로 59
지각 조직화 62
형태 재인 67
시각적 물체 인식 75
얼굴 인식 83
지각과 행동 95
눈에선 보이고 마음에선 안 보이는 것 100
지각은 의식적 자각을 필요로 하는가 107

Chapter 3
주의와 수행 · 125

서론 126
선택적 청각 주의 127
선택적 시각 주의 132
시각 탐색 144
주의 장애 153
다중작업 157
주의와 의식 166

Chapter 4
단기기억과 작업기억 · 187

서론 188
단기기억 189
작업기억 202
작업기억 용량 218

Chapter 5
장기기억과 학습 · 229

서론	230
암묵적 학습 vs. 명시적 학습	230
명시적 학습에 영향을 주는 요인들	241
장기기억	250
기억상실증	256
망각과 오기억	264

Chapter 6
의미기억 속 지식 · 283

서론	284
개념	284
개념의 조직화	304
도식과 고정관념	312

Chapter 7
일상기억 · 329

서론	330
자서전적 기억	332
목격자 증언	347
미래 기억	358

Chapter 8
언어 · 373

서론	374
말소리 산출	376
말소리 지각	390
읽기	400
단어에서 대화로	413

Chapter 9
문제 해결 · 437

서론	438
문제 해결 전략	442
과연 통찰은 존재할까	451
과거 경험은 얼마나 유용할까	459
가설 검증	471

Chapter 10
판단, 의사결정, 추리 · 481

서론	482
판단	483
의사결정	502
추리	511
인간은 이성적일까	530

Chapter 11
인지와 정서 · 545

서론	546
인지는 어떻게 정서에 영향을 미치는가	549
정서는 어떻게 인지에 영향을 미치는가	563
불안과 인지적 편향	581

● 용어 해설	595
● 찾아보기	615

1 인지심리학이란 무엇인가

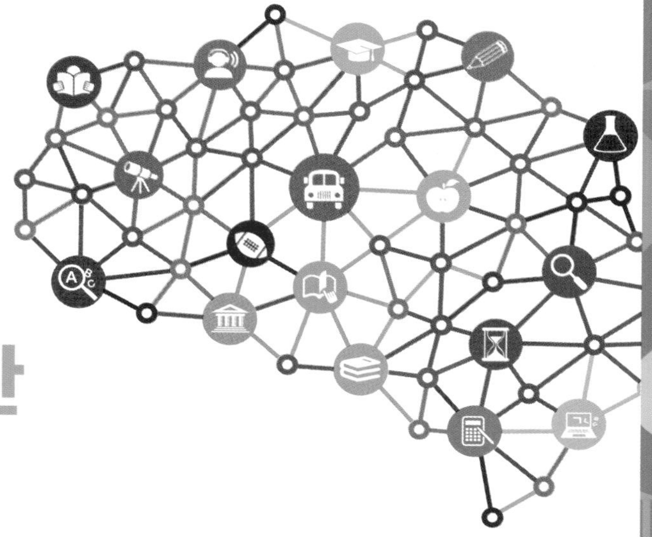

학습 목표

제1장을 공부한 후에 여러분은 다음을 할 수 있어야 한다.

- '인지심리학'을 정의하고, 어떤 유형의 정신 과정을 인지심리학에서 연구하는지를 알 수 있다.
- 왜 내성법은 이러한 정신 과정을 이해하는 데 좋은 방법이 아닌가를 설명할 수 있다.
- 인간의 인지를 연구하는 데 행동주의 접근의 장점과 단점을 논의할 수 있다.
- 인지심리학에서 사용하는 네 가지 주요한 방법 혹은 접근(실험인지심리학, 인지신경과학, 인지신경심리학, 계산인지과학)이 어떻게 사용되고 그 한계는 무엇인지 설명할 수 있다.
- '상향적' 처리와 '하향적' 처리를 정의, 비교, 대조할 수 있다.
- '계열적' 처리와 '병렬적' 처리를 정의, 비교, 대조할 수 있다.

서론

인간의 두뇌와 정신의 신비를 이해하는 것에 대한 관심은 그 어느 때보다도 크다. 텔레비전 프로그램이나 영화, 책과 같은 미디어에서는 두뇌와 그 작용에 대한 보다 극적인 측면을 알리는 데에만 몰두한다. 아마도 여러분은 잡지에서 사람들이 다양한 과제를 할 때 뇌의 어떤 영역이 가장 활동적인가를 밝히는 형형색색의 뇌 사진을 보았던 적이 있었을 것이다. 학계에서도 인지심리학자, 인지신경과학자, 생물학자 등을 포함한 몇몇 분야의 학자들에 의해 이루어지는 뇌에 대한 연구가 폭발적으로 증가하고 있다.

이러한 현상들은 인지심리학과 어떤 관계가 있을까? 인지심리학(cognitive psychology)은 정보를 습득, 저장, 변형하는 것과 관련된 과정을 다룬다. 자, 지금 여러분이 현재 하고 있는 것에 초점을 맞추어 조금 구체적으로 설명해 보자. 다음 단락에서 강조된 단어들은 인간 인지의 주요한 측면을 나타낸다.

> **Key term**
> **인지심리학(cognitive psychology)**: 정보를 습득, 저장, 변형하는 것과 관련된 처리를 연구하는 학문

당신은 인쇄된 페이지로부터 정보를 받아들이기 위해 **시지각**을 이용하고 있고, 아마도 이 책의 내용에 **주의**를 기울이고 있을 것이다. 그 결과, **학습**이 일어난다. 학습을 가능케 하기 위해서는 좋은 **언어 능력** 역시 가지고 있어야 한다. 당신이 이해할 수 없는 언어로 쓰인 교과서를 읽으려 할 때, 아마도 거의 배울 수 있는 것이 없을 것이다! 책을 읽을 때는 이 책의 내용과 관련해서 당신의 머릿속에 **저장된 지식**으로부터 도움을 받는다. 그리고 당신이 이전에 배웠던 정보와 충돌을 일으키는 내용이 이 책에 있다면, 그 관련성을 이해해야 하는데, 이는 **문제 해결**이라는 요소이다. 마지막으로 당신이 이 책에 있는 지식의 내용들을 잘 학습했는지를 알아볼 때는 엄밀한 검증을 해야 하는데, 이때 **장기기억**이 사용된다.

바로 앞 문단에서 강조된 단어들은 이 책에서 인지심리학의 많은 부분을 다루는 기초를 형성한다. 이 책의 여러 장의 제목을 보면 인지심리학이 몇 개의 범주(예: 주의, 지각, 언어 등)로 깔끔하게 구분된다고 느낄 수도 있다. 그러나 모든 범주가 서로 **상호작용**한다는 것을 인식하는 것이 중요하다. 예를 들어, 언어는 다른 범주와 완전히 무관한 것이 아니다. 우리가 배우고 기억하는 대부분이 언어에 기초하며 언어는 우리의 사고와 추리에 대부분 많이 관련되어 있다.

[현실세계에서 1-1] 본 것을 기억하기

이 책을 통해서 앞으로 계속 보게 될 것처럼, 인지심리학은 일상의 삶과 큰 관련이 있다. 예를 들어, 우리가 경험한 것들에 대해 얼마나 자주 이야기하는지 생각해 보자. 친구들에게도 이런 이야기를 하지만 때로는 우리가 목격한 것에 대해 공식적인 진술을 요구받을 때도 있다. 이 기억들은 얼마나 정확한가? 얼마나 자세한가? 그 기억이 자신을 실패하게 할 수도 있기에 무심코 거짓말도 하는가?

일단, 좋은 소식이 있다. 우리는 우리가 본 많은 것의 핵심에 대해 꽤나 좋은 기억을 하고 있다. Brady와 동료들(2008)은 일상에서 볼 수 있는 사진 2,500장을 3초당 한 장의 속도로 제시했고(총 실험 시간은 5시간 이상이었음), 이후 참가자들에게 어떤 사진을 보았는지 물어보았다. 매 시행마다 참가자들은 나란히 놓인 두 개의 사진을 보았는데, 하나는 이전에 보았던 것이고 다른 하나는 새로운 사진이었다. 참가자의 과제는 어떤 사진이 전에 본 것인지를 선택하는 것이었다. 전체 시행의 1/3은 전에 제시되지 않았던 새로운 사물의 사진을 사용해서 과제를 다소 쉽게 만들었다. 또 다른 1/3은 전에 본 사물의 새로운 사진(예: 전에 망치를 봤다면 새로운 망치 사진을 제시)을 사용하였고, 마지막으로 나머지 1/3에서는 전에 본 것과 똑같은 사물을 사용하되, 다른 각도에서 찍은 사진을 사용하였다. 연구진은 놀랍게도 참가자가 새로운 사물 사진을 사용한 시행(92% 정답)뿐만 아니라 새로운 사진을 사용한 시행(88%)과 다른 각도에서 촬영한 동일한 사물에 대한 사진을 사용한 시행(87%)에서도 높은 정답률을 보이는 것을 관찰했다. 그러므로 우리는 5시간 동안 연달아 제시된 2,500장의 사진 속에서 본 사물들을 꽤나 잘 기억한다는 것을 알 수 있다.

그러나 시간이 조금 지난 것들에 대한 우리의 장기기억은 얼마나 세부적인 것까지 기억할 수 있을까? Blake와 동료들(2015)은 85명의 학생들에게 애플사의 로고를 그려 달라고 요청했다(여러분도 더 읽기 전에 한번 그려 보기 바란다). 이것은 여러 번 경험했던 아주 단순한 자극이다. 또한 참가자의 반은 열렬한 애플 사용자들이었다. 참가자들이 로고를 그릴 수 있을 것이라고 얼마나 확신하는지 사전에 물었을 때, 대부분은 자신의 그림이 꽤나 정확할 것이라고 말했다. 그러나 실제로는 85명의 학생 중 로고를 정확하게 그린 사람은 딱 한 사람이었다(여러분은 자신이 그린 그림이 마음에 드는가?)!

이러한 결과에 대해 우리가 명백히 할 수 있는 비판은 참가자들이 로고를 잘 알고 있었지만, 그림을 잘못 그렸기 때문에 이런 결과가 나왔다는 것이다. 그래서 Blake와 동료들은 그들의 두 번째 실험에서 참가자들에게 ([그림 1-1]과 같이) 선택할 수 있는 로고의 배열을 제시하였다.

재인과제 결과, 전체 참가자의 절반도 못 미치는 수만이 정확한 답을 찾았다! 선택지가 많아진 추후 연구에서는 정답률이 25%까지 떨어졌다. 수천 번도 더 본 단순한 자극에 대해서 어떻게 이런 일이 일어날 수 있을까? 저자들은 우리가 장기기억에 일상의 상호작용에 필요한 것 이상의 상세한 형태로 시각적 정보를 저장하지 않는다고 조심스럽게 주장했다. 애플 로고의 경

[그림 1-1] 이 배열에 진짜 애플 로고가 있는가? 이 그림들 중 애플 로고를 찾을 수 있는가? 정답은 이 장의 마지막에 있다.
출처: Blake et al. (2015).

우 (대부분) 회색 배경의 흰색 사과로 구성되어 있다는 것을 아는 것만으로도 충분하다. 이 정도 이상의 정보를 필요로 하지는 않는다(Blake와 동료들의 실험에 여러분이 참여하지 않는다면 말이다). 즉, 지나치게 세부적인 것을 저장하느라 기억 용량을 투자할 필요는 없다.

Blake와 동료들(2015)의 발견이 목격자 증언에 대한 적용할 바가 있다는 것은 말할 필요도 없다. 비슷하게 생긴 사람들이 쭉 한 줄로 서 있는 상황에서 범인을 식별하는 것을 애플 로고와 비슷하게 생긴 모양들 사이에서 진짜 로고를 찾는 것보다 어느 정도 더 잘할 수 있을까? 어떤 사건과 맞닥뜨렸을 때 얼마나 많은 세부 사항을 기억 속에 저장하는가? 인지심리학의 연구만이 목격자 증언이 얼마나 정확한지에 대해 말해 주며 어떤 절차를 사용하는 것이 수행을 향상 혹은 악화시키는지에 대해 알려 준다(이 분야 연구에 대한 개관은 Clark, 2012 참조).

[연구 따라잡기 1-1] 인간의 기억과 인지에 대한 지식, 과연 나는 몇 점일까?

바로 앞에서 본 [현실세계에서]의 예에서 우리는 연구 참가자들이 자신이 생각하는 것보다 애플 로고를 훨씬 덜 정확하게 기억하는 것을 보았다. 자, 그러면 여러분의 기억 수행에 대한 지식은 얼마나 될까? 그리고 이는 인지심리학에서 수집된 자료와 얼마나 부합할까? 다음 질문들에 대해 '예' 혹은 '아니요'로 대답해 보자. '예'는 그 진술에 반대하는 것보다 찬성하는 증거가 더 많다는 것을 의미하고, '아니요'는 반대되는 증거가 더 많다는 것을 의미한다. 여러분의 점수는 얼마나 좋은가? 개선의 여지는 있는가? 만약 그렇다면, 여러분이 읽는 이 교과서(특히 4장과 5장)가 도움이 될 것이다.

1. 천재가 되는 것은 타고난 재능보다는 열심히 노력한 결과이다.
2. 시각 기억은 비디오카메라와 같다.
3. 자료를 계속 읽고 또 읽는 것보다 시험을 보는 데 시간을 투자할 때 기억 수행이 더 좋다.
4. 사람들은 자신의 인생의 첫 3년 동안 일어났던 사건에 대한 개인적 기억이 없다.
5. 흥미로운 사건에 대한 기억 수행이 더 좋다.
6. 만약 당신이 폭력 범죄의 희생자라면, 범죄자의 얼굴에 대한 당신의 기억은 완벽하다.
7. 단지 몇 명의 사람들만 나쁜 기억력을 가지고 있다.
8. 총이 있을 때, 피해자들은 사건의 세부사항을 더 잘 기억한다.
9. 시험 볼 때 같은 시간을 공부한다면 며칠에 걸쳐서 하는 것보다 하루에 몰아서 할 때 기억 수행이 더 나쁘다.
10. 우리는 특정 지식을 얻게 된 상황을 망각하지 않는다.
11. 사람들은 실제로 일어난 적이 없었던 것들에 대한 기억은 가지고 있지 않다.
12. 우리는 주의를 기울이지 않은 것들에 대해서도 일반적으로 기억할 수 있다.
13. 최면 상태에서 회상된 기억은 최면이 아닐 때 인출된 기억보다 더 좋은 것은 아니다.
14. 아동기 성적 학대에 대한 정확한 기억은 보통 학대 경험 수년 후에 나타난다.
15. 목격자에게 하는 질문으로 인해 목격자의 실제 기억이 바뀔 수도 있다.

정답: 1. 예. 2. 아니요. 3. 예. 4. 예. 5. 아니요. 6. 아니요. 7. 아니요. 8. 아니요. 9. 예. 10. 아니요. 11. 아니요. 12. 아니요. 13. 예. 14. 아니요. 15. 예.

인지심리학의 역사

우리는 인지심리학의 기원을 찾기 위해 지금까지 살았던 사람 중에 아마도 가장 똑똑했던, 고대 그리스의 철학자 Aristotle(기원전 384~322)까지 거슬러 올라가야 할 수도 있다. 그는 심상이나 학습을 포함한 심리학과 관련된 여러 주제에 관심이 있었다(Leahey, 2012). 예를 들어, Aristotle는 사람, 사건, 사물이 서로 연결되고 수반성(혹은 근접성), 유사성, 대조라는 세 가지 연합 법칙에 기반하여 기억된다고 주장했다. 일례로, 도나를 보는 것이 우리로 하여금 잭을 떠올리게 하는 것은 다음의 세 가지 이유 때문이다.

1. 우리는 도나와 잭이 지난번에 함께 있는 것을 보았다(수반성의 법칙).
2. 도나와 잭은 서로 닮았다(유사성의 법칙).
3. 도나와 잭은 서로 정말 다르다(대조의 법칙).

내성법

Aristotle는 내성법(introspection, 자기 자신의 생각을 체계적으로 조사하는 것)만이 사고를 연구하는 유일한 방법이라고 생각했다. 2,000년이 지난 후에도 내성법을 사용하고자 하는 열정이 여전히 남아 있었다. Oswald Külpe(1862~1915)는 뷔르츠부르크 학교를 설립했는데, 이 학교는 내성법을 적극적으로 사용하였다. 실험 참가자들은 복잡한 자극(예: 논리적인 문제)에 초점을 맞춘 뒤 과제를 수행하는 동안의 의식적 사고 과정을 보고하였다. 이 방법을 통해 감각, 느낌, 심상, 의식적 정신 과정과 사고에 대해 사람들이 의식적으로 생각하는 바를 알 수 있다.

> **Key term**
>
> **내성법(introspection)**: 주의 깊게 한 사람의 내적인 정신 과정과 상태에 대해 조사하고 기술하는 것

내성법은 현대 심리학에서도 여전히 중요하다(예를 들어, 우리가 설문지에 답하거나 우리의 감정에 대해 생각할 때에도 내성법을 사용한다). 그러나 이 방법은 인간의 인지를 연구하는 데 더 이상 인기 있는 방법이 아니다. 왜 그럴까? 한 가지 문제는 사람들이 가지고 있다고 주장하는 의식적 사고의 정확성을 확인하는 것이 가능하지 않다는 점이다. Külpe는 사람들이 때때로 '심상 없는 생각'을 가질 수 있다고 주장했지만, 또 다른 저명한 심리학자인 E. B. Titchener는 모든 생각은 심상이 있다고 주장했다. 내성법에서 나온 증거는 증명 가능하지 않기에, 내성법

에 기반해서는 이러한 논쟁을 해결할 수 없다.

내성법의 또 다른 주요한 문제는 심지어 뷔르츠부르크 학교가 설립되기 전에도 지적되었다. 영국의 과학자인 Francis Galton(1883)에 따르면, "의식이란 자동적으로 뇌가 작동하는, 아주 짧은 시간 동안의 무기력한 구경꾼 정도의 위치인 것 같다."고 말했다. 앞으로 책에서 보게 되겠지만, 우리가 좋은 수행을 보이기 위해서는 많은 처리가 빠르게 그리고 병렬적으로 일어나야만 한다. 이러한 빠르고 자동적인 처리 과정들 모두를 우리의 제한된 의식의 용량으로 파악할 수 있다고 생각하는 것은 착각이다.

우리의 행동은 종종 의식의 **바깥**에서 일어나는 처리 과정에 의해 영향을 받는다(또한 3장 참조). Nisbett과 Wilson(1977)은 참가자들에게 동일한 스타킹을 한 줄로 배열하여 제시하는 한 실험에 대해 논의했다. 이들은 어떤 스타킹이 가장 좋은 것인지를 결정하고 왜 그것을 선택했는지에 대한 이유를 물었다. 참가자들은 일반적으로 자신이 선택한 스타킹이 색상이나 질감에 있어서 다른 것들보다 약간 더 좋다고 주장하면서 자신의 선택을 정당화했다. 이러한 내성법을 이용한 증거는 완전히 틀렸다. 사실 대부분의 참가자들은 배열의 가장 오른쪽에 있는 스타킹을 선택했다. 그들의 선택은 실제로 상대적인 공간상 위치에 의해 영향을 받은 것이다. 그러나 참가자들에게 자신이 선택한 스타킹의 위치가 선택에 영향을 미쳤는지를 물어보았을 때 그들은 격렬히 부인했다. 심지어 저자들조차 왜 이 특정 연구에서 참가자들이 어떤 스타킹이 놓여 있느냐에 상관없이 오른쪽의 스타킹을 선택했는지 설명하지 못했다. 저자들은 조심스럽게 "왼쪽에서 먼저 본 상품보다는 오른쪽에 나중에 나온 상품을 선호하는 소비자의 쇼핑 습관이 이 연구 참가자들의 선택 과제 수행에 영향을 미쳤을 수 있다"고 말했다(p. 244).

동기 부여 과정 역시 의식적 자각 밖에 있다. Pessiglione와 동료들(2007)은 참가자들에게 돈을 주기 위해 손잡이를 쥐어짜는 과제를 수행하도록 하였다. 각 시행 바로 앞에 이번 시행에서 벌 수 있는 돈을 나타내기 위해 1마르크(약 1.25달러) 동전이나 1펜스(약 1.25센트) 동전 그림을 화면에 제시하였다. 이 동전은 뚜렷이 눈에 보이거나 (의식적 자각 수준보다 아래의) 역치하로 제시되었다. 참가자들은 보상이 의식 수준에서 보이지 않을 경우라도 보상이 많은 시행에서 더 열심히 손잡이를 쥐어짰으며, 보상 처리와 관련된 뇌 영역의 활성화 역시 더 많았다. 즉, 동기 부여 역시 무의식적 과정에 의해 영향을 받을 수 있다.

요약하면, 내성법에 의한 증거에 크게 의존하는 것은 네 가지 주요한 문제가 있다.

1. 우리는 자신의 동기와 행동에 영향을 미치는 많은 과정을 대부분 인식하지 못한다. 일반적으로 인지 **과정** 그 자체보다는 인지 과정의 **결과**를 의식적으로 인지한다(Valentine,

1992). 예를 들어, 조지 W. 부시(George W. Bush) 다음의 미국 대통령의 이름은 무엇인가? 아마도 당신은 빠르게 버락 오바마(Barack Obama)라고 생각했겠지만, 어떻게 그 답을 구했는지에 대해서는 명확한 생각이 없다.

2. 우리가 의식적 경험에 대해 보고할 때 그것은 (고의든 아니든) 왜곡될 수 있다. 예를 들어, 우리는 어떤 사람에 대해 실제보다 더 긍정적으로 생각하는 체 할 수 있다.
3. 의식적 경험을 하는 순간과 보고하는 시점의 시간상 차이가 있다. 그 결과, 보고하기 전에 의식적 경험의 일부를 망각하기도 한다(Lamme, 2003).
4. 내성법은 두 사람 혹은 두 집단의 내성법 결과가 다를 때 그 이유를 알아낼 수 있는 방법이 없다.

행동주의

20세기 전반부의 대부분에 걸쳐 심리학의 지배적인 사조는 행동주의였다. 행동주의(behaviorism)는 1913년 미국에서 시작되었다. 중심인물은 John Watson(1878~1958)이었는데, 그는 심리학을 실험 과학으로 만들기로 결심했다. 그는 심리학이 내성법에 의존하는 한, 과학이 될 수 없다고 주장했다. 과학으로 가는 유일한 방법은 실험실 상황에서 잘 통제된 행동 실험을 수행하는 것이라 주장했다.

Key term

행동주의(behaviorism): 엄격한 실험적 절차와 학습 시의 조건화의 역할을 강조하는 심리학적 접근

Watson에 따르면 심리학자들은 관찰 가능한 자극(즉각적인 상황의 측면)과 관찰 가능한 반응(실험 참가자가 만들어 내는 행동)에 초점을 맞춰야 한다. 학습은 자극과 반응 사이에 연합이 형성될 때 일어난다. 정신적 사건을 언급하는 용어는 관찰할 수 있는 행동을 통해 검증될 수 없으므로 버려야 한다. Watson(1913, p. 165)은 행동주의가 "의식, 정신 상태, 마음, 속에 든 내용물, 내성법에 의해 검증 가능한 등의 용어를 절대 사용하지 않는 접근법"이 되기를 원했다.

Watson의 이러한 접근을 이해하는 데에는 행동주의에 대한 그의 핵심 가정 중 "행동주의자는 …… 인간과 짐승 사이를 나누는 경계가 없다."(Watson, 1913, p. 158)에 초점을 맞추는 것이 유용하다. 이는 매우 중요한 가정인데, 인간 이외의 종에서는 내성법을 이용한 증거를 얻을 수도 없고 정신 상태를 연구할 수도 없기 때문이다. Watson은 1913년 이전에 수년간 동물 연구를 수행하였다. 그는 내성법에 기대지 않고 인간 이외의 종들에 대해 적절한 실험을 수행할 수 있다는 것을 발견하였다.

미국의 심리학자인 Burrhus Frederic Skinner(1904~1990)는 가장 영향력 있는 행동주의자였다. 그는 조작적 조건형성을 집중적으로 연구하였는데, 이는 행동이 그 결과에 의해 통제된다는 학습의 한 형태이다. 즉, 인간은 보상이나 긍정적 강화가 뒤따르는 반응을 산출하는 것을 배우며 불쾌하거나 혐오스러운 결과가 뒤따르는 행동은 피하는 것을 배운다는 것이다. 조작적 조건형성은 중요하지만 (문제 해결이나 추론, 창의성과 같은) 복잡한 인간의 인지 과정을 설명하지 못한다.

Skinner는 행동주의자가 내적 정신 및 생리학적 과정을 사실상 무시하는 것과 외적 자극과 반응을 강조하는 것이 함께 가야 한다는 것을 강조하는 Watson의 견해에 동의했다. 그러나 이것은 기이한 결과를 가져왔다. Murphy와 Kovach(1972)가 지적했듯이, "행동주의자들에게는 인간이 척수를 가지고 걷는다고 말하는 것보다 뇌를 가지고 생각한다고 말하는 것이 더 이해하기 어렵게 되어 버렸다."

인간의 내적 정신 과정과 구조를 무시해야만 한다는 Watson과 Skinner의 생각에 모든 행동주의자가 동의한 것은 아니다. 이와 완벽한 대척점에 Tolman(1948)이 있었다. 그는 쥐들이 음식이 들어 있는 목표 상자에 미로를 통과해서 가는 방법을 학습하는 연구를 수행했다. 쥐들은 학습한 길이 막혔을 때 빠른 속도로 목표 상자로 찾아가는 다른 길을 선택했다. 이 결과는 쥐들이 미로의 대략적인 배치에 대한 내적 인지도를 가지고 있으며 단순히 일련의 반응을 배우는 것이 아님을 시사했다.

평가

⊕ 행동주의자들은 심리학이 과학으로서 필요한 자격을 전부 갖추는 것이 바람직하다고 주장했다.

⊕ 실험 조건하에 철저히 통제된 환경에서 행동을 주의 깊게 관찰하는 것이 근본적으로 중요하다는 이들의 주장은 1세기가 지난 지금에도 여전히 타당하다(Fuchs & Milar, 2003).

⊖ 행동주의자들은 (과거 경험이나 목표와 같은) 행동에 영향을 미치는 내적 요인을 과소평가했다. Skinner는 우리 행동이 현재의 보상과 처벌에 의해 통제된다고 주장했다. 만약 이것이 사실이라면, 인간은 환경에서의 보상이나 처벌의 변화에 의해 움직이는 풍향계와 같을 것이다(Bandura, 1977).

⊖ 대부분의 인간 행동은 단순히 특정 자극과 특정 반응을 연관시키는 것을 학습하는 것만은 아니다. 예를 들어, 우리가 말할 때, 우리는 일반적으로 우리가 내뱉는 말보다 몇 마디 앞서서 할 말을 계획한다. 이것은 자극도 반응도 아닌 복잡한 내적 정신 과정을 포함한다.

인지심리학

내적 과정과 구조에 대한 이해를 강조하는 인지심리학은 행동주의와는 전혀 다르다. 실제로 행동주의를 뒤엎는 인지심리학의 등장을 '인지 혁명'이라 말하는 것이 일반적이다(예: Hobbs & Burman, 2009). 그러나 이 두 접근법의 차이를 지나치게 과장해서는 안 된다. 두 접근법 모두 과학적 접근법과 실험 방법의 사용에 큰 중요성을 부여했다. 게다가 우리는 일부 행동주의자들이 내적 정신 과정에 관심을 가지고 있다는 것을 보아 왔다(예: Tolman). 따라서 행동주의가 인지심리학에 자리를 내주면서 일어난 일은 혁명적인 변화라기보다는 "급격하고 진화적인 변화"(Leahey, 1992)였다.

'인지심리학이 언제 시작되었는가?'라고 묻는 것은 답을 절대 알 수 없는 무의미한 질문이다. 현실은 여러 심리학자가 인지심리학의 형성 초기에 기여했지만, 그들의 노력은 대부분 체계화되거나 조율되지 못했었다.

인지심리학의 많은 선구자는 기억 연구에 초점을 맞췄다. 예를 들어, Ebbinghaus(1850~1909)는 망각에 대한 잘 통제된 연구를 많이 수행했다(Zangwill, 2004). 그는 의미를 갖지 않도록 제작된 음절(예: KEB)들을 사용하여 비교적 의미에 의해 '오염되지 않은' 망각의 측정치를 얻을 수 있었다. 사실 거의 모든 무의미 음절은 어떤 의미와 연결될 수 있다(예: KEB는 kebab을 연상시킬 수 있다). 그럼에도 불구하고 Ebbinghaus(1885)는 학습 직후에 특히 빠르게 망각이 일어나며 그 뒤로는 망각의 속도가 감소한다는 것을 보여 주었다(관련된 내용은 5장 참조).

Hugo Münsterberg(1863~1916)는 목격자 증언에 관심을 갖고 그에 관한 책 『On the Witness Stand』(1908)를 썼다. 이 책에서 그는 인지심리학의 초기 실험들 중 하나에 대해 논한다. 강의 도중에 가짜 살인 사건이 연출되었다. 한 학생이 권총을 뽑자 두 번째 학생이 그를 쫓았다. von Liszt 교수가 그들 사이에 끼어들자 권총이 발사되었다. 이 사건을 목격한 학생들은 그 사건을 회상하는 데 발생하지 않았던 내용을 추가하는 등 많은 오류를 범했다.

영국의 심리학자 Frederic Bartlett(1886~1969) 경은 기억 연구에 탁월한 공헌을 했다(Pickford & Gregory, 2004). 그의 책 『Remembering: An Experimental and Social Study』(1932)에서 Bartlett은 인간의 기억이 능동적인 과정이라 주장했다(또한 Henderson, 1903 참조). 우리는 기존 지식 및 경험과 일치되는 방식으로 사건을 회상한다. 이는 종종 기억에서의 체계적 오류와 왜곡을 초래한다(관련된 내용은 5장 참조).

19세기 후반에 이르면 미국은 경제가 급속하게 발전하였다. 국가 전역의 철도 건설로 국민들은 여행을 더 많이 할 수 있게 되었고 이는 통신 체계를 점차 개선하는 데 중요한 역할을 하였다. 이러한 발전으로 인해 Bryan과 Harter(1897, 1899)는 웨스턴 유니온(Western Union)에서 일하는 모스 부호 전신 교환원들의 학습에 대해 연구할 수 있었다. 놀랄 것도 없이 이 교환원들은 경험이 증가할수록 점점 더 효율적으로 모스 부호로 메시지를 송수신한다는 것을 발견하였다. 더 중요한 것은, 메시지를 수신하는 능력은 일정 기간 동안 변화 없는 정체기를 중간에 두고 급속도로 개선되는 것을 보여 주었다. 교환원들은 처음에는 개별 문자를 식별하는 데 능숙해진 후, 음절들과 전체 단어를 식별하는 능력을 숙달하기 전에 일정 시간의 학습 기간을 필요로 했던 것이다.

미국의 심리학자 William James(1842~1910)는 아마도 인지심리학의 가장 영향력 있는 초기 공헌자였을 것이다(Hunter, 2004). 그의 가장 큰 공헌은 의식, 주의, 감정, 기억, 추론 등 수많은 주제에 대한 매혹적인 통찰력을 담고 있는 그의 저서 『심리학의 원리(Principles of Psychology)』(1890)에서 찾아볼 수 있다. 윌리엄 제임스는 우리가 행동과 습관에 의해 개인으로 형성된다고 주장했다. 그의 말에 따르면, "행동을 심으면 습관을 거두고, 습관을 심으면 성격을 거두며, 성격을 심으면 운명을 거둔다."(Hunter, 2004, p. 493에서 인용)

1956년은 인지심리학의 출현에 있어서 매우 중요한 해였다(Thagard, 2005). 한 해 동안, 매우 영향력 있는 인지심리학자가 될 몇몇 연구자가 주요한 공헌을 했다. 매사추세츠 공과대학교에서 열린 회의에서 Noam Chomsky가 그의 언어 이론에 관한 논문을 발표했고, George Miller는 단기기억에 관한 논문을 발표했으며(Miller, 1956), Newell과 Simon은 문제 해결에 대한 접근법을 논의했다(Newell et al., 1958). 또한 인지적 관점에서 개념 형성을 이해하기 위한 최초의 체계적인 시도가 보고되었다(Bruner et al., 1956).

정보처리 접근

Key term

상향적 처리(bottom-up processing): 개인의 지식과 기대보다는 환경의 입력자극에 의해 직접적으로 결정되는 처리

계열적 처리(serial processing): 특정 순간에는 단 하나의 처리만 일어나며 이 처리는 다음 단계가 시작되기 전에 끝남. **병렬적 처리**에 대한 설명도 참조할 것

한때 대부분의 인지심리학자는 정보처리 접근을 이용했다. 약 45년 전에 유행했던 이 접근의 한 예는 [그림 1-2]에서 볼 수 있다. 자극(어떤 문제나 과제와 같은 환경적 사건)이 먼저 제시된다. 이 자극은 다양한 내적 인지 정보처리가 일어나도록 하며 마침내 원하는 반응이나 답을 하도록 이끈다. 입력된 자극에 의해 직접 영향을 받는 처리 과정을 흔히 상향적 처리(bottom-up processing)라고 한다. 일반적으로 어떤 순간에 하나의 처리만 일어난다고 가정하는데 이는 계열적 처리(serial processing)라고 알려져 있다. 즉, 하나의 처리는 다음 처리 과정이 시작되기 전에 완료된다는 것을 의미한다.

우리는 Atkinson과 Shiffrin(1968; [그림 1-3]과 4장 참조)이 제시한 인간 기억의 모형을 고려함으로써 정보처리 접근에 어떤 것이 포함되었는지 보다 명확하게 알 수 있다. 그들은 우리가 각각의 감각 양식(예: 시각 혹은 청각 등)에 대해 별도의 감각 저장소를 가지고 있다고 주장했다.

우리는 제한된 처리 용량을 가지고 있고, 감각 저장소에는 너무 많은 정보가 들어오기 때문에 그 모든 정보에 다 주의를 기울일 수는 없다. 따라서 우리는 이용 가능한 정보의 일부에만 주의를 기울이고 그 정보는 단기 저장소로 이동된다. 여기도 역시 용량에 제한이 있기에 정보가 오래 남아 있지 않는다. 그러나 계속 그 정보를 단기 저장소에서 말로 시연하면 일부는 장기 저장소로 전이될 것이다.

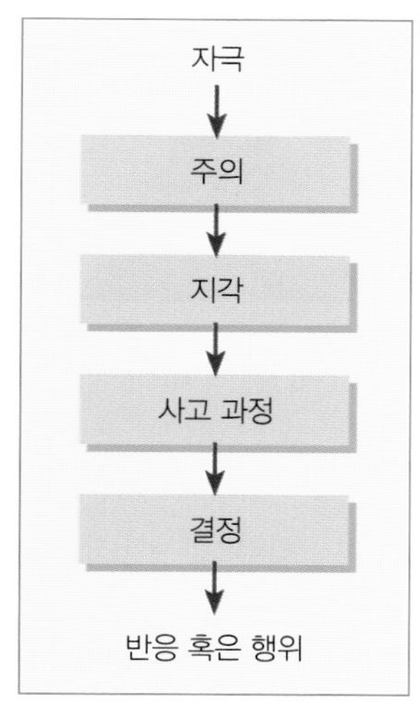

[그림 1-2] 정보처리 접근의 초기 모형

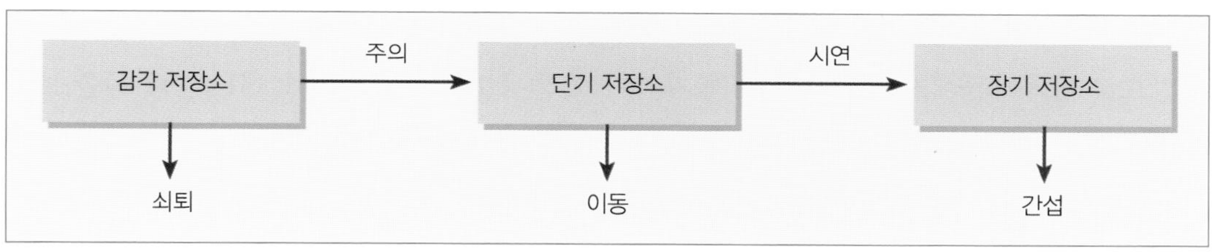

[그림 1-3] 기억의 다중 저장 모형

하향적 처리

초기의 정보처리 접근은 복잡한 현실을 급격하고 지나치게 단순화시켰다. 정보처리는 거의 항상 상향적 처리뿐만 아니라 하향적 처리를 동반한다. 하향적 처리(top-down processing)는 단순히 자극 그 자체에 의해서가 아니라 개인의 기대와 지식에 의해 영향을 받는 정보처리이다. [그림 1-4]에 제시된 삼각형을 보고 뭐라고 쓰여 있는지 읽어 보라. 여러분이 이 속임수를 전에 보지 못했다면, 아마도 "Paris in the spring"이라고 읽을 것이다. 만약 그랬다면, 다시 그림을 잘 보기 바란다. 'the'라는 단어가 반복되어 제시된 것을 볼 수 있을 것이다. 잘 알려진 문구(하향적 처리)라는 당신의 기대가 자극(상향적 처리)으로부터 실제 이용 가능한 정보의 처리를 약화시킨 것이다.

Key term

하향적 처리(top-down processing): 자극에 의해 직접적으로라기보다는 기대, 기억, 지식에 의해 결정되는 자극 처리

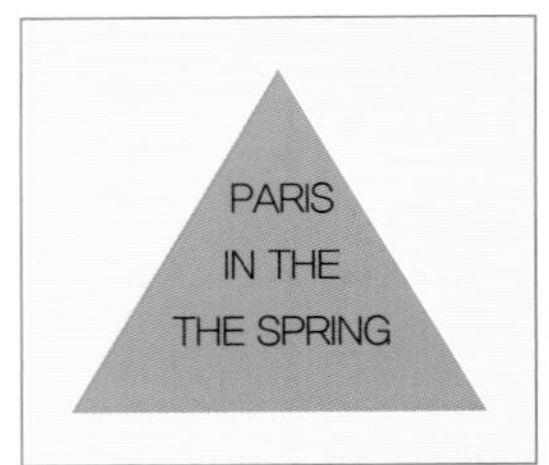

[그림 1-4] 하향적 처리의 예시

하향적 처리는 기억에서도 두드러지기 때문에 [그림 1-3]의 Atkinson과 Shiffrin(1968)의 상향적 다중 저장 모형에 추가되어야 했다. 두 가지 예를 들어 보자. 첫째, 감각 저장소에서 이용 가능한 정보들 중 어떤 정보가 단기 저장소로 이동되는가를 결정하는 것은 주의 기제이다. 우리의 목표와 기대와 같은 하향적 처리가 어디에 주의를 기울이는가에 영향을 주기 쉽다. 따라서 이러한 하향적 처리가 모형에 추가되어야 한다.

둘째, 장기 저장소로 이동되기 **전에** 정보는 단기 저장소로 먼저 들어간다는 개념에 초점을 맞추자. 여러분은 지금 'yacht'라는 단어를 본 뒤 단기 저장소에서 계속 되뇐다고 상상해 보자. 이 단어가 어려운 발음을 가지고 있다는 것을 어떻게 알까? 우리는 이 단어를 말하기 **전에** 장기기억으로부터 그 단어의 발음 정보를 가져와야 한다. 즉, 지금 무슨 일이 일어나는지를 설명하기 위해서는 장기 저장소에서 단기 저장소로 향하는 화살표가 필요해 보인다. 이것이 기억의 기능을 이해하는 데 하향적 처리가 필요한 또 다른 예시이다.

Mitterer와 de Ruiter(2008)는 하향적 처리가 지각 과정에도 역시 영향을 주는 것을 보여 주었다. 이 연구에서 어떤 색상도 될 수 있는 사물(예: 양말)을 노란색과 주황색 사이의 애매한 색상으로 참가자들에게 제시하였다. 참가자가 이전에 '노란색' 사물(예: 레몬, 바나나)을 보았을 경우보다 '주황색' 사물(예: 금붕어, 당근)을 보았을 때 똑같은 색조를 가진 이 사물이 주황색으로 지각되는 경우가 더 많았다. 이는 색상 지각이 부분적으로 세상사 지식에 기초한 하향적 처리의 일부에 의존할 수 있다는 것을 보여 준다.

A
12 13 14
C

[그림 1-5] 하향적 처리의 다른 예시

인지가 상향적 처리와 하향적 처리 모두를 포함하는 것은 분명하다. 이것을 **상호작용 처리**라고 부른다. 감각(상향적)으로부터 오는 정보는 처리의 효율성을 최대화하기 위해 맥락(하향적)에 기반한 기대와 결합된다. [그림 1-5]는 어떻게 자극의 지각이 제공된 맥락에 따라 달라지는지를 보여 주는 또 다른 예시이다.

병렬적 처리

전통적인 정보처리 접근의 또 다른 한계는 정보가 반드시 계열적으로만 처리된다고 가정했다는 것이다. 수많은 상황에서 인지 과제에 포함된 여러 과정들은 동시에 일어나며, 이를 병렬적 처리(parallel processing)라 한다. 앞으로 이 책에서 반복적으로 보게 될 텐데, 복잡한 인지 과제를 수행할 때 우리의 뇌는 서로 다른 영역에서 동시에 활성화를 나타내는 것이 일반적이

> **Key term**
>
> **병렬적 처리(parallel processing)**: 두 개 혹은 그 이상의 처리가 동시에 일어나는 것. **계열적 처리**에 대한 설명도 참조할 것

다. 이 때문에 우리는 대부분의 정보처리가 계열적이라기보다는 병렬적이라고 생각한다. 특히 우리가 많은 시간을 들여서 충분히 연습된 과제를 수행할 때는 병렬적 처리를 하게 될 가능성이 더 크다. 예를 들어, 처음 운전 연습을 하는 사람이 운전대를 정확하게 조작하면서 동시에 도로 위의 다른 운전자들을 신경 쓴다는 것은 거의 불가능하다. 반면에 경험 많은 운전자는 이 둘을 동시에 쉽게 잘 해내며 심지어 차 안에서 대화 역시 가능하다.

중간 요약

내성법(Introspection)

- 내성법은 행동주의가 도래하기 전에 사고를 연구하기 위해 많이 사용되었다. 많은 인지 정보처리가 의식적 자각의 수준 아래에서 일어나며 의식적 보고는 때때로 왜곡될 수도 있기 때문에 내성법은 한계가 있었다.

행동주의(Behaviorism)

- 20세기의 첫 50년 동안 지배적인 사조였던 행동주의는 관찰 가능한 자극과 반응에 기초한 과학적 접근법을 강조했다. 행동에 영향을 주는 요인으로서 현재의 보상과 처벌의 중요성을 지나치게 강조하며 행동의 목표나 과거 경험의 중요성을 간과했기 때문에 행동주의 역시 한계가 있었다.

인지심리학(Cognitive Psychology)

- 인지심리학은 외적 자극과 반응뿐만 아니라 내적 정보처리와 구조에 초점을 맞추며 행동주의를 확장했다. 인지심리학의 탄생에 영향을 준 많은 선구자가 있지만, 아마도 윌리엄 제임스(William James)가 오랜 시간 가장 큰 영향을 주었을 것이다.
- 1950년대와 1960년대 인지심리학자들은 상향적 · 계열적 처리를 강조했던 정보처리 이론을 주장했다. 이 이론들은 지나치게 단순하여서 하향적 · 병렬적 처리의 중요성을 인식한 다른 이론들에 의해 점진적으로 대체되었다.

현대 인지심리학

여러분은 이 교과서를 통해 최신의 이론과 연구에 대한 논의를 접할 것이다. 인지심리학이 가지는 가장 독특한 특징 중 하나는 인간 인지의 이해를 증진시키기 위해 여러 접근을 사용한다는 것이다. 네 가지 주요한 접근이 있으며, 각각은 고유한 장점이 있다.

1. **실험인지심리학**: 이 접근에서는 (종종 심리학과 전공 대학생들인) 건강한 개인을 대상으로 실험을 수행한다. 내적 인지 과정을 밝히기 위해 행동 증거(예: 실험 참가자의 수행 수준)를 이용한다.

2. **인지신경과학**: 이 접근에서도 역시 실험을 수행한다. 그러나 실험인지심리학적 접근을 확장하여, 인지 과정의 이해를 위해 (행동뿐만 아니라) 뇌의 활동에서 나오는 증거를 이용한다.
3. **인지신경심리학**: 이 접근에서도 역시 실험을 수행한다. 뇌 손상 환자를 대상으로 연구하지만 그 결과를 통해 건강한 개인에 대한 인지 과정의 이해 역시 증진시킬 수 있을 것이다. 인지신경심리학은 원래 인지심리학과 밀접하게 연관되어 있었지만, 최근에는 인지신경과학과도 긴밀한 관련이 있다.
4. **계산인지과학**: 이 접근은 인간의 인지 과정을 설명하기 위해 실험적 발견에 기초한 컴퓨터 모형을 개발하는 것과 관련된다.

이 네 가지 접근 중 더 나은 것이 있을까? 정답은 '아니요'이다. 각각의 접근은 고유의 장단점이 있다(다음 장에서 살펴볼 것이다). 그 결과, 복잡한 인간 인지의 본질을 밝히기 위해 두 개 이상의 접근을 사용하는 연구자들이 증가하고 있다. 그러므로 이 네 접근의 경계는 점점 희미해지고 있다.

실험인지심리학

수십 년 동안 인지심리학의 거의 모든 연구는 실험실에서 건강한 개인을 대상으로 하는 실험 수행을 포함해 왔다. 그러한 실험들은 일반적으로 철저하게 통제되며 '과학적'이다. 연구자들은 주의, 지각, 학습, 기억 등의 인지와 연관된 처리 과정을 밝히기 위해 실험을 고안하는 데 엄청난 독창성을 보여 주었다. 그 결과, 실험인지심리학자들의 발견은 인지심리학의 대부분의 이론을 발전시키고 차후 실험들을 수행하는 데 주요한 역할을 해 왔다.

실험인지심리학자들은 전형적으로 과제 수행의 속도와 정확성에 대한 측정치를 얻는다. 이들은 이러한 행동 측정치들을 이용하여 인간 인지와 연관된 내적 처리 과정에 대한 **추론**을 끌어낸다. 이러한 접근의 예를 다음 문단에서 살펴보자.

스트룹 효과(Stroop effect)는 인지심리학의 중요한 현상이다(Stroop, 1935). 실험 참가자들은 화면에 제시된 단어나 무의미 철자열의 색상을 말해야 한다([연구 따라잡기 1-2] 참조). 파란색으로 인쇄된 '파랑'이라는 단어나 빨간색으로 인쇄된 '빨강'이라는 단어의 예처럼 단어와 색상이 일치할 때나 'FPRSM'과 같은 중립적인 철자열일 때는 수행이 빠르

> **Key term**
>
> **스트룹 효과**(Stroop effect): 인쇄된 단어의 색상과 색 단어가 불일치할 때 그 단어의 인쇄된 색상을 명명하는 시간이 더 길어지는 현상(예: 초록색으로 쓰인 '빨강'이라는 단어)

[연구 따라잡기 1-2] 당신은 스트룹 효과가 나타나기 쉬운 사람인가?

다음 과제에서 여러분은 자극의 색상을 최대한 빨리 말해야 한다. 만약 어떤 자극에 대해서 실수를 한다면 그 자극의 색상을 다시 말해야 한다. 각각의 열의 모든 자극의 색상을 말하는 데 걸리는 시간을 측정해 보기 바란다. 네 번째 열을 완수하는 데 더 많은 시간을 필요로 한다면 스트룹 효과가 나타난 것이다. 본문에서 논의한 Kane과 Engle(2003)의 연구에서 제안한 것처럼 네 번째 열보다 다섯 번째 열을 완수하는 데 더 많은 시간이 걸리는가?

1열	2열	3열	4열	5열
	NEST	BLACK	YELLOW	YELLOW
	CHAOS	YELLOW	RED	RED
	OVEN	RED	BLUE	RED
	TENNIS	GREEN	BLACK	BLACK
	RING	BLUE	GREEN	GREEN
	OVEN	RED	BLUE	BLUE
	RING	BLUE	GREEN	GREEN
	CHAOS	YELLOW	RED	RED
	NEST	BLACK	YELLOW	BLACK
	RING	BLUE	GREEN	GREEN
	TENNIS	GREEN	BLACK	BLACK
	CHAOS	YELLOW	RED	RED
	RING	BLUE	GREEN	GREEN
	CHAOS	YELLOW	RED	YELLOW
	OVEN	RED	BLUE	BLUE
	TENNIS	GREEN	BLACK	BLACK
	NEST	BLACK	YELLOW	YELLOW
	OVEN	RED	BLUE	RED
	TENNIS	GREEN	BLACK	BLACK
	CHAOS	BLUE	GREEN	GREEN

고 정확하다. 그러나 (빨간색으로 인쇄된 '파랑'에서처럼) 단어의 색상과 단어가 일치하지 않으면 실험 참가자의 반응은 훨씬 느려진다. 이것이 바로 스트룹 효과이다(MacLeod, 2015).

스트룹 효과는 왜 일어날까? 우리는 단어를 읽는 것이 너무나 친숙해서 [연구 따라잡기 1-2]와 같이 인쇄된 색상과 단어가 불일치하는 시행에서는 갈등을 해결할 시간이 필요하다. 그러나 스트룹 효과에는 다른 부가적인 기제 역시 관련되어 있다. Kane과 Engle(2003)은 전체 시행의 75%가 일치 조건일 때와 일치 조건이 0%일 때의 불일치 시행의 수행을 비교하였다. 그들은 75% 일치 조건에서는 대부분의 시행에서 단순히 단어를 읽기만 해도 되기 때문에 단어 읽기를 무시하고 색상에 반응하라는 과제 목표를 유지하는 것이 훨씬 어렵다고 주장했다. 예상한 바대로 75% 일치 조건에서의 오류율은 0% 일치 조건에 비해 훨씬 높았다(14% 대 3%).

인간 인지에 대한 이해를 증진시키는 데 실험인지심리학자들이 엄청난 기여를 했다는 것은 이 책을 통해 계속 볼 것이다. 그러나 한 가지 문제는 실험실에서 사람들이 행동하는 방식이 일

Key term

생태학적 타당성(ecological validity): 특히 실험실에서 이루어진 연구의 결과가 현실세계에서 일반화될 수 있는 정도

인지신경과학(cognitive neuroscience): 뇌의 활동과 행동으로부터 나온 정보를 결합하여 인간 인지 과정을 이해하려는 목적을 가진 학문적 접근

상생활 속에서와 다를 수도 있다는 것이다. 다시 말하면, 실험실 연구는 실험실 연구를 통한 발견을 일상생활에 적용할 수 있는 정도를 나타내는 생태학적 타당성(ecological validity)이 낮을 수 있다.

두 가지 문제에 대해서 생각할 필요가 있다. 첫째, 실험실 조건에서 잘 통제된 실험을 수행하는 것이 자연적 조건에서 통제되지 못한 실험을 하는 것보다 훨씬 낫다. 사실 실험실에서 실험을 통제하는 것이 훨씬 더 쉽기 때문에 많은 연구가 실험실을 기반으로 수행된다. 둘째, 실험실 연구와 일상의 현장 연구에서 사용되는 기초적인 과정이 다른 연구들도 거의 없다. 실제로 인지심리학의 연구는 종종 실제 세계에서 직접적으로 적용이 가능하다. 이러한 예시는 이 책의 여러 장에서 소개할 것이다.

인지신경과학

행동 실험을 통한 증거는 인간 인지에 대하여 많은 것을 알게 해 주었다. 그러나 인지신경과학(cognitive neuroscience)은 행동 증거에 더하여 인지 과제를 수행하는 동안의 두뇌 활동에 대한 정보를 제공한다. 앞으로 살펴보겠지만, 인지신경과학의 많은 연구는 실험 참가자가 인지 과제를 수행하는 동안의 뇌 활동을 다양한 뇌 영상 기법을 사용하여 측정한다.

여러 영역으로 뇌를 나누기

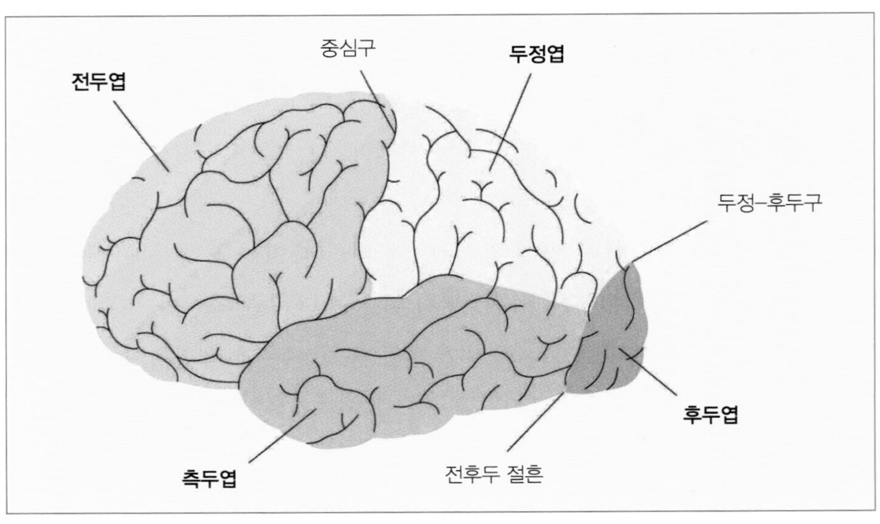

[그림 1-6] 좌반구 대뇌 피질은 네 개의 영역, 즉 엽으로 구분된다.

기능적 뇌 영상을 이용한 연구를 이해하기 위해 우리는 뇌가 어떻게 조직되어 있으며 서로 다른 영역을 어떻게 기술할지에 대해 생각해야 한다. 특정한 뇌 영역을 기술하는 데는 다양한 방식이 있다. 이 중에서 다음의 두 가지 주요한 방식에 대해 설명할 것이다.

첫째, 대뇌 피질은 네 개의 주요한 영역 혹은 엽으로 나뉜다([그림 1-6]). 좌우 반구에 각각 전두엽, 두정엽, 측두엽, 후두엽 이렇게 네 개의 엽이 있다. 전두엽과 두정엽은 중심구(구는 고랑 혹은 홈을 의미한다)에 의해 나뉜다. 또한 외측열을 기준으로 측두엽을 두정엽과 전두엽으로부터 나눌 수 있다. 두정-후두구와 전후두 절흔을 기준으로 두정엽과 측두엽으로부터 후두엽을 구분할 수 있다. 대뇌 피질의 주요한 회(이랑이라고도 하며, 단수는 gyrus, 복수는 gyri라고 한다)를 [그림 1-6]에서 볼 수 있다. 우리의 뇌는 좌, 우 두 개의 반구가 있기 때문에 엽은 모두 쌍으로 존재한다(예: 좌반구 전두엽, 우반구 전두엽 등).

특정 과제 수행 동안에 활성화되는 뇌 영역을 좀 더 정확히 기술하기 위해 연구자들은 다양한 용어를 사용한다.

- **배측**(dorsal): 위쪽 혹은 위로 향하는
- **복측**(ventral): 아래쪽 혹은 아래로 향하는
- **전측**(anterior): 앞쪽을 향하는
- **후측**(posterior): 뒤쪽을 향하는
- **외측**(lateral): 측면 바깥쪽에 위치한
- **내측**(medial): 중앙 내부에 위치한

둘째, 독일의 신경학자인 Korbinian Brodmann(1868~1918)은 세포 조직 구조의 다양성에 기초하여 뇌의 지도를 제작하였다([그림 1-7] 참조). 브로드만이 구분한(전부는 아니지만) 많은 뇌 영역이 기능적으로 구분된 영역과 일치한다. 그러한 영역을 종종 BA17이라고 부를 텐데, 이는 단순히 브로드만 영역 17번을 의미한다.

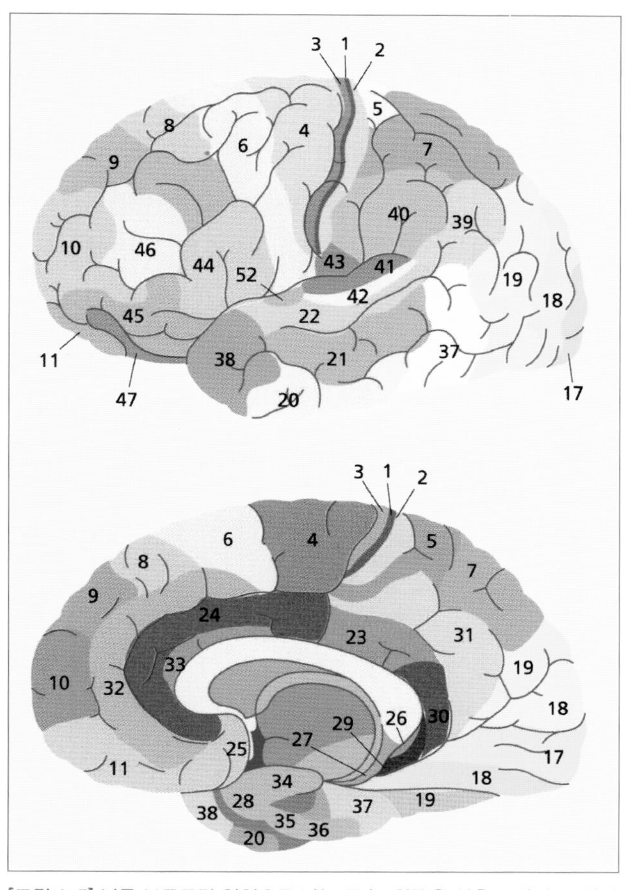

[그림 1-7] 뇌를 브로드만 영역으로 나눈 모습. 위쪽은 외측 표면이고, 아래쪽은 내측 표면이다.

Key term

해마(hippocampus): 기억 부호화와 공간적 지식에 특히 중요한 피질하 구조

편도체(amygdala): 위험 및 다른 정서 유발 자극의 탐지를 위해 특히 중요한 피질하 구조

시상(thalamus): 뇌의 의식 상태를 조절하는 것과 연관된 피질하 구조

대뇌 이외의 뇌 영역들

지금까지 우리는 바깥으로 보이는 뇌의 부분이자 이랑과 고랑으로 구성된 크고 둥근 구조인 대뇌에 대해 살펴보았다. 대뇌 아래쪽, 머리의 중앙부에는 피질하 구조(대뇌를 피질이라고도 부른다. 물론 피질이라는 말은 정확하게 대뇌의 바깥쪽의 회색 층을 뜻한다. 그래서 **피질하**라는 말은 피질의 아래쪽이라는 뜻임)라고 불리는 작은 구조들이 많이 있다.

이 책의 내용과 관련하여 세 가지 피질하 구조가 중요한데, 그것은 해마, 편도체, 그리고 시상이다([그림 1-8]).

해마(hippocampus)는 기억을 부호화하고 (자신이 어디에 있고 목표 지점까지 가는 방법을 아는 것과 같은) 공간 지식을 처리하는 데 특히 중요한 피질하 구조이다. 상상력을 조금만 동원하면 그 모양이 바다에 사는 해마처럼 생겼고, 이름을 여기서 따왔다. 좌뇌와 우뇌에 각각 하나씩 있다.

편도체(amygdala)는 좌우 뇌의 해마 앞쪽 끝에 위치하고 있다. 이 구조물은 특히 공포를 불러일으키거나 정서적으로 각성을 일으키는 상황에서 활성화된다. 특히 무서운 자극은 피질의 정교한 처리 없이 직접적으로 편도체를 활성화시킨다는 증거가 있다.

시상(thalamus)은 뇌의 정 중앙에 위치하며 다양한 뇌의 영역들을 중계하는 터미널과 같은 기능을 한다. 물론 뇌의 서로 다른 영역들 사이의 직접적 연결을 가진 경우도 많이 있긴 하다. 시상은 수면, 각성, 혼수 상태와 같이 의식 상태를 조절하는 기능 역시 갖는다.

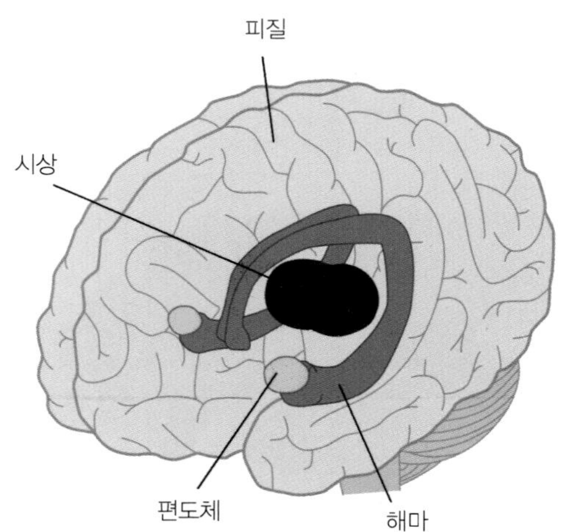

[그림 1-8] 세 개의 중요 피질하 구조

최근 수년간 괄목할 만한 기술적 진전을 통하여 우리가 과제를 수행할 시 뇌가 무슨 활동을 하는지에 대한 자세한 정보를 줄 수 있는 여러 가지 방법을 개발하여 왔다. 이제 뇌의 활동이 어디서 그리고 언제 일어나는지를 이해할 수 있다. 다음 내용에서는 두 가지 뇌 연구방법을 소개할 것인데, 하나는 뇌에서 처리가 일어나는 장소를 연구하는 데 주로 사용되는 뇌 연구방법이고 다른 하나는 그 처리가 언제 일어나는가를 연구하는 방법이다.

기능적 자기공명영상(fMRI)

자기공명영상(MRI)에서 무선 주파수는 뇌의 원자를 활성화시키기 위해 사용된다. 이는 자기장의 변화를 일으키고 환자 주변에 위치하는 (무게가 11톤에 이르는) 아주 큰 자석은 이 변화를 감지한다([그림 1-9]). 감지된 신호는 컴퓨터에 의해 해석된 뒤, 아주 정확한 3차원의 그림으로 변환된다. 다양한 각도에서 자기공명영상을 획득할 수 있지만, 이는 뇌의 **기능**과 관련된 것이 아니라 뇌의 **구조**에 대해서만 말해 준다.

> **Key term**
>
> **기능적 자기공명영상**(functional magnetic resonance imaging: fMRI): 자기공명영상 기기를 이용하여 혈액의 산소포화도 영상에 기초하여 뇌를 영상화하는 기법으로 아주 좋은 공간 해상도를 가지며, 합리적 수준의 시간 해상도를 가짐

인지신경과학은 일반적으로 뇌의 구조보다는 그 기능에 더 관심이 많다. 다행히도, 자기공명영상 기술은 기능적 자기공명영상(functional magnetic resonance imaging: fMRI)의 형태로 기능에 대한 정보를 제공해 줄 수 있다. fMRI에서 측정되는 것은 뇌의 활동을 암시하는 산소화된 적혈구가 어떤 뇌 영역에 얼마나 축적되는가를 평가함으로써 이루어진다. 기술적으로 이를 혈중산소농도의존(BOLD) 신호라 한다. 뇌의 활동이 증가하여 BOLD 신호에 변화가 일어나기까지는 시간이 좀 걸리기 때문에 fMRI의 시간 해상도는 약 2초에서 3초 정도 된다. 그러나 fMRI의 공간 해상도는 약 2~3mm로 매우 좋다.

fMRI를 이용해서 Carter와 동료들(1998)은 뇌의 어떤 영역이 오류 탐지와 수정에 관여하는

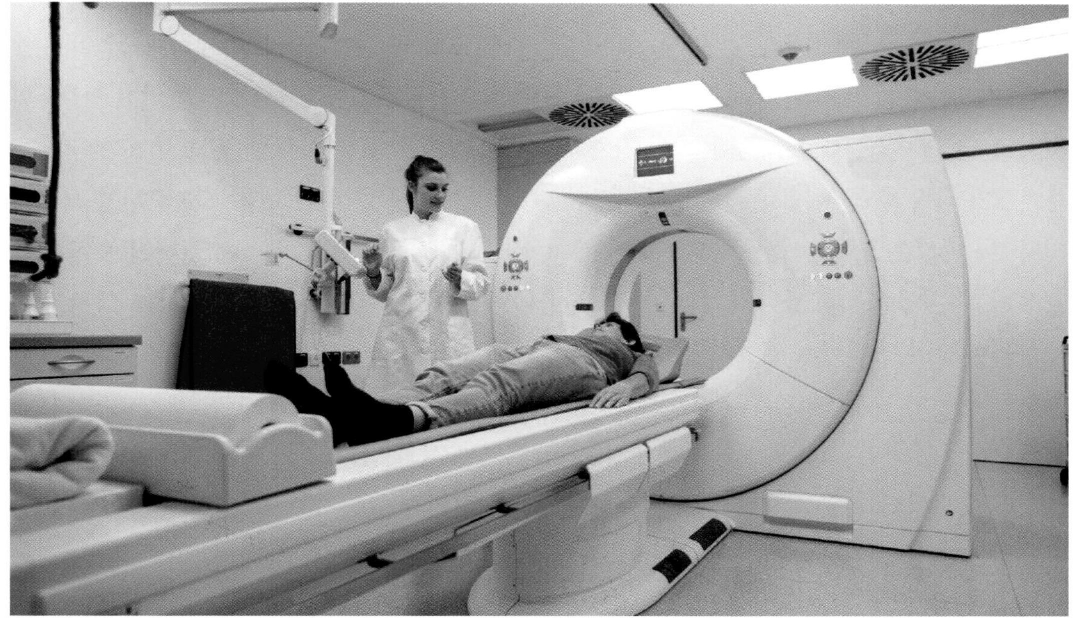

[그림 1-9] fMRI 연구의 기본이 되는 BOLD 반응을 측정하기 위해 사용되는 MRI 스캐너
출처: © Westend61 GmbH/Alamy.

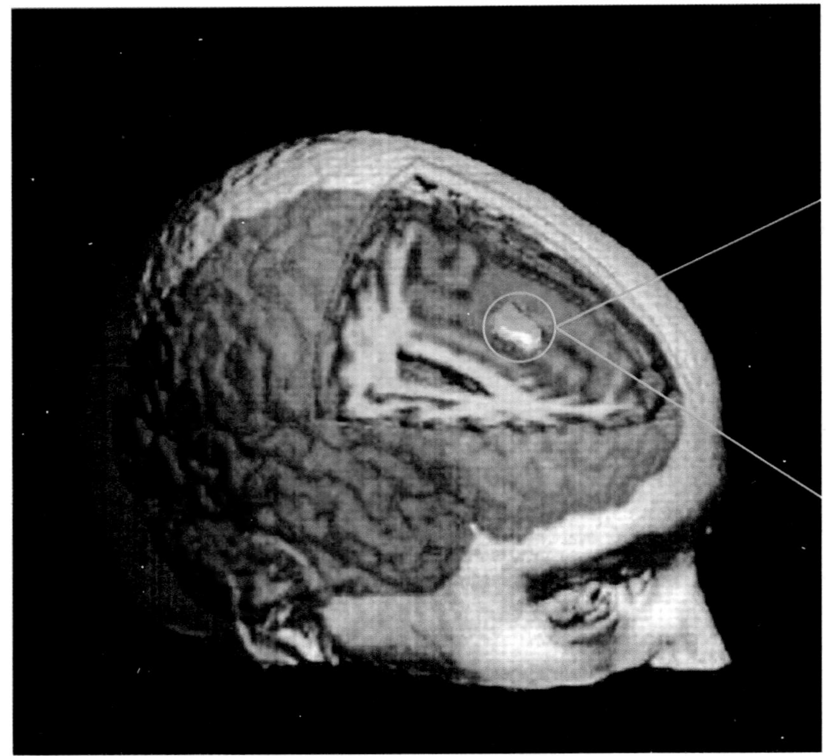

[그림 1-10] 우리가 실수를 했을 때 이를 알아차린 후 활성화되는 뇌의 영역. 이 영역은 배내측 전두엽(브로드만 영역 24와 32)
출처: Carter et al. (1998). The American Association for the Advancement of Science의 허가를 얻어 실음.

지를 조사하였다. 사람들은 종종 잘못된 반응을 하고 재빨리 그 실수를 수정해야만 한다. 이 문제를 연구하기 위해 저자들은 실험 참가자를 MRI 기계 안에 위치시킨 후 문자 A가 나온 뒤 문자 X가 나올 때만 특정 버튼을 누르고, 다른 모든 시행에서는 다른 버튼을 누르도록 요구하였다. 이 과정은 오류가 발생하기 쉬우며, Carter와 연구진은 잘못된 반응이 있는 경우와 없는 경우의 뇌 활동을 비교했다. [그림 1-10]에서 볼 수 있듯이 배내측 전두엽의 작은 영역이 참가자들이 오류를 범한 조건에서 활성화되었다. 이후의 연구는 이 부위가 인지 작용 조절에 관여하는 전두엽 및 나머지 뇌의 영역들과 밀접한 관련이 있다는 것을 보여 주었다. Cojan과 동료들(2015)은 최면에 취약한 개인에게서 이 영역의 활성화 감소를 추가로 관찰했으며, 오류 모니터링의 차이가 일부 사람들이 다른 사람들보다 최면에 걸리기 쉬운 한 가지 이유일 수 있다고 조심스럽게 주장하였다.

왜 fMRI를 통해 얻은 정보는 유용할까? 첫째, 우리가 한 과제를 수행할 때 뇌의 서로 다른 영역이 활성화되는 순서를 알아낼 수 있게 해 준다. 이것은 과제 수행에 관련된 정보처리 과정에 대한 귀중한 통찰력을 제공할 수 있다.

둘째, 두 개의 다른 과제를 수행할 때 동일한 방식으로 동일한 뇌의 영역이 관여하는지, 아니면 두 과제 사이에 중요한 차이가 있는지 알아낼 수 있게 해 준다. 예를 들어, 얼굴 인식에 관련된 과정이 사물 인식에 관련된 과정과 동일한지 여부에 대해서는 약간의 논란이 있어 왔다. 뇌 영상 연구에서 나온 증거는 두 과제에 관여하는 뇌 영역이 다소 다른데, 이는 얼굴 인식에 사용되는 과정이 사물 인식에 사용되는 과정과 다르다는 것을 강하게 시사한다.

사건 관련 전위(ERP)

기능적 자기공명영상은 좋은 공간 해상도(뇌의 활성화 영역의 측정과 관련된 정확도)를 가지고 있지만 제한된 시간 해상도(뇌 활성화의 타이밍을 평가하는 것과 관련된 정확도)를 가진다. 기본 인지정보처리는 1초 미만으로 지속되기 때문에 1밀리세컨드 단위로 측정되어야만 한다(1,000분의 1초를 의미하며, 보통 ms라는 약자로 씀). 이러한 정확성은 뇌전도(electroencephalogram: EEG)를 사용하면 얻을 수 있다. 뇌전도는 두피 표면에서 측정한 뇌의 전기적 활동의 기록에 기초한다([그림 1-11]). 뇌에서의 전기적 활동의 아주 작은 변화를 두피에 부착한 전극에서 탐지한다. 그러나 주어진 자극을 처리하면서 나타나는 전기 신호는 자연 발생적 뇌 신호나 배경 소음에 의해 생기는 뇌의 활동에 의해 방해를 받을 수도 있다. 이러한 문제는 같은 유형의 자극을 반복적으로 제시함으로써 해결될 수 있다. 이런 방식으로 각 자극에 대한 뇌전도의 변화를 추출하여 이를 자극의 제시 시작 시간에 맞게 정렬시킨다. 이러한 뇌전도 성분은 조건별로 평균을 내어 단일한 뇌파를 만든다. 이러한 방법을 통해 뇌전도 기록을 이용한 사건 관련 전위(event-related potentials: ERPs)를 만든다. 이러한 방식으로 배경으로부터 온 소음과 자극으로부터의 진짜 효과를 구별할 수 있다.

> **Key term**
>
> 사건 관련 전위(event-related potentials: ERPs): 같은 혹은 유사한 자극이 반복적으로 제시될 때 뇌의 반응을 평균하여 얻은 뇌파(electroencephalograph: EEG) 활동의 양상

Lorist와 동료들(2005)은 사건 관련 전위를 적용하여 한 흥미로운 연구 결과를 보고하였다. 그들은 Carter와 동료들(1998)이 관찰한 오류 관련 신호가 뇌전도 신호에서도 관찰될 수 있는지 궁금하였다. 저자들은 먼저 H와 S를 컴퓨터 화면에 제시하였다. 실험 참가자들은 H가 제시되었을 때는 왼손을 이용해 버튼을 눌러야 했고, S가 제시되었을 때는 오른손을 이용해 반응을 하였다. 참가자들은 때때로 오류를 범했다. Lorist와 동료들(2005)은 정반응과 오반응 때의 사건 관련 전위 신호를 비교하였다. 또한 두 시간의 실험 세션의 처음과 끝의 신호를 비교하였다. [그림 1-12]에서 볼 수 있듯이, 두 유형의 시행 사이에는 주요한 차이가 있었다. 정반응 시행의 신호는 다소 평평한 반면, 오반응 시행에서는 처음에는 부적 파형이 나타나다가 후

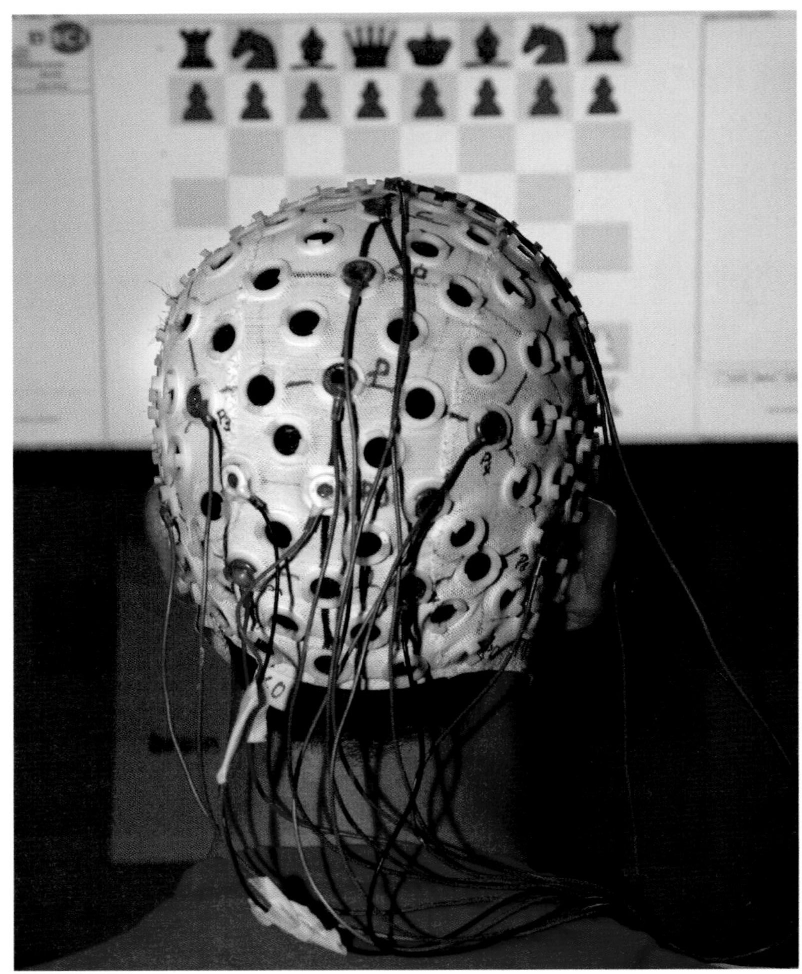

[그림 1-11] 뇌에서 뇌전도 신호를 측정하기 위해 머리에 실험용 모자를 쓰고 전극을 부착한 모습. 같은 종류의 자극을 반복적으로 제시함으로써 연구자는 뇌전도 기록으로부터 사건 관련 전위 신호를 추출할 수 있다.
출처: © dpa picture alliance archive/Alamy.

에 정적 파형으로 바뀌는 것을 관찰하였다. 그리고 이 두 시행 사이의 차이는 실험의 끝보다는 초기에 더 강하였다. 실험의 마지막으로 갈수록 실험의 피로감이나 습관화가 오류 탐지 기능을 무디게 했던 것이 명백하다. 중요한 것은 이러한 결론이 뇌전도 신호로부터 직접적으로 도출될 수 있다는 것이다. 연구자들은 실험 참가자에게 정반응과 오반응 시행 사이에 다르게 반응했는지, 실험의 시작 부분에서 끝에 비해 더 집중도가 높았었는지 물어볼 필요가 없다.

사건 관련 전위는 공간 해상도가 별로 좋지 않지만 시간 해상도는 아주 훌륭하다. 실제로, 사건 관련 전위는 주어진 과정이 언제 몇 ms 이내에 발생했는지를 나타낼 수 있다. 그러나 사

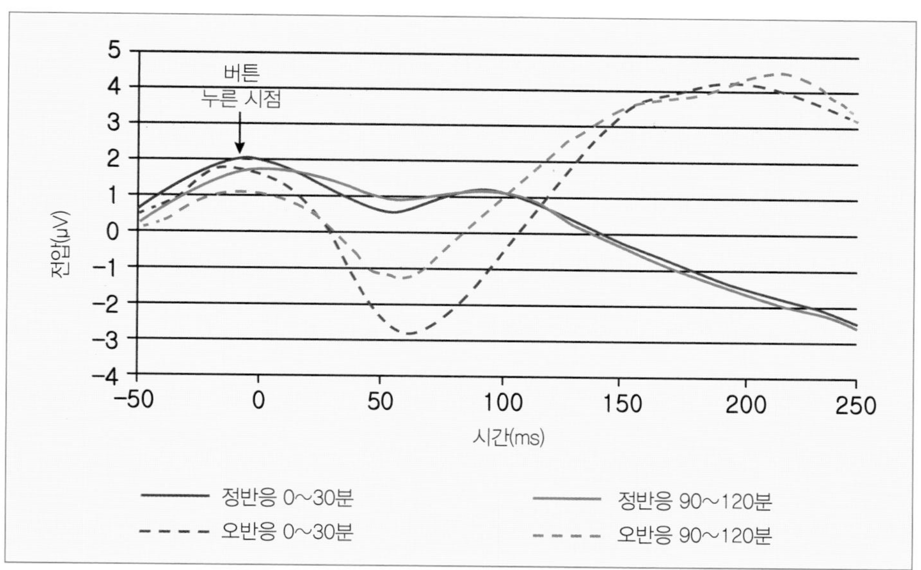

[그림 1-12] 두 시간짜리 실험의 첫 30분과 마지막 30분에서 정반응과 오반응 시의 사건 관련 전위 신호의 차이
출처: Lorist et al. (2005).

건 관련 전위를 사용할 때는 한계도 있다. 일관된 사건 관련 전위 패턴을 생성하기 위해서는 주어진 자극이 여러 번 제시되어야 한다는 것을 기억하기 바란다. 이 방법은 참가자들이 각 시행에서 동일한 방식으로 자극을 처리할 때는 잘 작동하지만 각 시행을 다른 방식으로 처리한다면 적절하지 않다. 예를 들어, 실험 참가자가 철자 순서를 바꾼 문자열에서 올바른 단어를 찾는 과제(예: BLTTOE를 제시하고 이 문자로 단어 만들기)를 처음 할 경우 정답을 알아내는 데 시간이 오래 걸릴 수 있지만, 이후의 시행에서는 훨씬 적은 정보처리를 수반할 가능성이 있다.

평가

사건 관련 전위와 뇌 영상 기법은 다양한 인지 과제를 수행할 때 뇌 활성화의 타이밍과 위치에 대한 유용한 정보를 제공한다. 이 정보는 행동적 증거와 결합하게 되면 인간 인지의 이해를 증진시키는 데 큰 가치가 있다는 것을 증명해 왔다. 이 책에서 이러한 수많은 예를 살펴볼 것이다. 그러나 뇌 영상 기법이 마법의 해결책을 제공하지는 않는다. 중요한 것은 뇌 영상 연구로부터 얻은 발견을 해석하는 것이 쉽지 않다는 것이다. 이러한 해석의 어려움을 가져오는 네 가지 이유를 살펴보자.

첫째, 연구자들이 특정 뇌 영역이 과제 수행 중에 활성화된다고 주장할 때, 이는 뇌 영역이 어떤 기준에 비해 상대적으로 더 많이 활성화된다는 것을 의미한다. 적절한 기준은 무엇일까?

Key term

기능적 전문화(functional specialization): 인지적 기능(예: 색상 처리, 얼굴 처리)이 특정한 뇌 영역에서만 일어난다는 (일부분만 옳은) 가정

손상(lesion): 질병이나 부상으로 인한 뇌 내부의 구조적 변화

우리는 휴식 상태(예: 참가자가 눈을 감고 앉아 있을 때)가 적절한 기준 조건이라고 주장할 수 있다. 그러나 휴식 상태에서도 뇌 활동은 매우 활발하며, 과제를 수행할 때 증가되는 뇌 활동은 휴식 상태보다 5% 정도밖에 되지 않는다. 실제로 뇌는 혼수 상태나 마취 상태 또는 서파수면 상태일 때에도 매우 활동적이다(Boly et al., 2008). 그러므로 우리가 관찰하는 대부분의 뇌 활동은 기본적인 뇌 활동을 반영한다. 게다가, 연구자들은 과제의 요구를 반영하는 수행의 결과로서 **증가**하는 뇌 활동에 특히 주의를 기울인다. 그러나 실제로 일부 뇌 영역에서는 과제 수행에 따라 뇌 활동이 **감소**하는 경우도 종종 있다(Raichle, 2010). 특히 이러한 감소된 뇌 활동은 현재 과제가 상당한 노력을 요구할 때 나타나기 쉽다. 그리고 이는 과제와 관련 없는 처리를 다루는 능력도 감소시킨다. 요점은 뇌의 기능은 가정하는 것보다 훨씬 더 복잡하다는 것이다.

둘째, 뇌 영상 기법은 뇌 활성화 패턴과 행동 사이에 연관성이 있다는 것을 나타낼 뿐이다. 예를 들어, 추리 과제에 대한 수행은 뇌의 앞쪽에 있는 전전두 피질의 활성화와 관련이 있을 수 있다. 이런 연관성은 해석하기 어렵다. 우리는 전전두피질의 관여가 추리 과제 수행에 필요하거나 필수적이라고 확신할 수 없다. 혹시 추리 과제를 틀릴 가능성에 대한 생각에 의해 야기된 불안이 해당 뇌 영역을 활성화시킨 것은 아닐까?

셋째, 대부분의 뇌 영상 연구는 기능적 전문화(functional specialization) 가정에 기초한다. 이것은 각각의 뇌 영역이 각기 다른 기능에 특정화되어 있다는 생각이다. 그러나 문제는 훨씬 더 복잡하다. 주어진 과제의 수행은 종종 동시에 여러 뇌 영역의 활성화와 연관되며, 이러한 활성화 양상은 통합되고 조정되는 경우가 많다. 과제 수행 중에 활성화되는 특정 뇌 영역을 정확히 파악하는 것보다 조율된 여러 뇌 영역의 활성화와 관련된 뇌 연결망을 식별하는 것이 더 어렵다(Ramsey et al., 2010).

넷째, 두뇌의 정보처리가 언제 어디서 이루어지는지를 아는 것이 더 중요한 질문인, 그 처리가 '어떻게' 이루어지는가에 대해서는 대답할 수 없다. 마지막 질문에 대해 답하기 위해서는 과제가 어떻게 수행되고 어떤 과정이 관여하는지에 대한 상세한 이론이 필요하다.

인지신경심리학

안타깝게도 전 세계 수백만의 사람들이 부상이나 질환 때문에 발생하는 구조적 뇌 손상(lesion)을 가지고 있다. 결과적으로, 이 환자들은 인지 정보처리에 문제를 가지고 있다. 심리

학자들은 뇌의 오작동을 연구함으로써 뇌의 작용에 대한 유용한 정보를 얻을 수 있다는 것을 발견했다. 이 연구는 세계대전 이후 많은 발전을 이루었는데, 전쟁에서 많은 군인(및 민간인들)이 뇌에 총탄을 맞아서 생긴 작은 뇌 병변을 가지고 있었기 때문이다.

이 책에서 뇌 손상에 의해 유발된 수많은 흥미로운 사례를 다룰 예정이다. 여기서는 두 가지 사례만 소개한다. 첫째, 2장에서 더 자세히 다루게 될 맹시라는 질환이 있다. 이 질환은 매우 흥미로운데, 맹시 환자들은 자신의 뇌의 '보이지 않는' 시각 영역에 제시된 사물이 보이지 않는다고 말한다. 따라서 우리는 그 영역에서 맹시 환자들의 지각 능력이 없다고 생각할 수도 있다. 하지만 맹시 환자들은 두 영역에서 자극이 어디에 나왔는지, 혹은 자극이 나왔는지 아닌지를 추측하는 과제를 수행할 때 상당히 잘 해낸다! 따라서 의식적인 시각 경험의 부재 가운데서도 다양한 시각 과정이 어느 정도의 효율을 가지고 작동할 수 있다.

둘째, 얼굴 실인증이라는 질환이 있다(이 질환 역시 2장에서 자세히 다룰 것이다). 이 질환을 겪는 환자들은 얼굴을 알아보지 못하기 때문에 많은 당혹감을 경험한다. 그 결과, 그들은 가까운 친구나 동료들을 무시하게 되는 위험에 항시 노출되어 있다. 흥미롭게도, 지각적 손상은 일반적인 것이 아니어서 단순히 시력이 나빠진 질환들 중 하나가 아니다. 얼굴 실인증은 얼굴을 제외한 다른 대부분의 사물을 인식하는 것에는 큰 어려움이 없다. 이는 뇌의 한 영역이 얼굴을 인식하는 데 특화되어 있다는 것을 시사한다.

주요 가정들

여기서 우리는 인지신경심리학의 몇 가지 주요한 가정에 대해 논의할 것이다(Coltheart, 2001). 그중 한 가지가 단원성(modularity) 가정이다. 이는 인지 체계가 비교적 서로 독립적으로 작동하는 수많은 단원 혹은 처리 장치로 구성된다는 것을 의미하며, 하나의 단원은 **한 종류의** 특정 자극에만 반응한다고 가정한다. 예를 들어, 얼굴이 제시될 때만 반응하는 얼굴-인식 모듈이 존재할 것으로 가정하는 것이다.

> **Key term**
>
> **단원성(modularity)**: 인지 체계가 상당히 독립적이거나 개별적인 여러 모듈 또는 프로세서로 구성되어 있으며, 각각의 모듈 또는 프로세서는 특정 유형의 정보처리에 특화되어 있다는 가정(예: 얼굴 정보처리)

단원성 가정을 지지하는 몇몇 결과가 있다. 예를 들어, 시각 자극의 처리를 생각해 보자. 시각 자극의 다른 측면(예: 색, 형태, 움직임)은 서로 다른 특정 뇌 영역에서 처리된다는 것이 여러 연구에서 보고되어 왔다. 반면에 앞에서 논의된 하향식 처리와 쌍방향 처리의 존재는 두뇌 체계가 완벽하게 독립적으로 기능할 가능성은 거의 없다는 것을 시사한다. 각각의 하위 두뇌 시스템은 항상 더 큰 네트워크에 속해 있다.

또 다른 중요한 가정은 단원이나 처리 장치를 구성하는 방식이 사람마다 매우 유사하다는

Key term

해리(dissociation): 뇌 손상 환자와 관련된 개념으로, 한 과제에서는 온전한 수행을 보이지만 다른 과제에서는 심하게 손상된 수행을 보이는 것

이중 해리(double dissociation): 어떤 사람(종종 뇌 손상을 입은)은 한 과제에서는 온전한 수행을, 다른 과제에서는 낮은 수행을 보이지만, 또 다른 사람은 반대의 양상을 보이는 현상

것이다. 만약 이 가정이 옳다면, 우리는 한 명의 뇌 손상 환자로부터 얻은 정보를 일반화하여 다른 사람의 두뇌 시스템이 어떻게 조직화되어 있는가에 대한 결론을 도출할 수 있다. 만약 이 가정이 틀리다면, 그 환자로부터 얻은 발견을 일반화하지는 못할 것이다.

마지막으로 중요한 가정은 바로 감산성 가정이다. 이 가정의 기본적인 생각은 뇌 손상이 하나 이상의 단원을 손상시킬 수 있지만 이 손상이 새로운 단원을 발전시키거나 새로운 처리 전략을 사용하도록 이끌지는 못한다는 것이다. 결과적으로 환자가 대안적 전략에 기초하여 과제를 비교적 잘 수행할 수 있다면 그 특정 기능에 관여하는 뇌 영역의 기여는 과소평가될 수 있다.

인지신경심리학자들이 인지 체계가 어떻게 작동하는지 이해하는 한 가지 방법은 해리를 찾는 것이다. 환자가 한 과제에서는 건강한 사람과 동일한 수행 수준을 보이지만 두 번째 다른 과제에서는 수행이 크게 저조할 때 해리(dissociation)가 일어났다고 한다. 예를 들어, 기억상실증(심각한 기억 문제와 연관된 질환) 환자가 장기기억과 관련된 몇몇 과제를 잘 수행하지 못하지만, 단기기억과 관련된 과제는 정상인만큼 잘 수행하는 경우이다(4장과 5장 참조).

앞의 연구 결과는 장기기억과 단기기억이 별도의 기억 체계로 움직인다는 것을 시사한다. 그러나 대안적 설명으로, 뇌 손상 때문에 어려운 과제에 대한 수행 능력이 저하되었고, 장기기억 과제는 단기기억 과제에 비해 더 어렵기 때문에 이러한 해리가 발생했다고 주장할 수도 있다. 이러한 문제를 극복하기 위하여 인지신경심리학자들은 이중 해리(double dissociation)에 큰 관심을 갖는다. 만약 한 환자가 X라는 과제는 정상인의 수준으로 수행하지만 Y라는 과제는 큰 손상을 보인다면, 두 과제에 대해 반대의 양상을 보이는 다른 환자를 찾는다. 단기 및 장기기억의 예에 이를 적용하면, (앞의 예와는 반대 양상인) 대부분의 단기기억 과제에서는 저조한 수행을 보이고 장기기억 과제는 손상을 보이지 않는 환자를 찾을 수 있다면 두 개의 기억 체계가 분리되어 있다는 훨씬 더 강한 증거를 갖게 되는 것이다. 이 내용은 4장에서 더 자세히 볼 것이다.

인지신경심리학자들이 다루어 온 중요한 이슈는 개인을 중심으로 연구할 것인가 아니면 집단을 중심으로 연구할 것인가이다. 건강한 사람을 대상으로 한 연구에서는 연구 결과가 꽤 많은 수의 참가자에게서 획득된 것이라면 더 큰 확신을 갖는다. 그러나 이러한 집단 중심의 접근법을 뇌 손상 환자 연구에 적용하는 것은 문제가 있다. 왜냐하면 명백하게 동일한 질환을 가진 환자들이라고 해도 그 손상의 양상이 저마다 다르기 때문이다. 실제로 환자 개개인은 마치 하나하나의 눈송이가 다 다른 모양을 갖는 것처럼 독특한 사례로 간주될 수 있다

(Caramazza & Coltheart, 2006). 따라서 신경심리학적 연구 데이터는 뇌 손상 환자와 정상인 집단을 모두 포함하는 보다 넓은 관점에서 통합하여 연구되어야 한다. 단일 환자 사례 연구로부터 나온 신경심리학적 발견은 집단 연구에 기초해서 개발된 인지 이론을 검증할 때 특히 가치가 있다. 마찬가지로 한 환자의 사례가 새로운 이론으로 이어진다면, 이 이론을 통해 예측된 가설은 건강한 실험 참가자 집단 연구를 통해 검증되어야만 한다.

경두개 자기자극

인간 인지의 이해를 연구하는 연구자들에게 이상적인 뇌 손상 사례는 첫째, 손상 부위가 작아야 하고, 딱 하나의 뇌 시스템에만 영향을 주어야 할 것이다. 둘째, 그 손상은 아주 짧게 지속돼서 그 단원이 제대로 기능할 때와 기능하지 못할 때의 수행을 비교하기가 용이해야 할 것이다. 셋째, 연구자들이 어떤 뇌 영역을 단기간 손상을 받게 할지를 정확하게 결정할 수 있어야만 할 것이다.

앞 문단에서 언급한 이상을 현실화하는 것은 불가능하게 들릴지 모르지만, 우리가 이제 논의할 연구방법은 그 이상에 꽤나 가깝다. 이 방법에는 뇌 손상 환자들이 포함되지 **않는다**. 그러나 다양한 뇌 영역의 불활성화에 기인하는 수행 양상의 변화를 강조한다는 점에서 전통적인 인지신경심리학 연구와 유사하다.

경두개 자기자극(trancranial magnetic stimulation: TMS)에서는 (8자 모양의) 코일을 실험 참가자의 머리 가까이에 놓고 (1ms 이하의) 매우 짧은 전류를 통해 큰 자기 펄스를 흘려 준다. 이것은 뇌의 전기 자극을 생성하는 아주 짧은 자기장을 형성한다. 이 전기 자극은 일반적으로 영향을 받은 영역(약 1cm^{3}의 범위)의 활성화를 억제시킨다. 실제로 이 방법이 사용될 때는 꽤 짧은 시간 안에 몇 개의 자기 펄스 자극이 이루어지는 반복 경두개 자기자극(rTMS)이 시행되기도 한다.

> **Key term**
>
> **경두개 자기자극(transcranial magnetic stimulation: TMS)**: 자기 펄스가 특정 뇌 영역의 기능을 잠시 방해하여 짧은 시간 동안의 병변을 만들어 내는 기법. 몇 개의 펄스가 연속적으로 빠르게 주어지면 그 기법을 반복 경두개 자기자극(rTMS)이라고 함

경두개 자기자극(TMS)이나 반복 경두개 자기자극(rTMS)이 **왜** 유용할까? 만약 특정 뇌 영역에 적용된 TMS가 과제 수행의 저하로 이어진다면 그 뇌 영역이 과제 수행에 필요한 부분이라고 결론 내릴 수 있다. 반대로, TMS가 과제 수행에 영향을 미치지 **않는다면** 그 뇌 영역은 효과적 과제 수행을 위해서 필요한 영역이 아니다. 예를 들어, Desmurget과 동료들(1999)은 실험 참가자가 움직이는 표적을 가리키는 과제를 수행할 때 그들의 후측 두정 피질(뇌의 뒤쪽의 윗부분)에 TMS를 처치할 경우 팔의 움직임을 교정하는 데 더 서툴게 된다는 것을 관찰했다. 이 발견에 근거하여 저자들은 후측 두정피질에서 손의 위치의 내적 표상을 만듦으로써, 현재 진

행 중인 궤적을 수정하기 위해 운동 피질에서 사용되는 동적 운동 오류 신호를 계산한다고 가설을 세웠다(두정 피질은 주의의 방향과 환경 내의 자극의 위치를 표상하는 데 중요한 역할을 한다고 알려져 있다). TMS에서 가장 흥미로운 것은 특정 뇌 영역의 활동이 어떤 과제에 대한 정상적인 수준의 수행에 **필요한가**를 밝힐 수 있다는 것이다. 그래서 Desmurget과 동료들의 연구에서는 정확한 팔 움직임을 위해서는 운동 피질과 전두엽의 인지 통제 기제뿐만 아니라 후측 두정 피질도 필요하다는 것을 보여 주었다.

TMS를 통한 뇌 자극이 얼마나 많은 피질 영역에 정확히 영향을 주는지, 또는 그 효과가 어떻게 뇌에 영향을 주는지에 대해서 아직 분명한 기제를 알지 못한다는 점은 TMS의 한계로 지적된다. 뇌 자극 때문에 영향을 받는 뇌 영역의 활성화를 **감소**(억제 효과)시키는데, 이는 그 효과가 일시적인 뇌 병변으로 인한 효과와 유사하다는 개념과 들어맞는다. 그러나 TMS를 통한 뇌 자극 직후에 짧게 뇌의 활성화가 **증가**(촉진 효과)된다는 결과도 있다(Bolognini & Ro, 2010). 어느 경우든 TMS가 인지 과제 수행에 지장을 준다는 것은 자극된 뇌 영역이 특정 과제를 효과적으로 수행하기 위해 꼭 필요하다는 것을 나타낸다(Ziemann, 2010).

평가

⊕ 인지신경심리학과 경두개 자기자극(TMS)은 모두 특정 과제 수행에 필요한 뇌 영역을 식별할 수 있게 한다(Fellows et al., 2005).
⊕ TMS는 수많은 뇌 영역의 활동을 방해하는 데 사용될 수 있는 융통성 있는 연구방법이다.
⊕ 뇌 손상 환자를 통한 이중 해리 연구는 다양한 주요 처리 단원이 존재한다는 강력한 증거를 제공한다.
⊖ 뇌 손상이 단일한 단원으로만 한정된다면 뇌 손상 환자 연구를 통해 얻은 발견을 해석하는 것은 상대적으로 쉬울 것이다. 그러나 실제로 많은 뇌 활성화는 몇 개 이상의 단원들 사이의 상호작용으로 나타나고 뇌 손상 역시 종종 뇌 안의 여러 체계에 영향을 미치기 때문에 환자 연구를 통한 결과의 해석은 매우 복잡하다.
⊖ TMS는 뇌의 피질 구조에만 적용할 수 있고 얼마나 많은 뇌 영역이 영향을 받는지 알기 어렵다.
⊖ TMS가 뇌에 미치는 효과는 복잡하다. 일반적으로 억제 효과를 나타내지만, 촉진 효과를 생성할 수도 있다.

계산인지과학

인지를 연구하는 또 다른 방법은 우리의 뇌와 동일하게 작동하는 인공 시스템을 구축하는 것인데, 이를 계산인지과학이라 한다. 먼저, 계산 모형화와 인공 지능을 구분하는 것부터 시작하자. 계산 모형화(computational modeling)는 인간의 인지 기능의 일부 측면을 모델링(혹은 모방)하도록 컴퓨터를 프로그래밍 하는 것과 관련된다. 이와는 대조적으로, 인공 지능은 지적인 결과를 생산하는 컴퓨터 시스템을 구축하는 것과 관련되지만 일반적으로 인간의 정보처리와는 매우 다르다.

Key term

계산 모형화(computational modeling): 인간 인지 기능의 특정 측면을 모사하고 흉내 낼 수 있는 컴퓨터 프로그램을 구성하는 것

인공 지능은 딥 블루(Deep Blue)라고 알려진 체스 프로그램을 만드는 데 사용되었는데, 이 프로그램은 1997년 세계 체스 챔피언인 게리 카스파로프(Garry Kasparov)와 두 번 대결하여 두 번째 경기를 이겼다. 이것은 초당 2억 개의 체스의 위치를 계산하여 작동되는데, 이는 인간 체스 선수들이 적용하는 방식과는 근본적으로 다른 것이다.

이 책에서는 인공 지능보다는 계산 모형화에 집중할 것이다. 왜냐하면 후자가 인간의 인지를 이해하는 것과 더 직접적인 관련성이 있기 때문이다. 물론 계산 모형을 이해하기 위해서는 많은 수학적 지식을 요구하기 때문에 이 책에서는 아주 간단하게만 다룰 것이다. 실제로 계산 모형은 보통 수학과 컴퓨터 프로그래밍에 관심이 많은 심리학자나 심리학적 정보처리나 로봇에 관심이 많은 공학자가 제작한다.

계산인지과학자는 자신의 계산 모형을 개발할 때 하나 이상의 기존의 연관 이론이나 모형에 의존하는 경우가 많다. 현존하는 이론을 프로그램으로 구현하는 것이 무슨 의미가 있는가? 한 가지 중요한 이유는 언어로만 표현된 이론은 종종 숨겨진 가정이나 모호한 용어를 포함하고 있는데, 컴퓨터 프로그램에서는 **모든** 세부사항이 적시되어야 하기 때문에 이러한 모호함이 나타날 가능성이 훨씬 적다.

구체적인 예를 하나 들어 보자. 우리는 2장에서 시지각에 관여하는 다양한 단계에 대해 논의할 것이다. 그러나 그 단계들에 대한 언어 표현만으로 컴퓨터가 시각 자극을 보고 이해하도록 하는 데 충분하지 않다는 것은 금방 이해할 수 있다. 공교롭게도 인지 과학자들과 공학자들이 인간과 동물의 지각 능력에 근접한 컴퓨터 시스템을 개발하는 데는 약 50년 정도가 걸렸다. 실제로 웹사이트를 사람이 접속하는지 스팸 로봇이 하는지를 판단하는 가장 좋은 테스트는 왜곡된 그림을 제시하고 그것이 무엇을 나타내는지를 묻는 것이다. 인간은 이것을 매우 잘 하지만 웹 크롤러는 아직 그렇지 않다. 이러한 검사는 **캡차 테스트**(CAPTCHA test: 인간과 컴퓨터를 구별하기 위한 완전 자동화된 공공 튜링 테스트)로 알려져 있다. [그림 1-13]은 이러한 테스트의 예를 보여 준다. 캡차 테스트가 현재 많은 계산 모형 개발자들이 해결해야 할 과제인 것은 말할 필요도 없다. 미래에는 계산 모형이 이러한 복잡한 시각 자극을 인간만큼 지각할 수 있을 뿐만 아니라 지금 사용하는 캡차 테스트를 무용지물로 만들 것이다.

[그림 1-13] 캡차 테스트의 예. 아직은 컴퓨터보다 인간이 시각적으로 보이는 자극을 식별하는 것을 더 잘한다. 그래서 웹페이지에 스팸 로봇이 접근하는 것을 막기 위해 이 테스트를 사용한다.

John Anderson이 개발한 **ACT-R 모형**(Adaptive Control of Thought-Rational model)이 가장 야심찬 계산 모형임은 거의 틀림이 없다. 이 모형이 어마어마한 이유는 잠재적으로 인간의 모든 기능에 적용하는 것을 목표로 하고 있기 때문이다. 이는 그 적용 분야가 매우 제한적인 경향이 있는 대부분의 인지심리학 이론들과 현존하는 계산 모형들과는 대조된다. 예를 들어, 단기기억(4장 참조) 또는 단어 읽기(8장 참조)와 관련된 인지심리학 이론과 계산 모형에 대해 생각해 보자. 이러한 이론과 모형은 매우 구체적인 기능이 어떻게 달성될 수 있는지를 이해하는 데 매우 유용하지만 그것들은 인간 인지 체계의 전체적인 구조에 대해 거의 말해 주지 않는다.

John Anderson은 자신의 접근을 기반으로 몇 가지 모형을 개발했다. 여기서는 Anderson과 동료들(Anderson et al. 2008)에서 제안한 모형에 대해 논의한다. 이 모형은 인지 체계가 몇 개의 단원으로 구성되고 각각의 다른 단원들과는 상당히 독립적으로 특화된 연산을 수행한다는

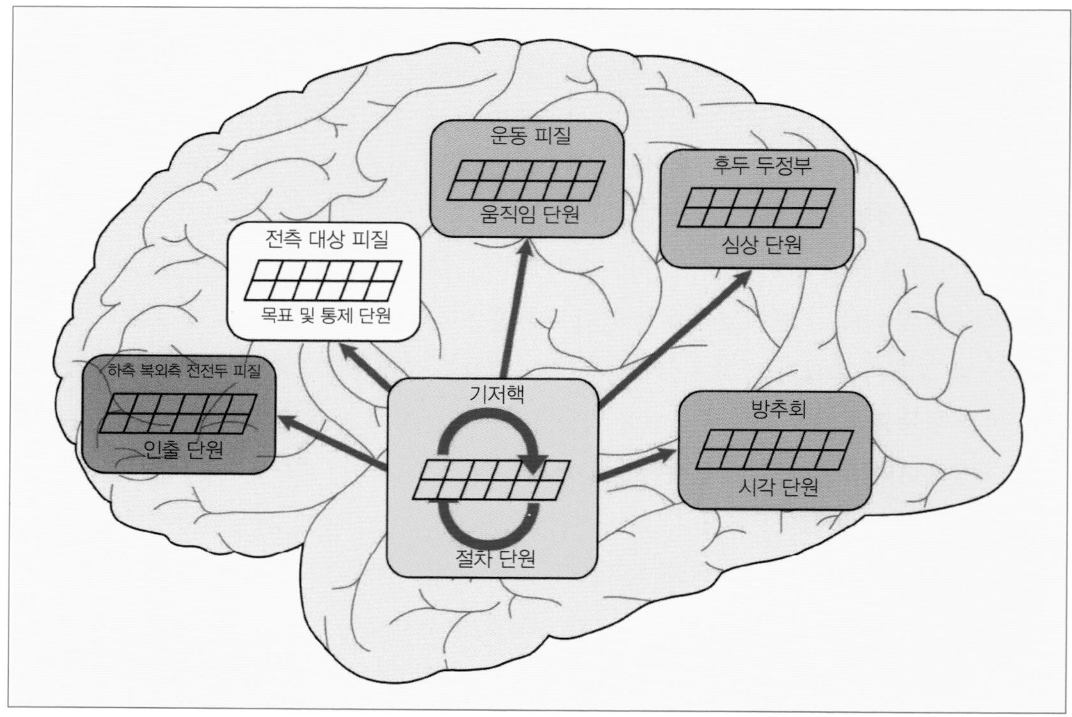

[그림 1-14] ACT-R 모형의 인지 구조의 주요 단원들과 관련 뇌 영역. 네 개의 주요 단원과 지각을 위한 시각 단원, 그리고 행동을 위한 움직임 단원을 보여 준다.
출처: Anderson et al. (2008). Elsevier의 허락하에 재인쇄함.

가정에 근거한다. 여기 네 개의 주요한 단원을 소개하는데, 각각의 단원은 수많은 인지 과제에 사용될 수 있다.

1. **인출 단원**: 저장된 지식에 접근하기 위해 필요한 인출 단서를 유지한다.
2. **목표 단원**: 개인의 의도를 추적하고 정보처리를 통제한다.
3. **심상 단원**: 문제 해결을 촉진하기 위해 문제 표상을 변경한다.
4. **절차 단원**: 다음에 취할 행동을 결정하기 위해 다양한 규칙을 사용한다. 또한 다른 단원들과 의사소통한다.

Anderson과 동료들(2008)이 제안한 버전의 ACT-R 모형에서 특히 흥미로운 점은 계산인지과학과 인지신경과학을 결합시켰다는 점이다. 이는 Anderson이 자신의 모형에서 제시한 각 단원이 각각의 뇌 영역과 연결시켰다는 점에서 의미가 있다([그림 1-14] 참조).

연결주의

지난 35여 년 동안 인간의 수행을 모사하기 위한 연결주의 네트워크에 많은 관심이 있었다. 이러한 관심은 Rumelhart와 동료들(1986)과 McClelland와 동료들(1986)의 저서로부터 시작되었다. 연결주의 네트워크(connectionist networks)는 다양한 구조나 계층에서 함께 연결된 기본 단위나 노드를 사용한다([그림 1-15]).

> **Key term**
>
> **연결주의 네트워크(connectionist networks)**: 자극에서 반응에 이르는 직접적 연결 없이 다양한 계층 안에서 연결되는 단위나 노드(node)로 구성됨

[그림 1-15]와 같은 기본적인 구조에 기반한 다양한 유형의 연결주의 모형들이 있다. 여기서는 연결주의 네트워크가 서로 다른 두 가지 주요 특징, 즉 (1) 표상체계가 지역형인지 분산형인지, (2) 모형이 새로운 정보를 학습할 수 있는지 여부에 초점을 맞출 것이다.

첫 번째 주요 특징은 [그림 1-15]와 같이 모형에서 각 입력 및 출력 노드가 숫자와 같은 의미 있는 자극을 나타내는 것인지 아니면 정보가 입력 층의 모든 노드에 분산되어 있는지의 여부이다. 후자와 같은 방식에서는 숫자 1은 입력 및 출력 층에서 하나의 노드를 활성화시키지 않고 모든 노드를 어느 정도씩 활성화시킬 것이다. 숫자 2도 입력 층의 모든 노드를 활성화시키지만, 약간 다른 방식으로 할 것이다. 이러한 방식으로 숫자 1과 2 그리고 다른 정보들도 구별할 수 있다. 전자의 표상 방식을 **지역형** 표상(정보를 몇 개의 노드에 위치시킬 수 있기 때문에)이라 하고 후자의 표상 방식은 **분산형** 표상(정보가 네트워크의 하나의 층에 존재하는 모든 노드에 분산되기 때문에)이라고 부른다.

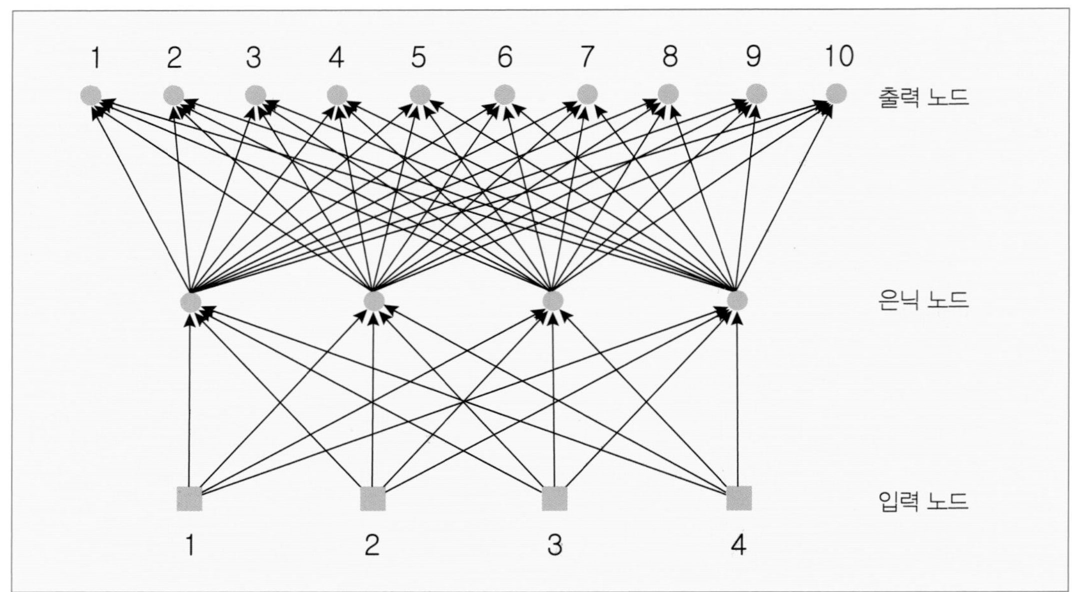

[그림 1-15] 기본적인 연결주의 네트워크의 구조. 이와 같은 네트워크에서 입력 층의 노드(뇌 세포와 유사하다고 할까?)에서 입력된 정보를 부호화한다. 이 정보로 인한 활성화는 은닉 층에 있는 노드들로 전해지고 이는 다시 출력 층의 노드로 전달된다. 이러한 3층 네트워크는 입력과 출력 사이의 다양한 대응 관계를 학습할 수 있다. 예를 들어, 그림에 묘사된 모형은 간단한 덧셈을 학습할 수 있다. 그림에서 만약 입력 노드 1이 활성화되면 출력 노드 1 역시 활성화된다. 입력 노드 1과 2가 활성화되면 출력 노드 3이 활성화된다. 모든 입력 노드가 활성화되면 출력 노드의 10이 활성화되는 식이다. 이러한 모형은 잘못된 출력이 생성될 때마다 오류 역전파를 이용하여 노드들 사이의 연결 가중치를 조정하여 입력 값에 따른 출력 기대값을 학습한다.
출처: Brysbaert (2016). Academia Press의 허가를 얻어 실음.

분산 표상은 상상하기 어렵지만 네트워크가 이전에 학습한 자극과 유사한 새로운 자극을 처리할 수 있다는 큰 장점을 가지고 있다(즉, 네트워크는 새로운 자극에 **일반화**할 수 있다). 이것은 인간의 학습에서 나타나는 중요한 특징을 모사하기 때문에 흥미로운 측면이다(인간은 모든 것을 한번에 배우지 않는다). 지역형 모형은 최종 상태 모형인 경우가 많다. 즉, 필요한 모든 정보를 포함하고 완전히 훈련된 모형이다. 반면, 분산형 모형은 학습형 모형인 경우가 많다. 이러한 이유로 분산 표상을 가진 모형은 이해하기도 어렵고 ACT-R과 같은 일반적인 구조에 통합시키기도 어렵지만, 계산 모형의 미래라고 할 수 있다. 지역형 모형이 이해하기 더 쉽기 때문에 이 책에서 다루는 대부분의 모형은 이러한 지역형 모형들이다. 예를 들어, Coltheart와 동료들(2001)의 읽기 모형이나 6장과 8장에서 논의할 단어의 의미와 관련된 모형들이 모두 지역형 모형이다. 만약 여러분이 수학을 잘한다면, 앞으로 개발되어 나올 분산형 모형을 연구하는 흥미진진한 영역이 있다는 것을 알아두기 바란다.

평가

⊕ 계산 모형의 가장 큰 강점은 이론들에 내재해 있는 가정들이 정확하게 기술된다는 것이다. 순수하게 언어적으로만 표현되는 전통적인 이론에서는 이런 정확성을 찾아보는 것이 일반적이지 않다.

⊕ 몇몇 계산 모형들(예: ACT-R; Anderson et al., 2008)은 대부분의 전통적인 모형이나 이론들에 비해 그 범위가 훨씬 더 포괄적이다.

⊕ 계산인지과학과 인지신경과학의 결합(예: ACT-R; Anderson et al., 2008)은 흥미로운 발전이다.

⊕ 연결주의 모형은 생물학적으로 그럴듯한 방식으로 입력과 출력 사이의 대응 관계를 학습할 수 있다. 이러한 대응 관계의 학습은 인간의 수준에 거의 근접해 있고, 인간의 학습에서 관찰되는 처리의 선호나 어려움 역시 나타난다. 이와 같이 인간이 정보를 어떻게 학습하고 표상하는가에 대한 좋은 본보기가 바로 연결주의 모형이다.

⊖ 계산 모형을 구축할 때는 심리학자들과 관련이 거의 없는 기술이 요구된다. 그 결과로 프로그래밍 기술이 뛰어나고 수학적 통찰력을 가진 연구자들만이 주로 이러한 모형 개발과 관련된 연구를 한다.

⊖ 계산 모형은 동기적 요소나 정서적 요소를 강조하지 않는다. 영국의 심리학자 Stewart Sutherland가 농담처럼 말했듯이, 컴퓨터가 자기 아내와 함께 도망치려 할 정도가 되어야 컴퓨터가 인간과 유사하다는 것을 믿게 될 것이다.

다양한 접근의 결합

지금까지 설명한 네 가지 관점으로부터 정보를 결합하는 것의 유용성을 찾아볼 수 있다. 앞에서 이야기했듯이, 우리가 인간과 비슷한 수행 수준을 가진 컴퓨터를 제작하려 한다면 현상에 대하여 훨씬 더 세밀한 이해가 필요하다. 다음으로 실험인지심리학, 인지신경과학, 인지신경심리학이 어떻게 서로에게 도움을 주는지에 대한 구체적인 예를 하나 생각해 보자. 수년간 시지각과 시각적 심상 사이의 관계에 대한 논쟁이 있어 왔다(자세한 논의를 보려면 Eysenck & Keane, 2015 참조). Stephen Kosslyn과 그의 동료들(Kosslyn & Thompson, 2003)은 시각적 심상은 기본적으로 시지각과 동일한 정보처리를 포함한다고 주장한다. 이와는 대조적으로 Pylyshyn(2003)은 시각적 심상 처리는 시지각과 동일한 처리가 아니며 사고와 지식의 추상적 형태에 의존한다고 주장한다.

만약 Kosslyn이 맞다면, 우리는 크게 세 가지 주요한 예측을 할 수 있다. 첫째, 사람들은 시각적 배열을 스캔할 때와 유사한 방식으로 시각적 심상을 스캔해야 한다(행동적 증거). 둘째, 시각적 심상이 일어날 때 활성화되는 뇌 영역은 시지각에서 활성화된 뇌 영역과 상당히 중복되어야 한다(뇌 영상 증거). 셋째, 시지각 능력이 심각하게 저하된 뇌 손상 환자들은 시각적 심상에 관한 능력도 저하되어야 하며 그 반대의 경우도 마찬가지여야 한다(인지신경심리학적 증거).

Borst와 Kosslyn(2008)은 시지각과 시각적 심상을 비교하였다. 시지각 조건에서는 실험 참가자가 자신 앞에 보이는 점들을 스캔했고, 심상 조건에서는 자신이 상상하는 점들을 스캔했다. 스캔해야 했던 점들 사이의 거리가 증가할수록 스캔하는 데 걸리는 시간이 두 조건에서 유사하게 증가하는 결과를 얻었다.

시지각의 초기 단계는 뇌의 뒤쪽 후두 영역(브로드만 영역 17과 18)의 활성화와 관련이 있다. 만약 시각적 심상을 할 때 브로드만 영역 17과 18이 활성화된다면 코실린의 이론적 접근은 지지를 받지만 필리신의 이론적 접근은 반박된다. 실제로 시각적 심상은 이 두 영역의 많은 활성화와 관련되어 있다(Kosslyn & Thompson, 2003). 보다 일반적으로 시각적 심상은 시지각 동안 활성화되는 뇌 영역의 약 3분의 2에서 활성화된다(Kosslyn, 2004).

시각적 심상이 시지각과 동일한 정보처리 과정을 포함한다는 생각은 반복 경두개 자기자극(rTMS)을 이용해서도 검증해 볼 수 있다. 만약 브로드만 영역 17이 시각적 심상에 필요한 영역이라면, 이 영역에 자기자극을 가했을 때 시각적 심상 과제에서 저하가 나타나야만 한다. 이러한 발견은 정확하게 Kosslyn과 동료들(1999)이 보고하였다.

시각적 심상에 큰 저하를 보이는 많은 뇌 손상 환자들은 시지각 능력의 저하 역시 보이며, 그 반대의 경우도 마찬가지이다(Bartolomeo, 2002). 이러한 환자들의 사례는 코실린의 이론을 더욱 지지하는 증거이다.

요약하자면, 세 가지의 서로 다른 증거들이 모두 시지각과 시각적 심상 사이에 주요한 유사성이 있다고 제안한다. 한 가지 접근에서 얻은 증거에 비해 이렇게 총체적인 증거를 얻음으로써 코실린의 이론을 더욱 강하게 지지할 수 있다. 동시에 뇌 손상 환자로부터 얻은 증거는 지각과 심상 사이에 중요한 차이가 있을 수 있다는 점도 시사한다. 예를 들어, 온전한 시각적 심상 능력을 가지고 있지만 시지각 능력이 손상된 환자 사례를 보고한 연구도 있다(Bridge et al., 2012). 왜 시지각과 시각적 심상 사이에 이러한 해리가 나타나는지에 대해 추가적으로 연구하기 위해 행동적 증거와 뇌 영상 증거를 사용할 수 있다.

여러 실험 결과의 결합

심리학의 연구 문헌은 말 그대로 수백만 개의 실험과 연구로 구성되어 있다(그래서 교과서를 집필하는 학자들이 어려움을 토로한다). 아주 좁고 구체적인 연구 주제에 대해서도 수백 개의 논문이 발표되는 경우도 종종 있다. 우리는 어떻게 이 많은 발견을 이해할 수 있을까? 이 질문에 대해, 메타 분석을 사용해야 한다는 대답이 점점 더 힘을 얻고 있다. **메타 분석**이란 다수의 유사한 연구에서 얻은 데이터를 하나의 매우 큰 분석으로 결합하는 방법을 말한다. 수많은 메타 분석은 주어진 연구 주제에 대해 일관성 있으며 전체적인 그림을 제공할 수 있다는 큰 장점을 가지고 있기 때문에 이 책 전반에 걸쳐 논의된다.

메타 분석이 가지는 잠재적인 문제점에는 무엇이 있을까? Sharpe(1997)는 다음의 세 가지 문제를 지적한다.

1. **'사과와 오렌지' 문제**: 전혀 비슷하지 않은 연구들임에도 불구하고 이들이 단일한 메타 분석에 포함될 수 있다.
2. **'서랍 속의 진실' 문제**: 연구자들이 통계적으로 유의미하지 않은 결과를 출판하는 것은 보통 더 어렵다. 메타 분석은 이런 출판되지 못한 발견들을 무시하기 때문에 메타 분석에 포함된 연구들은 특정 주제에 관한 연구들을 대표하지 못할 가능성도 있다.
3. **'콩 심으면 콩, 팥 심으면 팥' 문제**: 메타 분석을 수행하는 많은 심리학자는 자신이 찾을 수 있는 모든 관련 연구를 분석에 포함시킨다. 이는 아주 우수한 연구뿐만 아니라 연구의 질이 낮고 부적절한 연구 역시 분석에 포함될 수 있음을 의미하고 이는 메타 분석의 질에도 영향을 줄 수 있다.

이 세 가지 문제가 **잠재적**이라는 점을 주목하기 바란다. 인지심리학자들과 신경과학자들은 메타 분석 수행방식에 있어서 점점 더 정교해졌고, 그 결과 현재는 과거보다 더 적은 문제가 발생하고 있다. 메타 분석에 포함되기 위한 논문으로 적당한지에 대한 정밀한 기준을 설정함으로써 '사과와 오렌지' 문제와 '콩 심으면 콩, 팥 심으면 팥' 문제는 크게 줄일 수 있다. '서랍 속의 진실' 문제가 얼마나 나타날지에 대해 추정할 수 있는 방법들도 존재한다. 예를 들어, 메타 분석을 실시하는 분야의 연구자들에게 출판되지 않은 연구 결과를 제공해 달라고 하면 이 문제 역시 줄일 수 있다.

중간 요약

실험인지심리학(Experimental cognitive psychology)

- 실험인지심리학자들은 건강한 연구 대상자를 통해 잘 통제된 실험실 연구를 수행한다. 이들은 인지와 관련된 내적 정보처리에 대한 추론을 끌어내기 위해 행동 측정치를 이용한다. 이 접근의 연구들 중 일부는 생태학적 타당성이 제한적일 수 있다.

인지신경과학(Cognitive neuroscience)

- 인지신경과학에 관한 많은 연구는 과제 수행 중 행동뿐만 아니라 뇌의 활동도 평가한다. 다양한 방법(예: fMRI, ERP)을 통해 뇌의 활동이 어디서 그리고 언제 일어나는지를 알 수 있다. 이러한 방법을 통해 뇌의 활동 양상과 행동 사이의 관계를 밝힐 수 있지만 해당 뇌 영역이 특정 과제 수행에 필수적이라는 것을 입증하지는 못한다.

인지신경심리학(Cognitive neuropsychology)

- 인지신경심리학은 건강한 사람의 인지에 대한 이해를 증진시키기 위해 뇌 손상 환자의 인지 과제 수행을 연구한다. 구별된 단원이나 처리 장치가 존재한다는 강력한 증거는 이중 해리의 발견을 통해 나타난다. 이중 해리는 어떤 환자들은 X라는 과제에 손상을 보이나 Y에는 온전한 수행을 보이며, 다른 환자들은 정확히 반대의 양상을 보이는 경우를 말한다.
- 뇌 손상은 때로 너무 광범위해서 이로부터 나온 결과를 해석하기에 어려울 때가 있다. 그러나 경두개 자기자극(TMS)을 이용하면 아주 짧은 시간 동안 작은 뇌 영역의 기능을 방해하는 것이 가능하다.

계산인지과학(Computational cognitive science)

- 계산 모형은 인지 구조를 포함하는 인간 인지의 명시적 모형을 개발하기 위해 사용되어 왔다. 연결주의 모형은 학습이 가능하며 상당한 병렬적 처리가 있다는 가정 위에 기초한다.

다양한 접근의 결합

- 서로 다른 접근 방식으로부터 나온 정보를 결합하는 것은 가치가 있다. 예를 들어, 실험인지심리학, 인지신경과학, 인지신경심리학으로부터 얻은 수렴적 증거는 시지각과 시각적 심상 처리 사이에 주요한 유사성이 있음을 알려 주었다. 몇 가지 흥미로운 차이점도 발견되었다(예: Bridge et al., 2012).

여러 실험 결과의 결합

- 수많은 발견을 하나의 통계 분석으로 결합한 메타 분석을 수행함으로써 큰 규모의 연구 문헌을 보다 일관성 있게 이해할 수 있다. 메타 분석은 사과와 오렌지 문제, 서랍 속의 진실 문제, 콩 심은데 콩, 팥 심은데 팥 문제와 같은 잠재적 문제로 잘못된 결과를 낳을 수 있지만, 이 문제들은 충분히 최소화되거나 제거될 수 있다.

이 책의 구조

인간 인지는 수많은 정보처리 과정으로 이루어진다. 이는 대부분 복잡한 방식으로 서로 상호작용한다. 이러한 복잡한 상호작용 때문에 교과서 집필진은 어려움을 갖는다. 예를 들어, 이 책의 8장은 언어에 관한 장이지만, 언어가 다른 장에서 논의되는 과정과 전혀 무관하다고 주장하는 것은 우스꽝스러운 일일 것이다. 우리가 배우고 기억하는 정보의 많은 부분이 언어에 기반을 두고 있으며, 언어는 우리의 사고와 추리의 대부분에 깊이 관여하고 있다. 그럼에도 불구하고 언어를 다루는 장에서는 언어 정보처리의 본질 그 자체와 관련된 주제들을 이해하려는 시도에 직접적으로 초점을 맞출 것이다.

각 장의 초점

2장은 지각 과정, 그중에서도 특히 우리가 마주치는 시각 자극을 이해하는 과정에 대해 다룬다.

3장에서는 주의와 의식을 다루는데, 이 두 가지는 모두 지각과 관련된 정보처리 과정을 공유한다. 우리가 어떤 특정 순간을 지각하고 의식적으로 인지한다는 것은 우리를 둘러싸고 있는 환경의 특정 자극에 주의를 기울이고 있다는 뜻이다. 3장은 또한 우리의 밤낮없이 바쁜 생활방식에서 점점 더 중요해지고 있는 다중작업에 초점을 맞출 것이다.

기억은 인간 인지에서 없어서는 안 될 중요한 요소이다. 기억이 없다면 우리의 환경을 이해할 수 없을 것이고, 언어 사용도 불가능하며 문제 해결이나 추리 역시 할 수 없다. 더 일반적으로 말한다면 경험으로부터 어떤 이로움도 얻을 수 없을 것이다. 4, 5, 6장은 바로 이 기억에 관한 장이다.

4장은 정보를 몇 초간 유지하는 능력과 관련이 있는 단기기억에 초점을 맞춘다. 단기기억은 몇 가지 측면에서 우리 삶에 필수적이다. 우선, 문제의 일부 측면들에 대한 정보를 유지하면서 다른 측면에 집중할 수 있게 해 준다. 또한 단기기억을 통해 말하는 사람이 문장의 앞부분에서 한 말을 기억하여 뒷부분과 잘 연결하여 이해할 수 있다.

장기기억은 5장의 주제이다. 장기기억은 놀라울 정도로 다양하다. 우리가 경험한 개인적 사건에 대한 기억에서부터 일반적 지식, 그리고 많은 기술 습득과 수행에 관련된 지식까지도 포함한다.

6장은 일반적인 지식에 대해 다룬다. 우리는 이 세상에 대한 엄청난 양의 지식을 저장하기 위해 의미기억을 사용한다. 이 장에서는 그러한 정보가 저장되는 방식에 대해 자세하게 논의할 것이다.

7장에서는 일상기억에 대해 다룬다. 여기에는 우리 삶의 중요한 사건에 대한 자서전적 기억, 목격자 증언, 적절한 시점에 수행할 행위에 대한 기억(예: 친구 만나기) 등이 포함된다.

8장은 문어와 구어의 이해와 산출 모두를 포함하는 우리의 언어 사용에 관해 다룬다. 언어장애에 관한 정보와 언어 연구가 실생활에 어떻게 적용되는가에 대해서도 포함된다.

9장의 중심 주제는 문제 해결과 전문성이다. 이 장에서 다룰 주요 쟁점은 우리가 복잡한 문제를 해결하기 위해 사용되는 정보처리 과정, 과학적 발견의 본질, 또한 높은 수준의 전문성 개발과 관련된 정보처리를 포함한다.

10장에서는 의사결정과 추리를 다룬다. 두 가지 모두 우리의 일상생활에서 중요한 역할을 한다. 이 장의 일반적 주제는 사람들이 의사결정이나 추리를 할 때 놀랍게도 간단한 어림법을 자주 사용한다는 것이다.

11장은 인지와 정서를 다룬다. 어떻게 현재의 상황에 대한 해석이 우리의 정서 상태를 결정하는 데 도움을 주는지, 현재의 정서 상태나 기분(예: 불안, 우울, 행복 등)이 우리의 기억, 판단, 의사결정, 추리에 체계적인 영향을 미치는지를 알아볼 것이다.

요컨대, 이 책은 인간 인지에 관한 주요 주제들을 모두 다룰 것이고, 특히 이 주제들이 우리의 일상생활과 어떤 관련이 있는가를 강조할 것이다. 이 책 전반에 걸쳐 우리는 행동 연구, 뇌 영상 연구, 뇌 손상 환자 연구로부터 얻은 발견을 살펴보고, 이를 통해 인간 인지에 대한 포괄적 이해로 나아갈 것이다.

논술 문제

1. 인지심리학의 발전에 있어서 특히 강조하는 바는 무엇인가?
2. 1960년대의 정보처리 접근은 왜 더 이상 높이 평가되지 않는가?
3. 인간 인지를 이해하기 위한 주요한 접근법에 대해 설명하시오.
4. 인지신경과학적 접근을 이용한 연구가 폭발적으로 증가한 이유가 무엇인가? 이 접근법의 한계는 무엇인가?

더 읽을 거리

- Andrewes, D. (2015). *Neuropsychology: From theory to practice* (2nd ed.). Psychology Press. 이 책은 어떻게 신경심리학적 연구가 인간의 지각, 주의, 기억, 읽기에 대한 이해에 기여했는가를 설명한다.
- Brysbaert, M., & Rastle, K. (2013). *Historical and conceptual issues in psychology* (2nd ed.). Pearson Education. 이 책은 심리학적 연구의 기원에 대해 논의하며 이러한 연구를 가능하게 만든 사회적 변화에 대해 설명한다.
- Eysenck, M. W., & Keane, M. T. (2015). *Cognitive psychology: A student's handbook* (7th ed.). Routledge. 이 책의 1장은 인간 인지에 대한 주요한 접근에 대해 좀 더 자세한 설명을 제공한다.
- Gazzaniga, M. S., Ivry, R. B., & Mangun, G. R. (2013). *Cognitive neuroscience: The biology of the mind* (4th ed.). Norton & Company. Michael Gazzaniga와 공동 저자들은 이 책에서 인지신경과학 연구에 대한 포괄적이고 최신의 설명을 제공한다.

[그림 1-1]의 문제에 대한 정답

[그림 1-1]은 Blake와 동료들(2015)이 수행한 재인과제의 자극의 예시를 보여 준다. 실제 과제에서는 참가자들에게 8개의 옵션 중 올바른 로고([그림 1-1]에는 표시되지 않음)를 선택하도록 요구했는데, 이 8개의 옵션 중에는 정답 그림과 함께 그림의 특징들을 살짝 바꾼 선택지들도 포함되었다. 정답인 로고는 [그림 1-1]의 아랫줄 가운데 있는 선택지와 유사한데, 이 그림의 나뭇잎의 방향이 반대인 그림이다. 용의자가 무죄라면 진짜 범인은 선택해야 할 보기들 중에 없는 것처럼 정답인 자극이 주어진 보기들에서 없을 수도 있다는 것을 주목하기 바란다.

참고문헌

Anderson, J. R., Fincham, J. M., Qin, Y., & Stocco, A. (2008). A central circuit of the mind. *Trends in Cognitive Sciences*, *12*, 136-143.

Atkinson, R. C., & Shiffrin, R. M. (1968). Human memory: A proposed system and its control processes. In K. W. Spence & J. T. Spence (Eds.), *The psychology of learning and motivation* (Vol. 2). London, UK: Academic Press.

Bandura, A. (1977). *Social learning theory*. Englewood Cliffs, NJ: Prentice Hall.

Bartlett, F. C. (1932). *Remembering: An experimental and social study*. Cambridge, UK: Cambridge University Press.

Bartolomeo, P. (2002). The relationship between visual perception and visual mental imagery: A reappraisal of the neuropsychological evidence. *Cortex*, *38*, 357-378.

Blake, A. B., Nazarian, M., & Castel, A. D. (2015). The Apple of the mind's eye: Everyday attention, metamemory, and reconstructive memory for the Apple logo. *The Quarterly Journal of Experimental Psychology*, *68*(5), 858-865.

Bolognini, N., & Ro, T. (2010). Transcranial magnetic stimulation: Disrupting neural activity to alter and assess brain function. *Journal of Neuroscience*, *30*, 9647-9650.

Boly, M., Phillips, C., Tschibanda, L., Vanhaudenhuyse, A., Schabus, M., Dange-Vu, T. T., et al. (2008). Intrinsic brain activity in altered states of consciousness: How conscious is the default mode of brain function? *Annals of the New York Academy of Sciences*, *1129*, 119-129.

Borst, G., & Kosslyn, S. M. (2008). Visual mental imagery and visual perception: Structural equivalence revealed by scanning processes. *Memory & Cognition*, *36*, 849-862.

Brady, T. F., Konkle, T., Alvarez, G. A., & Oliva, A. (2008). Visual long-term memory has a massive storage capacity for object details. *Proceedings of the National Academy of Sciences*, *105*(38), 14325-14329.

Bridge, H., Harrold, S., Holmes, E. A., Stokes, M., & Kennard, C. (2012). Vivid visual mental imagery in the absence of the primary visual cortex. *Journal of Neurology*, *259*, 1062-1070.

Bruner, J. S., Goodnow, J. J., & Austin, G. A. (1956). *A study of thinking*. New York, NY: Wiley.

Bryan, W. L., & Harter, N. (1897). Studies in the physiology and psychology of the telegraphic language.

Psychological Review, *4*, 27-53.

Bryan, W. L., & Harter, N. (1899). Studies on the telegraphic language. The acquisition of a hierarchy of habits. *Psychological Review*, *6*, 345-375.

Brysbaert, M. (2016). *Psychologie*. Ghent, Belgium: Academia Press.

Caramazza, A., & Coltheart, M. (2006). Cognitive neuropsychology twenty years on. *Cognitive Neuropsychology*, *23*, 3-12.

Carter, C. S., Braver, T. S., Barch, D. M., Botvinick, M. M., Noll, D., & Cohen, J. D. (1998). Anterior cingulate cortex, error detection, and the online monitoring of performance. *Science*, *280*(5364), 747-749.

Chaplin, C., & Shaw, J. (2016). Confidently wrong: Police endorsement of psycholegal misconceptions. *Journal of Police and Criminal Psychology*, *31*(3), 208-216.

Clark, S. E. (2012). Costs and benefits of eyewitness identification reform: Psychological science and public policy. *Perspectives on Psychological Science*, *7*(3), 238-259.

Cojan, Y., Piguet, C., & Vuilleumier, P. (2015). What makes your brain suggestible? Hypnotizability is associated with differential brain activity during attention outside hypnosis. *NeuroImage*, *117*, 367-374.

Coltheart, M. (2001). *Assumptions and methods in cognitive neuropsychology*. Hove, UK: Psychology Press.

Coltheart, M., Rastle, K., Perry, C., Langdon, R., & Ziegler, J. (2001). The DRC model: A model of visual word recognition and reading aloud. *Psychological Review*, *108*, 204-258.

Desmurget, M., Epstein, C. M., Turner, R. S., Prablanc, C., Alexander, G. E., & Grafton, S. T. (1999). Role of the posterior parietal cortex in updating reaching movements to a visual target. *Nature Neuroscience*, *2*(6), 563-567.

Ebbinghaus, H. (1885/1913). *Über das Gedächtnis*. Leipzig, Germany: Dunker [translated by H. Ruyer & C. E. Bussenius]. New York, NY: Teachers College, Columbia University.

Eysenck, M., & Keane, M. (2015). *Cognitive psychology: A student's handbook*. London: Psychology Press.

Fellows, L. K., Heberlein, A. S., Morales, D. A., Shivde, G., Waller, S., & Wu, D. H. (2005). Method matters: An empirical study of impact in cognitive neuroscience. *Journal of Cognitive Neuroscience*, *17*, 850-858.

Fuchs, A. H., & Milar, K. J. (2003). Psychology as a science. In D. F. Freedheim (Ed.), *Handbook of psychology (Vol. 1: The history of psychology)* (pp. 1-26). Hoboken, NJ: Wiley.

Galton, F. (1983). *Enquiries into human faculty and its development*. London: J. M. Dent & Co.

Henderson, E. N. (1903). A study of memory for connected trains of thought. *The Psychological Review, Series of Monograph Supplements, V* (6), (Whole No. 23, p. 93). New York: Palgrave Macmillan.

Hobbs, S., & Burman, J. T. (2009). Is the 'cognitive revolution' a myth? *The Psychologist*, *22*, 812-814.

Hunter, I. M. L. (2004). James, William. In R. L. Gregory (Ed.), *The Oxford companion to the mind* (2nd ed., pp. 610-612). New York, NY: Oxford University Press.

Kane, M. J., & Engle, R. W. (2003). Working-memory capacity and the control of attention: The contribution of goal neglect, response competition, and task set to Stroop interference. *Journal of*

Experimental Psychology: General, *132*, 47-70.

Kosslyn, S. M. (2004). Mental imagery: Depictive accounts. In R. L. Gregory (Ed.), *The Oxford companion to the mind* (pp. 585-587). New York, NY: Oxford University Press.

Kosslyn, S. M., Pascual-Leone, A., Felician, O., Camposano, S., Keenan, J. P., Thompson, W. L., et al. (1999). The role of Area 17 in visual imagery: Convergent evidence from PET and rTMS. *Science*, *284*, 167-170.

Kosslyn, S. M., & Thompson, W. L. (2003). When is early visual cortex activated during visual mental imagery? *Psychological Bulletin*, *129*, 723-746.

Lamme, V. A. F. (2003). Why visual attention and awareness are different. *Trends in Cognitive Sciences*, *7*, 12-18.

Leahey, T. H. (1992). The mythical revolutions of American psychology. *American Psychologist*, *47*(2), 308-318.

Leahey, T. M. (2012). *History of psychology: From antiquity to modernity* (7th ed.). London: Routledge.

Lorist, M. M., Boksem, M. A., & Ridderinkhof, K. R. (2005). Impaired cognitive control and reduced cingulate activity during mental fatigue. *Cognitive Brain Research*, *24*(2), 199-205.

Macleod, C. M. (2015). Attention: Beyond Stroop's (1935) effect. In M. W. Eysenck & D. Groome (Eds.), *Classic studies in cognitive psychology*. London: Sage.

McClelland, J. L., & Elman, J. L. (1986). The TRACE model of speech perception. *Cognitive Psychology*, *18*, 1-86.

Miller, G. A. (1956). The magical number seven, plus or minus two: Some limits on our capacity for processing information. *Psychological Review*, *63*, 81-97.

Mitterer, H., & de Ruiter, J. P. (2008). Recalibrating color categories using world knowledge. *Psychological Science*, *19*, 629-634.

Murphy, G., & Kovach, J. K. (1972). *Historical introduction to modern psychology*. London, UK: Routledge & Kegan Paul.

Newell, A., Shaw, J. C., & Simon, H. A. (1958). Elements of a theory of human problem solving. *Psychological Review*, *65*, 151-166.

Nisbett, R. E., & Wilson, T. D. (1977). Telling more than we can know: Verbal reports on mental processes. *Psychological Review*, *84*, 231-259.

Pessiglione, M., Schmidt, L., Draganski, B., Kalisch, R., Lau, H., Dolan, R. J., & Frith, C. D. (2007). How the brain translates money into force: A neuroimaging study of subliminal motivation. *Science*, *316*, 904-906.

Pickford, R. W., & Gregory, R. L. (2004). Bartlett, Sir Frederic Charles. In R. L. Gregory (Ed.), *The Oxford companion to the mind* (2nd ed., pp. 86-87). New York, NY: Oxford University Press.

Pylyshyn, Z. (2003). Return of the mental image: Are there really pictures in the brain? *Trends in Cognitive Sciences*, *7*, 113-118.

Raichle, M. E. (2010). Two views of brain function. *Trends in Cognitive Sciences*, *14*, 180-190.

Ramsey, J. D., Hanson, S. J., Hanson, C., Halchenko, Y. O., Pokdrack, R. A., & Glymour, C. (2010). Six problems for causal inference from fMRI. *NeuroImage*, *49*, 1545-1558.

Rumelhart, D. E., McClelland, J. L., & the PDP Research Group (1986). *Parallel distributed processing, Vol. 1: Foundations*. Cambridge, MA: MIT Press.

Sharpe, D. (1997). Of apples and oranges, file drawers and garbage: Why validity issues in meta-analysis will not go away. *Clinical Psychology Review*, *17*, 881-901.

Stroop, J. R. (1935). Studies of interference in serial verbal reactions. *Journal of Experimental Psychology: General*, *106*, 404-426.

Thagard, P. (2005). How to be a successful scientist. *Scientific and Technological Thinking*, 159-171.

Tolman, E. C. (1948). Cognitive maps in rats and men. *Psychological Review*, *55*, 189-208.

Valentine, E. R. (1992). *Conceptual issues in psychology* (2nd ed.). London, UK: Routledge.

Watson, J. B. (1913). Psychology as the behaviorist views it. *Psychological Review*, *20*, 158-177.

Zangwill, O. L. (2004). Ebbinghaus. In R. L. Gregory (Ed.), *The Oxford companion to the mind* (2nd ed., p. 276). New York, NY: Oxford University Press.

Ziemann, U. (2010). TMS in cognitive neuroscience: Virtual lesion and beyond. *Cortex*, *46*, 124-127.

Chapter

2

시지각

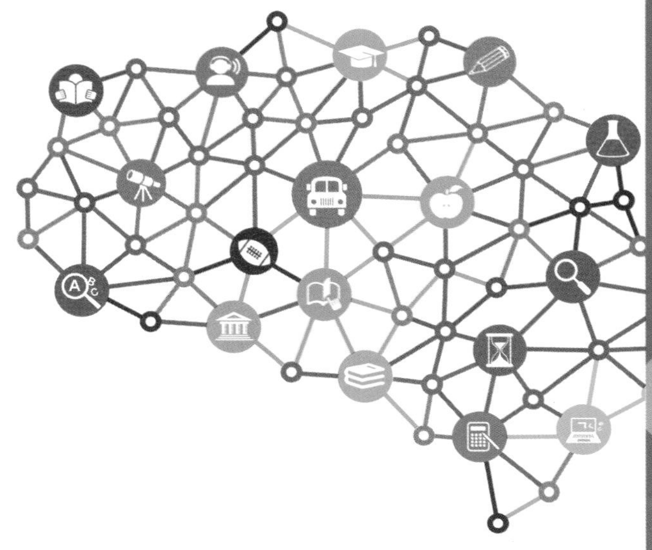

학습 목표

제2장을 공부한 후에 여러분은 다음을 할 수 있어야 한다.

- 감각과 지각의 차이를 알 수 있다.
- 두 시각 시스템이 어떻게 지각과 현실 간 차이(착시)를 해결하여 우리의 행동이 목표를 달성할 수 있게 해 주는지를 설명할 수 있다.
- 변화맹이 인간의 주의와 지각에 대해 무엇을 말해 주는지에 대해 설명할 수 있다.
- 얼굴 인식이 무엇이며 얼굴 인식이 뇌의 어디에서 어떻게 이뤄지는지에 관해 얼굴 실인증 환자 연구가 무엇을 발견하였는지 설명할 수 있다.
- 지각 조직화, 형태 재인, 물체 인식이 무엇인지를 알고, 이 처리들 각각을 설명하는 이론들을 알 수 있다.

서론

'지각'은 무엇을 뜻하는가? Sekuler와 Blake(2002, p. 621)에 따르면, 이것은 "세상에 존재하는 대상들을 보고, 듣고, 맛보고, 촉감으로 느끼기 위해 감각 정보를 획득하고 처리하는 것이다. 또한 이것은 이런 대상들에 대한 유기체의 행동을 안내한다."

전통적으로, 외부 세계와 상호작용하는 우리의 감각에는 다섯 종류가 있는 것으로 알려져 있다. 시각, 청각, 미각, 후각, 촉각이다. 이 다섯 종류의 감각에 대한 기록은 고대 그리스의 철학자 Aristotle로 거슬러 올라간다. 또한 우리는 우리의 신체에 대한 정보를 제공해 주는 감각들도 갖고 있다. 이것은 고통, 온도, 균형, 신체 부위들의 위치(운동감각으로 알려짐), 내장 기관들의 상태(위, 심장, 방광)에 대한 지각과 관련된다. 각 감각은 그 감각을 담당하는 수용체, 신경, 뇌 조직을 소유하고 있다. 이 중 어떤 것이라도 잃게 된다면 심각한 장애가 유발된다.

이번 장에서 우리는 사람들이 가장 우세한 감각이라고 생각하는 시각만 다루려고 한다. 모든 감각을 다루면 이 장이 너무 길어질 것이기 때문이다. 만약 다른 감각들에 관심이 있다면, Goldstein(2014), Harris(2014), Wolfe와 동료들(2014), Yantis와 Abrams(2016) 등과 같은 좋은 책들을 참고하기 바란다. 청각에 대한 일부 측면들은 3장(청각에서 주의의 역할)과 8장(말소리 지각)에서 논의될 것이다.

시지각은 우리의 일상생활에서 매우 중요하다. 시지각은 우리가 자유롭게 움직이고, 사람들을 알아보며, 잡지와 책을 읽고, 자연의 경이로움에 감탄하며, 영화와 텔레비전을 볼 수 있게 해 준다. 시지각은 정확해야 한다는 점이 중요하다. 만약 우리가 길을 건널 때 차가 얼마나 가까이 있는지 잘못 지각한다면 그 결과는 치명적일 수 있다. 따라서 인간의 대뇌 피질에서 시각이 다른 어떤 지각 양상들에 비해 훨씬 더 많은 부분을 차지한다.

시지각과 관련된 중요한 몇몇 질문들이 이번 장에서 다뤄질 것이다. 중첩되는 대상들로 가득 찬 세상에서 우리는 어디가 한 대상의 끝이고 다른 것의 시작인지를 어떻게 판단할 수 있는가? 어떻게 우리는 애매모호한 2차원 자극(예: 필체)을 이해하는가? 어떻게 우리는 우리 앞에 놓인 대상이 고양이인지 강아지인지 판단할 수 있는가? 대부분의 얼굴들은 대체로 비슷한데(예: 2개의 눈, 1개의 코, 1개의 입 등), 우리는 어떻게 각각의 얼굴들을 알아보는가? 일상에서 시지각이 매우 정확함에도 불구하고 왜 우리는 실험실에서 수많은 시각적 착각을 경험하게 되는가? 왜 우리는 우리의 시각적 환경에서 발생한 변화들을 종종 알아차리지 못하는가? 의식적 자각 없이도 시각이 가능한가?

감각에서 지각으로

감각 vs. 지각

Key term

감각(sensation): 수용기에 의해 정보를 받아들여 뇌가 처리할 수 있는 신호로 변환하는 것으로 이미지, 소리, 냄새, 맛과 같은 것임

지각(perception): 감각 정보의 이해와 해석

지각을 이해하기 위해서는, 감각과 지각을 구분하는 것이 중요하다. 감각(sensation)이란 수용기를 통해 정보를 받아들이고 이 정보를 뇌가 처리할 수 있도록 이미지, 소리, 냄새, 맛 등의 신호로 변환하는 것이다. 예를 들어, 우리의 눈 뒤쪽에 있는 수용기들은 [그림 2-1]의 어떤 부분들이 검은색이고 다른 부분들은 하얀색이라는 것을 탐지한다. 이 정보는 우리의 뇌로 전달되어 처리되는데 그 결과 우리는 검은 영역과 하얀 영역의 구분을 의식적으로 경험하게 된다. 하지만 알다시피 이것이 지각은 아니다. 지각(perception)은 감각 정보의 이해와 해석을 동반한다. 만약 우리 모두가 우리를 둘러싼 세상을 색깔이 칠해진 조각들로 본다면, 우리는 움직이기도 그리고 환경과 상호작용하기도 어려워 헤맬 것이다. 이것이 무슨 말인지 이해하려면, [그림 2-3]을 보라. 그리고 다시 돌아와서 [그림 2-1]을 보라. 변화가 있는가?

[그림 2-1]과 [그림 2-3]의 차이가 감각으로부터 지각으로의 이행을 잘 보여 준다. 일반적으로, 이행이 매우 순조롭고 빠르기 때문에 우리는 이것을 잘 알아차리지 못한다. 우리 모두가 경험하는 것은 지각 그 자체이다. 하지만 자극의 질을 저하시켜서 이행을 충분히 어렵게 만들면 이행을 경험하게 된다. 이번 장 뒤에서 보게 될 텐데, 뇌 손상으로 인해 어떤 환자들은 감각에서 지각으로의 이행을 더 이상 하지 못한다. 그들에게 시각적 세상은 [그림 2-3]이 아니라 [그림 2-1]과 같이 보이는 것이다!

[그림 2-1] 시각적 감각. 우리의 눈과 뇌가 이 그림의 일부는 검은색이고 다른 일부는 하얀색이라는 정보를 준다. 이것은 감각일 뿐 아직 지각은 아니다. 왜냐하면 지각은 감각 정보의 이해와 해석을 수반하는 것이기 때문이다. 이것이 무슨 말인지 이해하려면 [그림 2-3]을 보라.
출처: Brysbaert (2016). Academia Press의 허가를 얻어 실음.

Key term

착각(illusion): 물리적으로 제시된 것이 아닌 어떤 다른 것을 사람이 지각하는 현상. 연구자들은 이 현상을 통해 지각 과정을 연구할 수 있음

착각을 이용하여 기저의 처리 과정 알아내기

감각에서 지각으로의 이행을 연구할 수 있는 또 다른 방법은 **시각적 착각**을 이용하는 것이다. 착각(illusion)은 물리적으로 제시된 것이 아닌 어떤 다른 것을 경험하는(지각하는) 것을 뜻한다. 심리학자들은 착각에 흥미를 가졌는데, 그 이유는 착각을 통해 지각 과정을 밝힐 수 있기 때문이다. 보통 지각이 매우 빠르고 정확하기 때문에 우리는 이것을 하위 구성 요소들로 나눌 수가 없다. 착각은 무슨 일이 벌어지고 있는지에 관하여 우리가 알아챌 수 있도록 도와주는 진귀한 경험을 제공해 준다. [그림 2-2]를 보라. 무엇을 지각하였는가? 어떤 디스크들은 볼록하고 다른 것은 오목한 것이 보이는가? 책을 위아래 거꾸로 놓아 보자. 똑같은 디스크들이 볼록한가? 무슨 일이 벌어졌는가?

[그림 2-2]의 착각을 이해하기 위해서는 우리의 뇌가 받아들인 입력 정보가 평평한 종이에서 보내진 감각 정보라는 것을 명심하는 것이 중요하다. [그림 2-2]의 어떤 부분이 다른 부분보다 어둡고 이 정보는 우리의 눈에 있는 수용체를 통해 우리에게 보내진다. 하지만 우리의 뇌가 이 감각을 그대로 기록하는 것이 아니다. 뇌는 이것을 해석하려고 한다. 우선, 뇌는 이 세상에서 매우 극소수의 대상들만이 평평하다는 가정을 할 것이다. 따라서 우리의 눈 뒤에서 온 평평한 자극에 깊이를 투영시키려고 할 것이다(우리의 눈은 빛이 눈에 도달하기까지 얼마나 먼 거리를 이동하였는지를 기록하지 않기 때문에, 눈으로부터 보내지는 모든 정보는 2차원이라는 것을 주목하라). 뇌가 하는 것으로 보이는 두 번째 가정은 빛이 보통 위에서부터 온다는 것이다. 이 두 가정이 합쳐지면, 우리의 뇌는 [그림 2-2]의 감각 정보를 대각선에 놓인 디스크들은 볼록하고 그 사이의 디스크들은 오목한 그림이라고 해석하게 된다. 빛이 위에서부터 오는 것이라면, 볼록한 디스크의 윗부분은 아랫부분에 비해 밝게 보일 것이고 오목한 디스크의 경우는 그 반대일 것이다. 그림의 위아래를 거꾸로 했을 때에도 동일한 가정들이 적용되어서 대각선에 놓인 디스크들은 오목하고 나머지 디스크들은 볼록하다는 지각이 발생하게 되는 것이다. 중요한 것은 우리의 뇌에 도달하는 자극 어디에서도 이런 정보가 주어지지 않았다는 것이다. 이것은 뇌가 입력되는 감각에 투영한 것이다. 만약

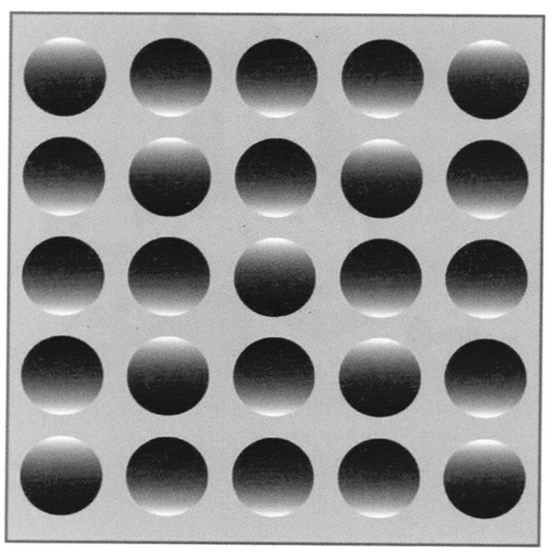

[그림 2-2] 착각 디스크. 대각선에 놓인 디스크들이 볼록하게 보이는가? 그리고 그 사이에 놓은 디스크들은 마치 구멍들처럼 안으로 들어가 보이는가? 이제 책의 위아래를 거꾸로 놓아 보라. 무엇이 보이는가? 본문의 설명을 읽어 보라.
출처: Brysbaert (2016). Academia Press의 허가를 얻어 실음.

뇌가 자동적으로 이런 작업을 수행하지 않는다면, 사진이나 실세계에서 깊이를 보는 것은 불가능할 것이다. 왜냐하면 우리의 눈 뒤에 투사되는 모든 빛 정보는 2차원이기 때문이다. 눈으로부터 전달되는 자극에서 깊이를 '보기' 위해 이런 처리들이 자동적으로 적용되기 때문에 우리의 뇌가 [그림 2-2]에서 깊이를 '보는' 것이다.

실체와 작업 사이 능동적 접점으로서의 지각

[그림 2-1]과 [그림 2-2]는 지각이 감각을 수동적으로 기록하는 것 이상을 수반한다는 점을 보여 준다. 이는 본연의 구조와 과거의 경험을 바탕으로 하여 입력 정보를 적극적으로 재편성하고 재구성하는 것을 필요로 한다. 이런 이유로 Hoffman과 동료들(2015)은 자극을 기록하는 것(촬영)을 지각과 비교해서는 안 된다고 주장하였다. 이보다는 컴퓨터에서 우리에게 제공되는 인터페이스 소프트웨어와 지각을 비교하는 것이 더욱 유익하다. 파일들 그 자체는 컴퓨터에 존재하지 않는다. 파일들을 한 폴더에서 다른 폴더로 가져올 수도 없고 그것들은 이름도 아이콘도 갖고 있지 않다. 컴퓨터에서 이뤄지는 모든 것은 꺼 있거나 켜 있는 수많은 비트로 존재하는 것이다. 소프트웨어가 이 대규모의 상세한 변화들을 의미 있는 입력 정보로 해석해 주면 우리가 필요한 작업을 할 수 있게 된다. 이와 마찬가지로, 눈에서 뇌로 도달한 정보들은 형태, 색, 움직임을 갖고 있지 않다. 이것은 특정한 속도로 발화하는 수많은 세포로 이루어져 있을 뿐이다. 우리의 뇌가 이 입력 정보를 우리가 다룰 수 있는 코드로 해석해 주는 것이다.

[그림 2-3] 감각에서 지각으로. [그림 2-1]의 검은 부분들은 말을 타고 있는 카우보이로 해석될 수 있다. 이 해석이 감각에서 지각으로의 이행을 보여 준다. 보통 이와 같은 이행이 매우 빠르게 진행되기 때문에 우리는 이것을 인식하지 못한다. 자극이 질적으로 충분히 저하될 경우에만 이와 같은 해석 처리 부분을 경험할 수 있다. 이제 [그림 2-1]을 보라. 카우보이를 보지 않고 검은 얼룩점들로만 보는 것이 여전히 가능한가? [그림 2-1]의 '진짜' 자극을 어떻게 볼 것인지에 대한 우리의 지각 체계가 이제 달라지고 학습되었다.
출처: Brysbaert (2016). Academia Press의 허가를 얻어 실음.

중간 요약

- 지각은 감각 입력 정보를 수동적으로 기록하는 것 이상으로서, 감각 입력 정보와 과거의 경험을 바탕으로 자극에 대한 해석을 수반한다. 이것은 질적으로 저하된 자극과 시각적 착각을 통해 보여질 수 있다.

지각 조직화

지각을 하는 뇌가 해결해야 하는 주요 도전들 중 하나는 환경의 어느 부분들이 하나로 같이 가는 것이며 어느 부분들이 서로 다른 대상들에 속하는 것인지를 판단하는 것이다. 만약 물체들이 획일적이고 단조로운 배경에 맞서 서로 널리 퍼져 있다면 이것을 해내는 것은 매우 쉬울 것이다. 하지만 대다수의 경우 우리의 시각적 환경은 복잡하고 혼란스러워서, 많은 대상은 서로 겹쳐 있고 매우 복잡한 배경에 맞서 놓여 있다. 즉, 컴퓨터 프로그래머들이 로봇에게 인간과 같은 시각을 갖도록 할 때 깨닫는 것처럼, 시각적 대상들을 지각적으로 분리해 내는 것은 종종 어려운 일이 아니다.

지각적 분리(그리고 지각 조직화)를 연구하기 위한 첫 번째 조직적 시도는 **게슈탈트 심리학자**(Gestalt psychologists, 역주: 형태주의 심리학이라고 번역되기도 함)들로부터 시작되었다. 그들은 독일 출신 심리학자들로(Koffka, Köhler, Wertheimer 포함), 그들의 대부분은 제2차 세계대전 이전에 미국으로 이민을 갔다. 게슈탈트 심리학자들이라는 이름이 이와 같은 이유는 이들이 지각(Gestalt가 독일어로 '형태'를 뜻함)은 부분들의 합 그 이상이라고 주장하였기 때문이다(실제로 우리가 앞에서 본 것처럼 지각은 감각 정보의 합 그 이상이다). 그들의 본질적인 원칙은 좋은 형태의 법칙(law of Prägnanz)으로, 이에 따르면 일반적으로 우리는 가급적 가장 단순하게 조직화하여 지각한다.

> **Key term**
>
> **좋은 형태의 법칙(law of Prägnanz):** 시각적 장면을 가장 단순하게 조직화하여 지각한다는 것으로 게슈탈트 심리학자들이 제안함

게슈탈트 법칙

게슈탈트 심리학자들은 여러 법칙을 제안하였는데 대부분의 법칙은 좋은 형태의 법칙의 예시들이다([그림 2-4] 참조).

[그림 2-4(a)]에서 수직보다는 3줄의 수평으로 배열된 점들이 보이는데, 이것은 시각적 요

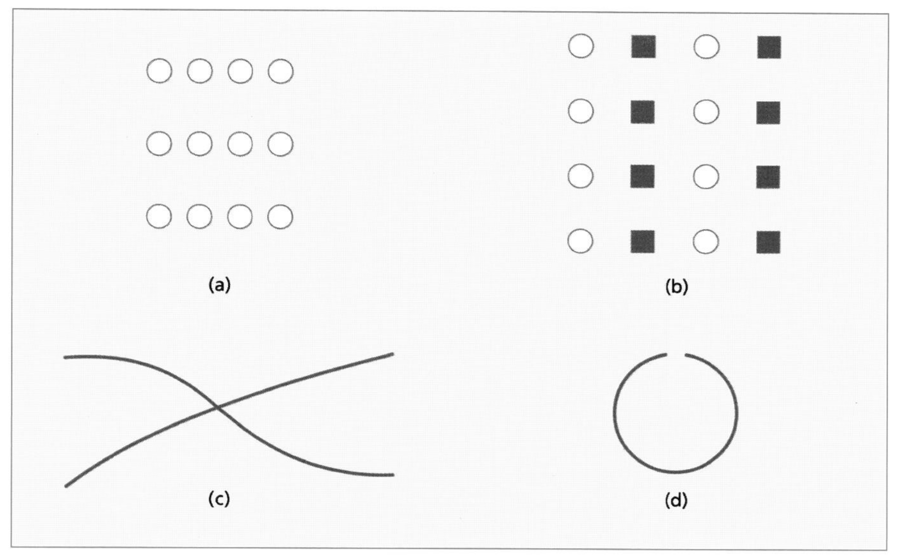

[그림 2-4] 지각 조직화의 게슈탈트 법칙들의 예시. (a) 근접성의 법칙, (b) 유사성의 법칙, (c) 좋은 연속성의 법칙, (d) 폐쇄성의 법칙.

소들이 서로 가까이 있을 때 함께 집단을 이루는 경향이 있음을 보여 준다(**근접성**의 법칙).

[그림 2-4(b)]는 **유사성**의 법칙을 보여 주는데, 이것은 시각적 요소들이 서로 유사하면 그 요소들이 함께 집단을 이룬다고 설명한다. 세로의 열을 이루는 요소들이 동일한 반면, 가로의 줄을 이루는 요소들은 동일하지 않기 때문에 가로 줄보다 세로 열로 보이게 된다.

[그림 2-4(c)]에서 우리는 교차하는 두 개의 줄을 보게 된다. 이것은 **좋은 연속성**의 법칙에 의한 것으로, 이에 따르면 우리는 시각 요소들이 변화 또는 중단을 가장 적게 필요로 하는 선 또는 매끄럽게 휘는 줄을 이루는 쪽으로 요소들을 나눈다. 마지막으로 [그림 2-4(d)]는 **폐쇄성**의 법칙을 보여 주는데, 이것은 어떤 형태에서 빠진 부분이 있을 때 이 형태를 완성하기 위하여 빠진 부분을 채우는 것이다. 이로 인해 실제로는 미완성임에도 불구하고 동그라미를 보게 되는 것이다.

Kubovy와 van den Berg(2008)는 근접성에 의한 집단화와 유사성에 의한 집단화의 중요성을 확인하였다. 또한 이들은 근접성과 유사성에 의한 집단화를 **동시에 작동**시켰을 때 발생하는 효과는 각각의 효과를 합한 것과 같다는 것을 발견하였다.

[연구 따라잡기 2-1] 충돌하는 게슈탈트 법칙들

[그림 2-5]에서 제시된 3개의 장면을 보고 각각의 그림에 대하여 자극들을 어떻게 집단화할 것인지 결정해 보라. Quinlan과 Wilton(1998)에서 매우 유사한 자극으로 실험을 진행하였는데 이 실험에서 획득된 결과와 여러분의 판단을 비교해 볼 수 있다. 그들의 연구에서, 약 절반의 실험 참가자들이 (a)의 자극을 근접성 또는 가까움으로 집단화하였고 나머지 절반은 모양의 유사성으로 집단화하였다. (b)와 (c)의 경우, 대부분의 실험 참가자들은 모양 유사성이나 근접성보다는 색깔 유사성을 기준으로 집단화하였다.

이 연구 따라잡기에서는 게슈탈트 심리학자들이 경시했던 주제, 즉 서로 다른 조직화의 법칙이 충돌할 때 무슨 일이 발생하는지에 집중하였다. Quinlan과 Wilton(1998)에 따르면, 장면의 시각적 요소들이 처음에는 근접성 또는 가까움에 근거하여 집단 또는 무리를 이룬다. 하지만 근접성을 근거로 한 집단화가 무리 안 그리고 무리 간 모두에서 조화를 이루지 못하면, 근접성보다 색 유사성에 근거한 집단화를 더 선호한다.

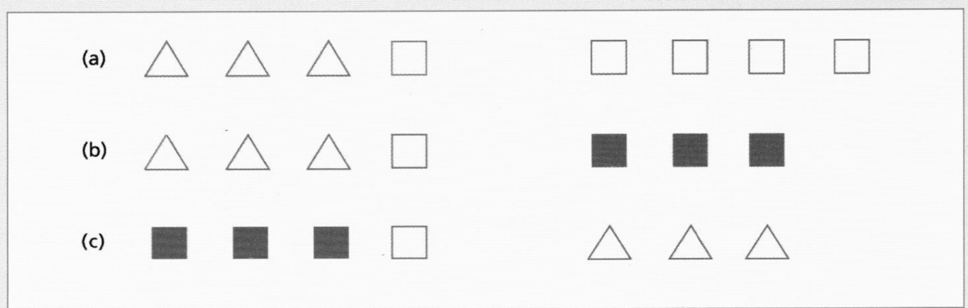

[그림 2-5] (a) 근접성(네 개 도형으로 이뤄진 두 개 집단)과 유사성(세모 vs. 네모) 간 충돌을 보여 주는 장면, (b) 근접성과 색깔 간 충돌을 보여 주는 장면, (c) 모양과 색깔 간 충돌을 보여 주는 장면.
출처: Quinlan & Wilton (1998).

전경-배경 분리

> **Key term**
> **전경-배경 조직화(figure-ground organization)**: 시각적 장면을 구별된 형태를 가진 전경과 구별된 형태가 없는 배경으로 나누는 것으로, 전경과 배경을 나누는 윤곽은 전경에 포함된 것으로 보이며 이것이 전경이 배경으로부터 두드러지도록 함

게슈탈트 심리학자들은 지각 조직화의 결과 전경-배경 조직화(figure-ground organization)가 야기된다는 점을 강조하였다. 시각적 장면의 한 부분이 전경으로 인식되고, 그 외의 부분들은 덜 중요하게 여겨지며 배경을 이루게 된다. 게슈탈트 심리학자들은 전경은 분명한 형태 또는 모양을 갖는 것으로 지각되는 반면에, 배경은 형태가 없다고 주장했다. 또한 전경은 배경 앞에 놓인 것으로 지각되며, 전경과 배경을 나누는 윤곽은 전경에 포함되는 것으로 지각된다. 이들의 주장이 타당한지는 얼굴-술잔 그림을 통해 확인해 보라([그림 2-6] 참조).

배경에 비해 전경에 더 많은 주의(그리고 처리)가 주어진다. Weisstein과 Wong(1986)은 얼

굴-술잔 그림에 수직선 또는 살짝 기울어진 선을 짧게 비추고, 실험 참가자들에게 선이 수직이었는지 아니었는지를 답하도록 하였다. 실험 참가자들의 수행은 배경으로 지각하는 곳에 선이 제시되었을 때보다 전경으로 지각하는 곳에 선이 제시되었을 때 더 좋았다.

발견들

게슈탈트 심리학자들은 인공적인 사물들을 사용하였는데, 이들의 발견들이 보다 사실적인 자극들에게도 적용되는지 알아보는 것은 중요하다. Elder와 Goldberg(2002)는 자연물들의 사진을 실험 참가자들에게 제시하였다. 어떤 윤곽이 어떤 사물에 속하는 것인지 결정할 때 근접성 또는 가까움은 매우 강력한 단서였다. 또한 좋은 연속성의 단서도 긍정적인 기여를 하였다.

[그림 2-6] 두 개의 얼굴 또는 한 개의 술잔으로 보일 수 있는 중의적인 그림. 흥미로운 점은, 그 누구도 두 개의 얼굴이 한 개의 술잔에 입맞춤을 하는 그림처럼 보인다고는 자발적으로 보고하지 않는다는 것이다. 만약 얼굴이 전경으로 보이면 술잔은 배경이고, 또는 그 반대이다. 이는 시각 체계로부터 만들어진 전경-배경 분리를 보여 준다.

많은 게슈탈트 심리학자는 전경-배경 분리에서 기존 지식과 경험의 역할에 대해서는 거의 강조하지 않았다(Wagemans et al., 2012a, 2012b). 그러나 [그림 2-1]을 보면 형태에 대한 과거의 경험이 우리의 전경-배경 분리에 얼마나 큰 영향을 미치는지 알 수 있다.

또한 게슈탈트 심리학자들은 전경-배경 분리가 시각 처리의 매우 **초기**에 발생하며 항상 사물 지각에 앞선다고 가정하였다. 이러한 가정들은 Grill-Spector과 Kanwisher(2005)에 의해 연구되었다. 사진이 17~167ms의 시간 동안 제시된 후 사각형의 차폐 자극이 제시되었다(용어 해설에서 **차폐** 참조). 몇몇 시행에서는 사진에 사물이 있었는지 없었는지를 판단하는 사물 탐지 과제를 실험 참가자들이 수행하였다. 이것은 전경-배경 분리를 측정하기 위해 수행된 것이다. 다른 시행에서는 사물 범주화 과제(예: 사진 속 사물이 '자동차'와 같이 미리 제시된 범주에 속하는지 아닌지 판단하는 과제)를 수행하였다. 놀랍게도, 두 과제의 반응시간과 오류율 모두 매우 유사하였는데, 이는 사물 지각이 전경-배경 분리와 함께 발생하며 두 처리 과정이 서로 밀접하게 연관되어 있음을 제안해 준다.

또 다른 실험에서, Grill-Spector과 Kanwisher(2005)는 실험 참가자들에게 매 시행마다 사물 탐지와 범주화 과제를 수행하도록 하였다. 사물이 탐지되지 않았을 때 범주화 수행은 우연 수준이었고, 사물이 정확하게 범주화되지 않았을 때 탐지 수행이 우연 수준이었다.

이 발견들은 전경-배경 분리에 수반되는 처리 과정들이 사물 지각에 수반되는 처리 과정들과 같음을 시사한다. 그러나 Mack과 동료들(2008)은 사물 지각(즉, 사물이 있었는가?)과 사물 범주화(즉, 사물은 무엇인가?)를 비교하였는데, 이들은 사물 범주화를 더 어렵게 만들기 위해서 사물을 뒤집거나 질을 저하시켜서 사용하였다. 이와 같은 조건에서는 사물 범주화 수행이 형체 탐지에 비해 유의미하게 나빴다. 즉, 사물 범주화의 처리 과정은 복잡하며, 사물 탐지의 처리 과정과는 다른 어떤 처리 과정을 수반할 가능성이 있는 것이다. 이는 게슈탈트 심리학자들이 전경-배경 분리를 사물 식별 전에 분리된 과정으로 상정한 것이 옳았음을 시사한다.

평가

- ⊕ 게슈탈트 심리학자들은 시지각에서 조직화의 중요성에 대해 정확하게 주장하였다.
- ⊕ 게슈탈트 심리학자들은 지각 조직화의 여러 중요한 측면들을 발견하였고, 이 중 대다수는 자연스러운 장면에 유의미하다.
- ⊖ 게슈탈트 심리학자들은 지각 조직화에서 경험과 지식의 역할을 중요시하지 않았다.
- ⊖ 게슈탈트 심리학자들은 전경-배경 분리가 항상 사물 지각보다 일찍 발생한다고 주장하였는데 이 주장은 틀린 것일 수도 있다.
- ⊖ 게슈탈트 심리학자들은 어떻게 지각이 감각들의 합 그 이상인지를 훌륭하게 보여 주었지만 그 기저의 처리 과정을 설명하는 것에는 실패하였다.

중간 요약

- 시각적 입력 정보에서 어느 부분들이 하나로 같이 가는 것이며 어느 부분들이 서로 다른 대상들에 속하는 것인지 판단하기 위해서는 지각 조직화가 필요하다.
- 게슈탈트 심리학자들에 따르면, 일반적으로 우리는 시각적 장면을 가급적 가장 단순하게 조직화하여 지각한다. 그들은 근접성과 유사성과 같은 요소들이 중요하다고 정확하게 주장하였지만, 이런 요소들이 상충할 때 어떤 일이 발생하는지에 대해서는 집중하지 않았다.
- 게슈탈트 심리학자들은 전경-배경 분리를 지각 조직화에 중심이 되는 것으로 보았지만, 이것이 만들어 내는 형태를 결정하는 데 있어 과거 경험의 역할은 대체로 무시하였다. 게슈탈트 심리학자들은 지각적 현상들에 대한 유용한 서술을 제공하였지만 그 현상들의 이유를 설명하는 것에는 거의 성공하지 못했다.

형태 재인

> **Key term**
>
> **형태 재인(pattern recognition)**: 2차원으로 입력된 형태를 기억에 저장된 범주 정보에 맞추는 것으로 대상 재인의 필수적인 단계임

일단 전경이 배경으로부터 분리되면, 이것이 무엇인지 파악되어야 한다. 형태 재인(pattern recognition)은 2차원의 형태를 알아보는 것을 지칭한다. 이것은 입력된 정보를 기억에 지정된 범주 정보에 맞춰 보는 방식으로 달성된다. 형태 재인은 자극을 어떤 하나의 특정 사물에 맞춰 보는 것(내가 어제 읽은 '그' 신문)이 아니라 사물들의 범주에 맞춰 보는 과정(특정되지 않은 그냥 신문들 중 '하나')을 동반하기 때문에 범주화는 중요하다.

형태 재인에서 핵심 사안은 **유연성**이다. 입력 정보가 저장된 범주 정보와 완벽하게 일치할 필요는 없다는 것이 중요하다. 예를 들어, 우리는 글자 'A'가 다양한 방향, 활자체, 크기, 필체로 쓰여도 빠르고 정확하게 'A'를 식별한다. 마찬가지로, 우리는 얼굴이 다양한 거리에서 다양한 각도로, 또 다양한 정도로 가려져 있어도 알아본다. 또 우리는 지금껏 한 번도 본 적이 없는 동물이 강아지인지 새인지 알아볼 수 있다. 형태 지각에 수반되는 몇몇의 처리 과정에 대해 이번 절에서 논의될 것이다.

이론상으로는, 형태 지각이 두 종류의 정보에 근거할 수 있다. 한편으로, 자극들이 전체적인 지각 형태(Gestalts)로 기억에 저장되어 있을 수 있다. 다른 한편으로, 자극들이 세부 특징들의 목록으로 저장되어 있을 수도 있다. 전자를 일컬어 형판 이론(template theories)이라고 하고, 후자를 세부특징 이론(feature theories)이라고 한다. 형판과 세부특징이 서로 경쟁 관계에 있는 이론으로 종종 소개되곤 하지만 오랜 시간에 걸친 연구 결과, 대다수의 연구자들은 두 종류의 정보 모두 우리가 기억에 자극을 저장할 때 사용된다고 믿는다.

형판 이론

형판 이론에 따르면, 우리는 우리가 알고 있는 시각적 형태 각각에 대응하는 **형판**(장기기억에 저장된 모양 또는 형태)을 갖고 있다. 입력된 자극과 가장 유사한 형판이 무엇인가를 기반으로 우리는 형태를 인식한다. 이 이론은 간단하다. 하지만 시각 자극의 수많은 변형이 동일한 하나의 형판과 일치한다고 보는 관점은 별로 현실적이지 못하다.

이런 기초적인 형판 이론에서 약간의 개선이 이루어졌는데, 그것은 바로 시각 자극이 정규화 처리 과정을 거친다고 가정하는 것이다. 이 처리 과정은 일치하는 형판을 찾는 것을 시작

하기 전에 이뤄지며, 이 처리 과정 결과로 표준 방향(예: 수직으로 똑바로 세운)과 크기 등을 가진 시각 자극에 대한 내적 표상이 만들어진다. 하지만 이 결과물이 항상 형판과 알맞게 일치할 수는 없을 것 같다.

형판 이론을 개선할 수 있는 또 다른 방법은 개별 자극에 대한 형판이 하나가 아니라 여러 개(예: 정면 방향의 얼굴, 측면 방향의 얼굴, 그 중간 정도 방향의 얼굴 등)라고 가정하는 것이다. 이것은 광범위한 자극에 대해 자극과 형판 간 정확한 대응을 가능하게 해 주지만 이론이 더욱 복잡해진다는 점을 희생해야 한다.

요약하면, 형판 이론은 인간이 형태를 지각할 때 보이는 유연성을 설명하기에는 불충분하다. 형판 이론의 한계는 어떤 자극이 여러 다양한 모습을 가질 수 있는 범주에 속할 때(예: 다양한 서체로 쓰이는 글자들) 더욱 두드러진다. 반면, 형판 이론은 잘 알고 있는 자극에 대한 빠른 지각을 잘 설명할 수 있다. 우리가 익숙한 시각 자극을 점점 더 효율적으로 처리하게 되는 이유 중 하나는 우리가 그 입력 자극에 대한 형판을 발전시키기 때문이다(Goldstone, 1998).

세부특징 이론

목록 1	목록 2
IMVXEW	ODUGQR
WVMEIX	GRODUQ
VXWIEM	DUROQG
MIEWVX	RGOUDQ
WEIMXV	RQGOUD
IWVXEM	UGQDRO
IXEZVW	GUQZOR
VWEMXI	ODGRUQ
MIVEWX	DRUQGO
WXEIMV	UQGORD

[그림 2-7] 얼마나 많은 글자 Z를 찾았는가? 글자 탐색 연구를 위한 실례가 되는 목록들. 목록 1의 방해 자극들에 비해 목록 2의 방해 자극들은 목표 글자 Z와 더 적은 수의 세부특징을 공유한다. 그 결과, 목록 1에 비해 목록 2에서 글자 Z를 찾는 것이 더 쉽다.

세부특징 이론에 따르면, 형태는 세부특징 또는 속성의 세트로 구성되어 있다(Jain & Duin, 2004). 예를 들어, 세부특징 이론가들은 대문자 'A'의 주요 세부특징이 두 개의 직선과 한 개의 연결되는 가로 선이라고 주장할 것이다. 이와 같은 이론적 접근에서는 크기, 방향 및 세부사항이 서로 다른 시각 자극들이 동일 형태의 여러 예시들로 지각된다는 장점이 있다.

세부특징 이론적 접근은 목표 글자를 가능한 빠르게 찾아야 하는 시각적 탐색 연구로부터 지지되었다. Neisser(1964)는 방해 자극이 직선들로 이뤄진 조건(예: W, V)과 방해 자극이 곡선을 포함하는 조건(예: O, G)에서 목표 자극인 'Z'를 탐지할 때 걸리는 시간을 비교하였다. 후자 조건에서 수행이 더 빨랐는데, 그 이유는 이 조건의 방해 자극들이 목표 글자 Z와 더 적은 수의 세부특징을 공유했기 때문이다.

대다수의 세부특징 이론들은 형태 재인 처리 과정에서 국부적 처리가 우선 이뤄지고 그 후에 보다 전체적이고 일반적 처리를 통해 세부특징에 대한 정보가 통합된다고 가정한다. 하지만 전체적 처리가 세부적 처리에 **앞설** 수도 있다. Navon(1977)에서 실험 참가자들에게 [그림 2-8]과 같은 자극들을 제시하였다. 어떤 시행에서는 실험 참가자들이 큰 글자가 'H' 또는 'S' 중 무엇인지 응답하였고, 다른 시행에서는 작은 글자들이 H 또는 S 중 무엇인지 응답하였다.

```
S           S
S           S
S           S
S           S
S           S
SSSSSSSSSSSSS
S           S
S           S
S           S
S           S
S           S
```

[그림 2-8] Navon(1977)에서 사용되었던 종류의 자극으로, 지각에서 전체적인 특징의 중요성을 보여 준다.

무엇을 Navon(1977)이 발견하였을까? 큰 글자가 작은 글자들과 다를 경우, 작은 글자들에 대한 판단 속도가 크게 느려졌다. 반면에, 큰 글자에 대한 판단 속도는 작은 글자들의 속성에 영향을 받지 **않았다**. 즉, Navon의 표현처럼, 우리가 숲(전체적 구조)을 보기에 앞서 나무(세부특징)를 보기보다는, 종종 그 반대로 나무(세부특징)를 보기에 앞서 숲(전체적 구조)을 보는 것이다.

Dalrymple과 동료들(2009)은 Navon의 연구를 재검증하였다. 단, 작은 글자들의 크기와 이 글자들 간 간격을 조작하였다. 작은 글자들이 매우 작고 서로 밀접해 있는 경우, Navon의 결과가 되풀이되었다. 하지만 작은 글자들이 크고 서로 떨어져 있을 경우엔, 큰 글자에 비해 작은 글자들에 대한 판단이 더 빨랐다. 이 조건에서는 큰 글자를 식별하는 것이 더 어려웠던 것이다. 즉, 어떤 수준의 정보가 먼저 처리되느냐는 세부특징을 파악하는 것의 쉬움 정도에 따라 달라지는 것이다. 주의 배치(시각 자극의 어떤 부분에 주의를 줄 것인가)는 전체적 처리가 국부적 처리에 선행할 것인지 아닌지에 영향을 주는 또 다른 요인이다(Wagemans et al., 2012a, 2012b).

세부특징 탐지기

만약 시각 자극이 제시되었을 때 이 자극을 이루는 기본적 세부사항들에 대한 처리가 초기에 발생하는 것이라면, 뇌에서 이와 같은 처리에 관여하는 세포들을 확인할 수 있어야 한다. 이와 관련된 증거가 노벨상 수상을 이끈 Hubel과 Wiesel(1962) 연구에서 획득되었다. 이들은 초기 시각 처리를 담당하는 후두엽(뇌의 뒷부분) 부위에 있는 세포들을 연구하였다.

Hubel과 Wiesel은 1차 시각 피질에서에서 두 종류의 신경세포를 발견하였는데, 하나는 단

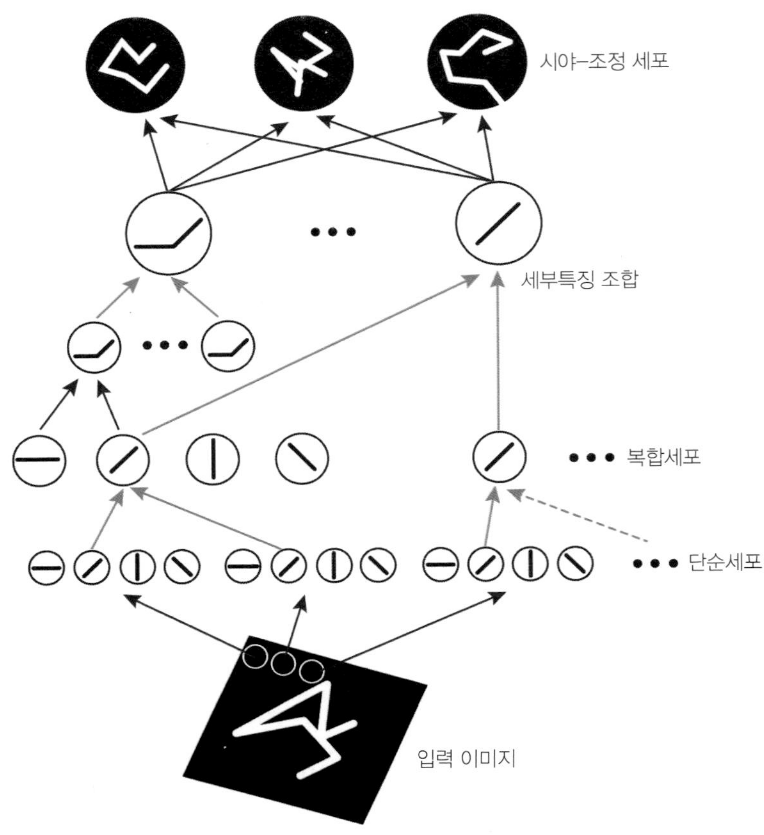

[그림 2-9] 세부특징에서 형체로. Hubel과 Wiesel은 시야의 특정 영역에 놓인 특정 방위의 막대기 모양 자극에 반응하는 단순세포가 시각 피질에 있다는 것을 발견하였다. 시각 피질에는 시야의 어느 영역에 위치하는가에 상관없이 세부특징의 존재만으로 반응하며 여러 세부특징의 조합에도 반응하는 복합세포로 이뤄진 층들도 있다. 이 층들은 시각 입력 자극으로부터 단순한 형체를 지각하는 컴퓨터 시뮬레이션 프로그램에 적용될 수 있다. 파란 화살표는 AND 게이트의 작동을 나타내고, 초록 화살표는 OR 게이트의 작동을 나타낸다.

출처: Koch & Poggio (1999). Macmillan Publishers Ltd의 허가를 얻어 재인쇄함.

[그림 2-10] 이것은 무엇인가? [그림 2-1]처럼 자극의 질을 저하시켰을 때 감각으로부터 지각으로의 이행은 어려워진다. 만약 이 형체는 연못 근처에서 보통 볼 수 있다는 것을 알게 됐다면, 해석이 쉬워지는가? 만약 소나무 밑에서 종종 이 형체를 볼 수 있다는 것을 알게 됐다면 이것을 무엇이라고 판단하겠는가? 사실 이 입력 자극은 어떻게 해석하느냐에 따라서 왼쪽을 바라보는 오리도 될 수 있고 오른쪽을 바라보는 다람쥐도 될 수 있다. 하향적 처리는 해석 속도를 높이고 불확실성을 해결하는 데에도 도움을 줄 수 있다.

출처: Brysbaert & Rastle (2014). Pearson Education Press의 허가를 얻어 재인쇄함.

순세포(simple cells)이고 다른 하나는 복합세포(complex cells)이다. 단순세포들은 '꺼짐' 영역과 '켜짐' 영역을 갖고 있으며, 각 영역은 직사각 형태이다. 이들은 밝은 바탕에 있는 어두운 막대기 모양, 어두운 바탕 위의 밝은 막대기 모양, 또는 어두운 영역과 밝은 영역 경계의 직선의 모서리에 가장 잘 반응한다. 어느 단순세포이든 간에 특정 단순세포는 시야의 특정 영역에 놓인 특정 방위의 자극에만 반응한다.

복합세포는 단순세포와 다르게 시야의 어느 영역에 있는가에 상관없이 세부특징의 존재만으로 반응하며 또한 여러 세부특징의 조합에도 반응한다. 단순세포에 비해 복합세포의 수가 훨씬 더 많으며 시각 피질의 여러 층에 분포되어 있다. 세부특징들의 조합이 이전에 보았던 의미 있는 어떤 것의 일부분에 부합하면, 복합세포는 다른 세포에게 발화 신호를 보낸다. 이 모든 세포는 세부특징 탐지에서 사물 지각으로의 전환 과정에 관여하는 것이며, 또한 카메라의 입력 정보로부터 단순한 사물들을 지각하도록 하는 컴퓨터 모형에 적용될 수도 있다([그림 2-9]).

하향적 처리

사물 우월성 효과

형태 지각의 세부특징 이론들은 상향적 처리(단순한 세부특징에서부터 의미 있는 형체로 처리)를 강조한다. 자극의 세부특징들이 사물 지각에서 중요한 역할을 수행한다. 하지만 세부특징 이론들은 맥락과 기대의 중요성을 무시했다. Weisstein과 Harris(1974)는 3차원의 형태 또는 일관성이 떨어지는 형태를 짧게 비추고 그 안에서 선을 탐지하는 과제를 사용하였다.

> **Key term**
>
> **사물 우월성 효과**(object superiority effect): 어떤 특질이 사물의 일부일 때가 모르는 형태의 일부일 때보다 더 쉽게 처리되는 현상

세부특징 이론가들에 따르면, 목표 자극인 선은 항상 동일한 세부특징 탐지기를 활성화시켜야 한다. 따라서 선이 내포하고 있는 형태의 일관성은 탐지에 영향을 주지 말아야 한다. 하지만 목표 자극 탐지는 선이 3차원의 의미 있는 형태의 한 부분일 때 가장 좋았다. Weisstein과 Harris는 이것을 일컬어 사물 우월성 효과(object superiority effect)라고 불렀다. 이 효과는 맥락이 목표 자극에 관한 유용한 정보를 제공하기 때문에 발생한다.

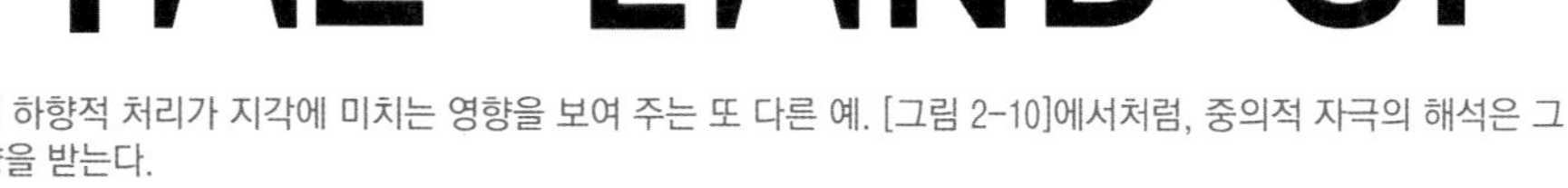

THE LAND OF

[그림 2-11] 하향적 처리가 지각에 미치는 영향을 보여 주는 또 다른 예. [그림 2-10]에서처럼, 중의적 자극의 해석은 그 자극이 놓인 맥락에 영향을 받는다.

하향적 처리는 지각되는 입력 정보의 중의성을 해결할 때에도 도움을 준다. 실생활에서는 세부특징들이 다양한 사물에 속하여 다양한 해석을 가능하게 하고, 따라서 우리의 뇌는 어느 부분들이 함께 속하는 것이며 그것들을 어떻게 해석해야 할지를 생각해 내야 한다는 점을 명심하라. [그림 2-10]을 한번 보라. 무엇이 보이는가? 자극의 질을 저하시켰기 때문에 보통의 경우에 비해 지각에 좀 더 많은 노력이 들긴 하지만 여전히 정상적인 지각에서 이뤄지는 처리 과정들이 반영되어 있다.

[현실세계에서 2-1] 지문 분석

형태 지각 기술은 실세계에게 매우 중요하다. 예를 들어, 지문 채취는 범죄자 식별을 돕는다. 범죄자들의 지문(잠재적으로 지문일 수 있는 흔적)에서 제공되는 형태를 저장되어 있는 지문 기록들과 대조한다.

형사 사건에서 어떻게 지문 인식이 이뤄지는 것일까? 지문 인식에는 컴퓨터 시스템과 전문가의 협력이 동반된다. 자동 지문 인식 시스템(AFIS: Automatic fingerprint identification systems)이 방대한 양의 데이터베이스(예: FBI는 3억 명 이상 사람들의 지문을 보유하고 있음)를 스캔한다. 그 결과, 범죄 현장에서 채취한 지문(들)과 일치할 가능성이 있는 몇 개의 지문들이 추려지고, 얼마나 유사한지에 따라 등위가 매겨진다. 그다음, 전문가들이 이렇게 추려진 데이터베이스 항목들 중 무엇이 범인의 것과 일치하는지 판단한다.

AFIS는 세부특징을 두 가지 수준에서 관찰한다(Jain et al., 2010). 전체적 수준에는 세 가지의 기본 지문 형태[고리, 활/아치, 회오리(원)]가 있다. 약 3분의 2의 사람들이 고리 형태를 갖고 있다([그림 2-12] 참조).

또한 지문에는 이보다 더 정밀한 세부특징도 있다. 우리의 손에는 볼록한 능선과 움푹한 골의 형태인 융선이 있다. 물론 중요한 것은 특징점이다. 가령, 융선이 갑자기 끊기는 부분은 어디인지 또는 하나의 융선이 두 개 또는 그 이상으로 나뉘는 곳은 어디인지에 관한 것들이 바로 특징점이다. 일반적으로 하나의 지문에는 20에서 70개 사이의 특징점이 존재하며, 이 정보들은 데이터베이스에 저장되어 있다(Jain et al., 2010). 전문가들은 AFIS로부터 세부사항 또는 특징점 측면에서 유사한 점들이 무엇인지에 관한 정보를 제공받으며, 또한 극소의 세부사항들(예: 땀구멍, 특정 융선의 너비)도 이용한다(Dror & Mnookin, 2010).

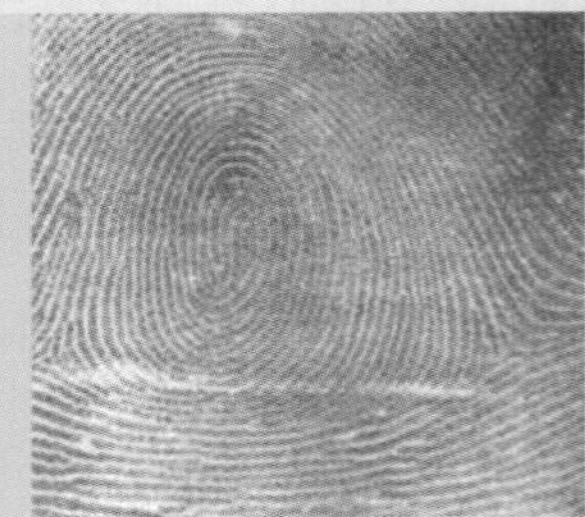

[그림 2-12] 고리 형태(60~65%의 사람들에게서 발견됨)는 볼록한 능선이 뒤로 굽어지는 모양(가운데). 회오리 형태(30~35%)는 중앙의 볼록한 능선이 적어도 한번 완벽하게 돌아가는 모양(오른쪽). 아치 형태(5%)는 볼록한 능선이 되돌아오는 것 없이 흐르는 모양(왼쪽).

여러분은 지문 인식은 거의 틀림없다는 일반적인 생각에 동의하는가? 비록 지문 인식이 DNA를 제외한 다른 그 어떤 방법보다도 정확할 수는 있겠지만, 우리는 지문 인식이 거의 늘 정확하다고 생각해서는 안 된다(Spinney, 2010). [그림 2-13]의 2개의 지문이 동일한 사람의 것인지 아닌지 판단해 보기 바란다. 4명의 지문 채취 전문가들은 동일한 사람의 것, 즉 2004년 3월 11일 마드리드에서 발생한 테러 공격에 연루된 폭파범의 것이라고 판단하였다. 하지만 사실 이 지문들은 서로 다른 두 사람의 것이었다. 위의 지문은 마드리드 폭파범의 것이었지만 아래 지문은 잘못 체포된 오리건주의 변호사 Brandon Mayfield의 것이었다.

[그림 2-13] FBI의 마드리드 폭파범 착오. 범죄 현장에서 채취된 지문은 위의 것이고, 무고한 용의자의 지문(여러 지문 전문가가 범인의 지문과 일치한다고 판단)은 아래이다.
출처: Dror et al. (2006).

지문 착오는 실험실에서 흔히 발생한다. Langenburg와 동료들(2009)은 맥락(예: 국제적으로 존경받는 전문가의 소견)이 지문 인식에 영향을 미치는지 연구하였다. 전문가와 비전문가 모두 맥락(하향식) 정보에 영향을 받았으며 특히 비전문가가 더 크게 영향을 받았다. Dror과 Rosenthal(2008)은 5명의 전문가들에게 그들이 이미 수년 전에 일치 또는 불일치하는 것으로 판단했던 지문 쌍들을 제시하였다. 약 10% 정도에서 그들의 판단이 과거의 판단과 달랐다.

왜 전문가들이 지문 인식에서 실수를 범하는 것일까? 첫째, 그들의 판단은 관련이 없고 호도하는 정보에 영향을 받는다(Langenburg et al., 2009). Cole(2005)은 전문가들의 지문 착오가 있었던 실제 사례들을 검토해 보았다. 50% 이상의 사례에서, 본래 전문가의 판단(착오)은 한 명 이상의 다른 전문가들로부터 확인을 받았었다.

Dror와 동료들(2006)에서 전문가들에게 2개의 지문이 일치하는지 아닌지를 판단해 달라고 하였다. 연구자들은 전문가들에게 이 지문들이 수년 전 FBI가 마드리드 폭파범의 것으로서 동일한 것이라고 잘못 판단한 지문들이라는 거짓말을 하였다. 전문가들은 몰랐지만, 사실 이 지문들은 수년 전에 이들이 명확하고 분명하게 일치한다고 판단한 지문들이었다. 하지만 마드리드 폭파범에 관한 호도하는 정보를 제공받자 전문가의 60%는 일치하지 않는 지문들이라고 판단을 바꿨다! 즉, 맥락적 정보로 촉발된 하향식 처리가 지문 인식을 망칠 수 있는 것이다.

둘째, 현재 범죄자의 지문은 과거에 비해 훨씬 방대한 양의 데이터베이스와 비교해 볼 수 있다. 이로 인해 범죄자의 지문과 매우 유사하지만 잘못된 지문이 발견될 확률이 매우 높아진 것이다. 따라서 일치하는 지문을 찾았다고 확정을 짓기 전에 전문가들은 유사점을 확인할 수 있는 좀 더 많은 증거를 확보해야 한다(Dror & Mnookin, 2010).

하지만 이런 일은 발생하지 않는다. Charlton과 동료들(2010)에 따르면, 지문 전문가들의 사건(특히 중죄)을 해결하고 싶은 강한 욕구가 오인을 증가시킬 수 있다.

감사하게도 다른 증거들은 전문가들이 경험이 없는 초보자들에 비해 식별을 잘못할 확률이 낮다는 것을 보여 준다. Thompson과 동료들(2014)은 전문가들과 초보자들을 대상으로 진짜 범죄 현장에서 채취된 지문을 가지고 실험을 진행하였다. 두 집단 모두 실제로 일치하는 지문에 대해 약 70%의 정확률로 '일치'한다고 반응하였다. 그러나 오경보율에 대해서는 커다란 차이가 있었다. 유사하지만 일치하지 않는 지문에 대해 초보자들은 약 57%의 비율로 '일치'한다고 잘못 반응한 반면, 전문가들은 약 '2%'에 그쳤다. 이 결과는 전문가들이 초보자들에 비해 훨씬 더 변별을 잘한다는 것을 보여 준다. 또한 전문가들은 좀 더 보수적인 반응 편향을 가지고 있어서, '일치'라고 응답하는 것에 더 주저한다. 그렇지만 여전히 그들이 틀림없는 것은 아니다.

요약하면, 지문 인식은 세부사항들을 다양한 특수성 수준에서 비교하는 것에 크게 의존한다(상향적 처리). 오류가 발생하는 이유는 전문가들이 호도하는 맥락 정보에 영향을 받기 때문이며(하향적 처리), 또한 전문가들이 일치하는 지문을 찾았다고 결정짓기 위해 요구되는 유사성의 정도가 충분히 엄격하지 못하기 때문이다.

요약하면, 형태 지각은 시각 자극의 세부특징 또는 다른 측면들에 대한 상향적 처리에만 의존하지 않는다. 하향적 처리 또한 수반되는 것이다. 사물 지각에서 하향적 처리의 중요성을 보여 주는 더 많은 증거를 다음 절에서 보도록 하겠다.

중간 요약

형판 이론(Template theories)

- 형판 이론은 우리가 시각 자극을 형판 또는 저장된 형태들 중 가장 유사한 것과 대응시키는 방법으로 시각 자극을 지각한다고 가정한다. 이와 같은 이론은 인간의 형태 지각에서 보이는 유연성을 쉽게 설명하지 못한다. 그러나 복잡하지만 익숙한 자극들에 대한 매우 빠른 지각에 대한 설명을 제공할 수 있다.

세부특징 이론(Feature theories)

- 일부 세부특징 이론들은 형태 지각에서 국부적 처리가 이뤄진 후에 보다 전체적이고 일반적인 처리가 이뤄진다고 가정한다. 그러나 전체적 처리가 국부적 처리에 앞설 수도 있다. 또한 세부특징 이론들은 맥락과 기대 효과를 중요시하지 않았다.

하향적 처리(Top-down processes)

- 사물 우월성 효과와 중의적 자극에 대한 해석은 하향적 처리를 필요로 한다.

지문 분석(Fingerprinting)

- 지문 인식을 위해 전문가들은 세부특징, 특징점, 그리고 다양한 극소의 세부사항들(예: 땀구멍)의 정보를 활용한다. 전문가들이 실수를 범하는 이유는 그들의 판단이 관련 없거나 호도하는 정보에 영향을 받기 때문이다. 또한 형사 사건을 해결하고 싶은 높은 동기 부여로 인해 유사한 지문들이 서로 일치한다고 판단하는 그들의 기준이 종종 충분히 엄격하지 못하기 때문이다.

시각적 물체 인식

지각 조직화와 형태 지각은 다양한 종류의 자극들을 통해서 설명될 수 있으며, 일반적 처리와 자극 특징적 처리 모두를 수반하는 것으로 생각되고 있다. 예를 들어, 글로 쓴 단어와 숫자 지각은 시각적 선들을 음성 언어의 형태 및 의미로 전환되는 특유의 과정을 수반한다. 이것에 관해서는 8장에서 논의될 것이다. 여기서는 시각적 물체와 얼굴 인식과 관련된 연구들을 살펴볼 것이다. 우선, 시각적 물체 인식부터 살펴보도록 하자.

성분 재인 이론

시각적 물체 인식에는 어떤 과정들이 수반될까? 영향력이 큰 답은 Irving Biederman(1987)의 성분 재인 이론으로부터 나왔다. 그는 시각적 물체 인식은 경계선을 검출하는 것에서부터 시작한다고 주장하였다. 경계선은 표면적 특징, 가령 밝기, 질감 또는 색깔에서의 차이와 일치하며 이는 선으로 물체를 묘사할 수 있게 해 준다.

> **Key term**
> **지온(geons)**: 대상 재인 시 결합되는 기본 모양이나 구성 요소로, 기하학적 이온(geometric ions)의 약어임. Biederman에 의해 제안됨

그다음 단계는 어떤 경계선들이 함께 하나에 속하는 것인지 어떤 것들이 별개에 속하는 것인지를 결정하는 것이다. 이것은 경계선들을 결합하여 기본 모양 또는 지온(geons: 기하학적 이온)이라고 알려진 요소로 만들어 보려는 시도를 통해 이뤄진다. [그림 2-14]에는 사각형 덩어리, 원기둥, 구, 활 모양, 쐐기 모양의 지온 예시들이 제시되어 있다.

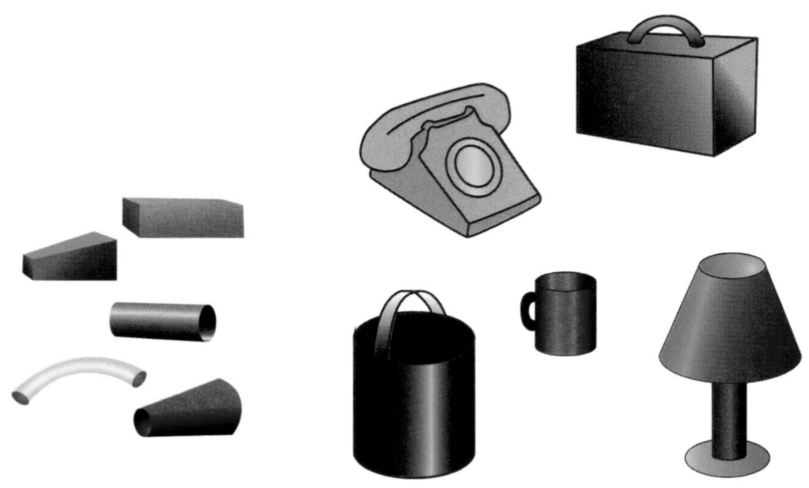

[그림 2-14] Biederman의 지온의 예시들(왼쪽) 및 지온이 어떻게 시각적 대상을 구성하는지 보여 주는 예시들(오른쪽)

얼마나 많은 지온이 있나? Biederman(1987)에 따르면 약 36개의 서로 다른 지온이 있다. 우리가 인식하고 식별할 수 있는 모든 대상을 표현하기에 의심스럽게 너무 적은 수처럼 들릴 수 있다. 하지만 영어에서 고작 44개의 음소(기본 소리)만으로도 수많은 영어 단어를 인지할 수 있다. 이것이 가능한 이유는 음소들이 거의 무한한 조합을 만들어 낼 수 있기 때문이다.

지온도 마찬가지이다. 지온으로 풍부한 시각적 대상 표현이 가능한 이유는 지온들 간 다양한 공간적 관계를 만들 수 있기 때문이다. 예를 들어, 컵은 원기둥 옆에 활 모양이 연결된 것으로 표현할 수 있다. 똑같은 지온으로 들통을 표현할 수 있는데 단 이번에는 원기둥 위에 활 모양의 지온이 연결된 것이다.

Biederman에 따르면, 지온은 물체 인식의 기반이 되는 기본 요소들이며, 흔한 대상에 대한 지온 기반의 정보는 장기기억에 저장된다. 따라서 물체 인식은 필수적으로 지온 식별에 달려 있다. 중요한 것은 지온이 여러 방향의 시점에서 식별될 수 있다는 것이다. 따라서 한 개 혹은 그 이상의 지온이 시야에서 가려지지 않는 이상 물체 인식은 일반적으로 쉬울 것이다. 다시 말해서, 시점 불변인 것이다.

Biederman과 Gerhardstein(1993)은 물체 인식이 시점 불변이라는 가정을 검증하기 위해 연구를 진행하였다. 이들은 어떤 대상을 처음 명명할 때에 비해 전에 명명한 적이 있을 때 명명 속도가 빨라진다는 점을 이용하였는데, 이런 현상을 반복 점화(repetition priming)라고 한다. Biederman과 Gerhardstein은 반복 점화가 정확히 동일하게 보이는 대상의 사진들에 한정되는지 아니면 동일한 대상이지만 다른 시점에서 찍힌 사진들에게도 일반화되는지를 알아보았다. 연구자들이 찾은 결과는 후자와 같았다. 두 개의 서로 다른 시점일 때에도 동일한 시점일 때만큼 물체를 명명하는 속도가 빨라졌으며, 심지어 시각 차이가 135도일 때에도 이러한 촉진 효과가 발견되었다. 이러한 결과들은 물체 인식이 시각 불변이라는 것을 시사해 준다. 뒤에서 보게 되겠지만, 차후 연구들은 이것이 단지 이야기의 일부일 뿐이라는 것을 보여 주었다.

> **Key term**
>
> **반복 점화**(repetition priming): 자극이 처음보다 두 번째 만났을 때 더 효율적으로 처리된다는 발견. **점화**(priming)나 **의미 점화**(semantic priming)에 대한 설명도 참조할 것

우리는 물체의 시각적 특징들 중 그 대상을 이루는 지온 식별에 직접적으로 관련이 있는 것들에 가장 예민하다. **어떻게** 우리는 이런 예민함을 발전시켰을까? 우리가 매일 경험하는 단순한 제조품들(예: 원통형 용기, 깔때기, 구 모양의 물체들, 벽돌)이 가장 큰 이유일까? 실제로는 이 설명에 맞서는 증거가 있다. 나미비아 북서부에 사는 반유목민들인 힘바족(Himba)을 살펴보자. 이들은 제조품들에 거의 노출된 적이 없다. 그럼에도 불구하고 이들은 선진국에 살고 있는 사람들만큼 지온 관련 정보에 예민하였다(Lescroart et al., 2010). 우리 주변에서 자연적으로

발생하는 큰 다양성에 노출되는 것이 중요한 것으로 보인다.

만약 시각 정보의 일부만 볼 수 있을 경우엔 어떻게 물체를 인식할까? Biederman(1987)에 따르면, 물체의 윤곽에서 오목한 부분(움푹 꺼진 곳)이 특히 유용한 정보를 제공한다. 그는 질적으로 저하된 선 그림을 실험 참가자들에게 제시하는 실험을 통해 이러한 견해를 지지하는 증거를 얻었다([그림 2-15] 참조). 물체 인식은 오목한 부분에 대한 정보를 제공하는 윤곽 부분들이 누락되었을 때가 다른 윤곽 부분들이 누락되었을 때에 비해 훨씬 더 어려웠다. Webster(2015)는 윤곽을 깨뜨리는 것이 동물들이 위장에 사용하는 기술 중 하나라는 증거를 확인하였다.

성분 재인 이론은 물체 인식에서 상향적 처리를 강하게 강조한다. 하지만 기대와 지식과 같은 요인들에 의한 하향적 처리 또한 중요하다. 물체 인식이 어려울 때 특히 그러하다. 예를 들어, Viggiano와 동료들(2008)에 따르면, 실험 참가자들은 제시된 동물 사진들이 흐릿할 때가 그렇지 않을 때에 비해 하향적 처리에 더 의존하였다. 이는 흐릿한 사진에는 상향적 처리에 사용할 정보가 부족하기 때문이었다.

성분 재인 이론의 또 다른 제한점은 이 이론이 매우 분명한 지각적 변별만 설명할 수 있다는 것이다. 이 이론은 우리가 우리 앞에 있는 동물이 강아지인지 고양이인지를 어떻게 판단하는지에 대해 어느 정도 설명해 준다. 하지만 이 동물이 어떤 특정 품종의 강아지 또는 고양이인지 또한 이 강아지가 **나의** 강아지인지 아닌지를 어떻게 판단하는가에 대해서는 설명해 주지 않는다.

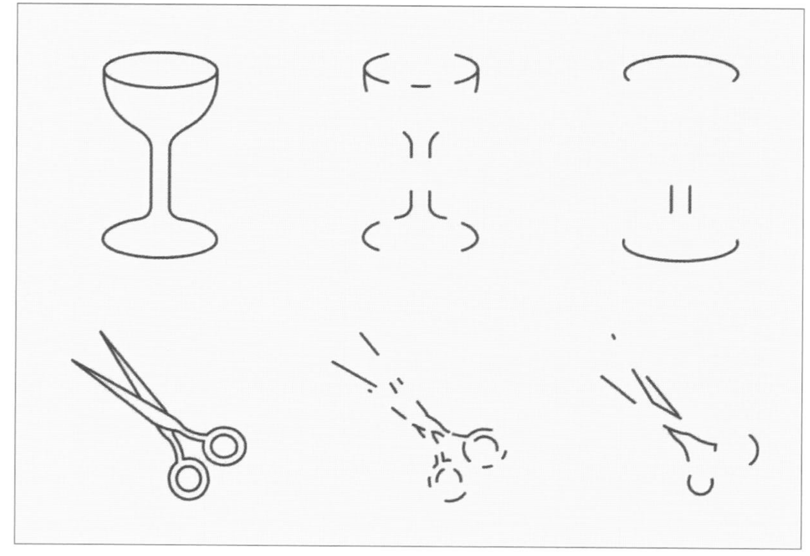

[그림 2-15] 온전한 그림(왼쪽), 오목한 부분에 대한 정보를 제공해 주는 윤곽이 유지되거나(가운데), 유지되지 못한 선 그림(오른쪽)
출처: Biederman (1987).

평가

- ⊕ 지온 또는 지온과 유사한 어떤 요소가 시각적 물체 인식에 수반된다는 것은 그럴듯하다.
- ⊕ 오목한 형태를 식별하는 것은 물체 인식에서 매우 중요하다.
- ⊖ 이 이론은 매우 분명한 지각적 변별만 설명한다. 예를 들어, 어떤 동물이 강아지인지 고양이인지를 판단하는 것은 설명해 주지만, 이 동물이 나의 강아지 또는 나의 고양이인지 아닌지는 설명해 주지 않는다.
- ⊖ 이 이론은 시각적 대상이 변하지 않는 지온들로 구성되어 있다고 가정한다. 하지만 물체 인식은 이것보다 훨씬 더 복잡하다. 예를 들어, 어떤 물체의 모양(예: 구름)은 매우 가변적이어서 인식 가능한 지온을 가지고 있지 않다.
- ⊖ 이 이론은 물체 인식의 처리 과정이 시점 불변이라는 가정에 기초한다. 우리는 이것이 종종 틀리다는 것을 보게 될 것이다.
- ⊖ 이 이론이 가정하는 것처럼 상향적 처리는 물체 인식에서 매우 중요하다. 하지만 물체 인식이 어려운 경우 하향적 처리 또한 중요하다.

시점이 물체 인식에 영향을 미치는가?

자전거의 형상을 떠올려 보라. 여러분의 이미지는 자전거의 두 바퀴가 잘 보이는 옆에서 바라본 모습일 것이다. 중요한 논쟁에 대한 논의에 이 예시를 사용할 수 있다. 몇몇 사람에게는 여러분의 형상에서처럼 전형적인 시점에서 바라본 자전거 사진을 제시하고, 다른 사람들에게는 같은 자전거지만 정면에서 바라보거나 뒤에서 바라본 사진을 제시하였다고 가정해 보자. 두 집단에게 제시된 대상이 무엇인지 가능한 빠르게 식별하라고 지시한다. 전형적인 시점의 자전거를 제공받은 집단이 다른 집단보다 빠르게 반응할까?

Biederman(1987)은 서로 다른 시점일지라도 동일한 수의 지온이 보인다면 물체 인식은 동일하게 빠르고 동일한 난이도를 갖는다고 주장하였다. 다른 말로 하자면, 그는 물체 인식이 시점 불변이라고 가정한 것이다. 우리가 방금 보았던 것처럼, Biederman과 Gerhardstein(1993)은 이러한 가정을 지지하는 결과를 얻었다. 하지만 다른 이론가들은(예: Friedman et al., 2005)은 물체가 어떤 특정한 각도(특히 우리에게 가장 익숙한 각도)에서 보일 때 물체 인식은 일반적으로 더 빠르고 더 쉽다고 주장한다. 이런 이론가들은 물체 인식은 시점 의존적이라는 생각을 지지한다.

Forster과 Gilson(2002)은 물체 인식에서 이 두 종류의 정보가 동시에 사용될 수 있다는 것을 보고하였다. 실험 참가자들은 원기둥들을 연결하여 만든 단순한 형태의 3차원 대상 쌍들을 보았다([그림 2-16] 참조). 그들의 과제는 두 그림이 동일한 대상인지 아니면 서로 다른 두 개의 대상인지를 판단하는 것이었다. 두 대상은 시점 불변의 특징(예: 구성 요소들의 개수) 측면에서 다르거나, 시점 의존적 특징(예: 한 구성 요소의 굽음 정도) 측면에서 다르거나, 혹은 두 측면 모두에서 다를 수 있었다. Forster와 Gilson(2002)의 주요 발견은 실험 참가자들이 이 두 종류의 정보를 모두 사용한다는 것이었다. 두 대상이 서로 다른 구성 요소를 갖고 있을 때 수행이 더 좋았지만, 수행은 두 물체의 시점이 서로 얼마나 일치하는지에도 영향을 받았다. 이것은 우리가 물체를 인식할 때 정보의 어떤 일부에만 한정되기보다는 가용할 수 있는 모든 정보를 활용한다는 것을 시사한다. 물체 인식에는 시점 불변 그리고 시점 의존적 설명 모두가 필요한 것이다.

a

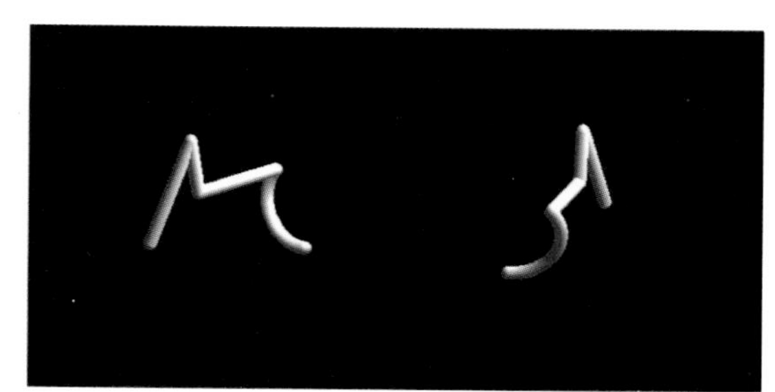

b

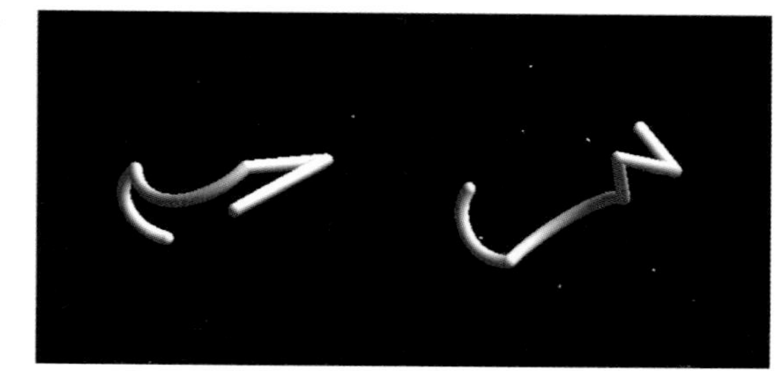

c

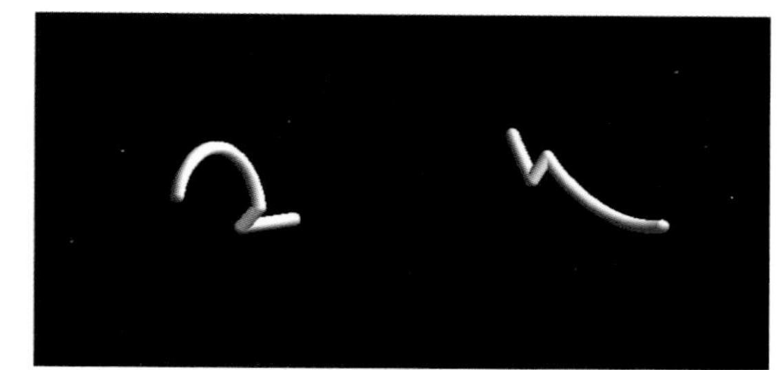

[그림 2-16] '동일' 물체들로 이뤄진 쌍(a)과 '다른' 물체들로 이뤄진 쌍(b, c)의 예시. 두 그림이 다르다고 실험 참가자들이 응답하는 데 걸리는 시간은 두 형체가 동일한 수의 구성 요소를 갖고 있지만 한 개의 구성 요소가 다를 때(c)에 비해 둘 중 한 물체가 한 개의 구성 요소를 더 갖고 있을 때(b)가 더 빨랐다. 또한 두 번째 그림의 시점이 첫 번째 그림의 시점과 크게 다를 때 실험 참가자들은 더 오랜 시간이 걸렸다.
출처: Foster & Gilson (2002). The Royal Society London의 허가를 얻어 실음.

시점 불변의 설명은 형태 지각의 세부특징-목록 이론(feature-list theories)을 따르고 시점 의존적 설명은 형판 이론과 좀 더 비슷하다는 것을 눈치챘을 것이다. 두 가지 설명 모두에 대한 증거가 발견됐다는 사실은 세부특징-목록 그리고 형판이 대상 인식에 수반된다는 것을 시사한다.

Tarr와 Bülthoff(1995)에 따르면, 시점 불변 기제는 물체 인식이 쉬운 변별(예: 자동차 또는 자전거로 분류하기)을 수반할 때 보통 사용되는 반면에, 한 범주 안에서 변별 또는 식별을 요구하는 어려운 과제(예: 여러 종류의 자동차들 안에서 분류, 여러 얼굴들 분류)를 수행해야 할 때에는 시점 의존적 기제가 더 중요해진다. 이와 같은 접근법을 지지하는 증거가 Tarr와 동료들(1998)에 의해 보고되었다. 이들은 다양한 조건하에서 동일한 3차원 대상들에 대한 지각을 연구하였다. 물체 인식 과제가 쉬운 조건에서는 수행이 시점 불변에 가까웠고, 과제가 어려울 때에는 시점 의존적 수행에 가까웠다.

Milivojevic(2012)은 이 분야의 여러 행동 연구들을 재검토한 뒤 유사한 결론에 도달했다. 범

주화가 요구될 때에는 일반적으로 물체 인식이 대상의 방향에 영향을 받지 않았다. 즉, 범주화는 전반적으로 시점 불변인 것 같다. 반면에, **식별**을 해야 할 때 대상의 방향이 표준적 또는 전형적 시점과 다르면 물체 인식이 유의미하게 느려진다. 즉, 식별은 시점 의존적이다.

인지신경과학

시점 불변과 시점 의존적 측면 모두가 물체 인식에 수반된다는 생각은 인지신경과학 연구들로부터 추가적인 지지를 받았다. 시각 처리는 뇌의 뒷부분에 위치한 후두엽의 여러 영역을 거쳐 진행되고 시각적 물체 인식에 중요한 영역인 하측두 피질에서 종료된다(Peissig & Tarr, 2007).

관찰자에게 다양한 각도, 크기 등을 가진 물체들을 제공하면서 하측두 피질의 뉴런 활동을 측정한다고 가정해 보자. 뉴런들은 불변성 또는 허용오차의 측면에서 다양하다(Ison & Quiroga, 2008). 제시되는 물체의 방향, 크기 등에 상관없이 항상 동일한 강도로 반응하는 뉴런들은 높은 불변성 또는 허용오차를 소유한 것이다. 반면에, 특정 각도 또는 크기를 가진 대상에게 가장 강력하게 반응하는 뉴런들은 낮은 불변성을 가진 것이다. 시점 불변 이론들은 전자에 해당하는 뉴런들이 많이 발견될 것이라고 기대하는 반면, 시점 의존적 이론들은 후자에 해당하는 뉴런들이 많을 것이라고 예측할 것이다.

공교롭게도 두 종류의 뉴런이 모두 하측두 피질에서 잘 관찰되었다. 시점 의존적 뉴런들은 하측두 피질의 뒤쪽 영역(시각 피질에 가까운 쪽)에 더 많았고 앞쪽 영역에는 시점 불변 뉴런들이 더 많았다. 즉, 인지신경과학으로부터의 발견들은 물체 인식에 시점 의존적 그리고 시점 불변의 측면 모두가 동반된다는 결론을 지지한다. 이것을 컴퓨터 프로그램에 구현시키는 방법은 [그림 2-9]의 꼭대기에 시점 독립적인 층을 더하는 것이다.

물체 인식 장애

물체 인식에 수반되는 처리 과정에 대한 통찰은 물체 인식에 결함을 보이는 뇌 손상 환자 연구로부터 얻는다. 이와 같은 환자들은 **시각 실인증**(visual agnosia)으로 고통받는다. 이들의 뇌로 시감각이 도달하고, 물체에 대한 많은 지식을 갖고 있음에도 불구하고 이들은 시각적 대상이 무엇인지 알아보는 것에 커다란 어려움을 보인다(예: 이들은 물체의 모양과 용도를 묘사할 수 있거나 촉각을 통해 물체가 무엇인지 알아차릴 수 있다).

시각 실인증 환자들이 겪는, 물체 인식과 관련한 구체적인 문제점들은 매우 다양하다. 역사상으로는 물체 인식 장애의 두 가지 형태를 구분하는 것을 중요시하였다.

1. 통각 실인증(apperceptive agnosia): 지각 처리에서의 결함으로 인해 물체 인식에 손상을 보인다.
2. 연합 실인증(associative agnosia): 지각 처리는 기본적으로 정상이지만, 시각적 입력을 바탕으로 장기기억에서 시각적 대상과 관련된 정보에 접속하는 것에 지장이 있다.

Key term

통각 실인증(apperceptive agnosia): 시각 실인증의 한 형태로, 친숙한 사물의 지각적 분석에 장애가 나타남

연합 실인증(associative agnosia): 시각 실인증의 한 형태로, 지각 처리는 꽤나 정상적으로 일어나지만 시각적 입력으로부터 사물의 의미를 도출하는 능력에 장애가 있는 질환

이런 관점에 따르면, 통각 실인증에서 보이는 물체 인식에서의 문제는 연합 실인증에 비해 **초기** 처리 과정에서 발생한다. 연합 실인증은 입력 정보의 형태를 알아봄에도 불구하고 그것과 관련된 의미를 활성화시키는 것에 문제를 보이는 것과 관련되고, 반면에 통각 실인증은 감각에서 지각으로의 이동이 불가능한 것과 관련된다.

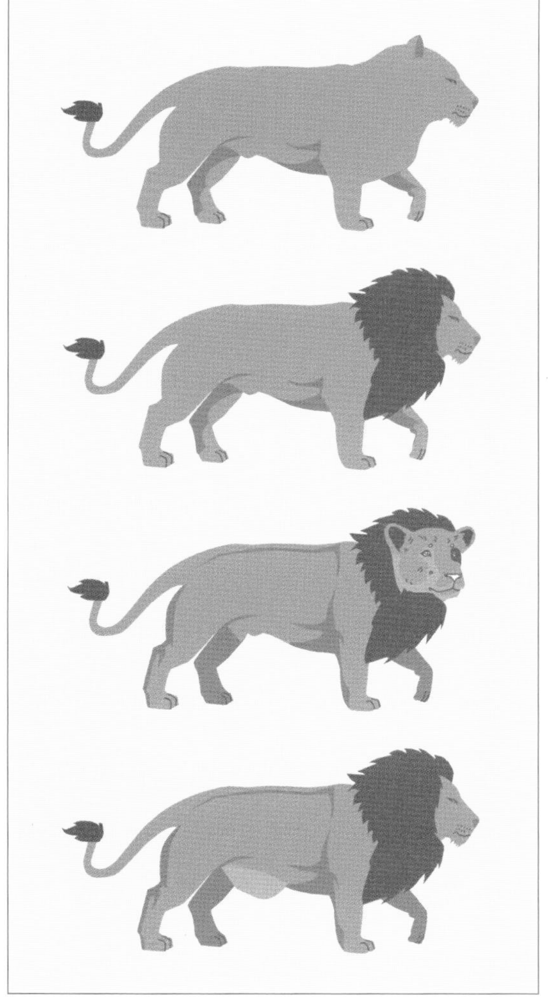

[그림 2-17] 동물 자극 예시. (위에서부터 아래의 순으로) 한 부분이 삭제된 그림, 온전한 동물, 한 부분이 다른 것과 교체된 그림, 한 부분이 더해진 그림.
출처: Fery & Morais (2003). Taylor & Francis의 허가를 얻어 실음.

어떻게 우리는 통각 실인증과 연합 실인증을 구별할 수 있을까? 한 가지 방법은 환자들이 무엇인지 인식하지 못하는 물체를 환자들에게 보고 따라 그려 보라고 해 보는 것이다. 따라 그릴 수 있는 환자들은 연합 실인증이 있다고 말하고, 따라 그릴 수 없는 환자들은 통각 실인증이 있다고 말한다. 예를 들어, Riddoch과 동료들(2008)은 병원 사무원인 한 환자(SA)를 연구하였다. 그녀는 모양을 변별(예: 직사각형과 정사각형 변별하기)하거나 복잡한 그림을 따라 그리는 것에 커다란 어려움을 보였다. 전형적인 통각 실인증의 사례이다.

반면에, 다른 통각 실인증 환자들은 보다 후기 처리 과정에서 문제를 보이는 것 같다. HJA라고 하는 한 남성 환자를 살펴보자. 그는 모양 변별과 따라 그리기는 잘 수행하였으나, 시각 정보들을 통합하는 데 큰 어려움을 보였다(Riddoch et al., 2008). 그의 말에 따르면, "만약 흔한 대상들이 따

로 떨어져 있으면, 저는 많은 것을 인식해 낼 수 있어요. 하지만 이것들이 함께 놓여 있으면, 저는 큰 어려움에 부딪힙니다. 소시지 하나 그 자체를 알아보는 것은 여러 음식이 섞여 있는 샐러드에서 소시지 한 개를 찾아내는 것과는 전혀 다릅니다."(Humphreys & Riddoch, 1987) 비록 이 환자가 따로 떨어져 있는 단순한 그림들을 따라 그릴 수 있고 또 알아볼 수 있을지라도 여전히 통각 실인증으로 보인다.

Foulsham과 동료들(2009)은 통각 실인증으로 고통받는 또 다른 환자(CH, 63세 여성)를 연구하였다. 그녀에게 일상 장면의 사진들을 보여 주고 그 안에 과일이 있는지 없는지를 판단하도록 하였는데 그녀의 수행은 저조했다. 그녀의 안구 움직임을 관찰한 결과, 그녀는 과일이 놓일 법한 곳들에 초점을 주지 못했다. 그녀는 안구 움직임을 안내해 줄 수 있는 시각적 장면의 구조에 대한 하향식 지식을 사용하지 못한 것이다. 이런 결과를 고려해 볼 때, 어떻게 우리는 이 지각 문제가 정보 획득을 도와주는 하향식 정보를 사용하는 것에서의 실패가 아니라 감각에서 지각으로의 전이 때문이라고 확신할 수 있는가?

연합 실인증 또한 심각성과 명확성의 정도가 다양한 것으로 보인다. Anaki와 동료들(2007)은 이상적인 예시를 보고하였다. 그들은 72세 남성 DBO를 연구하였는데, 그는 시각적 대상들에 대한 저장된 정보에 접근하는 능력이 매우 저하되어 있는 연합 실인증을 가지고 있었다. 예를 들어, 유명 인물들의 얼굴을 보고 그들의 이름을 말하거나, 두 명의 유명한 인물의 얼굴을 보고 그 둘 간의 관계를 알아차리는 것에 매우 큰 어려움을 보였다. 하지만 그의 지각 처리는 온전한 것으로 보였다(예: 얼굴에 대한 즉각 재인 기억은 온전했음).

또 다른 환자 DJ는 비교적 순수하게 연합 실인증만 앓고 있는 환자이다(Fery & Morais, 2003). 그는 시각적으로 제시된 일반적인 대상들에 대해 오직 16%만 알아볼 수 있었는데, 이것은 그가 대상들의 형태와 모양에 대한 저장된 정보에 쉽게 접근하지 못한다는 것을 보여 준다. 이러한 문제들에도 불구하고, 그의 대상 지각과 관련된 몇몇 처리 과정들은 기본적으로 온전했다. 여러 그림들 중에서 어떤 것이 동물인지 판단하도록 하는 어려운 동물 판단 과제에서는 93%의 정확률을 보였다. 이 과제에서 동물이 아닌 것들은 실제 동물에서 어떤 한 부분이 더해지거나, 삭제되거나, 다른 것으로 교체된 것들이었다([그림 2-17] 참조).

반면에, 다른 많은 경우에는 연합 실인증과 통각 실인증을 완벽하게 나눌 수가 없다. 많은 연합 실인증 환자는 표준 신경심리검사들이 항상 포착해 내지는 못하는 미묘한 시지각에서의 결함들을 갖고 있다(Delvenne et al., 2004). 이는 물체 인식이 두 단계보다 더 많은 단계의 처리를 수반하며 이 여러 단계들 중 어디에서도 문제가 발생할 수 있다는 견해와 일치한다.

요약하면, 뇌 손상 환자들의 연구들은 통각 실인증과 연합 실인증을 구분하는 것이 의미 있지만 이런 구분은 물체 인식에 수반되는 여러 단계들을 너무 적게 추산한 것이라는 점을 보여주었다(Riddoch & Humphreys, 2001). 감각부터 시작하여 어떻게 하향식 효과의 도움으로 물체들에 대한 기억이 지각을 도와주는지까지 설명하는 시지각에 대한 보다 정교한 모형을 사용하면 아마도 보다 나은 이해를 얻을 수 있을 것이다.

중간 요약

성분 재인 이론(Recognition–by–components theory)

- Biederman의 이론에 따르면, 물체 인식은 물체의 지온(기본 모양) 식별을 수반한다. 또한 이 이론은 물체 인식이 시각 불변이며, 오목한 부분에 대한 정보는 지온 식별을 용이하게 한다고 가정한다. 이 이론은 하향식 처리의 중요성에 대해서는 작게 취급하였으며, 매우 분명한 지각적 변별만을 설명한다.

시점이 물체 인식에 영향을 미치는가?(Does viewpoint affect object recognition?)

- 시점 불변 기제는 보통 물체 인식이 쉬울 때 사용되는 반면, 시점 의존적 기제는 물체 인식이 어려울 때 사용된다. 이런 관점과 일치하게도, 하측두 피질의 몇몇 뉴런은 물체의 방향에 민감하지만 다른 뉴런들은 그렇지 않다. 시점 불변과 시점 의존적 기제는 물체 인식을 용이하게 하기 위해 종종 함께 사용된다.

물체 인식 장애(Disorders of object recognition)

- 시각 실인증 환자 연구는 물체 인식에 여러 처리 과정 단계가 수반된다고 제안한다. 몇몇 환자는 초기 단계의 처리(형태와 모양 변별)에 문제를 보이고, 다른 몇몇 환자는 그다음 단계의 처리(시각 정보 통합)에 문제를 보인다. 그러나 또 다른 환자들은 물체에 대한 저장된 지식에 접속하는 것에 문제가 있다. 또한 환자들은 안구 움직임을 안내해 줄 수 있는 시각적 장면의 구조에 대한 지식에 접속하는 것에도 문제를 보일 수 있다.

얼굴 인식

얼굴 인식은 우리의 삶에서 매우 중요하다. 우리는 사람들의 체격, 그들이 걷는 방식, 버릇들로부터 그가 누구인지 알아차릴 때도 있다. 하지만 대부분의 경우 우리는 단순히 사람들의 얼굴을 본다. 당신의 삶에서 중요한 누군가의 시각적 이미지를 떠올려 보라. 이미지에는 아마도 그들의 얼굴과 특이점들에 대한 세세한 정보들이 담겨 있을 것이다.

우리가 해 온 얼굴 인식의 양이 엄청나게 방대하기 때문에 얼굴 인식이 빠르게 이뤄질 것이라고 기대할 수 있다. Hsiao와 Cottrell(2008)은 얼굴 인식에 관한 연구를 진행하였는데, 이 연구에서 실험 참가자들은 제시되는 얼굴을 한 번, 두 번, 세 번, 또는 무한대로 응시할 수 있었다. 한 번만 응시할 수 있을 때에도 얼굴 인식 수행은 우연 수준 이상이었고, 두 번 응시는 세 번 또는 무한대 응시와 얼굴 인식 수행에서 차이가 없었다. 응시는 대부분 눈과 코로 갔다. [그림 2-18]은 유럽계 학생들을 대상으로 제시되는 얼굴이 유럽인인지 아시아인인지를 가능한 빠르게 판단하도록 할 때 측정한 그들의 첫 번째 응시의 분포이다. 그림에서 볼 수 있듯이, 대부분의 첫 응시는 눈과 코에 쏠렸고, 아시아인 얼굴에 비해 유럽인 얼굴일 때 더 많은 응시가 눈으로 갔다.

목격자의 얼굴 인식

얼굴 인식은 법정 소송 사건에게 매우 중요한 역할을 한다. 목격자가 범인이라고 잘못 인식하여 주장하는 바람에 수백(아마도 수천) 명의 무고한 사람들이 감옥에 갇혔었다. 죄인이라고 몰린 사람이 범죄를 저지르지 않았다는 것을 DNA가 결정적으로 보여 줬기 때문에 이러한 사실을 우리가 알게 된 것이다(6장 참조).

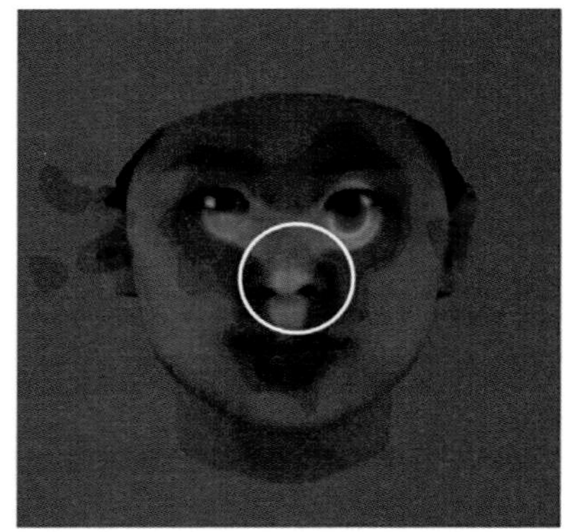

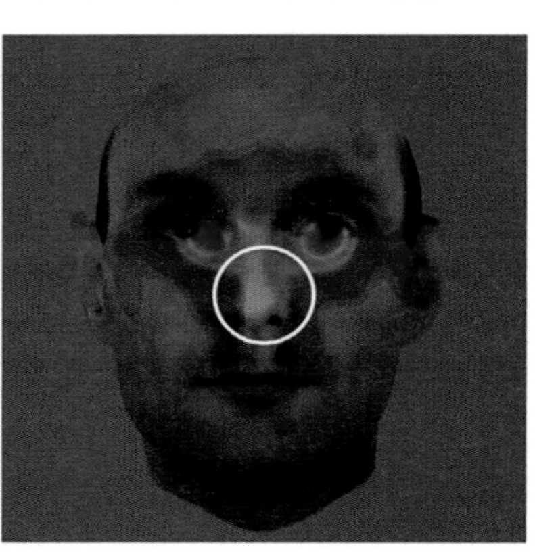

[그림 2-18] 얼굴을 범주화할 때 우리는 어디를 볼까? 유럽계 학생들에게 얼굴이 유럽인인지 아시아인인지를 판단하도록 하였을 때 그들은 대부분 눈과 코를 보았다. 얼굴이 그들과 다른 인종일 때에 비해 같은 인종일 때, 눈을 더 많이 응시하였다.
출처: Brielmann et al. (2014). Elsevier의 허가를 얻어 재인쇄함.

왜 목격자들은 때때로 틀린 사람을 지목할까? 가장 큰 이유는 비록 얼굴 인식이 빠르게 처리되지만 이것은 어려운 처리이기 때문이다. 친숙하지 않은 얼굴을 인식해야 할 때 특히 그러하다. 한 연구에서(Davis & Valentine, 2009), 실험 참가자들은 폐쇄 회로 텔레비전(CCTV)에서 포착한 것과 유사한 비디오 영상을 보았다. 실험 참가자들은 직접 실제로 등장한 인물들이 비디오 영상에서 봤던 사람들과 동일 인물인지 아닌지를 판단하였다. 고화질의 근접 촬영한 영상이 사용되었을 때에도 실험 참가자들은 많은 오류를 범했다.

Kemp와 동료들(1997)은 대학생들에

게 그들의 얼굴이 부착된 신용카드를 제공하였다. 학생들에게 슈퍼마켓 가서 몇 가지 물건을 사고 계산원에게 사진이 부착된 신분증을 제시하라고 말했다. 학생들이 본인의 얼굴이 부착된 올바른 카드를 사용했을 때 계산원이 이것을 수용하는 비율은 93%였다. 하지만 학생들이 그들과 유사하게 생긴 다른 사람의 카드를 제시했을 때에도 계산원이 이 잘못된 카드를 수용하는 비율이 64%나 됐다!

Burton(2013)은 얼굴 인식이 매우 어려운 이유가 얼굴의 모습이 크게 변화를 보일 수 있기 때문이라고 주장하였다. [그림 2-19]에서 이것을 확인할 수 있다. 사진에서 몇 명의 사람들이 보이는가?

학생들에게 [그림 2-19]에서 몇 명의 사람이 있는지 세어 보라고 하자 3~16명(평균 7.5명)이라고 응답하였다. 실제로 모든 사진은 오직 두 명을 찍은 것이다. 이것은 한 사람의 얼굴 안에 존재하는 얼굴 모습의 다양성을 보여 준다. Burton(2013)은 굉장히 열악한 조건에서도 우리는 익숙한 얼굴들을 쉽게 인식할 수 있기 때문에 얼굴 모습의 다양성에 대해 잘 알지 못하는 것이라고 주장하였다. 만약 사진 속 두 인물이 우리의 친구들이었다면, 우리는 모든 사진 속에서 그들을 즉각 알아봤을 것이다. 하지만 익숙하지 않은 얼굴에 대해서는 그렇지 못하

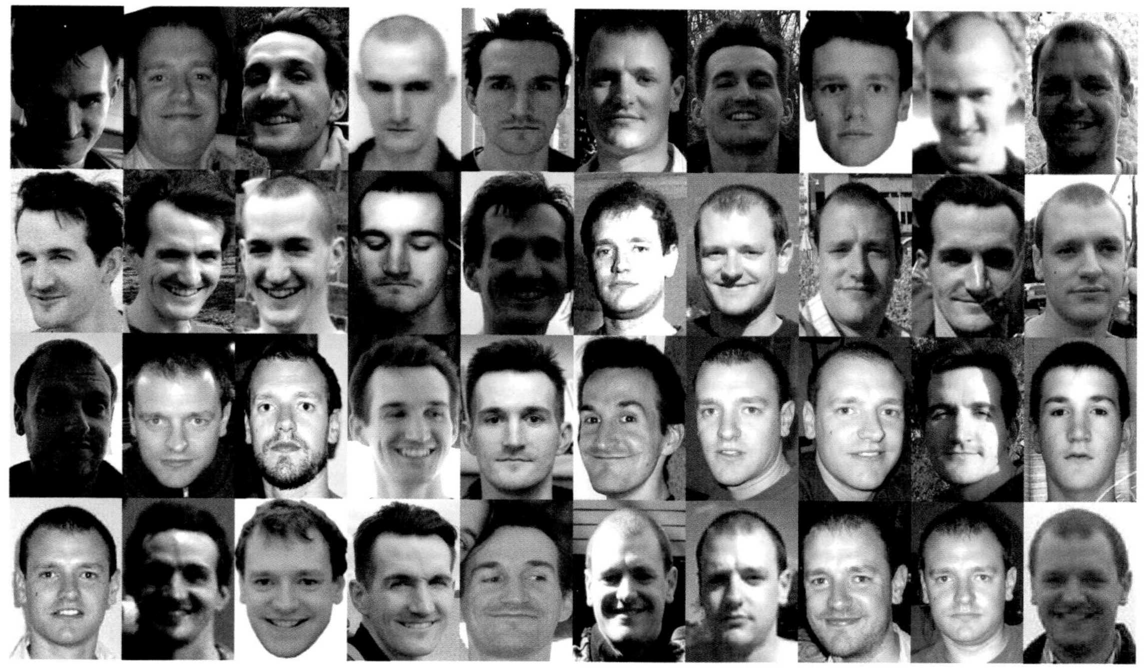

[그림 2-19] 몇 명의 사람이 보이는가? 학생들에게 위 사진들에서 몇 명의 사람이 있는지 세어 보라고 하자 평균 7.5명이라고 응답하였다. 하지만 실제로 모든 사진은 오직 두 명을 찍은 것이다! 이것은 얼굴의 이미지에 존재하는 어마어마한 다양성을 보여 준다.
출처: Jenkins et al. (2011). Elsevier의 허락을 얻어 재인쇄함.

다. Burton(2013)에 따르면, 얼굴 인식에서 나타나는 이런 차이는 우리가 익숙한 얼굴은 다양한 상황에서 여러 번을 봤기 때문이다. 그 결과, 우리는 그 얼굴의 다양한 모습들을 그 사람의 얼굴에 대한 기억의 일부분으로 저장하게 된다(앞 절에서 논의된 시지각에서의 시점 불변과 시점 의존적 기억에 관한 논의 참조). 새로운 얼굴에 대해서는 이와 같은 경험을 하지 못했기 때문에, 우리는 현재 보여 지는 조건이 원래 경험했었던 그 조건과 매우 유사할 때에만 새로운 얼굴을 인식할 수 있다. 그러므로 익숙하지 않은 얼굴의 사진을 보고 난 후 재인 단계에서 동일한 사진이 제시된다면 우리는 매우 쉽게 그 사진을 알아볼 수 있지만, 동일한 인물의 다른 사진이 몇 시간 후에 제시되면 쉽게 알아볼 수가 없다.

얼굴 vs. 물체 인식

얼굴 인식은 물체 인식과는 다른 처리 과정을 수반할까? 대다수의 연구 증거들은 얼굴이 다른 시각적 대상들과는 다르게 처리된다는 생각을 지지한다. 우리는 건강한 사람들을 대상으로 한 연구를 먼저 살펴본 후에 뇌 손상 환자들의 연구 결과를 보도록 하겠다. 마지막으로는 얼굴 인식의 이해에 대한 이론적 접근들을 살펴보겠다.

전체적 처리

어떻게 얼굴 인식이 다른 물체 인식과 다른가? 이 대답에서 중요한 부분은 얼굴 인식이 전체적 처리(holistic processing: 시각적 대상 전체에 걸쳐 정보를 합치고 통합하는 것)를 수반한다는 것이다. 얼굴의 세부특징들에 대한 정보는 신뢰할 수가 없는데, 그 이유는 개개인들이 유사한 얼굴의 특징들(예: 눈동자 색)을 공유하며, 또한 개개인의 특징들이 달라질 수 있기(예: 피부 톤, 입 모양) 때문이다. 이로 인해 우리는 얼굴을 전체적으로 처리하는 것을 선호하게 된다.

부분-전체 효과(part-whole effect)에 따르면, 얼굴의 일부에 대한 기억은 이것이 전체 얼굴 안에서 제시될 때가 단독적으로 제시될 때보다 더 정확하다. Farah(1994)가 이 효과를 연구하였다(또한 Tanaka & Simonyi, 2016 참조). 실험 참가자들에게 얼굴 또는 집 그림을 그것들의 이름과 함께 제시하였다. 그 후에 전체적인 얼굴과 집 그림 또는 하나의 특징(예: 입, 대문)을 제시하였다. 그 결과, 얼굴 인식은 하나의 특징만 제시되었을 때에 비해 얼굴 전체가 제시되었을 때 수행이 더 좋았다. 이것이 부분-전체 효과이다. 반면, 집에 대한 인식은 전체 제시 조건과 한 개의 특징 제시 조건 간 매우 유사한 수행을 보였다.

Key term

전체적 처리(holistic processing): 사물의 전체(특히 얼굴)로부터 정보를 통합하는 것과 관련된 정보처리

부분-전체 효과(part-whole effect): 얼굴의 일부가 그것만 제시될 때보다 전체 얼굴 맥락에서 제시될 때 더 쉽게 재인되는 현상

[연구 따라잡기 2-2] 합성 얼굴 착각

[그림 2-20]을 보면, 다른 시각적 대상들에서는 찾아볼 수 없고 얼굴에서만 볼 수 있는 착각을 경험할 수 있다. 우선, 윗줄에 나열된 얼굴들을 보라. 이 얼굴들의 윗부분(하얀 선 윗부분)이 같은지 다른지 스스로 답해 보라. 그러고 난 다음, 아랫줄에 나열된 얼굴들을 대상으로 동일한 과제를 수행해 보라.

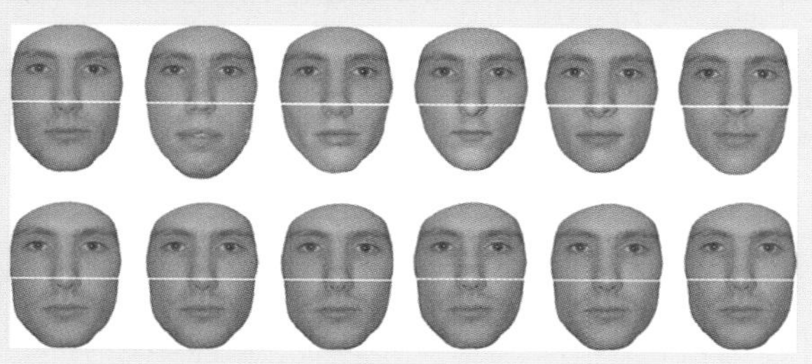

[그림 2-20] 합성 얼굴 착각. 모든 얼굴의 윗부분은 동일하다. 하지만 뚜렷이 다른 아랫부분들과 함께 놓이게 되면서(윗줄), 윗부분들이 조금씩 달라 보인다. 이것은 얼굴을 통합된 전체로 인식하기 때문이다. 만약 얼굴의 윗부분들이 동일한 아랫부분들과 함께 놓이면(아랫줄), 윗부분이 동일하다는 것이 더욱 분명해진다.
출처: Kuefner et al. (2010). Elsevier의 허가를 얻어 재인쇄함.

사실은 윗줄과 아랫줄에 나열된 모든 얼굴의 윗부분은 동일하다. 하지만 여러분은 아마도 윗줄에 나열된 얼굴들에 대한 판단에 더 오랜 시간이 걸리고 또한 잘못된 판단을 했을 것이다. 윗줄에 나열된 얼굴들의 아랫부분은 서로 다른 반면에, 아랫줄에 나열된 얼굴들의 아랫부분은 동일하다는 점이 윗줄과 아랫줄의 차이점이다. 얼굴의 아랫부분과 윗부분에 대한 정보를 통합하려는 자연 발생적인 전체적 처리에 의해 윗줄에 나열된 얼굴들의 윗부분이 서로 약간씩 다르게 보인 것이다.

[연구 따라잡기 2-2]는 우리에게 **합성 얼굴 착각**에 대한 어떤 통찰력을 제공해 주었다. 합성 얼굴 착각에서, 실험 참가자들에게 합성된 얼굴들(두 사람의 얼굴 반반을 하나로 합침)을 제시해 주는데, 가로축을 기준으로 반쪽 얼굴 두 개의 정렬이 잘 맞춰져 있거나 또는 정렬이 어긋나도록 한다. 얼굴의 반쪽만 인식하도록 요구하는 과제의 수행은 두 개의 반쪽 얼굴들을 하나의 얼굴로 잘 정렬한 경우가 어긋난 경우에 비해 저하되었다(예: Young et al., 1987). 이런 합성 착각은 얼굴이 아닌 시각적 대상에서는 발견되지 않는데(McKone et al., 2007), 이는 물체 인식 처리가 덜 전체적임을 보여 준다.

[그림 2-21]이 보여 주는 것처럼, 우리는 위아래가 뒤집힌 얼굴을 인식하거나 또는 그런 얼굴들에서 어떤 이상한 점을 발견하는 것에 큰 어려움을 느끼는데 이것은 얼굴이 전체적으로 인식된다는 것을 분명히 보여 준다. 이를 일컬어 얼굴 역전 효과(face inversion effect)라고 한다.

> **Key term**
> **얼굴 역전 효과(face inversion effect)**: 상하가 바뀌어 제시되었을 때 다른 사물들보다 얼굴을 재인하기 더 힘든 현상

얼굴맹: 얼굴 실인증

만약 얼굴 처리가 물체 처리와 크게 다르다면, 우리는 뇌 손상으로 인해 얼굴 인식에는 심

Key term

얼굴 실인증(prosopagnosia): 뇌 손상에 의해 야기되는 질환으로, 대부분 얼굴 인식에 심각한 손상이 있고 물체 인식에 거의 또는 전혀 손상이 없음. 일반적으로 얼굴맹으로도 알려져 있음

각한 장애가 있으나 물체 인식에는 문제가 없는 환자들을 발견할 것이라고 예상할 수 있다. 실제로 이런 사람들이 존재한다. 이들은 얼굴 실인증(prosopagnosia)이라고 알려진 증상으로부터 고통을 받는다. 얼굴 실인증이라는 용어는 '얼굴'과 '지식이 없는'을 뜻하는 그리스어로부터 왔다.

얼굴 실인증(얼굴맹이라고도 불림)을 가진 환자들은 얼굴에 관련된 막대한 어려움을 지닌다. 30대 초반 여성 JK는 그녀의 얼굴 실인증으로 인해 야기된 당황스러운 사건을 다음과 같이 설명하였다. "우리 아들의 어린이집에서 저는 다른 아이에게 다가갔어요. 어린이집의 모든 직원이 저를 겁에 질린 불신의 눈으로 바라보는 순간, 그 아이가 제 아들이 아니라는 걸 깨달았지요."(Duchaine & Nakayama, 2006, p. 166)

얼굴 실인증 환자들 중 일부(전부는 결코 아님)는 매우 훌륭하게 물체 인식을 한다. Duchaine(2006)은 Edward라고 하는 한 얼굴 실인증 환자를 연구하였다. 그는 53세의 기혼 남성으로 2개의 박사학위를 가지고 있었는데, 얼굴 기억과 관련된 여러 테스트에서 매우 저조한 수행을 보였다. 반면, 그는 얼굴이 아닌 다른 시각적 대상들로 진행되는 기억 과제들(과제가 범주 내 구성원 각각을 인식해 내야 하는 과정을 수반할 때조차도)에서는 건강한 통제집단들보다 조금 더 좋은 수행을 보였다.

왜 얼굴 실인증 환자들이 물체 인식은 상당히 잘하는 반면, 얼굴 인식은 매우 못하는 걸까? 한 가지 설명은 그들이 얼굴 처리에 특성화된 뇌 영역의 손상으로부터 고통 받기 때문이라는 것이다. 또 다른 가능성은 단순하게 얼굴 인식이 물체 인식보다 훨씬 더 어렵기 때문일 수 있다. 물체 인식은 일반적으로 관련 범주(예: 고양이, 자동차)를 식별하는 것만 수반하지만 얼굴 인식은 동일한 범주(즉, 얼굴) 내 구성원들 간의 구별을 필요로 한다. 하지만 Duchaine(2006)의 발견은 이러한 설명에 의문을 던진다.

[그림 2-21] 이 얼굴들에서 무엇이 잘못되었는가? 책의 상하를 거꾸로 놓고 보라.
출처: Brysbaert (2016). Academia Press의 허가를 얻어 실음.

만약 얼굴 인식은 정상이나 물체 인식에 장애가 있는 환자를 발견한다면, 이것은 얼굴 인식이 물체 인식과는 다른 처리 과정들을 동반한다는 생각을 지지하는 강력한 증거가 될 것이다(1장에서 논의된 이중 해리 참조). Moscovitch와 동료들(1997)은 물체 인식에 장애가 있는 남성 CK를 연구하였다. 그는 내부의 특징들이 올바른 위치에 놓인 얼굴들을 수직으로 똑바로 세워서 제시한 얼굴 인식 과제들에서, 제시된 얼굴이 사진, 캐리커처 또는 만화의 형태인지의 여부에 상관없이 통제집단만큼

수행을 잘하였다.

요약하면, 대다수의 얼굴 실인증 환자들이 물체 인식에 어느 정도 결함을 보이긴 하지만 그 밖의 다른 환자들은 얼굴 인식에서의 어려움에도 불구하고 물체 인식은 기본적으로 온전하다. 놀랍게도 몇몇 개인은 물체 인식에 심각한 문제가 있음에도 불구하고 상당히 온전한 얼굴 인식이 가능하다. 이러한 발견들은 얼굴 인식과 물체 인식에 서로 다른 처리(그리고 뇌 영역들)가 기저를 이루고 있음을 시사한다.

흥미롭게도 얼굴 실인증이 항상 뇌 손상 이후에만 발견되는 것은 아니다. 일반 대중의 약 2%는 얼굴 인식 실력이 매우 좋지 못하며 이들을 **발달성 얼굴 실인증**이라고 부르기도 한다(Bate & Tree, 2017). 여러분이 이런 사람들 중 한 명인지 아닌지를 알아볼 수 있는 다양한 테스트들이 인터넷상에 있다(여러분이 사용하는 검색 엔진에 **발달성 얼굴 실인증**을 쳐 보라).

방추상 얼굴 영역

뇌의 어느 영역이 얼굴 처리에 특성화돼 있는 것일까? 하측두 피질의 방추상 얼굴 영역(fusiform face area: 이름이 잘 나타내 주는 것처럼!)이 바로 이러한 영역으로 알려져 있다(검토를 위해 Kanwisher & Yovel, 2006 참조). 얼굴 실인증 환자들 중 이 영역([그림 2-22])에 손상을 입은 경우가 빈번하다(Barton et al., 2002).

Key term

방추상 얼굴 영역(fusiform face area): 얼굴 처리와 연관된 하측두 피질의 한 영역으로, 실제로 다른 범주의 시각적 사물의 처리에도 관여하기 때문에 용어 자체는 오해의 소지가 있음

뇌 영상 연구에 따르면 일반적으로 방추상 얼굴 영역이 다른 물체들에 비해 얼굴에 대해 두 배 이상 강하게 반응한다(McKone et al., 2007). Downing과 동료들(2006)은 실험 참가자들에게 얼굴, 풍경 및 18가지 물체 범주(예: 도구, 과일, 채소)를 제시하였다. 방추상 얼굴 영역은 다른 어떤 자극 범주들에 비해 얼굴에 유의미하게 더 큰 반응을 보였다.

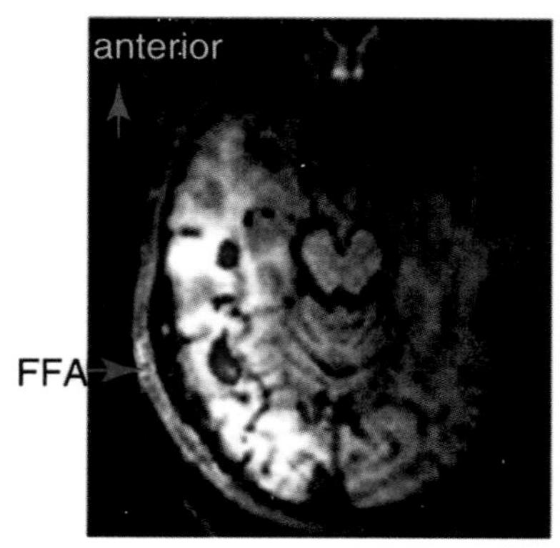

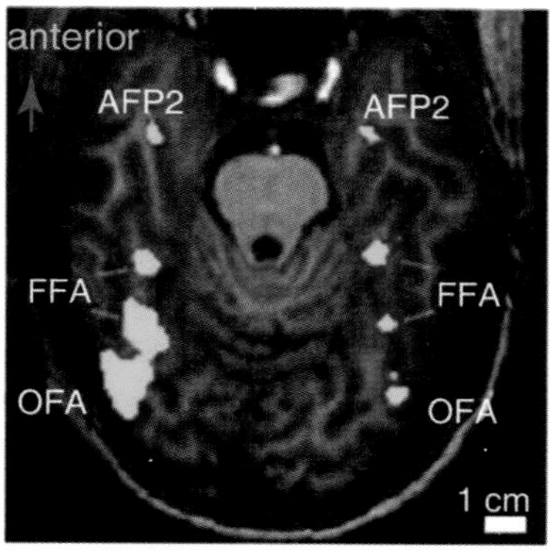

[그림 2-22] 방추상 얼굴 영역(fusiform face area: FFA)은 뇌의 (측두엽에서) 아래쪽 뒷부분 끝에 위치하며 두 개의 분리된 부분으로 이뤄져 있다. 이것은 두 개의 전측 얼굴 영역(anterior face patches: AFP1, AFP2)과 후두 얼굴 영역(occipital face area: OFA)과 함께 복측 네트워크를 구성한다.
출처: Weiner & Grill-Spector (2012). Elsevier의 허가를 얻어 재인쇄함.

대립 가설은 Gauthier와 Tarr(2002)에 의해 제시되었다. 이들에 따르면, 우리가 다른 범주들의 구성원 각각을 인식하는 것에 비해 개별 얼굴을 인식하는 것에 훨씬 더 전문성을 갖고 있기 때문에 얼굴 인식은 다른 여러 형태의 물체 처리와 다르다. 이것을 **전문가 가설**이라고 부른다. 이 입장을 지지하는 증거는 열정적인 새 관찰자들과 자동차 전문가들에게 새와 자동차 사진을 제시함으로써 밝혀졌다. 본인들이 전문성을 갖고 있는 사진들이 제시됐을 때 이들의 방추상 얼굴 영역은 증진된 활성화를 보였다. Gauthier와 Tarr(2002)에 따르면, 방추상 얼굴 영역은 얼굴 처리에만 한정되는 것이 아니라 관찰자가 전문지식을 갖고 있는 어떤 물체 범주의 처리에도 사용될 수 있다.

만약 방추상 얼굴 영역이 여러 하위 구성 요소들로 이뤄져 있고 이 구성 요소 각각이 서로 다른 종류의 자극을 담당한다는 증거가 있다면, 전문가 가설을 얼굴에 특정적인 뇌 조직 주장과 조화시킬 수 있을 것이다. 이러한 증거는 Grill-Spector와 동료들(2006)에 의해 보고되었다. 이들은 실험 참가자들에게 얼굴과 세 종류의 물체 범주(동물, 자동차, 추상적인 조각품)를 제시하였다. 연구자들은 이전 뇌 촬영에서 사용되던 해상도에 비해 더 높은 해상도를 사용하여 뇌 촬영을 진행하였고, 방추상 얼굴 영역의 서로 다른 복셀들(voxels: 뇌의 작은 용적을 나타냄)이 다양한 범주에 선택적으로 활성화된다는 것을 보여 주었다. 얼굴에 선택적으로 반응한 평균 복셀의 수는 155개, 동물 104개, 자동차 63개, 조각품 63개였다.

얼굴 인식 처리에 관여하는 영역이 방추상 얼굴 영역 하나가 아니라는 발견은 상황을 더 복잡하게 만든다. 측두엽 영역들 및 후두엽과 전두엽 영역들도 포함하는 커다란 네트워크의 구성원 중 하나가 방추상 얼굴 영역인 것이다(Weiner & Grill-Spector, 2012).

요약하면, 방추상 얼굴 영역은 얼굴 처리 및 얼굴 인식에 분명히 관여하지만 이러한 처리가 이 영역에 **국한되어** 있다는 생각은 틀렸다. 얼굴 처리는 방추상 얼굴 영역을 포함한 뇌 네트워크가 관여한다고 보는 것이 더 맞는 것 같다. 방추상 얼굴 영역은 다른 종류의 시각적 대상, 특히 전문성을 갖고 있는 시각적 대상을 처리할 때에도 활성화된다는 것은 언급할 가치가 있다.

얼굴 인식 이론들

얼굴 인식에 관한 여러 이론들이 제시되었다. 우리는 이 중 잘 알려진 두 가지 이론을 논의하고자 한다.

Bruce와 Young 모형

가장 영향력 있는 얼굴 인식 이론은 Bruce와 Young(1986) 이론이다. 이 이론에 따르면, 우리가 익숙한 얼굴을 보면, 우선 우리는 익숙함에 관한 정보에 접근하고, 그다음 개인적 정보(예: 그 사람의 직업), 그리고 그다음 그 사람의 이름에 접근한다.

이 이론의 수정된(그리고 단순화된) 모형은 Duchaine과 Nakayama(2006)로부터 제안되었고 여기서 이 이론을 설명하고자 한다([그림 2-23] 참조). 관찰자는 지금 그들이 보고 있는 자극이 얼굴인지 아닌지를 우선 결정한다. 그다음 얼굴의 구조에 대한 처리(구조 부호화)를 하고, 그 뒤 이것을 기억 표상(얼굴 기억)과 대조한다. 얼굴에 대한 구조 부호화는 얼굴 표정과 성별 구별에도 사용될 수 있다.

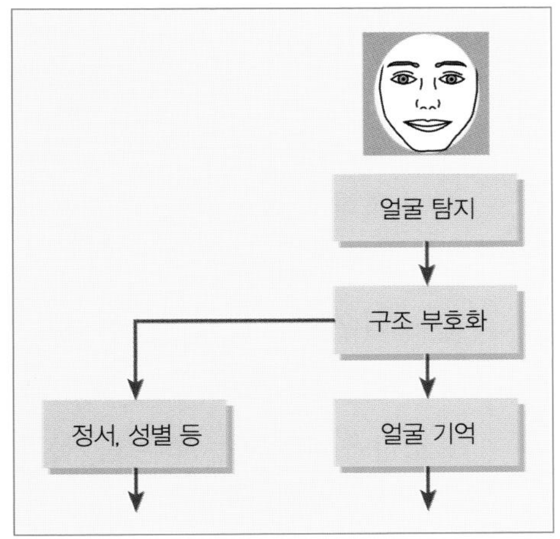

[그림 2-23] Bruce와 Young(1986)의 수정된 모형. 얼굴 탐지 이후 얼굴의 구조에 대한 처리가 이뤄지고, 그다음 이것은 기억 표상(얼굴 기억)과 대조된다. 얼굴에 대한 지각적 표상은 얼굴 표정 인식과 성별 변별에도 사용될 수 있다.
출처: Duchaine & Nakayama (2006). Elsevier의 허가를 얻어 재인쇄함.

이 이론적 접근의 중요한 세 가지 가정에 대해서 논의하고자 한다. 첫째, 처리 초기 단계에는 우리가 지금 보고 있는 자극이 얼굴인지 아닌지를 판단하는 과정(얼굴 탐지)이 포함된다. 앞서 우리는 얼굴 인식에 심각한 장애를 보이는 한 얼굴 실인증 환자의 사례를 살펴보았었다. 그는 얼굴 처리 과정의 후기 단계에서 어려움을 보이긴 했지만, 얼굴 탐지는 건강한 사람들만큼 재빨랐다(Duchaine, 2006).

둘째, 얼굴 신원(이 사람은 누구인가? 얼굴 기억)과 얼굴 표정(이 사람은 어떤 감정인가?)에 관한 처리를 수반하는 **별개의** 처리 경로가 있다. 이것은 어떤 사람들은 얼굴 신원 파악을 잘하는 반면, 얼굴 표정 처리는 못하고, 또 다른 어떤 사람들은 이 반대의 유형을 보여야 한다는 결론으로 이어진다. 이 두 가지 유형이 Young과 동료들(1993)에 의해 보고되었다. Humphreys와 동료들(2007) 역시 3명의 얼굴 실인증 환자들로부터 관련 증거를 획득하여 보고하였다. 3명의 환자들 모두 얼굴이 누구인지 인식하는 능력은 저조하였지만, 얼굴 표정(심지어 가장 미묘한 표정들까지)을 인식하는 능력은 건강한 사람들과 비슷하였다.

셋째, 우리가 사람들의 이름을 기억해 내기 **전에** 그 사람에 대한 개인적 정보를 인출한다고 가정한다. 그 사람에 대한 이름은 그/그녀에 대한 다른 몇몇 정보들이 먼저 기억이 나야지만 생각날 수 있다. Young과 동료들(1985)은 사람들에게 얼굴 인식에서 그들이 경험한 문제들을 매일 기록하도록 요구하였다. 총 1,008개의 사례가 기록되었는데, 그중 어떤 얼굴에 대해 기억나는 것은 아무것도 없는데 그 사람의 이름을 기록한 사례는 **전혀** 없었다. 반면에, 어떤 사람에 대해 충분한 정보가 기억나지만 이름은 기억나지 않는 사례는 190개였다.

Young과 동료들(1985)의 발견들이 있긴 하지만 이름에 대한 처리가 항상 개인적 정보(예: 직업)에 대한 처리 이후에 발생한다는 가정은 지나치게 엄격하다. Brédart와 동료들(2005)은 인지 과학 학과 구성원들이 친한 동료들 이름을 그들에 관한 개인적 정보를 기억해 내는 것보다 더 빠르게 말할 수 있다는 것을 발견하였다. 이것은 실험에 참여한 사람들이 동료들의 이름에 매우 자주 노출됐었기 때문에 발생한 것이다.

요약하면, Bruce와 Young(1986)에 의해 제기된 이론적 접근이 가정하는 다양한 처리 과정 요소들을 지지하는 좋은 근거들이 있다. 좀 더 명확하게 말하면, 얼굴 신원에 대한 처리와 얼굴 표정에 대한 처리를 구분하는 것은 가치가 있다. 누군가의 이름을 기억해 내는 것은 누군가에 대한 개인적 정보를 기억해 내는 것보다 일반적으로 더 어렵다. 하지만 항상 이런 것은 아니다.

얼굴-공간 모형

Valentine(1991; 또한 Valentine et al., 2016 참조)는 얼굴들이 어떻게 기억에 저장되어 있는지

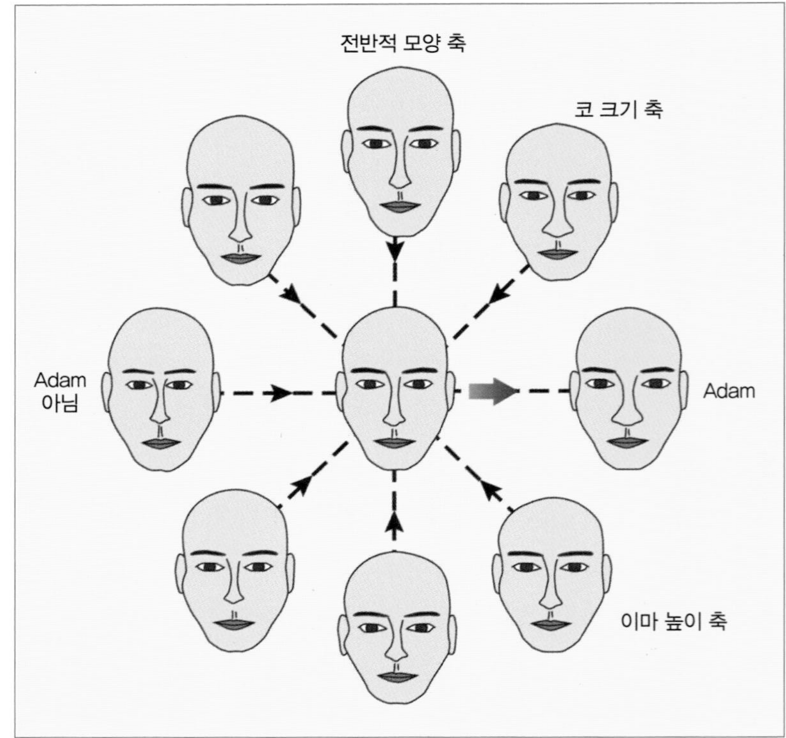

[그림 2-24] 세 개 차원(전반적 모양, 코 크기, 이마 높이)으로 이뤄진 단순화한 얼굴-공간 모형. 대부분의 얼굴들은 일반적 범위 내에 위치하며 서로 간의 구별이 어렵다. 한 개 이상의 차원에서 극값을 갖는 얼굴들은 기억하기 쉽고 올바르게 인식하기도 쉽다.
출처: Hulbert (2001). Macmillan Publishers Ltd의 허가를 얻어 재인쇄함.

설명하는 모형을 제안하였다. 얼굴-공간 모형에 따르면, 얼굴에 대한 기억은 다차원적 공간에서의 위치이다. 각 차원들은 얼굴의 한 특징에 해당한다. 예를 들어, 눈 사이의 거리, 얼굴의 길이-너비 비율, 눈의 위치, 코의 길이, 입의 위치 등등이 있다. 이런 차원들의 값이 함께 모여 얼굴-공간에서 그 얼굴의 위치를 결정한다(세 개 차원의 예시가 그려진 [그림 2-24] 참조).

[그림 2-25] 얼굴-공간 모형은 차원상에서의 값들이 평균값으로부터 멀어지면(오른쪽 사진) 평균값에 가깝도록 이동할 때에 비해(왼쪽 사진) 배우 Daniel Craig(가운데 사진)를 알아보는 것이 더 쉬워질 것이라고 예측한다. 이는 얼굴-공간에서 극단적 범위에 비해 일반적 범위가 더 밀집된 분포를 갖기 때문이다.
출처: Hancock & Little (2011). SAGE Publications의 허가를 얻어 재인쇄함.

각 차원별로, 많은 얼굴이 평균의(일반적) 범위 내에서 값을 갖는다. 이 얼굴-공간 영역에는 밀집된 분포를 보인다. 하지만 몇몇 얼굴은 한 개 이상의 차원에서 극단 값을 갖는다. 이 얼굴들은 다른 얼굴들이 많지 않은 공간의 영역에 위치하게 된다(왜냐하면 소수의 얼굴만이 이런 극단적 특징을 갖기 때문이다).

얼굴-공간 모형은 다수의 흥미롭고 성공적인 예측들을 내놓는다. 그중 하나는 한 개 이상의 차원에서 극단 값을 가진 얼굴들에 비해 차원들에서 평균값을 갖는 일반적인 얼굴들을 기억하는 것이 더 어렵다는 예측이다. 또 다른 예측은 평균으로부터의 편차가 크면 얼굴을 인식하는 것이 더 쉬워진다는 것이다. 소위 캐리커처 얼굴이라고 불린다. 반면에, 세부특징들이 평균값에 가깝게 이동하면 얼굴을 인식하는 것이 더 어려워진다. 이에 대한 예시가 [그림 2-25]에 제시되어 있다.

대단한 인식자들

앞서 우리는 얼굴 인식 능력이 매우 저조한 몇몇 사람에 대해 알아보았다. 얼굴 인식 능력이 비범한 사람들이 있다는 증거 또한 존재한다. Russell과 동료들(2009)은 보통의 얼굴 인식 능력에 비해 유의미하게 뛰어난 능력을 가졌다고 주장하는 4명의 사람들을 발견하였다. 예를 들어, 그들 중 한 명은 "제가 만약 당신의 얼굴을 봤다면 몇 년이 흘렀는지는 상관없이 저는 그것을 기억해 낼 수 있습니다. 오직 얼굴에 대해서만입니다."라고 말하였다(Russell et al., 2009, p. 253).

네 명 모두는 얼굴 인식을 포함한 여러 과제에서 매우 우수한 수준의 수행을 보였다. 예를 들어, 어떤 과제에서는 유명해지기 전에 찍은 유명인들의 사진들(보통 그들이 어린이였을 때 찍은 사진)을 제시하고 그들이 누군지 알아내도록 하였다. Russell과 동료들(2009)은 그들을 '대단한 인식자들(super-recognizers)'이라고 불렀다.

유전적 요인들이 어쩌면 대단한 인식자들의 존재를 설명하는 데 도움이 될 것이다. Wilmer와 동료들(2010)은 일란성 쌍둥이들(100% 유전자 공유)과 이란성 쌍둥이들(50% 특유의 유전자 공유)을 대상으로 얼굴 인식을 연구하였다. 이란성 쌍둥이들에 비해 일란성 쌍둥이들의 얼굴 인식이 훨씬 더 유사하였다. 이 결과는 유전적 요인이 얼굴 인식 능력에 영향을 미친다는 것을 시사한다.

여러 연구는 내성적인 사람들에 비해 외향적인 사람들이 얼굴을 더 잘 인식하다는 것을 보여 준다. Lander와 Poyarekar(2015)에 따르면, 이것은 외향적인 사람들이 사람에게 관심이 더 많고 따라서 얼굴 인식을 더 많이 연습하기 때문이다. 즉, 어떤 누군가가 다른 누군가보다 얼굴 인식을 더 잘하는 것은 유전적 요인들과 연습 모두에 의한 것이다.

중간 요약

얼굴 vs. 물체 인식(Face vs. object recognition)

- 부분-전체 효과와 합성 착각은 얼굴 인식이 물체 인식에 비해 전체적 처리를 더 많이 수반한다는 것을 보여 준다. 그러나 이러한 현상은 단지 우리의 얼굴에 대한 전문성을 반영하는 것이라는 주장도 있다.

얼굴맹(Face blindness)

- 얼굴 실인증 또는 얼굴맹 환자들은 물체 인식이 기본적으로 온전하다. 그 밖의 다른 환자들은 물체 인식에 결함을 보이는 반면에, 얼굴 인식이 온전하다. 이와 같은 이중 해리는 얼굴 인식과 물체 인식에 서로 다른 처리 과정이 동반된다는 것을 시사한다.

방추상 얼굴 영역(Fusiform face area)

- 방추상 얼굴 영역은 얼굴 인식 처리에 특히 중요한 곳으로 알려져 왔다. 이를 지지하는 증거는 얼굴 실인증 환자들이 일반적으로 이 영역에 손상을 입었다는 것이다. 건강한 사람들을 대상으로 한 뇌 영상 연구들은 이 영역이 얼굴 인식뿐만 아니라 전문지식이 있는 물체 인식에도 사용되며, 이 영역은 더 광범위한 얼굴 인식 네트워크의 한 부분이라는 것을 보여 준다.

얼굴 인식 이론들(Theories of face recognition)

- Bruce와 Young(1986) 그리고 Duchaine과 Nakayama(2006)는 얼굴 인식에 다양한 여러 처리 과정이 동반된다고 주장하였다. 얼굴 탐지, 얼굴 신원, 얼굴 표정을 포함한 처리 과정 요소들을 지지하는 합당한 근거들이 존재한다. 이름은 일반적으로(항상은 아님) 다른 종류의 개인적 정보들에 비해 더 느리게 인출된다.
- Valentine(1991)의 얼굴-공간 모형은 얼굴에 대한 기억을 다차원적 공간으로 생각할 수 있다고 주장한다. 다차원적 공간의 차원 각각은 얼굴의 전형적 특징 하나씩을 나타낸다. 대부분의 얼굴들은 일반적 범위 내 값들을 갖고 그들을 서로 분리하는 것은 어렵다. 보다 극단 값을 가진 얼굴들은 공간에서 빈 영역에 놓이며 기억하고 인식

하기가 더 쉽다. 평균으로부터의 편차가 다소 큰 얼굴들 또한 인식하기가 더 쉽다(캐리커처 얼굴).

대단한 인식자들(Super-recognizers)

- 대단한 인식자들은 특출한 얼굴 인식 능력을 지닌다. 쌍둥이 연구들은 유전적 요인들이 얼굴 인식 능력에 큰 영향을 끼친다는 것을 보여 준다. 이것이 대단한 인식자들의 존재를 설명하도록 도와줄 수 있다.

지각과 행동

시각 시스템은 우리가 우리 주변 세상에 대한 내부 모형을 만드는 데 있어서 매우 큰 중요도를 갖는다. 우리 주변을 둘러볼 때, 일반적으로 우리는 우리가 보고 있는 것이 실제 존재하는 것과 정확하게 일치한다고 매우 확신한다. 실제로 우리가 만약 주변 환경을 정확하게 지각하지 못한다면, 인류는 이미 오래전에 멸종했을 것이다! 만약 벼랑 끝이 실제보다 멀리 떨어져 있다고 생각한다면, 우리의 삶은 위험에 처할 것이다. 이와 같이 시지각이 정확할 것이라는 주장들이 있긴 하지만 심리학자들은 우리가 시각적 착시들을 겪는다는 것을 발견하였다. 이 중 두 가지가 [연구 따라잡기 2-3]에 설명되어 있다.

[연구 따라잡기 2-3] 시각적 착시들

[그림 2-26(a)]의 그림을 보고 두 개의 수직선 중 어느 것이 더 긴지 판단해 보라. 거의 모든 사람은 왼쪽 수직선이 오른쪽 수직선보다 길게 보인다고 대답한다. 사실, 자를 사용하면 확인이 가능할 텐데, 두 개의 수직선의 길이는 같다(이것을 Müller-Lyer 착시라고 한다).

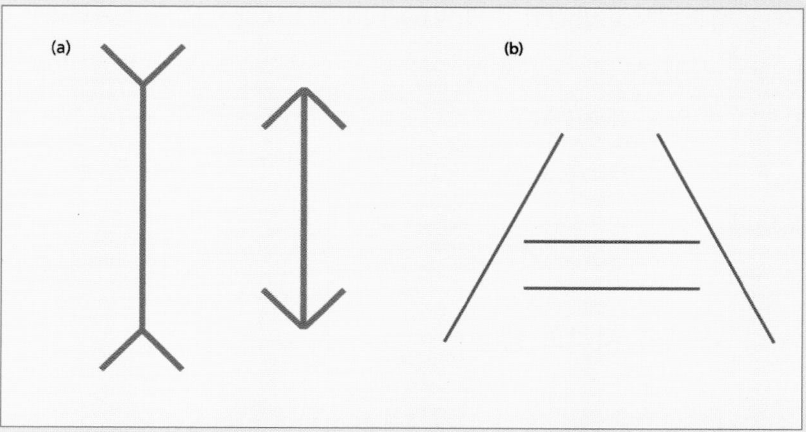

[그림 2-26] (a) Müller-Lyer 착시, (b) Ponzo 착시. (a)에서는 왼쪽 수직선이 오른쪽 수직선보다 길게 보인다. (b)에서는 위쪽 수평선이 아래쪽 수평선보다 길게 보인다.

이번에는 [그림 2-26(b)]의 그림을 보고 두 개의 수평선 중 어느 것이 더 넓은지를 판단해 보라. 대부분의 사람은 위의 선이 아래의 선보다 더 길다고 대답한다. 하지만 사실 두 선은 길이가 같다(이것을 Ponzo 착시라고 한다.)

이것은 그야말로 수백 가지가 되는 시각적 착시들 중 단지 2개만을 보여 준 것이다. 이것을 어떻게 설명할 수 있을까? 아마도 우리는 2차원의 착시 그림들을 3차원인 것처럼 다루는 것 같다(Gregory, 1973). 예를 들어, Ponzo 착시의 2개의 비스듬한 선들은 철도선 또는 멀어지는 도로의 끝처럼 보인다. 그 결과, 위쪽 수평선이 아래쪽 선에 비해 우리로부터 더 멀리 떨어진 것처럼 보일 수 있다. 만약 이것이 3차원의 장면이었다면, 위쪽 선이 아래쪽 선보다 더 넓었을 것이다.

Müller-Lyer와 Ponzo 및 그 외 착시들의 존재는 우리에게 매우 흥미로운 역설을 남긴다. 우리의 시지각 처리가 오류를 범하는 경향이 있는데, 어떻게 인류는 살아남은 것일까? 이에 대한 부분적 답변은 대부분의 시각적 착시들이 인공적인 형상들을 대상으로 한다는 점이다([그림 2-2]에 관하여 논의된 것처럼).

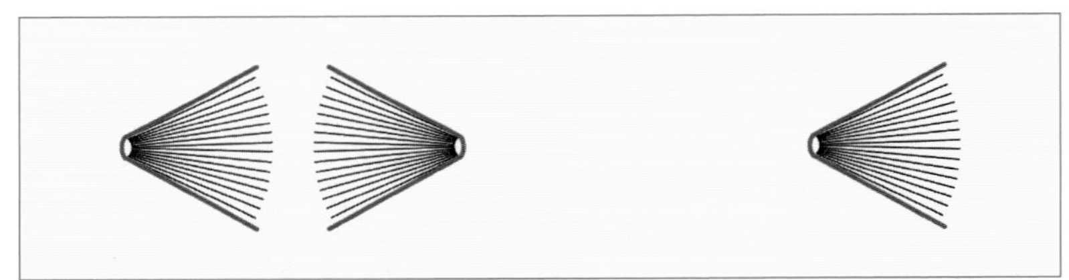

[그림 2-27] 가운데 놓인 책의 등이 왼쪽과 오른쪽 책의 등 중 어느 쪽과 더 가까운가? 이제 자를 사용하여 여러분의 답을 확인해 보라.

그러나 이러한 주장이 모든 착시를 설명하지는 못한다. 예를 들어, Müller-Lyer 착시를 3차원의 실재하는 물체들에서도 발견할 수 있다(DeLucia & Hochberg, 1991). 세 권의 책을 한 줄로 나란히 놓아 보라. 이때 왼쪽과 오른쪽에 있는 책은 오른쪽으로 책을 벌려서 놓고, 가운데 있는 책은 왼쪽으로 책을 벌려 놓는다([그림 2-27] 참조). 가운데 책의 등을 왼쪽과 오른쪽 책의 등 각각과 같은 거리에 놓이도록 한다. 하지만 가운데 책의 등과 오른쪽 책의 등 사이의 거리가 더 멀어 보인다.

두 개의 시각 시스템: 지각과 행동

시지각이 일상생활에서는 매우 정확한 것처럼 보이지만 실험실에서는 오류를 쉽게 범할 수 있다는 이 역설에 대한 대안적 설명으로 이제 넘어가 보자. Milner와 Goodale(1998, 2008)에 따르면, 우리는 두 개의 시각 시스템을 갖고 있다. 물체가 무엇인지 식별(예: 우리 앞에 있는 것이 고양이인지 물소인지 판단)하는 데 사용되는 지각을 위한 시각이 있는데, 이 시스템이 바로 우리가 시각적 착시들을 볼 때 사용된다.

행동을 위한 시각 시스템도 있는데, 이것은 행동을 시각적으로 안내할 때 사용된다. 이 시스템은 물체로부터 우리의 위치에 대한 정확한 정보를 제공해 준다. 빨리 달리는 차를 피하거나 물체를 집을 때 일반적으로 우리는 이 시스템을 사용한다.

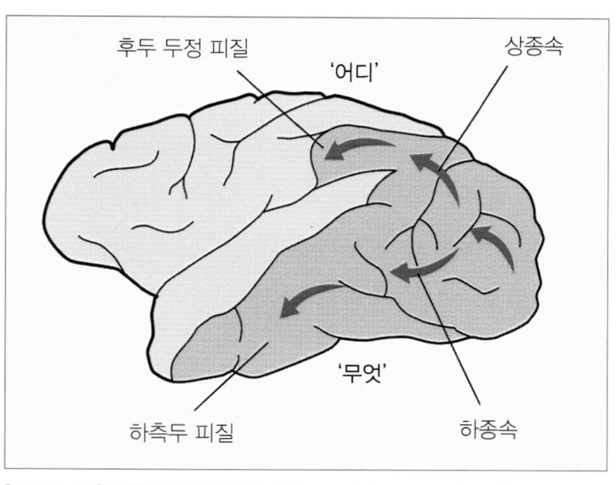

[그림 2-28] 복측 경로(무엇)와 배측 경로(어디 또는 어떻게)는 1차 시각 피질(V1)에서 시작되는 시각에 관여한다.
출처: Gazzaniga, Ivry, & Mangun (2009). W. W. Norton & Company, Inc의 허가를 얻어 재인쇄함.

부분적으로 독립적인 두 개의 시각 시스템에 대한 생각은 인지신경과학연구들로부터 지지를 받았다(Gazzaniga et al., 2009). 하측두 피질로 향하는 '무엇' 경로 또는 복측 경로(ventral pathway)는 지각을 위한 시각에 해당한다([그림 2-28] 참조).

두정엽으로 향하는 '어디' 또는 '어떻게' 경로(배측 경로, dorsal pathway)는 행동을 위한 시각 시스템에 해당한다([그림 2-28]). 하지만 두 경로가 완벽하게 분리되지는 않아서 상당한 정보의 교류가 두 경로 사이에 발생한다(Zanon et al., 2010; de Haan & Cowey, 2011).

Milner과 Goodale(1998, 2008)의 이론적 접근을 시각적 착시에 연결 지을 수 있다. 사람들에게 가령 Müller-Lyer 착시와 같은 착시를 3차원의 형태로 제시한다고 가정해 보자. 만약 그들에게 어떤 선이 더 기냐고 묻는다면 지각을 위한 시각 시스템이 작용할 것이기 때문에 착시가 발생할 것으로 예측된다. 하지만 만약 사람들에게 두 형태 중 하나의 끝을 손가락으로 가리키라고 한다면 행동을 위한 시각 시스템이 작용할 것이기 때문에 착시의 크기가 줄거나 사라질 것이다.

발견들

이러한 예측들은 여러 연구에서 지지되었다. Bruno와 동료들(2008)은 Müller-Lyer 착시 또는 이와 유사한 착시들을 대상으로 관찰자들이 형태들 중 한곳을 빠르게 손가락으로 가리키는 절차로 진행된 33개의 연구를 검토하였다. 그 결과, 평균 착시 효과가 5.5%였다. 표준 절차(예: 길이에 대한 판단을 말로 보고)를 사용한 다른 연구에서는 평균 착시 효과가 22.4%였다. 즉,

평균 착시 효과는 행동을 위한 시각 시스템에 비해 지각을 위한 시각 시스템일 때 4배 더 컸다.

또 다른 연구에서는 움푹 꺼진 얼굴 착시를 사용하였다. 움푹 꺼진 얼굴 착시는 매우 강력한 착시들 중 하나이다. 이 착시에서, 움푹 꺼진 얼굴 마스크는 마치 평범한 얼굴처럼 보인다([그림 2-29] 참조; 웹사이트 www.richardgregory.org/experiments 방문해 보라). Króliczak와 동료들(2006)의 연구에서 목표 자극(작은 자석)을 움푹 꺼진 얼굴 마스크와 평범한 얼굴 위에 붙이고 두 가지 과제를 실시하였다.

1. 목표 자극의 위치를 그리기(지각을 위한 시각 시스템 사용)
2. 목표 자극을 손가락으로 빠르게 건드리는 움직임을 하기(행동을 위한 시각 시스템 사용)

실험 참가자들이 목표 자극의 위치를 그릴 때 강력한 착시 효과가 발생하였다. 반면에, 그들이 손가락으로 건드리는 움직임을 할 때에는 수행이 매우 정확했다(즉, 착시 없음). 이러한 결과들은 이론적으로 예측되었던 것들이다.

실험 참가자들이 목표 자극으로 손가락을 천천히 움직이는 세 번째 조건도 있었다. 이 조건은 행동을 위한 시각 시스템의 사용이 수반될 것이기 때문에 수행이 정확했을 것이라고 예측할 수 있다. 하지만 실제로는 착시 효과가 매우 강하였다. 왜 그런 것일까? Króliczak와 동료들(2006)에 따르면, 행동 이전에 의식적 인지 처리가 발생할 때에는 행동을 위한 시각 시스템뿐만 아니라 지각을 위한 시각 시스템도 관여하기 때문이다.

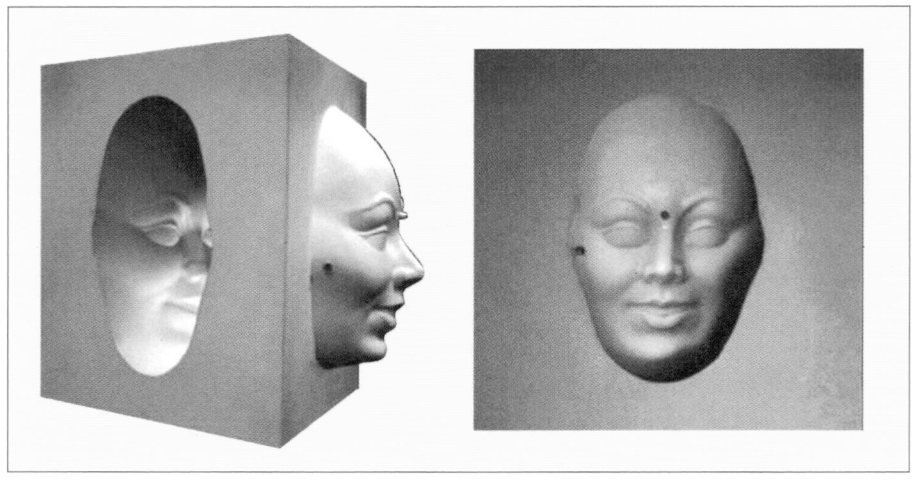

[그림 2-29] 왼쪽: 평범한 얼굴과 움푹 꺼진 얼굴. 목표 자극인 작은 자석이 평범한 얼굴의 이마와 볼에 붙어 있음. 오른쪽: 정면에서 바라본 움푹 꺼진 얼굴 마스크. 착시에 의해 마치 앞으로 튀어나온 얼굴처럼 보임.
출처: Króliczak et al. (2006). Elsevier의 허가를 얻어 실음.

지각을 위한 시각 시스템이 우리의 행동에 영향을 줄 수 있음을 보여 주는 증거들은 Creem과 Proffitt(2011)에 의해 제시되었다. 이들은 **효율적** 잡기와 **적절한** 잡기를 구별하였다. 예를 들어, 우리는 칫솔의 솔로 칫솔을 효율적으로 잡을 수 있지만, 적절한 방법은 칫솔의 손잡이를 잡는 것이다. Creem과 Proffitt의 주요한 가정은 적절한 잡기에는 그 대상에 대한 저장된 지식으로의 접근이 동반된다는 것이다. 따라서 적절한 잡기는 지각을 위한 시각 시스템의 사용이 요구된다.

Creem과 Proffitt(2011)은 이 가설을 시험하기 위하여 사람들에게 다양한 물체들(예: 칫솔, 망치, 칼)을 손잡이로 잡으라고 요청하였다. 손잡이는 항상 실험 참가자로부터 먼 방향을 향하게 했다. 측정하고자 한 것은 물체들을 적절하게 잡는 비율이었다. 실험 참가자들이 물체를 적절하게 잡는 능력은 장기기억에서 단어를 인출해야 하는 학습 과제를 동시에 수행해야 할 때 크게 저하되었다. 이 결과들은 지식의 인출(지각을 위한 시각 시스템 사용)이 적절한 잡기에 꼭 필요하다는 것을 시사한다.

평가

⊕ 지각을 위한 시각 시스템과 행동을 위한 시각 시스템이 별개로 존재한다는 생각은 매우 영향력이 있다.

⊕ 행동을 기반으로 하는 수행(예: 손가락으로 가리키기, 잡기)이 시각적 착시 효과를 보통 줄이거나 제거한다는 발견들은 두 개의 시각 시스템이 존재한다는 생각에 부합한다(Stottinger et al., 2010).

⊖ 일반적으로 두 시각 시스템은 서로 **상호작용**한다. 하지만 이 이론의 주안점은 시각과 행동에 대한 각 시스템의 **개별적인** 기여이다.

⊖ 초기 이 이론이 시사했던 것에 비해 지각을 위한 시각 시스템이 행동에 더 많은 영향을 준다. 행동이 자동적이기보다는 의식적 인지 처리를 기반으로 할 때, 행동이 지각을 위한 시각 시스템에 영향을 받을 가능성이 커진다(Milner & Goodale, 2008).

중간 요약

- 많은 시각적 착시가 발생하는 이유는 우리가 2차원의 형상을 마치 3차원인 것처럼 다루기 때문이라는 주장이 있어 왔다. 하지만 이러한 설명은 3차원의 물체에서 발견되는 Müller-Lyer 착시를 설명해 주지 못한다.

두 개의 시각 시스템: 지각과 행동(Two visual systems: Percpetion and action)

- 많은 증거는 지각과 행동 각각에 특수화된 부분적으로 독립적인 두 개의 시각 시스템의 존재를 지지한다. Milner와 Goodale에 따르면, 지각을 위한 시각 시스템은 행동을 위한 시각 시스템보다 시각적 착각에 훨씬 더 민감하다. 이러한 예측은 여러 차례 지지되었다. 의식적 인지 처리를 기반으로 하는 행동에는 지각을 위한 시각 시스템이 영향을 준다. 보다 일반적으로 말하면, 두 시스템은 정확하게 어떻게 상호작용하는지는 불분명하지만, 개별적으로 기능하기보다는 보통 서로 상호작용한다.

눈에선 보이고 마음에선 안 보이는 것

여러분의 주변을 살펴보라(어서!). 눈앞의 시각 장면을 선명하고 상세하게 본다는 강한 느낌을 여러분이 갖고 있을 것이라고 생각한다. 하지만 많은 심리학자는 우리가 우리 스스로를 속이고 있다고 주장한다.

부주의맹

여러 학생들이 서로에게 공을 패스하는 영상을 여러분이 보고 있다고 가정하자. 어느 시점에 고릴라 복장을 한 한 여성이 카메라 화면 안으로 들어가서, 카메라를 응시하고, 가슴을 치고 난 후 걸어 나간다([그림 2-30] 참조). 카메라 화면에 총 9초 동안 있었던 것이다. 여러분들은 고릴라 복장을 한 그 여성을 여러분이 거의 즉시 알아차릴 것이라는 확신을 갖고 있을 것이다. Simons와 Chabris(1999)는 방금 언급한 대로 실험을 진행하였다(www.simonslab.com/videos.html의 비디오 참조). 여러분은 몇 퍼센트의 실험 참가자들이 고릴라를 알아채지 못했을 거라고 생각하는가? 계속 읽기 전에 여러분의 대답을 먼저 생각해 보라.

9초 동안 화면을 가로지르는 '고릴라'를 발견하지 못하는 사람은 현실적으로 없을 것이라고 생각될 것이다. 하지만 연구 결과는 매우 놀랍다. 50%의 실험 참가자들이 이 여성의 존재를 전혀 눈치채지 못했다!

[그림 2-30] 이 장면은 공을 패스하는 게임이 진행되는 현장의 중심에 서 있는 고릴라 복장을 한 한 여성을 보여 준다. 여기에는 검은색 팀과 하얀색 팀, 이렇게 두 팀이 있다. 실험 참가자들은 두 팀 중 한 팀이 공을 몇 번 패스했는지 세라고 요구받았다.
출처: Simons & Chabris (1999). Dan Simons (www.dansimons.com).

이렇게 많은 관찰자가 고릴라를 보지 못하는 것이 어떻게 가능했던 것일까? Simons와 Chabris(1999)는 실험 참가자들이 공을 주고받는 두 팀(검은색 팀과 하얀색 팀)을 보고 있었다는 사실이 한 가지 요인일 것이라는 가설을 세웠다. 앞서 설명한 실험에서 실험 참가자들은 하얀색 옷을 입은 팀의 공 패스 횟수를 세라는 요구를 받았다. 따라서 실험 참가자들은 검은색 옷을 입은 학생들은 무시해야만 했다. 고릴라도 검은색이었다는 점이 고릴라를 보지 못한 현상을 설명해 줄 수 있다.

이 가설을 검증하기 위해 Simons와 Chabris(1999)는 추가 실험을 진행하였는데, 이 실험에서는 실험 참가자들이 하얀색 옷을 입은 팀원에 의한 패스 횟수 또는 검은색 옷을 입은 팀원에 의한 패스 횟수를 셌다. 실험 참가자들이 하얀색 옷을 입은 팀원들에게 주의를 줄 때에는 이전과 마찬가지로 42%의 실험 참가자만 고릴라를 발견하였다. 하지만 검은색 옷을 입은 팀원들에게 주의를 줄 때에는 실험 참가자의 83%가 고릴라의 존재를 발견하였다. 즉, 예상치 못했던 대상(즉, 고릴라)이 과제 관련 자극과 **유사한** 경우, 이 대상은 더 큰 주의를 끌며 잘 탐지된 것이다. 과제 관련 자극과 상이할 경우에는 무시되기 쉽다.

Key term

부주의맹(inattentional blindness): 사람들이 중요한 사물이나 사건을 종종 지각하는 데 실패하는 현상으로, 특히 다른 것에 집중할 때 발생함

변화맹(change blindness): 시각 자극이 다른 자극으로 이동, 변경 또는 대체되었음을 감지하지 못하는 현상

우리의 눈앞에서 벌어지는 어떤 중대한 것이 우리 주의의 한가운데 있지 않으면 보지 못할 수 있는데, 이를 일컬어 부주의맹(inattentional blindness)이라고 한다. 부주의맹의 존재는 정신이 번쩍 들게 한다. 왜냐하면 이것은 우리가 길을 걷거나 드라이브를 할 때 얼마나 많은 정보를 놓칠 수 있는지를 보여 주기 때문이다.

변화맹

우리가 중요한 정보를 놓치는 상황이 부주의맹 하나만은 아니다. Simons와 Levin(1998)이 실험을 실시하였는데, 이 실험에서 대학 캠퍼스를 걷던 사람들에게 어떤 낯선 행인이 길을 물었다. 약 10 또는 15초 정도의 대화가 진행되고 있을 때 두 명의 남성이 나무로 만든 문을 들고 낯선 행인과 실험 참가자 사이를 지나간다. 이때 낯선 행인이 키, 체구, 목소리, 옷이 다른 새로운 남성으로 교체되었다. 하지만 절반의 실험 참가자들은 그들의 대화 상대가 바뀌었다는 것을 알아차리지 못했다! 이 영상을 다음의 웹사이트에서 볼 수 있다[www.dansimons.com (The 'Door' Study)].

시각적 대상이 이동하거나 변하거나 사라지는 것을 알아차리지 못하는 현상(예: 낯선 행인이 다른 사람으로 교체)을 일컬어 변화맹(change blindness)이라고 한다. 변화맹은 많은 다양한 상황에서 발생한다. 우리는 몇 초 동안 문에 의해 시각이 차단되었을 경우의 예시를 보았다. 더욱 놀랍게도 변화맹은 이미지가 1초 미만 동안 깜빡거릴 때, 또는 화면에 흙탕물이 0.5초 동안 보일 때에도 이미 발생한다. 또한 필름이 끊기고 화면의 시선이 바뀔 때에도 발생한다. 심지어 우리가 눈을 움직일 때에도 발생한다! 실험 참가자들이 사진을 보는 와중 눈을 움직이는 동안에 [그림 2-31]의 왼쪽과 오른쪽 사진이 바뀌었을 때 소수의 실험 참가자들만이 사진

(a) 미미한 관심거리의 변화

(b) 주요 관심거리의 변화

[그림 2-31] (a)의 변화 대상(난간)은 (b)의 변화 대상(헬리콥터)이 움직인 만큼의 크기로 위치가 바뀌었다. 하지만 (b)의 변화를 알아채는 것이 훨씬 더 쉬운데 그 이유는 변화한 물체가 더욱 중요한 것이기 때문이다.
출처: Rensink et al. (1997). SAGE Publications의 허가를 얻어 재인쇄함.

에서의 변화를 알아차렸다.

우리가 변화맹에 취약하다는 점을 우리 스스로 매우 과소평가한다는 점 역시 흥미롭다. Levin과 동료들(2002)은 실험 참가자들에게 레스토랑에서 두 사람이 대화를 나누는 영상을 보여 주었다. 실험 참가자들은 비디오 시청에 앞서 한 영상에서는 테이블 위의 접시들 색깔이 빨간색에서 하얀색으로 바뀔 것이고 다른 영상에서는 한 사람이 두르고 있던 스카프가 사라질 것이라는 경고를 들었다. 비디오를 보고 난 뒤, Levin과 동료들은 실험 참가자들에게 만약 이 변화들에 대해 미리 경고를 듣지 않았더라도 변화를 눈치 챌 수 있었을 것이라고 생각하는지 물었다. 46%의 실험 참가자들이 접시의 색깔이 바뀐 것을 알아차렸을 것이라고 주장하였고, 78%의 실험 참가자들이 스카프가 사라진 것을 알아차렸을 것이라고 주장하였다. 사실 이 비디오는 Levin과 Simons(1997)가 이미 이전에 사용했었던 것으로, 그 당시 사전 경고 없이는 아무도 그 어떤 변화를 알아차리지 못했었다. Levin과 동료들은 시각적 변화를 탐지하는 우리의 능력에 대한 매우 낙관적인 믿음을 설명하기 위해 **변화맹맹**(change blindness blindness)이라는 용어를 사용하였다.

변화맹은 현실세계에서 중요하다. 가령, 1992년 프랑스 스트라스부르로 착륙하려던 Airbus AT320-111 여객기가 활주에서 상당히 떨어진 산에 추락하는 이해하기 힘든 사고가 발생하였다. 가장 가능성이 높은 설명은 기장이 그의 앞에 있던 디스플레이 장치에서 일어난 중요한 신호 변화를 알아차리지 못했다는 설명이다. Galpin과 동료들(2009)은 운전자와 비운전자가 운행과 관련된 복잡한 장면을 보고 있을 때, 상대적으로 덜 중요한 항목들의 변화에 대해 변화맹을 보인다는 증거를 찾았다.

좀 더 긍정적인 관점에서, 변화맹은 마술사들에게 축복이다. 대부분의 마술은 엉뚱한 곳을 보도록 하는 기술을 동반한다. 관중들의 주의를 기술의 성공에 중요한 움직임들로부터 떨어진 곳으로 이끈다. 만약 이것이 성공한다면, 관중들은 마술사가 어떻게 그들을 속였는지는 보지 못한 채 스스로는 모든 것을 보고 있었다고 생각할 것이다.

영화 제작자들 또한 변화맹의 존재에 감사해한다. 같은 장면이 여러 번 촬영되고 각 촬영의 일부분들이 합쳐져서 최종본이 만들어지지만 우리는 시각적 변화를 거의 알아차리지 못한다. 〈원초적 본능(Basic Instinct)〉에서 샤론 스톤이 속옷을 입지 않았다는 것을 드러내기 위해 다리를 꼬는 장면은 유명하다. 이 장면에서 그녀가 들고 있던 담배가 갑자기 사라졌다가 다시 등장한다. 영화 〈다이아몬드는 영원히(Diamonds Are Forever)〉에서 제임스 본드가 골목길을 통과하기 위해 그의 차를 기울여 두 바퀴로 운전한다. 그가 골목길에 들어설 때 차는 오른쪽 바퀴로 균형을 잡고 있었지만, 골목길 반대로 나올 때는 기적적으로 왼쪽 바퀴로 균형을 잡고 있다! 더 많은 예시를 www.johns.com/moviegoofs에서 볼 수 있다.

언제 변화맹이 발견되는가?

변화맹의 정도는 여러 요인들에 의해 결정된다. [그림 2-31]을 봄으로써 여러 요인들 중 한 요인의 효과를 여러분이 예상해 볼 수 있기를 바란다. Rensink와 동료들(1997)은 실험 참가자들이 첫 번째 사진 쌍에서 차이점을 발견하는 데 평균 10.4초가 걸린 반면에, 두 번째 사진 쌍에서는 2.6초밖에 걸리지 않았다는 것을 발견하였다. 이런 차이가 발생한 이유는 난간의 높이가 미미한 관심거리밖에 되지 못하는 반면에, 헬리콥터의 위치는 중요 관심사이기 때문이다.

Simons와 Chabris(1999) 및 Simons와 Levin(1998)과 같은 연구들에서, 실험 참가자들은 시각적 화면에서 어떤 변화가 있을 것이라는 말을 사전에 듣지 못했다(우연적 접근). 실험 참가자들이 변화가 있을 것이라는 말을 사전에 듣는 경우(의도적 접근), 변화를 탐지해 낼 가능성이 더욱 높아진다. Beck과 동료들(2007)은 의도적 접근을 사용하면 관찰자들의 90%가 시각적 변화를 탐지하지만 우연적 접근을 사용할 경우엔 오직 40%만이 변화를 탐지한다는 것을 발견하였다.

의도적 접근을 사용할지라도 변화맹이 발생할 수 있다는 상당한 연구 증거들이 있다. Rosielle와 Scaggs(2008)는 학생들에게 그들에게 익숙한 대학 캠퍼스의 한 장면의 사진을 보여 주고 무엇이 잘못된 것 같은지를 식별해 보라고 요구하였다(예를 들어, [그림 2-32] 참조). 거

[그림 2-32] 원본 사진과 변경한 사진의 예시들
출처: Rosielle & Scaggs (2008). Taylor & Francis의 허가를 얻어 실음.

의 모든 학생이(97%) 제시된 장면이 익숙하다고 평가하였지만 오직 20%만이 변화를 탐지하였다. 이러한 발견들은 복잡한 장면에 대한 우리의 장기기억이 우리가 믿는 것보다 훨씬 덜 훌륭하다는 것을 보여 준다(1장에서 애플사 로고 예시도 참조).

Hollingworth와 Henderson(2002)은 변화맹에서 주의의 역할에 대해 연구하였다. 그들은 실험 참가자들이 몇 초 동안 시각 장면(예: 부엌, 거실)을 보는 동안 안구 움직임을 기록하였다. 어느 시점에서든 이들이 응시하는 대상은 주의가 주어진 것이라는 가정을 하였다. 각 장면에서 두 종류의 변화가 발생할 수 있었다.

- **유형 변화:** 어떤 물체가 다른 범주의 물체로 교체된다(예: 접시가 사발로 교체됨).
- **항목 변화:** 어떤 물체가 동일 범주의 다른 물체로 교체된다(예: 접시가 다른 종류의 접시로 교체됨).

크게 두 개의 발견이 있었다([그림 2-33] 참조). 첫째, 변화된 물체에 변화가 발생하기 전에 주의를 주었을(응시했을) 경우 훨씬 더 변화가 잘 탐지되었다. 둘째, 물체가 같은 범주의 다른 것으로 단순히 교체되는 경우에 비해 물체의 유형이 바뀌는 경우에 변화 탐지가 훨씬 더 좋았다.

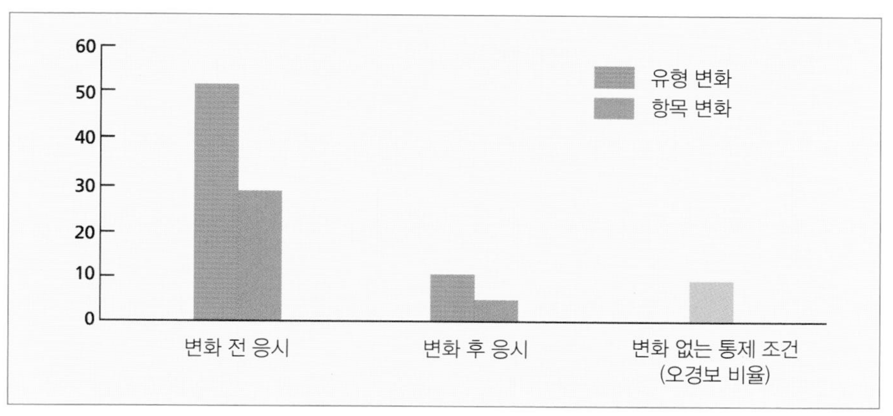

[그림 2-33] 변화 종류(유형 vs. 항목)와 응시 시점(전 vs. 후)에 따른 변화 탐지 정반응 비율 및 변화가 없었을 때 오경보 비율
출처: Hollingworth & Henderson (2002). The American Psychological Association의 허가를 얻어 재인쇄함.

무엇이 변화맹을 유발하는가?

일반적으로 변화맹(그리고 이것의 반대인 변화 탐지)이 주의 처리에 의해 결정된다고 가정되어 왔다. 즉, 우리가 변하는 물체에 주의를 기울이고 있으면 우리는 변화를 탐지하고, 주의를 기울이고 있지 않으면 우리는 변화맹을 드러낸다(Rensink, 2002). 이런 접근은 실험 참가자들이 변화가 발생하기 전에 물체를 응시하면, 그 물체의 변화를 더 잘 탐지한다는 결과에 의해 지지되었다(Hollingworth & Henderson, 2002).

이 접근은 우리의 시지각이 우리가 주의를 주지 않는 대상에 대해선 매우 불완전하다고 가정한다. 하지만 다른 설명들도 가능하다(Simons & Rensink, 2005). 처리 초기에는 우리가 세세하고 정확한 표상들을 만들지만 이 표상들이 빠르게 쇠퇴하거나 또는 뒤따르는 자극에 의해 덮어씌워지는 것일 수 있다(Lamme, 2003). 우리 눈앞의 시각적 장면에 대한 매우 완벽한 정보에 우리가 잠깐 접근한다는 주관적인 생각을 우리는 갖고 있는데, 앞의 설명은 이러한 우리의 생각에 부합하는 것 같다.

증거는 Landman과 동료들(2003)에 의해 보고되었다. 실험 참가자들에게 8개 직사각형(일부는 가로 방향이고 다른 일부는 세로 방향)의 배열을 제시하고 난 뒤, 1,600ms 후에 8개 직사각형의 두 번째 배열을 제시하였다. 이들의 과제는 방향이 가로에서 세로로 또는 세로에서 가로로 바뀐 직사각형이 있는지를 판단하는 것이었다. 실험 참가자들이 첫 번째 배열의 제시가 사라진 시점에서부터 900ms 이내에 방향이 바뀔 수 있는 직사각형에 주의를 줄 경우에는 변화맹이 거의 없었다. 즉, 다른 시각 자극이 제시되지 않는다면, 우리는 거의 1초 동안 시각 장면에 대한 거의 완벽한 정보에 접근하는 것이다.

흥미로운 리뷰 논문인 Jensen과 동료들(2011)은 변화맹 과제에서 성공적으로 과제를 수행하기 위해 필요한 처리 과정들을 열거하였다.

1. 주의는 변화가 발생하는 위치에 주어져야 한다.
2. 그 변화 발생 위치에 있는 변화 발생 이전의 시각 자극은 기억에 입력되어야 한다.
3. 그 변화 발생 위치에 있는 변화 발생 이후의 시각 자극은 기억에 입력되어야 한다.
4. 변화 발생 이전과 이후의 표상은 비교되어야 한다.
5. 변화 발생 이전과 이후 표상 간 불일치는 의식 수준에서 지각되어야 한다.

이렇게 보면, 우리가 변화맹에 취약한 것이 그렇게 놀랍지는 않은 것 같다. Fischer와 Whitney(2014)에 따르면, 변화맹이 발생하는 이유는 시각적 환경에 대한 지속적이고 안정적인 지각을 위하여 지각적 정확도를 어느 정도 희생시키기 때문이다. 만약 우리가 입력되는 감각 정보의 모든 변화에 지나치게 집중을 한다면, 우리는 줄곧 산만해질 것이다. 이는 변화맹을 설명해 주는 또 하나의 흥미로운 점이다.

중간 요약

부주의맹(Inattentional blindness)

• 연구에 따르면, 우리는 우리가 생각했던 것에 비해 우리의 시각적 환경을 훨씬 덜 의식한다. 만약 우리가 인근의 다른 사건에 주의를 기울인다면, 중요한 사건들을 의식하지 못할 수 있다.

변화맹(Change blindness)

• 대부분의 사람이 변화맹에 매우 취약하다는 것을 보여 주는 연구 증거가 많다. 시각적 변화를 탐지하는 우리의 능력에 대한 우리의 낙관적인 믿음은 변화맹맹으로 알려져 있다.

언제 변화맹이 발견되는가?(When is change blindness found?)

• 관찰자가 변화에 대해 미리 경고를 받지 못한 경우에 비해 관찰자가 변화를 기대하는 경우 변화맹이 잘 발생하지 않는다. 또한 바뀐 물체가 진행되고 있는 행동에 중요하거나, 과제 관련 자극과 닮았거나, 변화가 발생하기 전에 응시되었을 경우에도 변화맹이 잘 발생하지 않는 경향이 있다.

무엇이 변화맹을 유발하는가?(What causes change blindness?)

• 변화맹은 시각 장면에 대한 상세한 정보가 매우 짧은 시간 동안에만 유지되며 그 뒤 새로운 정보에 의해 덮어씌워지는 우리의 무능에 의해 일부 설명될 수 있다. 또한 어느 정도는 주의의 실패 때문이다.

지각은 의식적 자각을 필요로 하는가

그 어떤 의식적 자각 없이도 시각 세계에 대해 지각할 수 있을까? 다른 말로 하자면, 무의식적 지각 또는 역하 지각(subliminal perception; limen은 라틴어로 역. 자극이 의식적 자각 역치 아래일지라도 지각이 이뤄지는 것)과 같은 것이 있는 것일까? 상식에 따르면 '아니요'일 것이다. 하지만 정답은 '예'임을 보여 주는 좋은 증거들이 있다.

> **Key term**
>
> **역하 지각(subliminal perception)**: 의식적 자각의 수준 아래에서 일어나는 지각적 처리이지만 행동에 영향을 줄 수 있음

역하 지각의 사례는 1957년 고군분투하던 시장 조사원 James Vicary에 의해 진행된 악명 높은 '연구'로부터 주어졌다. 그는 뉴저지 포트리의 한 영화관에서 〈Picnic〉이라는 영화가 상영되는 동안 '배고프니?' '팝콘을 먹어' '코카콜라를 마셔' 문구들을 1초의 1/300로(의식적 자각 역치보다 충분히 아래) 비췄다고 주장하였다. Vicary는 코카콜라의 극장 매출이 18%, 팝콘 매출이 58% 증가했다고 주장했다. 이 연구는 대중 매체를 포함해 많은 조명을 받았지만 Vicary는 모두 거짓말이었다고 1962년에 자백하였다.

하지만 무의식적 지각이 존재하며 그 효과가 강력하지는 않다는 점이 지난 수십 년에 걸쳐 점점 명확해졌다(예: Smarandescu & Shimp, 2015 참조). 우리는 이제부터 역하 지각 연구의 두

주요 입장에 대해서 살펴볼 것이다. 첫째, 우리는 정상 시각을 가진 개인들에게 그들이 의식하여 볼 수 없는 자극을 제시한 연구들에 대해 논의할 것이다. 둘째, 우리는 뇌 손상 환자들이 그들의 시야 일부 영역에 제시된 자극에 대해 의식적 자각을 부정하는 연구들에 대해 논의할 것이다. 그들의 부정에도 불구하고, 그들은 보통 '보이지 않는' 영역에 제시된 시각 자극을 탐지하고 위치도 알아낼 수 있다.

자각 없는 지각

온전한 시각을 가진 사람들에게 의식적 자각 수준 아래로 시각 자극을 제시해 주는 방법이 크게 세 가지가 있다. 첫째, 매우 약하거나 희미한 자극을 제시할 수 있다. 둘째, 매우 짧게 자극을 제시할 수 있다. 셋째, 차폐(목표 자극 이후 즉시 차폐 자극을 제시하여 목표 자극의 처리를 막는 것)를 사용할 수 있다.

어떻게 우리는 관찰자가 주어진 시각 자극을 의식적으로 자각했는지 아닌지를 판단할 수 있을까? Merikle과 동료들(2001)은 두 종류의 접근을 구분하였다.

1. **주관적 역치**: 이것은 개인이 자극에 대해 의식적 자각을 보고하는 것에 실패하는 것으로 정의된다. 이것은 가장 확실하게 사용할 수 있는 측정방법이다.
2. **객관적 역치**: 이것은 개인이 자극에 대해 정확한 양자택일의 판단(예: 단어인지 아닌지 우연 수준 이상으로 추측)을 내리지 못하는 것으로 정의된다.

실제로는 어떤 자극이 관찰자의 주관적 역치를 넘지 못함에도 불구하고, 객관적 역치로 평가하면 관찰자들이 보통 그 자극에 대해 '의식'이 있는 것으로 보인다. 이런 경우에 우리는 어떻게 해야 하는가? 몇몇의 심리학자들은 의식적 경험에 대한 관찰자들의 부정확하거나 혹은 편향될 수 있는 보고보다는 객관적 역치를 사용하는 것이 더 타당하다고 주장한다. 하지만 다른 심리학자들은 의식적 경험이 주관적 자각을 필요로 하므로 주관적 역치가 더 좋다고 주장한다. 우리가 자극을 알아차리는 것에는 실패했지만 여전히 그것의 영향을 받을 때, 무의식적 영향력이 행사된다. 분명한 것은 주관적 역치에 비해 객관적 역치에 근거한 역하 또는 무의식적 지각에 대한 연구 증거가 더 강력하다는 것이다.

발견들

Naccache와 동료들(2002)은 실험 참가자들에게 목표 자극으로 제시되는 분명하게 보이는 숫자가 5보다 큰지 작은지 빠르게 판단하라고 요구하였다. 보이지 않게 차폐된 숫자가 자극 제시 바로 직전에 29ms 동안 제시되었는데 실험 참가자들은 이것을 알지 못하였다. 차폐 숫자는 목표 자극과 일치하거나(두 숫자 모두 5로부터 같은 방향에 있음) 불일치하였다.

차폐 숫자들에 대해 의식적 지각이 이뤄졌다는 증거는 없었다. 모든 실험 참가자가 차폐 숫자들을 보지 못했다고 보고하였다(주관적 역치). 게다가, 차폐 숫자가 5보다 큰지 작은지 추측하라고 했을 때의 수행이 우연 수준이었다(객관적 역치). 그러나 목표 숫자에 대한 판단은 불일치 조건의 수행일 때에 비해 일치 조건의 수행일 때 더 빨랐고, 이것은 차폐 숫자들에 대한 무의식적 지각 처리가 이뤄졌음을 보여 주는 것이다.

Jiang과 동료들(2006)은 사진 쌍을 제시한 뒤 차폐 자극을 제시하여 그림 쌍이 실험 참가자들에게 보이지 않도록 하였다(객관적 역치에 기반). 한 개의 사진은 남성 또는 여성의 온전한 누드 사진이었고 다른 사진은 형체를 알아볼 수 없게 뒤섞인 스크램블 버전의 사진이었다. 실험 참가자들에게 어려운 시각 변별 과제를 수행하도록 하였는데 이 과제는 누드 사진이 제시된 위치 혹은 스크램블 버전의 사진이 제시된 위치에 제시되었다. 이 과제 수행을 측정한 결과 역하 사진들이 실험 참가자들의 주의 처리에 영향을 미쳤다. 실험 참가자들은 변별 자극이 누드 사진 위치에서 나타날 때 더 정확한 수행을 하였다. 이성애자 남성들은 보이지 않는 온전한 여성 누드 사진에 더 끌렸고, 이성애자 여성들은 보이지 않는 남성 누드에 더 끌렸다. 이 결과들은 보이지 않는 성적 자극에 대한 어떤 지각 처리가 있었음을 보여 준다.

정보가 자각을 동반하고 지각되는 경우와는 다르게, 자각 없이 지각되는 정보는 직접적 자극-반응 연합을 통해 우리의 반응을 통제하는 것만 가능하다. 자각을 동반하는 경우, 우리는 정보를 조작할 수 있고 자극을 다양한 반응들과 연합시킬 수도 있다. 만약 이것이 맞다면 자각을 동반하거나 그렇지 않은 지각이 행동에 매우 다른 효과를 만들어 내는 상황이 있어야만 한다.

Persaud와 McLeod(2008)는 이를 지지하는 증거를 찾아냈는데, 이 연구에서 글자 'b' 또는 'h'를 10ms(짧은 시간) 또는 15ms(긴 시간) 동안 제시하였다. 실험 참가자들은 제시되지 않은 글자로 반응하라는 지시를 받았다. 긴 제시 시간인 경우, 실험 참가자들은 수행 중 83%에 대해 제시되지 않은 글자로 정확하게 반응하였다. 이것은 이 조건에서 자극에 대한 어떤 의식적 자각이 있었음을 제시해 준다. 하지만 짧은 제시 시간에서, 실험 참가자들은 단지 43%의 수행에서만 정확하게 반응하였다(우연보다 유의미하게 낮음). 즉, 자극에 대한 어떤 처리는 있었지만 이 처리에 대해 실험 참가자들은 자각하지 못하였고 그 결과 그들은 자극과 요구되는 반응을 연결 짓지 못한 것이다.

의식적 자각 수준 이하의 시각적 처리는 **얼마나** 발생하는 것일까? 한 연구에서(Rees, 2007), 보이지 않는 얼굴 또는 집 사진을 제시하는 동안 얼굴 처리 또는 물체 처리와 관련된 뇌 영역의 활성화를 측정하였다. 뇌 활성화의 양상을 살펴봄으로써 거의 90%의 정확도로 사진에 대한 식별(얼굴 vs. 집)을 예측할 수 있었다. 즉, 어떤 자극이 의식적으로 처리되지는 못할지라도 그 자극이 시각 시스템을 통해 상당히 철저하게 처리될 수 있는 것이다.

얼굴 실인증 환자 몇몇이 의식 이하 수준의 얼굴들을 알아볼 수 있다는 증거도 있다. 이 증거는 **전기 피부 반응**으로 획득되었다. 우리가 교감신경계 활동으로 인해 각성되면, 이것을 피부에서 측정할 수가 있다. 거짓말탐지기가 이것을 기반으로 하는데, 거짓말탐지기는 누군가가 (위협적인) 질문들을 마주할 때 그 사람의 각성을 측정한다. 피부 반응은 연구실에서 우리가 모르는 사람들의 사진들 중에서 아는 사람의 사진을 갑자기 보게 될 때에도 변한다(그 사진에 대한 인식이 우리의 각성을 증가시키기 때문이다). Tranel과 Damasio(1985)는 두 명의 얼굴 실인증 환자를 연구하였다. 환자 각각에게 일련의 사진들을 보여 주었다. 대부분은 모르는 사람들의 사진이었다. 하지만 몇몇은 아는 사람의 사진이었다(예: 환자의 배우자). 그들에게 아는 사람을 지목하라고 하면 수행이 매우 저조하였다. 하지만 두 환자 모두 익숙한 사람의 얼굴이 나타났을 때 정상적인 사람들에게 보이는 피부 반응이 나타났다.

맹시

> **Key term**
>
> **맹시(blindsight)**: 일차 시각 피질의 손상에 의해 종종 발생하는 명백히 역설적인 질환으로, 의식적 자각의 부재에도 시지각의 행동적 증거가 나타나는 현상

1차 세계대전 당시 총상으로 인해 일차 시각 피질(V1)이 손상된 몇몇 영국 군인들을 영국 육군 부대의 대위인 George Riddoch가 치료하였다. 이 군인들이 보이지 않는다고 주장하는 시각 영역에서 발생하는 움직임을 이들은 지각할 수가 있었다(Riddoch, 1917)!

오랜 세월이 흐른 뒤, 옥스퍼드 대학의 Larry Weiskrantz(2004)가 유사한 현상을 연구하였다. 그는 의식적 자각은 없지만 일부 시지각이 가능한 뇌 손상 환자들을 맹시(blindsight)라고 서술하였는데, 이는 그들이 처해 있는 이 역설적인 상황의 특징을 정확하게 담아냈다. 대부분의 맹시 환자들은 V1에서 심각한 손상을 보인다. 하지만 보이지 않는 영역에서의 시각적 자각의 소실은 아마도 V1 손상이 직접적인 이유는 아닌 것 같다. V1 손상은 시각 시스템 전반에 걸쳐 연쇄적인 효과를 만들어 내는데, 이는 뒤따르는 시각 처리 영역들의

활성화를 크게 감소시키는 결과를 낳는다.

발견들

가장 철저하게 연구된 맹시 환자는 DB이다. 그는 심각한 편두통을 점점 자주 경험하게 되었다. 결과적으로 그는 그의 일차 시각 피질(V1)의 오른쪽 반을 제거하는 뇌수술을 받았다. DB는 몇몇 지각적 기량을 보여 주었는데, 가령 그의 보이지 않는 영역인 왼쪽 시야에 시각 자극이 제시되었는지 아닌지 및 그 자극의 위치를 탐지할 수 있었다. 그러나 그는 그의 보이지 않는 시야에서는 의식적 경험이 이뤄지지 않는다고 보고하였다. Weiskrantz와 동료들(1974, p. 721)에 따르면, "그에게 그가 선이 있는 곳으로 손을 뻗고 그것의 방향을 판단해 내는 비디오 영상을 보여 주자[영상은 거의 온전한 시각 영역에 제시하였음], 그는 크게 놀라했다."

연구가 많이 이뤄진 또 다른 맹시 환자는 GY이다. 그는 8세 때 자동차 사고로 왼쪽 반구의 V1 영역에 큰 손상을 입었고 오른쪽 두정엽의 작은 영역에도 손상을 입었다. 그 결과, 그는 그의 오른쪽 시야에서는 그 어떤 것도 의식적으로 볼 수 없었다. Persaud와 Cowey(2008)의 연구에서, GY의 정상 시야인 왼쪽 또는 보이지 않는 시야인 오른쪽 영역의 위 또는 아래 부분에 자극을 짧게 제시하였다. 어떤 시행에서는(포함 시행) 그에게 자극이 제시된 부분이 어디인지 보고하라고 하였다. 다른 시행에서는(배타 시행) GY에게 자극이 실제로 제시된 위치의 **반대로**(예: 아래 부분에 제시되면 '위') 보고하라고 지시하였다. 보이지 않는 시야에서, GY는 포함 시행뿐만 아니라 배타 시행 모두에서 반대가 아닌 원래 위치로 반응하는 경향을 보였다. 이것은 그가 위치 정보에 접근은 했지만 그 정보에 대한 의식적 자각은 결여되어 있었다는 것을 시사한다. 반면에, 그의 정상 시야인 왼쪽 영역에서, 그는 포함 시행과 배타 시행 모두 수행을 잘 하였다. 이는 이 시야에 제시되는 위치 정보에는 의식적 접근을 했다는 것을 보여 준다.

다른 맹시 환자들 연구에서는 이 환자들이 의식적 자각 수준 이하로 제시되는 정서적 자극들 간에 변별을 해낼 수 있는지에 집중해 왔다. 이 효과를 정서적 맹시(affective blindsigh)라고 하며 여러 연구에서 발견되었다(예: Tamietto & de Gelder, 2008). 이에 대한 내용은 11장에 논의된다.

> **Key term**
>
> **정서적 맹시(affective blindsight)**: 의식적 지각 없이도 서로 다른 정서적 자극들을 식별할 수 있는 능력

쟁점들

맹시는 진정한 현상임을 시사하는 연구 증거들이 많다. 하지만 다양한 이유들로 인해 이 증거들을 해석하기가 어려운 경우도 있다. 가장 중요한 문제는 맹시 환자들이 그들의 보이

지 않는 시야에서 의식적 지각이 없다는 것을 어떻게 확신할 수 있느냐는 것이다. 맹시 환자들이 얼마나 의식적 지각을 보유하고 있는지 환자들 간에 차이가 있다는 것은 잘 알려져 있다(Danckert & Rossetti, 2005). Weiskrantz(2004)는 의식적 자각이 없는 환자들을 지칭하기 위해 맹시 타입1이라는 용어를 사용하였다. 맹시 타입2는 어떤 일이 발생하고 있다는 것을 자각할 수 있는 환자들을 말한다. 맹시 타입2의 예시는 환자 EY로부터 발견되었다. 그는 "사실 불빛처럼 보이지는 않는다. 아무것도 아닌 것처럼 보인다."라면서도, "불빛의 분명한 작은 지점을 느낀다."라고 말했다(Weiskrantz, 1980). Cowey(2010, p. 20)는 추가적으로 다음과 같이 기술하였다. "맹시 환자들이 '자각한다'라고 말할 때 그것이 무엇을 의미하는 것이냐고 거의 묻지 않았다." 자각의 정의를 보다 관대하게 사용한다면 아마도 맹시 환자들이 더 많은 의식적 지각을 갖게 될 것이다(Overgaard et al., 2008).

평가

대체로 매우 소수의 인지 연구자들만이 자각 없는 지각의 존재에 대해 의심할 것이다(Eysenck & Keane, 2015, 16장 참고; Van den Bussche et al., 2009 참조). Vicary가 기여한 것에 커다란 장기적 문제는 없었다. 무의식적 지각은 대중 매체에서 부정적 의미를 내포하고 있는데, 왜냐하면 무의식적 지각은 사람들이 본인의 의지와는 다르게 어떤 영향을 받을 수 있다는 점을 시사하기 때문이다. 일부 이것은 우리 사회가 여전히 정신분석학적인 영향, 즉 어둡고 성적인 것으로 가득한 무의식이 끊임없이 우리의 기능을 장악하려 하며 이것은 우리 자아의 통제하에 머물러 있어야 한다는 생각에 강한 영향을 받고 있기 때문이다. 무의식적 지각에 신화적인 지위가 부여된 또 다른 이유는 이것이 우리의 이성을 약화시키는 것처럼 보이기 때문이다. 본인의 행동에 대한 통제력을 더 이상 갖고 있지 않은 사람은 탈선한 사람인 것이다.

반면에, 인지 연구에서 제시되는 견해는 무의식적 지각이 의식적 지각과 매우 유사하며 심지어 의식적 지각보다 열등하다는 것이다. 무의식적 지각에서 발견되는 모든 효과는 의식적 지각으로도 (보통 더 확실하게) 획득된다. 뿐만 아니라 우리가 앞에서 봤듯이 무의식적 지각은 단순한 자극의 처리 및 직접적으로 관련 있는 반응의 활성화에만 한정된다. 보다 복잡한 처리 및 간접적 반응을 위해서는 자극을 의식적으로 지각하는 것이 요구된다.

인지적 관점에 따르면, 지각은 대체로 자각의 밖에서 무의식적으로 이뤄지고 우리에게 환경에 대한 정보를 제공한다. 우리는 이 정보의 작은 부분만 의식적으로 처리할 수 있다. 다음 장들에서 보게 되겠지만, 이러한 이유로 우리는 그 정보에 우리의 주의를 집중해야 하고 우리의 작업기억에 접근해야 한다. 나머지 정보들은 그것들이 우리의 생존에 중요하거나(예: 위협 탐지) 우리가 현재 수행하는 활동을 지속하기 위해 필요할 때에만 우리의 관심을 끈다. 이 두 상황에서 우리의 뇌가 입력되는 감각 정보를 자동적으로 처리하고 우리의 작업기억에 유의미한 완성품을 제공한다면 이것은 우리에게 이득인 것이다.

> **Key term**
>
> **의식(consciousness)**: 주어진 순간에 우리가 깨어 있다는 정보로, 환경을 지각하고, 지금 그리고 여기(here-and-now)와 관련되지 않은 사건이나 쟁점에 대해서 생각하며, 타인이 생각하고 있는 것을 이해하고, 자신의 행동을 통제하는 것과 관련됨

이런 측면은 공연장 또는 전역 작업공간에 비유되어 설명되곤 한다(Baars & Franklin, 2007; Dehaene & Changeux, 2011). 이 관점에 따르면, 인간의 정보처리는 특수한 목적을 가진 다수의 무의식 처리기가 병렬적으로 작동하여 이뤄진다. 이 처리기들은 다수의 뇌 영역에 분산되어 있고, 개별 처리기는 전문화된 기능(예: 색 처리, 움직임 처리)을 수행한다. 자극이 의식적으로 지각되었는가의 여부에 상관없이 이 처리는 매우 유사하게 이뤄진다.

특수한 목적을 가진 여러 처리기들로부터 얻어진 데이터가 **합쳐지면** 정보가 의식(consciousness)으로 넘어간다. 이는 광범위한 뇌 활성화를 유발한다. 상향식 처리와 하향식 통제 절차의 혼합은 뇌의 광범위한 영역에 걸쳐 동기화된 활성화를 유발시킨다. 마치 공연의 모든 지원팀이 그들의 행동을 동기화하기 위해 무대에서 무슨 일이 벌어지고 있는지에 대해 접근할 수 있어야만 하듯이, 모든 특수한 목적의 처리기는 그들의 기능을 적합하게 만들기 위해 완성품인 의식 속 정보를 전반적으로 이용할 수 있는 것이다.

위와 같은 전역 작업공간 관점에 따르면, 지각은 주로 자각 밖에서 발생하며, 우리는 우리에게 중요할 때에만 완성품을 의식하게 된다. 만약 이것이 사실이 아니라면, 우리의 지각은 훨씬 더 제한될 것이다.

중간 요약

무의식적 지각(Unconscious perception)

- 시각 자극에 대한 자각은 주관적 또는 객관적 역치(객관적 역치가 더 엄격함)를 사용하여 측정할 수 있다. 행동 데이터와 객관적 역치를 사용하여 획득한 무의식적 지각에 대한 증거가 있다. 뇌 영상 데이터를 사용한 연구들은 의식적 자각 없이도 시각 자극에 대한 충분한 처리가 이뤄질 수 있다고 제안한다.
- 전역 작업공간 관점에 따르면 지각 시스템에서 무의식적 처리는 기본 처리이며, 주변 환경의 중요한 사건들에 대하여 의식적 처리 파트에 알린다.

맹시(Blindsight)

- 맹시 환자들은 그들이 보이지 않는다고 주장하는 시각 자극에 대해 그것의 위치와 움직임을 알아내는 일부 능력을 보인다. 이들 중 몇몇은 정서적 맹시도 보여 준다. 하지만 민감한 연구방법을 사용하여 의식적 자각을 측정한 결과들은 몇몇 맹시 환자가 그들의 '보이지 않는' 시야에서 여전히 저하된 수준의 의식적 시각을 할 수 있음을 시사해 준다.

논술 문제

1. 감각과 지각의 차이점에 대해 설명하시오. 이것을 시각 실인증과 연결 지어 보시오.
2. '얼굴 인식은 물체 인식과는 다른 처리 과정을 수반한다.'에 대해 논하시오.
3. 우리가 변화맹을 경험할지 아닐지를 결정해 주는 요인들은 무엇인가?
4. 모든 지각은 의식적인가? 여러분이 택한 입장에 대해 연구 증거를 기반으로 주장을 펴보시오.

더 읽을 거리

- Bruce, V., & Yougn, A.W. (2012). *Face perception*. Oxford, UK: Psychology Press. 얼굴 지각 연구에 대한 최신 정보를 제공한다.
- Cowey, A. (2010). The blindsight saga. *Experimental Brain Research*, *200*, 3-24. Alan Cowey는 맹시에 대한 이론과 연구를 훌륭하게 개관하고 있다.
- Dror, I. E., & Mnookin, J. L. (2010). The use of technology in human expert domains: Challenges and risks arising from the use of automated fingerprint identification systems in forensic science. *Law, Probability and Risk*, *9*, 47-67. 이 논문은 현재 지문 인식 시스템과 관련된 제한점들을 명확하게 지적하고 있다.
- Eysenck, M., & Keane, M. (2015). *Cognitive psychology: A student's handbook*. London: Psychology Press. 이 교과서는 보다 자세하게 지각에 대해 논의하고 있으며 의식에 대한 장을 포함하고 있다.
- Harris, J. (2014). *Sensation and perception*. London: Sage Publishing. A book dealing in much more detail with sensation and perception. 여기에서 다뤄지지 못한 감각들에 대한 장을 포함하고 있다.
- McKone, E., Kanwisher, N., & Duchaine, B. C. (2007). Can generic expertise explain special processing for faces? *Trends in Cognitive Sciences*, *11*, 8-15. 세 명의 전문가가 얼굴 인식에 동반되는 처리 과정에 대해 훌륭하게 설명해 준다.
- Milner, A. D., & Goodale, M. A. (2008). Two visual systems re-viewed. *Neuropsychologia*, *46*, 774-785. David Milner와 Melvyn Goodale이 두 개의 시각 시스템이라는 개념에 기반을 둔 그들의 매우 영향력 있는 이론에 대해 논의하고 평가한다.
- Peissig, J. J., & Tarr, M. J. (2007). Visual object recognition: Do we know more now than we did 20 years ago? *Annual Review of Psychology*, *58*, 75-96. 물체 인식에 대한 우리의 이해가 어떻게 발달했는지에 대해 잘 개관하고 있다.

참고문헌

Aleman, A., Schutter, D. L. G., Ramsey, N. F., van Honk, J., Kessels, R. P. C., Hoogduin, J. M., et al. (2002). Functional anatomy of top-down visuospatial processing in the human brain: Evidence from rTMS. *Cognitive Brain Research*, *14*, 300-302.

Anaki, D., & Bentin, S. (2009). Familiarity effects on categorization levels of faces and objects. *Cognition*, *111*, 144-149.

Anaki, D., Kaufman, Y., Freedman, M., & Moscovitch, M. (2007). Associative (prosop) agnosia without (apparent) perceptual deficits: A case-study. *Neuropsychologia, 45*, 1658-1671.

Baars, B. J., & Franklin, S. (2007). An architectural model of conscious and unconscious brain functions: Global workspace theory and IDA. *Neural Networks*, *20*(9), 955-961.

Bartolomeo, P. (2002). The relationship between visual perception and visual mental imagery: A reappraisal of the neuropsychological evidence. *Cortex*, *38*, 357-378.

Bartolomeo, P. (2008). The neural correlates of visual mental imagery: An ongoing debate. *Cortex*, *44*, 107-108.

Barton, J. J. S., Press, D. Z., Keenan, J. P., & O'Connor, M. (2002). Topographic organization of human visual areas in the absence of input from primary cortex. *Journal of Neuroscience*, *19*, 3619-2627.

Bate, S., & Tree, J. J. (2017). The definition and diagnosis of developmental prosopagnosia. *Quarterly Journal of Experimental Psychology*, *70*, 193-200.

Beck, M. R., Levin, D. T., & Angelone, B. (2007). Change blindness blindness: Beliefs about the roles of intention and scene complexity in change blindness. *Consciousness and Cognition*, *16*, 31-51.

Biederman, I. (1987). Recognition-by-components: A theory of human image understanding. *Psychological Review*, *94*, 115-147.

Biederman, I., & Gerhardstein, P. C. (1993). Recognizing depth-rotated objects: Evidence for 3-D viewpoint invariance. *Journal of Experimental Psychology: Human Perception & Performance*, *19*, 1162-1182.

Brédart, S., Brennen, T., Delchambre, M., McNeill, A., & Burton, A. M. (2005). Naming very familiar people: When retrieving names is faster than retrieving semantic biographical information. *British Journal of Psychology*, *96*, 205-214.

Brielmann, A. A., Bülthoff, I., & Armann, R. (2014). Looking at faces from different angles: Europeans fixate different features in Asian and Caucasian faces. *Vision Research*, *100*, 105-112.

Bruce, V., & Young, A. W. (1986). Understanding face recognition. *British Journal of Psychology*, *77*, 305-327.

Bruno, N., Bernadis, P., & Gentilucci, M. (2008). Visually guided pointing, the Müller-Lyer illusion, and the functional interpretation of the dorsal-ventral split: Conclusions from 33 independent studies. *Neuroscience and Biobehavioral Reviews*, *32*, 423-437.

Brysbaert, M. (2016). *Psychologie*. Ghent, Belgium: Academia Press.

Brysbaert, M., & Rastle, K. (2014). *Historical and conceptual issues in psychology* (2nd ed.). Harlow: Pearson Education.

Burton, A. M. (2013). Why has research in face recognition progressed so slowly? The importance of variability. *The Quarterly Journal of Experimental Psychology*, *66*(8), 1467-1485.

Calderwood, L., & Burton, A. M. (2006). Children and adults recall the names of highly familiar faces faster than semantic information. *British Journal of Psychology*, *97*(4), 441-454.

Charlton, D., Fraser-Mackenzie, P. A. F., & Dror, I. E. (2010). Emotional experiences and motivating factors associated with fingerprint analysis. *Journal of Forensic Sciences*, *55*, 385-393.

Cherney, I. D. (2008). Mom, let me play more computer games: They improve my mental rotation skills. *Sex Roles*, *59*, 776-786.

Cole, S. A. (2005). More than zero: Accounting for error in latent fingerprinting identification. *Journal of Criminal Law & Criminology*, *95*, 985-1078.

Cowey, A. (2010). The blindsight saga. *Experimental Brain Research*, *200*, 3-24.

Creem, S. H., & Proffitt, D. R. (2001). Grasping objects by their handles: A necessary interaction between cognition and action. *Journal of Experimental Psychology: Human Perception & Performance*, *27*, 218-228.

Dalrymple, K. A., Kingstone, A., & Handy, T. C. (2009). Event-related potential evidence for a dual-locus model of global/local processing. *Cognitive Neuropsychology*, *26*, 456-470.

Danckert, J., & Rossetti, Y. (2005). Blindsight in action: What can the different subtypes of blindsight tell us about the control of visually guided actions? *Neuroscience and Biobehavioral Reviews*, *29*, 1035-1046.

Davis, J. P., & Valentine, T. (2009). CCTV on trial: Matching video images with the defendant in the dock. *Applied Cognitive Psychology*, *23*, 482-505.

de Haan, E. H. F., & Cowey, A. (2011). On the usefulness of "what" and "where" pathways in vision. *Trends in Cognitive Sciences*, *15*(10), 460-466.

Dehaene, S., & Changeux, J. P. (2011). Experimental and theoretical approaches to conscious processing. *Neuron*, *70*(2), 200-227.

DeLucia, P. R., & Hochberg, J. (1991). Geometrical illusions in solid objects under ordinary viewing conditions. *Perception & Psychophysics*, *50*, 547-554.

Delvenne, J. F., Seron, X., Coyette, F., & Rossion, B. (2004). Evidence for perceptual deficits in associative visual (prosop)agnosia: A single-case study. *Neuropsychologia*, *42*, 597-612.

Downing, P. E., Chan, A. W. Y., Peelen, M. V., Dodds, C. M., & Kanwisher, N. (2006). Domain specificity in visual cortex. *Cerebral Cortex*, *16*, 1453-1461.

Dror, I. E., & Mnookin, J. L. (2010). The use of technology in human expert domains: Challenges and risks arising from the use of automated fingerprint identification systems in forensic science. *Law, Probability and Risk*, *9*, 47-67.

Dror, I. E., & Rosenthal, R. (2008). Meta-analytically quantifying the reliability and bias ability of forensic experts. *Journal of Forensic Sciences*, *53*, 900-903.

Dror, I. E., Charlton, D., & Péron, A. E. (2006). Contextual information renders experts vulnerable to making erroneous identifications. *Forensic Science International*, *156*, 74-78.

Duchaine, B. (2006). Prosopagnosia as an impairment to face-specific mechanisms: Elimination of the alternative hypotheses in a developmental case. *Cognitive Neuropsychology, 23*, 714-747.

Duchaine, B., & Nakayama, K. (2006). Developmental prosopagnosia: A window to context-specific face processing. *Current Opinion in Neurobiology, 16*, 166-173.

Elder, J. H., & Goldberg, R. M. (2002). Ecological statistics of Gestalt laws for the perceptual organization of contours. *Journal of Vision, 2*, 324-353.

Eysenck, M., & Keane, M. (2015). *Cognitive psychology: A student's handbook*. London: Psychology Press.

Farah, M. J. (1994). Specialization within visual object recognition: Clues from prosopagnosia and alexia. In M. J. Farah & G. Ratcliff (Eds.), *The neuropsychology of high-level vision: Collected tutorial essays*. Hillsdale, NJ: Lawrence Erlbaum Associates.

Farivar, R. (2009). Dorsal-ventral integration in object recognition. *Brain Research Reviews, 62*, 144-153.

Fery, P., & Morais, J. (2003). A case study of visual agnosia without perceptual processing or structural descriptions' impairment. *Cognitive Neuropsychology, 20*, 595-618.

Ffytche, D. H., Howard, R. J., Brammer, M. J., David, A., Woodruff, P., & Williams, S. (1998). The anatomy of conscious vision: An fMRI study of visual hallucinations. *Nature Neuroscience, 1*, 738-742.

Fields, A. W., & Shelton, A. L. (2006). Individual skill differences and large-scale environmental learning. *Journal of Experimental Psychology: Learning, Memory, and Cognition, 32*, 506-515.

Fischer, J., & Whitney, D. (2014). Serial dependence in visual perception. *Nature Neuroscience, 17*(5), 738-743.

Foster, D. H., & Gilson, S. J. (2002). Recognizing novel three-dimensional objects by summing signals from parts and views. *Proceedings of the Royal Society of London B: Biological Sciences, 257*, 115-121.

Foulsham, T., Barton, J. J. S., Kingstone, A., Dewhurst, R., & Underwood, G. (2009). Fixation and saliency during search of natural scenes: The case of visual agnosia. *Neuropsychologia, 47*, 1994-2003.

Friedman, A., Spetch, M. L., & Ferrey, A. (2005). Recognition by humans and pigeons of novel views of 3-D objects and their photographs. *Journal of Experimental Psychology: General, 134*, 149-162.

Galpin, A., Underwood, G., & Crundall, D. (2009). Change blindness in driving scenes. *Transportation Research Part F: Traffic Psychology and Behavior, 12*, 179-185.

Gauthier, I., & Tarr, M. J. (2002). Unraveling mechanisms for expert object recognition: Bridging brain activity and behavior. *Journal of Experimental Psychology: Human Perception and Performance, 28*, 431-446.

Gazzaniga, M. S., Ivry, R. B., & Mangun, G. R. (2009). *Cognitive neuroscience: The biology of the mind* (2nd ed.). New York, NY: W. W. Norton.

Goldenburg, G., Müllbacher, W., & Nowak, A. (1995). Imagery without perception: A case study of anosognosia for cortical blindness. *Neuropsychologia, 33*, 1373-1382.

Goldstein, E. B. (2014). *Sensation and perception* (9th ed.). Belmont, CA: Wadsworth.

Goldstone, R. L. (1998). Perceptual learning. *Annual Review of Psychology, 49*(1), 585-612.

Gregory, R. L. (1973). The confounded eye. In R. L. Gregory & E. H. Gombrich (Eds.), *Illusion in nature and art*. London, UK: Duckworth.

Grill-Spector, K., & Kanwisher, N. (2005). Visual recognition: As soon as you know it is there, you know what it is. *Psychological Science*, *16*, 152-160.

Grill-Spector, K., Sayres, R., & Ress, D. (2006). High-resolution imaging reveals highly selective nonface clusters in the fusiform face area. *Nature Neuroscience*, *9*, 1177-1185.

Harris, I. M., & Miniussi, C. (2003). Parietal lobe contribution to mental rotation demonstrated with rTMS. *Journal of Cognitive Neuroscience*, *15*, 315-323.

Harvey, L. O. (1986). Visual memory: What is remembered? In F. Klix & H. Hagendorf (Eds.), *Human memory and cognitive capabilities*. The Hague, The Netherlands: Elsevier.

Henderson, E. N. (1903). A study of memory for connected trains of thought. *The Psychological Review, Series of Monograph Supplements, V*(6), (Whole No. 23, p. 93). New York: Palgrave Macmillan.

Hoffman, D. D., Singh, M., & Prakash, C. (2015). The interface theory of perception. *Psychonomic Bulletin & Review*, *22*(6), 1480-1506.

Hollingworth, A., & Henderson, J. M. (2002). Accurate visual memory for previously attended objects in natural scenes. *Journal of Experimental Psychology: Human Perception & Performance*, *28*, 113-136.

Hsiao, J. H. W., & Cottrell, G. (2008). Two fixations suffice in face recognition. *Psychological Science*, *19*, 998-1006.

Hubel, D. H., & Wiesel, T. N. (1962). Receptive fields, binocular interaction and functional architecture in the cat's visual cortex. *Journal of Physiology*, *160*, 106-154.

Hulbert, A. (2001). Trading faces. *Nature Neuroscience*, *4*, 3-5. doi:10.1038/82877

Humphreys, G. W., & Riddoch, M. J. (1987). *To see but not to see: A case study of visual agnosia*. Hove, UK: Psychology Press.

Humphreys, G. W., Avidan, G., & Behrmann, M. (2007). A detailed investigation of facial expression processing in congenital prosopagnosia as compared to acquired prosopagnosia. *Experimental Brain Research*, *176*, 356-373.

Hyde, J. S. (2005). The gender similarities hypothesis. *American Psychologist*, *60*, 581-592.

Ison, M. J., & Quiroga, R. Q. (2008). Selectivity and invariance for visual object recognition. *Frontiers in Bioscience*, *13*, 4889-4903.

Jain, A. K., & Duin, R. P. W. (2004). Pattern recognition. In R. L. Gregory (Ed.), *The Oxford companion to the mind* (pp. 698-703). New York, NY: Oxford University Press.

Jain, A. K., Feng, J. J., & Nandakumar, K. (2010). Fingerprint matching. *Computer*, *43*, 36-44.

James, W. (1890). *Principles of psychology*. New York, NY: Holt.

Jenkins, R., White, D., Van Montfort, X., & Burton, A. M. (2011). Variability in photos of the same face. *Cognition*, *121*(3), 313-323.

Jensen, M. S., Yao, R., Street, W. N., & Simons, D. J. (2011). Change blindness and inattentional blindness. *Wiley Interdisciplinary Reviews: Cognitive Science*, *2*(5), 529-546.

Jiang, Y., Costello, P., Fang, F., Huang, M., & He, S. (2006). A gender- and sexual orientation-dependent spatial attentional effect of invisible images. *Proceedings of the National Academy of Sciences of the United States of America*, *103*, 17048-17052.

Kanwisher, N., & Yovel, G. (2006). The fusiform face area: A cortical region specialized for the perception of faces. *Philosophical Transactions of the Royal Society B: Biological Sciences*, *361*, 2109-2128.

Kemp, R., Towell, N., & Pike, G. (1997). When seeing should not be believing: Photographs, credit cards and fraud. *Applied Cognitive Psychology, 11*, 211-222.

Klein, L., Dubois, J., Mangin, J.-F., Kherif, F., Flandin, G., Poline, J.-B., et al. (2004). Retinopic organization of visual mental images as revealed by functional magnetic resonance imaging. *Cognitive Brain Research, 22*, 26-31.

Koch, C., & Poggio, T. (1999). Predicting the visual world: Silence is golden. *Nature Neuroscience, 2*, 9-10.

Kornilova, L. N. (1997). Vestibular function and sensory interaction in altered gravity. *Advances in Space Biological Medicine, 6*, 275-313.

Kosslyn, S. M. (1994). *Image and brain: The resolution of the imagery debate*. Cambridge, MA: MIT Press.

Kosslyn, S. M. (2005). Mental images and the brain. *Cognitive Neuropsychology, 22*, 333-347.

Kosslyn, S. M., & Thompson, W. L. (2003). When is early visual cortex activated during visual mental imagery? *Psychological Bulletin, 129*, 723-746.

Kosslyn, S. M., Pascual-Leone, A., Felician, O., Camposano, S., Keenan, J. P., Thompson, W. L., et al. (1999). The role of Area 17 in visual imagery: Convergent evidence from PET and rTMS. *Science, 284*, 167-170.

Króliczak, G., Heard, P., Goodale, M. A., & Gregory, R. L. (2006). Dissociation of perception and action unmasked by the hollow-face illusion. *Brain Research, 1080*, 9-16.

Kubovy, M., & van den Berg, M. (2008). The whole is greater than the sum of its parts: A probabilistic model of grouping by proximity and similarity in regular patterns. *Psychological Review, 115*, 131-154.

Kuefner, D., Jacques, C., Prieto, E. A., & Rossion, B. (2010). Electrophysiological correlates of the composite face illusion: Disentangling perceptual and decisional components of holistic face processing in the human brain. *Brain and Cognition, 74*, 225-238.

Lamme, V. A. F. (2003). Why visual attention and awareness are different. *Trends in Cognitive Sciences, 7*, 12-18.

Lander, K., & Poyarekar, S. (2015). Famous face recognition, face matching, and extraversion. *The Quarterly Journal of Experimental Psychology, 68*(9), 1769-1776.

Landman, R., Spekreijse, H., & Lamme, V. A. F. (2003). Large capacity storage of integrated objects before change blindness. *Vision Research, 43*, 149-164.

Langenburg, G., Champod, C., & Wertheim, P. (2009). Testing for potential contextual bias during the verification stage of the ACE-V methodology when conducting fingerprint comparisons. *Journal of Forensic Sciences, 54*, 571-582.

Lee, S. H., Lee, A. C. H., Graham, K. S., Simons, J. S., Hodges, J. R., Owen, A. M., & Patterson, K. (2002). Regional brain activations differ for semantic features but not for categories. *NeuroReport, 13*, 1497-1501.

Lescroart, M. D., Biederman, I., Yue, X. M., & Davidoff, J. (2010). A cross-cultural study of the representation of shape: Sensitivity to generalized cone dimensions. *Visual Cognition, 18*, 50-66.

Levin, D. T., & Simons, D. J. (1997). Failure to detect changes to attended objects in motion pictures. *Psychonomic Bulletin and Review, 4*, 501-506.

Lippa, R. A., Collaer, M. L., & Peters, M. (2010). Sex differences in mental rotation and line angle judgments are positively associated with gender equality and economic development across 53 nations. *Archives of Sexual Behavior, 39*, 990-997.

Loverock, D. S. (2007). Object superiority as a function of object coherence and task difficulty. *American Journal of Psychology, 120*, 565-591.

Mack, M. L., Gauthier, I., Sadr, J., & Palmeri, T. J. (2008). Object detection and basic-level categorization: Sometimes you know it is there before you know what it is. *Psychonomic Bulletin & Review, 15*, 28-35.

McKone, E., Kanwisher, N., & Duchaine, B. C. (2007). Can generic expertise explain special processing for faces? *Trends in Cognitive Sciences, 11*, 8-15.

Menchaca-Brandan, M. A., Liu, A. M., Oman, C. M., & Natapoff, A. (2007). Influence of perspective-taking and mental rotation abilities in space teleoperation. *Proceedings of the 2007 ACM Conference on human-robot interaction*. Washington, DC, March 9-11, pp. 271-278.

Merikle, P. M., Smilek, D., & Eastwood, J. D. (2001). Perception without awareness: Perspectives from cognitive psychology. *Cognition, 79*, 115-134.

Milivojevic, B. (2012). Object recognition can be viewpoint dependent or invariant - it's just a matter of time and task. *Frontiers in Computational Neuroscience*, 6, article 27.

Milner, A. D., & Goodale, M. A. (1998). The visual brain in action. *Psyche, 4*, 1-14.

Milner, A. D., & Goodale, M. A. (2008). Two visual systems re-viewed. *Neuropsychologia, 46*, 774-785.

Moè, A. (2009). Are males always better than females in mental rotation? Exploring a gender belief explanation. *Learning and Individual Differences, 19*, 21-27.

Moro, V., Berlucchi, G., Lerch, J., Tomaiuolo, F., & Aglioti, S. M. (2008). Selective deficit of mental visual imagery with intact primary visual cortex and visual perception. *Cortex, 44*, 109-118.

Moscovitch, M., Winocur, G., & Behrmann, M. (1997). What is special about face recognition? Nineteen experiments on a person with visual object agnosia but normal face recognition. *Journal of Cognitive Neuroscience, 9*, 555-604.

Moulton, S. T., & Kosslyn, S. M. (2009). Imagining predictions: Mental imagery as mental emulation. *Philosophical Transactions of the Royal Society B: Biological Sciences, 364*, 1273-1280.

Naccache, L., Blandin, E., & Dehaene, S. (2002). Unconscious masked priming depends on temporal attention. *Psychological Science, 13*, 416-424.

Navon, D. (1977). Forest before trees: The precedence of global features in visual perception. *Cognitive Psychology, 9*, 353-383.

Neisser, U. (1964). Visual search. *Scientific American, 210*, 94-102.

Overgaard, M., Fehl, K., Mouridsen, K., Bergholt, B., & Cleermans, K. (2008). Seeing without seeing? Degraded conscious vision in a blindsight patient. *PLoS One, 3*, e3028.

Patterson, K., Nestor, P. J., & Rogers, T. T. (2007). Where do you know what you know? The representation of semantic knowledge in the human brain. *Nature Reviews Neuroscience, 8*, 976-987.

Pearson, J., Clifford, C. W. G., & Tong, F. (2008). The functional impact of mental imagery on conscious perception. *Current Biology, 18*, 982-986.

Peissig, J. J., & Tarr, M. J. (2007). Visual object recognition: Do we know more now than we did 20 years ago? *Annual Review of Psychology*, *58*, 75-96.

Persaud, N., & Cowey, A. (2008). Blindsight is unlike normal conscious vision: Evidence from an exclusion task. *Consciousness and Cognition*, *17*, 1050-1055.

Persaud, N., & McLeod, P. (2008). Wagering demonstrates subconscious processing in a binary exclusion task. *Consciousness and Cognition*, *17*, 565-575.

Quinlan, P. T., & Wilton, R. N. (1998). Grouping by proximity or similarity? Competition between the Gestalt principles in vision. *Perception*, *27*, 417-430.

Rees, G. (2007). Neural correlates of the contents of visual awareness in humans. *Philosophical Transactions of the Royal Society B: Biological Sciences*, *362*, 877-886.

Rensink, R. A. (2002). Change detection. *Annual Review of Psychology*, *53*, 245-277.

Rensink, R. A., O'Regan, J. K., & Clark, J. J. (1997). To see or not to see: The need for attention to perceive changes in scenes. *Psychological Science*, *8*, 368-373.

Riddoch, G. (1917). Dissociations of visual perception due to occipital injuries, with especial reference to appreciation of movement. *Brain*, *40*, 15-57.

Riddoch, M. J., & Humphreys, G. W. (2001). Object recognition. In B. Rapp (Ed.), *The handbook of cognitive neuropsychology: What deficits reveal about the human mind*. Hove, UK: Psychology Press.

Riddoch, M. J., Humphreys, G. W., Akhtar, N., Allen, H., Bracewell, R. M., & Scholfield, A. J. (2008). A tale of two agnosias: Distinctions between form and integrative agnosia. *Cognitive Neuropsychology*, *25*, 56-92.

Rosielle, L. J., & Scaggs, W. J. (2008). What if they knocked down the library and nobody noticed? The failure to detect large changes to familiar scenes. *Memory*, *16*, 115-124.

Russell, R., Duchaine, B., & Nakayama, K. (2009). Super-recognizers: People with extraordinary face recognition ability. *Psychonomic Bulletin & Review*, *16*, 252-257.

Santhouse, A. M., Howard, R. J., & Ffytche, D. H. (2000). Visual hallucinatory syndromes and the anatomy of the visual brain. *Brain*, *123*, 2055-2064.

Schenk, T., & McIntosh, R. D. (2010). Do we have independent visual streams for perception and action? *Cognitive Neuroscience*, *1*, 52-62.

Schwarzkopf, D. S., Zhang, J. X., & Kourtzi, Z. (2009). Flexible learning of natural statistics in the human brain. *Journal of Neurophysiology*, *102*, 1854-1867.

Sekuler, R., & Blake, R. (2002). *Perception*. New York: McGraw-Hill.

Shepard, R. N., & Metzler, J. (1971). Mental rotation of three-dimensional objects. *Science*, *171*, 701-703.

Silvanto, J. (2008). A re-evaluation of blindsight and the role of striate cortex (V1) in visual awareness. *Neuropsychologia*, *46*, 2869-2871.

Silverman, I., Choi, J., & Peters, M. (2007). The hunter-gatherer theory of sex differences in spatial abilities: Data from 40 countries. *Archives of Sexual Behavior*, *36*, 261-268.

Simons, D. J., & Chabris, F. (1999). Gorillas in our midst: Sustained inattentional blindness for dynamic events. *Perception*, *28*, 1059-1074.

Simons, D. J., & Levin, D. T. (1998). Failure to detect changes to people during a real-world interaction.

Psychonomic Bulletin & Review, *5*, 644-649.

Simons, D. J., & Rensink, R. A. (2005). Change blindness: Past, present, and future. *Trends in Cognitive Sciences*, *9*, 16-20.

Slezak, P. (1991). Can images be rotated and inspected? A test of the pictorial medium theory. *Program of the Thirteenth Annual Conference of the Cognitive Science Society*, Chicago, IL, pp. 55-60.

Slezak, P. (1995). The "philosophical" case against visual imagery. In T. Caelli, P. Slezak, & R. Clark (Eds.), *Perspectives in cognitive science: Theories, experiments and foundations* (pp. 237-271). New York, NY: Ablex.

Smarandescu, L., & Shimp, T. A. (2015). Drink coca-cola, eat popcorn, and choose powerade: testing the limits of subliminal persuasion. *Marketing Letters*, *26*(4), 715-726.

Spinney, L. (2010). The fine print. *Nature*, *464*, 344-346.

Stottinger, E., Soder, K., Pfusterschmied, J., Wagner, H., & Perner, J. (2010). Division of labor within the visual system: Fact or fiction? Which kind of evidence is appropriate to clarify this debate? *Experimental Brain Research*, *202*, 79-88.

Tamietto, M., & de Gelder, B. (2008). Affective blindsight in the intact brain: Neural interhemispheric summation for unseen fearful expressions. *Neuropsychologia*, *46*, 820-828.

Tanaka, J. W., & Simonyi, D. (2016). The "parts and wholes" of face recognition: A review of the literature. *The Quarterly Journal of Experimental Psychology*, *69*(10), 1876-1889.

Tarr, M. J., & Bülthoff, H. H. (1995). Is human object recognition better described by geon structural descriptions or by multiple views? Comment on Biederman and Gerhardstein (1993). *Journal of Experimental Psychology: Human Perception & Performance*, *21*, 1494-1505.

Tarr, M. J., Williams, P., Hayward, W. G., & Gauthier, I. (1998). Three-dimensional object recognition is viewpoint-dependent. *Nature Neuroscience*, *1*, 195-206.

Terlecki, M. S., & Newcombe, N. S. (2005). How important is the digital divide? The relation of computer and videogame usage to gender differences in mental rotation ability. *Sex Roles*, *53*, 433-441.

Thompson, M. B., Tangen, J. M. & McCarthy, D. J. (2014). Human matching performance of genuine crime scene latent fingerprints. *Law and Human Behavior*, *38*, 84-93.

Thompson, V. A., Evans, J. St. B. T., & Handley, S. J. (2005). Persuading and dissuading by conditional argument. *Journal of Memory & Language*, *53*, 238-257.

Thompson, W. L., Slotnick, S. D., Burrage, M. S., & Kosslyn, S. M. (2009). Two forms of spatial imagery: Neuroimaging evidence. *Psychological Science*, *20*, 1245-1253.

Tranel, D., & Damasio, A. R. (1985). Knowledge without awareness: An autonomic index of facial recognition by prosopagnosics. *Science*, *228*(4706), 1453-1454.

Valentine, T. (1991). A unified account of the effects of distinctiveness, inversion and race in face recognition. *Quarterly Journal of Experimental Psychology*, 43A, 161-204.

Valentine, T., Lewis, M. B., & Hills, P. J. (2016). Face-space: A unifying concept in face recognition research. *The Quarterly Journal of Experimental Psychology*, *69*(10), 1996-2019.

Van den Bussche, E., Van den Noortgate, W., & Reynvoet, B. (2009). Mechanisms of masked priming: a meta-analysis. *Psychological Bulletin*, *135*(3), 452-477.

Viggiano, M. P., Giovannelli, F., Borgheresi, A., Feurra, M., Berardi, N., Pizzorusso, T., et al. (2008). Disruption of the prefrontal cortex by rTMS produces a category-specific enhancement of the reaction times during visual object identification. *Neuropsychologia*, *46*, 2725-2731.

Wagemans, J., Elder, J. H., Kubovy, M., Palmer, S. E., Peterson, M. A., Singh, M., & von der Heydt, R. (2012a). A century of Gestalt psychology in visual perception: I. Perceptual grouping and figure-ground organization. *Psychological Bulletin*, *138*(6), 1172-1217.

Wagemans, J., Feldman, J., Gepshtein, S., Kimchi, R., Pomerantz, J. R., van der Helm, P. A., & van Leeuwen, C. (2012b). A century of Gestalt psychology in visual perception: II. Conceptual and theoretical foundations. *Psychological Bulletin*, *138*(6), 1218-1252.

Ward, J. (2010). *The student's guide to cognitive neuroscience* (2nd ed.). Hove, UK: Psychology Press.

Webster, R. J. (2015). Does disruptive camouflage conceal edges and features? *Current Zoology*, *61*(4), 708-717.

Weiner, K. S., & Grill-Spector, K. (2012). The improbable simplicity of the fusiform face area. *Trends in Cognitive Sciences*, *16*(5), 251-254.

Weiskrantz, L. (1980). Varieties of residual experience. *Quarterly Journal of Experimental Psychology*, *32*, 365-386.

Weiskrantz, L. (2004). Blindsight. In R. L. Gregory (Ed.), *Oxford companion to the mind*. Oxford, UK: Oxford University Press.

Weiskrantz, L., Warrington, E. K., Sanders, M. D., & Marshall, J. (1974). Visual capacity in the hemianopic field following a restricted occipital ablation. *Brain*, *97*, 709-728.

Weisstein, N., & Wong, E. (1986). Figure-ground organization and the spatial and temporal responses of the visual system. In E. C. Schwab & H. C. Nusbaum (Eds.), *Pattern recognition by humans and machines* (Vol. 2). New York, NY: Academic Press.

Wilmer, J. B., Germine, L., Chabris, C. F., Chatterjee, G., Williams, M., Loken, E., et al. (2010). Human face recognition ability is specific and highly heritable. *Proceedings of the National Academy of Sciences of the United States of America*, *107*, 5238-5241.

Weisstein, N., & Harris, C. S. (1974). Visual detection of line segments-Object superiority effect. *Science*, *186*, 752-755.

Wolfe, J. M., et al. (2014). Sensation & perception (4th ed.). Sunderland, MA: Sinauer Associates, Inc.

Yantis, S., & Abrams, R. A. (2016). *Sensation and perception* (2nd ed.). Macmillan Learning.

Young, A. W., Hay, D. C., & Ellis, A. W. (1985). The faces that launched a thousand slips: Everyday difficulties and errors in recognizing people. *British Journal of Psychology*, *76*, 495-523.

Young, A. W., Hellawell, D., & Hay, D. C. (1987). Configurational information in face perception. *Perception*, *16*, 747-759.

Young, A. W., Newcombe, F., de Haan, E. H. F., Small, M., & Hay, D. C. (1993). Face perception after brain injury: Selective impairments affecting identity and expression. *Brain*, *116*, 941-959.

Zacks, J. M. (2008). Neuroimaging studies of mental rotation: A meta-analysis and review. *Journal of Cognitive Neuroscience*, *20*, 1-19.

Zago, S., Corti, S., Bersano, A., Baron, P., Conti, G., Ballabio, E., et al. (2010). A cortically blind patient with preserved visual imagery. *Cognitive and Behavioral Neurology*, *23*, 44-48.

Zanon, M., Busan, P., Monti, F., Pizzolato, G., & Battaglini, P. P. (2010). Cortical connections between dorsal and ventral visual streams in humans: Evidence by TNS/EEG co-registration. *Brain Topography*, *22*, 307-317.

Chapter

3

주의와 수행

학습 목표

제3장을 공부한 후에 여러분은 다음을 할 수 있어야 한다.

- 시지각과 시각 주의의 차이점을 설명할 수 있다.
- 병목이론이 어떻게 인간의 제한된 주의 자원에 대해 이해하는지를 설명할 수 있다.
- 저자들이 예로 든 조명등 비유, 줌 렌즈 비유, 또는 분리 주의 중 인간의 주의 과정을 가장 잘 유추한 것이 무엇인지 설명할 수 있다.
- 다중 감각 주의를 정의하고 이 현상을 가능하게 하는 착각의 종류를 기술할 수 있다.
- 주의 장애란 무엇이며 이를 통해 뇌 안의 주의 과정이 어떻게 작동하는지 알려 주는 바를 설명할 수 있다.
- 목표 주도적(하향식) 주의 체계와 자극 주도적(상향식) 주의 체계를 비교 및 대조할 수 있다.
- 다중작업 및 과제 전환 시 인지 자원의 측면에서 비용이 가장 적게 드는 조건이 무엇인지 확인할 수 있다.
- 통제된 처리와 자동적 처리를 비교 및 대조할 수 있다.
- 주의와 의식이 어떻게 서로 관련되는지를 설명할 수 있다.

서론

주의는 일상생활에서 절대적인 가치를 지닌다. 우리는 길을 건널 때 차에 치이지 않기 위해, 잃어버린 물건을 찾기 위해, 동시에 두 과제를 수행하기 위해 주의를 사용한다. 2장에서 여러분은 부주의로 인해 중요한 정보나 바로 눈앞에서 일어나는 상당한 자극의 변화를 알아차리지 못하는 경우를 보았다.

주의는 일반적으로 정보처리의 선택성을 가리키는데, 미국의 심리학자인 William James (1890, pp. 403-404)는 이를 100년도 더 전에 그의 책에서 강조했다.

> 주의는 …… 여러 가지 동시에 존재할 수 있는 사물이나 생각의 흐름 중에서 하나를 명확하고 생생한 형태로 정신의 소유로 삼는 것이다. 주의의 본질은 의식의 집중과 초점화이다.

James(1890)는 '능동'과 '수동' 주의 모드를 구분한다. 개인의 목표나 기대에 의해 하향식으로 통제될 때의 주의를 능동적 주의라 한다. 외부 자극(예: 큰 소음)에 의해 상향식 방식으로 제어될 때는 수동적 주의라고 한다. 이러한 구별은 지금도 여전히 중요하다(Yantis, 2008).

주의를 구분하는 또 다른 방법은 이를 선택 주의와 분산 주의로 나누는 것이다. 선택 주의(selective attention, 혹은 초점 주의)는 동시에 두 개 이상의 입력 자극을 사람들에게 제시하고 이 중 한 가지에만 반응하도록 지시함으로써 연구한다. 선택 주의에 관한 연구를 통해 우리가 어떻게 다른 자극들이 아닌, 특정 입력 자극을 선택하는지를 알 수 있다. 또한 선택 과정의 본질과 선택받지 못한 자극의 운명을 연구한다.

우리가 일상생활에서 선택 주의를 사용하는 한 가지 방법은 주어진 대상을 찾기 위해 환경을 탐색하는 것이다. 예를 들어, 우리는 자신의 고양이가 어디에 있는지 보려고 창밖을 바라보거나 특정한 책을 찾기 위해 책장을 볼 수도 있다. 이 과정에서는 시각 탐색과 선택 주의가 필요하다. 시각 탐색은 일반적으로 초점 주의뿐만 아니라 기억과도 관계가 있다. 왜냐하면 우리가 이미 찾고자 하는 자극이 아닌 것에 다시 주의를 기울이는 것을 피해야 하기 때문이다. Geyer와 동료들(2007)은 시각 탐색 과제 수행 시 연구 참가자들의 안구 운동을 연구했다. 이 연구에서 참가자들은 이전에 주의를 기울였던 자극에 다시 눈을 고정하는 경우는 거의 없었다.

Key term

선택 주의(selective attention): 다른 자극을 무시하면서 한 가지 정보의 원천에만 주의를 기울이도록 힘쓰는 상황으로, 초점 주의로도 알려져 있음

분산 주의(divided attention): 동시에 두 과제를 수행하는 상황으로 다중작업으로도 알려져 있음

분산 주의(divided attention) 역시 적어도 두 개 이상의 입력 자극을 동시에 제시함으로써 연구한다. 그러나 여기서는 참가자가 제시된 모든 자극에 주의를 기울이고 반응해야 한다. 분산 주의는 다중작업으로도 알려져 있는데, 이는 오늘날과 같이 하루 종일 쉼 없이 바쁘게 돌아가는 세상에서 그 중요성이 더해지고 있다. 분산 주의나 다중작업 연구를 통해 우리는 개인의 정보처리 한계에 대한 유용한 정보를 얻을 수 있다. 이 연구들을 통해 주의 기제와 용량에 대해서도 알 수 있다.

선택적 청각 주의

수십 년 전, 영국의 과학자 콜린 체리(Colin Cherry)는 우리가 어떻게 동시에 몇 명이 말하고 있을 때 단 하나의 대화에만 집중할 수 있는가와 관련된 '칵테일 파티' 문제에 매료되었다. Cherry(1953)는 이 능력이 선택된 청각 메시지에 대한 주의를 유지하기 위해 물리적 차이(예: 화자의 성별, 목소리의 강도, 화자의 위치)를 이용한다는 것을 발견했다. Cherry(1953)가 실험 참가자의 두 귀에 (물리적 차이를 제거하기 위해) 동시에 같은 목소리로 두 개의 메시지를 제시했을 때, 참가자들은 의미의 차이로만 이 두 메시지를 구별하는 것을 어려워했다.

Key term

따라 말하기(shadowing): 소리로 제시되고 있는 한 메시지를 그대로 반복해 말하는 것. 이때 두 번째 메시지 역시 동시에 소리로 제시되고 있음

Cherry(1953)는 따라 말하기 과제도 사용하였다. 따라 말하기(shadowing)는 사람들이 한 귀로 전달되는 청각 메시지를 큰 소리로 반복하여 따라 말하는 과제이다. 이때 다른 귀에는 또 다른 청각 메시지가 제시된다. 다른 귀에 제시된 메시지, 즉 주의를 기울이지 않은 메시지로부터 사람들은 거의 정보를 추출할 수 없는 것 같았다. 실제로 그 메시지가 외국어로 제시되거나 원래 메시지를 역재생한 경우라도 거의 눈치채지 못했다. 이와는 대조적으로, 물리적인 변화(예: 다른 쪽 귀에 순음을 제시)는 거의 항상 감지할 수 있었다. 주의를 받지 않은 정보는 실제적으로 전혀 처리되지 못한다는 결론은 Moray(1959)의 결과에 의해서도 뒷받침되었다. 이 연구에서 그는 주의를 받지 못한 단어를 35번씩이나 제시했음에도 이에 대한 기억이 거의 없음을 보고하였다.

병목현상은 어디에서 나타나는가?

동시에 제시된 두 개의 청각 메시지로부터 정보를 얻는 능력이 이렇게 놀라울 정도로 제

한적이라는 것을 **어떻게** 설명할 수 있을까? 많은 심리학자(Broadbent, 1958; Treisman, 1960; Deutsch & Deutsch, 1963)는 인간의 정보처리에 병목현상이 나타난다고 주장했다. 도로의 병목현상(예: 도로가 특히 좁아지는 곳)이 교통 체증을 유발할 수 있는 것처럼, 처리 시스템의 병목현상은 두 개 이상의 동시에 입력되는 자극을 처리하는 능력을 심각하게 제한할 수 있다.

병목현상은 **어디에서** 나타날까? 몇 가지 대답이 제안되었다. 한 극단에는 Broadbent(1958)가 있다. 그는 입력된 메시지를 그 물리적 특성에 기초하여 초기에 걸러내는 필터(병목)가 처리 과정의 **초기**에 존재한다고 주장했다. 필터를 통과하지 못한 입력 자극은 감각 완충기에 잠시 동안 남아 있지만, 신속히 주의를 받지 못하면 더 이상의 처리가 거부된다.

청각 주의에 관한 Broadbent(1958)의 **초기 선택 이론**은 두 귀에 동시에 제시된 두 개의 다른 청각 자극을 이용한 연구 결과에 영향을 받았다. 이 양분 청취 과제에서는 두 개의 서로 다른 세 숫자 쌍을 실험 참가자의 각 귀에 들려주었다. 청취자는 들었던 모든 수를 보고해야 했다. 대부분의 시행에서 청취자들은 양쪽 귀에서 들리는 숫자들을 각 쌍씩 보고하기보다는 각 귀에 들린 자극별로 묶어서 보고하였다. 즉, 만약 한 귀에 '사, 구, 육'이 제시되었고, 다른 귀에는 '팔, 오, 이'가 들렸다면, 청취자들은 "사–팔, 구–오, 육–이"라고 보고하기보다는, "사–구–육, 팔–오–이"라고 보고하였다. 이러한 결과는 한 귀에서 정보가 처리(예: 사, 구, 육)되는 동안 다른 귀에 제시된 숫자들(예: 팔, 오, 이)이 잠시 동안 저장되어 있다는 것을 시사했다.

Gray와 Wedderburn(1960)은 Broadbent(1958)의 양분 청취 과제를 재시행하였는데, 한쪽 귀에는 'Who 6 there?'라는 문장을 들려주었고, 다른 귀에는 '4 goes 1'이라는 문장을 들려주었다. 이 경우에는 한쪽 귀에 들리는 소리를 묶어서 보고하지 않았다. 대신에 이 경우에는 들리는 소리의 의미에 따라 보고하였다[예: "누가 거기에 가니?(Who goes there?)"를 먼저 보고하고, 숫자 "4, 6, 1"을 보고함]. 이러한 발견은 선택이 물리적 속성에 의해서만 이루어진다고 강조한 Broadbent(1958)의 주장과는 일치하지 않는다.

Treisman(1964)은 Broadbent(1958)가 제안한 것에 비해 병목현상이 일어나는 위치가 더 유연하다고 주장하였다. 그녀가 제안한 **감쇠 이론**에 따르면 청자는 물리적 단서, 음절의 유형, 특정 단어에 기초하여 처리를 시작한 뒤 문법 구조나 의미에 근거한 처리로 나아간다고 한다. 주어진 자극을 완벽하게 분석할 수 있는 처리 용량이 충분치 않으면 이후의 처리는 생략될 수 있다.

Deutsch와 Deutsch(1963)는 Broadbent(1958)의 주장과 상반되는 다른 극단에 있다. 이들은 **모든** 자극이 반응에 영향을 미치는 중요하거나 관련된 것으로, 충분하게 분석된다고 주장했다. 이 **후기 선택 이론**은 병목현상이 처리 체계의 가장 마지막 단계인 반응 단계와 가까운 곳에서 일어난다고 주장한다.

그러나 대부분의 증거는 주의를 받지 못한 자극은 충분하게 처리되지 않는다는 주장을 지지한다. Treisman과 Riley(1969)는 참가자들에게 두 개의 청각 메시지 중 하나(숫자 순서)에 대해 따라 말하기 과제를 수행하도록 요청했다. 참가자들은 또한 양쪽 귀에서 숫자들이 들리는 와중에 알파벳을 탐지하면 따라 말하기를 멈추고 두드리라는 지시도 받았다. Deutsch와 Deutsch(1963)에 따르면, 모든 자극의 지각적 분석이 완전하게 이루어지기 때문에 알파벳 탐지는 어느 쪽 귀에서 제시된 것인지에 상관없이 동일한 수행을 보여야 한다. 하지만 알파벳 탐지 성공률은 따라 말하고 있던 귀에서 들릴 때(76%)가 무시되어야 할 귀에서 들릴 때(33%)보다 훨씬 높았다. 이와는 대조적으로, 알파벳은 여자 목소리로, 숫자는 남자 목소리로 말했을 경우와 같이 두 청각 메시지가 다른 목소리로 들릴 때는 두 귀의 알파벳 탐지 수행에 차이가 없었다. 이는 자극의 갑작스런 물리적 변화는 필터에 의해 걸러지지 못한다는 Broadbent(1958)의 제안과 일치하는 것이다.

청각 주의에 관한 최근의 논의들

선택적 청각 주의에 관한 이 두 극단의 이론들은 약 50년 전에 제시되었다. 그 이후로 Broadbent(1958)의 초기 선택 이론이 맞지 않을 가능성은 더 명확해졌다. 이는 2장에서 살펴본 대로 지각 과정이 대체로 자동적이며 무의식적이라는 것과 궤를 같이한다. 즉, 자신이 인식하는 것보다 훨씬 더 많은 자극이 처리된다. 물론 Deutsch와 Deutsch(1963)의 주장처럼 이 자극들이 완벽하게 처리될 가능성 역시 희박하다.

모든 증거를 종합해 보면, Treisman의 감쇠 이론이 가장 유력해 보이지만 어떤 정보가 감쇠되는 것이고 어떻게 그것이 이루어지는가를 구체화하기 위해서는 여전히 이론의 수정이 필요하다. 이러한 세부사항의 부족은 특히 인공 지능 분야에서도 강하게 나타난다. 동시에 들리는 여러 소리로부터 하나의 목소리만 정확히 분리할 수 있는 자동 음성 인식 시스템을 고안하기가 어려운 것도 이 때문이다(Shen et al., 2008). 인간은 어떻게 이런 일을 해내고, 칵테일 파티 문제를 해결할 수 있는 것일까?

우리는 이제 주의 시스템이 다양한 입력 자극을 분리하는 데 도움이 되는 상향식 처리, 그리고 주의를 받지 않는 자극의 영향을 줄이기 위한 하향식 처리와 관련된 많은 정교한 처리 과정을 사용한다는 것을 안다. Corbetta와 동료들(Corbetta et al., 2008; Corbetta & Shulman, 2011)에 따르면, 우리 뇌 안에서 두 개의 주의 시스템을 구분해야 한다고 한다. 첫 번째 시스템은 기대, 지식, 현재의 의도에 영향을 받는 목표 주도적 주의 시스템이다. 이 시스템은 하향식 처리를 이용한다. 두 번째 시스템은 상향식 정보를 이용하는 자극 주도적 주의 시스템이다. 이 시스템은 예상치 못한 잠재적으로 중요한 자극(예: 왼쪽에서 갑자기 들리는 소음)이 발생할 때 효력을 발휘한다. 이는 마치 회로를 차단하는 기능과 같은데, 우리의 주의를 현재의 초점으로부터 새로운 곳으로 돌리는 것을 의미한다.

상향식 처리

상향식 처리의 관점에서 보면, 따라 말하기 과제를 이용한 초기 연구에서 두 귀에 들리는 메시지는 상당히 유사했다(즉, 둘 다 청각적으로 제시된 언어 자극임). 이 높은 유사성은 간섭을 유발했고 다양한 입력을 처리하는 것을 더 어렵게 만들었다. 청각 자극 처리와 시각 과제가 결합될 때는 병목현상이 일어난다는 증거가 더 적다. 한 연구에서(Kunar et al., 2008) 청자는 전화기에서 단어들을 듣고 각 단어를 따라 말해야 했다. 동시에 그들은 복수의 사물을 추적하는 시각 과제도 수행하였는데, 따라 말하기 과제와 사물 추적 과제 사이의 간섭이 일어나지 않았다. 이는 두 개의 상이한 입력은 Broadbent(1958)가 가정한 것보다 더 충분하게 처리될 수 있음을 시사한다.

Shamma와 동료들(2011)은 특정 음원의 소리 특징은 그 음원이 활성화되면 존재할 것이고, 음원이 비활성화 될 시에는 나타나지 않는다는 점을 지적했다. 그리고 이러한 경향을 **시간적 응집성**이라고 말했다. 청자가 목표 음성의 독특한 특징을 한 개 이상 찾아낸다면, 시간적 응집성을 통해 이 특징과 다른 특징들을 구별해 낼 수 있다. 그 결과, 유사한 특징을 가진 입력보다는 구별된 특징을 가진 입력을 더 분리해 내기 쉬울 것이다. 예를 들어, 다른 아이의 말을 들을 때보다 성인 남자의 말을 들을 때 아이의 목소리에서 입력 내용을 찾아내는 것이 더 쉬울 것이다.

Cherry(1953)는 위치 정보 역시 중요한 상향식 신호의 하나라는 것을 보여 주었다. Horton과 동료들(2013)은 그 효과를 뇌 활성화 연구를 통해 살펴보았다. 청자들은 각 귀에 다른 언어 자극을 들었고, 왼쪽 혹은 오른쪽 귀 한쪽에만 주의를 기울이라는 지시를 받았고, 몇몇 뇌 영역에서 주의를 기울인 메시지에 대해 더 큰 활성화를 보였다(자극이 제시된 이후 약 50ms 후부터 활성화의 차이가 관찰됨). 가장 중요한 발견은 이 차이가 주의를 기울인 메시지에 대한 **강화**된 반응과 무시된 메시지에 대한 **억압** 기제가 결합되었기 때문에 나타났다는 것이다.

하향식 처리

시간적 응집성과 상향식 단서만으로는 소리의 구별이 충분하지 않은 경우가 많다. 이러한 경우에는 하향식 처리가 사용될 수 있다. 이 과정은 청각 피질에서 초기 청각 처리에 관련된 뇌 영역에 미치는 광범위한 하향 경로가 존재하기에 가능하다(Robinson & McAlpine, 2009).

하향식 요인은 청자의 지식 혹은 기대에 따라 달라지며 이는 음성 메시지의 구분을 촉진시키는 것으로 나타났다. 예를 들어, 들리는 단어들이 문장을 형성할 때가 무선적으로 제시될 때보다 목표 자극을 정확하게 지각하기가 더 쉽다(McDermott, 2009).

목표 음성에 대한 친숙함 역시 중요하다. 여러 명의 목소리가 있는 맥락에서 특정 화자가 말하는 내용에 대한 식별 정확도는 청자가 화자의 목소리를 따로 들어 본 적이 있을 때 높아진다(McDermott, 2009).

Marozeau와 동료들(2010)은 관련 없는 음들 속에서 하나의 멜로디를 추적하는 능력에 하향식 요인이 미치는 영향에 대해 살펴보았다. 음악가들은 비음악가들에 비해 수행이 좋았는데, 이는 소리를 구분하는 지식과 전문성의 영향이 있음을 보여 준다.

Golumbic과 동료들(2013)은 실제로 칵테일 파티에 참여하는 사람이라면 시각 정보를 사용하여 특정 화자가 말하는 것을 추적할 수 있다고 지적했다[8장에서 다룰 맥거크(McGurk) 효과 참조]. 실험 참가자는 양쪽 귀에 동시에 하나는 남성 목소리로, 다른 하나는 여성 목소리로 제시되는 메시지를 듣고, 그중 하나에 주의를 기울이라고 지시받았다. 참가자들은 주의를 기울인 메시지를 듣는 동안 이 화자의 영상을 볼 수 있으면 수행이 향상되었다. 이는 아마도 입력된 시각 자극이 화자의 메시지에 주의를 기울이는 것을 더 쉽게 만들어 주었기 때문일 것이다.

중간 요약

- 의미 차이보다는 물리적 차이에 기초하여 두 개의 청각 메시지를 구분하는 것이 훨씬 더 쉽다. 동시에 제시되는 두 개의 청각 메시지를 처리하는 능력을 제한하는 병목현상이 있다는 주장이 제기되었다.
- 병목현상이 일어나는 시점에 관하여는 두 이론이 제시되었는데, 하나는 정보처리의 아주 초기(감각 수준)에 일어난다고 주장하였고, 다른 하나는 아주 늦게(자극이 충분히 처리된 후) 일어난다고 주장하였다. 최근의 증거는 이러한 극단적인 이론들 중 어느 것도 주의의 복잡성을 설명할 수 없다는 것을 보여 준다.
- 현재까지 밝혀진 증거는 상향식 처리와 하향식 처리 모두 선택적 청각 주의에 관여한다는 것을 제안한다. 상향식 처리는 주의를 기울인 메시지와 그렇지 않은 메시지 사이의 구별을 도와준다. 동시에 제시되는 두 메시지가 명확하게 다를 경우에는 병목현상이 일어난다는 증거가 더 적다. 청각 처리 시스템 내의 하향식 처리는 주의를 기울인 자극의 처리를 한층 더 강화시킨다. 억제적 처리는 관련 없는 청각 자극에 의한 뇌 활동을 감소시킨다.

선택적 시각 주의

지난 30여 년간 연구자들은 청각 주의보다는 시각 주의를 더 많이 연구해 왔다. 그 이유는 무엇일까? 한 가지 원인은 시각은 아마도 다른 어떤 감각보다 더 많은 대뇌 피질이 관여하는, 우리의 가장 중요한 감각 양상이기 때문일 것이다. 또 다른 이유는 인간이 청각 환경에서보다 시각 영역의 위치 사이의 더 미세한 구분을 하기 때문이다. 마지막으로 청각 자극보다 시각적으로 자극의 제시 시간을 통제하는 것이 더 쉽기 때문이다.

포스너 패러다임

Posner와 동료들(1978, 1980)은 선택적 시각 주의를 연구하기 위한 영향력 있는 실험 과제를 첫 번째로 개발하였다. 그 절차는 [그림 3−1]에 예시되어 있다.

Posner(1980)의 연구에서 참가자들은 화면 앞에 앉아 있다. 각 시행에서 화면 한가운데 고정점 자극(예: ●와 같은 기호)이 제시된다. 참가자는 그 고정점을 응시하고 그 위치에 눈을 계속 고정해야 한다(실제 고정하는지 여부를 확인함). 임의의 시간 간격 후에 짧은 섬광이 고정점의 왼쪽 혹은 오른쪽에 나타난다. 어떤 경우에는 섬광 자극이 나타나기 1초 전에 고정점 기호가 왼쪽이나 오른쪽을 가리키는 화살표로 제시되기도 하였다. 만약 화살표가 제시된다면 전체 시행의 80%는 섬광이 화살표가 지시하는 방향에서 나오고, 이를 일치 시행이라 한다. 나머지 20%의 시행에서는 섬광이 화살표가 지시하는 반대 방향에서 나온다(불일치 시행). 만약 +기호가 제시될 때는 섬광이 시행의 반에서는 왼쪽, 나머지 반에서는 오른쪽에서 나온다(중립 시행).

Posner와 동료들은 참가자들이 중립 시행에 비해 일치 시행에서는 더 빠른 반응을 보이고, 불일치 시행에서는 더 느린 반응을 보이는 것을 발견했다. 이는 참가자들이 눈을 움직이지 않고도 주의를 이동시킬 수 있음을 시사하는 결과이다. 실제로 추후 연구에서는 사람들이 자신의 시각 주의를 이동하지 않으면 눈을 움직일 수 없음을 입증했다. 주의가 먼저 가고 눈이 따라간다는 것이다(Deubel & Schneider, 1996). 안구 움직임 없이 시각 주의를 이동할 수 있다는 사실을 은닉 주의(covert attention)라고 한다.

> **Key term**
>
> 은닉 주의(covert attention): 대상을 향한 안구 움직임 없이 그 대상에 할당된 주의

Posner(1980)는 주의를 재정향하는 두 가지 방법이 있다는 것도 추가로 발견하였다. 하나는 앞에서 설명한 것처럼 화살표를 이용하는 것

이다. 이 경우에 주의는 참가자의 의도에 의해 하향적으로 작동한다. Posner(1980)는 이를 **내인성** 주의 통제라 불렀다. 또 다른 방법은 주변 시야에 현저한 자극을 제시함으로써 주의를 이동시키게 하는 것이다. 이때는 주의가 새로운 자극에 의해 상향적으로 포획되는 것 같다. 이 현상을 Posner(1980)는 **외인성** 주의 통제라 하였다.

Posner(1980)의 선구적인 연구를 필두로 하여 은닉 주의의 할당과 내인성 및 외인성 주의 통제의 소관을 이해하려고 하는 수천 개의 연구가 뒤를 이었다. 이후 내용에서는 이러한 연구 결과들 중 일부를 논의할 것이다.

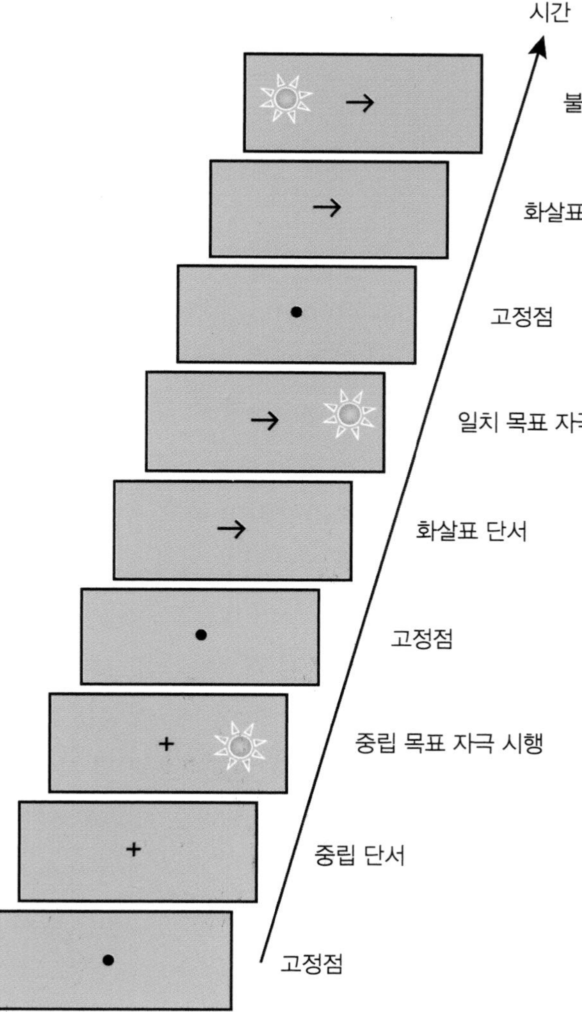

[그림 3-1] 포스너 패러다임. 이 그림에서는 시간적 절차에 따라 세 가지 시행이 나타나 있다. 첫째는 중립 시행이고, 둘째는 일치 시행이며, 셋째는 불일치 시행(실제 실험에서는 시행들이 임의의 순서로 제시됨)이다. 한 시행이 시작될 때 참가자는 화면 가운데의 고정점을 응시해야 한다. 약 1초 후에 고정점은 단서로 대체되는데, 더하기 기호나 왼쪽 혹은 오른쪽을 가리키는 화살표 중 하나가 바로 단서가 된다. 만약 단서가 중립적이면(더하기 기호), 단서 제시 후 1초 후에 섬광이 고정점 왼편 혹은 오른편에 짧게 제시된다(양쪽에 반반씩 제시됨). 그러면 참가자는 섬광을 보자마자 버튼을 눌러야 한다. 만약 단서가 화살표일 경우에는 시행의 80%는 화살표가 가리키는 방향에 섬광이 나타나고(일치 시행) 20%는 그 반대 방향에 섬광이 나타난다(불일치 시행). 참가자는 눈을 전혀 움직이지 않음에도 불구하고 일치 시행에서 가장 빠른 반응을 보이고 불일치 시행에서 가장 느린 반응을 보인다. 이는 참가자가 안구 움직임 없이 시각 주의를 이동시킬 수 있다는 것을 보여 준다.
출처: Posner (1980).

조명등, 줌 렌즈, 분리 주의?

Posner(1980)의 연구 결과는 시각 주의가 조명등처럼 작동한다는 것을 시사한다. 조명등은 상대적으로 작은 영역을 비추는데 어떤 특정 사물에도 초점을 재정향시킬 수 있다. 하지만 불빛 바깥쪽은 거의 볼 수 없다. 포스너 패러다임에 적용하면, 중앙에 위치한 화살표의 방향으로 인해 참가자가 섬광이 나타날 가능성이 높은 쪽으로 자신의 주의를 이동시켜서 그곳을 조명등으로 비추는 것이다.

그러나 다른 심리학자들은 시각 주의를 줌 렌즈에 비유했다(예: Eriksen & St. James, 1986). 이들은 줌 렌즈가 앞뒤로 움직이면서 초점이 맞는 시각 영역을 변경시킬 수 있는 것처럼 인간도 초점 주의의 영역을 의지대로 늘리거나 줄일 수 있다고 주장했다. 이 주장은 분명 일리가 있다. 예를 들어, 자동차를 운전할 때는 위험을 예측하기 위해 가능한 한 많은 시야에 주의를 기울이는 것이 바람직한 경우가 대부분이다. 그러나 실제로 잠재적 위험 자극을 발견하게 되면 사고를 피하기 위해 그 자극에 집중하게 된다.

줌 렌즈 이론을 지지하는 결과를 Müller와 동료들(2003)이 보고하였다. 실험 참가자들은 처음에 네 개의 정사각형으로 이루어진 배열을 보고, 단서에 따라 하나, 둘, 혹은 네 개 모두의 정사각형에 주의를 기울이도록 지시받았다. 그 후 네 개의 자극이 각 정사각형 안에 하나씩 제시되었고, 참가자들은 목표 자극(예: 하얀 원)이 주의를 받은 정사각형 중 하나 안에 제시되었는지를 결정해야 했다. 줌 렌즈 이론에 따르면, 목표 자극에 대한 탐지 시간은 주의를 기울인 영역이 작을수록(즉, 하나의 정사각형에만 주의를 기울이는 조건) 빨라야 하고, 주의를 기울인 영역이 네 개의 모든 정사각형일 때 가장 느려야 한다. 실제로 이와 같은 결과가 이 실험에서 보고되었다.

줌 렌즈 이론은 그럴듯하게 들린다. 그러나 우리는 이 이론에서 가정하는 것보다 훨씬 더 유연하게 시각 주의를 이용할 수 있다. 여러분이 약간 떨어진 위치에 제시될 수 있는 두 자리 숫자를 보고해야 한다고 가정해 보자([그림 3-2] 참조; Awh & Pashler, 2000). 또한 몇 시행에서는 한 숫자가 이미 단서를 통해 정해진 두 곳의 위치 사이 공간에 제시된다고 가정해 보자. 줌 렌즈 이론에 따르면 가장 주의를 많이 받는 영역은 단서 위치 두 곳과 그 사이의 공간을 포함해야 한다. 그리고 사이 공간에 숫자가 제시되면 탐지를 아주 잘해야만 한다. 그러나 실제 결과는 사이 공간에 제시된 숫자의 탐지를 잘하지 못하는 것으로 나타났다.

Awh와 Pashler(2000)의 발견은 분리 주의(split attention)를 보여 주는데, 이는 서로 인접하지 않은 두 영역의 공간에 주의를 정향하는 것을 말한다. 이는 마치 주의가 두 개의 조명등이 작

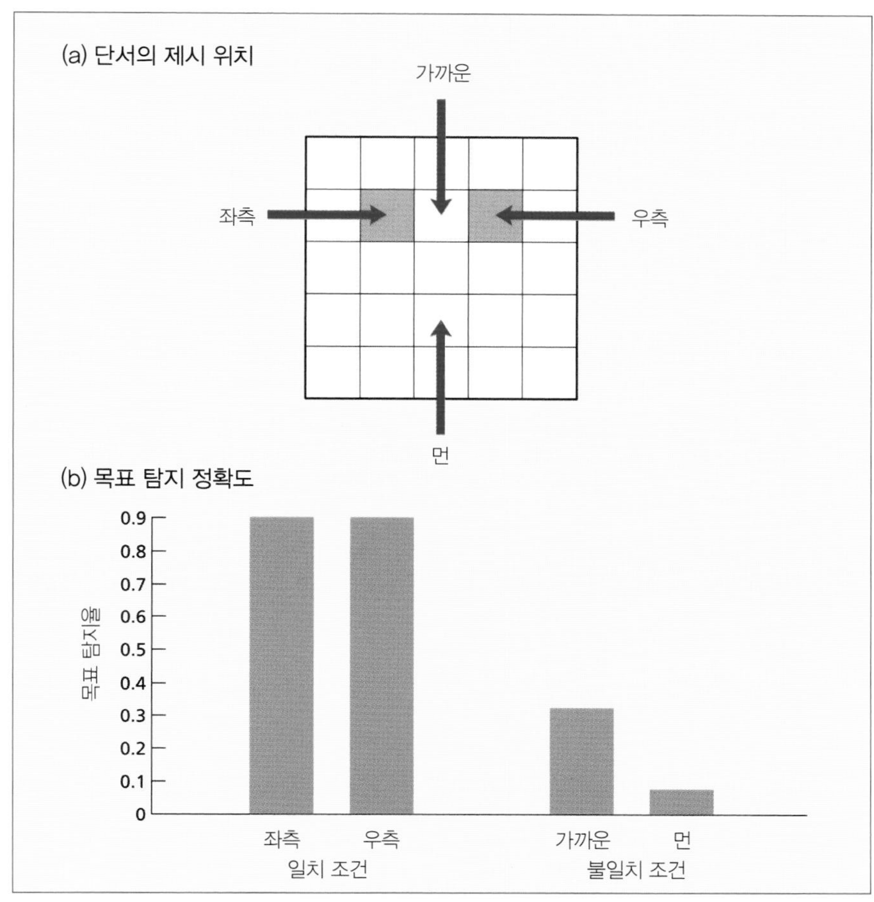

[그림 3-2] (a) 파란색으로 음영 처리된 영역(좌, 우 영역)은 주의를 정향하라는 단서를 받은 위치들이고, 화살표가 나타내는 가까운 혹은 먼 영역은 단서가 제시되지 않은 영역임. (b) 일치 조건(음영 영역에 목표 자극이 제시됨)과 불일치 조건(가까운 혹은 먼 영역에 목표 자극 제시)의 목표 자극 탐지 확률
출처: Awh & Pashler (2000)의 정보를 바탕으로 제작함.

동하는 것과 유사할 수 있음을 시사한다. 다수의 조명등이 존재할 수 있다는 추가적인 증거가 Morawetz와 동료들(2007)에 의해 보고되었다. 자극이 다섯 개의 위치에 동시에 제시되었고, 한 위치는 시야의 중심에, 다른 네 위치는 네 구석에 있었다. 실험 참가자가 왼쪽 위와 오른쪽 아래의 위치에만 주의를 기울이라고 지시받았을 때 이 영역의 정보를 처리하는 뇌 영역에서 활성화가 최고조에 달했다. 가장 흥미로운 결과는 시야의 중심을 포함하여 이 두 영역 사이의 공간의 정보처리를 담당하는 뇌 영역의 활성화가 훨씬 적었다는 점이다. 즉, 주의는 가운데를 비워 둔 상태에서 둘로 분리될 수 있다.

Key term

분리 주의(split attention): 시각 공간의 인접하지 않은 두 개(혹은 그 이상)의 영역에 주의를 할당하는 것

선택되는 정보는 무엇인가?

조명등 모형과 줌 렌즈 모형은 우리가 선택적으로 하나의 영역이나 공간에 주의를 기울인다는 것을 암시한다. 이는 공간 기반 주의이다. 이 대신에 우리는 주어진 대상에 주의를 기울일 수도 있는데, 이를 대상 기반 주의라 한다. 대상 기반 주의는 시지각이 주로 우리가 관심이 있는 대상과 관련이 있기 때문에 가능한 것 같다(2장 참조). 이러한 관점에 대한 지지 증거는 Henderson과 Hollingworth(1999)를 보기 바란다. 이들은 관찰자가 자연스러운 장면을 볼 때의 안구 움직임이 거의 전적으로 대상을 향한다는 것을 보여 주는 연구들을 개관했다.

Egly와 동료들(1994)은 대상 기반 주의와 공간 기반 주의를 비교하기 위해 한 방법을 고안했는데, 이 방법은 후에 잘 알려졌다([그림 3-3] 참조). 실험 참가자는 두 개의 수직으로 세워져 있는 직사각형 사이를 응시해야 했다. 과제는 최대한 빨리 목표 자극을 탐지하는 것이었다. 포스너 패러다임에서처럼, 목표 자극이 제시되기 전에 아주 짧게 단서가 제시되어 목표 자극이 나올 위치에 대한 정보를 주었다(일치 시행). 여기서 중요한 점은 불일치 시행의 단서는 목표 자극과 **같은** 직사각형에 제시되든(대상 내 단서 조건), **다른** 직사각형의 고정점 위치에서 동일 거리에 제시되었다(대상 간 단서 조건). Posner(1980)의 연구 결과에 근거하여 예상한 바대로, 목표 자극의 탐지는 불일치 시행에서보다 일치 시행에서 더 빨랐다. 그러나 불일치 시행의 결과만 비교하면 대상 내 단서 조건의 탐지 시간이 대상 간 단서 조건보다 더 빨랐다. 이는 주의가 적어도 부분적으로는 대상에 기반하고 있음을 시사한다.

대상 기반 주의는 O'Craven과 동료들(1999)의 fMRI 연구에서도 입증되었다. 이들은 실험 참

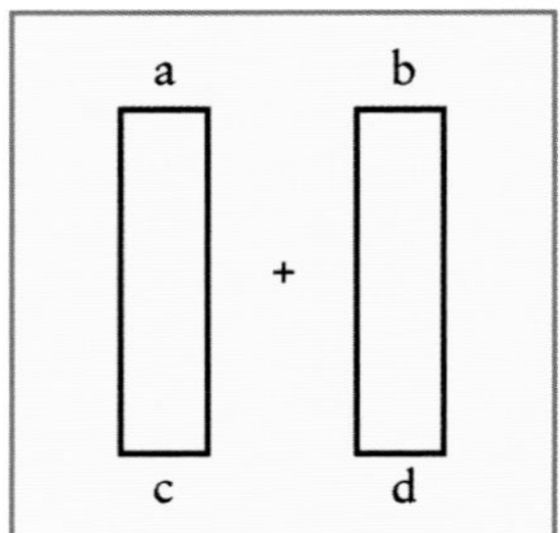

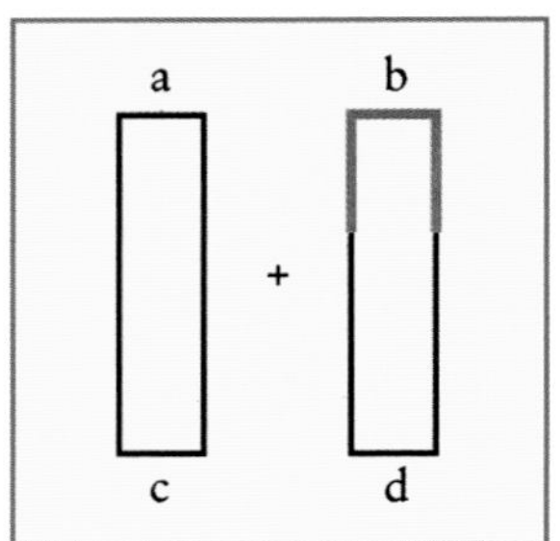

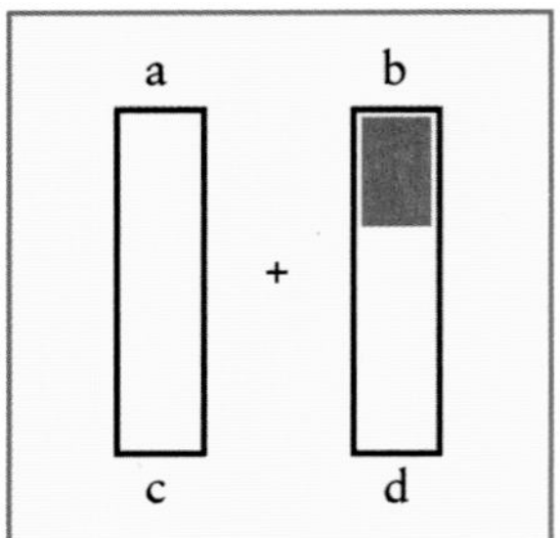

[그림 3-3] Egly와 동료들(1994)이 사용한 자극의 예시. 참가자들은 가운데 제시된 +기호를 응시해야 했다. 두 개의 직사각형이 응시점 왼쪽과 오른쪽에 보이고, 단서는 (가운데 패널에 표시된 것처럼) 바로 다음에 제시될 목표 자극이 나올 가능성이 높은 위치를 가리킨다. 목표 자극은 (오른쪽 패널처럼) 단서가 주어진 위치에 나올 수도 있고, 단서가 제시된 직사각형의 다른 쪽(위치 d)이나 단서가 제시되지 않은 직사각형 안의 위치(여기서는 위치 a)에 제시될 수 있다. 고정점으로부터의 거리는 위치 d와 위치 a가 같다는 점을 주목하기 바란다. 수행 결과, 위치 a에서보다 위치 d에서의 탐지 시간이 더 빨랐고, 이는 주의가 순수하게 공간에 기반한 것은 아니라는 것을 시사한다.

가자들에게 두 개의 자극(얼굴과 집)을 같은 위치에 투명하게 겹쳐서 제시한 뒤, 두 자극 중 하나에만 주의를 주도록 지시했다. 얼굴 처리와 연관된 뇌 영역은 집보다 얼굴에 주의를 기울일 때 더 많이 활성화되었다. 비슷한 방식으로, 집 처리와 관련된 뇌 영역은 집에 주의를 기울일 때 더 많이 활성화되었다. 즉, 주의는 공간 기반으로만이 아니라 대상 기반으로도 작동했다.

추가 연구들을 통해 인간의 처리 체계가 아주 유연해서 하나의 공간이나 주어진 대상에 주의를 기울일 수 있음이 명백해졌다. 실험 참가자들은 전략적으로 공간이나 대상에 주의를 정향할 수 있다(Shomstein, 2012). 이는 시각 주의가 조명등, 줌 렌즈, 혹은 다중 조명등과 유사할 수 있다는, 앞서 논의한 결과와 일치한다.

선택되지 못한 정보에는 무슨 일이 일어날까?

예상하는 바와 같이, 주의를 받지 못한 시각 자극은 주의를 받은 자극에 비해 훨씬 덜 정밀하게 처리된다. Martinez와 동료들(1999)은 주의를 받은 시각 자극과 그렇지 않은 자극의 사건 관련 전위(ERPs; 용어 해설 참조)를 비교하였다. 두 조건의 자극 모두 자극이 제시된 지 50~55ms 후에 유사한 ERP 파형이 나타났다. 그러나 그 후 주의를 받은 자극은 그렇지 않은 자극에 비해 훨씬 큰 파형을 보였다. 즉, 주의는 매우 초기의 정보처리 이외의 모든 단계에 영향을 미친다(제시된 자극의 의식적 자각 여부에 따른 비교에서 발견되는 유사한 현상에 대해서는 [그림 3-12] 참조).

뇌 손상 환자 연구를 통해서 주의를 받지 못한 시각 자극의 운명에 대해서는 더 많은 것을 알 수 있다. 특히 무시증(neglect)을 겪고 있는 환자들의 연구 결과가 주목할 만하다. 이 환자들의 대부분은 우반구의 손상(주로 뇌졸중에 의해 야기됨)이 있어서 시야의 좌측에 제시된 시각 자극에 대해 거의 인식하지 못한다. 이러한 질환은 시야의 좌측에 제시된 정보의 경우 뇌의 우반구로 들어간다는 시각 시스템의 특성 때문에 나타난다. 무시증 환자가 사물을 그리거나 그림을 따라 그릴 때 보통은 왼쪽에 나온 자극의 세부사항의 대부분은 그릴 수 없다([그림 3-4] 참조).

> **Key term**
>
> **무시증(neglect)**: 손상된 뇌 부위의 반대편에 제시된 자극이나 자극의 일부가 탐지되지 않거나 반응할 수 없는 시각 주의 장애로, **소거**와 비슷한 장애이지만 좀 더 심각함

무시증 환자는 일반적으로 시야의 왼쪽에 제시된 자극에 주의를 기울이는 데 실패하며, 그에 대한 의식적 자각이 없다(Danckert & Ferber, 2006; Chokron et al., 2008). 그러나 그러한 자극도 어느 정도의 처리는 일어난다. Vuilleumier와 동료들(2002)은 동시에 두 개의 그림을 하나는 좌측 시야, 다른 하나는 우측 시야에 제시하였다. 무시증 환자들은 좌측 시야에 제시된 그

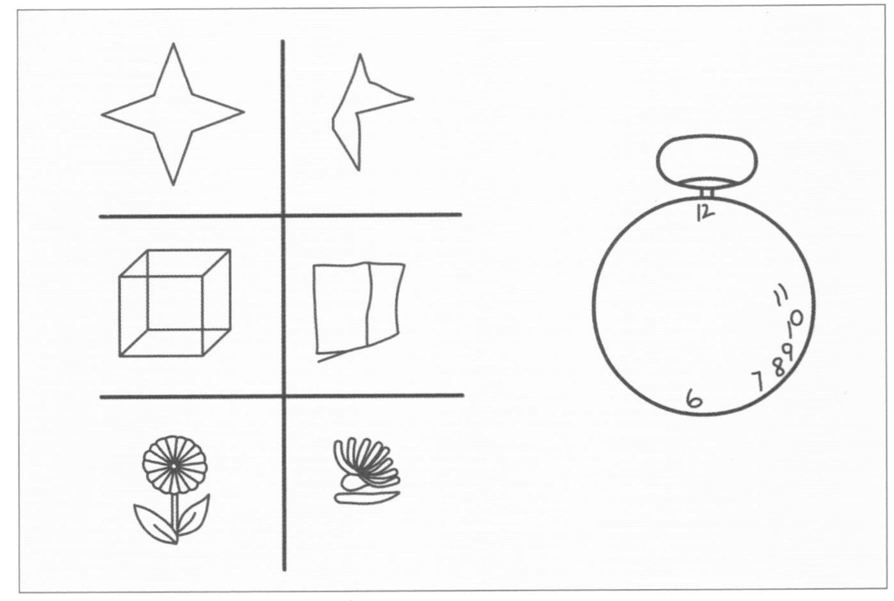

[그림 3-4] 왼쪽의 그림들은 편측 무시증 환자가 따라 그려야 할 그림(가장 왼쪽에 있는 그림들)의 왼쪽 영역을 왜곡시키거나 무시한 채로 그린 결과를 보여 준다. 오른쪽의 그림은 이런 환자들의 시계 그리기 결과인데, 환자는 시계의 면만 그려진 상태에서 그 안에 숫자를 채워 넣어야 한다.
출처: Danckert & Ferber (2006). Elsevier의 허가를 얻어 재인쇄함.

림을 보고할 수 없었다. 이 실험이 끝난 후, 후속 실험에서 환자들은 알아보기 힘든 그림 자극을 제시받고 이를 식별해야 했는데, 이전 실험에서 좌측 시야에 제시받았던 그림에 대한 수행이 새롭게 본 그림에 비해 더 좋았다. 즉, 실험의 첫 번째 단계에서 본 그림에 대해서 어느 정도의 정보처리가 일어난 것이었다.

Vuilleumier와 동료들(2008)은 무시증 환자가 과제와 무관한 바둑판 배열의 자극을 처리할 수 있는지를 보기 위해 그들의 뇌 활성화 양상을 조사하였다. 전반적인 주의 부하가 낮을 때는 무시증 환자의 '보이지 않는' 좌측 시야에 자극이 제시되었다 해도 증가된 뇌 활성화가 나타났다. 즉, 의식적으로는 지각되지 않았던 시각 자극이라 할지라도 어느 정도의 정보처리가 일어났다.

방해 효과

주의를 받지 않은 자극도 약간의 정보처리가 일어난다는 사실은 그 자극이 정보처리를 방해할 수도 있음을 의미한다. 어느 정도까지는 이러한 방해가 괜찮다. 왜냐하면 우리의 생존을 위해서 환경 내의 위협이 될 수 있는 자극에 대해 경계하는 것이 중요하기 때문이다. 이것은 하향적 통제 여부에 상관없이 어떻게 현저한 자극이 상향적으로 우리의 주의를 끌 수 있는지에 대한 주요한 이유가 된다. 그러나 우리 모두가 그 비용에 대해 알고 있듯이, 주의 산만은 위협이 되는 자극에 의해서만 생기는 것이 아니다. 현재 수행 중인 과제와 관계없는 일상적인 자극에 주의를 빼앗기지 (그리고 그 자극을 처리하지) 않는 것은 때때로 참 어렵다. 현실세계에서 우리는 종종 수행 중인 과제와 관계없는 자극에 의해 주의가 산만해진다. 예를 들어, 자동차 사고로 병원에 입원한 환자의 10% 이상이 차 바깥에 있었던 사람이나 차 안의 벌레와 같은 과제와 무관한 자극에 의해 주의를 빼앗겨서 사고가 났다고 보고했다(McEvoy et al., 2007). 우리가 과제와 무관한 자극에 주의를 빼앗길 때 어떤 요소들이 작용하는 것일까?

한 가지 요인은 불안이다. 불안한 성격을 가진 개인은 불안하지 않은 성격을 가진 개인에 비해 주의가 산만하다(Eysenck et al., 2007). 시험 불안(시험 상황에 대해 불안을 느끼는 정도)이 높았던 집단과 낮았던 집단을 비교했던 Calvo와 Eysenck(1996)의 연구를 생각해 보자. 참가자는 글을 읽고 이해한 뒤 글에 관한 질문에 답하는 과제를 수행해야 했다. 한 조건의 참가자들은 아무런 방해 없이 글을 읽었고, 방해 조건에서 참가자들은 착용한 헤드폰을 통해 읽고 있는 글과 관련 없는 이야기를 과제 수행 중에 들었다. 불안 수준이 높은 참가자들은 텍스트에 대한 이해도가 방해 과제 때문에 영향을 받았지만, 불안 수준이 낮은 참가자들은 방해 과제의 영향을 전혀 받지 않았다.

동일한 맥락에서 Forster와 Lavie(2016)는 주의 산만을 성격 특성의 하나로 간주하였다. 주의집중을 유지할 수 있는 능력이 사람에 따라 다르다는 것이다. 건강한 사람들의 주의 산만 정도를 측정하기 위해 이들은 주의력 결핍 및 과잉 행동 장애(ADHD)를 평가하기 위해 제작된 증상 설문지([그림 3-9] 참조)를 이용하였다.

무관련 자극의 방해 정도를 결정하는 또 다른 요인은 그 자극이 현재 수행 중인 과제의 목표와 얼마나 관련되어 있는가이다. 이 요인은 종종 자극의 현저성이나 특이성의 영향보다 더 중요할 수도 있다. Folk와 동료들(1992)의 연구를 보자. 이들은 (갑자기 출현하는 것과 같은) 명백하게 현저한 방해 자극과 (색상의 변화와 같은) 덜 현저한 방해 자극을 사용하였다. 참가자가 갑자기 출현하는 목표 자극을 찾아야 할 때 갑자기 출현하는 방해 자극은 주의 산만의 효과가 있었지만, 색상 방해 자극의 효과는 없었다. 이와는 대조적으로, 참가자의 과제가 색상과 관련된 것일 때는 색상 방해 자극은 주의를 끌었지만, 갑자기 출현하는 방해 자극은 그렇지 못했다. 즉, 방해 효과는 방해 자극의 현저성보다 현재 수행 중인 과제와의 **관련성**에 의해 결정되었다(2장에서 나온 부주의맹과 관련된 연구 결과도 참조).

Forster와 Lavie(2008)는 우리가 전혀 관련 없는 자극에 의해 주의 산만이 나타나는 정도는 현재 과제의 요구에 달려 있다고 주장했다. 과제들은 지각적인 부하가 다를 수 있는데, 부하가 높은 과제는 참가자의 거의 모든 지각 능력을 요구하지만 부하가 낮은 과제는 그렇지 않다. Forster와 Lavie(2008)는 높은 부하를 가진 과제를 수행할 때는 방해 자극에 의해 주의가 포획되는 정도가 낮은 부하의 과제 수행 때보다 더 약할 것이라고 예상했다. 왜냐하면 높은 부하의 과제는 방해 자극을 처리할 여분의 용량을 남겨 두지 않기 때문이다. 여러분이 자동차 운전자라면 텅 빈 고속도로를 달릴 때가 교통 체증이 있는 도로를 오갈 때에 비해 더 주의가 산만해질 가능성이 높다는 것에 동의할 것이다.

Forster와 Lavie(2008)는 한 원 안에 여섯 개의 글자를 제시하였고, 참가자는 X와 N 중 어떤 글자가 제시되었는지를 판단해야 했다. 목표 글자 외의 다섯 개의 글자는 저부하 조건보다 고부하 조건에서 목표 글자와 훨씬 더 비슷한 모양을 가지고 있었다. 몇몇 시행에서 방해 자극으로 미키 마우스, 슈퍼맨, 스폰지밥과 같은 만화의 주인공 그림으로 제시되었다. 이 방해 자극은 저부하 조건에서만 과제 수행에 간섭을 일으켰다.

지금까지 우리는 **외부**의 자극에 의한 방해에 초점을 맞추어 논의했다. 그러나 우리는 **내부**의 자극(예: 과제와 무관한 사고, '딴생각')에 의해서도 방해를 받을 수 있다. 참가자는 저부하 과제보다 고부하 과제를 수행할 때 과제 무관련 사고를 유의미하게 적게 한다(Forster & Lavie, 2009).

요약하면, 과제와 무관한 자극에 주의를 빼앗기는 정도는 여러 요소에 의해 영향을 받는다. 불안한 사람은 그렇지 않은 사람보다 더 쉽게 방해를 받고, 과제와 관련성이 있는 방해 자극은 주의를 돌리기 더 쉽다. 그리고 부하가 적은 과제를 수행할 때 방해 자극의 영향을 더 많이 받는다. 마지막으로 과제의 자극과 공간상 가까운 무관련 자극이 멀리 떨어져 있는 방해 자극에 비해 더 주의를 끈다(Khetrapal, 2010). 이에 더하여 연구자들은 무관련 자극의 방해 효과에 내재된 처리 과정을 충분히 이해하고자 애쓰고 있다. 예를 들어, 지각적 부하 요인에 대해서는 Lavie와 동료들이 주장하듯이 제한된 주의 자원의 관점에서 이 현상을 설명하기도 하고 고부하와 저부하 조건에서 자극의 지각적 특징이 다르다는 사실, 즉 단순한 상향적 효과에 기초해서 설명하기도 한다(Benoni et al., 2014).

다중 감각 효과

지금까지 우리는 **시각 자극만** 제시되었을 때 시각 주의와 관련된 정보처리만을 고려하였다. 그러나 현실은 다르다. 시각 자극과 청각 자극이 동시에 제시되기도 하고, 시각과 촉각 자극을 한꺼번에 처리하기도 해야 한다.

이런 상황에서는 **어떤 일**이 일어날까? 한 가지 가능성은 각각의 감각 양상(예: 시각, 청각)의 주의 과정이 다른 감각과 철저하게 **독립적으로** 일어나는 것이다. 그러나 이것은 틀렸다. 우리는 일반적으로 다른 감각 양상으로부터 동시에 들어온 정보를 결합하고 통합한다. 이를 다중 감각 주의(cross-modal attention)라 한다.

Knoeferle와 동료들(2016)은 실험 참가자들에게 슈퍼마켓에서 흔히 볼 수 있는 제품의 그림을 보여 주었다. 각각의 그림은 네 개의 상품이 들어 있고, 참가자는 목표 자극이 그림 안에 나왔는지를 찾아야 했다([연구 따라잡기 3-1]에서 보여 주는 S 탐색 과제와 매우 유사함). 예를 들어, 참가자는 그림 안에 감자 과자 봉지가 있는지를 찾아야 했다. 한 조건의 시행에서는 목표 자극과 일치하는 소리(감자 과자의 바스락거리는 소리)를 함께 제시하였고, 다른 조건에서는 목표 자극과 일치하지 않는 소리가 제시되었다. 실제 이 소리는 그림 안의 다른 상품 중 하나와 관련된 소리(예: 그림에 만약 샴페인 병이 방해 자극으로 있었다면 샴페인의 코르크를 따는 소리)였다. Knoeferle와 동료들(2016)은 참가자들이 목표 자극과 일치하는 소리를 함께 들을 때가 불일치하는 소리와 결합될 때에 비해 목표 자극을 더 빨리 탐지하는 것을 발견하였다. 즉, 시각 선택 주의는 시각 자극과 의미적으로 일치하는 소리를 들을 때 촉진되고, 불일치하는 소리를 들으면 방해를 받는다. 이는 다중 감각 주의의 예측과 일맥상통하는 결과이다.

> **Key term**
>
> **다중 감각 주의(cross-modal attention)**: 두 개 혹은 그 이상의 감각 양식(예: 시각과 청각)에 걸친 주의 조정
>
> **복화술사 착시(ventriloquist illusion)**: 복화술에서처럼, 소리가 분명한 시각적 원천으로부터 나온다는 잘못된 지각

복화술사 착시

동시에 제시되는 시각과 청각 자극 사이에 **불일치**가 있을 때 무슨 일이 일어날까? 복화술사 착시(ventriloquist illusion)를 예로 들어 설명해 보자. 이 착시는 영화나 TV를 본 사람이라면 누구나 했을 법한 경험인데, 소리가 지금 보이는 시각 자극으로부터 나온다고 잘못 지각하는 현상을 말한다. 복화술사들은 인형의 입 움직임을 조작하는 동안 자신의 입술을 움직이지 않고 말을 한다. 이를 통해 복화술사들이 말하는 것이 아니라 인형이 말하는 것처럼 지각하는 것이다.

영화에서도 비슷한 일이 벌어진다. 우리는 화면에 나오는 배우들을 보며 그들의 입술이 움직이는 것을 본다. 그들의 목소리는 사실 화면 옆쪽에 있는 스피커에서 들려오고 있지만, 우리는 화면 속 배우의 입에서 나오는 목소리들을 듣는다.

복화술사 착시가 일어나기 위해서는 일정한 조건이 충족될 필요가 있다(Recanzone & Sutter, 2008). 첫째, 시각 자극과 청각 자극이 시간적으로 굉장히 가깝게 제시되어야 한다. 둘째, 들려오는 소리는 주어진 시각 정보로부터 충분히 **기대**할 만한 자극이어야 한다(예: 높은 주파수의 소리는 작은 물체에서 나올 가능성이 큼). 셋째, 시각 자극과 청각 자극은 공간적으로도 가까운 거리에 있어야 한다.

왜 복화술사 착시와 같이 시각 자극이 청각 자극을 포획하는 일이 일어날까? 주된 이유는

시각 정보가 일반적으로 공간적 위치에 대한 더 정확한 정보를 제공하기 때문이다. 그러나 시각 자극이 심하게 희미하고 그 위치가 특정화 되지 않을 때는 소리가 오히려 시각을 사로잡는다(Alais & Burr, 2004). 즉, 우리는 더 많은 정보가 있는 감각 양상에 효과적으로 가중치를 부여함으로써 시각 정보와 청각 정보를 결합한다.

고무손 착시, 신체 교환 착각, 바비 인형 착시

복화술사 착시에서 사람들은 시각과 청각 정보가 서로 충돌할 때 시각 정보에 지나친 중요성을 부여하는 실수를 범한다. 이처럼 시각 정보에 지나친 의존을 하는 몇 가지 다른 착각도 있다. 이 절에서는 시각과 촉각 양상으로부터 오는 정보를 **통합**할 때 나타나는 착각에 대해 간단히 이야기할 것이다.

> **Key term**
>
> **고무손 착시(rubber hand illusion):** 고무손이 자기의 손이라는 오지각으로, 눈에 보이는 고무손이 자신의 숨겨진 손과 동시에 만져질 때 발생함
>
> **신체 교환 착각(body swap illusion):** 다른 사람의 신체 일부나 전체가 자기 자신의 것이라는 잘못된 인식으로, 예를 들어 다른 사람의 시각에서 무슨 일이 일어나고 있는지를 보면서 타인과 악수할 때 발생함

이러한 착각 중 하나는 고무손 착시(rubber hand illusion)이다(Botvinick & Cohen, 1998; Tsakiris & Haggard, 2005; Kalckert & Ehrsson, 2014). 이 착시에서 사람들은 자신의 실제 손이 보이지 않게 가려진 상황에서 자기 팔에서 뻗어 나가는 것처럼 보이는 고무손을 보게 된다. 그러고 나서 실제 손과 고무손을 동시에 쓰다듬을 경우 대부분의 사람은 고무손이 자신의 손인 것과 같이 지각한다. 이 착시는 우리가 촉각보다는 시각에 더 많이 의존하기 때문에 일어난다.

신체 교환 착각(body swap illusion) 역시 시각과 촉각의 통합에 의한 것인데, 훨씬 더 극적이다. 여기서는 실험자와 실험 참가자가 서로 상대방의 손을 반복해서 꽉 쥔다. 실험 참가자는 머리에 착용하는 디스플레이를 쓰고 실험자의 머리에 있는 두 대의 카메라로부터 얻은 영상을 본다. 이러면 실험 참가자는 지금 일어나고 있는 상황을 실험자의 관점에서 볼 수 있게 된다(Petkova & Ehrsson, 2008).

이 상황에서 실험 참가자는 어떤 경험을 할까? 이들은 손을 꽉 쥐면서 생기는 자극이 자기 손에서가 아니라 실험자의 손에서부터 시작된다고 지각한다! Petkova와 Ehrsson(2008)은 실험 참가자와 실험자의 손 가까이에 칼을 움직이며 이 착시를 더 심층적으로 연구했는데, 실험 참가자는 칼이 자기 자신의 손이 아니라, 실험자의 손에 가까이 갈 때 더 큰 정서적 반응을 보였다.

신체 교환 착각은 왜 일어날까? 가장 중요한 것은 우리 모두는 일인칭 시점에서 세상을 평생 동안 보아 왔다는 점이다. 또한 신뢰할 수 있는 정보의 원천으로 시각에 특별한 강조점을 두고 있기도 하다. 그 결과, 우리는 심지어 다른 사람의 시각으로 세상을 볼 때 다른 사람의 몸

에서 우리 자신을 경험할 수 있게 된다.

Van der Hoort와 동료들(2011)은 신체 교환 착각을 확장하여 연구하였다. 실험 참가자는 폐쇄 캡션 TV 카메라와 연결되어 머리에 착용하는 디스플레이를 쓰고 인형의 관점에서 외부 환경을 보았다. 실험 참가자의 몸과 인형의 몸에 동시에 촉각 자극을 주었을 때 참가자들은 마치 인형의 몸을 자신의 몸처럼 경험했다. 인형은 다양한 조건에서 다양한 크기를 가지고 있었는데, 인형이 작을 때는 클 때보다 다른 물체들이 더 크고 멀리 떨어져 있다고 지각했다. 이를 신체 크기 효과(body size effect)라 한다. 이 실험들 중 하나에서 Van der Hoort와 동료들(2011)은 바비 인형을 이용했는데([그림 3-5] 참조), 그 연유에서 신체 크기 효과를 바비 인형 착시라고도 한다.

> **Key term**
>
> **신체 크기 효과(body size effect)**: **신체 교환 착각**의 연장선상에서, 자신의 신체 크기를 잘못 인식한 것이 환경 내의 사물의 지각된 크기에 영향을 주는 현상

신체 크기 효과가 나타나는 이유는 무엇일까? 신체 교환 착각과 마찬가지로 자기 자신의 신체의 관점에서 모든 것을 보는 평생의 경험에 크게 좌우되며, 이는 시각 양상에 일반적으로 의존하는 현상과 결합하여 이러한 착각이 나타나는 것 같다. 물론 이러한 착각이 시각 정보에만 의존하여 나타나는 것은 아니다. 인형의 관점에서 얻은 시각 정보가 적절한 촉각 정보와 결합될 때 이러한 효과가 나타나는 것이다.

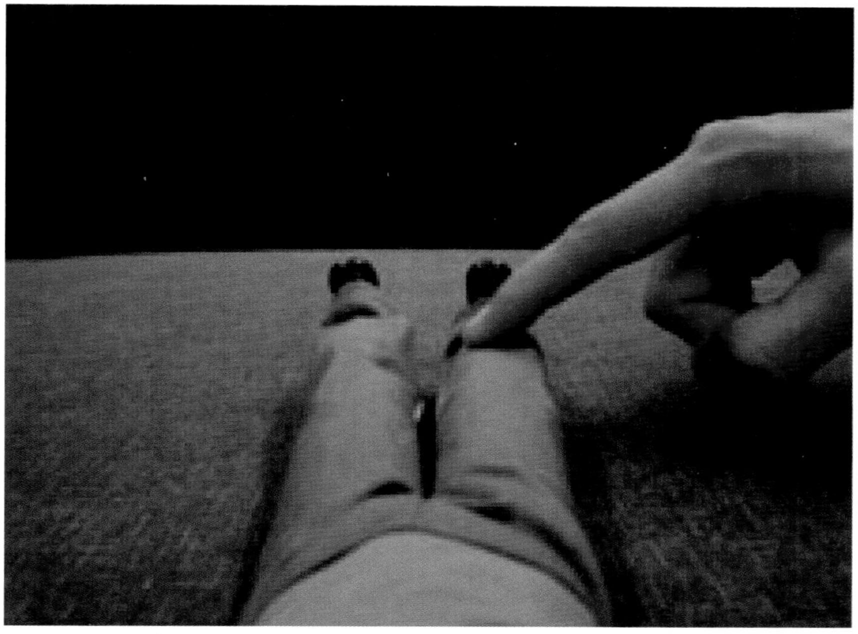

[그림 3-5] 이 그림은 바비 인형 실험에 참여한 실험 참가자들이 보고 있는 장면이다. 작은 인형의 관점에서 손과 같은 물체는 큰 인형의 관점에서보다 훨씬 크게 보인다. 이것이 신체 크기 효과의 한 예시이다.
출처: Van der Hoort et al. (2011). Puble Library of Science의 허가를 얻어 실음.

결론

요컨대, 우리는 시각이 환경에 대한 타당한 정보를 제공하는 것으로 간주한다. 시각 양상에 대한 이러한 의존의 정도는 시각 입력이 잘못된 정보를 제공하는 상황을 설정함으로써 알아볼 수 있다. 이러한 상황에서도 사람들은 시각 정보에 계속 의존하게 되고, 이것이 다양한 착각을 하게 만든다. 시각 정보에 대한 의존은 사람들이 다른 사람의 몸(심지어는 인형의 몸)을 자신의 것으로 착각하는 경험을 하도록 만든다. 단, 시각 정보가 촉각 정보와 결합될 때이다.

중간 요약

조명등, 줌 렌즈, 분리 주의?

- 시각 주의는 상당히 유연하게 할당될 수 있다. 포스너 패러다임에서는 주의가 조명등과 유사하다. 그러나 주의를 할당해야 하는 영역에 따라 줌 렌즈처럼 기능하기도 한다. 특정한 상황에서는 분리 주의의 예시에서처럼, 공간상 인접하지 않은 두 영역에 주의가 동시에 할당될 수도 있다.
- 공간 기반 주의 할당 외에도 주의는 특정 사물에 할당될 수 있다. 이러한 예는 실험 참가자가 겹쳐서 제시된 집과 얼굴에 주의를 기울여야 했던 연구에서 볼 수 있다.

선택되지 못한 자극에는 무슨 일이 일어날까?

- 주의를 받은 시각 자극에 비해 받지 못한 자극의 처리는 줄어든다. 무시증 환자는 의식적 자각 없이 자극의 처리가 될 수 있음을 보여 준다.
- 과제 관련 자극과 유사한 과제 무관련 자극이 주의를 끌 가능성이 가장 높다. 불안 수준이 높은 사람은 그렇지 않은 사람에 비해 방해 자극에 더 많은 주의를 기울인다. 지각 부하가 높은 과제를 수행하는 동안 사람들은 방해 자극에 주의를 기울이게 될 가능성이 더 낮아진다.

다중 감각 주의: 복화술사 착시

- 다중 감각 주의에서 주의 과정은 두 개 이상의 감각 양상으로부터의 정보를 조정한다. 복화술사 착시에서는 소리가 명백한 시각 자극으로부터 나온다고 잘못된 지각을 한다. 시각 양상이 일반적으로 공간의 위치에 관해 더 정확한 정보를 제공하기 때문에 시각에 의해 청각 정보가 무시되는 것이다. 시각 정보에 대한 과의존은 시각과 촉각이 관련된 다양한 착각(고무손 착시, 신체 교환 착각, 바비 인형 착시)을 설명하는 데도 중요한 역할을 한다.

시각 탐색

시각 탐색을 위해서는 시각 주의가 필요하다. 우리는 다양한 물체를 찾는 데 많은 시간을 보낸다. 예를 들어, 우리는 중요한 서류를 엉망진창인 책상에서 찾는다거나 많은 사람 속에서 친구를 찾으려고 노력한다. 이러한 활동에 관련된 정보처리는 정해진 목표 자극을 최대한 빠르게 찾아내야 하는 시각 탐색에 관한 연구를 통해 조사해 왔다.

특정 상황에서의 시각 탐색은 특별히 더 효율적이다. 보통은 목표 자극이 다른 방해 자극에 비해 두드러진 특징을 가진 탐색환경에서 그렇다. 예를 들어, Calvo와 Marrero(2009)는 실험 참가자가 화나거나 슬픈 얼굴보다 행복한 표정의 얼굴을 더 빠르게 탐지하는 것을 관찰하였다. 추가 연구 결과, 이것은 행복한 얼굴에서 볼 수 있는 치아 때문인 것으로 밝혀졌는데, 이것이 아주 효율적인 탐색 단서로 작용했다.

또한 움직이는 자극도 눈에 띈다. 만약 여러분이 파티에서 방 건너편에 앉아 있는 친구의 관심을 끌고 싶다고 가정해 보자. 아마도 손이나 팔을 흔들 텐데, 이는 움직이는 물체가 특히 감지되기 쉽다는 가정에 기반한다. Royden과 동료들(2001)은 실험 참가자들이 실제로 고정된 방해 자극들 사이에서 움직이는 목표 자극을 더 빠르게 탐지하는 것을 관찰하였다. 반대로, 움직이는 방해 자극들 사이에서 고정된 목표 자극을 탐지하는 데는 더 오랜 시간이 걸렸다.

[현실세계에서 3-1] 보안 검색

9/11 테러 이후로 공항 보안 검색이 더욱 철저해졌다. 짐가방을 엑스레이로 조사할 때 공항 보안 검색 요원이 엑스레이 기계 옆에 앉아서 불법적이거나 위험한 물건을 찾는다([그림 3-6]). 이러한 유형의 시각 탐색은 얼마나 효과적일까? 훈련만 잘 이루어진다면 이는 비교적 효과적이다. 그러나 실수가 발생할 수 있다. 이스라엘은 보안 검색의 철저함으로 잘 알려져 있다. 그럼에도 불구하고, 2002년 11월 17일 텔 아비브의 벤 구리온 공항에서 한 남성이 주머니칼을 들고 보안 검색대를 통과해서 이스탄불로 향하던 El Al 581 항공편의 조종석 습격을 시도했다.

[그림 3-6] 이 그림에서 위험한 무기를 찾아낼 수 있겠는가? 무기는 그림의 가운데에서 약간 위에 있다. 칼날과 칼자루는 어두운 남색 계열이고 손잡이는 오렌지색 계열이다.
출처: McCarley et al. (2004). SAGE Publications의 허가를 얻어 재인쇄함.

공항 보안 검색 요원이 위험한 물건을 찾아내기 어려운 두 가지 주요한 이유가 있다. 첫째, 검색 요원은 칼, 총, 급조 폭발물을 포함한 광범위한 종류의 물건을 찾아야 한다. 이는 특별한 문제를 제기한다. 한 연구(Menneer et al., 2009)에서 실험 참가자들은 두 가지 범주의 물체를 탐지해야 했는데, 하나는 금속으로 된 위협 물체였고, 다른 하나는 급조 폭발물이었다. 일부 참가자들은 매 시행 두 범주의 물체를 모두 찾아야 했고(이중 목표 탐색 조건), 다른 참가자들은 단지 한 범주의 물체만 찾아야 했다(단일 목표 탐색 조건). 목표 물체를 찾는 능력은 이중 목표 탐색 조건에서 현저히 더 나빴다.

이 실험에서 이중 목표 탐색의 주요한 문제는 두 가지의 목표 범주가 색상이나 형태와 같은 명백한 특징을 공유하지 않는다는 것이다. 두 개의 범주가 하나의 특징을 공유할 경우 목표의 탐지는 이중 목표 조건과 단일 목표 조건에서 비슷했다(Menneer et al., 2009). 보안 검색 요원이 탐색 목표에 대한 머릿속에 저장된 표상과 제시된 자극 사이의 일치점을 찾는 것은 서로 다른 목표 자극의 범주에 대해 저장된 표상들이 상당히 중복될 때 더 쉬워진다.

둘째, 불법적이고 위험한 물건들이 있는 경우는 (감사하게도!) 승객의 짐들 중 극히 일부이기 때문이다. 목표 자극의 희귀성 때문에 보안 검색 요원들이 이를 탐지하기가 어려운 것이다. Wolfe와 동료들(2007)은 이 문제를 연구했다. 실험 참가자들은 포장된 가방의 엑스레이 영상을 보았고, 찾아야 할 목표 자극은 칼이나 총과 같은 무기였다. 목표 자극이 시행의 50%에 존재할 경우 80%의 탐지율을 보였지만, 전체 시행의 2%에만 목표 자극이 있을 경우 탐지율은 54%에 불과했다.

목표 자극이 드물게 나타날 때 수행이 **왜** 그렇게 저조했을까? 그것은 주의의 부족 때문이 아니었다. 이보다는 목표 자극이 너무 예외적으로 출현하기 때문에 이를 탐지했다고 보고하는 데 너무 신중했기 때문이었다.

보안 검색 요원의 수행을 향상시키기 위해 **무엇**을 할 수 있을까? 첫째, 정교한 훈련 계획이 수립되어야 한다. Koller와 동료들(2009)은 평균 3년 동안 보안 검색 일을 했던 공항 보안 검색 요원을 대상으로 연구를 수행했다. 이들 중 일부는 엑스레이 튜터라는 컴퓨터 기반 훈련 시스템을 통해 훈련을 받았다. 이 훈련에서는 위협 자극 탐지가 쉬운 단계부터 시작해서 자극의 일부가 가려진, 조금 더 어려운 단계로 점진적으로 이동한다. 또한 수행에 대한 피드백이 매 시행 주어졌다.

훈련을 통해 탐지 수행에서 상당한 향상이 있었는데, 총이나 칼보다 급조 폭발물의 향상 폭이 더 컸다. 급조 폭발물을 탐지하는 데 더 많은 훈련이 필요했는데, 이는 총이나 칼에 비해 요원들에게 덜 친숙하며, 그 모양도 더 다양하기 때문이다. 훈련 결과, 목표물의 탐지 능력이 향상되었다. 그러나 목표물에 눈이 고정되기까지의 안구 운동 수가 줄어들지는 않았다(McCarley et al., 2004).

둘째, 보안 검색은 Menneer와 동료들(2009)의 연구 결과를 감안할 수 있다. 보안 검색 요원은 특징을 공유하는 위협 물품의 범주를 찾는 데 전문화되어야 한다. 그러나 이를 위해서는 두 명 이상의 요원이 각각 짐을 검사해야 하고, 이는 비용을 증가시킬 것이다.

셋째, 공항의 보안 검색은 이미 목표 자극이 희귀할 때 나타나는 수행의 저하를 간단한 방식으로 해결하려 한다. 위협이 되는 물품이 포함된 '시험 봉투'를 짐에 포함시켜서 인위적으로 목표 자극의 숫자를 증가시키는 것이다. Schwark와 동료들(2012)은 또한 누락된 것으로 추정되는 물건에 대해 잘못된 피드백이 보안 검색 요원들로 하여금 의심 사례를 보고할 가능성을 높인다는 것을 발견했다. 이는 반응 기준이 이동되어서 오경보의 숫자가 증가한 만큼 목표 자극의 탐지 성공률 역시 상승하도록 만들었다.

특징 통합 이론

일반적이고 위협적이지 않은 목표물을 찾는 데 걸리는 시간을 결정하는 요인은 무엇일까? Treisman과 Gelade(1980)는 하나의 중요한 요인을 발견하였다([연구 따라잡기 3-1] 참조).

이들의 연구에서 실험 참가자는 한 개에서 삼십 개의 항목이 있는 시각 배열 안에서 목표 자극을 탐지했다. 목표 자극은 (빨간색 글자 혹은 S라는 글자와 같은) 하나의 특징이나 (빨간색 S와 같이) 두 개의 특징의 결합에 의해 정의되었다. 목표 자극이 빨간색 S와 같이 후자의 경우에는 방해 자극들은 목표 자극과 한 가지 특징을 공유하였다(빨간색 T이거나 파란색 S).

[연구 따라잡기 3-1] 단일 특징 대 결합된 특징

다음에는 각각 40자 내외의 알파벳으로 구성된 배열 두 개가 있다. 여러분의 과제는 빨간색 S를 최대한 빨리 찾는 것이다.

이 과제를 해 보면 오른쪽 배열보다 왼쪽 배열에서 목표 자극을 훨씬 더 빨리 찾을 수 있다는 것을 발견할 것이다. 왜 왼쪽 배열에서 목표 자극을 찾는 것이 훨씬 더 쉬울까? 이 질문에 대한 대답은 본문으로 돌아가서 찾아보자.

[그림 3-7]에서 [연구 따라잡기 3-1]의 결과를 볼 수 있다. 목표 자극이 단일 특징으로 정의되었을 때는 방해 자극의 수에 상관없이 탐지 속도가 거의 일정하게 빨랐다. 이와는 대조적으로, 목표 자극이 두 개의 특징의 **결합**에 의해 정의된 경우에는 실험 참가자들이 훨씬 힘들게 과제를 수행했다. 이 경우에는 방해 자극이 전혀 없거나 거의 없을 때에 비해서 많을 때 수행 속도가 현저하게 느려졌다. 또한 목표 자극이 있을 때보다 존재하지 않았을 때 결정 시간이 훨씬 더 느렸다. 이는 여러분이 목표 자극이 존재하지 않는다고 결정하기 위해서 배열된 모든 자극을 다 조사해야만 했기 때문이다. 물론 목표 자극이 존재할 경우에는 이렇게 전부 조사할 필요가 없다.

목표 자극을 단일 특징으로 정의했을 때 시각 탐색이 훨씬 빠른 **이유**는 무엇일까? Treisman과 Gelade(1980)의 특징 통합 이론에 따르면, 시각 자극은 특징들이 결합된 형태이다(2장의 세부 특징 이론 참조). (형태, 색상 등의) 각 특징은 독립적으로 처리될 수 있다. 그래서 단일 특징에 의해 정의된 목표 자극은 방해 자극의 숫자의 관계없이 특별한 노력 없이도 '눈에 확 띈다.' 이는 단일 특징 내에서의 비교는 병렬적으로(동시에 여러 자극이 처리) 일어날 수 있음을 시사한

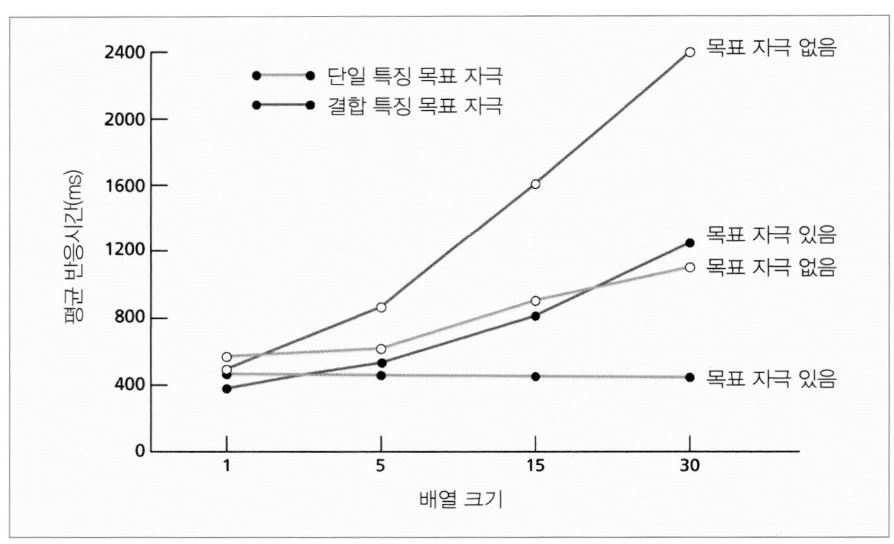

[그림 3-7] 목표 자극의 속성(단일 특징 혹은 결합 특징), 배열의 크기, 목표 자극의 존재 유무에 따른 탐지 과제의 수행 속도
출처: Treisman & Gelade (1980)에서 재구성함.

다. 이와는 대조적으로, 자극의 재인이 두 개 이상의 특징을 결합해야만 일어날 수 있다면, 각 특징들을 결합하는 데 주의가 필요하다. 그리고 이는 항목별로 순차적으로 이루어지고, 시간이 많이 걸린다.

특징의 결합에 의해 정의된 목표 자극의 특징을 우리는 어떻게 통합하는가? 특징 통합 이론에 따르면, 선택 주의 혹은 초점 주의가 우리에게 이용 가능한 특징들로부터 하나의 단일한 물체를 형성하도록 하는 '풀'을 제공한다. 초점 주의가 결여되면 서로 다른 물체의 특징들은 임의로 결합될 수 있고, 이는 착각적 결합(illusory conjunction)을 일으킬 수 있다. Friedman-Hill과 동료들(1995)은 물체의 위치에 정확하게 주의를 집중시키는 데 문제가 있는 뇌 손상 환자를 연구했다. 예상대로 이 환자는 한 자극의 모양과 다른 자극의 색상을 결합하는 착각적 결합을 많이 일으켰다. 착각적 결합은 자극이 아주 잠깐 동안만 제시될 경우에는 건강한 사람에게서도 나타날 수 있다. 예를 들어, Treisman과 Schmidt(1982)는 실험 참가자에게 6TSN4와 같은 자극을 200ms 동안 보여 주었다. 참가자들은 먼저 숫자를 보고하고 그다음 글자를 색상과 함께 보고해야 했다. 참가자들은 파란색 T나 빨간색 S와 같이 말하는 등 많은 오류를 범했는데, 이는 착각적 결합과 관련되어 있었다.

Key term

착각적 결합(illusory conjunction): 서로 다른 두 개의 자극으로부터 각각의 특징을 잘못 결합하여 제시되지 않은 사물을 지각하는 것

특징 통합 이론의 한계와 이론적 발전

특징 통합 이론은 매우 영향력 있는 이론으로 자리매김해 왔다(Quinlan, 2003). 그러나 이 접근도 한계가 있다. 가장 중요한 한계는 시각 탐색의 속도가 Treisman과 Gelade(1980)가 강조했던 목표 자극의 특징에만 의존하지는 않는다는 것이다. Duncan과 Humphreys(1989, 1992)는 두 가지 추가 요인을 발견했다. 첫째는 방해 자극 사이의 **유사성**이다. 탐색 속도는 방해 자극들끼리 서로 유사할 때 더 빨라진다(Humphreys et al., 1985).

둘째는 목표 자극과 방해 자극 사이의 유사성이다. 방해 자극과 목표 자극이 닮아 있을 때는 비록 목표 자극이 한 가지 특징에 의해 정의된다 하더라도 방해 자극의 수가 탐지 시간에 큰 영향을 미친다(Duncan & Humphreys, 1989). 둘 이상의 특징에 의해 정의된 목표 자극에 대한 시각 탐색에 사용되는 방해 자극은 목표 자극과 적어도 한 가지 특징을 공유하는 방식으로 구성되는 것이 일반적이다. 예를 들어, 파란색 삼각형, 빨간색 원, 빨간색 삼각형과 같은 방해 자극이 포함된 배열에서 파란색 원을 찾고 있다면 빨간색 삼각형과 같은 방해 자극은 무시될 것이다.

Wolfe(2007)는 이러한 연구 결과를 다음과 같이 설명했다. 그에 따르면, 기본 특징(예: 색상)의 초기 처리 시에 활성화 지도가 생성되며, 그 시각 디스플레이의 모든 항목은 각각의 고유한 활성화 수준을 가지고 있다. 여기서 누군가가 빨간색 수평 물체를 찾는다고 가정해 보자. 활성화 수준을 기준으로 가장 많이 활성화된 항목들부터 시작해서 주의가 할당된다. 이러한 가정은 왜 방해 자극이 목표 자극과 하나 이상의 특징을 공유할 때 탐색 시간이 증가하는지를 설명한다(예: Duncan & Humphreys, 1989).

Wolfe(2007)의 접근은 특징 통합 이론의 원래 형태를 유용하게 발전시켰다. 초기 특징 통합 이론의 주요한 문제는 대형 디스플레이 안의 목표 자극이 예측된 것보다 더 빨리 탐지된다는 것이다. 활성화 지도라는 개념은 목표 자극과 어떤 특징도 공유하지 않는 자극을 무시함에 의해 시각 탐색이 어떻게 더 효율적으로 이루어지는지를 보여 준다.

Rosenholtz와 동료들(2012a, 2012b)은 시각 탐색 과제에서 간과되는 또 다른 측면을 지적했다. 이 과제에서 자극은 시야의 많은 부분을 차지한다. 그러나 시력은 고정점을 벗어나면 급격히 감소한다는 것이 잘 알려져 있다. 결과적으로 우리는 중심 시야에서보다 주변 시야에서 세부사항에 대해 더 잘 처리하지 못한다. 이런 현상은 쉽게 경험할 수 있다. 손을 들어서 당신의 손가락을 보기 바란다. 이제 눈은 그대로 두고 손만 오른쪽으로 옮겨 보라. 아주 잠깐이지만 손가락들을 명확히 구별하지 못한다. 이것이 시각 탐색과 무슨 관련성이 있는가? Rosenholtz와 동료들(2012a, 2012b)은 주변 시야에서의 정보가 목표 자극을 탐지할 만큼 충분하고 그쪽으로 주의(그리고 눈)를 지향할 수 있을 때는 시각 탐색이 쉽지만, 주변 시야의 정보가 충분치 않을 때는 어렵다고 주장한다. 특징들이 결합되면 보통 단일 특징을 탐지하는 것에 비해 더 세부적인 시각 정보를 요구한다. 그 결과, 여러분은 그러한 결합된 특징을 찾기 위해 더 빈번하게 눈을 움직여야 한다. 여기에 시간이 드는 것이다. Hulleman과 Olivers(2017)도 비슷한 주장을 했는데, 안구 고정 시 보이는 자극들이 병렬적으로 처리된다고 가정하면 지금까지의 시각 탐색 관련 행동 실험 결과를 컴퓨터로 모사할 수 있다고 주장했다. 그러나 처리되어야 할 세부사항에 따라 시야의 크기가 달라진다는 측면을 고려한다면, 이는 향후 연구에서 다루어야 할 가치 있는 주제가 될 것임이 명백하다.

하향식 처리

마지막으로 시각 탐색에 관한 대부분의 연구에서는 주어진 시각 배열 어디에서나 목표 자극이 나타날 가능성이 동일하다. 따라서 탐색은 **무작위적**이다. 하지만 이것은 현실세계에서 전형적으로 일어나는 상황과는 아주 다르다. 여러분이 정원에서 고양이를 찾는다고 가정해 보자. 아마도 여러분의 시각 탐색은 선택적일 것이며, 하늘을 쳐다보지도 않고 대부분 (나무와 같은) 땅을 집중적으로 찾아볼 것이다. 즉, 우리의 탐색은 고양이가 발견될 가능성이 가장 높은 곳이 어디인가에 대한 우리의 지식에 기초하는 하향식 처리와 관련되어 있다.

Ehinger와 동료들(2009)은 시각 탐색에서의 하향적 처리에 관해 연구했다. 이 연구에서 실험 참가자들은 현실의 장면을 담은 수많은 사진에서 한 사람을 찾는 과제를 수행했고, 그 과정에서 안구 운동을 기록하였다. 실험 참가자들은 일반적으로 각각의 장면에서 관련성이 높은 자극(예: 인도)에 대부분 눈을 고정하였고, 관련이 없는 자극(예: 하늘, 나무)은 무시했다([그림 3-8] 참조). 참가자들은 또한 사람과 관련된 시각적 특징들을 포함하는 영역들과는 전혀 다른 위치에 눈을 고정하기도 하였다.

하향적 처리가 또 다른 방식으로 시각 탐색에 영향을 주기도 한다. 조류전문가나 자동차전문가가 실제 사물의 사진에서 자동차와 조류 사진을 탐색하였다(Hershler & Hochstein, 2009). 자신의 전문성과 관련된 목표 자극을 탐색할 때 이 전문가들의 시각 탐색 수행이 더 좋았다. 이는 전문가들이 자신과 관련된 목표 자극을 탐색할 때 눈을 한 번 고정하는 동안 시각 공간의 더 큰 영역을 스캔할 수 있었기 때문에 이러한 현상이 발생했다.

[그림 3-8] 장면에서 보행자를 찾는 실험 참가자들의 첫 3개의 고정점. 그림에서 볼 수 있듯이, 대부분의 고정점은 보행자가 가장 많이 발견될 수 있는 영역에 나타났다. 첫 번째 그림(위)에서는 실험 참가자들 간의 고정은 두 번째 그림(아래)에서보다 훨씬 더 비슷했다. 두 번째 그림에서는 보행자가 발견될 만한 위치가 거의 없었기 때문이다.
출처: Ehinger et al. (2009). Taylor & Francis의 허가를 얻어 실음.

평가

⊕ 특징 통합 이론은 시각 탐색에 관련된 정보처리는 목표 자극의 본질과 복잡성에 달려 있다는 것을 보여 주었다.

⊕ 보안 검색 요원이 당면한 문제는 위험한 표적(예: 폭탄)의 희귀성 때문에 이들이 표적을 보고하는 데 과도하게 신중해진다는 점이라는 것을 연구 결과는 보여 주었다.

⊖ 특징 통합 이론은 방해 자극 사이의 유사성이나 목표와 방해 자극 사이의 유사성과 같은 시각 탐색에서의 중요한 몇 가지 요인을 놓쳤다. 관련 연구들은 또한 우리가 고정 위치 주변의 작은 영역에서만 정확한 시야를 가지고 있다는 사실을 간과하였다.

⊖ 시각 탐색에 대한 대부분의 연구에서 목표 자극의 위치는 무선적이다. 이는 현실세계와는 다른데, 현실세계에서는 일반적으로 목표 자극(예: 잃어버린 고양이)이 발견될 위치의 가능성 정도를 예측할 수 있다.

중간 요약

• 시각 탐색을 위해서는 시각 주의가 필요하며, 시각 탐색의 효율성은 경우에 따라 다르다.

보안 검색

• 공항 보안 검색 요원이 위험한 물체를 탐지하는 것은 어려운데, 그러한 물체가 아주 드물게 제시되거나 요원이 몇 가지 유형의 물체를 탐색해야 할 때 특히 그렇다. 피드백을 포함한 훈련은 목표 자극의 탐지 능력을 개선시킬 수 있지만 검색 시 눈운동의 효율성까지 개선시키지는 못한다. '시험 봉투'를 사용하여 인위적으로 위협 표적의 수를 증가시키는 것은 보안 검색의 효율성을 증진시킬 수 있다.

특징 통합 이론

• 실험 참가자는 일반적으로 두 개의 특징의 조합에 의해 목표 자극이 정의될 때보다는 단일 특징에 의해 정의될 때 목표 자극의 탐지를 더 쉽게 한다. 방해 자극 사이의 유사성이나 목표와 방해 자극 사이의 유사성 또한 시각 탐색의 속도에 영향을 줄 수 있다. 또한 방해 자극과 목표 자극을 구별하는 데 필요한 시각적 세부사항의 수준 역시 영향을 줄 수 있다.

하향적 처리

• 현실세계에서 하향적 처리는 시각 탐색에 영향을 주며 탐색을 보다 선택적으로 하도록 만든다. 우리의 환경 지식을 통해 우리는 목표 자극이 발견될 가능성이 가장 높은 장소를 중점적으로 탐색한다. 전문가들은 다른 표적보다 본인의 전문 영역과 관련된 표적에 대한 시각 탐색이 더 빠르다.

주의 장애

우리는 다양한 주의 장애로 고통 받는 뇌 손상 환자를 연구함으로써 주의 과정에 대해 많은 것을 배울 수 있다. 먼저, 뇌 손상으로 인한 두 가지 주요한 주의 장애인 무시증과 소거에 대해 살펴볼 것이다. 그 후 발달 장애의 일종인 주의력 결핍 및 과잉 행동 장애에 대해 논의할 것이다.

무시증과 소거

무시증은 이 장을 시작하면서 소개하였다. Driver와 Vuilleumier(2001, p. 40)는 다음과 같이 말한다.

> 무시증 환자는 종종 자신의 세상의 반이 존재하지 않는 것처럼 행동한다. 일상의 삶에서 그들은 방의 무시된 쪽에 있는 물건과 사람들을 망각하고, 접시의 한쪽에 있는 음식만 먹는다. …… 화장이나 면도 역시 한쪽만 한다.

무시증 환자의 주의 문제는 물건을 복사해서 그릴 때 명확하게 볼 수 있다. [그림 3-4]에서 볼 수 있듯이, 일반적으로 왼쪽에 해당하는 세부 사항의 대부분을 그리지 않는다.

> **Key term**
>
> **소거(extinction)**: 시각 주의와 관련된 장애로, 손상된 뇌의 같은 쪽 시야에 자극이 제시되었을 때, 동시에 반대쪽 시야에 제시된 자극을 탐지하지 못하는 현상

특히 무시증 환자의 온전한 부분에 다른 정보가 제시될 경우 시야의 손상된 부분에 제시된 정보를 무시하게 되는데, 이를 소거라고 한다. 소거(extinction)는 손상된 쪽의 뇌와 같은 쪽(동측)에 다른 시각 자극이 제시될 때 손상된 뇌의 반대쪽(대측)에 제시된 시각 자극을 탐지하는 데 어려움을 보이는 장애이다. 소거는 심각한 질환인데, 왜냐하면 일상생활에서는 일반적으로 동시에 여러 자극을 보기 때문이다. 소거는 **경쟁** 기제 때문에 발생하는 것으로 가정된다(Marzi et al., 2001). 손상된 뇌 영역 대측에 제시된 자극은 동측에 제시된 자극과 비교하여 주의를 끄는 데 경쟁이 되지 못한다.

무시증과 소거의 설명: 두 가지 주의 기제

무시증을 어떻게 설명할까? 이 질문에 답하기 위해서 앞서 논의한 Corbetta와 동료들

(Corbetta et al., 2008; Corbetta & Shulman, 2011)이 제안한 두 가지 주의 기제를 구분하는 것이 도움이 된다. 이 연구자들에 따르면, 우리 뇌에는 두 가지 주의 기제가 존재한다. 현재 주의를 기울이고 있는 자극에서 더 중요한 사건으로 주의를 재정향하기 위해 하나는 목표 주도적이며 하향식 처리를 이용한 주의 기제를, 다른 하나는 자극 주도적이며 상향식 처리에 기반한 주의 기제를 이용한다.

Bartolomeo와 Chokron(2002)은 무시증 환자가 자극 주도적 주의 기제는 손상되었지만, 목표 지향적 기제는 비교적 온전하다고 주장했다. Smania와 동료들(1998)도 목표 지향적 기제를 사용할 수 있을 때는 무시증 환자의 주의 과제 수행이 개선됨을 보고하였다. 이 연구자들은 (목표 지향적 기제를 사용할 수 있도록) 자극이 제시되는 시야를 예측할 수 있는 조건과 (이 기제를 사용할 수 없는) 무선적 자극 제시 조건을 비교하였다. 그 결과, 무시증 환자들은 자극이 주의를 기울일 수 있는 쪽과 무시된 쪽 어디에 제시될지 예측할 수 있을 때 더 빠르게 반응하였다. 즉, 목표 지향적 주의 기제를 어느 정도 사용할 수 있었던 것이다.

Bonato(2012)는 또한 무시증 환자의 주의 자원이 줄어들어서 이들이 자극 주도적 주의 기제를 온전하게 사용할 수 없는 것이라고 주장하였다. 그는 다음과 같은 자신의 연구로부터 이런 결론을 얻었는데, 이 연구에서 무시증 환자들은 손상된 시야인 좌시야에 제시된 자극을 탐지해야 했다. 이 실험에서 때때로 실험 참가자는 주의가 많이 요구되는 다른 과제를 동시에 수행했는데, 건강한 실험 참가자는 추가 과제의 존재 여부에 상관없이 좌시야에 제시된 자극을 잘 탐지한 반면에, 무시증 환자의 자극 탐지 능력은 추가 과제가 있을 때 현저히 더 악화되었다. 이는 무시증 환자가 주의 자원이 제한되어 왔고, 그 결과 자극 주도적 주의 기제로부터 들어오는 정보에 대한 민감도가 떨어질 것이라는 가정에 기반하여 예측한 바와 같다.

무시증과 소거의 감소

무시증으로 고통받는 환자의 주의 문제를 감소시키기 위한 다양한 시도가 있었다. 한 가지 접근법에서는 자극의 위치에 대한 상세하고 명시적인 정보를 환자에게 제공하여 하향식 통제를 더 많이 사용하도록 훈련시키는 방법이 있었는데, 이 접근은 제한된 성공을 거두었다 (Parton et al., 2004).

더 효율적인 절차는 훈련을 통해 손상된 시야에 대한 환자의 각성도를 강화시키는 것이다. Thimm과 동료들(2009)은 이러한 훈련이 무시증 환자의 증상을 완화시킬 수 있다는 것을 발견했다.

어둠 속에 있는 무시증 환자에게 똑바로 앞을 가리키라고 하면 보통 오른쪽으로 몇 도 이동된 위치를 가리킨다. Rossetti와 동료들(1998)은 무시증 환자들이 프리즘을 착용하게 하여 시야를 오른쪽으로 10도 이동시켜 이 오류를 수정하는 것이 유용할지에 대해 의문을 제기했다. 얼마간 프리즘을 착용한 후에 어둠 속의 환자들은 거의 똑바로 앞을 가리킬 수 있었다. 환자들이 프리즘을 제거한 뒤 얼마 동안은 데이지 꽃 그림을 그릴 때 좌시야에 제시된 꽃의 세부사항을 더 많이 그릴 수 있었다. 게다가, 프리즘으로 인한 적응은 이를 제거한 후에도 몇 주간이나 효과가 있었다(Chokron et al., 2007).

프리즘 적응이 왜 이렇게 유익한 효과를 가지는가? Nijboer와 동료들(2008)은 프리즘 적응 훈련을 통해 무시증 환자들이 자발적으로 주의를 왼쪽으로 이동시키기 위한 목표 지향적 처리를 좀 더 쉽게 하게 된다는 것을 발견했다. 이러한 자발적 주의 이동은 그들의 습관적 우방향 편향을 수정할 수 있게 해 주었다. 이와는 대조적으로, 이 훈련은 자극 주도적 주의 기제에 대해서는 아무런 영향도 미치지 않았다.

주의력 결핍 및 과잉 행동 장애

주의력 결핍 및 과잉 행동 장애(ADHD)는 주의력 결핍, 과잉 행동, 충동성으로 특징지어지는 발달 장애이다(Aguiar et al., 2010). 5세에서 12세 사이의 어린이들 사이에서 유병률이 5%로 추정될 정도로 가장 흔한 발

Key term

주의력 결핍 및 과잉 행동 장애(ADHD): 주의력 결핍, 과잉 행동, 충동성의 특징을 갖는 발달 장애

다음 질문에 예/아니요로 답하세요.

- 세부사항에 주의를 기울이지 못하거나 학교, 직장 또는 기타 활동 중에 부주의한 실수를 범하는 경우가 많은가?
- 일을 하거나 놀 때 주의 집중을 유지하는 것에 어려움이 자주 있는가?
- 누군가의 말을 들을 때 본인이 자주 귀 기울이지 않는 것 같은가?
- 지시를 따르지 않고 학교 공부, 집안일 또는 직장에서의 의무를 다하지 못하는 경우가 많은가?
- 업무와 활동을 조직화하는 데 어려움이 자주 있는가?
- 지속적인 정신적 노력이 필요한 과제(예: 학교 공부나 숙제)에 집중하지 못하는 경우가 많은가?
- 업무나 활동에 필요한 물건을 잃어버리는 경우가 많은가?
- 관련 없는 자극에 의해 쉽게 주의가 산만해지는가?
- 일상 활동에서 자주 건망증을 보이는가?

[그림 3-9] ADHD의 주의 관련 증상들
출처: Semeijn et al. (2016). Springer의 허가를 얻어 실음.

달 장애 중 하나이다. ADHD 진단은 여학생들보다 남학생들에게서 2배에서 4배 정도 더 자주 이루어지는데, 아마도 여학생들에게서 과잉활동과 충동성 요소가 덜 나타나기 때문일 것이다.

ADHD는 종종 소아기 정신 질환으로 여겨지지만, 성인기와 노년기에도 지속되는 것으로 나타났다(Semeijn et al., 2016). [그림 3-9]에는 진단에 사용된 주요한 주의 관련 증상을 볼 수 있다.

ADHD는 유전적 구성 요소가 있는데, ADHD를 앓고 있는 아이들의 부모 중 30%도 이 장애를 가지고 있고, 형제자매들도 종종 가벼운 증상을 보고한다. 환경적 요인 역시 제안되는데, 임신 중 부정적 경험(담배, 술과 약물, 스트레스, 조산)과 출산 중 발생하는 문제 등이 있다.

ADHD를 앓고 있는 사람은 환경에 존재하는 주요 자극에 주의를 할당하는 데 어려움을 겪는데, 특히 주의를 유지하는 것을 어려워한다. 많은 것을 시작할 수는 있지만, 끝까지 완성하는 경우는 드물다. 문제는 이 환자들이 너무 많은 에너지를 가지고 있어서 방해 자극을 억제하고 지금 하고 있는 일에 집중하는 것에 어려움을 갖기 때문에 나타난다. 결과적으로 이들은 더 쉽게 주의가 산만해지고 충동적이다. 이것은 왜 이 질환에 가장 효과적인 약이 뇌의 활동(각성 정도)을 감소시키기보다는 증가시키는 흥분제인가를 설명해 준다. 실제로 이 약의 놀라운 효능은 의도적으로 발견된 것이 아니다. 오히려 행동 문제가 있는 아동들이 학교에서 두통을 호소할 때 이를 치료하기 위해 이 약을 가지고 연구를 하였는데, 이 약의 부작용으로 이러한 효과를 얻는 행운을 얻었다(Strohl, 2011).

중간 요약

- 무시증은 대측 시야에 제시된 자극의 자각 부족과 관련된다. 소거는 이와 유사하지만 이러한 대측 시야에 대한 자각 부족이 동측 시야에 자극이 존재할 때 대부분 일어난다. 소거는 경쟁 기제에 의존하는데, 대측 시야의 자극은 동측 시야의 자극과의 경쟁에서 이기지 못하는 것이다.

무시증의 설명: 두 가지 주의 기제

- 우리는 목표 지향적 주의 기제와 자극 주도적 주의 기제를 가지고 있다. 이 두 기제로부터의 정보는 후측 두정 피질(무시증 환자가 일반적으로 손상을 입은 영역)에서 결합된다. 무시증 환자들은 특히 자극 주도적 주의 기제가 손상되는데, 주의 자원의 감소와 함께 나타난다.

무시증의 감소

- 무시증의 증상은 무시증 환자의 무시된 시야에 대한 각성 수준을 증가시키도록 계획된 훈련을 통해 다소 감소될 수 있다. 프리즘 적응 역시 환자가 자발적으로 주의를 왼쪽으로 이동시킬 수 있도록 돕는다.

주의력 결핍 및 과잉 행동 장애(ADHD)

- ADHD의 주의 관련 주요 증상은 산만함의 증가인데, 과제에 대한 집중 유지를 어렵게 한다.

다중작업

> **Key term**
>
> **다중작업(multitasking):** 같은 시간에 두 개 혹은 그 이상의 과제를 수행하는 것

지금까지 우리는 선택 주의에 대해 이야기했다. 서론에서 지적했듯이, 주의는 또한 동시에 여러 과제를 하려 할 때에도 관여한다. 이를 다중작업(multitasking)이라 하며, 이때는 분산 주의가 요구된다.

대부분의 사람과 마찬가지로, 여러분의 삶은 아마도 점점 더 바빠지고 있을 것이다. 우리의 바쁜 하루 24시간의 생활 속에서, 사람들은 두 가지 일을 한꺼번에 하려고 하는 경향이 증가하고 있다. 운전 중 휴대폰으로 대화를 하고, 텔레비전을 보면서 친구들과 수다를 떨거나 하는 것이 대표적이다. 2003년 컴싸이크(ComPsych)에 의한 조사에 따르면 근로자의 54%는 전화 중에 이메일을 읽고 11%는 회의 중에 다른 할 일이 무엇인지 기록한다고 한다. 이 비율은 그 이후로도 계속 증가해 왔다. Rideout과 동료들(2010)은 10대 청소년 대다수가 음악 듣는 시간(응답자의 73%), TV 시청 시간(68%), 컴퓨터 사용 시간(66%), 그리고 독서 시간(53%)의 '대부분' 혹은 '일부'라도 다중작업을 하는 것으로 나타났다.

만약 여러분이 대부분의 시간에 다중작업을 하는 사람들 중 한 사람이라면, Ophir와 동료들(2009)의 연구를 주의 깊게 살펴봐야 한다. 이들은 설문지를 사용하여 다중작업을 많이 하는 사람들과 적게 하는 사람들을 두 집단으로 구분한 뒤, 이 집단에게 다양한 과제를 수행하도록 하였다. 한 과제에서는 직사각형 배열이 두 번 제시되었는데, 실험 참가자들은 목표 사각형의 방향이 두 번째 배열에서 바뀌었는지 여부를 결정해야 했다. 이 과제는 방해 자극이 있을 때와 없을 때 모두 수행되었다. 방해 자극은 다중작업을 많이 하는 사람들이 속한 집단에서는 과제 수행에 부정적인 영향을 미쳤지만, 적게 하는 집단에서는 그렇지 않았다. 다중작업을 많이 하는 집단의 실험 참가자들은 숫자 혹은 글자를 분류해야 하는 전환 과제 수행 시에도 더 나쁜 수행을 보였다.

이 발견은 **무엇**을 의미할까? Ophir와 동료들(2009)에 따르면, 복수의 미디어에 동시에 주의를 주는 사람들은 소위 '폭 넓은 주의 통제' 기능을 발달시킨다고 한다. 다시 말하면, 이들은 주의를 **선택적**이거나 차별적으로 할당하지 않는다. 이런 방식으로 인하여 이들은 방해 자극을 억제하거나 주의를 효율적으로 전환하는 것이 쉽지 않다. 이와는 대조적으로, 다중작업을 잘 하지 않는 사람들은 하향식 주의 통제를 가질 가능성이 더 높다. 하지만 다중작업을 많이 하는 것 때문에 비선택 주의가 생긴다고 확신할 수는 없다. 왜냐하면 지금까지의 연구 결과는 두 측정치 사이의 **상관**의 결과일 뿐이기 때문이다.

동시에 다중작업을 많이 하지 않는 사람들 역시 몇 가지 단점이 있을 수 있다. 이들은 지금 하고 있는 과제에 너무 집중하다 보니 잠재적으로 유용할 수 있는 정보를 무시할 수도 있다(Lin, 2009). 이는 이들이 현실 생활에서 덜 창의적이고 적응적이지 못한 삶을 살도록 만들 수도 있다. 실제로 Cardoso-Leite와 동료들(2016)은 중간 수준의 미디어 다중작업을 하는 사람들이 다중작업을 잘 하지 않거나 과하게 하는 사람들에 비해 더 나은 수행을 보이는 것을 보고했다. 이들은 두 과제를 '조금' 또는 '약간'씩만 결합한다고 보고한 사람들이다.

Burgess(2015)는 다중작업을 정의하는 데 약간의 모호함이 있다는 것을 지적한다. 대부분의 사람들은 이를 병렬적 다중작업 수행으로 이해하는 데, 즉 동시에 두 개 이상의 행동이 이루어지는 상황이다(예: 말하면서 운전하기). 그러나 사람들이 '몇 가지 과제를 동시에 한다'고 할 때 대부분의 경우는 정말 동시에 행위가 이루어지지는 않는다(예: 손님이 오시기 때문에 집을 정리하면서 요리를 하고 또 휴대전화를 주시하는 일). 실제로는 과제들 사이를 빠르게 오가며 몇 가지 과제 목표를 달성하려 하는 것이다. Burgess는 이를 **순차적 다중작업**으로 묘사한다. 이 상황에서 주의는 병렬적으로 실행되는 여러 과제에 주의를 분산해서 기울이기보다는 (다양한 목표를 계속 생각하며) 과제를 전환하는 것과 더 많은 관련이 있다.

다중작업은 얼마나 효율적일까?

두 개 이상의 과제를 처리하는 것은 과연 얼마나 효율적일까(혹은 비효율적일까)? 우리 대부분이 다중작업을 한다는 사실은 우리 스스로가 두 개의 과제를 동시에 수행할 수 있다고 믿는다는 것을 시사한다. 다중작업은 한 번에 하나씩 일하는 전통적인 방식보다 우리의 소중한 시간을 더 아껴 준다고 생각하기 때문에 우리는 다중작업을 한다. 그런데 만약 이것이 사실이 아니라면 우리는 그저 시간을 낭비하고 다중작업을 하느라 스트레스만 더 많이 받고 있는 것일 수도 있다.

대부분의 증거는 다중작업을 하는 데 따르는 비용이 있다는 것을 가리킨다. 예를 들어, 교과서의 한 문단을 읽으면서 인스턴트 메시징을 통해 동시에 채팅을 하는 학생들은 다중작업을 하지 않는 학생들에 비해 글을 읽는 데 대략 21% 더 많은 시간이 걸렸다. 공부를 하면서 텔레비전을 보는 것은 독해 및 기억 과제 모두에서 수행 능력을 해치는 것으로 밝혀졌다. 다중작업은 또한 글로 쓰인 정보의 처리와 확인을 저해하는 것으로 나타났다(이러한 연구에 대한 참고문헌은 Wang & Tchernev, 2012 참조).

Wang과 Tchernev(2012)에 따르면, 사람들은 다중작업이 효율적이기 때문이 아니라 그들의 정서적 욕구를 충족시켜 주기 때문에 관심을 갖는다고 한다. 그들은 특정한 순간에 학생들에게 세 가지 정보에 대해 적으라고 요구했다. 첫 번째는 (미디어 활동과 비미디어 활동을 모두 포함하여) 지금 그 순간에 진행 중인 모든 활동, 두 번째는 그 순간 학생들이 필요로 하는 것, 그리고 세 번째로는 지금 진행 중인 활동이 자신들의 필요를 얼마나 충족시키는지였다. 이 연구자들은 학생들의 필요를 인지적 요구(정보, 학업/업무), 정서적 요구(흥미/오락, 휴식/시간 보내기), 사회적 요구(개인적, 직업적), 습관적 요구(습관/배경 소음)로 구분하였다.

Wang과 Tchernev(2012)는 사람들이 인지적 요구에 따라 다중작업을 하지만 (다중작업의 효율 비용에 맞추어) 실제로는 그 필요가 충족되지 않는다는 것을 발견했다. 이와는 대조적으로, 사람들은 다중작업을 할 때 정서적 요구의 충족이라는 관점에서는 매우 만족스러워했다. 실제로 그 순간 적극적으로 정서적 요구(재미/오락, 여가시간)에 의해 다중작업을 하지 않았음에도 불구하고 말이다. 즉, 다중작업은 정서적 만족감이라는 흥미로운 '부산물'을 갖는다. 연구자들에 따르면 이것이야말로 왜 점점 더 많은 사람이 다중작업에 몰두하는지에 대한 이유라고 한다. 이들은 또한 미디어 다중작업에서 습관이 중요한 역할을 한다는 것도 발견했다. 일단 사람이 몇 가지 활동을 결합하는 데 익숙해지면 그 습관을 깨는 것은 어렵다.

남성에 비해 여성이 다중작업을 더 잘한다는 속설이 있다. 이 믿음은 여성이 남성보다 더 다중작업을 많이 한다는 사실 때문에 생겨났을 수 있다. Floro와 Miles(2001)는 성인 2명이 사는 호주의 가정을 대상으로 연구를 수행했다. 육아를 하는 여성들은 남성들에 비해 훨씬 더 많은 다중작업을 하는 것 같았다(예: 가사와 직장 업무를 동시에 수행하는 것). 그러나 Rubinstein과 동료들(2001)은 일련의 실험에서 실험 참가자들에게 서로 다른 과제들을 빠르게 전환해야 하는 다중작업 과제를 하도록 하였을 때, 다중작업 수행에 성차가 나타나지는 않았다.

병렬적 다중작업과 순차적 다중작업의 장점과 단점은 무엇일까? Lehle과 동료들(2009)은 사람들이 두 과제를 함께 수행할 때 이를 순차적으로 혹은 병렬적으로 수행하도록 훈련시켰다. 순차적 처리를 사용할 때가 병렬적 처리보다 더 좋은 수행을 보였다. 그러나 이 과제들은 노력이 많이 필요한 과제들이었다.

휴대폰을 사용하는 것의 부작용은 운전자에게만 국한되지 않는다. 여러분이 이미 눈치챘을 수도 있지만, 걸어가면서 휴대폰을 사용하는 사람들은 주변 상황을 제대로 의식하지 못하는 것을 자주 볼 수 있다. Hyman과 동료들(2009)은 한 재미난 연구를 하였는데, 웨스턴 워싱턴 대학교의 학생들이 붉은 광장을 건너다닐 때 외발 자전거를 타고 다니는 광대를 거기에 등장시켰다. 휴대폰을 사용하지 않고 그곳을 지나갔던 학생들 중 51%는 광대를 인지했고, 휴대폰을 사용하면 걸었던 학생들은 25%만이 광대가 있다는 것을 알아차렸다. 휴대폰 사용은 분명 매우 단순한 과제인 걷기에까지 영향을 미쳤다. 휴대폰을 사용하며 걷는 학생들은 다른 보행자들보다 더 천천히, 그리고 이리저리 걷고, 방향도 자주 바꾸었다. 즉, 휴대폰 사용에 우리는 너무 많은 처리 자원을 사용하게 되고, 이는 주변 환경 인식과 보행 능력을 방해한다.

[현실세계에서 3-2] 운전하면서 동시에 생각할 수 있을까?

일상생활에서 운전자가 운전 중에 휴대전화를 사용하는 것이 운전 능력을 저하시키는지의 여부는 중요한 쟁점이다(이 주제에 대한 좋은 개관 논문은 Strayer et al., 2011 참조). 40개 이상의 국가들이 운전자가 휴대전화를 사용하는 것을 제한하는 법을 통과시켰다(물론 핸즈프리로 전화를 사용하는 것은 허용되는 경우도 있다). 이러한 제한으로 수백만의 분노한 운전자들은 자신의 시민의 자유가 침해당했다고 불만을 토로했다.

그렇다면 증거는 **무엇**을 보여 줄까? Redelmeier와 Tibshirani(1997)는 교통사고를 당한 운전자 699명의 휴대전화 기록을 조사했다. 사고 가능성은 운전자가 (핸즈프리든 아니든) 휴대전화를 사용할 경우 4.3배 높았다.

많은 실험 연구는 모의 운전 수행에 휴대전화 사용이 미치는 영향에 대해 조사해 왔다. Caird와 동료들(2008)은 33개의 연구를 개관하였는데, 앞의 차에 불이 들어 왔을 때 브레이크를 밟는 속도와 같은 특정 사건에 대한 반응시간은 휴대전화를 사용하지 않았던 통제 조건에 비해 휴대전화 사용 조건에서 250ms 증가했다. 이 크기는 핸즈프리 휴대전화든 아니든 별반 차이가 없었고, 운전자가 듣고 있을 때보다 말하고 있을 때 반응시간이 더 길었다.

250ms 더 느려지는 것은 대수롭지 않게 들릴지 모르지만, 시속 80km로 가고 있는 운전자의 제동거리가 5.5m나 더 길어지는 것을 의미한다. 이는 도로 위의 아이 바로 앞에서 멈추는 것과 그 아이를 죽이는 것의 차이를 의미할 수도 있다.

Caird와 동료들(2008)은 운전자들이 휴대전화 사용의 부정적 영향에 대해 거의 인지하지 못한다는 것을 발견했다. 운전자들은 전화를 하면서도 속도를 늦추거나 앞차와의 거리를 더 벌리지도 않았다. 이 연구에서 운전자들은 자신이 관찰되고 있다는 것을 알고 있었기 때문에 아마도 최대한 잘 수행하려고 노력했을 것이다. 그럼에도 이런 결과가 나타난 것은 휴대전화 사용의 부정적 효과는 실생활에서 훨씬 더 클 수 있다는 것을 시사한다.

반면, 휴대전화가 사용된 이래 교통사고가 눈에 띄게 증가하지도 않았고 휴대전화 사용을 금지하는 법안이 사고의 숫자를 갑자기 그리고 현저히 감소시키지도 않았다. 예를 들어, Kolko(2009)는 핸즈프리 휴대전화 사용을 금지하는 법안을 도입해도 날씨가 아주 안 좋거나 노면이 젖어 있을 때만 교통사고 사망자가 감소한다는 것을 발견했다.

실제의 운전 환경에서 휴대전화 사용의 결과에 대해 더 정확하게 알기 위해 Farmer와 동료들(2015)은 일 년 동안 105명의 자발적인 연구 참가자의 일상적인 운전 행태를 분석하였다. 운전자의 행동을 분류하기 위해 차량 내부에 카메라가 설치되었다. 휴대전화를 사용하면서 운전하는 시간의 비율을 3개월마다 추적해서 각 기간 동안 전체 사고율 및 사고에 가까운 경우가 나타난 비율 사이의 상관 관계를 분석하였다. 즉, 운전자의 휴대전화 사용의 시간에 따른 변화는 사고 혹은 사고 위험의 변화와 관계가 있는지 여부를 조사할 수 있었다.

결과는 어땠을까? 이 연구에 참여한 운전자는 휴대전화 사용에 전체 운전 시간의 11.7%를 할애했는데, 주로 음성 전화(6.5%)와 손이나 무릎에 전화기를 놓고 잡고 있는 경우(3.7%)였다. 충돌 사고 혹은 충돌 위험 사건은 운전자가 휴대전화를 사용할 때 약 17% 증가했는데, 이는 주로 전화기로 손을 가져가거나 응답하거나 다이얼을 누르는 행위 때문이었다. 상대적 위험도는 다른 행위에 비해 거의 3배에 달했다(실제 상대적 위험도는 2.8). 그러나 운전 중 휴대전화를 사용한 총 시간은 운전자의 전체 충돌 사건이나 충돌 위험 사건에 영향을 주지는 않았다. 또 다른 측면은 대부분의 운전자들이 전화를 걸 때 차의 속력을 늦춘다는 것이다. 전화를 할 때는 그렇지 않을 때에 비해 속력이 시속 5~6마일 낮았다.

사람들이 운전 중 휴대전화를 사용할 수 있는 정도에 있어서 개인차가 있다는 증거도 있다. Watson과 Strayer(2010)는 실험 참가자들에게 모의운전수행 과제를 시켰는데, 이 과제만 하는 조건도 있었고, 휴대전화를 통해 복잡한 작업기억 과제를 동시에 수행하는 조건도 있었다. 200명의 참가자 중에서 운전 수행이 작업기억 과제에 의해 전혀 영향을 받지 않은 사람이 다섯 명 있었다. 이들 '과제능력자'의 수행이 두 과제에서 모두 높다는 것은 이들이 이중 과제 상황에서도 과부하가 걸리지 않았음을 시사한다.

운전자들이 승객과 대화하는 것이 휴대전화로 대화하는 것만큼 위험한가? Drews와 동료들(2008)은 휴대전화를 사용한 대화 때문에 더 많은 운전 실수가 발생한다는 것을 발견했다. 운전자들은 운전 조건의 난이도가 높아지면 대화의 복잡도 역시 줄어들기 때문에 승객과 대화하면서 안전하게 운전할 수 있었다.

요컨대, 언어처리와 시각처리와 같이 두 가지 상이한 과제를 동시에 수행하는 것은 놀랄 만큼 어렵다. 이는 두 과제를 동시에 수행하는 것이 주의와 같은 제한된 능력에 과부하를 일으킬 수 있음을 시사한다. 그 영향이 어떤 사람들에게는 다른 사람들보다 더 클 수도 있다.

다중 자원 모형

Wickens(2008)는 **다중 과제를 해야 하는 상황에서 두 과제 사이에 얼마나 많은 방해 효과가 나타나는지를 예측하기 위해 다중 자원 모형**을 개발했다. 이 모형에서는 우리의 뇌가 각 과제에 대해 별도의 주의 자원을 가지고 있으며, 과제를 결합하는 데 드는 비용은 그 과제들이 같은 자원을 사용하는 정도에 따라 결정된다고 가정한다. 다음의 세 가지 특성이 특히 중요하다.

1. **처리 단계**: 지각 및 인지 과제는 행동의 선택 및 실행과 관련된 과제와 서로 다른 자원을 사용한다. 그래서 지각 처리 과제와 반응 실행 과제를 결합하는 것이 두 개의 지각 과제나 두 개의 행동 과제를 결합하는 것에 비해 비용이 덜 든다.
2. **처리 종류**: 공간적 활동은 언어적 활동과는 다른 자원을 사용한다(또한 4장의 작업기억모형에 대한 설명 참조). 그래서 공간 과제와 언어 과제를 결합하는 것이 두 개의 공간 과제나 언어 과제를 결합하는 것에 비해 비용이 덜 든다.
3. **처리 양상**: 청지각은 시지각과 다른 자원을 사용한다. 그래서 청각 과제와 시각 과제를 결합하는 것이 같은 감각 양상을 사용하는 과제들을 결합하는 것보다 비용이 덜 든다.

Wickens(2008)는 다양한 과제 조합을 통한 다중작업의 비용을 추정할 수 있는 계산 모형을 개발했다. 이 모형은 실생활에서 관찰되는 비용을 상당히 잘 예측한다.

연습과 이중 과제 수행

'연습이 완벽을 만든다.'라는 격언은 누구나 알고 있다. Spelke와 동료들(1976)은 이 격언을 명백히 뒷받침하는 증거가 있다고 보고했다. 두 명의 학생(다이앤과 존)은 다양한 과제에 대해 3개월 동안 일주일에 5시간씩 훈련을 했다. 그들의 첫 번째 과제는 받아쓰기를 하면서 짧은 글을 읽는 것이었다. 처음에 그들은 두 과제를 결합하는 것이 너무 어렵다는 것을 알게 되었다. 그들의 읽기 속도와 필체 둘 다 상태가 심각했다. 그러나 6주의 훈련 후 다이앤과 존은 두 과제가 결합되었을 때 글만 읽을 때만큼 글을 잘 이해할 수 있었다. 받아쓰기를 한 필체 역시 많이 개선되었다.

Spelke와 동료들(1976)은 학생들의 이러한 수행 향상에 아직 만족하지 않았다. 예를 들어, 다이앤과 존은 받아쓰기에서 쓴 수천 개의 단어 중에서 35개만을 정확히 기억해 낼 수 있을 뿐이었다. 동일 범주(예: 네발 달린 동물)에 속하는 단어 20개를 연속으로 받아썼어도 학생들은 그 사실조차 모르고 있었다. 그러나 추가적인 훈련을 통해, 그들은 정상적인 읽기 속도와 이해력을 유지하면서 받아썼던 단어가 속한 범주의 이름을 적을 수 있었다. 다시 말하면, 연습은 두 가지 과제를 동시에 수행하는 사람들의 능력에 극적인 영향을 줄 수 있다. 이러한 향상은 연습을 통해 일부 처리 과정이 자동적이 되기 때문이라고 가정한다. 고전적인 연구에서 Shiffrin과 Schneider(1977), 그리고 Schneider와 Shiffrin(1977)은 통제적 처리와 자동적 처리를 구분했다.

Key term

통제적 처리(controlled processes): 주의가 필요하고 변화하는 환경에 유연하게 사용할 수 있는 제한된 용량의 처리 과정으로 계열적 정보처리가 관련됨. **자동적 처리**에 대한 설명도 참조할 것

자동적 처리(automatic processes): 용량의 제한도 없으며, 주의를 요구하지도 않고, 일단 학습되면 수정하기도 매우 힘든 정보처리 과정으로 병렬적 처리와 관련되며 습득하기 위해서는 엄청난 연습이 요구됨. **통제적 처리**에 대한 설명도 참조할 것

- 통제적 처리(controlled processes)는 용량이 제한적이며, 주의가 요구되고, 변화하는 조건에서도 유연하게 사용될 수 있고, 계열적 처리와 관련된다.
- 자동적 처리(automatic processes)는 용량에 제한이 없으며, 주의가 요구되지도 않고, 일단 학습되면 수정하기가 매우 어렵고, 병렬적 처리와 관련된다.

Shiffrin과 Schneider(1977)는 실험 참가자가 최대 4개의 글자(기억 세트)까지 암기해야 하는 과제를 수행하게 한 뒤, 최대 4개의 글자를 포함

하는 시각 배열을 이들에게 보여 주었다. 실험 참가자들의 과제는 이 시각 배열 안의 글자 중 하나가 기억 세트에서 외웠던 글자들에 속해 있는지를 빠르게 결정하는 것이었다. 이 실험의 주요 조작은 다음과 같은 두 가지 매핑 조건이었다.

1. **일관적 매핑**: 기억 세트의 글자로 자음만 사용되었고, 시각 배열에서는 사용된 방해 자극은 전부 숫자였다(또는 그 반대). 예를 들어, 기억 세트에 H B K D가 나왔다면, 시각 배열에는 4 3 B 7이 나왔다. 이 경우는 '예'라는 반응이 요구된다.
2. **혼합된 매핑**: 기억 세트에 숫자와 자음을 혼용하였고, 시각 배열에서도 두 종류의 자극이 혼용되어 제시되었다. 예를 들어, 기억 세트에 H 4 B 3이 나왔다면, 시각 배열에는 2 J 7 C가 나왔다. 이 경우는 '아니요'라는 반응이 요구된다.

어떤 결과가 나왔을까? 아마도 여러분은 일관적 매핑 조건이 혼합된 매핑 조건에 비해 더 빠른 수행을 보일 것이라고 예측했을 것이다. 그러나 실제 결과는 여러분이 생각하는 것보다 훨씬 더 컸다([그림 3-10] 참조). Shiffrin과 Schneider(1977)에 따르면, 실험 참가자는 제시된 숫자와 글자를 동시에 처리하는 자동적 처리(병렬적 처리)를 사용했기 때문에 일관적 매핑 조건에서 좋은 수행을 보였다고 한다. 이 자동적 처리는 숫자와 글자를 수십 년 동안 구분하는 연

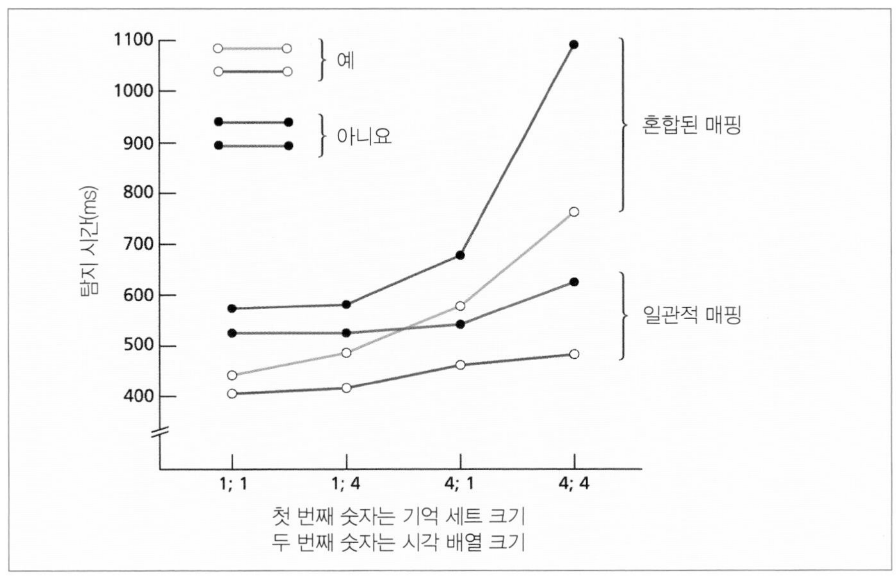

[그림 3-10] 일관적 매핑과 혼합된 매핑 조건 사이의 기억 세트 크기와 시각 배열 크기에 따른 반응시간
출처: Shiffrin & Schneider (1977).

습을 통해 진화해 왔다.

이와는 대조적으로, 혼합된 매핑 조건에서의 수행은 용량 제한적이고 주의가 요구되는 통제적 처리를 필요로 했다. 이 조건에서 실험 참가자들은 기억 세트와 시각 배열의 자극 사이에 같은 자극을 찾거나 모든 비교가 다 이루어질 때까지 모든 항목을 하나씩 비교(계열적 처리)하였다.

Shiffrin과 Schneider(1977)의 또 다른 실험에서 자동적 처리가 연습을 통해 발전한다는 보다 강력한 증거가 제시되었다. 이들은 한 세트는 자음 B에서 L까지, 다른 세트는 자음 Q에서 Z를 일관된 매핑 조건에 사용하였다. 이전 실험과 마찬가지로, 기억 세트를 구성할 때는 항상 한 가지 세트만 사용되었고, 시각 배열에서의 방해 자극은 다른 세트에서만 선택되었다. 2,100회 이상 시행을 통한 연습을 통해 수행 속도는 획기적으로 향상되었다. 이는 자동적 처리의 발달을 명백하게 반영한다.

지금까지의 논의에서는 자동적 처리가 통제적 처리보다 더 유용한 것으로 나타났다. 그러나 자동적 처리는 통제적 처리와는 달리, 그 처리 과정에 유연하지 못하다는 심각한 한계도 존재한다. Shiffrin과 Schneider(1977)는 이러한 한계를 이전에 논의했던 실험의 두 번째 부분에서 보여 주었다. 일관적 매핑으로 초기 2,100회의 시행 후에 순서를 역으로 하여 2,100회 시행의 매핑을 진행하였다. 이러한 역매핑 조건에서는 기억 세트에 제시될 항목들이 항상 Q부터 Z사이의 자음에서 선택되었다(첫 2,100회 시행에서는 기억 세트의 항목이 B부터 L 사이에서 선택됨). 역매핑 조건에서의 수행이 실험을 시작할 때의 수행 수준으로 회복되기까지는 거의 1,000번의 시행이 필요했다!

연습이 완벽을 만들까?

우리는 지금껏 연습이 수행에서 매우 큰 향상을 가져온다는 것을 살펴보았다. 그러나 상당한 양의 연습 후에도 일반적으로 이중 과제 수행 시에는 몇몇 간섭 효과가 나타난다. 예를 들어, [그림 3-10]을 다시 보자. 일치된 매핑 조건에서 수행이 완전히 자동적이라면 기억 세트와 시각 배열에 제시된 항목의 수에 의해서는 반응속도가 전혀 영향을 받아서는 안 되었다. 그러나 실제 결과는 항목 수의 증가에 따라 반응속도가 느려졌다.

일부 이론가들(예: Levy et al., 2006)은 민감한 방법만 사용한다면 우리가 **항상** 이중 과제 수행 시 나타나는 간섭의 증거를 찾을 것이라고 주장한다. 그러한 기법 중 하나는 두 개의 자극(예: 두 개의 빛)을 제시하여 각각에 다른 반응을 요구(예: 서로 다른 버튼 누르기)하는 것이다. 실험 참가자는 각각의 자극에 대해 최대한 빠르게 반응해야 한다. 두 번째 자극이 첫 번째 자극 직후에 제시될 경우 일반적으로 두 번째 자극에 대한 반응은 현저히 느려진다. 이를 심리적 불응기 효과(psychological refractory period (PRP) effect)라 한다.

Key term

심리적 불응기 효과(psychological refractory effect, PRP effect): 첫 번째 자극과 두 번째 자극이 시간상 너무 가깝게 제시될 때 두 번째 자극에 대한 반응이 느려짐

심리적 불응기 효과는 단순히 사람들이 두 개의 연속적인 자극에 즉각적으로 반응하는 것이 익숙하지 않기 때문에 발생하는 것이 아니다. Pashler(1993)는 이 효과가 10,000번 이상의 연습을 해도 여전히 관찰된다는 것을 발견했다.

반면, Greenwald(2003)는 아주 간단한 과제를 사용하면 심리적 불응기 효과가 나타나지 않는다고 보고했다. 이 과제는 청각 자극에 대해 음성 반응, 즉 글자의 이름을 들을 때 'A' 또는 'B'라고 반응하는 것이었다. 다른 과제는 왼쪽을 가리키는 화살표를 보고 조이스틱을 왼쪽으로 움직이고, 오른쪽을 가리키는 화살표를 보면 오른쪽으로 움직이는 과제였다. 이 과제들에서는 심리적 불응기 효과가 없었다. 왜 그랬을까? Greenwald(2003)가 사용했던 두 과제 모두 자극과 반응 사이에 아주 **직접적인** 연결(예: A를 듣고 A라고 말하기)이 있었고, 이는 주의의 관여가 최소화되었기 때문이다.

이 분야의 다양한 발견을 우리는 **어떻게** 설명할 수 있을까? 출발점은 자동적 처리와 통제적 처리를 명확하게 구분한 Shiffrin과 Schneider(1977)의 가정을 거부하는 것이다. Moors와 de Houwer(2006)는 보다 그럴듯한 관점을 제시하였다. 그들은 자동성의 네 가지 주요 특징을 이야기했다.

1. 무의식성: 처리에 대한 의식적 자각의 결여
2. 효율성: 주의 용량을 거의 사용하지 않음
3. 빠름
4. 목표 무관련성: 개인의 현재 목표에 의해 영향을 받지 않음

이 네 가지 특징 중 어느 것도 실무율의 법칙을 따르지 않는다. 예를 들어, 한 처리 과정이 상당히 빠르거나 느릴 수 있으며, 적당히 효율적이거나 비효율적일 수 있다. 경험적 증거는 또한 네 가지 자동성의 특징이 항상 함께 발견되는 것은 아니라는 것을 보여 준다. 따라서 자동성과 비자동성(혹은 통제적 처리)을 확실히 구분해 주는 선은 없다.

이 접근을 통해 **어떤** 예측이 뒤따르는가? 만약 두 과제가 모두 합리적인 측정에 기반하여 자동성의 네 가지 특징을 가지고 있다면, 이 두 과제는 동시에 잘 수행될 수 있어야 한다. 반

대로, 두 과제가 그러한 특징의 대부분을 결여하고 있다면 다중작업을 하는 것은 매우 어려울 것이다. Moors와 de Houwer(2006)가 개관한 경험적 증거는 그러한 예측과 일치한다.

중간 요약

- 다중작업을 많이 하는 사람들은 자신의 주의를 선택적으로 할당하는 것을 어려워하며 더 쉽게 방해받는다. 다중작업에 있어서 성차가 존재한다는 증거를 찾기는 어려웠다.

운전하면서 동시에 생각할 수 있을까?

- 운전 중 휴대전화의 사용(핸즈프리 여부에 상관없이)은 일반적으로 운전 수행을 저하시킨다. 특히 운전 환경이 좋지 않을 때는 더욱 그렇다. 이는 주의 통제 기능이 저하되고 처리 용량이 제한되어 있기 때문이다. 운전 중 휴대전화 사용이 전반적 운전 수행에 영향을 미치지 않는 일부의 '과제능력자'도 있다.

연습과 이중 과제 수행

- 이중 과제 수행은 연습을 통해 상당히 개선될 수 있다. 이는 연습이 일부 처리 과정을 비교적 자동적으로 만들기 때문에 가능하다는 증거가 존재한다. 그러나 자동적 처리는 유연성이 떨어지고 변경하기 어렵다는 한계로 인한 어려움도 있다.

연습이 완벽을 만들까?

- 엄청난 연습을 했어도 이중 과제 수행에서는 거의 항상 간섭이 일어난다는 증거가 있다. 그러나 자극과 반응 사이에 아주 직접적인 관계가 있을 때는 이러한 간섭이 일어나지 않는다. 이중 과제 수행에 대한 대부분의 발견은 처리 과정의 자동화 정도가 다르다는 것을 가정함에 의해 설명될 수 있다. 자동성의 주요 특징은 무의식적이고, 효율적이고, 빠르며, 목표와 무관하다.

주의와 의식

이 장과 앞의 장에서 여러분은 의식하지 못한 채로 처리되는 자극의 다양한 예를 보아 왔다. 2장에서는 이러한 무의식적 처리가 **전역 작업공간 모형**에서 예측될 수 있다는 것을 보았다(이후의 내용도 참조하시오). 인간 정보처리는 수많은 특수 목적 처리기들이 병렬적으로 작동하고 그 데이터가 다른 처리기의 자료와 결합되어야만 할 때 혹은 그 정보에 즉시 반응해야만 할 때 의식으로 들어와 처리되면 된다. 이러한 모형에서는 정보가 처리되기 전과 같이 아주 이른 단계에 여과기를 배치하지 않고, 나중에 의식으로 들어간 정보를 다룰 수 있게 하는 것이 더 좋다.

무의식적 처리는 또한 주의를 받지 못한 정보의 중요성을 더 잘 알아보는 데 도움이 된다. 실제로 주의는 목표 주도적(하향적) 처리와 환경의 중요 사건에 반응하는 (상향적) 처리 사이의 지속적인 균형을 맞추는 과정이다. 이 절에서는 주의와 의식의 관계에 대해서 좀 더 자세히 설명할 것이다.

의식

의식이라는 주제는 인지심리학 전체에서 가장 매력적인 주제 중 하나이다. 의식에 대한 연구가 최근에 상당히 증가하였다. 이에 대해 논하기 전에 의식이란 무엇을 의미하는가에 대해 생각해 봐야 한다. 의식은 "인간의 깨어 있는 상태의 정상적 정신 상태로 지각, 사고, 감정, 외부 세계에 대한 인식, 그리고 인간에게는 특히 자각 등의 경험으로 특징지어진다."(Colman, 2015, p. 161)

Steven Pinker(1997)는 우리가 의식을 이해하려 한다면 다음의 세 가지 쟁점에 대해 생각해 볼 필요가 있다고 주장했다.

1. **지각**: 우리의 주관적 경험이나 인식으로, 경험을 통해서만 개인이 가질 수 있다.
2. **정보에 대한 접근**: 주관적 경험을 만드는 과정에 대해 보고하지 않고도 그 경험의 내용을 보고할 수 있는 우리의 능력과 관련된다.
3. **자기 지식**: 우리 자신에 대해 의식적으로 자각할 수 있는 능력이다.

의식에 관해 이야기할 때는 **의식의 상태**(예: 혼수상태, 식물인간 상태 등)와 **의식의 내용**(예: 자극에 대한 의식적 경험의 질)을 구별하는 것이 좋다. 의식의 상태는 자각의 실제 내용을 경험하도록 하는 배경이 된다. (시각적) 의식에 관한 대부분의 연구는 의식의 내용에 초점이 맞추어져 있다.

의식적 자각을 평가하기 위한 다양한 방식이 있다. 시각적 의식에 관해서는 대부분이 행동 측정치를 이용한다. 이 방법에서는 사람들에게 자신의 시각적 경험에 대해 언어적 보고를 제공해 달라고 요청하거나 목표 대상의 존재 유무에 관해 예/아니요 형식의 의사결정을 내리도록 요구한다.

뇌 손상 환자를 대상으로는 이러한 연구를 수행하기 어렵다. 예를 들어, 완벽한 의식적 자각 상태에 있지만 신체가 거의 마비된 감금증후군을 가진 환자를 생각해 보자. 이 증후군을 가진 가장 유명한 사례는 프랑스의 언론인인 Jean-Dominique Bauby이다. 놀랍게도 그는 다음에 올 글자를 선택하기 위해 왼쪽 눈꺼풀을 깜박이는 것만으로 자신에 대한 책을 쓸 수 있었다(Bauby, 1997). 보비의 책은 『잠수종과 나비(The Diving Bell and the Butterfly)』인데, 후에 영화로 제작되어 성공을 거두기도 하였다.

의식과 관련된 주요 신경 상관물을 확인함으로써 의식에 대한 더 깊은 이해에 도달할 수 있다. 이는 의식적 자각에 대한 행동 측정치를 얻은 뒤 이를 뇌 활동 양상과 관련지음으로써 가능하다. 때로는 의식에 대한 행동 측정치를 얻는 것이 불가능할 수도 있다. 이 경우에는 뇌 영상 자료를 얻는 것이 매우 유용할 수 있다([현실세계에서 3-3] 참조).

[현실세계에서 3-3] 식물인간 상태

심각한 뇌 손상을 입은 몇몇 불행한 환자는 식물인간 상태에 있다. 식물인간 상태는 명백한 인식 부족과 모든 외부 자극에 반응하지 않음으로 정의된다. 그 상태의 환자들로부터 얻은 행동 증거들은 그들이 완전히 의식적 자각이 결여되어 있음을 강하게 시사한다.

Owen과 동료들(2006)은 2005년 7월에 있었던 아주 심각한 교통사고의 결과로 식물인간 상태에 빠진 한 23세 여성을 연구하였다. 이 여성은 자극에 대해 아무런 행동 반응도 보이지 않았다. 그녀에게 테니스를 치거나 현관에서 시작해서 자기 방을 들어가는 상상을 해 보라는 요청을 했다. 이 두 과제는 서로 다른 양상의 뇌 활동과 관련된 과제였다. 예를 들어, 보조 운동 영역의 활성화는 테니스를 치는 상상을 할 때만 관찰되었다. 중요한 것은 뇌 활동의 양상이 건강한 실험 참가자와 매우 유사했다는 것이다.

Owen과 동료들(2006)은 또한 환자에게 뜻이 모호한 단어(뒤에서 볼드체로 쓴 단어)가 포함된 문장을 제시했다(예: The **creak** came from a **beam** in the ceiling). 이 환자는 의미가 모호하지 않은 단어보다 모호한 단어를 처리하는 것과 관련된 뇌 영역에서 더 큰 활성화를 보였다. 따라서 뇌 활성화는 아마도 행동 측정치보다 의식적 경험의 존재 여부를 평가하는 데 더 타당한 정보를 제공하는 것 같다. Coleman과 동료들(2009)은 41명의 뇌 손상 환자를 대상으로 연구를 수행했는데, 이들 대부분은 식물인간 상태였다. 행동 측정치상으로는 어느 누구도 의식의 기미를 보이지 않았다. 그러나 기능적 자기공명영상(fMRI; 용어 해설 참조) 결과는 이들 중 두 명의 환자가 말소리를 이해한다는 증거를 보였다. 흥미롭게도 fMRI 연구 결과 나타난 음성 언어 처리의 양은 6개월 후 이 환자들의 행동 회복 정도와 강한 연관이 있었다. 즉, 뇌 영상은 때때로 행동 측정치보다 의식적 자각에 대한 더 민감한 측정치를 제공할 수 있다.

요컨대, 식물인간 상태의 환자들로부터의 발견은 실로 극적이다. 최근까지 그러한 환자들은 항상 그들 주변의 환경과 자기 자신에 대한 의식적 자각이 없다고 간주되어 왔다. 이러한 가정은 약 15%의 식물인간 환자들이 제한된 형태의 의식을 가지고 있음을 시사하는 뇌 영상 연구의 결과에 심각한 도전을 받아 왔다(Kondziella et al., 2016).

주의와 의식의 관계

의식과 주의의 관계는 무엇일까? 이 둘이 깊이 관련되어 있다고 가정하는 것은 타당해 보인다. Baars(1997)가 예로 든, '우리는 보기(see) 위해 본다(look).' 또는 '우리는 듣기(hear) 위해 듣는다(listen).'와 같은 문장을 생각해 보자. 그는 looking이나 listening은 사건을 선택하기 위해서 주의를 사용하는 반면에, seeing과 hearing은 선택된 사건에 대한 의식적 자각과 관련된다고 주장했다. 즉, 주의는 TV 채널을 선택하는 것과 같고, 의식은 화면에 나타난 그림과 유사하다.

주의와 의식은 종종 밀접한 관계가 있다. 그러나 항상 그런 것은 아니다(Koch & Tsuchiya, 2007; Lamme, 2003). 예를 들어, 주의는 의식의 부재 가운데서도 행동에 영향을 미칠 수 있다. 우리가 2장에서 본 대로, Jiang과 동료들(2006)은 실험 참가자에게는 보이지 않게 남녀의 나체 사진을 제시했다. 실험 참가자들은 그 사진을 볼 수 없었음에도 불구하고, 사진을 제시한 뒤 수행한 후속 변별 과제의 수행에 영향을 주는 방식으로 이들의 주의 과정에 영향을 주었다. 이성애자인 남성 실험 참가자들은 보이지 않는 여성의 나체에, 이성애자인 여성 참가자들은 남성의 나체에 주의를 기울였다. 동성애자인 남성 참가자는 남성 나체가 제시된 위치에 주의를 기울이는 경향이 있었고, 동성/양성애자인 여성 참가자들의 주의 선호는 이성애자인 남성과 여성의 중간 정도에 위치했다.

보이지 않는 정서적 자극이 **어떻게** 주의에 영향을 미칠 수 있을까? 관련 증거는 Troiani와 동료들(2014)에 의해 보고되었다. 눈에 보이지 않는 공포 정서를 나타내는 얼굴들은 편도체의 활성화(감정 처리와 연관됨)를 증가시켰고, 이것은 주의 네트워크와 관련된 뇌 영역의 활성화와 관련이 있었다.

Cohen과 동료들(2012)은 의식과 주의의 관계에 대해 관련된 내용의 개관을 제공했다. 이 연구자들에 따르면, 주의는 의식적 경험을 위해서 항상 요구되는데, 이는 실험 참가자에 의해 보고될 수 있다. 이와는 대조적으로, 무의식적 처리(뇌 활동을 통해 측정됨)는 주의를 기울인 입력과 그렇지 않은 입력에 모두 기초할 수 있다고 주장하는데, 이는 모든 사람이 동의하는 것은 아니다. 몇몇 연구자에 따르면, 무의식적 처리 역시 주의를 요구한다. 이들은 탐색 과정에서 나타나는 외인성 주의 포획에 집중한다. 앞에서 본 Folk와 동료들(1992)의 실험에서 논의한 바대로, 이러한 주의 포획은 방해 자극이 진행 중인 탐색과 양립가능하지 않으면 관찰되지 않는다. 청각 영역에서도 유사한 현상이 Dalton과 Lavie(2007)에 의해 보고되었다. 실험 참가자는 특정 음 높이를 가진 표적음을 기다리는 동안 이와 관련 없는 고주파 소리가 방해 자극으로 제시되면 주의가 포획되지만, 음 높이와 길이의 결합을 통해 만들어진 표적음을 기다릴 때는 고주파 방해 자극에 의해 주의가 포획되지 않았다.

다른 연구자들은 무의식적 점화(priming)를 연구했다. 점화는 동일하거나 관련된 자극이 먼저 제시된다면 자극의 처리가 촉진되는 현상이

Key term

점화(priming): 목표 자극과 같은 혹은 유사한 자극이 앞에 나와서 목표 자극(혹은 이에 대한 반응)의 처리가 촉진되는 것. **반복 점화** 또는 **의미 점화**에 대한 설명도 참조할 것

다. 2장에서 보았듯이, Naccache와 동료들(2002)에서 실험 참가자는 제시된 숫자가 5보다 큰지 작은지 여부를 결정해야 했다. 실험 참가자들이 모르게 목표 자극 바로 앞에 목표 자극과 같거나 다른 조건의 점화 자극을 보이지 않게 제시하였다. 참가자들은 점화 자극과 목표 자극이 같은 범주에 있을 때(예: 1과 4)가 다른 범주에 있을 때(예: 1과 6)보다 더 빠른 반응을 보여주었다. 물론 이들은 점화 자극이 존재했다는 것에 대한 의식적 자각은 없었다. 그러나 이러한 점화 효과는 참가자가 점화 자극이 제시되는 화면에 주의를 집중하라는 요청을 받을 때만 나타났다. 참가자가 목표 자극이 1초 후에 나타날 것이라는 기대를 갖게 되자, 더 이상 이러한 점화 효과는 나타나지 않았다. 이와 유사하게 Lachter와 동료들(2004)은 역치하 점화 자극이 제시되는 위치로부터 다른 곳으로 주의를 빼앗겼을 때는 점화 효과가 나타나지 않는다는 것을 발견했다. 반대로, Xiao와 Yamauchi(2015)는 역치하 점화 효과는 주의의 부재 시 줄어들긴 하였지만, 완전히 없어지지는 않음을 보고하였다.

전반적으로 주의는 무의식적 처리를 포함한 정보처리를 상당히 향상시키는 것은 분명하다. 그러나 주의 자원이 부재할 경우 무의식적 처리가 어느 정도나 이루어지는지는 분명치 않다.

행동의 통제: 무의식적 처리와 자유 의지

무의식적 처리의 존재는 또한 '무엇이 우리의 행동을 통제하는가?'라는 질문을 품게 한다. 여러분 대부분은 아마도 의식적인 의도(예: '커피가 한잔 마시고 싶네.')를 형성한다는 느낌을 먼저 가진 후에, 카페에서 커피를 마시고 있는 자신의 모습을 발견할 것이다. 다시 말하면, 우리의 행동은 의식적 의도나 자유 의지(free will)에 의해 이루어진다는 것이다. 이러한 견해는 여러 이론가들에 의해 도전받아 왔다.

Wegner(2003)는 우리가 갖고 있는 것은 의식이나 자유 의지에 대한 **환상**이라고 주장했다. 우리의 행동은 무의식적 처리(예: 갈증이라는 느낌)에 의해 실제로 일어나지만 우리는 자신의 행동이 자신의 의식적 의도에 의해 결정된다는 잘못된 추론을 끌어낸다는 것이다.

> **Key term**
>
> **자유 의지(free will)**: 우리가 수많은 선택지로부터 우리가 할 일을 자유롭고 자발적으로 선택한다는 생각으로, 무의식적 과정이 우리의 행동을 결정한다고 주장하는 사람들에 의해 도전받는 생각

만약 Wegner(2003)가 옳다면 우리는 자신의 행동이 어떤 일의 원인이었음에도 그 원인이 다른 곳에 있다고 믿는 것과 같은 실수를 범해야 한다. 이러한 예측을 뒷받침하는 증거는 19세기 유럽과 미국을 휩쓴 심령술사 운동이라는 예상 밖의 원천에서 나타났다. 심령술을 옹호하는 사람들은 죽은 자의 영혼이 메시지를 전달하고 심지어 식탁도 움직일

수 있다고 믿었다. 여러 사람이 식탁 주변에 둘러앉아 식탁 위에 손을 얹고 움직이지 못하도록 내리 누르는 경우도 있었다. 잠시 후 탁자가 진동하기 시작했고, 결국 움직였다. 거기 앉아 있던 사람들은 식탁을 움직이게 한 것은 자신들이 아니고 바로 영혼들이라고 굳게 믿었다.

영국의 과학자인 Michael Faraday는 앉아 있던 사람들의 이 믿음을 반박했다. 그는 볼 베어링에 의해 상판이 둘로 나뉜 식탁을 제작하였다. 사람들은 이것이 그저 평범한 식탁이라고 생각했다. Faraday는 식탁의 **위쪽** 상판에 종이를 꽂아 놓고, 앉아 있는 사람들에게 위쪽 상판 앞에 놓인 그 종이 조각에 손을 얹어 달라고 부탁했다. 여기서 중요한 발견은 위쪽 상판은 아래쪽 상판보다 더 **먼저** 움직였다는 것이다. 즉, 식탁이 (영혼에 의해) 사람들의 손가락을 움직인 것이 아니라 사람들이 식탁을 움직인 것이었다. 이는 사람들이 자신의 행동이 식탁을 움직이게 만든 원인이라는 의식적 경험이 잘못되었다는 것을 뜻한다.

우리의 의식적인 생각이 행동의 원인이 된다는 (때로는 잘못된) 가정을 하게 되는 이유는 무엇일까? Wegner(2003; 또한 White, 2009 참조)에 따르면, 여기에는 세 가지 원칙이 관련되어 있다. 첫째, 자신의 생각이 행동보다 바로 앞에 일어났을 때이다(우선성 원칙). 둘째, 행동과 사고가 **일관될** 때가 그렇지 않을 때보다 생각이 행동의 원인이라고 간주하는 경향이 크다(일관성 원칙). 셋째, 분명한 대안적 행동 원인에 의해 수반되지 않는 사고는 그 행동을 유발하는 것으로 인식될 가능성이 더 높다(배타성 원칙).

Wegner와 Wheatley(1999)는 이러한 원칙들이 중요하다는 증거를 보고하였다. 이 연구에서 이들은 컴퓨터 마우스에 장착된 한 변이 12cm인 정사각형 보드를 사용하였다. 한 번에 두 명의 실험 참가자가 각각 자신의 손가락을 자신과 가장 가까운 보드의 측면에 놓았다. 보드를 움직이면 커서가 화면 위로 위치하게 되고 작은 물체들의 수많은 사진을 보여 준다. 두 참가자는 마우스를 천천히 원을 그리며 움직여 달라는 요청을 받았다. 이들은 헤드폰을 썼고, 약 30초마다 음악을 들을 것이고 그 순간에 커서를 멈춰야 한다는 지시를 받았다. 그리고 자신이 의식적으로 멈추기로 의도했던 위치와 실제 멈춘 위치의 차이 정도를 인식해야 했다. 그들이 커서를 옮기는 동안 귀에 방해 자극이 들렸는데, 두 참가자에게 서로 다른 단어가 제시되었다.

여기서 한 참가자는 진짜 참가자였지만 다른 한 사람은 가짜 참가자로, 연구자의 공모자였다. 진짜 참가자는 자신 옆의 사람 역시 헤드폰을 통해 방해 자극인 여러 단어들을 자신과 유사한 방식으로 들을 것이라 생각했다. 하지만 실제로 공모자에게는 특정 운동을 하라는 지시를 주었다. 몇몇 시행에서, 이 공모자는 주어진 사물(예: 고양이) 위에 멈추라는 지시를 받았고, 이 공모자가 커서를 멈추기 30초 전, 5초 전, 1초 전, 혹은 1초 후에 진짜 실험 참가자는 '고양이'라는 방해 단어를 들었다.

진짜 실험 참가자는 커서를 멈추기 1초나 5초 전에 그 물체의 이름을 들었을 때 커서를 그곳에 정지시켰다고 잘못 믿게 되었다. 따라서 그 참가자는 자신의 의식적 의도가 그 행동을 일으켰다고 잘못 추론하게 된 것이다. 이러한 잘못된 믿음은 우선성, 일관성, 배타성의 원칙에 의해 설명될 수 있다.

Wegner(1999)와 다른 연구자들은 Wegner와 Wheatley(1999) 연구 이후 몇 년 동안 유사한 연구를 여러 번 수행했으며, 그 결과가 대체적으로 유사했다(Nahmias, 2005). 그러나 이러한 연구에는 몇 가지 한계가 있다. 첫째, 연구 결과가 아주 강하지 않은 경우가 많다(Nahmias, 2005). 예를 들어, Wegner와 Wheatley(1999)의 연구에서, 세 가지 원칙을 모두 적용해도 참가자 중 60%만이 자신의 의식적 의도에 의해 커서를 정지시켰다고 믿었다.

둘째, 대부분의 연구는 참가자들이 그들의 의식적 의도가 특정한 행동을 유발하지 않았다는 것을 깨닫기 어렵게 고안된 매우 인위적인 설정을 포함한다. 비유하자면, 짙은 안개 속에서 물체를 식별할 때 실수를 했다고 해서 시지각 과정 자체가 절망적인 오류투성이라고 말하는 사람은 아무도 없는 것과 같다!

신경과학적 증거

Libet과 동료들(1983)은 의식적 의도가 우리의 행동을 결정한다는 우리의 확신에 반대하는 신경과학적 증거를 내놓았다. 실험 참가자들은 자신이 선택한 시간에 손목과 손가락을 구부리도록 요구받았다. 이들이 이 운동을 수행하려는 의도를 의식적으로 자각한 시간과 실제 손 근육을 움직인 순간을 기록하였다. 또한 연구자들은 뇌에서 준비 전위를 기록하였는데, 이는 신체의 움직임에 대한 사전 계획을 반영하는 것으로 여겨졌다.

Libet과 동료들(1983)은 **무엇**을 발견했을까? [그림 3-11]은 연구 결과에 대한 대략적인 개요를 보여 준다. 준비 전위는 실제로 참가자가 손목과 손가락을 구부리겠다는 의도를 의식적으로 자각했던 순간이라고 보고한 시간보다 약 1초 **전**에 증가하기 시작했다. 즉, 개인은 자신이 무엇을 하려고 하는지 의식적으로 알아차리기 **전에**, 앞으로의 행동에 대한 준비를 먼저 하는 것이다.

몇몇 시행에서 참가자들은 자신들이 수행하기로 결정한 행동을 거부하라는 지시를 받았다. 이제 준비 전위의 변화는 의식적 의도와 함께 나타났다. 이를 통해 Libet과 동료들(1983)은 행동을 수행하기로 한 결정과는 달리, 행동을 거부하는 결정은 의식적 의도에 기초한다고 결론지었다. 그러면 우리는 무엇을 할 자유 의지는 없지만, 하지 않을 자유는 있다는 말인가! 몇몇 연구가 Libet의 실험적 방법에 기초하여 유사한 연구를 진행했고, 대부분의 연구 결과는

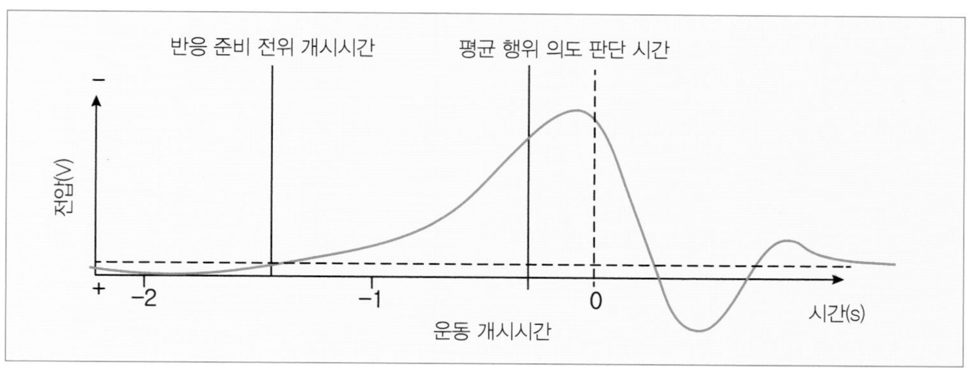

[그림 3-11] Libet의 발견을 나타내는 대략적인 결과. 뇌의 운동 영역에서 나타나는 신경세포의 준비는 실제 운동이 일어나는 시간보다 약 1초 전부터 시작될 수 있다. 그러나 운동 시작의 의도에 대한 의식적 경험(평균 W 판단)은 이 준비보다 훨씬 뒤인, 운동 개시 206ms 전에 일어난다. 원인이 결과보다 먼저 일어나야 함을 감안할 때, 의식적 의도가 행동을 이끄는 신경 과정의 원인이 될 수는 없다.
출처: Haggard (2005).

Libet과 동료들의 결과와 일치했다(Banks & Pockett, 2007; Banks & Isham, 2009).

Soon과 동료들(2008)은 훨씬 더 긴 무의식적 준비 시간에 대한 증거를 보고하였다. 이들은 의사결정 과정과 관련된 뇌 영역(예: 전전두 피질)의 활성화에 초점을 맞춰 연구하였다. 실험 참가자는 자신의 왼쪽 혹은 오른쪽 검지손가락 중 어떤 손가락으로 반응할지를 결정했다. 실험 참가자들의 이 결정은 의식적으로 그 결정을 자각하기 무려 7초 전에 전전두 피질과 두정 피질의 일부 뇌 영역에서의 활성화로 예측될 수 있었다! 또한 이 결정의 의식적 자각이 이루어지기 5초 전에 뇌의 운동 영역에서의 활성화가 참가자의 반응시간을 예측했다. 하지만 이 결과의 부정적인 측면은 예측정확도가 55~60%에 불과하였다는 점이다. 우연 수준의 정확도가 50%인 것을 고려한다면 이는 인상적인 수치는 아니다.

의도적 행동은 일반적으로 다음의 세 가지 결정에 달려 있다. 첫째, **무슨** 행동을 산출할 것인가, 둘째, **언제** 그 행동을 산출할 것인가, 셋째, 그 행동을 산출할 **것인가 말 것인가**이다. 이를 바탕으로 Brass와 Haggard(2008)는 의도적 행동에 대한 WWW(what, when, and whether) 모형을 제안하였다. 이 모형에서는 이 세 가지 결정에 서로 다른 뇌 영역이 관여한다. Soon과 동료들(2008)의 연구는 전전두 피질과 두정 피질이 무엇에 관한 결정에 관여하고, 언제에 관한 결정에는 운동 영역이 관여한다고 제안하였다.

지금까지의 연구 결과를 통해 우리는 어떤 결론을 내릴 수 있을까? Soon과 동료들(2008) 연구의 연구자 중 한 사람인 존 딜런 헤인즈(John-Dylan Haynes)는 한 언론 인터뷰에서 "당신의 결정은 두뇌의 활동에 의해 강하게 준비됩니다. 의식이 발동할 무렵에는 이미 대부분의 작업이 이미 끝난 상태지요."라고 말했다.

표면상으로는 우리가 어떤 결정을 내릴 때 종종 이를 의식적으로 자각하지 못하는 것처럼 보인다. 이를 통해 Greene과 Cohen(2004)은 사람들이 자신의 행동에 대한 책임을 본인이 져야 하는지에 대한 의문을 다음과 같이 제기하였다. '그건 내가 한 게 아니야. 내 뇌가 한 거야!'

하지만 이러한 관점에 동의하지 않는 몇 가지 이유가 있다. 첫째, 이 관점은 개인의 정체성과 그 두뇌가 완전히 분리되어 있다는 잘못된 가정에 근거한다(Kaliski, 2009). 둘째, 의도적 행위에 대한 **무엇**과 **언제**에 대한 실험실 연구들은 아주 사소한 행동에 관한 실험들을 집중적으로 수행하는데, 이러한 연구들이 현실세계의 상황, 즉 훨씬 더 중요한 행위 수행에 대한 결정과는 큰 관련이 없을 수도 있다. 우리는 아마도 행위 산출 여부를 결정할 때 개인적 책임감을 최대로 느끼는 것 같다. 왼손에 칼을 든 한 강력범이 오후 세 시에 누군가를 살해한다고 가정해 보자. 왼손을 사용할지 오른손을 사용할지와 같은 **무엇**에 대한 결정이나, 지금 할지 나중에 할지와 같은 **언제**에 대한 결정은 의식적 의도가 선행되지 않을 수도 있지만, 아마도 의식적 의도는 행위 결정 **여부**에 선행할 것이다.

평가

- ⊕ 어떤 결정을 내린 것에 대한 의식적 자각 전에 뇌의 활동이 먼저 일어나 이 결정을 준비한다는 증거(Libet et al., 1983; Soon et al., 2008)가 있다.
- ⊕ 우선성, 일관성, 배타성의 원칙에 의존하여 우리는 자신의 의식적 사고가 행동의 원인이라고 잘못 믿게 만들 수 있다.
- ⊖ 이 주제와 관련된 대부분의 연구들이 다소 인위적이고, 일상에서의 의사결정과 직접적 관련성이 없을 수도 있다.
- ⊖ 무슨 행동을 할지, 언제 할지에 대한 결정은 의식적 자각 이전에 대부분 뇌에서 준비될 수 있다. 그러나 행동 수행 여부에 대한 결정 전에도 뇌가 먼저 작동할지에 대해서는 덜 명확하다.

뇌와 의식의 관계에 대한 더 읽을거리

여러분은 주의와 의식의 관계에 대한 다양한 측면을 생각해 보는 데 뇌파 연구 결과가 많은 도움이 된다는 것을 보았다(Libet의 연구 결과 참조). 또한 다른 신경과학 및 신경심리학적 연구 결과들을 통해 어떤 뇌 영역이 의식 상태에 중요하며 의식적 자각에 수반되는 의식의 내용들 사이에 어떤 차이가 있는가에 대한 질문을 생각해 볼 수 있었다. Koch와 동료들(2016)은 이러한 발견에 대한 흥미로운 개관을 하였는데, 이에 따르면 어떤 하나의 뇌 영역이 아니라 몇 개의 영역이 의식에 관련되어 있다고 제안한다.

의식 상태는 결정적으로 뇌간의 망상체, 시상의 일부, 그리고 아마도 시상을 둘러싸고 있는 피질 일부에 달려 있다. 이 영역들은 완전한 의식 상태에 있기 위한 배경 조건을 제공한다. 이 영역들은 뇌의 다른 영역의 활성화에 영향을 주는 피질의 허브 역할을 함으로써 의식의 내용을 만드는 데 직접적으로 기여하는 피질 영역들 사이의 효과적인 상호작용을 가능하게 만든다.

의식의 내용 자체는 주로 측두엽, 두정엽, 후두엽 사이의 경계에 있는 뇌의 중요한 영역에 의존한다. 이는 특히 시각 자극의 의식적 지각에서 잘 나타난다. 아마도 전두엽의 한두 영역 역시 약간의 기여를 할 것이다. 예를 들어, Lamme과 Roelfsema(2000)는 만약 시지각이 일차 시각 피질부터 측두 피질까지의 상향식 활성화로만 제한된다면 무의식적 상태로 남아 있을 수 있다고 가정했다. 하지만 상위 뇌 영역에서 하위 영역으로의 피드백이 제공될 때 의식화된다고 주장하였다. 이러한 상호작용은 의식적 경험을 가능하도록 하는 충분히 긴 동기화 시간을 만들어 낸다. 이러한 상위 뇌 영역에는 전두엽 역시 포함될 가능성이 있다(Bar et al., 2006). 마지막으로 지각이 행위와 결합될 때, 주의의 할당, 과제 실행, 점검, 자극의 보고에 필요한 전두엽과 두정엽의 네트워크가 광범위하게 활성화된다.

의식적 및 무의식적 정보처리에서의 뇌 활동을 이해하기 위해 종종 사용되는 모형은 2장(예: Baars & Franklin, 2007)에서 처음 언급된 전역 작업공간 모형이다. 이 모형은 정보처리의 초기 단계에서는 많은 특수한 기능(예: 색상 처리, 운동 처리)을 담당하는 특수 목적 처리장치가 서로 비교적 독립적인 방식으로 작동한다고 가정한다. 이 처리장치들은 다양한 뇌 영역에 위치하며 일반적으로 의식적 자각과는 관련이 없다. 의식은 이러한 특수 목적 처리장치로부터 처리된 정보가 통합되는 시점에 생겨난다[Lamme과 Roelfsema(2000) 역시 이러한 가정을 함]. 의식의 역할은 전체 뇌가 이 정보를 이용할 수 있게 만드는 것이다. 그래서 이 정보들을 통해 현재 진행되고 있는 행동과 그 기능을 동기화할 수 있다.

발견들

앞에서 언급된 모든 가설을 지지하는 실험적 증거들이 있다. 예를 들어, Dehaene과 동료들(2001)은 무의식적 처리가 특수 목적 처리장치에 주로 국한된다는 생각을 검증했다. 한 조건에서는 단어가 제시될 때 의식적으로 지각될 수 있었고, 다른 조건에서는 단어가 차폐(masking)되었는데, 차폐 자극이 아주 잠깐 제시된 먼저 나온 단어의 지각 처리를 방해했다. 이 차폐 조건에서는 단어가 의식적으로 지각될 수 없었다.

단어가 의식적으로 지각될 때에는 시각 피질, 두정 피질, 전전두 피

> **Key term**
>
> **차폐(masking)**: 아주 빨리 뒤이어 나오는 자극(차폐 자극)에 의해 (시각 또는 청각) 자극의 처리를 억제하는 것

질에서 광범위한 활성화가 나타났다(그리고 보여진 단어를 발화하는 것과 같은 행동과 관련된 뇌 영역의 활성화도 나타났다). 이와는 대조적으로, 차폐 조건에서는 활성화가 주로 시각 피질에서만 나타났으며, 두정피질이나 전전두 피질에서는 감지할 만한 활성화가 나타나지 않았다.

Koivisto와 동료들(2016)은 뇌파 연구에서의 증거를 제시했다. 이들은 시각적 인식과 관련된 전기생리학적 상관물과 반응 선택 및 행동 수행과 관련된 상관물을 분리하였다. 실험 참가자들은 두 개의 반응-비반응 과제를 수행하였다. 이 과제에서 실험 참가자들은 한 유형의 자극에 대해서는 (버튼을 누름으로) 반응을 해야 했고, 다른 유형의 자극에 대해서는 반응을 하지 않아야 했다. 의식-반응 조건에서 실험 참가자들은 자극이 제시되었다고 의식할 때 반응을 해야 했고, 의식하지 못했을 때는 반응을 보류해야 했다. 선을 이용해 만들어진 자극 패턴은 제시되지 않거나, 명백히 제시되거나, 제시되었지만 차폐되었다. 그래서 참가자들은 전체 제시된 자극의 반만 볼 수 있었다. 무의식-반응 조건에서는 참가자들이 자극을 인식할 때 반응을 보류해야 했고, 자극을 인식하지 못할 때 반응해야 했다. 따라서 참가자들의 사건 관련 전위는 반응이 요구될 때와 요구되지 않을 때 각각 자극을 인식했을 때와 그렇지 못했을 때로 구분하여 측정될 수 있었다.

[그림 3-12]는 실험 결과를 보여 준다. 먼저, 자극을 인식한 시행과 인식하지 못한 시행에서 뇌의 반응 차이가 나는 구간이 두 군데 있었다. 첫 구간은 자극 제시 후 약 200ms에서 나타나는 초기 부적 파형(N200이라 함)이었다. 반응 여부에 상관없이 모든 인식 시행에서는 이 파형이 나타났다. 참가자가 의식적으로 자극을 볼 수 있을 때 전위는 더 부적으로 나타났다. 이

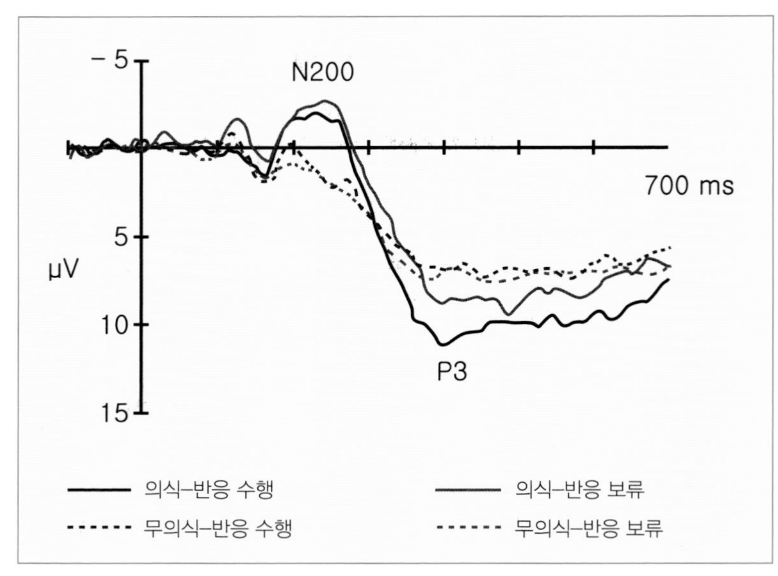

[그림 3-12] Koivisto와 동료들(2016)의 네 조건에서의 사건 관련 전위 파형. 첫째, 자극이 의식적으로 지각될 때 부적 변위(N200)가 나타났고, 후에 정적 변위(P3)가 이어 나타났다. P3는 의식-반응 보류 조건에서보다 의식-반응 수행 조건에서 더 크게 나타났다. 이 그림에서 부적 파형이 y축의 양의 방향이고, 정적 파형이 음의 방향임을 주목하기 바란다([그림 1-12]와는 반대이다). 대부분의 사건 관련 전위 연구 결과는 이 그림처럼 제시된다.
출처: Koivisto et al. (2016).

러한 차이는 후두 피질과 그 주변 두정 피질 일부에서 나타났다.

두 번째 구간은 자극 제시 후 약 300ms 후에 시작된 정적 뇌파(P3 혹은 P300이라 함)이다. 의식 조건과 무의식 조건 사이에도 차이가 나타났을 뿐만 아니라 반응 여부에 따라서도 뇌파에 차이가 있었다. 자극을 의식적으로 지각했을 때 반응을 해야 하는 조건에서의 정적 파형이 반응을 보류해야 하는 조건에서보다 더 컸다. 또한 이러한 신호의 양상은 뇌 전체에 퍼져 있었다. 이는 의식적 지각이 행동과 결합될 때 전두-두정 네트워크가 모두 활성화된다는 가설을 지지하는 결과이다.

한계점

의식의 다양한 측면에 대한 이해를 깊이 하기 위한 인지신경과학적 연구방법을 완전히 이해하기 위해서는 대부분의 연구가 지각적 자극(특히 시각 자극)의 의식적 자각에 과도하게 집중되어 있다는 점을 명심하는 것이 중요하다. 추후 연구를 위한 중요한 과제는 자극의 지각과 관련된 정보처리가 자기 자각과 관련된 처리와 어느 정도 유사한지를 결정하는 것이다.

중간 요약

식물인간 상태

- 식물인간 상태의 환자로부터의 행동 연구 결과는 이들이 의식적 자각이 없다는 것을 강력하게 시사한다. 그러나 뇌 영상 연구는 몇몇 환자의 경우 언어를 이해할 수 있는 능력을 어느 정도 가지고 있고, 제한된 수준의 의식적 자각이 있을 수 있다는 것을 보여 준다.

주의와 의식 사이의 관계

- 초점 주의와 의식적 자각 사이에는 밀접한 관계가 있는데, 주의는 의식에 선행한다. 그러나 주의는 의식 없이도 행동에 영향을 줄 수 있고, 많은 연구자에 따르면 무의식적 처리는 주의가 완전히 부재된 상태에서는 일어날 수 없다.

행동의 통제: 무의식적 처리와 자유 의지

- 사람들은 때때로 자신의 의식적 생각이 행동을 야기했다는 잘못된 믿음을 가지고 있다. 누군가가 내릴 결정은 그 결정을 했다는 것을 의식적으로 자각하기 몇 초 전의 뇌 활동에 기초하여 예측될 수 있다. 그러나 이러한 종류의 연구는 여러 행동들에 대한 결정을 **무엇**으로 그리고 언제 할지에 집중해 왔고, 더 중요한 행동 산출의 **여부**에 관한 내용은 무시해 왔다.

뇌와 의식

- 정보처리의 초기 단계는 의식적 자극과 관련이 없는 특수 처리장치가 관여한다. 의식은 이후 나타나는 정보의 통합 단계와 관련된다. 지각과 행동의 결합은 전두엽과 두정엽의 광범위한 뇌 영역의 네트워크의 활성화와 관련되어 있다.

논술 문제

1. 다른 청각 메시지가 방해를 하는 상황에도 우리는 어떻게 하나의 청각 메시지에 주의를 기울일 수 있는가?
2. 시각 주의는 조명등이나 줌 렌즈와 유사하다는 주장이 있다. 이러한 주장은 얼마나 타당한가?
3. 시각 탐색에 관하여 발견된 증거들은 무엇인가? 공항 보안 검사와 관련된 사람들에게 심리학자는 어떤 조언을 줄 수 있는가?
4. 연습은 완벽을 만드는가? 아니라면 그 이유는 무엇인가?
5. 운전 중에 휴대전화를 사용하는 것을 금지시키는 것은 얼마나 바람직한가?
6. 사건 관련 전위 연구나 뇌 영상 연구는 인간의 의식에 대한 이해를 얼마나 증진시켰는가?

더 읽을 거리

- Chokron, S., Bartolomeo, P., & Sieroff, E. (2008). Unilateral spatial neglect: 30 years of research, discoveries, hope, and (especially) questions. *Revue Neurologique, 164*, S134-S142. 이 논문은 무시증에 관한 연구에 대해 훌륭한 설명을 제공하며 이러한 연구가 주의 과정에 대한 이해를 더하는 데 어떻게 관련되어 있는지를 설명한다.
- Fawcett, J. M., Risko, E. G., & Kingstone, A. (2015). *The handbook of attention.* Cambridge, MA: The MIT Press. 파셋(Fawcett)과 동료들에 의해 편집된 이 책은 주의 분야의 최고 전문가들이 집필한 28장으로 구성되어 있다. 이 책이 더욱 흥미로운 이유는 저자들이 실험실에서 얻은 결과를 현실의 상황에 연결시키려고 많은 노력을 했다는 점이다.
- Moors, A., & De Houwer, J. (2006). Automaticity: A theoretical and conceptual analysis. *Psychological Bulletin, 132,* 297-326. 이 논문은 자동성이라는 주제와 관련된 주요 주제와 논쟁점들을 상세히 논하고 있다.
- Nobre, A. C., & Kastner, S. (Eds.) (2014). *The Oxford handbook of attention.* Oxford: Oxford University Press. 주의와 관련된 모든 주요 저자의 저작을 편집한 이 책은 이 장에서 다루는 주제에 관한 정보를 1,200페이지나 포함하고 있다.
- Rayner, K. (2009). Eye movements and attention in reading, scene perception, and visual search. *Quarterly Journal of Experimental Psychology, 62,* 1457-1506. 키스 레이너(Keith Rayner)는 읽기나 시각 탐색과 같은 몇몇 중요한 활동에서 주의 정보처리의 역할을 상세히 논하고 있다.
- Salvucci, D. D., & Taatgen, N. A. (2011). *The multitasking mind.* New York, NY: Oxford University Press. 이 책의 저자들은 다중작업에 관한 이론을 제시하며 어떻게 우리가 다중작업과 관련된 단점을 극복할 수 있는가에 대해 논한다.

참고문헌

Aguiar, A., Eubig, P. A., & Schantz, S. L. (2010). Attention deficit/hyperactivity disorder: A focused overview for children's environmental health researchers. *Environmental Health Perspectives, 118*(12), 1646-1653.

Alais, D., & Burr, D. (2004). The ventriloquist effect results from near-optimal bimodal integration. *Current Biology, 14*, 257-262.

Awh, E., & Pashler, H. (2000). Evidence for split attentional loci. *Journal of Experimental Psychology: Human Perception and Performance, 26*, 834-846.

Baars, B. J. (1997). Consciousness versus attention, perception, and working memory. *Consciousness and Cognition, 5*, 363-371.

Baars, B. J., & Franklin, S. (2007). An architectural model of conscious and unconscious brain functions: Global Workspace Theory and IDA. *Neural Networks, 20*, 955-961.

Banks, W. P., & Isham, E. A. (2009). We infer rather than perceive the moment we decided to act. *Psychological Science, 20*, 17-21.

Banks, W. P., & Pockett, S. (2007). Benjamin Libet's work on the neuroscience of free will. In M. Velmans & S. Schinder (Eds.), *Blackwell companion to consciousness* (pp. 657-670). Malden, MA: Blackwell.

Bartolomeo, P., & Chokron, S. (2002). Orienting of attention in left unilateral neglect. *Neuroscience and Biobehavioral Reviews, 26*, 217-234.

Bauby, J.-D. (1997). *The diving bell and the butterfly*. New York, NY: Knopf.

Benoni, H., Zivony, A., & Tsal, Y. (2014). Attentional sets influence perceptual load effects, but not dilution effects. *The Quarterly Journal of Experimental Psychology, 67*(4), 785-792.

Botvinick, M., & Cohen, J. (1998). Rubber hands "feel" touch that eyes see. *Nature*, 391: 756.

Brass, M., & Haggard, P. (2008). The what, when, and whether model of intentional action. *The Neuroscientist, 14*, 319-325.

Broadbent, D. E. (1958). *Perception and communication*. Oxford, UK: Pergamon.

Burgess, P. W. (2015). Serial versus concurrent multitasking: From lab to life. In J. M. Fawcett, E. F. Risko, & A. Kingstone (Eds.), *The handbook of attention* (pp. 443-462). Cambridge, MA: The MIT Press.

Caird, J. K., Willness, C. R., Steel, P., & Scialfa, C. (2008). A meta-analysis of the effects of cell phones on driver performance. *Accident Analysis and Prevention, 40*, 1282-1293.

Calvo, M. G., & Eysenck, M. W. (1996). Phonological working memory and reading in test anxiety. *Memory, 4*, 289-305.

Calvo, M. G., & Marrero, H. (2009). Visual search of emotional faces: The role of affective content and featural distinctiveness. *Cognition & Emotion, 23*, 782-806.

Cardoso-Leite, P., Kludt, R., Vignola, G., Ma, W. J., Green, C. S., & Bavelier, D. (2016). Technology consumption and cognitive control: Contrasting action video game experience with media multitasking. *Attention, Perception, & Psychophysics, 78*(1), 218-241.

Cherry, E. C. (1953). Some experiments on the recognition of speech with one and two ears. *Journal of the Acoustical Society of America, 25*, 975-979.

Chokron, S., Dupierrix, E., Tabert, M., & Bartolomeo, P. (2007). Experimental remission of unilateral spatial neglect. *Neuropsychologia, 45*, 3127-3148.

Coleman, M. R., Davis, M. H., Rodd, J. M., Robson, T., Ali, A., Owen, A. M., & Pickard, J. D. (2009). Towards the routine use of brain imaging to aid the clinical diagnosis of disorders of consciousness. *Brain, 132*, 2541-2552.

Colman, A. M. (2015). *A dictionary of psychology* (4th ed.). Oxford: Oxford University Press.

Corbetta, M., & Shulman, G. L. (2011). Spatial neglect and attention networks. *Annual Review of Neuroscience, 34*, 569-599.

Corbetta, M., Patel, G., & Shulman, G. L. (2008). The re-orienting system of the human brain: From environment to theory of mind. *Neuron, 58*, 306-324.

Dalton, P., & Lavie, N. (2007). Overriding auditory attentional capture. *Perception & Osychophysics, 69*(2), 162-171.

Danckert, J., & Ferber, S. (2006). Revisiting unilateral neglect. *Neuropsychologia, 44*, 987-1006.

Dehaene, S., Naccache, L., Cohen, L., Le Bihan, D., Mangin, J., Poline, J., et al. (2001). Cerebral mechanisms of word masking and unconscious repetition priming. *Nature Neuroscience, 4*, 752-758.

Deubel, H., & Schneider, W. X. (1996). Saccade target selection and object recognition: Evidence for a common attentional mechanism. *Vision Research, 36*(12), 1827-1837.

Deutsch, J. A., & Deutsch, D. (1963). Attention: Some theoretical considerations. *Psychological Review, 93*, 283-321.

Drews, F. A., Pasupathi, M., & Strayer, D. L. (2008). Passenger and cell phone conversations in simulated driving. *Journal of Experimental Psychology: Applied, 14*, 392-400.

Driver, J., & Vuilleumier, P. (2001). Perceptual awareness and its loss in unilateral neglect and extinction. *Cognition, 79*, 39-88.

Egly, R., Driver, J., & Rafal, R. D. (1994). Shifting visual attention between objects and locations: Evidence from normal and parietal lesion subjects. *Journal of Experimental Psychology: General, 123*, 161-177.

Ehinger, K. A., Hidalgo-Sotelo, B., Torralba, A., & Oliva, A. (2009). Modelling search for people in 900 scenes: A combined source model of eye guidance. *Visual Cognition, 17*, 945-978.

Eriksen, C. W., & St. James, J. D. (1986). Visual attention within and around the field of focal attention: A zoom lens model. *Perception & Psychophysics, 40*, 225-240.

Eysenck, M. W., Derakshan, N., Santos, R., & Calvo, M. G. (2007). Anxiety and cognitive performance: Attentional control theory. *Emotion, 7*, 336-353.

Floro, M., & Miles, M. (2001). *Time use and overlapping activities - Evidence from Australia* (SPRC Discussion Paper No. 93). Sydney, Australia: Social Policy Research Center.

Folk, C. L., Remington, R. W., & Johnston, J. C. (1992). Involuntary covert orienting is contingent on attentional control settings. *Journal of Experimental Psychology: Human Perception and Performance, 18*, 1030-1044.

Folk, C. L., Remington, R. W., & Johnston, J. C. (1992). Involuntary covert orienting is contingent on attentional control settings. *Journal of Experimental Psychology: Human Perception and Performance, 18*, 1030-1044.

Forster, S., & Lavie, N. (2008). Failures to ignore entirely irrelevant distractors: The role of load. *Journal of Experimental Psychology: Applied, 14*, 73-83.

Forster, S., & Lavie, N. (2009). Harnessing the wandering mind: The role of perceptual load. *Cognition, 111*, 345-355.

Forster, S., & Lavie, N. (2016). Establishing the attention-distractibility trait. *Psychological Science, 27*(2), 203-212.

Friedman-Hill, S. R., Robertson, L. C., & Treisman, A. (1995). Parietal contributions to visual feature binding: Evidence from a patient with bilateral lesions. *Science, 269*, 853-855.

Geyer, T., von Mühlenen, A., & Müller, H. J. (2007). What do eye movements reveal about the role of memory in visual search? *Quarterly Journal of Experimental Psychology, 60*, 924-935.

Golumbic, E. Z., Cogan, G. B., Schroeder, C. E., & Poeppel, D. (2013). Visual input enhances selective speech envelope tracking in auditory cortex at a "cocktail party". *Journal of Neuroscience, 33*, 1417-1426.

Gray, J. A., & Wedderburn, A. A. (1960). Grouping strategies with simultaneous stimuli. *Quarterly Journal of Experimental Psychology, 12*, 180-184.

Greene, J., & Cohen, J. (2004). For the law, neuroscience changes nothing and everything. *Philosophical Transactions of the Royal Society London B: Biological Sciences, 359*, 1775-1785.

Greenwald, A. G. (2003). On doing two things at once: III. Confirmation of perfect timesharing when simultaneous tasks are ideomotor compatible. *Journal of Experimental Psychology: Human Perception and Performance, 29*, 859-868.

Henderson, J. M., & Hollingworth, A. (1999). High-level scene perception. *Annual Review of Psychology, 50*, 243-271.

Herschler, O., & Hochstein, S. (2009). The importance of being expert: Top-down attentional control in visual search with photographs. *Attention, Perception & Psychophysics, 71*, 1478-1486.

Hulleman, J., & Olivers, C. N. L. (2017). The impending demise of the item in visual search. *Behavioral and Brain Sciences, 40*(1), 1-20.

Humphreys, G. W., Riddoch, M. J., & Quinlan, P. T. (1985). Interactive processes in perceptual organization: Evidence from visual agnosia. In M. I. Posner & O. S. M. Morin (Eds.), *Attention and performance (Vol. XI)*. Hillsdale, NJ: Lawrence Erlbaum.

Hyman, I., Boss, S., Wise, B., McKenzie, K., & Caggiano, J. (2009). Did you see the unicycling clown? Inattentional blindness while walking and talking on a cell phone. *Applied Cognitive Psychology, 24*, 597-607.

James, W. (1890). *Principles of psychology*. New York, NY: Holt.

Jiang, Y., Costello, P., Fang, F., Huang, M., & He, S. (2006). A gender-and sexual orientation-dependent spatial attentional effect of invisible images. *Proceedings of the National Academy of Sciences of the United States of America, 103*, 17048-17052.

Kalckert, A., & Ehrsson, H. H. (2014). The spatial distance rule in the moving and classical rubber hand illusions. *Consciousness and Cognition, 30*, 118-132.

Kaliski, S. Z. (2009). 'My brain made me do it!' - How neuroscience may change the insanity defense.

South African Journal of Psychiatry, 15, 4-6.

Khetrapal, N. (2010). Load theory of selective attention and the role of perceptual load: Is it time for revision? *European Journal of Cognitive Psychology, 22*, 149-156.

Knoeferle, K. M., Knoeferle, P., Velasco, C., & Spence, C. (2016). Multisensory brand search: How the meaning of sounds guides consumers' visual attention. *Journal of Experimental Psychology: Applied, 22*(2), 196-210.

Koch, C., & Tsuchiya, N. (2007). Attention and consciousness: Two distinct brain processes. *Trends in Cognitive Sciences, 11*, 16-22.

Koch, C., Massimini, M., Boly, M., & Tononi, G. (2016). Neural correlates of consciousness: progress and problems. *Nature Reviews Neuroscience, 17*(5), 307-321.

Koivisto, M., Salminen-Vaparanta, N., Grassini, S., & Revonsuo, A. (2016). Subjective visual awareness emerges prior to P3. *European Journal of Neuroscience, 43*(12), 1601-1611.

Kolko, J. D. (2009). The effects of mobile phones and hands-free laws on traffic fatalities. *Berkeley Electronic Journal of Economic Analysis & Policy, 9*, No. 10.

Koller, S. M., Drury, C. G., & Schwaninger, A. (2009). Change of search time and non-search time in X-ray baggage screening due to training. *Ergonomics, 52*, 644-656.

Kondziella, D., Friberg, C. K., Frokjaer, V. G., Fabricius, M., & Møller, K. (2016). Preserved consciousness in vegetative and minimal conscious states: systematic review and meta-analysis. *Journal of Neurology, Neurosurgery & Psychiatry, 87*, 485-492.

Kunar, M. A., Carter, R., Cohen, M., & Horowitz, T. S. (2008). Telephone conversation impairs sustained visual attention via a central bottleneck. *Psychonomic Bulletin & Review, 15*, 1135-1140.

Lachter, J., Forster, K. I., & Ruthruff, E. (2004). Forty-five years after Broadbent (1958): Still no identification without attention. *Psychological Review, 111*(4), 880-913.

Lamme, V. A. F. (2003). Why visual attention and awareness are different. *Trends in Cognitive Sciences, 7*, 12-18.

Lamme, V. A., & Roelfsema, P. R. (2000). The distinct modes of vision offered by feedforward and recurrent processing. *Trends in Neurosciences, 23*(11), 571-579.

Lehle, C., Steinhauser, M., & Hubner, R. (2009). Serial or parallel processing in dual tasks: what is more effortful? *Psychophysiology, 46*, 502-509.

Levy, J., Pashler, H., & Boer, E. (2006). Central interference in driving: Is there any stopping the psychological refractory period? *Psychological Science, 17*, 228-235.

Libet, B., Gleason, C. A., Wright, E. W., & Pearl, D. K. (1983). Time of conscious intention to act in relation to onset of cerebral activity (readiness potential): The unconscious initiation of a freely voluntary act. *Brain, 106*, 623-642.

Lin, L. (2009). Breadth-biased versus focused cognitive control in media multitasking behaviors. *Proceedings of the National Association of Sciences of the United States of America, 106*, 15521-15522.

Marozeau, J., Innes-Brown, H., Grayden, D. B., Burkitt, A. N., & Blamey, P. J. (2010). The effect of visual cues on auditory stream segregation in musicians and non-musicians. *Public Library of Science One, 5*, e11297.

Martinez, A., Anllo-Vento, L., Sereno, M. I., Frank, L. R., Buxton, R. B., Dubowitz, D. J., et al. (1999). Involvement of striate and extrastriate visual cortical areas in spatial attention. *Nature Neuroscience, 4*, 364-369.

Marzi, C. A., Girelli, M., Natale, E., & Miniussi, C. (2001). What exactly is extinguished in unilateral visual extinction? *Neuropsychologia, 39*, 1354-1366.

McCarley, J. S., Kramer, A. F., Wickens, C. D., & Boot, W. R. (2004). Visual skills in airport-security screening. *Psychological Science, 15*, 302-306.

McEvoy, S. P., Stevenson, M. R., & Woodward, M. (2007). The contribution of passengers versus mobile use to motor vehicle crashes resulting in hospital attendance. *Accident Analysis and Prevention, 39*, 1170-1176.

Menneer, T., Cave, K. R., & Donnelly, N. (2009). The cost of search for multiple targets: Effects of practice and target similarity. *Journal of Experimental Psychology: Applied, 15*, 125-139.

Moors, A., & de Houwer, J. (2006). Automaticity: A theoretical and conceptual analysis. *Psychological Bulletin, 132*, 297-326.

Morawetz, C., Holz, P., Baudewig, J., Treue, S., & Dechent, P. (2007). Split of attentional resources in human visual cortex. *Visual Neuroscience, 24*, 817-826.

Moray, N. (1959). Attention in dichotic listening: Affective cues and the influence of instructions. *Quarterly Journal of Experimental Psychology, 11*, 56-60.

Müller, N. G., Bartelt, O. A., Donner, T. H., Villringer, A., & Brandt, S. A. (2003). A physiological correlate of the "zoom lens" of visual attention. *Journal of Neuroscience, 23*, 3561-2565.

Naccache, L., Blandin, E., & Dehaene, S. (2002). Unconscious masked priming depends on temporal attention. *Psychological Science, 13*, 416-424.

Nahmias, E. (2005). Agency, authorship, and illusion. *Consciousness and Cognition, 14*, 771-785.

Nijboer, T. C. W., McIntosh, R. D., Nys, G. M. S., Dijkerman, H. C., & Milner, A. D. (2008). Prism adaptation improves voluntary but not automatic orienting in neglect. *NeuroReport, 19*, 293-298.

O'Craven, K., Downing, P., & Kanwisher, N. (1999). fMRI evidence for objects as the units of attentional selection. *Nature, 401*, 584-587.

Ophir, E., Nass, C., & Wagner, A. D. (2009). Cognitive control in media multitaskers. *Proceedings of the National Association of Sciences, 106*, 15583-15587.

Owen, A. M., Coleman, M. R., Boly, M., Davis, M. H., Laureys, S., & Pickard, J. D. (2006). Detecting awareness in the vegetative state. *Science, 313*, 1402.

Parton, A., Mulhotra, P., & Husain, M. (2004). Hemispatial neglect. *Journal of Neurology, Neurosurgery and Psychiatry, 75*, 13-21.

Pashler, H. (1993). Dual-task interference and elementary mental mechanisms. In D. E. Meyer & S. Kornblum (Eds.), *Attention and performance (Vol. XIV)*. London, UK: MIT Press.

Petkova, V. I., & Ehrsson, H. H. (2008). If I were you: Perceptual illusion of body swapping. *PLoS One, 3*, e3832.

Pinker, S. (1997). *How the mind works*. New York, NY: W. W. Norton.

Posner, M. I. (1980). Orienting of attention: The VIIth Sir Frederic Bartlett lecture. *Quarterly Journal of Experimental Psychology, 32A*, 3-25.

Quinlan, P. T. (2003). Visual feature integration theory: Past, present, and future. *Psychological Bulletin, 129*, 643-673.

Recanzone, G. H., & Sutter, M. L. (2008). The biological basis of audition. *Annual Review of Psychology, 59*, 119-142.

Redelmeier, D. A., & Tibshirani, R. J. (1997). Association between cellular-telephone calls and motor vehicle collisions. *New England Journal of Medicine, 336*, 453-458.

Rideout, V. J., Foehr, U. G., & Roberts, D. F. (2010). *Generation M2: Media in the lives of 8- to 18-year-olds*. Menlo Park, CA: Henry J. Kaiser Family Foundation.

Robinson, B. L., & McAlpine, D. (2009). Gain control mechanisms in the auditory pathway. *Current Opinion in Neurobiology, 19*, 402-407.

Rosenholtz, R., Huang, J., Raj, A., Balas, B. J., & Ilie, L. (2012a). A summary statistic representation in peripheral vision explains visual search. *Journal of Vision, 12*(4), 1-17.

Rosenholtz, R., Huang, J., & Ehinger, K. A. (2012b). Rethinking the role of top-down attention in vision: Effects attributable to a lossy representation in peripheral vision. *Frontiers in Psychology, 3*: 13.

Rossetti, Y., Rode, G., Pisella, L., Boisson, D., & Perenin, M. T. (1998). Prism adaptation to a rightward optical deviation rehabilitates left hemispatial neglect. *Nature, 395*, 166-169.

Royden, C. S., Wolfe, J. M., & Klempen, N. (2001). Visual search asymmetries in motion and optic flow fields. *Perception & Psychophysics, 63*, 436-444.

Rubinstein, J. S., Meyer, D. E., & Evans, J. E. (2001). Executive control of cognitive processes in task switching. *Journal of Experimental Psychology: Human Perception and Performance, 27*, 763-797.

Schneider, W., & Shiffrin, R. M. (1977). Controlled and automatic human information processing: I. Detection, search, and attention. *Psychological Review, 84*, 1-66.

Schwark, J., Sandry, J., MacDonald, J., & Dolgov, I. (2012). False feedback increases detection of low-prevalence targets in visual search. *Attention, Perception, & Psychophysics, 74*(8), 1583-1589.

Semeijn, E. J., Comijs, H. C., de Vet, H. C. W., Kooij, J. J. S., Michielsen, M., Beekman, A. T. F., & Deeg, D. J. H. (2016). Lifetime stability of ADHD symptoms in older adults. *ADHD Attention Deficit and Hyperactivity Disorders, 8*(1), 13-20.

Shamma, S. A., Elhilali, M., & Micheyl, C. (2011). Temporal coherence and attention in auditory scene analysis. *Trends in Neurosciences, 34*, 114-123.

Shen, W., Olive, J., & Jones, D. (2008). Two protocols comparing human and machine phonetic discrimination performance in conversational speech. *Interspeech*, 1630-1633.

Shiffrin, R. M., & Schneider, W. (1977). Controlled and automatic human information processing: II. Perceptual learning, automatic attending, and a general theory. *Psychological Review, 84*, 127-190.

Shomstein, S. (2012). Cognitive functions of the posterior parietal cortex: top-down and bottom-up attentional control. *Frontiers in Integrative Neuroscience, 6*, 38.

Smania, N., Martini, M. C., Gambina, G., Tomelleri, G., Palamara, A., Natale, E., et al. (1998). The spatial distribution of visual attention in hemineglect and extinction patients. *Brain, 121*, 1759-1770.

Soon, C. S., Brass, M., Heinze, H. J., & Haynes, J. D. (2008). Unconscious determinants of free decisions in the human brain. *Nature Neuroscience, 10*, 257-261.

Spelke, E. S., Hirst, W. C., & Neisser, U. (1976). Skills of divided attention. *Cognition, 4*, 215-230.

Strayer, D. L., Watson, J. M., & Drews, F. A. (2011). Cognitive distraction while multitasking in the automobile. *Psychology of Learning and Motivation, 54*, 29-58.

Strohl, M. P. (2011). Bradley's Benzedrine studies on children with behavioral disorders. *Yale Journal of Biology and Medicine, 84*(1), 27-33.

Thimm, M., Fink, G. R., Küst, J., Karbe, H., Willmes, K., & Sturm, W. (2009). Recovery from hemineglect: Differential neurobiological effects of optokinetic stimulation and alertness training. *Cortex, 45*, 850-862.

Treisman, A. M. (1960). Contextual cues in selective attention. *Quarterly Journal of Experimental Psychology, 12*, 242-248.

Treisman, A. M. (1964). Verbal cues, language, and meaning in selective attention. *American Journal of Psychology, 77*, 206-219.

Treisman, A. M., & Gelade, G. (1980). A feature integration theory of attention. *Cognitive Psychology, 12*, 97-136.

Treisman, A. M., & Riley, J. G. A. (1969). Is selective attention selective perception or selective response? A further test. *Journal of Experimental Psychology, 79*, 27-34.

Treisman, A., & Schmidt, H. (1982). Illusory conjunctions in the perception of objects. *Cognitive Psychology, 14*(1), 107-141.

Troiani, V., Price, E. T., & Schultz, R. T. (2014). Unseen fearful faces promote amygdala guidance of attention. *Social, Cognitive, and Affective Neuroscience, 9*, 133-140.

Tsakiris, M., & Haggard, P. (2005). The rubber hand illusion revisited: Visuotactile integration and self-attribution. *Journal of Experimental Psychology: Human Perception and Performance, 31*(1), 80-91.

Van der Hoort, B., Guterstam, A., & Ehrsson, H. (2011). Being Barbie: The size of one's own body determines the perceived size of the world. *PLoS One, 6*(5), e20195.

Vuilleumier, P., Schwartz, S., Clark, K., Husain, M., & Driver, J. (2002). Testing memory for unseen visual stimuli in patients with extinction and spatial neglect. *Journal of Cognitive Neuroscience, 14*, 875-886.

Vuilleumier, P., Schwartz, S., Verdon, V., Maravita, A., Hutton, C., Husain, M., et al. (2008). Abnormal attentional modulation of retinotopic cortex in parietal patients with spatial neglect. *Current Biology, 18*, 1525-1529.

Wang, Z., & Tchernev, J. M. (2012). The "myth" of media multitasking: Reciprocal dynamics of media multitasking, personal needs, and gratifications. *Journal of Communication, 62*(3), 493-513.

Watson, J. M., & Strayer, D. L. (2010). Supertaskers: Profiles in extraordinary multitasking ability. *Psychonomic Bulletin & Review, 17*, 479-485.

Wegner, D. M. (2003). The mind's best trick: How we experience conscious will. *Trends in Cognitive Sciences, 7*, 65-69.

Wegner, D. M., & Wheatley, T. (1999). Apparent mental causation: Sources of the experience of will. *American Psychologist, 54*, 480-492.

White, P. A. (2009). Property transmission: An explanatory account of the role of similarity information in causal inference. *Psychological Bulletin, 135*, 774-793.

Wickens, C. D. (2008). Multiple resources and mental workload. *Human Factors: The Journal of the Human Factors and Ergonomics Society, 50*(3), 449-455.

Wolfe, J. M. (2007). Guided search 4.0: Current progress with a model of visual search. In W. Gray (Ed.), *Integrated models of cognitive systems* (pp. 99-119). New York, NY: Oxford University Press.

Wolfe, J. M., Horowitz, T. S., Van-Wert, M. J., Kenner, N. M., Place, S. S., & Kibbi, N. (2007). Low target prevalence is a stubborn source of errors in visual search tasks. *Journal of Experimental Psychology: General, 136*, 623-638.

Xiao, K., & Yamauchi, T. (2015). Subliminal semantic priming in near absence of attention: A cursor motion study. *Consciousness and Cognition, 38*, 88-98.

Yantis, S. (2008). The neural basis of selective attention: Cortical sources and targets of attentional modulation. *Current Directions in Psychological Science, 17*, 86-90.

Chapter

4

단기기억과 작업기억

학습 목표

제4장을 공부한 후에 여러분은 다음을 할 수 있어야 한다.

- 단기기억과 작업기억을 정의, 비교 및 대조할 수 있다.
- 단기기억의 용량, '7±2'가 무엇을 의미하는지 설명할 수 있다.
- 어떻게 우리가 최신성 효과를 통해 단기기억의 용량과 지속시간에 대한 정보를 알게 되었는지 설명할 수 있다.
- 작업기억 용량을 측정하는 방법의 예시를 들 수 있다.
- 단기기억에 대한 단일 저장소 접근을 설명할 수 있다.
- 배들리(Baddeley)의 작업기억 모형의 구성 요소를 설명하고 이 모형에 따라 작업기억 과정이 어떻게 일어나는지 설명할 수 있다.
- 작업기억 용량이 더 크거나 작다는 것이 어떤 의미인지 논할 수 있다.

서론

기억이란 얼마나 중요한가? 기억이 없는 자신을 한번 상상해 보라. 아마도 말을 할 수도, 글을 읽을 수도, 쓸 수도 없을 것이다. 왜냐하면 언어에 대해 아무것도 기억할 수 없을 것이기 때문이다. 또한 우리는 극도로 제한된 성격을 가지고 있을 것이다. 왜냐하면 자신의 삶의 사건에 대한 회상을 전혀 할 수 없고, 이는 자의식의 부재로 이어지기 때문이다. 심지어 우리가 어디에서 왔고, 실행하기로 계획한 것을 기억할 수 없기 때문에 다음에 무엇을 할 것인가 역시 알 수 없을 것이다. 요약하자면, 갓 태어난 아이 정도 수준의 지식에 머물러 있을 것이다.

여러분은 매일매일 수많은 목적을 가지고 기억을 한다. 기억을 통해 상대방과 대화를 이어갈 수 있고, 시험 문제에 대한 답을 적을 수 있으며, 우리가 읽은 내용을 이해할 수 있고, 사람들의 얼굴을 알아보며, 책에서 읽은 내용과 텔레비전에서 본 내용을 이해할 수 있다.

이 장을 포함하여 7장까지 이러한 인간 기억의 경이로움에 대해 논의할 것이다. 가장 일반적인 수준에서 이 장은 단기기억에 관하여 설명하고, 5장에서 7장까지는 장기기억에 대해 다룬다. 기억을 다루는 장들에서는 특히 인간의 기억이 엄청나게 풍부하다는 것을 알아낸 방법들에 대해 중점적으로 이야기할 것이다. 우리 기억의 범위는 지난 휴일에 있었던 상세한 개인적 기억에서부터 자전거를 타는 법이나 피아노를 연주하는 방법에 대한 지식에까지 이른다.

자, 이제 본격적으로 이 장에서 다룰 내용들을 이야기해 보자. 일상 언어에서 '단기기억'이라는 용어는 학습 후에 몇 시간이나 며칠의 기간 동안 지속되는 기억을 말한다. 이와는 대조적으로, 심리학자들은 이 용어를 훨씬 더 짧은 시간(수 초) 동안 지속되는 기억을 가리킬 때 사용한다. 예를 들어, 문을 열기 위해 비밀번호를 기억해야 하거나 전화를 걸기 위해 전화번호를 잠깐 동안 기억할 때 단기기억을 사용할 것이다. 단기기억은 장기기억과 대조될 수 있는데, 장기기억이란 몇 초에서부터 평생에 걸친 기억을 말한다.

이 장의 앞부분에서 우리는 단기기억의 전통적 접근에 초점을 맞춰 공부할 것이다. 이 접근에서는 짧은 시간 동안 제한된 양의 정보를 유지할 수 있는 저장소로서 단기기억을 간주한다. 그래서 이 접근에서는 단기기억의 용량과 지속시간, 그리고 장기기억과의 관계를 이해하는 것이 중요하다.

이 장의 뒷부분에서는 작업기억에 기초한 좀 더 최신의 접근을 설명할 것이다. 단기기억에서 작업기억으로의 전환의 기초가 되는 기본적인 생각은 우리가 일상생활에서 단순히 정보를 단기간 또는 장기간 저장하는 것 이상을 위한 기억이 필요하다는 것이다. 예를 들어, 심리학

수업에서 에세이를 써야 한다고 가정해 보자. 이런 상황에서 여러분은 방금 쓴 것(단기)과 에세이 주제에 대해 배운 것(장기)에 대한 기억을 유지해야 할 뿐만 아니라 다음 문장에서 무엇을 써야 할지 생각해야 한다. '작업기억'이라는 용어는 처리(예: 다음에 무엇을 쓸 것인가?)와 단기 저장소(예: 방금 내가 쓴 것이 뭐였지?)를 결합한 시스템을 의미한다.

작업기억과 장기기억의 차이를 이해하는 가장 쉬운 방법은 컴퓨터를 생각하는 것이다. 컴퓨터에는 두 가지 종류의 기억장치가 있다. 첫 번째는 하드 디스크에 저장된 정보로, 장기간 사용하기 위한 것이다. 두 번째 유형은 사용자가 지정한 명령을 실행하는 동안 중앙처리장치에서 사용하는 정보이다. 이 정보는 진행 중인 작업이 끝나자마자 다시 사용되기 위해 아주 짧은 시간 동안 저장되어야만 한다. 컴퓨터 기억 체계의 이 부분은 항시 변하며, 이를 임의 접근 기억장치(random access memory: RAM)라 한다. 실제로 여러분이 새로운 컴퓨터를 구입하려 한다면, (컴퓨터에 얼마나 많은 양의 정보를 저장할 수 있는가를 결정하는) 하드 디스크의 용량과 (컴퓨터의 실행 속도를 결정하는) 램(RAM)의 크기를 특히 중요하게 고려해야 한다. 작업기억은 컴퓨터의 중앙처리장치가 작동하기 위해 사용되는 램에 비유될 수 있다.

단기기억

단기기억에 대한 연구는 Atkinson과 Shiffrin(1968)의 기억 모형에 대한 영향력 있는 연구가 출판된 후로 활발히 이루어졌다. 이 모형은 1장([그림 1-3])에서 간략하게 소개하였고, 여기서 한 번 더 반복하여 제시한다([그림 4-1]).

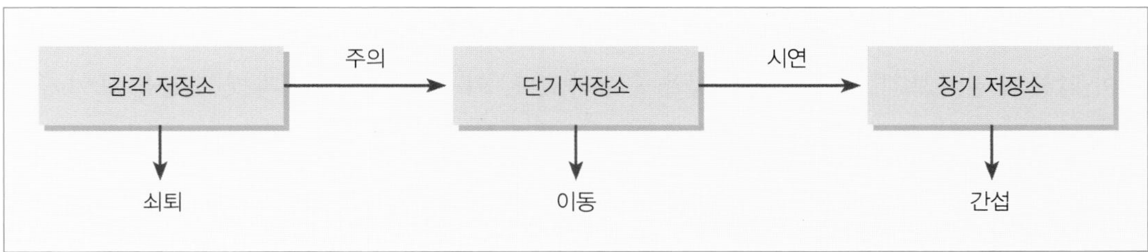

[그림 4-1] Atkinson과 Shiffrin(1968)이 제안한 기억의 다중 저장소 모형

Atkinson과 Shiffrin의 기억 모형

Atkinson과 Shiffrin(1968)은 기억을 (1) 감각기억, (2) 단기기억, (3) 장기기억이라는 세 가지 유형으로 구분했다.

감각기억

Atkinson과 Shiffrin(1968)은 환경으로부터 입력된 자극이 처음에는 감각 저장소에 머무른다고 가정했다. 이 저장소들은 감각 특정적인데, 각 감각 양식마다 별도의 저장소가 있다는 것을 의미한다. 우리가 환경에서 자극을 볼 때 그 정보는 시각적 감각 저장소(영상 저장소)에 잠깐 동안 보관된다. 어떤 자극을 듣는다면, 그것은 청각적 감각 저장소(음향 저장소)에 잠시 유지된다. 마찬가지로, 촉각 정보는 촉각 저장소에 저장되는 식이다. 감각 저장소는 자극의 세부적인 부분을 다 포함하는 지각 정보를 가지고 있기 때문에 용량이 매우 크지만, 아주 빨리 망각된다. 영상 저장소의 정보는 1초 이내, 음향 저장소에서는 수 초 이내에 사라진다(영상 저장소에서 더 빨리 정보가 사라지는 것은 우리가 잊어버린 것을 쉽게 다시 볼 수 있다는 사실과 관계되어 있다).

Atkinson과 Shiffrin(1968)이 감각기억에 대해 가지고 있었던 생각은 Sperling(1960)의 고전적인 연구로부터 출발한다. Sperling(1960)은 12개의 알파벳 대문자 배열을 실험 참가자들에게 아주 잠깐(50ms) 동안 제시하였다. 알파벳은 4×3 형태의 배열로 이루어졌다([그림 4-2]). 첫 번째 실험에서 Sperling(1960)은 실험 참가자들에게 자신이 본 알파벳을 최대한 많이 보고하라고 요청하였다. 실험 참가자들은 평균적으로 약 4개 정도의 알파벳을 보고할 수 있었다.

실험 참가자들이 이렇게 적은 수의 알파벳만을 보고한 것에 대해 Sperling(1960)은 두 가지 이유가 있을 수 있다고 추론하였다. 영상기억의 용량이 제한되어 있어서거나 정보가 너무나 빨리 망각되어 몇 개의 글자를 말하는 사이에 다 잃어버린다는 것이다. 이 두 가능성 중 어떤 것이 맞는지 알아보기 위해 다른 실험을 수행하였다. 이 실험에서는 알파벳 배열을 보여 주며 서로 다른 음높이를 가진 소리를 함께 들려주었다. 가장 높은 음조가 들릴 때에는 실험 참가자들은 첫 번째 행에 쓰인 글자들을 보고해야 했고, 중간 음조가 들리면 두 번째 행의 글자들을, 그리고 가장 낮은 음조를 들으면 마지막 세 번째 행의 알파벳을 보고해야 했다. 상황이 이렇게 되자, 참가자들이 거의 오류를 범하지 않는 것을 Sperling(1960)은 발견하였다. 또한 세 번째 실험에서는 시각 배열을 보여 주고 1초 후에 음조를 들려주었다. 그 결과, 참가자들의 수행은 음조를 들려주지 않았던 첫 번째 실험의 수준

W	J	D	X
R	V	G	C
N	Q	F	K

[그림 4-2] 시각 감각기억 혹은 영상기억의 용량을 측정하기 위해 Sperling(1960)의 연구에서 사용된 자극의 예

으로 떨어졌다. 이 결과는 영상기억의 경우 용량은 매우 크지만 그 지속시간은 1초가 채 되지 않는다는 것을 강력하게 시사한다.

단기기억의 역할

Atkinson과 Shiffrin(1968)의 모형에서는 감각 저장소의 일부 정보만이 단기 저장소로 전송된다. 단기 저장소는 용량이 매우 제한적이어서(다음 절 참조), 정보가 전송될 때 많은 부분이 손실된다. 여기서 Atkinson과 Shiffrin(1968)은 기본적으로 3장에서 논의했던 Broadbent(1958)의 초기 선택 모형을 따라, 주의를 받지 못하는 정보는 더 이상 처리되지 못하고 완전히 무시된다고 가정했다.

> **Key term**
>
> **시연(rehearsal)**: 언어 자료(예: 단어들)를 반복하여 속으로 말하는 것으로, 기억해야 할 정보의 양을 증가시키려는 목적으로 사용됨

단기기억의 제한된 용량 때문에 새로운 정보가 들어오기 전에 장기기억으로 이동되어야만 한다. Atkinson과 Shiffrin(1968)에 따르면 정보가 성공적으로 장기기억으로 이동되는 것은 일정 수준 이상의 시연(rehearsal)이 가능한지 여부에 달려 있다. 시연이란 목소리를 내지 않고 주어진 자극을 속으로 반복하여 발화하는 것을 뜻한다.

한계점

Atkinson과 Shiffrin(1968)의 모형은 기억 연구의 가설 설정의 주요한 원천이었기 때문에 출판 이후 수십 년간 엄청나게 중요했다. 심지어 요즘에도 감각 저장소, 단기기억, 장기기억의 구별은 매우 유용하다. 그러나 이 모형의 한계는 점차 명확해졌고, 요즘에는 이 모형을 더 이상 믿지 않는다. 우리는 이 모형에서 수정되어야 할 필요가 있는 다섯 가지 예시를 제시할 것이다.

첫째, 앞에서 이야기한 것처럼, Atkinson과 Shiffrin(1968)은, Broadbent(1958)의 주의의 초기 선택 모형에서 주장하듯이, 주의를 기울이지 않은 정보는 망각되어 완전히 손실된다고 믿었다. Broadbent(1958)의 모형이 더 이상 정확한 모형이라고 믿어지지 않는다는 사실이 Atkinson과 Shiffrin(1968) 모형의 첫 번째 한계점이다. 주의를 받지 못한 정보도 여전히 처리될 수 있고, 심지어 우리가 의식하지 못하는 상황에서도 처리될 수 있다.

이 모형의 두 번째 한계점은 입력된 정보가 장기기억에 접근하기 전에 반드시 단기기억을 거쳐야만 한다는 점이다. 이는 우리가 2장에서 지각에 대해 다룰 때 논의했던 것과 대부분 상충된다. 2장에서 여러분은 어떻게 자극이 상호작용하고 무의식적인 상향식 및 하향식 처리 과정에 의해 단순한 감각의 합 이상의 의식적 지각 경험을 이끄는지 살펴보았다. 이러한 처리는 감각 저장소와 장기기억 사이의 연결 없이는 가능할 수 없다. 우리는 Sperling(1960)의 연

구에서 참가자들이 선분들의 배열이 아니라 **의미 있는 글자들**의 배열을 보았다는 것을 잊어서는 안 된다.

셋째, Atkinson과 Shiffrin(1968)의 모형의 단기기억은 제한된 용량의 저장소로만 구성된다. 앞에서 보았듯이, 우리의 의식적 사고의 대부분은 정보를 단기적으로 저장하는 것 이상의 처리(예: 단어 쓰기)를 포함한다.

넷째, Atkinson과 Shiffrin(1968)은 장기기억을 단일한 저장소로 보았다. 5장부터 7장까지에서 우리가 보겠지만, 서로 다른 유형의 장기기억이 있다는 증거가 존재한다.

마지막으로, Atkinson과 Shiffrin(1968)은 시연을 통해서만 단기기억에서 장기기억으로 정보가 이동된다고 보았다. 물론 몇 번 이상 시연될 수 있는 정보는 너무 짧은 시간 동안 제시되어 시연될 수 없는 정보에 비해 장기기억으로 이동될 가능성이 더 높다. 하지만 시연은 장기기억에서 정보를 부호화하는 가장 덜 효율적인 방법들 중 하나라는 것을 연구 결과는 시사한다(이어지는 절들 참조).

이러한 한계에도 불구하고, Atkinson과 Shiffrin(1968)의 모형은 기억 연구를 시작하기 위한 흥미로운 관문이다. 왜냐하면 이 모형에서 영감을 받은 많은 실험적 증거들이 여전히 현재의 기억 모형의 기초를 형성하고 있기 때문이다.

단기기억 용량

단기기억을 정보를 잠깐 저장하는 제한된 용량을 가진 저장소로 생각한다면 가장 분명한 질문은 '몇 개 항목의 정보를 저장소에 저장할 수 있을까?'이다. 또 다른 질문은 '이 정보들이 단기기억에서 얼마나 오랫동안 지속될 수 있을까?'일 것이다. 앞으로의 절들에서 이 질문들에 대해 대답해 볼 것이다.

초기 발견

Atkinson과 Shiffrin(1968)의 연구 이전부터 이미 단기 저장소의 용량이 제한적이었다고 알려져 있었다. Atkinson과 Shiffrin(1968)은 증거를 요약하고 그것을 하나의 일관된 모형으로 만들었다.

Jacobs(1887)는 단기기억의 용량을 측정하기 위해 실험적 접근을 사용한 최초의 사람이었다. 그는 사람들에게 임의의 숫자 또는 글자를 1초에 하나의 항목의 속도로 제시하였고, 사람들은 본 순서대로 그 항목들을 반복해서 말해야 했다. 기억폭(memory span)은 최소 50% 이상 정확하게 회상할 수 있는 가장 긴 항목의 수로 정의했다. Jacobs(1887)는 평균 숫자의 기억폭이 9.3개였고(대부분의 사람이 9개에서 10개의 숫자를 반복할 수 있었음을 의미함), 글자에 대한 기억폭은 7.3개였다.

기억폭은 항목을 임의의 순서로 제시해야 된다는 점을 명심해야 한다. 만약 글자 항목이 PSYCHOLOGY나 EXPERIMENT처럼 의미 있는 문자열을 형성한다면 수행이 훨씬 더 좋아질 것이라는 것은 명백하다. George Miller(1956)는 이 점을 고려했다. 그는 단기기억의 용량은 '7±2'라고 주장하였다. 이것은 건강한 성인은 5개에서 9개 사이의 단기기억 용량을 가지고 있다는 것을 의미한다(여러분이 나중에 보게 되겠지만, 개인의 기억폭은 신뢰할 만한 개인차가 존재한다). 밀러는 항목이 숫자이든 글자이든 단어이든 상관없이 동일한 기억폭을 가지고 있다고 주장했다. 그는 우리가 덩이(chunks: 정보의 통합된 단위)에 집중해야 한다고 주장했다. 무엇이 덩이를 형성하는가는 각 사람의 개인적 경험에 달려 있다. 예를 들어, 'IBM'은 컴퓨터 회사에 친숙한 사람에게는 하나의 덩이이지만, 그 밖의 사람들에게는 그저 세 개의 문자의 조합일 뿐이다.

> **Key term**
>
> **기억폭(memory span)**: 한 사람이 정확한 순서로 즉시 기억해 낼 수 있는 항목(예: 숫자나 단어)의 수로서, 단기기억 용량의 측정치로 사용됨
>
> **덩이(chunks)**: 더 작은 조각의 정보를 통합하여 생성된 정보의 저장 단위
>
> **단어 길이 효과(word-length effect)**: 옳은 순서로 단어 목록을 즉시 회상할 때 긴 단어가 짧은 단어에 비해 더 적게 회상되는 현상

모든 덩이가 같은 기억폭을 갖는 것은 아니다

Miller(1956)의 연구가 출판된 직후, 다양한 연구자들은 단기기억의 폭이 모든 유형의 덩이에서 같은 것은 아니라고 주장하였다. Jacobs(1887)는 이미 숫자(9.3개)가 글자(7.3개)보다 더 큰 기억폭을 가지고 있다고 보고하였다. 이러한 차이에 대한 한 가지 설명은 숫자는 더 큰 덩이로 집단화하기 쉽다는 것이다. 예를 들어, 2와 4는 24라는 숫자로, 2, 0, 1, 9라는 숫자는 2019년으로 재집단화할 수 있다. 실제로 많은 사람이 전화번호를 단기기억에 유지해야 한다면, 세 개 혹은 네 개의 숫자덩이로 집단화한다.

재집단화만이 이러한 기억폭 차이의 유일한 이유는 아니다. Simon(1974)은 더 작은 덩이보다 더 큰 덩이로 이루어진 항목의 기억폭이 더 작다는 것을 발견했다. 그는 한 단어, 두 단어로 이루어진 구, 여덟 단어로 이루어진 구를 이용해 기억폭을 연구하였는데, 각각이 하나의 덩이를 형성한다고 주장하였다. 회상된 덩이의 수를 보면 관련 없는 단어들이 제시된 경우에는 여섯 개에서 일곱 개, 두 단어 구에서는 네 개, 그리고 여덟 단어 구에서는 세 개로 작아지는 것을 관찰하였다. 후속 연구는 단기기억폭에서 단어 길이 효과(word-length effect)가 있다는 것을 확인하였다. 이것은 짧은 단어가 긴 단어보다 단어폭(올바른 순서로 즉시 회상할 수 있는 단어의 수)이 더 크다는 것을 보여 주는 결과이다([연구 따라잡기 4–1]; Mueller et al., 2003 참조).

[연구 따라잡기 4-1] 단어 길이와 회상

다음의 두 목록에 제시된 각각의 단어를 한 목록당 별도의 종이에 쓰세요. 그 후 목록 A에서 다섯 개의 단어를 1초에 하나씩 친구에게 말하세요. 친구는 들은 순서대로 단어를 기억하려고 노력해야 합니다. 목록 B에 대해서도 같은 절차를 반복하세요. 다음에는 목록 A, B에서 각각 여섯 개씩 단어를 제시하고, 계속 하나씩 늘려 나가면서 친구가 각 목록의 단어들을 순서대로 기억할 수 있는 최대 숫자를 계산하세요.

목록 A	목록 B
cult	advantage
dare	behavior
fate	circumstance
guess	defiance
hint	fantasy
mood	interim
oath	misery
plea	narrowness
rush	occasion
truce	protocol
verb	ridicule
zeal	upheaval

제시된 단어들은 Mueller와 동료들(2003)의 논문에서 발췌하였다. 실험 참가자의 평균 기억폭은 목록 A에서 6.7개, 목록 B에서 5.1개였다. 이 차이는 왜 발생했을까? 목록 A의 단어들을 발음하는 데는 평균 418ms가 걸린 반면, 목록 B의 단어들은 672ms가 걸렸다. 즉, 단기기억에 저장될 수 있는 항목의 숫자는 각 항목을 발음하는 데 요구되는 시간이 일정 부분 영향을 미친다.

발음 시간은 숫자폭이 문화 간 차이가 있는 현상을 설명한다. 중국 북경어 화자들은 영어 모국어 화자에 비해 더 큰 숫자폭을 가지고 있다(Chen et al., 2009). 이러한 차이는 북경어의 숫자가 영어의 숫자보다 발음하는 데 시간이 덜 걸린다는 사실과 관계가 있다. 발음 시간에서의 차이는 또한 왜 영어에서보다 웨일스어에서 숫자폭이 더 작은지를 설명한다(Ellis & Hennelly, 1980). 실제로 웨일스어의 숫자 이름이 영어에서보다 더 길다. 이러한 단어 길이 효과는 단어에 대한 단기기억 용량은 시각적 글자 정보가 아닌 음운적 정보에 의존한다는 것을 시사한다.

> **Key term**
>
> **음운 유사성 효과(phonological similarity effect)**: 순서에 맞게 즉시적 회상이 필요한 단어 목록이 있을 때 그 안의 단어들이 음운적으로 유사할 경우 수행이 방해를 받는 현상

언어 자극에 대한 단기기억의 크기가 음성 언어 기반의 정보에 의존한다는 추가적인 증거는 음운 유사성 효과(phonological similarity effect)

이다. 이 효과는 단어가 음운적으로 유사할 때(즉, 발음이 비슷할 때)가 유사하지 않을 때보다 회상의 수행이 저조한 결과를 나타낸다. 예를 들어, FEE, HE, PEA, KEY, ME, SKI 등은 음운적으로 유사한 단어들이고, BAY, HOE, IT, ODD, SHY, UP 등은 음운적으로 유사하지 않은 단어들의 목록이다. 이러한 단어들을 사용해서 Larsen과 동료들(2000)은 제시된 순서대로 회상하는 과제에서 음운적으로 유사한 조건이 그렇지 않은 조건에 비해 25% 수행이 더 저조한 것을 관찰하였다.

Cowan의 단기기억 용량 추정치 4±1

Cowan(2001)은 Miller(1956)가 말한 7±2개의 덩이라는 기억 용량 추정치는 과대 추정되었다고 주장하였다. 이 정도의 크기는 더 큰 단위의 덩이로 만들 수 있을 때나 단기기억에서 장기기억으로 정보를 이동시킬 충분한 시간이 사람들에게 주어져서, 장기기억으로부터 정보를 회상(recall)할 수 있을 때만 나타난다는 것이다. 이 두 가지 요인을 통제할 경우, Cowan(2001)은 단기기억의 진짜 용량이 4±1개의 덩이에 불과하다고 주장하였다. Cowan과 동료들(2005)은 일련의 숫자들이 제시되다가 예상치 못한 지점에서 끝나게 되면 실험 참가자들은 끝나는 지점으로부터 몇 개의 항목을 회상해야 하는 지속 기억 과제를 실시하였다. 여기서 숫자들이 장기기억으로 이동되는 것을 막기 위해 각 숫자는 매우 빨리 제시되었다. 이때 회상된 평균 항목의 개수는 3.9개였다.

> **Key term**
>
> **회상(recall)**: 단서의 유무에 상관없이, 장기기억으로부터 정보를 인출하는 것
>
> **최신성 효과(recency effect)**: 자유회상 시, 단어 목록의 가장 마지막(보통 2~3개) 단어들에 대한 회상이 목록 중간에 제시된 단어들에 비해 더 잘 되는 경향으로, 이 효과는 단기기억의 용량을 측정하기 위해 사용됨

Chekaf와 동료들(2016)은 실험 참가자들에게 집단화하기 쉽거나(예: ▲▲▲△△△), 어려운(예: ▲△△▲▲△) 일련의 그림들을 제시했다. 순서에 따라 1개에서 8개의 그림이 1초당 하나의 속도로 컴퓨터 화면 중앙에 제시되었다. 그림이 다 제시된 후 실험 참가자들은 사용된 모든 그림이 포함된 패드에서 마우스를 사용하여 방금 본 것과 같은 순서를 갖는 그림 배열을 클릭해야 했다. Chekaf와 동료들(2016)은 집단화하기 어려운 그림 조건에서는 참가자들이 3개의 기억 용량을 가지는 것을 확인했지만, 집단화가 용이한 조건에서는 4개에서 5개 항목의 용량을 가지는 것을 발견했다.

최신성

단기기억 용량을 계산하는 또 다른 방법이 있다. 서로 관련 없는 단어들로 구성된 목록을 실험 참가자들에게 제시하고 자유 회상(순서에 상관없이 최대한 많은 단어를 기억해 내는 것)하는 과제를 생각해 보자. 최신성 효과(recency effect)란 목록에서 가장 마지막에 본 몇 개의 항목

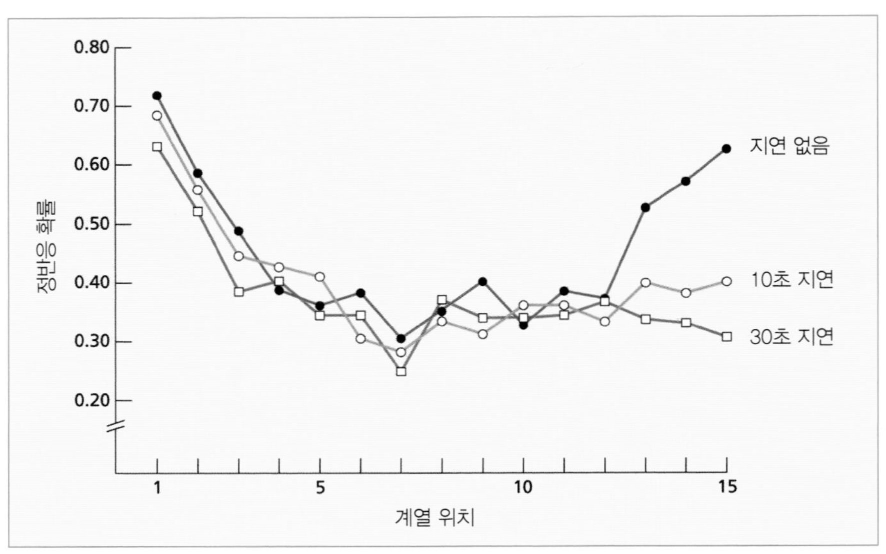

[그림 4-3] 목록에서 항목의 제시 위치와 부호화와 회상 간격에 따른 자유 회상 결과
출처: Glanzer & Cunitz (1966)에서 각색함.

이 목록 중간에 있는 항목에 비해 즉시 회상 시 일반적으로 기억이 훨씬 잘 되는 현상을 가리킨다. 목록에 있는 항목이 다 제시된 뒤 회상하기 전 10초 동안 숫자를 거꾸로 세면 마지막 두 개 혹은 세 개의 항목에 대한 기억 수행이 떨어진다(Glanzer & Cunitz, 1966; [그림 4-3] 참조).

최신성 효과에 대한 한 가지 해석(다른 해석도 존재함)은 목록에서 마지막에 제시된 항목들이 여전히 단기 저장소에 존재하기 때문이라는 것이다. 또한 바로 이 이유 때문에 부호화와 회상 사이에 방해 과제가 있을 경우 이 효과는 특히 취약하다는 것이다(Farrell, 2010). 최신성 효과에 기초한 단기기억 용량의 추정치(2~3개의 항목)가 Cowan(2001)이 제시한 크기(4개)에 비해 작다는 사실은 실험 참가자들이 자신이 기억하는 단어를 큰 소리로 말하는 동안 일어나는 정보의 손실에 의해 나타난다고 이해될 수 있다.

최신성 효과가 단기기억의 항목으로 구성된다는 개념을 지지하는 증거는 기억상실증 환자에 관한 연구에서 찾을 수 있다(5장 참조). 이 환자들은 장기기억에 심각한 손상이 나타나지만 단기기억은 괜찮다. 예측한 바와 같이, 기억상실증 환자는 목록의 다른 항목에 대한 장기기억에서는 큰 손상을 보이지만, 최신성 효과의 크기는 건강한 실험 참가자와 비슷한 것으로 나타났다(Carlesimo et al., 1996).

연령에 따른 차이

Jacobs(1887)가 단기기억에 관한 그의 첫 연구에서 발견한 또 다른 사실은 그 기억폭이 중·고등학교 시절에 증가했다는 것이다. 무의미한 음절(예: dak-mul-tak-hin-roz)의 기억력은 11세 때 5.3개인 반면 18세 때는 6.1개로 증가하였다. Gathercole과 동료들(2004)은 단기기억폭이 4세부터 14세까지 증가한다는 것을 보여 준 반면, Park과 동료들(2002)은 25세에서 85세로 나이가 증가하면서 기억폭의 감소가 나타남을 보고했다. 즉, 단기기억 용량은 18세에서 30세 사이에 극대화된다.

지속시간

한 고전적인 연구에서 Peterson과 Peterson(1959)은 단기기억의 지속시간을 연구했다. 실험 참가자들은 세 개의 자음 연쇄(예: X R Q)를 기억해야 했는데, 이를 정확한 순서로 회상하기 전에 한 숫자에서 3씩 빼는 간섭 과제를 수행하였다. 기억 수행은 간섭 과제를 6초간 수행한 후에 약 50% 나빠졌고, 18초 후에는 거의 다 망각했다([그림 4-4] 참조).

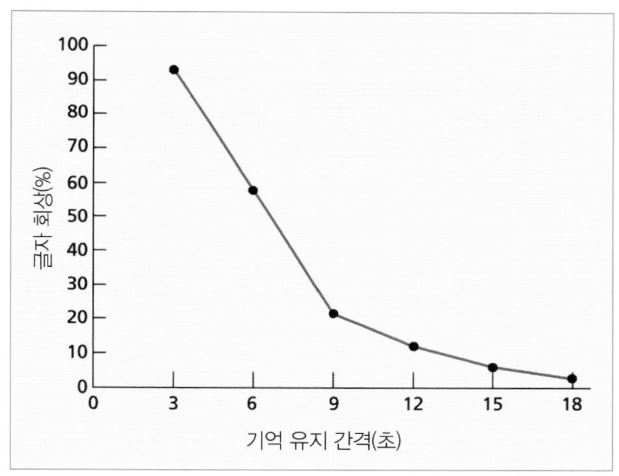

[그림 4-4] 시간에 따른 단기기억의 망각
출처: Peterson & Peterson (1959).

왜 망각은 이렇게 빨리 일어날까? 두 가지 주요한 설명이 있다(Jonides et al., 2008). 첫째, 다양한 생리적 과정에 의해 시간이 지남에 따라 기억 **쇠퇴**가 일어날 수 있다. 둘째, 정보를 유지하는 기간 동안 이전 시행에 처리했던 항목이나 이전 과제(예: 숫자 거꾸로 세기)로부터의 방해에 의해 **간섭**이 일어날 수 있다.

단기기억에서 많은 정보가 망각되는 것이 간섭 때문이라는 증거는 Keppel과 Underwood(1962)가 Peterson과 Peterson(1959)이 사용한 과제를 통해 보고하였다. 첫 번째 시행에 대해서는 망각이 최소한으로만 일어났지만, 세 번째, 네 번째로 갈수록 점차적으로 망각이 꾸준히 증가했다. 이 발견은 이전 시행의 글자 연쇄에 의한 간섭 때문에 현재 시행의 글자 연쇄에 대한 망각이 일어난다는 것을 시사하는데, 이 현상은 순행성 간섭으로 잘 알려져 있다(5장 참조).

Nairne과 동료들(1999)은 Peterson과 Peterson(1959)이 관찰한 망각 속도가 특히 빠른 이유는 두 가지라고 주장했다. 첫째, 그들은 자음들을 반복적으로 사용했다. 이는 Keppel과

Underwood(1962)가 제안한 것처럼 상당한 순행성 간섭을 야기했을 것이다. 둘째, 이들은 실험 참가자들이 제시된 항목을 제시 순서대로 외워야 하는 어려운 기억 과제를 사용하였다.

Nairne과 동료들(1999)은 간섭을 줄이기 위해 매 시행 다른 단어를 제시하였고, 제시 순서 정보에 대한 기억만을 테스트하였다. 실험 참가자들은 처음에 1초에 한 개의 제시속도로 다섯 개의 단어를 보았다. 그 후 시연을 못하게 하기 위해 간섭 과제로 숫자를 큰 소리로 읽어야 했다. 그 뒤 다섯 개의 단어를 무선적인 순서로 다시 보여 주었고, 이를 제시된 올바른 순서로 놓아야 했다. 이러한 환경에서는 무려 96초의 시간 간격을 두고도 거의 망각이 일어나지 않았다. 이 발견은 단기기억에서의 망각은 쇠퇴 때문이 아니라 간섭 때문에 일어난다는 것을 함의한다. 만약 그렇지 않다면, 왜 쇠퇴가 일어나는 데 가끔 1분 이상 걸릴 수 있는지에 대해 설명해야만 한다.

Berman과 동료들(2009)도 역시 간섭이 쇠퇴보다 더 중요하다는 것을 발견했다. 각 시행에서 실험 참가자들은 2초 동안 네 개의 단어가 제시된 화면을 보았다. 그 후 3초간의 빈 화면(유지 간격)을 본 뒤, 탐침 단어를 보고 이 단어가 기억해야 할 목록에 있는 단어인지 아닌지를 결정해야 했다. 정답이 '아니요'인 시행의 절반에서 탐침 단어는 이전 시행의 기억 목록에 포함된 단어들 중 하나였다. 기존 연구에서는 실험 참가자가 이러한 탐침 단어에 대한 반응시간도 더 오래 걸리고 오류도 더 많이 범한다고 보고했다. 이는 아마도 이전 시행에서 처리된 단어가 여전히 단기기억에 머물러 있기 때문일 것이다. 쇠퇴를 측정하기 위해 Berman과 동료들(2009)은 시행 간격을 1초에서 13초까지 조정했다. Paterson과 Paterson의 연구 결과([그림 4-4])에 기초한다면 이전 시행의 정보는 13초 후에는 쇠퇴가 일어났어야만 한다. 하지만 Berman과 동료들(2009)이 발견한 것은 달랐다. 시행 간 간격이 1초일 때와 마찬가지로, 13초 동안 지속되었을 때에도 이전 시행으로부터 많은 간섭이 있었다.

요약하자면, 단기기억에서의 정보가 쇠퇴되어 망각된다는 증거는 놀랍게도 거의 없다. 오히려 이러한 망각은 대부분 간섭에 의한 것이다. 반면에, Ricker와 동료들(2016)은 문헌을 고찰한 뒤 비록 간섭이 단기기억에서의 망각에 관한 많은 연구 결과를 설명하지만 쇠퇴에 의한 망각 역시 존재하는 것을 피할 수는 없는 것 같다고 결론 내렸다. 이러한 연구들 중 그들이 예로 든 것은 바로 Ricker와 Cowan(2010)의 연구였는데, 여기서 실험 참가자들은 이름 붙이기 어렵고 생소한 문자(예: Ж, ѦА, Ѡ)를 기억해야 했다. 이러한 문자를 사용한 것은 시연을 하지 못하게 하기 위함이었다. 실험 참가자들은 750ms 동안 이 문자들을 본 뒤, 차폐 자극을 보았다. 1.5초, 3초 혹은 6초의 다양한 시간 간격 후에 탐침 문자가 제시되었고, 이 문자가 원래의 자극 세트에 있던 것인지를 판단해야 했다. 어떤 문자도 다른 시행에 반복되어 제시되지는 않

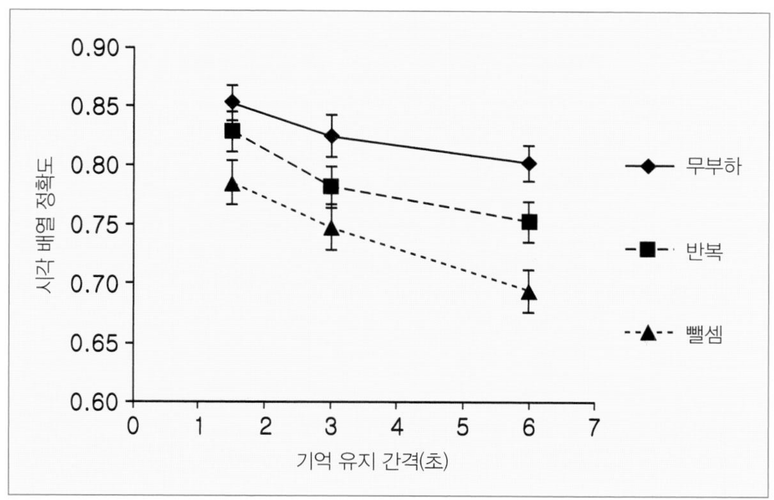

[그림 4-5] 단기기억에서 시간에 따른 명명불가능한 문자에 대한 망각 정도
출처: Ricker & Cowan (2010).

았다. 시행은 세 블록으로 나뉘어 제시되었는데, 각 블록에 따라 부호화와 인출 검사 사이의 시간 간격 동안의 과제가 조작되었다. 첫 번째 블록에서 실험 참가자는 그 시간 동안 아무런 할 일이 없었다(무부하 조건). 두 번째 블록에서는 따라 말해야 할 숫자들을 귀로 들었고(저부하 조건), 세 번째 블록에서는 뺄셈을 해야 하는 숫자들을 들었다(고부하 조건).

[그림 4-5]에서 볼 수 있듯이, Ricker와 Cowan(2010)은 부호화와 인출 검사 사이의 시간 간격이 더 길 때 기억 수행이 나빠졌는데, 간섭이 일어나지 않는 무부하 조건에서도 이러한 결과가 나타난 것을 발견했다. 이들에 따르면 이것은 쇠퇴의 명백한 증거였으며, 간섭에 기초해서는 설명될 수 없는 현상이었다. 그들은 용량이 작다는 것과는 별개로, 단기기억의 주요한 한계로서 정보가 새로워지지 않으면 매우 빠르게 손실된다는 사실, 즉 수명이 너무 짧은 것을 지적했다. 물론 Ricker와 Cowan(2010)이 반복 조건이나 뺄셈 조건에서의 정확도가 무부하 조건에서의 정확도에 비해 훨씬 낮았다는 것을 관찰한 것을 볼 때, 쇠퇴뿐만 아니라 간섭 현상이 나타남을 지지하는 증거를 발견했다는 것도 명심해야 한다.

단기기억 대 장기기억

Atkinson과 Shiffrin(1968)은 대부분의 이론가들에 의해 여전히 지지받는 것처럼 단기기억과 장기기억을 명확히 구분했다. 이러한 구분을 하는 데는 몇 가지 이유가 있다. 예를 들어, 용량에 있어서 엄청난 차이가 있다. 단기기억은 몇 개의 항목이 용량의 한계인 데 반해 장기기억은 본질적으로 용량의 제한이 없다. 지속시간에서도 엄청난 차이가 있다. 단기기억은 몇 초에 불과하지만 장기기억은 몇 십 년까지 지속되기도 한다.

단기기억과 장기기억이 분리되어 있음을 시사하는 발견들

단기기억과 장기기억이 구분되어 있다는 것을 보여 주는 가장 설득력 있는 증거들 중 일부는 뇌 손상 환자 연구로부터 나온 것이다. 단기기억과 장기기억을 다루는 시스템이 뇌의 서로 다른 영역에 위치해 있다면, 장기기억은 손상되어 있지만 단기기억은 온전한 뇌 손상 환자 사례를 찾을 수 있어야만 한다. 또한 우리는 반대로 단기기억은 손상되었고 장기기억은 온전한 환자 역시 찾을 수 있어야 한다(1장의 이중 해리에 대한 논의 참조).

기억상실증으로 고통받는 환자들은 거의 장기기억에서 엄청난 문제를 가지고 있다(5장 참조). 지금 맥락에서 볼 때, 이 환자들 중 압도적 다수가 본질적으로 단기기억은 손상되지 않았다. 147명의 기억상실증 환자를 대상으로 한 개관 논문에서 Spiers와 동료들(2001)은 이들 중 어느 누구도 단기기억에서 유의미한 문제를 가지고 있는 환자들이 없었다고 결론지었다.

뇌 손상 환자의 일부는 또한 장기기억은 온전하지만 단기기억이 손상되었다. 예를 들어, KF라는 환자는 오토바이 사고 후 뇌 손상을 입었는데, 장기적으로 학습을 하거나 회상을 하는 능력은 문제가 없었지만, 숫자폭은 크게 손상되었다(Shallice & Warrington, 1970). 그러나 후속 연구는 KF의 단기기억 문제는 처음에 생각했던 것보다 덜 광범위하다는 것을 보여 주었다. 시각 자극이나 의미 있는 소리(예: 전화 벨소리)에 대한 망각은 글자, 단어, 숫자를 들을 때의 망각 정도보다 훨씬 덜했다(Shallice & Warrington, 1974). 그럼에도 불구하고, KF의 단기기억과 연관된 문제는 그의 온전한 장기기억과 뚜렷한 대조를 보였다.

단기기억에서 장기기억으로 정보가 이동되는 데 시연은 얼마나 중요한가?

Atkinson과 Shiffrin(1968)에 따르면, 정보의 장기 저장은 시연에 달려 있다. 단기 저장소에서의 시연의 양과 저장된 메모리 흔적의 강도 사이에는 직접적인 관계가 있다고 가정했다.

Atkinson과 Shiffrin(1968)의 주장 중 하나는 최신성 효과를 보여 주는 [그림 4-3]에 나타나 있다. 이 그림에서 여러분은 마지막에 나온 항목에 대한 기억(아직 단기기억에 정보가 유지되기 때문)이 좋은 것뿐만 아니라 맨 처음 제시된 항목에 대한 기억도 좋은 것을 볼 수 있다. 이 현상은 **초두 효과**라 부른다. 또한 이 초두 효과는 숫자를 거꾸로 세는 것과 같은 간섭 과제가 부여되었을 때도 여전히 존재했다. Atkinson과 Shiffrin(1968)에 따르면, (아직 단기기억의 버퍼가 가득 차기 전에 제시된) 초기 항목들이 장기기억으로 이동되었다는 주장을 받아들이면 초두 효과는 이해될 수 있다고 했다. 그들의 견해로는, 이것은 참가자들이 초기 제시된 항목을 여러 번 시연할 수 있었기 때문에 일어났다고 보았다.

후속 연구들은 Atkinson과 Shiffrin(1968)의 초두 효과에 대한 설명에 의문을 가졌는데, 이는 단순 암기식의 시연은 아주 비효율적인 기억 부호화 전략이기 때문이다(관심이 있다면, Oberauer, 2003; Lewandowsky & Oberauer, 2015 참조). 이미 1973년에 Craik와 Watkins는 단기기억에서 장기기억으로 정보를 이동시키기 위해서는 **정교한 시연**이 단순히 정보를 **유지하기 위한 시연**보다 더 효율적이라고 주장하였다. 여기서 정교한 시연이란 새롭게 입력된 정보를 이미 장기기억에 존재하는 정보와 연결시킴으로써 단기기억의 정보를 잘 조직화하고 의미 있는 정보로 만드는 과정을 뜻한다. 이러한 내용은 5장에서 더 자세히 다룰 예정이다.

평가: 앳킨슨과 쉬프린의 기억 모형

- ⊕ 세 가지 종류의 기억 저장소(감각 저장소, 단기기억, 장기기억)의 구분은 실험 증거에 의해 뒷받침된다.
- ⊕ 이 세 종류의 저장소는 몇 가지 측면에서 서로 다르다. 예를 들어, 단기기억은 용량이 아주 제한적이며 지속시간이 짧지만, 장기기억은 본질적으로 용량의 제한이 없고 어떤 정보는 평생 동안 기억될 수 있다.
- ⊕ 뇌 손상 환자로부터의 증거는 단기기억과 장기기억이 서로 다른 뇌 영역과 관련되어 있다는 생각을 지지한다(5장 참조).
- ⊖ 단기기억과 장기기억의 개념은 **지나치게 단순화**되어 있다. 곧 보겠지만, Baddeley와 Hitch(1974)의 작업기억 모형은 단일한 단기 저장소의 개념을 세 개의 다른 구성 요소를 지닌 작업기억 시스템으로 대체하였다(나중엔 4개로 증가됨). 비슷한 방식으로 Atkinson과 Shiffrin(1968)의 장기기억 시스템이 단일 체계로 되어 있다는 생각은 몇 개의 장기기억 시스템이 존재함을 나타내는 증거이기 때문에 폐기되었다(5장 참조).
- ⊖ Atkinson과 Shiffrin(1968)은 정보는 장기기억으로 들어가기 **전에** 단기기억에 있다고 주장했다. 사실 단기기억에서 처리되는 정보는 장기기억의 정보와 이미 상호작용을 했음에 **틀림없다**. 예를 들어, 'IBM'이라는 자극을 단기기억에서 하나의 덩이로 시연할 수 있는 이유는 이와 관련된 장기기억에 저장된 관련 정보를 사용했기 때문이다. 즉, 단기기억에서의 정보처리는 장기기억에 접근한 후에 일어난다.
- ⊖ Atkinson과 Shiffrin(1968)은 정보를 장기기억에 저장할 때 시연이 가장 중요하다고 가정했다. 우리는 때때로 효과적 학습을 위해 시연을 사용하지만 장기기억의 대부분은 시연과 관련 없이 확립되었다.

중간 요약

단기기억 용량

- 기억폭 측정을 통해 사람들이 일련의 단어나 숫자를 암기할 때 단기기억은 약 7개 덩이의 용량을 가진다는 것을 시사한다. 발음하는 시간이 오래 걸리는 단어나 발음이 비슷한 단어들의 경우는 이 용량이 더 작아지는데, 이는 단기기억에 저장된 정보가 음운적 정보라는 것을 시사한다.
- 단기기억에 대한 시연이나 장기기억의 영향을 제거하려는 시도가 이루어지면 단기기억 용량은 네 덩이로 줄어든다. 비슷한 방식으로, 최신성 효과에 기초한 단기기억 용량은 7개보다는 4개 덩이에 더 가깝다.

단기기억 지속시간

- 단기기억의 정보는 일반적으로 수 초 이내에 망각된다. 이는 쇠퇴보다는 간섭 때문에 주로 일어난다.

단기기억 대 장기기억

- 뇌 손상 환자로부터 나온 증거는 단기기억과 장기기억 시스템이 분리되어 있다는 것을 시사한다. Atkinson과 Shiffrin(1968)의 영향력 있는 다중 저장소 모형에서는 정보는 단기기억을 반드시 거친 후 장기기억으로 이동되며, 단기기억에서의 시연이 장기기억으로 정보를 넘기는 데 강력한 영향을 미친다고 가정했다. 그러나 이 두 가정은 모두 의문이 제기되어 왔다.

작업기억

단기기억에 대한 연구는 Jacobs(1887)에 의해 소개된 계열 회상 과제에 의해 많은 영감을 받았다. 이 과제에 초점을 맞추면 단기기억은 전화번호나 사람의 이름을 받아 적기 위해 몇 초 동안만 이를 기억해야 할 경우에만 중요할 뿐이다.

1974년, 두 명의 영국 심리학자 앨런 배들리(Alan Baddeley)와 그레이엄 히치(Graham Hitch)가 대안적인 생각을 제안하였다. 그들은 우리가 복잡한 작업의 수행에 관여할 때 일반적으로 단기기억을 사용한다고 주장했다. 이러한 작업을 완수하려면 다양한 처리 과정을 수행해야 한다. 그러나 우리는 이후의 처리로 이동할 때 단기기억에 초기 처리의 결과와 관련된 정보를 잠깐 동안 저장하기도 해야 한다.

13 + 18 + 24라는 산수 문제가 주어졌다고 가정해 보자. 여러분은 아마 13과 18을 더하고 그 답(31)을 단기기억 속에 보관할 것이다. 그런 다음, 24를 31에 더하여 55의 정답을 산출할 것이다.

Key term

작업기억(working memory): 다른 정보를 처리하는 동안 잠시 정보를 저장할 수 있는 시스템

Baddeley와 Hitch(1974)는 단기기억의 개념을 작업기억의 개념으로 대체해야 한다고 주장했다. 작업기억(working memory)은 처리 기능과

단기기억 기능을 결합한 시스템을 말한다. 단기기억이 외현적으로 기억 과제라 할 수 없는 수많은 과제의 수행에도 필수적이라는 생각이 Baddeley와 Hitch의 중요한 통찰이었다.

단기기억에서 언어적 시연의 중요성을 강조하였던 Atkinson과 Shiffrin(1968)의 기억 이론을 다시 생각해 보자. Baddeley와 Hitch(1974)는 언어적 시연이 중요하다는 것을 인정했다. 하지만 그들은 단기기억에는 다른 종류의 정보도 저장될 수 있다고 주장하였다. 예를 들어, 여러분이 자동차 핸들을 돌리며 보행자를 피하고 앞차와의 안전거리를 유지하며 운전하는 데 집중하고 있다고 가정해 보자. 또한 여러분은 도로의 너비나 뒤차와의 거리와 같은 지금 과제와 관련된 시각 및 공간 정보를 저장하고 있을 것이다. 즉, 단기(혹은 작업) 기억은 언어적 처리뿐만 아니라 공간과 시각적 정보처리와도 관계가 있다.

Baddeley와 Hitch의 작업기억 모형

Baddeley와 Hitch(1974)는 작업기억 모형의 원래 버전을 제안하였다. 우리는 여기서 4개의 구성 요소가 있는 가장 최근의 버전(Baddeley, 2012)에 초점을 맞추어 설명할 것이다([그림 4-6] 참조).

- 중앙 집행기(central executive): 주의를 통제하는 기능을 하는 제한된 용량을 가진 처리 시스템이다. 작업기억 시스템의 '지배자'이며, 때때로 **종속 시스템**이라고 불리는 하위 구성 요소에서 일어나는 일들을 통제한다. 어떤 감각 양식(예: 시각이나 청각)에서 오는 정보라도 모두 처리할 수 있지만, 정보를 저장할 수는 없다.
- 음운 루프(phonological loop): 제한된 시간 동안 제한된 수의 소리를 저장하는 작업기억의 구성 요소이다. 소리에 기반한 음운적 정보를 처리하고 짧게 저장하는 데 관여한다.
- 시공간 잡기장(visuo-spatial sketchpad): 시각 및 공간 정보를 처리하고 잠깐 동안 이를 저장하는 데 사용되는 작업기억의 구성 요소이다.
- 일화기억 버퍼(episodic buffer): 음운 루프, 시공간 잡기장, 장기기억으로부터의 정보를 저장할 수 있는 저장 시스템이다.

Key term

중앙 집행기(central executive): 작업기억에서 가장 중요한 구성 요소로, 계획과 주의 통제와 관련되며 용량의 제한이 있음

음운 루프(phonological loop): 작업기억의 한 구성 요소로, 소리 기반으로 정보가 처리되고 저장되며 내적 발화를 통해 작동됨

시공간 잡기장(visuo-spatial sketchpad): 작업기억의 한 성분으로, 시각 및 공간 정보를 처리하고 이를 짧게 저장하는 데 사용됨

일화기억 버퍼(episodic buffer): 작업기억의 한 구성요소로서, 음운 루프, 시공간 잡기장, 장기기억으로부터 정보를 잠시 동안 통합하고 저장하는 데 사용됨

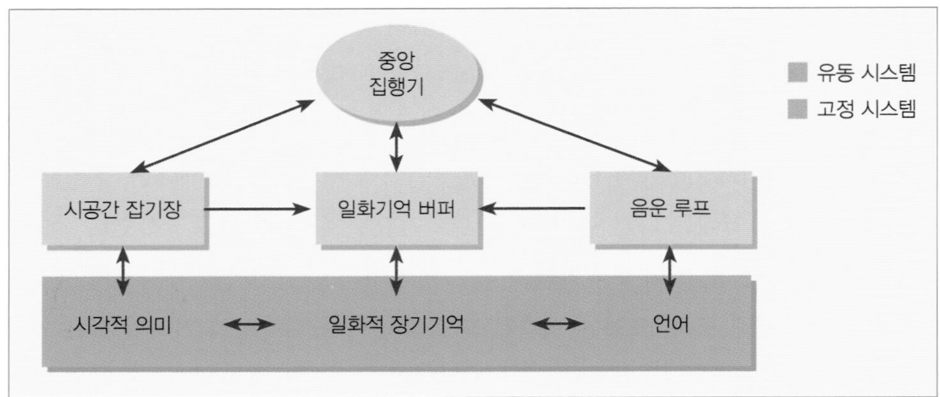

[그림 4-6] Baddeley(2000)의 작업기억 시스템의 네 가지 구성 요소와 이들 사이의 연결 관계. 작업기억은 유동 시스템(처리)과 장기기억에서의 저장된 지식을 가리키는 고정 시스템을 포함한다(유동 지능과 고정 지능 사이의 구분에 대해서는 다음 절, 작업기억 용량에서의 논의 참조).

여러분은 아마도 작업기억 모형이 다소 복잡해 보인다고 생각하겠지만, 기본적인 생각은 간단하다. 우리가 어떤 과제를 수행할 때 우리는 언어적 처리(음운 루프), 시각적 처리 혹은 공간적 처리(시공간 잡기장)를 수행할 수 있다. 이 과제를 성공적으로 수행하려면 관련된 정보에 주의를 기울이고, 언어, 시각 및 공간적 처리를 (중앙 집행기를 통하여) 효과적으로 사용해야 한다. 과제 수행 중에 우리는 종종 이러한 각각의 구성 요소와 장기기억으로부터 온 정보를 결합하고 통합하는 데 필요한 일반적 저장 시스템(일화기억 버퍼)이 필요하다.

작업기억의 네 가지 구성 요소는 모두 제한된 용량을 가지고 있다고 가정한다. 또한 각 구성 요소는 각각 상당히 독립적으로 기능할 수 있다고 가정한다. 이 두 가지 가정을 통해 두 과제가 동시에 성공적으로 수행될 수 있는지 여부를 예측할 수 있다.

- 만약 두 과제가 작업기억의 **같은** 구성 요소를 사용한다면, 동시에 성공적으로 수행될 수 없다. 이는 구성 요소의 제한된 용량을 초과하기 때문이다.
- 만약 두 과제가 각각 **다른** 구성 요소와 관련된다면 각각이든, 함께든 잘 수행하는 것이 가능하다.

간단한 계산을 수행할 때 어떤 작업기억의 구성 요소들이 관여하는지를 고려하면서 실제 어떻게 작업기억이 작동되는지를 알아볼 수 있다. De Rammelaere와 동료들(2001)은 대학생들에게 한 자리 숫자의 덧셈(예: 2+3=5 혹은 2+4=8의 정/오답 여부 결정)이 정확하게 계산되었는지를 물어보았다. 한 조건에서는 실험 참가자가 전혀 다른 부가 과제를 수행하지 않았고, 다른 조건에서는 실험 참가자들에게 계산 과제를 수행하는 동안 계속 'the the the'라고 크게 말하라는 부가 과제가 주어졌다. 조음 억제라고 불리는 이 부가 과제가 음운 루프에서의 시연을 방해한다는 좋은 증거가 나타났다. 마지막으로 세 번째 조건에서는 실험 참가자가 예상할 수 없는 '리듬'으로 숫자가 적힌 키패드의 0키를 누르도록 했다. 이러한 예상할 수 없는 임의의 패턴으로 키를 눌러야 할 때는 동일한 순서가 반복되지 않게 하기 위해 중앙 집행기가 관여해야 한다.

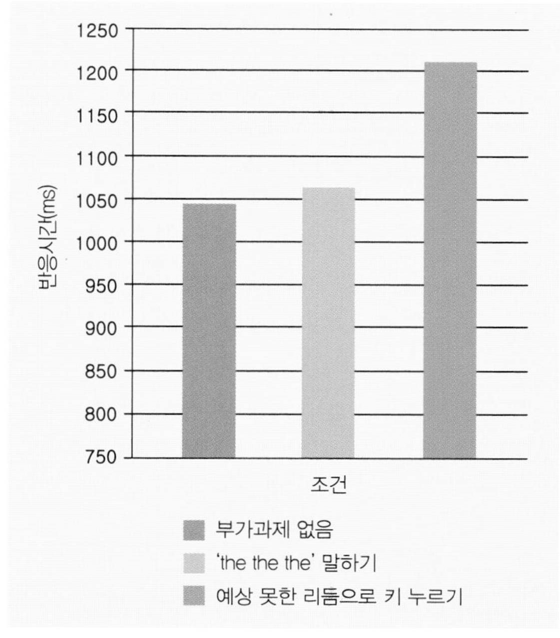

[그림 4-7] 한 자리 숫자 덧셈 과제 수행에 필요한 시간에 대한 부가 과제의 효과
출처: De Rammelaere et al. (2001).

De Rammelaere와 동료들(2001)은 어떤 결과를 얻었을까? [그림 4-7]이 그 결과를 보여 준다. 과제 수행 중에 'the the the'라고 말해야 했던 조건의 참가자들은 아무런 부가 과제가 없었던 조건의 참가자들만큼 쉽게 덧셈 문제를 풀었다. 이는 음운 루프는 한 자리 숫자 계산에 필요하지 않다는 것을 시사한다. 이와는 대조적으로 참가자들이 예상할 수 없는 리듬으로 키를 눌러야 했던 조건에서는 수행이 저조해졌다. 이는 중앙 집행기가 관여했다는 것을 함의한다. 저자들은 이 결과가 (중앙 집행기의 관여를 요구하는) 장기기억에 저장된 정확한 답을 찾는 과정을 통해 간단한 덧셈을 풀 수 있다는 가설과 일치한다고 주장했다.

더 복잡한 문제(예: 36+47=85의 정오 여부)가 주어지거나 어린아이들이 앞의 계산을 하면 어떨까? 이때는 음운 루프를 사용해야 할 때도 수행에 방해가 일어난다(DeStefano & LeFevre, 2004). 이 결과를 볼 때, 이러한 상황에서 수행을 잘하기 위해서는 음운 루프로부터의 지원도 필요하다는 것을 시사한다(예: 중간 계산 결과를 잠시 저장하고 속으로 계산할 때 필요함).

[현실세계에서 4-1] 동시통역

전 세계 수백 만 명의 사람들이 상당한 작업기억을 요구하는 직업을 가지고 있다(예: 항공 교통 관제사; Nolan, 2010). 그러한 직업들 중 하나가 바로 동시통역사이다. 예상할 수 있듯이, 동시통역을 해 보지 않은 사람들은 이를 아주 까다롭게 여긴다(Christoffels et al., 2006).

무엇이 동시통역을 그렇게 어렵게 만드는 것일까? 동시통역사들은 동시에 한 언어로 들은 말을 이해하여 다른 언어로 번역하여 말해야 한다. 동시통역의 다른 어려운 점들은 덜 명확하다(Albir & Alves, 2009). 예를 들어, 통역사의 배경지식은 일반적으로 말하는 사람에 비해 약하다. 또한 이들은 화자가 다음에 무슨 말을 할지 세부적으로 알지 못한 상황에서 청각 메시지를 번역하기 시작해야 한다.

동시통역에 필요한 대부분의 기술은 중앙 집행기와 관련이 있다. 주의 통제가 중앙 집행기의 주요한 기능이고, 주의 통제는 동시통역과 관련된 인지 처리 과정 중에서 적절하게 주의를 전환하는 데 필요하다.

동시통역사들은 일반적으로 '번역 비대칭성'을 나타내는데, 이는 본인의 모국어에서 다른 언어로 통역하는 것이 반대로 하는 것보다 더 어려움을 가리킨다. Rinne과 동료들(2000)은 동시통역은 주로 좌반구와 관련되어 있고, 특히 의미 정보처리 및 언어적 작업기억과 연관된 전전두 피질의 일부 영역이 중요하다는 것을 발견했다. 가장 중요한 것은, 더 자신 있는 언어에서 덜 자신 있는 언어로 통역을 할 때 더 많은 뇌 활성화가 나타났다는 것이다. 이는 이 방향이 작업기억에 더 큰 부담을 준다는 것을 시사한다.

통역사들이 자신 있는 언어를 사용하는 것이 항상 유리한 것은 아닌데, 특히 덜 자신 있는 언어로부터의 전환이 예측되지 않는 경우에 그렇다. Philipp과 동료들(2007)은 독일어, 영어, 프랑스어에 능통한 사람들에게 숫자를 명명하는 과제를 주었다. 이들의 덜 자신 있는 언어들(영어 혹은 프랑스어) 중 하나로부터 자신 있는 언어(독일어)로 전환된 직후에 명명시간이 특히 길어졌다. 전환 전에 이들은 자신의 가장 자신 있는 언어를 억제하고 있다가 갑자기 그 억제하던 언어를 사용하도록 과제가 전환될 경우 이를 극복하는 데 시간이 더 걸렸던 것이다. 언어 전환은 (억제 처리 과정과 같은) 인지 통제와 관련된 여러 뇌 영역의 활성화와 연관되어 있고, 이러한 통제는 중앙 집행기의 기능과 관련되어 있다(Abutalebi & Green, 2008).

동시통역사들은 다른 사람들에 비해 작업기억이 더 좋을까? 이 문제는 모국어가 네덜란드어이고 제2언어가 영어인 이중 언어 화자를 대상으로 한 Christoffels와 동료들(2006)의 연구에서 다루었다. 이들 중 일부는 평균 16년의 경험이 있는 동시통역사들이었고, 다른 참가자들은 영어 교사들이었다.

Christoffels와 동료들(2006)은 이들의 작업기억 용량을 측정하기 위해 다양한 과제를 사용하였다. 하나는 읽기폭 검사였는데, 참가자들은 문장을 읽고 각 문장의 마지막 단어를 기억해야 했다. 또한 발화폭 검사도 실시했는데, 참가자에게 몇 개의 단어가 제시되고 이들이 기억한 각 단어를 이용해 문장을 만들어 말하는 과제였다. 이 과제들이 네덜란드어와 영어 두 언어로 모두 수행되었다. 동시통역사들은 선생님들보다 이 두 과제를 두 언어 모두에서 더 잘했다. 이 발견은 성공적인 동시통역사가 되기 위해서는 뛰어난 작업기억 능력을 갖는 것이 중요한 이점이라는 것을 시사한다. 그러나 이는 동시통역이 작업기억 능력을 발전시키는 데 도움이 된다는 것을 의미할 수도 있다.

우리는 화자의 말을 들을 때 그 정보의 일부를 잠깐 저장하기 위해 음운 루프를 사용할 수 있다. 이와는 대조적으로, 동시통역사들은 일반적으로 거의 지속적으로 말한다. 그 결과, 그들은 이해를 돕기 위해 음운 루프에 거의 접근할 수 없다. 이 문제를 극복할 수 있는 능력이 동시통역에 중요하다.

Christoffels(2006)는 실험 참가자들에게 개, 고양이, 쥐에 해당하는 네덜란드어를 반복적으로 말하는 동안 이야기를 듣도록 시켰다. 들은 이야기들을 잘 회상하는 능력은 동시통역을 잘하는 것과 관계가 있었다. 즉, 음운 루프를 사용하지 않고 구어를 잘 이해하는 능력은 동시통역에 유리하다.

요컨대, 이러한 몇 가지 발견은 동시통역이 작업기억 시스템에 크게 의존한다는 것을 시사한다.

음운 루프

Baddeley와 Hitch(1974)는 Atkinson과 Shiffrin(1968)의 모형 안의 단기기억에 관하여 출판된 모든 연구는 음운 루프와 관련된다고 분류하였다. 이들은 음운 루프를 두 가지 구성 요소로 구별하였다.

- 음성 언어 지각과 직접적으로 관련된 수동적 **음운 저장소**
- 정보 유지를 위한 시연과 음성 산출에 필요한 **조음 통제 과정**

음운 루프는 어떤 용도로 사용될까? 일단 앞에서 일련의 관련 없는 덩이들을 올바른 순서로 암기하는 데 유용하다는 것을 살펴보았다. 그러나 이것은 우리가 자주 필요로 하는 기술이 아니다. 음운 루프는 다른 용도가 있을까? 이를 찾기 위해 Baddeley와 동료들(1988)은 바로 이 음운 루프가 손상된 뇌 손상 환자를 연구하였다. PV라는 환자(이탈리아어를 모국어로 씀)는 26세의 나이에 좌반구에 뇌졸중이 발병하였다. 그 결과, 그녀는 청각 기억폭에 선택적 손상을 입어 단기기억 용량이 단지 2개의 항목에 지나지 않았지만, 장기기억은 괜찮았다. 다소 놀라운 일은, 그녀는 가게를 운영하거나 가족을 부양하는 것을 포함하여 일상생활을 잘 해나갔다.

Baddeley와 동료들(1988)이 기대했던 음운 루프의 한 가지 기능은 바로 문장을 이해하는 데 도움이 되는 것이었다. 실제로 문장을 해석하기 위해서는 물리적으로 멀리 떨어져 있는 단어들 사이의 관계를 잘 설정해야 한다. 놀랍게도, PV는 구어 문장을 이해하는 데 그 문장이 너무 길거나 구성이 복잡하지만 않다면 많은 문제를 나타내지 않았다(Vallar & Baddeley, 1984). 이는 일상에서 문장을 처리하는 데 있어서 음운 루프의 기여가 제한적이라는 것을 의미한다.

음운 루프의 또 다른 기능은 단어 습득과 관련이 있을 수 있다. 단어의 의미를 알기 전에 그것은 관련 없는 음절의 연쇄로 구성되어 있다. 긴 단어의 경우가 특히 그렇다. 어떤 사람이 당신에게 'witenagemot'에 대해서 말해 준다고 생각해 보자. 이는 중세 영국에서 왕들을 임명하고 또 왕에게 조언을 하기 위해 소집된, 강력한 힘을 가진 귀족들의 위원회였으며, 이 단어는 JK 롤링이 사용하였는데, 『해리 포터』에 등장하는 고등 법원의 이름인 'Wizengamot (wizarding과 witenagemot의 혼합어)'을 만드는 데 바로 이 단어가 영감을 주었다며 당신에게 신나서 설명한다. 이 단어를 여러분이 배우기 위해서는 지금 들은 새로운 지식과 음운 루프에 저장된 wit–e–na–ge–mot이라는 순서를 가진 음절의 연쇄를 연결해야만 한다. 환자 PV는 왜 언어 이해에서 어려움을 보이지 않았을까? 그 이유는 그녀가 뇌졸중으로 고통받기 전에 일상생활에 필요한 단어를 이미 다 학습했기 때문이다.

이런 추론에 근거하여, Baddeley와 동료들(1988)은 PV가 새로운 단어를 배우는 데 어려움을 보일 것이라고 예측하였다. 실제로 그녀는 자신의 모국어인 이탈리아어로 관련 없는 단어 쌍을 연합하는 것은 건강한 참가자만큼 잘했다. 그러나 모국어인 이탈리아 단어와 러시아어 번역어 쌍을 연합하는 학습은 건강한 참가자에 비해 훨씬 더 못했다. 실제로 그녀는 열 번 이상의 시행을 통해서도 전혀 배울 수 없었다!

음운 루프가 새로운 단어를 학습할 때 유용하다는 생각은 Papagno와 동료들(1991)의 연구로부터 추가적인 지지를 얻었다. 이탈리아어 모국어 화자들은 이탈리아어 단어 쌍과 러시아어 단어 쌍을 학습했다. (관련 없는 소리를 계속 말해야 하는) 조음 억제를 시키자, 외국어 어휘의 학습을 크게 둔화시켰다. 그러나 모국어 단어들의 쌍 연합 학습에는 거의 영향을 미치지 않았다. 즉, 조음 억제로 인한 학습 시 나타나는 부정적 효과는 새로운 단어에만 국한되었다.

Andersson(2010)은 스웨덴의 아동들을 대상으로 언어 이해에 대한 연구를 수행하였다. 음운 루프 처리 능력은 외국어(영어)로 된 글을 읽을 때 아동의 이해 정도를 예측했지만, 모국어(스웨덴어)로 된 글을 읽을 때는 관련이 없었다. 왜 이런 결과가 나타났을까? 효율적인 음운 루프의 사용은 외국어로 글을 읽을 때 훨씬 더 중요하다. 왜냐하면 외국어 단어를 어떻게 발음하는지 알아내는 것이 훨씬 어렵기 때문이다.

즉, 우리가 음운 루프가 필요한 이유 중 하나는 그렇지 않으면 서로 관련 없는 소리와 음절의 연쇄로 구성된 새로운 단어를 배울 수 없기 때문이다. 어린 아동들은 매일 몇 개의 새로운 단어를 배우고, 심지어 어른들도 이틀에 하나씩 새로운 단어를 배운다(Brysbaert et al., 2016).

시공간 잡기장

음운 루프는 정보를 처리하는 동안 언어 자료를 일시적으로 유지 및 저장하는 하위 시스템이다. Baddeley와 Hitch(1974)는 시각과 공간 자료에 대해서도 유사한 형태의 하위 시스템인 시공간 잡기장이 있을 것이라고 가정했다. Logie(1995)는 시공간 잡기장이 두 가지 구성 요소로 이루어져 있다고 가정했다.

- 시각적 형태와 위치에 대한 정보를 저장하는 수동적 **시각 기억장치**
- 시각 기억장치의 정보를 업데이트하고 중앙 집행기로 이동시키는 **내부 기록자**

시공간 잡기장은 시각 패턴과 공간의 움직임을 임시로 저장하고 조작하는 데 사용된다. 본질적으로 시각 처리는 대상이 **무엇**인지를 기억하는 것과 관련되어 있고, 공간 처리는 정보가 **어디에** 있는가와 관련되어 있다. 시공간 잡기장은 일상생활에서 아주 유용하다. 우리는 이것을 통해 한 장소에서 다른 장소로 이동할 때(Logie & Della Sala, 2005)나 텔레비전을 시청할 때(Toms et al., 1994) 경로를 찾을 수 있다.

우리는 또한 컴퓨터 게임을 할 때 시공간 잡기장을 사용한다. Logie와 동료들(1989)은 컴퓨터 화면 위의 우주선을 조종하는 게임인 스페이스 포트리스라고 불리는 복잡한 컴퓨터 게임의 수행을 연구했다. 실험 참가자들이 훈련 초기에는 이 게임과 동시에 추가적인 시공간 과제를 수행하게 할 경우 게임 수행이 심각하게 저하되었다가 그 뒤로는 조금 괜찮아졌다. 즉, 시공간 잡기장은 이 게임의 훈련 초기에 사용되었지만, 연습을 할수록 관여도가 줄어들었다.

Logie와 동료들(2000)은 시공간 잡기장이 단어폭 과제의 수행에도 영향을 주는지 궁금했다. 여러분은 이전 연구에서 이 과제에서 나타났던 단어의 길이와 단어들의 음운 유사성의 영향을 기억할 것이다[이것이 바로 Baddeley와 Hitch(1974)가 지금까지 나온 단기기억 연구는 **음운** 루프에 관한 연구라고 말한 이유이다]. Logie와 동료들(2000)은 일련의 단어들을 컴퓨터 화면에 초당 1개의 속도로 실험 참가자들에게 제시하며 이 단어들을 외우라고 요청하였다. 모든 단어는 음운적으로 유사하였지만, 한 집단의 단어들은 철자적으로도 유사하였고(fly, ply, cry, dry, try, shy), 다른 집단의 단어들은 철자적으로 상이했다(guy, thai, sigh, lie, pi, rye). Logie와 동료들(2000)은 철자 상이 조건에서의 수행이 유사 조건에서의 수행보다 더 좋다는 것을 발견했다. 이는 단어폭 과제에서 시각적으로 제시된 단어에 대한 기억 수행에 단어의 철자에 포함된 시각적 정보가 영향을 미친다는 것을 시사한다.

시공간 잡기장의 용량은 **얼마나** 될까? 약 네 개의 항목을 저장할 수 있다고 생각하는 데는 충분한 이유가 있다(Vogel et al., 2001; Xu & Chun, 2009). Vogel과 동료들(2001)은 3개에서 12개 사이의 물체의 배열을 실험 참가자들에게 제시하였다. 900ms 후에 두 번째 배열(첫 번째 배열과 동일하거나 하나의 물체만 변경됨)이 제시되었다. 참가자가 두 배열이 동일한지 여부를 결정하는 능력은 물체가 4개 존재할 때 거의 완벽했다. 배열 안의 물체의 수가 4개보다 커짐에 따라 수행은 점진적으로 저하되었다.

시공간 잡기장의 크기를 측정하는 데 자주 사용되는 또 하나의 과제는 코르시 블록 검사(Corsi blocks test)이다. 이 과제에서 실험 참가자들의 책상 위에는 ([그림 4-8]에서처럼) 몇 개의 블록이 놓여 있다. 먼저, 실험자가 특정한 순서로 블록을 두드리면 실험 참가자는 그 순서

> **Key term**
>
> **코르시 블록 검사(Corsi block test):** 미리 정해진 순서를 따라 블록을 가리켜야 되는 검사로, 시공간 잡기장의 용량을 측정하기 위해 사용됨

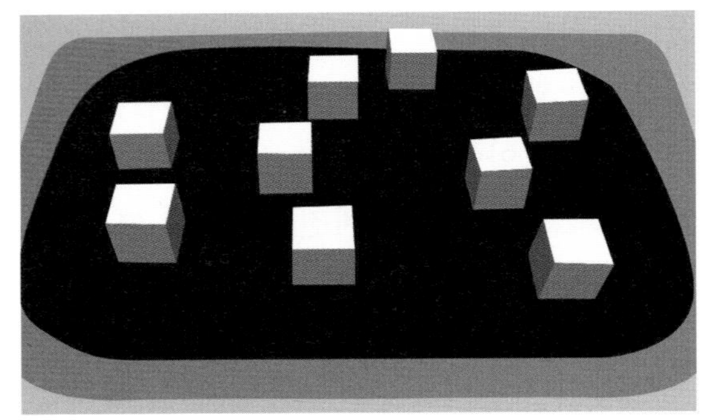
[그림 4-8] 코르시 블록 검사

를 따라 두드려야 한다. 먼저, 두 개의 연쇄부터 시작해서 실험 참가자가 실수를 할 때까지 두드려야 하는 블록의 수는 커진다. 기억폭은 참가자가 50% 미만의 오류를 보이는 가장 긴 블록의 연쇄로 정의된다. Capitani와 동료들(1991)은 정상인들 중 남성과 여성의 수행을 비교하였는데, 남성은 5.2개의 폭을, 여성은 4.9개의 폭을 가지고 있었으며 이 차이는 통계적으로 유의미한 차이였다. Vandierendonck와 동료들(2004)은 대학생들을 대상으로 이 검사를 시행하여, 이들이 6.0개의 폭을 가지고 있는 것을 보고하였는데, 이 과제를 수행하면서 동시에 'the the the'라고 계속 말해야 하는 조음 억제 상황에서도 이 폭은 크게 줄어들지 않았다. 이 결과는 시공간 잡기장과 음운 루프는 두 개의 독립된 하위 시스템이라는 생각과 일치한다.

단일 시스템?

시공간 잡기장에 관한 64,000달러짜리 질문(역주: 〈The $64,000 question〉이라는 미국의 퀴즈쇼에서 나온 표현으로, 가장 어려운 질문을 맞추면 받는 상금이 64,000달러임)은 '시각 및 공간 처리는 단일 시스템으로 결합되어 있는가?'이다. 대부분의 증거는 이 둘 사이에 중요한 차이가 있다는 것을 나타낸다. 예를 들어, 시각 장애인들은 일반적으로 자신들이 시각 처리에 관여할 수 없음에도 불구하고 공간 정보를 사용하여 여기저기 이동하는 데 능숙하다. 실제로 Fortin과 동료들(2008)은 시각 장애인들이 시력이 정상인 사람들보다 사람 크기의 미로를 통해 경로를 학습하는 데 더 낫다는 것을 발견했다.

Fortin과 동료들(2008)의 연구에서 시각 장애인들이 좋은 수행을 보인 것은 아마도 그들이 공간 처리에 대해 엄청난 연습을 했기 때문일 것이다. 이러한 해석에 대한 지지는 Fortin과 동료들(2008)이 보고한 또 다른 발견에서 찾을 수 있는데, 이 연구에서 시각 장애인의 해마(용어해설 참조)는 시력을 가진 사람들에 비해 더 컸다. 이 관련성은 해마가 공간 처리와 관련되어 있다는 점이다.

시공간 잡기장이 공간과 시각 구성 요소로 **구별**되어 있다는 추가 증거는 Klauer와 Zhao(2004)가 보고하였다. 이 연구에서는 두 가지 주요 과제가 있었다. 하나는 점들의 위치를 기억하는 공간 과제였고, 다른 하나는 중국어 글자를 기억하는 시각 과제였다. 어떤 경우는 시각적 간섭을 만들기 위해 이 주요 과제와 함께 색 구별 과제도 함께 수행하였다. 다른 경우는 공간적 간섭을 만들기 위해 움직임 구별 과제를 함께 수행하였다.

만약 공간적 구성 요소와 시각적 요소가 구별되어 있다면 어떤 결과를 예상할 수 있을까? 첫째, 공간 간섭 과제는 시각 과제보다는 공간 과제에서 더 많은 간섭을 일으켜야 한다. 둘째, 시각 간섭 과제는 공간 과제보다는 시각 과제에서 더 많은 간섭을 일으켜야 한다. 이 두 예측은 실제 실험 결과로 나타났다([그림 4-9] 참조).

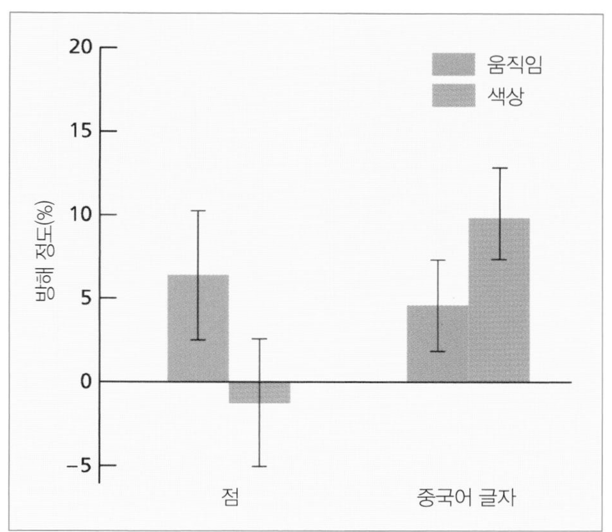

[그림 4-9] 이차 과제(공간: 움직임 구별 대 시각: 색 구별)에 따른 공간 과제와 시각 과제에서 나타난 방해의 양
출처: Klauer & Zhao (2004). 미국심리학회의 허락하에 재인쇄함.

인지신경과학 연구에서도 역시 시각 처리와 공간 처리가 서로 다른 뇌 영역과 관련되어 있다는 결과를 보여 준다. Smith와 Jonides(1997)는 두 개의 시각 자극이 함께 제시된 후 탐침 자극이 제시되는 기발한 연구를 수행하였다. 실험 참가자들은 탐침 자극이 처음 제시된 두 개의 자극 위치 중 하나와 동일한 위치에 나왔는지(공간 과제)를 결정하거나 같은 형태를 가졌는지(시각 과제)를 결정해야 했다. 이 두 과제에서 동일한 자극이 사용되었음에도 불구하고, 뇌 활성화 양상은 명백한 차이가 있었다. 시각 과제를 수행할 때보다 공간 과제 수행 시에는 우반구에서 더 많은 활성화가 나타났지만, 반대로 공간 과제 수행 시보다 시각 과제를 수행할 때는 좌반구에서 더 많은 활성화가 나타났다.

Zimmer(2008)는 시각과 공간 정보처리와 관련된 뇌 영역에 관한 연구 결과를 개관했다. 후두엽과 측두엽 안의 영역들은 시각 심상 과제를 수행할 때 활성화되었다. 이와는 대조적으로, 두정 피질(특히 두정 내구) 안의 영역들은 공간 심상 과제를 수행할 때 활성화되었다.

중앙 집행기

주의 시스템과 유사한 중앙 집행기는 작업기억 시스템에서 가장 중요하고 다재다능한 구성 요소이다(아직 그 기제가 가장 덜 알려져 있기도 하다; Logie, 2016). 계획이나 조정과 같은 처리와 관련되어 있지만 정보를 저장하지는 않는다. 또한 중앙 집행기는 텔레비전 소리와 같이 관련 없는 자극에 의해 주의가 방해받는 것을 막아 주는 억제 처리와도 관련된다(Miyake et al.,

2000; Friedman & Miyake, 2004). 어떤 종류의 복잡한 인지 활동, 예를 들어 책을 읽거나 문제를 푸는 등에 관여할 때마다 우리는 중앙 집행기를 광범위하게 사용한다.

전전두 피질의 영역들이 중앙 집행기의 기능에 많이 관여한다. Mottaghy(2006)는 배외측 전전두 피질 내의 활동을 방해하기 위해 반복 경두개 자기자극을 사용한 연구들을 개관했다. 대부분의 복잡한 인지 과제의 수행이 이러한 처치를 통해 손상되었는데, 이는 중앙 집행기의 기능에서 배외측 전전두 피질이 중요하다는 것을 나타낸다. 그러나 이 영역만이 중앙 집행기와 관련된 것은 아니다. 전전두 피질에 손상을 입은 환자들이 항상 집행 기능에 결함을 보이는 것은 아니며, 전전두 피질에 손상이 없음에도 불구하고 어떤 환자들은 집행 기능에 결함을 보이는 것으로 나타났다(Andrés, 2003).

Key term

집행 기능(executive functions): 인지 능력과 행동을 통제하고 조정하는 데 필요한 일련의 인지적 기술

집행 기능

그 이름에 근거하여 추측할 수 있듯이, 중앙 집행기는 소위 집행 기능을 통제한다. 집행 기능(executive functions)이란 우리의 인지 능력과 행동을 통제하고 조정하는 데 필요한 일련의 인지적 기술을 말한다. 이는 **목표 지향적 행동**을 위해 필수적이며 다음과 같은 기술들을 포함한다.

- 목표를 활성화시키고, 이를 유지하는 것
- 목표 달성을 위해 올바른 정보와 행위를 선택하는 것
- 관련 없는 정보와 행위를 억제하는 것
- 과제가 수행되는 맥락이나 맥락에 따른 특정 요구사항을 고려하는 것
- 오류를 탐지하고 수정하는 것

Miyake와 동료들(2000)은 이러한 집행 기술들이 다음의 세 가지 기능으로 분류할 수 있다고 주장하였다.

1. 심성 집합 전환(과제 간 전환으로, 예를 들어 현재의 목표를 비활성화하면서 새로운 목표를 활성화하는 것)
2. (목표 성취에 필요한) 작업기억 표상의 업데이트 및 점검
3. 관련은 없으나 지배적이거나 우세한 반응의 억제(목표와 목표 성취에서 벗어나 산만해지지 않기 위함임)

우리는 중앙 집행기의 기능이 저하된 뇌 손상 환자를 연구함으로써 일상생활에서 집행 기능이 얼마나 중요한지에 대해 어느 정도 이해할 수 있다. 집행 기능 악화 증후군(dysexecutive syndrome)으로 고통받고 있는 이 환자들은 계획, 조직화, 행동 점검 및 개시 등에 있어서 문제를 가지고 있다(Baddeley, 2007). 이 증후군을 앓고 있는 환자들은 전형적으로 전전두 피질에 손상을 가지고 있지만, 어떤 경우는 주로 두정엽 주위의 후두부에 손상을 보이기도 한다(Andrés, 2003). 당연하게도 이 환자들은 직업을 유지하고 일상생활에서 적절하게 기능하는 데 큰 문제를 가지고 있다(Chamberlain, 2003).

Key term

집행 기능 악화 증후군(dysexecutive syndrome): 전두엽의 손상으로 인해 중앙 집행기의 기능이 악화됨. 행동을 조직화하거나 계획하는 데 결함을 보임

집행 기능의 손상은 몇몇 집단의 환자군에서도 나타난다. 예를 들어, Heinrichs와 Zakzanis(1998)는 조현병을 가진 사람들이 집행 기능이 떨어진다는 것을 보고하였다. Willcutt과 동료들(2005)은 주의력 결핍 및 과잉 행동 장애(용어 해설 참조)를 가진 사람들도 동일한 문제가 있다는 것을 보고하였다.

집행 기능 악화 증후군이라는 개념은 전두엽의 손상이 **모든** 중앙 집행 기능에 저하를 가져온다는 것을 암시한다. 이는 전두엽에 광범위한 손상을 입은 환자들의 경우에는 맞는 말이지만, 특정 영역에만 손상을 입은 환자들에게는 적용되지 **않는다**. Stuss와 Alexander(2007)는 Miyake와 동료들(2000)이 설명한 세 가지 주요한 집행 기능은 전두엽의 서로 다른 영역에 기반하고 있다고 주장했다. 물론 그 용어는 Miyake와 동료들(2000)의 것과는 다르다.

- **과제 설정**(task setting): 앞으로의 과제에 대해 비교적 간단한 계획을 세우는 것과 관련되어 있다.
- **점검**(monitoring): 현재 과제가 적절하게 수행되고 있는지를 확인하는 것과 관련되어 있다.
- **활성화**(energization): 지속적 주의와 집중을 쏟는 것과 관련되어 있다.

특정 뇌 영역의 손상을 가진 많은 환자는 대체로 앞의 세 과정 중 하나의 기능에 제한적으로 문제가 있다. 과제 설정의 문제는 좌반구 외측 전두 영역에, 점검과 관련된 문제는 우반구 외측 전두 영역에, 활성화와 관련된 문제는 전두 피질의 상측 내측 영역의 손상과 관련되어 있다.

요컨대, 중앙 집행기는 다양한 기능으로 구성되며 그중 세 가지, 즉 과제 설정, 점검, 그리고 활성화(혹은 간섭 억제)가 중요하다. 그러나 많은 다양한 인지 과제들에서 과제 수행의 서로 다른 단계에서 이 세 가지 기능을 모두 필요로 한다는 점을 기억해야 한다.

일화기억 버퍼

우리가 보았듯이, 중앙 집행기는 많은 다른 유형의 정보를 처리하는 데 중요한 역할을 한다. 그러나 이것은 어떤 저장 용량도 가지고 있지 않다. 이 부분 때문에 Baddeley(2000)는 자신의 작업기억 이론에 네 번째 요소를 추가하였다. 일화기억 버퍼는 용량 제한이 있는 저장 체계인데, 음운 루프, 시공간 잡기장, 장기기억으로부터 온 정보를 잠시 동안 저장하는 데 사용된다(Repovš & Baddeley, 2006).

Baddeley(2007)에 따르면, 몇 가지 다른 유형의 정보를 통합하는 일의 복잡성을 생각하면 일화기억 버퍼와 중앙 집행기 사이에는 긴밀한 연결이 있을 수밖에 없다. 만약 그렇다면, 일화기억 버퍼와 관련된 과제 수행 시 전전두 피질의 활성화가 나타날 것으로 예상할 수 있다. 이러한 예상을 할 수 있는 것은 전전두 피질이 중앙 집행기를 요구하는 과제 수행 시에 일반적으로 활성화되기 때문이다.

Baddeley와 Wilson(2002)의 연구는 산문에 대한 즉시 회상을 할 때 일화기억 버퍼의 유용성을 잘 보여 준다. 산문에 대한 즉시 회상을 잘하려면 장기기억에 관련 정보를 저장하는 능력이 뛰어나야 한다고 알려졌었다. 이러한 입장에 따르면, 아주 심한 장기기억 손상 환자들은 산문에 대한 즉시 회상 능력이 아주 좋지 않아야만 한다.

이와는 대조적으로, Baddeley와 Wilson(2002)은 산문에 대한 좋은 즉시 회상을 보여 주는 능력은 두 가지 요인에 달려 있다고 주장했다. 첫째는 일화기억 버퍼의 용량이고, 둘째는 중앙 집행기가 이 버퍼 안의 정보를 효과적으로 만들어 내고 유지할 수 있는 능력이다. 이러한 논리에 따라 심각한 기억상실증 환자들도 만약 중앙 집행기가 효율적이라면 산문에 대한 즉시 회상이 좋을 수 있다. 예측한 바대로, 중앙 집행기의 손상이 거의 없는 기억상실증 환자들은 이 기능에 심각한 손상을 입은 기억상실증 환자에 비해 산문에 대한 즉시 회상을 훨씬 더 잘했다.

Darling과 Havelka(2010)는 실험 참가자들에게 임의의 숫자들을 제시된 순서로 회상하라는 과제를 부여하였다. 숫자들은 시각적으로 제시되었는데, 첫 번째 조건에서는 매번 같은 위치에, 두 번째 조건에서는 수평으로 나란히 정렬해서, 그리고 세 번째 조건에서는 스마트폰에서 사용하는 숫자 배열과 유사한 키패드 형태의 배열로 제시되었다. 세 번째 조건의 수행이 가장 좋을 것으로 가정하였다. 왜냐하면 이 조건에서 시각 정보와 익숙한 키패드와 유사한 배열을 가진 공간 정보가 일화기억 버퍼에서 잘 통합될 수 있기 때문이다. 예상한 것처럼 순서 회상 결과는 마지막 세 번째 조건에서 가장 좋았다.

요컨대, 일화기억 버퍼는 작업기억 내의 정보를 통합하는 '풀'을 제공하는 데 도움이 된다. 이와 같이 일화기억 버퍼는 가치 있는 기능을 수행한다. 그러나 아직 어떻게 이 통합 과정이 작동하는지에 대한 자세한 설명은 부족한 실정이다.

대안: 단일 저장소 접근

최근 몇 년 동안 다양한 이론가들(예: Cowan, 2001; Postle, 2006; Jonides et al., 2008)은 작업기억과 장기기억을 구별하는 것이 잘못된 것이며 단일 저장소 모형으로 대체되어야만 한다고 주장해 왔다. 이 모형의 기본적 가정은 작업기억이란 단지 특정 순간에 활성화되어 있는 장기기억의 일부라는 것이다. 따라서 Baddeley와 Hitch(1974)의 모형이 작업기억과 장기기억의 **차이점**을 강조하는 반면, 단일 저장소 모형의 옹호자들은 **유사성**을 강조한다.

단기기억은 주의를 받는 장기기억일 뿐이다

작업기억 내의 정보처리는 종종 장기기억으로부터의 정보에 의해 크게 영향을 받는다. 예를 들어, Ruchkin과 동료들(1999)은 장기기억의 의미 정보가 전형적인 단기기억 과제의 처리에 영향을 주는 것을 보고했다. 이들은 실험 참가자에게 언어 자극을 청각적으로 제시하고 계열 회상을 시켰다. 일부 자극은 실제 존재하는 단어들이었고, 다른 자극들은 단어처럼 들리지만 실제 단어는 아닌 소리의 연쇄였다(이를 유사 비단어라고 하고, 그 예로는 'koor' 'deeph' 등이 있음). 만약 참가자들이 음운 루프(혹은 단기기억)에서 자극의 소리에 대한 정보만을 처리했다면 뇌의 활동은 단어와 유사 비단어에서 매우 비슷하게 나타났을 것이다. 그러나 결과는 단어와 연관된 뇌 활동이 비단어와 연관된 활동에 비해 훨씬 더 컸다. 이는 장기기억의 의미 정보가 단어가 제시되었을 때 처리되었다는 것을 시사한다.

단일 저장소 모형에 따르면, 작업기억과 장기기억 사이에는 어떠한 구별도 없다. 기본 가정은 단기기억(혹은 작업기억)은 주의의 초점이 주어진 장기기억의 표상으로 구성된다는 것이다. 이를 Postle(2009, p. 29)은 다음과 같이 표현한다.

> 여기서 소개할 관점은 작업기억의 기능은 감각, 표상 또는 행위 관련 기능을 수행하도록 진화한 시스템에 주의를 기울일 때 생성된다는 것이다. 이러한 관점에서 작업기억은 단순히 많은 다양한 종류의 정보를 표상할 수 있고 유연하게 배치 가능한 주의가 주어지는 신경계에서 발생하는 출현속성일 뿐이다.

연구자들이 Baddeley와 Hitch(1974)의 작업기억 모형에 대해 더 이상 지지를 보내지 않는 주요한 두 가지 이유는 다음과 같다. 첫째, 작업기억을 특별히 담당하는 뇌 영역이 존재하지 않는 것 같으며, 둘째, 작업기억 과제 수행 시 활성화되는 뇌 영역은 처리된 정보의 유형이 어떤지에 따라 활성화되는 영역이 다르기 때문이다. Postle(2006)은 두 번째 이유가 작업기억 모형이 하위 구성 요소가 증가할 때마다 세분되어야 한다는 것을 의미하기 때문에 큰 문제라고 지적하였다.

우리는 이미 시공간 잡기장이 시각적 부분과 공간적 부분으로 나뉘어야 한다는 것을 시사하는 증거에 대해 논의하였다. Postle(2006)에 따르면 다음과 같은 추가적인 독립적 하위 시스템 역시 필요할 수 있다.

- 자기중심적(자신의 관점의 공간) 대 타인중심적(자신이 아닌 타인 관점의 공간) 공간 작업기억 시스템
- 다양한 유형의 시각 자극에 대한 작업기억 시스템
- 다양한 측면의 언어 처리에 대한 작업기억 시스템
- 청각 자극의 강도, 음고, 위치에 대한 작업기억 시스템
- 촉각 및 후각 자극에 대한 작업기억 시스템

이러한 모든 자극의 처리와 관련된 작업기억 모형의 세분화가 필요하다면 이 모형이 여전히 현실적인 것인가에 대한 의문이 들 수 있다. 원래 Baddeley와 Hitch(1974) 모형의 매력 중 하나는 모형이 적은 수의 구성 요소로 분리될 수 있다는 점이었다.

Ma와 동료들(2014)은 작업기억의 다중 저장소 모형의 또 다른 결점을 지적하였다. 이러한 종류의 모형들은 단기기억이 제한된 숫자의 슬롯[밀러의 관점에서는 7±2, Cowan(2001)은 4±1임]을 가진 시스템에 기반한다고 가정하고 있다. 이러한 슬롯 안에는 항목이 들어 있을 수도, 없을 수도 있으며 저장소가 다 채워질 때까지는 항목들 사이에 경쟁은 없다. 하지만 이러한 예측은 작업기억의 용량이 높은 정확도를 가지고 부호화된 항목에 대해서는 더 작고, 낮은 정확도를 가지고 부호화된 항목에 대해서는 더 크다는 것을 시사하는 경험적인 결과와는 일치하지 않는다. 게다가, 많은 단기기억 과제에서 모든 항목이 같은 수준의 정확도를 가지고 부호화되는 것은 아니다. 어떤 항목들은 다른 항목들에 비해 더 현저하고 목표와 관련되어 있고 이런 항목들은 더 정확하게 부호화된다. 이러한 자원 제한적인 관점(슬롯 제한적인 관점이라기보다는)의 작업기억은 다중 구성 요소를 가지고 있는 모형보다는 단일 구성 요소를 가지고 있다는 접근과 더 일치한다.

단일 저장소 모형이 풀어야 할 숙제들

단일 저장소 접근 방식의 약점은 지금까지 Baddeley와 Hitch(1974)의 작업기억 모형과 유사한 수준의 명확한 모형이 제안되지 않았다는 것이다. 지금까지 이 접근은 작업기억 모형이 가진 문제점들을 지적하는 것만으로 구성되어 있고, 자세한 대안을 제안하고 있지는 않다.

단일 접근방식이 극복해야 할 한 가지 숙제는 왜 대부분의 기억상실증 환자들이 장기기억은 심각한 손상을 입은 것에 반해 단기기억은 온전한지에 대해 설명하는 것이다. Jonides와 동료들(2008)은 기존의 연구에서 사용된 단기기억 과제가 너무 쉽기 때문에 이러한 양상의 결과가 나타난다고 주장했다. 이들은 만약 충분히 복잡한 단기기억 과제가 주어진다면 기억상실증 환자도 역시 손상된 단기기억 능력을 보일 것이라고 주장했다.

Shrager와 동료들(2008)은 짧은 보존 간격 후에 기억을 평가하는 다양한 과제를 사용하여 이러한 예측이 맞는지 테스트하였다. 기억상실증 환자는 건강한 통제집단의 참가자들에 비해 어떤 과제에서는 더 큰 손상을 보였지만, 다른 과제들에서는 그렇지 않았다. 그러나 기억상실증 환자가 저조한 수행을 보인 기억 과제들은 모두 단기기억뿐만 아니라 장기기억도 관련되어 있는 과제였다. 그 결과, Shrager와 동료들(2008)은 기억상실증 환자들이 단기기억 처리가 온전하다는 결론을 내렸다. 이 환자들은 소위 단기기억 과제라 해도 실제로는 장기기억에 의존한 과제에서만 수행이 저하된 것으로 나타났다.

단일 저장소 접근방식의 두 번째 숙제는 작업기억의 처리 구성 요소를 설명하는 것이다. 작업기억은 정보의 단기 저장이나 활성화 이상을 의미한다는 것을 명심하기 바란다. 예를 들어, Baddeley(2007)는 단일 저장소 접근방식은 어떻게 사람들이 단기기억 안에서 자극에 대한 새로운 시각적 이미지를 생성할 수 있는지를 설명해 낼 수 있어야 한다고 주장했다(Logie & van der Meulen, 2009). 또한 어떻게 장기기억에 저장되지 않은 산술 문제를 해결을 할 수 있는지를 설명할 수 있어야 한다고 지적했다. Baddeley(2007)에 따르면, 작업기억의 처리 구성 요소는 장기기억에서 활성화된 기억 흔적과 일치하지 않는 시스템을 필요로 한다.

중간 요약

작업기억 모형

- Baddeley(2007)에 따르면 작업기억 모형은 중앙 집행기, 음운 루프, 시공간 집기장, 일화기억 버퍼로 구성되어 있다. 이 구성 요소들은 제한된 용량을 가지고 있지만 서로 상당히 독립적으로 기능할 수 있다.

동시통역

- 동시통역은 몇 가지의 다른 처리 과정들이 연쇄적으로 일어나야 하기 때문에 작업기억에 상당한 부담을 준다. 한

언어에서 다른 언어로 전환하는 것은 억제 제어 과정이 요구되며, 자신 있는 언어에서 덜 자신 있는 언어로 번역하는 것은 더 까다롭다. 동시통역사들은 다른 사람들보다 더 큰 작업기억 용량을 가지는 경향이 있다.

음운 루프

- 단기기억에서 음운 루프의 관여는 음운 유사성 효과와 단어 길이 효과에서 볼 수 있다. 음운 루프는 외국어 단어를 새롭게 배우거나 이해할 때 아주 유용하다.

시공간 잡기장

- 시공간 잡기장은 한 장소에서 다른 장소로 이동하거나 컴퓨터 게임을 할 때 사용된다. 이것은 서로 다른 뇌 영역이 관여하는 시각적 요소와 공간적 요소로 구별되어 구성된다.
- 시공간 잡기장의 용량을 측정하기 위해 종종 사용되는 과제는 코르시 블록 검사이다.

중앙 집행기

- 중앙 집행기는 수많은 복잡한 인지 과제 수행 시 사용되는 주의와 유사한 시스템이다. 집행 기능 악화 증후군 환자들은 전전두 피질과 다른 뇌 영역에 광범위한 손상을 입었다. 이 손상으로 인해 집행 기능이 심각하게 저하되며 일상생활에 큰 지장이 나타난다. 과제 설정, 점검, 활성화/방해 억제는 중앙 집행기의 세 가지 주요한 기능이다.

일화기억 버퍼

- 일화기억 버퍼는 장기기억과 다른 작업기억 구성 요소로부터의 정보를 잠시 저장하고 통합하는 데 사용된다. 작업기억 체계의 중요한 구성 요소이지만, 그 작동 원리는 여전히 다소 불분명하다.

단일 저장소 접근

- 단일 저장소 접근을 지지하는 이론가들에 따르면, 작업기억의 정보는 장기기억 중 현재 활성화된 부분이다. 이 이론의 한 가지 문제는 왜 기억상실증 환자들이 매우 나쁜 장기기억을 가지고 있지만 단기기억은 온전한가를 설명하지 못하는 것이다. 또 다른 문제는 단순히 장기기억에서 정보가 활성화된다는 설명이 아니라 이보다 더 복잡한 방식으로 작업기억에서 정보가 어떻게 조작될 수 있는가를 설명해 내야 한다는 점이다.

작업기억 용량

지금까지 우리는 주로 Baddeley와 Hitch(1974)가 개척한 작업기억에 대한 이론적 접근에 초점을 맞추었다. 이 접근에서 가장 중요한 점은 작업기억 시스템이 네 개의 다소 분리된 구성 요소로 이루어져 있다는 생각이다.

작업기억에 대한 연구는 작업기억 용량이 개인 간 차이가 있으며 이 차이가 지능과 관련되어 있다는 사실이 발견되었을 때 더 큰 동력을 받았다.

개인차에 대한 발견의 기원은 다시 Jacobs(1887)로 거슬러 올라간다. 이 연구에서 단기기억폭은 학업 성취도가 높은 아이들이 낮은 아이들에 비해 더 컸다. 이 발견은 Binet와 Simon(1907)에 의해 처음 프랑스에 출판된 지능검사를 시작으로 다른 많은 지능검사에서 통합되었다(하지만 이 검사들에서 Jacobs의 연구를 인용하지는 않았다!). 대부분의 경우 숫자폭 검사가 사용된다.

우리가 정보를 처리할 때 단기기억이 사용된다고 가정한다면 단기기억 용량과 지적인 기능 사이에 상관 관계가 있다는 발견은 타당하다. 어떤 사람들은 이 정보를 저장하고 기억하고 더 높은 수준에서 사용하는 것에 더 뛰어날 수 있다.

그러나 작업기억은 단기기억 그 이상이다. 이는 단지 언어적 정보를 (음운 루프를 사용하여) 수동적으로 유지하는 것에만 의존하지 않고, 정보의 조작과 다른 정보를 처리하는 동안에도 보유하는 능력과 관련되어 있다. **어떻게** 이러한 작업기억의 용량을 측정할까?

작업기억 용량의 측정

기억폭 과제를 좀 더 역동적으로 만드는 첫 번째 방법 중 하나는 실험 참가자들에게 기억해야 할 항목을 제시된 순서와는 다른 순서로 외우도록 시키는 것이다. 자주 사용되는 과제는 역순 숫자폭 과제이다. 실험 참가자는 제시된 숫자의 연쇄를 역순으로 외워야 한다. 예를 들어, 6–1–5–8–3의 순서로 숫자를 들었다면, 여러분은 3–8–5–1–6으로 외워 말해야 한다. 일반적으로 역순 숫자폭 과제는 원래의 숫자폭 과제에 비해 다른 지능 측정치들과 상관 관계가 약간 더 크다(예: Woods et al., 2011).

작업기억 용량 측정에 있어서 주요한 변곡점은 Daneman과 Carpenter(1980)에 의해 고안되었다. 사람들은 몇 개의 문장을 읽고 이해하는 과제(처리 과정을 알아보는 과제)를 수행하면서 각 문장의 마지막 단어를 회상하는 과제(저장 용량을 알아보는 과제)를 수행해야 했다. 참가자가 그 문장의 마지막 단어를 50% 이상 회상할 수 있는 최대 문장의 수가 바로 읽기폭(reading span)이다. 한 개인의 읽기폭은 작업기억 용량의 측정치로 간주된다.

> **Key term**
>
> **읽기폭(reading span)**: 일련의 제시된 문장들에서 각 문장의 마지막 단어를 회상할 수 있는 문장의 최대 수

Daneman과 Carpenter(1980)는 큰 작업기억 용량을 가진 사람들은 전체 가용한 작업기억 용량 중 더 적은 양이 문장을 이해하는 데 사용된다고 가정하였다. 그 결과, 이 사람들은 문장의 마지막 단어를 계속 기억하기 위해 더 많은 자원을 사용할 수 있다. 이러한 가설에 따라 Daneman과 Carpenter(1980)는 읽기폭이 큰 사람들이 작은 사람들에 비해 글을 읽은 후 제시되는 질문에 더 정확하게 대답하는 것을 발견하였다. 이와는 대조적으로, 단기기억 과제로 측정한 단어폭이 큰 사람들과 작은 사람들 사이에서는 읽기 이해의 차이가 훨씬 적게 나타났다.

작업기억 용량을 평가하는 다양한 다른 방법이 고안되어 왔다. 예를 들어, Turner와

Key term

작업폭(operation span): 수리 질문과 단어로 이루어진 항목들에서 개인이 회상할 수 있는 각 항목의 마지막 단어들의 최대 수

상관 계수(correlation coefficient): 두 개의 변수가 얼마나 관련되어 있는가를 나타내는 통계 측정치로, −1에서 1 사이의 값을 가짐. 양의 값은 두 변수가 같은 방향으로 변한다(한 변수의 값이 증가하면 다른 변수의 값 역시 증가함)는 것을 의미하고, 음의 값은 두 변수가 반대 방향으로 변한다(한 변수의 값이 증가하면 다른 변수의 값은 감소함)는 것을 의미함. 1이나 −1과 가까운 값일수록 더 강한 상관 관계를 나타내며, 이때 한 변수를 기반으로 다른 변수의 값을 더 잘 예측할 수 있음. 상관 계수가 0에 가깝다는 것은 두 변수가 독립적이라는 것을 나타내고, 이 경우 한 변수에 기초하여 다른 변수의 값을 예측하는 것은 불가능함

Engle(1989)은 '(4×2)−3=5? E'와 같은 문제를 실험 참가자에게 제시하였다. 이들은 각각의 산수 문제에 대답해야 했고, 알파벳을 기억해야 했다. 하나의 시행에 나오는 계산 항목의 숫자는 다양하게 변경되었고, 이때 사람들이 회상해 내는 평균 단어(혹은 알파벳)의 수를 작업폭(operation span)으로 정의하였다. 개인의 작업폭과 읽기폭은 아주 비슷한 측정치이고, 작업기억 용량이라는 동일한 구성 개념을 측정한다(Unsworth et al., 2014). 평균적으로 사람들은 작업폭 검사에서 5개의 단어나 글자를 기억할 수 있다.

작업기억 용량과 지능의 관계

작업기억 용량이 큰 사람은 작은 사람에 비해 지능과 관련된 과제를 더 잘 수행한다. 앞 절에서 우리가 보았듯이, 작업기억 용량이 큰 학생들은 작은 학생들에 비해 자신들이 방금 읽은 글을 더 잘 기억했다.

두 과제의 점수 사이의 일치 정도는 보통 상관 계수(correlation coefficient)로 표현된다. 상관 계수의 값은 −1과 1 사이에서 변한다. 상관 계수 1의 의미는 두 변수가 같은 방향으로 변하고 여러분이 알고 있는 하나의 변수의 값으로부터 다른 변수의 값을 완벽하게 예측할 수 있다는 것이다. 상관 계수 −1도 역시 한 변수의 값으로부터 다른 변수의 값을 완벽히 예측할 수 있지만, 이 경우에는 두 변수가 완전히 반대 방향으로 움직인다(한 변수의 값이 커지면, 다른 변수의 값은 작아진다). 0의 상관이란 두 변수가 서로 전혀 관련이 없으며, 한 변수로부터 다른 변수를 예측할 수 없음을 의미한다.

Daneman과 Carpenter(1980)의 결과를 상관 계수의 개념을 이용하여 다시 설명하면, 이들은 실험 참가자의 읽기폭과 글을 읽은 후 내용에 대한 지식 평가 점수 사이에 0.7의 상관 계수 값을 얻었다. 이와는 대조적으로 단기기억의 단어폭 점수와 읽기 평가 점수 사이에는 훨씬 작은 값인 0.4의 상관 계수 값을 얻었다. 즉, 한 사람의 글 이해 과제의 수행 정도는 단기기억을 측정하는 단어폭 과제보다는 (작업기억을 측정하는) 읽기폭 과제에 기반하여 훨씬 더 잘 예측할 수 있다. Unsworth와 동료들(2014)은 실험 참가자의 읽기폭 점수와 작업폭 점수 사이에 0.72의 상관 계수를 얻었다.

작업기억 용량과 일반 지능 사이의 관계는 얼마나 강할까? Conway와 동료들(2003)은 관련된 연구를 개관하였다. 작업기억 용량과 일반 지능 사이의 전형적인 상관 관계는 꽤나 높았다

(대략 0.5에서 0.6 사이의 상관 계수 값을 가짐). 따라서 작업기억 용량이 더 큰 사람들은 작은 사람들에 비해 일반적으로 더 지능이 높다(또한 Redick et al., 2012 참조). 그러나 작업폭에서 6점을 받은 사람들이 4점을 받은 사람들에 비해 지능검사에서 더 높은 점수를 받는 것은 아니다(이 경우, 상관 계수가 더 컸어야만 했다).

유동 지능 대 고정 지능

지능 연구에서 유동 지능과 고정 지능을 흔히 구별하곤 한다. **유동 지능**은 새로운 정보를 빠르게 이해하고 조작하는 능력과 관련되어 있으며 추론이나 수학적 문제 해결과 같은 과제에서 사용된다. **고정 지능**은 장기기억에 저장된 지식이나 전문지식에 의존하며 일반적으로 어휘력 검사나 일반 지식에 관한 검사를 통해 평가한다.

예상할 수 있듯이, Unsworth(2010)는 작업기억이 유동 지능과 더 강한 상관 관계를 가지며(상관 계수=0.53), 고정 지능과는 더 약한 상관 관계(상관 계수=0.18)를 보이는 것을 찾아냈다. 작업기억 용량은 장기기억에 저장된 정보를 인출하는 것보다는 새로운 정보를 처리하는 것에 더 큰 영향을 미친다.

일반적으로 유동 지능은 나이가 들수록 (사람들의 사고가 느려지기 때문에) 감소한다. 반면에, 고정 지능은 나이가 들어도 동일하게 유지되거나 어떤 영역에서는 (노인들이 장기기억에 더 많은 정보를 저장하고 있기 때문에) 심지어 증가하기도 한다. 만약 작업기억 용량이 유동 지능과 연관된다면, 작업기억의 크기 역시 나이가 들면서 감소할 것으로 예상할 수 있다. Sylvain-Roy와 동료들(2014)은 실제로 평균 70세 이상의 노인들이 평균 24세의 젊은 성인 집단에 비해 읽기폭 과제에서 더 나쁜 수행을 보이는 것을 보고하였다.

작업기억 용량은 훈련을 통해 커질 수 있는가?

작업기억 용량과 유동 지능 사이에 0.6의 상관이 있다는 것은 두 변수가 서로 관련이 있다는 것은 말해 주지만, 무엇이 이러한 상관을 갖게 했는가는 말해 주지 않는다. 우리는 작업기억 용량이 큰 것이 높은 지능의 원인인지 아니면 높은 지능이 큰 작업기억 용량을 갖게 했는지를 알 수 없다. 게다가, 해변에서 팔리는 아이스크림의 수와 익사 위기에서 구해져야 하는 사람의 수 사이의 정적인 상관에 제3의 변수가 원인이 되는 것처럼(사람들이 아이스크림을 먹고 있다면 익사의 위기에 처하지 않기 때문에 구할 필요가 없고, 익사에서 구조되었다면 아이스크림도 필요치 않을 것이다. 하지만 날씨가 따뜻하면 해변의 많은 사람이 아이스크림을 먹으며 또 많은 사람이 때때로 구조가 필요하다. 즉, 이 정적 상관의 원인은 제3변인인 따뜻한 날씨이다), 유동 지능과 작업기억 용량 사이의 상관에 제3의 변수가 원인이 되는 것도 가능하다. 상관은 우리에게 두 변수 사이에 어떤 관계가 있다는 것은 말해 주지만 그 관계의 본질에 대해서는 알려 주지 않는다.

작업기억 용량의 차이가 지능 차이의 원인이 된다는 증거를 얻는 한 가지 방법은 작업기억 훈련이 지능에 정적인 효과가 있는지를 알아보는 것이다. 만약 사람들이 훈련에 의해 작업기억 용량을 증가시킬 수 있고, 이것이 지능에 긍정적인 효과를 미친다면 큰 작업기억이 높은 지능의 원인이 된다고 확신할 수 있을 것이다. 게다가, 작업기억 훈련 프로그램을 사람들에게 제공함으로써 그들의 지능을 높일 수 있다면 이는 중요한 사회적 가치를 가질 것이다.

첫 번째 결과는 긍정적이었다. 작업기억 과제로 훈련을 받은 사람들은 이 과제를 더 잘하게 되었고, 지능검사에서도 수행을 더 잘하는 것 같았다(Jaeggi et al., 2008; Holmes et al., 2009). 그러나 최근의 개관 연구는 이에 대해 더 비판적이다. 작업기억 과제의 훈련은 훈련한 과제의 수행은 개선시켰지만 다른 작업기억 과제나 유동 지능을 측정하는 과제에까지 잘 일반화되지는 않았다(Shipstead et al., 2012; Au et al., 2015).

현재는 작업기억 용량이 훈련에 의해 증가되지 않는다는 사실(예: 생물학적 요인에 의해 제한되기 때문에)이나 작업기억 용량과 유동 지능이 서로 상관 관계가 있다 하더라도 작업기억의 차이가 유동 지능의 차이의 원인이 아니라는 사실(마치 여러분이 해변에서 아이스크림을 더 이상 팔지 않는다 해도 구조를 필요로 하는 사람이 줄어들지 않는 것처럼) 때문에 작업기억 훈련의 제한된 영향이 얼마나 될지는 명확하지 않다. 그러나 이 주제는 연구가 많이 이루어졌다. 그러니까 최근에 출판된 저널의 논문을 검색해 보는 것이 좋을 것이다!

중간 요약

작업기억 용량의 측정

- 작업기억 용량의 측정은 정보의 처리와 잠시 동안의 저장을 요구한다. 두 개의 측정치가 주로 사용되는데, 하나는 읽기폭이고 다른 하나는 작업폭이다.

작업기억 용량과 지능의 관계

- 읽기폭 검사와 작업폭 검사에서 높은 점수를 받은 사람들은 종종 지능검사 점수도 높다(특히 유동 지능검사에서 그렇다).

작업기억 용량은 훈련을 통해 커질 수 있는가?

- 연구자들은 작업기억을 훈련함으로써 지능을 높일 수 있는지 여부를 연구한다. 처음에는 결과가 긍정적인 것처럼 보였지만, 더 최근의 평가는 비관적이다. (있다 하더라도) 이 작은 효과가 작업기억 용량이 훈련을 통해 커질 수 없기 때문인지 작업기억 용량이 지능에 인과적 영향을 주지 않기 때문인지는 명확하지 않다.

논술 문제

1. 단기기억의 용량을 어떻게 평가할 수 있는가?
2. Baddeley와 Hitch가 제안한 작업기억에 대한 이론적 접근을 설명하시오.
3. 어떤 측면에서 중앙 집행기가 작업기억 체계의 가장 중요한 구성 요소인가?
4. 시공간 잡기장 내에서 시각 처리와 공간 처리가 어떻게 분리되어 있는가?
5. 작업기억 용량에서 차이를 보이는 사람들 사이에 나타나는 주요한 인지적 차이는 무엇인가?

더 읽을 거리

- Baddeley, A. (2012). Working memory: theories, models, and controversies. *Annual Review of Psychology, 63*, 1-29. 이 논문에서 Baddeley는 그의 작업기억 모형이 최근에 어떻게 발전했는지를 설명한다. 이 장에서 배운 내용에 더 흥미로운 (그러나 약간 더 복잡한) 연구 결과를 추가하여 제공한다.
- Baddeley, A., Eysenck, M. W., & Anderson, M. C. (2015). *Memory* (2nd ed.). New York, NY: Psychology Press. 이 책의 3장과 4장은 단기기억과 작업기억에 대한 좀 더 상세한 설명을 제공한다.
- Cowan, N. (2005). *Working memory capacity*. Hove, UK: Psychology Press. Nelson Cowan은 작업기억 용량에 대해 다양한 이론적 관점을 상세히 논한다.
- Jonides, J., Lewis, R. L., Nee, D. E., Lustig, C. A., Berman, M. G., & Moore, K. S. (2008). The mind and brain of short-term memory. *Annual Review of Psychology, 59*, 193-224. 저자들은 단기기억에 대해서 자세히 논하고 다중 저장소 모형과 단일 저장소 모형을 비교한다.
- Unsworth, N., Fukuda, K., Awh, E., & Vogel, E. K. (2014). Working memory and fluid intelligence: Capacity, attention control, and secondary memory retrieval. *Cognitive Psychology, 71*, 1-26. 이 논문에서 Unsworth와 동료들은 작업기억 용량의 개인차와 유동 지능의 개인차를 연결시키는 모형을 제시한다.

참고문헌

Abutalebi, J., & Green, D. W. (2008). Control mechanisms in bilingual language production: Neural evidence from language switching studies. *Language and Cognitive Processes*, *23*, 557-582.

Albir, A. H., & Alves, F. (2009). Translation as a cognitive activity. In J. Munday (Ed.), *The Routledge companion to translation studies*. London, UK: Routledge.

Andersson, U. (2010). The contribution of working memory capacity to foreign language comprehension in children. *Memory*, *18*, 456–472.

Andrés, P. (2003). Frontal cortex as the central executive of working memory: Time to revise our view. *Cortex*, *39*, 871-895.

Atkinson, R. C., & Shiffrin, R. M. (1968). Human memory: A proposed system and its control processes. In K. W. Spence & J. T. Spence (Eds.), *The psychology of learning and motivation* (Vol. 2). London, UK: Academic Press.

Au, J., Sheehan, E., Tsai, N., Duncan, G. J., Buschkuehl, M., & Jaeggi, S. M. (2015). Improving fluid intelligence with training on working memory: A meta-analysis. *Psychonomic Bulletin & Review*, *22*(2), 366–377.

Baddeley, A. D. (2000). The episodic buffer: A new component of working memory? *Trends in Cognitive Sciences*, *4*, 417–423.

Baddeley, A. D. (2007). *Working memory, thought and action*. Oxford, UK: Oxford University Press.

Baddeley, A. (2012). Working memory: Theories, models, and controversies. *Annual Review of Psychology*, *63*, 1–29.

Baddeley, A. D., Papagno, C., & Vallar, G. (1988). When long-term learning depends on short-term storage. *Journal of Memory and Language*, *27*, 586–595.

Berman, M. G., Jonides, J., & Lewis, R. L. (2009). In search of decay in verbal short-term memory. *Journal of Experimental Psychology: Learning, Memory, & Cognition*, *35*, 317–333.

Binet, A., & Simon, T. (1907). Le développement de l'intelligence chez les enfants. *L'Année Psychologique*, *14*, 1–94.

Broadbent, D. E. (1958). *Perception and communication*. Oxford, UK: Pergamon.

Brysbaert, M., Stevens, S., Mandera, P., & Keuleers, E. (2016). How many words do we know? Practical estimates of vocabulary size dependent on word definition, the degree of language input and the participant's age. *Frontiers in Psychology, 7*, 1116.

Capitani, E., Laiacona, M., & Ciceri, E. (1991). Sex differences in spatial memory: A reanalysis of block tapping long-term memory according to the short-term memory level. *The Italian Journal of Neurological Sciences*, *12*(4), 461–466.

Carlesimo, G. A., Marfia, G. A., Loasses, A., & Caltagirone, C. (1996). Perceptual and conceptual components in implicit and explicit stem completion. *Neuropsychologia*, *34*, 785–792.

Chamberlain, E. (2003). Review of "Behavioral assessment of the dysexecutive syndrome (BADS)." *Journal of Occupational Psychology*, *5*, 33–37.

Chekaf, M., Cowan, N., & Mathy, F. (2016). Chunk formation in immediate memory and how it relates to data compression. *Cognition*, *155*, 96–107.

Chen, Z., & Cowan, N. (2009). Core verbal working memory capacity: The limit in words retained without covert articulation. *Quarterly Journal of Experimental Psychology*, *62*, 1420–1429.

Christoffels, I. K. (2006). Listening while talking: The retention of prose under articulatory suppression in relation to simultaneous interpreting. *European Journal of Cognitive Psychology*, *18*, 206–220.

Christoffels, I. K., de Groot, A. M. B., & Kroll, J. F. (2006). Memory and language skills in simultaneous interpreters: The role of expertise and language proficiency. *Journal of Memory and Language*, *54*,

324-345.

Conway, A. R. A., Kane, M. J., & Engle, R. W. (2003). Working memory capacity and its relation to general intelligence. *Trends in Cognitive Sciences*, *7*, 547-552.

Cowan, N. (2001). The magical number 4 in short-term memory: A reconsideration of mental storage capacity. *Behavioral and Brain Sciences*, *24*(1), 87-114.

Cowan, N., Elliott, E. M., Saults, J. S., Morey, C. C., Mattox, S., Hismjatullina, A., & Conway, A. R. A. (2005). On the capacity of attention: Its estimation and its role in working memory and cognitive aptitudes. *Cognitive Psychology*, *51*, 42-100.

Craik, F. I. M., & Watkins, M. J. (1973). The role of rehearsal in short-term memory. *Journal of Verbal Learning and Verbal Behavior*, *12*(6), 599-607.

Daneman, M., & Carpenter, P. A. (1980). Individual differences in working memory and reading. *Journal of Verbal Learning and Verbal Behavior*, *19*, 450-466.

Darling, S., & Havelka, J. (2010). Visuo-spatial bootstrapping: Evidence for binding of verbal and spatial information in working memory. *Quarterly Journal of Experimental Psychology*, *63*, 239-245.

De Rammelaere, S., Stuyven, E., & Vandierendonck, A. (2001). Verifying simple arithmetic sums and products: Are the phonological loop and the central executive involved? *Memory & Cognition*, *29*(2), 267-273.

DeStefano, D., & LeFevre, J. A. (2004). The role of working memory in mental arithmetic. *European Journal of Cognitive Psychology*, *16*(3), 353-386.

Ellis, N. C., & Hennelly, R. A. (1980). A bilingual word-length effect: Implications for intelligence testing and the relative ease of mental calculation in Welsh and English. *British Journal of Psychology*, *71*(1), 43-51.

Farrell, S. (2010). Dissociating conditional recency in immediate and delayed free recall: A challenge for unitary models of recency. *Journal of Experimental Psychology: Learning, Memory & Cognition*, *36*, 324-347.

Fortin, M., Voss, P., Lord, C., Lassande, M., Pruessner, J., Saint-Arnour, D., et al. (2008). Wayfinding in the blind: Large hippocampal volume and supranormal spatial navigation. *Brain*, *131*, 2995-3005.

Friedman, N. P., & Miyake, A. (2004). The relations among inhibition and interference control functions: A latent variable analysis. *Journal of Experimental Psychology: General*, *133*, 101-135.

Gathercole, S. E., Pickering, S. J., Ambridge, B., & Wearing, H. (2004). The structure of working memory from 4 to 15 years of age. *Developmental Psychology*, *40*(2), 177-190.

Glanzer, M., & Cunitz, A. R. (1966). Two storage mechanisms in free recall. *Journal of Verbal Learning and Verbal Behavior*, *5*, 351-360.

Heinrichs, R. W., & Zakzanis, K. K. (1998). Neurocognitive deficit in schizophrenia: A quantitative review of the evidence. *Neuropsychology*, *12*(3), 426-445.

Holmes, J., Gathercole, S. E., & Dunning, D. L. (2009). Adaptive training leads to sustained enhancement of poor working memory in children. *Developmental Science*, *12*(4), F9-F15.

Jacobs, J. (1887). Experiments in "prehension." *Mind*, *12*, 75-79.

Jaeggi, S. M., Buschkuehl, M., Jonides, J., & Perrig, W. J. (2008). Improving fluid intelligence with training on working memory. *Proceedings of the National Academy of Sciences*, *105*(19), 6829-6833.

Jonides, M. G., Lewis, R. L., Nee, D. E., Lustig, C. A., Berman, M. G., & Moore, K. S. (2008). The mind and brain of short-term memory. *Annual Review of Psychology*, *59*, 193-224.

Keppel, G., & Underwood, B. J. (1962). Proactive inhibition in short-term retention of single items. *Journal of Verbal Learning and Verbal Behavior*, *1*, 153-161.

Klauer, K. C., & Zhao, Z. (2004). Double dissociations in visual and spatial short- term memory. *Journal of Experimental Psychology: General*, *133*, 355-381.

Larsen, J. D., Baddeley, A., & Andrade, J. (2000). Phonological similarity and the irrelevant speech effect: Implications for models of short-term memory. *Memory*, *8*, 145-157.

Lewandowsky, S., & Oberauer, K. (2015). Rehearsal in serial recall: An unworkable solution to the nonexistent problem of decay. *Psychological Review*, *122*(4), 674-699.

Logie, R. H. (1995). *Visuo-spatial working-memory*. Hillsdale, NJ: Lawrence Erlbaum.

Logie, R. H. (2016). Retiring the central executive. *The Quarterly Journal of Experimental Psychology*, *69*(10), 2093-2109.

Logie, R. H., & Della Sala, S. (2005). *Disorders of visuo-spatial working memory*. New York, NY: Cambridge University Press.

Logie, R. H., & van der Meulen, M. (2009). Fragmenting and integrating visuo- spatial working memory. In J. R. Brockmole (Ed.), *Representing the visual world in memory*. Hove, UK: Psychology Press.

Logie, R. H., Del Sala, S., Wynn, V., & Baddeley, A. D. (2000). Visual similarity effects in immediate verbal serial recall. *The Quarterly Journal of Experimental Psychology: Section A*, *53*(3), 626-646.

Logie, R. H., Baddeley, A. D., Mane, A., Donchin, E., & Sheptak, R. (1989). Working memory and the analysis of a complex skill by secondary task methodology. *Acta Psychologica*, *71*, 53-87.

Ma, W. J., Husain, M., & Bays, P. M. (2014). Changing concepts of working memory. *Nature Neuroscience*, *17*(3), 347-356.

Miller, G. A. (1956). The magical number seven, plus or minus two: Some limits on our capacity for processing information. *Psychological Review*, *63*, 81-97.

Miyake, A., Friedman, N. P., Emerson, M. J., Witzki, A. H., Howerter, A., & Wager, T. (2000). The unity and diversity of executive functions and their contributions to complex "frontal lobe" tasks: A latent variable analysis. *Cognitive Psychology*, *41*, 49-100.

Mottaghy, F. M. (2006). Interfering with working memory in humans. *Neuroscience*, *139*, 85-90.

Mueller, S. T., Seymour, T. L., Kieras, D. E., & Meyer, D. E. (2003). Theoretical implications of articulatory duration, phonological similarity, and phonological complexity in verbal working memory. *Journal of Experimental Psychology: Learning, Memory & Cognition*, *29*, 1353-1380.

Nairne, J. S., Whiteman, H. L., & Kelley, M. R. (1999). Short-term forgetting of order under conditions of reduced interference. *Quarterly Journal of Experimental Psychology*, *52A*, 241-251.

Nolan, M. S. (2010). *Fundamentals of air traffic control* (5th ed.). Florence, KY: Delmar Cengage Learning.

Oberauer, K. (2003). Understanding serial position curves in short-term recognition and recall. *Journal of Memory and Language*, *49*(4), 469-483.

Papagno, C., Valentine, T., & Baddeley, A. D. (1991). Phonological short-term memory and foreign language vocabulary learning. *Journal of Memory and Language*, *30*, 331-347.

Park, D. C., Lautenschlager, G., Hedden, T., Davidson, N. S., Smith, A. D., & Smith, P. K. (2002). Models of visuospatial and verbal memory across the adult life span. *Psychology and Aging*, *17*(2), 299-320.

Peterson, L. R., & Peterson, M. J. (1959). Short-term retention of individual verbal items. *Journal of Experimental Psychology*, *58*, 193-198.

Philipp, A. M., Gade, M., & Koch, I. (2007). Inhibitory processes in language switching: Evidence from switching language-defined response sets. *European Journal of Cognitive Psychology*, *19*, 395-416.

Postle, B. R. (2006). Working memory as an emergent property of the mind and brain. *Neuroscience*, *139*(1), 23-38.

Redick, T. S., Broadway, J. M., Meier, M. E., Kuriakose, P. S., Unsworth, N., Kane, M. J., & Engle, R. W. (2012). Measuring working memory capacity with automated complex span tasks. *European Journal of Psychological Assessment*, *28*, 164-171.

Repovš, G., & Baddeley, A. (2006). The multi-component model of working memory: Explorations in experimental cognitive psychology. *Neuroscience*, *139*, 5-21.

Ricker, T. J., & Cowan, N. (2010). Loss of visual working memory within seconds: The combined use of refreshable and non-refreshable features. *Journal of Experimental Psychology: Learning, Memory, and Cognition*, *36*(6), 1355-1368.

Ricker, T. J., Vergauwe, E., & Cowan, N. (2016). Decay theory of immediate memory: From Brown (1958) to today (2014). *The Quarterly Journal of Experimental Psychology*, *69*(10), 1969-1995.

Rinne, J. O., Tommola, J., Laine, M., Krause, B. J., Schmidt, D., Kaasinen, V., et al. (2000). The translating brain: Cerebral activation patterns during simultaneous interpreting. *Neuroscience Letters*, *294*, 85-88.

Ruchkin, D. S., Berndt, R. S., Johnson, R., Grafman, J., Ritter, W., & Canoune, H. L. (1999). Lexical contributions to retention of verbal information in working memory. *Journal of Memory and Language*, *41*, 345-364.

Shallice, T., & Warrington, E. K. (1970). Independent functioning of verbal memory stores: A neuropsychological study. *Quarterly Journal of Experimental Psychology*, *22*, 261-273.

Shallice, T., & Warrington, E. K. (1974). The dissociation between long-term retention of meaningful sounds and verbal material. *Neuropsychologia, 12*, 553-555.

Shipstead, Z., Redick, T. S., & Engle, R. W. (2012). Is working memory training effective? *Psychological Bulletin*, *138*(4), 628-654.

Shrager, Y., Levy, D. A., Hopkins, R. O., & Squire, L. R. (2008). Working memory and the organization of brain systems. *Journal of Neuroscience*, *28*, 4818-4822.

Simon, H. A. (1974). How big is a chunk? *Science*, *183*, 482-488.

Smith, E. E., & Jonides, J. (1997). Working memory: A view from neuroimaging. *Cognitive Psychology*, *33*, 5-42.

Sperling, G. (1960). The information that is available in brief visual presentations. *Psychological Monographs*, *74*(498), 1-29.

Spiers, H. J., Maguire, E. A., & Burgess, N. (2001). Hippocampal amnesia. *Neurocase*, *7*, 357-382.

Stuss, D. T., & Alexander, M. P. (2007). Is there a dysexecutive syndrome? *Philosophical Transactions of the Royal Society B: Biological Sciences*, *362*, 901–1015.

Sylvain-Roy, S., Lungu, O., & Belleville, S. (2014). Normal aging of the attentional control functions that underlie working memory. *The Journals of Gerontology Series B: Psychological Sciences and Social Sciences*, *70*, 698–708.

Toms, M., Morris, N., & Foley, P. (1994). Characteristics of visual interference with visuospatial working memory. *British Journal of Psychology*, *85*, 131–144.

Turner, M. L., & Engle, R. W. (1989). Is working memory capacity task dependent? *Journal of Memory and Language*, *28*, 127–154.

Unsworth, N. (2010). On the division of working memory and long-term memory and their relation to intelligence: A latent variable approach. *Acta Psychologica*, *134*(1), 16–28.

Unsworth, N., Fukuda, K., Awh, E., & Vogel, E. K. (2014). Working memory and fluid intelligence: Capacity, attention control, and secondary memory retrieval. *Cognitive Psychology*, *71*, 1–26.

Vallar, G., & Baddeley, A. D. (1984). Phonological short-term store, phonological processing and sentence comprehension: A neuropsychological case study. *Cognitive Neuropsychology*, *1*(2), 121–141.

Vandierendonck, A., Kemps, E., Fastame, M. C., & Szmalec, A. (2004). Working memory components of the Corsi blocks task. *British Journal of Psychology*, *95*(1), 57–79.

Vogel, E. K., Woodman, G. F., & Luck, S. J. (2001). Storage of features, conjunctions, and objects in visual working memory. *Journal of Experimental Psychology: Human Perception and Performance*, *27*, 92–114.

Willcutt, E. G., Doyle, A. E., Nigg, J. T., Faraone, S. V., & Pennington, B. F. (2005). Validity of the executive function theory of attention-deficit/hyperactivity disorder: A meta-analytic review. *Biological Psychiatry*, *57*(11), 1336–1346.

Woods, D. L., Kishiyama, M. M., Yund, E. W., Herron, T. J., Edwards, B., Poliva, O., . . . Reed, B. (2011). Improving digit span assessment of short-term verbal memory. *Journal of Clinical and Experimental Neuropsychology*, *33*(1), 101–111.

Xu, Y., & Chun, M. M. (2009). Selecting and perceiving multiple visual objects. *Trends in Cognitive Sciences*, *13*, 167–174.

Zimmer, H. D. (2008). Visual and spatial working memory: From boxes to networks. *Neuroscience and Biobehavioral Reviews*, *32*, 1373–1395.

Chapter

5

장기기억과 학습

학습 목표

제5장을 공부한 후에 여러분은 다음을 할 수 있어야 한다.

- 단기기억과 대비되는 장기기억의 개념을 정의할 수 있다.
- 암묵적 학습과 명시적 학습에 대해 정의, 비교, 대조할 수 있다.
- 서술 기억과 비서술 기억(암묵 기억)에 대해 정의, 비교, 대조할 수 있다.
- 일화기억과 의미기억에 대해 정의, 비교, 대조할 수 있다.
- 재인과 회상에 대해 정의, 비교, 대조할 수 있다.
- 처리 수준 이론, 특이성, 시험 효과와 같이 명시적 학습에 영향을 주는 요인들에 대해 논의할 수 있다.
- 순행성 기억상실증에 대해 설명하고, 기억상실증 환자를 대상으로 한 연구가 어떻게 우리의 장기기억에 대한 이해를 높였는지에 대해 이해할 수 있다.
- 순행성 간섭과 역행성 간섭이 어떻게 망각에 영향을 미치는지를 설명할 수 있다.
- 응고화와 재응고화의 중요성에 대해 설명할 수 있다.

서론

학습과 기억은 인지심리학의 가장 중요한 주제이다. 왜 그런가는 명확하다. 만약 우리가 배울 수 없다면 우리는 기억할 만한 어떤 정보도 가지고 있지 않을 것이다. 또한 학습과 기억이 없다면 우리의 삶은 의미 없을 것이다. 기억 시스템의 점진적인 손상이 가져오는 치명적인 결과는 알츠하이머를 겪고 있는 환자들의 사례를 통해 잘 알 수 있다.

학습과 기억은 밀접하게 연관되어 있다. 기억이 없다면 학습은 불가능하다. 이는 학습이 지식과 기술의 축적이기 때문이다. 마찬가지로 학습이 없다면 기억은 불가능하다. 우리는 전에 배운 것들만을 기억할 수 있다!

이 장에서는 먼저 학습에 대해 이야기하고 이후 두 가지 유형의 학습에 대해 살펴볼 것이다.

암묵적 학습 vs. 명시적 학습

Key term

의도 학습(intentional learning): 학습된 정보를 유지하려는 의도에 의해 동기화되고 목표 지향적인 학습

우연 학습(incidental learning): 학습의 의도가 전혀 없이 일어나는 학습

우리가 학습에 대해 생각할 때, 우리는 일반적으로 목표에 의해 인도되며 정보를 얻기 위해 의도적으로 행하는 의도 학습(intentional learning)을 떠올린다. 의도 학습은 바로 시험공부를 할 때 하는 학습이다. 하지만 실제로는 학습의 의도가 전혀 없어도 학습이 일어나는 우연 학습(incidental learning)이 훨씬 더 빈번하다. 우연 학습은 집이나 직장으로 가는 길을 찾을 수 있게 하고, 이전에 몇 번 본 사람의 얼굴을 기억할 수 있게 만들고, 위험을 피하게 하며, 아침에 한 일들을 기억하게 하고, 모국어로 말할 수 있게 한다. 의도 학습은 항상 의식적으로 이루어지는 학습인 반면, 우연 학습은 우리가 배웠다는 것을 알지 못하더라도 우연하게 이루어지는 학습이다. 그런데 우리가 어떤 것을 배웠다는 것을 깨닫지 못하는데 어떻게 우리가 그 지식을 이용할 수 있을까? 우리가 환경 속에서 무수히 많은 것을 배운다는 것을 고려해 보면, 어떤 것을 배우고 익힐 때 우리의 자각이 항상 필요할 것 같지는 않다. 예를 들어, 우리가 새로운 침대에서 잠을 잘 때, 처음에는 불편감을 느낄 수 있지만 우리의 몸은 곧 적응하게 된다. 이러한 적응을 학습할 때 의식이 정말 필요할까?

앞선 예와 같이 어떤 것을 배웠다는 의식적 자각이 없는 상태에서 일어나는 학습은 암묵적 학습(implicit learning)이라 불린다. 암묵적 학습은 무엇을 배웠는지를 의식적으로 지각할 수 있

는 학습을 의미하는 명시적 학습(explicit learning)과 대비되는 개념이다.

학습은 공부할 때 우리가 자주 하는 정보의 습득(특정 사실에 대한 정보의 습득)과 관련이 깊지만, 동시에 행동과 환경의 변화 사이의 연관에 관한 지식과도 관계가 있다. 행동과 환경의 변화 사이의 학습은 일반적으로 고전적 조건화와 조작적 조건화의 관점에서 이해된다.

고전적 조건화(classical conditioning)는 환경 속 자극과 나에게 발생하는 긍정적 또는 부정적 결과 사이의 관련성을 배우는 것이다. 이것의 전형적인 예는 Pavlov의 개 실험이다. Pavlov(1927)에 따르면 음식을 제공하기 직전에 벨소리를 들려주는 것을 반복하였더니 원래 아무런 의미가 없었던 벨소리가 침을 흘리는 반사 행동을 일으키게 하였다. 심리학자들에 따르면(Rescorla & Wagner, 1972), 그 개는 벨소리가 음식이 온다는 것을 알려 준다는 사실을 학습한 것이다.

Key term

암묵적 학습(implicit learning): 배운 것을 의식적으로 자각하지 못한 채 장기기억에 저장되는 학습의 한 형태

명시적 학습(explicit learning): 무엇을 배우고 있는지에 대한 의식적 자각이 수반된 학습의 한 형태로, 장기기억에 저장됨

순차 반응시간 과제(serial reaction time task): 암묵적 학습 연구에서 사용되는 주요 과제들 중 하나임. 참가자들은 컴퓨터 화면에 나타나는 일련의 자극과 연관된 키를 눌러야 함. 참가자들은 인식할 수 없지만, 실제 이 자극 연쇄는 계속 반복되지만 의식적으로 파악하기에는 너무 어려운 복잡한 순서로 이루어져 있음

조작적 조건화(operant conditioning)는 어떤 행동의 결과가 보상이었는지 처벌이었는지에 따른 행동의 변화라 할 수 있다. 만약 어떤 행동 뒤에 보상이 따르면 그 행동은 증가하지만 반대로 어떤 행동 뒤에 처벌이 오면 그 행동은 감소한다. 이것의 전형적인 예는 Skinner의 쥐 실험이다. 이 실험에서 쥐는 음식을 얻기 위해 레버를 누르는 것을 학습할 수 있었다. 레버를 누르면 전기충격이 오는 또 다른 실험에서 쥐는 레버를 누르지 않는 것을 학습하였다.

이러한 행동과 환경의 변화 사이의 관련성은 직접적으로 경험할 필요도 없다. 즉, 사람과 동물은 다른 사람이나 동물을 관찰하는 것을 통해서도 학습할 수 있다. 이와 같은 학습을 **관찰 학습**(observational learning)이라 부른다.

암묵적 학습의 측정

가장 일반적으로 사용되는 암묵적 학습 과제는 순차 반응시간 과제(serial reaction time task)이다. 순차 반응시간 과제의 각각의 시행에서 목표 자극들은 컴퓨터 화면의 다양한 위치에 하나씩 나타나게 된다. 이때 참가자들은 가능한 한 빠르게 자극이 어디에 나타났는지에 대해 응답해야 한다. 자극이 나타나는 위치는 일련의 복잡한 순서로 정해져 있지만 참가자들은 그 순서에 대해 알지 못한다.

비록 참가자들이 그 순서를 의식적으로 눈치채지 못하지만 실험이 진행됨에 따라 참가자들은 자극이 나타나는 순서에 익숙해지고 점차 반응속도가 빨라지게 된다. 하지만 실험이 끝나

갈 때쯤 갑자기 기존의 순서가 아닌 새로운 순서로 자극을 제시하면(참가자들은 이전에 나타나던 순서가 아닌 다른 순서로 나타났다는 것을 전혀 눈치채지 못한다), 참가자들의 반응시간이 느려지게 된다(개관을 위해서는 Shanks, 2005 참조).

[그림 5-1]은 이 실험의 전형적인 결과를 보여 준다. 이 실험에서 참가자들은 검지와 중지 손가락으로 네 가지 위치 중에 하나를 의미하는 반응 버튼을 누르게 된다. 예를 들어, 가장 왼쪽에 자극이 나타나면 가장 왼쪽의 키보드를 누르는 방식이다. 참가자들에게 알려 주진 않지만 절반의 참가자들의 경우에 자극이 제시된 순서는 342312143241(1=가장 왼쪽/4=가장 오른쪽)이고 나머지 절반의 참가자들에게 자극이 제시된 순서는 341243142132였다. 각 실험 블록별 시행은 96개였으며 총 15개의 블록이 있었다. 13번째 블록을 제외한 모든 블록에서 자극이 나타나는 순서는 일정하였으며, 13번째 블록에서만 갑자기 다른 순서로 제시되었다. 그림의 그래프는 학습에 따른 효과를 분명하게 보여 준다. 13번 블록을 제외하고는 블록이 진행됨에 따라 참가자들의 반응시간이 지속적으로 줄어든다. 이 연구에서 중요한 점은 참가자들이 일정한 순서로 반복적으로 자극이 나타난다는 것을 몰랐다는 것이다.

연구자들의 논쟁은 이러한 학습이 암묵적이라는 것을 어떻게 확인할 수 있느냐는 것이다. 앞선 연구의 참가자들에게 순서가 반복되었다는 것을 눈치 챘느냐고 물어 보면, 대부분의 경우 몰랐다고 대답한다. 하지만 많은 연구자는 이러한 대답만으로 불충분하다고 믿는다. 이것

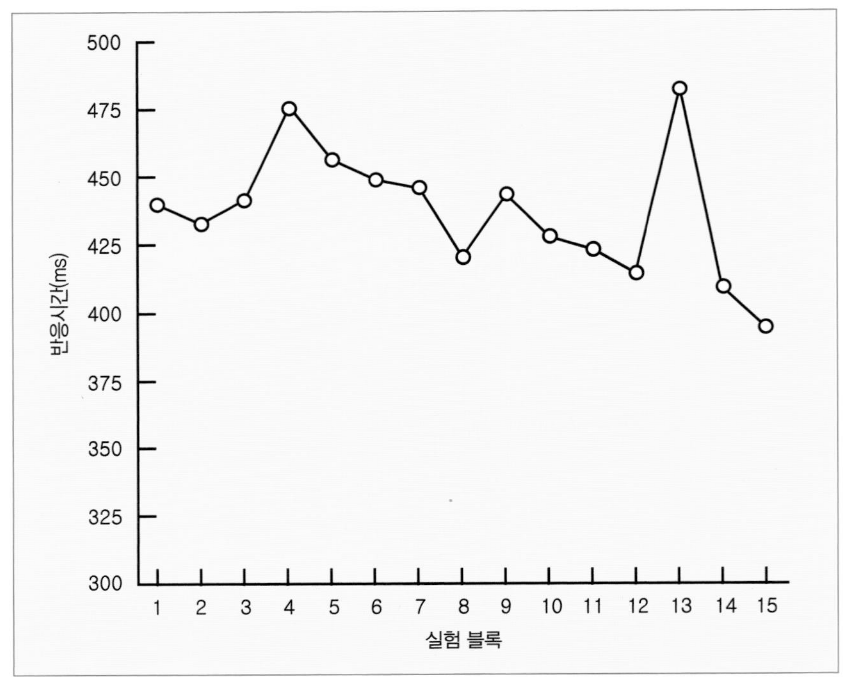

[그림 5-1] 암묵적 학습. 복잡하지만 일정한 순서로 제시되는 시행들이 진행됨에 따라 참가자들의 반응속도가 점차 빨라지고 있다. 이는 참가자들이 순서 정보를 학습했다는 것을 의미한다. 13번째 블록에서 자극이 다른 순서로 제시되자 반응속도가 갑자기 느려진다.
출처: Destrebecqz & Cleeremans (2001). Springer의 허가를 얻어 실음.

은 Shanks와 St. John(1994)이 '회고 문제(retrospective problem)'라 불렀던 현상 때문이다. 이 현상은 사람들이 문제를 푸는 동안에는 일련의 순서 정보가 있다는 사실을 발견해서 이를 이용하여 문제를 풀지만 다 풀고 나서 문제를 어떻게 풀었는지 질문을 받았을 때쯤에는 그 사실을 잊어버리는 현상을 의미한다.

또한 실험 참가자들이 완벽하지는 않지만 대략적인 순서정보는 눈치챘고, 그것을 인식할 수도 있었지만 정확하게 설명하지 못했을 수도 있다. Wilkinson과 Shanks(2004)의 실험을 고려해 보자. 이 실험의 결과를 묘사하는 [그림 5-1]을 살펴보면 참가자들이 순서 정보를 학습한 것은 분명하다. 이 연구에서는 추가로 실험 참가자들에게 실험 이후에 명시적 학습에 관한 테스트를 진행하였다. 이 테스트에서는 참가자들에게 일련의 자극들을 제시한 후 다음 시행에서 나타날 위치를 추측하도록 하였다. 참가자들은 만약 자신이 없으면 추측을 하지 않아도 되었다.

만약 참가자들의 순서 정보에 관한 지식이 완전히 암묵적이라면 참가자들의 새로운 시행에 관한 추측은 이전에 제시되었던 순서로 제시되거나 그렇지 않거나 차이가 없어야 한다. 하지만 참가자들의 새로운 시행에 관한 추측은 이전에 제시되었던 순서와 매우 관련이 깊었다. 즉, 이전에 제시되었던 순서와 유사한 순서대로 추측하였다. 이와 같은 결과는 최소한 어느 정도는 제시된 순서에 대한 의식적 지식이 존재한다는 것을 의미하며 명시적 지식이 어느 정도 습득되었다는 것을 보여 준다.

이와 같이 순차 반응시간 과제를 통해 학습된 것이 완전히 암묵적이라는 것을 입증하는 것은 매우 어렵기 때문에(Pothos, 2007) 연구자들은 암묵적 학습과 명시적 학습이 서로 다른 종류의 학습이라는 것을 보여 주는 또 다른 증거들에 대해 관심을 갖고 있다.

암묵적 학습과 명시적 학습의 주요한 특징들

만일 암묵적 학습에 영향을 미치는 요인들이 명시적 학습에 영향을 미치는 요인들과 다르다면 두 학습이 다른 종류의 학습이라고 볼 수 있을 것이다. 이와 관련하여 Reber(1993)는 5가지 주요한 차이점들에 대해 언급하고 있다.

1. **강건성**(robustness): 암묵적 학습은 명시적 학습에 비해 장애에 의한 영향을 덜 받는다(예: 기억상실증).
2. **나이 독립성**(age independence): 암묵적 학습은 나이나 발달 단계의 영향을 덜 받는다.

3. **낮은 변산성**(low variability): 암묵적 학습은 명시적 학습에 비해 개인차가 적다.
4. **IQ 독립성**(IQ independence): 암묵적 과제의 수행은 명시적 과제의 수행에 비해 IQ의 영향을 덜 받는다.
5. **과정 보편성**(commonality of process): 명시적 학습 체계와는 달리 암묵적 학습 체계는 대부분의 종에서 보편적이다.

제시된 제안들 중 3번과 5번 제안과 관련된 연구는 상대적으로 빈약하기 때문에 이 책에서는 나머지 3가지 차이에 대해 주목할 것이다.

암묵적 학습과 명시적 학습에 있어서의 강건성의 차이를 지지하는 많은 증거가 있다. 다음 장에서 설명하겠지만, 기억상실증 환자들은 명시적 기억에 있어서는 많은 문제를 보이지만 암묵적 학습과 기억 능력은 온전한 편이다.

예를 들어, Howard와 Howard(1992)는 암묵기억이 나이의 영향을 덜 받는다는 증거를 얻었다. 이 연구에서 청년들과 나이 든 성인들은 [그림 5-1]에 제시된 바와 같은 순차 반응시간 과제를 수행하였다. 실험 중 별표(*)가 화면의 네 위치 중 한 곳에 제시되었고, 참가자들은 가능한 한 빠르고 정확하게 그 위치에 대해 반응해야 했다. 연구 결과, 두 그룹 모두 비슷한 정도로 순서를 학습할 수 있었다. 이 연구에서도 앞서 설명한 연구와 마찬가지로, 순서 정보를 명시적으로 학습하였는지를 살펴보았는데, 청년들의 경우에 나이 든 성인들에 비해서 훨씬 더 명시적 학습이 잘된 것으로 나타났다. 이러한 결과는 암묵적 학습(연령에 따른 차이 없음)과 명시적 학습(연령에 따른 차이 있음)의 차이점을 보여 준다. 비록 다른 연구들에서는 암묵적 학습에서도 나이 든 성인들의 수행이 청년들보다 떨어지는 결과를 보고하였지만(Howard, Jr. & Howard, 2013; Seaman et al., 2013) 이 경우에도 나이에 따른 차이는 명시적 학습보다는 훨씬 작았다.

IQ 독립성의 증거는 Gebauer와 Mackintosh(2007)에 의해 보고되었다. 그들은 순차 반응시간 과제와 같은 다양한 암묵적 학습 과제를 사용하였는데 실험 참가자들 중 일부에게는 특별한 지시사항을 주지 않았으나, 다른 일부에게는 자극이 제시될 때 나타나는 일련의 규칙을 발견하도록 노력하라고 지시하였다. 그 결과, 명시적으로 규칙을 찾으라고 지시한 집단의 수행은 참여자의 지능과 상관이 있었으나 지시사항이 없었던 집단의 수행은 지능과 상관이 없었다. 예를 들어, Kaufman과 동료들(2010)은 명시적 학습의 경우에 수행과 지능이 +0.44의 상관을 보이지만 암묵적 학습의 경우에는 수행과 지능이 +0.16의 상관밖에 보이지 않는다고 보고하였다(상관 계수에 대한 해석은 4장 참조). Janacsek과 Nemeth(2013)는 작업기억 용량(4장에서 살펴본 바와 같이 지능과 상관이 있음)과 학습과의 관계를 조사한 기존의 연구들을 살펴보았는데, 통상적으로 작업기억 용량과 명시적 학습은 상관이 있으나 작업기억 용량과 암묵적 학습은 상관이 없었다. 이러한 결과는 Reber(1993)가 제안한 네 번째 차이인 IQ 독립성을 지지한다.

[현실세계에서 5-1] 숙련된 타자수들의 암묵적 학습

우리는 키보드로 글자를 치는 데 숙달되어 있다. 하지만 우리가 키보드의 어느 위치에 어떤 철자들이 위치하고 있는지 알까? 본문을 더 읽기 전에 [그림 5-2]에 있는 키보드를 완성해 보자(영어이건 한글이건 상관없음). 얼마나 잘했는지 이 장의 맨 끝에서 정답을 확인해 보자. Snyder와 동료들(2014)은 평균 11.4년 동안 대학에서 근무하면서 컴퓨터를 다룬 사람들을 대상으로 연구를 진행하였다. 첫 번째 실험에서는 참가자들에게 [그림 5-2]와 같은 키보드를 제시하고 정확한 위치에 철자를 채워 넣으라고 하였다. 그 결과, 다소 실망스럽게도 평균 14.9(57%)개의 철자만 정확하게 채워 넣어졌다. 두 번째 실험에서는 키보드를 누르는 듯한 행위를 방해하기 위해 손가락을 움직이지 못하게 한 상태에서 철자의 위치를 말하라고 하였는데 그 결과 첫 번째 실험보다 더 나쁜 결과가 나왔다. 모든 사람이 키보드를 보지 않고 능숙하게 타자를 칠 수 있음에도 불구하고 정작 철자들이 키보드의 어디에 위치하고 있는지는 잘 모른다는 것은 타자를 치는 것을 익히고 기억하는 것과 키보드 위치를 기억하는 것이 같지 않다는 것을 보여준다(이 장의 뒷부분에 나오는 절차기억 참조). 명백하게, 타자를 치는 방법에 대한 암묵적 학습은 키보드 내에 어떤 철자가 어떤 위치에 있는지에 대한 명시적 학습과는 다르다.

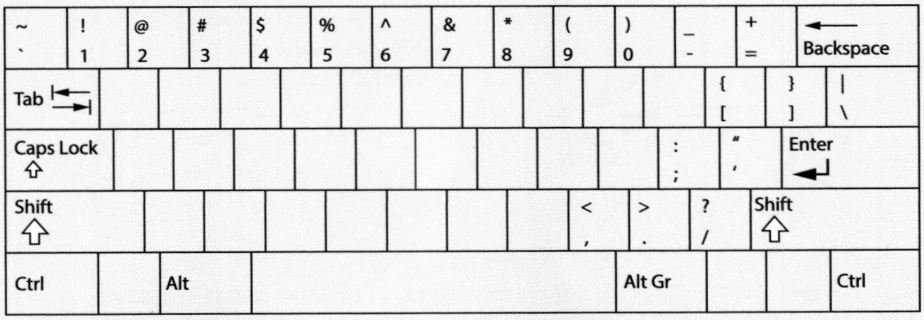

[그림 5-2] 키보드 내에 빠진 철자들을 채워 넣어 보자. 얼마나 잘했는지를 보기 위해서 이 장의 마지막에 있는 정답을 참조하라.
출처: Snyder et al. (2014).

신경과학 증거

암묵적 학습과 명시적 학습의 차이에 관한 더 많은 증거는 두 유형의 학습에 관여하는 뇌 영역의 차이를 살펴보는 것을 통해 발견할 수 있다.

뇌 영상

의식적 자각은 전두엽 내의 두 구조물인 배외측 전전두 피질과 전측 대상회의 활성화와 관련 깊다(Dehaene et al., 2001; [그림 5-3] 참조). 따라서 이 영역들은 암묵적 학습보다는 명시적 학습 시에 더 많이 활성화될 것이라 예측할 수 있다. 명시적 학습은 또한 해마([그림 1-8])와 그 주변의 내측두 영역에 의존한다. 따라서 이 영역들도 명시적 학습 시에 활성화될 것이라 예측할 수 있다. 반면, 암묵적 학습은 선조체(striatum)와 관련이 깊다. 선조체는 [그림 5-3]에서 보이는 것처럼 대뇌 반구와 뇌간의 윗부분 사이에 위치한 피질하 구조물이며 대뇌 반구 아래에 있는 수많은 핵의 집합인 기저핵의 한 부분이다.

> **Key term**
>
> **선조체(striatum)**: 기저핵의 한 부분으로 뇌간과 대뇌 반구 사이에 놓인 피질하 구조. 암묵적 학습에서 중요한 역할을 함

최근까지 밝혀진 수많은 뇌 영상 자료는 대체로 이와 같은 예측을 지지하고 있다. 하지만 암묵적 학습에 관련된 뇌 영역들이 명시적 학습 시에 활성화되거나 반대로 명시적 학습에 관련된 뇌 영역들이 암묵적 학습 시 활성화된다는 결과도 보고되고 있다(Shanks, 2010; Gheysen & Fias, 2012; Yang & Li, 2012). 이러한 현상은 과제에 따라 상대적인 가중이 다르긴 하겠지만, 학습이 거의 항상 암묵적 학습과 명시적 학습의 혼합이라는 것을 의미한다.

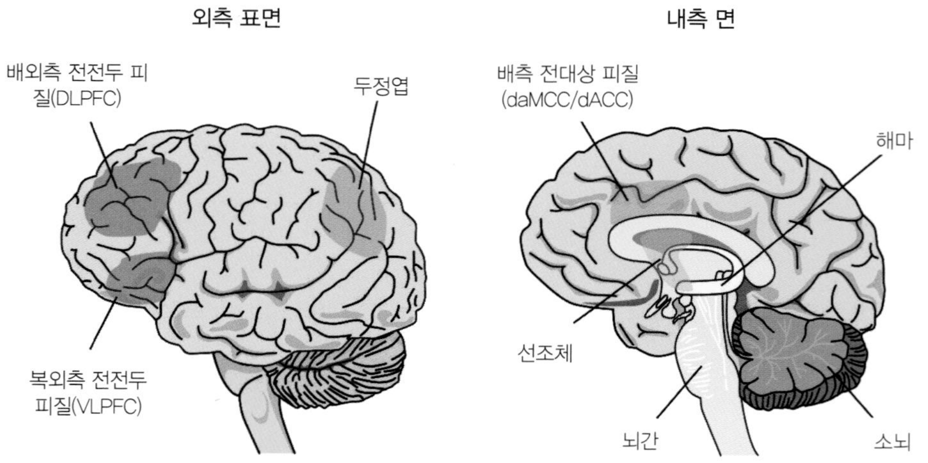

[그림 5-3] 명시적 학습과 암묵적 학습에 관여하는 뇌 구조. 왼쪽 그림은 좌반구의 외측을 보여 주며 오른쪽 그림은 우반구의 내측을 보여 준다. 배외측 전전두 피질, 전측 대상회, 해마와 주변 내측두 피질은 명시적 학습에 필수적이다. 선조체는 암묵적 학습에 중요한 역할을 한다.

뇌 손상

만약 암묵적 학습과 명시적 학습이 서로 다른 뇌 영역에 의해서 통제된다면, 뇌 손상 환자들로부터 두 학습의 이중 해리 현상을 발견할 수 있을 것이다(1장 참조). 어떤 환자들은 명시적 학습 능력은 손상되었지만 암묵적 학습 능력은 정상이고, 다른 환자들은 그 반대의 현상을 보인다.

만약 선조체가 암묵적 학습에 필수적이지만 명시적 학습과는 관련이 없다면, 선조체가 손상된 환자들(예를 들어, 파킨슨 병 환자들)은 암묵적 학습은 하지 못하지만 명시적 학습 능력은 온전해야 한다. 이와 관련하여 Clark와 동료들(2014)은 메타 분석을 통해 파킨슨 병 환자들의 암묵적 학습 능력에 문제가 있다는 것을 밝혀냈다. 하지만 문제의 정도는 기대했던 만큼 심하지 않았다. 게다가, 모든 환자에게 나타나는 것도 아니다(Gheysen & Fias, 2012 참조). 동시에 파킨슨 병 환자들은 명시적 학습 능력의 저하도 어느 정도 보였는데 복잡한 학습의 경우에는 능력의 저하가 특히 심했다(Vingerhoets et al., 2005; Wilkinson et al., 2009). 이와 같은 결과는 암묵적 학습과 명시적 학습이 완벽하게 구분되는 것이 아니거나, 대부분의 학습이 두 가지 과정을 다 포함하고 있다는 것을 시사한다.

만약 명시적 학습이 주로 해마와 그것을 둘러싼 내측 측두엽에 의존한다면, 그 영역에 손상을 입은 환자들은 명시적 학습에는 문제가 있지만 암묵적 학습 능력은 온전할 것이다. 가장 유명한 기억상실증 환자는 H. M.(1926~2008; 보다 자세한 설명을 위해서는 Corkin, 2013 참조)이다. 그는 27세가 되었을 때 뇌전증 증상을 치료하기 위한 목적으로 뇌수술을 받게 되었는데 그 때 해마와 주변 뇌 영역들이 제거되었다(이 수술은 뇌의 각 부분의 작용에 대해 잘 알지 못하고, 뇌수술로 인한 영향을 최소화하는 방법을 잘 몰랐던 1953년에 행해졌다). 그가 수술 후 깨어났을 때 그는 그의 가족들을 알아볼 수는 있었으나 새로운 정보를 전혀 배울 수 없었다. 예를 들어, 그는 반복적으로 만나는 의사들과 간호사들을 전혀 알아보지 못했다. 또한 그는 어떤 사람이랑 마주 앉아 있을 때 정상적으로 대화를 나눌 수 있었으나 그 사람이 잠시 나갔다가 몇 분 뒤 돌아왔을 때 전혀 알아보지 못했다. 이것은 전형적인 순행성 기억상실증의 예이다. 순행성 기억상실증은 이 장의 뒷부분에서 보다 자세하게 다루는데, 간단히 말하면 기억상실증을 야기한 사건 이후에 습득한 정보를 배우거나 기억하지 못하는 현상을 의미한다. 즉, H. M.은 수술 전에 익혔던 기술이나 지식들은 유지하고 있었으나 새로운 정보는 습득할 수 없었다. 예를 들어, 그가 수술 받기 직전의 미국 대통령이 트루먼이었기 때문에 그는 계속 트루먼이 대통령이라고 생각했으며 아이젠하워, 케네디와 같은 그 이후의 대통령들의 이름을 배우지 못했다.

일생 동안 그는 수백 번 검사를 받았는데 같은 검사를 여러 번 받았다는 사실도 알아차리지

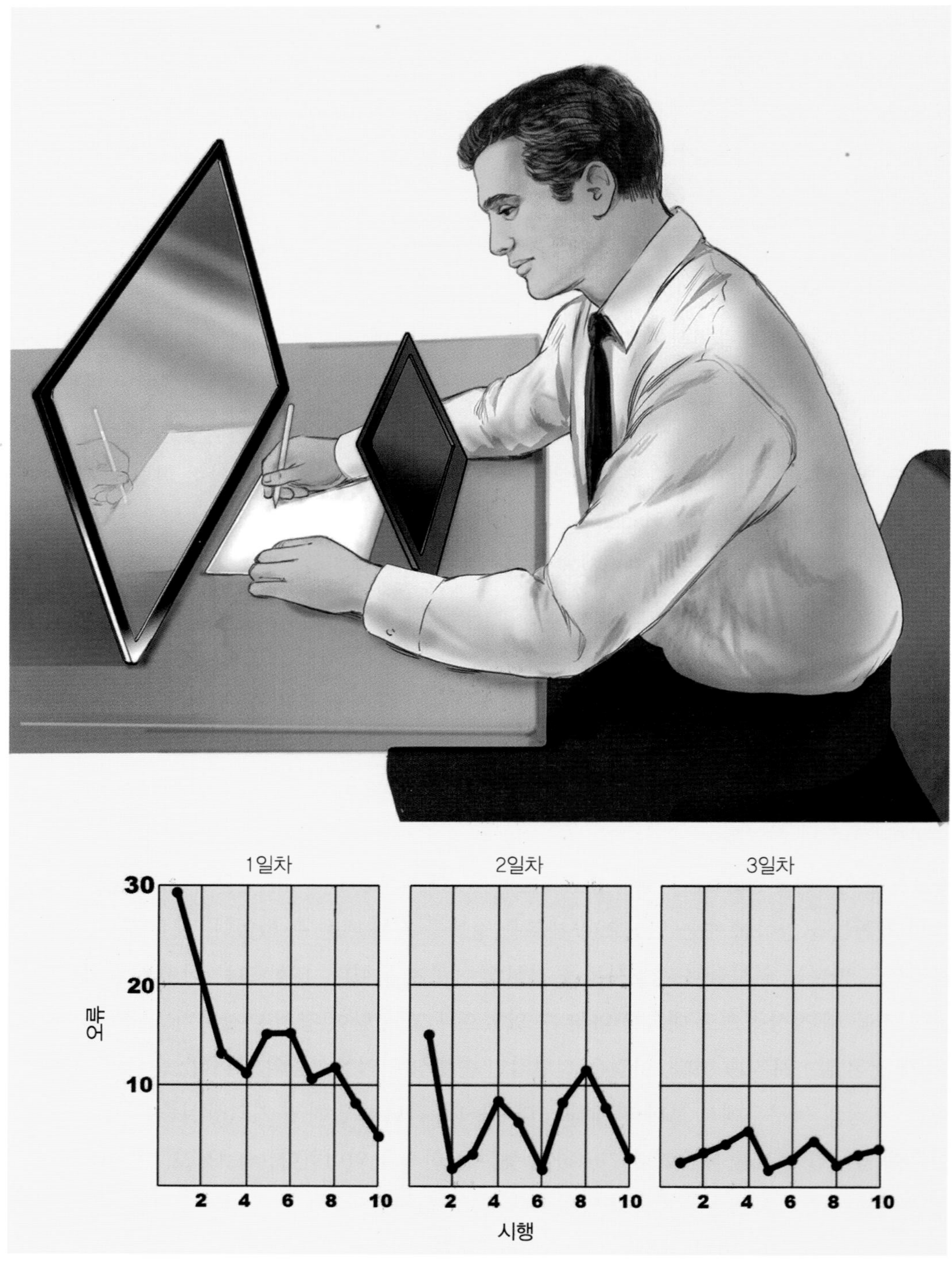

[그림 5-4] 거울 보고 따라 그리기와 암묵적 학습의 발견. 기억상실증 환자인 H. M.은 거울을 통해 보이는 별 모양을 따라 그리는 과제를 3일 동안 수행하였다. 첫째 날은 물론이고 둘째 날과 셋째 날에도 그는 이 과제를 이전에 전혀 해 보지 않은 과제라 생각했다. 하지만 그의 실수는 날이 갈수록 줄어들었고 셋째 날에는 거의 틀리지 않게 되었다. 이것은 그가 알아차리지 못한 채, 거울을 통해 보면서 그림을 따라 그릴 때 손을 어떻게 움직여야 하는지를 학습했다는 것을 보여 준다.

못하였다. 따라서 그는 요구받는 모든 '새로운' 검사를 매우 열정적으로 수행하였고, 이것은 연구자들에게 큰 도움이 되었다. H. M.은 배운 내용이 단어이건, 그림이건, 소리이건, 사람 얼굴이건, 개인적 사건이건, 사회적으로 중요한 문제이건 관계없이 전혀 학습할 수 없었다. 또한 어떠한 방식으로 질문을 받았는지 여부에 관계없이 배운 내용에 대해 전혀 대답을 할 수 없었다.

1962년에 H. M.을 대상으로 한 다른 연구에서 기억 연구에 한 획을 긋는 사건이 발생했다(개관을 위해서는 Milner, 2005 참조). 1955년부터 H. M.을 검사했던 심리학자인 Brenda Milner는 H. M.에게 거울을 통해 제시된 별 모양을 따라 그리라고 요구하였다([그림 5-4]).

직접 해 보면 알겠지만 거울 보고 따라 그리는 것은 매우 어렵기 때문에 여러분도 처음에는 많은 실수를 저지를 것이다. 하지만 과제를 반복함에 따라 점점 잘하게 된다. Milner는 H. M.에게 이 과제를 3일 연속해서 반복적으로 수행하도록 하였다. 실험 기간 동안 H. M.은 이 과제를 이전에 한 번도 해 본 적이 없다는 확신을 갖고 수행하였다. 하지만 [그림 5-4]에서 보는 바와 같이 그의 수행은 기억상실증을 겪지 않은 통제집단과 마찬가지로 점점 향상되었다. 이것은 암묵적 학습이 존재한다는 것을 보여 주는 첫 번째 실험적 증거이다.

암묵적 학습의 존재는 H. M.의 행동에 대한 관찰들에 유용한 설명을 제공한다. 그는 새로운 환경을 학습할 수 없기 때문에 새로운 곳으로 이사를 가는 것은 그에게 매우 힘든 일이었다. 하지만 시간이 지나자 그는 새로운 사람들과 새로운 환경에 대해 어느 정도 익숙하다는 느낌을 갖게 되었다. 심지어 그는 나중에는 살고 있는 새 집의 구조를 그릴 수도 있었다. 비록 그가 이것을 명시적으로 설명할 수는 없었으나, 암묵적 지식들은 그의 삶에 도움이 되었다.

결론

암묵적 학습과 명시적 학습이 두 개의 다른 유형의 학습이라는 증거는 많이 있다. 예를 들어, 이 두 학습은 각각 다른 요인들에 의해 영향을 받으며 각각 다른 뇌 영역과 관련되어 있다. 따라서 환자들은 한 유형의 학습에만 심각한 장애를 겪을 수 있다.

하지만 많은 학습에 암묵적인 측면과 명시적인 측면이 다 존재하는 것도 분명하다. 현재까지 심리학자들은 암묵적 학습이나 명시적 학습만을 따로 구별하여 측정할 수 있는 과제를 고안해 내지 못했으며, 명시적 학습에 중요한 역할을 한다고 알려진 뇌구조물(해마와 내측 측두엽)이나 암묵적 학습과 관련된 뇌구조물(선조체와 기저핵)만을 구분하여 활성화시키는 과제를 찾아낼 수 없었다. 아마도 이것은 주위 상황에 대해 잘 인지하고 있는 상태에서 행해지는 실험실에서의 학습이 대개 명시적 학습과 암묵적 학습의 조합이기 때문일 것이다(Sun et al., 2009). 만약 순수한 암묵적 학습이 존재한다면, 그것은 아마도 사람들이 정보를 얻으려는 의도가 없는 상황하에서 발견될 것이다.

중간 요약

학습의 유형(Types of learning)

- 의도 학습과 우연 학습은 참여자가 배우려는 목적이 있었는지에 따라 구분된다. 또한 암묵적 학습과 명시적 학습은 참여자가 그들이 배우는 것을 의식적으로 아는지 모르는지에 따라 구분된다. 의도 학습은 항상 명시적 학습이다. 우연 학습은 때로는 명시적이기도 하지만(많은 경우에 사람들은 그들이 정보처리를 하고 있다는 것을 인식한다) 때로는 암묵적일 수도 있다.

암묵적 학습의 측정(Assessing implicit learning)

- 가장 일반적으로 사용되는 암묵적 학습 과제는 순차 반응시간 과제이다. 과제가 진행됨에 따라 이 과제의 수행은 점차 향상되지만 참가자들은 왜 그런지 설명할 수 없다. 하지만 심리학자들은 이 학습이 완전히 무의식적인가에 대해 동의하지 못한다. 많은 경우에 암묵적 학습 과제 수행 시에도 사람들은 어느 정도는 그들이 배운 것에 대한 명시적 지식을 보여 줄 수 있다.
- 다음 장에서 우리는 다른 종류의 암묵적 학습 과제인 단어 조각 과제를 보게 될 것이다.

암묵적 학습의 특징들(Specific characteristics of implicit learning)

- 암묵적 학습이 명시적 학습과 다르다는 또 다른 증거는 암묵적 학습이 명시적 학습에 비해 연령이나 지식에 의해 영향을 덜 받는다는 발견이다.

뇌 증거(Brain evidence)

- 뇌 영상 연구들은 명시적 학습에는 주로 전두엽의 두 영역과 해마 및 내측 측두엽이 관여하며 암묵적 학습에는 선조체가 관여한다는 것을 보여 준다. 하지만 동시에 대부분의 과제들의 수행에 모든 뇌 영역이 관여하는 것으로 보이는데, 이는 많은 경우에 명시적 학습과 암묵적 학습이 함께 이루어진다는 것을 보여 준다.
- 선조체에 손상을 입은 환자들은 명시적 기억보다 암묵적 기억에서 더 많은 어려움을 보인다. 하지만 그들의 명시적 기억 능력도 어느 정도는 손상된다. H. M.과 같이, 해마와 그 주변 내측 측두엽의 손상을 입은 환자들은 암묵적 기억보다 명시적 기억에서 더 많은 어려움을 겪는다.

결론(Conclusions)

- 암묵적 학습과 명시적 학습이 다르다는 증거는 많이 있다. 하지만 대부분의 학습에는 명시적인 면과 암묵적인 면이 혼재되어 있다.

명시적 학습에 영향을 주는 요인들

다음에 이어지는 장들에서는 의도적인 명시적 학습에 대해서 주로 다룰 것이다. 명시적 학습과 관련된 많은 연구에서는 실험 참가자들에게 외워야 할 자극들을 제공하고, 이후에 얼마나 잘 기억하는지를 측정한다. 이때 주로 측정하기 쉬운 언어 자극이 실험에 이용된다.

처리 수준

우리가 정보를 얼마나 오랫동안 잘 기억할지를 결정하는 요인은 무엇인가? 이에 대한 가장 중요한 대답 중 하나는 Craik와 Lockhart(1972) 연구이다. 그들은 처리 수준 이론(level-of-processing theory)을 통해 학습 시에 어떻게 정보를 처리했는지가 기억할지 여부를 결정한다고 주장하였다. 그들에 따르면 얕은 수준 혹은 자극의 물리적 분석(예: 단어에 특정한 글자가 있는지 찾기) 수준으로부터 깊은 수준 혹은 의미 분석 수준에 이르기까지 다양한 처리 수준이 있다. 자극의 의미와 관련된 처리가 많이 되면 될수록 처리 수준은 더 깊다.

> **Key term**
>
> **처리 수준 이론(levels-of-processing theory)**: 주어진 자극의 의미가 더 깊이 처리될수록 학습이나 장기기억이 더 잘된다는 가정

Craik와 Lockhart(1972)의 주요한 이론적 가정은 다음과 같다.

- 자극의 처리 수준 혹은 깊이가 그것이 얼마나 잘 기억될지에 큰 영향을 준다.
- 깊은 수준의 분석은 얕은 수준의 분석보다 더 정교하고 오래 지속되는 기억의 흔적을 남긴다.

Craik와 Lockhart(1972)는 Atkinson과 Shiffrin(1968)이 제안한 가정인 시연(rehearsal)이 항상 장기기억을 향상시킨다는 생각에 동의하지 않았다. 그들은 이전의 처리를 단순 반복하는 시연(유지 시연)은 장기기억을 향상시키지 않는다고 주장했는데, 이러한 주장은 최근 Lewandowsky와 Oberauer(2015)에 의해서도 지속적으로 제기되고 있다.

증거

많은 연구가 처리 수준 이론의 주요한 가정들을 지지하고 있다. 이와 관련하여 Craik와 Tulving(1975)의 학습 시 수행된 과제의 기능에 따른 재인 수행의 차이에 관한 연구를 살펴보자.

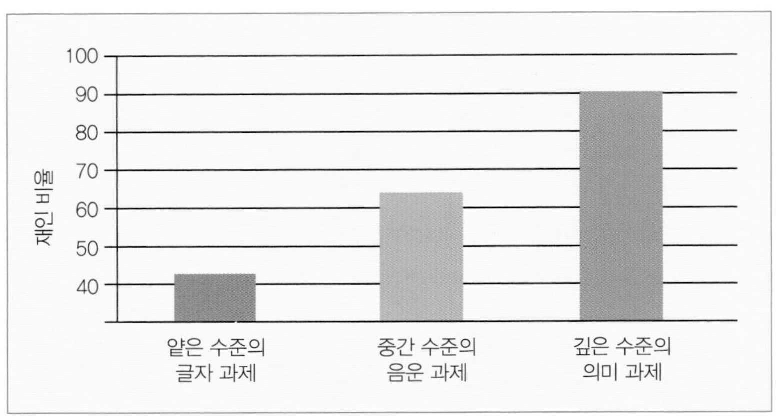

[그림 5-5] 처리 수준 이론의 증거.
참가자들은 60개의 단어를 보았다. 그중 20개에 대해서는 단어에 쓰여진 글자가 대문자인지를 판단하였다. 다른 20개에 대해서는 그 단어가 목표 단어와 같은 각운인지를 판단하였다. 나머지 20개에 대해서는 그 단어가 특정한 의미 목록에 속하는지를 판단하였다. 이후 예고 없이, 실험자는 참가자들에게 180개의 단어(120개의 새로운 단어 + 60개의 기존 단어)를 보여 주고 그중 기존에 봤던 단어들을 찾도록 요구하였다. 그림에서 알 수 있듯, 대문자인지를 판단하게 한 경우는 우연 수준(33%)에 가까운 정확도를 보였지만 의미 처리를 하게 한 경우에는 거의 모든 단어를 기억하였다.
출처: Craik & Tulving (1975). The American Psychological Association의 허가를 얻어 재인쇄함.

- **얕은 수준의 글자 과제**: 각 단어가 대문자인지 소문자인지 판단
- **중간 수준의 음운 과제**: 각 단어의 각운(rhyme)이 목표 단어의 각운과 동일한지 판단
- **깊은 수준의 의미 과제**: 각 단어가 문장의 빈칸에 들어가기에 적절한지 판단

[그림 5-5]에서 볼 수 있듯 처리 수준은 기억에 상당한 영향을 주었다. 깊은 수준의 의미 과제에서는 얕은 수준의 글자 과제에 비해 거의 세 배 이상 기억이 향상되었다.

Craik와 Tulving(1975)은 또한 처리 깊이에 더해 처리의 **정교화**(elaboration)가 중요한 역할을 한다고 제안하였다. 그들은 의미 처리 과제를 사용하였는데, 이때 단순한 문장 틀(예: 그녀가 ___을 요리한다) 혹은 복잡한 문장 틀(예: 큰 새가 급강하하여 ________를 채 갔다)을 이용해 처리의 정교화 수준을 조작하였다. 그 결과, 복잡한 문장 틀을 사용하였을 때 이후의 회상이 두 배 더 많았다. 이는 처리를 보다 정교하게 한 경우 기억이 잘된다는 것을 보여 준다.

처리 수준 이론은 또한 왜 우리가 우리 자신과 관련된 것을 더 잘 기억하는지를 설명한다. Rogers와 동료들(1977)은 사람들이 특정 단어가 자신과 관련이 있는지 아닌지를 판단한 경우에 그 단어를 의미 중심으로 처리한 경우보다 이후에 단어를 더 잘 회상한다는 것을 발견하였다. 이러한 현상은 자기 참조 효과(self-reference effect)라 알려져 있다. Symons과

> **Key term**
> **자기 참조 효과(self-reference effect)**: 학습 시 자신과 관련된 정보에 대해 향상된 장기기억을 갖는 현상

Johnson(1997)은 자기 참조 효과와 관련된 129개의 연구를 메타 분석(meta-analysis)을 통해 살펴보았는데, 많은 연구에서 학습이 자기 참조 조건에서 일어났을 때에 다른 조건에 비해 더 나은 장기기억을 보였다. 아마도 자기 참조가 보다 깊은 의미 처리를 일으켰기 때문일 것이다.

자기 참조 효과와 관련해서 Nairne와 동료들(2007)은 사람들이 생존에 중요하다고 생각하는 정보를 더 잘 기억한다고 보고하였다. 이 연구에서는 학생들에게 30개의 명사(예: 트럭, 산, 책, 신발, 차, 칼)가 있는 목록을 제시하였다. 한 집단의 학생들에게는 그들이 외국의 목초지에 서 있다고 상상하도록 요구하고 그 목록에 있는 물건들이 그들의 생존을 위해 얼마나 중요할지를 평가하도록 하였다. 또 다른 집단의 학생들에게는 외국에 있는 새로운 집으로 이사를 간다고 상상하도록 요구하였다. 이 학생들에게 이 후 몇 달 동안 그들은 새로운 집으로 그들의 물건들을 조금씩 옮기게 될 것인데 그때 그 목록에 있는 물건들이 이사에 얼마나 도움이 될지를 평가하도록 하였다. 마지막 집단의 학생들에게는 그 목록에 있는 물건들이 얼마나 좋은지를 평가하도록 요구하였다. 연구자들은 평가가 끝나고 잠깐 동안 다른 과제를 수행하도록 한 후 참가 학생들에게 예고 없이 목록에 있는 단어들 중 기억하는 단어들을 모두 적도록 하였다(우연 학습). 그 결과, [그림 5-6]에 나타난 바와 같이 생존에 도움이 될지의 여부를 평가한 학생들이 다른 두 조건의 학생들에 비해 더 많은 단어를 기억하였다.

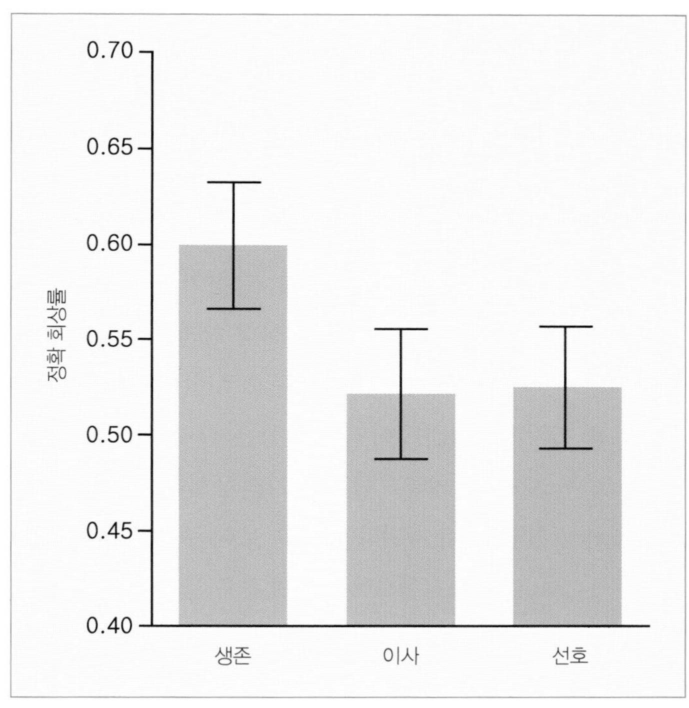

[그림 5-6] 평가 과제별 기억 수행
출처: Nairne et al. (2007). The American Psychological Association의 허가를 얻어 재인쇄함.

처리 수준과 암묵적 학습

Challis와 동료들(1996)은 처리 수준에 따른 차이가 명시적 학습에만 국한되어 나타나는 특성인지를 살펴보았다. 그들의 연구에서는 다양한 명시기억 과제와 암묵기억 과제들이 사용되었다. 암묵기억 과제 중 하나는 단어 조각 과제(word-fragment task)였다. 이 과제에서 참가

Key term

단어 조각 과제(word-fragment task): 암묵적 학습 연구를 위해 종종 사용되는 과제로, 운동 반응에 기초하지 않음. 참가자는 한 단어의 일부를 제시받고 그 단어를 완성해야 함. 이 과제를 수행하기 전에 이루어진 앞선 과제에서 그 단어를 본 경우 단어 완성의 수행이 더 좋아지는데, 심지어 두 과제 사이의 관련성을 인식하지 못하고 있을 때도 수행 향상이 나타남

자들은 철자들이 빠진 단어(예: c_p_e_)를 보고 그것을 완성하도록 요구되었다([연구 따라잡기 5-1] 참조). 그 결과, 참가자들 중 다른 과제에서 빈칸을 채울 수 있는 후보 단어를 본 사람들은 단어 조각 과제를 더 쉽게 수행하였다. 또 수행하기 전에 'copies'라는 단어를 본 참여자들은 빈칸을 채워서 'copies'라는 단어를 만드는 경향이 컸으며 'cypher'라는 단어를 본 참가자들은 'cypher'라고 대답하는 경향이 컸다. 보다 중요하게, 실험 참가자들은 다양한 처리 수준에서 단어들을 봤는데 어떤 처리 수준으로 단어들을 봤었는지는 이후의 단어 조각 과제 수행에 영향을 끼치지 않았다. 이러한 현상은 심지어 기억상실증 환자들에게서도 나타났는데(Warrington & Weiskrantz, 1968), 이것은 기억상실증 환자들의 경우에 명시적 학습에 비해 암묵적 학습 능력이 훨씬 잘 유지된다는 것을 보여 주는 증거이다.

Challis와 동료들(1996)의 발견은 분명하다. 외현기억 과제(예: 재인 기억, 자유 회상) 수행 시에는 처리 깊이와 자기 참조 효과가 나타나지만, 단어 조각 과제 수행 시에는 그러한 효과가 나타나지 않는다.

[연구 따라잡기 5-1] 단어 조각 과제

이 연구 따라잡기는 친구와 함께 해야 한다. 먼저, A 문단을 읽고 난 뒤 몇 분 동안 다른 생각을 해 보자. 그리고 그다음에 나오는 단어 조각들을 살펴보면서 빈칸들을 채워 단어를 완성해 보자. 머릿속에 가장 먼저 떠오르는 적절한 단어를 적기만 하면 된다. 친구에게는 B 문단을 읽고, 몇 분 동안 다른 생각을 한 뒤 빈칸을 채워 단어를 완성해 보라고 해 보자.

A 문단

Tom was a bashful young man who had recently arrived in the country. Every day he left his house and headed for his office. There he had a cup of coffee every morning, using a spoon to stir the sugar in. Occasionally, he would consult an almanac. After work, he walked to the station through a meadow. When the sun was shining, he would see his shadow as he walked.

B 문단

Lucy is much affected by climate, having a preference for the summer. She likes to wear a purple skirt as she goes to work in a large factory. On the way to work, she passes a zoo. Her favorite animals in the zoo are a giraffe and a spider. When Lucy returns home in the evening, she likes to play the violin while letting her cigarette burn in the ashtray.

단어 조각

al _ _ n _ c	_ _ ht _ ay
b _ sh _ u _	_ l _ m _ te
_ _ u _ t _ y	f _ _ t _ ry
of _ _ c _	_ urp _ _
_ p _ on	su _ m _ _
_ h _ do _	_ io _ _ n
h _ us _	_ _ r _ f _ e
_ e _ d _ w	_ p _ d _ r

A 문단에 있는 단어들을 이용하면 왼쪽의 단어 조각들을 쉽게 채울 수 있으며 B 문단에 있는 단어들을 이용하면 오른쪽의 단어 조각들을 쉽게 채울 수 있다. 암묵적 학습 덕분에 아마도 당신은 왼쪽 단어 조각을 채우는 것을 더 잘했을 것이며, 당신의 친구는 오른쪽 단어 조각을 채우는 것을 더 잘했을 것이다.

한계점

Morris와 동료들(1977)은 처리 수준보다는 저장되어 있는 정보와 이후의 테스트 내용이 얼마나 일치하는지가 더 중요하다고 제안하였다. 그들은 Craik와 Tulving(1975)의 연구를 반복하였다. 참여자들에게 제시된 단어의 각운이 동일한지를 판단하거나 의미가 빈칸에 들어가기 적절한지를 판단하게 하였다. 하지만 이 연구에서의 기억 과제는 두 종류였다.

1. Craik와 Tulving이 시행하였던 것과 같이 여러 단어들 속에서 목록에 있던 단어들을 찾는 재인과제
2. 학습한 목록에 있던 단어들과 각운이 같은 단어를 찾는 각운 재인과제

Morris와 동료들(1977)의 일반적인 재인과제의 결과는 Craik와 Tulving(1975)의 결과와 동일하였다. 실험 참가자들은 의미 처리를 한 조건에서 음운 처리를 한 조건보다 더 많은 단어를 재인하였다. 하지만 각운 재인과제에서 참가자들은 음운 처리를 한 조건에서 의미 처리를 한 조건보다 더 나은 수행을 보였다. 이러한 결과는 깊은 처리가 항상 더 나은 기억을 야기한다는 주장에 반한다. Morris와 동료들(1977)은 이러한 발견을 전이 적합성 처리(transfer-appropriate processing)라는 개념을 통해 설명하고 있다. 즉, 우리가 기억 과

Key term

전이 적합성 처리(transfer-appropriate processing): 인출 시점에의 처리가 학습 시점에서의 처리와 아주 유사할 때 장기기억이 가장 잘 이루어질 것이라는 개념

> **Key term**
>
> **특이성(distinctiveness)**: 장기기억에 저장된 다른 기억 흔적들과는 구별되거나 상이한 기억 흔적을 말하며, 기억의 향상을 가져옴

제에서 좋은 수행을 보일지 여부는 기억한 정보와 과제에서 요구하는 정보와의 관련성 정도에 달려 있다는 것이다. 각운 재인과제에는 음운 정보가 의미 정보보다 더 관련이 깊기 때문에 음운 정보를 기억하고 있는 것이 의미 정보를 기억하는 것보다 각운 재인과제 수행에 유리하다.

처리수준 이론의 또 다른 제한점은 이 이론은 의미의 정교화에만 지나치게 초점을 두고 있어서 이후 논의할 다양한 다른 장기기억 관련 발견들에 대한 이론적 예측을 제공하지 못한다는 것이다. 이 이론과 관련된 대부분의 연구들은 여전히 Craik와 Tulving(1975)의 연구들의 변형이며 새롭고 다양한 기법을 사용한 연구가 많이 나타나지 않고 있다.

특이성

성공적인 학습과 장기기억에의 저장을 결정할 또 다른 중요한 요인은 특이성이다(Hunt, 2006). 특이성(distinctiveness)은 어떤 정보가 그것이 학습될 때 다른 것들과 구별되는 방식으로 처리되면 다른 정보와 구분되어 더 잘 기억된다는 것이다. 특이한 정보가 그렇지 않은 정보들보다 더 잘 기억된다는 사실을 보여 주는 증거는 많이 있다.

[연구 따라잡기 5-2] 장기기억과 특이성

다음 10개의 단어로 구성된 목록이 두 개 있다.

CHAIR	CAT
PIANO	DOG
CLOCK	GIRAFFE
TELEPHONE	MOUSE
CUSHION	CUSHION
LAMB	LAMB
STOVE	MONKEY
MIRROR	BEAVER
RADIO	TURTLE
BOOKCASE	TIGER

몇 명의 친구에게 첫 번째 목록을 읽으라고 부탁하고, 이후 그들이 기억하고 있는 것을 가능한 한 많이 적으라고 요구해 보자. 다른 친구들에게 두 번째 목록에 대해 마찬가지로 요구해 보자. 그 후 그들이 기억하는 단어목록에

'cushion'과 'lamb'이 포함될 가능성을 비교하라. 아마도 첫 번째 목록을 본 친구들이 두 번째 목록을 본 친구들보다 'lamb'을 기억했을 가능성이 더 클 것이다. 'cushion'의 경우에는 그 반대이다.

왜 그럴까? lamb은 첫 번째 목록에 있는 단어들 중 유일한 동물이다. 반면, 두 번째 목록에는 8개의 다른 동물이 있다. 마찬가지로, cushion은 두 번째 목록에서 다른 것들과 구별되는 것이다. 특이성은 더 나은 학습과 기억을 유도한다.

특이성 효과가 처리 깊이에 따라 달라질까? 그럴 것이라는 증거가 많이 있다. 예를 들어, Eysenck와 Eysenck(1980)는 특이한 정보에 대해 오직 얕은 수준의 처리만을 수행하도록 하고 그 정보에 대한 기억을 연구하였다. 그들은 일반적인 음운 규칙을 따르지 않는 단어들(예: comb에서 b는 소리 나지 않는다. yacht에서 ch도 마찬가지이다)을 사용하였다. 한 조건에서는 참가자들에게 소리가 나지 않는 이런 철자들도 소리 내어 읽도록 하였다. 따라서 참여자들은 음운 수준의 얕은 처리를 수행하였지만 정보의 특이성은 높았다. 예측한 대로, 얕은 수준의 처리 후의 재인 기억도 의미 처리와 같은 깊은 수준 처리 조건과 비슷하게 좋았다.

Kirchhoff와 동료들(2005)은 특이한 철자를 가진 단어(예: onyx, abyss)를 대상으로 한 연구를 통해 비슷한 증거를 제시하였다. 그들은 철자의 특이성이 의미 수준의 깊은 처리와는 별개로 재인을 촉진한다는 것을 발견하였다.

왜 특이한 기억은 더 잘 기억될까? 두 가지 요인이 관련이 있다. 우선, 저장된 기억을 꺼내기 위해서는 좋은 인출 단서가 필요하다. 만약 당신이 지난번 휴가지에 다시 가게 된다면 당신은 방에 있을 때보다 그 휴가지에서 있었던 일들에 대해 훨씬 더 많은 것을 기억해 낼 수 있을 것이다. 왜냐하면 그곳에는 기억을 끄집어낼 수 있게 하는 다양한 인출 단서들이 있기 때문이다. 이와 유사하게 특이한 자극은 일반적으로 강하고 독특한 기억 단서를 갖고 있다. [연구 따라잡기 5-2]의 첫 번째 목록에서 'animal'은 독특한 단서지만 두 번째 목록에서는 그렇지 않다. 따라서 여러분은 아마도 첫 번째 목록에서 'lamb'을 기억해 낼 가능성이 더 크다("목록에 동물이 하나 있었어. 맞아, 그건 'lamb'이야."와 같이).

특이성이 학습과 기억을 돕는 두 번째 이유는 특이한 자극들은 다른 자극에 의해 간섭받을 가능성이 적기 때문이다. 이 장의 뒷부분에서 우리는 간섭이 망각을 일으키는 주요한 요인이라는 것을 배우게 될 것이다. 우리가 배우고 익힌 것에 대한 장기기억은 이전이나 이후의 정보들에 의해서 변형되고 간섭된다. 특히 다른 정보가 우리가 기억하려는 정보와 비슷할 때 더욱 그렇다. 특이한 기억 흔적은 다른 기억 흔적들과 비슷하지 않기 때문에 간섭의 영향을 덜 받고, 따라서 기억되기 쉽다(Eysenck, 1979).

시험 효과

다음 질문들에 대해 대답하라. 여러분이 다가올 시험을 대비하기 위해 이 책을 읽고 있다고 상상해 보자. 이 장을 한 번 읽고 난 후 다음과 같은 생각을 할 것이다.

A. 다시 되돌아가서 이 장 전체나 아니면 이 장의 일부분을 다시 학습할 것인가?
B. 다시 학습하지 않고 이 장의 내용을 회상하려 노력할 것인가?
C. 다른 학습 기술을 쓸 것인가?

> **Key term**
> **시험 효과(testing effect)**: 일정 학습 시간을 기억해야 할 정보를 인출하는 데 사용할 때 장기기억이 강화되는 현상

Karpicke와 동료들(2009)에 따르면 57%의 학생들이 A를 선택하였고, 21%의 학생들이 C를 선택하였으며 오직 18%의 학생들만이 B를 선택하였다. 흥미로운 것은 학생들이 가장 적게 선택한 B 방법이 가장 효과적인 방법이라는 것이다.

여러 연구는 시험 효과(testing effect)에 대한 분명한 증거를 제공하고 있다. 학습 중간에 잘 기억하고 있는지를 시험해 보는 것은 학습한 내용을 장기기억에 담는 데 도움이 된다. Bangert-Drowns와 동료들(1991)은 35개의 학교 장면에서의 연구를 개관하였는데, 83%의 연구에서 유의미한 시험 효과가 나타났으며 시험을 많이 보면 볼수록 그 효과는 증가하였다(보다 최신의 메타 분석 결과를 살펴보려면 Rowland, 2014 참조).

시험 효과와 관련된 가장 엄밀한 연구 중 하나는 Roediger와 Karpicke(2006)이다. 이 연구에서 참가자들은 3가지 조건 중 하나에 배당되었다. 그리고 5분 뒤, 그리고 일주일 뒤 문장에 관한 기억을 검사하였다.

1. 반복학습 : 문장들을 4번 반복해서 읽었으며 시험은 없었다.
2. 1회 시험 : 문장을 3번 반복해서 읽었으며 한 번의 회상 시험이 있었다.
3. 반복 시험: 문장을 한 번 읽었으며 3번의 회상 시험이 있었다.

결과는 [그림 5-7]에 있다. 5분 뒤에 시험 봤을 때 가장 효과적인 방법은 반복학습이었다. 하지만 일주일 뒤에 시험을 봤을 때는 매우 다른 결과가 나타났는데 반복학습보다 반복 시험 조건에서 50%나 나은 회상을 보였다. 이 정도의 차이는 시험을 매우 잘 보는 것과 망치는 것의 차이만큼 크다.

하지만 반복학습 조건에 있던 학생들은 자신들이 반복 시험 조건의 학생들보다 더 잘 기억할 수 있을 것이라 예상했다. 이것이 많은 학생이 공부할 때 학습내용과 관련된 문제 푸는 데 시간을 거의 안 들이는 실수를 하는 이유이다.

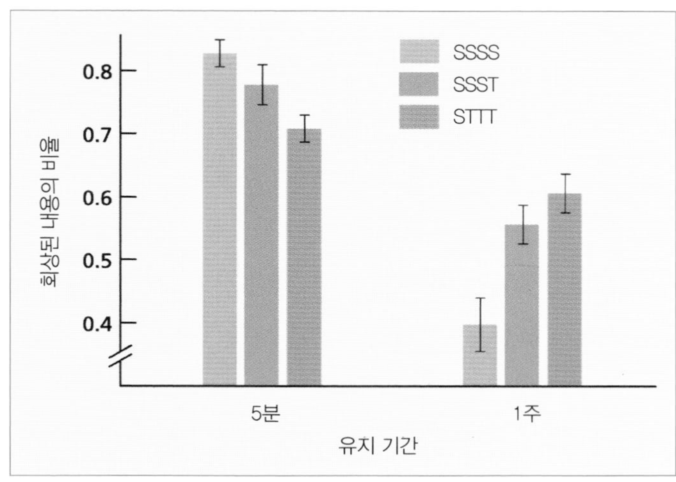

[그림 5-7] 학습 조건에 따른 기억 과제 수행(S=학습, T=시험)
출처: Roediger (2008). Annual Review of Psychology의 허가를 얻어 재인쇄함.

이와 같은 발견을 **어떻게** 설명할 수 있을까? 많은 사람은 그들이 익힌 것들을 쉽게 떠올릴 수 있을 때 안심한다. 하지만 오직 노력을 요하는 힘든 인출만이 장기기억을 향상시킨다 (Bjork & Bjork, 1992). 이와 관련하여 Metcalfe와 Kornell(2007)은 외국어 학습에 대해 연구하였다. 그들의 연구에서는 프랑스어 학습 시, 영어 단어가 동시에 제시되거나 약간 늦게 제시되는 조건이 있었다(예: house-maison). 연구 결과, 영어 단어가 약간 늦게 제시된 경우가 동시에 제시된 경우보다 훨씬 나은 기억을 보였다. 이것은 실험 참가자들이 단어가 제시되기 전에 인출을 위해 노력했기 때문이다.

중간 요약

처리 수준 이론(Levels-of-processing theory)

- 처리 수준 이론에 따르면 깊은 의미 중심 처리는 학습과 기억을 촉진한다. 깊은 처리는 일반적으로 수행을 향상시키는데, 특히 학습자들이 단어를 자신과 연관시켜 처리할 때 그렇다. 하지만 장기기억은 처리의 정교화와도 관련이 있다. 처리 수준의 효과는 명시적 학습에 한정되며 암묵적 학습 과제에서는 발견되지 않는다.

특이성(Distinctiveness)

- 특이한 자극들의 경우에 더 잘 학습되며 더 오래 기억된다. 이 특이성 효과는 처리 수준 효과와는 별개로 나타난다.

시험 효과(The testing effect)

- 학습과 장기기억을 향상시키는 또 다른 방법은 공부한 내용을 시험해 보는 것이다. 믿기 힘들겠지만 학습한 내용에 대해 자신이 알고 있는지 시험해 보는 것은 그 내용을 다시 한 번 보는 것보다 더 효과적이다. 특히 시험이 즉시 시행되지 않고 나중에 시행될 때 그 차이가 더 크다.

장기기억

학습은 정보를 장기기억에 부호화시키는 것으로 정의될 수 있다. 하지만 학습이 효과적이려면 정보가 부호화되어야 하는 것뿐만 아니라 기억에 저장되어야 하고, 그것이 필요한 순간에 인출될 수 있어야 한다. 우리가 4장에서 본 것처럼, Atkinson과 Shiffrin(1968)은 하나의 장기기억 저장소를 상정하였다. 하지만 명시적 학습과 암묵적 학습이 구분된다는 점과 세상에 관한 지식, 내 개인적인 일들에 관한 기억, 책 읽는 방법 및 다른 다양한 기술에 관한 정보와 같은 다양한 것들이 장기기억에 저장된다는 점을 고려해 보면 하나의 장기기억 저장소만 있다고 보기는 어렵다. 따라서 많은 연구자는 다양한 장기기억 저장소를 가정하고 있다. 이 장에서 우리는 몇 가지 주요한 장기기억 체계에 대해 고려해 볼 것이다. [그림 5-8]은 여러 가지 장기기억 저장소를 보여 준다.

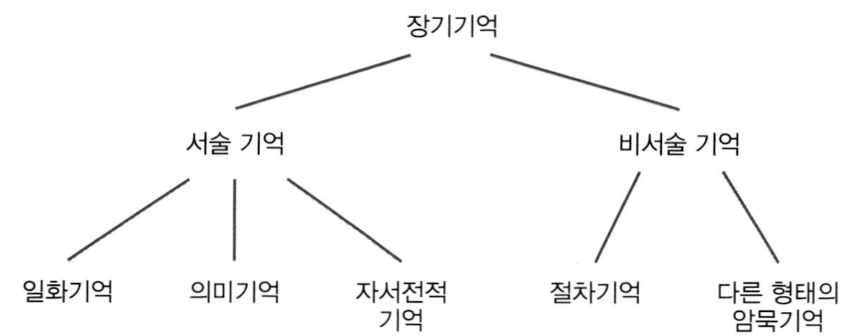

[그림 5-8] 전통적인 다중 기억 체계 관점에서 보는 다양한 장기기억 체계. 의미기억은 6장에서 논의되며 자서전적 기억은 7장에서 논의된다.

서술 기억과 비서술 기억

> **Key term**
>
> **서술 기억(declarative memory)**: 외현기억이라는 용어로도 알려져 있으며, 정보에 대한 의식적 회상과 관련되어 있음. **비서술 기억**에 대한 설명도 참조할 것

장기기억을 나누는 가장 중요한 구분은 서술 기억과 비서술 기억 사이의 구분이다. 서술 기억(declarative memory)은 "서술될 수 있는" 기억을 의미하며 "과거 경험으로부터의 의식적인 회상"을 필요로 한다(Graf & Schacter, 1985, p. 501). 서술 기억은 또한 명시적 기억이라 불리기도 한다. 서술 기억은 당신이 누군가를 봤을 때 그 사람의 이름을 기억하고, 심리학 교과서에서 본 특정한 내용을 기억하고, 당신이 친구의 집에 어떻게 가는지를 기억하는 것을 의미한다.

반면, 비서술 기억(non-declarative memory)은 의식적인 재인과는 관련 없으며 때로는 암묵적 기억을 지칭하기도 한다. 우리는 행동을 관찰하는 것을 통해 암묵적 기억의 증거를 찾는다. 예를 들어, Edouard Claparède(1873~1940)가 언급하였던 사례를 고려해 보자. 그는 만성적인 알코올중독으로 기억상실증에 걸린 여자 환자를 연구했다. 이 환자는 거의 매일 보는 의사나 간호사를 알아보지 못하였는데 이는 서술 기억이 상당히 손상되었다는 것을 보여 준다.

Key term

비서술 기억(non-declarative memory): 암묵기억으로도 알려져 있으며, 정보의 의식적 회상을 포함하지 않는 기억. **서술 기억**에 대한 설명도 참조할 것

하루는 Claparède가 그 여자 환자와 악수하기 전에 핀을 손에 감추었다. 그다음 날 그 환자는 Claparède와 악수하는 것을 꺼렸다. 하지만 그녀는 스스로가 왜 악수를 꺼리는지를 알지 못해서 당황했다. 그 환자가 전날 일을 기억하지는 못함에도 악수를 꺼려한 것은 비서술 기억의 존재를 보여 주는 것이다.

아마도 알아차렸겠지만 서술 기억과 비서술 기억의 구분은 명시적 학습과 암묵적 학습의 구분과 유사하다. 또한 당연하게도 기억상실증 환자의 암묵적 학습 능력의 유지는 장기기억 내의 여러 기억 시스템이 다르다는 것에서 기원한다.

서술 기억

얼마나 많은 종류의 서술 기억 혹은 명시적 기억이 있을까?

첫째, **일화기억**(episodic memory)이 있다. 일화기억은 우리가 아침에 무엇을 먹었고 어제 어떤 영화를 봤는지를 기억할 수 있게 하는 기억 시스템이다. 이것은 또한 단어를 기억하는 것을 요구하는 심리학 실험에 참여하였을 때 단어 기억을 가능하게 하는 시스템이다.

둘째, **의미기억**(semantic memory)이 있다. 의미기억은 우리가 현재 우리나라 대통령이 누구인지, 태양계에는 행성이 몇 개나 있는지, '심리학'이라는 단어의 의미가 무엇인지를 기억하는 것과 같이 일반적인 사실을 기억할 때 사용하는 기억이다. 하지만 일반적으로 우리는 그 사실을 언제, 어디서 배웠는지는 알지 못한다. 서술 기억은 대개 우리의 언어와 세상에 대한 기억으로 구성된다.

셋째, **자서전적 기억**(autobiographical memory)이 있다. 우리는 인생의 중요한 경험들을 기억할 때 자서전적 기억을 사용한다. 예를 들어, 자서전적 기억은 우리의 첫 이성친구나 가장 좋았던 휴가에 대한 기억을 의미한다. 자서전적 기억은 일화기억과 관련이 있지만 우리의 인생 전반의 삶의 진행과 관련된 지식이라는 측면에서 차이가 있다(Conway, 2001). 그렇기 때문에 자서전적 기억은 시간 특정적인 사건과 관련이 있는 일화기억을 넘어서는 것이다. 자서전적

기억은 이 장에서 다루지 않고 7장에서 다룰 것이다.

비서술 기억

최소한 두 가지 유형의 비서술 기억이 있다. 첫째, 절차기억(procedural memory)이라고 알려진 운동 기술과 관련된 기억이다(Foerde & Poldrack, 2009). 운동 기술의 예는 자전거를 타고, 차를 운전하고, 피아노를 연주하고, 요리를 하고, 스포츠를 하는 기술 등이다.

환자 H. M.([그림 5-4])의 거울 보고 따라 그리기에 대한 암묵적 학습은 절차기억 학습의 예이다. [그림 5-1]의 순차 반응시간 과제에서 관찰되는 암묵적 학습과 키보드를 보지 않고 타자를 치는 능력도 마찬가지이다. 기존의 키보드와는 다른 키보드를 주면 사람들은 갑자기 타자 치는 데 어려움을 보인다.

하지만 비서술 기억은 절차기억보다는 더 큰 개념이다. 암묵적 학습은 운동 기술을 배울 때만 일어나는 것은 아니다. 우리는 이 사실을 단어 조각 과제([연구 따라잡기 5-1])에서 알 수 있으며, 엉망으로 배열된 자극에 대한 지각이 일단 그 자극에 대한 비밀을 풀고 난 뒤에는 훨씬 쉬워진다는 것을 통해 알 수 있다([그림 2-1]을 다시 보라. 여전히 카우보이를 볼 수 있나?).

어떤 자극이 그 자극 혼자 제시되는 것보다 그와 동일한 혹은 유사한 자극이 제시되고 난 이후에 제시되면 더 효과적으로 처리되는 현상을 점화(priming)라 부른다. 점화의 존재는 앞서 설명한 단어 조각 과제에서도 알 수 있으며 참여자들에게 짧게 제시되는 단어들을 재인하도록 요구하는 과제에서도 알 수 있다. 단어 자극들이 매우 짧게 제시되면 참여자들은 오직 몇몇의 단어들만 알아차릴 수 있다. 하지만 그 단어가 이전에 다른 과제에서 제시된 적이 있던 단어인 경우에는 그 단어를 알아차릴 가능성이 커진다(Tulving & Schacter, 1990). 일반적으로 점화는 우리가 알아차리지 못하는 사이에 우리의 수행을 향상시킨다(따라서 점화 효과는 비서술 기억과 관련된 현상으로 볼 수 있다).

일화기억

우리는 우리한테 일어난 일들을 기억하기 위해 일화기억(episodic memory)을 사용한다. 일화기억은 어떤 것이, 어디에서, 언제 일어났는지에 관한 정보를 담고 있는데, 그러한 정보들은 경험의 중요한 요소이다(예를 들어, 우리가 중요한 사건이 일어났을 때 거기에 있었는지 없었는지를 기억하는 것처럼).

Key term

절차기억(procedural memory): 기술이나 이와 관련된 노하우를 포함하는 **비서술 기억**의 한 형태

점화(priming): 목표 자극과 같은 혹은 유사한 자극이 앞에 나와서 목표 자극(혹은 이에 대한 반응)의 처리가 촉진되는 것을 포함하는 **비서술 기억**의 한 형태

일화기억(episodic memory): 특정 시간과 장소에서 일어나는 개인적인 경험이나 일화와 관련된 서술 기억의 한 종류. **의미기억**에 대한 설명도 참조할 것

여러분은 일화기억 체계가 영상장비와 같이 우리에게 지난 사건에 대한 정확하고 구체적인 정보를 제공하기를 기대할지도 모른다. 하지만 Schacter와 Addis(2007, p. 773)가 제안했던 바와 같이 "일화기억은 사건의 재생과정이라기보다는 사건을 구성하는 과정으로 볼 수 있다. 따라서 다양한 실수를 야기하며 오기억에 취약하다."

많은 사람이 기억 체계의 한계 때문에 일어나는 망각에 대해 한탄한다. 하지만 망각은 매우 유용하다(Schacter, 1999). 예를 들어, 당신이 지난 학기에 들었던 수업들의 날짜와 시간을 모두 다 기억하고 있다고 생각해 보자. 그 정보들은 당신이 이번 학기에 듣는 수업의 시간과 날짜를 기억하기 힘들게 만들 수 있다. 많은 경우에 우리에게는 과거보다는 현재 상황에 대해 기억하는 것이 더 중요하다(Schacter, 1999).

또한 우리는 일반적으로 과거 경험의 가장 핵심적인 부분만을 기억하기를 원하지, 사소한 모든 일을 다 기억하는 것은 원치 않는다. 러시아 사람 Shereshevskii를 고려해 보자. 그는 기자였는데 메모를 하지 않고도 세세한 모든 내용을 다 기억할 수 있었다. 그는 엄청난 기억 능력을 가졌고, 오래전 과거의 일을 매우 상세하게 기억할 수 있었다(Luria, 1968). 하지만 "머릿속의 각각의 단어들이 만들어 내는 특정한 이미지들이 서로 충돌하여 혼란을 일으켜요. 나는 어찌할 바를 모르겠어요."라고 고백할 만큼 그는 기억이 만들어 내는 이미지들에 압도되어 어려움을 겪었다. 여기서 알 수 있는 것은 자신의 현재 삶과 관련이 없는 정보는 잊어버리는 것이 좋다는 것이다.

일화기억에 실수가 생기는 또 다른 이유들도 있다(Schacter & Addis, 2007). 첫째, 우리가 하루에 수천 개 이상의 경험을 하기 때문에 그 경험들을 모두 기억하는 것은 그 자체로 상당히 어렵다. 따라서 실수가 발생한다. 둘째, 일화기억은 미래의 계획을 만드는 데도 사용된다(Szpunar & Radvansky, 2016). 만일 일화기억이 단지 과거의 기록만을 저장하는 체계라면 새로운 계획을 만드는 것은 불가능하다. 미래 계획에서도 실수가 나타나는데 이러한 실수는 불완전한 정보를 바탕으로 새로운 기억을 구성해 나갈 때 생기는 부산물이다.

일화기억이 미래에 대해 상상하는 데 필요하다는 사실은 일화기억 능력이 떨어지는 사람들(예: 기억상실증 환자)은 미래 사건에 대해 상상하는 능력이 떨어질 것이라는 가정을 하게 만든다. 이와 관련하여 Hassabis와 동료들(2007)은 기억상실증 환자들과 건강한 사람들에게 미래의 사건에 대해 상상하도록 요구하였다(예: "여러분이 열대 해변의 하얀 백사장에 누워 있다고 상상해 보세요."). 기억상실증 환자들의 경우 정상인들에 비해 상상한 경험의 일관성과 풍부함이 떨어지는 파편적인 내용으로 미래기억을 구성하는 경향이 있었다.

이 가정에 따르면 일화기억에 중요한 역할을 하는 뇌 영역(예: 해마)이 사람들이 미래를 상상할 때 역시 활성화되어야 할 것이다. 이와 관련하여 Viard와 동료들(2012)은 다양한 뇌 영상 연구들을 개관하였는데, 많은 연구에서 사람들이 미래에 대해 상상할 때 해마가 활성화된다는 것을 보고하였다. 또한 많은 다른 연구자가 사람들에게 자신의 개인적인 일화와 관련이 있는 일을 바탕으로 미래의 사건에 대해 상상하라고 요구하였을 때 해마의 활성화가 커진다는 것을 발견하였다.

미래 사건에 대한 상상은 일화기억을 필요로 할 뿐만 아니라, 세상에 관한 지식 또한 필요로 한다. 그렇기 때문에 미래에 대한 상상에는 의미기억도 중요하게 작용한다(Szpunar, 2010). 이와 관련하여 Zeidman과 Maguire(2016)는 미래에 대한 생각은 해마에 저장되어 있는 세상에 관한 우리의 지식을 바탕으로 구현된다고 주장하였다. 이러한 주장은 왜 해마가 미래 생각과 관련이 매우 깊은지를 설명한다.

회상 vs. 친숙성

일화기억은 두 가지로 나타날 수 있다. (1) 어떤 사건이 무엇인지, 언제인지, 어디에서 발생했는지에 대한 정보를 포함하는 기억, 혹은 (2) 그 사건이 친숙한지 아닌지에 관한 기억 등이다. 이 구분은 다음과 같은 예를 통해 분명하게 알 수 있다. 몇 년 전에 이 책의 저자 중 한 명은 자신이 살고 있는 런던의 한 지역인 윔블던에서 어떤 사람을 지나쳤다. 그는 분명히 그 사람이 누구인지 안다고 확신했다. 하지만 그는 그 사람을 전에 언제 봤는지 전혀 기억할 수 없었다. 잠시 생각한 후, 그는 그 사람이 윔블던 기차역에서 일하는 사람임을 알아차렸다. 처음에는 순전히 친숙성에 기반하여 재인하였지만 이후에는 회상에 기반하여 재인한 것이다.

친숙성과 회상을 구분하는 효과적인 방법은 **회상/앎 과제(remember/know task)** (Tulving, 1985; Migo et al., 2012)이다. 이 과제에서 참여자들은 그들이 재인했다고 반응하는 것이 그 사실에 대한 맥락적 정보들을 회상하였기 때문인지(회상 반응), 아니면 친숙성(앎 반응) 때문인지를 구분해서 보고해야 한다.

회상은 친숙성보다 더 복잡하고 주의를 필요로 하는 과정이다. 몇몇의 연구에서는 참여자들이 과제를 수행할 때 과제와 관련 없는 자극들로 그들의 주의를 방해하였는데 그와 같은 방해는 일반적으로 친숙성보다는 회상을 저해하였다(개관을 위해서는 Yonelinas, 2002 참조). 마찬가지로, 학습 시의 방해도 친숙성보다는 회상을 저해하였다(Yonelinas, 2002).

친숙성에는 자극이 무엇인지에 대한 정보('what' information)와 어디에서 그 자극을 보았는지에 대한 정보('where' information)의 결합이 필요하지 않지만 회상에는 필요하다(Diana et al., 2007). 그렇다면 뇌의 어느 영역이 이러한 결합에 관여할까? Diana와 동료들에 따르면 해마가 중요하다. 해마 영역에 손상을 입은 환자들은 친숙성 판단에는 큰 어려움이 없었지만 그들의 회상 능력은 크게 저하된다.

Skinner와 Fernandes(2007)는 해마와 주변의 내측 측두엽에 손상을 입은 기억상실증 환자와 그 영역에 손상을 입지 않은 환자들의 연구를 살펴보았다([그림 5-9]). 그림에서 보는 바와 같이, 두 환자 그룹은 친숙성 측면에서는 비슷한 수준의 수행을 보였다. 하지만 예측대로 내측 측두 영역과 해마가 손상된 환자들의 경우 다른 영역에 손상을 입은 환자들보다 회상 과제에서 훨씬 나쁜 수행을 보였다. 이와 같은 결과는 회상이 친숙성 판단과는 다른 과정을 거친다는 것을 보여 준다. 이것은 또한 해마가 회상에 중요한 역할을 한다는 주장과 맥을 같이한다.

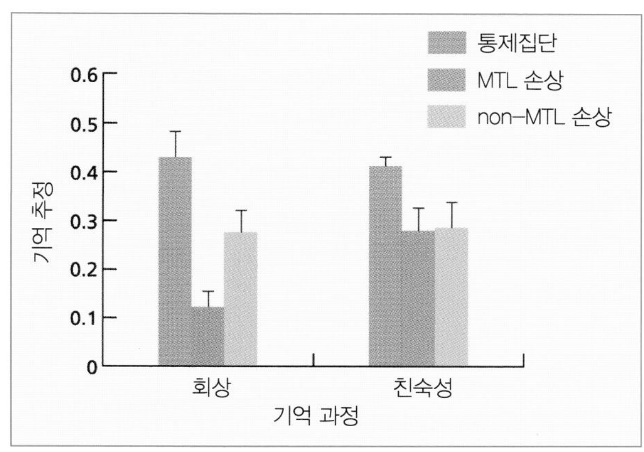

[그림 5-9] 정상인, 내측 측두엽 손상 환자, 내측 측두엽 이외 영역 손상 환자들의 평균 회상 및 친숙성 추정
출처: Skinner & Fernandes (2007). Elsevier의 허가를 얻어 재인쇄함.

의미기억

프랑스의 수도는 어디인가? 일 년은 몇 달인가? 비욘세(Beyoncé)가 누구인가? 쥐들은 날개가 있나? umplitude는 영어인가? 동사 laugh의 과거형은?

> **Key term**
>
> **의미기억(semantic memory)**: 서술기억의 한 형태로, 세상, 개념, 언어 등에 대한 일반적인 지식으로 구성됨. **일화기억**에 대한 설명도 참조할 것

여러분은 아마도 이런 질문들에 대해 빠르고 쉽게 대답할 수 있을 것이다. 이것은 우리가 세상에 관한 일반적인 지식들을 머릿속에 가지고 있기 때문인데 이러한 세상에 관한 일반적인 지식은 의미기억(semantic memory) 속에 저장되어 있다(의미기억은 이 장에서는 자세히 다루지 않고, 6장에서 다룰 것이다).

의미기억과 일화기억 사이에는 공통점이 있다. 여러분이 어제 오후에 스타벅스에서 친구를 만난 것을 기억한다고 가정해 보자. 이것은 특정한 시간과 장소에 관한 기억이므로 일화기억과 관련이 깊다. 하지만 의미기억도 역시 관여한다. 당신이 기억하는 것들 중 일부는 커피숍, 커피 맛과 같은 것에 대한 일반적인 사실을 포함한다.

Tulving(2002, p. 5)은 일화기억과 의미기억의 관계를 다음과 같이 정의하였다.

> 일화기억은…… 의미기억과 많은 부분을 공유한다…… 하지만 의미기억이 갖고 있지 않는 여러 가지 다른 특성도 있다. 일화기억은 최근의, 늦게 발달된, 과거에 기반한 기억 체계이며 다른 기억 체계에 비해 쉽게 망가진다.

우리는 일화기억이 의미기억보다 쉽게 망가진다는 것을 기억상실증 환자들을 통해 알 수 있다. 기억상실증 환자들은 일반적으로 의미기억보다 일화기억에 더 큰 문제를 보인다(Spiers et al., 2001). 기억상실증 환자들의 첫 번째 증상은 일화기억의 손상이며, 환자들은 일반적으로 다른 모든 일화기억이나 자서전적 기억이 거의 사라진 경우에도 의미기억을 필요로 하는 언어에 대한 이해 능력을 유지한다.

중간 요약

서술 기억 vs. 비서술 기억(Declarative vs. Non-declarative memory)

- 서술 기억 혹은 명시적 기억은 사건이나 사실에 대한 의식적 인출과 관련 있다. 일화기억, 의미기억, 자서전적 기억은 모두 서술 기억의 일종이다.
- 비서술 기억 혹은 암묵기억은 의식적 인출과 관련 없다. 기술 학습이나 절차기억은 알지 못한 채 향상되는 비서술 기억의 일종이다.
- 점화는 반복되는 자극을 더 쉽게 처리할 수 있도록 한다.

일화기억(Episodic memory)

- 일화기억은 일반적으로 무엇이, 언제, 어디에서 발생했는지와 관련된 정보를 담고 있다. 일화기억은 사건을 단순히 재생산하는 것이 아니라 재구성하는 과정이다. 일화기억은 또한 우리에게 가능한 미래 사건을 상상할 수 있도록 한다. 재인은 회상 또는 친숙성에 기반하여 일어날 수 있다. 회상(친숙성이 아닌) 여부는 학습 시 해마가 사건과 맥락 정보를 결합하는 정도에 달려 있다.

의미기억(Semantic memory)

- 일반적인 지식은 의미기억에 저장된다. 6장에서 우리는 의미기억의 많은 정보가 도식(지식 덩어리)의 형태로 저장되어 있다는 것을 학습할 것이다.

기억상실증

앞서 우리는 기억상실증 환자의 예를 살펴보았고, 그들이 어떻게 기억에 관한 이론 발전에 도움이 되는지를 보았다. 여기서는 기억상실증 환자들과 관련된 다른 발견들에 대해 논의할 것이다. 기억상실증(amnesia)은 뇌 손상에 의해 발생하는 현상으로 장기기억, 특히 일화기억과 자서전적 기억에 문제가 생기는 현상이다. 기억상실증은 사고나 뇌출혈에 의한 뇌 손상에 의해 주로 발생하며, 기억상실증의 또 다른 원인으로는 장기적인 알코올 남용이 있다. 기억상실증은 해마와 그 주변의 내측 측두 피질 손상과 관련 깊다(Aggleton, 2008; Moscovitch et al., 2006).

당신이 영화 팬이라면 아마도 기억상실증에 대해 잘못된 생각을 갖고 있을 것이다(Baxendale, 2004). 영화에서 심각한 뇌 손상은 과거에 대한 기억을 잊게 하지만 새로운 것을 학습하는 데는 큰 문제를 일으키지 않는다. 하지만 현실에서의 기억상실증 환자들은 종종 새로운 것을 배우는 능력도 상당히 손상된다. 영화에서 기억상실증 환자는 때때로 자신의 정체성에 대해 전혀 모르거나, 성격이 갑자기 변한다. 하지만 실제로는 그와 같은 성격 변화는 거의 발생하지 않는다. 가장 터무니없는 것은, 많은 영화에서 기억상실증이 또 다른 심각한 사고나 뇌 손상에 의해서 치료된다는 것이다. 하지만 이것은 실제로는 전혀 가능성이 없는 일이다.

역행성 기억상실증과 순행성 기억상실증

전통적으로 기억상실증은 역행성 기억상실증과 순행성 기억상실증으로 구분된다. 역행성 기억상실증(retrograde amnesia)은 사고 **이전**의 사건들에 대한 기억이 손상되는 것을 말한다. 역행성 기억상실증은 환자가 혼수상태에 빠졌다가 깨어났을 때 종종 관찰된다. 이런 환자는 대개 깨어나고 나서 사고를 일으킨 사건에 대한 기억을 잃곤 한다.

> **Key term**
>
> **역행성 기억상실증(retrograde amnesia)**: 기억상실증의 시작 이전 기간의 정보와 사건(서술 기억)에 대한 기억에 손상이 있는 장애

Manning(2002)은 65세 기억상실증 환자인 CH에 대해 설명하였다. 그녀는 뇌 수술 이후 24시간 동안 혼수상태에 빠졌다. 이후 그녀는 다양한 과거의 사건들이나 친숙한 장소들이 '잘' 기억나지 않는다고 불평하였다. 그러나 자세한 검사 결과, CH는 지능, 언어, 시각, 시공간 기억, 집행 기능 등에 문제가 없으며 새로운 것을 배우는 데도 문제가 없었다.

하지만 CH에게 단서가 되는 단어(예: 파티, 친구, 책, 상, 영화)를 제공하고 이 단서를 바탕으로 과거 사건들을 기억해 보라고 요구하였을 때는 다른 결과가 관찰되었다. 이 연구에서는 사고 전과 사고 후의 기간을 5단계로 구분하였으며(0~18세, 19~33세, 34~49세, 50~65세, 사고 후) CH에게 각 기간별로 가능한 한 자세하고 많은 정보를 기억하도록 요구하였다. 3명의 정상인도 CH와 같은 절차로 연구에 참여하였다.

[그림 5-10]은 CH의 사고 직전의 15년에 관한 기억이 심각하게 손상되어 있다는 것을 보여준다. 흥미롭게도, 손상은 자서전적(일화) 기억에 국한되어 있다. 의미기억이나 비서술 기억의 손상은 없었다.

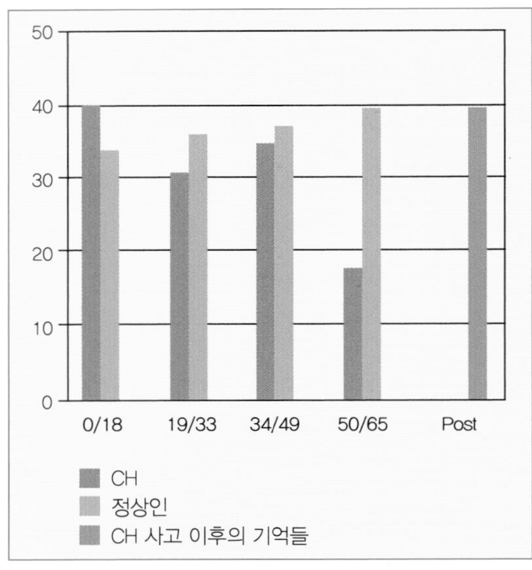

[그림 5-10] 역행성 기억상실증 환자의 예.
뇌 손상 뒤 혼수상태를 겪은 65세 기억상실증 환자인 CH는 사고 직전 15년(50~65세) 동안의 자서전적 기억에 손상을 보임.
출처: Manning (2002). Elsevier의 허가를 얻어 재인쇄함.

순행성 기억상실증(anterograde amnesia)은 사고가 난 **이후**의 일들을 기억하는 능력이 손상된 것이다.

순행성 기억상실증은 새로운 정보를 학습하는 능력의 손상을 의미하며 이와 관련된 많은 연구가 진행되었다. 우리는 이미 H. M.의 사례를 살펴보았다. 다른 유명한 예는 Clive Wearing의 사례로, TV 다큐멘터리로도 볼 수 있다(관심 있다면 YouTube에서 찾아보라). 1985년 3월, 그는 뇌염에 걸려서 해마의 대부분과 주변 영역이 손상되었다. 그 결과, 그는 사건 이후 자신의 일상에 대해 전혀 기억할 수 없었으며 심지어 자식들의 이름조차도 기억할 수 없었다. 하지만 다른 순행성 기억상실증 환자와 마찬가지로, 그는 여전히 유창하게 대화할 수 있었으며, 일상생활을 영위하는 방법도 알고, 심지어는 피아노를 칠 수도 있었다(그는 사고 전에 피아노를 배웠다). 그는 또한 자신의 부인을 알아볼 수 있었으며 볼 때마다 항상 기뻐했으며 안도했다(심지어는 부인이 몇 분 동안 사라졌다가 돌아온다 하더라도).

Key term

순행성 기억상실증(anterograde amnesia): 기억상실증 환자가 발병 후에 습득한 정보를 기억하거나 배우지 못하는 질환

Clive Wearing이 마침내 자신이 뭔가 잘못되었다는 것을 알아차렸을 때, 그는 거의 한 달 동안 울었다. Clive Wearing은 사고 이후 일어난 일을 전혀 기억할 수 없었을 뿐만 아니라, 다음에 무엇을 해야 할지 전혀 계획할 수 없었기 때문에 남들이 항상 그를 돌봐야만 했다.

비록 역행성 기억상실증과 순행성 기억상실증이 구분되는 장애이지만 일반적으로 두 장애가 함께 나타난다는 것을 잊지 말아야 한다. 이는 학습과 기억이 이웃하는 뇌 영역에서 작동하기 때문이다. 일반적으로 역행성 기억상실증과 순행성 기억상실증 간에는 정적인 상관 관계가 있다(Smith et al., 2013).

무엇이 정상으로 남는가?

지금까지 서술적 기억과 명시적 학습 능력에 비해 비서술적 기억과 암묵적 학습 능력은 상대적으로 온전한 환자들의 사례들을 주로 살펴보았다. 몇몇의 연구에서 기억상실증 환자들

의 수행은 정상인들과 비견될 만했다(예: Meulemans & Van der Linden, 2003).

Spiers와 동료들(2001)은 147명의 순행성 기억상실증 환자 사례를 살펴보았는데, 대부분의 환자들은 여러 가지 종류의 장기기억의 문제를 보였다. 하지만 이들의 비서술 기억은 본질적으로 온전하였다. "어떤 경우에도 기술 학습, 습관, 점화, 단순한 고전적 조건화와 같은 과제의 수행은 온전하였다."(Spiers et al., 2001, p. 359)

Hamann과 Squire(1997)는 명시적 기억이 전혀 없는 기억상실증 환자인 EP를 연구하였다. 그는 우연 수준이 50%인 재인기억 과제에서 52%의 정확도를 보였다. 이 과제에서 다른 기억상실증 환자는 65%의 정확도를 보였으며 정상인은 81%의 정확도를 보였다. 하지만 그의 비서술 기억과 관련 있는 점화과제의 수행은 정상이었다. EP는 단어와 유사 단어를 구분하는 과제를 수행하였는데 직전에 보여 준 자극의 경우 그렇지 않은 자극에 비해 더 잘 구분하였다. 그의 점화과제의 수행은 정상인들만큼 좋았다.

하지만 비서술 기억과 암묵기억을 연구하는 데 사용되는 많은 과제(예: 순차 반응시간 과제)는 매일 발생하는 일상과는 거리가 먼 과제들이다. 그렇다면 만약 보다 현실적인 과제를 사용하면 어떨까? Anderson과 동료들(2007)은 심각한 기억상실증을 겪고 있는 두 명의 환자들의 운전 능력에 대해 살펴보았는데 그 환자들은 상당히 정상적인 절차기억을 가지고 있었다. 그들의 방향 전환, 속도 조절, 안전 운행 준수 등은 정상인들과 비슷하였다. 이 기억상실증 환자들은 매우 심한 서술 기억 장애를 가지고 있었기 때문에 이러한 결과는 절차기억과 서술 기억이 구분된다는 것을 지지하는 증거로 볼 수 있다.

Cavaco와 동료들(2004)은 그들의 연구에서 일상생활에서 쓰이는 기술과 유사한 5개의 기술을 배우는 과제를 이용하였다. 예를 들어, 흔들기와 막대를 조절하기와 같이 실제 기계를 작동하는 데 필요한 동작을 학습하는 과제들이었다. 실험에 참여한 기억상실증 환자들은 서술 기억의 심각한 손상에도 불구하고 5개의 과제 모두에서 정상인들과 비슷한 수준의 학습 수행을 보였다.

무엇이 손상되는가?

Spiers와 동료들(2001)은 그들의 개관 논문에서 기억상실증 환자들의 비서술 기억은 아무런 문제가 없다고 제안하고 있다. 하지만 기억상실증 환자의 서술 기억에는 심각한 문제가 있어서 일화기억을 형성하지 못한다.

그렇다면 왜 일화기억에는 심각한 문제가 생길까? 중요한 이유 중 하나는 새로 형성된 일화기억은 매우 손상되기 쉽다는 것이다. Dewar와 동료들(2010)은 90%의 기억상실증 환자들이 무언가를 외우고 있는 동안 동시에 소리 탐지 과제를 수행하는 경우 10분이 지나면 아무것도 기억하지 못한다는 것을 발견하였다. 하지만 그들이 10분 동안 어두운 방에 조용히 있었을 때는 회상이 훨씬 좋았다. 즉, 기억상실증 환자들도 새로운 일화기억을 형성할 수 있지만 그 기억들은 매우 쉽게 손상된다.

Spiers와 동료들(2001)이 모은 증거들은 일화기억이 의미기억보다 훨씬 더 손상되기 쉽다는 것을 보여 준다. 만약 그렇다면 우리는 일화기억이 손상되었지만 의미기억은 온전한 사람들을 발견할 수 있을 것이다. Vargha-Khadem과 동료들(1997)이 그러한 연구 결과를 보고하였다. 그들은 Beth와 Jon을 연구하였는데 이들은 의미기억을 발달시키기도 전인 어린 시절에 해마의 손상을 겪었다. 흥미롭게도 그들은 매우 심한 일화기억의 장애를 겪었지만 일상적인 학교생활을 할 수 있었으며 언어발달과 사실에 관한 지식에는 문제가 없었다. Vargha-Khadem과 동료들(2002)은 Jon이 20세가 될 때까지 후속 연구를 수행하였는데 그의 의미기억은 여전히 그의 일화기억에 비해 훨씬 나았다.

Beth와 Jon 같은 사례가 있긴 하지만 많은 기억상실증 환자는 일화기억뿐만 아니라 의미기억에 있어서도 어려움을 겪는다. 만약 의미기억과 일화기억이 구분이 된다면 왜 일화기억뿐만 아니라 의미기억에 있어서도 어려움을 겪을까? 거기에는 두 가지 답이 있다. 첫째, 두 기억 체계가 완전히 독립적이지 않기 때문이다. 예를 들어, 휴가기간 동안 해변에서 있었던 일화기억을 생각해 보라. 이때 당신이 **해변**이나 **휴가**라는 개념을 이해하기 위해서는 의미기억이 필요하다.

둘째, 새로운 일화기억과 의미기억의 형성에 관여하는 뇌 영역은 서로 매우 가깝다. 일화기억(특히 회상)은 해마에 크게 의존한다(Diana et al., 2007; Vargha-Khadem et al., 1997). 반대로, 의미기억은 해마 옆의 내측 측두엽과 관련 있다(Vargha-Khadem et al., 1997). 그러므로 일화기억을 저하시킬 만큼의 뇌 손상을 입은 환자들은 일반적으로 의미기억에도 손상이 있기 마련이다.

대안적인 단일 체계 관점

이제까지 우리는 기억상실증 환자의 수행을 서술 기억(명시적 기억)과 비서술 기억(암묵적 기억)의 구분에 따라 설명하는 것이 가장 적절하다고 가정하였다. 그와 같은 관점은 매우 성공적이며 대부분의 연구 결과들을 잘 설명할 수 있다.

하지만 이런 다중 기억 관점을 반대하는 몇몇의 연구자는 장기기억의 차이가 기억 체계의 구분 때문에 나타나기보다는 정보의 부호화와 인출 시 수행하는 처리 과정의 차이 때문에 나타나는 것이라 제안하고 있다. 명시적 기억 과제(특히 참여자들이 단서 없이 특정 정보를 가능한 많이 기억해야 하는 과제) 수행을 위해서는 암묵적 기억에는 없는 의식적이고 통제된 처리 과정이 필요하다. 게다가, 명시적 기억 과제는 대부분 자극들 사이의 **연합**(Associations)과 관련 있다. 즉, 어떤 단어가 어떤 목록에 있었는지를 기억하기 위해서 사람들은 단어와 목록(혹은 학습 맥락) 사이에 연합을 만들어야 한다. 이와 같은 연합은 암묵적 기억 과제에서는 필요 없는 일이다.

따라서 대안적인 단일 체계접근에 따르면(예: Henke, 2010; Reder et al., 2009), 다른 기억 시스템이 있는 것이 아니며 기억상실증 환자들은 두 개념들이나 두 정보들 사이의 관계를 형성하는 데 어려움이 있는 것이다[**연결 가정**(binding hypothesis)].

우리가 연합의 형성이 필수적인 절차기억 과제를 수행해야 하는 기억상실증 환자라고 가정해 보자. 연결 가정에 따르면 기억상실증 환자들은 이러한 과제의 수행을 잘 못해야 하지만 전통적인 다중 기억 관점에 따르면 기억상실증 환자들이 이러한 과제를 잘 수행하지 못할 이유가 없다. 이와 관련된 발견이 Ryan과 동료들(2000)에서 보고되었다. 이 연구에서는 기억상실증 환자와 정상인들에게 세 가지 조건에서 실제 세상의 장면(예: 바람이 부는 길)에 관한 그림을 보여 주었다.

1. **새로운 장면**: 이전에 제시되지 않은 장면
2. **반복된 장면**: 이전에 제시되었던 장면
3. **변형된 반복 장면**: 이전에 제시되었던 장면이지만 몇몇 사물이 변형됨(예: 원래 그림에서는 두 명의 여자아이가 길을 걷고 있었으나 변형된 그림에서는 아이들이 다른 위치에 있음)

암묵적 기억을 측정하기 위하여 실험 참가자들의 안구 움직임을 기록하였다. 이때 두 가지 비교가 중요한데, (1) 새로운 장면과 반복된 장면 간 비교 그리고 (2) 반복된 장면과 변형된 장면 간 비교이다. 사람들은 일반적으로 반복된 장면을 덜 쳐다본다. 그러므로 새로운 장면과 반복된 장면사이의 비교는 연구자들에게 기억상실증 환자들의 암묵기억이 온전한지를 알려준다. 반면, 두 번째 비교는 장면과 그 장면 안의 요소들 사이의 관계와 관련이 있다. 기억상실증 환자들이 장면이 바뀐 것을 알아차릴까?

[그림 5-11]의 왼쪽 그림에서 알 수 있듯, 환자들과 정상인들 모두 새로운 장면에 비해 반복

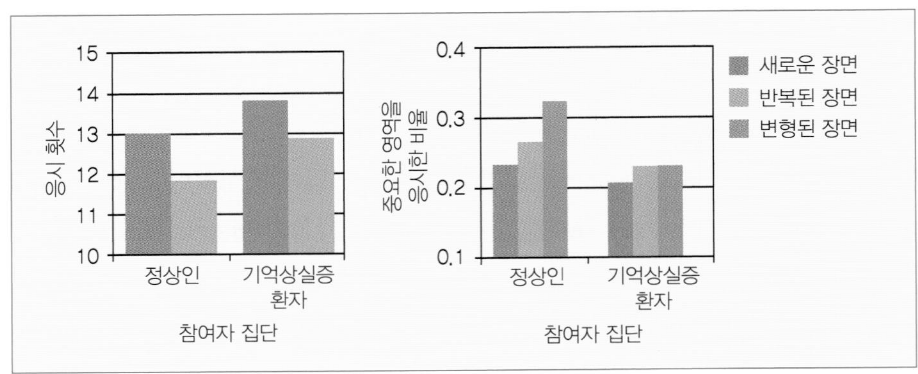

[그림 5-11] 정상인과 기억상실증 환자들의 새로운 장면과 반복된 장면에서의 안구 운동.
왼쪽은 환자들과 정상인들 모두가 반복된 장면을 덜 쳐다본다는 것을 보여 준다. 이는 두 집단 모두에서 암묵적 학습이 일어났다는 것을 의미한다. 오른쪽은 정상인들의 경우 변형된 장면을 더욱 많이 쳐다보지만 기억상실증 환자들은 그렇지 않다는 것을 보여 준다. 환자들은 그 장면에 대한 기억을 갖고 있지만, 그 장면을 구성하는 구체적인 대상들의 관계에 대한 기억은 갖지 못한 것으로 보인다. 이는 기억상실증 환자의 문제가 관계에 대한 학습이 가능한지 여부와 관련이 있다는 것을 보여 준다.
출처: Ryan et al. (2000). SAGE Publications의 허가를 얻어 재인쇄함.

된 장면을 덜 쳐다본다. 보다 중요한 점은 정상인들은 변형된 반복 장면의 바뀐 부분을 더 많이 쳐다보지만([그림 5-11]의 오른쪽 그림), 기억상실증 환자의 경우에는 그렇지 않다는 것이다. 이것은 정상인들의 경우 기존의 그림에 있는 사물들 간의 관계에 대해 기억하지만 기억상실증 환자들은 그렇지 않다는 것을 보여 준다. 이는 연결 가정을 지지하는 증거이다.

연결 가정을 시험하는 또 다른 방법은 기억상실증 환자들에게 연합이 필요하지 않은 명시적 기억 과제를 수행하도록 하는 것이다. 전통적인 관점에 따르면 환자들의 수행이 저조해야 하지만 연결 가정에 따르면 환자들의 수행은 정상인과 차이가 없어야 한다. Huppert와 Piercy(1976)가 관련 연구를 보고하였다. 이 연구에서는 참가자들에게 첫째 날과 둘째 날에 각기 다른 그림을 제시하였다. 그 후 참가자들에게 새로운 그림을 제시하고 그 그림이 친숙한지 아닌지를 평가하게 하였다. 친숙성 판단에는 그림들 사이의 연합이나 다른 맥락은 필요치 않다. 연구 결과, 기억상실증 환자들과 정상인의 수행에는 차이가 없었다.

Huppert와 Piercy(1976)는 또한 둘째 날 어떤 그림이 제시되었는지를 묻는 재인과제를 사용하였다. 이 과제를 하기 위해서는 그림과 학습 시기에 대한 연결이 필요하다. 이 과제의 경우에는 정상인의 경우에 기억상실증 환자들에 비해 훨씬 나은 수행을 보였다. 즉, 기억상실증 환자들은 과제 수행을 위해서 정보를 결합해야 할 때 수행이 특히 저조하였다. 이는 연결 가정이 제안하는 바와 일치한다(이전에 논의했던 회상 대 친숙성에 관련된 Skinner & Fernandes, 2007의 연구 결과 참조).

대부분의 서술 기억 과제의 수행을 위해서는 연합을 구성하는 것이 중요하지만 비서술 기억 과제의 경우에는 그렇지 않다. 따라서 대부분의 연구들에서 전통적인 관점과 연결 가정의 주장이 일치한다. 하지만 두 이론적 가정이 서로 다른 예상을 할 때, 많은 경우에 연결 가정을 지지하는 결과들이 보고되었다. 연합이 필요할 때, 기억상실증 환자들은 암묵기억 과제인 경우에도 저조한 수행을 보였다(예: Ryan et al., 2000). 하지만 연합이 필요 없을 때는 명시적 기억 과제라 할지라도 기억상실증 환자들의 수행에 문제가 없었다(예: Huppert & Piercy, 1976). 이와 같은 발견은 단일 체계 이론을 지지하는 증거로 볼 수 있다.

Cabeza와 Moscovitch(2013)에 따르면 다중 기억 체계나 대안으로 제시되는 단일 체계 관점이 모두 인간의 기억에 대한 본질을 담지 못한다. 따라서 그들은 **처리 성분 모형**(components of processing model)을 제안하였다. 이 이론에 따르면 구분되는 기억 체계나 처리 방식은 존재하지 않고, 기억 과제에 따라 다르게 작동하는 다양한 뇌 영역들의 연결이 있을 뿐이다. fMRI 증거들은 한 가지 기억 체계와 관련된 뇌 영역들이 다른 기억체계와 관련된 과제를 수행할 때에도 작동하기도 하며, 그 영역들이 서로 구분되어 작동하기도 한다는 것을 보여 주고 있다. Cabeza와 Moscovitch(2013)에 따르면 기억 과정은 다양한 뇌 영역 사이의 상호작용에 의해 진행된다. 그들에 따르면 이것이 여러 가지 기억상실증과 기억 '유형들'이 분명하게 구분되지 못하는 이유이다.

중간 요약

- 기억상실증 환자들과 관련된 연구는 기억에 관한 이론을 시험하는 데 적합하다.

역행성 vs. 순행성 기억상실증(Retrograde vs. anterograde amnesia)

- 역행성 기억상실증은 그 사건이 발생하기 이전의 정보를 기억하기 힘든 현상을 의미한다. 순행성 기억상실증은 사고 이후에 새로운 정보를 기억하는 데 어려움을 겪는 것을 의미한다. 대부분의 환자들은 두 가지 형태의 장애를 모두 갖지만 심각성 정도에서 차이가 있다. 많은 연구가 순행성 기억상실증에 초점을 맞추어 진행되었다.

무엇이 정상으로 남는가?

- 기억상실증 환자들은 새로운 기술을 습득하는 것에는 어려움이 없다. 그들은 또한 점화과제의 수행에도 문제가 없다. 따라서 기억상실증 환자들은 온전한 비서술 기억을 가지고 있다고 여겨진다.

무엇이 손상되는가?

- 가장 심하게 손상된 능력은 새로운 일화기억을 형성하는 능력이다. 게다가, 그들은 새로운 의미기억을 형성하는 데도 어려움을 겪는다. 즉, 기억상실증 환자들은 서술 기억에 문제가 있다.

대안적인 단일 체계 관점

- 연결 가정에 따르면 기억상실증의 가장 심각한 문제는 두 개념들이나 정보들 사이의 연결을 형성하는 데 어려움을 겪는다는 것이다. 이를 지지하는 증거로, 기억상실증 환자들의 경우에 연결이 필요하지 않는 서술 기억은 정상인 반면, 연결을 형성해야 하는 비서술 기억 과제의 수행은 저조하다는 것을 들 수 있다.

• 또 다른 관점으로는 각기 다른 기억 체계의 손상이나 한 체계 안의 다른 처리 방식 때문에 기억상실증 환자들이 여러 유형으로 구분되는 것이 아니라, 각각의 과제들의 수행에 관여하는 뇌 영역의 작용이 다른데, 그중 일부가 손상되어서 기억상실증이 나타난다는 것이다. 이 관점에 따르면 기억상실증의 증상은 기억 체계의 어떤 부분이 손상되었는가에 따라 다르게 나타난다.

망각과 오기억

지금까지 이 장에서는 기억하기에 초점을 맞추었다. 하지만 우리들 대부분은 자신의 기억력이 좋지 못하다고 생각한다. 오래전에 영국의 왕실 구성원들이 남아프리카를 여행하였는데, 그들이 한 공항에서 비행기로 떠나려는 순간, 열정적으로 손을 흔들며 환송하던 사람 중 한 명은 문득 자신이 그 비행기에 탔었어야 한다는 것을 깨달았다!

중요한 정보에 대한 우리의 기억이 그리 뛰어나지 못하다는 증거는 비밀번호 연구에서 알 수 있다. 한 연구(Brown et al., 2004)에서 31%의 미국 학생들은 한 개 이상의 비밀번호를 잊어버렸다는 것을 보고하였다. 거의 절반의 학생들은 자신의 이름을 이용하여 비밀번호를 구성하는 것을 통해 기억 가능성을 높였지만 이는 비밀번호를 안전하게 지키기에는 좋은 방법은 아니다. 하지만 우리가 알고 있듯, 의미 있고 친숙한 비밀번호가 가장 기억되기 쉽다(Ostojic & Phillips, 2009).

비밀번호를 잘 기억하려면 어떻게 해야 할까? Brown과 동료들은 당신만이 접근할 수 있는 곳에 잘 기록해 두라고 충고하고 있다(예: 금고나 특정 앱). 물론 당신은 그것을 어디에 기록했는지 기억해야만 한다!

망각곡선

망각은 학습 직후에 가장 급격하게 발생하며 시간이 지남에 따라 점점 감소한다. 이와 같은 현상을 처음 발견한 사람은 독일인 심리학자 Hermann Ebbinghaus(1885/1913)이다. 그는 그 자신을 대상으로 다양한 실험을 진행하였다. 그의 연구방법은 kep와 zor 같이 아무런 의미가 없는 음절들의 목록을 학습하는 것이었다. 그는 목록을 완전히 암기한 후에 다양한 시간 간격을 두고 단어들을 다시 복습하였다. 그는 다시 완전히 기억하기까지 기존의 학습에 비해 얼마나 덜 반복했는지를 계산하는 방식[**절약법**(saving method)]으로 기존에 외운 단어들이 기억 속에 얼마나 남아 있는지를 측정하였다. 망각은 학습 후 첫 시간 동안 매우 빠르게 일어났지만, 이후 상대적으로 천천히 일어났다([그림 5-12] 참조).

앞서 언급한 바와 같이(Schacter, 1999), 망각은 항상 피해야만 하는 것은 아니다. 세상은 계속 변하고 있으며 우리에게 유용한 정보는 시시각각으로 다른 정보로 대체된다. 예를 들어, 지난 학기 수업시간표를 기억하는 것은 별로 유용하지 않다. 당신이 원하는 것은 불필요한 과거의 기억은 잊고, 새로운 정보로 **업데이트**하는 것이다. 다행히도 우리의 기억 체계는 이를 행하는 데 상당히 효과적이다.

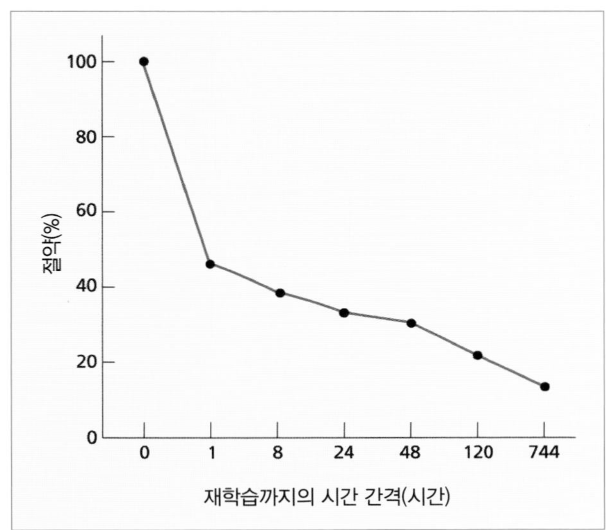

[그림 5-12] 재학습에 걸리는 시간의 절약을 통해 살펴본 망각
출처: Ebbinghaus (1885, 1913).

맥락효과

우리가 어떤 사건에 대한 정보를 머릿속에 기억할 때 일반적으로 그 사건에 대한 맥락 정보도 같이 기억된다. 그렇기 때문에 장기기억은 학습할 때의 상황과 인출할 때의 상황이 유사할 때 더 좋다. 보다 일반적으로 말하면 기억은 인출할 때 이용 가능한 정보들이 머릿속의 기억 흔적과 일치할 때 좋다. 이러한 현상을 Endel Tulving(1979)은 부호화 특수성 원리(encoding specificity principle)라 제안하였다.

> **Key term**
>
> **부호화 특수성 원리(encoding specificity principle)**: 기억 인출은 인출 시 가용한 정보와 기억 흔적 안의 정보 사이의 중첩 정도에 달려 있다는 생각으로, 중첩의 정도가 높을 때 인출이 가장 잘 됨

Godden과 Baddeley(1975)는 심해 잠수부를 대상으로 한 연구를 통해 맥락의 중요성을 보여 주었다. 이 연구에서 심해 잠수부들은 40개의 단어를 각각 해변이나, 10피트 아래의 물속에서 들었다. 이후 그들은 그 단어들을 자신이 들은 환경 혹은 다른 환경에서 회상하였다. 실험 결과, 학습할 때의 환경과 회상할 때의 환경이 일치할 때 회상이 훨씬 좋았다([그림 5-13]).

이제까지 우리는 맥락의 중요성을 **외부** 환경의 관점에서 살펴보았다. 하지만 **내적** 맥락도 역시 중요하다. Christopher Miles와 Elinor Hardman(1998)은 우리의 내적 심혈관 상태에 따라 우리가 얼마나 잘 기억할 수 있는지가 달라지는지를 연구하였다. 이 연구에서는 참가자들이 자전거를 편안하게 타서 분당 맥박이 안정적일 때와 빠르게 타서 분당 맥박이 120이 넘을

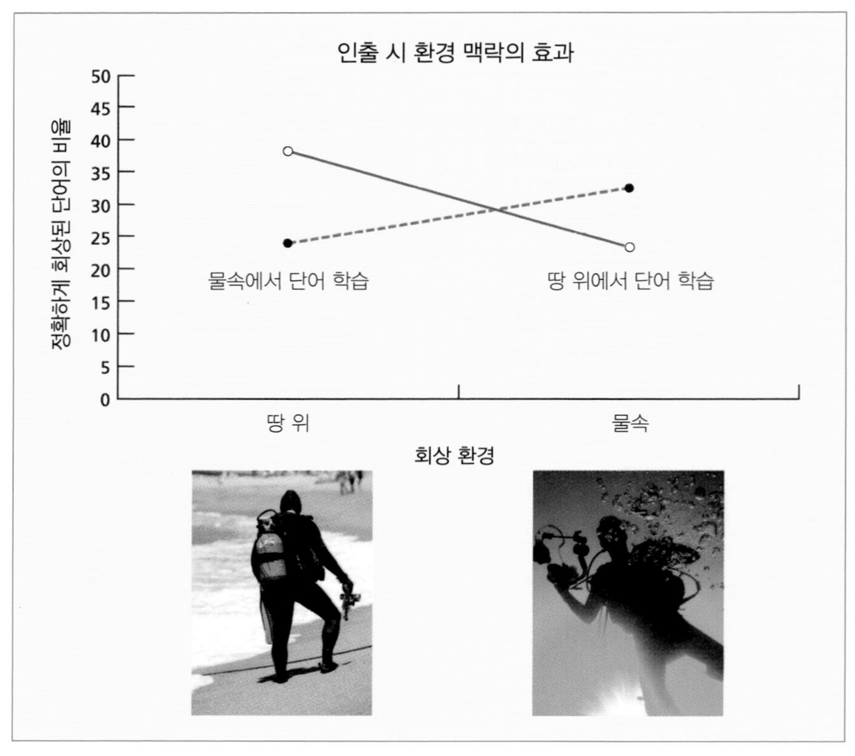

[그림 5-13] 학습할 때와 시험 볼 때가 같은 환경인 경우에 그렇지 않은 경우보다 회상이 좋음.
출처: Godden & Baddeley (1975).

때 단어를 외우게 하고 이후 안정적인 맥박 상황과 빠르게 맥박이 뛰는 상황에서 시험을 보았다. 그 결과, 심박이 학습 시와 같은 상황일 때 단어 회상이 20% 더 좋았다.

Marian와 Kaushanskaya(2007)는 중국어-영어 이중언어자들을 대상으로 연구하였다. 이 연구에서는 참가자들에게 '팔을 들고 서서 멀리 바라보고 있는 동상의 이름을 말해 보라.'와 같은 질문을 했다. 참가자들에게 영어로 질문했을 때는 '자유의 여신상'이라고 말하는 비율이 높았으나 중국어로 질문했을 때는 '마오쩌둥 동상'이라고 말하는 비율이 높았다. 이는 언어 맥락이 우리가 인출하는 정보에 영향을 준다는 것을 보여 준다.

반면, Koens와 동료들(2003)은 의대 시험을 이용한 연구에서 이와 같은 맥락효과를 얻지 못했다. 예비 의사들은 그들이 실습한 병원에서 시험 봤을 때와 일반 교실에서 시험 봤을 때 점수 차이를 보이지 않았다. Koens와 동료들(2003)은 맥락효과가 실험실 상황에서 과장되었을 것이라 제안하며 세 가지 이유를 제시하였다.

1. 학습한 내용이 평이하였다(예: 무관한 단어들의 목록을 학습하기).
2. 학습한 내용과 환경 사이에 특별한 관련성이 없다(예: 땅 위 혹은 물속에서 단어를 학습하기)

3. 학습 내용이 참여자들에게 흥미 있는 것이 아니어서 그 정보를 기억할 만한 특별한 동기가 없다.

이와 유사하게 Saufley와 동료들(1985)은 대학생들을 대상으로 한 연구에서 자신이 공부한 환경에서 시험 봤을 때와 그와 유사하지 않은 다른 환경에서 시험 봤을 때 시험 성적의 차이가 없다고 보고하였다. Smith와 Vela(2001)는 여러 연구를 개관한 후 환경 및 맥락 의존적 기억의 효과는 상황에 따라 나타나지 않을 수도 있다고 제안하였다.

요약하자면, 부호화 특수성 원리와 맥을 같이하는 여러 연구들에서 맥락효과를 지지하는 결과들을 보고하고 있지만, 학습자들이 환경보다 학습 내용에 더 주목하기 마련인 현실적인 환경에서도 그것이 적용되는지는 의문이다.

간섭효과

서구에서는 여자가 결혼할 때, 보통 결혼 전 성을 버리고 새로운 성을 갖게 된다. 이때 때로는 예전 성이 지금의 성을 말하는 것을 간섭하기도 한다. 이와 같은 간섭의 중요성은 오래전 독일 심리학자인 Hugo Münsterberg(1863~1916)도 강조하였다. 그 시대에는 남자들이 주머니 시계를 가지고 다녔는데 Münsterberg는 항상 그의 시계를 특정한 주머니에 넣고 다녔다. 이것은 그가 종종 그것이 어디에 있는지 헷갈렸기 때문이다.

이 이야기는 간섭이론의 핵심적인 특성을 보여 준다. Münsterberg는 자극들 사이의 연합을 학습하였다. '몇 시지?'라는 자극과 특정한 주머니에서 시계를 꺼내는 반응의 연합을 학습한 것이다. 자극은 같지만 반응이 달라지게 되면 간섭이 일어나는 것이다.

순행성 간섭

Münsterberg의 기억 문제는 이전에 학습한 내용과 기억이 이후에 학습한 것을 기억하는 것을 방해하는 순행성 간섭(proactive interference)을 설명하는 것이다. 이와 같은 간섭은 연합 학습 연구에서 흔히 보이는 것이다([그림 5-14] 참조). 실험 참가자들은 목록 1에 있는 단어 쌍들(예: Cat-Dirt)을 학습하고 이후 이어서 목록 2에 있는 단어 쌍들(예: Cat-Tree)을 학습하였다. 이후 첫 번째 단어(Cat-???)가 제시되면 참가자들은 두 번째 목록에 있던 연합(tree)을 보고해야 했는데, 이때 첫 번째 학습 시의 기억이 수행을 방해하였다.

> **Key term**
>
> **순행성 간섭(proactive interference):** 이전에 학습된 (종종 유사한) 자료에 의한 기억의 혼란. **역행성 간섭**에 대한 설명도 참조할 것

대부분의 순행성 간섭 연구들은 명시적 기억과 관련 있다. 하지만 순행성 간섭은 암묵적 기억에서도 발생한다. Lustig와 Hasher(2001)는 단어 조각 완성 과제를 하였는데(예: A _ L _ _ GY), 이 과제의 참가자들은 마음속에 떠오르는 적절한 단어들을 적어야만 한다. 이들의 연구에서는 과제수행 전에 빈 칸에 부합되지는 않지만 상당히 유사한 단어들(예: ANALOGY)을 본 참여자들의 경우에 과제 수행이 저조하였다.

무엇이 순행성 간섭을 일으킬까? Jacoby와 동료들(2001)은 정확한 반응과 부정확한 반응 간의 경쟁 관점에서 순행성 간섭을 일으키는 두 가지 원인을 제안하고 있다. 첫째, 부정확한 반응이 매우 강력하기 때문이다. 둘째, 정확한 반응이 매우 약하기 때문이다. Jacoby와 동료들은 순행성 간섭은 주로 정확한 반응이 약하기 때문이라기보다는 부정확한 반응이 매우 강해서 나타난다고 제안하고 있다.

Bäuml과 Kliegl(2013)은 순행성 간섭을 줄일 수 있는 방법에 대해 논의하였다. 첫 번째 방법은 참여자들에게 그들이 학습한 첫 번째 목록은 전혀 시험 볼 것이 아니니 잊어도 좋다고 말하는 것이다. 두 번째 방법은 놀랍게도 첫 번째 목록의 지식을 시험하는 것이다. 이 방법도 순행성 간섭을 줄일 수 있는데 아마도 참여자들이 이미 시험을 한번 봤기 때문에 그것을 잊어도 된다고 생각했기 때문일 것이다. Bäuml과 Kliegl(2013)에 따르면 참여자들에게 그들의 어린 시절 집에 대해 떠올리고 그곳에 대해 자세히 말해 보라고 요청하는 것도 효과적이었다. 잠시 다른 장소나 다른 곳으로 마음을 떠나보내는 것이 첫 번째 목록과의 연합을 줄이는 데 도움이 된 것으로 보인다.

역행성 간섭

이후의 학습이 이전에 기억했던 내용을 떠올리는 것을 방해하는 것을 역행성 간섭(retroactive interference)이라 부른다. 이 현상도 쌍-연합 학습을 통해 연구되었는데([그림 5-14] 참조), 일반적으로 순행성 간섭과 역행성 간섭은 모두 한 가지 자극에 두 가지 반응이 연합되었을 때 가장 심하게 발생한다(예: Cat-Tree와 Cat-Dirt와 같이 한 단어에 두 가지가 연합; Underwood & Postman, 1960).

Key term

역행성 간섭(retroactive interference): 어떤 정보를 보존하는 시간 동안 새롭게 배우거나 처리한 내용 때문에 그 정보에 대한 기억이 방해받는 것. **순행성 간섭**에 대한 설명도 참조할 것

일상생활에서 역행성 간섭의 예는 다음과 같다. 예를 들어, 당신이 한 컴퓨터 프로그램을 이용하여 다양한 과제를 수행하는 데 숙련되어 있다고 가정해 보자. 당신은 비슷한 과제를 조금 다른 프로그램으로 수행하는 것에도 금방 익숙해질 것이다. 하지만 이렇게 다른 프로그램의 수행에 익숙해졌을 때 만약 당신이 처음 사용했던 프로그램을 다시 사

순행성 간섭

집단	학습	학습	시험
실험	A–B (예: Cat–Dirt)	A–C (예: Cat–Tree)	A–C (예: Cat–Tree)
통제	–	A–C (예: Cat–Tree)	A–C (예: Cat–Tree)

역행성 간섭

집단	학습	학습	시험
실험	A–B (예: Cat–Tree)	A–C (예: Cat–Dirt)	A–B (예: Cat–Tree)
통제	A–B (예: Cat–Tree)	–	A–B (예: Cat–Tree)

주: 실험집단의 경우 순행성 간섭과 역행성 간섭을 모두 보였음. 시험 시에는 오직 첫 번째 단어만 제공되었으며 참여자들은 두 번째 단어가 무엇인지 맞춰야 했다.

[그림 5-14] 순행성 간섭과 역행성 간섭의 연구방법

용한다면 당신은 실수를 저지를 가능성이 크다.

Isurin와 McDonald(2001)는 역행성 간섭이 왜 사람들이 한 언어를 배우면 다른 언어의 일부를 잊어버리게 되는지를 설명한다고 제안한다. 그들은 두 가지 언어에 모두 익숙한 이중언어 화자들에게 다양한 그림과 그에 맞는 러시아어 또는 히브리어 단어들을 제시하였다. 이후의 시행에서는 앞서 제시한 그림에 대해 앞서 설명한 언어와 다른 언어로 된 단어를 제시하였다(즉, 특정 그림에 대해 처음에 러시아어로 제시했으면, 이후에는 히브리어로 제시). 이후 참가자들에게 다시 첫 번째 제시되었던 언어로 단어를 회상하도록 요구하면 상당한 역행성 간섭이 관찰된다. 즉, 두 번째 언어로 된 단어를 접한 것이 첫 번째 언어로 단어를 회상하는 것을 방해하였다.

Lustig와 동료들(2004)은 쌍연합 학습에서 역행성 간섭이 발생하는 이유를 두 가지로 제안하였다. 첫째, 정확한 반응을 인출하는 것이 어렵기 때문이다. 둘째, 부정확한 반응이 매우 쉽게 인출될 수 있기 때문이다. 예를 들어, 참여자들이 첫 번째 목록에서 'bed-sheet'를 보고 이후의 목록에서 'bed-linen'을 본다면 그들은 'sheet'를 떠올리기가 어려울 수 있다. 이는 'sheet'와 bed와의 연결은 약하지만 'linen'과 bed와의 연결은 강하기 때문이다. 이 결과를 바탕으로 Lustig와 동료들은 역행성 간섭이 주로 부정확한 반응이 너무 강하기 때문에 나타난다고 제안하고 있다.

역행성 간섭은 일반적으로 새로운 학습 내용이 이전의 학습 내용과 유사할 때 가장 크게 나타난다. 하지만 유사한 내용을 새로 학습하지 않더라도, 사람들이 학습 기간 동안 다른 정신적

인 노력을 가하기만 해도 역행성 간섭이 일어난다(Dewar et al., 2007). Dewar와 동료들의 실험에서 참가자들은 단어 목록을 학습하고, 이후에 기억검사를 하기 전에 다양한 다른 과제들을 수행하였다. 그 결과, 심지어 틀린 그림 찾기나 소리 탐지 과제와 같이 단순한 과제를 수행하였을 때도 이후의 기억검사에서 상당한 수준의 역행성 간섭효과가 나타났다. 이를 바탕으로 Dewar와 동료들(2007)은 역행성 간섭이 두 가지 방식으로 나타난다고 제안하고 있다.

1. 유지 기간 동안 다른 과제에 대한 정신적 노력
2. 기존에 학습한 내용과 유사한 내용에 대한 학습

일상생활에서의 간섭

많은 사람이 곱셈 과제에서 어려움을 겪는 것이 간섭 때문이라는 상당한 증거가 있다. 곱셈에는 그리 많은 경우의 수가 있지 않고 오직 0×0부터 9×9까지 100가지 경우의 수가 있다. 더욱이 몇몇 곱셈은 너무 쉬워서 따로 학습할 필요조차 없다(0 곱하기와 1 곱하기의 경우는 학습할 필요가 없다). 남은 8×8 문제 중 거의 반은 나머지의 거꾸로이기 때문에(5×4=4×5) 실제로 외워야 하는 것은 36개밖에 되지 않는다. 하지만 왜 이것이 그렇게 어려울까?

답은 실수들을 분석해 보면 알 수 있다(Noel et al., 1997). 학생들에게 4×8이 몇인지를 물을 때 실제 답과 매우 가깝긴 하지만 30이나 33이라고 대답하는 경우는 거의 없다. 일반적으로 사람들은 24, 28, 36과 같은 오답을 한다. 이와 같은 대답들은 4단이나 8단에 속하는 숫자들이다(3×8=24, 4×6=24, 4×7=28, 4×9=36). 즉, 사람들이 4×8에 대해 정답을 찾고자 할 때 그와 유사한 정보들이 같이 떠올라 정확한 답을 찾는 것을 방해하는 것이다. 심지어는 Campbell과 Thompson(2012)은 직전에 4+8을 푼 것이 이후에 4×8을 푸는 것을 방해한다고 보고하였다. 우리가 7×8을 익히고 나면, 갑자기 7×8의 간섭 때문에 7×6, 7×7, 7×9, 6×8, 7×8, 7+8이 헷갈리기 시작한다.

회상과 재인

일반적으로 재인 기억이 회상보다 좋다. 예를 들어, 우리는 가끔 지인의 이름을 정확하게 기억해 낼 수는 없었지만 누군가 그 사람의 이름을 이야기하면 그 사람을 기억해 내곤 한다. 이와 같이 재인이 회상보다 더 나은 이유는 회상 문제보다 재인 문제에서 더 많은 단서가 제공되기 때문이다. 이 단서들은 기억 흔적을 인출하는 것을 돕는다. 예를 들어, 지인의 이름이 잘 떠오르지 않아서 떠올리려 노력할 때, 그 사람의 이름 중 한 글자만 떠올려도 갑자기 그 사람의 이름이 기억나는 경우가 있다. 예/아니요나 사지선다와 같은 재인과제는 Cantor와 동료들(2014)이 제안한 **대략적 지식**(marginal knowledge)을 측정하는 과제이다. 여기서 대략적 지식은 단서 없이는 떠올릴 수 없지만 적절한 단서가 제공되면 떠올릴 수 있는 지식을 의미한다.

응고화

지금까지 망각에 영향을 끼치는 몇 가지 요소에 대해 논의하였다. 하지만 학습 직후에 망각이 얼마나 많이 진행되는지에 대해 직접적으로 다루지는 않았다. 이에 대한 대답은 아마 응고화(consolidation)에 있을 수 있다(Wixted,2004). 응고화는 정보를 장기기억 속에 저장하여 오래 지속되게 하는 심리적 과정을 의미한다. 응고화 이론의 핵심 가정은 최근에 습득하여 아직 응고화 중인 지식이 특히 간섭이나 망각에 취약하다는 것이다. 다른 말로 하면, "새로운 기억은 깨끗하지만 깨지기 쉽고, 오래된 기억은 희미하지만 강력하다."(Wixted, 2004, p. 265)

Key term

응고화(consolidation): 장기기억을 형성하는 것과 관련된 생리적 과정으로, 수 시간 혹은 그 이상 지속되며 응고가 진행 중인 새롭게 형성된 기억은 손상되기 쉬운 상태에 있음

몇몇 응고화 이론에 따르면(예: Eichenbaum, 2001), 응고화에는 주요한 두 단계가 관여한다. 첫 번째 단계는 수 시간 동안 해마를 중심으로 진행된다. 두 번째 단계는 수일에서 수년의 기간 동안 진행되며 해마와 신피질의 상호작용으로 일어난다. 이 작용은 주로 잠자는 동안 발생한다(Diekelmann & Born, 2010).

응고화 이론을 지지하는 증거는 뇌 손상을 입은 역행성 기억상실증 환자들의 연구에서 찾을 수 있다. 사고 이전의 일들을 잘 기억 못하는 이 환자들은 대부분 해마에 손상을 입었다. 해마가 응고화의 첫 번째 단계에서 중요한 역할을 한다면 이 환자들은 가장 최근의 일들에 대한 기억을 가장 못해야 한다. 실제로 많은 역행성 기억상실증 환자의 사례에서 이와 같은 결과가 나타났다(Manns et al., 2003; [그림 5-10] 참조).

또한 응고화 이론에 따르면 새로 형성된 기억은 예전의 기억에 비해 새로운 학습으로 인한 역행성 간섭에 취약할 것이다. 연구 결과, 심지어 간섭하는 내용이 기존에 배웠던 내용과 관련이 없을 때에도 그와 같은 결과가 나타났다(Dewar et al., 2007 참조).

마지막으로 기억에 알코올이 미치는 영향을 고려해 보자. 지나친 양의 음주를 한 사람들은 때때로 '필름이 끊김' 현상을 겪는다. 이와 같은 현상은 술에 취해서 기억의 응고화에 실패했기 때문에 나타난다.

평가

⊕ 응고화 이론은 왜 망각이 시간이 지남에 따라 점차 느려지는지를 설명한다.

⊕ 응고화 이론은 역행성 기억상실증이 최근 형성된 기억들에서 더 심하고, 역행성 간섭이 학습한 직후에 가장 심한 현상을 잘 예측한다.

⊕ 이 이론은 응고화와 관련이 깊은 뇌 영역을 제안한다.

⊖ 망각에는 응고화 이외의 다른 요소들도 관여한다. 예를 들어, 기억 흔적과 인출 환경이 차이가 많이 나는 경우 망각이 크다(부호화 특수성 원리).

⊖ 응고화 이론은 망각에 영향을 미치는 인지적 요인들을 간과한다.

⊖ 다음 절에서 살펴보듯, 응고화 과정은 초기의 응고화 이론이 제안한 것보다는 훨씬 복잡한 과정이다.

오기억

우리는 우리의 기억을 업데이트하고(예: 새 학기 강의 시간표) 이제는 관련 없는 기억들을 잊어버리는 것이 유용하다는 것을 배웠다. 이와 같은 업데이트 과정에는 어떤 것들이 작용할까? 이전에 논의했던 것처럼, 학습은 응고화 과정을 필요로 하기 때문에 기억 흔적은 처음에는 매우 망가지기 쉽지만 시간이 갈수록 점차 그 정도가 감소한다.

재응고화

몇몇의 이론가(예: Hardt et al., 2010; Schwabe et al., 2014)는 기존의 응고화 이론보다 더 복잡한 응고화 이론을 제안하고 있다. 그들에 따르면 기억 흔적의 **재활성화**는 이미 응고화되었던 기억을 다시 활성화시켜 변형되기 쉬운 상태로 만든다. 따라서 변형되기 쉬운 기억 흔적을 업데이트하여 재응고화(reconsolidation: 새로운 응고화 과정)시키는 과정이 필요하다.

재응고화는 우리가 배운 이전 정보가 더 이상 관련이 없게 되어서 그 정보를 업데이트하기를 원할 때 매우 유용하다. 하지만 재응고화는 우리가 기존의 기억을 다시 떠올리기를 원할 때 잘못된 기억을 떠올리게 만들 수 있다. 예를 들어, 우리가 처음 어떤 정보를 배우고 그다음에는 또 다른 정보를 배웠다고 생각해 보자. 만약 처음 배운 정보에 기반한 기억이 두 번째 정보를 배울 때 활성화된다면, 처음 배운 정보에 대한 기억 흔적이 두 번째 정보와 결합될 수 있고 이러한 결합이 나중에 처음 정보를 떠올리려 할 때 오기억을 초래할 수 있다.

재응고화의 중요성을 보여 주는 초기 연구로 Walker와 동료들(2003)

> **Key term**
>
> **재응고화(reconsolidation)**: 이전에 형성된 기억의 흔적이 다시 활성화될 때 발생하는 새로운 응고화 과정으로, 이 과정을 통하여 기억 흔적이 업데이트될 수 있음

의 연구를 들 수 있다. 이 실험의 참가자들은 주어진 순서를 기억하여 손가락으로 두드리는 과제를 수행하였다. 이 실험에서는 참가자들에게 일단 일정한 순서를 익힌 후 24시간 이후에 다시 다른 순서를 배우도록 하였다. 이때 한 조건에서는 참가자들이 두 번째 순서를 익히기 직전에 첫 번째 배운 순서를 짧게 반복하였고 다른 조건에서는 그렇게 하지 않았다.

재응고화 이론에 따르면 짧은 반복이 첫 번째 순서에 대한 기억 흔적을 재활성화시키고 이것이 이후 두 번째 순서와 결합되어 오기억을 일으키게 할 것이다. 실제 연구에서 이러한 결과가 나타났다. 즉, 첫 번째 익힌 순서에 대한 기억은 두 번째 순서를 익히기 직전에 첫 번째 순서를 짧게 반복한 조건에서 훨씬 좋지 않았다.

이와 유사하게 Walker와 동료들(2003)은 재응고화가 운동 기억에 중요한 역할을 한다는 것을 발견하였으며, Hupbach와 동료들(2007, 2008)는 재응고화가 여러 대상을 기억하는 데 중요한 역할을 한다고 보고하였다. 이들 연구에서는 두 개의 목록을 순차적으로 학습하였는데 한 조건에서만 두 번째 새로운 목록 학습 직전에 처음 학습한 목록에 대한 기억을 활성화시켰다. 실험 결과, 두 번째 목록 학습 직전에 처음 학습한 목록에 대한 기억을 활성화시킨 조건의 참가자들에게 처음 학습한 정보를 물었을 때 두 번째 학습에서 배운 정보를 처음 학습한 정보로 잘못 회상하는 경우가 많았다. 반면, 두 번째 학습 직전에 처음 학습에 대한 기억을 떠올리지 않은 집단의 경우는 이와 같은 잘못된 회상이 훨씬 적었다.

사후 확신 편향

사후 확신 편향(hindsight bias)은 사람들에게 어떤 사실을 알려 주었을 때 사람들이 그것을 이전부터 다 알고 있었다고 착각하는 것을 의미한다. 예를 들어, 사람들에게 "에펠탑의 높이는 얼마나 되나요?"라고 물었을 때, 어떤 사람이 200m 정도라고 대답했다고 가정하자. 이때 그 사람에게 실제 높이가 324m라는 사실을 알려 주고 나면 그 사람은 자신이 원래 높이가 한 300m 정도 된다고 생각하고 있었다고 착각하는 것이다.

> **Key term**
>
> **사후 확신 편향(hindsight bias):** 사람들이 실제로 무슨 일이 일어났는지 알고 난 뒤, 자신이 그 사건을 얼마나 정확하게 예측했는가를 과장하는 경향

사후 확신 편향은 다양한 인지 및 동기 요소와 관련이 있는데(개관을 위해 Guilbault et al., 2004 참조), 특히 기억의 왜곡과 관련이 깊다. Hardt와 동료들(2010)에 따르면 에펠탑의 높이에 대한 정확한 정보의 제공은 이전의 기억 흔적을 활성화시켜 재응고화하게 만들고 그 과정에서 기억의 왜곡이 발생한다는 것이다.

만약 사후 확신 편향이 재응고화와 관련된 심리적 과정에 의존한다면 사후 확신 편향을 없애는 것은 힘든 일일 것이다. 이것이 정확하게 Pohl과 Hell(1996)이 일반적인 지식을 묻는 질

문들을 통해 발견한 사실이다. 이들의 연구에 참가한 사람들 중 한 집단에게는 사전에 사후 확신 편향에 빠질 우려에 대해 이야기했지만 여전히 그 집단도 비슷한 정도의 사후 확신 편향에 빠졌다. 이와 유사하게 얼마나 틀렸는지에 대해 사후 피드백을 받은 집단들도 다시 검사했을 때 여전히 사후 확신 편향에 빠졌다.

사후 오정보 효과

재응고화는 또한 사후 오정보 효과를 설명하는 데 유용하다. 이 효과(7장에서 보다 자세히 설명될 것이다)는 사고에 대한 목격자 기억이 이후에 제시된 정보에 의해서 왜곡되는 현상을 의미한다. 예를 들어, Loftus와 Zanni(1975)는 사람들에게 자동차 사고 장면에 관한 짧은 영상을 보여 주었다. 이후 일부의 목격자들에게 "깨진 헤드라이트를 봤나요?"라고 물었다. 사실 깨진 헤드라이트는 없었다. 하지만 이와 같은 질문은 나중에 몇몇 목격자가 그들이 깨진 헤드라이트를 봤다고 잘못 보고하도록 만들었다.

재응고화 주장에 따르면 사건에 대한 오정보의 제시는 기존의 사건에 대한 기억 흔적을 재활성화시킨다. 이것은 또 오정보가 기억의 흔적에 들어갈 수 있게 한다. 사후 오정보 효과를 일으키는 원인은 다양하지만 재응고화도 하나의 이유가 될 수 있다(7장 참조).

중간 요약

망각곡선(The forgetting curve)

- 망각은 일반적으로 학습 직후에 가장 빠르고 이후 점차 망각의 속도가 감소한다. 망각은 명시적 기억과 암묵적 기억에서 모두 나타난다.

맥락효과(Context effects)

- 부호화 특수성 원리에 따르면 인출 시 맥락이 학습 시 맥락과 유사할 때 기억이 좋다. 여기서 맥락은 외적 환경과 심리적 또는 정서적 내적 상태를 모두 의미한다. 하지만 맥락효과는 사람들이 학습하는 내용에 큰 관심이 없는 상황에서 무언가를 학습할 때에만 나타나는 현상일 수 있다.

간섭효과(Interference effects)

- 우리가 배우고 익힌 것은 이전에 배웠던 유사한 것들로 인해 잊혀질 수 있으며(순행성 간섭), 학습 이후에 새롭게 익힌 것들로 인해 잊혀질 수 있다(역행성 간섭). 이 두 가지 형태의 간섭은 같은 자극에 두 개의 다른 반응이 연합될 때 가장 크게 나타난다. 순행성 간섭과 역행선 간섭은 정확한 반응이 약하기 때문이라기보다는 부정확한 반응이 강력하기 때문에 일어난다.

회상과 재인(Recall vs. recognition)

- 회상과 재인은 명시적 기억을 측정하는 가장 일반적인 방법이다. 재인 시에는 질문이 기억 단서를 포함하는 경우가 많아서 일반적으로 재인이 회상보다 쉽다.

응고화(Consolidation)

- 응고화는 기억을 저장하는 심리적 과정이다. 최근에 형성된 기억은 아직 응고화 중이기 때문에 특히 망각되기 쉽다. 응고화 이론은 왜 역행성 기억상실증이 최근에 형성된 기억에서 특히 심한지 설명한다. 하지만 이 이론은 물리적인 것에만 초점을 맞추고 있으며, 심리적인 면과 인지적인 면을 간과하고 있다.

오기억(Misremembering)

- 기억 흔적의 재활성화는 이미 응고화된 기억을 망가지기 쉽게 만들고, 재응고화를 초래한다. 재응고화는 오기억을 야기할 수 있다.
- 재응고화는 사후 확신 편향에도 중요한 역할을 한다. 사후 확신 편향은 사람들이 정확한 답이 주어지고 난 뒤 자신이 그 답을 미리 알고 있었다고 착각하는 현상이다.
- 재응고화는 아마도 사후 오정보 효과에도 일부 책임이 있는 것으로 여겨진다. 사후 오정보 효과는 사건 이후에 제공된 잘못된 정보가 사건에 대한 기억을 왜곡하는 현상을 의미한다.

논술 문제

1. 정보를 효과적으로 학습하는 데 있어 중요한 요인에는 어떠한 것들이 있는가?
2. '암묵적 학습은 명시적 학습과 매우 다르다.'라는 주장에 대해 논하시오.
3. 장기기억의 주요한 구분에 대해 논하시오.
4. 기억상실증 환자가 기억할 수 있는 것은 무엇이고 기억할 수 없는 것은 무엇인가?
5. 우리는 왜 망각하는가?

더 읽을 거리

- Baddeley, A., Eysenck, M. W., & Anderson, M. C. (2015). *Memory* (2nd ed.). New York: Psychology Press. 이 개론서는 기억 연구의 주요한 내용을 포괄적으로 설명한다.
- Della Sala, S. (2010). *Forgetting*. New York: Psychology Press. 이 편집서는 망각에 대한 이해를 돕기 위한 다양한 접근을 설명한다.
- Foerde, K., & Poldrack, R. A. (2009). Procedural learning in humans. In L. R. Squire (Ed.), *The new encyclopedia of neuroscience* (Vol. 7, pp. 1083-1091). Oxford, UK: Academic Press. 이 장은 절차 학습 및 기억과 관련된 이론과 연구들을 자세히 설명한다.
- Reber, P. J. (2013). The neural basis of implicit learning and memory: a review of neuropsychological and neuroimaging research. *Neuropsychologia*, *51*(10), 2026-2042. 이 논문에서 저자는 우리가 환경과 상호작용하는 대부분의 시간 동안 암묵적 학습이 관여한다고 주장한다.

참고문헌

Aggleton, J. P. (2008). Understanding anterograde amnesia: Disconnections and hidden lesions. *Quarterly Journal of Experimental Psychology*, *61*, 1441-1471.

Anderson, S. W., Rizzo, M., Skaar, N., Cavaco, S., Dawson, J., & Damasio, H. (2007). Amnesia and driving. *Journal of Clinical and Experimental Neuropsychology*, *29*, 1-12.

Atkinson, R. C., & Shiffrin, R. M. (1968). Human memory: A proposed system and its control processes. In K. W. Spence & J. T. Spence (Eds.), *The psychology of learning and motivation* (Vol. 2). London, UK: Academic Press.

Bangert-Drowns, R. L., Kulik, J. A., & Kulik, C. L. C. (1991). Effects of frequent classroom testing. *Journal of Educational Research*, *61*, 213-238.

Bäuml, K. H. T., & Kliegl, O. (2013). The critical role of retrieval processes in release from proactive interference. *Journal of Memory and Language*, *68*(1), 39-53.

Baxendale, S. (2004). Memories aren't made of this: Amnesia at the movies. *British Medical Journal*, *329*, 1480-1483.

Bjork, R. A., & Bjork, E. L. (1992). A new theory of disuse and an old theory of stimulus fluctuation. In A. Healey, S. Kosslyn, & R. Shiffrin (Eds.), *From learning processes to cognitive processes: Essays in honor of William K. Estes* (Vol. 2). Hillsdale, NJ: Lawrence Erlbaum.

Brown, A. S., Bracken, E., Zoccoli, S., & Douglas, K. (2004). Generating and remembering passwords. *Applied Cognitive Psychology*, *18*, 641-651.

Cabeza, R., & Moscovitch, M. (2013). Memory systems, processing modes, and components functional neuroimaging evidence. *Perspectives on Psychological Science*, *8*(1), 49-55.

Campbell, J. I., & Thompson, V. A. (2012). Retrieval-induced forgetting of arithmetic facts. *Journal of Experimental Psychology: Learning, Memory, and Cognition*, *38*(1), 118-129.

Cantor, A. D., Eslick, A. N., Marsh, E. J., Bjork, R. A., & Bjork, E. L. (2014). Multiple-choice tests stabilize access to marginal knowledge. *Memory & Cognition*, *43*, 193-205.

Cavaco, S., Anderson, S. W., Allen, J. S., Castro-Caldas, A., & Damasio, H. (2004). The scope of preserved procedural memory in amnesia. *Brain*, *127*, 1853-1867.

Challis, B. H., Velichkovsky, B. M., & Craik, F. I. M. (1996). Levels-of-processing effects on a variety of memory tasks: New findings and theoretical implications. *Consciousness and Cognition*, *5*, 142-164.

Clark, G. M., Lum, J. A., & Ullman, M. T. (2014). A meta-analysis and metaregression of serial reaction time task performance in Parkinson's disease. *Neuropsychology*, *28*(6), 945-958.

Conway, M. A. (2001). Sensory-perceptual episodic memory and its context: Autobiographical memory. *Philosophical Transactions of the Royal Society B: Biological Sciences*, *356*(1413), 1375-1384.

Corkin, S. (2013). *Permanent present tense: The man with no memory, and what he taught the world.* London: Penguin UK.

Craik, F. I. M., & Lockhart, R. S. (1972). Levels of processing: A framework for memory research. *Journal of Verbal Learning and Verbal Behavior*, *11*, 671-684.

Craik, F. I. M., & Tulving, E. (1975). Depth of processing and the retention of words in episodic memory.

Journal of Experimental Psychology: General, *104*, 268-294.

D'Hooge, R., & De Deyn, P. P. (2001). Applications of the Morris water maze in the study of learning and memory. *Brain Research Reviews*, *36*(1), 60-90.

Dehaene, S., Naccache, L., Cohen, L., Le Bihan, D., Mangin, J., Poline, J., et al. (2001). Cerebral mechanisms of word masking and unconscious repetition priming. *Nature Neuroscience, 4*, 752-758.

Destrebecqz, A., & Cleeremans, A. (2001). Can sequence learning be implicit? New evidence with the process dissociation procedure. *Psychonomic Bulletin & Review*, *8*(2), 343-350.

Dewar, M. T., Cowan, N., & Della Sala, S. (2007). Forgetting due to retroactive interference: A fusion of Muller and Pizecker's (1900) early insights into everyday forgetting and recent research on retrograde amnesia. *Cortex*, *43*, 616-634.

Dewar, M., Della Sala, S., Beschin, N., & Cowan, N. (2010). Profound retroactive amnesia: What interferes? *Neuropsychology*, *24*, 357-367.

Diana, R. A., Yonelinas, A. P., & Ranganath, C. (2007). Imaging recollection and familiarity in the medial temporal lobe: A three-component model. *Trends in Cognitive Sciences*, *11*, 379-386.

Diekelmann, S., & Born, J. (2010). The memory function of sleep. *Nature Reviews Neuroscience*, *11*(2), 114-126.

Ebbinghaus, H. (1885/1913). *Über das Gedächtnis*. Leipzig, Germany: Dunker [translated by H. Ruyer & C. E. Bussenius]. New York, NY: Teachers College, Columbia University.

Eichenbaum, H. (2001). The hippocampus and declarative memory: Cognitive mechanisms and neural codes. *Behavioral Brain Research*, *127*, 199-207.

Eysenck, M. W. (1979). Depth, elaboration, and distinctiveness. In L. S. Cermak & F. I. M. Craik (Eds.), *Levels of processing in human memory*. Hillsdale, NJ: Lawrence Erlbaum.

Eysenck, M. W., & Eysenck, M. C. (1980). Effects of processing depth, distinctiveness, and word frequency on retention. *British Journal of Psychology, 71*, 263-274.

Foerde, K., & Poldrack, R. A. (2009). Procedural learning in humans. In L. R. Squire (Ed.), *The new encyclopedia of neuroscience, Vol. 7* (pp. 1083-1091). Oxford, UK: Academic Press.

Gebauer, G. F., & Mackintosh, N. J. (2007). Psychometric intelligence dissociates implicit and explicit learning. *Journal of Experimental Psychology: Learning, Memory, and Cognition*, *33*, 34-54.

Gheysen, F., & Fias, W. (2012). Dissociable neural systems of sequence learning. *Advances in Cognitive Psychology*, *8*(2), 73-82.

Godden, D. R., & Baddeley, A. D. (1975). Context dependent memory in two natural environments: On land and under water. *British Journal of Psychology*, *66*, 325-331.

Graf, P., & Schacter, D. L. (1985). Implicit and explicit memory for new associations in normal and amnesic subjects. *Journal of Experimental Psychology: Learning, Memory, & Cognition*, *11*, 501-518.

Guilbault, R. L., Bryant, F. B., Brockway, J. H., & Posavac, E. J. (2004). A metaanalysis of research on hindsight bias. *Basic and Applied Social Psychology*, *26*, 103-117.

Hamann, S. B., & Squire, L. R. (1997). Intact perceptual memory in the absence of conscious memory. *Behavioral Neuroscience*, *111*, 850-854.

Hardt, O., Einarsson, E. O., & Nader, K. (2010). A bridge over troubled water: Reconsolidation as a link between cognitive and neuroscientific memory research traditions. *Annual Review of Psychology*, *61*, 141-167.

Hassabis, D., Kumaran, D., Vann, S. D., & Maguire, E. A. (2007). Patients with hippocampal amnesia cannot imagine new experiences. *Proceedings of the National Academy of Sciences of the United States of America*, *104*, 1726-1731.

Henderson, E. N. (1903). A study of memory for connected trains of thought. *The Psychological Review, Series of Monograph Supplements*, *V*(6), (Whole No. 23, p. 93). New York: Palgrave Macmillan.

Henke, K. (2010). A model for memory systems based on processing modes rather than consciousness. *Nature Reviews Neuroscience*, *11*(7), 523-532.

Howard Jr, J. H., & Howard, D. V. (2013). Aging mind and brain: Is implicit learning spared in healthy aging? *Frontiers in Psychology*, *4*(817), 1-6.

Howard, D. V., & Howard, J. H. (1992). Adult age differences in the rate of learning serial patterns: Evidence from direct and indirect tests. *Psychology & Aging*, *7*, 232-241.

Hunt, R. R. (2006). The concept of distinctiveness in memory research. In R. R. Hunt & J. E. Worthen (Eds.), *Distinctiveness and memory* (pp. 3-25). New York, NY: Oxford University Press.

Hupbach, A., Gomez, R., Hardt, O., & Nadel, L. (2007). Reconsolidation of episodic memories: A subtle reminder triggers integration of new information. *Learning & Memory, 14*, 47-53.

Hupbach, A., Hardt, O., Gomez, R., & Nadel, L. (2008). The dynamics of memory: Context-dependent updating. *Learning & Memory, 15*, 574-579.

Huppert, F. A., & Piercy, M. (1976). Recognition memory in amnesic patients: Effect of temporal context and familiarity of material. *Cortex*, *4*, 3-20.

Isurin, L., & McDonald, J. L. (2001). Retroactive interference from translation equivalents: Implications for first language forgetting. *Memory & Cognition*, *29*, 312-319.

Jacoby, L. L., Debner, J. A., & Hay, J. F. (2001). Proactive interference, accessibility bias, and process dissociations: Valid subjective reports of memory. *Journal of Experimental Psychology: Learning, Memory, & Cognition*, *27*, 686-700.

Janacsek, K., & Nemeth, D. (2013). Implicit sequence learning and working memory: Correlated or complicated? *Cortex*, *49*(8), 2001-2006.

Karpicke, J. D., Butler, A.C., & Roediger III, H. L. (2009). Metacognitive strategies in student learning: Do students practise retrieval when they study on their own? *Memory*, *17*, 471-479.

Kaufman, S. B., DeYoung, C. G., Gray, J. R., Jimenez, L., Brown, J., & Mackintosh, N. (2010). Implicit learning as an ability. *Cognition*, *116*(3), 321-340.

Kirchhoff, B. A., Schapiro, M. L., & Buckner, R. L. (2005). Orthographic distinctiveness and semantic elaboration provide separate contributions to memory. *Journal of Cognitive Neuroscience*, *17*, 1841-1854.

Koens, F., Ten Cate, O. T. J., & Custers, E. J. (2003). Context-dependent memory in a meaningful environment for medical education: In the classroom and at the bedside. *Advances in Health Sciences Education*, *8*(2), 155-165.

Lewandowsky, S., & Oberauer, K. (2015). Rehearsal in serial recall: An unworkable solution to the nonexistent problem of decay. *Psychological Review*, *122*(4), 674-699.

Loftus, E. F., & Zanni, G. (1975). Eyewitness testimony - Influence of wording of a question. *Bulletin of the Psychonomic Society*, *5*, 86-88.

Luria, A. (1968). *The mind of a mnemonist*. New York, NY: Basic Books.

Lustig, C., & Hasher, L. (2001). Implicit memory is not immune to interference. *Psychological Bulletin*, *127*, 618-628.

Lustig, C., Konkel, A., & Jacoby, L. L. (2004). Which route to recovery? Controlled retrieval and accessibility bias in retroactive interference. *Psychological Science*, *15*, 729-735.

Manning, L. (2002). Focal retrograde amnesia documented with matching anterograde and retrograde procedures. *Neuropsychologia*, *40*(1), 28-38.

Manns, J. R., Hopkins, R. O., & Squire, L. R. (2003). Semantic memory and the human hippocampus. *Neuron*, *38*, 127-133.

Marian, V., & Kaushanskaya, M. (2007). Language context guides memory content. *Psychonomic Bulletin & Review*, *14*, 925-933.

Metcalfe, J., & Kornell, N. (2007). Principles of cognitive science in education: The effects of generation, errors, and feedback. *Psychonomic Bulletin & Review*, *14*, 225-229.

Meulemans, T., & Van der Linden, M. (2003). Implicit learning of complex information in amnesia. *Brain and Cognition*, *52*, 250-257.

Migo, E. M., Mayes, A. R., & Montaldi, D. (2012). Measuring recollection and familiarity: Improving the remember/know procedure. *Consciousness and Cognition*, *21*(3), 1435-1455.

Miles, C., & Hardman, E. (1998). State-dependent memory produced by aerobic exercise. *Ergonomics*, *41*, 20-26.

Milner, B. (2005). The medial temporal-lobe amnesic syndrome. *Psychiatric Clinics of North America*, *28*(3), 599-611.

Morris, C. D., Bransford, J. D., & Franks, J. J. (1977). Levels of processing versus transfer appropriate processing. *Journal of Verbal Learning and Verbal Behavior*, *16*, 519-533.

Moscovitch, M., Nadel, L., Winocur, G., Gilboa, A., & Rosenbaum, R. S. (2006). The cognitive neuroscience of remote episodic, semantic and spatial memory. *Current Opinion in Neurobiology*, *16*, 179-190.

Nairne, J. S., Thompson, S. R., & Pandeirada, J. N. (2007). Adaptive memory: Survival processing enhances retention. *Journal of Experimental Psychology: Learning, Memory, and Cognition*, *33*(2), 263.

Noel, M. P., Fias, W., & Brysbaert, M. (1997). About the influence of the presentation format on arithmetical-fact retrieval processes. *Cognition*, *63*(3), 335-374.

Ostojic, P., & Phillips, J. G. (2009). Memorability of alternative password systems. *International Journal of Pattern Recognition and Artificial Intelligence*, *23*, 987-1004.

Pavlov, I. P. (1927). *Conditioned reflexes*. London: Oxford University Press (English translation).

Pohl, R. F., & Hell, W. (1996). No reduction in hindsight bias after complete information and repeated testing. *Organizational Behavior and Human Decision Processes*, *67*, 49-58.

Pothos, E. M. (2007). Theories of artificial grammar learning. *Psychological Bulletin*, *133*(2), 227-244.

Reber, A. S. (1993). *Implicit learning and tacit knowledge: An essay on the cognitive unconscious*. Oxford, UK: Oxford University Press.

Reder, L. M., Park, H., & Kieffaber, P. D. (2009). Memory systems do not divide on consciousness: Reinterpreting memory in terms of activation and binding. *Psychological Bulletin*, *135*, 23-49.

Rescorla, R. A., & Wagner, A. R. (1972). A theory of Pavlovian conditioning: Variations in the effectiveness of reinforcement and nonreinforcement. In A. H. Black & W. F. Prokasy (Eds.), *Classical conditioning II* (pp. 64-99). New York: Appleton-Century-Crofts.

Roediger, H. L. (2008). Relativity of remembering: Why the laws of memory vanished. *Annual Review of Psychology*, *59*, 225-254.

Roediger, H. L., & Karpicke, J. D. (2006). Test-enhanced learning: Taking memory tests improves long-term retention. *Psychological Science*, *17*, 249-255.

Rogers, T. B., Kuiper, N. A., & Kirker, W. S. (1977). Self-reference and the encoding of personal information. *Journal of Personality and Social Psychology*, *35*, 677-688.

Rowland, C. A. (2014). The effect of testing versus restudy on retention: A meta-analytic review of the testing effect. *Psychological Bulletin*, *140*(6), 1432-1463.

Ryan, J. D., Althoff, R. R., Whitlow, S., & Cohen, N. J. (2000). Amnesia is a deficit in relational memory. *Psychological Science*, *11*, 454-461.

Saufley, W. H., Otaka, S. R., & Bavaresco, J. L. (1985). Context effects: Classroom tests and context independence. *Memory & Cognition*, *13*(6), 522-528.

Schacter, D. L. (1999). The seven sins of memory - Insights from psychology and cognitive neuroscience. *American Psychologist*, *54*, 182-203.

Schacter, D. L., & Addis, D. R. (2007). The cognitive neuroscience of constructive memory: Remembering the past and imagining the future. *Philosophical Transactions of the Royal Society B: Biological Sciences*, *362*, 773-786.

Schwabe, L., Nader, K., & Pruessner, J. C. (2014). Reconsolidation of human memory: Brain mechanisms and clinical relevance. *Biological Psychiatry*, *76*(4), 274-280.

Seaman, K. L., Howard, D. V., & Howard, J. H. (2013). Adult age differences in learning on a sequentially cued prediction task. *The Journals of Gerontology Series B: Psychological Sciences and Social Sciences*, *69*(5), 686-694.

Shanks, D. R. (2005). Implicit learning. In K. Lamberts & R. Goldstone (Eds.), *Handbook of cognition* (pp. 202-220). London, UK: Sage.

Shanks, D. R. (2010). Learning: From association to cognition. *Annual Review of Psychology*, *61*, 273-301.

Shanks, D. R., & St. John, M. F. (1994). Characteristics of dissociable human learning systems. *Behavioral & Brain Sciences*, *17*, 367-394.

Shuell, T. J. (1969). Clustering and organization in free recall. *Psychological Bulletin*, *72*, 353-374.

Skinner, E. I., & Fernandes, M. A. (2007). Neural correlates of recollection and familiarity: A review of neuroimaging and patient data. *Neuropsychologia*, *45*, 2163-2179.

Smith, C. N., Frascino, J. C., Hopkins, R. O., & Squire, L. R. (2013). The nature of anterograde and retrograde memory impairment after damage to the medial temporal lobe. *Neuropsychologia*, *51*(13),

2709-2714.

Smith, S. M., & Vela, E. (2001). Environmental context-dependent memory: A review and meta-analysis. *Psychonomic Bulletin & Review*, *8*(2), 203-220.

Snyder, K. M., Ashitaka, Y., Shimada, H., Ulrich, J. E., & Logan, G. D. (2014). What skilled typists don't know about the QWERTY keyboard. *Attention, Perception, & Psychophysics*, *76*, 162-171.

Spiers, H. J., Maguire, E. A., & Burgess, N. (2001). Hippocampal amnesia. *Neurocase*, *7*, 357-382.

Sun, R., Zhang, X., & Mathews, R. (2009). Capturing human data in a letter counting task: Accessibility and action-centeredness in representing cognitive skills. *Neural Networks*, *22*, 15-29.

Symons, C. S., & Johnson, B. T. (1997). The self-reference effect in memory: A metaanalysis. *Psychological Bulletin*, *121*, 371-394.

Szpunar, K. K. (2010). Episodic future thought: An emerging concept. *Perspectives on Psychological Science*, *5*, 142-162.

Szpunar, K. K., & Radvansky, G. A. (2016). Cognitive approaches to the study of episodic future thinking. *The Quarterly Journal of Experimental Psychology*, *69*(2), 209-216.

Tulving, E. (1979). Relation between encoding specificity and levels of processing. In L. S. Cermak & F. I. M. Craik (Eds.), *Levels of processing in human memory*. Hillsdale, NJ: Lawrence Erlbaum.

Tulving, E. (1985). Memory and consciousness. *Canadian Psychology*, *26*(1), 1-12.

Tulving, E. (2002). Episodic memory: From mind to brain. *Annual Review of Psychology*, *53*, 1-25.

Tulving, E., & Schacter, D. L. (1990). Priming and human-memory systems. *Science*, *247*, 301-306.

Underwood, B. J., & Postman, L. (1960). Extra-experimental sources of interference in forgetting. *Psychological Review*, *64*, 49-60.

Vargha-Khadem, F., Gadian, D. G., & Mishkin, M. (2002). Dissociations in cognitive memory: The syndrome of developmental amnesia. In A. Baddeley, M. Conway, & J. Aggleton (Eds.), *Episodic memory: New directions in research* (pp. 153-163). New York, NY: Oxford University Press.

Vargha-Khadem, F., Gadian, D. G., Watkins, K. E., Connelly, A., Van Paesschen, W., & Mishkin, M. (1997). Differential effects of early hippocampal pathology on episodic and semantic memory. *Science*, *277*, 376-380.

Viard, A., Desgranges, B., Eustache, F., & Piolino, P. (2012). Factors affecting medial temporal lobe engagement for past and future episodic events: An ALE metaanalysis of neuroimaging studies. *Brain and Cognition*, *80*(1), 111-125.

Vingerhoets, G., Vermeule, E., & Santens, P. (2005). Impaired intentional content learning but spare incidental retention of contextual information in non-demented patients with Parkinson's disease. *Neuropsychologia*, *43*, 675-681.

Walker, M. P., Brakefield, T., Hobson, J. A., & Stickgold, R. (2003). Dissociable stages of human memory consolidation and reconsolidation. *Nature*, *425*, 616-620.

Warrington, E. K., & Weiskrantz, L. (1968). New method of testing long-term retention with special reference to amnesic patients. *Nature*, *217*, 972-974.

Wilkinson, L., & Shanks, D. R. (2004). Intentional control and implicit sequence learning. *Journal of Experimental Psychology: Learning, Memory, & Cognition*, *30*, 354-369.

Wilkinson, L., Khan, Z., & Jahanshahi, M. (2009). The role of the basal ganglia and its cortical connections in sequence learning: Evidence from implicit and explicit sequence learning in Parkinson's disease. *Neuropsychologia*, *47*(12), 2564-2573.

Wixted, J. T. (2004). The psychology and neuroscience of forgetting. *Annual Review of Psychology*, *55*, 235-269.

Yang, J., & Li, P. (2012). Brain networks of explicit and implicit learning. *PloS One*, *7*(8), e42993.

Yonelinas, A. P. (2002). The nature of recollection and familiarity: A review of 30 years of research. *Journal of Memory and Language*, *46*, 441-517.

Zeidman, P., & Maguire, E. A. (2016). Anterior hippocampus: The anatomy of perception, imagination and episodic memory. *Nature Reviews Neuroscience*, *17*(3), 173-182.

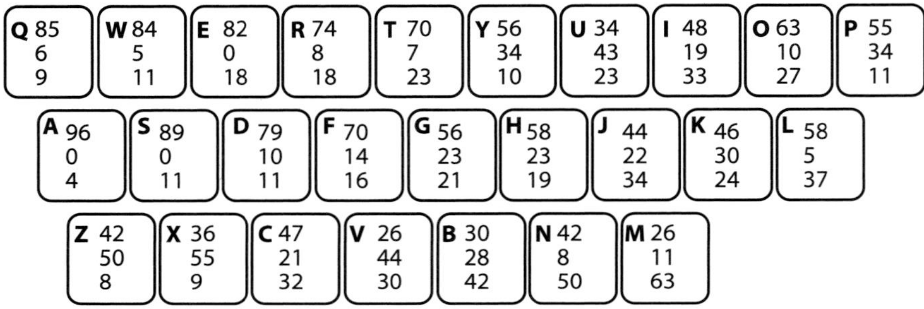

[그림] 숙달된 사람에게 [그림 5-2]와 같은 채워지지 않은 키보드를 제시하였을 때 표준 QWERTY 키보드의 배열과 동일하게 작성하거나(맨 위), 생략하거나(중간), 잘못 작성한(아래) 비율

출처: Snyder et al. (2014). Springer의 허가를 얻어 재인쇄함.

Chapter

6

의미기억 속 지식

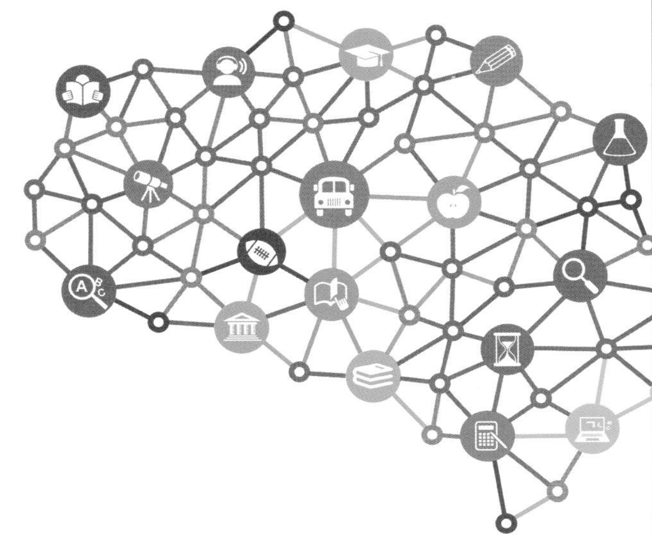

학습 목표

제6장을 공부한 후에 여러분은 다음을 할 수 있어야 한다.

- 개념과 범주를 정의하고, 인간의 인지 과정에서의 중요성을 설명한다.
- 개념적 범주화에 관한 공통속성 접근, 원형 접근, 본보기 접근, 지식기반 접근을 비교, 대조한다.
- 의미기억의 조직화에 관한 여러 관점에 대해 설명하고, 활성화 확산이 왜 중요한지 이해한다.
- 명제, 사건, 도식에 대해 정의하고, 그것이 어떻게 인지에 도움이 되는지, 단점은 무엇인지 논의한다.
- 고정관념이 어떻게 명시적 · 암묵적으로 측정될 수 있는지 논의하고, 그것이 인간의 인지 및 행동에 미치는 영향을 논의한다.
- 집행 기능이 왜 의미기억에 중요한지 설명한다.

서론

우리는 엄청난 양의 단어 지식과 우리가 살고 있는 세상에 관한 지식을 갖고 있다. 여러분은 아마도 40,000개가 넘는 단어의 의미를 알고 있을 것이며(Brysbaert et al., 2016), 지금 교황이 누구인지, 유럽 연합의 수도가 어디인지를 알 것이다. 이와 같은 지식은 의미기억에 저장된다(5장).

일상생활에서 이러한 일반적인 지식의 중요성은 아무리 강조해도 지나치지 않는다. 예를 들어, 적절한 의미기억 지식이 있어야 앞에 있는 동물이 개인지 고양이인지를 구별할 수 있다.

일반적인 지식은 정보를 기억할 때도 중요하다. 각 범주별로 네 개의 단어로 구성된 여섯 개 범주의 단어 목록(네발 짐승, 여자 이름, 꽃, 자동차, 가구, 주방기구)을 학습했다고 생각해 보라. 학습 시 단어들이 무작위로 제시되었을 때보다 범주별로 제시되었을 때 이후 회상 과제를 수행할 때 훨씬 더 많은 단어를 회상할 수 있을 것이다(Shuell, 1969). 이는 학습과 인출 시에 자료들이 조직화되어 제시되면 범주 지식을 사용하는 것이 훨씬 용이하기 때문이다.

일반적인 지식은 또한 여러분이 읽은 내용을 이해하는 데도 중요하다. 다음과 같은 내용을 고려해 보라. **'톰이 운전하던 차의 타이어가 터졌다. 그는 집에 매우 늦게 도착했다.'** 여러분은 일반적 지식을 통해 타이어 펑크 때문에 톰이 멈춰야 했고, 그것을 고치느라 시간을 보냈을 것이라 생각할 수 있다. 하지만 다음과 같은 경우에는 예외적인 다른 상황을 추가로 고려하지 않고 일반적인 지식만을 사용해서는 어떤 일이 일어났는지 이해하는 것이 어렵다. **'톰이 사과를 먹고 있었다. 그는 집에 매우 늦게 도착했다.'**

일반적인 지식의 많은 부분은 우리가 개념이라 부르는 개별적인 요소들과 관련 있다. 예를 들어, 우리는 고양이가 네발 달리고, 털이 있고, 꼬리가 있는 작은 동물이라는 것을 안다. 하지만 개별적 요소들에 관한 지식만으로는 세상을 살아가는 데 충분치 않다. 우리에게는 의미기억 속의 개념들이 연결된 복합지식도 필요하다. 이후 살펴보겠지만, 그와 같은 통합된 정보 꾸러미를 도식이라 부른다.

개념

여러분이 자기 방에서 공부하고 있는 친구에게 전화를 했다고 가정해 보자. 친구에게 지금

앞에 보이는 것이 무엇이냐고 물으면 그는 아마 독서등, 책상, 컴퓨터, 프린터, 책들, 사진들이 보인다고 할 것이다. 여기서 중요한 점은 이 정도의 부정확한 정보만으로도 당신이 친구의 방에 대해 개략적으로 이해할 수 있다는 것이다. 여러분의 친구는 독서등이 어떤 재질인지, 모양은 어떤지에 대해 말하지 않았고, 책상이 무슨 색깔인지 말하지 않았으며, 당신도 독서등이 책상 위에 있는 것인지, 벽에 붙어 있는 것인지 궁금해하지 않았고, 컴퓨터도 데스크톱인지, 노트북인지 모름에도 불구하고…….

Key term

개념(concept): 사물의 범주를 나타내는 심적 표상으로, 장기기억에 저장되어 있음

범주(category): 함께 속할 수 있는 물체의 집합이나 종류(예: 가구류, 네발 동물)

이 예는 우리가 사물의 본질적인 요소에만 초점을 맞추고, 중요치 않은 세부적인 것은 별로 신경 쓰지 않는다는 것을 잘 보여 준다. 이러한 현상을 설명하기 위해서, 연구자들은 사람들이 의미기억 속의 지식을 개념이라는 형태로 저장하고 있다고 가정하고 있다. 여기서 개념(concept)은 강아지, 자동차, 침대와 같은 사물 범주들에 관한 심적 표상을 의미한다. 또한 범주(category)는 함께 속할 수 있는 사물들의 목록이나 집합을 의미한다.

개념의 기능

왜 의미기억 속의 지식들이 개념의 형태로 저장되어 있을까? 가장 중요한 이유는 개념이 세상과 사물에 대한 우리의 지식을 매우 **효과적**으로 표상하도록 하기 때문이다. 우리가 다른 사람들과 대화할 때, 우리는 지속적으로 개념을 사용하여 우리와 세상에 관한 지식들을 조합하는 방식으로 다른 사람들의 말을 이해한다.

개념의 또 다른 기능은 우리가 그것을 통해 세상에 대한 **예측**을 한다는 것이다(Heit, 1992). 예를 들어, 만약 우리가 한 동물을 보고 그것을 고양이라고 분류한다면, 우리는 그것이 우리를 해치지 않을 것이라 예측할 수 있다. 하지만 우리가 그것을 사자라고 분류한다면, 우리는 그것이 위험한 것이라 조심해야 한다고 예측할 것이다.

만약 우리가 경험을 분류할 수 없다면 어떻게 될까? 남아프리카의 작가인 Jorge-Luis Borges(1964, pp. 93-94)는 Funes라는 가공의 인물을 통해 이 질문에 답을 했다.

> Funes는 모든 숲의 모든 나무의 모든 잎을 기억할 수 있을 뿐만 아니라, 매번 그것들을 상상하고 떠올렸다. …… 떠오르는 수도 없이 다양한 크기와 모양들 때문에 그는 혼란을 겪었다. 그는 34번째 강아지를 53번째 강아지와 같은 이름으로 불러야 할지, 아니면 다른 이름으로 불러야 할지 때문에 혼란스러웠다. 그는 또 거울에 그의 손과 그의 얼굴이 비칠 때마다 깜짝 놀랐다.

우리의 일반적인 믿음과는 달리, 대상을 어떤 것으로 분류할지는 그리 간단한 문제가 아니다. 행성이라는 개념을 생각해 보라. 그것은 태양 둘레를 도는 가장 큰 물체들을 의미한다. 하지만 이와 같은 정의는 명왕성보다 더 큰, 하지만 행성이 아닌 물체들이 발견되면서 흔들리게 되었다. 그 결과, 명왕성은 행성에서 탈락하게 되었고, 카이퍼 벨트(Kuiper belt) 안의 다른 물체들과 같은 왜행성으로 분류되었다.

개념은 정의되기 힘들다

비록 우리가 세상에 대해 생각하고 이야기할 때 개념을 일상적으로 활용하지만 개념이 무엇인지를 명확하게 설명하는 것은 어렵다(Wills & Pothos, 2012). 그렇다면 개념을 정의하기 위해서는 어떤 원칙을 사용해야 할까?

이 장에서는 개념에 대한 가장 중요한 이론적 접근들을 다룰 것이다. 먼저, 개념이 본질적 속성들에 의해 정의된다는 주장에 대해 논의할 것이다. 그리고 원형 및 본보기 접근에 대해 이야기할 것이다. 이 접근들은 주요한 개념 범주들과 범주 구성원들의 특징들을 설명하기 위해 고안되었다. 이후, 지식과 경험이 개념의 조직화에 어떤 역할을 하는지 살펴볼 것이다.

[현실세계에서 6-1] 의미기억 치매(Semantic dementia)

의미기억에 저장된 일반적 지식들이 일상생활을 하는 데 중요한 역할을 한다는 사실은 널리 받아들여지고 있다. 이것은 일반적 지식을 갖고 있지 못한 사람들을 생각해 보면 명확하게 알 수 있다. Gabriel Garcia Márquez의 소설 『백 년 동안의 고독(One Hundred Years of Solitude)』에서 마콘도는 점차 사물의 의미나 그 사용법을 잊어버리게 되는 병을 겪었다.

> 소의 목에 매달려 있는 표식(이것은 소이다. 아침마나 젖을 짜서 우유를 만들어야 하고, 우유를 커피와 함께 마시기 위해서는 끓여야 한다)은 마콘도가 기억상실에 맞서기 위해 어떻게 준비하고 있는지를 보여 주는 예이다.

Gabriel Garcia Márquez의 이야기는 의미기억 치매를 겪고 있는 뇌 손상 환자들의 실제 삶과 매우 유사하다(Hodges et al., 2009; Rascovsky et al., 2009). 여기서 의미기억 치매는 일반적인 지식이나 단어들의 의미에 대한 지식이 손상된 상태를 의미한다(Patterson et al., 2007). 이것은 일반적으로 일화기억의 손상이 주가 되는 알츠하이머 증상과는 다르다. 알츠하이머 환자들은 단어들의 의미나 개념들에 대한 지식은 갖고 있지만 자신한테 어떤 일이 일어났는지를 기억하지 못한다. 의미기억 치매는 전측 측두엽의 손상과 관련이 있으며 초기에는 다른 뇌 영역들은 온전한 편이다. 의미기억 치매 환자는 모든 감각 양상에 걸쳐 상당한 양의 의미기억의 손실을 보인다.

의미치매 환자는 그림을 보고 그것을 특정 사물로 분류하는 능력에 문제가 있다. 그들은 그림을 매우 일반적인 수준에서 구분할 수 있으나(예: 생물인지 여부) 보다 구체적인 수준(예: 개인지 고양이인지)나 매우 세부적인 수준(어떤 종의 개인지)으로 구분하는 것은 어려워한다(Rogers & Patterson, 2007). 즉, 환자들은 시각적 사물들에 구체적 의미를 할당하는 능력에 어려움이 있다.

의미기억 치매 환자들은 사물을 그리는 능력도 떨어진다([그림 6-1] 참조; Rascovsky et al., 2009). 예를 들어, 환자 GW는 그림을 그릴 때 사물들의 중요한 속성들을 빼먹었다. 그의 물고기는 지느러미가 없었으며, 그의 새 중 하나는 날개가 없었고, 코끼리는 긴 코가 없었다. 이와 같은 그림은 GW의 대상의 의미에 접근하는 능력이 매우 제한되어 있다는 것을 보여 준다.

의미기억 치매 환자는 청각 양상을 통한 기억에도 문제가 있다. 그들은 각 사물들의 특징적인 소리를 듣고 그 소리를 구분하는 것을 어려워한다(예: 전화벨 소리, 개 짖는 소리 등; Patterson et al., 2007).

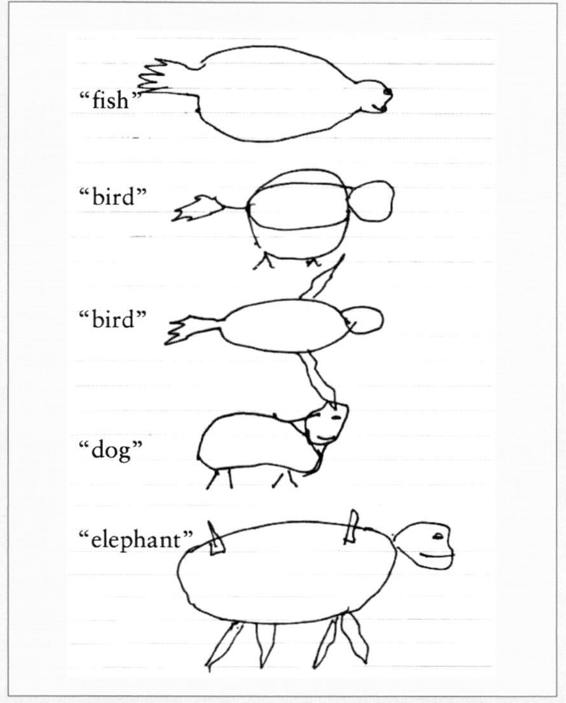

[그림 6-1] 환자 GW가 그린 동물 그림들. 중요한 속성들이 빠져 있다. 물고기한테는 지느러미가 없으며, 새는 날개가 없고, 코끼리는 코가 없다. 세부 속성이 빠져 있기 때문에 모든 동물이 상당히 비슷해 보인다.
출처: Rascovsky et al. (2009). Oxford University Press의 허가를 얻어 실음.

또한 의미기억 치매 환자는 커피, 코코넛, 바닐라와 같은 냄새를 구분하는 데도 어려움을 겪는다(Piwnica-Worms et al., 2010). 67세 여자 의미기억 치매 환자 CMR은 다른 사람들의 감정을 이해하는 능력이 감소하였다. 그리고 그녀는 얼굴 표정을 읽는 능력도 손상되었다(Calabria et al., 2009). 이와 같은 발견은 의미기억 치매 환자들의 광범위한 의미 경험의 손상을 보여 준다.

그렇다면 의미기억 치매 환자들에게는 **어떤** 것이 남아 있을까? 놀랍게도, 초기 상태의 의미기억 치매 환자들은 최근 일 년에 대한 거의 완전한 자서전적 기억과 일화기억을 가지고 있다(Matuszewski et al., 2009). 이러한 능력을 바탕으로 환자들은 병이 심해지기 전까지 일상을 기억하고, 약속을 지키며, 매일매일을 살아갈 수 있도록 한다(Rascovsky et al., 2009).

또한 언어 능력도 초기에는 크게 손상되지 않는다(Kertesz et al., 2010). 환자들은 발음에 거의 실수를 하지 않으며, 문법적으로 온전하게 말한다. 하지만 그들은 사소한 문법적 실수를 저지른다(예: "That's made me cried a lot": Meteyard & Patterson, 2009). 또한 그들은 의미가 별로 없는 말을 하곤 한다(예: '그것' '저것'과 같은 특별한 의미를 담지 않는 단어를 자주 사용한다).

의미기억 치매 환자들이 겪는 경험들은 매우 부정적인 결과를 초래한다. 그들은 종종 감정을 느끼지 못하고, 완고한 행동 양상을 보이며, 약한 수준의 강박을 보인다(Green & Patterson, 2009).

의미기억 치매 환자들도 점차적인 자서전적 기억의 손실을 보인다. 환자 RB는 지난 32년간 자신이 살았던 곳에 대한 목록을 작성하였는데 그는 자신에 대한 기억을 유지하기 위해 그 목록을 늘 지니고 다녔다. 그는 또한 친한 사람들의 이름과 사는 곳, 직업들을 적었다(예: "Virgil과 Lois는 Yukon에 살고 있음").

요약하자면, 의미기억 치매 환자들의 의미기억의 점진적 손상은 이후 매우 광범위한 수준의 손상을 초래한다. 이러한 손상은 점차 비정상적인 행동을 초래하며, 정체성의 손상을 야기한다. 이론적인 관점에서 초기 환자들이 정상적인 수준의 자서전적 기억과 일화기억을 갖고 있으며, 온전한 발음과 문법적 지식, 시공간 처리능력을 갖고 있다는 것은 중요하다. 초기 환자들의 온전한 능력들은 이와 같은 능력이 의미기억과는 관련이 적다는 것을 보여 준다.

공통속성 접근

누군가가 **과일**이 무엇인지 설명해 보라고 한다면 거의 모든 사람이 과일들의 전형적인 속성들로부터 시작할 것이다. "먹을 수 있고, 나무에서 자라거나 식물의 열매이며, 익었고, 달콤하고, 씨를 갖고 있고, 건강에 좋으며, 비타민이 풍부하고, 동그랗다."(Hampton, 1979; Storms et al., 2001). 사전도 같은 절차를 따른다. 예를 들어, Wordnet 사전(http://wordnet.princeton.edu/)은 **과일**을 "the ripened reproductive body of a seed plant."로 정의한다. 이 정의에 따르면 **과일**을 정의하는 데에는 익음, 재생산물, 씨라는 세 가지 속성이 본질적으로 중요하다. 그 밖의 속성들은 다른 개념들과 공유되는 속성들이라 필수적이지 않다.

개념을 본질적이고 공통적인 속성으로 정의하려는 생각은 철학과 심리학에서 기원하였다. 하지만 이와 같은 생각은 곧 문제점에 봉착하였다. 철학자 Wittgenstein(1889~1951)은 개념을 정의하는 것이 불가능하다고 하였다. 예를 들어, 그는 게임과 스포츠를 명확하게 구분하는 것은 불가능하다고 주장하였다. 체스는 과연 게임인가 스포츠인가?

Wittgenstein의 문제는 곧 사람들에게 호박과 토마토는 과연 과일인가 채소인가라는 문제를 상기시켰다. McCloskey와 Glucksberg(1978)는 이런 질문들에 더해 '뇌졸중은 질병인가?'와 같은 질문들을 30명에게 제시했다. 그 결과, 16명의 사람들이 호박은 과일이라고 대답했고, 뇌졸중의 경우에도 16명의 사람들이 질병이라 대답했다. 놀랍게도 McCloskey와 Glucksberg가 한 달 뒤에 물었을 때 **뇌졸중**에 대해 11명이 마음을 바꿨으며, 8명이 **호박**에 대해 마음을 바꿨다.

많은 사람이 호박과 토마토를 채소로 분류하지만 Wordnet 사전에 따르면 호박과 토마토는 과일이다. 이렇게 호박과 토마토를 분류하기 어려운 이유는 개념들이 불명확한 경계(fuzzy boundary)를 가지고 있기 때문이다. 이것이 정의적 속성을 발견하기 어렵게 만드는 원인이다. 만약 정의적 속성을 발견한다 하더라도, 그에 따른 정의가 많은 사람의

> **Key term**
>
> **불명확한 경계(fuzzy boundary)**: 많은 범주 사이에는 점진적 전이 영역이 존재하는데, 대부분의 경우 필수적인 특징의 목록만 가지고 해당 개념을 정의하는 것이 불가능함을 가리키는 용어

직관적 생각과 맞지 않을 가능성이 크다. 예를 들어, 많은 아이가 '익음, 재생산물, 씨'와 같은 단어들을 알기 전에 과일이 무엇인지 안다.

원형 접근

공통속성 접근의 문제점 때문에, 대안으로 원형 접근이 제시되었다(Rosch & Mervis, 1975; Hampton, 2007, 2010). 이 접근에 따르면, 각각의 범주에는 그 범주의 핵심적 개념을 대표하는 원형(prototype)이 있으며 새로운 정보의 범주화는 그 정보와 기존 개념의 원형과의 비교를 통해 이루어진다.

그렇다면 원형은 무엇일까? 가장 일반적인 관점은 원형이 각각 중요성이 다른 특질들과 속성들의 조합이라는 것이다. 연구자들은 사람들에게 질문을 통해 어떤 속성이 그 범주에 일반적인 속성인지를 묻는 방식으로 원형을 측정한다. 우리는 과일의 원형을 정의하는 속성들을 살펴봤다. 이와 같은 방식으로 생각해 볼 때 새의 원형은 다음과 같은 속성을 포함한다고 간주된다. 살아 있고, 날 수 있으며, 둥지를 짓고, 깃털이 있고, 부리가 있으며, 날개가 있고, 다리가 있고, 알을 낳는다(Hampton, 1979).

Key term

원형(prototype): 범주의 주요 특징을 포함하는 중심 설명 또는 개념적 핵심으로, 어떤 특징들은 일반적으로 다른 특징들보다 더 가중치가 있음

전형성 효과(typicality effect): 한 범주에 해당하는 구성원이 그 범주에 속한다고 결정하는 데 걸리는 시간이 덜 전형적일 때보다 전형적일 때 더 빠른 현상

원형 접근에서는 어떤 사물이 가진 속성이 특정 범주의 원형과 충분히 유사하면 그 사물은 특정 범주에 포함된다. 이것을 **가족 유사성(family resemblance)**이라 부른다. 새의 원형과 많은 속성을 공유하고 있는 동물들(예: 제비, 개똥지빠귀, 박새)은 그것과 별로 많은 속성을 공유하고 있지 않은 동물들(예: 닭, 펭귄)에 비해 새의 범주를 더 잘 대표한다고 여겨진다. 그 결과, 사람들은 개똥지빠귀가 새라는 것을 펭귄이 새라는 것보다 더 빨리 판단할 수 있다. 이러한 현상을 전형성 효과(typicality effect)라 한다.

또한 원형 이론은 범주들 사이의 불명확한 경계에 대한 좋은 설명을 제공한다(Hampton, 2010). 한 범주의 원형과 속성을 적게 공유하면 적게 공유할수록, 그것은 그 범주로 구분되지 않을 것이고, 속성을 더 많이 공유하는 다른 범주로 구분될 것이다(이것이 많은 사람이 고래를 포유류가 아니라 물고기로 구분하는 이유이다).

또한 원형 이론은 왜 사람들이 그 범주에 속하는 대부분의 대상들이 공유하는 속성이긴 하지만 그 범주 안의 모든 것이 다 공유하지는 않는 속성들도 그 범주의 속성이라고 간주하는지를 설명한다(Hampton, 2010). 예를 들어, 사람들은 '날 수 있다'를 새의 속성으로 간주하지만 새의 한 종류인 타조는 날 수 없다. 따라서 '날 수 있다'는 그 범주의 모든 대상이 공유하는 속성이 아니며, 공통속성 이론에서 간주하는 공통속성이 아니다. Wordnet의 정의에 따르면 새

는 "warm-blooded egg-laying vertebrates characterized by feathers and forelimbs modified as wings"이다(쉬운 단어들이 사전에 복잡하게 정의되어 있는 이유가 바로 여기에 있다).

추상적인 개념에도 물론 원형이 존재한다. Fehr(2004)는 우정에 원형이 있는지를 살펴보았다. 남자와 여자들은 모두 자기개방, 정서적 지지, 충실성이 우정의 전형적인 속성이라고 보고했으며, 따라서 이러한 속성들은 우정의 원형에 중요한 속성이다. 반면 공통 활동이나 실질적 도움은 우정에 덜 전형적인 속성이다.

왜 의미기억에 범주의 원형을 저장하고 있는 것이 유용할까? 이것은 경계가 모호한 범주 간 경계를 찾기보다는 특정한 속성에 초점을 두어 한 범주에 속하는지 다른 범주에 속하는지를 구분하는 것이 더 경제적이기 때문이다. 우리가 새로운 대상들을 발견하면 경계는 변화할 수 있다. 하지만 어떤 범주나 개념의 핵심, 즉 원형은 거의 변화하지 않는다.

발견들

Rosch와 Mervis(1975)는 범주에 있어서 가족 유사성의 중요성을 보여 준다. 그들은 연구 참가자들에게 6개의 범주를 제시한 후 각각 범주들의 가장 전형적인 본보기가 무엇인지를 물었다. 〈표 6-1〉은 20개의 가장 전형적인 본보기들을 많이 언급된 순서대로 나열한 것이다. 그 다음, 그들은 새로운 참가자들에게 각 범주에 속하는 대상들(예: 승용차, 트럭, 버스, 모터사이클)의 속성을 물었다.

특정 범주에 포함되는 대상들은 같은 범주에 있는 다른 많은 대상과 속성을 공유하는데, 이 정보는 각각의 대상들의 가족 유사성 점수를 계산하는 데 사용될 수 있다. 예를 들어, 한 대상이 두 개의 속성을 가지고 있는데, 그 속성들 중 한 속성은 같은 범주에 있는 16개의 다른 대상이 가지고 있고, 다른 속성은 14개의 대상이 가지고 있다면 가족 유사성 점수는 16+14=30이 된다.

Rosch와 Mervis(1975)의 중요한 발견은 한 범주에 속한 전형적인 대상일수록 그렇지 않은 대상보다 가족 유사성 점수가 높다는 것이다. 전형성과 가족 유사성 점수와의 상관은 +.84(채소)에서 +.94(무기)에 이른다.

또한 Rosch와 Mervis(1975)는 한 범주에 속한 가장 전형적인 대상 5개와 가장 덜 전형적인 대상 5개를 살펴보았다. 그중 차량을 예로 들면, 가장 전형적인 5개는 36가지의 공통적인 속성(예: 바퀴, 엔진, 운전수)을 가지고 있지만 가장 덜 전형적인 5개는 단지 두 가지의 공통속성만을 가지고 있다.

<표 6-1> 6개의 범주에 속하는 대상들. 친구들에게 가구나 의복의 종류를 말하라고 요구해 보라. 그들이 대답이 Rosch와 Mervis(1975)가 얻은 자료들과 얼마나 일치하는지를 보라. 50년 전에 모은 자료에서는 목록의 뒤에 있지만, 지금은 목록의 앞쪽에 있는 자료나 그 반대의 자료가 얼마나 되는가?

원형	가구	과일	차량	무기	옷	채소
1	의자	오렌지	승용차	총	바지	완두콩
2	소파	사과	트럭	칼	셔츠	당근
3	테이블	바나나	버스	검	드레스	강낭콩
4	서랍장	복숭아	오토바이	폭탄	스커트	시금치
5	책상	배	기차	수류탄	재킷	브로콜리
6	침대	살구	트롤리	창	코트	아스파라거스
7	책장	자두	자전거	대포	스웨터	옥수수
8	발받침	포도	비행기	활	속옷	콜리플라워
9	램프	딸기	보트	곤봉	양말	방울다다기양배추
10	피아노	자몽	트랙터	탱크	파자마	상추
11	쿠션	파인애플	카트	최루탄	수영복	근대
12	거울	블루베리	휠체어	채찍	신발	토마토
13	러그	레몬	탱크	송곳	조끼	리마콩
14	라디오	수박	뗏목	주먹	넥타이	가지
15	스토브	감로	썰매	로켓	벙어리장갑	양파
16	시계	석류	말	독	의자	감자
17	액자	대추야자	비행선	가위	앞치마	얌
18	옷장	코코넛	스케이트	말	지갑	버섯
19	꽃병	토마토	손수레	발	손목시계	호박
20	전화	올리브	엘리베이터	드라이버	목걸이	쌀

출처: Rosch & Mervis (1975). Elsevier의 허가를 얻어 실음.

한계점

비록 원형 이론이 공통속성 이론에 비해 더 많은 설명을 제공한다 하더라도 모든 발견을 다 설명할 수 있는 것은 아니다. Barsalou(1985)는 가족 유사성 점수가 목표에 기반한 범주들 내의 전형성 정도는 설명하지 못한다고 보고하였다. 목표에 기반한 범주는 범주 내 대상들이 주어진 목표(예: 받는 사람이 좋아할 만한 생일 선물)를 위한 것들인 경우를 말한다. 이러한 범주에 속하는 전형적인 대상들은 다른 대상들과 속성을 공유하기보다는 주어진 목표를 가장 잘 만족시키는 것들이다.

원형이 한 범주 안의 대부분의 대상들을 포괄할 것이라는 가정은 Lynch와 동료들(2000)의 발견과 부합되지 않는다. 이 연구에서는 3명의 전문가와 초보자들에게 나무의 전형성을 평가하라고 요구하였다. 원형 이론에 따르면 평균적인 크기의 나무들이 전형성이 높은 것으로 간주될 것이다. 하지만 전문가들은 큰 나무들을 보다 전형적이라 판단하였다. 즉, 그들의 평가는 그 나무가 대부분의 다른 나무들과 속성을 얼마나 많이 공유하는지 여부가 아니라 가장 **이상적인** 나무와 얼마나 일치하는지에 따라 결정되었다.

Lynch와 동료들(2000)의 연구에서 초보자들의 평가는 전문가들과는 매우 달랐으나 이들의 결과 역시 원형 이론을 지지하지 않는다. 초보자들의 경우, 전형성을 평가하는 가장 중요한 요인은 그 나무와 얼마나 친숙한지 여부였다. 따라서 **단풍나무**와 **전나무**가 가장 전형적인 예로 간주되었고 **은행나무**와 **오동나무**는 전형적이지 않은 예로 간주되었다.

마지막으로 모든 범주가 분명한 원형을 가지고 있는 것은 아니다(**과학, 범죄, 정의, 믿음**과 같은 개념을 생각해 보라; Hampton, 1981). 또한 사람들은 새로운 범주를 쉽게 정의해 낼 수 있다(예: '벼룩시장에서 팔 것들' 또는 '캘리포니아로 이사 가면 만날 사람들'). Barsalou(1983)는 이러한 범주를 '임시 범주들'이라 불렀다. 임시 범주는 방금 생긴 것이기 때문에 아직 원형을 가질 수 없다. 하지만 사람들은 이 범주에 속하는 예를 쉽게 생각해 낼 수 있다. 이것이 어떻게 가능할까?

평가

- ⊕ 원형 접근은 많은 범주에 속한 대상들에게서 발견되는 전형성 점수에 대한 설명을 제공한다.
- ⊕ 대부분의 범주들에 대한 요약된 설명(원형 혹은 개념적 핵심)이 의미기억에 저장되어 있을 것으로 보인다.
- ⊖ 원형 접근은 어떤 개념에는 보다 잘 들어맞고 다른 개념의 경우에는 그렇지 않다. 예를 들어, 몇몇 추상적인 개념은 원형을 가지고 있지 않는 것으로 보이며(Hampton, 1981), 가족 유사성은 목표에 기반한 범주들의 전형성 정도를 예측해 내지 못한다(Barsalou, 1985).
- ⊖ 개념은 원형 접근이 가정하는 것보다 훨씬 복잡하다. 예를 들어, 이 접근은 전문성의 영향에 대해 적절한 설명을 제공하지 못한다(Lynch et al., 2000).

본보기 접근

본보기 접근은 원형 이론이 직면한 문제를 해결하기 위해 제안되었다(예: Rips & Collins, 1993). 범주에 관한 추상적인 설명(핵심 원형)을 대신하여, 본보기 모형에서는 새로운 대상이 다양한 범주의 본보기들과의 비교를 바탕으로 범주화된다고 제안한다. 예를 들어, 우리가 새로운 날아다니는 동물을 보고 이것이 새인지 벌레인지를 판단해야 할 때, 우리는 이 동물을 새의 원형 그리고 벌레의 원형과 비교하기보다는 우리한테 익숙한 새들(예: 종달새, 제비, 비둘기) 그리고 벌레들(예: 나비, 벌, 잠자리)과 비교한다.

발견들

원형 이론을 지지하는 많은 증거는 본보기 이론에 의해서도 설명될 수 있다. 예를 들어, 한 대상이 어떤 범주에 속하는지를 판단하는 범주 판단 과제를 실시한다고 생각해 보자. 사람들은 '참새는 새인가?'라는 질문에 '펭귄은 새인가?'라는 질문보다 더 빨리 대답할 수 있다. 예전에 참새를 많이 봤기 때문에 이것이 펭귄보다 머릿속에 더 잘 저장되어 있고, 따라서 더 빨리 떠올라 범주 판단을 빨리 할 수 있게 되는 것이다.

본보기 모형에 따르면 범주 구성원의 전형성에 영향을 미치는 주요한 요인은 그 사물을 얼마나 자주 접했는가 하는 빈도이다. Novick(2003)은 이에 대한 증거를 제시하였다. 이 연구에서는 **비행기**의 운송수단으로서의 전형성이 9/11 이전에도 측정되었고, 이후에도 측정되었다. 9/11 직후에는 비행기의 전형성 평가가 크게 올랐으나 네 달 반이 지난 이후에는 전형성 점수가 9/11 이전으로 돌아갔다. 이와 유사하게 제비는 펭귄보다 더 자주 접하기 때문에 사람들은 제비를 펭귄보다 전형적인 새로 간주한다.

Storms와 동료들(2000)은 가구, 과일, 새와 같은 범주를 대상으로 본보기 접근과 원형 접근을 비교하기 위하여 두 가지를 측정하였다. 우선, 각 대상들이 전형적인 속성과 공유하는 유사성(전형성 유사성)이 어느 정도인지를 측정하였다. 이를 위하여 참가자들에게 종달새와 타조를 제시하고 이들이 살아 있는지, 날 수 있는지, 깃털이 있는지, 알을 낳는지 등을 물었다. 또 본보기들 간의 유사성(본보기 유사성)이 얼마나 되는지를 측정하기 위하여 참가자들에게 종달새와 타조가 독수리나 공작, 매, 파랑새 등 미국 대학생들이 가장 일반적으로 생각하는 새들과 얼마나 유사한지를 물었다. Storms와 동료들(2000)은 이후 두 측정치와 범주 판단의 정확도 및 속도와의 상관을 살펴보았는데, 두 측정치 모두 상당한 상관을 나타냈다. 하지만 본보기 유사성 측정치가 전형성 유사성 측정치보다 범주 판단의 정확도 및 속도와 더 높은 상관을 보였다.

한계점

본보기 접근의 가장 큰 문제점은 이것이 일상생활에 어떻게 적용되는지가 분명하지 않다는 것이다(Binder, 2016; Murphy, 2016). 살펴본 것처럼, 개념은 의미기억의 핵심이다. 동시에 새로운 정보들을 저장하고 이해하기 위해서는 개념들이 서로 연결되어 있어야 한다. 개념들을 연결하기 위해서는 일반화와 추상화가 필요한데 본보기 접근에는 이러한 추상화 과정이 없다. 따라서 '어떻게 개념이 조직화되는가?'와 같은 질문에 대해 대답하기 힘들다. 우리는 종달새가 새이고, 동물이고, 살아 있는 것이란 것을 안다. 이와 같은 개념이 모두 본보기에 기반하여 저장되어 있다는 것이 가능할까?

본보기 접근의 또 다른 한계는 본보기 접근이 복잡한 개념보다 단순한 개념에 오히려 적용이 잘되지 않는다는 점이다(Smith & Minda, 2000). Feldman(2003)에 따르면 단순한 개념의 경우에는 그 개념을 정의하는 공통속성이 있으며(예: 모든 짝수는 2로 나뉜다), 그러한 개념들에는 본보기가 필요하지 않다. 따라서 분명한 정의적 속성이 없는 개념의 경우에만 본보기 접근이 필요한 것으로 보인다.

가능한 해결책

원형 이론과 본보기 이론이 양립할 수 있을까? Vanpaemel와 Storms(2008)에 따르면 이 두 이론이 상호 배타적일 필요가 없다. 두 이론은 추상성의 측면에서 양쪽 극단에 있는 이론이다. 본보기 이론은 추상성이 전혀 없으며, 원형 이론은 완전히 추상적이다. 따라서 Vanpaemel와 Storms(2008)는 범주들이 각각 추상성의 정도가 다르다는 것을 받아들이고 각 범주들의 추상성 정도에 따라 두 이론을 적당히 고려해야 한다고 제안하였다. 이들은 이러한 생각에 기반한 '다양한 수준의 추상성' 모형을 제안하고, 이 모형을 이전에 출판된 여러 자료에 적용하였는데 기존의 모형들보다 더 나은 결과를 보였다.

평가

- ⊕ 본보기 모형과 원형 모형을 비교하였을 때, 일반적으로 본보기 모형이 더 나은 결과를 보인다(Storms et al., 2000).
- ⊖ 본보기 모형은 복잡한 개념에 적용하였을 때보다 단순한 개념에 적용하였을 때 더 결과가 안 좋다(Feldman, 2003; Smith & Minda, 2000).
- ⊖ 대부분의 본보기 모형은 우리가 경험하는 모든 범주가 기억에 저장된다고 가정한다. 하지만 이와 같은 가정을 따르면, 우리는 금방 정보의 과부하에 걸리게 될 것이다. 게다가, 개념들을 결합하여 세상에 관한 일반적인 지식을 구성하려면 어느 정도의 추상화는 필수적인 것으로 보이는데, 본보기 모형은 이것을 가정하지 않는다.
- ⊕ 가능한 해결책은 본보기 모형과 원형 모형이 상호 배타적이지 않고 단지 추상성의 정도에서만 차이가 있는 모형이라 보는 것이다.

지식기반 접근

사람들은 개념들의 속성뿐만 아니라 각 속성들 간의 **관계**에 대해서도 잘 이해하고 있는데 이제까지 살펴본 이론들은 이러한 관계에 대한 고려가 없다. 예를 들어, **위험**과 **날카로움**은 칼의 두 가지 속성이다. 이 두 가지 속성은 서로 관련되어 있어서 사람들은 칼이 날카롭기 때문에 위험하다고 생각한다(Heussen & Hampton, 2007).

인과 관계는 특히 중요하다. 우리는 자동차에 엔진이 있으며, 연료가 필요하다는 것을 안다. 하지만 엔진이 있고, 연료가 필요하다고 모두 자동차는 아니다. 보트는 엔진도 있고 연료가 필요하지만 자동차는 아니다. Ahn과 동료들(2000)의 연구는 속성들 사이의 인과 관계의 중요성을 잘 보여 준다. 이 연구에서는 참가자들에게 주어진 범주의 구성원들이 세 가지 속성(예: 희미한 시야, 두통, 불면)을 가지고 있다고 알려 주고, 희미한 시야가 두통을 야기하고 두통이 불면을 야기한다고 알려 주었다. 이후 참가자들에게 이 중 한 가지 속성이 없는 대상이 그 범주에 속할 가능성을 판단하도록 하였다. 그 결과, 참가자들은 최초의 원인(즉, 희미한 시야)이 빠진 경우에는 그 범주에 속할 가능성이 떨어진다고 보고하였고, 마지막 결과(즉, 불면)가 생략되었을 때는 그 범주에 속할 가능성이 크다고 보고하였다. 즉, 사람들은 원인이 생략되면 그 범주에 속할 가능성이 크게 떨어진다고 판단하였다.

이제까지 살펴본 이론들의 또 다른 한계는 개념이 변화하지 않는다고 간주하는 것이다. 하지만 개념이 어떻게 표상되는지는 그것이 제시되는 맥락에 따라 **변화**한다(Barsalou, 2008). 예를 들어, **개구리**라는 단어를 봤을 때 우리는 '사람이 먹는'이라는 속성을 떠올리지 않는다. 하지만 프랑스 식당에 갔다면 다르다. 즉, 개념은 고정되어 있지 않고, 맥락이나 상황에 따라 변화한다. Yee와 Thompson-Schill(2016)은 개념이란 맥락 의존적이어서 '모든 맥락에서 항상 활성화되는 핵심 속성'이란 것은 존재하지 않는다고 제안하고 있다. 장난감 개구리를 가지고 노는 아이들의 맥락에서는 개구리라는 개념에서 '동물'이라는 속성은 활성화되지 않을 수 있다.

Barsalou(2008, 2009)는 일상에서 개념은 특정한 맥락에서 처리되지, 혼자 따로 처리되지는 않는다고 지적하였다. 개념이 맥락 의존적이라는 것은 개념이 먼저 부분적으로 활성화되고 이후 맥락에 따라 변화한다는 것을 시사한다. 보다 일반적으로, 주어진 개념의 활성화는 개개인의 현재 목표와 상황에 따라 달라진다. 이 장의 맨 앞부분에서 전화로 책상과 독서등이 보인다고 말한 친구의 사례를 생각해 보자. 독서등과 책상에 대해 당신이 떠올린 이미지는 맥락에 따라 다를 것이다([연구 따라잡기 6-1] 참조).

[연구 따라잡기 6-1] 개념의 활성화와 맥락

이 연구 따라잡기(Wu & Barsalou, 2009 연구에 기반함)는 친구와 함께 하는 것이 좋다. A 목록에 있는 단어들을 순서대로 선택하고, 각각의 단어들에 대해 최대한 많은 속성을 적어 보라. 친구에게 B 목록에 대해 같은 식으로 하라고 해 보자.

A 목록	B 목록
잔디	돌돌 말려 있는 잔디
수박	수박 반 통
자동차	컨버터블 자동차

만약 두 목록의 속성들을 비교하면, 당신은 흥미로운 차이를 발견할 수 있을 것이다. A 목록을 살펴본 당신은 아마도 외적인 속성들(예: 잔디 깎기, 줄무늬, 트렁크)에 대해 초점을 맞추고 내부의 속성(예: 흙, 빨간색, 라디오)에는 주의를 기울이지 않았을 것이다. 반면, B 목록을 살펴본 친구들은 내부의 속성에 더 많은 주의를 기울였을 것이다.

이 발견이 의미하는 것이 무엇일까? 이것은 우리의 개념에 대한 처리가 종종 지각적 속성에 의존한다는 것이다. 우리가 마치 그 단어의 대상을 눈으로 보고 있는 것처럼 처리하기 때문에 보이지 않는 속성은 생각하기 힘들다.

Wu와 Barsalou(2009)는 참가자들이 종종 그 대상 자체보다는 그 대상의 배경 상황과 관련된 속성에 대해 보고한다는 것을 발견하였다. 이들의 연구에서 실제 보고된 속성들 중 25%에서 50%는 배경 상황과 관련된 것들이었다.

당신도 비슷한 현상을 발견할 수 있을 것이다. 예를 들어, 잔디를 보고 당신은 **소풍**이나 **그 위에서 놀기** 등을 떠올리고, 자동차를 보고 **고속도로**나 **휴일**을 떠올렸을 수 있다. 일상에서 우리는 특정한 상황에서 특정 대상들과 마주한다. 따라서 우리가 그 대상의 개념에 대해서 처리할 때 우리는 그 상황에 대해서도 같이 처리한다.

지식기반 대안

지식기반 접근은 왜 속성들 간의 인과 관계가 범주화에 그토록 중요한 영향을 미치는지, 그리고 왜 범주화가 개개인의 현재 목표와 상황에 좌우되는지를 설명하기 위해 제안되었다. 지식기반 접근에 따르면, 세상 물정의 인과적 · 기능적 · 구조적 특성에 관한 지식은 범주화를 위한 기본적인 선행 요건이다. 이것은 유아들에게 있어서도 마찬가지이다(Keil et al., 1998; Pauen, 2002).

Gelman와 Coley(1990)는 2세 아이들의 지식기반 범주화를 묘사하였다. 아이들에게는 먼저 전형적인 범주 대상(예: 새; [그림 6-2]의 왼쪽)의 그림과 그와 관련된 정보('이것은 둥지에 산다.')를 제공하였다. 다음, 아이들에게 다른 그림을 제시하고, 이것이 둥지에 사는지 아닌지를 판단하게 하였다. 그림 중 하나는 앞서 보여 준 그림과 전혀 다른 모양인 도도새 그림이었고, 다른

[그림 6-2] Gelman과 Coley(1990)가 사용한 그림 자극. 이 연구에서 2세 아이들은 먼저 전형적인 새 그림을 보았고, 이것이 둥지에 산다는 말을 들었다. 이후 아이들에게 지각적으로 전혀 다르게 생긴 도도새를 보여 주고 이것이 둥지에 살 것 같은지를 물었다. 또한 아이들에게 처음 보여 준 그림과 비슷하게 생긴 익룡 그림을 보여 주고 이것이 둥지에 살 것 같은지를 물었다. 그 결과, 아이들은 도도새가 익룡보다 더 둥지에 살 것 같다고 보고하였다. 이는 아이들이 범주화 시 지각적 유사성보다 일반적인 지식에 의존한다는 것을 보여 준다.
출처: Gelman & Coley (1990). the American Psychological Association의 허가를 얻어 재인쇄함.

하나는 앞선 그림과 유사하게 생긴 익룡 그림이었다. Gelman와 Coley(1990)는 아이들이 도도새가 둥지에 산다고 판단하는지(지식기반 범주화) 익룡이 둥지에 산다고 판단하는지(지각기반 범주화)를 살펴보았다. 연구 결과는 아이들이 지식기반 범주화를 한다는 것을 보여 주었다.

Gelman(2009)은 개념이 지식기반이기 때문에 아이들이 유사하게 생기지 않은 것들을 같은 특징(예: 둥지에 산다)을 지닌 같은 종류로 취급할 수 있으며, 내부의 구성물이나 기능, 그 밖의 분명히 드러나지 않는 속성들에 대해 유추할 수 있다고 주장하였다.

지식기반 접근은 또한 우리가 새로 접한 것에 대해 즉시적 범주화를 할 수 있도록 도움을 준다. 만약 우리에게 불이 났을 때 꺼낼 만한 것들을 범주화하라고 한다면, 우리는 원형이나 본보기에 의해 추출된 공통속성들보다는 일반적인 지식에 의존하여 분류할 가능성이 크다.

체화된 인지 접근

지금까지의 접근들은 지각 경험이나 운동 경험과는 독립적인, 추상적 표상으로서의 개념에 초점을 맞추고 있다. 하지만 이것만으로는 부족하다.

개념에 추상적인 정보 이상을 포함해야 하는 가장 중요한 이유는 직접 경험하지 않고는 그것이 의미하는 바를 정확히 알기 힘든 개념이 많이 있기 때문이다. 우리가 '나무'라는 개념에 대해 생각할 때, 그것을 한 번도 본적이 없다면 그 단어가 의미하는 바를 완전히 이해하는 것은 불가능하다. 이러한 생각은 철학자 Jackson(1982)의 'Mary thought experiment'에 묘사되어 있다.

메리는 어떤 이유인지 모르지만 흑백 TV 모니터로 세상을 봐야 하는 과학자였지만 그녀는 망막에 어떤 파장들이 연합되면 하늘색을 보게 되는지, 잘 익은 토마토의 색은 어떤 것인지를 알고 있었다. 만약 그녀가 흑백 TV가 아니라 컬러 TV로 세상을 바라보게 된다면 어떻게 될까? 당연하게도 그녀가 시각적으로 경험하고 이해하는 세상은 달라질 것이다. 흑백으로 세상을 바라볼 때도 그녀는 색과 관련된 파장과 같은 모든 물리적 정보를 가지고 있었지만 그녀의 개념에 무엇인가 빠져 있었던 것은 분명하다(Jackson, 1982, p. 130).

Key term

체화된 인지(embodied cognition): 개념의 의미가 주변 세계와 우리 몸의 물리적 상호작용에 의존한다는 가설

개념의 의미가 부분적으로는 우리의 몸과 세상과의 물리적 상호작용에 의존한다는 생각을 체화된 인지(embodied cognition)라 한다.

Harnad(1990)는 체화된 인지가 언어를 이해하는 데도 필요하다고 주장하였다. 만약 단어의 의미가 말로만 정의되어 있다면 그 의미를 완벽하게 이해하는 것은 불가능하다. 예를 들어, 아이들이 '사과'라는 단어를 본다면 아이들은 그 단어를 자신의 여러 감각 경험(보는 것, 만지는 것, 맛보는 것)이나 운동 행위(먹기)와 연결시킨다. Vincent-Lamarre와 동료들(2016)은 영어사전에서 다른 단어들을 정의하는 데 필요한 최소한의 경험기반 단어를 분석하였는데, 그들에 따르면 1000개의 경험기반 단어만 있으면 10만 단어를 이해할 수 있었다. 이러한 경험기반 단어들은 어렸을 때 배우게 되며, 더 자주 나타나고, 구체적인 의미를 담고 있다.

발견들

개념 속에 감각 정보와 운동 정보가 포함되어 있다는 것을 지지하는 많은 증거가 있다.

예를 들어, Pecher와 동료들(2009)은 문장 이해에 시지각이 관여한다는 것을 보고하였다. 이 연구에서는 참가자들에게 일련의 문장을 읽고 그것이 말이 되는지 안 되는지를 판단하게 하였다. 1/4의 참가자들에게는 '안젤라가 치약을 그녀의 쇼핑 카트에 넣는다.'라는 문장을 보여 주었고, 또 다른 1/4에게는 '안젤라가 그녀의 칫솔에 치약을 짠다.'라는 문장을 보여 주었다. 나머지 사람들에게는 두 개의 다른 문장을 보여 주었다. 이후 참여자들에게 그림을 보여 주고 이 그림에 방금 본 문장에서 언급된 사물이 있는지를 판단하게 하였다. 이때 몇몇의 참가자에게는 뚜껑이 열린 치약을, 다른 참가자들에게는 뚜껑이 닫혀 있는 치약을 보여 주었다. 그 결과, '안젤라가 그녀의 칫솔에 치약을 짠다.'라는 문장을 본 사람들은 뚜껑이 열린 치약을 봤을 때 뚜껑이 닫힌 치약을 봤을 때보다 치약이 있었다는 것을 더 정확하게 판단하였다. 반면, '안젤라가 치약을 그녀의 쇼핑 카트에 넣는다.'를 본 경우에는 뚜껑이 닫힌 치약을 봤을 때

치약이 있었다는 판단이 더 정확했다.

의미기억의 지식들이 추상적인 개념들 이상의 것이라는 생각은 시각 심상 연구들에서 특히 주목을 받았다. 여러분이 살던 집을 떠올려 보라. 얼마나 많은 창문이 있었나? 이와 같은 질문에 대답하려면 여러분은 의미기억 내 어떤 정보를 이용해야 하나? 저장된 시각적 정보? 아니면 저장된 추상적 개념?

Kosslyn(2005)은 사람들이 자극을 지각하는 과정과 동일한 방식으로 시각 심상을 만들어낸다고 주장하였다. 이러한 주장은 **지각적 예측 이론**(perceptual anticipation theory)이라 알려져 있다. 이 이론에서는 시각적 심상과 시각적 지각 사이에 밀접한 관련이 있다고 가정한다. 이와 반대로 Pylyshyn(2003)은 우리가 기억에 저장되어 있는 추상적인 개념 정보에 기반하여 시각적 심상을 형성한다고 주장한다. 이 개념기반 이론은 시각적 심상과 시각적 지각 사이에 체계적 차이가 있다고 예측한다.

Kosslyn의 지각적 예측 이론을 지지하는 강력한 증거는 시각적 심상이 뇌의 시지각 영역을 활성화시킨다는 것이다(Kosslyn & Thompson, 2003). Klein과 동료들(2004)은 실험 참가자들에게 깜빡이는 검고 흰 나비넥타이 모양의 자극을 수평 또는 수직으로 제시하였다. 그리고 참가자들에게 나비넥타이 모양을 상상하라고도 요구하였다. 그 결과, 실제로 자극을 봤을 때와 상상했을 때, 뇌 활성화 형태가 같은 것으로 관찰되었다. 이 결과는 시각적 심상이 시지각과 유사한 처리 과정을 거친다는 것을 보여 준다. [연구 따라잡기 6-2]에 더 많은 증거(혹은 반대 증거)가 제시되어 있다.

Barsalou와 Wiemer-Hastings(2005)는 심지어 추상적인 지식들도 경험기반 속성을 포함하고 있다는 증거를 보고하였다. 그들은 사람들에게 다양한 추상적 개념들의 특성을 목록화해 달라고 부탁했는데 그 결과 많은 추상적인 속성이 그 개념과 관련되어 상상 가능한 상황이나 사건으로 묘사되어 있다는 것을 알 수 있었다(예: **발명** → 과학자가 연구실에서 일하는 장면). Vigliocco와 동료들(2014)은 또한 많은 추상적인 개념들이 정서를 포함한다고 주장하였다. 그들에 따르면, 아이들이 **사랑**이나 **불의**와 같은 개념을 배울 때, 그와 관련된 정서를 바탕으로 한다.

Hauk와 동료들(2004; Pulvermüller, 2013 참조)은 우리가 개념 정보에 접근할 때 운동 체계에 관련된다는 가정을 검증하였다. 그들은 혀, 손, 발 운동을 할 때 대뇌의 운동 피질의 특정 영역이 각각 구분되어 활성화된다는 것에 착안하여, '핥다, 집다, 차다'와 같은 단어를 제시하였을 때 그 단어들이 대뇌 운동 피질의 혀, 손, 운동 부분을 활성화하는지를 살펴보았다. 그 결과, '핥다'라는 단어가 혀 운동과 관련된 운동 피질의 활성화를 유도하였다. 이와 유사하게 다른 단어들도 관련 운동 피질의 활성화를 유도하였다.

요약하자면, 우리는 일상생활에서 개념적 지식을 사용할 때 지각, 운동, 감정 체계를 이용한다. 이 사실은 왜 개념이 상황에 따라 변화하는지에 대한 설명에 도움을 준다. 어떤 개념에 정확한 의미를 부여하기 위해서는 상황을 고려해야 하며, 현재 수행하는 과제와 관련된 지각 및 운동 과정도 고려해야 한다.

[연구 따라잡기 6-2] 지각과 시각적 심상의 유사점과 차이점

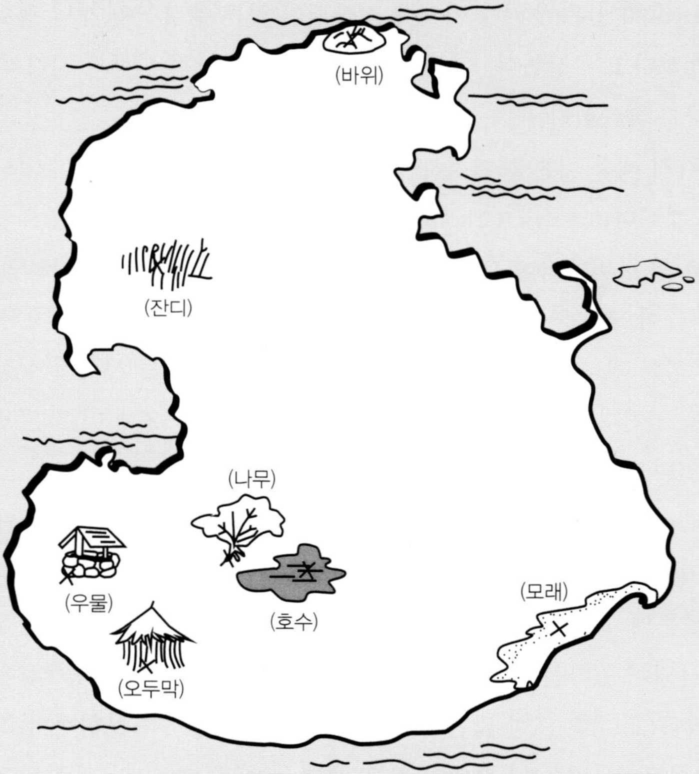

[그림 6-3] 이 섬을 잘 살펴보고 머릿속에 지도를 구성하라. 그리고 그림을 안 보이게 가리고 다음의 질문에 대답하라.
출처: Kosslyn et al. (1978). The American Psychological Association의 허가를 얻어 재인쇄함.

우물, 나무, 오두막, 잔디, 벤치 등이 섬에 있었는지 아닌지를 판단해 보시오.

여러분은 혹시 잔디에 대해 반응하는 것이 나무나 오두막에 대해 반응하는 것보다 더 오래 걸린다는 것을 눈치챘는가? Kosslyn과 동료들(1978)은 그림에서 서로 멀리 떨어져 있는 사물들에 대해 반응하는 것이 서로 가까이 있는 것들에 반응하는 것에 비해 더 오래 걸린다는 것을 발견하였다. 이것은 심적 지도가 실제 눈으로 보는 것과 매우 유사하게 처리된다는 것을 보여 준다.

Pylyshyn(2003)은 이와 같은 의견에 동의하지 않았다. [그림 6-4]를 보라. 그리고 맨 왼쪽 그림에서 시작해 명확한 이미지를 잘 기억하라. 다 기억한 다음에 눈을 감고 머릿속으로 그림들을 90도 돌려서 어떤 모양일지 생각해 보라. 나머지 그림들도 마찬가지로 해 보라. 이제 실제로 책을 90도 돌려서 그림들을 보라. 여러분은 상상 속에서 돌리는 것보다 실제로 책을 돌려서 보는 것이 더 쉽다고 느낄 것이다.

[그림 6-4] 이 그림들을 외워 보라. 그리고 머릿속으로 90도 돌려 보라. Slezak(1991, 1995)은 참가자들에게 이 그림들 중 하나를 외우라고 한 뒤, 그 이미지를 머릿속에서 시계 방향으로 90도 돌리면 어떻게 보이는지를 보고하게 하였다. 하지만 참가자들 중 누구도 실제로 책을 90도 돌렸을 때 보는 것처럼 정확하게 보고하지 못했다.
출처: 왼쪽 그림 Slezak (1995), 가운데 그림 Slezak (1991), 오른쪽 그림 Pylyshyn (2003). Elsevier and the authors의 허가를 얻어 재인쇄함.

이와 유사하게 Slezak(1991, 1995)도 실험 참가자들에게 그림을 상상 속에서 돌려서 기억하라고 요구하였는데 아무도 실제로 돌려봤을 때처럼 정확하게 기억하지 못했다. Pylyshyn(2003)에 따르면 이와 같은 결과는 우리의 시각적 심상이 생각보다 훨씬 나쁘다는 것을 보여 준다. 이 연구에 따르면 우리가 어떤 것을 상상할 때 우리는 의미기억에 저장되어 있는 추상적인 개념을 바탕으로 새로운 이미지를 만들어 낸다.

통합: 허브 스포크 모형(hub-and-spoke model)

오랫동안, 체화된 인지 관점은 추상적 모형들을 반대해 왔지만 Louwerse(2011)는 그렇지 않았다. Louwerse에 따르면 감각과 운동 정보는 개념이 더 풍부한 의미를 갖게 만든다. 또한 언어 정보나 기능 정보는 지각적으로 매우 다른 개념들 간의 유사성을 발견하는 데 중요한 역할을 한다. 이러한 정보를 바탕으로 우리는 비록 **가리비**와 **새우**가 전혀 비슷하게 생기지도 않았으며, 색이나 움직임도 다르지만 이 둘이 같은 범주(갑각류)에 속한다는 것을 이해한다. 보다 중요하게, 한 개념을 다양한 상황에서 동일하게 인식하려면 어느 정도의 추상화는 반드시 필요하다.

> **Key term**
>
> **허브 스포크 모형(hub-and-spoke model)**: 어떻게 추상적 개념이 서로 다른 유형의 정보에 기초할 수 있는지와 그것들이 안정적이면서 동시에 맥락 의존적일 수 있는가에 대한 생각을 제공하는 모형

최근에는 개념과 관련된 다양한 주장들을 통합하기 위해 허브 스포크 모형(hub-and-spoke model)이 제안되었다(Rogers et al., 2004; Coutanche & Thompson-Schill, 2015; Lambon Ralph et al., 2017; [그림 6-5] 참조). '스포크'는 감각, 운동, 정서, 언어, 기능과 같이 유형 특정적이다. '허브'는 유형 독립적이어서 우리의 지식을 어떤 개념에 효과적으로 통합시킬 수 있게 한다.

이 허브 스포크 모형은 의미기억 치매를 설명하기 위해 고안되었다. 이전에 논의한 바와 같이, 의미기억 치매의 초기 단계에서 주요 문제 중 하나는 개념적 지식의 광범위한 상실이다(Patterson et al., 2007). 의미기억 치매 환자들이 그린 그림에는 핵심적인 속성들이 빠져 있다. 환자들은 사진으로 제시되거나 말로 설명된 사물의 이름을 댈 수 없다(예: '검고 흰 줄이 있는 아

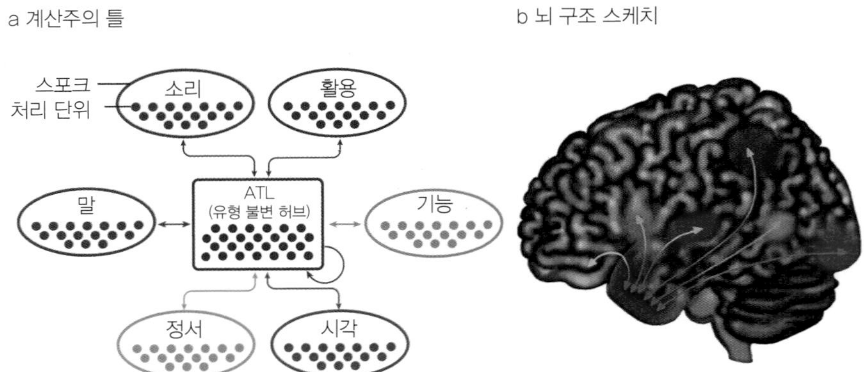

[그림 6-5] 허브 스포크 모형. 허브 스포크 모형에 따르면 개념은 유형 독립적이며 각 정보들을 통합하는 중심(허브)과 언어, 운동, 감각, 구조, 정서 정보를 처리하는 스포크로 구성된다. 이 모형은 연결주의 망 모형(왼쪽)에도 적용되며 특정한 뇌 영역(오른쪽)과도 연결된다. 허브는 전측 측두엽(ATL)에 위치해 있다고 간주되고 있다. 초기 의미기억 치매 환자들은 이 영역의 손상을 보인다.
출처: Lambon Ralph et al. (2017). Macmillan Publishers Ltd의 허가를 얻어 재인쇄함.

프리카에 사는 동물을 뭐라고 하나?'에 대답할 수 없다). 그들은 동물들의 특징적인 소리(예: 개 짖는 소리)를 듣고도 그것을 인식할 수 없다. 이 이론은 의미기억 치매 환자들의 허브 시스템이 파괴되어서 더 이상 다양한 속성을 결합하여 개념을 만들지 못한다고 제안한다.

허브 스포크 모형은 또한 어떻게 개념이 안정적이면서 동시에 맥락 의존적인지를 설명한다. 개념의 일관성은 허브에 의해서 유지되며 맥락 변이성은 스포크에 의해 가능해진다.

또한 허브 스포크 모형은 다양한 정보 유형을 뇌 영역들과 연결시키도록 한다. [그림 6-5]의 오른쪽 그림에서 볼 수 있듯 개념은 멀리 있는 뇌 영역들의 정보들을 결합하여 전측 측두엽에서 통합된다. 다만, 이 모형에서는 아직까지 다른 기억 연구에서 중요하게 간주되는 해마의 역할에 대해서는 크게 언급되지 않고 있다.

결론

지식이 어떻게 부호화되고 의미기억에 저장되는지에 관한 연구는 그리 쉽게 이해되는 내용은 아니다. 이 연구들을 이해하기 어려운 이유 중 하나는 연구자들의 주장이 매우 다르고 상당히 충돌되기 때문이다. 하지만 다양한 주장들을 상호 배타적으로 보기보다는, 이런 다양한 접근이 개념 형성과 범주화의 복잡성을 반영하는 결과라 보는 것이 더 정확한 생각이다.

두 범주의 차이가 단순하고, 한 가지 매우 중요한 속성에 따라 결정된다면, 범주화에 관한 공통속성 이론이 적절할 것이다(Feldman, 2003). 공통속성 이론은 범주화에 요구되는 분류 기준을 완전히 통제할 수 있는 인공 개념들의 경우에 잘 부합된다.

자연적으로 나타나는 개념들은 일반적으로 복잡하며 모호한 경계를 가지고 있기 때문에 이 개념들의 범주화는 원형에 기반할 가능성이 있다. 특히 친숙하고 추상적인 경우에 더 그렇다.

만약 개념이 새로운 것이거나 사후에 형성된 것이라면 이것에 대한 이해는 본보기와의 비교와 세상에 대한 지식에 의존할 가능성이 크다.

허브 스포크 모형은 개념에 관련된 정보가 모두 추상적이지는 않다고 상기시켜 주지만, 감각 · 운동 · 정서 정보로 구성되어 있다. 이 모형은 또한 어떻게 개념이 때론 일관되고 때론 변화하는지를 설명할 수 있다.

중간 요약

개념의 기능(Functions of concepts)

- 개념은 대상의 범주에 대한 심적 표상을 의미한다.
- 개념은 우리에게 세상에 대한 지식을 표상하는 효과적인 방법을 제공한다. 개념은 또한 다른 사람과 소통할 수 있게 하며 세상에 대해 예측할 수 있게 한다.

의미기억 치매(Semantic dementia)

- 의미기억 치매 환자는 개념 지식에 관한 광범위한 손상을 겪어서 일상생활에 큰 어려움을 겪는다. 하지만 초기의 의미기억 치매 환자들은 온전한 자서전적 기억과 일화기억을 갖고 있다.

공통속성 접근(Common features approach)

- 공통속성 접근은 우리가 직관적으로 범주화를 생각할 때 가장 먼저 떠오르는 방식이다. 같은 속성을 가진 것들끼리 범주화되며 따라서 속성들이 범주를 결정한다. 하지만 이 접근의 문제는 실제로는 개념들 간의 경계가 모호하며, 속성들을 정의하는 것이 어렵다는 것이다.

원형 접근(Prototype approach)

- 원형은 속성을 구성하는 핵심 개념이다. 원형 이론은 가족 유사성이 전형성을 결정할 때 가장 중요하다고 가정한다. 이 이론은 모호한 경계를 잘 설명하지만 목표 기반 범주나 원형이 없는 개념들을 설명하는 데 어려움이 있다.

본보기 접근(Exemplar approach)

- 본보기 접근은 우리가 많은 수의 본보기를 머리에 담고 있으며 이 본보기들과 자극을 비교하는 방식으로 범주화를 한다고 가정한다. 본보기 접근의 가정은 많은 경우에 원형 접근보다 더 정확하지만 이 접근은 개념이 세상에 관한 지식을 형성하는 데 어떻게 사용되는지를 설명하지 못하며, 모든 범주의 본보기들을 다 저장하는 것은 지나치게 많은 용량을 필요로 한다는 문제점이 있다.

지식기반 접근(Knowledge-based approach)

- 개념 속성들 간의 인과 관계가 중요하다고 제안한다. 서로 인과적으로 관련된 속성들은 그렇지 않은 속성들보다 범주화에 더 중요하게 활용된다. 아이들도 단순한 지극들 간의 유사성보다 세상에 관한 지식을 우선하여 범주화에 사용한다.

체화된 인지 접근(Embodied-cognition approach)

- 체화된 인지 접근은 개념이 언어적 정보로만 구성되어 있는 것이 아니라 감각 경험도 포함한다고 제안한다.

통합(Integration)

- 다양한 접근들은 범주와 개념에 관한 풍부하고 복잡한 처리 과정을 설명하는 데 각기 다른 기여를 한다. 이러한 접근들은 상호 배타적이라기보다는 다양한 정보가 범주화가 이루어지는 다양한 방법을 설명하는 상호 보완적인 접근이다.
- 허브 스포크 모형은 어떻게 다양한 유형의 정보가 하나의 시스템에 통합되는지를 이해하는 틀을 제공한다.

개념의 조직화

좋은 의미 시스템에는 효과적인 개념 조직화 방안이 필요하다. **제비가 새라는 것을 판단하**거나, fruit이 p로 시작하는지 아닌지 판단하는 것은 매우 빠르게 이루어진다. 어떻게 이것이 가능할까?

이 장에서는 개념의 조직화와 관련된 다양한 이론을 살펴볼 것이다.

개념의 위계

개념의 조직화에 대한 최초의 생각은 개념이 다양한 보편성 수준으로 정의될 수 있다는 관찰에서 시작되었다. **의자** 사진을 보고 있다고 가정해 보자. 당신이 보고 있는 것은 다양한 수준으로 정의될 수 있다. 이것을 **가구의 일종**이라 할 수도 있고, **의자**라 할 수도 있고, **흔들의자**라 할 수도 있다. 모두 맞는 말이다. 이 예는 개념이 위계적으로 조직화되어 있다는 것을 잘 보여 준다.

이와 관련하여 Rosch와 동료들(1976)은 개념이 세 가지 수준으로 정의될 수 있다고 제안하였다. 상위 수준(가구), 기본 수준(의자), 하위 수준(흔들의자) 등이 그것이다. Rosch와 동료들(1976)에 따르면 사람들은 일반적으로 사물을 기본 수준에서 다룬다. 이들의 연구에서는 참가자들에게 각각의 위계 수준들이 담고 있는 속성들을 적으라고 하였다. 그 결과, 사람들은 상위 수준의 범주에는 매우 적은 속성만을 적었다. 이것은 상위 수준의 범주가 추상적이기 때문이다. 반면, 다른 두 수준에는 많은 속성을 적었다. 하지만 하위 수준의 범주에 적힌 속성들은 범주에 따라 큰 차이가 없었다. 이러한 결과는 기본 수준의 범주가 가장 유용하다는 것을 보여 준다. 기본 수준은 적절한 정보가와 차별성을 갖는다. 상위 수준의 범주는 정보가가 부족하고 하위 수준의 범주는 차별성이 부족하다.

Rosch와 동료들(1976)은 또한 참가자들에게 그림의 이름을 적으라고 하였는데 그 결과 기본 수준의 이름이 1595번 나왔으며, 하위 수준의 이름은 14번 나왔고, 상위 수준의 이름은 1번 나왔다.

의미기억 치매 환자는 하위 수준의 범주에 대한 정보를 가장 먼저 잃는다. 하지만 상위 수준의 경우는 아직까지 논란의 여지가 있는데, 상위 수준 정보의 손실을 보고하는 연구도 있다(Lambon Ralph et al., 2017).

마지막으로 기본 수준은 그것에 대해 사람들이 비슷한 행동을 보이게 되는 수준이다. 예를 들어, 대부분의 의자에 대해 사람들은 비슷한 행동을 보이지만 같은 가구의 일종인 책상에 대해서는 전혀 다른 행동을 보인다.

비록 세 수준의 위계를 가정하는 제안은 매우 영향력 있는 설명이었지만, 많은 연구에서 이 제안에 대해 지속적인 의문을 제기하고 있다.

한계점

Tanaka와 Taylor(1991)는 새 전문가들과 개 전문가들에게 새와 개 그림을 보여 주었는데 각 분야의 전문가들은 비전문 분야에 대해서는 기본 수준의 용어를 사용했으나 전문 분야에 대해서는 하위 수준의 용어를 사용하였다. 새 전문가들은 새에 대해 하위 수준의 이름을 74% 사용했고, 개 전문가들은 개에 대해 하위 수준의 이름을 40% 사용하였다. 이것은 기본 범주 수준이 우리가 그 분야에 얼마나 친숙한지에 따라 달라진다는 것을 보여 준다.

우리 모두가 친숙하며 전문가인 대상이 하나 있다. 바로 얼굴이다. 그렇다면 우리가 얼굴들에 대해 하위 수준의 범주를 더 많이 사용할까? Anaki와 Bentin(2009)은 사람들에게 친숙한 얼굴의 사진을 제시한 직후 상위 수준(**생물**), 기본 수준(**사람**), 하위 수준(**오바마**)의 범주 이름을 제시하였다. 이 실험에서 참여자들은 그 범주 용어가 사진에 적절한지를 판단하였다. 예상하는 바와 같이 기본 수준의 범주 용어(사람)에 대한 판단이 상위 수준(생물)보다는 훨씬 빨랐다. 하지만 하위 수준의 범주 용어(오바마)에 대한 판단이 기본 수준(사람)보다 더 빨랐다. 이러한 결과는 개개인의 대상에 대한 친숙성이 Rosch와 동료들(1976)의 위계보다 범주화 속도를 더 잘 설명한다는 것을 보여 준다.

또한 친숙성은 범주화의 문화 차이를 설명한다. Coley와 동료들(1997) 그리고 Medin과 Atran(2004)은 과테말라와 미국 대학생들의 범주화를 비교하였는데, 자연과 더 밀접하게 생활하는 과테말라 학생들의 경우에는 식물, 동물, 새를 하위 수준으로 범주화하는 경향이 더 컸다. 이것은 심리학 연구가 주로 WEIRD(Western, Educated, Industrialized, Rich, Democratic societies)한 사람들을 대상으로 진행된다는 문제를 상기시킨다(Henrich et al., 2010).

기본 수준의 범주는 정보가와 차별성 때문에 선호된다. 하지만 만약 지각적 차별성에 초점을 맞춘 범주화 과제를 실시하게 되면 상위 수준의 범주화가 유리할 수 있다. Prass와 동료들(2013)은 참여자들에게 사진들을 매우 짧게 제시하고 이들을 분류하라고 요구하였다. 분류는 상위 수준(동물 또는 차량), 기본 수준(개 또는 고양이), 하위 수준(샴 고양이 vs. 페르시아 고양이)이었는데 상위 수준의 경우가 가장 빠르고 정확했다.

Rosch와 동료들(1976)의 세 수준에는 또 다른 문제점이 있다. 바로 우리 머리속의 많은 개념은 세 수준이 아니라 많은 수준의 위계로 구성되어 있다는 것이다. 생물, 포유류, 사람, 여자, 아델(사람 이름), 아델의 얼굴, 아델의 측면 사진과 같은 개념이 있을 때 어떤 것이 기본 수준, 상위 수준, 하위 수준인가?

평가

- ⊕ Rosch와 동료들(1976)의 기본 수준, 하위 수준, 상위 수준 위계는 우리의 개념이 위계적으로 되어 있다는 것을 제안하며 다양한 수준에서 다른 전문성을 갖고 있다는 것을 보여 준다.
- ⊕ 이 이론은 또한 위계의 다양한 수준들이 정보가와 차별성 측면에서 다르다는 것을 보여 주며, 우리가 이 정보가와 차별성을 최적화하는 것을 선호한다는 것을 보여 준다.
- ⊖ 여러 연구는 사람들이 그 개념과 얼마나 친숙한지에 따라 기본 수준이 달라진다고 제안한다.
- ⊖ 많은 위계가 세 수준 이상을 담고 있어서 어떤 것이 기본 수준인지, 상위 수준인지 하위 수준인지를 결정하는 것은 다소 임의적인 것으로 여겨진다.

개념의 네트워크

Collins과 Loftus(1975)는 의미의 조직화와 관련된 다른 모형을 제안하였다. 그들에 따르면 의미기억은 위계적으로 조직되어 있는 것이 아니라 의미적 관계에 기반하여 조직되어 있다. 이들에 따르면 밀접하게 관련된 개념들은 함께 묶여서 가까이 연결되어 있다.

[그림 6-6]은 Collins과 Loftus(1975)가 제안한 의미기억 조직화를 보여 주는 예시이다. 중요한 속성은 두 개념 사이의 거리가 두 개념이 얼마나 의미적으로 관련이 있는지를 나타낸다는 것이다. 예를 들어, **빨강**은 **일몰**보다 **오렌지**와 더 가깝다.

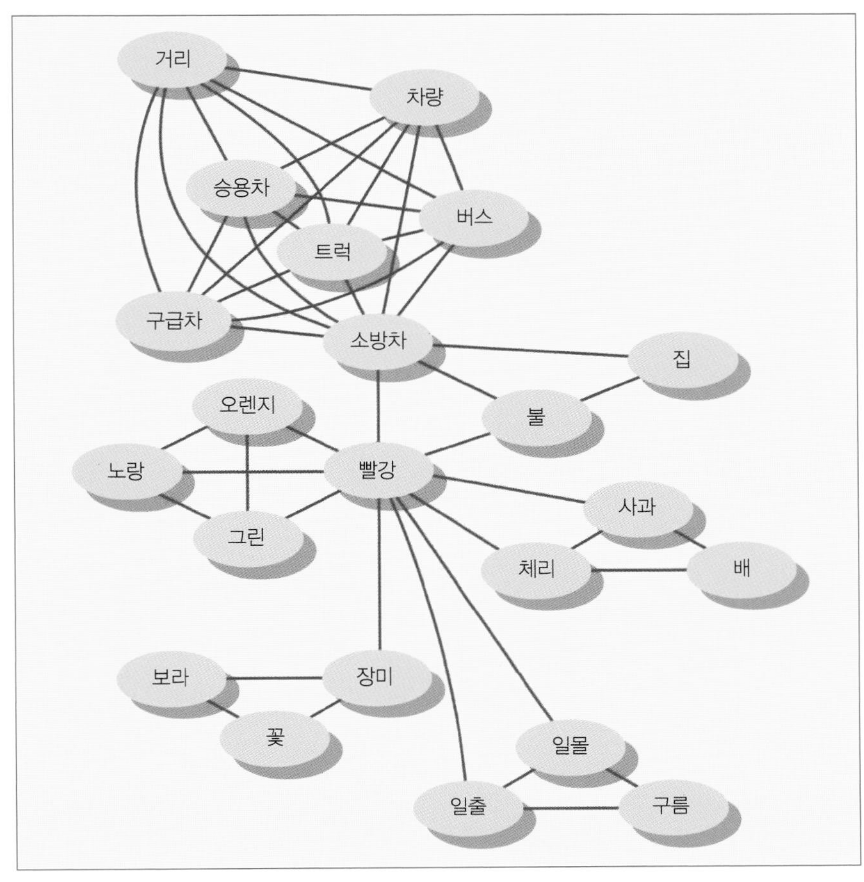

[그림 6-6] 의미네트워크의 예
출처: Collins & Loftus (1975). The American Psychological Association의 허가를 얻어 재인쇄함.

의미적 관련성의 측정

단어들 사이의 의미적 관련성을 측정하는 첫 번째 방법은 단어 연상 과제(word association task)이다. 이 과제에서는 참여자들에게 목표 단어를 보여 주고 그 단어와 관련된 가장 먼저 머릿속에 떠오르는 단어(혹은 첫 세 단어)를 말하라고 요구한다. 〈표 6-2〉에 참여자들에게 red와 fire를 제시했을 때 얻은 답들을 제시하였다.

> **Key term**
>
> **단어 연상 과제(word association task)**: 참가자들은 제시된 단어를 보고 머릿속에 떠오르는 첫 번째 단어(또는 첫 세 단어)를 말해야 함. 단어들 사이의 의미적 관련성을 결정하기 위해 사용되는 과제임

연상된 단어들은 [그림 6-7]과 같이 한 네트워크에 통합될 수 있다.

의미적 관련성을 측정하는 두 번째 방법은 속성들의 겹침 정도를 살펴보는 것이다. 이 장의 앞부분에서 살펴본 것처럼, 개념은 속성들로 정의된다. 또한 원형 이론과 본보기 이론에 따르면 개념들 사이의 의미 거리는 공유하는 속성의 수에 달려 있다.

McRae와 동료들(2005)은 725명의 참여자들에게 541개 개념들의 속성을 열거하라고 요구하였다. 그 결과, 칼의 경우 자르는 것, 식사도구, 무기, 부엌, 날이 있음, 손잡이, 위험, 날

<표 6-2> 목표 단어 Red와 fire를 제시했을 때 연상된 단어들이 누적 순서대로 제시되어 있다.

Red	Fire
Color	Hot
Blue	Flame
Blood	Burn
Rose	Heart
Green	Water
Yellow	Red
Bright	Man
White	Truck
Pink	House
Anger	Flames
Dress	Smoke
Angry	Shoot
Lips	Alarm
Lipstick	Hose
Head	Sack
Orange	Wood
Crimson	Warm
Communist	Danger
Hot	Fighter
Scarlet	Place
Sky	Burning
Stop	Escape
Sunset	Axe
Waming	Station
Light	Orange
Face	Ice
Flag	Firefighter
Cardinal	Engine
Carmine	Fly
Coat	Camping

출처: www.smallworldofwords.org/en/project/home

카로움, 반짝거림, 스테인리스로 만듦, 자르는 데 씀, 포크와 함께 쓰임 등의 속성이 나왔다. McRae와 동료들은 개념들이 같은 속성을 얼마나 공유하는지를 세는 방식으로 개념들 간의 의미적 거리를 측정하였다.

개념들 사이의 관련성을 측정하는 마지막 방법은 두 개념 사이의 의미적 거리를 평정하는 것이다. 예를 들어, Gerz와 동료들(2016)은 참여자들에게 3,500쌍의 동사들 간의 유사성을 10점 척도로 측정하도록 요구하였다(0=전혀 관련 없음, 10=같은 의미를 뜻하는 동의어임). 〈표 6-3〉은 동사 assume의 평정치를 보여 준다. 이 수치는 단어 연상 과제에서 얻어진 수치와 잘 부합되는 편이다.

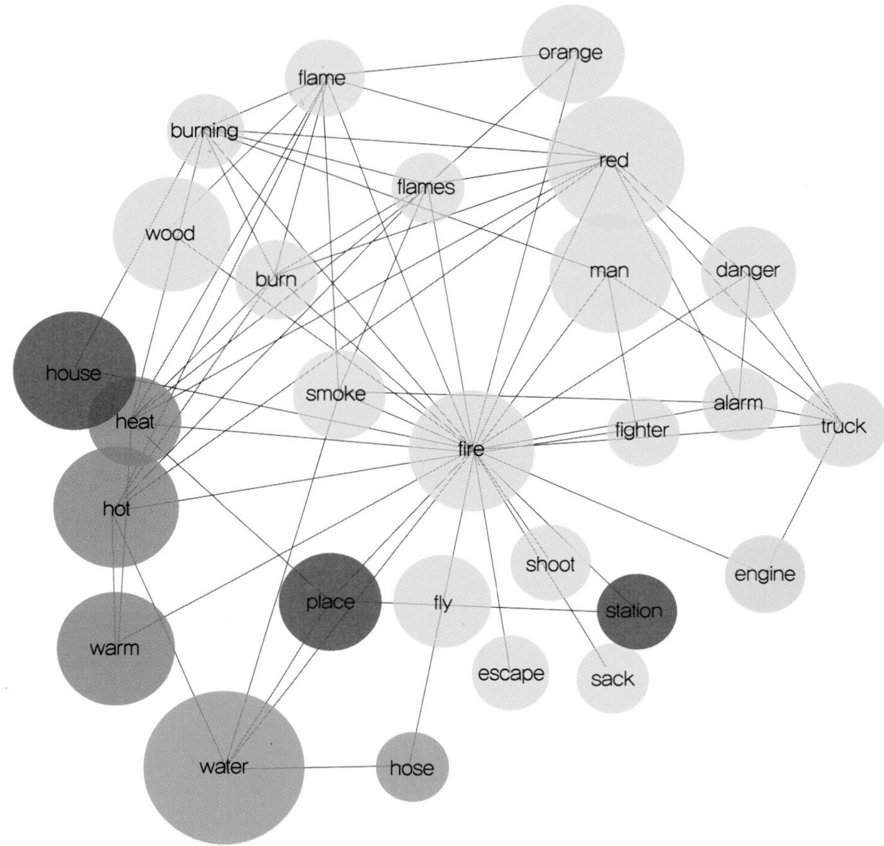

[그림 6-7] 단어 연상을 통해 구성한 목표 단어 fire의 의미망.
서로 관련이 높은 것들끼리 같은 색으로 표시되었다. 원의 크기는 얼마나 많은 다른 개념과 연결이 되어 있는지를 나타낸다. 개념들 사이의 거리는 그 개념들이 얼마나 가까운지를 보여 주지만 [그림 6-6]에서 제시한 Collins와 Loftus의 의미망만큼 분명하지는 않다.
출처: www.smallworldofwords.org/en/project/visualize.

<표 6-3> 목표 단어인 assume과 다른 9개의 동사들 사이의 의미적 거리에 대한 평가(0=전혀 관련 없음, 10=동의어)

suppose	9.13
presume	5.81
judge	5.81
think	5.15
adopt	4.32
predict	3.98
believe	2.99
know	2.49
...	
tumble	0.5
...	

출처: Gerz et al. (2016).

Key term

활성화 확산(spreading of activation): 의미망 안의 한 개념에 해당하는 노드가 관련된 노드들의 활성화로 이어진다는 것. 이를 통해 그 개념의 의미는 점점 더 풍부해짐

활성화 확산

Collins와 Loftus(1975)는 의미망에 있는 노드(node)가 활성화되면, 연결된 노드들로 활성화 확산(spreading of activation)이 일어난다고 주장하였다. 따라서 의미망에서는 의미적 거리가 매우 중요하다. 이들에 따르면 사람들이 어떤 개념을 보고, 듣고, 생각할 때면, 의미기억의 적절한 노드가 활성화된다. 이 활성화는 밀접하게 관련된 개념으로 강하게 확산되며, 관련이 먼 개념으로는 약하게 확산된다. 예를 들어, 'The casino is on fire'라는 문장을 보면 fire에서 burn으로 빠르게 확산이 일어난다. 왜냐하면 fire와 burn은 의미적으로 매우 밀접하게 관련 있기 때문이다([그림 6-7] 참조). 이와 같은 활성화 확산 때문에, 활성화된 개념의 의미가 훨씬 풍부진다. 8장에서 우리는 어떻게 의미 점화 효과가 활성화 확산의 증거를 제공하는지를 살펴볼 것이다.

[현실세계에서 6-2] 컴퓨터에 의미를 집어넣기: 의미 벡터의 사용

심리학자들만이 개념에 대해 관심을 갖는 것은 아니다. 컴퓨터 과학자들도 컴퓨터를 보다 지적으로 만들기 위해 개념과 의미에 대해 관심을 갖는다.

이 분야에서의 혁신적인 변화는 함께 나타나는 단어(개념)들을 분석하는 것에 의해 단어의 의미를 이해할 수 있다는 발견이었다. 만약 당신이 dinosaur의 의미를 알고 싶다고 가정하자. 이것을 이해하는 한 가지 방법은 이 단어가 어디에서 사용되며 어떤 문맥에서 나타나는지를 살펴보는 것이다. 이와 같은 접근을 인지심리학에서는 잠재 의미 분석(latent semantic analysis: LSA)이라 한다. 이 용어는 이러한 접근을 최초로 적용한 컴퓨터 모형에서 따왔다(Landauer & Dumais, 1997). LSA 모델은 이후 연결주의 모형에 의해서 대체되었다(Mandera et al., 2017).

1장에서 우리는 어떻게 연결주의 네트워크가 정보들 사이의 관련성을 설명하는지를 살펴보았다([그림 1-15]). 연구자들은 이것이 의미 정보에도 적용될 수 있다고 제안하고 있다(Mikolov et al., 2013). [그림 6-8]에 이 과정이 묘사되어 있다.

그 모형에는 많은(일반적으로 몇 십억 개) 단어가 입력된다. 각각의 학습 단계에서 목표 단어는 주변 단어들에 기반하여 예측된다([그림 6-8]에서 주변 단어는 목표 단어 furry의 바로 앞 단어와 바로 뒤 단어를 의미한다). 입력된 모든 단어는 입력 노드와 출력 노드를 갖는데, 대개 각각 수십만 개 정도이다. 모형에는 입력과 출력을 연결하는 숨겨진 층(hidden layer)도 존재하는 이것은 일반적으로 200~300개의 노드로 구성된다.

학습을 진행함에 따라 입력이 출력을 점점 더 잘 예측할 수 있도록 각각의 목표 단어들의 연결 강도가 변화한다. 학습의 맨 마지막에는 입력 단계에 있는 단어들이 숨겨진 노드를 어느 정도 활성화시키게 된다. 이 200~300개 정도의 숨겨진 노드가 단어에 대한 의미 벡터를 구성하게 된다(벡터는 숨겨진 층에 있는 노드들의 연결 강도 수치들의 배열이다). 이 모형에서는 관심의 대상이 되는 두 단어의 의미 벡터를 비교함에 의해, 단어들 간의 의미적 유사성을 측정할 수 있다. 〈표 6-4〉는 연결주의 모델이 제안하는 목표 단어 fire와 의미적으로 가장 가까운 단어들을 보여

준다. 이 단어들을 〈표 6-2〉에 있는 단어들과 비교하면 이 두 모형이 얼마나 잘 부합되는지를 알 수 있다.

의미 벡터는 사람들로부터 얻은 단어들 사이의 의미적 유사성 자료(단어 연상, 속성 비교, 평정 등과 같은; Mandera et al., 2017)를 매우 잘 설명한다. 이것은 또한 허브 스포크 모형의 언어 속성과도 잘 부합된다([그림 6-5]). 한 언어에 있는 모든 단어의 의미를 200~300개 정도의 벡터로 표현할 수 있다는 것은 한 언어의 단어들이 200~300개의 의미 속성으로 묘사될 수 있다는 것을 시사한다(Hollis & Westbury, 2016).

이 접근의 가장 큰 장점은 한 언어에 있는 모든 단어에 대한 벡터값을 계산할 수 있다는 것이다(인간을 대상으로 하는 연구에서 한 언어의 모든 단어를 연구하는 것은 불가능하다). 이 접근은 컴퓨터에게 단어와 문장의 의미 정보를 제공하는 데 유용하게 사용될 수 있다. 벡터의 유사성은 또한 의미망의 거리로 전환될 수 있으므로 향후 의미 벡터가 개념에 관한 인지심리학 연구에 어떤 기여를 할지가 매우 흥미롭다.

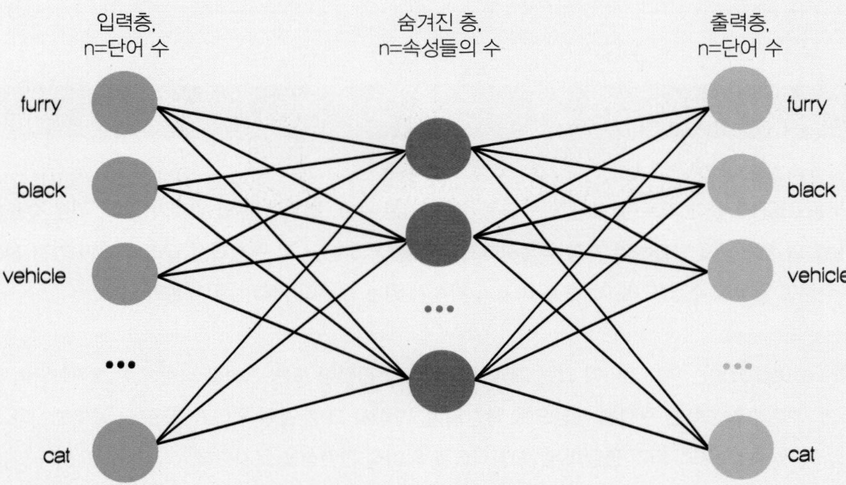

[그림 6-8] 의미 벡터를 학습하는 연결주의 모형. 모형의 입력층은 여러 문장에서 목표 단어 앞, 뒤에 나타나는 단어들로 구성된다. 출력층은 예측된 단어들이다. 각 노드들 사이의 연결 강도는 주어진 입력이 출력을 잘 예측할 수 있도록 변화한다. 숨겨진 층은 의미 벡터이며 200~300개의 노드로 구성된다. 이 노드들의 강도는 개념의 의미를 부호화한다.
출처: Mandera et al. (2017). Elsevier의 허가를 얻어 재인쇄함.

<표 6-4> [그림 6-6]에 묘사된 연결주의 모형의 의미 벡터 유사성에 기초한 목표 단어 fire와 의미적으로 유사한 단어들(0=전혀 유사하지 않음, 1=완전히 같음). 가장 유사성이 높은 20개의 단어가 다음에 제시되어 있다.

burn	0.60
burning	0.59
relight	0.58
douse	0.54
burned	0.52
blazing	0.51
firing	0.50
fiame	0.50

ablaze	0.50
smoke	0.50
alight	0.49
hydrant	0.49
extinguish	0.49
flamethrower	0.47
brigade	0.47
kindle	0.47
detonation	0.47
shoot	0.47
fired	0.47
blaze	0.47

출처: Mandera et al. (2017). Elsevier의 허가를 얻어 재인쇄함.

중간 요약

개념의 위계(Hierarchies of concepts)

- Rosch와 동료들(1976)에 따르면, 개념에는 상위 수준, 기본 수준, 하위 수준의 위계가 있다. 기본 수준은 일반적으로 정보가와 차별성이 적절하여 가장 유용하다고 간주된다. 하지만 이 주장과는 달리 우리가 가진 전문성에 따라 기본 수준이 달라질 수 있으며, 세 수준 이상의 위계가 있는 개념이 많다는 문제점이 있다.

의미망(Semantic network)

- Collins와 Loftus(1975)는 의미기억에 있는 개념들이 의미적 관련성 또는 거리를 바탕으로 조직화되어 있다고 주장한다. 한 개념의 활성화는 관련된 개념으로 확산되며, 따라서 그 개념의 의미가 훨씬 더 풍부해진다. 심리학자들은 연상 과제, 속성 비교, 의미 평정과 같은 방식으로 의미적 관련성을 조사한다.

의미 벡터(Semantic vectors)

- 개념의 의미적 관련성은 다른 개념이 살펴보고자 하는 개념과 얼마나 자주 같이 나타나는가를 통해 쉽게 측정될 수 있으며, 이러한 방식으로 추출된 200~300개 정도의 의미 벡터들로 모든 단어의 의미를 적절하게 표현할 수 있다. 이와 같은 접근은 컴퓨터에게 의미를 학습시키기 위해 사용되는데, 이 접근이 인간이 갖고 있는 개념의 풍부함을 얼마나 잘 반영할 수 있을지를 살펴보는 것은 흥미로운 일이다.

도식과 고정관념

지금까지 이 장에서 우리는 개념의 형태로 기억에 저장되어 있는 지식에 초점을 맞추었다. 하지만 세상에 관한 우리의 지식의 대부분은 고립되어 있는 개념이 아니고 다양한 개념들이 서로 연결되어 훨씬 더 폭넓은 것들이다.

개념으로부터 명제로

각각의 개념들이 서로 어떻게 관련이 있는지와 관련된 가장 두드러진 제안은 개념이 명제의 형태로 연결된다는 것이다(예: Anderson, 1983, 1996; Zwaan, 2016). 명제(proposition)는 정해진 수의 결합 규칙에 기반하여 정보를 표상하는 개념 구성이다. 예를 들어, 누군가가 '그 부유한 젊은 교수가 아름다운 타운주택을 구입했다.'라고 말한다면, 여러분은 그 정보를 다음과 같은 3개의 명제로 저장할 것이다.

> **Key term**
> **명제(proposition)**: 정해진 수의 결합 규칙에 기반하여 정보를 표상하는 개념 구성이며, 진위 진술로 표현됨. 의미기억의 저장 단위로 가정됨.

1. 명제 1(행위, 주체, 대상): [사다, 교수, 집]
2. 명제 2(이다, 주체, 상태 1, 상태 2): [교수, 부자, 젊음]
3. 명제 3(이다, 대상, 상태 1, 상태 2): [집, 아름다움, 타운]

좋은 명제 이론은 적은 수의 관계를 이용하여 모든 가능한 의미를 표상한다. 명제 이론의 초기에 Schank(1972)는 모든 행위 동사들을 '물건의 전달(give, lend, take)' '한 곳에서 다른 곳으로 이동(walk, move, drive)' '음식이나 공기의 흡입(eat, breathe)'과 같은 12개의 기본 행위로 규정할 수 있다고 제안하였다.

발견들

Sachs(1967)는 언어 정보가 명제로 전환된다는 증거를 보고하였다. 그녀는 참가자들에게 녹음된 메시지를 들려주었다. 한 메시지는 네덜란드 사람이 어떻게 망원경을 발명하였으며, 갈릴레오가 이 소식을 어떻게 들었는지, 어떻게 그가 망원경을 실험에 이용하게 되었는지와 관련된 내용이었다. 이 메시지에는 "그는 그 사실과 관련된 편지를 위대한 이탈리아 과학자인 갈릴레오에게 보냈다."와 같은 핵심문장이 포함된다.

하지만 메시지 전달은 때때로 벨소리에 의해서 방해받았으며 벨소리 직후에 참여자들에게 두 가지 유형의 중요한 시험 문장이 제시되었다.

1. 문장의 의미가 바뀐 문장("위대한 이탈리아 과학자인 갈릴레오는 그에게 그 사실에 대한 편지를 보냈다.")
2. 같은 의미를 담고 있으나 표현이 바뀐 문장("그 사실에 대한 편지는 위대한 이탈리아 과학자

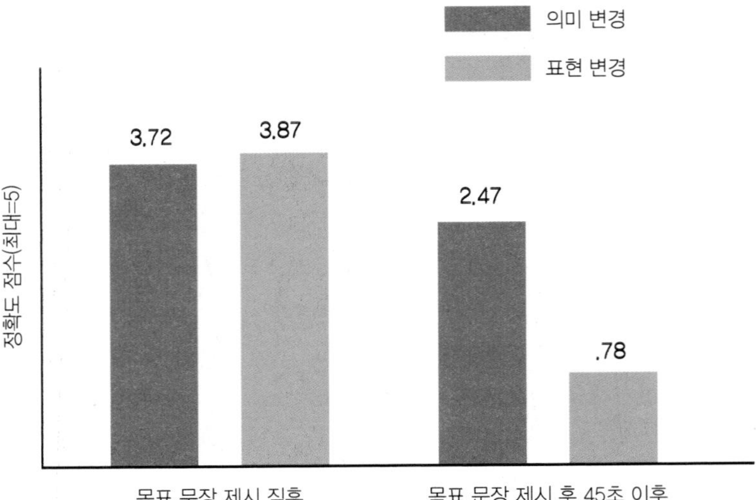

[그림 6-9] 메시지를 들으면 우리는 단어 순서나 문장 구조에 대해서는 금방 잊어버리지만 의미는 더 오래 기억한다. 이 결과는 우리가 문장을 일련의 명제들로 변환하여 기억에 저장한다는 것을 보여 준다.
출처: Sachs (1967).

인 갈릴레오에게 보내졌다.")

시험 문장은 핵심문장 바로 직후에 제시되거나 핵심문장이 나오고 난 뒤 45초 이후에 제시되었다. Sachs는 참가자들이 시험 문장이 원래 문장과 다르다는 것을 알아차리는지를 살펴보았다([그림 6-9]).

Sachs는 참여자들이 45초 이후에도 의미를 상당히 잘 기억한다는 것을 발견하였다. 하지만 참여자들은 문장 형태가 어떠했는지에 대한 기억은 거의 갖고 있지 않았다. 이와 같은 발견은 메시지의 내용이 기억 속에서 명제로 변환되어 저장된다는 가설을 지지한다. 문장이 즉시 제시되었을 때는 문장의 구조가 아직 작업기억에 남아 있어 상대적으로 정확하게 기억되지만 일단 문장이 명제로 변환된 이후에는 문장의 구조에 관한 정보는 사라진다.

명제를 사건과 도식으로 결합시키기

우리의 일상을 설명하는 상황 모형을 설정하기 위해서는 명제들이 서로 결합되어야 한다. 사건-색인 모형(event-indexing model)에 따르면(Zwaan & Radvansky, 1998; Zwaan, 2016), 명제 연결은 서로 시간, 공간, 개체, 인과, 동기의 다섯 가지 측면에서 연결되어 있는 사건들에 기반하여 일어난다. 새로 입력되는 정보들(예: 새 문장)이 처리됨에 따라, 사건 표상이 형성되고, 사건 표상은 현재 작업기억에 있는 내용들과 비교되어 다섯 가지 측면에서 통합된다. 만약 어떤 사건이 지금 작업기억에 있는 정보와 시간적으로 동일한 때 발생한다면 그 사건은 시간의 측면에서 통합되며, 그 사건이 같은 공간에서 발생한다면 공간의 측면에서 통합되는 것이다. 이런 방식으로 사건들은 우리의 기억에서 상황을 형성한다.

빈번하고 친근한 명제들의 연결은 도식의 형태로 묶이게 된다. 도식(schema)은 연관된 명제들(사건들)의 집합으로 세상이나 사건, 사람에 대한 전형적인 지식을 형성한다. 예를 들어, 전형적인 은행강도 장면을 생각해 보라. 여러분은 아마도 강도들이 남성이고, 마스크를 썼으며 총을 들고 있다고 상상할 것이다. 이러한 속성들은 대부분의 사람들의 은행강도 도식에서 발견된다(Tuckey & Brewer, 2003).

Key term

도식(schema): 연관된 명제들의 집합으로, 세상, 사건, 사람들에 대한 전형적 지식 모둠

합리화(rationalization): Bartlett의 이론에 따르면, 이야기에 대한 회상 기억 수행 시, 사람의 문화적 기대에 부합하는 방향으로 오류가 만들어짐. 이는 **도식**의 영향 때문임

도식들

Henderson(1903)과 Bartlett(1932)은 우리가 정보를 의미기억에 저장하고 인출하기 위해서 도식을 사용한다고 제안하였다. 그들은 사람들이 이야기를 듣거나 읽은 후에 어떤 것들을 기억하는지를 살펴봤는데 특히 사람들이 이전의 지식과 **충돌**하는 이야기를 어떻게 기억하는지에 주목하였다.

Bartlett(1932)은 영국 학생들에게 북미 인디언 문화의 이야기들을 들려주었다. 그 이야기들은 학생들에게는 매우 신비롭고 낯선 이야기들이었다(혹시 어떤 내용인지 궁금하다면 'The war of the ghosts'를 찾아보라). Bartlett은 학생들이 기억하는 이야기가 자신들의 문화적 배경과 기존의 지식에 잘 부합되는 방식으로 매우 많이 변형되어 기억되었다는 것을 발견하였다. Bartlett은 이와 같은 오류를 합리화(rationalization)라 불렀다.

도식이론에 따르면, 의미기억의 정보는 도식에 저장된다. 하지만 정보를 받아들인 시간과 인출하는 시간 사이의 간격이 크면 정확한 정보는 사라진다. Sulin과 Dooling(1974)은 자신들의 연구에서 절반의 참여자들에게 Gerald Martin에 관한 이야기를 제시하였다. "Gerald Martin은 자신의 정치적 야망을 위해서 현 정권을 비판하였다. …… 그는 거침없고 통제 불가능한 독재자가 되었다. 그의 지배는 나라를 나락에 떨어뜨렸다."(Sulin & Dooling, 1974, p. 256) 나머지 절반도 같은 이야기를 들었지만 주인공은 Gerald Martin이 아니라 히틀러였다. 이후 참여자들에게 '그는 유대인을 무척 싫어했다.'라는 문장을 본 적이 있냐고 물었을 때 주인공이 히틀러인 경우에 훨씬 더 그 문장을 봤다고 보고하는 경향이 컸다. 또한 이러한 현상은 5분 후에 물었을 때보다 일주일 후에 물었을 때 더 빈번히 나타났다.

Brewer와 Treyens(1981)는 우리가 일상에서 마주하는 많은 정보가 의도적 학습으로 얻어

진다기보다는 자연스럽게 얻어진다는 것을 고려한다면(5장) 도식이 이러한 우연 학습에 영향을 줄 것이라 가정하였다. 이러한 가정을 살펴보기 위해서 그들은 사람들이 자연스러운 상황에서 도식에 기반한 오류를 보이는지를 연구하였다. 이 연구에서는 참가자들에게 대학원생들의 방처럼 보이는 방에서 35초 동안 머물게 하였다. 그 방에는 대학원생 방 도식에 적합한 물건들(책상, 달력, 연필, 지우개)도 있었지만 그렇지 않은 물건들(뼈, 장난감)도 있었고, 도식에 적합한 물건 중에 빠진 것(책)도 있었다.

이후의 회상 및 재인 실험에서 참가자들은 도식에 적합한 물건들을 더 잘 회상하였다. 또한 참가자들이 도식에 적합하지 않은 물건보다 도식에 적합하지만 방에 없었던 물건들이 있었다고 잘못 회상하는 경우가 많았다. 이와 유사하게 Lampinen과 동료들(2001)은 시간이 지남에 따라 도식에 적합하지만 제시되지 않은 물건들이 있었다고 회상하는 경향이 증가한다는 것을 보고하였다. 이러한 결과는 시간이 지남에 따라 도식적 정보가 점점 더 중요해진다는 가정과 부합된다.

지금까지는 도식이 기억의 오류를 일으킨다는 사실을 소개하였다. 하지만 현실 상황은 대개 기존 도식에 잘 부합되므로 도식이 대체로 실생활에 매우 유용하다는 것을 잊지 말아야 한다. Steyvers와 Hemmer(2012)는 자연스러운 상황에서 일어난 일을 기억하는 데에 도식이 해가 되는 경우보다 도움이 되는 경우가 훨씬 많다는 것을 보여 주었다. 그들은 인간의 기억이 일반적인 상황에서 어떻게 작동하는지를 살펴보기 위해서는 부자연스러운 자극을 사용하기보다는 자연스러운 자극을 사용하여 기억 연구를 진행하는 것이 중요하다고 제안하고 있다.

도식의 사용

도식적 지식은 네 가지 이유에서 유용하다.

첫째, 도식은 우리에게 **기대**를 형성할 수 있게 한다. 예를 들어, 우리는 식당에 가서 무엇을 해야 하는지 알고 있다. 만약 음식을 주지 않으면 우리는 종업원에게 음식을 달라고 이야기할 것이다. 이와 같이 도식은 세상에 대한 일반적인 지식을 제공하여 삶에 도움이 된다.

둘째, 도식은 인지적 부하를 줄이는 데 도움이 된다. 고정관념(stereotypes: 다양한 유형의 사람들에 대한 단순화된 일반적인 도식)을 생각해 보자. 우리는 어떤 사람을 처음 만났을 때 종종 고정관념 지식(예: 나이, 성별, 인종, 국적 등)을 사용하여 그 사람에 대한 인상을 형성한다. 비록 이것이 때로는 잘못된 결론에 도달하게 하지만 고정관념의 사용이 인지적 부담을 덜어 주는 것은 사실이다(Macrae & Bodenhausen, 2000). 도식이 인지 처리의 부담을 덜어 준다는 것은

Key term

고정관념(stereotypes): 특정 집단에 대한 지나치게 단순화된 (보통 부정적인) 일반화를 포함하는 도식(schema)

Macrae와 동료들(1994)의 연구를 통해 알 수 있다. 이 연구에서 참가자들은 두 가지 과제를 동시해 수행하였다. 한 과제는 어떤 가공인물의 이름과 성격을 듣고 그 사람의 인상을 형성하는 것이고 다른 과제는 단순한 이해 과제였다. 이때 한 과제의 가공인물은 고정관념 정보를 활용할 수 있게 구성되었으며 다른 조건에서는 그렇지 않았다. 그 결과, 고정관념 정보를 이용할 수 있었던 참여자들의 경우에 그렇지 않은 참여자들보다 인상 형성과 이해 과제에서 모두 더 나은 수행을 보였다. 이는 고정관념이 처리 부하를 줄여 수행을 촉진시킨다는 것을 보여 준다.

셋째, 도식은 읽거나 듣는 데 중요한 역할을 한다. 이것은 도식이 우리가 읽고 들은 내용 중 빠진 부분을 채울 수 있게 하여 이해에 도움을 주기 때문이다(8장 참조). 보다 구체적으로, 도식은 우리가 읽거나 들으면서 추론할 수 있는 기초를 제공해 준다. 우리는 도식을 바탕으로 '톰이 운전 중이었는데 타이어가 터졌다. 그는 집에 늦게 도착했다.'라는 내용의 상황을 추론해 낼 수 있다.

넷째, 도식적 지식은 우리가 시각적 장면을 이해하는 것에 도움을 준다. Palmer(1975)의 연구에서는 실험 참가자들에게 장면 사진을 제시하고(예: 부엌) 뒤이어 사물의 사진을 짧게 제시하였다. 그 사물은 부엌과 연관이 있거나(예: 빵) 혹은 관련이 없었다(예: 우편함). 연구 결과, 사물이 적절한 맥락 직후에 제시된 경우에는 도식적 지식이 그 장면에 대한 지각을 촉진시켜 재인을 잘했지만 부적절한 맥락에 제시된 경우에는 수행이 나빴다.

도식 정보의 인출 시 집행 통제

지금까지 우리는 도식을 마치 특정한 사건들이 고정된 순서로 활성화되는 것에 대한 지식인 것처럼 간주하고 살펴보았다. 하지만 Cosentino와 동료들(2006)이 제안한 바와 같이, 도식은 고정된 것이 아니다. 이들의 연구에서는 두 집단의 뇌 손상 환자들에게 잘 알려진 도식(예: 낚시)과 관련된 짧은 이야기들을 들려주었다. 몇몇의 이야기는 순서 오류가 있었으며(고기를 낚는 이야기 **전에** 바구니에 고기를 담는 이야기를 들려줌), 다른 이야기들은 내용 오류가 있었다(미끼로 꽃을 사용함).

환자들의 반은 의미기억 치매 환자였고, 다른 환자들은 전측 측두 치매 환자였다. 전측 측두 치매 환자들은 측두 영역보다는 전두 영역의 손상이 심하며(Neary & Snowden, 1996) 이들의 가장 주요한 문제는 인지 통제와 관련이 있다. 주요한 증상은 억제 능력의 감소, 충동성 증가, 자발적인 행동 통제의 어려움, 사회적 관계 능력의 상실, 완고함, 유연성 부족 등이다. 이와 같은 증상은 전두 영역이 소위 말하는 집행 기능과 연관된다는 발견들과 맥을 같이한다. 집행

Key term

집행 기능(executive functions): 인지 능력과 행동을 통제하고 조정하는 데 필요한 일련의 인지적 기술

기능(executive functions)은 우리의 인지 능력과 행동을 통제하고 조정하는 데 필요한 인지적 기술들을 의미한다. Miyake와 동료들(2000)은 집행 기능을 세 가지로 구분하였다.

1. 전환(과제 사이의 전환, 예: 현재 목표를 억제하고 새로운 목표를 시작함)
2. 작업기억 표상의 업데이트와 모니터링(목표 달성을 위해 정보를 업데이트함)
3. 우세하고 지배적이나 현재 목표와 무관련한 반응의 억제(목표 달성에 방해를 받지 않기 위해 관련 없는 부적절한 행동을 억제)

또한 다음과 같은 기술들에 집행 기능이 필요하다.

- 목표를 활성화시키고 유지함
- 적절한 정보를 선택하고, 목표를 이루기 위해 행동함
- 부적절한 정보나 행동을 억제함
- 과제가 수행될 맥락과 그 맥락에 맞는 요구사항을 고려함
- 오류를 탐지하고 수정함

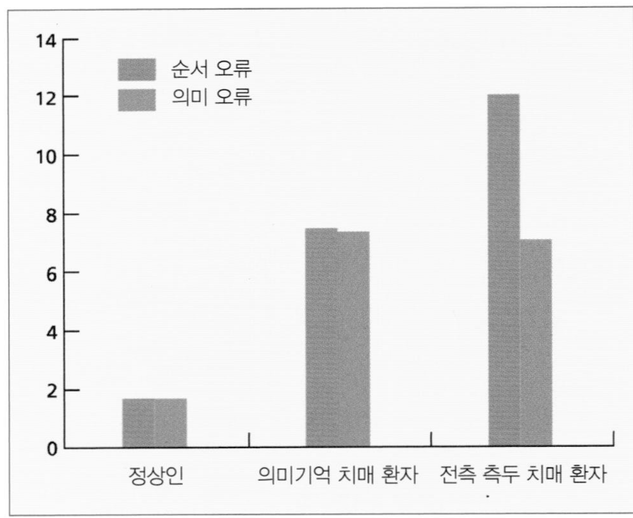

[그림 6-10] 의미기억 치매 환자, 전측 측두 치매 환자와 정상인들의 의미 오류 및 순서 오류. y축은 각 조건별 평균 오류 수이다.
출처: Cosentino et al. (2006).

Cosentino와 동료들(2006)이 의미기억 치매 환자들과 전측 측두 치매 환자들을 비교했을 때, 그들은 의미기억 치매 환자들이 의미기억 오류와 비슷한 정도의 순서 정보 오류를 범한다는 것을 발견하였다. 하지만 전측 측두 치매 환자들의 경우에는 의미기억 오류보다 두 배나 많은 순서 정보 오류를 보였다([그림 6-10] 참조). 이는 전두엽(복잡한 인지 과제 수행과 관련이 깊음)이 도식에 올바른 순서를 제공하는 데 중요한 역할을 한다는 것을 보여 준다. 도식 속 사건 순서에 관한 정보를 찾는 데는 집행 기능의 작용이 중요하다.

Fletcher와 Henson(2001)은 선행연구들에 대한 개관을 바탕으로 전두엽의 집행기능이 장

기기억과 관련하여 세 가지 중요한 역할을 한다고 제안하고 있다.

1. 기억 속에서 활성화된 정보의 업데이트 및 유지
2. 정보의 선택, 조작 및 모니터링
3. 처리 과정 및 하위 목표들의 선택

기억 인출 시 통제 과정의 중요성은 많은 전두엽 손상 환자들이 사실이 아닌 지어낸 이야기를 자주 한다는 것에서 알 수 있다. 환자들은 특히 자서전적 기억과 관련되어서 지어낸 이야기를 하지만 의미기억의 인출 시에도 그런 현상이 나타난다(Burgess & Shallice, 1996; Ghosh et al., 2014).

고정관념

우리는 고정관념(특정 집단에 대한 단순화된 일반적인 생각)이 도식의 일종이라는 것을 알았다. 그렇다면 이것이 우리의 생각과 행동에 어떠한 영향을 미치는지를 [연구 따라잡기 6-3]을 통해 알아보자.

[연구 따라잡기 6-3] 고정관념의 영향

다음 글을 읽고 질문에 답하라(Reynolds et al., 2006).

> 한 남자와 그의 아들이 함께 여행 중이었다. 그들은 고속도로를 달리다가 끔찍한 교통사고를 당했다. 남자는 현장에서 사망했고 아들은 심하게 다쳤다. 그 아들은 급히 병원으로 후송되어 응급 수술을 받게 되었다. 아이가 수술실에 도착하자 외과 의사가 그 아이를 보고 소리쳤다. "나는 이 수술을 할 수 없어요. 이 아이는 내 아들이에요."

어떻게 이게 가능할까?

만약 이 문제가 풀기 어렵다고 느낀다면 당신도 대부분의 다른 사람들과 마찬가지이다. 왜? 우리는 일반적으로 외과 의사는 남자라고 생각하는 고정관념이 있다. 하지만 당연히 여자 외과 의사도 있다. 앞의 예에서 수술실의 의사는 그 아이의 엄마였다. 이 예에서 알 수 있듯 고정관념은 문장 이해 및 문제 해결에 영향을 준다.

고정관념은 사회심리학에서 집중적으로 연구되었다. 이것은 고정관념이 다른 집단의 사람들에 대한 이해 및 상호작용에 영향을 주기 때문이다. 예를 들어, 우리는 어떤 사람과 상호작용할 때 그 사람의 발음을 하나의 중요한 단서로 사용한다. 많은 연구에서 표준 발음을 가진 사람들이 훨씬 더 존중받고 우호적으로 취급 받는다는 것을 보여 주고 있다(MacFarlane & Stuart-Smith, 2012; Fuertes et al., 2012; Tombs & Rao Hill, 2014; Dragojevic et al., 2016). 분명 발음이 다른 사람과의 상호작용을 부호화하고 조정하는 데 사용되는 일종의 도식을 활성화시키는 단서로 작용하는 것이다.

[연구 따라잡기 6-3]에 묘사된 바처럼, 고정관념 속의 도식 정보는 문제 해결과 언어 이해와 같은 다양한 인지 과제 수행에 영향을 준다. 보다 구체적으로, 개개인의 고정관념 도식과 충돌되는 정보가 제시되면 과제의 수행이 떨어지게 된다.

고정관념의 안정성: 맥락효과

많은 사람은 개개인의 고정관념 도식이 상대적으로 안정적이며 시간이 지나도 변화하지 않는다고 가정한다. 그와 같은 가정은 상당히 합리적으로 보이지만 사실은 부정확하다. Garcia-Marques와 동료들(2006)은 참가자들에게 43개의 제시된 특질들 중 다양한 집단(예: 집시, 아프리카 이민자)을 가장 잘 묘사할 수 있도록 하는 5개의 특질들을 뽑도록 요구하였다. 그리고 2주 후에 같은 참여자들에게 똑같은 과제를 다시 한 번 하도록 요구하였다. 놀랍게도 그들은 두 번의 과제 시행 사이에 별로 일관성이 없다는 것을 발견하였다.

몇 가지 이유 때문에 고정관념은 그다지 안정적이지도 않고, 시간에 따라 변화한다. 그 이유 중 하나는 고정관념이 맥락의 영향을 많이 받기 때문이다. 고정관념에 미치는 맥락의 영향은 Casper와 동료들(2010)의 연구에 잘 나타난다. 이 실험의 매 시행에서는 참가자들에게 아랍인, 이탈리아인, 여자와 같은 집단이 먼저 제시되고 300ms 이후에, 두 개의 새로운 자극(목표 글자열과 맥락 그림)이 제시되었다. 참가자들은 그림을 무시한 채 제시되는 글자열이 단어인지 아닌지를 판단하여야 했다. 만약 그 글자열이 단어일 때는 그 단어가 그 집단의 고정관념적 특징과 관련이 있는 경우(아랍인 → 테러, 이탈리아인 → 로맨틱)도 있었고, 그렇지 않은 경우(아랍인 → 병, 이탈리아인 → 용감함)도 있었다. 맥락 그림도 고정관념적 특징과 관련이 있거나 (아랍인 → 공항, 이탈리아인 → 장미) 그렇지 않았다(아랍인 → 휴지, 이탈리아인 → 비싼 차).

이 연구에서는 참가자들이 고정관념적 특징들의 단어를 더 빨리 인식한다는 것을 발견하였다. 하지만 이것은 오직 맥락으로 제시된 그림이 고정관념과 관련이 있는 경우에만 그랬다. 즉, 참여자들은 테러라는 단어를 병이라는 단어보다 더 빨리 인식하였는데 이것은 오직 배경으로 공항이 제시되어 있었을 때만 그랬다. 이와 같은 결과는 고정관념 특질들이 단지 그 단어를 본다고 자동적으로 활성화되는 것은 아니고 적절한 맥락 정보가 있어야지 활성화된다는 것을 의미한다.

즉, 고정관념(그리고 일반적인 도식)은 우리가 일반적으로 생각하는 것보다 훨씬 더 **유연하다**. 앞서 개념에 대해서도 마찬가지의 결론을 내린 것을 기억하라.

중간 요약

개념으로부터 명제로

- 개념들은 우리 머릿속에 저장되기 위해서 명제들로 전환된다. 따라서 자극들은 있는 그대로 기억되지 않는다.

명제를 사건과 도식으로 결합시키기

- 명제들은 시간, 공간, 개체, 인과, 동기에 기반하여 사건들과 상황들로 결합된다.
- 친숙한 일련의 사건들은 의미기억에 도식으로 저장된다. 그와 같은 도식적 지식은 우리가 무언가를 기대할 수 있게 하고, 인지적 부하를 덜며, 추론을 가능하게 한다.
- 도식적 지식이 적절히 작동하려면 집행 기능이 필요하다. 이것은 전측 측두 치매 환자들이 한 도식 내에 있는 순서가 잘못된 사건들을 발견하는 데 어려움을 겪는다는 것에서 알 수 있다.

고정관념

- 고정관념은 특정 집단의 사람들과 관련된 도식이다. 고정관념과 충돌되는 정보는 언어 이해와 문제 해결을 방해한다. 고정관념은 우리가 생각하는 것보다 훨씬 덜 안정적이다. 이것은 부분적으로는 고정관념의 활성화가 맥락 정보에 의존하기 때문이다.

논술 문제

1. 뇌 손상이 의미기억에 문제를 일으키는 여러 방식에 대해 논의하시오.
2. 개념에 관한 여러 접근들의 가장 주요한 가정은 무엇인가? 여러 접근 중 가장 적절하다고 생각되는 것은 어떤 것인가? 왜 그런가?
3. 개념이 지각 및 운동 시스템과 연결된 방식에 대해 논의하시오.
4. 도식적 지식이란 무엇인가? 도식적 지식이 일상생활에 어떻게 유용하게 사용되는가?
5. 도식이 우리가 다른 사람들과 상호작용하는 방식에 어떻게 영향을 주나?

더 읽을 거리

- Baddeley, A., Eysenck, M. W., & Anderson, M. C. (2015). *Memory* (2nd ed.). New York: Psychology Press. 이 개론서의 6장은 의미기억과 지식의 저장에 대해 설명한다.

- 저널 『Psychonomic Bulletin & Review』는 개념에 관한 특별판을 2016년 8월(Volume 23, Issue 4)에 출판하였다. 이 특별판에는 저명한 연구자들의 많은 논문이 포함되어 있으며 상당한 이론적인 논쟁이 담겨 있다.
- Hampton, J. A. (2010). Concepts in human adults. In D. Mareschal, P. Quinn, & S. E. G. Lea (Eds.), *The making of human concepts* (pp. 293-311). Oxford, UK: Oxford University Press. 이 장은 개념에 관한 유용한 이론 및 연구들을 개관한다.
- Patterson, K., Nestor, P. J., & Rogers, T. T. (2007). Where do you know what you know? The representation of semantic knowledge in the human brain. *Nature Reviews Neuroscience*, *8*, 976-987. 이 논문은 개념적 지식들이 저장되어 있는 방식을 설명하는 개관 논문이다.

참고문헌

Ahn, W. K., Kim, N. S., Lassaline, M. E., & Dennis, M. J. (2000). Causal status as a determinant of feature centrality. *Cognitive Psychology*, *41*, 361-416.

Anaki, D., & Bentin, S. (2009). Familiarity effects on categorization levels of faces and objects. *Cognition*, *111*, 144-149.

Anderson, J. (1983). *The architecture of cognition*. Cambridge, MA: Harvard University Press.

Anderson, J. R. (1996). ACT: A simple theory of complex cognition. *American Psychologist*, *51*(4), 355-365.

Barsalou, L. W. (1983). Ad hoc categories. *Memory & Cognition*, *11*(3), 211-227.

Barsalou, L. W. (1985). Ideals, central tendency, and frequency of instantiation as determinants of graded structure in categories. *Journal of Experimental Psychology: Learning, Memory, & Cognition*, *11*, 629-654.

Barsalou, L. W. (2008). Grounded cognition. *Annual Review of Psychology*, *59*, 617-645.

Barsalou, L. W. (2009). Simulation, situated conceptualization, and prediction. *Philosophical Transactions of the Royal Society B: Biological Sciences*, *364*, 1281-1289.

Barsalou, L. W., & Wiemer-Hastings, K. (2005). Situating abstract concepts. In D. Pecher & R. Zwaan (Eds.), *Grounding cognition: The role of perception and action in memory, language, and thought*. New York, NY: Cambridge University Press.

Bartlett, F. C. (1932). *Remembering: An experimental and social study*. Cambridge, UK: Cambridge University Press.

Binder, J. R. (2016). In defense of abstract conceptual representations. *Psychonomic Bulletin and Review*, *23*, 1096-1108.

Borges, J. L. (1964). *Labyrinths: Selected stories and other writing*. New York, NY: New Directions.

Brewer, W. F., & Treyens, J. C. (1981). Role of schemata in memory for places. *Cognitive Psychology*, *13*, 207-230.

Bruner, J. S., Goodnow, J. J., & Austin, G. A. (1956). *A study of thinking*. New York: John Wiley & Sons, Inc.

Brysbaert, M., Stevens, M., Mandera, P., & Keuleers, E. (2016). How many words do we know? Practical estimates of vocabulary size dependent on word definition, the degree of language input and the participant's age. *Frontiers in Psychology*, *7*, 1116.

Burgess, P. W., & Shallice, T. (1996). Confabulation and the control of recollection. *Memory*, *4*(4), 359-412.

Calabria, M., Cotelli, M., Adenzato, M., Zanetti, O., & Miniussi, C. (2009). Empathy and emotion recognition in semantic dementia: A case report. *Brain and Cognition*, *70*, 247-252.

Casper, C., Rothermund, K., & Wentura, D. (2010). Automatic stereotype activation is context-dependent. *Social Psychology*, *41*, 131-136.

Coley, J. D., Medin, D. L., & Atran, S. (1997). Does rank have its privilege? Inductive inferences within folkbiological taxonomies. *Cognition*, *64*, 73-112.

Collins, A. M., & Loftus, E. F. (1975). A spreading activation theory of semantic memory. *Psychological Review*, *82*, 407-428.

Cosentino, S., Chute, D., Libon, D., Moore, P., & Grossman, M. (2006). How does the brain support script comprehension? A study of executive processes and semantic knowledge in dementia. *Neuropsychology*, *20*, 307-318.

Coutanche, M. N., & Thompson-Schill, S. L. (2015). Creating concepts from converging features in human cortex. *Cerebral Cortex*, *25*(9), 2584-2593.

Dragojevic, M., Mastro, D., Giles, H., & Sink, A. (2016). Silencing nonstandard speakers: A content analysis of accent portrayals on American prime time television. *Language in Society*, *45*(1), 59-85.

Fehr, B. (2004). Intimacy expectations in same-sex friendships: A prototype interaction-pattern model. *Journal of Personality and Social Psychology*, *86*, 265-284.

Feldman, J. (2003). The simplicity principle in human concept learning. *Current Directions in Psychological Science*, *12*, 227-232.

Fletcher, P. C., & Henson, R. N. A. (2001). Frontal lobes and human memory. *Brain*, *124*(5), 849-881.

Fuertes, J. N., Gottdiener, W. H., Martin, H., Gilbert, T. C., & Giles, H. (2012). A meta-analysis of the effects of speakers' accents on interpersonal evaluations. *European Journal of Social Psychology*, *42*(1), 120-133.

Garcia-Marques, L., Santos, A. S. C., & Mackie, D. M. (2006). Stereotypes: Static abstractions or dynamic knowledge structures? *Journal of Personality and Social Psychology*, *91*, 814-831.

Gelman, S. A. (2009). Learning from others: Children's construction of concepts. *Annual Review of Psychology*, *60*, 115-140.

Gelman, S. A., & Coley, J. D. (1990). The importance of knowing a dodo is a bird: Categories and inferences in 2-year-old children. *Developmental Psychology*, *26*(5), 796-804.

Gerz, D., Vulić, I., Hill, F., Reichart, R., & Korhonen, A. (2016). *SimVerb-3500: A large-scale evaluation set of verb similarity*. Available at http://people.ds.cam.ac.uk/dsg40/simverb.html (Retrieved October 5, 2017).

Ghosh, V. E., Moscovitch, M., Colella, B. M., & Gilboa, A. (2014). Schema representation in patients with ventromedial PFC lesions. *The Journal of Neuroscience*, *34*(36), 12057-12070.

Green, H. A. C., & Patterson, K. (2009). Jigsaws - A preserved ability in semantic dementia. *Neuropsychologia*, *47*, 569-576.

Hampton, J. A. (1979). Polymorphous concepts in semantic memory. *Journal of Verbal Learning and Verbal Behavior*, *18*(4), 441-461.

Hampton, J. A. (1981). An investigation of the nature of abstract concepts. *Memory & Cognition*, *9*, 149-156.

Hampton, J. A. (2007). Typicality, graded membership, and vagueness. *Cognitive Science*, *31*, 355-384.

Hampton, J. A. (2010). Concepts in human adults. In D. Mareschal, P. Quinn, & S. E. G. Lea (Eds.), *The making of human concepts* (pp. 293-311). Oxford, UK: Oxford University Press.

Harnad, S. (1990). The symbol grounding problem. *Physica D: Nonlinear Phenomena*, *42*, 335-346.

Hauk, O., Johnsrude, I., & Pulvermüller, F. (2004). Somatotopic representation of action words in human motor and premotor cortex. *Neuron*, *41*, 301-307.

Heit, E. (1992). Categorization using chains of examples. *Cognitive Psychology*, *24*, 341-380.

Henderson, E. N. (1903). A study of memory for connected trains of thought. *The Psychological Review, Series of Monograph Supplements, V*(6), (Whole No. 23, p. 93). New York: Palgrave Macmillan.

Henrich, J., Heine, S. J., & Norenzayan, A. (2010). Beyond WEIRD: Towards a broadbased behavioral science. *Behavioral and Brain Sciences*, *33*, 111-135.

Heussen, D., & Hampton, J. A. (2007). 'Emeralds are expensive because they are rare': Plausibility of property explanations. In S. Vosniadou, D. Kayser, & A. Protopapas (Eds.), *Proceedings of Eurocogsci07: The European cognitive science conference* (pp. 101-106). Hove, UK: Psychology Press.

Hodges, J. R., Mitchell, J., Dawson, K., Spillantini, M. G., Xuereb, J. H., McMonagle, P., . . . Patterson, K. (2009). Semantic dementia: Demography, familial factors and survival in a consecutive series of 100 cases. *Brain*, 133, 300-306.

Hollis, G., & Westbury, C. (2016). The principals of meaning: Extracting semantic dimensions from co-occurrence models of semantics. *Psychonomic Bulletin & Review, 23*(6), 1744-1756.

Jackson, F. (1982). Epiphenomenal qualia. *The Philosophical Quarterly*, *32*(127), 127-136.

Keil, F. C., Smith, W. C., Simons, D. J., & Levin, D. T. (1998). Two dogmas of conceptual empiricism: Implications for hybrid models of the structure knowledge. *Cognition*, *65*, 103-135.

Kertesz, A., Jesso, S., Harciarek, M., Blair, M., & McMonagle, P. (2010). What is semantic dementia? A cohort study of diagnostic features and clinical boundaries. *Archives of Neurology*, *67*, 483-489.

Klein, L., Dubois, J., Mangin, J.-F., Kherif, F., Flandin, G., Poline, J.-B., et al. (2004). Retinopic organization of visual mental images as revealed by functional magnetic resonance imaging. *Cognitive Brain Research*, *22*, 26-31.

Kosslyn, S. M. (2005). Mental images and the brain. *Cognitive Neuropsychology*, *22*, 333-347.

Kosslyn, S. M., & Thompson, W. L. (2003). When is early visual cortex activated during visual mental imagery? *Psychological Bulletin*, *129*, 723-746.

Lambon Ralph, M. A., Jefferies, E., Patterson, K., & Rogers, T. T. (2017). The neural and computational bases of semantic cognition. *Nature Reviews Neuroscience*, *18*, 42-55.

Lampinen, J. M., Copeland, S. M., & Neuschatz, J. S. (2001). Recollections of things schematic: Room schemas revisited. *Journal of Experimental Psychology: Learning, Memory, & Cognition*, *27*, 1211-1222.

Landauer, T. K., & Dumais, S. T. (1997). A solution to Plato's problem: The latent semantic analysis theory of acquisition, induction, and representation of knowledge. *Psychological Review*, *104*(2), 211-240.

Louwerse, M. M. (2011). Symbol interdependency in symbolic and embodied cognition. *Topics in Cognitive Science*, *3*(2), 273-302.

Lynch, E. B., Coley, J. D., & Medin, D. L. (2000). Tall is typical: Central tendency, ideal dimensions, and graded category structure among tree experts and novices. *Memory & Cognition*, *28*, 41-50.

MacFarlane, A. E., & Stuart-Smith, J. (2012). "One of them sounds sort of Glasgow Uni-ish." Social judgements and fine phonetic variation in Glasgow. *Lingua*, *122*(7), 764-778.

Macrae, C. N., & Bodenhausen, G. V. (2000). Social cognition: Thinking categorically about others. *Annual Review of Psychology*, *51*, 93-120.

Mandera, P., Keuleers, E., & Brysbaert, M. (2017). Explaining human performance in psycholinguistic tasks with models of semantic similarity based on prediction and counting: A review and empirical validation. *Journal of Memory and Language*, *92*, 57-78.

Matuszewski, V., Piolino, P., Belliard, S., de la Sayette, V., Laisney, M., Lalevee, C., et al. (2009). Patterns of autobiographical memory impairment according to disease severity in semantic dementia. *Cortex*, *45*, 456-472.

McCloskey, M. E., & Glucksberg, S. (1978). Natural categories: Well defined or fuzzy sets? *Memory & Cognition*, *26*, 121-134.

McRae, K., Cree, G. S., Seidenberg, M. S., & McNorgan, C. (2005). Semantic feature production norms for a large set of living and nonliving things. *Behavior Research Methods*, *37*(4), 547-559.

Medin, D. L., & Atran, S. (2004). The native mind: Biological categorization and reasoning in development and across cultures. *Psychological Review*, *111*, 960-983.

Meteyard, L., & Patterson, K. (2009). The relation between content and structure in language production: An analysis of speech errors in semantic dementia. *Brain and Language*, *110*, 121-134.

Mikolov, T., Chen, K., Corrado, G., & Dean, J. (2013). Efficient estimation of word representations in vector space. *arXiv:1301.3781* [cs]. Retrieved from http://arxiv.org/abs/1301.3781

Miyake, A., Friedman, N. P., Emerson, M. J., Witzki, A. H., Howerter, A., & Wager, T. D. (2000). The unity and diversity of executive functions and their contributions to complex "frontal lobe" tasks: A latent variable analysis. *Cognitive Psychology*, *41*(1), 49-100.

Murphy, G. (2016). Is there an exemplar theory of concepts? *Psychonomic Bulletin and Review*, *23*, 1035-1042.

Neary, D., & Snowden, J. (1996). Fronto-temporal dementia: nosology, neuropsychology, and neuropathology. *Brain and Cognition*, *31*(2), 176-187.

Novick, L. R. (2003). At the forefront of thought: The effect of media exposure on airplane typicality.

Psychonomic Bulletin & Review, *10*, 971-974.

Palmer, S. E. (1975). The effects of contextual scenes on the identification of objects. *Memory & Cognition*, *3*, 519-526.

Patterson, K., Nestor, P. J., & Rogers, T. T. (2007). Where do you know what you know? The representation of semantic knowledge in the human brain. *Nature Reviews Neuroscience*, *8*, 976-987.

Pauen, S. (2002). Evidence for knowledge-based category discrimination in infancy. *Child Development*, *73*(4), 1016-1033.

Pecher, D., van Dantzig, S., Zwaan, R. A., & Zeelenberg, R. (2009). Language comprehenders retain implied shape and orientation of objects. *The Quarterly Journal of Experimental Psychology*, *62*(6), 1108-1114.

Piwnica-Worms, K. E., Omar, R., Hailstone, J. C., & Warren, J. D. (2010). Flavor processing in semantic dementia. *Cortex*, *46*, 761-768.

Prass, M., Grimsen, C., König, M., & Fahle, M. (2013). Ultra rapid object categorization: Effect of level, animacy and context. *PLOS ONE*, *8*(6), e68051.

Pylyshyn, Z. (2003). Return of the mental image: Are there really pictures in the brain? *Trends in Cognitive Sciences*, 7(3), 113-118.

Rascovsky, K., Growdon, M. E., Pardo, I. R., Grossman, S., & Miller, B. L. (2009). The quicksand of forgetfulness: Semantic dementia in *One Hundred Years of Solitude*. *Brain*, *132*, 2609-2616.

Reynolds, D. J., Garnham, A., & Oakhill, J. (2006). Evidence of immediate activation of gender information from a social role name. *Quarterly Journal of Experimental Psychology*, *59*, 886-903.

Rips, L. J., & Collins, A. (1993). Categories and resemblance. *Journal of Experimental Psychology: General*, *122*, 468-486.

Rogers, T. T., & Patterson, K. (2007). Object categorization: Reversals and explanations of the basic-level advantage. *Journal of Experimental Psychology: General*, *136*, 451-469.

Rogers, T. T., Lambon Ralph, M. A., Garrard, P., Bozeat, S., McClelland, J. L., Hodges, J. R., & Patterson, K. (2004). Structure and deterioration of semantic memory: A neuropsychological and computational investigation. *Psychological Review*, 111(1), 205-235.

Rosch, E., & Mervis, C. B. (1975). Family resemblances: Studies in the internal structure of categories. *Cognitive Psychology*, *7*, 573-605.

Rosch, E., Mervis, C. B., Gray, W. D., Johnson, D. M., & Boyes-Braem, P. (1976). Basic objects in natural categories. *Cognitive Psychology*, *8*, 382-439.

Sachs, J. S. (1967). Recognition memory for syntactic and semantic aspects of connected discourse. *Perception & Psychophysics*, *2*(9), 437-442.

Schank, R. C. (1972). Conceptual dependency: A theory of natural language understanding. *Cognitive Psychology*, *3*(4), 552-631.

Shuell, T. J. (1969). Clustering and organization in free recall. *Psychological Bulletin, 72*, 353-374.

Simmons, C. L., & Hampton, J. A. (2006). *Essentialist beliefs about basic and superordinate level categories*. Poster presented at the 47th Annual Meeting of the Psychonomic Society, Houston, TX, November.

Slezak, P. (1991). Can images be rotated and inspected? A test of the pictorial medium theory. *Program of the Thirteenth Annual Conference of the Cognitive Science Society*, Chicago, IL, pp. 55-60.

Slezak, P. (1995). The "philosophical" case against visual imagery. In T. Caelli, P. Slezak, & R. Clark (Eds.), *Perspectives in cognitive science: Theories, experiments and foundations* (pp. 237-271). New York, NY: Ablex.

Smith, J. D., & Minda, J. P. (2000). Thirty categorization results in search of a model. *Journal of Experimental Psychology: Learning, Memory, & Cognition*, *26*, 3-27.

Steyvers, M., & Hemmer, P. (2012). Reconstruction from memory in naturalistic environments. *Psychology of Learning and Motivation*, *56*, 125-144.

Storms, G., De Boeck, P., & Ruts, W. (2000). Prototype and exemplar-based information in natural language categories. *Journal of Memory and Language*, *42*, 51-73.

Storms, G., De Boeck, P., & Ruts, W. (2001). Categorization of novel stimuli in well-known natural concepts: A case study. *Psychonomic Bulletin & Review*, *8*(2), 377-384.

Sulin, R. A., & Dooling, D. J. (1974). Intrusion of a thematic idea in retention of prose. *Journal of Experimental Psychology*, *103*, 255-262.

Tanaka, J. W., & Taylor, M. E. (1991). Object categories and expertise: Is the basic level in the eye of the beholder? *Cognitive Psychology*, *15*, 121-149.

Tombs, A., & Rao Hill, S. (2014). The effect of service employees' accent on customer reactions. *European Journal of Marketing*, *48*(11/12), 2051-2070.

Tuckey, M. R., & Brewer, N. (2003). How schemas affect eyewitness memory over repeated retrieval attempts. *Applied Cognitive Psychology*, *7*, 785-800.

Vanpaemel, W., & Storms, G. (2008). In search of abstraction: The varying abstraction model of categorization. *Psychonomic Bulletin & Review*, *15*(4), 732-749.

Vigliocco, G., Kousta, S. T., Della Rosa, P. A., Vinson, D. P., Tettamanti, M., Devlin, J. T., & Cappa, S. F. (2014). The neural representation of abstract words: The role of emotion. *Cerebral Cortex*, *24*(7), 1767-1777.

Vincent-Lamarre, P., Massé, A. B., Lopes, M., Lord, M., Marcotte, O., & Harnad, S. (2016). The latent structure of dictionaries. *Topics in Cognitive Science*, *8*(3), 625-659.

Wills, A. J., & Pothos, E. M. (2012). On the adequacy of current empirical evaluations of formal models of categorization. *Psychological Bulletin*, *138*(1), pp. 102-125. doi: 10.1037/a0025715

Wu, L. L., & Barsalou, L. W. (2009). Perceptual simulation in conceptual combination: Evidence from property generation. *Acta Psychologica*, *132*, 173-189.

Yee, E., & Tompson-Schill, S. L. (2016). Putting concepts into context. *Psychonomic Bulletin and Review*, *23*, 1015-1027.

Zwaan, R. A. (2016). Situation models, mental simulations, and abstract concepts in discourse comprehension. *Psychonomic Bulletin and Review*, *23*, 1028-1034.

Zwaan, R. A., & Radvansky, G. A. (1998). Situation models in language comprehension and memory. *Psychological Bulletin*, *123*(2), 162-185.

Chapter

7

일상기억

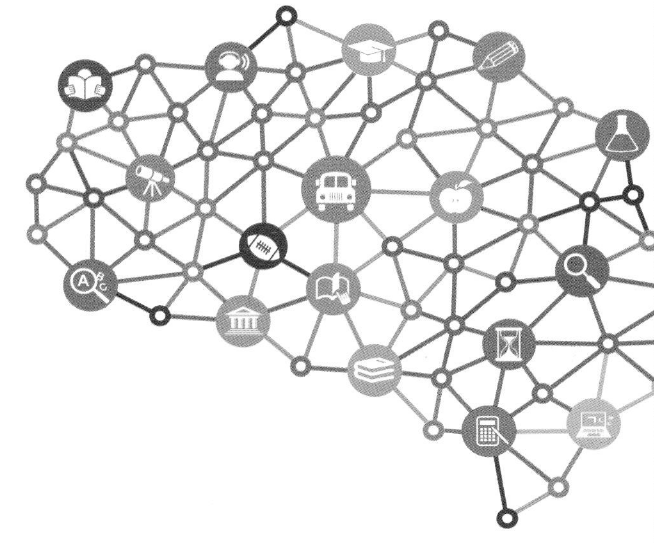

학습 목표

제7장을 공부한 후에 여러분은 다음을 할 수 있어야 한다.

- 억압된 기억, 오기억, 복원된 기억, 섬광기억에 대해서 정의하며, 왜 자서전적 기억이 항상 완벽한 것은 아닌지에 대해 설명한다.
- 인지적 면담이 어떻게 목격자 증언의 한계를 보여 주는지 설명한다.
- 인간 기억의 어떤 특징이 도식 이론에 의해 설명되는지를 설명한다.
- 미래 기억과 회고적 기억을 정의, 비교, 대조한다.

서론

지난 35년 동안, 일상기억에 대한 연구가 빠르게 증가하였다. 일상기억 연구는 우리가 매일 사용하는 기억과 관련된 연구인데 4~6장에서 논의되었던 전통적인 기억 연구들과는 중요한 차이가 있다. 대부분의 일상기억은 우리의 목표나 동기와 관련이 있다(Cohen, 2008). 일상기억의 일종인 미래 기억(의도된 행동을 수행해야 하는 것을 기억함)을 살펴보면 이러한 특징이 잘 드러난다. 대부분의 우리의 의도된 행동들은 목표 달성과 관련이 있다. 예를 들어, 이 책의 저자들은 이 책의 각 장을 완성하는 목표를 이루기 위해 여러 논문을 살펴보았다.

전통적인 기억 연구 vs. 일상기억 연구

기억에 관한 전통적 접근과 일상기억 접근과의 차이점은 **무엇**인가? 일상기억은 일반적으로 오래전에 일어났던 사건들에 관한 기억이며, 특히 그 사건이 일어난 이후 자주 다시 떠올렸던 사건들에 관한 기억이다. 일상기억은 다음과 같은 말로 설명될 수 있다. "일반적으로 떠오르는 기억들은 실제 일어난 사건에 관한 기억이라기보다는 기억에 관한 기억이다."(Cohen, 2008, p. 2) 이와 반대로, 실험실에서의 연구 참가자들은 일반적으로 방금 전 사건들을 기억한다.

둘째, 대부분의 일상기억 연구에서의 기억은 의도된 것이라기보다는 동기나 목적과 관련된 정보들을 학습하는 과정에서 **저절로** 이루어지는 것이다. 반면, 일반적인 기억 연구에서의 기억은 의도된 것이다. 일반적인 기억 연구에서 개개인이 어떤 것을 기억할지는 그 사람들에게 어떤 것을 기억하라고 요구했는지에 달려 있다.

셋째, 일상기억에서는 **사회적** 요인들이 중요하지만 전통적인 기억 연구에서는 이러한 측면이 생략되어 있다. 우리는 친구, 친척, 동료들과 일상기억을 공유하지만 전통적인 기억 연구에서는 그렇지 않다.

넷째, 전통적인 기억 연구의 참여자들은 기억 과제 수행 시 가능한 한 **정확하게** 그것을 수행하려는 동기를 갖고 있다. 하지만 일상기억 연구에서 "기억은 특정 목적을 이루기 위한 행동의 한 유형이다."(Neisser, 1996, p. 204) 이 접근은 일상기억에 세 가지 가정을 제공한다.

1. 일상기억은 목적과 동기가 있다.
2. 일상기억은 개인의 성격 특성과 같은 개인적 요인에 영향을 받는다.

3. 일상기억은 상황적 요구(예: 청중에게 감동을 주고자 하는 바람)의 영향을 받는다.

Neisser(1996)의 주장의 핵심은 다음과 같다. 일상생활에서 우리가 어떤 것을 기억할지 여부는 우리의 개인적인 목표에 의해서 결정된다. 하지만 전통적인 기억 연구에서 우리가 기억할 것은 정확성에 대한 실험자의 요구에 의해서 결정된다. 일상생활에서도 우리가 최대한 정확하게 기억하려 노력하는 경우도 있지만(예: 시험 준비), 일반적으로 정확성이 기억의 가장 중요한 요인은 아니다.

발견들

우리가 보고하는 일상생활에 관한 기억이 때로는 의도적으로 왜곡된 것이라는 증거가 Marsh와 Tversky(2004)에 의해서 보고되었다. 이 연구에서는 학생들에게 한 달 동안 그들의 개인적 기억을 반복해서 이야기하도록 하였는데 나중에 조사한 결과, 그중 42% 정도가 사실과 다른 내용이었다.

만약 당신이 어떤 사건에 대해 말한 것이 의도적으로 왜곡된 것이라면, 이러한 왜곡이 당신의 기억을 변화시키고, 당신의 이후 회상을 부정확하게 만들까? 그에 대한 대답은 대개 '그렇다'이다. Dudokovic과 동료들(2004)은 사람들에게 특정한 이야기를 듣고, 그 내용을 세 번 정확하게 회상하도록 (전통적인 기억 연구에서처럼) 요구하거나, 보다 재미있게 회상하도록 (실제 상황과 같이) 요구하였다. 예상하는 바와 같이, 재미있게 각색한 경우에 훨씬 정서적인 내용이 많이 포함되었지만 세부적인 내용은 덜 포함되었다.

실험 참가자들은 이후에 그 이야기를 정확하게 다시 회상하도록 요구받았는데 그때 이전에 이야기를 재미있게 각색해서 말했던 사람들은 훨씬 적은 내용을 보고하였고 부정확하게 보고하였다. 이것은 말한 대로 믿는 현상(saying–is–believing effect)의 예이다. 이 현상은 듣는 사람들에 맞춰 이야기를 각색하고 나면 그것이 나중에 그 사건에 대한 부정확한 기억을 유발하는 현상을 의미한다.

말한 대로 믿는 현상의 또 다른 증거는 Hellmann과 동료들(2011)도 보고하였다. 이 연구에서 참가자들은 두 사람이 술집에서 싸우는 비디오를 보았다. 이후 참가자들에게 두 사람 중 A가 잘못했다고 믿고 있는 사람들에게 싸우는 장면을 묘사하라고 요구하였다. 그 결과, 참가자들은 듣는 사람들의 믿음에 부합되는 방식으로 설명하였다. 이 연구에서는 이후, 참가자들에게 갑자기 그 사건에 대해 정확하게 회상하도록 요구하였는데 참가자들

> **Key term**
>
> **말한 대로 믿는 현상(saying–is–believing effect)**: 주어진 청중에 맞게 어떤 사건에 대한 메시지를 각색하면 그것이 나중에 그 사건에 대한 부정확한 기억을 유발하는 현상

의 회상은 그들이 방금 한 이야기에 상당히 크게 영향 받았다.

이 장의 구조

이 장에서 우리는 일상기억에서 가장 중요하게 여겨지는 세 가지 주제에 대해 이야기할 것이다.

첫째, 개개인의 개인적 사건에 대한 기억을 의미하는 자서전적 기억이다. 이 기억은 우리 스스로에 대해 기억하는 것이기 때문에 정상적인 자서전적 기억을 갖는 것은 매우 중요하다. 만약 뇌 손상으로 우리의 개인적 기억을 상실한다면, 사람으로서의 자신에 관한 대부분을 잃어버리게 된다.

둘째, 목격자 증언에 대해서 살펴볼 것이다. 많은 법정에서 피의자는 목격자 증언에 의해 유죄 혹은 무죄로 판정된다. 따라서 범죄 현장에서의 목격자 증언의 정확성을 아는 것은 매우 중요하다.

셋째, 우리가 상점에서 어떤 것을 사거나 친구를 만나는 것과 같이 자신의 의도에 맞는 행동을 어떻게 기억하여 행하는지를 살펴볼 것이다. 이것은 우리의 일상생활에서 매우 중요한 미래 기억이다. 하기로 한 것(예: 친구 만나기)을 잊어버려 못하는 실수를 자주 범하는 사람은 사회 속에서 성공적으로 살아가기 어렵다.

중간 요약

- 일상생활에서의 학습은 전통적인 기억 연구에서의 기억과 네 가지 측면에서 다르다. 일상생활의 기억은 일반적으로 오래전에 있었던 사건이며, 의도적이기보다는 자연스럽게 기억되는 것이다. 또한 기억은 다른 사람들과 공유하고 있으며, 기억되는 내용은 개개인의 목표나 관심과 관련이 깊다.
- 일상기억은 정확도를 강조하기보다는 소통을 강조한다. 이러한 특성 때문에 장기기억의 내용은 종종 왜곡된다(말한 대로 믿는 현상).

이 장의 구조

- 이 장은 일상기억의 세 가지 주요한 주제, 즉 자서전적 기억, 목격자 증언, 미래 기억을 다룬다.

자서전적 기억

우리는 다양한 것들과 관련된 수없이 많은 기억을 가지고 있다. 그중 우리가 경험한 것에 대한 기억과 우리에게 중요한 사람들에 대한 기억은 매우 중요하게 간주되며, 이러한 기억이 우리의 자서전적 기억(autobiographical memory: 우리의 삶에 대한 기억)을 형성한다. 왜 우리의 자서전적 기억이 중요할까? 그것은 이 기억들이 우리의 삶의 의미, 강력한 정서, 중요한 목표들과 관련 있기 때문이다.

Key term

자서전적 기억(autobiographical memory): 서술 기억의 한 형태로, 일생에 걸친 개인적인 사건에 대한 기억

자서전적 기억 vs. 일화기억

자서전적 기억과 일화기억(특정한 시간에 특정한 장소에서 발생한 사건들에 관한 기억; 5장 참조)은 어떠한 관련이 있을까? 한 가지 중요한 유사점은 두 기억 모두 개인적인 경험과 관련된 기억이라는 것이다.

하지만 자서전적 기억과 일화기억 사이에는 몇 가지 중요한 차이점이 있다.

첫째, 자서전적 기억은 개인적으로 중요한 사건들과 관련이 있지만 일화기억은 반드시 중요한 일들과 관련이 있는 것은 아니다(예: 아까 본 목록의 첫 단어가 의자였나 여부는 별로 중요하지 않다).

둘째, 자서전적 기억은 대개 많은 개인적 경험으로부터 선택된 복잡한 기억이다. 하지만 일화기억은 상대적으로 단순하다.

셋째, 자서전적 기억은 수년 혹은 수십 년 전 기억으로 거슬러 갈 수 있다. 하지만 일화기억(적어도 실험실 사건에 대해)은 그보다 훨씬 더 최근의 일에 관한 기억이다(역주: 오늘 점심에 어떤 것을 먹었는지에 대한 기억과 같이).

넷째, 일화기억이 거의 없는 뇌 손상 환자들도 자신과 관련된 정보(예: 자신의 성격과 관련된 정보)를 회상할 수 있다(Klein & Lax, 2010).

하지만 또 다른 관점(예: Andrews-Hanna et al., 2014)은 일화기억과 자서전적 기억이 서로 다른 기억이 아니고 일화기억이 자서전적 기억의 일종이라고 제안한다. 일화기억의 요소들(무엇을, 언제, 어디에서)과 맥락의 세부사항에 대한 회상은 자서전적 경험을 구성하는 중요한 부분이다. 하지만 자서전적 기억에는 이에 더해 (1) 자신에 대한 개념적 지식과 일화적 사건과의 통합, (2) 그 사건 경험에 관련된 정서 및 자신과 주변의 믿음에 대한 성찰이 추가로 필요하다. 이와 같은 관점에서 자서전적 기억은 다른 종류의 기억이라기보다는 일화기억에 두 개의 다른 요소가 추가된 기억이다. 이 관점에 대해서는 많은 일화기억이(예: 아까 본 목록의 첫 단어가 의자였나?) 거의 자서전적 가치를 거의 가지고 있지 않기 때문에 이 둘을 같은 유형으로 보기 힘들다는 반박이 있다.

[연구 따라잡기 7-1] 자서전적 기억과 성격

행복했던 순간을 떠올려 보자. 그리고 기억하는 대로 그 순간을 적어 보자. 그리고 화났던 순간, 자랑스러웠던 순간, 무서웠던 순간, 안도했던 순간, 슬펐던 순간에 대해서도 적어 보자.

이제 여러분이 적은 것을 살펴보자. 몇몇의 기억은 다른 사람들과의 관계와 관련이 있을 것이다. 즉, 여러분이 다른 사람과 경험한 사랑이나 우정일 수 있다. 혹은 처음 독립한 순간, 무언가를 성취한 순간과 같이 특정한 사건과 관련된 기억일 수 있다. 이와 같은 기억은 다른 사람들과의 관계보다는 당신의 개인적인 성공이나 실패와 관련된 기억이다.

Woike와 동료들(1999)은 이와 관련된 연구를 진행하였다. 그들은 우리의 성격이 우리가 회상하는 자서전적 기억의 종류에 영향을 준다고 주장하였다. 그들의 연구에서는 참여자들의 성격 유형을 독립, 업적, 개인적 성취에 초점을 맞추는 성격과 타인과의 유사성이나 상호 의존성에 초점을 맞추는 성격으로 구분하였다.

연구 결과, 독립, 업적, 개인적 성취에 초점을 맞추는 성격은 성공, 실패와 같은 사건들에 관한 자서전적 기억을 더 많이 회상하고, 타인과의 유사성이나 상호 의존성에 초점을 맞추는 성격은 사랑, 우정, 배신 등과 같은 자서전적 기억을 더 많이 회상하였다.

여러분이 적은 내용을 살펴보라. 당신의 성격을 잘 반영하는 것처럼 보이는가?

자서전적 기억은 얼마나 좋은가?

만약 여러분의 자서전적 기억이 다른 사람들만큼만 좋다면, 여러분은 아마도 일상생활에는 아무런 문제가 없지만 때때로 지난 일들의 구체적인 내용을 기억하지 못할 것이다. 이렇게 자서전적 세부사항을 기억하지 못하는 것이 모든 사람에게 해당하지는 않는다. 5장에서 우리와는 다르게 과거의 매우 세세한 일들까지도 구체적으로 기억하는 러시아 작가 Shereshevskii에 대해 살펴보았다.

Parker, Cahill과 McGaugh(2006)는 다른 흥미로운 사례인 AJ라는 1965년에 태어난 여성의 사례를 보고하였다. 그녀는 과거 수십 년간의 일상에 관해 매우 자세한 것까지 기억할 수 있었다. Parker와 동료들은 **과잉기억 신드롬**(hyperthymestic syndrome)이라는 용어를 사용하여 이러한 능력을 묘사하였다. 최근에는 **매우 뛰어난 자서전적 기억**(highly superior autobiographical memory)이라는 용어를 사용하는 것을 선호한다. 2008년에 AJ는 자신의 삶을 묘사한 『The Woman Who Can't Forget』이라는 제목의 책을 자신의 실명인 Jill Price라는 이름으로 출판하였다.

아마도 여러분은 믿을 수 없을 만큼 뛰어난 자서전적 기억을 갖고 있는 것이 큰 장점이 되리라 생각할 것이다. 하지만 그녀는 그렇게 생각하지 않았다. "대부분의 사람이 이러한 능력을 선물이라 생각했지만 나는 이 능력을 짐이라 생각했다. 나는 매일매일 내 인생 전체를 떠올릴 수 있었고, 그것이 나를 미치도록 만들었다!"(Parker et al., 2006, p. 35) 신기하게도 그녀의 의미기억 및 일화기억 능력은 보통이었다. 예를 들어, 그녀의 단어 목록 회상 능력은 평균적이었으며 그녀는 들고 다니는 5개의 열쇠를 늘 헷갈려 했다.

그렇다면 이런 특별한 자서전적 기억을 갖게 된 이유는 무엇일까? 첫째, 그녀는 지나칠 정도로 심하게 자신과 자신의 과거에 대해 생각하며 시간을 보내는 경향이 있었다. 둘째, 그녀는 억제 능력이 떨어져서, 자신에 대해 생각하지 않으려 해도 그것이 잘 안 되었다. 셋째, 그녀는 시간의 경과를 공간적 형태로 표상하여 보다 구체화시키는 경향이 있었다. 넷째, 시간과 사건 정보를 저장하는 측두엽이 다른 사람들보다 더 컸다.

LePort와 동료들(2012)도 11명의 매우 뛰어난 자서전적 기억 능력을 가진 사람들을 연구하였는데 그들의 발견은 Jill Price의 결과와 일치한다. LePort와 동료들(2012)에 따르면, 매우 뛰어난 자서전적 기억 능력을 갖고 있는 사람들은 자서전적 기억과 관련이 있는 뇌 영역들(예: 해마이랑, 앞 뇌섬엽)의 구조가 다른 사람들과 달랐다.

매우 뛰어난 자서전적 기억 능력을 가진 또 다른 사례는 HK이다. 그는 시각장애인이었으며 실험 참여 당시 20세였다(Ally et al., 2013). 정서적 정보에 대한 장기기억은 편도체의 활성화와 관련이 있는데(11장 참조), HK의 오른쪽 편도체는 다른 사람들보다 20% 정도 더 컸다. 이에 더해, 그는 편도체와 해마 사이의 연결이 매우 발달되어 있었다. 하지만 이 사람들의 뛰어난 자서전적 기억 능력이 뇌 구조와 기능의 차이 때문인지를 밝히기 위해서는 지속적인 연구가 필요하다.

대부분의 사람은 특정한 사건에 대해서 좋은 자서전적 기억을 갖는다. Bahrick과 동료들(1975)은 고등학교 졸업 앨범의 사진들을 이용하여 연구를 진행하였다. 그 결과, 사람들은 25년이 지나도 이전의 같은 반 친구들에 대한 기억을 거의 잊어버리지 않았다. 사람들은 90%가 넘는 정확도로 같은 반 친구들의 이름과 사진을 일치시킬 수 있었으며 심지어는 50년이 지나도 이름을 기억하는 것 이외의 수행은 별로 떨어지지 않았다.

Bahrick과 동료들(2008)은 미국 대학 졸업생들에게 학창 시절의 그들의 성적을 회상해 보라고 요구하였다. 졸업 직후에는 왜곡이 있었으나(당연히 실제보다 좋게 생각했다) 그 이후에는 54년이 지나도 비교적 일관되게 회상하였다.

Bahrick(1984)은 이와 같은 매우 안정적인 오래된 기억을 'permastore'라는 용어로 정의하였다. 이 용어는 극 지방에서 발견되는 영원히 녹지 않는 땅인 '영구 동토(permafrost)'라는 개념에서 유래한 것이다. 영구 동토에 저장된 내용은 주로 처음부터 아주 잘 학습된 정보로 구성되어 있을 것으로 보인다.

섬광기억

Key term

섬광기억(flashbulb memories): 극적이고 중요한 사건에 대한 생생하고 자세한 기억

많은 사람이 스스로의 자서전적 기억이 좋지 않다고 생각하지만 반대로 아주 특별한 사건들(예: 9/11이나 사랑하는 사람의 갑작스런 죽음)에 대한 기억은 매우 뛰어나다고 생각한다. 이와 같은 기억을 Brown과 Kulik(1977)은 섬광기억(flashbulb memories)이라 불렀다.

섬광기억에 관한 초기의 연구들은 우리들의 이러한 사건들에 대한 기억이 사람들이 생각하는 것만큼 뛰어나다는 것을 지지하였다. 많은 연구자가 어떤 사람에게 놀랍고 특별한 일로 여겨지는 사건들은 특별한 신경계의 활성화를 초래하기 때문에 섬광기억이 다른 기억들보다 더 정확하고 오래간다고 가정하였다. 특별한 신경계의 활성화가 그 사건에 관한 세부 내용을 기억 속에 영원히 '각인'시킨다는 것이다. 섬광기억의 세부 내용에는 그 정보를 전한 사람에 관한 정보, 그 소식을 들은 곳에 관한 정보, 그와 관련된 뉴스, 그때 느낀 자신의 감정, 다른 사람들의 반응 등이 포함된다.

발견들

하지만 후속 연구들은 이와 같은 초기의 믿음들을 지지하지 않는다. 9/11 이후 많은 심리학자가 목격자들을 대상으로 연구를 진행하였는데 이 연구들은 섬광기억의 정확도와 안정성에 대해 새로운 증거들을 제시하였다. 가장 흥미로운 연구는 Talarico와 Rubin(2003)의 연구였다. 그들은 학생들을 대상으로 9/11 직후부터 9/11 사건에 대한 기억을 조사하였다. 동시에 그들은 학생들의 다른 일상적인 사건들의 기억도 측정하였다. 학생들의 망각 정도를 평가할 수 있도록 측정은 연구 첫날, 7일 후, 42일 후, 224일 후에 이루어졌다. 만약 섬광기억이 강렬한 정서적인 요소들 때문에 특별하다면 9/11에 대한 망각은 다른 사건들에 비해 훨씬 덜할 것이다.

Talarico와 Rubin(2003)은 두 가지 주요한 발견을 하였다([그림 7-1]). 첫째, 예상했던 것처럼, 사람들은 자신들의 섬광기억이 32주가 지나도 매우 생생하며, 다른 기억들은 매우 가파르게 사라졌다고 보고하였다. 둘째, 기대와는 달리, 섬광기억은 다른 일상생활에 관한 기억들보다 더 정확하지도 일관되지도 않았다. 오히려 학생들은 9/11 사건에 대한 기억보다 자신의 일상 경험에 대한 기억을 보다 자세하고 일관적으로 보고하였다. 즉, 섬광기억의 강도에 대한 사람들의 믿음과 실제 섬광기억의 정확도 사이에는 큰 차이가 있었다.

왜 우리는 섬광기억이 매우 정확하다고 착각할까? 첫 번째 이유는 섬광기억이 한 번에 형성

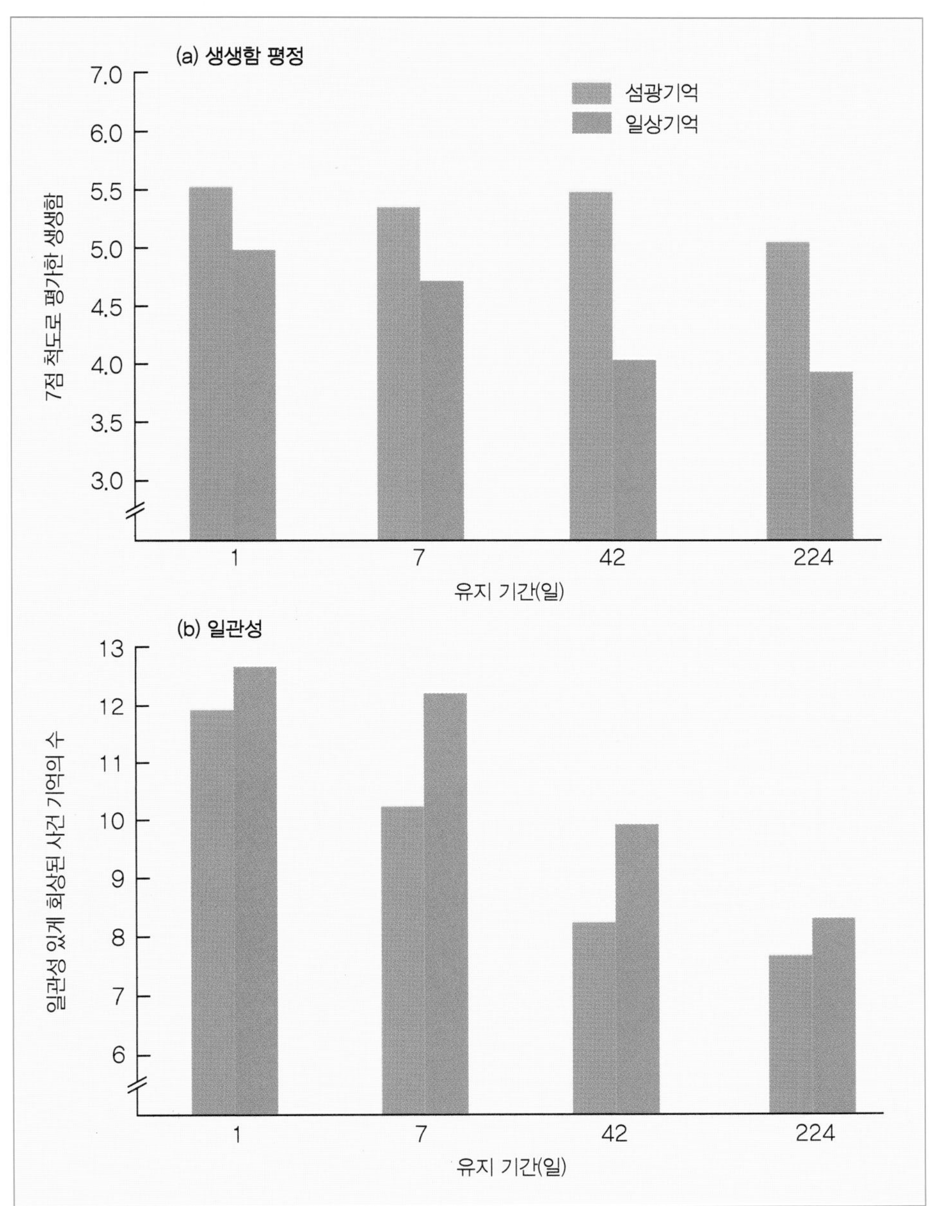

[그림 7-1] 기억의 종류와 시간에 따른 (a) 생생함 평정, (b) 기억의 일관성
출처: Talarico & Rubin (2003).

되는 것이 아니라 여러 번에 걸쳐 형성되기 때문이다. Weaver와 Krug(2004)에 따르면 9/11에 관한 섬광기억과 가장 일치하는 기억은 사건 직후에 보고된 기억이 아니라 일주일 후에 보고된 기억이었다.

우리는 또한 섬광기억이 다른 기억들과 마찬가지로 회상 시 접했던 정보들 때문에 달라질 수 있다는 것을 간과한다(5장). 예를 들어, 한 연구(Coman et al., 2009)에서는 9/11 기억이 몇 년 뒤의 한 번의 대화에 의해서도 변화할 수 있다는 것을 보여 주었다.

또한 Rimmele와 동료들(2012)은 섬광기억의 일관성이 속성에 따라 다르다고 제안하고 있다. 그들은 참여자들의 9/11에 관한 기억을 사건 일주일 후와 3년 뒤에 측정하였다. 그 결과, 9/11 사건을 들은 장소에 대한 기억은 매우 일관되었지만(83%), 누가 이야기했는지(70%), 그때 무엇을 하고 있었는지(62%), 그들의 즉시적 반응은 어떠했는지(34%)에 관한 기억은 별로 일관되지 못했다.

Sharot와 동료들(2007)은 진정한 섬광기억을 형성하기 위해서는 강렬한 감정 경험이 필요하다고 제안한다. 그들은 9/11 현장에서 가까운 곳에 있었던(약 2마일) 사람들과 멀리 있던 사람들(4.5마일)의 기억을 사건 후 3년 뒤에 비교하였다. 그 결과, 사건 현장 가까이에 있던 사람들의 기억은 보다 생생하였으며 편도체(감정)를 더 많이 활성화시켰다. 또한 가까이 있던 사람들의 기억이 보다 자세하였다. 이와 같은 발견은 사건에 대한 정서적 반응의 강도가 섬광기억에 중요하다는 것을 보여 준다.

요약하자면, 섬광기억이 특별하다는 주장에 대한 증거는 혼재되어 있다. 한편으로는 섬광기억이 다른 기억에 비해 별로 더 좋지 않고 일관성도 그다지 높지 않다는 증거들이 있다. 하지만 다른 한편으로는 어디에서 들었는지와 같은 정보가 상당한 정도의 일관성을 보인다는 증거들도 있다. 즉, 섬광기억 안의 몇몇 정보는 상당히 특징적이어서 더 오래 기억되며(5장), 만약 그 사건과 관련된 정서가 매우 강렬한 경우에는 다른 기억보다 더 자세하고 오래 기억된다. 우리는 이와 관련된 내용을 11장에서 정서가 기억에 미치는 영향을 살펴볼 때 다시 논의할 것이다.

회복된 기억

> **Key term**
>
> **억압(repression)**: 외상적이거나 아주 위협적인 사건의 의도적 망각
>
> **회복된 기억(recovered memories)**: 경험 후 수년이 지난 뒤 떠오르는 어린 시절의 외상적이거나 위협적인 기억들

자서전적 기억 연구의 또 다른 주요한 주제는 우리의 과거 기억이 억압될 수 있는가이다. 매우 위협적이고 충격적인 기억들이 의식적 자각에서 제외되고 무의식 속으로 들어가서 결국 기억에서 끄집어낼 수 없게 된다는 생각은 20세기 초 Sigmund Freud에 의해서 제안되었다. 그는 이러한 현상을 억압(repression)이라 불렀다.

20세기가 끝나갈 무렵, 회복된 기억(recovered memories)이 있을 수 있는가에 대한 논쟁이 심화되었다. 충격적인 기억(예를 들어, 어린 시절의 성적 학대와 같은)이

오랜 시간 동안 잊혀져 있다가 성인이 되었을 때 갑자기 다시 나타날 수 있는가 하는 것이다. 실제로 법정에서는 오랫동안 억압되어 있다가 나중에 기억을 회복하여 친지들의 성적 학대를 고발하는 경우들이 나타나고 있다. Freud가 제안한 바와 같이 기억이 의식 속에서 억압되었다가 나중에 다시 회복되는 것이 가능할까?

Key term

오기억(false memories): 실제 있었던 사건이나 경험이 아니라 실제로 일어나지 않은 사건을 상상하여 떠올린 기억

최근의 관련 연구들은 회복된 기억의 존재에 의문을 제기한다. Loftus와 Davis(2006)는 소위 말하는 회복된 기억이 실제로 일어나지 않은 사건에 대한 오기억(false memories)이라고 주장했다. 몇몇 회복된 기억은 의심할 바 없이 오기억이라고 주장하고 있다. 예를 들어, 몇몇 사람은 외계인에게 납치되었던 것을 '기억한다'(Clancy et al., 2002). 게다가, Loftus와 Pickrell(1995)은 어렵지 않게 정상인들에게 오기억을 심을 수 있다는 것을 보여 주었다. 이들의 연구에서 참가자들은 어린 시절에 있을 법한 사건들의 이야기를 들었다. 총 네 가지 사건들 중 세 가지 사건은 실제로 발생한 사건(참가자의 가족들로부터 실제로 있었다는 확인을 받음)이었고, 한 가지 사건은 있음직한 사건(큰 쇼핑몰에서 잠시 잃어버림)이지만 실제로 발생한 사건은 아니었다. 실험 참가자들은 그 사건들에 대한 짧은 설명을 들을 후에 그 사건들에 대해 보다 구체화된 글을 쓰라는 지시를 받았다. 이후 참가자들은 연구자들과 두 번의 인터뷰를 했는데, 이 인터뷰에서 참가자들은 상당한 빈도로 실제로 그 사건들이 자신에게 일어났다는 사실을 기억하고 있다고 보고하였다. 참가자들이 실제로 발생했던 사건이 일어났다고 보고한 경우는 68%였는데, 흥미롭게도 일어나지 않은 사건이 일어났다고 하는 보고한 경우도 29%나 되었다.

Lief와 Fetkewicz(1995)는 회복된 기억을 보고했으나 이후 그것이 오기억이라는 것을 인정했던 성인 환자들의 80%가 어렸을 때의 성적 학대가 문제의 원인일 수 있다는 말을 치료자들로부터 들었다는 것을 발견했다. 즉, 이러한 치료자들의 제안이 회복된 기억의 기원일 수 있다는 것이다.

반면, Clancy와 McNally(2005/2006; McNally & Geraerts, 2009 참조)는 왜 성인들이 성적 학대 경험에 관한 회복된 기억을 갖게 되는지에 대한 또 다른 설명을 제공하였다. 이들은 인터뷰에서, 많은 희생자가 그들이 어렸을 때는 어떤 일이 있었는지 정확하게 이해하지 못했다는 것을 발견했다. 오직 27명의 인터뷰 대상자들만이 학대 경험이 무섭고 끔직한 것이었음을 기억하였다. 나머지 사람들은 학대 경험을 이상하고 혼란되며 불편한 것으로 기억했다. 더욱이 오직 2명만이 그 경험이 성적 학대라는 것을 이해했다. 하지만 그 사람들은 모두 성인이 되어서 그들의 경험을 다시 회상하고 성인의 관점으로 바라봤을 때 학대 경험 때문에 고통스러워했다.

Clancy와 McNally에 따르면, 회복된 기억은 억압된 기억이나 오기억이 아니라 피해자가 성장함에 따라 어떤 일이 있었는지 깨닫고 재해석한 기억이다. 이와 같은 과거에 대한 새로운 해석은 그 기억을 이전보다 더 강력하고 더 고통스럽게 떠오르게 만든다.

이러한 유형의 기억에 대해 어떠한 관점을 갖든지에 관계없이 기억 연구자들은 Freud가 주장했던 회복된 기억이라는 것은 존재하지 않는다는 것에 모두들 동의한다.

어렸을 때의 고통스러운 학대는 기억에 또 다른 영향을 미치는데, 특히 이것은 자서전적 기억의 손상을 야기한다. 예를 들어, 고통스러운 학대를 경험한 사람들은 부정적인 개인적 사건은 물론, 긍정적인 개인적 사건에 대한 기억도 덜 구체적으로 보고한다(Kuyken & Brewin, 1995; Ono et al., 2016). 이러한 현상은 우울증 환자들의 경우도 마찬가지이다.

생애 주기에 따른 기억

Key term

아동기 기억상실증(childhood amnesia): 성인들이 아주 어린 시절의 자서전적 기억을 회상하지 못하는 것

회고 절정(reminiscence bump): 노인들의 자서전적 기억에서 특히 청소년기와 초기 성인기의 기억이 유난히 많이 회상되는 경향

70세 노인에게 제시된 단어(예: 집, 나무, 상점)와 관련된 개인적 기억을 회상하라고 요구한다고 가정해 보자. 그 사람의 삶에서 어떤 시기의 기억이 가장 많이 떠오를까? Rubin과 동료들(1986)은 몇몇 연구를 통하여 이 질문에 대답하였는데, 그중 두 가지 발견이 이론적 관심을 받게 되었다.

- 아동기 기억상실증(childhood amnesia, 혹은 유년기 기억상실증): 생애 첫 3년에 대한 기억이 거의 없는 현상
- 회고 절정(reminiscence bump): 10~30세까지(특히 15~25세까지)의 기억이 다른 시기에 비해 월등히 많은 현상

아동기 기억상실증

성인들은 일반적으로 3세 이전의 자서전적 기억을 거의 갖고 있지 않으며 3~6세 사이의 기억도 매우 제한적이다. 이와 같은 현상을 어떻게 설명할 수 있을까? 가장 유명한(혹은 가장 악명 높은) 설명은 S. Freud(1915/1957)의 설명이다. 그는 사람들이 어린 시절의 위협적인 생각이나 경험을 무의식 속에 억압하여 그 시기의 기억을 잘 하지 못한다고 제안하였다. 하지만 그의 이론은 왜 어린 시절의 **긍정적**이거나 **중립적**인 사건에 대한 기억도 잘 하지 못하는지 설명하지 못한다.

최근의 연구들은 아동기 기억상실증이 두 단계로 구성된다고 제안하고 있다(Jack & Hayne, 2010; Josselyn & Frankland, 2012). 생애 첫 2년간은 **완전한** 기억상실증이고, 유년기의 나머지 기간은 **부분적인** 기억상실증이다. 2세까지의 완전한 기억상실증에는 두 가지 요인들이 관여한다. 첫 번째는 매우 어린 동물들도 아이들과 마찬가지로, 정보를 잘 기억할 수 없다는 것에서 착안한다. 어린 뇌는 아직 해마가 덜 발달되어 있기 때문에 이후의 회상을 위해 정보를 담아 두는 능력이 떨어진다(Josselyn & Frankland, 2012). 두 번째는 자서전적 기억이 발달하려면 일단 어떤 사건이 자신에게 중요한 사건인지에 대한 판단을 할 수 있어야 한다는 사실에서 기인한다(Howe & Courage, 1997). 이러한 판단은 자아 개념(거울에 비친 사람이 바로 자신임을 아는 것과 같은)이 발달된 이후에야 가능한데 자아 개념은 2세 이후에 형성된다.

2세부터 6세까지의 점진적인 자서전적 기억의 증가는 언어 발달과 관련이 깊다. 사회문화 발달 이론(social-cultural developmental theory)에 따르면(Fivush & Nelson, 2004; Fivush, 2010), 언어는 기억을 담고 상호작용하는 데 필수적인데 언어가 완전히 발달되지 않은 상태에서 얻어진 경험은 나중에 언어로 표현되기 힘들다.

다른 요인들도 관여한다. 예를 들어, 아동기의 의미기억 발달도 중요하다. 어린아이들의 세상에 관한 지식은 급격하게 변화하는데, 아직 세상에 관한 지식이 많지 않은 상태에서는 자서전적 기억이 제한될 수밖에 없다. 아동기 기억상실증에 관여하는 또 다른 요인은 시간이 지남에 따른 망각이다. 대부분의 연구들이 **성인**들을 대상으로 매우 어린 시절의 기억에 대해 연구하는데, 이는 상당히 오래된 기억을 꺼내는 것이라 그 자체로 힘들다. 다른 여러 연구들과는 달리, Tustin 와 Hayne(2010)는 아이들과 청년들에게 어린 시절의 기억을 떠올리라고 요구하였다. 이 연구에서 5~9세까지의 아이들에게 가장 어린 시절의 기억을 떠올리라고 했을 때 평균 1.5세 때의 이야기를 떠올렸지만, 청년들은 2.5세, 성인들은 3세가 좀 넘었을 때의 이야기를 떠올렸다. 즉, 아동기 기억상실증이 부분적으로는 단순히 시간이 오래 경과되었기 때문일 수 있다.

회고 절정

나이 든 사람들에게 개인적인 기억을 떠올리라고 하면 청소년기부터 초기 성인기까지의 기억을 많이 떠올린다(회고 절정). Conway와 동료들(2005)은 아프리카, 중국, 일본, 영국, 방글라데시의 노인들의 자서전적 기억을 조사하였는데 모든 집단에서 회고 절정이 나타났다.

어떻게 회고 절정을 설명할 수 있을까? 이와 관련된 영향력 있는 이론인 Rubin과 Berntsen(2003)의 아이디어는 인생 대본(life script: 보통

> **Key term**
>
> **인생 대본(life script):** 자신이 살아가는 사회에서 개인의 전형적인 중요한 인생의 사건으로 결혼이나 출산과 같은 예가 있음

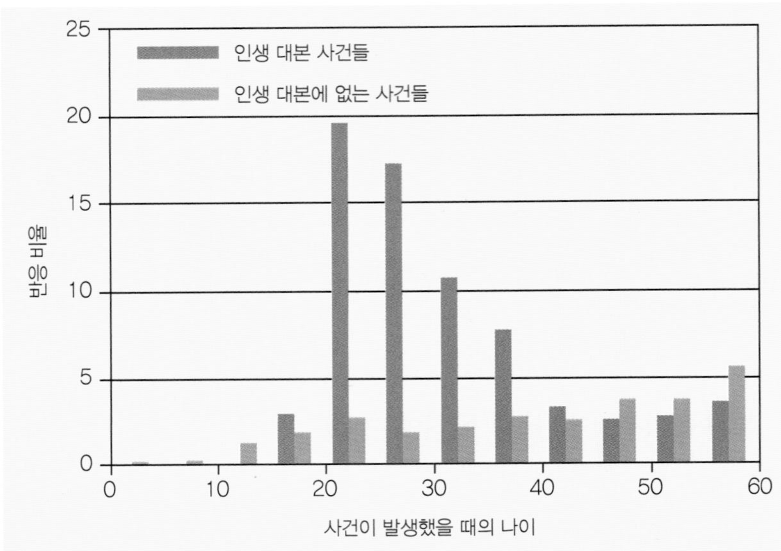

[그림 7-2] 나이 든 성인들이 기억한 인생 대본 사건과 인생 대본에 없는 사건들의 비율(사건이 발생한 나이에 따른 분류). 인생 대본 이론과 일치하게 오직 인생 대본 사건들만 회고 절정을 보인다.
출처: Berntsen et al. (2011). The American Psychological Association의 허가를 얻어 재인쇄함.

사람들의 인생에서 중요한 사건들에 대한 문화적 기대)이라는 개념에 기반한다. 인생 대본에 포함되는 사건들의 예는 사랑에 빠지기, 결혼, 출산과 같은 것들이다. 인생 대본에 포함된 대부분의 사건들은 정서적으로 긍정적이며 대개 15세에서 30세 사이에 발생한다. 이 이론에 따르면 인생 대본은 자서전적 기억을 조직화하여 인출을 유도한다. 이 이론을 시험하기 위해서 Bohn과 Berntsen(2011)은 나이 든 사람들에게 자신의 인생을 되돌아보라고 요구하는 대신, 10~14세 아이들에게 그들의 미래의 삶에 대해 적어 보라고 요구했다. 그 결과, 성인들의 회고 절정과 비슷하게 아이들이 적은 내용의 79%가 인생 대본과 관련이 있는 내용이었다.

인생 대본 이론을 지지하는 또 다른 증거는 Berntsen과 동료들(2011)이 보고하였다. 이 연구에서는 나이 든 사람들에게 그들의 인생에서 가장 긍정적인 사건들과 가장 부정적인 사건들에 대해 이야기하라고 요구하였다. 그 결과, 긍정적인 사건들은 대부분 회고 절정기에 나타났으나 부정적인 사건의 경우는 그렇지 않았다([그림 7-2] 참조). 이와 같은 발견은 인생 대본에 있는 사건의 대부분이 긍정적이라는 사실에 부합된다. 이들이 보고한 긍정적인 사건들 중 68%는 인생 대본과 관련된 출산(34%), 결혼(22%), 대학 입학(6%), 첫사랑(1%) 등이었다. 이와 반대로 인생 대본과 관련 있는 부정적인 사건은 거의 없었다.

회고 절정 시 부정적인 기억보다 긍정적인 기억을 더 많이 떠올린다는 것은 인생 대본 이론을 지지한다. 하지만 Dickson과 동료들(2011)은 나이 든 사람들의 경우에 인생 대본에 있는 예상할 수 있는 사건들뿐만 아니라 기대하기 힘든 특별한 개인적 사건들에 대해서도 회고 절정을 보인다고 보고하였다. 이러한 사실은 인생 대본이 인출을 유도한다는 생각과 부합되지 않는다. 이 발견에 대한 가능한 설명은 강력한 자서전적 기억 내용이 일반적으로 우리의 자아 정체성과 관련이 깊다는 것이다(Conway, 2005). 대부분 사람의 자아 정체성은 청소년기에서 초기 성인기 사이에 발달된다. 예를 들어, 10대 후반과 20대는 삶의 이전이나 이후의 시기에 비해 여러 가지 면에서 다르며(자아 정체성의 확립, 다양한 사건들을 처음으로 경험함), 이것은 회고 절정을 만드는 중요한 요인 중 하나이다.

회고 절정에 대한 설명이 어떠하든지 관계없이, 여러분의 대학 시절은 여러분의 자서전적 기억에서 중요한 부분을 차지할 것이다!

자기기억 체계 모형

Conway와 Pleydell-Pearce(2000)는 자서전적 기억에 관한 이론을 발전시켰다. 그들은 우리가 두 개의 주요한 부분들로 나뉘어진 자기기억 체계를 가지고 있다고 주장하였다.

1. 세 가지 측면에서 구체적인 개인 정보를 담고 있는 **자서전적 지식 기반**(autobiographical knowledge base)
   - **인생 기간**: 주요한 상황으로 정의되는 특정한 기간(예: 고등학교 때)
   - **일반적 사건**: 반복된 사건(예: 스포츠 클럽에 방문)이나 특별한 사건(예: 스페인에서의 휴가)
   - **사건 특정적 지식**: 시간 순서에 따라 조직화된 일반적 사건에 대한 감정이나 세부적인 내용들
2. **활동하는 자아**(working self): 자신의 현재의 목표와 관련된 자아로, 어떤 자서전적 기억을 회상할지를 결정하는 데 영향을 준다.

Conway와 Pleydell-Pearce(2000)은 자서전적 기억이 생성적(자발적) 인출 또는 직접적(비자발적) 인출을 통해 측정될 수 있다고 주장하였다. 이들에 따르면 우리가 활동하는 자아와 자서전적 지식 기반이 담고 있는 정보를 결합하여 의도적으로 자서전적 기억을 떠올릴 때 자발적 인출을 사용한다(예: 초등학교 때 친구의 이름을 떠올리려 할 때). 반면, 비자발적 인출에는 활동하는 자아가 관여하지 않으며 자서전적 기억은 특별한 단서에 의해서 직접적으로 인출된다(예: '도박'이라는 단어를 라디오에서 들었을 때, 라스베이거스 여행의 기억이 떠오름).

Conway(2005)는 이 이론을 더욱 정교화하였다([그림 7-3] 참조). 자서전적 기억의 지식 구조는 개념적 자아와 일화기억(사건 특정적 지식)으로 나뉘는데, 위계의 맨 위에 인생 이야기들과 주제가 추가되어 있다. 인생 이야기에는 우리 자신에 대한 매우 일반적인 사실과 평가가 포함된다. 주제는 주요한 인생 요소들(예: 일, 관계)을 의미한다. Conway(2005)에 따르면 우리는 자서전적 기억이 **일관성**이 있으며(우리의 현재 목표와 믿음에 부합되며) 동시에 정확하기를 원한다. 하지만 시간이 지나면, 정확성보다는 일관성이 우선시된다.

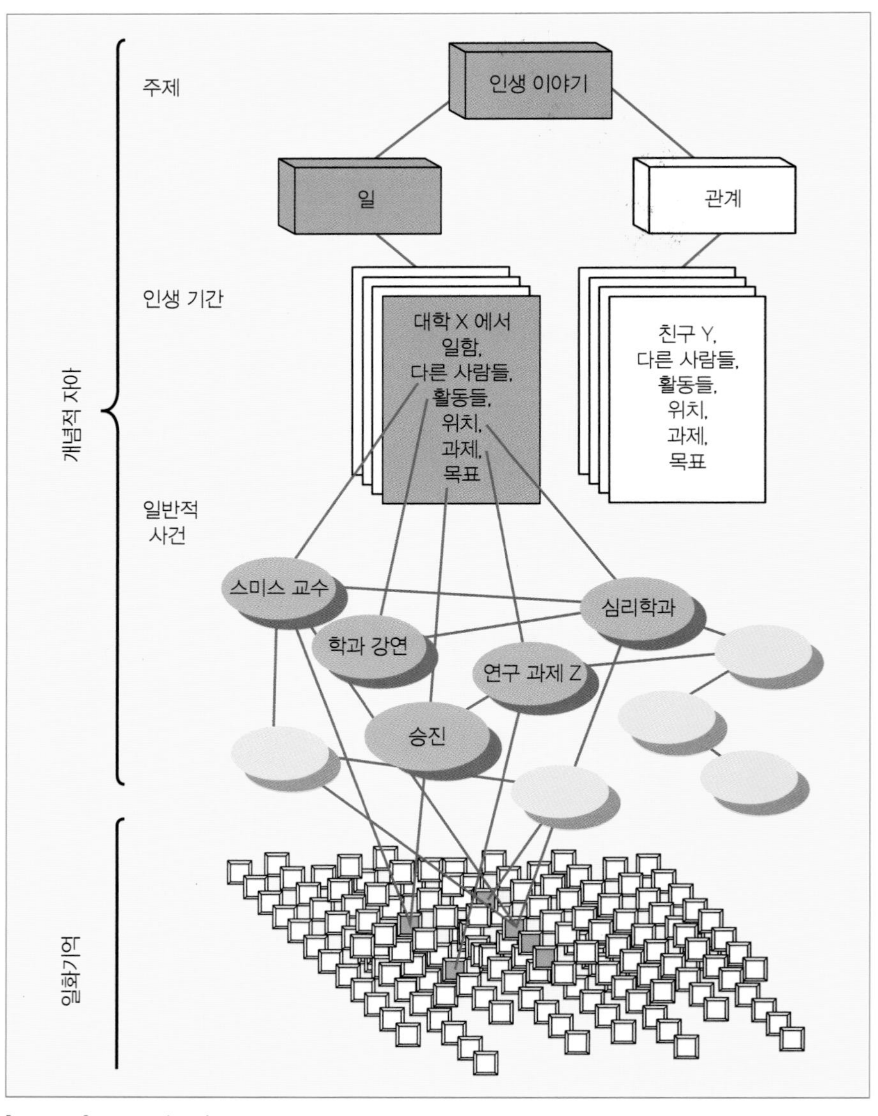

[그림 7-3] Conway(2005)가 제안한 자서전적 기억 내의 지식 구조.
출처: Elsevier의 허가를 얻어 재인쇄함.

발견들

역행성 기억상실증(5장 참조) 환자들을 대상으로 한 연구들은 개념적 자아와 일화기억 사이의 구분을 지지한다. 환자들은 일화기억을 회상하는 데 큰 어려움을 겪지만, 그들의 일반적 사건들이나 인생 기간을 회상하는 능력은 크게 손상되지 않는다(Conway & Pleydell-Pearce, 2000). Rosenbaum과 동료들(2005)은 일화기억이 전혀 없는 기억상실증 환자 KC를 연구하였는데 KC는 일생에 관한 일반적인 자서전적 기억은 어느 정도 가지고 있었다. 또한 일화기억이 전혀 없는 다른 뇌 손상 환자들도 자신의 성격에 대한 기억은 여전히 가지고 있었다. 심지어 일화기억뿐만 아니라 의미기억도 심하게 손상된 환자들의 경우에도 역시 자신의 성격에 대한 기억은 온전하였다(Klein & Lax, 2010).

생성적(자발적) 인출과 직접적(비자발적) 인출의 구분에 대한 지지 증거는 Uzer와 동료들(2012)이 보고하였다. 이들의 연구에서 비자발적 인출은 자발적 인출보다 훨씬 빨랐다. 그렇다면 자발적 인출을 통해 떠오른 자서전적 기억과 비자발적 인출을 통해 떠오른 자서전적 기억은 어떻게 다를까? 비자발적 인출에 의해 촉발된 기억은 자발적 인출을 통한 기억보다 구체적이지만, 덜 현저하며, 개인의 정체성과 관련이 덜하다(Johannessen & Berntsen, 2010). 따라서 개인의 활동하는 자아는 비자발적 인출보다 자발적 인출과 관련이 깊다.

Addis와 동료들(2012)은 자서전적 기억이 자발적 인출 또는 비자발적 인출에 의해 촉발되었을 때의 뇌 활성화 양상을 비교하였다. 그 결과, 자발적 인출은 자서전적 기억을 찾는 것과 관련된 전두엽의 활성화를 야기하였다. 반면, 왼쪽 해마는 자발적 인출보다 비자발적 인출 시 더 많이 활성화되었다. 이와 같은 발견은 두 인출방식에 중요한 차이가 있다는 것을 보여 준다.

Conway(2005)는 우리가 자서전적 기억과 활동하는 자아의 목표가 일치하기를 원하기 때문에 종종 부정확하게 왜곡된다고 주장한다. 예를 들어, 사람들은 자신의 삶의 특정 부분(예: 자아, 배우자와의 관계)에 대해 과거보다 지금이 더 좋다고 주장한다. 하지만 이와 같은 '향상'은 일반적으로 자신의 과거를 보다 부정적으로 기억하고 있기 때문이다(개관을 위해 Newman & Lindsay, 2009 참조). 다행스럽게도 이 부정확성은 우리의 자아상을 향상시키고, 우리의 다른 사람들과의 사회적 관계에 도움이 된다.

평가

Conway와 Pleydell-Pearce(2000) 그리고 Conway(2005)의 이론적 접근은 자서전적 기억을 잘 설명한다. 또한 몇몇 중요한 이론적 가정(예: 자서전적 기억의 위계적 구조, 자서전적 기억과 자아의 친밀한 관계, 자서전적 기억에서 목표의 중요성)은 여러 연구를 통해 지지되었다. 또한 생성적(자발적) 인출과 직접적(비자발적) 인출의 차이를 지지하는 증거도 있다.

그렇다면 자기기억 체계 모형의 **한계**는 무엇일까? 첫째, 신경과학 연구들은 자서전적 기억의 인출에는 모형이 제안하는 것보다 훨씬 많은 뇌 영역이 관여한다는 것을 보여 준다. 둘째, 활동하는 자아와 자서전적 지식 기반이 특정한 자서전적 기억을 회상하기 위해 **어떻게 상호작용**하는지 밝혀야 한다. 셋째, 자서전적 기억들은 일화 정보(예: 구체적 상황)와 의미 정보(예: 일반적 지식)를 담고 있는 정도가 다 다른데 이 모형은 이러한 차이를 고려하지 않는다.

평가

- ⊕ Conway와 Pleydell-Pearce(2000) 그리고 Conway(2005)의 이론적 접근은 가치가 있다.
- ⊕ 몇몇 이론적 가정(예: 자서전적 기억의 위계적 구조, 자서전적 기억과 자아의 친밀한 관계, 자서전적 기억에서 목표의 중요성)은 여러 증거를 통해 지지된다.
- ⊖ 활동하는 자아와 자서전적 지식 기반이 어떻게 상호작용해서 특정한 자서전적 기억의 회상을 만들어 내는지가 불명확하다.
- ⊖ 자서전적 기억들은 일화 정보(예: 구체적 상황)와 의미 정보(예: 도식 기반 지식)를 담고 있는 정도에 따라 모두 다르다. 하지만 이 모형은 이것을 고려하지 않는다.

중간 요약

자서전적 기억 vs 일화기억(Autobiographical vs. episodic memory)

- 자서전적 기억과 일화기억은 여러 면에서 다르다. 자서전적 기억은 개인에게 의미 있는 복잡한 기억이며 오래전으로 거슬러 간다. 많은 연구자에 따르면, 이것이 자서전적 기억과 일화기억이 다르다는 것을 보여 준다. 하지만 모든 사람이 이 생각에 동의하는 것은 아니다. 몇몇의 연구자는 일화기억을 자서전적 기억의 일종으로 간주한다.
- 독립과 개인적 성취에 초점을 맞추는 성격의 사람들은 개인적 성공과 관련된 자서전적 기억을 중요하게 생각하지만 유사성과 상호 의존성에 초점을 맞추는 성격은 사랑과 우정과 관계된 자서전적 기억을 더 중요하게 생각한다.

우리의 자서전적 기억은 얼마나 좋을까?

- 대부분의 사람은 몇 십 년이 지나더라도 학교 때 친구에 대한 기억이 좋다. 또한 몇몇 사람은 일상생활의 매우 세세한 것까지도 잘 회상하는 특별한 능력을 가졌다.
- 하지만 대부분의 경우, 우리의 자서전적 기억은 별로 좋지 않다. 자서전적 기억들은 우리가 우리의 자신에 대해 좋은 감정을 갖게 하기 위해 파편화되고 왜곡된다.

섬광기억(Flashbulb memories)

- 많은 사람이 특별한 사건에 대한 자신의 섬광기억이 실제보다 훨씬 좋다고 생각한다. 하지만 사람들은 사건이 일어난 후 며칠 동안의 경험이나 그 사건에 대해 다른 사람들과 이야기한 것 때문에 사건에 대한 기억이 변화한다는 것을 간과한다.

회복된 기억(Recovered memories)

- 몇몇의 사람은 그들이 오랫동안 잊어버렸던 끔찍한 사건들에 대한 기억이 회복되었다고 주장한다. 하지만 그와

같은 억압된 자서전적 기억의 존재에 대한 증거는 없고 오히려 그것이 오기억일 수 있다는 증거가 많다. 때론 개개인이 성장함에 따라 이전의 기억들이 보다 더 고통스럽고 큰 의미를 갖게 되기도 한다. 아동기의 학대는 기억의 결핍을 초래하기도 한다.

인생 전반의 기억(Memories across the lifetime)

- 우리는 일반적으로 생애 첫 2년간의 기억이 전혀 없으며, 2~6세 사이의 기억도 거의 없다. 이러한 현상을 아동기 기억상실증이라 부른다. 아동기 기억상실증에는 여러 가지 요인이 관여한다. 예를 들어, 매우 어린 아이들의 경우 기억을 오랫동안 저장하는 능력이 없다. 또한 2세 이전에는 자아 개념이 형성되지 않았으며, 자서전적 기억에 중요한 영향을 미치는 언어와 의미기억 능력이 아직 잘 발달되지 않았다.
- 나이 든 사람들은 청소년기와 초기 성인기의 개인적 사건에 대해 특히 많이 회상한다(회고 절정). 또한 부정적인 기억보다 긍정적인 기억에 대한 회고 절정이 분명하다. 긍정적인 기억들은 종종 개인적 발달이나 인생 대본(한 문화에서 예상할 수 있는 주요한 인생 사건의 목록)의 사건들과 관련되어 있다.

자기기억 체계 모형(Self-memory system model)

- 자기기억 체계 모형은 위계적으로 조직화된 지식과 활동하는 자아로 구성된다. 자서전적 기억은 자발적 또는 비자발적 인출로 측정될 수 있다. 자발적 인출은 활동하는 자아의 목표에 의해 영향을 받는 반면, 비자발적 인출은 제공되는 단서의 영향을 받는다.

목격자 증언

때때로 한 개인의 기억의 정확도가 매우 중요하다. 만약 당신이 심각한 범죄의 유일한 증인이라 생각해 보자. 다른 강력한 증거가 없다면, 당신이 범인이라 지목한 사람이 유죄 판결을 받을 가능성이 크다. 이러한 중요한 결정을 목격자 증언에 의존하는 것이 안전할까?

많은 사람이 이 질문에 '그렇다'라고 대답할 것이다. Simons과 Chabris(2011)는 37%의 미국인들이 한 명의 확신에 찬 증인만으로도 범인을 확정하는 게 충분하다고 생각한다고 보고하였다. 하지만 DNA 검사는 이 질문에 대한 답에 경종을 울린다. 미국에서 목격자 증언으로 유죄가 확정된 사람들 중 200명이 나중에 DNA 검사를 통해 무죄로 판결되었다. 그러나 대부분의 배심원들과 판사들은 목격자 증언의 문제를 간과한다. Benton과 동료들(2006)은 판사들의 60%가 목격자 증언 관련 문제들에 대해 목격자 증언 전문가들의 조언에 동의하지 않으며 배심원들은 87%가 이 전문가들의 의견에 동의하지 않는다고 보고하였다.

사후 오정보 효과

왜 목격자들이 범죄 장면을 회상할 때 실수를 할까? 아마도 가장 명백한 이유는 목격자들이

Key term

사후 오정보 효과(post-event misinformation effect): 범죄나 사건 후에 잘못 제공되는 정보에 의해 증인의 기억이 왜곡되는 현상

범죄를 제대로 보지 못했기 때문이다. 일반적으로 범죄는 갑작스럽게 발생한다!

하지만 Loftus와 Palmer(1974)는 범죄 장면에 대한 기억에는 범죄가 발생했던 순간을 잘 보는 것도 중요하지만 범죄 장면을 본 이후에 어떤 일이 있었는지도 중요하다고 제안한다. 범죄를 목격한 이후의 일들이 범죄 장면에 대한 기억을 왜곡하는 현상을 사후 오정보 효과(post-event misinformation effect)라 한다. 목격자 증언에 관한 유명한 연구인 Loftus와 Palmer(1974)에서는 실험 참가자들에게 자동차 사고 영상을 보여 주었다. 참가자들은 영상을 보고 난 뒤 사건이 어떠했는지를 묘사하였고, 이후 몇 가지 질문에 대답하였다. 연구자들은 참가자 중 몇몇에게는 "About how fast were the cars going when they hit each other?"라 물었고, 다른 사람들에게는 같은 질문이었지만 동사 'hit'만 'collided' 'bumped' 'contacted'나 'smashed into'로 대체하여 질문하였다. 그 결과, 동사가 'smashed'일 때 사람들은 평균적으로 차들의 속도가 40.8마일이라고 보고하였고, 'collided'일 때 39.3마일로 보고했으며, 'bumped'일 때 38.1마일, 'hit'일 때 34마일이라 보고했다. 이 연구에서는 또한 일주일 후에, 모든 목격자에게 '깨어진 유리를 봤나요?'라고 물었다. 사실 영상에 깨진 유리는 없었다. 하지만 동사 'smashed'를 본 사람들은 32%가 깨진 유리를 봤다고 보고했다. 반면에 동사 'hit'를 본 사람들은 14%만이 깨진 유리를 봤다고 보고했다. 이와 같이 우리의 사건에 대한 기억은 매우 변하기 쉬워서, 사건 이후 질문의 한 단어 차이에도 영향을 받았다.

그렇다면 이렇게 목격자 증언이 사건을 관찰한 후에 주어지는 정보에 의해 왜곡된다는 사실에 대해 얼마나 걱정해야 할까? 사실 목격자 증언과 관련된 대부분의 연구에서는 핵심 내용보다는 사소하거나 세부적인 일들(예: 깨진 유리)에 초점을 맞춰 연구를 진행하였다. 즉, 사소한 내용이었기 때문에 오류가 많았을 가능성이 있다. 이를 검증하기 위하여 한 연구(Dalton & Daneman, 2006)에서는 참가자들에게 핵심 내용에 대해 틀린 정보를 제시하였다.

이 연구에서는 참가자들에게 액션 영화의 한 장면을 보여 주고 나중에 그 내용에 대해 토론할 것이라 하였다. 영화는 5분짜리 탈출 장면이었고, 주인공인 과학자가 암살자에게 쫓기는 내용이었다. 영화를 본 이후, 참가자들은 다른 사람(실험 보조자)과 그것에 대해 토론하였다. 실험 보조자는 중심 사건과 주변 사건에 대해 정확한 정보와 잘못된 정보를 제시하였다. 잘못된 중심 정보는 과학자가 주차장에서 빨간 스포츠카에 치일 뻔 했다는 내용이었다(실제로는 그 차에 치였다). 잘못된 주변 정보는 한 장면에서 야구 모자를 쓴 아이가 풍선을 들고 있었다는 내용이었다(실제로는 아이가 광대 풍선 모자를 쓰고 있었다).

토론 이후에 참가자들에게 영화의 내용이 적힌 종이를 제시한 후 그것이 참인지 거짓인지를 판단하게 하였다. 그 결과, 참가자와 보조자가 일대일로 토론한 경우, 참가자의 93%가 주변적 내용 오류를 받아들였지만 오직 43%만의 중심 사건 오류를 받아들였다. 이 효과는 한 명의 실험 보조자가 여러 사람들과 토론한 경우에도 나타났다. 참가자들의 70%가 주변적 내용 오류를 받아들였고, 27%만이 중심 사건 오류를 받아들였다.

출처 오귀인

어떻게 오류를 유발하는 사후 오정보가 목격자 증언을 왜곡시킬까? 하나의 가능성은 출처 오귀인(source misattribution) 때문이다(Johnson et al., 1993). 출처 오귀인에 대한 기본적인 생각은 다음과 같다. 어떤 기억을 떠올리는 질문은 그 기억 흔적뿐만 아니라 다른 다양한 상황의 기억 흔적을 활성화시킨다. 사람들은 때론 떠오른 기억이 정확하게 어떤 상황의 기억인지를 헷갈리며 이때 적절하다고 판단되는 상황에 그 기억을 집어넣기 때문에 잘못된 기억이 만들어진다. 따라서 출처 오귀인은 두 기억의 출처가 상당히 유사할 때 주로 발생한다.

> **Key term**
>
> **출처 오귀인(source misattribution)**: 인출된 기억의 출처나 기원에 대해 잘못 알 때 발생하는 장기기억의 오류

출처 오귀인에 관한 증거는 Allen과 Lindsay(1998)에 의해서 보고되었다. 이 연구에서는 참가자들에게 전혀 다른 상황을 묘사하는 두 가지 사건에 대한 슬라이드를 보여 주었다. 하지만 이 두 사건의 세부 내용은 매우 유사하였다(예: 펩시콜라 vs. 코카콜라). 이 연구에서 사람들에게 첫 번째 사건에 대해 회상하도록 하였을 때, 많은 사람이 두 번째 사건의 내용을 첫 번째 사건에서 있었던 일이라고 잘못 회상하였다.

출처 오귀인은 사후 정보에 국한되지 않고 사건 **이전의** 정보들에 의해서도 유발된다. Lindsay 와 동료들(2004)은 실험 참가자들에게 박물관 강도에 관한 영화를 보여 주었다. 참여자들은 그 전날, 그 영화와 유사한 내용의 이야기를 듣거나(궁궐 강도) 유사하지 않는 이야기를 들었다(궁궐 현장학습). 이때 궁궐 강도 이야기를 들은 참여자들이 나중에 박물관 강도 영화에 대한 묘사를 할 때 더 많은 실수를 저질렀다. 이러한 결과는 범죄 목격자들이 사건에 대한 기억을 떠올릴 때 이전에 경험했던 그와 유사한 상황에 영향을 받아 기억이 왜곡될 수 있다는 것을 보여 준다는 점에서 목격자 증언에 시사하는 바가 크다.

사건 이전 정보와 사후 정보가 사건에 대한 목격자의 기억을 왜곡시킨다는 것은 5장에서 논의한 역행성 간섭과 순행성 간섭의 중요성을 다시금 보여 준다.

안면 재인

범인의 얼굴에 대한 정보는 목격자가 기억하는 가장 중요한 정보이다. 따라서 여기서는 목격자 얼굴을 기억할 수 있을지를 결정하는 요인들에 대해 살펴볼 것이다(2장 참조). 점차 CCTV의 수가 증가하고 있는데 실제로 CCTV에서 얼마나 쉽게 얼굴을 알아볼 수 있을까? Burton과 동료들은(1999)은 사람들에게 CCTV에 찍힌 얼굴과 10개의 선명한 얼굴 사진을 보여 주고 사진 중에 CCTV 속 얼굴이 있는지, 있다면 어떤 것인지 찾도록 요구하였다([그림 7-4] 참조). 그 결과, 사진 중 CCTV 속 얼굴이 있는 경우에 참여자들은 65%의 정확도를 보였다. 하지만 사진 중에 CCTV 속 얼굴이 없는데 있다고 보고한 참여자들도 35%나 되었다!

목격자들이 얼굴은 기억하지만 그 얼굴을 어디에서 봤는지는 기억하지 못하는 경우도 많

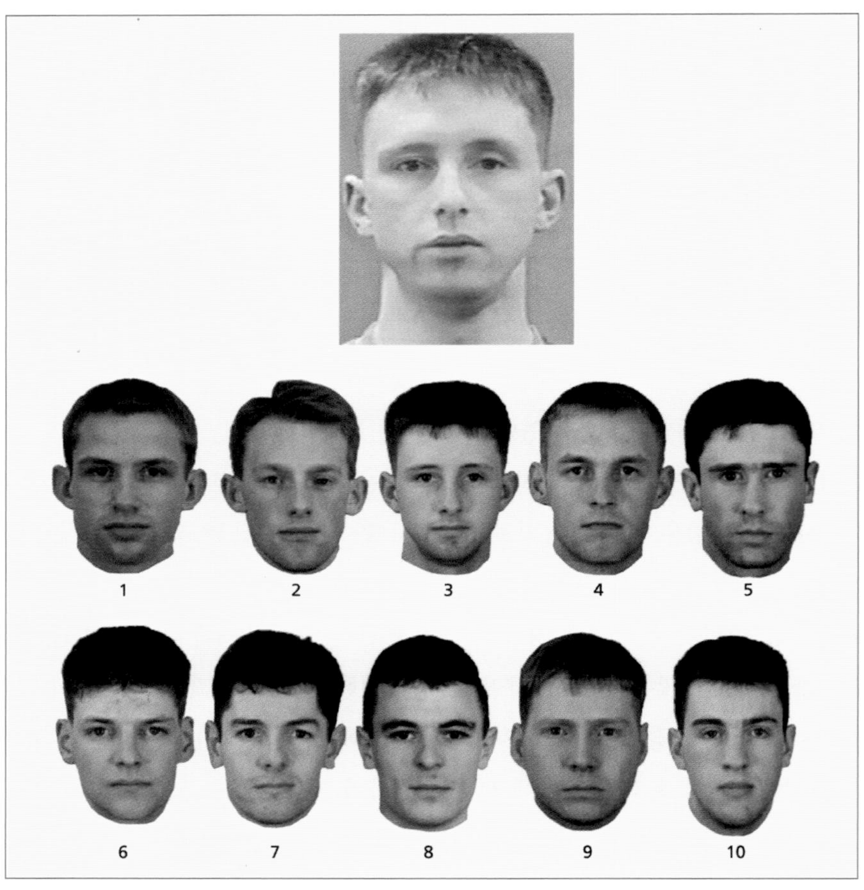

[그림 7-4] 실험에서 사용한 얼굴 사진 예시. 사진들 중에 CCTV에 찍힌 목표 얼굴이 있는지 찾고, 있다면 어떤 사진인지 맞춰 보라. 정답은 3번이다.
출처: Bruce et al. (1999). The American Psychological Association의 허가를 얻어 재인쇄함.

다. 한 연구(Ross et al., 1994)에서는 사람들에게 범죄 장면을 보여 주었는데 그 장면엔 범인과 행인들이 있었다. 이후 실험 참가자들에게 범인을 지목하라고 했을 때 실제로 범인이 없는 상황에서 범죄 장면에 있었던 행인(범인이 아닌)을 범인으로 지목하는 경우가 이전에 본 적이 없는 사람을 범인으로 지목하는 경우보다 3배 정도 더 많았다. 이러한 현상은 무의식적 이동(unconscious transference)이라 불린다. 이 현상은 본 적 있는 친숙한 사람을 어디선가 본 사람으로 정확하게 판단했으나, 어디서 봤는지를 잘못 판단하는 현상을 말한다.

Key term

무의식적 이동(unconscious transference): 목격자가 친숙한 (그러나 죄가 없는) 얼굴을 범죄를 저지른 사람으로 오인하는 경향

타인종 효과(cross-race effect): 같은 인종의 얼굴에 대한 재인 기억이 타인종의 얼굴보다 더 정확한 현상

같은 인종의 얼굴이 다른 인종의 얼굴보다 더 잘 인식된다. 이를 타인종 효과(cross-race effect)라 부른다. 예를 들어, Behrman와 Davey(2001)는 271건의 범죄를 분석했는데 용의자들이 같은 인종일 때 다른 인종일 때보다 범인을 더 잘 찾아냈다(60% vs. 45%).

이와 같은 타인종 효과에는 전문성이 중요한 역할을 한다. 여러 연구에 따르면 다른 인종을 자주 본 사람들은 상대적으로 약한 타인종 효과를 보인다(개관을 위해 Shriver et al., 2008 참조). 또 다른 요인은 우리가 자신이 속한 집단(내집단)의 얼굴을 자신이 속하지 않은 집단(외집단)의 얼굴보다 더 철저히 분석하여 살펴보기 때문이다. Shriver와 동료들(2008)은 마이애미 대학교에 다니는 중산층 백인 학생들을 대상으로 내집단 인식의 중요성을 살펴보았다. 그들은 실험 참가자들에게 대학생 나이의 남성들이 가난한 환경과 부유한 환경 속에 있는 사진을 보여 주었다. 그 결과, 부유한 환경 맥락에서는 일반적인 타인종 효과가 나타났다. 하지만 가난한 환경에서는 그러한 타인종 효과가 나타나지 않았다. 즉, 백인의 얼굴이 가난한 환경에 제시된 경우에는 참가자들이 그 사람을 자신의 내집단으로 간주하지 않았던 것이다.

타인종 효과는 부분적으로는 우리가 다른 인종에 속하는 개인들의 얼굴을 기억하는 것을 어려워하기 때문에 발생한다. 하지만 그것은 완전한 설명이 아니다. 이와 관련하여 Megreya와 동료들(2011)은 타인종 효과에 지각적 처리도 관여한다는 것을 발견하였다. 이 연구에서는 영국과 이집트에 사는 실험 참가자들에게 목표 얼굴과 10개의 얼굴 사진을 제시하고([그림 7-5] 참조), 참가자들에게 목표 얼굴이 10개의 얼굴 사진 중에 있었는지, 있었다면 어떤 것인지 찾도록 요구하였다.

이 연구의 참가자들은 모든 사진을 계속 볼 수 있었기 때문에 기억 부담은 없었다. 하지만 이 연구에서도 여전히 타인종 효과가 나타났다. 목표 얼굴이 얼굴 사진 중에 있을 때, 같은 인종의 얼굴인 경우에는 70%의 정확도를 보였지만, 다른 인종의 얼굴인 경우에는 64%의 정확도를 보였다. 반면, 목표 얼굴이 얼굴 사진 중에 없었을 경우, 같은 인종인 경우에는 없었는데

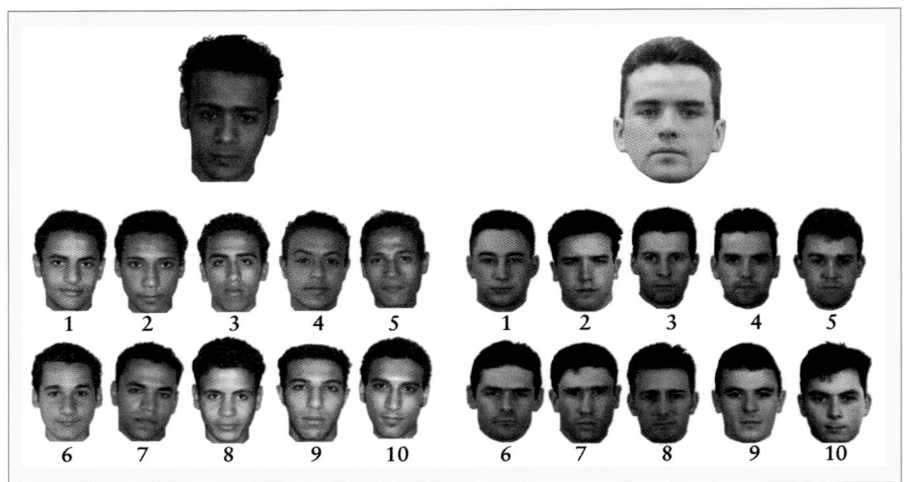

[그림 7-5] 이집트인 얼굴(왼쪽)과 영국인 얼굴(오른쪽)의 예. 참가자들은 위쪽에 있는 얼굴이 아래쪽에 배열된 얼굴들 중에 있는지를 판단해야 했다.
출처: Megreya et al. (2011). The Experimental Psychology Society를 대신해서 Taylor & Francis Ltd의 허가를 얻어 재인쇄함.

있었다고 잘못 재인한 경우가 34%였지만, 다른 인종인 경우에는 47%였다.

2장에서 논의한 바와 같이, 얼굴 재인이 어려운 이유는 같은 얼굴에 대한 사진들 간에도 상당한 **차이**가 있기 때문이다. 즉, 한 장의 사진에 근거해서 사람을 구별하는 것은 상당히 어려운 일이다. Jenkins과 Burton(2011)은 같은 얼굴을 찍은 여러 사진을 **합성**하여 평균 얼굴을 만들어서 그것을 이용하는 것이 정확한 재인을 돕는다고 주장하였다. 그들의 연구에서는 합성된 평균 얼굴이 한 장의 사진 속 얼굴보다 훨씬 빠르게 재인되었다. 즉, 목격자가 범인을 정확하게 지목할 가능성을 높이기 위해서는 평균 얼굴을 이용하는 것이 좋다.

확증 편향

목격자 증언은 확증 편향(confirmation bias)(즉, 사건에 대한 기억이 관찰자의 기대에 의해 영향을 받음)에 의해 왜곡될 수 있다. 한 연구(Lindholm & Christianson, 1998)에서 스웨덴 학생들과 이민자 학생들에게 침입자가 점원을 칼로 부상을 입히는 가상의 강도 영상을 보여 주었다. 영상을 보고 난 뒤 실험 참가자들은 8명(4명의 스웨덴인, 4명의 이민자)의 사진을 보고 이 중 범인을 찾아야 했다. 연구 결과, 스웨덴 학생들과 이민자들 모두 이민자를 범인으로 잘못 지목하는 경우가 두 배 더 많았다. 스웨덴 범죄 통계에서 이민자들이 큰 부분을 차지하고 있는데, 이것이 참여자들의 판단에 영향을 준 것이다.

> **Key term**
> **확증 편향**(confirmation bias): 가설 검증 시 개인의 신념을 지지하는 증거를 찾으려는 경향

6장에서 본 것처럼, Bartlett(1932)은 우리가 도식을 가지고 있다고 제안하였다. 이 도식은 우리에게 특정한 기대를 갖게 하여 우리가 사건의 세부 내용을 '사실임에 틀림없는 것'으로 왜곡시키도록 한다. 많은 사람의 은행 강도 도식은 남자 강도가, 복면을 쓰고, 어두운 옷을 입고 있는 모습과 도주용 차와 운전자가 기다리고 있는 장면을 포함한다(Tuckey & Brewer, 2003a). Tuckey와 Brewer는 사람들에게 가상의 은행 강도 장면을 보여 주고 기억 검사를 실시하였다. 그 결과, Bartlett의 이론이 예언한 바와 같이, 참가자들은 은행 강도 도식에 적합한 정보를 그렇지 않은 정보(예: 도주용 차의 색깔)에 비해 더 잘 회상했다.

Tuckey와 Brewer(2003b)의 또 다른 연구에서는 모호한 정보에 대한 목격자의 기억에 초점을 맞췄다. 이 연구에서 실험 참가자들은 스키 마스크를 쓴 강도의 영상을 보았다. 이 영상에서 강도는 스키 마스크를 썼기 때문에 성별이 모호했다. 하지만 사람들은 강도 도식에 맞게 스키 마스크를 쓴 사람을 남자로 인식하는 경향이 컸다.

폭력과 불안

목격자 증언 시 폭력과 불안의 영향은 어떨까? 무기 초점(weapon focus)를 고려해 보자. 이 현상은 목격자들이 범죄자의 무기에 주목하여 다른 정보를 잘 기억하지 못하는 현상을 의미한다. Loftus와 동료들(1987)은 참가자들에게 두 가지 사진을 관찰하도록 하였는데, 하나는 한 사람이 점원한테 총을 겨누고 돈을 빼앗는 사진이고, 다른 하나는 한 사람이 점원한테 수표를 건네고 돈을 받는 사진이다. 예상한 바와 같이, 무기가 있는 조건에서 총과 관련 없는 세부적인 내용에 대한 기억을 잘 하지 못하였다.

> **Key term**
>
> **무기 초점(weapon focus)**: 목격자가 특정 상황에서 한 가지 중요한 측면에만 너무 몰두한 나머지 다른 세부사항들을 무시하는 현상

Pickel(2009)은 사람들이 어떤 상황에서 도식에 맞지 않는 **뜻밖의** 자극에 주목하는 경향이 있으며, 이것은 결과적으로 그 자극 이외의 다른 자극에 대한 기억을 잘 하지 못하게 한다고 제안하였다. 이러한 이유로 Pickel(2009)은 만약 무기가 뜻밖의 상황에 나타난다면 무기 초점 효과가 더 크게 나타날 것이라 가정하였다. 이 예상과 같이, 칼을 들고 있는 범죄자가 여자인 경우에 더 큰 무기 초점 효과가 나타났다. 또한 예상과 같이, 뜨개질 바늘을 들고 있는 범죄자가 남자인 경우에 큰 무기 초점 효과가 나타났다.

Fawcett와 동료들(2013)은 무기 초점과 관련된 연구들에 대한 메타 분석(용어 해설 참조)을 실시하였는데, 그 결과 무기 초점 효과의 크기는 연구실인 경우나 실제 상황인 경우에 큰 차이가 없었다.

목격자 기억에 스트레스와 불안이 미치는 영향은 어떠할까? Deffenbacher와 동료들(2004)은 앞선 연구들에 대한 메타 분석을 실시하였다. 그 결과, 스트레스와 불안이 낮은 경우에 범인의 얼굴을 정확하게 인식하는 비율은 54%였고, 스트레스와 불안이 높은 경우에는 42%였다. 또한 스트레스가 낮은 상황에서 세부적인 내용을 잘 인식하는 비율은 64%였고, 스트레스가 높은 상황에서는 52%였다. 즉, 스트레스와 불안은 목격자의 기억을 손상시킨다. Deffenbacher 와 동료들(2004)의 연구는 Valentine와 Mesout(2009)에 의해서 지지되었다. 이 연구에서는 무서운 영화를 봤을 때 불안감을 많이 느꼈던 사람들이 그 영화에 대한 기억이 나빴다.

그렇다면 왜 스트레스가 기억을 손상시킬까? Easterbrook(1959)의 가설에 따르면, 스트레스는 주의를 중요하고 중심적인 자극에 국한되게 만들며 따라서 주변적 세부 내용들을 기억하는 능력을 떨어뜨린다. Yegiyan과 Lang(2010)은 실험 참가자들에게 고통스러운 사진을 보여 주었는데, 사진이 더 고통스러울수록 그 사진의 중심적 내용에 대한 기억이 더 좋아졌다. 이와는 반대로, 사진이 더 고통스러울수록 그 사진의 주변적 세부 내용에 대한 기억은 나빠졌다. 즉, Easterbrook(1959)의 가설이 지지된 것이다.

노화와 목격자 증언

나이 든 사람들의 기억은 젊은 사람들보다 부정확하며 오정보의 효과도 나이 든 사람들한테서 더 크다. Jacoby와 동료들(2005)의 연구에서는 젊은 사람들과 나이 든 사람들에게 잘못된 정보를 제시하고 그 효과를 관찰하였다. 그 결과, 나이 든 사람들은 43%의 확률로 잘못된 정보에 의해 잘못된 기억을 만들어 냈지만, 젊은 사람들은 4%의 확률로 잘못된 기억을 만들었다. Morcom(2016)에 따르면 나이 든 사람들의 안 좋은 기억은 부분적으로는 그 사람들이 자신의 기억을 적절하게 살펴보고 오류를 찾아내는 능력이 떨어지기 때문이다.

Wright와 Stroud(2002)는 젊은 사람들과 나이 든 사람들에게 범죄 장면을 보여 주고 이후 범인을 찾으라고 요구하였다. 이 연구에서는 자기 연령 편향(own-age bias)이 관찰되었다. 즉, 나이 든 사람들과 젊은 사람들이 모두 범인이 자신의 연령대와 비슷한 연령인 경우에 더 잘 알아보았다.

자기 연령 편향을 일으키는 원인은 무엇일까? Harrison과 Hole(2009)은 사람들이 자신과 비슷한 연령대의 사람들을 가장 많이 봐 왔기 때문에 이러한 현상이 나타난다고 제안하였다. 이러한 제안은 교사들(어린 아이들의 얼굴을 하루에도 몇 시간씩 보는)의 경우에는 자기 연령 편향이

Key term

자기 연령 편향(own-age bias): 범인의 연령대가 자신의 연령과 비슷할 때 더 잘 알아보는 경향

나타나지 않는다는 결과와 부합된다. 이들의 연구에서 교사들은 아이들의 얼굴을 자신의 연령대 사람들의 얼굴만큼 잘 구분하였다. Wiese와 동료들(2013)은 젊은 요양병원 간호사들도 자기 연령 편향을 보이지 않는다고 보고하였다. 요양병원 간호사들은 자기 연령대에 비해 노인들의 얼굴을 더 잘 구분하였다.

연구실에서 법정으로

연구실의 발견들을 실제 범죄 장면이나 목격자 장면에 적용할 수 있을까? 연구실과 실제 장면 사이에는 몇 가지 큰 차이가 있다. 첫째, 연구실 장면과는 달리 실제 상황에서 목격자들은 희생자일 가능성이 크다. 둘째, 범죄 장면의 영상을 보는 것은 실제 그 장면을 목격하는 것보다 훨씬 스트레스가 덜하다. 셋째, 연구실 장면에서의 목격자들의 기억 실수는 큰 문제를 일으키지 않지만, 법정에서는 삶과 죽음을 가르는 문제일 수 있다.

이와 같은 차이점들이 있음에도 불구하고, 몇 가지 중요한 유사점도 있다. Ihlebaek과 동료들(2003)의 연구에서는 두 명의 무장 강도의 강도 장면을 연출하였는데 이때 실험 참가자들은 강도 장면의 목격자들이었다. 또한 이 장면들은 비디오로 촬영되어 다른 사람들에게도 제시되었다. 이 연구에서는 연출된 상황 속의 목격자들과 비디오를 본 사람들의 기억을 비교하였는데, 그 결과 두 집단 모두 사건이 실제보다 훨씬 오래 지속되었다고 지각했으며 기억하는 내용과 기억하지 못하는 내용의 유형이 비슷하였다. 하지만 비디오를 본 사람들이 더 많은 정보를 기억하였다.

Pozzulo와 동료들(2008)의 연구에서도 참가자들은 연출된 강도 장면을 직접 보거나 강도 장면의 영상을 시청하였다. 앞선 연구와 마찬가지로, 이 두 조건 참가자들의 범죄자에 대한 기억은 비슷하였지만 연출된 상황에 있던 사람들이 훨씬 더 많은 스트레스를 느꼈다.

또한 Tollestrup과 동료들(1994)은 사기와 강도 사건과 관련된 목격자 증언의 경찰기록을 조사하였는데, 무기 초점화와 같은 연구실에서의 연구 결과들이 실제 기록에서도 나타났다. 즉, 연구실 상황에서의 결과들이 실제 상황과 다르기는 하지만 많이 다르지는 않았다. 차이가 있다면, 연구실 장면에서는 실제 장면에서보다 목격자들이 잘못 기억하는 실수를 덜 한다는 것이다.

인지적 면담

경찰들은 목격자들을 면담할 때, 가능한 한 많은 정보를 얻기를 원한다. 심리학자들은 다음과 같은 네 가지 인출 규칙에 근거한 인지적 면담 기법을 통해 이에 도움을 주고 있다(예: Geiselman & Fisher, 1997).

1. 범죄 장면에 대한 개인적인 경험과 상황에 대한 심리적 복원
2. 사소한 것을 포함한 가능한 한 많은 세부적인 내용에 대한 보고
3. 사건에 대해 다양한 순서(예: 시간의 역순)로 보고
4. 사건을 다른 시각(다른 목격자의 관점을 포함해서)에서 보고

인지적 면담은 인간의 기억 체계에 관한 우리의 지식에 바탕을 두고 있기 때문에 목격자들로부터 정보를 더 많이 얻는 데 도움을 준다. 규칙 1, 2는 부호화 특수성 원리에 기반한다(Tulving, 1979; 5장 참조). 이 원리에 따르면 회상 가능성은 사건이 발생한 맥락과 회상 시의 맥락 사이의 일치 여부에 달려 있다. 규칙 3, 4는 기억 흔적이 복잡하고 다양한 정보를 담고 있기 때문에 다양한 다른 인출 경로를 활용하면 더 잘 인출될 수 있다는 생각에 기반한다.

인지적 면담 기술은 용의자들한테도 사용될 수 있다. 미숙한 경찰은 범인의 자백을 듣기 위해 직설적인 방식으로 면담하는 경향이 있다. 하지만 이와 같은 접근의 문제는 잘못된 자백을 받을 가능성이 크다는 것이며 특히 취약한 사람들의 경우에 이런 위험이 더 크다(Kassin et al., 2010). 반면, 심리 탐문 및 증거 탐색을 바탕으로 한 **조사 면담**(investigative interviewing) 방식은 보다 나은 결과를 이끌어 낼 가능성이 있다. 이 방식은 심리학자들에 의해 개발되었으며, 이제는 심문 과정에서 얻는 정보에 대한 확신도를 높이기 위한 목적으로 경찰 훈련 과정에서 널리 사용되고 있다.

발견들

Memon과 동료들(2010)은 일반적 면담과 인지적 면담의 효과를 비교하였다. 그 결과, 일반적 면담에 비해 인지적 면담에서 목격자들로부터 훨씬 더 많은 정확한 세부적인 정보들을 얻을 수 있었다. 이것은 범죄나 사고 장면을 실제 본 경우나 영상을 본 경우에 모두 적용된다.

Memon과 동료들(2010)은 매우 강렬한 상황인 경우에는 이러한 인지적 면담의 효과가 감소한다는 것을 발견했다. 또한 사건과 면담 사이에 기간이 길면 길수록 인지적 면담의 효과가 감소하였다. 하지만 이러한 상황에서도 일반적 면담 방법보다 인지적 면담이 더 나은 결과를 보였다. 인지적 면담은 목격자 증언에 한 가지 부정적인 효과를 보이는데, 그것은 일반적 면담에 비해 잘못된 세부적인 사항들을 보고하는 경향성을 증가시킨다는 것이다.

인지적 면담의 옹호자들은 종종 목격자들이 눈을 감은 채 회상하는 것을 추천한다. Vredeveldt와 동료들(2011)은 이렇게 하는 것이 회상을 촉진한다는 결과를 얻었다. 그렇다면 왜 눈을 감는 것이 효과적일까? 아마도 눈을 감는 것이 목격자들의 인지적 부담을 줄이고 방해를 줄이기 때문일 것이다.

인지적 면담이 목격자 기억에서 잘못된 정보로 인한 부정적 영향을 줄일 수 있을까? Memon과 동료들(2009)은 만약 오정보가 인지적 면담 후에 제시된다면 잘못된 정보로 인한 영향을 줄일 수 있지만 오정보가 인지적 면담 전에 제시된다면 그렇지 못하다는 것을 발견하였다.

인지적 면담 시 앞서 언급한 규칙을 모두 사용할 필요는 없다. Colomb와 Ginet(2012)은 상황에 대한 심리적 복원과 가능한 한 많은 세부적인 내용을 보고하는 것이 모두 회상을 촉진한다는 것을 발견하였다. 하지만 목격자의 관점이나 사건의 시간 순서를 변형하여 회상하는 것은 상대적으로 덜 효과적이었다. Dando와 동료들(2011)은 목격자들이 사건을 역순으로 회상하는 것은 오히려 세부적인 내용을 정확하게 보고하는 것을 방해하고 실수를 더 많이 유도한다고 주장하였다.

평가

인지적 면담은 이론적이고 경험적인 사실에 기반한다는 장점이 있다. 또한 인지적 면담이 대부분의 상황에서 정확한 정보를 최대한 많이 얻을 수 있게 한다는 증거가 있다. 최근에는 인지적 면담이 효과적인 이유를 설명하는 이론들이 지속적으로 발전하고 있다.

인지적 면담의 한계는 무엇일까? 첫째, 부정확한 증언이 다소 증가하는 경향이 있다. 둘째, 사건 당시의 상황을 재구성하는 것이 인지적 면담의 핵심 요인인데, 상황의 재구성이 잘못되면 그 잘못된 기억을 더 친숙하고 강력하게 만들 수 있다(Wong & Read, 2011). 셋째, 고통스러운 장면일수록 인지적 면담의 효과가 떨어지며, 사건과 면담 사이에 간격이 길면 길수록 인지적 면담의 효과가 떨어진다.

중간 요약

- 목격자 증언은 매우 중요하다. 잘못된 목격자 증언은 결백한 사람을 범인으로 만들 수 있다.

사후 오정보 효과와 출처 오귀인(Post-event misinformation effect and source misattribution)

- 사건 발생 후에 제공된 잘못된 정보는 목격자의 기억을 왜곡시킬 수 있다(특히 사소한 세부적인 내용에 대해).
- 사후 오정보 효과는 때때로 두 기억의 출처가 비슷할 때 나타나는 출처 오귀인 때문에 발생한다.

안면 재인(Remembering faces)

- 얼굴은 종종 잘못 재인된다. 특히 범인이 다른 인종인 경우나 다른 집단인 경우에 그렇다. 때로는 목격자들이 어떤 사람의 얼굴을 재인한다 하더라도 그 얼굴을 어디서 본 것인지를 잘못 기억하기도 한다.

확증 편향(Confirmation bias)

- 목격자의 기억은 장기기억 속에 저장되어 있는 도식에 기반한 기대에 의해서 왜곡될 수 있다. 예를 들어, 은행 강도 장면에서 모호한 정보가 있을 때 목격자들은 은행 강도 도식 속 정보(예: 은행 강도는 남자)에 근거하여 해석한다.

폭력과 불안(Violence and anxiety)

- 범인이 무기를 가지고 있을 때, 증인들은 무기에 주의를 집중하는 경향이 있다(특히 무기가 뜻밖에 나타나는 상황에서). 이렇게 무기에 주의를 집중하는 것은 다른 정보에 대한 기억을 줄이게 된다. 스트레스와 불안은 범죄자의 얼굴이나 범죄 장면에 대한 세부적인 기억을 손상시킨다.

노화와 목격자 증언(Aging and testimony)

- 나이 든 목격자들의 기억은 젊은 사람들의 기억보다 덜 정확하다.
- 범인 얼굴에 대한 인식은 범인이 같은 나이 또래일 때 더 정확하다. 이것은 같은 나이 또래 얼굴을 더 많이 봤기 때문에 나타나며, 자기 연령 효과라 불린다.

인지적 면담(Cognitive interview)

- 인지적 면담은 사건이 발생한 맥락과 회상하는 상황이 유사할 때 회상이 잘된다는 사실에 근거한다. 대체로, 인지적 면담은 일반적 면담보다 더 효과적이다.

미래 기억

여러분의 기억이 여러분을 실망시킨 순간을 떠올려 보라. 아마도 시험을 보다가 갑자기 머릿속이 텅 빈 경험을 떠올리거나 사람들을 서로 소개시켜 주다가 갑자기 그 사람의 이름이 떠오르지 않던 순간을 떠올릴 것이다. 이와 같은 상황은 회고적 기억(retrospective memory), 즉 과거의 사건이나 사람에 대한 기억의 실패이다.

미래 기억 vs. 회고적 기억

하지만 회고적 기억이 우리한테 필요한 기억의 유일한 형태는 아니다. 종종 우리는 미래에 해야 할 것을 기억해야만 하는데 이러한 기억은 미래 기억(prospective memory)이라 불린다. 미래 기억은 그렇게 하라고 상기시키지 않아도 스스로 어떤 행동을 할 것을 기억하는 것을 의미한다. 미래 기억의 실패(해야 할 것을 기억하지 못함)는 회고적 기억의

Key term

회고적 기억(retrospective memory): 과거에 만나거나 경험했던 사건, 단어, 사람 등에 대한 기억. **미래 기억**에 대한 설명도 참조할 것

미래 기억(prospective memory): 그 일을 하도록 명시적으로 상기시키지 않아도 의도된 행동을 수행할 것을 기억하는 것. **회고적 기억**에 대한 설명도 참조할 것

실패만큼 당혹스러울 수 있다. 예를 들어, 친구와 만나기로 한 약속을 완전히 잊어버린 상황을 떠올려 보자.

미래 기억과 회고적 기억은 **어떻게** 다른가? 사람들은 두 종류의 기억 실패를 다른 관점으로 바라본다. 사람들은 다른 사람과의 약속과 관련된 미래 기억의 실패를 동기나 신뢰의 부족이라 간주한다(Graf, 2012). 하지만 그와는 반대로, 회고적 기억의 실패는 기억의 부정확성으로 여겨진다. 즉, 미래 기억의 실패는 '신뢰할 수 없는 사람'을 의미하며 회고적 기억의 실패는 '신뢰할 수 없는 뇌'를 의미한다(Graf, 2012).

두 기억은 이 이외에도 여러 가지 다른 차이점들이 있다. 첫째, 회고적 기억은 일반적으로 우리가 아는 것을 기억하는 것과 관련이 있지만(Baddeley et al., 2015), 미래 기억은 **언제** 어떤 것을 할지와 관련이 있다. 따라서 회고적 기억에는 맥락 정보가 많이 있지만, 미래 기억은 맥락 정보가 부족하다. 둘째, 미래 기억은 우리가 일상생활 중 행하는 일들에 관한 계획이나 목표와 더 관련이 있다. 셋째, 회고적 기억에는 미래 기억보다 외부의 단서가 더 많다. 넷째, Moscovitch(2008, p. 309)가 제안한 바와 같이 "미래 기억과 관련된 연구는 기억 연구 중에서 유일하게 문제가 기억 그 자체에 있지 않은 연구"이다.

기억과 망각은 종종 미래 기억과 회고적 기억 모두와 관련이 있다. 만약 당신이 마트에 가

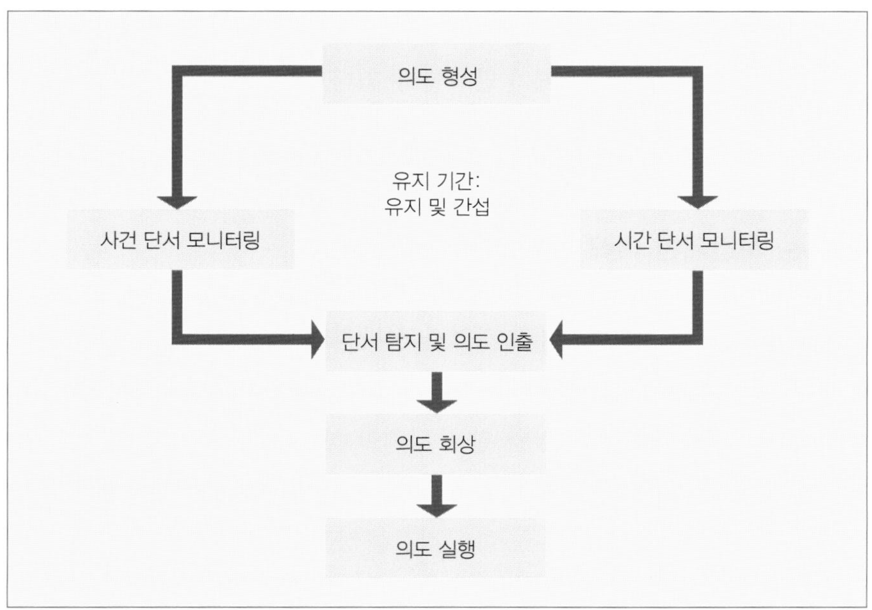

[그림 7-6] 미래 기억에 관여하는 단계들을 설명하는 모형. 먼저, 의도를 형성하고 이후에 사건과 시간 단서를 모니터링한다. 성공적인 모니터링은 단서의 탐지와 의도 인출, 의도 회상과 의도 실행을 이끈다.
출처: Zogg et al. (2012). Springer의 허가를 얻어 재인쇄함.

서 다양한 물건을 사기로 했다고 가정해 보자. 두 가지 일이 발생할 것이다. 우선, 당신은 마트에 갈 것이라는 것을 기억해야 한다(미래 기억). 또한 당신은 어떤 것들을 사야 하는지를 기억해야 한다(회고적 기억).

미래 기억의 단계들

미래 기억은 몇 개의 구분되는 단계로 구성된다. 따라서 각 단계에 따라 다양한 방식으로 미래 기억이 실패할 수 있다. Zogg와 동료들(2012)은 이와 관련된 여러 이론들을 요약하였다. 그들에 따르면 미래 기억에는 다섯 단계가 있다([그림 7-6] 참조).

1. **의도 형성**: 이 단계에서는 사람들이 특정한 단서와 의도 사이의 연결을 만든다(예: '친구를 만나면 그와 특정한 이야기를 할 것이다').
2. **유지 기간**: 의도 형성과 의도 실행 사이에는 몇 분에서 몇 주 정도의 간격이 있다. 그 기간 동안 과제와 관련된 단서에 대한 모니터링을 한다(예: 친구를 찾음)
3. **단서 탐지 및 의도 인출**: 관련된 신호를 찾고 재인한다. 이후 적절한 의도에 대한 회상이 뒤따른다.
4. **의도 회상**: 회고적 기억에서 의도를 인출한다. 이때 의도의 복잡성과 다른 의도와의 관련성, 충돌되는 의도들 때문에 문제가 발생할 수 있다.
5. **의도 실행**: 상대적으로 자동적으로 이루어진다.

사건기반 vs. 시간기반 미래 기억

Key term

시간기반 미래 기억(time-based prospective memory): 미래 기억의 한 형태로, 특정 행위를 수행할 필요가 있다는 것을 알려 주는 단서가 시간임

사건기반 미래 기억(event-based prospective memory): 미래 기억의 한 종류로, 특정 사건(예: 식료품점을 보는 것)이 특정 행위(예: 과일을 사는 것)를 수행하도록 하는 단서가 되는 것

사건기반 미래 기억과 시간기반 미래 기억 사이에는 중요한 차이가 있다. 시간기반 미래 기억(time-based prospective memory)은 특정한 시간에 특정한 일을 행해야 하는 과제들(예: 8시에 친구에게 전화하기)을 이용하여 측정될 수 있다. 반면, 사건기반 미래 기억(event-based prospective memory)은 적절한 상황에 특정한 행동을 수행할 것(예: 누군가를 봤을 때 메시지를 전달하기)을 기억하는지를 통해 측정될 수 있다.

사건기반 미래 기억 연구에서 연구자들은 참가자들이 의도된 행동을 하도록 지시하는 단서가 되는 자극과 시간을 정확하게 통제할 수 있

다. 현실 상황에서 사람들은 일반적으로 다른 일들을 하면서 미래 기억을 사용한다. 따라서 대부분의 미래 기억 연구들은 참여자들이 다른 과제를 수행하면서 동시에 미래 기억 과제를 수행하도록 한다.

Sellen과 동료들(1997)은 시간기반 미래 기억과 사건기반 미래 기억 중 어떤 기억이 더 좋은지에 대해 측정하였다. 이 연구에서는 참여자들에게 버튼을 주고, 근무 중에 버튼을 정해진 시간(시간기반 과제)이나 정해진 장소(사건기반)에서 누르라고 요구하였다. 그 결과, 사건기반 과제의 수행이 시간기반 과제의 수행보다 더 좋았다(52% vs. 33%). Sellen과 동료들은 사건기반 과제의 경우 외부적 단서(예: 특정 장소)를 사용할 수 있기 때문에 수행이 더 좋다고 주장하였다. Kim과 Mayhorn(2008)도 이와 같은 주장을 지지하였다. 이 연구에서 사건기반 미래 기억은 연구실 상황과 실생활 상황에서 모두 시간기반 미래 기억보다 좋았다.

Hicks와 동료들(2005)은 사건기반 과제가 시간기반 과제보다 더 쉽다고 주장하였다. 하지만 두 과제에서 모두 과제의 구체성이 떨어지는 경우(예: 동물 단어를 찾아라)에 구체적인 경우(예: 'nice'와 'hit'를 찾아라)보다 수행이 떨어졌다. 구체성이 있는 시간기반 과제는 구체성이 떨어지는 사건기반 과제와 비슷한 난이도로 여겨진다.

사건기반 과제와 시간기반 과제에서 사용하는 전략은 상당히 다르다. 중요한 차이는 시간기반 과제의 경우 신호가 훨씬 더 예측 가능하다는 것이다(시계를 보면 된다!). 따라서 사람들은 보통 시간기반 과제를 수행할 때 그 신호가 얼마나 가까이 나타나는지를 가끔씩 모니터할 뿐이다. 그와는 반대로, 사건기반 과제를 수행할 때는 신호가 나타날지를 예측하기 힘들어서 상시적으로 모니터 할 필요가 있다.

Cona와 동료들(2012)은 사건기반 과제와 시간기반 과제의 분명한 차이를 보고하였다. 이

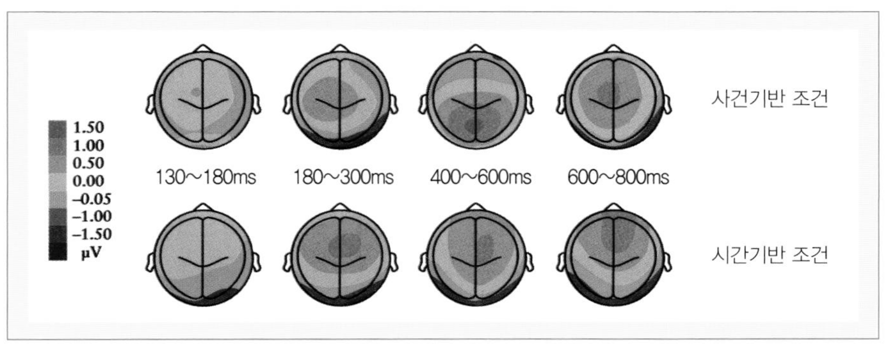

[그림 7-7] 여러 시간대에서 나타나는 사건기반 조건과 시간기반 조건에서의 ERP. 강한 ERP 강도는 어두운 빨간색으로 표시된다.
출처: Cona et al. (2012). PLOS One의 허가를 얻어 재인쇄함.

연구에서는 참가자들에게 다섯 개의 낱자가 제시되었으며 참가자들은 두 번째 글자와 네 번째 글자가 같은 글자인지를 판단해야 했다. 동시에 그들은 사건기반 과제(두 번째나 네 번째 위치에 'B'가 나타났는지를 탐지) 또는 시간기반 과제(매 5분마다 반응)를 수행하였다. Cona와 동료들(2012)은 참가자들이 이 과제들 수행하는 동안 사건 관련 전위(ERP)를 통해 뇌 활동 패턴을 관찰하였다.

그 결과, 첫째, 사건기반 조건에서 자극 제시 후 130~180ms에서 나타나는 ERP 파형이 더 크게 관찰되었다. 이것은 사건기반 조건에서 주의 자원을 더 많이 사용한다는 것을 반영한다([그림 7-7] 참조). 둘째, 사건기반 조건에서 자극 제시 후 400~600ms에 나타나는 ERP 파형이 더 크게 관찰되었다. 이것은 사건기반 조건에서 더 자주 목표를 모니터링하는 것을 반영한다. 즉, 사건기반 조건이 더 많은 처리 자원을 요구한다.

현실세계에서의 미래 기억

여기서는 다양한 사람들의 미래 기억에 대해서 살펴볼 것이다. [현실세계에서 7-1]에서 우리는 할 일을 잊어버리는 게 치명적인 사람들(예: 비행사, 관제사)에 대해 살펴볼 것이다. 또한 상대적으로 미래 기억이 좋지 않은 사람들에 대해서도 살펴볼 것이다.

[현실세계에서 7-1] 비행기 사고

50% 이상의 비행기 사고는 조종사의 실수에 의해 일어난다. Dismukes와 Nowinski(2007)은 항공안전국에 제출된 사고 사례들에 대해 연구하였다. 그들은 기억 오류가 중요한 요인이었던 75건의 사고를 발견하였다. 그중 74건의 사고는 미래 기억의 실패 때문이었으며 오직 1건의 사고만이 회고적 기억의 실패에 의한 것이었다.

왜 회고적 기억의 실패가 원인인 경우가 거의 없을까? 가장 중요한 이유는 항공기 조종사들이 매우 오랫동안 훈련을 받아서 비행기를 운행하는 데 필요한 지식과 기억을 잘 갖추고 있다는 것이다.

미래 기억의 실패가 사고를 일으킨 구체적인 예를 살펴보자. 1988년 8월 31일, 보잉 727(편명 1141)은 댈러스 공항에서 이륙하기 위해서 다른 비행기들 뒤에서 대기하고 있었다. 공항 관제사는 조종사에게 다른 비행기들을 앞질러서 이륙해도 좋다고 안내하였다. 조종사는 마음이 급해져서 비행기 날개를 열고 각도를 올리는 것을 잊어버렸다(미래 기억의 실패). 그 결과, 비행기는 이륙 직전에 활주로에 충돌하였고 여러 명이 사망하였다.

조종사들은 종종 방해 때문에 미래 기억의 실패를 겪는다. Latorella(1998)는 민간 항공기 조종사들을 대상으로 한 연구에서 비행 시뮬레이션 시 방해를 받지 않는 사람보다 방해를 받은 사람들이 53% 더 많은 실수를 한다는 것을 발견했다. 물론 대부분의 일터에서 방해는 일상적인 일이다. 하지만 조종사들에게 있어서 실수는 훨씬 치명적인 결과를 야기한다(Loukopoulos et al., 2009).

어떻게 하면 방해가 미래 기억에 미치는 부정적인 효과를 감소시킬 수 있을까? Dodhia와 Dismukes(2009, 연구 1)는 방해를 받고 나면 단지 몇 초만이라도 잠시 시간을 두고 원래하고 있던 과제에 대해 생각하는 것이 중요하다고 제안하였다. 이들의 연구에서 참가자들은 수학, 언어와 같은 여러 유형의 문제에 대해 대답해야 했다. 각 유형의 문제들은 블록으로 구분되어 제시되었다. 하지만 때때로 현재 수행 중인 블록 중간에 다른 블록의 질문들(방해 과제)이 나타났다. 그런 경우에 참여자들은 그 질문에 대답하고 난 뒤에 기존에 수행하던 블록으로 다시 돌아가서 과제를 수행해야 했다. 기존의 블록으로 돌아가기 위해서는 방해 과제 후에 '다음 파트를 업로드하고 있습니다.'라는 메시지가 2.5초 동안 나타날 때 정해진 버튼을 눌러야 했다.

이 연구에는 네 가지 조건이 있었다. 첫 번째는 기본 조건이었다. 이 조건에서는 48%의 참여자들만이 방해 과제를 수행한 후 원래 과제로 돌아갔다. 다른 조건들 중 두 개의 조건에서는 방해 과제가 나타나기 전에 4초간의 휴지기가 있었다. 그중 한 조건에서는 휴지기 동안 화면에 '원래 하던 과제로 돌아가는 것을 잊지 마세요.'라는 문구가 제시되었으며 다른 한 조건에서는 특별한 문구가 나타나지는 않았다. 연구 결과, 이 두 조건에서 모두 미래 기억 수행이 65%로 향상되었다. 흥미롭게도, 문구가 제시되지 않은 조건과 문구가 제시된 조건 간 수행의 차이는 없었다. 마지막 조건에서는 방해 과제가 나타나기 전에 휴지기가 있지는 않았으나 방해 과제 후의 업로딩 시간이 8~12초로 증가하였다. 이 조건에서는 88%의 참여자들이 방해 전 과제로 돌아갔다.

이와 같은 결과는 방해를 받은 후 몇 초간 여유를 갖는 것이 다시 원래하던 과제로 돌아가는 데 도움을 준다는 것을 보여 준다. 만약 하던 일을 방해받아서 다른 일을 했다면, 방해하는 일을 끝내고 잠시 쉬도록 하자.

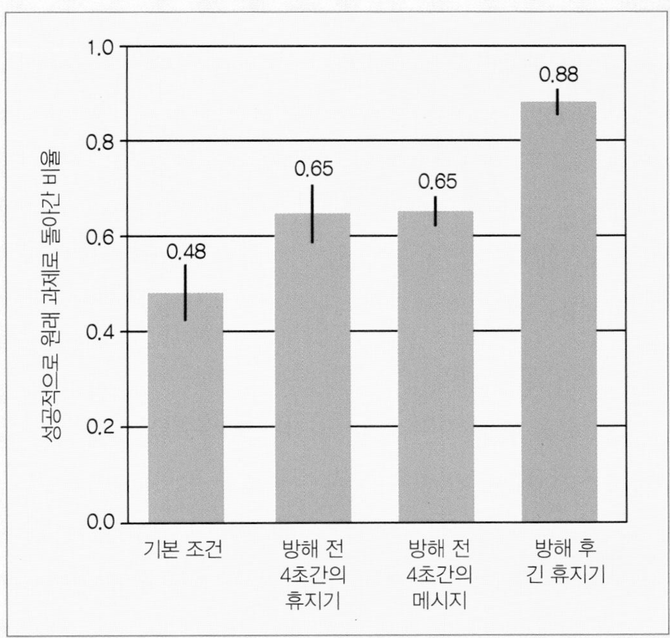

[그림 7-8] 방해 후 원래 과제로 돌아간 참여자들의 비율
출처: Dodhia & Dismukes (2009). John Wiley & Sons의 허가를 얻어 실음.

강박 장애와 점검 행동

강박 장애를 가진 환자들의 대부분은 점검 충동을 가지고 있다. 그들은 문은 잠갔는지, 가스 불을 껐는지 등을 계속 점검한다. 이와 같은 반복적인 점검에도 불구하고 그들은 실제 그들이 원하는 행동을 했는지 확신하지 못한다.

이러한 현상을 **어떻게** 설명할 수 있을까? 아마도 강박적인 사람들이 낮은 **회고적** 기억 능력을 갖고 있기 때문에 자신이 최근에 한 점검 행동을 기억하지 못한다고 생각할 수 있다. 하지만 이것은 사실이 아니다. 사실 대부분의 연구들은 강박적인 사람들의 회고적 기억이 다른 사람들과 다르지 않다는 것을 보여 준다(Cuttler & Graf, 2009a).

또 다른 설명은 강박적인 사람들의 미래 기억이 좋지 않기 때문이라는 것이다. 이와 관련하여 Cuttler와 Graf(2009b)는 강박적인 사람들의 사건기반 미래 기억과 시간기반 미래 기억과제의 수행이 떨어진다는 것을 보여 주었다.

다른 가능성은 강박적인 사람의 메타 기억(meta-memory), 즉 자신의 기억에 관한 믿음이 다를 수 있다는 것이다. 강박적인 사람들은 스스로의 미래 기억에 대한 확신이 낮다. Cuttler와 동료들(2013)는 정상적인 학생들에게 그들의 미래 기억이 좋지 않다는 가짜 피드백을 제공하였다. 이 피드백은 그들의 미래 기억 능력에 대한 확신을 떨어뜨렸으며, 그 결과 점검 행동이 증가하였다. 이 결과는 나쁜 미래 기억과 자신의 미래 기억 능력에 대한 불신이 강박적인 점검의 원인이라고 제안한다. 하지만 거꾸로 강박적인 점검이 나쁜 미래 기억 능력과 낮은 확신을 초래할 수도 있다.

Van den Hout와 Kindt(2004)는 몇몇의 참여자에게 가상의 가스 스토브를 반복적으로 확인하도록 요구하였는데 이러한 요구를 받은 참여자들은 나중에 어떤 일이 있었는지에 대한 기억이 떨어졌다. Linkovski와 동료들(2013)도 유사한 연구를 수행하였다. 그들은 강박적 환자들의 억제 통제 능력이 떨어질 것이라는 가정하에서 참여자들의 억제 통제 수준을 측정하였다. 그 결과, 반복적인 점검은 미래 기억 수행 그 자체를 떨어뜨리지는 않았으나 기억의 명료성과 세부 내용에 대한 기억을 감소시켰으며 기억에 대한 확신도 떨어뜨렸다. 이러한 현상은 억제 통제 능력이 떨어지는 사람들의 경우에 훨씬 더 심했다.

요약하자면, 왜 강박적인 사람들이 충동적 점검을 하는지와 관련된 여러 가지 제안이 있다. 강박적인 사람들은 좋지 못한 미래 기억 능력, 자신의 기억에 대해 낮은 확신, 낮은 억제 통제 능력을 갖고 있다. 그들의 반복적인 점검은 그들의 기억에 대한 확신을 더욱 낮게 만든다.

Key term

메타 기억(meta-memory): 기억 시 사용한 전략을 포함한 자신의 기억에 관한 신념이나 지식

미래 기억의 향상

미래 기억을 향상시키는 가장 간단한 방법은 외부적 기억 도움 장치를 이용하는 것이다. 기억 도움장치는 무척 많은데, 예를 들어 스마트폰, 다이어리, 달력, 쇼핑목록, 포스트잇, 알람시계 등이 있다(Herrmann et al., 2006).

미래 기억을 향상시키는 또 다른 방법은 해야 할 행동을 잊어버리게 만드는 예상 외의 방해 요소들을 막는 것이다. 방해 요소들은 종종 원래의 계획을 잊게 만들기 때문에 방해 요소가 나타난 이후에는 잠시 떨어져서 새로운 계획을 세우는 것이 좋다.

어떠한 의도된 행동을 하려면 그 행동이 일어나는 **상황**에 대해 고려하는 것이 중요하다. Cook과 동료들(2005)은 이와 관련된 연구를 진행하였다. 이 연구에서는 참가자들에게 실험을 수행하는 도중 6~7분마다 지정된 반응을 하도록 요구하였다. 한 조건에서 참가자들은 반응을 해야 하는 시간대에 실험의 세 번째 단계를 수행하고 있을 것이라는 예상을 할 수 있었다. 참가자들의 예상과 같이 실험이 진행된 경우에는 71%가 지정된 시간에 반응을 하였다. 하지만 이러한 예상을 할 수 없는 조건에서는 48%의 참여자들만 지정된 시간에 반응하였다.

이러한 결과는 처음에 저장된 상황과 그 기억대로 행동해야 하는 상황이 일치할 때 미래 기억의 수행이 좋다는 것을 보여 준다. 저장된 기억과 회상 시 이용 가능한 기억의 일치 여부가 회고적 기억에도 중요하다는 것을 떠올리기 바란다(5장의 부호화 특수성 원리를 상기하라).

중간 요약

서론(Introduction)

- 미래 기억은 스스로 어떤 행동을 할 예정이라는 것을 기억하는 것을 의미한다. 미래 기억은 우리의 계획과 목표와 관련이 있다. 미래 기억은 언제 무엇을 할지에 초점을 두는 반면, 회고적 기억은 우리가 아는 것을 기억하는 데 초점을 둔다.

미래 기억의 단계들(Stages of prospective memory)

- 미래 기억에는 다섯 개의 단계, 즉 의도 형성, 의도 유지, 신호 탐지 및 의도 인출, 의도 회상, 의도 실행 등이 관여한다.

미래 기억 vs. 회고적 기억(Prospective vs. retrospective memory)

- 미래 기억은 기억 시스템 그 자체보다는 동기와 관련이 깊다. 미래 기억은 또한 무엇보다는 언제에 초점을 맞추며, 계획이나 목표와 관련이 있다. 미래 기억은 외부 단서에 의한 영향을 덜 받는다.
- 미래 기억 과제의 수행에는 회고적 기억 또한 관여한다.

미래 기억의 유형들(Types of prospective memory)

- 사건기반 미래 기억은 시간기반 미래 기억보다 좋다. 사건기반 미래 기억에는 이용할 만한 외부 단서들이 더 많

기 때문에 인지적 부하가 덜하다. 하지만 미래 기억과제의 수행에는 기억의 유형뿐만 아니라 목표가 얼마나 분명한지도 영향을 미친다.

현실세계에서의 미래 기억(Prospective memory in real life)

- 미래 기억의 실패는 많은 비행기 사고와 관련이 있다. 미래 기억의 실패는 종종 다른 일들의 방해 때문에 발생한다.
- 강박적으로 점검하는 사람들은 나쁜 미래 기억을 가지고 있으며 또한 그들의 미래 기억에 대한 확신이 낮다.

미래 기억의 향상(Improving prospective memory)

- 미래 기억은 외부 기억 도움 장치를 이용하여 향상시킬 수 있다. 또한 미래 기억은 의도를 형성할 때 저장된 정보의 맥락과 의도된 행동이 실제로 수행되어야 할 때의 맥락이 일치할 때 더 좋다.

논술 문제

1. 왜 어떤 자서전적 기억들은 다른 것들보다 훨씬 더 쉽게 회상되는가?
2. '목격자 증언은 일반적으로 부정확하고 틀리기 쉽다.'라는 의견에 대해 논의하시오.
3. 어떤 요인들이 우리가 의도한 행동을 하는 것을 기억하거나 기억 못하게 하는가?

더 읽을 거리

- Baddeley, A., Eysenck, M. W., & Anderson, M. C. (2015). *Memory* (2nd ed.). New York: Psychology Press. 이 개론서는 이 장의 주요한 주제들과 관련된 연구들과 이론들을 자세히 설명한다.
- Berntsen, D., & Rubin, D. C. (Eds.) (2012). *Understanding autobiographical memory: Theories and approaches*. Cambridge: Cambridge University Press. 이 책은 기억 연구 전문가들의 다양한 의견들을 담고 있다.
- Dismukes, R. K. (2012). Prospective memory in workplace and everyday situations. *Current Directions in Psychological Science*, *21*, 215-220. 이 책은 현실세계에서의 미래 기억에 대해 간략한 소개를 제공한다.
- Frenda, S. J., Nichols, R. M., & Loftus, E. F. (2011). Current issues and advances in misinformation research. *Current Directions in Psychological Science*, *20*, 20-23. 이 논문은 목격자 증언이 왜곡되는 주요한 이유들에 대해 논의한다.
- Prebble, S. C., Addis, D. R., & Tippett, L. J. (2013). Autobiographical memory and sense of self. *Psychological Bulletin*, *139*, 815-840. 이 논문은 우리의 자서전적 기억과 우리의 자아 사이의 관련성을 이해하는 틀을 제공한다.

참고문헌

Addis, D. R., Knapp, K., Roberts, R. P., & Schacter, D.L. (2012). Routes to the past: Neural substrates of direct and generative autobiographical memory retrieval. *NeuroImage*, *59*, 2908-2922.

Allen, B. P., & Lindsay, D. S. (1998). Amalgamations of memories: Intrusion of information from one event into reports of another. *Applied Cognitive Psychology*, *12*, 277-285.

Ally, B. A., Hussey, E. P., & Donahue, M. J. (2013). A case of hyperthymesia: Rethinking the role of the amygdala in autobiographical memory. *Neurocase*, *19*, 166-181.

Andrews-Hanna, J. R., Saxe, R., & Yarkoni, T. (2014). Contributions of episodic retrieval and mentalizing to autobiographical thought: evidence from functional neuroimaging, resting-state connectivity, and fMRI meta-analyses. *Neuroimage*, *91*, 324-335.

Bahrick, H. P. (1984). Semantic memory content in permastore: Fifty years of memory for Spanish learning in school. *Journal of Experimental Psychology: General*, *113*, 1-29.

Bahrick, H. P., Bahrick, P. O., & Wittlinger, R. P. (1975). Fifty years of memory for names and faces: A cross-sectional approach. *Journal of Experimental Psychology: General*, *104*, 54-75.

Bahrick, H. P., Hall, L. K., & Da Costa, L. A. (2008). Fifty years of memory of college grades: Accuracy and distortions. *Emotion*, *8*, 13-22.

Bartlett, F. C. (1932). *Remembering: An experimental and social study*. Cambridge, UK: Cambridge University Press.

Behrman, B. W., & Davey, S. L. (2001). Eyewitness identification in actual criminal cases: An archival analysis. *Law and Human Behavior*, *25*, 475-491.

Benton, T. R., Ross, D. F., Bradshaw, E., Thomas, W. N., & Bradshaw, G.S. (2006). Eyewitness memory is still not common sense: Comparing jurors, judges and law enforcement to eyewitness experts. *Applied Cognitive Psychology*, *20*, 115-129.

Berntsen, D., Rubin, D. C., & Siegler, I. C. (2011). Two different versions of life: Emotionally negative and positive life events have different roles in the organization of life story and identity. *Emotion*, *11*, 1190-1201.

Bohn, A., & Berntsen, D. (2011). The reminiscence bump reconsidered: Children's prospective life stories show a bump in young adulthood. *Psychological Science*, *22*, 197-202.

Brown, R., & Kulik, J. (1977). Flashbulb memories. *Cognition*, *5*, 73-99.

Burton, A. M., Bruce, V., & Hancock, P. J. B. (1999). From pixels to people: A model of familiar face recognition. *Cognitive Science*, *23*, 1-31.

Clancy, S. A., & McNally, R. J. (2005/2006). Who needs repression? Normal memory processes can explain "forgetting" of childhood sexual abuse. *Scientific Review of Mental Health Practice*, *4*, 66-73.

Clancy, S. A., McNally, R. J., Schacter, D. L., Lenzenweger, M. F., & Pitman, R. K. (2002). Memory distortion in people reporting abduction by aliens. *Journal of Abnormal Psychology*, *111*, 455-461.

Cohen, G. (2008). The study of everyday memory. In G. Cohen & M. A. Conway (Eds.), *Memory in the real world* (3rd ed., pp. 1-19). Hove, UK: Psychology Press.

Colomb, C., & Ginet, M. (2012). The cognitive interview for use with adults: An empirical test of an alternative mnemonic and of a partial protocol. *Applied Cognitive Psychology*, *26*, 35-47.

Coman, A., Manier, D., & Hirst, W. (2009). Forgetting the unforgettable through conversation: Socially shared retrieval-induced forgetting of September 11 memories. *Psychological Science*, *20*, 627-633.

Cona, G., Arcara, G., Tarantino, V., & Bisiacchi, P. S. (2012). Electrophysiological correlates of strategic monitoring in event-based and time-based prospective memory. *PLOS ONE*, *7*(2), e31659. doi: 10.1371/journal.pone.003 1659.

Conway, M. A., & Pleydell-Pearce, C. W. (2000). The construction of autobiographical memories in the self-memory system. *Psychological Review*, *107*, 261-288.

Conway, M. A., Wang, Q., Hanyu, K., & Haque, S. (2005). A cross-cultural investigation of autobiographical memory. *Journal of Cross-Cultural Psychology*, *36*, 739-749.

Cook, G. I., Marsh, R. L., & Hicks, J. L. (2005). Associating a time-based prospective memory task with an expected context can improve or impair intention completion. *Applied Cognitive Psychology*, *19*, 345-360.

Cuttler, C., & Graf, P. (2009a). Checking-in on the memory deficit and meta-memory deficit theories of compulsive checking. *Clinical Psychology Review*, *29*, 393-409.

Cuttler, C., & Graf, P. (2009b). Sub-clinical compulsive checkers show impaired performance on habitual, event- and timecued episodic prospective memory tasks. *Journal of Anxiety Disorders*, *23*, 813-823.

Cuttler, C., Sirois-Delisle, V., Alcolado, G. M., Radomsky, A. S., & Taylor, S. (2013). Diminished confidence in prospective memory causes doubts and urges to check. *Journal of Behavior Therapy and Experimental Psychiatry*, *44*, 329-334.

Dalton, A. L., & Daneman, M. (2006). Social suggestibility to central and peripheral misinformation. *Memory*, *14*, 486-501.

Dando, C. J., Ormerod, T. C., Wilcock, R., & Milne, R. (2011). When help becomes hindrance: Unexpected errors of omission and commission in eyewitness memory resulting from changes in temporal order at retrieval? *Cognition*, *121*, 416-421.

Deffenbacher, K. A., Bornstein, B. H., Penroad, S. D., & McGorty, E. K. (2004). A meta-analytic review of the effects of high stress on eyewitness memory. *Law and Human Behavior*, *28*, 687-706.

Dickson, R. A., Pillemer, D. B., & Bruehl, E. C. (2011). The reminiscence bump for salient personal memories: Is a cultural life script required? *Memory & Cognition*, *39*, 977-991.

Dismukes, K., & Nowinski, J. (2007). Prospective memory, concurrent task management, and pilot error. In A. Kramer, D. Wiegmann, & A. Kirlik (Eds.), *Attention from theory to practice*. New York, NY: Oxford University Press.

Dodhia, R. M., & Dismukes, R. K. (2009). Interruptions create prospective memory tasks. *Applied Cognitive Psychology*, *23*, 73-89.

Dudukovic, N. M., Marsh, E. J., & Tversky, B. (2004). Telling a story or telling it straight: The effects of entertaining versus accurate retellings on memory. *Applied Cognitive Psychology*, *18*, 125-143.

Easterbrook, J. A. (1959). The effect of emotion on cue utilization and the organization of behavior. *Psychological Review*, *66*, 183-201.

Fawcett, J. M., Russell, E. J., Peace, K. A., & Christie, J. (2013). Of guns and geese: A meta-analytic review of the "weapon focus" literature. *Psychology, Crime & Law, 19*, 35-66.

Fivush, R. (2010). The development of autobiographical memory. *Annual Review of Psychology, 62*, 2-24.

Fivush, R., & Nelson, K. (2004). Culture and language in the emergence of autobiographical memory. *Psychological Science, 15*, 573-577.

Geiselman, R. E., & Fisher, R. P. (1997). Ten years of cognitive interviewing. In D. G. Payne & F. G. Conrad (Eds.), *Intersections in basic and applied memory research*. Mahwah, NJ: Lawrence Erlbaum.

Graf, P. (2012). Prospective memory: Faulty brain, flaky person. *Canadian Psychology, 53*, 7-13.

Harrison, V., & Hole, G.J. (2009). Evidence for a contact-based explanation of the own-age bias in face recognition. *Psychonomic Bulletin & Review, 16*, 264-269.

Hellmann, J. H., Echterhoff, G., Kopietz, R., Niemeier, S., & Memon, A. (2011). Talking about visually perceived events: Communication effects on eyewitness memory. *European Journal of Social Psychology, 41*, 658-671.

Herrmann, D. J., Yoder, C. Y., Gruneberg, M., & Payne, D G. (Eds.). (2006). *Applied cognitive psychology: A textbook*. Mahwah, NJ: Lawrence Erlbaum.

Hicks, J. L., Marsh, R. L., & Cook, G. I. (2005). Task interference in time-based, event-based, and dual intention prospective memory conditions. *Journal of Memory and Language, 53*, 430-444.

Howe, M. L., & Courage, M. L. (1997). The emergence and early development of autobiographical memory. *Psychological Review, 104*, 499-523.

Ihlebaek, C., Love, T., Eilertsen, D. E., & Magnussen, S. (2003). Memory for a staged criminal event witnessed live and on video. *Memory, 11*, 310-327.

Jack, F., & Hayne, H. (2010). Childhood amnesia: Empirical evidence for a two-stage phenomenon. *Memory, 18*, 831-844.

Jenkins, R., & Burton, A. M. (2011). Stable face representations. *Philosophical Transactions of the Royal Society B: Biological Sciences, 366*, 1671-1683.

Johannessen, K. B., & Berntsen, D. (2010). Current concerns in involuntary and voluntary autobiographical memories. *Consciousness and Cognition, 19*, 847-860.

Johnson, M. K., Hashtroudi, S., & Lindsay, D. S. (1993). Source monitoring. *Psychological Bulletin, 114*, 3-28.

Josselyn, S. A., & Frankland, P. W. (2012). Infantile amnesia: A neurogenic hypothesis. *Learning & Memory, 19*, 423-433.

Kassin, S. M., Drizin, S. A., Grisso, T., Gudjonsson, G. H., Leo, R. A., & Redlich, A. D. (2010). Police-induced confessions: Risk factors and recommendations. *Law and Human Behavior, 34*(1), 3-38.

Kim, P. Y., & Mayhorn, C. B. (2008). Exploring students' prospective memory inside and outside the lab. *American Journal of Psychology, 121*, 241-254.

Klein, S. B., & Lax, M. L. (2010). The unanticipated resilience of trait self-knowledge in the face of neural damage. *Memory, 18*, 918-948.

Kuyken, W., & Brewin, C. R. (1995). Autobiographical memory functioning in depression and reports of early abuse. *Journal of Abnormal Psychology, 104*(4), 585-591.

Latorella, K. A. (1998). Effects of modality on interrupted flight deck performance: Implications for data link. In *Proceedings of the human factors and ergonomics society 42nd annual meeting* (Vols. 1 and 2, pp. 87-91). Chicago, IL: HFES.

LePort, A. K. R., Mattfield, A. T., Dickinson-Anson, H., Fallon, J. H., Stark, C. E. L., Kruggel, F., Cahill, L., & McGaugh, J. L. (2012). Behavioural and neuroanatomical investigation of highly superior autobiographical memory. *Neurobiology of Learning and Memory*, *98*, 78-92.

Lief, H., & Fetkewicz, J. (1995). Retractors of false memories: The evolution of pseudo-memories. *Journal of Psychiatry & Law*, *23*, 411-436.

Lindholm, T., & Christianson, S.-A. (1998). Intergroup biases and eyewitness testimony. *Journal of Social Psychology*, *138*, 710-723.

Lindsay, D. S., Allen, B. P., Chan, J. C. K., & Dahl, L. C. (2004). Eyewitness suggestibility and source similarity: Intrusions of details from one event into memory reports of another event. *Journal of Memory and Language*, *50*, 96-111.

Linkovski, O., Kalanthroff, E., Henik, A., & Anholt, G. (2013). Did I turn off the stove? Good inhibitory control can protect from influences of repeated checking. *Journal of Behavior Therapy and Experimental Psychiatry*, *44*, 30-36.

Loftus, E. F., & Davis, D. (2006). Recovered memories. *Annual Review of Clinical Psychology*, *2*, 469-498.

Loftus, E. F., & Palmer, J. C. (1974). Reconstruction of automobile destruction: An example of the interaction between language and memory. *Journal of Verbal Learning and Verbal Behavior*, *13*, 585-589.

Loftus, E. F., & Pickrell, J. E. (1995). The formation of false memories. *Psychiatric Annals*, *25*(12), 720-725.

Loftus, E. F., Loftus, G. R., & Messo, J. (1987). Some facts about "weapons focus." *Law and Human Behavior*, *11*, 55-62.

Loukopoulos, L. D., Dismukes, R. K., & Barshi, I. (2009). *The multitasking myth: Handling complexity in real-world operations*. Burlington, VT: Ashgate.

Marsh, E. J., & Tversky, B. (2004). Spinning the stories of our lives. *Applied Cognitive Psychology*, *18*, 491-503.

McNally, R. J., & Geraerts, E. (2009). A new solution to the recovered memory debate. *Perspectives on Psychological Science*, *4*(2), 126-134.

Megreya, A. M., White, D., & Burton, A. M. (2011). The other-race effect does not rely on memory: Evidence from a matching task. *Quarterly Journal of Experimental Psychology*, *64*, 1473-1483.

Memon, A., Meissner, C. A., & Fraser, J. (2010). The cognitive interview: A metaanalytic review and study space analysis of the past 25 years. *Psychology, Public Policy and Law*, *16*, 340-372.

Memon, A., Zaragoza, M., Clifford, B. R., & Kidd, L. (2009). Inoculation or antidote? The effects of cognitive interview timing on false memory for forcibly fabricated events. *Law and Human Behavior*, *34*, 105-117.

Morcom, A. M. (2016). Mind over memory: Cuing the aging brain. *Current Directions in Psychological Science*, *25*, 143-150.

Moscovitch, M. (2008). Commentary: A perspective on prospective memory. In M. Kliegel, M. A. McDaniel, & G. O. Einstein (Eds.), *Prospective memory: Cognitive, neuroscience, developmental, and applied perspectives*. New York, NY: Lawrence Erlbaum.

Newman, E. J., & Lindsay, D.S. (2009). False memories: What the hell are they for? *Applied Cognitive Psychology*, *23*, 1105-1121.

Ono, M., Devilly, G. J., & Shum, D. H. (2016). A meta-analytic review of overgeneral memory: The role of trauma history, mood, and the presence of posttraumatic stress disorder. *Psychological Trauma: Theory, Research, Practice, and Policy*, *8*(2), 157-164.

Parker, E. S., Cahill, L., & McGaugh, J. L. (2006). A case of unusual autobiographical remembering. *Neurocase*, *12*, 35-49.

Pickel, K. L. (2009). The weapon focus effect on memory for female versus male perpetrators. *Memory*, *17*, 664-678.

Pozzulo, J. D., Crescini, C., & Panton, T. (2008). Does methodology matter in eyewitness identification research? The effect of live versus video exposure on eyewitness identification of accuracy. *International Journal of Law and Psychiatry*, *31*, 430-437.

Rosenbaum, R. S., Kohler, S., Schacter, D. L., Moscovitch, M., Westmacott, R., Black, S. E., et al. (2005). The case of KC: Contributions of a memory-impaired person to memory theory. *Neuropsychologia*, *43*, 989-1021.

Rimmele, U., Davachi, L., & Phelps, E. A. (2012). Memory for time and place contributes to enhanced confidence in memories for emotional events. *Emotion*, *12*, 834-846.

Ross, D. F., Ceci, S. J., Dunning, D., & Toglia, M. P. (1994). Unconscious transference and mistaken identity: When a witness misidentifies a familiar but innocent person. *Journal of Applied Psychology*, *79*, 918-930.

Rubin, D. C., & Berntsen, D. (2003). Life scripts help to maintain autobiographical memories of highly positive, but not negative, events. *Memory & Cognition*, *31*, 1-14.

Sellen, A. J., Lowie, G., Harris, J. F., & Wilkins, A. J. (1997). What brings intentions to mind? An *in situ* study of prospective memory. *Memory*, *5*, 483-507.

Sharot, T., Martorella, E. A., Delgado, M. R., & Phelps, E. A. (2007). How personal experience modulates the neural circuitry of memories of September 11. *Proceedings of the National Academy of Sciences*, *104*, 389-394.

Shriver, E. R., Young, S. G., Hugenberg, K., Bernstein, M. J., & Lanter, J. R. (2008). Class, race, and the face: Social context modulates the cross-race effect in face recognition. *Personality and Social Psychology Bulletin*, *34*, 260-274.

Simner, J., Mayo, N., & Spiller, M. J. (2009). A foundation for savantism? Visuospatial synesthetes present with cognitive benefits. *Cortex*, *45*, 1246-1260.

Simons, D. J., & Chabris, C.F. (2011). What people believe about how memory works: A representative survey of the US population. *Public Library of Science One*, *6*, e22757.

Talarico, J. M., & Rubin, D. C. (2003). Confidence, not consistency, characterizes flashbulb memories. *Psychological Science*, *14*, 455-461.

Tollestrup, P. A., Turtle, J. W., & Yuille, J. C. (1994). Actual victims and witnesses to robbery and fraud: An archival analysis. In D. F. Ross, J. D. Read, & M. P. Toglia (Eds.), *Adult eyewitness testimony: Current trends and developments*. New York, NY: Wiley.

Tuckey, M. R., & Brewer, N. (2003a). How schemas affect eyewitness memory over repeated retrieval attempts. *Applied Cognitive Psychology*, *7*, 785-800.

Tuckey, M. R., & Brewer, N. (2003b). The influence of schemas, stimulus ambiguity, and interview schedule on eyewitness memory over time. *Journal of Experimental Psychology: Applied*, *9*, 101-118.

Tulving, E. (1979). Relation between encoding specificity and levels of processing. In L. S. Cermak & F. I. M. Craik (Eds.), *Levels of processing in human memory*. Hillsdale, NJ: Lawrence Erlbaum.

Tustin, K., & Hayne, H. (2010). Defining the boundary: Age-related changes in childhood amnesia. *Developmental Psychology*, *46*, 1049-1061.

Uzer, T., Lee, P. J., & Brown, N. R. (2012). On the prevalence of directly retrieved autobiographical memories. *Journal of Experimental Psychology: Learning, Memory, and Cognition*, *38*, 1296-1308.

van den Hout, M., & Kindt, M. (2004). Obsessive-compulsive disorder and the paradoxical effects of perseverative behaviour on experienced uncertainty. *Journal of Behavior Therapy and Experimental Psychiatry*, *35*(2), 165-181.

Valentine, T., & Mesout, J. (2009). Eyewitness identification under stress in the London Dungeon. *Applied Cognitive Psychology*, *23*, 151-161.

Vredeveldt, A., Hitch, G. J., & Baddeley, A. D. (2011). Eyeclosure helps memory by reducing cognitive load and enhancing visualization. *Memory & Cognition*, *39*, 1253-1263.

Wiese, H., Wolff, N., Steffens, M. C., & Schweinberger, S. R. (2013). How experience shapes memory for faces: An eventrelated potential study on the own-age bias. *Biological Psychology*, *94*, 369-379.

Weaver III, C. A., & Krug, K. S. (2004). Consolidation-like effects in flashbulb memories: Evidence from September 11, 2001. *The American Journal of Psychology*, *117*(4), 517-530.

Woike, B., Gershkovich, I., Piorkowski, R., & Polo, L (1999). The role of motives in the content and structure of autobiographical memory. *Journal of Personality and Social Psychology*, *76*, 600-612.

Wong, C. K., & Read, J. D. (2011). Positive and negative effects of physical context reinstatement on eyewitness recall and recognition. *Applied Cognitive Psychology*, *25*, 2-11.

Wright, D. B., & Stroud, J. N. (2002). Age differences in line-up identification accuracy: People are better with their own age. *Law and Human Behavior*, *26*, 641-654.

Yegiyan, N. S., & Lang, A. (2010). Processing central and peripheral detail: How content arousal and emotional tone influence encoding. *Media Psychology*, *13*, 77-99.

Zogg, J. B., Woods, S. P., Sauceda, J. A., Wiebe, J. S., & Simoni, J. M. (2012). The role of prospective memory in medication adherence: A review of an emerging literature. *Journal of Behavioral Medicine*, *35*, 47-62.

Chapter

8

언어

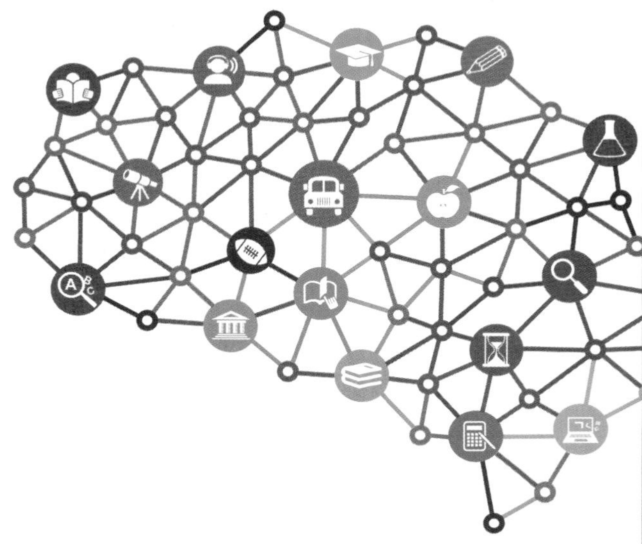

학습 목표

제8장을 공부한 후에 여러분은 다음을 할 수 있어야 한다.

- 말소리 산출의 여러 단계를 설명할 수 있다.
- 문장을 발화할 때 세우는 계획의 범위가 어느 정도인지 알 수 있다.
- 말실수가 어떻게 말소리 산출 과정에 대한 정보를 우리에게 제공하는지 설명할 수 있다.
- 하향식 처리와 상향식 처리에 대한 지식을 말소리 지각 과정에 적용할 수 있다.
- 말소리 이해 과정에서 철자법이 활성화된다는 것을 보여 주는 증거에 대해 논할 수 있다.
- 청각 단어 지각의 주요 모형들을 요약할 수 있다.
- 어떻게 안구 움직임 측정으로 읽기의 이해 과정을 연구할 수 있는지 설명할 수 있다.
- 읽기에서 음운 정보가 활성화된다는 것을 보여 주는 증거에 대해 논할 수 있다.
- DRC 모형이 영어 단어 읽기를 설명하는 방법 및 이 모형의 제한점에 대해 설명할 수 있다.
- 난독증을 설명할 수 있고, 난독증이 고등 교육 학습에 미치는 영향에 대해 알 수 있다.
- 다른 단어들에 비해 어떤 단어들은 더 쉽게 처리될 수 있는데, 이것에 영향을 주는 요인들을 설명할 수 있다.
- 구문 분석에 대해 알고, 어떻게 문장 구문 분석이 일어나는지 설명하는 가설들에 대해 논할 수 있다.
- 담화를 이해하기 위해서 추론과 화용론이 어떻게 사용되는지 알 수 있다.

서론

언어가 없다면 우리의 삶은 크게 제약받을 것이다. 우리의 사회적 상호작용은 언어를 매우 필요로 하며, 훌륭한 언어 구사력은 모든 학생에게 필수적이다. 영국의 작가 새뮤얼 존슨(Samuel Johnson)이 말한 것처럼, 언어는 '생각의 옷'인 것이다. 현재의 우리가 이전 세대의 사람들보다 훨씬 더 많은 지식을 가질 수 있었던 중요한 이유도 언어, 특히 문자를 통해 지식이 한 세대에서 다음 세대로 전달될 수 있었기 때문이다.

왜 우리는 언어를 필요로 하는가? Crystal(1997)은 언어의 여덟 가지 기능을 확인하였다. 첫 번째 기능은 당연히 의사소통이다. 언어의 가장 주된 기능은 (1) 정보를 타인과 주고받는 것이다. 그 밖에 우리는 언어를 (2) 사고, (3) 사회적 상호작용(예: '안녕하십니까?'), (4) 정보 기록, (5) 정서 표현(예: '사랑합니다'), (6) 집단과의 동질감 표현(예: 교회에서 노래하기), (7) 주변 환경을 통제하기 위한 시도(예: '이봐요!'), (8) 동물인 척 하기(예: 개나 고양이를 보면서 '멍멍!') 등을 위하여 사용한다.

인간의 언어의 흥미로운 점 중 하나는 기존 언어로부터 입력 정보를 사실상 받지 못하는 집단에서조차 단어들의 조합(문법)에 관련한 풍부한 체계를 발전시켜 나간다는 것이다. 가장 명확한 사례는 Senghas와 동료들(2004)에 의해 보고되었다. 이 연구자들은 니카라과에 청각장애 아동들을 위한 학교가 처음 설립된 후부터 이 아이들을 연구하였다. 청각장애 아동들은 굉장히 빠른 속도로 새로운 제스처 체계를 구축하였고 이는 기본적인 수화로까지 확장되었다. 이들은 새로운 제스처를 만들뿐만 아니라 다양한 메시지(누가 누구에게 무엇을 하였는지 명시)를 전달하기 위해 제스처를 서로 조합하기도 하였다. 이들의 수화는 같은 학교에 다녔던 다음 세대의 청각장애 아동들에게 연이어 전달되었다. 흥미롭게도, 전달하고자 하는 모든 메시지를 표현할 수 있을 때까지 각 세대에서는 새로운 제스처 조합 규칙들이 더해졌다. 니카라과 수화는 니카라과에서 사용되는 음성 언어(스페인어) 및 정상 청각 아동들이 사용하는 제스처들과 연관성이 거의 없었는데, 이는 니카라과 수화가 다른 언어들과는 거의 아무런 관계없이 순수하게 새롭게 만들어진 언어임을 보여 준다.

이러한 발견들은 **무엇을** 의미하는가? 이는 인간이 언어(문법 규칙 포함)를 습득하고 타인과 의사소통을 하고자 하는 강한 선천적 **동기** 부여를 갖고 있음을 시사한다. Bickerton(1984)의 언어 생체 프로그램 가설에 따르면, 인간이 기존의 언어에 노출되지 못할지라도 인간은 문법을 생성해 낼 수 있는 선천적 능력을 갖고 있다. 비슷한 주장이 Chomsky(1965)에 의해 이전에 제기되었었는데, 그는 아동들에게 제공되는 언어 입력 정보로는 아동들이 언어를 배우는 속도를 설명할 수 없다고 주장하였다. Chomsky는 문법적 구조에 대한 선천적 지식으로 이뤄진 언어 습득 장치를 인간이 갖고 있다고 주장하였다.

다른 연구자들은 인간이 선천적 언어 습득 장치를 갖고 있을 것이라는 주장에 동의하지 않기도 하지만(예: Christiansen & Chater, 2008; Samuelson & McMurray, 2017), 다채로운 메시지들을 전달하기 위하여 단어를 조합하는 문법 규칙들을 빠른 속도로 만들어 내는 것이 인간에게 특유하다는 것은 사실이다. 동물들에게 단어들을 가르칠 수는 있지만, 동물들이 자발적으로 단어를 조합하여 문장을 만들어 내지는 않는다(Harley, 2014, pp. 54-67).

이 장의 구조

네 개의 주요 언어 기술에는 말하기, 듣기, 읽기, 그리고 쓰기 등이 있다. 관례적으로 이 네 종류의 기술을 두 개의 집단으로 나눈다. 첫 번째 집단에는 말하기와 쓰기가 있다. 이 기술들은 언어 **산출**과 관련이 있다. 두 번째 집단에는 읽기와 듣기가 있다. 이 기술들은 시각과 청각 양상에서 언어를 **이해**하는 것과 관련이 있다. 이 네 개의 기술 중에서 우리는 말하기, 듣기, 그리고 읽기에 대해 논의할 것이다. 쓰기는 논의되지 않을 것이다. 만약 이 주제에 관심이 있다면, Berninger(2012)를 참조하기 바란다.

네 종류의 언어 기술 모두는 개별 단어 처리에서부터 시작해서, 문장을 거쳐 담화로 이어지는 단계들을 수반한다. 그러므로 각 언어 기술별 특징적인 것이 무엇인지를 서술한 후, 공통점은 무엇인지를 논의할 것이다.

중간 요약

소개(Introduction)

- 언어는 의사소통을 위하여 일차적으로 사용되지만 그 외에 다양한 기능을 갖고 있다.
- 인간은 언어를 발달시키고자 하는 강한 동기를 갖고 있어서, 최소한의 언어 입력 정보만으로도 무언가를 표현하기 위해 자발적으로 기호(단어, 몸짓)를 만들어 내고, 메시지를 전달하기 위하여 이 기호들을 연합하는 문법 규칙을 만들어 낸다. 몇몇 연구자에 따르면, 이는 언어가 인간이 선천적으로 타고난 능력이기 때문인 것이다.

말소리 산출

> **Key term**
>
> **사전 어구(preformulation)**: 화자가 이전에 빈번하게 사용했던 구를 반복해서 산출하는 현상으로, 음성 산출에 필요한 인지적 요구를 경감시키기 위해 사용함

앞선 언급한 것처럼, 언어 사용자의 가장 중요한 목표는 타인과의 의사소통이다.

겉으로 보기에는(겉으로 듣기에는?), 말소리 산출은 쉬운 과제이다. 우리가 친구들이나 지인들과 오늘의 화제들에 대해 대화를 나눌 때 거의 아무런 노력이 들지 않는 것처럼 보인다. 실제로 우리는 많은 준비나 계획 없이 종종 말을 하는 것처럼 보인다. 일반적으로 우리는 1초에 약 4~5개 음절 또는 1분에 약 150~200단어의 속도로 말한다. 이러한 말소리 산출의 속도는 말소리 산출이 인지적 처리 자원을 많이 요구하지 않는다는 생각에 부합한다.

반면에, 언어 사용자가 처리 자원을 줄이기 위해 여러 전략을 사용한다는 증거들이 제시되는데, 이는 말소리 산출이 무시할 수 없는 양의 인지적 처리 자원을 요구한다는 것을 의미한다. 사전 어구(preformulation)가 한 예시가 될 수 있다. 이것은 이전에 사용했던 구를 사용함으로써 말소리 산출에 필요한 처리 자원을 경감시킨다. 우리의 담화 중 약 70%는 우리가 반복하여 사용하는 단어 조합들로 구성되어 있다(Altenberg, 1990). 사전 어구는 빨리 발화해야 하는 집단의 사람들(예: 경매인, 스포츠 해설자)에게서 특히 더 빈번하다. 빠른 발화가 그들로 하여금 많은 어구를 반복하도록 하는 것이다(예: 'They're off and racing now' 'They're on their way') (Kuiper, 1996).

보다 쉬운 말소리 산출을 위해 우리가 사용하는 또 다른 전략은 표현을 간략하게 하는 비명세(underspecification)화이다. Smith(2000)에서 비명세화의 예시가 제시되었다. '요리용 사과 6개를 씻고 가운데 심을 파내세요. 그것들을 오븐에 넣으세요.' 여기 두 번째 문장에서, '그것들'이라는 단어는 '요리용 사과 6개'라는 구를 비명세화한 것이다.

가끔 말소리 산출은 한 사람이 다른 한 사람에게 말을 하는 긴 독백의 형태를 띠기도 한다. 하지만 대부분의 경우 말소리 산출은 대화나 회화를 동반한다. 대화에서 화자들은 본인이 무엇을 말할 것인지를 이전 화자가 방금 말한 것에 맞도록 조절해야 하기 때문에, 상호적인 대화가 독백보다 더 어려울 것이라고 여겨질 수 있다. 하지만 일반적으로 그 반대가 맞다. 타인과 대화를 나눌 때 화자들은 본인이 들은 구, 심지어 문장까지도 종종 그대로 따라 말한다(Pickering & Garrod, 2004). 즉, 타인의 단어들이 점화 혹은 유도의 역할을 하는 것이다. 그 결과, 일반적으로 독백에 비해 대화가 더 반복적이다.

대화에 비해 독백을 더 어렵게 만드는 또 다른 이유가 있다. 독백을 하는 화자는 스스로 생각을 생성해 내야 한다. 반면에, 대화에서는 일반적으로 화자가 다른 화자에 의해 전달된 생각들을 광범위하게 활용한다.

Key term

통사 점화(syntactic priming): 화자에 의해 산출된 문장이 자신이 듣거나 조금 전에 읽었던 문장과 같은 구문 구조를 가지는 경향

말소리 산출에 드는 노력을 줄이기 위하여 화자가 방금 들은 것을 활용하는 또 다른 방법은 통사 점화이다. 통사 점화(syntactic priming)란 이전에 접한 통사 구조가 반복되는 것이다. 구체적인 예시는 다음과 같다. 만약 여러분이 수동태 문장을 방금 들었다면(예: 'The man was bitten by the dog'), 여러분 스스로 수동문을 말할 가능성이 높아진다. 심지어 여러분이 다른 주제로 말을 하게 될 때에도 이와 같은 현상이 발생한다. 대개 통사 점화는 이전 통사 구조를 따라 말하고 있다는 의식 없이 발생한다(Pickering & Ferreira, 2008).

통사 점화의 증거는 Cleland와 Pickering(2003)에 의해 보고되었다. 실험자의 공모자가 실험 참가자에게 형용사–명사 순서(예: 'the red sheep') 또는 명사–관계사절 순서(예: 'the sheep that's red')를 사용하여 그림을 묘사하였다. 공모자의 문장과 실험 참가자의 문장 속 단어들이 매우 상이할 때에도 실험 참가자들은 방금 들었었던 통사 구조를 사용하였다. 들었던 통사 구조를 따라 말하면 인지적 처리 자원 비용이 줄기 때문에 통사 점화는 말소리 발화에서 흔히 발생한다.

말소리 산출의 단계

말소리 산출에는 여러 수준 혹은 단계의 처리가 동반된다. 우리는 우선 무엇을 말하고 싶은지를 결정하고 문장 혹은 다른 형태의 발언을 산출함으로써 마무리 짓는다. 이 장에서 비록 조금씩 서로 다른 구조를 가진 여러 모형이 존재하지만(예: Levelt et al., 1999; Hickok, 2012), 우리는 Gary Dell(1986)의 모형을 예로 들어 논의하고자 한다. Dell(1986)은 말소리 산출에 4단계가 수반된다고 주장하였다([그림 8–1] 참조).

전달하고자 하는 메시지를 처음 계획하는 것이 의미 단계이다. 7장에서 보았듯이, 이것은 개념과 생각의 활성화를 수반한다.

통사 단계에서는, 계획한 발화 문장 안에서 단어들의 통사 구조가 결정된다. 영어에서 한 단어 이상으로 이루어진 거의 모든 문장은 동사를 포함한다. 또한 모든 동사는 주어(어떤 사람 또는 어떤 것)와 목적어(행동이 가해진 어떤 사람 또는 어떤 것)를 갖는다. 그러므로 거의 모든 문장의 경우, 발화문의 통사 구조는 주어, 동사, 그리고 목적어로 구성되며 그 외의 추가적인 요

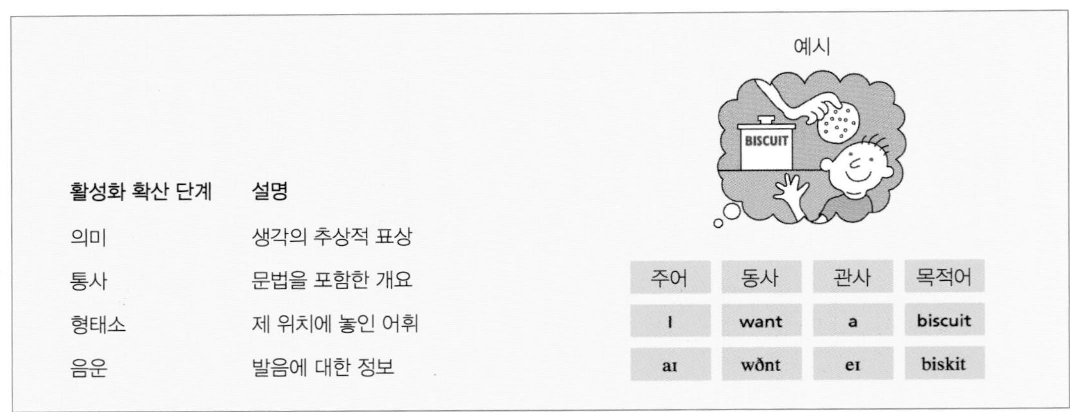

예시
BISCUIT
활성화 확산 단계
설명
의미
생각의 추상적 표상
통사
문법을 포함한 개요
형태소
제 위치에 놓인 어휘
음운
발음에 대한 정보
주어
동사
관사
목적어
I
want
a
biscuit
aɪ
wɒnt
eɪ
biskit

[그림 8-1] 'I want a biscuit.' 문장을 문장 산출에 동반되는 여러 단계로 분류함.

> **Key term**
>
> **형태소(morphemes)**: 의미의 최소 단위로, 단어는 하나 혹은 그 이상의 형태소로 이루어짐
>
> **음소(phoneme)**: 단어의 음운의 일부로 구어에서 의미 있는 소리 단위

소들이 덧붙여질 수 있다.

형태소 단계에서는 형태소(morphemes: 의미의 최소 단위)가 처리된다. 항상 그렇지는 않지만(예: balls는 2개의 형태소로 구성됨: ball + 복수형), 대개 짧은 단음절 단어는 1개의 형태소(예: ball)로 이루어져 있다. 1개의 형태소로 이루어진 단어를 단일형태소(monomorphemic) 단어라고 부른다(단일을 의미하는 고대 그리스어 'mono'에서 왔음). 긴 단어는 대개 여러 개의 형태소로 구성된다. 복합어(flowerpot = flower + pot)와 파생어(recognizable = recognize + able)가 이 경우에 해당된다. 이런 단어들을 다형태소(polymorphoemic) 단어라고 부른다(많음을 의미하는 고대 그리스어 'poly'에서 왔음).

음운 단계에서는 음소(phonemes)가 더해진다. 음소는 한 언어에서 의미 전달에 사용되는 소리의 단위이다. 언어들은 20~50개의 음소를 사용한다. 가령, 스페인어에서는 25개의 음소만을 사용하는 반면에 영국 영어에서는 44개의 음소가 사용된다. 사용하는 음소의 개수가 적은 언어일수록 대체로 단어의 길이가 길다(Cutler & Bruggeman, 2013). 예를 들어, 영국 영어의 단어는 평균 6.9개 음소 또는 2.7개 음절 길이인 반면에, 스페인어 단어는 평균 8.3개 음소 또는 3.5개 음절 길이를 보인다.

중요한 것은 음소가 의미를 전달한다는 것이다. 'red'로 발화된 단어는 'led'로 발화된 단어와 같은 의미를 갖지 않는다. 즉, 'r'과 'l'은 서로 다른 음소이다. 서로 다른 소리가 서로 다른 의미를 만들어 내지 않는다면, 그 소리의 차이는 지각되지 않는다. 가령, 'pin'의 'p'는 기식음이지만, 'spin'의 'p'는 그렇지 않다(Harley, 2014). 만약 이 차이를 믿지 못하겠다면, 손을 입 앞에 놓고 두 단어를 말해 보라. 'spin'을 말할 때에 비해 'pin'을 말할 때 더 많은 공기가 입에서

부터 나온다는 것을 느낄 수 있을 것이다. 태국어(Thai)를 배우기 시작한 것이 아니라면, 기식음과 무기음 'p'의 차이를 구별하지 못하는 것은 문제가 되지 않는다. 태국어에서 기식음과 무기음 'p'의 차이는 영어에서 'r'과 'l'의 차이와 동등한 중요도를 갖는다. 유사하게, 아시아의 많은 언어가 'r'과 'l'을 구별하지 않기 때문에 아시아인들이 영어를 배울 때 이 둘을 구분하는 것을 어렵다고 생각한다(예: 'velocity'를 'verocity'로 발음함). 't'와 'th' 구분도 마찬가지인데, 이는 많은 언어에서 이 둘을 구분 짓지 않기 때문이다(그 결과, 이런 언어를 사용하는 화자들은 'three'를 'tree'로 발음하고 'third'를 'turd'로 발음함).

정리하면, 우리는 우리의 모국어에서 의미의 차이를 유발하는 소리의 변화에 매우 민감하지만 모국어에서 의미의 차이를 유발하지 않는 소리의 차이는 산출하기 (그리고 알아차리기) 어렵다. 연구자들은 영아들이 처음에는 모든 소리의 변화에 민감하지만 생후 일 년이 되면 그들의 주변에서 들리는 언어의 소리 변화에 맞춰 적응한다는 것을 보여 주었다(Werker & Tees, 1984; Segal et al., 2016).

[그림 8-1]은 말소리와 단어 산출이 의미 단계에서부터 통사와 형태소 단계를 거쳐 음운 단계까지 정확하고 깔끔하게 처리된다는 것을 보여 준다. 실제로 화자는 말하고자 하는 단어를 생각하기 이전에 말하고 싶은 것이 무엇인지에 대한 생각을 일반적으로 먼저 하는 것(의미 단계)은 분명한 사실이다. 그러나 앞으로 보게 되겠지만, 서로 다른 단계에서의 처리는 종종 **상호작용**한다.

설단현상

> **Key term**
>
> **설단현상(tip-of-thc-tongue state)**: 머릿속에 떠오르는 생각이나 개념을 표현하는 적절한 단어를 찾을 수 없을 때 화자들이 겪는 좌절감

가끔 우리는 한 단계에서 다음 단계로 넘어가는 것이 어렵다는 것을 발견한다. 예를 들어, 머릿속에 개념 또는 생각은 있는데 그것을 설명할 정확한 단어를 공연히 찾던 경험이 우리 모두에게 있을 것이다. 이 당황스러운 상황이 설단현상(tip-of-the-tongue state)이다. 설단현상에 놓였을 때 좌절하지 말기 바란다. 이런 상태에 있는 개개인들은 종종 단어의 첫 글자뿐만 아니라 음절 개수까지 추측해 낸다(Brown & McNeil, 1966). 몇 분 정도 단어를 찾아내려고 애쓰면 실제로 굉장히 잘 그 단어를 찾아서 발화한다.

설단현상은 의미 처리는 성공적이었으나 음운 처리가 성공적이지 못할 때(즉, 단어의 소리를 산출할 수 없을 때) 발생한다. 예측할 수 있듯이, 대체로 설단현상은 상대적으로 잘 사용하지 않는 단어들에서 경험된다.

음운 정보로 접속하는 것에 대한 문제가 설단현상의 기저를 이룬다는 증거는 Harley와 Bown(1998)에 의해 보고되었다. 여러 다른 단어와 소리가 유사한 단어들(예: litter, pawn)에 비해 거의 모든 단어와 소리가 유사하지 않은 단어들(예: apron, vineyard)이 설단현상에 훨씬 더 민감하였다. 설단현상에 민감한 단어들의 일반적이지 않은 음운 형태가 그 정보를 인출하기 어렵게 만드는 것이다.

설단현상 상태에 빠져 단어를 찾아 산출하고자 노력하는 사람들에게 무엇이 도움이 될 수 있을까? 한 가지 방법은 그 정확한 단어와 첫 번째 음절이 동일한 다른 단어들을 제시해 주는 것이다. 이것이 효율적이라는 것은 밝혀졌다(Abrams, 2008).

이중 언어 화자(두 개의 언어에 유창한 사람)는 단일 언어 사용자(1개의 언어에만 유창한 사람)에 비해 설단현상을 더 자주 경험한다. 왜 그럴까? 이중 언어 화자가 하나의 언어에서 단어를 찾으려는 시도가 그들의 또 다른 언어 속 단어들의 음운 표상으로부터 간섭을 받아 방해를 받는다는 것이 하나의 가능성이다.

사실 이러한 설명이 모든 연구 결과를 설명해 주지는 못한다. 미국 수화와 영어에 능숙한 이중 언어 화자가 단일 언어 화자에 비하여 영어 단어를 찾을 때 더 자주 설단현상을 갖는다(Pyers et al., 2009). 미국 수화와 영어 사이에는 음운적으로 공통되는 부분이 없기 때문에 이것이 음운적 간섭에 의한 것이라고는 볼 수 없다.

이중 언어 화자가 단일 언어 화자에 비해 설단현상을 전반적으로 더 자주 경험하는 경향성에 대한 또 다른 이유는 단일 언어 화자에 비해 이중 언어 화자가 (둘 중 어떤 한 언어의) 많은 단어를 다소 덜 자주 사용한다는 것이다. 그 결과, 의미와 음운 형태 사이의 연결이 그리 잘 확립되지 못하게 된다(Gollan & Acenas, 2004).

말소리 산출 계획

언어 사용자는 어느 정도까지 발화를 미리 계획할까? 한 가지 가능성은 구(phrase: 하나의 생각을 표현하기 위한 일군의 단어들로, 가령 'it'이라는 단어로 대체될 수 있는 'a big, blue car') 수준에서 계획이 이루어진다는 것이다. 또 다른 가능성은 계획이 절(clause: 주어와 동사를 포함하는 문장의 일부분으로, 가령 'a big, blue car drove away') 수준에서 발생한다는 것이다.

계획이 구 수준에서 발생한다는 것은 Martin과 동료들(2004)에 의해 보고되었다. 실험 참가자들은 영상을 묘사하기 위해 문장을 발화하였

> **Key term**
>
> **구(phrase)**: 하나의 생각을 표현하기 위해 문장에서 사용되는 일군의 단어들. **절**에 대한 설명도 참조할 것
>
> **절(clause)**: 주어와 동사를 포함하는 문장 안에서의 단어 집합. **구**에 대한 설명도 참조할 것

다. 이 문장들의 첫 번째 구는 간단하거나(예: 'The ball moves above the tree and the finger') 혹은 복잡하였다(예: 'The ball and the tree move above the finger'). 간단하기보다 복잡한 첫 번째 구를 사용할 때 실험 참가자들이 발화를 시작할 때까지 더 오랜 시간이 걸렸다. 이는 발화 시작 전 이들이 첫 번째 구를 계획하고 있었다는 것을 보여 준다. 유사한 실험 결과가 Martin과 동료들(2010)에 의해 보고되었다.

화자가 미리 계획을 할 때에 보통 구가 중요하다. 하지만 언어 사용자가 얼마만큼을 미리 계획하는가의 질문에 대해서 간단히 답할 수 없는 두 개의 중요한 이유가 있다.

1. 계획은 네 개의 서로 다른 수준에서 발생할 수 있다([그림 8-1] 참조). 하위 수준(예: 단어들의 소리 정보 계획)에 비해 상위 수준(예: 의미 단계에서 메시지 계획)에서 더 큰 사전 계획이 종종 세워진다.
2. 아마도 더 큰 덩이의 정보가 상위 수준에 있기 때문에, 여러 다양한 요인(예: 계획에 허용된 시간, 문장의 복잡성)에 의하여 계획의 양이 달라질 수 있다.

우리는 이 두 가지 요인에 대해서 살펴볼 것이다.

계획 수준

화자가 세우는 사전 계획의 정도가 처리 수준에 따라 다르다는 주장을 지지하는 증거가 (다음 절에서 더 충분히 논의될 예정인) 말실수 연구로부터 제공된다. 여기서 우리는 두 종류의 말실수(단어교환 실수와 소리교환 실수)에 대해 알아볼 것이다. 단어교환 실수는 두 단어의 위치가 교체되면서 발생한다. 같은 절 안에서 단어의 위치가 교환되는 것이 전형적이지만 문장 안에서 그보다 더 멀리 떨어진 위치에서도 종종 발생한다(예: 'My chair seems empty without my room'). 원래 의도되었던 위치보다 훨씬 더 빨리 단어(예: 'chair')가 산출된 이러한 발견은 산출 계획의 어떤 부분은 그 폭이 넓을 수 있음을 제시한다. 어쩌면 발화문의 대략적인 문법 구조는 절 단위로 계획되는 것 같다(Harley, 2012).

소리교환 실수(스푸너리즘으로도 알려졌으며, 뒤에서 논의될 것임)는 두 소리의 위치가 교체되면서 발생한다(예: 'She painted the fence'를 'She fainted the pence'로 산출). 이런 종류의 실수는 한 문장 안에서 짧은 간격을 두고 발생한다(Harley, 2014). 이는 말하고자 하는 단어의 소리에 대한 계획은 산출이 이루어지기 짧은 시간 전에 세워진다는 것을 시사한다.

다른 단계들의 계획에 비하여 음운 정보(단어의 소리 정보 등)에 대한 계획은 그 크기가 크지 않다는 생각을 지지하는 실험적 증거가 Meyer(1996)에 의해 보고되었다. 화자는 한 쌍의 물체에 대하여 문장을 산출하였다(예: 'The arrow is next to the bag'). 동시에 첫 번째 혹은 두 번째 명사와 소리 혹은 의미와 관련성이 있는 방해 자극을 들려주었다. Meyer(1996)는 산출을 시작하는 데 걸리는 시간에 대한 방해 자극의 효과가 방해 자극이 두 번째 명사는 아니고 첫 번째 명사와 소리 측면에서 연관성이 있을 때에만 발생한다는 것을 발견하였다. 즉, 산출을 시작하기 전 화자는 **첫 번째** 명사의 소리에 대한 정보만을 인출한 것이다. 반면에, 방해 자극이 **첫 번째 명사이든 두 번째 명사이든** 의미적으로 연관성이 있을 때에는 산출을 시작하는 데 걸리는 시간이 늦어졌다. 이것은 발화하고자 하는 단어들의 의미에 대한 정보는 산출 시작에 앞서 계획된다는 것을 보여 준다.

계획 탄력성

계획의 범위는 화자가 경험하는 인지적 처리 요구량에 따라 **탄력적**이다. Ferreira와 Swets(2002)가 진행한 연구를 살펴보자. 실험 참가자들은 난이도가 다양한 수학 문제에 답하였다. 발화를 시작할 때까지 걸리는 시간과 발화에 소요된 시간을 측정하였다. 만약 말소리 산출 시작 전에 계획을 완벽하게 끝내는 것이라면, 쉬운 문항에 비해 어려운 문항일 때 발화를 시작할 때까지 더 오랜 시간이 걸리는 반면, 발화에 소요되는 시간에는 차이가 없을 것이다. 반대로, 만약 사람들이 답변을 계획하기 전에 말소리 산출을 시작한다면, 발화를 시작할 때까지 걸리는 시간은 모든 문항에서 동일할 것이다. 하지만 발화 시간은 어려운 문항일 때 길어져야 한다.

Ferreira와 Swets(2002)는 **무엇**을 발견했는가? 과제 난이도는 발화를 시작할 때까지 걸리는 시간에 영향을 미쳤지만 발화에 소요된 시간에는 영향을 미치지 **않았다**. 즉, 실험 참가자들은 말소리 산출 전에 그들의 답변을 완벽하게 계획한 것이다. 그러나 실험 참가자가 수학 문항에 대한 답변을 매우 빨리 해야 하는 상황일 때에는 결과가 달라졌다. 이러한 상황에서는, 계획의 일부는 산출 전에 이뤄지고 추가적인 계획은 말하는 동안 이뤄졌다. 즉, 화자는 말소리 산출 전 주어진 시간 안에 할 수 있는 최대한의 계획을 세우는 것이다.

Wagner와 동료들(2010)은 문법에 대한 사전 계획의 정도를 결정짓는 여러 요인에 대해 밝혔다. 첫째, 말을 상대적으로 느리게 하는 사람들은 빠르게 말하는 사람들에 비해 더 많은 계획을 하는 경향이 있었다. 둘째, 복잡한 문장(예: 'The blue frog is next to the blue mug')을 말할 때에 비해 간단한 문장(예: 'The frog is next to the mug')을 말할 때 사람들은 더 많은 계획을 세운다. 셋째, 인지 부하의 부담이 클 경우(예: 몇 초 동안 숫자들을 기억하기)에 비해 인지 부하의 부담이 작을 경우 더 많은 계획이 세워진다.

우리는 어떻게 탄력적인 화자의 사전 계획을 설명할 수 있을까? 화자는 말실수를 피하는 것과 인지 부하 사이의 트레이드오프에 직면한다. 만약 화자가 말실수를 피하는 것에 집중하면, 인지 부하는 커질 것이다. 반면, 만약 그들이 인지 부하를 줄이려고 시도한다면, 말하는 동안 많은 말실수를 범할 것이다. 실제로 계획이 지나치게 큰 인지적 부담이 되지 않을 때(예: 산출하려는 문장이 간단하거나 추가적인 과제가 없음) 화자는 대체로 많은 계획을 세운다.

말실수

대체로 사람들은 정확하고 조리 있는 말을 한다. 하지만 우리 모두는 실수를 범하기 쉽다. 일반 사람들은 1,000단어당 한 번의 말실수를 한다는 추산이 있다(Vigliocco & Hartsuiker, 2002). 말실수는 그 희귀성에도 불구하고 중요하다. 왜 그럴까? 실질적으로, 우리는 다양한 종류의 말실수가 발생하는 상대적 빈도 정보를 이용하여 말소리 산출의 기저를 이루는 처리 과정에 대해 알 수 있다.

왜 우리는 말실수를 범할까? 여기엔 여러 이유가 있는데 가장 중요한 이유 중 하나가 Gary Dell(1986)에 의해 확인되었다. 그는 활성화 확산(spreading activation)이라는 개념을 강조하였다. 활성화된 노드(예: 단어)에서 그와 관련된 노드들 또는 단어들로 활성화 또는 에너지가 퍼져 간다는 개념이다.

> **Key term**
>
> **활성화 확산(spreading activation)**: 의미망 안의 한 개념에 해당하는 노드가 관련된 노드들의 활성화로 이어진다는 것. 이를 통해 그 개념의 의미는 점점 더 풍부해짐

Dell(1986) 그리고 Dell과 동료들(2008)에 따르면, 말소리 산출에 관련된 처리들은 병렬적으로 (동시에) 발생한다. 우리가 발화를 계획하면, 말하고자 하는 문장 속의 여러 단어들과 소리들이 우리가 말하기 전에 활성화된다. 부정확한 요소의 활성화가 정확한 요소의 활성화에 비해 클 때마다 말실수가 발생한다는 가정이 중요하다.

'You have wasted the whole term.'을 말하려 한다고 가정해 보자. 말소리 산출 계획이 진행되는 동안, 모든 단어와 그들의 소리에 대한 활성화가 이루어질 수 있다. 그 결과, 우리는 어쩌면 'You have tasted the whole worm.'이라고 말할지도 모른다.

활성화는 의도한 문장 속의 단어들과 의미적 연관성을 갖는 단어들에게까지 확장된다. 예를 들어, 당신이 'Give me a spoon.'을 말하려 의도했다고 하자. 하지만 'spoon'의 활성화는 이것과 연관성이 있는 단어인 'fork'를 활성화시킬 수 있고, 그 결과 당신은 'Give me a fork.'라고 말할 수도 있다.

어휘 편향 효과

우리의 말실수는 본질적으로 마구잡이가 아니다. 예를 들어, 음운적으로 발생한 말실수는 일반적으로 비단어(nonwords)보다는 단어를 만들어 낸다. 비단어는 쉽게 발음할 수는 있지만 실재하는 단어가 아닌 소리열(또는 문자열)을 말한다(예: 'nall, bork'). 음운적 말실수는 비단어가 아닌 단어를 만들어 낸다는 발견을 일컬어 어휘 편향 효과(lexical bias effect)라고 한다. 이 효과에 대한 비공식적 증거는 William Archibald Spooner 목사로부터 기록되었다. 스푸너리즘(spoonerism)은 그의 이름에서 비롯되었는데, 이것은 두 개 또는 그 이상 단어의 첫 번째 소리 또는 소리들이 실수로 바뀌어서 발생하는 것이다. Spooner는 여러 개의 인상적인 스푸너리즘들로 명성을 얻었다(예: 'You have hissed all my mystery lectures' 'The Lord is a shoving leopard to his flock'). 오호, Spooner 목사의 주옥들 대부분이 각고의 노력의 결과였던 것이다.

어휘 편향 효과를 연구할 때 가장 많이 사용된 방법은 Baars와 동료들(1975)에 의해 소개되었다. 단어쌍을 차례로 빠르게 제시하면 실험 참가자들은 두 단어 모두를 빠르게 말해야 했다. 가장 마지막 단어쌍을 제외하고 다른 모든 단어쌍은 동일한 배열을 갖도록 했다. 예를 들어,

cool dude
cave dish
key day
kid door
deep cot

가장 마지막 단어쌍은 앞선 단어쌍들에게 적용된 규칙적인 변화에서 벗어났기 때문에, Baars와 동료들(1975) 연구의 실험 참가자들은 그 단어쌍에서 빈번하게 실수를 범했다. 몇몇 단어쌍의 경우, 첫 번째 글자가 교체되면서 새로운 두 개의 단어가 발화되었다(예: 'deed cop'이 'keed dop'이 됨). 중요한 발견은 사람들이 비단어들보다 단어들로 이루어진 실수를 더 많이 범했다는 것이다.

왜 어휘 편향 효과가 발생하는 것일까? 두 개의 주요한 설명이 제안되었다. 첫째, Dell(1986) 그리고 Dell과 동료들(2008)은 매 순간 가장 크게 활성화된 소리를 화자가 산출하는 것이라고 주장하였다. 일반적

> **Key term**
>
> **비단어(nonwords)**: 발음은 가능하지만 실재하는 단어가 아닌 문자열이나 소리열
>
> **어휘 편향 효과(lexical bias effect)**: 말 산출 오류는 비단어로 형성되기보다는 단어로 형성되는 경향. **스푸너리즘**에 대한 설명도 참조할 것
>
> **스푸너리즘(spoonerism)**: 두 단어의 첫 번째 글자(혹은 글자들)와 관련된 소리가 실수로 바뀌어서 나타나는 말실수로 어휘 편향의 한 예임

으로 가장 크게 활성화된 소리는 화자가 산출하고자 하는 옳은 것들이지만 가끔 옳지 않기도 하다. 그 이유는 여러 음소들(소리들)과 단어들이 동시에 활성화되기 때문이다. 단어 수준에서의 활성화는 어휘 편향 효과를 설명하는 데 도움이 된다. 예를 들어, 'deep cot'를 보면 단어 'keep'과 'dot'가 활성화될 수 있고, 이와 같은 가외의 활성화가 실수를 만들어낼 수 있는 것이다. 반면에, 'deep cop'을 보는 것이 'keed' 또는 'dop'을 활성화시키지 **않는데**, 그 이유는 이것들이 단어 수준에서 존재하는 것들이 아니며 따라서 화자가 이 비단어들을 발화하지 않게 되는 것이다.

둘째, 우리는 소리를 내어 말하기 전에 내적 언어를 **통제하여** 비단어를 제거하는 것일 수 있다(Hartsuiker et al., 2005; Levelt et al., 1999). 다른 말로 하자면, 이 통제 시스템이 '이것이 단어입니까?'라고 묻는 것이다.

두 설명 모두 어느 정도의 타당성을 갖고 있다. 우리가 우리의 내적 언어를 스스로 통제한다는 것을 지지하는 증거는 Nooteboom과 Quené(2008)에 의해 보고되었다. 이들은 앞서 설명한 Baars와 동료들(1975)이 도입한 기술을 사용하였다. 실험 참가자들은 종종 스푸너리즘을 만들어 내는 것으로 시작했지만 스스로 멈추고 올바른 단어를 말하였다. 예를 들어, 'BARN DOOR'을 보고난 후 "D…… BARN DOOR"로 말한다.

혼합 오류 효과

누군가가 말을 하려고 준비할 때 여러 다양한 종류의 정보가 동시에 활성화된다고 주장하는 Dell(1986)의 연구를 살펴보았다. 이런 활성화가 많은 (또는 어쩌면 거의 모든) 말실수의 원인이 된다. 가령 옳은 단어와 의미적 그리고 음성적으로 관련이 있는 틀린 단어가 발생되는 혼합 오류 효과(mixed-error effect)를 생각해 보라.

> **Key term**
>
> **혼합 오류 효과(mixed-error effect):** 잘못 발화된 단어가 옳은 단어의 의미와 발음 둘 다와 연관되어 있는 형태의 말 산출 오류

Dell(1986)은 누군가 'Let's start' 대신 'Let's stop'이라고 말하는 것을 예시로 들었는데, 이때 단어 'stop'은 옳은 단어인 'start'와 의미적 그리고 음성적으로 모두 관련이 있다. 이 효과의 존재는 다양한 처리 수준들이 유연하게 서로 **상호작용**한다는 것을 제시해 준다. 더 자세히 말하면, 혼합 오류 효과는 의미적 그리고 음운적 요인 모두 동시에 단어 선택에 영향을 줄 수 있음을 시사한다.

Ferreira와 Griffin(2003)은 혼합 오류 효과에 대한 증거를 제공하였다. 이 실험의 중요한 한 조건에서, 실험 참가자들은 'I thought that there would still be some cookies left, but there were……'처럼 완성되지 않은 문장을 제시받은 뒤, 그림(예: 'priest')을 명명하는 과제를 수행

하였다. 실험 참가자들은 종종 틀린 단어인 'nun'이라고 말하였다. 이는 성직자 priest와 nun 사이의 의미적 유사성 및 nun과 none 사이의 음운적 유사성 때문이었다.

그 밖의 다른 말실수

그 밖의 다른 말실수에 대해서 간단히 언급하려고 한다. 첫째, 올바른 단어가 그것과 의미가 유사한 다른 단어로 대체되는 의미 교체 말실수이다. 예를 들어, 우리는 'Where is my tennis racket?' 대신 'Where is my tennis bat?'이라고 말한다. 99%의 경우, 명사는 명사로 대체되고 동사는 동사로 대체된다(Hotopf, 1980).

둘째, 복수 주어에 실수로 단수 동사가 사용되거나 혹은 그 반대로 단수 주어에 복수 동사가 실수로 사용되는 **수-일치 실수**가 있다. 예를 들어, 두 개의 문장의 일부분인 'The editor of the history book……'과 'The editor of the history books……'를 생각해 보자. 엄밀히 말하면, 두 경우 모두에서 동사는 단수형이어야 한다. 하지만 복수 명사인 'books'로부터 방해를 받기 때문에, 굉장히 많은 사람이 두 번째 예시에서 복수 동사를 사용한다(Bock & Cutting, 1992).

왜 우리는 수-일치 실수를 범할까? 한 가지 이유는 이러한 종류의 실수를 피할 수 있을 만큼의 충분한 인지 처리 자원을 우리가 종종 갖고 있지 않기 때문이다. McDonald(2008)는 실험 참가자들에게 여러 문장들이 문법적으로 맞는지 아닌지를 판단하도록 하였다. 외부적으로 인지 부하가 가해지거나 그렇지 않거나 한 상황에서 이것이 수행되었다. 부하가 가해진 실험 참가자들은 주어-동사 수의 일치에 관련되어 정확한 판단을 내리는 것을 특히 어려워했다.

활성화 확산

앞에서 보았듯, Dell(1986)은 우리가 발화를 계획할 때 여러 종류의 정보가 동시에 활성화된다고 주장하였다. 그 결과, 올바른 항목에 비해 잘못된 항목이 더 활성화가 될 때 우리는 실수를 쉽게 범하게 된다. Dell의 활성화 확산 접근에는 잠재적인 문제점이 하나 있는데, 그것은 바로 이것이 실제보다 더 많은 말실수를 예측하는 것 같다는 점이다. 예를 들어, 이 이론은 두 개 또는 그 이상의 단어가 동시에 활성화되는 상황일 때 너무나 많은 오류를 예측한다(예: Glaser, 1992).

어떻게 우리는 혼돈을 피할 수 있을까? Dell과 동료들(2008)은 학습을 통해 우리가 '통사 교통 순경'을 갖고 있다고 주장한다. 이것은 우리가 말하고자 하는 것이 무엇인지를 감시하고, 통사적 또는 문법적 범주에 적절하지 못한 단어들을 억제한다. 이 통사 교통 순경은 우리가 말을 하면서 실수를 범할 때 왜 거의 항상 명사는 명사로 그리고 동사는 동사로 대체하는지에 대해 설명해 준다.

통사 교통 순경이 손상을 입어 고통을 받는 어떤 환자가 있다면 우리는 그들이 수많은 통사적 오류를 범할 것이라고 예측할 수 있다. 이를 지지하는 증거가 실어증(aphasia) 환자들(뇌 손상으로 말소리 산출 능력이 손상된 환자들)을 연구한 Berndt와 동료들(1997)에 의해 보고되었다. 이 환자들은 그림과 비디오 속 물체(명사 목표 자극)와 동작(동사 목표 자극)을 명명하였다.

Key term

실어증(aphasia): 뇌 손상으로 인해 환자의 언어 능력이 심각하게 저하된 질환

몇몇 환자가 범하는 실수들은 거의 항상 올바른 문법적 범주에 속하는 단어들로 이루어졌다. 다른 몇몇 환자가 범하는 실수들은 명사와 동사를 가로질러 거의 무선적으로 분포되어 있었다. 후자의 경우 환자의 통사 교통 순경이 고장난 것이라는 주장이 가능하다.

개인차

말소리 산출 시 발생하는 실수의 수와 종류에는 커다란 개인차가 있다. Dell과 동료들(1997)은 왜 개인차가 존재하는지에 대한 이해를 돕는 데 커다란 기여를 하였다. 그들은 대다수의 말실수가 두 개의 유형에 속한다고 주장하였다.

1. **예기**: 소리나 단어가 원래의 위치보다 앞서 발화된다(예: 'cup of coffee' 대신 'cuff of coffee'). 이런 오류들은 대체로 충분하지 못한 계획을 반영한다.
2. **지속**: 소리나 단어가 원래의 위치보다 뒤에 발화된다(예: 'beef noodle' 대신 'beef needle'). 이런 오류들은 말하려고 하는 것을 감시하는 데 실패했음을 반영한다(계획 실패).

Dell과 동료들(1997)에 따르면, 숙련된 화자는 비숙련 화자에 비해 훨씬 미리 계획을 세우기 때문에, 숙련된 화자의 경우 미래의 소리와 단어의 활성화 수준이 높아져 있다. 그러므로 숙련된 화자가 범하는 말실수 중 예기의 비율이 높을 것이다. 반면에, 비숙련 화자의 경우 예기 오류는 상대적으로 적게 발생해야 한다.

Dell과 동료들(1997)은 연습이 예기 비율([예기 + 지속]을 합친 전체 오류 대비 예기의 비율)에 미치는 효과에 대해 알아보았다. 한 실험에서, 실험 참가자들은 발음하기 힘든 어구(예: five frantic fat frogs, thirty-three throbbing thumbs)를 말하는 집중 훈련을 받았다. 예측할 수 있듯, 훈련에 의해 말실수의 수가 감소하였다. 하지만 예기 비율은 훈련 초기 .37에서 훈련 후 .59로 증가하였고 이것은 예측과 일치하는 것이다.

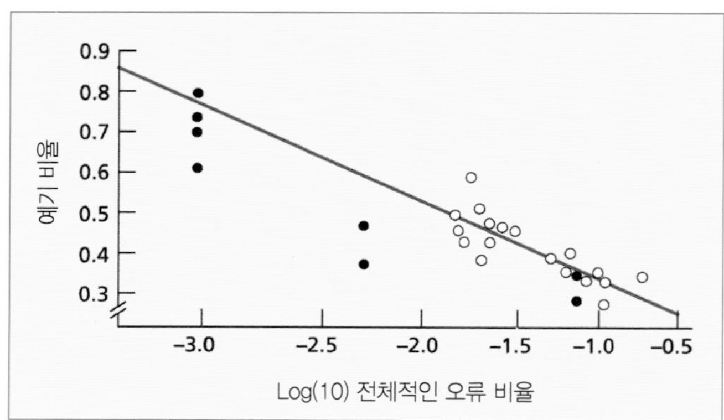

[그림 8-2] 전체적인 오류 비율과 예기 비율 간의 관계. 검은 원들은 Dell과 동료들(1997)에서 보고된 연구들의 결과이고, 하얀 원들은 다른 연구들의 결과이다.
출처: Dell et al. (1997).

Dell과 동료들(1997)은 화자가 명료한 산출 계획을 갖추지 못할 때 말실수가 발생하기 쉽다고 주장하였다. 이런 상황에서는 상대적으로 적은 예기 오류가 발생할 것이고, 그 결과 예기 비율은 낮아질 것이다. 따라서 전체적인 오류(예기 + 지속)의 비율이 증가하면 예기 비율은 감소해야 한다.

Dell과 동료들(1997)은 출판된 데이터를 바탕으로 전제적인 오류 비율과 예기 비율을 계산하였다. 전체적인 오류 비율이 낮을 때 .75였던 예기 비율은 전체적인 오류 비율이 높을 때 .40으로 감소하였다([그림 8-2] 참조).

Vousden과 Maylor(2006)는 이 이론을 확인하기 위하여 8세, 11세, 그리고 젊은 청년들에게 발음하기 힘든 어구들을 느리게 또는 빠르게 발화하도록 한 뒤 말실수를 검사하였다. 두 개의 주요 결과는 다음과 같다. 첫째, 나이가 많아짐에 따라 예기 비율은 증가하였다. 이것은 이 이론에서 예측한 대로인데, 왜냐하면 나이가 많은 어린이와 젊은 청년들은 언어 산출을 더 많이 연습해 왔기 때문이다. 둘째, 빠른 발화는 느린 발화에 비해 높은 오류 비율을 보였고 또한 낮은 예기 비율을 보여 주었다. 이것은 높은 전체적 오류 비율이 낮은 예기 비율과 관련된다는 예측과 일치하는 것이다.

촉진 효과

Dell의 활성화 확산 이론에 따르면, 여러 단어들의 정보는 보통 동시에 처리된다. 이는 촉진 효과를 발생시킬 수 있다. 이 예측을 지지하는 근거가 Meyer와 Damian(2007)에 의해 보고되었다. 실험 참가자들은 방해 그림 자극을 무시하는 동시에 목표 그림 자극을 명명하였다. 두 그림에 그려진 물체들의 이름은 음운적으로 관련이 있거나(예: dog-doll, ball-wall) 관련이 없었다. Meyer와 Damian(2007)은 음운적으로 관련이 있는 방해 자극이 함께 제시되었을 때 목표 그림 자극에 대한 명명이 **빨라진다**는 것을 발견하였다. 이 발견은 방해 자극의 음운 표상이 목표 자극의 음운 표상과 동시에 활성화되었다는 것을 말해 준다.

촉진 효과가 항상 발견되는 것은 아니다. 한 연구에서(Janssen et al., 2008), 영어 사용자에게 색깔이 있는 물체(예: red rake)를 제시한 뒤 색깔 또는 물체를 명명하도록 하였다. 색깔과 물체의 음운 표상이 서로 관련되었을 경우(red rake의 예시처럼), 물체를 명명할 때 촉진 효과가 발생하였는데, 이는 Dell의 예측과 일치한다. 반면에, 물체의 색깔을 명명할 때에는 촉진 효과가 발생하지 않았는데, 이것은 물체를 지칭하는 단어가 전혀 또는 거의 활성화되지 않았음을 제시하며, 이것은 Dell의 예측에 부합하지 않는다. 즉, 하나의 구 안에 여러 단어가 항상 동시에 활성화되는 것은 아닌 것 같다. 영어에서 색깔 형용사는 일반적으로 물체 단어에 앞서 처리된다. 그러므로 물체가 명명되기 전에 두 단어는 모두 활성화된다. 하지만 색깔 단어는 동반하는 대상 명사 없이 홀로 활성화될 수 있다.

이 결과들은 음운 정보의 활성화의 범위가 단어 순서에 의해 달라질 수 있음을 제시한다. 음운 활성화는 현재 수행하고 있는 과제에 필수적인 단어들에 보통 한정된다. Janssen과 동료들(2008)은 프랑스어 사용자를 대상으로 동일한 실험을 실시함으로써 이러한 주장을 지지하는 추가적 증거를 획득하였다. 프랑스어에서는 형용사가 일반적으로 명사 다음에 위치한다. 예를 들어, red rake가 프랑스어로는 rateau rouge이다. 따라서 우리는 이 실험의 결과가 영어로 진행된 실험의 결과와 정확하게 반대일 것이라고 예측할 수 있다. 이것이 바로 Janssen과 동료들이 발견한 것이다. 즉, 활성화는 단어 순서에 의해 제약을 받을 수 있으며, Dell(1986)이 가정했던 것보다는 그 범위가 작을 수 있다.

정리하면, Dell의 이론적 접근은 많은 말실수(예: 혼합 오류 효과, 어휘 편향 효과, 의미 교체 실수)에 대하여 타당한 설명을 제공하였다. 또한 연습과 숙련도가 높아짐에 따라 말실수에서 예기가 차지하는 비율이 증가한다는 흥미로운 결과에 대한 설명도 제공하였다. 마지막으로, Dell의 이론적 접근은 일부 촉진 효과 역시 설명할 수 있다. 하지만 말실수의 수는 Dell의 예측보다는 대체로 적게 발생하는 것으로 보인다. 또한 그의 이론이 예측하는 것보다는 촉진 효과의 범위가 작다.

중간 요약

말소리 산출의 단계(Stages of speech production)

- 말소리 산출은 네 개의 처리 수준 또는 단계를 동반한다(메시지 계획 단계, 통사 단계, 형태소 단계, 음운 단계). 설단현상은 의미 처리는 성공적이나 음운 처리가 성공적이지 못할 때 발생한다.

말소리 산출 계획(Speech planning)

- 보통 음운 단계에 비해 의미와 통사 단계에서 더 일찍 계획이 세워진다. 화자가 천천히 말할 때, 동시에 추가 과제를 수행하지 않을 때, 그리고 간단한 문장들을 계획할 때에 화자의 사전 계획의 크기가 상대적으로 크다. 산출 시 오류를 피하려는 것과 화자의 인지 부하 사이의 트레이드오프로 인해 사전 계획에는 큰 탄력성이 발생한다.

말실수(Speech errors)

- 말실수는 올바른 항목보다 잘못된 항목이 더 크게 활성화될 때 발생한다. 소리와 관련된 우리의 말실수는 일반적으로 비단어보다는 단어를 만들어 내는데, 부분적으로 이것은 우리가 소리 내어 말하기 전에 우리의 내적 언어를 감시하기 때문이다. 혼합 오류 효과는 잘못 발화된 단어가 올바른 단어와 의미적 그리고 음운적으로 관련되어 나타나는 것을 의미하는데, 이것은 여러 종류의 정보가 함께 활성화된다는 것을 보여 준다. 수-일치 실수는 빈번하게 발생하는데, 그 이유는 이 실수를 막는 것이 인지적으로 부담이 크기 때문이다.

활성화 확산(Spreading activation)

- Dell의 활성화 확산 이론은 너무 많은 말실수를 예측하는 것처럼 보인다. 우리는 적절한 문법적 범주에 속하지 않는 단어들을 억제하는 '통사 교통 순경'을 갖고 있을지도 모른다. 숙련도와 연습에 따라 지속이 아닌 예기에 해당하는 말실수의 비율은 증가한다. Dell의 이론은 음운 촉진 효과를 예측하는데, 이 효과는 (항상은 아니고) 때때로 발견된다.

말소리 지각

대부분의 사람은 다른 이들이 낯선 사투리로 말하거나 문법적으로 맞지 않게 말할 때에도 매우 잘 이해한다. 우리는 일상생활에서 타인의 언어를 이해하는 우리의 능력을 당연하게 여긴다. 실제로 우리 모두는 언어 사용 및 타인의 말소리 지각에 대한 막대한 경험을 가지고 있는데, 우리의 경험에 비추어 보면 말소리 지각은 쉽고 간단한 것처럼 보인다.

사실 말소리 지각은 보이는 것보다 훨씬 더 복잡하다. 첫째, 우리가 앞서 살펴본 것처럼, 언어는 1초에 약 4~5개 음절(10개 음소)의 속도로 빠르게 발화된다. 둘째, 말소리는 계속하여 변화하면서 약간의 묵음 기간만을 갖는 소리의 형태로 구성되어 있어서, 언제 한 단어가 끝나고 다음 단어가 시작하는지를 찾아내는 것은 어렵다. 더욱 나쁜 것은, 말소리 신호에 있는 모든 휴지가 단어와 단어 사이에 위치하지 않는다는 것이다. 종종 한 단어의 마지막 자음이 다음 단어와 합쳐지는데, 이런 처리를 **재음절화**라고 한다. 그래서 두 단어 'let us'를 발음하는 것은 'lettuce'와 정확하게 일치하고, 'ice cream'은 'I scream'처럼 발음되며, 'keep in'은 'key pin'과 유사하다. 이것은 분절(segmentation) 문제를 야기하는데, 이것은 말소리의 패턴에서 단어들을 분리시키는 것이다. 게다가, 어떤 음소가 발음되는 방법은 그 음소 앞뒤로 어떤 음소가 있느냐에 따라 일부 달라진다. 따라서 청자는 발음의 다양성에 적응해야만 한다. 마지막으로, 우리가 누군가의 말을 듣는 대부분의 경우 다른 사람들, 차량들 및 그 외의 것들로부터 들려오는 주변 소음이 존재

Key term

분절(segmentation): 연속된 발화를 개별 단어로 나누는 것

한다. 이런 소음은 반드시 걸러져야만 한다.

긍정적인 측면으로는 긴 단어가 끝까지 발화되기 전에 우리는 이미 그 단어가 무엇인지 종종 알 수 있다. 제한적인 상황에서 특히 더 그러하다. 여러분이 'They went to an Italian restaurant and ate spaghetti'라는 문장을 듣는다면, 'restaurant'와 'spaghetti' 단어들의 경우 이 단어들의 두 번째 음절에서 이미 어떤 단어들인지를 알아차릴 수가 있는데, 이는 이와 동일한 소리로 시작하는 다른 (그럴듯한) 단어가 존재하지 않기 때문이다. 이 점이 말소리 지각 시스템에 한숨 돌릴 여유를 준다.

말소리 지각 모형

심리학자들은 계산 모형(computational models)이라고 알려진 컴퓨터 시뮬레이션을 시행함으로써 말소리 지각(그리고 다른 인지 처리)의 작동 방식에 대해 이해하려고 노력한다. 가장 이상적인 것은 인간이 수행하는 것과 동일하게 작동하는 모형들을 갖는 것이다. 즉, 인간에게 제공되는 입력 정보를 받으면, 이 모형들이 인간과 동일한 출력물을 생산해 내는 것이다.

Key term

계산 모형(computational model): 과제 수행을 위해 필요한 인간의 인지 정보처리를 모사하고 흉내 내는 컴퓨터 프로그램

1장에서 우리가 보았듯이, 대부분의 계산 모형은 연결주의 네트워크를 이용한다. 이 네트워크는 서로 연결된 노드들로 구성된 여러 층으로 이루어져 있다([그림 1-15] 참조). 노드가 무엇을 나타내는가에 대해서 두 개의 상반된 견해가 있다. **지역적 견해**에 따르면, 각각의 노드는 한 개의 소리 특성, 한 개의 음소, 한 개의 발화된 단어, 또는 하나의 의미 단위처럼 정보의 중요한 한 단위를 나타낸다. 따라서 입력 정보가 노드와 부합할 때에만 그 노드가 활성화된다. 반면에, **분산적 견해**는 특정 종류의 정보(특정 음소 또는 단어)에만 할애되는 뉴런은 뇌에 없다는 입장이다. 이 견해에 따르면, 정보는 네트워크의 여러 노드들의 활동의 패턴으로 부호화되고 저장된다. 각 층의 노드 각각은 주어진 정보에 따라 어느 정도는 활성화되며, 전체 층에 걸친 활동의 특정 패턴이 주어진 정보가 무엇인지를 결정해 준다. 각 모형 유형에 해당하는 예시를 뒤에서 제시하겠다.

TRACE 모형

McClelland와 Elman(1986) 그리고 McClelland(1991)는 연결주의 원리에 근거하여 말소리 지각의 지역 모형을 제안하였다. 이것은 서로 다른 3수준의 처리 단위 또는 노드가 있다고 가

정한다. 바로 단어 소리의 특성(예: 유성성, 조음 방식), 음소, 그리고 단어이다([그림 8-3] 참조).

[그림 8-3]은 단어 'sun'의 발화 입력 정보가 제공될 때 어떻게 TRACE 모형이 반응하는지를 보여 준다. 단어를 발화하는 데에는 시간이 들기 때문에, 모든 말소리 재인 모형은 순차적 제시, 즉 한 단어를 이루는 소리들을 시간 단위로 나눈 것을 연구 대상으로 한다(뒤에서 보겠지만, 이것은 단어 전체 및 단어를 이루는 글자들이 한번에 처리된다고 가정하는 시각 단어 재인과는 다르다). 특성 층은 입력 정보 'sun'에 대하여 각 시간 단위(직사각형)에서 어떤 소리 특성이 활성화되는지 보여 준다. 먼저, 's' 소리가 들릴 때, 모형의 이른바 마찰 단위가 활성화된다. 그다음, 'u'가 처리될 때, 후설모음 특성이 활성화된다. 마지막으로, 'n'이 제시될 때, 비음 특성이 활성화된다.

소리 특성 단위의 활성화가 이루어지는 즉시, 활성화는 음소 수준으로 전달된다. 즉, 마찰 특성이 활성화되는 즉시 마찰 소리를 포함하는 모든 음소(s, z, sh, f, v, ……)가 활성화를 받는다. s 소리는 다른 특성들(입의 앞쪽에서 생성되고, 혀의 앞부분에 커다란 소음이 동반하며 성도가 완전히 닫히지는 않음)도 갖고 있어서, 이 특성들 역시 활성화가 이루어질 것이며, 음소 's'가 다른 음소들에 비해 더 큰 활성화를 받게 될 것이다.

음소의 활성화가 이루질 때, 두 가지 일이 발생한다. 첫째, 같은 위치에 그 음소를 갖고 있

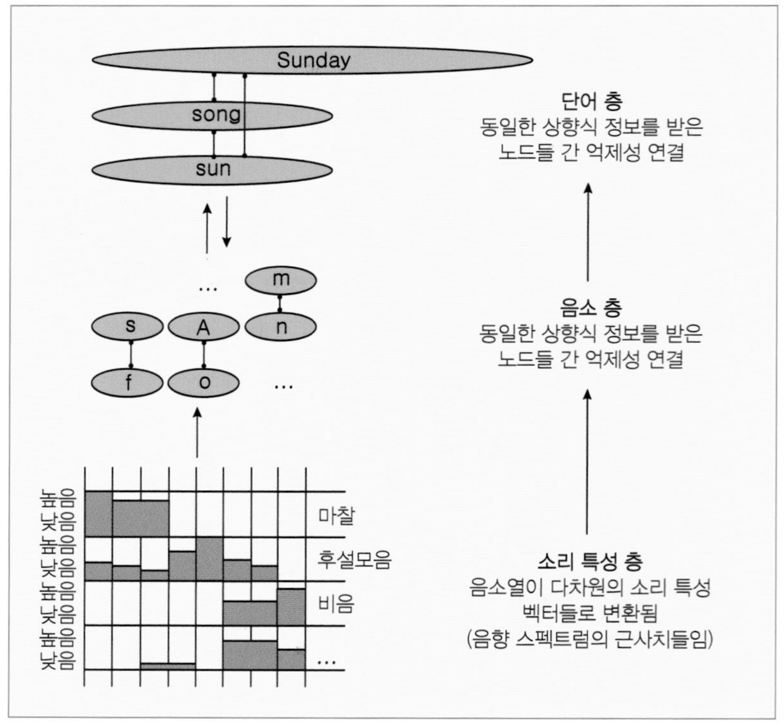

[그림 8-3] 기본 TRACE 모형으로, 3개 수준(소리 특성, 음소, 단어) 간 활성화가 어떻게 활성화되는지 보여 준다. 화살표는 활성화, 원으로 끝나는 선은 억제성을 나타낸다. 예시로 단어 'sun'이 제시되었다. 추가 설명은 본문을 참조하라.
출처: Weber & Scharenborg (2012). John Wiley & Sons의 허가를 얻어 재인쇄함.

는 단어들도 활성화를 받는다. 즉, s 소리로 시작하는 모든 단어(sun, soup, song, Sunday, ……)가 활성화된다. 같은 소리로 시작하는 단어들을 일컬어 **코호트**라고 부른다. 둘째, 활성화된 음소는 다른 음소들을 억제한다. 's'가 가장 활성화되었기 때문에, 이것이 다른 음소들의 활동을 억제할 것이고 경쟁에서 승자가 될 것이다.

이와 유사한 상호 간 억제는 활성화된 여러 단어 후보들 사이에서도 발생한다. 뿐만 아니라, 단어 후보들은 활성화된 음소들로부터 연이어 활성화를 받을 수 있다. 그 결과, 코호트를 이루는 단어 후보군의 수는 빠르게 감소하게 된다. 처음에 코호트는 음소 's'로 시작하는 모든 단어들을 포함하지만 음소 'u'가 처리되고 나면, 첫 번째 소리로는 's' 그리고 두 번째 소리로는 'u'를 갖는 단어들만 활성화된 상태로 남게 되고(다른 단어들은 억제됨), 이와 같은 과정이 계속된다.

마지막으로, 활성화된 단어들은 그 단어들을 이루는 음소들에게 활성화를 되돌려 준다([그림 8-3]에서 단어 층과 음소 층 사이에 아래쪽 방향의 화살표가 이것을 나타내 줌). 이로 인해 음소 's'의 활성화가 우선 증가할 것이고 다음으로 음소 'u'의 활성화가 증가할 것이다.

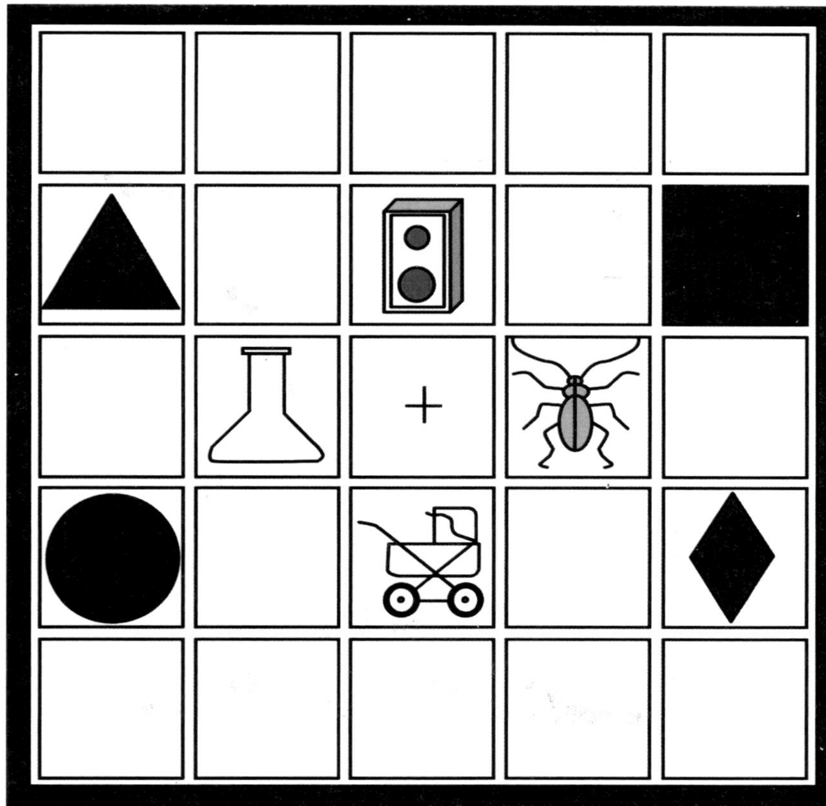

[그림 8-4] Allopenna과 동료들(1998)의 연구에서 제시된 자극 예시
출처: Allopenna et al. (1998). Elsevier의 허가를 얻어 재인쇄함.

TRACE와 같은 모형은 많은 발견을 설명해 줄 수 있다. 예를 들어, 이것은 어떤 단어가 발화될 때, 동일한 소리로 시작하는 다른 단어들이 함께 활성화된다고 예측한다. Allopenna와 동료들(1998)이 이것을 잘 보여 주었다. 연구자들은 실험 참가자들에게 [그림 8-4]에서 보이는 것과 같은 자극들을 보도록 지시하였다. 그림에 beaker(비커), beetle(딱정벌레), speaker(스피커), 그리고 pram(유모차)이 제시되어 있다. 실험 참가자들은 네 개 그림 중 하나를 어떤 도형으로 옮기라는 지시를 청각적으로 제시받았다(예: put the beaker on the circle). 실험 참가자들이 어디를 보고 있는지 확인하기 위하여 그들의 안구를 추적하였다.

실험 참가자들은 마지막에는 항상 목표 자극(beaker)을 바라보았지만, 초반에는 다른 그림들 중 하나를 종종 엿보았다. 중요한 점은, 그들이 beetle(beaker와 동일한 소리로 시작하는 단어)을 pram(소리적으로 관련이 없는 단어)보다 훨씬 더 자주 보았다는 것이다. [그림 8-5]가 보여 주는 것처럼, 실험 참가자들은 pram보다는 speaker(목표 자극 beaker와 각운이 동일한 단어)를 더 자주 보기도 하였지만, beetle만큼은 아니었다. TRACE 모형은 두 현상 모두를 예측한다. 흥미롭게도, 실험 참가자들은 본인들이 올바른 그림을 쳐다보기 전에 잘못된 그림을 보기도 했다는 것에 대해 전혀 의식하지 못했는데, 이는 많은 지각 처리가 의식 없이 이루어진다는 관찰과 일치한다(2장과 3장).

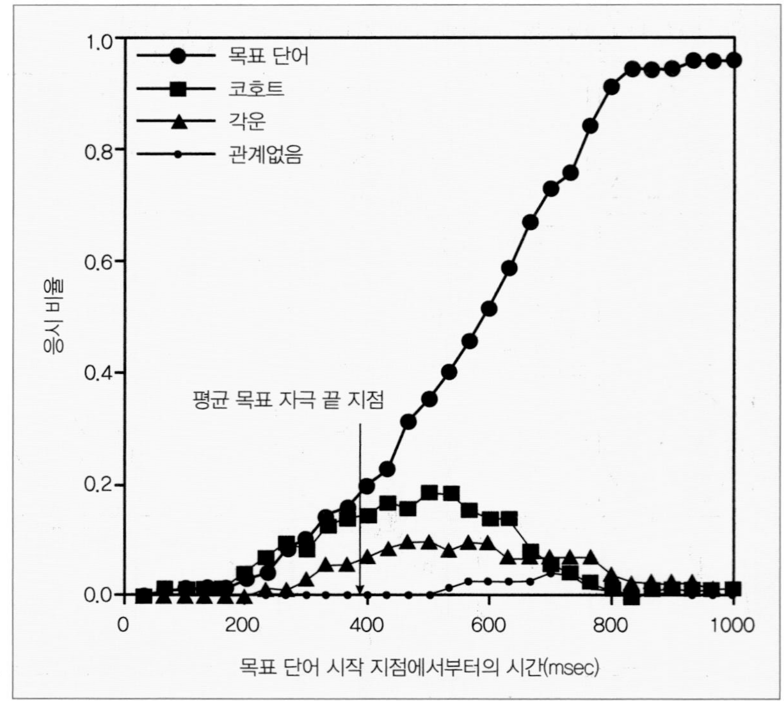

[그림 8-5] 목표 단어 'beaker'를 들을 때 [그림 8-4]의 다양한 그림을 응시한 비율. 단어의 앞부분인 'bea-'가 제시된 시점인 약 200ms에서 실험 참가자들은 beaker와 beetle 모두를 응시하기 시작하였는데, 이는 이 2개의 단어 후보가 그 시점에서 활성화되었음을 보여 준다. 더 많은 정보가 유입될수록, 실험 참가자들은 의도했던 단어 'beaker'를 점점 더 응시했다. 흥미로운 점은 단어의 끝으로 갈수록 실험 참가자들은 beaker와 각운이 같은 speaker를 응시하기도 했다는 것이다. TRACE 모형은 이런 현상들을 예측하였다.

출처: Allophenna et al. (1998). Elsevier의 허가를 얻어 재인쇄함.

TRACE 모형은 비단어보다 단어의 음소를 탐지하는 것이 더 쉬울 것이라고도 예측한다. 이는 단어 층에서 음소 층으로 전해지는 하향적 활성화로 설명될 수 있다. 'sun'이라고 하는 입력 정보는 단어 층에서 'sun' 노드를 강하게 활성화시키고, 이 활성화는 다시 음소 's' 'u' 'n'으로 활성화를 전달하게 된다. 'suph'라는 입력 정보의 경우, 이 입력 정보에 부합하는 단어 노드가 존재하지 않기 때문에 활성화가 이루어질 수 없고, 따라서 앞선 'sun' 경우와 같은 현상이 발생하지 않는다. 이처럼 단어 조건에서 수행이 더 좋을 것이라는 TRACE 모형의 예측을 **단어 우월성 효과**라고 한다. Mirman과 동료들(2008)은 이 예측을 검증하기 위해, 청자에게 단어와 비단어 안에서 목표 음소(/t/ 또는 /k/)를 탐지하도록 하였다. 전체 시행 중 단어가 제시되는 비율을 80% 또는 20%로 조작하였다. 제시되는 자극 대부분이 단어일 경우, 단어 수준에 대한 주의(그리고 활성화)가 증가할 것이라고 가정한 것이다. 그렇다면 이것은 단어 우월성 효과의 크기 또한 증가시킬 것이다.

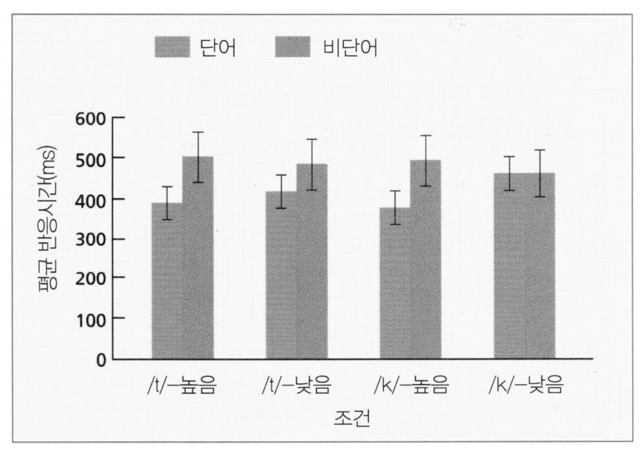

[그림 8-6] 단어와 비단어에서 /t/와 /k/를 인식하는 데 걸린 평균 반응시간. 전체 시행 중 단어가 제시되는 비율이 높거나(80%) 낮았다(20%).
출처: Mirman et al. (2008). John Wiley & Sons의 허가를 얻어 재인쇄함.

Mirman과 동료들(2008)은 **무엇을** 발견했을까? 첫째, 예측했던 단어 우월성 효과는 대부분의 조건에서 발견되었다([그림 8-6] 참조). 둘째, 이 효과의 크기는 청각 자극의 20%가 단어일 때에 비해 80%일 경우 더 컸다. 이러한 결과는 말소리 지각 과정에서 하향식 처리가 이루어진다는 것을 지지하는 강력한 증거가 된다.

반면에 TRACE 모형이 하향식 처리의 중요성을 지나치게 크게 부여한 것일 수 있다는 증거도 있다. McQueen(1991)은 애매한 소리로 끝나는 청각 자극을 실험 참가자들에게 제시하였다. 애매하게 들리는 음소는 청각 자극을 단어 또는 비단어로 들리게 하였다. TRACE 모형에 따르면, 단어 수준으로부터의 하향식 효과는 애매한 소리가 단어로 들리게 해 주는 음소로 지각되도록 해 줘야 하는데, 이러한 예측은 **오직** 청각 자극 음향의 질이 저하되는 상황에서만 맞았다. 즉, TRACE 모형이 가정한 하향식 처리의 효과는 명확한 상향식 정보를 이겨 내지 못하는 것이다.

분산 코호트 모형

앞서 보았듯, 모든 연구자가 TRACE 모형과 같은 지역적 모형이 실제 뇌가 작동하는 방식을 정확하게 보여 주고 있다고 믿지는 않는다. 이들에 따르면, 음소 's' 또는 단어 'sun'에만 특정적으로 작동하는 뉴런 집단이 있다는 증거가 거의 없다. 오히려 자극의 의미 정보는 노드들의 활성화 패턴으로 표상되어 있다.

[그림 8-7]은 이런 부류의 말소리 지각 모형 중 소위 **분산 코호트 모형**이라고 불리는 것을 보여 준다(Gaskell & Marslen-Wilson, 1997).

입력 층은 11개의 노드로 구성되어 있는데 이 노드들은 특정 시점에서의 말소리 신호(즉, 단어의 특정 소리가 발음될 때의 활성화 패턴)를 나타낸다. 입력 층의 모든 노드는 200개 단위로 구성된 은닉 층과 연결된다. 처리 주기마다 은닉 층은 맥락 층으로 복제되고, 이것은 다시 은닉 층으로 보내진다. 이런 방식에 의해 은닉 층은 현재 처리 주기에서 정보를 받을 뿐만 아니라 이전 처리 주기에서도 정보를 받는다. 이러한 하향식 부분은 모형이 실시간으로 변화를 파악할 수 있게 해 준다. 은닉 층은 50개의 의미 노드들로 구성된 의미 층 및 단어의 소리(음소)를 표상하는 음운 출력 층으로 활성화를 전달한다. 음운 출력 층은 3개의 층으로 이루어져 있는데, 각 층은 단음절 단어의 세 부분 각각을 표상한다. 모음 전 자음(단어의 **초성**이라고 불리며 없을 수도 있음), 모음(단어의 **중성**이라고 불림), 모음 후 자음(**종성**이라고 불리며 없을 수도

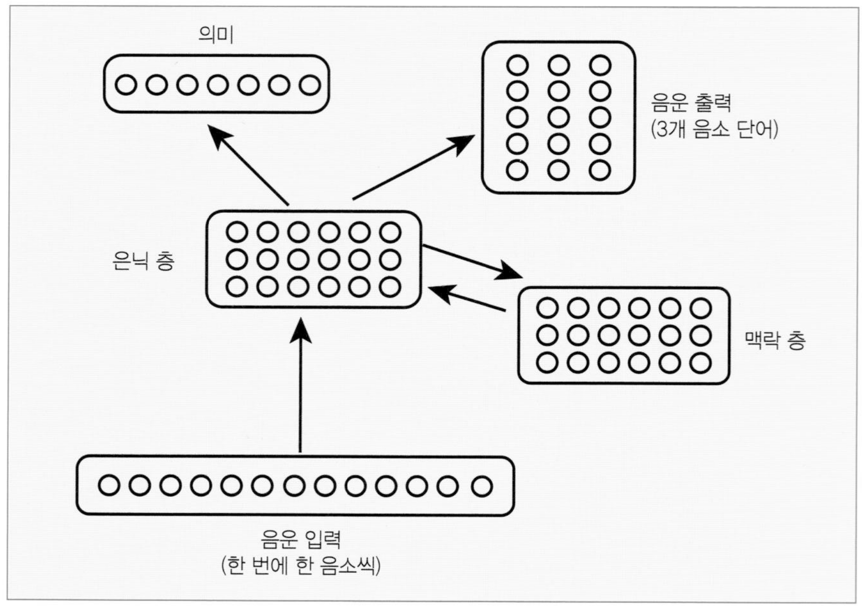

[그림 8-7] Gaskell과 Marslen-Wilson (1997)의 분산 코호트 모형
출처: Taylor & Francis의 허가를 얻어 재인쇄함.

있음)이 이에 해당한다. 이러한 부호화 방법을 사용함으로써, 모든 단음절 단어를 표상할 수 있게 된다.

이 모형에 제공되는 입력 정보는 영어 단음절 단어들이다. 중요한 점은 이 단어들이 단어와 단어 사이에 묵음 구간 없이 서로 연결되어 있다는 점이다. 이는 실제 말소리에서 단어와 단어가 서로 구분되지 않는다는 점을 반영하기 위함이다. 이 모형을 훈련시키기 위하여 음향 특성 뭉치의 연속적 배열을 모형에 제공한다. 이 음향 특성 뭉치는 입력 층으로 제공되는 말소리 입력에 해당한다. 이 네트워크의 출력물은 같은 길이의 두 번째 배열과 비교되는데, 이 배열은 단어의 의미와 음운 정보에 해당한다. 이 두 번째 배열은 네트워크의 출력물과 비교하기 위해서 사용되는데, 비교를 통해 가중치가 갱신되면서 네트워크의 결과물이 이 비교 배열의 결과물과 점점 가까워지게 된다. 훈련 동안, 단어들을 다양하게 배열하여 수백 번 모형에 제공한다.

훈련이 끝난 모형은 인간과 매우 유사하게 작동한다. 모형에 단어의 초성과 중성이 제공되면 모형은 코호트를 (음운과 의미 수준 모두에서) 활성화시키고, 종성이 제공되고 난 후에는 입력 정보에 어떤 공백도 없음에도 불구하고 하나의 표상만 남긴다. 또한 이 모형은 제공된 정보가 단어('sun')였는지 아니면 존재하지 않는 단음절의 비단어('suph')였는지도 말해 줄 수 있다. 의미 수준으로부터의 직접적인 하향식 효과 없이도 이와 같은 수행이 가능하다는 점이 주목할 만하다. 이 모형에서 유일하게 하향식으로 제공되는 정보는 앞선 처리 과정에 대한 기록을 갖고 있는 맥락 층으로부터 오는 것뿐이다.

평가

- ⊕ TRACE 모형과 분산 코호트 모형은 음소 탐지 과제에서의 단어 우월성 효과 및 입력 정보에 부합하는 코호트의 활성화 현상에 대해 합리적인 설명을 제공한다.
- ⊕ TRACE 모형의 가장 중요한 강점은 상향식 처리와 하향식 처리 모두가 단어 지각에 기여한다는 가정 및 관련된 처리에 대한 명확한 가설을 제공한다는 것이다.
- ⊕ TRACE 모형은 하향식 처리의 역할을 강조하였다. 이는 청각 자극의 정보가가 제한적이어서 상향식 처리만으로는 충분하지 않을 때 발생하는 효과를 설명해 준다.
- ⊖ TRACE 모형에서, 청각 자극의 정보가가 저하되지 않은 상황에서 하향식 처리에 대한 중요성은 과장되었다(예: McQueen, 1991). 이는 단어와 음소 사이 하향적 처리를 가정하지 않는 분산 코호트 모형에는 해당되지 않는다.
- ⊖ 두 모형 모두 얼마 안 되는 단어들에게만 작동한다. 구체적으로, 두 모형 모두 단음절 단어에서만 작동한다. 또한 TRACE 모형은 의미 표상이 없고 분산 코호트 모형의 의미 표상은 매우 단순하다.

현실적인 듣기 상황

경쟁 자극에 의한 차폐

대다수의 말소리 지각 연구는 이상적인 조건에서 진행된다(Mattys et al., 2009). 청자는 조심스럽게 녹음된 한 개의 말소리 자극을 제공받으며 청자의 모든 주의는 그 자극으로 향한다. 우리가 경험하는 일상생활에서의 듣기 조건은 이와는 정반대이다. 우리가 어떤 한 사람의 말을 이해하려고 할 때, 종종 다른 사람들이 동시에 말을 하기도 하고 다른 어떤 것에 우리 주의의 일부가 빼앗기기도 한다.

Mattys와 동료들(2009)은 완벽하지 않은 듣기 조건이 말소리 지각에 어떤 영향을 미치는지 연구하였다. 그들은 음성 단어 지각을 더 어렵게 만드는 두 가지 상황을 발견하였다.

1. **물리적 차폐:** 방해하는 소리는 음성 단어 지각을 어렵게 만든다. 모든 소리가 섞이면서 유발되는 이 어려움은 상향식 처리에 영향을 끼친다.
2. **정보적 차폐:** 음성 단어를 들으려고 하는 동시에 다른 과제를 수행하게 되면 인지 부하가 증가하게 되어 단어에 대한 지식(예: 단어의 의미)을 사용하기가 어려워진다. 이런 문제는 하향식 처리에 영향을 미친다.

Mattys와 동료들(2009)은 실험 참가자들에게 구(예: mile doption, mild option)를 들려준 뒤 구 안에 어떤 단어(예: mild 또는 mile)가 있었는지를 판단하도록 하였다. 여러 중요한 결과가 보고되었다.

첫째, 물리적 차폐는 단어를 인지하는 수행을 방해하였다. 둘째, 정보적 차폐 역시 수행을 어렵게 하였다. 이 두 결과는 상향식 처리와 하향식 처리 모두 음성 단어 재인에 중요하다는 것을 보여 준다. 셋째, 물리적 차폐는 청자를 분명하고 두드러지는 음향적 사항들에 더욱 의존하도록 하였고, 정보적 차폐는 청자를 단어의 의미나 단어에 대한 사전 지식에 더 의존하도록 하였다.

이 결과들이 의미하는 것은 무엇인가? 청자가 말소리 지각에 사용하는 처리들이 불리한 듣기 상황에 영향을 받지 않는다고 생각되어 왔지만, Mattys와 동료들(2009)의 결과는 이런 생각과 부합하지 않는다. 실제로 청자는 좋지 않는 듣기 상황에 적절히 반응하기 위하여 상향식 처리와 하향식 처리 간 균형을 바꿔 갔다. 균형 변경의 정확한 유형은 차폐가 물리적인 것인지 정보적인 것인지에 달렸다.

철자 정보의 활성화

지금 단어를 듣고 있다고 상상해 보라. 단어의 **철자**가 무엇인지 떠오를 것 같은가? 철자법(orthography: 단어 철자에 대한 정보)이 말소리 지각에 관여하는 것 같지는 않으며, TRACE 모형과 분산 코호트 모형 모두 철자법의 개입을 허용하고 있지 않다.

하지만 실제로 철자법은 말소리 지각에 한몫을 한다. Perre와 Ziegler (2008)에서 실험 참가자들은 청각 **어휘 판단 과제**(청각 자극이 단어인지 비단어인지 판단하는 과제)를 수행하였다. 단어의 경우, 단어의 음운 정보와 철자 정보 간 일관성이 다양하였다. 예를 들어, −iss는 항상 같은 소리로 발음되기 때문에(kiss, miss, ……) 소리와 철자 간 일관성을 갖는 음절에 해당하지만, −int는 같은 철자라 할지라도 hint와 pint처럼 발음이 상이하기 때문에 일관성이 없는 음절에 해당한다.

> **Key term**
>
> **철자법(orthography)**: 문자 언어의 철자 정보
>
> **맥거크 효과(McGurk effect)**: 발화된 음소와 화자의 입술의 움직임이 불일치할 때 청자는 청각과 시각 정보를 결합하여 이 소리를 지각함

만약 철자법이 말소리 지각에 관여하지 않는다면, 철자와의 일관성 여부는 결과와 무관해야 할 것이다. 하지만 청자들은 일관성을 갖는 단어에 비해 일관성을 갖지 않은 단어에 대한 어휘 판단이 더 느렸다. 이 결과는 음운 표상과 철자법 표상이 상호작용한다는 것을 보여 준다(Perre et al., 2010). Pattamadilok와 동료들(2008)이 추가 증거를 보고하였다. 이들은 일관적인 철자를 갖거나 비일관적인 철자를 갖는 단어를 들려주었을 때, 두 조건 간 ERP 신호(용어 해설 참조)에서 차이가 발생한다는 것을 관찰하였다. 읽기에 능숙한 사람들의 경우, 철자법이 음운 정보와 상호작용하며 말소리 지각에 도움을 주었다.

입술 움직임의 기여

다른 사람이 말하는 것을 들을 때, 우리는 일반적으로 그 사람의 움직이는 입술을 본다. 실제로 입술 움직임과 소리가 일치하지 않는 더빙 영상을 보거나 소리가 입술 움직임보다 몇 초 늦게 송출되는 방송을 보는 것은 많은 사람에게 불편한 일이다. 이것은 입술 움직임이 말소리를 이해하는 데 도움이 된다는 것을 의미하는가? 청각장애인은 입술 읽기로부터 획득한 시각적 정보를 이용하여 말소리 이해에 도움을 받는다. 정상 청각의 사람들도 그러할까?

McGurk와 MacDonald(1976)에서는 어떤 한 사람이 '바'를 반복하여 말하는 장면을 담은 비디오테이프를 준비한 뒤, 비디오 영상의 소리를 '바'에서 '가'로 바꾸었다. 이들은 어떤 수단(청각 또는 시각)으로 제공되는 정보가 더 우세한지 알아보고자 한 것이다. 모든 예측과는 다르게, 이 영상을 시청한 사람들은 영상 속 인물이 '가'(청각)나 '바'(시각)를 말하고 있다고 보고하는 대신 '다'라고 보고하였다. '다'는 시각 정보와 청각 정보가 결합된 결과이다. 청각과 시각

정보가 일치하지 않을 때, 두 정보를 통합하는 현상을 일컬어 맥거크 효과(McGurk effect)라고 부른다. 이것은 우리가 시각과 청각 단서들의 통합을 통해 듣는다는 것을 보여 준다(Marques et al., 2016).

맥거크 효과는 청자의 기대에서 기인한 하향식 처리에 영향을 받는다. 결정적 단어(시각 정보와 청각 정보가 일치하지 않도록 만든 단어)가 문장의 다른 부분들과 의미적으로 일치하는 경우가 그렇지 않을 때에 비해 더 많은 사람으로 하여금 맥거크 효과를 경험하게 하였다(Windmann, 2004).

중간 요약

- 말소리 지각은 발화의 속도, 자극 자체의 다양한 특성, 주변 소음으로 인해 복잡한 처리이다.

계산 모형(Computational models)

- TRACE 모형에 따르면, 소리 특성 수준, 음소 수준, 단어 수준의 처리 단위가 있다. 모형이 강조하는 하향적 처리는 단어 우월성 효과를 설명해 준다. 그러나 말소리 지각에서 하향식 처리의 중요성이 과장되었고 철자법의 역할이 간과되기도 하였다.
- 분산 코호트 모형은 개별 노드가 유의미한 정보를 표상하지 않고 층 전체에 걸친 활성화 패턴으로 정보가 부호화된다고 본다. 분산 코호트 모형은 이처럼 분산된 표상으로 단음절 음성 단어들을 처리할 수 있음을 보여 준다. 이 모형은 하향식의 의미 효과 없이도 인간의 수행과 유사하게 작동할 수 있다.

현실적인 듣기 상황(Realistic listening conditions)

- (1) 방해하는 소리가 존재하고, (2) 청자가 동시에 다른 과제를 수행하기 때문에 말소리 지각은 보통 매우 어렵다. 이 두 요인에 의해 말소리 지각이 악화될 수 있다. 이 두 요인은 청자가 사용하는 서로 다른 처리에 영향을 준다.
- 읽기에 능숙한 사람들의 경우, 단어의 철자 정보가 말소리 입력 정보와 상호작용하며 그 결과 말소리 지각이 향상된다.
- 맥거크 효과에 따르면 우리가 듣는 소리는 입술 움직임에 영향을 받는다. 이는 다른 사람의 말을 들을 때 우리가 그들의 입술 움직임에 영향을 받는다는 것을 분명하게 보여 준다.

읽기

(지금 여러분이 하고 있는 것처럼) 책이나 컴퓨터 스크린을 보면서 많은 것을 배울 수 있기에 읽기는 매우 중요한 기술이다. 의무 교육이 도입되던 20세기 초반이 지나서야 읽기가 널리 보급되었다는 것은 믿기 어렵다. 특히 속으로 읽기는 매우 최근의 성과인 것으로 보인다. 20세기 전, 대부분의 사람은 웅얼거리듯 말하며 글을 읽었다.

효율적인 읽기 기술이 없는 성인들은 산업화된 문화에서 굉장히 불리한 위치에 놓이게 된다. 우리가 가진 이 기능을 이해하고 읽기에 어려움을 가진 사람들을 돕기 위해서 우리는 읽기에 수반되는 과정들을 이해할 필요가 있다. 읽기에는 다양한 지각 및 인지 처리들뿐만 아니라 언어와 문법에 대한 훌륭한 지식이 동반된다.

눈 안에 있다

읽기 속도의 평균은 약 1분에 200~300단어이다. 이 속도는 말소리 지각보다 빠른 것인데, 이는 시각적 배열이 처리에 도움이 된다는 것을 보여 준다. 두 개의 측면이 중요한데, 첫째, 많은 언어에서 단어와 단어는 빈 공간으로 분리된다(하지만 모든 언어에서 이러한 것은 아닌데, 잘 알려진 예로는 중국어가 있음). 둘째, 처리 과정에서 어려움이 발생했을 때 독자는 방금 읽었던 글로 다시 돌아가서 읽어 볼 수 있다. 이는 감각기억에서 쇠퇴하면 사라져 버리는 청각 신호와는 다른 점이다(4장).

세 가지 요인이 읽기의 속도를 결정한다. 첫째, 개인차가 존재한다. 능숙한 독자들 중에서도 어떤 독자는 다른 독자들에 비해 두 배의 속도로 읽으면서도 글에 대해 잘 기억한다. 둘째, 어떤 종류의 글은 다른 것들에 비해 읽기가 쉬워서 읽기 속도에 영향을 준다. 마지막으로, 읽기의 목적이 큰 영향을 미친다. (바라건대) 공부를 위하여 교과서를 읽을 때에 비해 인터넷이나 소셜 미디어에서 정보를 찾아 읽을 때 우리는 분당 더 많은 단어를 건너뛴다. 공부를 위한 읽기의 경우, 분당 처리 용량이 100단어보다 작을 수 있다(Klatte & Klatt, 2011).

읽기에 수반되는 처리 과정들을 **어떻게** 알아볼 수 있을까? 한 가지 유용한 (그리고 비간섭적) 방법은 읽는 동안 안구의 움직임을 기록하는 것이다. 눈이 **어디를** 응시하며 **언제** 움직이는 지를 정확하게 측정해 주는 장비가 있는데 이것을 독자가 착용하게 된다([그림 8-8]).

우리가 글을 읽을 때 우리 눈이 부드럽게 이동하는 것처럼 보이지만, 사실 우리 눈은 굉장히 빨리 홱 움직인다[빠른 도약(saccades)]. 빠른 도약이 한번 시작되면 도약의 방향을 바꿀 수 없다. 빠른 도약의 길이는 약 8개 글자 정도이며, 완수하는 데 20~30ms 걸린다. 빠른 도약은 고정(fixations)에 의해 분리되는데, 고정이란 눈이 200~250ms 동안 멈춰 있는 것이다. 안구가 빠른 도약을 할 때에는 글자 정보가 처리되지 않고, 고정 상태일 때에만 글자로부터 정보가 얻어진다. 눈이 반대 방향으로 움직이는 회귀가 빈번하게 발생하는데, 이는 전체 빠른 도약 중 약 10%를 차지한다. 독자는 글줄 끝에 다

Key term

빠른 도약(saccades): 고정(fixation)에 의해 분리되는 빠른 안구 움직임

고정(fixations): 읽기 시 눈이 멈춰 있는 순간으로, 이 시간에 글로부터 정보가 획득되며 평균 250ms 정도 지속됨

[그림 8-8] 안구 추적 장치는 관찰자의 응시점들에 대한 정보를 기록하고 저장한다.
출처: 사진은 SR Research Ltd에서 제공함.

다르면 다음 글줄로 이동한다. 글줄이 지나치게 넓지만 않으면 이동을 잘한다.

독자는 약 80%의 내용어(명사, 동사, 형용사)를 응시하는 반면, 기능어(관사, 접속사, 대명사)의 경우 오직 약 20% 정도만 응시한다. 응시하지 않는 단어들은 대체로 흔한 단어이거나 짧은 단어, 또는 예측 가능한 단어이다. 반면, 평균보다 더 긴 시간 동안 응시하는 단어들은 대개 자주 사용하지 않는 단어이거나 문맥에서 예측해 내기 어려운 단어인 경우가 일반적이다.

우리의 읽기 시스템은 **어떻게** 작동하는 것일까? 간단하게 생각해 보자면, 독자가 한 단어를 충분히 처리할 때까지 그 단어를 응시하다가 충분한 처리가 이루어지고 나면 바로 다음 단어를 응시하며 충분한 처리를 해 나가는 것일 수 있다. 하지만 이런 생각에는 커다란 **두 가지**의 문제점이 있다. 첫째, 눈을 움직이려는 계획을 수행하기 위해서는 85~200ms가 소요된다. 만약 읽기가 이와 같이 작동한다면, 옆 단어로 눈을 이동하기 위해 기다리는 그 시간을 낭비하게 되는 것이다. 둘째, 독자가 옆 단어를 응시하기 전까지 그 단어에 대해 아무것도 알지 못하는 것이라면 독자가 어떻게 단어들을 건너뛸 수 있는 것인지 이해하기가 어렵다.

이러한 문제점들에 대한 명쾌한 해결책을 E-Z Reader 모형에서 찾아볼 수 있다(Reichle et al., 2013; Reichle, 2015). 중요한 가정 중 하나는 다음 안구 움직임에 대한 계획이 현재 응시하고 있는 단어의 처리가 **일부** 이루어진 후에 세워진다는 것이다. 이러한 가정은 현재 단어에 대한 처리가 완성된 시점에서부터 다음 단어로 눈이 이동하는 시점까지 걸리는 시간을 크게 단축시켜 준다.

남는 시간은 다음 단어를 처리하는 데 사용된다. 자주 쓰이는 단어에 비해 그렇지 않은 단어를 처리하는 것은 더 어렵고 시간도 더 오래 걸린다. 따라서 자주 쓰이지 않는 단어의 경우에는 여분의 시간이 별로 남지 않는다. 그 결과, 자주 쓰이지 않는 단어 다음에 위치한 단어의 처리에는 더 긴 시간이 소요된다. 만약 다음 단어에 대한 처리가 빠른 속도로 이미 완벽하게 진행된다면(예: 문장의 문맥에 의해 쉽게 예측되는 단어), 독자는 이 단어를 고정하지 않고 건너뛴다.

E-Z Reader 모형에 따르면, 한곳을 고정하는 동안 독자는 두 개 단어(현재 응시하는 단어와

그 옆 단어)에 주의를 기울일 수 있다. 하지만 이 모형은 **순차적** 처리 모형(즉, 어떤 한 순간 오직 **한 개**의 단어만 처리됨)이다. 단어들이 순차적으로(한 번에 하나씩) 처리된다는 가정에 모든 연구자가 동의하는 것은 아니다. Engbert와 동료들(2005)은 현재 응시하는 단어, 그 이전 단어, 그다음 단어가 병렬적으로 처리된다고 주장한다. 만약 다음 단어에 대한 처리의 용이성이 현재 단어에 대한 처리의 능률에 영향을 미친다면, 이것은 병렬적 처리를 지지하는 강한 근거가 될 것이다. 이런 비슷한 맥락의 근거들이 몇몇 보고되긴 했지만(예: Barber et al., 2010), 그렇게 강력해 보이진 않는다. 아마도 그 이유는 안구 움직임을 계획하고 실행할 때 발생한 노이즈로 인해 눈이 가끔 의도하지 않은 단어를 응시하게 되기 때문인 것같다(Reichle & Drieghe, 2015).

평가

- ⊕ 읽기에서, 안구 움직임과 인지 처리 사이에 긴밀한 관련성이 있다는 것을 보여 주는 증거가 존재한다.
- ⊕ E-Z Reader 모형의 가정은 연구자들의 지지를 받아 왔다.
- ⊖ 이 모형은 읽기의 상위 수준 처리(예: 여러 단어를 아울러 정보를 통합)보다는 초기 및 기본 처리에 대해서만 집중하였다.
- ⊖ 읽기 처리가 병렬적이라는 근거가 한정적이긴 하지만 항상 순차적일 것이라는 가정은 의문을 갖게 한다.

소리와 시각?

음성 단어 지각에서, 단어의 철자법과 음운 정보가 상호작용한다는 것을 보았다. [현실세계에서 8-1]은 읽기를 배우는 어린 아이들은 단어를 어떻게 발음하는지를 배우는 것이라는 점에 대해 논하고 있다. 이것은 읽기에 음운 정보가 관여한다는 것을 의미하는가?

음운 정보가 읽기와 관계가 있다는 것을 보여 주는 첫 번째 유형의 근거는 소리 내어 발음하기 어려운 문장들을 속으로 조용하게 읽을 때 시간이 오래 걸린다는 사실이다. 같은 소리가 반복되는 문장은 발음하기가 어렵다(예: 'A tutor who tooted the flute tried to tutor two tooters to too'). Hanson과 동료들(1991)은 대학생이 이러한 문장들을 속으로 읽을 때 그렇지 않은 통제 문장들에 비해 시간이 더 오래 걸린다는 것을 밝혔다. 속으로 읽을 때 음운 정보를 사용한다는 사실은 사람들이 글을 읽을 때 머릿속에서 본인의 목소리가 들린다고 말하는 것과 일치한다. 이것은 읽기가 작업기억의 음운 루프에 의존한다는 것을 제시해 주기도 한다(4장).

Van Orden(1987)은 음운 정보가 시각 단어 재인에 관여한다는 또 다른 증거를 제시하였다. 실험 참가자들은 컴퓨터 화면에 제시되는 단어가 어떤 특정 의미 범주에 속하는지 아닌지를

Key term

점화(priming): 목표 자극과 같은 혹은 유사한 자극이 앞에 나와서 목표 자극(혹은 이에 대한 반응)의 처리가 촉진되는 것. **반복 점화** 또는 **의미 점화**에 대한 설명도 참조할 것

판단하는 과제를 수행하였다. 가령 그 범주가 꽃일 때, 'rose'라는 단어를 보면 '그렇다'라고 반응하고, 'nose'라는 단어를 보면 '아니다'라고 반응해야 하는 것이다. 아니라고 반응해야 하는 단어들 중 일부는 그렇다고 반응해야 하는 단어들의 동음이의어(즉, 철자는 다르지만 발음은 같은 단어)였다. 가령 'rows'나 'knows' 같은 단어가 실험에 사용되었다. 그 결과, 실험 참가자들은 'knows'(역주: 'nose'의 동음이의어)에 비해 'rows'(역주: 'rose'의 동음이의어)가 꽃 범주에 포함되는 단어가 아니라고 응답해야 할 때에 더 오랜 시간이 걸렸다(주어진 단어가 신체 범주에 속하는지 아닌지를 판단하도록 할 때에는 반대의 결과가 나왔음). 게다가, 실험 참가자들은 'rows'가 꽃 범주에 속한다고 응답하는 실수를 더 많이 범하였다. Van Orden은 실험 참가자들이 시각 단어를 처리할 때 음운 정보가 동일한 동음이의어 때문에 방해를 받아서 이런 결과가 나온 것이라고 주장하였다.

세 번째 유형의 증거는 점화(priming)를 활용한 것이다. 점화란 목표 자극과 관련 있는 어떤 자극이 앞에 나옴으로써 목표 자극의 처리가 촉진되는 것을 말한다. Rastle과 Brysbaert(2006)에서는 시각 어휘 판단 과제를 실시하였는데, 그 결과 통제 점화 자극이 제시될 때에 비해 목표 단어와 소리가 같은 점화 자극이 제시된 경우에 실험 참가자들은 더 빠르게 '단어가 맞다'는 반응을 하였다. 가령 목표 단어인 'clip'에 대한 판단은 'plip'보다는 'klip'이 점화 자극으로 제시되었을 때 더 빨랐다. 통제 점화인 'plip'은 목표 단어와 글자 수는 같지만 동음어는 아니다. 흥미로운 점은 실험 참가자들이 점화 자극을 의식하지 못할 만큼 빠르게 제시될 때에도 이러한 음운 점화 효과가 발생한다는 것이다. 매우 순간적(보통 약 50ms)으로 제시된 점화 자극에 대한 처리는 목표 자극에 의해 가려지게 되기 때문에 이런 순간적 제시를 **차폐 점화**라고 한다.

요약하면, 성인들의 경우 철자법과 음운 정보를 읽는 동안 서로 교류한다(어린이에게도 해당함; Sauval et al., 2017). 이 음운 정보의 처리는 의식하지 못할 정도로 빠르게 이루어진다.

철자법에서 음운 정보로 가는 두 개의 경로

음운 정보가 읽기에 필요하다는 결과는 어떻게 글로 쓰인 입력 정보로부터 음운 정보가 활성화되는 것인지에 대한 질문을 유발한다. 두 가지 측면이 관련되어 있다. 첫째, 앞에서 보았듯, 특히 영어에서는 단어의 글자가 항상 단어의 소리와 일치하지는 않는다. 만약 당신이 'awful, awkward, awning, awl, very, sorry, story, pastry'의 정확한 발음을 알고 있다면, 'awry'('arye'처럼 발음됨)를 잘못 발음했다 할지라도 용서받을 수 있다. 어떤 단어들은 그 단어

들이 무엇인지 파악된 후에야 정확하게 발음될 수 있다. 이와 같은 단어들의 예시를 더 제시하자면 'pint, aisle, heir, cough, pearl, sew, glove'가 있다.

반면에, 우리는 한 번도 본 적이 없는 단어들, 가령 가족 이름('Flewell, Trissbart, Rinch'), 책에서 배운 새로운 단어들('phoneme, phonology, morpheme'), 연구자들에 의해 만들어진 비단어들('klip, plip, cruss, trino, trint')을 발음할 수 있다. 우리가 한 번도 본 적이 없는 이런 글자열들을 읽을 수 있다는 것은 우리가 글자-소리 대응을 활용할 수 있다는 것을 보여 준다.

DRC 모형

DRC 모형(dual-route cascaded model; Coltheart et al., 2001)은 어떻게 문자언어 입력이 음성언어 출력으로 변환되는지에 대한 계산 모형이다. [그림 8-9]에서처럼, 이 모형은 활자에서부터 소리까지 두 개의 경로를 갖고 있다. 우리가 단어의 소리(그리고 의미)에 대한 정보를 심성 어휘집(mental lexicon) 또는 내적 사전을 통해 얻는 것을 **직접, 어휘** 경로(그림에서 왼쪽 경로)라고 한다. 시각 단어가 제시되면 심성 어휘집의 표상들이 활성화됨으로써 모든 정보(음운, 통사, 의미)를 얻게 된다. DRC 모형은 문자언어 단어들의 재인에 필요한 철자법 사전과 음성언어 단어들의 재인에 필요한 음운 사전을 상정한다. 각각의 사전은 단어의 의미가 저장되어 있는 의미 시스템에 연결된다. 음운 사전은 TRACE 모형([그림 8-3])과 유사한 원리로 작동한다. 철자법 사전도 비슷한 원리도 작동하지만 모든 철자 노드가 **동시에** 단어 후보군을 활성화시킨다는 점이 다르다(음성언어는 순차적으로 활성화). 다른 계산 모형들과 마찬가지로, DRC 모형 역시 단음절 단어에 한정된다.

> **Key term**
>
> **DRC 모형**(DRC-model): 지역 표상에 기반하여 어떻게 문자언어 입력이 음성언어 출력으로 변환되는지에 대한 계산 모형. **삼각 모형**에 대한 설명도 참조할 것
>
> **심성 어휘집**(mental lexicon): 한 사람이 알고 있는 단어에 대한 정보들이 포함된 데이터베이스로, 내적 사전과 같이 기능함
>
> **자소**(grapheme): 음소에 대응되는 문자 언어의 기본 단위로, 예를 들어 글자 연쇄 'ph'는 하나의 자소인데, 이는 한 음소 "f"로 발음되기 때문임. 한 단어는 한 개 이상의 자소로 이루어짐

직접 경로와 더불어 DRC 모형에는 **간접, 비어휘** 경로(그림에서 오른쪽 경로)가 있다. 여기서는 자소-음소 변환 규칙에 따라 자소(graphemes: 문자언어의 기본 단위)가 음소로 변환된다. 이러한 변환은 단어의 시작에서 끝 방향으로 순차적으로 진행되고, 변환에 의해 생성된 음소는 음성언어로 변환될 수 있다. 이 음소들은 TRACE 모형에서 설명했던 것과 유사한 방법으로 음운 사전에 있는 어휘 항목들을 활성화시킬 수 있다. 음운 사전의 활성화된 단어들은 철자법 사전에서 본인들에게 상응하는 항목들을 활성화시킨다. 즉, 철자법 사전 속의 단어 표상들은 음운 정보를 매개로 하여 더 활성화될 수 있는 것이다.

Coltheart와 동료들(2001)은 우리가 소리 내어 읽을 때 이 두 경로를 모두 사용한다고 가정

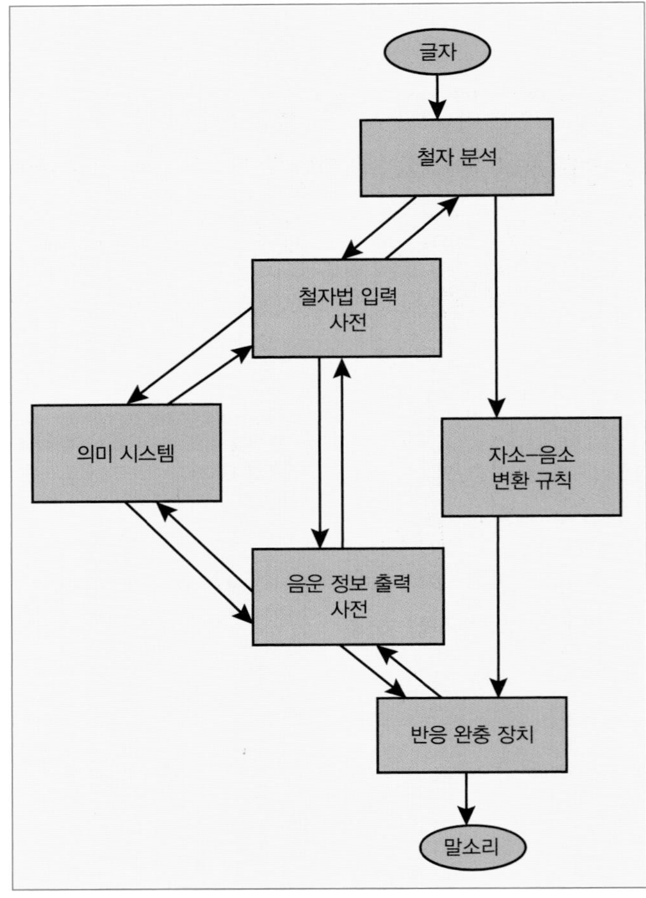

[그림 8-9] 문자언어 입력이 음성언어 출력으로 변환하는 DRC 모형
출처: Coltheart et al. (2001).

하였다. 이미 알고 있는 단어를 명명해야 할 때에는 간접 경로에 비해 직접 경로가 더 빠르게 작동하기 때문에 직접 경로가 관제하게 된다. 하지만 새로운 단어나 비단어의 경우 철자법 사전에 이들의 항목이 없기 때문에 간접 경로만 가능하게 된다.

Coltheart와 동료들(2001)은 글자-소리 대응 규칙들도 상정하였다. 이 대응 규칙을 따르는 단어들을 일컬어 **규칙 단어**라고 불렀다. 규칙 단어의 발음은 글자들로부터 예측이 가능하며(예: 'tint, punt'), 직접 경로와 간접 경로로부터 전송되는 정보는 합쳐진다. 글자-소리 대응 규칙에서 벗어나는 단어들은 **불규칙 단어**라고 한다. 이들의 발음은 단어의 글자들로부터 예측이 불가능하며(예: 'island, yacht'), 직접 경로와 간접 경로로부터 활성화된 정보는 불일치할 것이다. Coltheart와 동료들에 따르면, 이러한 불일치는 처리 비용을 발생시키기 때문에 규칙 단어보다 불규칙 단어를 명명하는 데 시간이 더 걸리게 된다. 여러 실험들에서 이러한 처리 비용은 확인되었다(Coltheart & Rastle, 1994). 이 모형은 비규칙 단어 읽기(직접 경로)와 비단어 읽기(간접 경로)가 서로 다른 뇌 영역들을 동반할 것이라고 예측하였는데, 이러한 차이 역시 연구에서 보고되었다(Taylor et al., 2013).

[현실세계에서 8-1] 읽기 학습

다른 언어에 비해 영어로 읽는 것을 배우는 아이들은 더 많은 도전에 직면하게 된다. 다른 언어의 아이들은 소리 내어 읽는 것을 익힐 때까지 일 년 정도의 시간이 걸리는 반면에, 영어의 경우에는 약 3년 정도가 걸린다(Seymour et al., 2003).

왜 영어가 더 어려운걸까? 다른 언어(예: 스페인어)들의 경우 글자와 소리가 **일관된** 관계를 갖는다. 그 결과, 잘 알지 못하는 단어를 어떻게 읽어야 하는지 예측하기가 쉬울 뿐만 아니라 불규칙 단어가 (거의) 없다. 반면에, 영어에는 불규칙하고 예외적인 단어가 많다. 자주 쓰이는 단어들 중에도 불규칙 단어가 존재한다(예: 'some', 'was').

대부분의 언어에서는 어린아이들의 읽기 학습에 **파닉스 접근법(phonics approach)**을 주로 사용한다. 영어 읽기를 배우는 어린아이들에게도 이 방법이 많이 사용된다(Share, 2008). 이 접근법의 주안점은 어린아이들에게 개별 글자와 글자열이 어떻게 소리에 대응하는지를 가르치고자 하는 것이다. 또한 잘 알지 못하는 단어를 발음하기 위해서는 글자들의 소리를 어떻게 혼합하면 되는지도 가르친다.

파닉스 접근법은 주로 어린아이들에게 자소별로 단어를 발음하도록 가르친다. David Share(2008)는 이런 방식의 큰 장점은 아이들이 글을 읽을 때 글자가 무엇이며 글자의 순서가 어떻게 되는지에 집중하도록 하게 한다는 것이라고 주장했다. 이로 인해 단어를 기억하고 단어의 글자를 올바르게 아는 능력이 향상된다.

아이들에게 의미 없는 무언가를 계속 말하는 동시에 속으로 조용하게 단어와 비단어를 읽도록 했다고 가정해 보자. 이것은 아이들이 읽어야 하는 단어와 비단어의 소리에 대한 처리를 방해하게 되고 그 결과, 단어의 철자법을 배우는 것에 방해가 될 것이다. 이것이 바로 de Jong과 동료들(2009)이 7세와 8세 아이들에게서 발견한 것이다. 그들의 결과는 음운 재부호화(역주: 단어의 글자 정보와 소리 정보를 대응시키는 것으로 영어로 phonological recoding이라고 함)가 조용히 속으로 읽기를 할 때 진행되며 단어의 철자법 학습에도 중요하다는 것을 의미한다.

파닉스 접근법은 단어를 정확하게 발음하는 것에만 주로 집중한다는 점에서 비판을 받아 왔다(예: Goodman, 1984). 실제로 독자의 주요 목적은 그들이 읽는 것의 의미를 이해하는 것인데, 이런 점을 강조한 것이 바로 **총체적 언어 접근법(whole-language approach)**이다. 이 접근법의 중요한 지지자 중 한 명인 Ken Goodman(1986, p. 39)에 따르면, "성장 중인 독자에게 글을 이해하기 위해 노력하면서 예측과 추측을 하도록 격려해야 한다." 독자는 문장의 맥락을 사용하여 단어의 의미를 알아낼 수도 있다. 가령, 'The captured soldier pleased for ____.'이라는 문장에서, 우리는 빈칸에 단어가 'mercy'일 것이라고 추측해 낼 수 있다.

총체적 언어 접근법과 총체적 단어 접근법에는 많은 공통점이 있다. 총체적 단어 접근법('보고 말하기' 접근으로 불리었음)에 따르면, 독자는 전체의 단어를 그것의 의미와 연결 짓는 것에 집중해야 하고, 이렇게 함으로써 단어의 발음에 대해서는 집중하지 말아야 한다.

읽기를 배울 때 의미 지식(단어의 의미에 대한 지식)이 중요하다는 증거는 Nation과 Cocksey(2009)에 의해 보고되었다. 그들은 (모든 단어에서 동일하게 발음되는 글자열로 이뤄진) 매우 일관된 단어들과 매우 예외적인 글자와 소리 사이 관계를 보이는 단어들을 실험에 사용하였다. 이 예외적인 단어들은 읽기가 어려웠다.

의미 지식이 풍부한 아이들은 의미 지식이 다소 부족한 아이들에 비해 더 높은 읽기 정확성을 보여 줬다. 특히 파닉스 접근법만으로는 정확하게 읽는 것이 불가능한 예외적인 단어들에서 이와 같은 결과가 나타났다.

하향식 의미 지식이 읽기에 도움을 주긴 하지만 영어를 포함하여 알파벳 글자를 사용하는 모든 언어에서는 아이들에게 읽는 것을 가르칠 때 파닉스 접근법이 필수적임을 보여 주는 좋은 증거가 있다(Share, 2008). 영어에 한하여 Ehri와 동료들(2001)이 여러 연구의 결과를 모아 메타 분석(용어 해설 참조)을 실시하였다. 파닉스 훈련은 단어 읽기, 글 이해, 맞춤법에서 매우 큰 성과를 보여 줬다. 전반적으로 파닉스 훈련은 총체적 언어 접근법과 총체적 단어 접근법에 비하여 읽기 능력 향상에 더 효과적이었다.

단어 각각을 이해하고 식별하는 능력은 읽기를 배울 때 매우 중요하지만 다른 기술도 읽기에 필요하다. 단순 읽기 이론(Simple View of Reading)에 따르면(예: Kendeou et al., 2009), 어린이들의 글을 읽고 이해하는 능력은 그들의 **듣고** 이해하는 기술과 **글로 쓰인** 단어를 이해하는 기술 모두에 의해 결정된다. Kendeou과 동료들(2009) 및 Hulme과 동료들(2015)은 이 두 가지 기술 모두 아이들의 글을 읽고 이해하는 능력에 영향을 미친다는 것을 발견하였다.

정리하면, 아이가 읽기를 배우기 위해서는 여러 종류의 기식을 습득해야 한다. 첫째, 아이들은 단어의 글자와 소리 사이의 관계를 반드시 배워야 한다. 둘째, 아이들은 문맥을 단어 이해에 이용하는 것을 배워야 한다. 셋째, 아이들은 단어와 그것의 의미를 연결하는 것을 배워야 한다.

Key term

파닉스 접근법(phonics approach): 어린아이들에게 읽기를 가르치는 한 방법으로, 개별 글자와 글자열을 소리에 대응시키는 것을 배우는 것임. **총체적 언어 접근법**에 대한 설명도 참조할 것

총체적 언어 접근법(whole-language approach): 어린아이들에게 글의 의미를 이해하는 데 중점을 두는 읽기를 가르치는 방법. 모르는 단어의 의미를 추측하기 위해 문장 문맥을 사용하는 것을 포함함

삼각 모형(triangle model): 문어 입력이 구어 출력으로 변환되는 것에 관한 분산 표상 기반의 계산 모형. **DRC 모형**에 대한 설명도 참조할 것

삼각 모형

DRC 모형은 TRACE 모형과 같이 지역적 모형이라는 것을 눈치 챘을 것이다. 이런 유형의 모형에서는 노드들이 의미 있는 정보를 표상한다. 앞서 논의한 것처럼, 모든 연구자가 뉴런이 자극 특정적 정보를 부호화한다는 것에 동의하지 않는다. 이들에 따르면, 정보는 여러 뉴런에 걸친 활성화 패턴으로 부호화된다. 이 같은 유형의 시각 단어 명명(그리고 인식)에 대한 모형이 제안되었다([그림 8-10]).

삼각 모형(triangle model)에 따르면, 글로 쓰인 단어들이 철자 노드들을 활성화시키고 이 활성화는 음운 노드들과 의미 노드들로 전달된다. 이 모형에는 단어의 철자법과 음운 정보 전용 노드를 가진 어휘집도 없고 자소를 음소로 변환해 주는 규칙도 없다. 모형이 하는 전부는 (분산

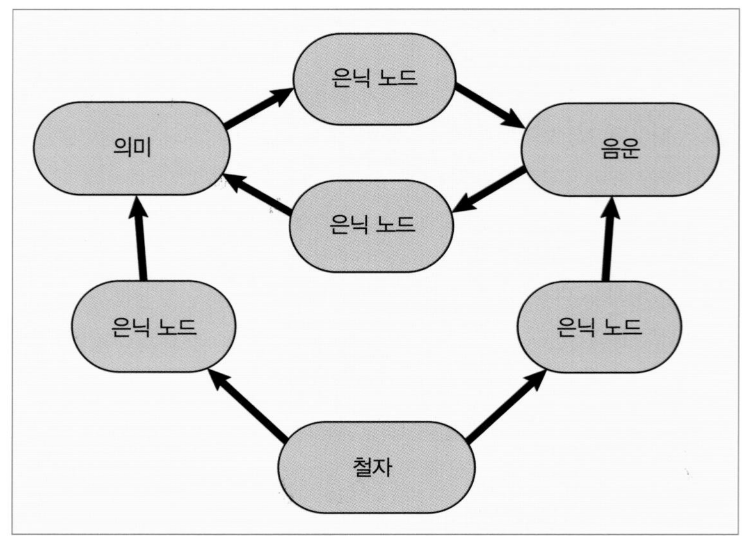

[그림 8-10] 문자언어 입력이 음성언어 출력으로 변환하는 삼각 모형
출처: Harm & Seidenberg (2004); Monaghan et al. (2017). The American Psychological Association의 허가를 얻어 재인쇄함.

코호트 모형에서 행해진 것처럼) 훈련 단계에서 노드 간 가중치를 조절해 가면서 입력으로부터 올바른 출력을 생성하도록 학습하는 것이다.

글자와 소리 간 대응에 일관성이 없는 단어들이 삼각 모형에서 올바른 음운 정보를 활성화시킨다. 이것이 가능한 이유는 음운 노드들이 철자 노드들로부터 정보를 받을 뿐만 아니라 의미 노드들로부터도 정보를 제공받기 때문이다. 즉, 'pint'는 음운 수준에서 이 단어의 글자들과 연관되는 소리들인 'p' 'i' 'ai' 'n' 't'를 활성화시킬 뿐만 아니라, 의미 수준에서 'pint'의 의미와 연관된 노드들을 활성화시킨다. 이때 의미 수준에서의 정보가 음운 수준으로 전달되면서 'i'에 비해 'ai'가 더 큰 활성화를 받을 수 있도록 해 준다.

삼각 모형에 따르면, 자소-음소 **일관성**(이 글자 배열은 항상 같은 발음을 갖는가?)이 자소-음소 **규칙성**(규칙들을 따르면 이 글자 배열을 올바로 발음하게 되는가?)보다 더 중요하다. 규칙성은 철자에 일관성이 있든 없든 간에 규칙 단어들이 모두 동일하게 빠른 속도로 발화될 것이라고 예측한다. 따라서 규칙 단어인 'hint'는 일관 단어인 'husk'와 동일한 속도로 발화될 것이지만, 불규칙 단어인 'pint'는 일관 단어인 'puss'보다는 발화에 더 오랜 시간이 걸릴 것이다. 반면에, 일관성은 'hint'가 'husk'보다 발화에 더 오랜 시간이 걸릴 것이라고 예측한다. 그 이유는 'husk'는 철자와 발음 사이의 대응이 일관적이지만 'hint'는 일관적이지 않기 때문이다. 연구자들은 단어를 발화할 때 걸리는 시간이 규칙성보다는 일관성에 더 큰 영향을 받는다는 점을 확인하였다(Glushko, 1979).

규칙성의 또 다른 문제점은 규칙엔 늘 제멋대로인 요소가 있다는 점이다. 가령 규칙에 기반한 '-ave'의 발음은 무엇인가? 'have'에서 발음되는 것? 아니면 'gave'에서 발음되는 것?

일관성은 비단어 읽기에도 영향을 미친다. 예를 들어, '-ust'는 일관적 운(rhyme)으로써 단음절 단어에서 항상 똑같이 발음된다. 따라서 비단어인 'nust'를 발음하는 것 역시 쉽다. 반면에, '-ear'은 다양한 발음을 가지므로 비일관적이다(예: 'bear'과 'dear'). 따라서 비단어인 'kear'를 어떻게 발음할 것인지 명확하지 않게 된다.

DRC 모형에 따르면, 비단어를 발음하기 위해서는 철자-발음 규칙이 사용되기 때문에 'kear'의 운은 'dear'의 운처럼 발음될 것이며 추가 시간이 요구되지 않는다. 하지만 실제로는 비일관적 비단어는 다양한 형태로 발음될 뿐만 아니라 일관적 비단어에 비해 발화하는 데 더 긴 시간이 걸린다. 즉, 'kear'를 발음하는 데 긴 시간이 걸릴 것이고 때때로 'bear'의 운처럼 발음이 되기도 할 것이다.

요약하면, 단어와 비단어 읽기에 동반되는 과정들은 DRC 모형이 가정했던 바에 비해 더욱 유연하다. 이러한 유연성은 삼각 모형과 같은 분산 표상 모형들에 의해 더 잘 설명된다.

	합계	레벨1b 이하	레벨1b	레벨1a
	%	%	%	%
OECD 평균	18.0	1.3	4.4	12.3
상하이-중국	2.9	0.1	0.3	2.5
홍콩-중국	6.8	0.2	1.3	5.3
한국	7.6	0.4	1.7	5.5
에스토니아	9.1	0.2	1.3	7.7
베트남	9.4	0.1	1.5	7.8
아일랜드	9.6	0.3	1.9	7.5
일본	9.8	0.6	2.4	6.7
싱가포르	9.9	0.5	1.9	7.5
폴란드	10.6	0.3	2.1	8.1
캐나다	10.9	0.5	2.4	8.0
핀란드	11.3	0.7	2.4	8.2
마카오-중국	11.5	0.3	2.1	9.0
스위스	13.7	0.5	2.9	10.3
네덜란드	14.0	0.9	2.8	10.3
호주	14.2	0.9	3.1	10.2
독일	14.5	0.5	3.3	10.7
덴마크	14.6	0.8	3.1	10.7
벨기에	16.1	1.6	4.1	10.4
노르웨이	16.2	1.7	3.7	10.8
뉴질랜드	16.3	1.3	4.0	11.0
영국	16.6	1.5	4.0	11.2
체코 공화국	16.9	0.6	3.5	12.7
라트비아	17.0	0.7	3.7	12.6
스페인	18.3	1.3	4.4	12.6
프랑스	18.9	2.1	4.9	11.9
오스트리아	19.5	0.8	4.8	13.8
아이슬란드	21.0	2.3	5.4	13.3
슬로베니아	21.1	1.2	4.9	15.0
룩셈부르크	22.2	2.0	6.3	13.8
러시아 연방	22.3	1.1	5.2	16.0

[그림 8-11] 매우 간단한 읽기 기술만 갖고 있는 15세 취학인의 비율
출처: OECD (2016).

난독증

상당히 높은 비율의 사람들이 유창하게 읽는 기술을 습득하지 못했다. [그림 8-11]은 여러 나라별로 글을 잘 읽지 못하는 15세 취학인의 비율을 보여 준다. 레벨1b는 짧고 간단한 글 또는 단어 목록에서 쉬운 단어를 알아볼 수 있는 수준의 사람들을 의미하고, 레벨1a는 익숙한 주제에 관한 간단한 글의 주제를 파악할 수 있는 정도의 사람들을 지칭한다. [그림 8-11]에서 볼 수 있듯이, 선진 공업국의 약 18%에 해당하는 사람들이 레벨1a를 넘지 못한다. 사회의 많은 구성원이 쉬운 글에서 기본적 메시지 이상을 이해할 수 있는 읽기를 전혀 배우지 않았다는 것은 학습에서의 어려움과 제한적인 지능을 의미한다. 나라별 큰 차이가 보여 주듯이, 읽기에 어려움을 갖는 독자의 비율은 각 나라가 이런 사람들을 위해 투자를 할 의지가 있는가와 그들이 학교를 갈 수 있는가에 영향을 받는다.

낮은 읽기 능력은 완벽하진 않지만 읽고 쓰는 것을 배우는 데에 필요한 노력과 관련이 있다. 몇몇 사람은 다른 사람들에 비해 읽고 쓰는 기술을 획득하기 위하여 더 많은 노력을 기울여야만 하고, 또 그럼에도 불구하고 비슷한 수준의 수행에 도달하지 못한다. 발달성 난독증으로부터 고통받고 있는 사람들이 그러하다. 난독증(dyslexia)이란 읽기와 쓰기 학습에서의 지속적인 문제로, 이로 인해 그 사람의 지능이나 교육 수준을 바탕으로 기대되는 것보다 더 낮은 수준의 읽기 및 쓰기의 수행이 나타나게 된다(Peterson & Pennington, 2015). 난독증의 가장 명확한 사례는 정상 지능(IQ 테스트 측정 및 읽기와 쓰기를 요구하지 않는 학교 과제 수행이 근거가 됨)과 좋은 교육(상당한 치료 교육을 동반함)에도 불구하고, 유창하게 읽는 것에는 여전히 어려움을 보이는 아이들이

Key term

난독증(dyslexia): 읽기와 쓰기 학습에서의 지속적인 문제로서, 그 사람의 지능이나 교육 수준을 바탕으로 기대되는 수준보다 더 낮은 읽기 및 쓰기 수행을 보이도록 이끎

다. 중등 및 고등 교육에서 이들은 대체로 더 이상 읽기에서 실수를 범하지는 않지만 글을 읽는 데 굉장히 더 많은 시간을 필요로 한다.

난독증의 가장 큰 근원은 글로 쓰인 단어의 지각에 관여하는 후두엽 및 측두엽과 음운 정보 처리에 관여하는 전두엽 및 측두엽 사이의 좋지 못한 연결로 인해 철자법과 음운 정보의 교류가 방해받기 때문인 것으로 여겨지고 있다([그림 8-12]). 이것은 읽기가 이미 수천 년 동안 진화해 온 시각적 물체 지각과 말소리 청각 처리에 관여하는 뇌 조직을 이용하는 최근의 기술이라는 사실과 관련이 있다고 볼 수 있다(Dehaene et al., 2010). 실제로 몇몇 뇌 조직은 새로운 기술을 수용하기 좋도록 채비가 갖춰져 있다. 이러한 난독증의 생물학적 근거는 난독증이 강력한 유전적 요인을 갖고 있다는 발견과 그 맥락을 같이한다. 일반적으로 아이가 난독증일 확률이 4~7%인 것에 반해, 부모가 난독증을 갖고 있는 경우에는 그 확률이 30~50%가 된다(Grigorenko, 2001; Thompson et al., 2015).

초등 및 중등 교육에서 지원되는 교육의 향상 덕분에 난독증은 더 이상 고등 교육을 받는 데에 극복할 수 없는 장애물이 아니다. 그 결과, 고등 교육을 받는 약 5%의 학생들이 난독증

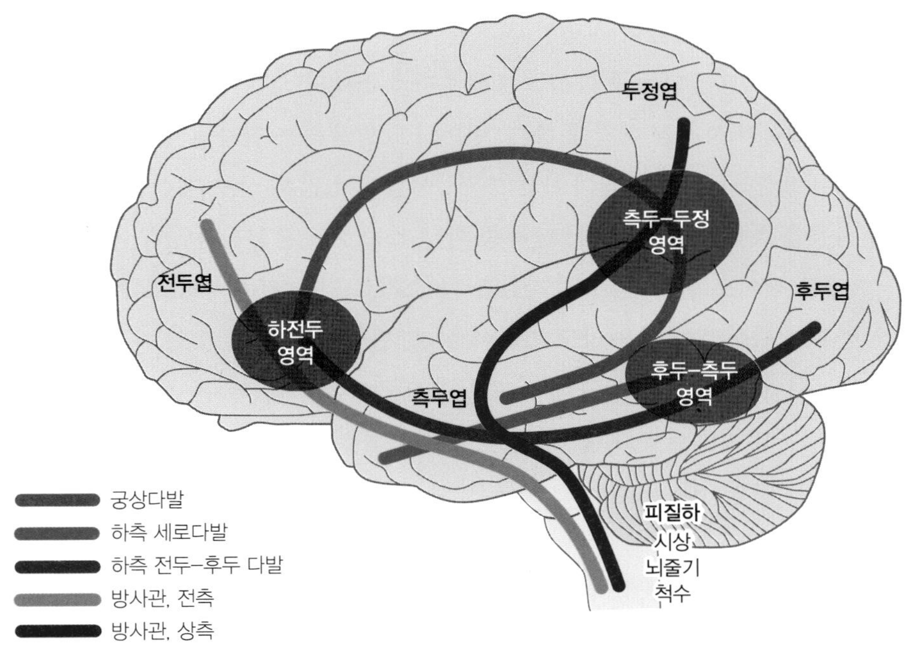

[그림 8-12] 읽기에 동반되는 영역들과 연결들. 세 영역이 유창한 읽기에 중요하다. 첫째, 후두-측두 영역은 시각 단어 재인에 관여한다. 둘째, 측두-두정 영역은 철자-음운 변환에 관여한다. 그리고 마지막으로, 하전두 영역은 음성 단어 표상에 관여한다. 연구자들은 백질의 결함으로 인하여 이 영역들 간에 소통이 최적의 상태가 되지 못하면 이것이 난독증의 근원이 될 수 있다고 가정한다. 특히 이 세 영역과 연결되어 있는 궁상다발이 중요한 영역으로 생각되고 있다.
출처: Peterson & Pennington (2015). Annual Review of Psychology의 허가를 얻어 재인쇄함.

[그림 8-13] 고등 교육에서 난독증을 갖고 있는 학생들이 직면한 문제들. 이 학생들은 정확한 철자법 및 빠른 읽기에 특히 어려움을 보인다. 또한 산수(예: 곱셈)가 매우 느리다. 여기서는 값이 d=.6이긴 하지만 느린 처리는 언어를 사용하지 않는 과제들에서도 발견된다. 역시 여기서는 제한적이긴 하지만 어휘와 독해도 떨어진다. 추론 정확도, 청각, 타인으로부터의 호감에서는 차이가 없다. 이 결과는 영어와 네덜란드어(좀 더 명료한 철자법을 가진 언어)에서 매우 유사하였는데, 이것은 이 결과가 여러 언어 및 교육 환경에 일반화될 수 있음을 시사한다.
출처: Callens et al. (2012); Swanson & Hsieh (2009); Warmington et al. (2013).

철자법 정확도	2.0
읽기 속도	1.8
산수 속도	1.0
명명 속도	1.0
처리 속도	0.6
어휘	0.6
독해	0.6
문제 해결/추론 정확도	0.1
청각	0.0
제3자의 평가	−0.3

으로 진단되고 있다. 몇몇 연구에서는 이들의 인지적 특성을 들여다보았다(Callens et al., 2012; Swanson & Hsieh, 2009; Warmington et al., 2013). 강점과 약점을 효과 크기로 표현하였는데, **효과 크기란 두 집단의 차이가 얼마나 큰지를 보여 주는 표준화된 측정치이다.** 여러 효과 크기 측정치 중 하나인 Cohen's d값은 다음과 같이 해석된다. d=.4보다 작은 차이는 실질적인 의미가 없고, d=.8 이상의 차이들은 개별 차원에서 함의를 지니므로 난독증을 갖고 있는 개인 및 교육 현장은 이를 참작하여야 한다. [그림 8-13]에 결과들이 요약되어 있다.

난독증을 갖고 있는 학생들이 직면한 문제들이 존재하기 때문에, 교육 현장에서는 이들에게 보상을 제공해야 한다. 난독증 학생들에게 추가로 25%의 시험 시간을 제공해 주고, 글자-소리 변환 소프트웨어 사용을 허락해 주며, 빈번하게 발생하는 철자법 실수를 수용해 주고(철자법이 수업에서 요구하는 중요 사항이 아닌 경우), 시험에서 많은 산수 계산을 할 때(예: 통계 시험) 계산기 사용을 허락해 줘야 한다. 난독증 학생 스스로도 본인들은 공부에 더 많은 시간이 필요하다는 것과 적어도 한 번은 수업 자료를 큰 소리로 읽는 것(이상적으로는 이것을 녹음하는 것)이 좋은 공부 전략이라는 것을 알고 있어야 한다. 만약 실수 없이 수업 자료를 큰 소리로 읽는 것이 불가능하다면, 가족과 친구에게 도움을 요구해야 한다(글자-소리 변환 소프트웨어도 도움이 될 수 있음). 마지막으로, 수업 과제 보고서를 제출하기 전에 철자법 오류에 대한 교정을 받는 것도 좋은 방법이다.

중간 요약

눈 안에 있다(It's in the eyes)

- 평균 읽기 속도는 1분에 약 200~300단어이다. 독자는 1초에 약 네 번 빠른 도약으로 눈을 움직인다. 안구가 고정 상태일 때 글자로부터 정보가 추출된다. 현재 응시하고 있는 단어의 처리가 일부 이루어진 후 다음, 안구 움직

임에 대한 계획이 세워진다. E-Z Reader 모형은 읽기에 오직 순차적 처리만 동반된다고 가정한다.

소리와 시각?(Sound as well as vision?)

- 읽기에 음운 정보가 동반된다는 증거들이 있다. 이는 왜 발음하기 어려운 문장들을 읽는 것이 어렵고, 왜 실험 참가자들이 'rows'가 꽃을 지칭하는 단어가 아니라고 답하는 것이 어려우며, 왜 동음의 점화 자극이 제시된 후 단어의 처리가 빨라지는지를 설명해 준다. 이와 같은 음운 점화 효과는 점화 자극이 지각되지 못하게 제시되었을 때에도 발생하며 이는 음운 정보의 처리가 빠르고 자동적으로 이뤄진다는 것을 제안한다.

활자부터 소리까지 가는 두 개의 경로(Two routes from print to sound)

- 어떻게 우리는 'yacht'('yot'처럼 발음됨)이라는 단어와 'fusk'라는 비단어를 모두 정확하게 발음할 수 있는 것인지 설명해 줄 수 있는 이론이 있어야 한다. 이는 두 개의 경로가 존재한다는 것을 필요로 한다. DRC 모형에 따르면, 두 개의 경로 중 하나는 철자법 사전의 항목들을 활성화시킨다(이것은 글자와 소리 간 대응이 불명확한 단어들을 정확하게 발음할 수 있는 이유를 설명해 줌). 나머지 다른 경로에서는 자소가 음소로 변환된다(이것은 비단어 명명을 설명하기 위해 필요함). 삼각 모형은 심성 어휘집을 상정하지 않는다. 이 모형에 따르면 우리가 기존에 알고 있는 단어는 이 단어의 글자들에 상응하는 소리들을 활성화시킬 뿐만 아니라 이 단어의 의미도 활성화시킨다.

영어 읽기 학습(Learning to read in English)

- 영어에는 철자-소리 대응이 일관적이지 않은 경우가 많기 때문에 영어로 읽는 것을 배우기가 특히 어렵다. 보통 파닉스 접근법을 사용하여 아이들에게 읽기를 가르친다. 이 접근법은 독자가 단어를 정확히 발음할 수 있도록 가르치는 것에 주안점을 둔다. 반면, 총체적 언어 접근법과 총체적 단어 접근법은 단어의 의미를 이해하는 것에 더 집중한다. 연구 결과는 읽기 교육에 파닉스 접근법이 필요하다는 것을 보여 준다. 그 외에도 단어를 이해하는 기술과 듣고 이해하는 기술도 중요하다.

난독증(Dyslexia)

- 몇몇 개인은 동일한 지능과 유사한 교육 조건에 있는 동료들에 비해 읽고 쓰는 것을 배우는 것이 더 어렵다. 이것을 난독증이라고 한다. 생물학적 조건이 큰 부분을 차지하며, 시각 단어 재인과 청각 단어 표상을 담당하는 뇌 영역 사이의 좋지 못한 연결이 난독증의 이유로 여겨지고 있다. 상당한 치료 교육을 받아도 난독증을 가진 학생들은 고등 교육 과정에서 여전히 읽고 쓰는 것에 어려움을 갖는다.

단어에서 대화로

지금까지 우리는 여러 언어 양식(말하기, 듣기, 읽기)에 특징적인 점들에 대해 알아보았다. 각 기술은 많은 공통된 특성을 가지고 있는데, 이에 대해 지금부터 논의하고자 한다. 단어 재인, 문장 처리, 담화 이해로 나누어 살펴볼 것이다.

쉬운 단어와 어려운 단어

모든 단어의 재인이 동일한 수준의 어려움을 동반하는 것은 아니다. 어떤 단어는 다른 단어에 비해 재인에 더 긴 시간이 걸리는데, 이는 단어 재인 시스템이 어떻게 구성되어 있는지(심성 어휘집처럼 보여지는지, 아니면 철자, 음운, 의미 노드의 층들 간 연결처럼 보여지는지)에 대해 무언가를 말해 준다. [그림 8-14]의 두 개의 단어 목록을 소리 내어 읽어 보면 단어 재인에서의 차이점을 쉽게 경험할 수 있을 것이다. 각 목록을 읽으면서 시간을 측정해 보라.

단어 처리 속도에 영향을 미치는 요인들

여러분이 대다수의 사람들처럼 [그림 8-14]에 제시된 단어들에 반응했다면, 목록 2가 목록 1보다 더 쉽다는 것을 알아차렸을 것이다(Keuleers et al., 2012). 왜 그럴까?

두 목록의 차이를 만들어 내는 첫 번째 요인은 일상생활에서 이 단어들을 여러분이 얼마나 자주 접하였느냐이다. 목록 2가 목록 1에 비해 더 자주 사용되는지 알아보기 위해, 목록의 단어들을 1점(이 단어를 거의 접한 적이 없음)에서 5점(이 단어를 매일 접함) 사이의 점수로 평정을 해 보라. 일반적으로 낮은 빈도를 가진 단어들에 비해 높은 빈도를 가진 단어들을 처리하는 것이 더 쉬운데, 이런 효과를 일컬어 단어 빈도 효과(word frequency effect)라고 부른다. 단어 빈도 효과는 연습에 의해 완벽해지는 종류의 효과이다. 즉, 여태까지 더 자주 처리해 봤던 단어들을 더 빠르게 처리하는 효과이다.

Key term

단어 빈도 효과(word frequency effect): 언어생활에서 더 많이 사용되는 단어가 그렇지 못한 단어에 비해 더 쉽게 처리되는 현상

습득 연령 효과(age-of-acquisition effect): 생애 초기에 습득한 단어를 후기에 습득한 단어보다 더 처리하기 쉬운 현상

목록 1	목록 2
telltale	contact
chummy	yellow
pincer	hungry
pawnshop	welcome
forthright	happy
pageant	closer
dispelled	apple
godly	double
mutter	harvest
pristine	appear
snooty	relax
infringe	angry
toadstool	believe

[그림 8-14] 단어들을 인지하는 속도. 목록 1의 단어들을 명명하고 시간을 측정하라. 그 후 목록 2를 명명하는 시간을 측정하라. 두 목록에서 속도가 같았는가? 아니라면, 어느 목록이 더 어려웠는가? 목록 2가 더 쉽다는 것을 경험하였는가? 왜 그러할까?
출처: Keuleers et al. (2012).

목록 1과 목록 2 사이의 차이를 유발하는 두 번째 요인은 그 단어를 습득한 '나이'이다. 목록에 있는 각 단어들에 대해 언제(몇 세) 그 단어를 배웠는지 표시해 보라. (여러분이 보통의 유년 생활을 보냈고 영어 모국어 사용자라면) 거의 모든 경우에 여러분은 목록 2를 목록 1에 비해 더 일찍 배웠을 것이다. 이와 같은 효과를 습득 연령 효과(age-of-acquisition effect)라고 한다. 더 일찍 배운 단어들의 경우 보통 더 자주 사용한 단어들이기도 하므로 습득 연령 효과의 일부는 단어 빈도 효과이기도 하다. 하지만 이것이 끝은 아니다. 자주 사용하지는 않지만 어린 나이에 배운 단어들을 재

인하는 것은 매우 쉽다. Stadthagen-Gonzalez와 동료들(2004)에 따르면, 영국의 심리학 교수들이 '알파벳, 바나나, 수선화, 공주님, 호랑이, 딸기' 같은 단어들을 학자적 삶에서 우세하게 사용하지 않음에도 불구하고, 이 단어들을 빠르게 재인하였다.

처리 속도에 영향을 미치는 세 번째 요인은 **단어 길이**이다. 다른 조건이 모두 같다면, 짧은 단어가 긴 단어에 비해 처리하기 쉽다. 청각 단어 재인에서는 긴 단어를 발음하는 데 더 긴 시간이 소요되므로 단어 길이에 따른 효과가 거의 모든 경우에 발생한다. 하지만 모든 글자가 동시에 처리되는 시각 단어 재인에서도 (8~10개 글자로 이루어진 단어까지는) 단어 길이에 따른 효과가 발견된다.

단어 처리 효율에 영향을 미치는 마지막 요인은 해당 단어가 앞선 문맥과 얼마나 큰 연관성을 갖고 있느냐는 점으로, 연관성이 없는 단어에 비해 연관성이 있는 단어의 처리가 더 쉽다. 우리가 만약 여러분의 안구 움직임을 측정해 본다면, 'the actor refused a letter from the mayor'의 문장에 비해 'the postman wrote a letter to the mayor'라는 문장에서 단어 'letter'를 처리할 때 더 적은 시간이 소요된다는 것을 확인할 수 있을 것이다. 이는 'letter' 앞에 있던 단어들인 'refuse'와 'actor'에 비해 'write'와 'postman'이 'letter'를 더 크게 미리 활성화시키기 때문이다(6장에서 의미망의 활성화 확산 참조). 이는 우리가 듣거나 읽기에 불리한 환경에 놓였을 경우에 새로운 주제를 소개하는 단어들보다는 계속 진행되고 있는 주제와 관련된 단어들을 더 잘 알아차릴 수 있다는 것을 의미한다.

의미에 의한 사전 활성화는 단어쌍으로도 확인된다. 우리가 '식빵'이라는 단어를 듣거나 보고 난 뒤에 비해 '해변'이라는 단어를 듣거나 보고 난 뒤 '모래'를 식별하는 것이 더 빠르다. 이러한 현상을 일컬어 의미 점화(semantic priming)라고 한다. 이러한 의미 점화 효과는 점화 자극이 인식될 수 없을 만큼 빠른 속도로 제시되는 차폐 점화 상황에서도 발생한다(Lukatela & Turvey, 1994). 이것은 의미에 의한 사전 활성화가 세상에 대한 지식을 기반으로 앞으로 올 단어가 무엇인지를 예측하는 (의식적 처리를 요구하지 않는) 자동적 언어 처리라는 것을 보여 준다.

Key term

의미 점화(semantic priming): 무관련 점화 단어(예: 횃불)보다 의미적으로 연결된 점화 단어(예: 왕관)가 제시되었을 때 이 후 나오는 목표 단어(예: 왕)가 더 빨리 식별되는 현상

형태소가 복잡한 단어들

이 장 앞부분에서 우리는 모든 단어가 단일형태소로 이루어져서 하나의 의미만 표상하는 것은 아니라는 것을 보았다. 인간의 언어의 장점 중 하나는 바로 파생(예: 'undrinkable')과 복합(예: 'flowerpot cleaner')의 방법으로 새로운 단어를 만들어 낸다는 것이다. 사실 영어의 경

우 20,000개가 채 되지 않는 형태소를 갖고 있는데 그중 11,000개만 일반적으로 알려져 있다(Brysbaert et al., 2016). 이 형태소를 기반으로 우리는 수백, 수천 개의 단어 형체들을 만들어 낸다.

형태소가 복잡한 단어를 산출하고 이해하는 두 가지 방법이 있다. 하나는 이 단어들이 심성 어휘집에 저장되어 있다고 보는 것이고, 다른 하나는 처리되는 그 순간 여러 의미가 합쳐진다고 보는 것이다. 만약 당신이 'iodization'라는 단어의 의미를 알고 있다면 'iodize, iodizable, iodization problem'이라는 단어 또는 단어 형체를 이전에 본 적이 없더라도 이들의 의미를 알아낼 수 있을 것이다.

연구자들은 익숙한 복합 형태소의 단어들이 어떻게 처리되는지에 대해 서로 의견을 달리한다. 어떤 연구자들은 모든 익숙한 단어들(형태소가 복잡한 단어들 포함)이 심성 어휘집에 저장되어 있다고 생각하고, 다른 연구자들은 오직 단일형태소 단어들만 어휘집에 저장되어서 시스템의 과부하를 막는다고 주장한다.

Bertram과 Hyönä(2003)는 이러한 양극단의 중간의 입장을 취하면서, 익숙한 복합 형태소의 단어들이 심성 어휘집에 저장될 가능성을 높이는 세 가지 원칙을 제안하였다. 첫 번째 원칙은 단어의 빈도로서 고빈도 단어들(예: 'beehive')이 저빈도 단어들(예: 'bee hater')에 비해 심성 어휘집에 저장될 가능성이 높다. 두 번째 원칙은 단어의 길이로서, 짧은 단어들(예: 'drop-out')이 긴 단어들(예: 'living room')에 비해 심성 어휘집에 포함될 가능성이 높다. 마지막으로, 다형태소 단어들 중 단어의 의미를 하위 형태소들로부터 추출하기 어려운 단어들(예: 'honeymoon, walkie-talkie, belly button')은 단어의 의미를 알기 쉬운 단어들(예: 'flowerpot, peanut better, touch screen')에 비해 심성 어휘집에 저장될 가능성이 높다. 영어의 경우 어떤 복합 형태소의 단어들이 심성 어휘집에 모이게 될 것인지 어느 정도 알 수가 있다. 영어에서는 이해하기가 힘든 합성어의 경우 (항상은 아니지만) 일반적으로 한 개의 단어 형태로 쓰이거나 하이픈이 사용되는 반면에, 그렇지 않은 복합 형태소 단어들은 대체로 띄어쓰기로 구분되는 단어들의 배열 형태로 쓰이기 때문이다(예: bee hater, living room, ice cream man). 다른 언어(예: 독일어, 핀란드어)에서는 모든 복합어를 한 개의 단어로 쓴다. 이로 인해 종종 매우 긴 단어(icecreamman, longtermmemory)가 만들어진다.

이번 장에서 여러분에게 새로운 복합 형태소 단어들을 가르쳐 주었다는 것을 알아차렸는가? 그것은 바로 monomorphemic과 polymorphemic이다. 이 단어들이 당신의 심성 어휘집의 구성원이 될 것이라고 생각하는가? 왜 그렇게 생각하는가?

문장 구문 분석: 누가 누구에게 무엇을 했는가?

개별 단어들을 아는 것만으로는 언어를 이해하기에 충분하지 않다. 우리는 문장 안에서 여러 단어들이 서로 어떻게 연관되어 있는지를 해석할 수 있어야만 한다. 동사에 의해 어떤 행동이 묘사되었는가? 누가 그 행동을 수행하고 있는가(예: 주어인가)? 누가 혹은 무엇이 그 행동의 대상이 되고 있는가(예: 목적어인가)? 그 외 누구 혹은 무엇이 관여되는가? 실제로 단어들을 이해하는 것에는 문제가 없으나 문장들, 특히 주어–동사–목적어(예: 'The teacher ate an apple')보다 복잡한 구조를 갖는 문장들을 정확하게 이해하지 못하는 뇌 손상 환자들의 사례가 보고되었다(예: Caplan et al., 1996). 이 환자들은 특히 'the dog was bitten by the man'과 같은 문장을 잘못 해석하였는데, 그 이유는 이 문장이 선호되는 단어 순서로부터 벗어나 있고 또한 일반적으로 기대할 수 있는 것과 반대되는 내용이기 때문이다.

문장의 문법 구조 파악하기

문장에서 단어들이 어떻게 조직되어 있는지를 이해하는 것을 구문 분석(parsing)이라고 한다. 이것은 언어의 문법 또는 통사적 구조를 파악하는 것을 수반한다. 언어의 문법은 규칙들의 세트로서, 이는 사용자들이 (1) 모든 가능한 합법한 문장을 생성하고 (2) 허용되지 않는 문장은 생성하지 못하도록 해 준다. 문법은 단어들을 다양한 종류로 분류하여 어떤 계층구조에 놓음으로써 구(한 개의 생각을 표현하는 단어 조합), 절(무엇이 무엇을 하는지를 묘사해 주는 기본 문장), 문장(한 개 혹은 그 이상의 절 조합)을 만든다. 이러한 계층구조는 단어 간 관계를 보여 주는 **수형도**(tree diagram)를 사용하여 표현될 수 있다([그림 8–15]). 화자는 문장들을 구성하기 위해 문법을 사용하고, 청자는 메시지를 분석하기 위해 문법을 사용한다. 청자가 문장을 끝까지 듣고 난 후에 수형도를 만드는 것이 아니다. 그들은 문장이 시작됨과 동시에 수형도를 만들어 가기 시작한다. 이는 상향식 정보(예: 관사가 명사구를 시작함)와 하향식 정보(거의 대부분의 문장은 행동을 설명하는 동사구와 그 행동을 수행하는 명사구를 가짐)를 기반으로 수행된다.

> **Key term**
>
> **구문 분석(parsing)**: 듣거나 읽은 문장의 문법 구조를 파악하는 것

구문 분석을 어렵게 하는 요인은 종종 문장이 일시적으로 모호해서 어떤 수형도를 세워야 할지가 분명하지 못하다는 점이다. 다음의 예시를 보라.

- He showed her the baby pictures.
- He showed her baby the pictures.

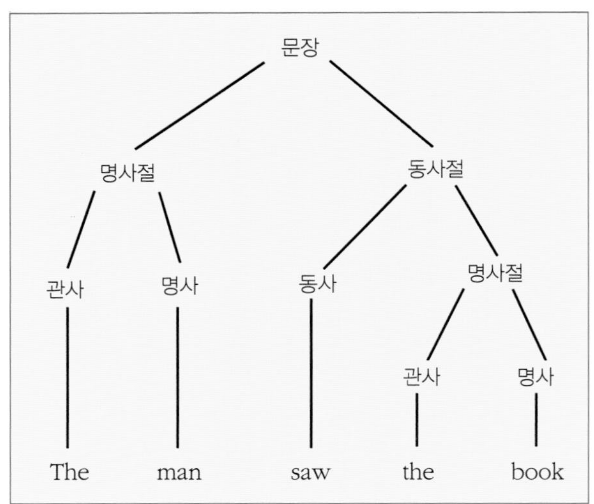

[그림 8-15] 구문 분석 결과를 보여 주는 수형도. 단어들은 서로 다른 범주(관사, 명사, 동사)로 구별되어 계층구조에 놓임

이 문장들에서, 단어 'her'의 문법적 역할을 어떻게 해석해야 하는지는 차이를 분명하게 해 주는 정보들이 뒤따라올 때까지 명확하지 못하다. 어떤 문장들의 경우에는 이런 중의성이 해결되지 않아서 어떤 뜻이 의도된 것인지(즉, 어떤 수형도가 지어져야 하는지)를 파악하기 위해 세상에 대한 지식에 의존해야만 한다. 이와 같은 중의적 문장들의 예시가 다음에 제시되어 있다. 이 예시들은 신문 기사 제목들인데 기사 제목의 경우 간략해야 하기 때문에 종종 중의적이다.

- Visiting relatives can be a nuisance.
- Police help murder victims.
- Teenage sex problem is mounting.
- American sentenced to life in Scotland.

심지어 본문 또한 중의적인 부분이 있을 수 있다. 저자들 중 한 명으로부터 받은 이메일 중 일부이다. "We have decided on a provisional date and location for the workshop……. The workshop topics will be how to deal with difficult students in the morning, and how to make lectures and seminars interesting in the afternoon."

중의성 해결하기

어떻게 구문 분석자는 중의적 문장을 이해하는가? 모든 연구자는 우리가 통사적 또는 문법적 정보와 개별 단어의 뜻에 대한 의미 정보를 사용한다는 점에는 동의한다. 하지만 그 세부사항에 대해서는 의견을 달리한다.

> **Key term**
>
> **길 혼돈 이론(garden-path theory)**: 통사적 중의성은 일단 통사적 원리에 의해 해소된다고 상정하는 구문 분석 이론. **제약 기반 이론**에 대한 설명도 참조할 것

길 혼돈 이론(garden-path theory)에 따르면(Frazier & Rayner, 1982), 처음에는 통사 정보가 수형도를 만드는 데만 사용되고 의미 정보는 두 번째 단계에서 처음에 잘못 해석된 것을 바로잡을 때 사용된다. 통사적 원칙들 중 하나는 구문 분석자는 가급적 가장 간단한 통사 수형도를 선

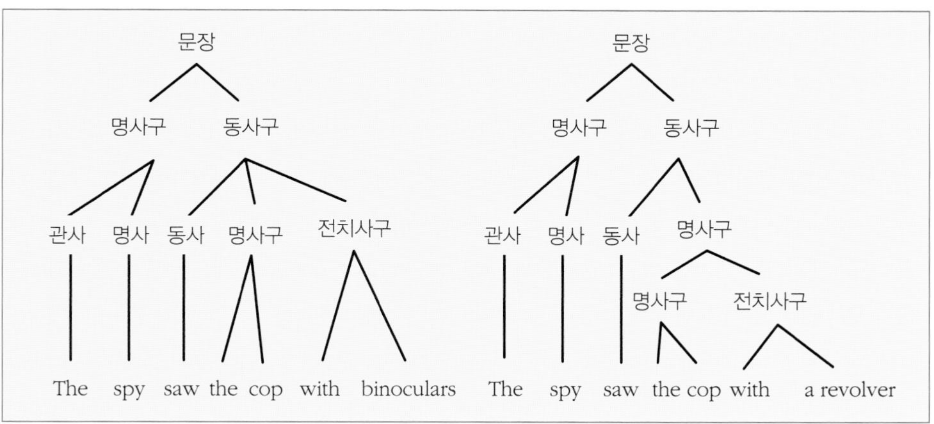

[그림 8-16] 길 혼돈 이론에 따라 구문 분석이 왜 왼쪽 문장을 오른쪽 문장보다 선호하는지를 보여 주는 수형도. 구문 분석자가 중의적인 전치사 'with'를 접하면, 전치사구를 동사구에 붙이도록 상정하는 것이 기존 명사구와 새로운 전치사구로 이루어진 새로운 명사구를 상정하는 것보다 더 간단하다.

호한다는 것이다. 이것은 'The spy saw the cop with binoculars' 문장을 읽는 것이 'The spy saw the cop with a revolver' 문장을 읽는 것보다 수월할 것이라고 예측한다. 두 번째 문장의 경우, 구문 분석자는 중의성을 해결해 주는 단어인 'revolver'를 접하는 순간 수형도를 변경해야 하기 때문이다. [그림 8-16]은 두 번째 문장에 비해 첫 번째 문장의 통사 수형도가 더 간단하다는 것을 보여 준다.

> **Key term**
>
> **제약 기반 이론**(constraint-based theory): 구문 분석의 한 이론으로, 통사적 애매성은 모든 가용한 정보를 동시에 이용함으로써 해결된다고 가정함. **길 혼돈 이론**에 대한 설명도 참조할 것

다른 이론가들(예: MacDonald et al., 1994; Van Gompel et al., 2005)은 이것이 훨씬 더 '모두 거드시오.'의 문제라고 주장한다. 다른 말로 하자면, 우리는 가용한 **모든** 정보(통사, 의미, 세상에 대한 지식)를 시작부터 사용하여 통사 수형도를 그린다. MacDonald와 동료들(1994)의 제약 기반 이론(constraint-based theory)에 따르면, 문장에 대한 경쟁적인 분석들이 동시에 활성화되고 활성화 수준에 따라 순위가 매겨진다. 여러 정보처들로부터 가장 큰 지지를 받는 통사 구조가 가장 크게 활성화되고 다른 통사 구조들은 덜 활성화된다. 만약 틀린 통사 구조가 올바른 통사 구조에 비해 더 크게 활성화되면 독자는 혼란에 빠지게 되는 것이다.

MacDonald와 동료들(1994)의 이론에 따르면, 문장의 통사 구조 배정에 영향을 미치는 한 가지 요인은 단어에 대한 정보이다. 두 개의 단어 'duck'과 'play'를 예로 들어 보자. 두 단어 모두 동사와 명사로 사용된다. 하지만 'duck'은 동사보다는 명사로 더 자주 사용되고, 'play'는 명사보다는 동사로 더 자주 사용된다. 길 혼돈 이론에 따르면, 구문 분석자가 'He saw her……'로 시작하는 문장을 처리할 때 만드는 통사 수형도는 이와 같은 상대적 사용 빈도

의 차이에 영향을 받지 말아야 한다. 'He saw her……' 다음 단어가 동사보다는 명사일 때 통사 수형도가 더 간단하므로 구분 분석자는 'he saw her duck and family last week'에서처럼 'duck'이 명사로 해석되는 것을 'he saw her duck and moan last week'에서처럼 동사로 해석되는 것에 비해 선호해야 한다. 이것은 'play'에도 동일하게 적용되어야 한다. 즉, 구분 분석자는 'he saw her play and family last week'에서처럼 'play'가 명사로 해석되는 것을 'he saw her play and moan last week'에서처럼 동사로 해석되는 것에 비해 처음에는 선호해야 한다. 하지만 Boland와 Blodgett(2001)이 발견한 것은 이와 달랐다. 이들은 독자가 'he saw her play and family last week'에 비해 'he saw her play and moan last week'에서 문제를 덜 경험한다는 것을 (안구 움직임 측정을 통해) 발견하였고, 이것은 제약 기반 이론의 예측에 부합한다.

제약 기반 이론과 길 혼돈 이론을 비교하는 다른 연구들 역시 구문 분석자가 단어 기반 정보와 의미 기반 정보를 빠르게 사용하여 문장에 가장 적절한 해석(수형도)을 파악한다고 보고한다. 결과적으로, 대다수의 연구자들은 제약 기반 이론이 문장 구문 분석을 현재 가장 잘 설명한다고 믿고 있다(예: Kuperberg & Jaeger, 2016).

충분한 표상

적어도 뇌 손상이 없는 언어 사용자들의 경우, 문장의 통사 수형도는 항상 "완벽하고, 상세하고, 정확하다."(Ferrerira et al., 2002, p. 11)라고 오랜 시간 동안 가정되어 왔다.

이 가정이 지나치게 낙관적이라는 것을 점점 많은 증거가 보여 준다(Christianson, 2016; Karimi & Ferreira, 2016). Ferreira(2003)는 청각으로 제시된 문장들에 대한 청자들의 표상이 종종 정확하지 않다는 것을 발견하였다. 가령 'The mouse was eaten by the cheese' 문장에 대해 쥐가 치즈를 먹었다는 의미로 잘못 해석되는 경우가 때때로 있었다. 'The man was visited by the woman' 문장에 대해서는 남자가 여자를 방문했다는 의미로 종종 잘못 해석되었다.

왜 사람들은 문장(특히 수동태 문장)을 처리할 때 실수를 잘 범하는 것일까? Ferreira(2003)에 따르면, 우리는 문장 이해라는 과제를 단순화하기 위하여 체계적이기보다는 어림짐작 또는 경험에 입각한 주먹구구식의 방법을 사용한다. 가장 흔한 어림짐작[NVN 또는 noun(명사)–verb(동사)–noun(명사) 전략]은 문장의 첫 번째 명사가 행위자이고 두 번째 명사는 문장의 목적어에 해당한다고 가정하는 것이다. 거의 대부분의 영어 문장이 이런 패턴을 따르기 때문에 우리가 이런 어림짐작을 하는 것이다.

> **Key term**
>
> **충분 가설(good-enough hypothesis):** 사람들이 문장을 아주 자세하게 처리하도록 동기화되어 있지 않은 경우, 통사적으로 복잡한 문장의 세부사항을 종종 잘못 이해한다는 가설

충분 가설(good-enough hypothesis)에 따르면, 우리의 일반적인 목

표는 오해 없이 문장들을 확실하게 이해하는 것이 아니라 일상생활의 목적에 부합할 정도만큼의 '충분한' 표상을 세우는 것이다. 그 결과, 자주 사용되지 않는 통사 구조의 문장들을 듣거나 읽을 때 우리의 문장 처리가 종종 완벽하지 못한 것이다.

또한 충분 가설에 따르면 독자는 문장들을 꼼꼼하게 처리해야 할 이유가 있을 때에만 철저하게 처리할 것이다. 이런 예측은 Swets와 동료들(2008)의 발견과 일치한다. 이 연구에서, 실험 참가자들이 통사적으로 중의적인 문장을 읽는 시간은 이후에 문장의 중의성 이해에 대한 문항들을 풀게 될 것이라고 기대한 경우가 중의성과는 관계없는 피상적인 이해 문항들을 풀 것이라고 기대한 경우에 비해 더 길었다. 중의성과는 관계없는 문항 조건의 경우, 중의적인 문장들을 읽는 속도가 종종 중의적이지 않은 문항들보다 더 빠르기도 하였는데, 이것은 실험 참가자들이 문장의 세부사항들에 대한 정확한 이해에 대해 주의를 기울이지 않았기 때문이다.

문장에서 대화로

지금까지는 개별 단어들과 문장들의 이해에 동반되는 과정들을 알아보았다. 하지만 실생활에서 우리는 보통 담화(discourse: 최소 몇 개의 문장으로 구성된 문어 글이나 구어 발화)를 마주하게 된다. 담화를 이해하는 과정의 상당 부분은 개별 문장들을 이해하는 과정과 겹친다. 하지만 담화의 이해가 더욱 복잡하다. '피터는 얇은 얼음 위를 걷고 있었다. 그는 익사하였다.'와 '피터는 빨간 사과를 먹고 있었다. 그는 익사하였다.'라는 두 담화를 보자. 단어의 난이도와 통사 구조의 측면에서 두 이야기는 유사하다. 하지만 두 번째 담화를 이해하는 것이 더 어렵다. 왜 그럴까?

> **Key term**
>
> **담화(discourse)**: 최소 몇 개의 문장이 연결된 형태의 언어로, 문어 텍스트나 구어 발화의 형태 모두 해당됨

단어 지식과 도식을 기반으로 한 추론

Rumelhart와 Ortony(1977)은 우리가 하나의 담화로 여러 문장을 합칠 때 무슨 일이 발생하는지 설명하기 위하여 다음과 같은 글을 사용하였다.

> 메리는 아이스크림 상인이 오는 소리를 들었다.
> 그녀는 그녀의 용돈이 생각났다.
> 그녀는 집으로 서둘러 들어갔다.

이 이야기를 지구에 착륙한 외계인에게 설명해야 한다고 가정해 보라. 이 외계인은 영어 단어와 문법을 가까스로 소화는 했으나 우리의 삶에는 아직 익숙하지 않다. 여러분은 아마도 다음과 같이 설명해야 할 것이다.

> 아이스크림은 우유, 과일 추출물, 설탕으로 만든 것으로 아이들이 매우 좋아하는 것이다. 아이스크림 상인은 아이스크림을 팔기 위해 오는 사람을 말한다. 보통 아이스크림 상인은 그가 왔다는 것을 알리기 위해 멜로디와 같은 신호를 사용한다. 이것이 바로 메리가 들은 소리이다. 메리는 아마도 어린이일 것이다. 메리는 아이스크림을 먹고 싶었는데, 이를 위해서는 돈을 내야 한다. 다행히도, 메리는 용돈이 있다는 것이 기억났다. 이런 돈은 보통 집에 보관되어 있다. 용돈을 가지러 메리가 집으로 달려간 것이다. 돈을 찾고 나면 메리는 집 밖으로 나와 아이스크림 상인에게 달려가 아이스크림을 사게 될 것이다. 보통 아이스크림 상인은 고객들이 와서 아이스크림을 살 수 있도록 잠시 기다려 준다. 어떤 사람이 연속하는 문장에서 반복하여 등장하면, 우리는 보통 그들의 이름을 대신해 대명사를 쓴다. 그래서 우리는 "메리는 아이스크림 상인이 오는 소리를 들었고 메리는 아이스크림 상인에게 달려갔다."라고 말하는 대신 "메리는 아이스크림 상인이 오는 소리를 들었고 그녀는 그에게 달려갔다."라고 말한다. 이런 이유로 인해, 두 번째와 세 번째 문장에서 메리 대신 '그녀'가 사용된 것이다.

외계인이 이 설명을 듣고 모든 것을 이해할 수 있을지는 모르겠지만, 메리의 이야기는 우리가 이야기를 이해할 때 세상에 대한 많은 지식을 더한다는 것을 보여 준다. 세상에 대한 지식의 암묵적 추가는 화자로 하여금 그들의 메시지를 간단하게 유지하고 정보 전달의 속도를 높일 수 있도록 해 준다.

6장에서 세상에 대한 지식이란 상황, 사건, 사람에 대한 명제 세트인 **도식**으로 꾸려진 것이라는 것을 보았다. '아이스크림 상인'이라는 구문을 들으면, 우리는 의미기억에서 이에 상응하는 개념을 활성화시키고 이것이 '아이스크림 상인은 아이스크림을 팜'이라는 도식을 활성화시킨다. 이것은 글에서 주어지지 않은 정보를 바탕으로 우리가 추론을 할 수 있도록 해 주기 때문에, 메리 예시 글의 첫 번째 문장에서 두 번째 문장으로의 전개를 우리가 이해할 수 있도록 도와준다. 담화의 이해에서 추론(inference)이란 글에서 주어진 정보와 장기기억에 저장된 도식으로부터 논리적 결론을 이끌어 내는 과정이다.

> **Key term**
>
> **추론(inference)**: 장기기억에 저장된 담화 및 도식에 기반한 정보에서 도출된 담화 처리의 논리적 결론

문장들 간 관계를 이해하기 위해서 우리가 종종 추론을 필요로 한다는 것이 우리가 항상 그렇게 하고 있다는 것을 의미하는 것은 아니다

(Graesser et al., 1994; McKoon & Ratcliff, 1992). 우리가 문장들에 대해 충분한 통사 표상을 만들어 내듯이, 이야기에 대해서도 충분한 표상이면 우리는 만족한다. 담화의 일관성을 유지하기 위해 필요로 할 때에만 우리는 추론을 사용한다. 화자와 청자가 '필요한 것은 무엇'에 대해 서로 다른 생각을 갖게 되면, 때때로 이것이 오해를 낳는다.

Calvo(2001)는 추론에서 개인차가 어떤 역할을 하는지 알아보았다. 그는 높은 작업기억 용량을 가진 개인들이 낮은 작업기억 용량을 가진 개인들에 비해 더 많은 추론을 할 것이라는 가설을 세웠다(4장). 목표 문장(예: 'The pupil studied for an hour approximately')이 제시되기 전, 이와 연관 있는 문장(예: 'Three days before the examination the pupil went to the library, looked for a separate table and opened his notebook') 또는 연관이 없는 통제 문장(예: 'The pupil, who was a little tired after finishing his examination, forgot his notebook and left it on a table in the library')이 제시되었다. 높은 작업기억 용량을 가진 개인들은 통제 문장에 비해 관련 문장이 제시된 경우 목표 문장을 읽는 데 걸리는 시간이 적게 걸렸다. 이는 이들이 두 문장을 연결하는 추론을 했음을 제시해 준다. 반면에, 낮은 작업기억 용량을 가진 개인들은 목표 문장을 읽는 속도가 통제 문장과 관련 문장 조건에서 차이가 없었다. 이는 이들이 담화를 더 잘 이해하기 위한 추론을 잘 하지 않는다는 것을 의미한다.

적절한 도식이 없는 담화 이해의 어려움

왜 도식이 중요할까? 첫째, 도식에는 우리가 듣고 읽는 것을 이해하는 데 필요한 많은 정보가 있다. 둘째, 도식은 우리로 하여금 **예측**을 할 수 있게 해 준다(예: 레스토랑에서 일어나는 사건의 순서 예측). 우리의 예측이 대체로 들어맞기 때문에 도식은 세상을 어느 정도 예측 가능하게 도와준다.

Bransford와 Johnson(1972)은 도식의 중요성을 훌륭하게 보여 주었다. 그들은 학생들에게 테스트가 있을 예정이니 다음의 글을 읽고 기억하라고 요구하였다.

> 만약 풍선들이 터져 버린다면, 너무 멀어지게 되므로 소리가 잘 전달되지 못할 것이다. 대부분의 건물들이 방음 처리가 잘 되어 있기 때문에 닫힌 창문 또한 소리 전달을 막을 것이다. 모든 작동이 전기의 안정된 흐름에 의존하기 때문에 줄이 중간에서 끊기면 이 또한 문제가 될 것이다. 물론 저 남자가 소리를 지를 수 있겠지만 사람의 목소리는 저렇게 멀리 전달될 수 있을 만큼 크지 못하다. 또 다른 문제점은 이 줄에 부딪쳐 장치가 부서질 수 있다. 그렇게 되면 반주가 없어지게 된다. 가장 좋은 상황은 짧은 거리를 유지하는 것이다. 그러면 잠재적 문제점들이 줄어

들게 된다. 직접 얼굴을 맞대는 것이 잘못될 경우의 수를 최소화한다.

만약 여러분이 앞의 글을 이해하는 것이 어려웠다면, 여러분은 Bransford와 Johnson(1972)의 실험 참가자들과 비슷한 것이다. 글을 읽기 전에 실험 참가자들에게 [그림 8-17]을 제공해 주면, 글의 이해가 훨씬 수월하였다. 이런 경우 이해에 필요한 사전 지식이 활성화될 수 있었기 때문에, 실험 참가자들은 글을 더욱 잘 이해하고 기억하였다.

경험이 부족한 작가들(예: 보고서나 논문을 처음 써 보는 학부생들)은 독자들을 위한 도식의 중요성을 종종 과소평가한다. 글을 쓰는 동안 작가들의 머리에는 모든 정보가 들어 있기 때문에, 작가들은 독자가 그 동일한 정보들을 이용할 수 없으며, 그 결과 글이 무엇에 관한 것인지 이해하지 못할 것이라는 점을 종종 까먹는다. 이런 일이 발생하지 않도록 하려면, 글의 시작 부분에 제목 또는 문장 하나를 덧붙여서 도식을 안내해 주면 대체로 충분하다. Bransford와 Johnson(1972)에서 가져온 [연구 따라잡기 8-1]을 보자.

[연구 따라잡기 8-1] 이야기 이해하기

Bransford와 Johnson(1972)에서 가져온 다음의 글을 읽고 이해해 보라.

> 과정은 매우 간단하다. 첫째, 항목들을 여러 종류로 분류한다. 물론 해야 할 양이 얼마나 많은지에 따라 한 더미면 충분할 수도 있다. 시설이 없어서 다른 곳으로 가야 한다면 이것이 다음 순서이다. 그렇지 않다면 준비가 잘된 것이다. 한번에 너무 많이 하지 말아야 한다는 점이 중요하다. 즉, 한번에 너무 많은 양을 하는 것보다 조금씩 하는 것이 낫다. 단기적으로는 이것이 중요하지 않아 보일 수도 있지만, 너무 많이 함으로써 생기는 문제는 쉽게 발생한다. 실수에는 비싼 대가가 뒤따르기도 한다. 이 과정을 적절하게 수행하는 것 자체는 따로 설명이 필요 없을 것 같으니 여기서 자세히 말하지 않겠다. 하지만 곧 이것은 생활의 일부분이 되어 있을 것이다. 이 과정의 필요성을 지금 당장 예상하기는 어렵겠지만, 또 누가 알겠는가?

아마도 이 글을 이해하는 것이 어렵다고 생각될 것이다. 그 이유는 당신에게 적절한 도식이 없기 때문이다. 이제 제목으로 '빨래하기'를 붙여 보자. 도식적 정보를 갖췄기 때문에 이 글을 다시 읽으면 이해하기가 쉬울 것이다.

Bransford와 Johnson(1972)의 실험에서, 제목 없이 이 글을 들은 실험 참가자들은 이 글이 이해하기 어렵다고 평가하였고 평균 2.8개 내용만 기억해 냈다. 반면에, 제목 '빨리하기'를 먼저 제공받은 실험 참가자들은 이 글이 이해하기 쉽다고 평가하였고 평균 5.8개 내용을 기억하였다. 적절한 도식이 단순히 회상 단서로 사용된 것이라기 보단 이해를 도와주었다. 이는 문단을 듣기 이전이 아니라 이후에 제목을 제공받은 실험 참가자들이 2.6개 내용만 회상해 냈다는 점으로부터 알 수 있다.

다음에 글을 써야 할 때 이 예시를 기억하라. 여러분은 독자가 어떤 도식을 활성화시켜야 하는지 알 수 있을 만큼의 충분한 정보를 제공하겠는가?

화용론

추론은 문장들의 **문자 그대로의** 의미뿐만 아니라 화자 또는 글쓴이에 의해 **의도된** 의미와도 관련된다. 만약 누군가가 여러분에게 'Could you pass me the salt?'라고 물었을 때 여러분이 'Yes'라고 답한다면 설령 이것이 문자 그대로는 적절한 답변일지 몰라도 그 사람은 놀랄 것(그리고 어쩌면 불쾌할 것)이다. 비슷하게, 누군가가 여러분에게 'Hitler was a butcher(역주: butcher = 도살업자, 살인자)'라고 말했을 때 여러분이 'Hitler was not a butcher, because he never properly learned how to cut meat'으로 답한다면 그 사람은 어리둥절해할 것이다.

Key term

화용론(pragmatics): 문장 이해 시, 주어진 내용의 의도된 의미 이해를 위해 사회적 맥락이나 기타 정보를 이용하는 것

다음의 예시에서 알 수 있듯이, 게시문 역시 문자 그대로의 의미와는 다른 의도를 갖기도 한다. 대학교 학생식당 입구에 'Shoes are required to eat in the dining halls'이라고 쓰인 게시문이 붙어 있었다. 이 게시문 바로 아래 어떤 학생이 'but socks can eat wherever they like'라고 써 놓았다. 유사하게, 학교 스탠드 옷걸이 위에 'Only for teachers'라고 쓰인 공고문이 붙어 있었는데, 여기에도 한 학생이 'and for coats'라고 덧붙여 놨다.

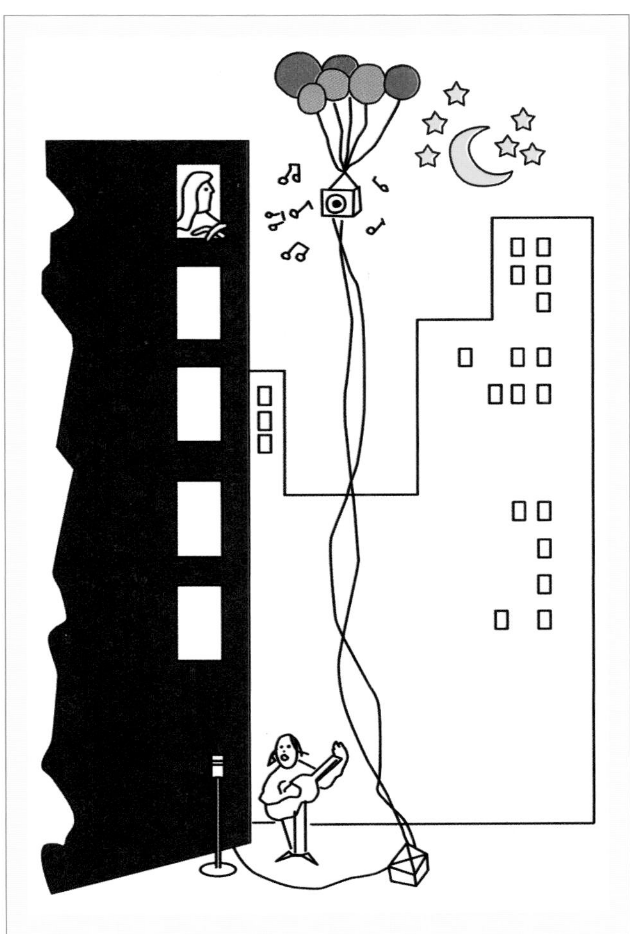

[그림 8-17] 도식은 글을 이해하는 데 도움을 준다. Bransford와 Johnson (1972)의 연구에서, 실험 참가자에게 제시한 글을 읽도록 하였는데, 글을 읽기 전에 이 그림을 보여 주지 않으면 글을 이해하는 데 어려움을 보였다.

화용론(pragmatics)이란 실제의 언어 사용 및 이해에 관한 것으로, 사회적 맥락을 감안하여 화자의 문자 그대로의 의미를 넘어선 측면들을 중요시한다. 즉, 화용론은 **문자 그대로의** 의미보다는 화자에 의해 표현되고 청자에 의해 이해되는 **의도된** 의미를 다룬다. 문자 그대로의 의미와 의도된 의미가 같지 않은 예시로는 반어법, 빈정댐, 절제된 표현 등이 있다. 가령 며칠 동안 비가 계속 오는데 누군가가 '날씨

가 정말 좋다!'라고 말한다면 우리는 이 사람이 날씨가 최악이라고 생각한다는 걸 추정할 수 있다.

청자가 화자의 의도된 의미가 무엇인지 판단해야 하는 과제를 수행할 때 도움을 받는 두 가지 방법이 있다.

첫째, 화자와 공유하고 있는 지식과 믿음에 초점을 맞추면 화자의 의미를 이해하는 것이 쉬워진다. 화자와 잘 아는 사이라면 이것이 쉽다. 이는 우리가 새로운 사회적 환경에 놓였을 때(새로운 학교에 가거나 회사를 바꾸거나) 화용론을 다루기가 힘들다는 것을 의미한다. 새롭게 소통하는 사람들이 그들의 말 그대로가 아닌 다른 무언가를 의미하는 경우를 경험하게 되는 것이다. 특히 화자(또는 글쓴이)를 잘 알지 못하면, 반어법과 빈정댐을 알아차리기 어렵다.

둘째, 문장을 들을 때 우리는 화자의 몸짓으로부터 유용한 정보를 종종 얻는다. 이러한 몸짓들은 메시지를 어떻게 이해해야 하는지에 대한 단서를 담고 있다.

일반적으로 청자는 그/그녀가 방금 막 했던 말로부터 그 사람의 의도를 파악하려고 시도한다. 다음의 예시를 살펴보라(Holtgraves, 1998, p. 25).

> 켄: 파울라가 너의 데이트 신청을 받아 줬어?
>
> 밥: 그녀는 내 스타일이 아니야.

Holtgraves는 대다수의 사람들이 밥의 대답은 파울라가 데이트 신청을 받아주지 않았지만 밥이 체면을 세우고자 하는 의미로 해석했다는 것을 보여 주었다.

밥이 체면을 세우려는 것과는 관계가 없어 보이는 우회적 답변(예: "그녀는 내 스타일이야.")을 했다고 가정해 보자. 이러한 우회적 답변은 통상적인 우회적 답변(예: "그녀는 내 스타일이 아니야.")에 비해 청자가 이해하는 데 약 50% 정도 더 긴 시간을 필요로 하였다. 그 이유는 이러한 예상 밖의 우회적 답변을 하는 화자의 의도를 이해하는 것이 어렵기 때문이다.

얼마나 빠르게 청자는 화자의 의도를 이해할까? Holtgraves(2008a)가 이 주제를 연구하였다. 실험 참가자들에게 대화의 일부(예: 밥이 앤디에게 "내일 반드시 이것을 할 거야.")를 읽거나 듣도록 하였다. 그 뒤 하나의 단어(예: '약속')가 제시되면 실험 참가자들은 가능한 빠르게 이 단어가 화자/글쓴이의 의도를 담고 있는지 아닌지 판단하였다.

Holtgraves(2008a)의 주요 발견은 실험 참가자들이 화자/글쓴이의 의도를 빠르고 자동적으로 알아차렸다는 것이다. 화자의 의도는 잘 기억되기도 하였다(Holtgraves, 2008b). 이는 청자가 화자의 의도 또는 의도들에 집중하는 것을 중요하게 여긴다는 점을 보여 준다.

공통 기반

화용론은 화자의 문자적 의미를 정확하게 파악하는 것만으로는 충분하지 않은 경우가 많다는 것을 보여 준다. 중요한 것은 화자와 청자가 서로 공유하는 지식과 믿음이다. 이것을 일컬어 공통 기반(common ground)이라고 한다. 서로 잘 아는 두 사람의 대화를 엿들을 때 그들이 하는 말의 모든 단어를 알고 있음에도 불구하고 그들이 무슨 말을 하는지 이해하기 어려운 이유가 바로 공통 기반이 없기 때문이다. 공통 기반의 부재는 왜 소셜 미디어에서 반어법과 빈정댐이 종종 오해를 불러일으키는지의 이유이기도 하다.

> **Key term**
>
> **공통 기반(common ground)**: 화자와 청자 모두가 가진 공유된 지식 및 신념으로 의사소통의 도움을 위해 사용됨
>
> **자기중심적 어림법(egocentric heuristic)**: 청자가 화자의 말을 해석할 때 둘 사이의 공통 기반에 의해서가 아니라 청자 자신의 지식에만 의존하는 어림법으로, 효과적인 의사소통을 억제할 수 있음

지금까지 배운 것들을 바탕으로 어쩌면 이미 예측했겠지만, 청자가 화자와의 공통 기반을 항상 완벽하게 생각해 내는 것은 아니다. 왜냐면 이것은 노력이 필요한 일이기 때문이다. Keysar와 동료들(2000)에 따르면, 청자는 자기중심적 어림법(egocentric heuristic)이라고 알려진, 빠르고 노력이 필요 없는 어림법을 주로 사용한다. 이것은 청자가 화자와 공유하는 지식보다는 자신의 지식에 의존하여 화자의 말을 해석하는 것을 의미한다.

Keysar와 동료들(2000)은 자기중심적 어림법이 사용된다는 것을 보여 주는 증거를 찾았다. 청자는 서로 다른 크기의 세 개의 초를 볼 수 있고 화자는 두 개의 초만 볼 수 있는 상황에서 화자(실험 공모자)가 작은 초를 움직이라고 말했을 때 무슨 일이 벌어지는지 살펴보자. 만약 청자가 공통 기반을 사용한다면, 그/그녀는 화자가 볼 수 있는 두 개의 초 중에서 작은 것을 움직일 것이다. 하지만 만약 청자가 자기중심적 어림법을 사용한다면, 그/그녀는 화자가 볼 수 없는 초를 포함한 세 개의 초를 고려할 것이다. 실제로 청자의 처음 안구 움직임이 종종 청자만 볼 수 있는 초로 향하였고, 약 20% 시행에서 그 초를 잡기 위해 손을 뻗었다.

어떤 청자들이 공통 기반을 잘 무시할까? Brown-Schmidt(2009)가 이 질문에 답하고자 하였다. 불충분한 억제 통제력을 가진 청자들은 화자가 한 말을 더 자주 부적절하게 해석하였고 공통 기반 정보를 덜 자주 사용하였다.

공통 기반을 사용하여 화용론을 이해하는 데 어려움을 보이는 또 다른 집단은 자폐 스펙트럼 장애를 가진 사람들이다(Rapin & Dunn, 2003). Happé(1994)는 이들이 종종 IQ 테스트의 질문에 잘못 대답을 하곤 하는데 그 이유가 질문의 화용론을 고려하지 않기 때문이라고 보고하였다. 예를 들어, "손가락을 다치면 무엇을 해야 하나요?"라고 질문하면 그들은 "피를 흘려야 해요."라고 답한다.

Heller와 동료들(2016)은 대부분의 상황에서, 대부분의 사람에게 공통 기반과 자기중심적 어림법이 상호 배타적이지 않다고 주장한다. 즉, 청자가 공통 기반 또는 자기중심적 어림법 중 하나만을 사용하는 것이 아니다. 이 저자들은 공통 기반과 자기중심적 어림법이 대개 모두 사용되지만, 과제의 세부사항들에 따라 서로 다른 비율로 사용되는 것임을 보여 주는 증거를 제시하였다.

중간 요약

단어 재인 (Word recognition)

- 자주 사용하거나, 일찍 습득하였거나, 짧거나, 앞선 맥락으로부터 점화가 되는 단어들은 쉽게 산출되고 재인된다.

문장 구문 분석(Sentence parsing)

- 문장 안에서 단어들 간 관계를 이해하려면, 절, 구, 단어의 계층 구조로 이루어진 통사적 수형도를 만들어야 한다. 때때로 통사적 중의성이 이를 방해한다.
- 길 혼돈 이론에 따르면, 통사적으로 가장 간단한 구조가 추구되며, 이 구조가 잘못되었다고 판단될 때에만 수정이 요구된다. 제약 기반 이론에 따르면, 가용한 모든 정보(단어에 대한 정보, 통사, 의미, 세상에 대한 지식)가 문장 이해 과정의 처음부터 사용된다.
- 문장의 통사 구조와 독자의 세상에 대한 지식 사이에 충돌이 있을 때, 대체로 독자는 통사 구조를 희생시키고 의미 지식을 선호한다. 좀 더 일반적으로 말하자면, 청자(그리고 독자)는 정확하지는 않지만 '충분한' 표상에 보통 만족해한다.

담화 이해하기(Discourse understanding)

- 담화를 처리할 때 우리는 도식을 사용한다. 이는 글에서 주어지지는 않았지만 담화 이해에 필요한 정보를 추론하기 위함이다. 도식은 담화의 이해와 인출을 증진시킨다. 우리는 충분한 표상에 필요한 만큼만 추론을 한다. 작업기억 용량의 크기가 큰 사람들은 작업기억 용량이 작은 사람들에 비해 더 많은 추론을 한다.
- 메시지의 의도된 의미(화용론)을 이해하기 위해 우리는 메시지 글자 그대로의 의미보다는 화자의 의도가 무엇인지에 더 집중해야 한다. 이것은 화자와 청자 간 공통 기반을 필요로 한다. 우리가 항상 공통 기반을 가질 수는 없으며(이는 오해를 낳음), 이렇게 하는 능력에는 개인차가 존재한다.

논술 문제

1. 화자가 무언가를 말하려고 할 때 어떤 단계들이 수반되는가?
2. 화자가 무엇을 말하려고 하는지에 대해 얼마만큼 계획하는가?
3. 주요한 말실수들을 말해 보라. 우리는 왜 이런 실수를 범하는가?
4. 음성 단어 지각의 계산 모형들을 설명하고 평가해 보시오.
5. 화자가 무엇을 말하고 있는지 이해하기 위해 청자는 어떤 정보들을 사용하는가?
6. 읽기에 수반되는 안구 움직임에 대해 설명해 보시오.

7. 음운 정보가 읽기에 관련되어 있다는 것을 보여 주는 증거를 설명하고, 이와 관련된 처리 과정들을 설명하는 계산 모형들에 대해 논해 보시오. 어떤 모형을 선호하며 그 이유는 무엇인가?
8. 난독증 학생들이 경험하게 되는 어려움들은 무엇인가? 이들은 이 어려움을 극복할 수 있는가?
9. 이해하는 데 더 오랜 시간이 걸리는 단어들은 무엇인가? 이것을 어떻게 연구할 수 있는가?
10. 왜 통사가 언어 이해에 중요한가? 어떻게 이것을 알 수 있는가?
11. 왜 단어와 문법 지식이 언어를 이해하는 데 충분하지 못한 것인가?
12. 언어 처리에 개인차가 있는가?

더 읽을 거리

- Harley, T. A. (2014). *The psychology of language: From data to theory* (4th ed.). Hove, UK: Psychology Press. 시각과 청각 언어 처리에 수반되는 과정들에 대해 자세히 설명해 주는 훌륭한 책이다.
- Boelte, J., Goldrick, M., & Zwitserlood, P. (2009). *Language production: Sublexical, lexical, and supralexical information*. New York, NY: Psychology Press. 이 분야의 주요 전문가들이 언어 산출과 관련된 중요한 쟁점들을 자세하게 설명하고 있다.
- Rayner, K., Pollatsek, A., Ashby, J., & Clifton, C. (2012). *Psychology of reading* (2nd ed.). New York: Psychology Press. 읽기에 대한 뛰어난 책이다.
- Gaskell, G. (Ed.). (2007). *Oxford handbook of psycholinguistics*. Oxford, UK: Oxford University Press. 언어 처리의 주요 주제들에 대해 주요 전문가들이 설명한 장들로 구성된 유용한 안내서이다.
- Evans, N., & Levinson, S. C. (2009). The myth of language universals: Language diversity and its importance for cognitive science. *Behavioral and Brain Sciences*, *32*, 429-448. 세계의 언어들에 존재하는 수많은 차이점에 대해 설명한 논문이다. 이러한 차이점들은 영어 또는 주요 유럽 언어들을 대상으로 진행한 다수 연구들의 한계점을 강조한다.
- de Groot, A. M. B. (2011). *Language and cognition in bilinguals and multilinguals*. New York: Psychology Press. 이 장에서 우리는 모국어의 언어 처리만 다루었다. 모국어가 아닌 언어의 처리에 대한 연구가 풍부하게 존재하지만 공간적 한계로 이 장에 모두 담을 수 없었다. 이 책은 외국어 처리에 대한 연구를 잘 소개하고 있다.

참고문헌

Abrams, L. (2008). Tip-of-the-tongue states yield language insights: The process of turning thoughts into speech changes with age. *American Scientist*, *96*, 234-239.

Allopenna, P. D., Magnuson, J. S., & Tanenhaus, M. K. (1998). Tracking the time course of spoken word recognition using eye movements: Evidence for continuous mapping models. *Journal of Memory and Language*, *38*(4), 419-439.

Altenberg, B. (1990). Speech as linear composition. In G. Caie et al. (Eds.), *Proceedings from the fourth nordic conference for English studies*. Copenhagen, Denmark: Copenhagen University Press.

Baars, B. J., Motley, M. T., & MacKay, D. G. (1975). Output editing for lexical status from artificially elicited slips of the tongue. *Journal of Verbal Learning and Verbal Behavior*, *14*, 382-391.

Barber, H. A., Donamayor, N., Kutgas, M., & Munte, T. (2010). Parafoveal N400 effect during sentence reading. *Neuroscience Letters*, *479*, 152-156.

Berndt, R. S., Mitchum, C. C., Haendiges, A. N., & Sandson, J. (1997). Verb retrieval in aphasia. I. Characterizing single word impairments. *Brain and Language*, *56*, 69-106.

Berninger, V. W. (Ed.). (2012). *Past, present, and future contributions of cognitive writing research to cognitive psychology*. New York: Taylor & Francis.

Bertram, R., & Hyona, J. (2003). The length of a complex word modifies the role of morphological structure: Evidence from eye movements when reading short and long Finnish compounds. *Journal of Memory and Language*, *48*(3), 615-634.

Bock, K., & Cutting, J. C. (1992). Regulating mental energy: Performance units in language production. *Journal of Memory and Language*, *31*(1), 99-127.

Boland, J. E., & Blodgett, A. (2001). Understanding the constraints on syntactic generation: Lexical bias and discourse congruency effects on eye movements. *Journal of Memory and Language*, *45*, 391-411.

Bransford, J. D., & Johnson, M. K. (1972). Contextual prerequisites for understanding. *Journal of Verbal Learning and Verbal Behavior*, *11*, 717-726.

Brown, R., & McNeill, D. N. (1966). The "tip of the tongue" phenomenon. *Journal of Verbal Learning and Verbal Behavior*, *5*, 325-337.

Brown-Schmidt, S. (2009). The role of executive function in perspective taking during online language comprehension. *Psychonomic Bulletin & Review*, *16*, 893-900.

Brysbaert, M., Stevens, M., Mandera, P., & Keuleers, E. (2016). How many words do we know? Practical estimates of vocabulary size dependent on word definition, the degree of language input and the participant's age. *Frontiers in Psychology*, *7*, 1116.

Callens, M., Tops, W., & Brysbaert, M. (2012). Cognitive profile of students who enter higher education with an indication of dyslexia. *PLoS One*, *7*(6), e38081.

Calvo, M. G. (2001). Working memory and inferences: Evidence from eye fixations during reading. *Memory*, *9*, 365-381.

Caplan, D., Hildebrandt, N., & Makris, N. (1996). Location of lesions in stroke patients with deficits in syntactic processing in sentence comprehension. *Brain*, *119*(3), 933-949.

Chomsky, N. (1965). *Aspects of the theory of syntax*. Cambridge, MA: MIT Press.

Christiansen, M. H., & Chater, N. (2008). Language as shaped by the brain. *Behavioral and Brain Sciences, 31*, 489-512.

Christianson, K. (2016). When language comprehension goes wrong for the right reasons: Good-enough, underspecified, or shallow language processing. *The Quarterly Journal of Experimental Psychology*, *69*(5), 817-828.

Cleland, A. A., & Pickering, M. J. (2003). The use of lexical and syntactic information in language production: Evidence from the priming of noun-phrase structure. *Journal of Memory and Language*, *49*, 214-230.

Coltheart, M., & Rastle, K. (1994). Serial processing in reading aloud: Evidence for dual-route models of reading. *Journal of Experimental Psychology: Human Perception and Performance*, *20*(6), 1197-1211.

Coltheart, M., Rastle, K., Perry, C., Langdon, R., & Ziegler, J. (2001). DRC: A dual route cascaded model of visual word recognition and reading aloud. *Psychological Review*, *108*(1), 204-256.

Crystal, D. (1997). *A dictionary of linguistics and phonetics* (4th ed.). Cambridge, MA: Blackwell.

Cutler, A., & Bruggeman, L. (2013). Vocabulary structure and spoken-word recognition: Evidence from French reveals the source of embedding asymmetry. In *INTERSPEECH 2013: 14th annual conference of the International Speech Communication Association* (pp. 2812-2816). Available at: https://pdfs.semanticscholar.org/7b5d/a80cd0a4acbe3c5b639a37d9dbb00576ccaa.pdf

De Jong, P. F., Bitter, D. J. L., van Setten, M., & Marinus, E. (2009). Does phonological recoding occur during silent reading, and is it necessary for orthographic learning? *Journal of Experimental Child Psychology*, *104*, 267-282.

Dehaene, S., Pegado, F., Braga, L. W., Ventura, P., Nunes Filho, G., Jobert, A., . . .Cohen, L. (2010). How learning to read changes the cortical networks for vision and language. *Science*, *330*(6009), 1359-1364.

Dell, G. S. (1986). A spreading-activation theory of retrieval in sentence production. *Psychological Review*, *93*, 283-321.

Dell, G. S., Burger, L. K., & Svec, W. R. (1997). Language production and serial order: A functional analysis and a model. *Psychological Review*, *93*, 283-321.

Dell, G. S., Oppenheim, G. M., & Kittredge, A. K. (2008). Saying the right word at the right time: Syntagmatic and paradigmatic interference in sentence production. *Language and Cognitive Processes*, *23*, 583-608.

Ehri, L. C., Nunes, S. R., Willows, D. M., Schuster, B. V., Yaghoub-Zadeh, Z., & Shanahan, T. (2001). Phonemic awareness instruction helps children learn to read: Evidence from the National Reading Panel's meta-analysis. *Reading Research Quarterly*, *36*, 250-287.

Engbert, R., Nuthmann, A., Richter, E. M., & Kliegl, R. (2005). SWIFT: A dynamical model of saccade generation during reading. *Psychological Review*, *112*, 777-813.

Ferreira, F. (2003). The misinterpretation of noncanonical sentences. *Cognitive Psychology*, *47*, 164-203.

Ferreira, F., & Swets, B. (2002). How incremental is language production? Evidence from the production of utterances requiring the computation of arithmetic sums. *Journal of Memory and Language*, *46*, 57-84.

Ferreira, F., Bailey, K. G. D., & Ferraro, V. (2002). Good enough representations in language comprehension. *Current Directions in Psychological Science*, *11*, 11-15.

Ferreira, V. S., & Griffin, Z. M. (2003). Phonological influences on lexical (mis) selection. *Psychological Science*, *14*, 86-90.

Frazier, L., & Rayner, K. (1982). Making and correcting errors in the analysis of structurally ambiguous sentences. *Cognitive Psychology*, *14*, 178-210.

Gaskell, M. G., & Marslen-Wilson, W. D. (1997). Integrating form and meaning: A distributed model of speech perception. *Language and Cognitive Processes*, *12*(5-6), 613-656.

Glaser, W. R. (1992). Picture naming. *Cognition*, *42*, 61-105.

Glushko, R. J. (1979). The organization and activation of orthographic knowledge in reading aloud. *Journal of Experimental Psychology: Human Perception and Performance*, *5*, 674-691.

Gollan, T. H., & Acenas, L. A. R. (2004). What is a TOT? Cognate and translation effects on tip-of-the-tongue states in Spanish-English and Tagalog-English bilinguals. *Journal of Experimental Psychology: Learning, Memory, and Cognition*, *30*(1), 246-269.

Goodman, K. S. (1986). *What's whole in whole language*. Berkeley, CA: RDR Books.

Graesser, A. C., Singer, M., & Trabasso, T. (1994). Constructing inferences during narrative text comprehension. *Psychological Review*, *101*(3), 371-395.

Grigorenko, E. L. (2001). Developmental dyslexia: An update on genes, brains, and environments. *Journal of Child Psychology and Psychiatry*, *42*(1), 91-125.

Hanson, V. L., Goodell, E. W., & Perfetti, C. A. (1991). Tongue-twister effects in the silent reading of hearing and deaf college students. *Journal of Memory and Language*, *30*(3), 319-330.

Happé, F. G. (1994). Wechsler IQ profile and theory of mind in autism: A research note. *Journal of Child Psychology and Psychiatry*, *35*(8), 1461-1471.

Harley, T. A. (2014). *The psychology of language: From data to theory*. New York: Taylor & Francis.

Harley, T. A., & Bown, H. E. (1998). What causes a tip-of-the-tongue state? Evidence for lexical neighborhood effects in speech production. *British Journal of Psychology*, *89*, 151-174.

Harm, M. W., & Seidenberg, M. S. (2004). Computing the meanings of words in reading: Cooperative division of labor between visual and phonological processes. *Psychological Review*, *111*(3), 662-720.

Hartsuiker, R. J., Corley, M., & Martensen, H. (2005). The lexical bias effect is modulated by context, but the standard monitoring account doesn't fly: Related reply to Baars et al. (1975). *Journal of Memory and Language*, *52*, 58-70.

Heller, D., Parisien, C., & Stevenson, S. (2016). Perspective-taking behavior as the probabilistic weighing of multiple domains. *Cognition*, *149*, 104-120.

Hickok, G. (2012). Computational neuroanatomy of speech production. *Nature Reviews Neuroscience*, *13*(2), 135-145.

Holtgraves, T. (1998). Interpreting indirect replies. *Cognitive Psychology*, *37*, 1-27.

Holtgraves, T. (2008a). Automatic intention recognition in conversation processing. *Journal of Memory and Language, 58*, 627-645.

Holtgraves, T. (2008b). Conversation, speech acts, and memory. *Memory & Cognition, 36*, 361-374.

Hotopf, W. H. N. (1980). Slips of the pen. In U. Frith (Ed.), *Cognitive processes in spelling*. London, UK: Academic Press.

Hulme, C., Nash, H. M., Gooch, D., Lervag, A., & Snowling, M. J. (2015). The foundations of literacy development in children at familial risk of dyslexia. *Psychological Science*, *26*(12), 1877–1886.

Janssen, N., Alario, F.-X., & Caramazza, A. (2008). A word-order constraint on phonological activation. *Psychological Science*, *19*, 216–220.

Karimi, H., & Ferreira, F. (2016). Good-enough linguistic representations and online cognitive equilibrium in language processing. *The Quarterly Journal of Experimental Psychology*, *69*(5), 1013–1040.

Kendeou, P., Savage, R., & van den Broek, P. (2009). Revisiting the simple view of reading. *British Journal of Educational Psychology*, *79*, 353–370.

Keuleers, E., Lacey, P., Rastle, K., & Brysbaert, M. (2012). The British Lexicon Project: Lexical decision data for 28,730 monosyllabic and disyllabic English words. *Behavior Research Methods*, *44*, 287–304.

Keysar, B., Barr, D. J., Balin, J. A., & Brauner, J. S. (2000). Taking perspectives in conversation: The role of mutual knowledge in comprehension. *Psychological Science*, *11*, 32–38.

Klatt, E. C., & Klatt, C. A. (2011). How much is too much reading for medical students? Assigned reading and reading rates at one medical school. *Academic Medicine*, *86*(9), 1079–1083.

Kuiper, K. (1996). *Smooth talkers*. Mahwah, NJ: Lawrence Erlbaum.

Kuperberg, G. R., & Jaeger, T. F. (2016). What do we mean by prediction in language comprehension? *Language, Cognition and Neuroscience*, *31*(1), 32–59.

Levelt, W. J. M., Roelofs, A., & Meyer, A. S. (1999). A theory of lexical access in speech production. *Behavioral and Brain Sciences*, *22*, 1–38.

Lukatela, G., & Turvey, M. T. (1994). Visual lexical access is initially phonological: I. Evidence from associative priming by words, homophones, and pseudohomophones. *Journal of Experimental Psychology: General*, *123*(2), 107–128.

MacDonald, M. C., Pearlmutter, N. J., & Seidenberg, M. S. (1994). Lexical nature of syntactic ambiguity resolution. *Psychological Review*, *101*, 676–703.

Marques, L. M., Lapenta, O. M., Costa, T. L., & Boggio, P. S. (2016). Multisensory integration processes underlying speech perception as revealed by the McGurk illusion. *Language, Cognition and Neuroscience*, *31*, 1115–1129.

Martin, R. C., Crowther, J. E., Knight, M., Tamborello, F. P., & Yang, C. L. (2010). Planning in sentence production: Evidence for the phrase as a default planning scope. *Cognition*, *116*, 177–192.

Martin, R. C., Miller, M., & Vu. H. (2004). Lexical-semantic retention and speech production: Further evidence from normal and brain-damaged participants for a phrasal scope of planning. *Cognitive Neuropsychology*, *21*, 625–644.

Mattys, S. L., Brooks, J., & Cooke, M. (2009). Recognizing speech under a processing load: Dissociating energetic from informational factors. *Cognitive Psychology*, *59*, 203–243.

McClelland, J. L. (1991). Stochastic interactive processes and the effect of context on perception. *Cognitive Psychology*, *23*, 1–44.

McClelland, J. L., & Elman, J. L. (1986). The TRACE model of speech perception. *Cognitive Psychology*,

18, 1-86.

McDonald, J. L. (2008). Differences in the cognitive demands of word order, plural, and subject - verb agreement constructions. *Psychonomic Bulletin & Review*, *15*, 980-984.

McGurk, H., & MacDonald, J. (1976). Hearing lips and seeing voices. *Nature*, *264*, 746-748.

McKoon, G., & Ratcliff, R. (1992). Inference during reading. *Psychological Review*, *99*, 440-466.

McQueen, J. M. (1991). The influence of the lexicon on phonetic categorization: Stimulus quality in word-final ambiguity. *Journal of Experimental Psychology: Human Perception & Performance*, *17*, 433-443.

Meyer, A. S. (1996). Lexical access in phrase and sentence production: Results from picture-word interference experiments. *Journal of Memory and Language*, *35*, 477-496.

Meyer, A. S., & Damian, M. F. (2007). Activation of distractor names in the picture-picture interference paradigm. *Memory & Cognition*, *35*, 494-503.

Mirman, D., McClelland, J. L., Holt, L. L., & Magnuson, J. S. (2008). Effects of attention on the strength of lexical influences on speech perception: Behavioral experiments and computational mechanisms. *Cognitive Science*, *32*, 398-417.

Monaghan, P., Chang, Y. N., Welbourne, S., & Brysbaert, M. (2017). Exploring the relations between word frequency, language exposure, and bilingualism in a computational model of reading. *Journal of Memory and Language*, *93*, 1-21.

Nation, K., & Cocksey, J. (2009). The relationship between knowing a word and reading it aloud in children's word reading development. *Journal of Experimental Child Psychology*, *103*, 296-308.

Nooteboom, S., & Quene, H. (2008). Self-monitoring and feedback: A new attempt to find the main cause of lexical bias in phonological speech errors. *Journal of Memory and Language*, *58*, 837-861.

OECD (2016). *Low-performing students: Why they fall behind and how to help them succeeed. PISA*. Paris: OECD Publishing. Retrieved November 2, 2016, from www.oecd.org/publications/low-performing-students-9789264250246-en.htm

Pattamadilok, C., Perre, L., Defau, S., & Ziegler, J. C. (2008). On-line orthographic influences on spoken language in a semantic task. *Journal of Cognitive Neuroscience*, *21*(1), 169-179.

Perre, L., & Ziegler, J. C. (2008). On-line activation of orthography in spoken word recognition. *Brain Research*, *1188*, 132-138.

Perre, L., Pattamadilok, C., Montant, M., & Ziegler, J. C. (2010). Orthographic effects in spoken language: On-line activation or phonological restructuring? *Brain Research*, *1275*, 73-80.

Peterson, R. L., & Pennington, B. F. (2015). Developmental dyslexia. *Annual Review of Clinical Psychology*, *11*, 283-307.

Pickering, M. J., & Ferreira, V. S. (2008). Structural priming: A critical review. *Psychological Bulletin*, *134*, 427-459.

Pickering, M. J., & Garrod, S. (2004). Toward a mechanistic psychology of dialog. *Behavioral and Brain Sciences*, *27*, 169-226.

Pyers, J. E., Gollan, T. H., & Emmorey, K. (2009). Biomodal bilinguals reveal the source of tip-of-thetongue states. *Cognition*, *112*, 323-329.

Rapin, I., & Dunn, M. (2003). Update on the language disorders of individuals on the autistic spectrum.

Brain and Development, *25*(3), 166-172.

Rastle, K., & Brysbaert, M. (2006). Masked phonological priming effects in English: Are they real? Do they matter? *Cognitive Psychology*, *53*, 97-145.

Reichle, E. D. (2015). Computational models of reading: A primer. *Language and Linguistic Compass*, *9*, 271-284.

Reichle, E. D., & Drieghe, D. (2015). Using E-Z Reader to examine the consequences of fixation-location measurement error. *Journal of Experimental Psychology Learning Memory and Cognition*, *41*(1), 262-270.

Reichle, E. D., Liversedge, S. P., Drieghe, D., Blythe, H. I., Joseph, H. S. S. L., White, S. J., & Rayner, K. (2013). Using E-Z Reader to examine the concurrent development of eye movement control and reading skill. *Developmental Review*, *33*, 110-149.

Rumelhart, D. E., & Ortony, A. (1977). The representation of knowledge in memory. In R. C. Anderson, R. J. Spiro, & W. E. Montague (Eds.), *Schooling and the acquisition of knowledge*. Hillsdale, NJ: Lawrence Erlbaum.

Samuelson, L. K., & McMurray, B. (2017). What does it take to learn a word? *Wiley Interdisciplinary Reviews: Cognitive Science*, *8*, 1-10.

Sauval, K., Perre, L., Duncan, L. G., Marinus, E., & Casalis, S. (2017). Automatic phonological activation during visual word recognition in bilingual children: A cross-language masked priming study in grades 3 and 5. *Journal of Experimental Child Psychology*, *154*, 64-77.

Segal, O., Hejli-Assi, S., & Kishon-Rabin, L. (2016). The effect of listening experience on the discrimination of/ba/and/pa/in Hebrew-learning and Arabic-learning infants. *Infant Behavior and Development*, *42*, 86-99.

Senghas, A., Kita, S., & Ozyurek, A. (2004). Children creating core properties of language: Evidence from an emerging sign language in Nicaragua. *Science, 305*, 1779-1782.

Seymour, P. H. K., Aro, M., Erskine, J. M., Wimmer, H., Leybaert, J., Elbro, C., et al. (2003). Foundation literacy acquisition in European orthographies. *British Journal of Psychology*, *94*, 143-174.

Share, D. L. (2008). On the Anglocentricities of current reading research and practice: The perils of overreliance on an "outlier" orthography. *Psychological Bulletin*, *134*, 584-615.

Smith, J. D., & Minda, J. P. (2000). Thirty categorization results in search of a model. *Journal of Experimental Psychology: Learning, Memory, & Cognition*, *26*, 3-27.

Stadthagen-Gonzalez, H., Bowers, J. S., & Damian, M. F. (2004). Age-of-acquisition effects in visual word recognition: Evidence from expert vocabularies. *Cognition*, *93*(1), B11-B26.

Swanson, H. L., & Hsieh, C. J. (2009). Reading disabilities in adults: A selective meta-analysis of the literature. *Review of Educational Research*, *79*(4), 1362-1390.

Swets, B., Desmet, T., Clifton, C., & Ferreira, F. (2008). Underspecification of syntactic ambiguities: Evidence from self-paced reading. *Memory & Cognition*, *36*, 201-216.

Taylor, J. S. H., Rastle, K., & Davis, M. H. (2013). Can cognitive models explain brain activation during word and pseudoword reading? A meta-analysis of 36 neuroimaging studies. *Psychological Bulletin*, *139*(4), 766-791.

Thompson, P. A., Hulme, C., Nash, H. M., Gooch, D., Hayiou-Thomas, E., & Snowling, M. J. (2015). Developmental dyslexia: Predicting individual risk. *Journal of Child Psychology and Psychiatry*, *56*(9), 976-987.

Van Gompel, R. P. G., Pickering, M. J., Pearson, J., & Liversedge, S. P. (2005). Evidence against competition during syntactic ambiguity resolution. *Journal of Memory and Language*, *52*, 284-307.

Van Orden, G. C. (1987). A rows is a rose: Spelling, sound and reading. *Memory & Cognition*, *14*, 371-386.

Vigliocco, G., & Hartsuiker, R. J. (2002). The interplay of meaning, sound, and syntax in sentence production. *Psychological Bulletin, 128*, 442-472.

Vousden, J. L., & Maylor, E. A. (2006). Speech errors across the lifespan. *Language and Cognitive Processes*, *21*, 48-77.

Wagner, V., Jescheniak, J. D., & Schriefers, H. (2010). On the flexibility of grammatical advance planning: Effects of cognitive load on multiple lexical access. *Journal of Experimental Psychology: Learning, Memory, and Cognition*, *36*, 423-440.

Warmington, M., Stothard, S. E., & Snowling, M. J. (2013). Assessing dyslexia in higher education: The York adult assessment battery-revised. *Journal of Research in Special Educational Needs*, *13*(1), 48-56.

Weber, A., & Scharenborg, O. (2012). Models of spoken-word recognition. *Wiley Interdisciplinary Reviews: Cognitive Science*, *3*(3), 387-401.

Werker, J. F., & Tees, R. C. (1984). Cross-language speech perception: Evidence for perceptual reorganization during the first year of life. *Infant Behavior and Development*, *7*(1), 49-63.

Windmann, S. (2004). Effects of sentence context and expectation on the McGurk illusion. *Journal of Memory and Language*, *50*(2), 212-230.

Zevin, J. D., & Seidenberg, M. S. (2006). Simulating consistency effects and individual differences in nonword naming: A comparison of current models. *Journal of Memory and Language*, *54*, 145-160.

Chapter

9

문제 해결

학습 목표

제9장을 공부한 후에 여러분은 다음을 할 수 있어야 한다.

- 문제 해결의 세 가지 측면을 기술할 수 있다.
- 잘 정의된 문제와 모호한 문제를 구별하고 차이점을 말할 수 있다.
- 문제 해결과 관련된 실험실 연구의 대부분이 잘 정의된, 지식 최소 요구 문제를 사용하는 이유를 설명할 수 있다.
- 알고리듬과 어림법의 차이를 명확히 설명하고 어림법의 사례를 제시하며 이를 실험적으로 평가하는 방법을 논의할 수 있다.
- 통찰을 정의하고 이를 살펴보는 실험에서 사용된 문제를 기술할 수 있다.
- 통찰 문제를 해결하기 위해 표상 변화 이론이 요구하는 인지 처리 과정이 무엇인지 설명할 수 있다.
- 배양을 정의하고 이것이 문제 해결 실험에서 어떻게 사용되는지 설명할 수 있다.
- 특정 영역의 문제를 해결할 때 그 영역의 전문가가 보이는 인지적 측면의 장점과 단점을 논의할 수 있다.
- 가설 검증의 중요성과 가설 검증 시 차선책을 사용하는 이유를 설명할 수 있다.

서론

우리의 일상은 해결해야 하는 문제로 가득 차 있다. 물론 그 문제의 대부분이 상당히 사소하다는 것이 다행스럽긴 하지만…… 자전거를 고치는 방법, 곧 제출해야 하는 보고서의 중요한 참고 자료를 찾는 방법, 지난주 실험 실습 때 수집한 자료의 분석 방법 등 풀어야 할 많은 문제를 가지고 있다.

그렇다면 문제를 푼다/해결한다는 것은 무슨 의미일까? 이와 관련해 세 가지 측면을 고민해 보자.

1. 목적이 분명하다.
2. 신중하며 세심한 처리 과정으로, 자동적 처리 과정의 영향을 거의 받지 않는다.
3. 문제는 즉각적인 해결책을 만들어 내는 데 필요한 지식이 부족할 때 발생한다. 그래서 수학적 계산은 대부분의 사람에게는 문제이지만, 수학 전문가에게는 문제가 아니다.

Key term

잘 정의된 문제(well-defined problems): 특정 문제를 해결하기 위한 초기 상태, 목표, 가용한 수단이 명확하게 제시되어 있는 문제. **모호한 문제**에 대한 설명도 참조할 것

모호한 문제(ill-defined problems): 문제 진술문의 정의가 정확하지 않은 문제로, 목표 상태와 문제를 해결하기 위해 사용되어야 할 방법이 불명확함. **잘 정의된 문제**에 대한 설명도 참조할 것

문제는 특징에 따라 여러 종류로 나눌 수 있다. 잘 정의된 문제(well-defined problems)는 최초 상태나 상황, 가능한 행동 반경이나 전략, 목표와 해결 방법을 포함하여 문제의 모든 측면이 명쾌하게 정의되어 있는 것을 말한다. 달성 시점이 명확한 목표는 잘 정의되어 있다고 할 수 있다. [그림 9-1]은 잘 정의된 문제의 가장 대표적인 사례, 하노이 탑(the Tower of Hanoi)이다. 한번 풀어 보자(그림의 원반을 크기가 다른 3개의 동전으로 바꾸어 시도해 보자). 7단계 만에 문제를 해결할 수 있는가?

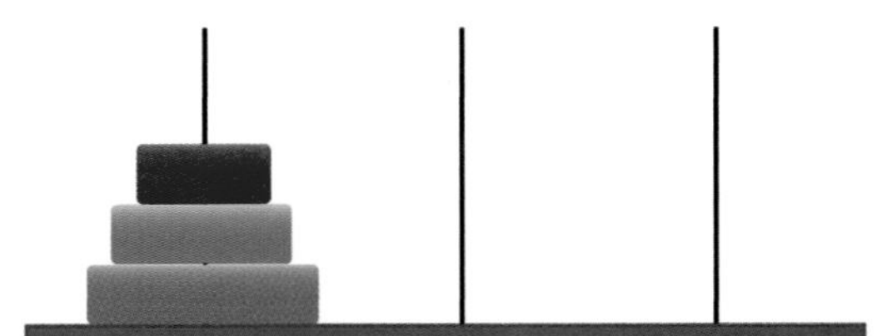

[그림 9-1] 하노이 탑. 세 개의 원반을 첫 번째 기둥에서 세 번째 기둥으로 옮겨야 한다. 한 번에 하나의 원반만 옮길 수 있고 큰 원반이 작은 원반 위에 있어서는 안 된다. 7단계만에 옮겨 보자.

모호한 문제(ill-defined problem)는 명확하게 제시되지 않은 문제를 말한다. 풀이가 가능한 문제인지, 어떤 단계로 풀어 나가야 하는지, 주어진 해법이 최적화된 것인지가 명확하지 않다는 의미이다. 이번 학기의 목표가 수강하는 모든 강의를 패스하는 것이라고 해 보자. 이러한 목표를 달성하기 위해 적용할 수 있는 전략은 상당히 많을 것이다. 하지만 어떤 전략이 가장 효과적인지 그리고

최종 목표가 달성 가능한 것인지를 알기는 매우 어렵다.

우리가 접하는 문제는 대부분 모호한 문제이다. 반면, 심리학자는 주로 잘 정의된 문제에 집중해 왔다. 그 이유는 무엇일까? 잘 정의된 문제에는 명확한 해법과 그 해법에 도달하기 위한 최적의 전략이 있다는 점을 첫 번째로 들 수 있다. 그 과정에서 실수와 전략상 허점을 파악하기 쉽다.

다음으로 지식 요구형 문제(knowledge-rich problems)와 지식 최소 요구 문제(knowledge-lean problems)를 구별해야 한다. 지식 요구형 문제는 관련 분야의 지식 수준이 높은 사람만 풀 수 있다. 반면, 지식 최소 요구 문제는 문제 해결을 위한 정보의 대부분이 문제에 포함되어 있어서 높은 수준의 지식이 필요하지 않다.

문제 해결 연구의 대부분은 지식 수준의 개인차로 인한 영향을 최소화하기 위해서 지식 최소 요구 문제를 사용해 왔다. 하지만 실생활에서는 지식 요구형 문제의 중요성이 매우 높다. 지식 요구형 문제가 바로 과학자들이 새로운 발견을 위해 노력할 때 마주하는 문제이기 때문이다. 좀 더 일반적으로 볼 때, 전문가들은 대부분 이런 문제를 풀기 위해 시간과 노력을 투자한다. 전문성과 관련된 논의는 이 장의 후반부에서 하기로 하자.

Key term

지식 요구형 문제(knowledge-rich problems): 상당히 많은 관련 선행 지식을 통해서만 풀 수 있는 문제. **지식 최소 요구 문제**에 대한 설명 참조

지식 최소 요구 문제(knowledge-lean problems): 선행 지식의 사용 없이도 해결할 수 있는 문제로, 문제를 풀기 위해 필요한 대부분의 정보가 제공됨. 지식 요구형 문제에 대한 설명 참조

[현실세계에서 9-1] 몬티 홀 문제

악명 높은 몬티 홀 문제를 통해 잘 정의된 문제의 해결에 관한 주요 논점을 살펴보자. 이 문제는 몬티 홀 쇼에서 아주 중요한 역할을 했었다.

> 당신의 앞에 3개의 문이 있는데, 그중 하나의 문 뒤에는 자동차가 있고 나머지 문 뒤에는 염소가 있다. 가령 당신이 1번 문을 선택했다고 하자. 이때 (문 뒤에 무엇이 있는지 알고 있는) 진행자가 3번 문을 열었고, 그 뒤에는 염소가 있었다. 이제 당신에게 선택을 바꿀 기회를 준다면, 당신은 바꿀 것인가?

대부분은 바꾸지 않았다. 관련 연구에서 약 85%는 원래의 선택을 고집했고(Burns & Wieth, 2004), TV 프로그램에서도 유사한 경향을 보였다. 안타깝게도 옳은 선택이 아니다. 언뜻 보기에는 선택을 바꾸건 그렇지 않건 50%의 확률을 가지는 듯하다. 하지만 실제로는 선택을 바꾸면 당첨 확률이 2/3인 반면, 원래 선택을 고집하면 1/3에 불과하다.

전 세계에서 가장 높은 IQ(228)를 가진 것으로 알려진 매릴린 보 사반트(Marilyn vos Savant)는 1990년에 『퍼레이드(Parade)』[1]라는 잡지에 이 문제의 해법을 발표하였다. 이후 분개한 독자들(이 중 박사학위 소지자만 1,000명에

---

1) 역주: 미국에서 1941년에 창간되었으며 가장 많이 읽는다고 알려진 잡지. 독자 수가 5,000만 명을 넘는다고 알려져 있음.

달했다)로부터 이 해법에 동의하지 않는다는 내용으로 수천 통의 편지가 쇄도하였다.

이 글을 읽는 여러분도 제시한 해법에 동의하지 않을 수 있다. 하지만 지금 제시하는 방법을 따라 해 보면 쉽게 수긍하게 될 것이다. 세 개의 카드를 준비하자. 하트 A(자동차), 스페이드 J(염소 1), 클로버 J(염소 2). 카드를 섞은 후 친구에게 그중 하나를 고르게 하자. 이제 남아 있는 두 개의 카드 중 J 카드 하나를 제거한 다음, 친구에게 본인이 선택한 카드를 바꿀 것인지 물어보자. 결과를 기록한 다음, 이 과정을 다시 반복해 보면 선택을 바꾸는 것이 이득이라는 것을 확인하게 될 것이다.

다른 방법으로는 [그림 9-2]에 보이는 것처럼 Krauss와 Wang(2003)이 사용한 분석법을 들 수 있다. 이들에 의하면, 몬티 홀 문제에는 세 가지 배열만이 존재한다. 처음에 차를 선택할 확률은 1/3이다. 이제 게임 진행자는 (염소가 있는 게 명확한) 하나의 문을 연 후, 남은 하나의 문 뒤에 자동차가 있을 수 있다고 말한다. 결과적으로 선택을 바꾸지 않으면, 처음에 선택한 문 뒤에 자동차가 있는 경우(1/3의 확률)에만 당첨이 된다. 반면, 선택을 바꾸면, 처음에 염소를 선택했을 경우(2/3의 확률)에 당첨이 된다.

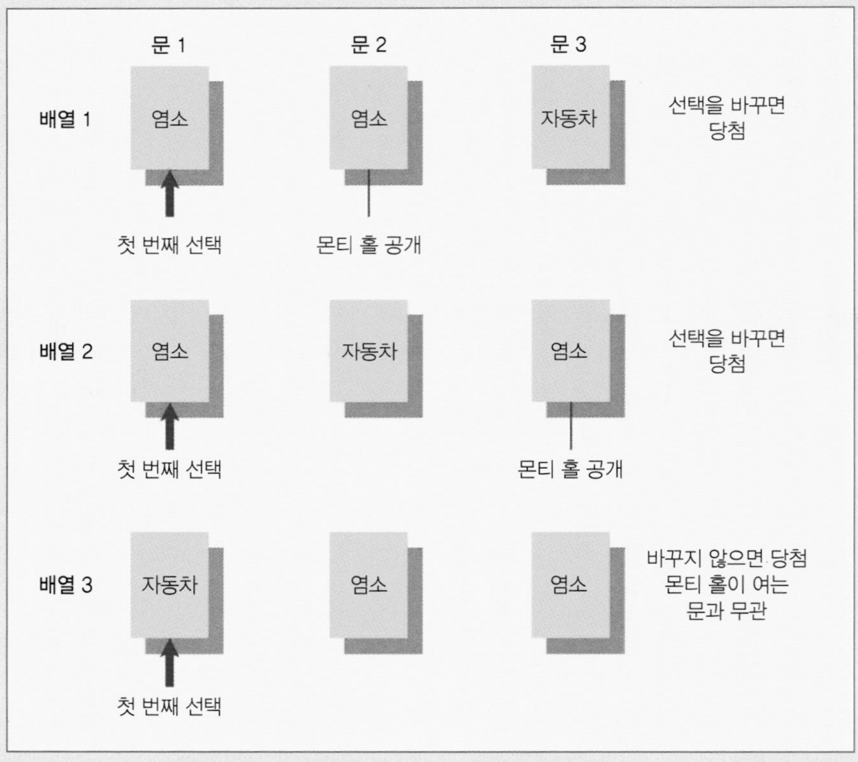

[그림 9-2] 몬티 홀 문제의 해법. 가능한 세 개의 배열 중 두 개에서 선택을 바꾸면 당첨이므로 바꾸는 게 이득이다. 따라서 바꿀 것이다.
출처: Krauss & Wang (2003).

몬티 홀 문제를 어렵게 느끼는 **이유**는 무엇일까? 먼저, (어떤 전략이 다른 전략보다 두 배 더 효과적일지라도) 주어진 상황이 모호하기 때문이다. 만약 문이 3개가 아니라 10개라면 어떨까? 당신이 하나의 문을 선택하면, 나머지

9개의 문 중 8개가 열리고 선택을 바꿀지 물어본다고 가정해 보자. 아마도 바꾼다는 선택을 할 가능성이 높아질 것이다(그 이유는 선택을 바꾸지 않으면 10%의 확률에 머무르는 반면, 선택을 바꾸면 90%로 확률이 증가한다고 생각하기 때문일 것이다).

둘째, 사람들은 본인이 직접 선택하는 것이 훨씬 더 낫다는 착각을 한다. Langer(1995)는 이를 통제의 착각(illusion of control)이라 하였다. 실험 사례로 살펴보자. 로또 복권을 1달러에 판매하는 실험에서 참가자의 절반은 자신이 직접 로또를 선택할 수 있었고, 나머지 절반은 실험자에게 로또 복권을 받았다. 다음날 실험자가 참가자에게 로또 복권을 되팔 의향이 있는지 물어보았다. 복권을 받은 참가자가 제시한 가격은 구매 가격의 약 두 배 정도인 1.96달러였다. 반면, 복권을 직접 선택한 참가자가 제시한 가격은 놀랍게도 8.67달러에 달했다. 자신이 복권을 선택했다는 것이 마치 마법처럼 당첨 확률을 폭발적으로 증가시켜 버린 듯한 느낌이었다. 이와 유사하게 몬티 홀 문제 역시 참가자가 직접 최초 선택을 했을 때만 이런 현상이 나타난다.

셋째, 사람들은 종종 균등성 오류(uniformity fallacy)라 불리는 어림법을 사용한다(Falk & Lann, 2008). 균등성 오류는 모든 선택지가 동일한 확률을 가지고 있으며 어떤 상황에서도 이러한 확률이 유지된다는 가정에서 비롯된다. 이로 인해 남은 문의 당첨 확률이 선택한 문의 당첨 확률에 비해 높을 수는 없다고 생각하게 된다.

넷째, 몬티 홀 문제는 중앙 집행기(4장 참조)에 상당히 무리를 준다. 게다가, 중앙 집행기에 의존하는 과제를 동시에 수행하게 되면 몬티 홀 문제를 해결할 가능성이 훨씬 더 줄게 된다(동시 수행 시 22%에서 8%로 문제 해결 확률 저하; Neys & Verschueren, 2006).

다섯째, 대부분의 사람은 인과 관계를 정확하게 파악하지 못하고 진행자가 무선적으로 문을 선택했다는 잘못된 믿음을 가지고 있다. Burns와 Wieth(2004)가 제시한 몬티 홀 문제의 인과 관계 구조를 살펴보자. 가령 3명의 권투 선수가 있는데, 그중 1명이 확실히 우위를 점하고 있다고 하자. 당신이 3명 중 1명을 선택하면 다른 2명의 선수가 시합을 한다. 그리고 그 시합의 승자가 당신이 먼저 선택한 선수와 시합을 하게 되고, 이 시합의 승자를 맞추면 당신은 게임에서 이긴다. 이제 당신은 먼저 선택한 선수를 유지할 것인지 아니면 첫 번째 시합의 승자로 바꿀 것인지를 결정해야 한다. 원래 제시한 몬티 홀 문제에서는 15%만이 선택을 바꾼다고 하였으나, 이와 같은 방식으로 문제를 기술하면 51%가 선택을 바꾸는 것으로 결정한다. 그 이유는 첫 번째 시합에서 이긴 것이 선수의 실력 때문이라고 생각하기 때문이다.

이렇게 잘못된 전략을 선호하게 하는 많은 요인이 존재한다는 것은, 몬티 홀 문제를 직관적 판단으로 해결할 수 없는 이유 그리고 올바른 전략을 선택하게 하는 것이 어려운 이유를 잘 보여 준다. 이 글을 읽고 나서도 여전히 의심하고 있지는 않은가?

중간 요약

서론

- **문제는 잘 정의된 문제와 모호한 문제 그리고 지식 요구형 문제와 지식 최소 요구 문제로 구분할 수 있다. 대부분의 실험실 연구는 잘 정의된, 지식 최소 요구 문제를 다루어 왔으나 일상생활에서 접하는 문제는 모호한, 지식 요구형 문제가 대부분이다.**

몬티 홀 문제

• 문제를 접한 대부분이 정답을 맞히지 못했다. 이 문제가 왜 이렇게 어려울까? 오답을 선택하게 하는 요인이 최소 다섯 개가 있고, 그러한 요인이 강력하게 작용하는 것이 너무도 당연해 보인다.

문제 해결 전략

Allen Newell과 Herb Simon이 1972년에 출간한 책, 『인간의 문제 해결(Human Problem Solving)』은 문제 해결 분야의 기념비적인 작품이었다. 이들의 핵심적인 주장은 복잡한 문제를 해결할 때 인간이 가진 정보처리 및 저장 능력의 한계를 고려하여 전략을 사용한다는 것이다. Newell과 Simon은 인간의 단기기억 용량에 한계가 있으며 복잡한 정보는 일반적으로 계열적 처리를 한다고 가정하였다. 이러한 가정은 그들이 제작한 General Problem Solver(잘 정의된 문제를 풀기 위해 제작한 컴퓨터 프로그램)에도 포함되어 있다.

그렇다면 인간은 처리 용량의 한계에 어떻게 대처하는가? Newell과 Simon(1972)은 인간이 주로 어림법이나 경험칙(rule of thumb)에 의존하며, 주로 알고리듬에 기반하는 컴퓨터와 상반된다고 주장하였다.

알고리듬 vs. 어림법

Key term

문제 공간(problem space): Newell과 Simon(1972)에 의해 사용된 모형으로, 문제를 푸는 사람을 미로에서 길을 찾으려는 사람과 비교함. 이 미로에서 사람들은 문제의 초기 상태에서 일련의 중간 상태를 거쳐 바람직한 최종 목표 상태로의 심적 여정을 가짐

알고리듬(algorithm): 전체의 문제 공간을 섭렵하여 해결책이 존재한다면 거기에 이르게 만드는 단계별 작업의 체계적 세트. **어림법**과 비교해 볼 것.

Newell과 Simon(1972)은 문제 해결을 미로 탈출에 비유하였다([그림 9-3]). 탈출로는 초기문제 상태에서 최종 목표 상태로 이어진다. 장애물로 인해 길 찾기에 실패하기도 하지만 (탈출로가 존재한다면) 결국 탈출로를 찾는다. Newell과 Simon은 미로를 문제 공간(problem space)이라고 하였다. 문제를 해결하려는 사람은 문제 공간에서 길을 찾으려고 노력한다.

알고리듬(algorithm)은 문제 공간 전체를 포함하고 (존재한다면) 해결책을 보장하는 단계별 작업으로 구성된 체계적 세트를 말한다. 종종 단순 작업을 반복적으로 적용할 때도 있다. 예를 들어, p로 끝나는 다섯 글자의 새 이름을 말해 보라는 질문을 받았다고 해 보자. 먼저, p로 끝나는 다섯 글자 단어를 모두 떠올리고 그중 새 이름을 찾는 알고리듬을 생각할 수 있다. 또는 좀 더 효율적인 방법으로 새 이름에서부터 시

작하여 그중 p로 끝나는 다섯 글자 이름을 찾는 알고리듬도 생각할 수 있다. 두 가지 알고리듬 모두 체계적으로 적용해 나가면 최종 해결책에 도달하게 된다.

알고리듬은 문제 공간 전체를 포함하면 언제나 해결책을 도출한다. 그런데 이러한 점이 알고리듬의 약점이기도 하다. 즉, 문제 공간을 정확하게 알아야 문제에 알고리듬을 적용하고 문제 공간 전체를 포함한다는 것을 확인할 수 있다. 결과적으로 알고리듬은 (문제 공간 전체가 명확하게 보이는) 잘 정의된 문제에는 효율적이지만, (문제 공간이 명확하지 않은) 모호한 문제에 적용하기에는 어려움이 있다. 그래서 알고리듬은 숫자로 바꿀 수 있는 문제에 특히 잘 적용된다.

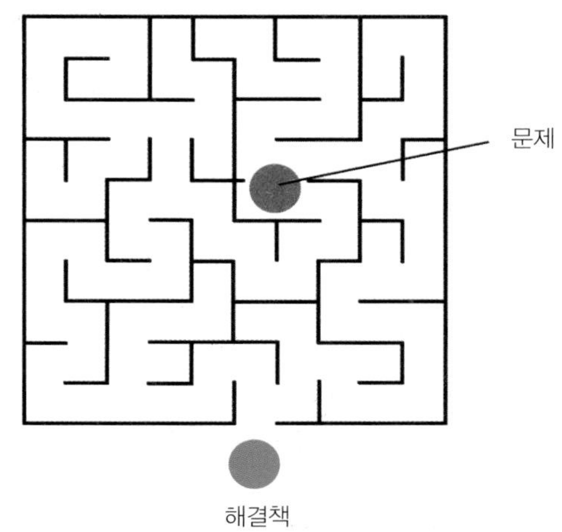

[그림 9-3] 문제 해결의 문제 공간 모형. 문제 공간 모형은 문제 해결을 미로에서 초기 문제 상태부터 최종 목표 상태(해결책)에 도달하는 방법을 찾는 것에 비유했다.

인간은 추론 속도가 느리고 반복적인 과제에 쉽게 지루해하기 때문에 알고리듬 적용을 잘 하지 못하는 편이다. 게다가, 알고리듬을 사용하기 위해서는 세세하게 계획을 세워야 한다. Newell과 Simon(1972)은 단기기억 용량의 한계 때문에 문제를 풀 때 대부분 적당한 수준의 계획을 세운다고 가정하였다. 또한 계획을 수립하려면 시간과 노력이라는 비용이 발생하는데, 단순한 해결책으로도 충분할 때가 있어 굳이 계획을 수립할 필요가 없다. 결과적으로 우리는 항상 단순한 해결책, 지름길을 찾는다는 것이다. 문제 공간 전체를 체계적으로 살펴보기보다는 문제와 해결책 간의 거리를 빠르게 줄여 나갈 수 있는 일련의 행위를 찾는다.

Delaney와 동료들(2004)은 지름길을 선택해도 대부분 별 문제가 없다는 것을 보여 주었다. 참가자는 물병 문제를 풀었다([그림 9-16] 참조). 일정 용량의 물이 담긴 3개의 병이 있고, 참가자는 3개의 병을 사용해 연구자가 제시한 수치로 물의 용량을 맞추어야 한다. 예를 들어, 각각의 물병에 25L, 5L, 3L의 물이 담겨 있고, 참가자는 14L로 물을 맞추어야 한다. 참가자를 두 집단으로 나누고, 첫 번째 집단(계획 수립 집단)은 물병의 물을 옮기기 전에 해결책을 찾고 시작하라는 지시를 받았고, 두 번째 집단(통제집단)은 원하는 방식대로 진행하라는 지시를 받았다. 통제집단은 계획을 세우는 모습을 거의 보이지 않았고, 실제로 계획 수립 집단에 비해 더 많은 시도가 필요했다. 결국 인간은 계획 수립 능력이 있으나 종종 안 하는 쪽을 선택하는데, 그 이유는 계획 수립이 부담스럽고 어쨌든 간에 결국 최종 해결책에 도달하기 때문이다.

연구자들은 이러한 경험칙을 어림법(heuristics)이라고 한다. 어림법은 인지적인 부담이 적

Key term

어림법(heuristic): 인지적으로 덜 부담스러우면서도 종종 대략적인 정답을 내는 경험 법칙. **알고리듬**에 대한 설명도 참조할 것

수단-목표 분석(means-ends analysis): 문제의 현재 상태와 최종 또는 목표 상태의 차이를 줄이기 위해 고안된 하위 목표를 생성하여 문제를 해결하는 **어림법**

음에도 종종 거의 정확한 답을 만들어 낸다. 어림법은 예감, 경험에서 나오는 직감, 이전에 좋은 결과를 가져온 해법에 기반한다. 어림법은 대규모의 정보처리가 필요하지 않다는 장점이 있으나, 몬티 홀 문제에서처럼 때때로 실패로 이어지게 하고 잘못된 해결책을 고집하게 만들기도 한다.

다음 장에서 문제 해결에 사용되는 어림법을 살펴보자.

문제 해결 시 사용하는 어림법

수단–목표 분석

Newell과 Simon(1972)이 찾은 가장 중요한 어림법은 수단–목표 분석(means–end analysis)이다.

- 문제의 현재 상태와 목표 상태의 차이를 확인한다.
- 차이를 줄이기 위해 하위 목표를 구성한다.
- 하위 목표 달성을 가능하게 하는 심리적 작동 기제를 선택한다.

수단–목표 분석은 문제 해결에 상당히 도움이 되는 편이다. 가령 욕실의 세면대에 물이 샌다고 해 보자. 이 문제를 해결하기 위한 전략은 (물이 새는 부위에 손가락을 몇 번 대 본 다음) 누수 부위를 수리할 수 있는 사람을 찾거나 그런 사람을 알고 있는 사람(예: 집주인)을 찾는 것이 될 것이다. 이처럼 접근하는 것이 수단–목표 분석의 한 가지 사례이다.

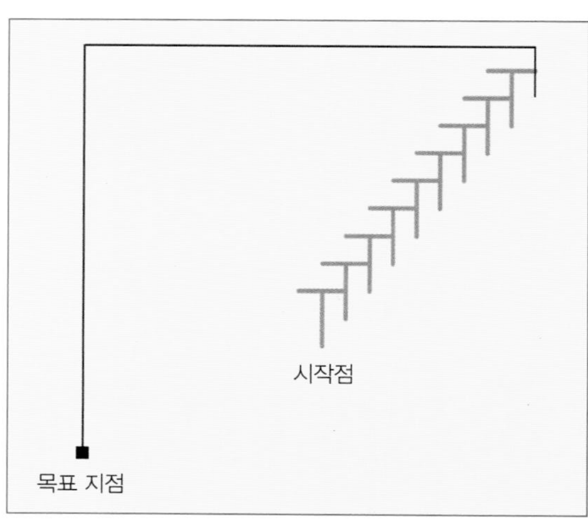

[그림 9–4] Sweller와 Levine(1982)의 연구에서 사용한 미로

수단–목표 어림법은 하위 목표가 최종 목표를 성취하는 데에 도움이 될 때 적절히 작동한다. Sweller와 Levine(1982)은 [그림 9–4]와 같이, 하위 목표가 문제해결에 도움이 되지 않는 미로를 만들었다. 참가자는 눈을 가린 상태로 골판지에 얇은 하드보드지를 붙여 만든 미로의 시작점에 오른손 검지를 위치시켰다. 참가자의 과제는 미로

의 끝 지점에 있는 플라스틱 디스크를 찾는 것이었다. 참가자의 절반에게는 목표 지점을 알려 주고 그곳에 왼손을 놓게 하였고, 나머지 절반에게는 목표 지점에 대한 정보를 주지 않았다. 미로의 모습을 보고 예측할 수 있듯이, 목표 지점을 알려 준 참가자가 미로를 빠져나오는 데에 훨씬 더 오랜 시간이 걸렸다.

언덕 오르기

다음으로 소개할 어림법은 언덕 오르기다. 언덕 오르기(hill climbing)는 최종 목표보다는 단기 목표에 집중하는 방법이다. 상황의 구성 요소를 나열하고 변화 가능한 것을 시도해 본다. 그중 가장 큰 변화를 가져올 만한 것을 선택한다.

> **Key term**
>
> **언덕 오르기(hill climbing)**: 문제 해결 시 사용되는 간단한 어림법으로, 목표나 문제의 해결책에 더 가까이 다가갈 수 있는 방법에 초점을 맞춤
>
> **진전도 점검(progress monitoring)**: 문제 해결 시 사용되는 어림법으로, 해결책을 향한 진전이 충분히 빠르지 않을 경우 다른 전략을 채택하도록 이끄는 것

언덕 오르기 어림법을 사용하는 사람은 특정 구역에서 가장 높은 산을 오르길 원하는 등산가와 유사하다. 항상 위로 움직이려는 전략을 선택한다. 이런 전략이 유용할 수 있으나 때로 계곡으로 분리되어 있는 언덕에 오른 자신을 발견할 수도 있다.

언덕 오르기 어림법은 수단–목표 분석에 비해 간단한 전략으로 문제의 구조를 명확하게 이해하지 못했을 때 주로 사용된다. 그래서 문제를 해결할 가능성은 수단–목표 분석보다 상대적으로 떨어진다(Robertson, 2001).

진전도 점검

진전도 점검(progress monitoring)은 MacGregor와 동료들(2001)이 제시한 어림법이다. 이 방법에서는 최종 목표까지의 진전 정도를 평가하는데, 어느 정도 수행한 후 진전 정도가 너무 늦으면 전략을 변경하게 된다.

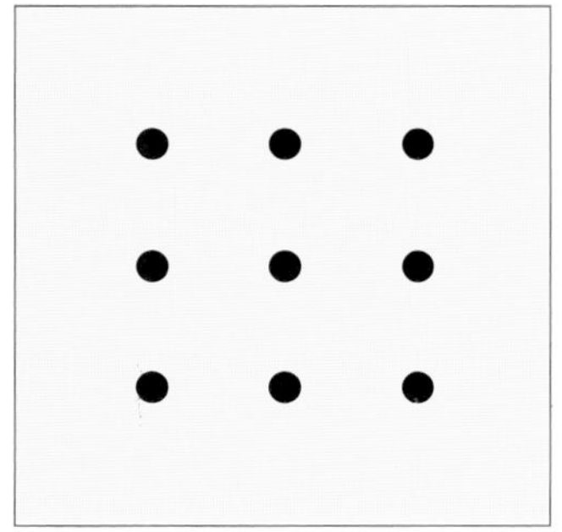

[그림 9–5] 9개의 점 문제. 종이에서 펜을 떼지 않고 4개의 직선으로 9개의 점을 연결하라.

MacGregor와 동료들(2001)의 연구에서 제시한 결과를 살펴보자. 참가자는 [그림 9–5]와 같은 9개의 점 문제를 받았다. 이 문제에서 참가자는 펜을 종이에서 떼지 않고 4개의 직선으로 9개의 점을 모두 이어야 한다. 한번 시도해 보자. 답은 이 장의 마지막에 나와 있다.

9개의 점 문제는 어렵다. 왜 그럴까? MacGregor와 동료들(2001)에 의하면, 이 문제를 풀 때 처음에 9개의 점이 만드는 사각형 안에서 계속 진행하게 되고, 이 방법으로 문제를 해결할 수 있다고 기대한다는 것이다. 진전도 점검 가설을 확인하기 위해서 참

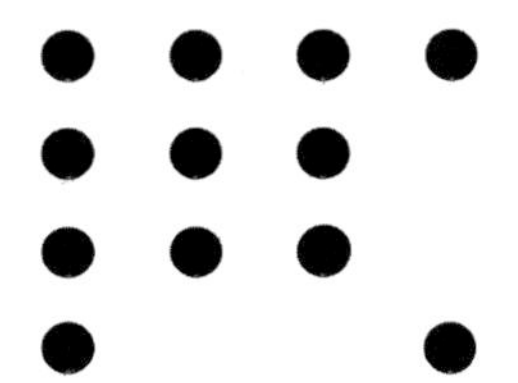

[그림 9-6] 13개 점 문제. 종이에서 펜을 떼지 않고 4개의 직선으로 모든 점을 연결하라.

가자에게 [그림 9-6]과 같은 13개 점 문제를 제시하였다. 13개 점 문제는 더 많은 점을 이어야 함에도 불구하고 훨씬 더 쉽게 풀었는데, 그 이유는 진전도 점검 시 해법에서 멀어진 것으로 생각하여 전략을 변경하는 실수를 하지 않았기 때문이라는 것이다.

가용성

Key term

가용성 어림법(availability heuristic): 해당 사건에 관한 정보를 얼마나 쉽게 장기기억에서 접근할 수 있는지에 기초하여 특정 사건의 빈도를 (종종 틀리게) 추정하는 어림법

Tversky와 Kahneman(1974)은 가용성 어림법을 사용한다고 주장하였다. 가용성 어림법(availability heuristic)에 의하면, 문제에 대해 처음으로 떠오른 해법에 의존하고 그 해법에 근거해 문제의 난이도를 평가하게 된다.

처음으로 떠오른 생각에 의존하는 방법은 이전에 비슷한 문제를 성공적으로 해결한 적이 있을 때 괜찮은 전략이다. 하지만 첫 번째 해법이 제대로 작동하지 않는 것으로 드러났거나 혹은 작동하는 것으로 보였지만 실제로는 그렇지 않으면, 종종 방향을 잃고 헤매게 만들기도 한다. 예를 들어, 몸이 아플 때 가용성 어림법은 증상이 사라질 때까지 약을 먹으라고 한다. 그리고 대부분 이런 방식이 적절하지만 항생제를 복용하고 있을 때는 그렇지 않다. 항생제는 박테리아가 완전히 제거될 때까지 복용하여, 박테리아가 저항력을 키우지 못하게 해야 한다. 그런데 증상이 사라진 후에도 약을 복용하는 것은 가용성 어림법에 어긋나기 때문에, 의사는 그 이유에 대해 훨씬 더 상세하게 설명해야 한다.

가용성 어림법은 문제의 빈도나 난이도 추정에도 사용된다. Tversky와 Kahneman(1974)은 다음과 같은 문제를 참가자에게 제시하였다.

> 영어 알파벳 철자의 출현 빈도를 연구하고 있습니다. 단어의 첫 번째와 세 번째 위치에 나오는 알파벳 철자의 빈도를 기록하였습니다. 이때 3개 미만의 철자로 구성된 단어는 제외하였습니다.
>
> 화면에 여러 개의 철자에 제시되는데, 그 철자가 첫 번째와 세 번째 위치 중 어느 곳에 더 자주 나타나는지와 각 위치에 나타나는 빈도의 비율을 추정해 보시기 바랍니다.
>
> 알파벳 철자 R을 떠올려 보세요. R은 단어의 첫 번째와 세 번째 위치 중 어느 곳에 등장할 가능성이 더 클까요?

이 연구에서 참가자 대부분은 알파벳 철자 R이 세 번째보다 첫 번째 위치에 나올 가능성이

더 크다고 응답하였다. 실제로는 세 번째에 더 많이 나타난다. Tversky와 Kahneman(1974)은 R이 세 번째 위치에 있는 단어에 비해 R로 시작하는 단어를 떠올리기가 훨씬 쉬워서 이런 현상이 나타난다고 주장하였다. 즉, 가용성에 기반하여 빈도를 추정한다.

가용성 어림법은 사람들이 흔히 (실제로는 반대임에도 불구하고) 비행기가 자동차보다 덜 안전하다고 생각하는 이유를 설명해 준다. 언론에서 비행기를 언급할 때는 엄청난 사상자가 발생한 사고가 대부분이며, 이러한 정보는 기억 속에서 훨씬 더 인출하기 쉽다.

기억이 선명한 최근 뉴스에 의해 더 많은 영향을 받는 이유도 가용성 어림법으로 설명할 수 있다. Kliger와 Kudryavtsev(2010)는 회사 지분의 매매를 결정할 때, 회사가 얼마나 잘하고 있는지뿐만 아니라 시장에서의 최근 매매 동향과 거래자의 최근 매매 경험(이득 혹은 손실)에 의해서도 영향을 받는다고 주장하였다. 투자자는 어떤 이유든지 간에 최근에 뉴스에 나온 주식에 훨씬 더 많은 관심을 기울이게 된다. 같은 맥락에서, 사건에 대한 사람들의 반응도 최근의 뉴스에서 그 사건을 어떻게 묘사했는지에 의해 크게 영향을 받는다.

문제의 난이도 추정 시에도 가용성 어림법을 사용하는 것이 분명해 보인다. 해법이 쉽게 보이는 문제는 어려운 문제가 아니고, 해법이 즉각적으로 떠오르지 않는 문제는 어려운 문제이다. 그래서 $X=75+(115.46^2-(4.3\times27.5)/88.88)\times0\times(558.4+112.6)$와 같은 문제를 보면 어렵다고 생각한다.

이 문제의 답을 찾았는가? 못 찾았다면, 왜 못 찾았을까? 보기에는 상당히 어려워 보이는 문제이지만 실제로는 쉬운 문제로 만들기 위해 고전적인 수법을 사용했다는 것을 눈치챘는가? 곱셈 안에 0이 포함되어 있어서 수식 안의 $(115.46^2-(4.3\times27.5)/88.88)\times0\times(558.4+112.6)$은 간단히 0이 되어, 결국 $X=75+0$이라는 수식이 남는다. 하지만 문제가 무척 복잡해 보이기 때문에 많은 사람이 쉽게 포기한다.

정반대로 해법이 빠르게 떠오르는 문제는 쉽게 보인다. 몬티 홀 문제를 접했을 때 어려운 문제라고 생각한 사람은 거의 없으며, (실제로는 틀렸지만) 정답을 안다고 생각한다. 이런 맥락에서, 많은 사람이 자신의 지식 수준을 과대평가하는 경향, 즉 알고 있다는 착각(illusion of knowing) (Glenberg et al., 1982) 혹은 설명 깊이의 착각(illusion of explanatory depth) (Keil, 2012)을 들여다볼 필요가 있다. 이러한 착각을 쉽게 확인해 볼 수 있는 방법은 (지퍼, 헬리콥터, 자전거 등과 같은) 설비나 장치의 특정 부품의 기능 혹은 특정 정당의 지향점을 얼마나 잘 알고 있는지 물어본 다음, 충분히 설명해 보라고 요구하는 것이다. 이후 자신의 최초 지식 수준을 조정할 기회를 주면 대부분 스스로 추정치를 낮출 것이다.

Key term

알고 있다는 착각(illusion of knowing): 사람들이 어떤 주제에 대해 자신이 실제 아는 것보다 더 많이 알고 있다고 확신하는 것

알고 있다는 착각은 심리학이 어렵다고 생각하는 사람이 거의 없는 이유도 설명해 준다(Keil, 2012). 심리학자가 제시하는 해법은 피상적이거나 핵심에서 벗어나 보이기도 하지만 보통 쉽게 떠오르는 것이다. Scharrer와 동료들(2014)은 읽기 쉽고 이해하기 쉬운 글을 읽고 나면 알고 있다는 착각에 빠지기 쉽다고 주장하였다. 이럴 때 읽은 글을 충분히 이해하지 못했고 읽은 글에서의 주장이 잘못되었을 가능성이 있음에도 불구하고 갑자기 모든 게 명쾌해지는 것처럼 느끼기도 한다. 그래서 Scharrer와 동료들(2014)은 쉬운 책은 알고 있다는 착각을 유발하며, 해당 주제를 깊게 공부하지 못하도록 만들고, 전문가의 도움을 받아야 한다는 것을 깨닫지 못하게 만들기 때문에 득보다 실이 클 수 있다고 주장하였다.

유추의 사용

다음으로 소개할 어림법은 주어진 문제와 이전에 풀었던 문제 간의 유사성, 즉 유추를 사용하는 것이다. 다른 어림법과 마찬가지로, 이 방법 역시 종종 잘 작동하긴 하지만 항상 그런 것은 아니며 때로 길을 잃게 만들기도 한다.

과학의 역사에서 유추적 문제 해결(analogical problem solving)의 사례는 무수히 많다. 뉴질랜드 물리학자 Ernest Rutherford는 원자의 구조를 이해하기 위해 태양계 유추를 사용했다. 그는 행성이 태양을 공전하는 것처럼 전자는 핵 주위를 돈다고 주장했다. 이러한 유추를 통해 물리학 전공자들이 원자를 더 쉽게 이해하고 관련 연구를 진행할 수 있었다. 결과적으로는 Rutherford의 유추가 틀렸다고 밝혀졌으며 오랜 시간 동안 연구자들의 심도 있는 이해를 방해하기도 하였다.

심리학자도 기억 체계에 도서관 유추를 사용하였다. 기억은 (색인으로 저장 위치를 결정하는) 도서관의 책과 같이, 습득, 저장, 인출의 과정을 가진다는 것이다. 이러한 유추(때로 은유라고 불리기도 함)는 새롭고 복잡한 문제를 이해하고 연구 문제를 만들어 내는 데 도움이 된다. 동시에 (저장된 위치만 알면 책을 찾는 것처럼 완전한 기억을 찾을 수 있다는) 적절하지 않은 방향으로 이끌어 연구자가 앞으로 나아가는 것을 방해하기도 한다.

문제를 접했을 때 적절한 유추를 사용할 가능성은 어느 정도일까? 관련 연구를 보면 그렇게 희망적이지는 않다. Gick과 Holyoak(1980)은 암 치료 문제로 이를 확인해 보았다. 악성 위암 환자를 치료하기 위해 방사선 치료 요법을 사용하려고 한다. 그런데 암세포를 파괴할 정도로 방사선 강도를 높이면 그 경로에 있는 건강한 세포도 파괴하고, 건강한 세포에 영향을 주지 않을 정도로 강도를 낮추면 암세포도 파괴하지 못하게 된다. 게다가, 환자는 암세포 제거를 위한

> **Key term**
>
> **유추적 문제 해결(analogical problem solving)**: 과거에 해결된 문제와 현재의 문제 사이의 유사점을 탐지하는 것에 기초한 문제 해결의 한 유형

수술을 받을 수는 없다.

해답(이 장의 마지막 참조)을 찾기 어렵다면, 다음 이야기를 참조해 유추해 보자. 요새 점령 작전을 실행하려는 장군이 있었다. 그런데 요새로 이어지는 길이 땅굴이어서 군대 전체를 한꺼번에 하나의 땅굴로 이동시키기는 어렵다. 하지만 작은 규모의 부대는 안전하게 통과할 수 있다. 장군은 군대를 여러 개로 나누어 각각 다른 길로 이동하여 요새에 동시에 다다르게 하였다.

Gick과 Holyoak(1980)의 연구 결과를 보면, 요새 이야기와 관련이 있다고 들었을 때 80%가 문제를 풀었으나, 요새 이야기의 관련성을 알려 주지 않았을 때는 40%만이 문제를 풀었다. 이 결과를 보면, 장기기억 속에 유추가 있다고 해도 그것을 사용한다고 보장하기는 어렵다. 유추의 관련성을 반드시 인식해야만 한다.

Keane(1987)의 연구를 보면, 요새 공격 이야기처럼 방사선 문제와 깊은 수준의 인과적 유사성이 있을 때, 표면적인 유사성을 가질 때보다 유추를 사용할 가능성이 높았다. 이와 관련해 Chen(2002)은 세 가지 종류의 유사성을 제안하였다.

1. **표면적 유사성**: 해법과는 관련이 없는 세부사항이 비슷함
2. **구조적 유사성**: 주요 구성 요소와 관련한 인과 관계가 비슷함
3. **절차적 유사성**: 해결 원칙을 구체적으로 수행하는 절차나 행위가 비슷함

표면적 유사성은 찾기 쉽고 가장 먼저 떠오르지만, 종종 잘못된 방향으로 이끌 수도 있다(Keane, 1987). 다행스럽게도 유추를 인식할 때가 아니라 **생성**해야 할 때는 표면적 유사성에 대한 의존도가 줄었고, 구조적 유사성과 절차적 유사성에 대해 훨씬 더 주의를 기울였다(Dunbar & Blanchette, 2001; Bearman et al., 2007 참조). Day와 Goldstone(2011)은 문제를 단순히 읽기만 했을 때보다 문제에 대해 깊게 고민했을 때 구조적 유사성과 절차적 유사성을 지각할 가능성이 증가한다는 것을 보여 주었다.

[그림 9-7] 어느 공이 더 무거울까?
8개의 공 중에 다른 공에 비해 살짝 무거운 공 1개가 있다. 저울로 그 차이를 찾아낼 수 있다. 문제는 저울을 두 번만 사용할 수 있다는 것이다. 당신은 해결책을 찾을 수 있는가?
해결책을 찾기 어렵다면 6개의 공으로 시도해 보자. 그리고 그 해결책을 토대로 공이 8개일 때의 해결책을 유추해 보자.

유추를 할 때 항상 다른 문제를 연결해야 하는 것은 아니다. [그림 9-7]과 같이 오히려 같은 문제의 쉬운 형태라고 볼 수 있다. 어려운 문제의 단순

한 형태를 먼저 풀어 보면, 답을 쉽게 찾을 수 있을 때가 많다.

다른 어림법과 마찬가지로, 유추를 찾을 수 있으면 대부분 문제 해결에 도움이 된다. 하지만 적절한 해결책이라는 보장은 없으므로 표면적 유사성이 헷갈리게 하여 잘못된 방향으로 이끌 수도 있다.

중간 요약

문제 공간 모형

- Newell과 Simon(1972)은 문제 해결을 미로에서 길 찾기에 비유했다.
- 문제 해결에 두 가지 전략을 사용할 수 있다. 알고리듬을 사용하여 문제 공간을 구조적으로 살펴보거나 문제와 해결책 간의 거리를 줄일 수 있는 경험 기반 추측, 즉 어림법을 사용할 수 있다.
- 단기기억 용량의 제한과 복잡한 정보의 계열적 처리라는 특성으로 인해 인간은 알고리듬보다 어림법을 사용할 가능성이 더 크다. 어림법을 사용하면 인지적 부담이 적고 (항상 최적이 아니라 하더라도) 대개 해결책을 찾을 수 있다. 어림법은 모호한 문제에도 적용할 수 있다.
- 문제를 해결할 때 계획 수립이 인지적 부담을 많이 주기 때문에 적당한 수준으로 계획으로 세울 때가 많다. 계획 수립을 권장하면 좀 더 효과적으로 계획을 세우기도 한다.

수단–목표 분석

- 수단–목표 분석은 현재 상태와 목표 상태의 간극을 줄일 수 있는 하위 목표를 구성하는 어림법이다. 역효과를 낳을 때도 있다.

언덕 오르기

- 즉각적인 이득에만 초점을 맞추기 때문에, 수단–목표 분석에 비해 좀 더 단순하다. 문제 구조를 명확하게 이해하지 못할 때 주로 사용한다.

진전도 점검

- 목표에 도달한 정도를 평가하는 어림법이다. 진전 정도가 느리면 전략을 바꾸기도 한다.

가용성

- 대부분 현재 가용성이 가장 높은 해결책을 선택한다. 그리고 해결책의 가용성에 근거해 문제의 빈도와 난이도를 추정한다.
- 가용성 어림법을 사용하게 되면, 특히 쉬운 글을 읽을 때 알고 있다는 착각에 빠지게 되어 본인의 지식 수준을 과대 평가하고 문제의 난이도를 낮게 추정하곤 한다.

유추의 사용

- 주어진 문제와 표면적 유사성, 구조적 유사성, 절차적 유사성을 공유하는 문제를 토대로 유추를 사용할 수 있다. 표면적 유사성은 알아차리기 가장 쉽다. 그리고 유추 생성을 권장하거나 문제에 대해 깊게 고민하게 되면 구조적 유사성과 절차적 유사성에 주의를 기울일 가능성이 증가한다.

과연 통찰은 존재할까

문제 공간 모형은 적절한 은유(유추)를 제공하여 느리지만 확실하게 해답을 찾게 해 줄 때가 많다. 예를 들어, 758×694와 같은 수식을 풀려면 적절한 순서에 따라 여러 번의 계산을 거쳐야 한다. 이런 문제를 푸는 것은 문제 공간에서 단계적으로 해답으로 이동하는 것과 같다.

Key term

통찰(insight): 문제를 어떻게 해결해야 하는가에 대하여 갑자기 깨달음을 얻는 경험

하지만 미로에서 차근차근 길을 찾는 것과 같지 않은 문제도 있다. 오랜 시간 동안 불가능해 보이다가 갑자기 완전한 해답을 찾는 '아하(aha)' 경험을 하게 되는 문제도 있다. 이런 문제를 통찰(insight) 문제라고 한다.

통찰 문제는 20세기 초 게슈탈트 심리학파의 관심을 많이 받았다. 그리고 오랜 시간이 지나서 1972년에 Newell과 Simon이 문제 공간 모형을 제시하였다. 2장에서 게슈탈트 심리학파가 주장한 전체는 부분의 합보다 크다는 명제를 이미 살펴보았다. 개별 음을 확인하여 멜로디를 지각할 수 없듯이 개별 단계를 살펴보고 문제 해결 방법을 이해할 수는 없다. 문제 전체를 보아야 한다.

게슈탈트 심리학자는 유인원 학습에 대한 Köhler(1927)의 연구를 주로 언급하였다. Kohler는 침팬지 우리의 천장에 한 묶음의 바나나를 붙여 놓았다. 천장의 높이는 침팬지의 손이 닿지 않을 정도였고, 우리 곳곳에 상자를 여러 개 놓아두었다([그림 9-8] 참조). 침팬지가 처음에

[그림 9-8] 침팬지의 통찰 학습
출처: Köhler (1927).

는 점프를 해서 바나나를 따려고 했으나 천장에 닿지 않아, 풀이 죽어 있었다. 그런데 가만히 앉아서 생각하더니, 곧 '아하' 경험을 하고는 상자를 쌓기 시작했다.

통찰 vs. 비통찰 문제

통찰 문제와 비통찰 문제는 종류가 다르다

게슈탈트 학파는 통찰 문제를 푸는 것은 비통찰(분석적) 문제를 푸는 것과 다르다고 주장하였다. 후자는 **재생산적 사고**(이전 경험의 재사용)에 근거하는 반면, 통찰 문제는 생산적 사고, 즉 문제의 새로운 구조화를 요구한다.

Metcalfe와 Wiebe(1987)의 연구에서 통찰 문제와 비통찰 문제를 푸는 동안 참가자에게 (해답에 가까워진) '느낌(warmth)'이 들 때 버튼을 누르게 했다. 비통찰 문제를 푸는 동안에는 (문제에서 해결책으로 단계적으로 다가가는 것과 같은) 느낌이 점차 증가했다. 반면, 통찰 문제를 푸는 동안에는 느낌 평가가 일정하게 낮은 수준에 머무르다가 해결책에 다다를 때 갑작스럽게 상승하였다.

통찰력 있는 해결책은 상대적으로 자연스러우면서 별 노력을 들이지 않고 '떠오르는' 것처럼 보인다. 반면, 분석적 혹은 비통찰적 문제를 풀 때는 작업기억을 사용하는 정교한 처리가 필요한 것으로 보인다. Lavric과 동료들(2000)은 문제를 풀 때 (작업기억의 활동을 요구하는) 청각 자극의 개수를 세는 과제의 영향을 살펴보았다. 개수를 세는 작업이 분석적 문제 풀이에는 영향을 주었지만 통찰 문제에는 별 영향이 없었으며, 작업기억이 통찰 문제보다 분석적 문제에 더 중요하게 작용한다고 주장하였다. 마찬가지로, Fleck(2008)은 작업기억 용량의 차이가 분석적 문제의 수행을 예측하지만 통찰 문제의 수행은 예측하지 못한다고 보고하였다.

통찰 문제 사례

다음 문제를 풀면서 통찰 학습을 경험해 보자. 침실 서랍에 12개의 검은색 양말과 8개의 갈색 양말이 있다. 그런데 너무 어두워서 색깔의 차이를 구별하기 어렵다. 만약 같은 색의 양말 두 장이 필요하다면, 최소 몇 장의 양말을 가지고 나와 확인해 봐야 하는가?

이 문제가 통찰 문제인 이유를 살펴보자. 대부분 검은색과 갈색 양말의 비율(12:8 혹은 3:2)에 초점을 맞추어 문제를 풀기 시작하지만 별로 도움이 되지 않는다. 좀 더 적절한 방법은 '언제 같은 색깔의 양말 두 장이 있다고 확신할 수 있는가?'라는 질문에서 출발하는 것이다. 양말 세 장을 가지고 있으면 두 장의 양말 색깔이 같다는 것을 확인할 수 있다. 즉, 문제의 재구조화가 필요한 사례이다.

다른 사례로 [그림 9-9]의 잘린 체스판 문제를 보자. 두 자리를 차지하는 32개의 도미노로 채워진 체스판에서 대각선으로 모서리의 두 자리를 제거하였다. 이제 31개의 도미노로 나머지 62개의 자리를 채울 수 있을까? 계속 읽어 내려가기 전에 답을 생각해 보자.

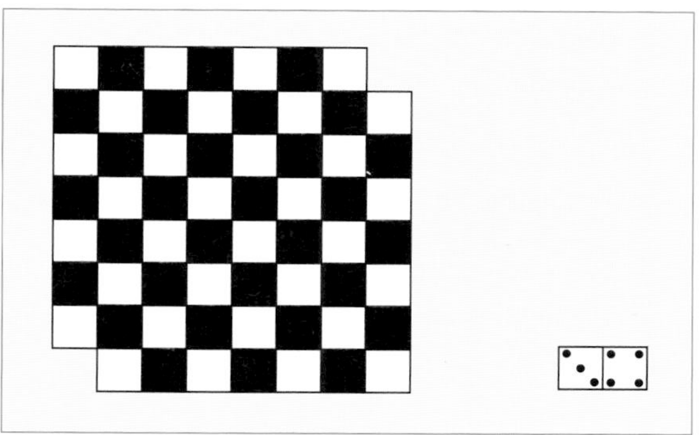

[그림 9-9] 잘린 체스판 문제. 32개의 도미노로 체스판을 덮을 수 있다. 하나의 도미노가 두 자리를 차지한다면, 대각선으로 반대의 모서리에서 두 자리를 제거하고 31개의 도미노로 62자리를 덮는 것이 가능할까? 가능하다면 왜 그럴까? 가능하지 않다면 왜 그럴까?

이 문제를 보면, 대부분 머릿속에서 도미노로 체스판의 자리를 채워 나가며 문제를 풀기 시작할 것이다(Kaplan & Simon, 1990). 안타깝게도 이런 전략은 최악이라고 할 수 있는데, 그 이유는 이미 느끼고 있는 것처럼 758,148개라는 엄청난 경우의 수가 있기 때문이다.

문제 풀이의 열쇠는 문제를 재구성하여 풀 수 있는 수준으로 만드는 것이다. 문제를 잘 살펴보면, 도미노가 항상 체스판의 흑-백 자리를 채우고 있는 것을 확인할 수 있다. 따라서 흰색과 검은색 자리 하나씩 잘라낸다면 전체 체스판을 채울 수 있지만 흰색 자리 2개나 검은색 자리 2개를 잘라내면 불가능할 것이다([그림 9-9] 참조). 그래서 31개의 도미노로 [그림 9-9]와 같은 잘린 체스판을 채울 수는 없다.

통찰 문제와 비통찰 문제의 공통점

통찰 문제도 하나의 유형이라면, 통찰 문제와 비통찰 문제의 차이점을 살펴볼 필요가 있다. 물론 둘 간의 공통점 그리고 비통찰에서 통찰로 이어지는 점진적 변화를 간과하지는 않아야 한다(Weisberg, 2014).

문제 공간 모형 안에서 통찰 문제를 떠올리면 훤히 보이는 막다른 길에 부닥친 것 같은 느낌이 들 수 있다(Öllinger et al., 2014). 하지만 어림법의 강력한 영향으로 반복적으로 그 방법을 시도하는 경향을 보인다(어림법이 체계적이지 않다는 것을 기억하자). 훤히 보이는 그 길을 벗어나서 명확하지는 않은 다른 방법을 시도해 볼 때만 해결책을 찾을 수 있다. 그렇다면 그 길이 눈에 분명히 보이게 하거나 혹은 잘 안 보이게 하는 방식으로 통찰에 의존하는 정도를 조작할 수 있을 것이다. MacGregor와 동료들(2001)은 이러한 방법을 사용하여 13개 점 문제([그림 9-6])를 구성하였다.

통찰 문제가 특별한 이유는 문제 공간을 재구성해도 여전히 같은 문제라는 점이다. 문제를 생각하는 방식(문제 표상)이 문제 해결에 매우 중요하며, 통찰 문제를 풀려면 첫 번째 표상이 적절하지 않을 때 문제 표상을 추가로 형성해야 한다. 마지막에는 문제의 재구조화가 갑작스럽게 이루어지며 정확한 문제 표상을 형성하게 된다.

통찰과 연관된 특정 형태의 뇌 활동이 있는지를 확인하기 위해 뇌 영상 기법이 사용되어 왔다(Kounios & Beeman, 2014). 예를 들어, Bowden과 동료들(2005)은 이를 위해 **원격 연합 문제(remote associate problems)**를 사용하였다. 이 문제에서 3개의 단어(예: 'card' 'master' 'lamp')를 연결하여 만들 수 있는 복합어를 떠올려야 한다(해답은 이 장의 마지막 참조). 그리고 참가자는 본인의 답이 통찰(즉, 갑작스러운 자각)로부터 나온 것인지를 보고하였다. 결과를 보면, 통찰로 해결책을 찾았을 때만 전측 상측두회(anterior superior temporal gyrus)가 활성화되었다. Bowden과 동료들(2005)은 이 영역이 전반적인 의미 관련성을 처리하기 때문에 통찰에 필수적이라고 해석하였다.

우반구의 전측 상측두 피질 활성화가 좌반구의 동일 영역에 비해 강하게 나타났다. 통찰은 왜 좌반구보다 우반구와 더 많은 관련성이 있을까? Bowden과 Jung-Beeman(2007)은 밀접하게 연결된 부분(일반적인 단어 재인에 필요함)에 대한 활성화는 좌반구에서 나타나는 반면, 느슨하게 연결되어 있어 통찰이 필요할 때는 주로 우반구에서 활성화가 나타난다고 주장하였다.

통찰과 연관되어 있는 다른 영역은 전측 대상 피질(anterior cingulate cortex)이다. 전두엽의 BA24, BA32, BA33 영역([그림 1-7] 참조). 이 영역은 인지적 갈등 그리고 사고방식의 붕괴를 탐지할 때 활성화되는데, 이런 처리 과정은 기존의 방식을 버리고 새롭고 효율적인 방법을 사용해야 하는 통찰에 중요하다.

이미 통찰 문제가 '어디선가' 갑작스럽게 나타나는 통찰에 대한 주관적인 경험과 연결되어 있다는 것을 확인하였다. 하지만 기저의 처리 과정을 살펴보면, 조금 다른 그림이 펼쳐진다. 지식은 점진적으로 축적된다. Ellis와 동료들(2011)은 4개의 자음과 하나의 모음을 보여 주고 단어 구성 검사를 시행하였다. 5개의 철자 중 4개로 단어를 만들 수 있고, 그러고 나면 여분의 자음 하나가 남는다(K, A, F, M, S 제시. 해답은 이 장의 마지막 참조). 참가자가 단어 완성 문제를 풀 때 안구 운동을 측정하였다. 대부분의 시행에서, 참가자는 갑작스럽게(마치 통찰이 온 듯) 문제를 풀었다고 보고했으나, 안구 움직임을 보면 그렇지 않은 것으로 보인다. 참가자가 문제를 푸는 동안, 여분의 자음에 안구를 고정하는 시간의 비율이 점차 줄어들었다. 안구 운동 데이터는 참가자는 인식하지 못하였을 뿐 단어 완성 문제의 해법과 관련된 지식을 점차 축적해 나가고 있었다는 것을 보여 주었다.

통찰과 비통찰 문제 간에 공통점이 많아서 최근에는 두 문제를 전혀 다른 유형의 문제로 구분하기보다는 해결책에 이르는 길이 얼마나 선명한지로 구분하는 경향이 나타난다.

힌트를 통한 통찰 촉진

통찰이 마법같이 무언가가 떠오르는 순간이 아니라, 무척 괜찮아 보이지만 적절하지 않는 표상들 사이에서 문제에 대한 정확한 표상을 찾는 것이라면 힌트가 도움이 될 것이다. 실제로, 아주 약한 수준의 힌트도 효과적이다. 일례로 Maier(1931)의 진자 운동 문제를 살펴보자. 실험 공간에는 [그림 9-10]과 같이 천장에서 내려오는 2개의 줄과 함께 다양한 물건(예: 상자, 펜치 등등)이 있었다.

과제는 두 줄을 동시에 잡는 것이었다. 하지만 두 줄의 간격이 길어서 한 줄을 잡고 있는 동안 팔을 뻗어 다른 줄을 잡을 수는 없었다. 가장 '통찰력 있는(하지만 매우 드문)' 해결책은 펜치를 한 줄에 묶어 진자 운동을 하게 만드는 것이다. 그렇게 하면 한 줄을 잡은 상태에서 다른 줄이 가까이 올 때 잡을 수 있다.

Thomas와 Lleras(2009)는 진자 운동 문제를 푸는 도중 참가자들이 팔을 위아래로 흔들거나 스트레칭을 할 수 있게 휴식 시간을 주었다. 팔 운동과 과제의 관계를 인식한 사람은 거의 없었음에도 팔을 위아래로 흔든 참가자가 스트레칭을 한 참가자에 비해 문제를 풀 가능성이 더 크게 나타났다(85% vs. 62%). 즉, 힌트와 과제의 관련성을 의식적으로 인식하지 못한다고 하더라도 힌트는 문제 해결에 도움이 될 수 있다.

[그림 9-10] 2개의 줄 문제. 여기서 과제는 두 줄을 함께 잡는 것이다.
출처: Maier (1931).

배양기와 수면

Key term

배양기(incubation): 일정 시간 동안 문제를 한 쪽에 놓아두는 문제 해결의 한 단계로, 이 단계가 문제 해결을 촉진시킨다고 함

Wallas(1926)는 통찰 문제 해결 과정에서 배양기(incubation)의 중요성을 주장하였다. 배양기는 잠시 동안 문제를 제쳐 둔 시기를 말한다. Wallas는 배양기 동안 잠재 의식에서 해결책에 대한 고민을 계속하고 있기 때문에 배양기가 도움이 된다고 주장하였다.

배양기에 관한 연구는 미해결 문제에서 잠시 떨어지는 배양기를 가지게 한 실험집단과 지속적으로 문제를 풀게 한 통제집단을 비교하는 방식으로 주로 이루어진다. Sio와 Ormerod(2009)는 메타 분석을 수행하여 세 가지 결론을 제시하였다.

1. 분석한 연구의 73%에서 배양기 효과가 나타났으나 효과의 크기는 비교적 작았다.
2. 해결책이 하나인 문제에 비해 해결책이 여러 개 있는 창의적인 문제를 풀 때 배양기 효과가 더 강하게 나타났다. 배양기는 지식 탐색의 폭을 넓히기 때문에 여러 개의 해결책을 가진 문제를 푸는 데에 더 유용할 수 있다.
3. 배양기 이전에 문제 해결을 준비하는 시간이 길었을 때 배양기 효과가 더 크게 나타났다. 준비하는 시간이 길면 생각의 교착이나 장애물에 대해 고민할 수 있어서 이러한 결과가 나타난 것으로 보인다.

소위 '자면서 문제 풀기(sleeping on a problem)' 방법이 상당히 효과적인 배양의 형태라는 주장이 종종 제기되어 왔다. Wagner와 동료들(2004)은 이를 확인하기 위해 진행한 실험에서 참가자에게 복잡한 수학 문제를 풀게 한 다음, 몇 시간 후에 그 문제를 다시 풀게 하였다. 그들은 처음에 풀었을 때보다 훨씬 더 간단한 방법으로 풀 수 있게 수학 문제를 고안하였다. 첫 번째와 두 번째 사이에 잠을 잔 참가자 중 59%가 단순한 방법을 사용하였으며 잠을 자지 않은 참가자 중에는 25%만이 단순한 방법을 사용하였다.

그렇다면 배양기가 도움이 되는 이유는 무엇일까? Penaloza와 Calvillo(2012)는 잘못된 정보를 잊는 것이 중요하다는 증거를 보여 주었다. 참가자는 잘못된 단서가 있는 혹은 없는 상황에서 통찰 문제를 풀었다. 한 집단은 계속 문제를 풀었고 다른 집단은 2분간의 배양기를 가졌다. 휴식 시간 동안 잘못된 정보를 잊어버렸을 때만 배양기 효과가 나타났다.

[현실세계에서 9-2] 마술사 속임수의 제약 완화

Danek과 동료들(2014)은 마술사가 속임수를 쓰는 과정에서 표상 변화와 통찰이 중요하다고 주장하였다. 마술사가 유리잔에서 비어 있는 컵에 물을 따르는 마술을 떠올려 보자. 마술사가 컵을 뒤집었더니 커다란 얼음 조각이 떨어진다([그림 9-11]). 이는 다음과 같은 합리적 가정에 기반할 때 불가능한 장면이다. (1) 컵과 유리는 일상적으로 접할 수 있는 물건이다. (2) 진짜 물이다. (3) 컵은 비어 있다. (4) 진짜 얼음 조각이다.

사실 '비어 있는' 컵의 바닥에는 흰색 냅킨과 얼음이 있었다. 물을 따랐을 때 냅킨이 흡수했기 때문에 얼음 조각만 떨어진 것이다. 참가자에게 (3)이 잘못된 가정일 수 있다는 언어 단서를 주면 마술사의 속임수를 훨씬 더 잘 찾아냈다.

[그림 9-11] (a) 얼음 조각 마술의 시작 순간, (b) 마술이 끝난 순간
출처: Danek et al. (2014). Elsevier의 허가를 얻어 재인쇄함.

표상 변화 이론

Ohlsson(1992)은 통찰 학습의 처리 과정을 이해하기 위해 표상 변화 이론을 제안하였다. 통찰 문제에서 문제의 표상을 잘못 형성하게 되면 장애물을 만나게 된다. 이럴 때는 문제 표상의 변화가 필요한데, 세 가지 방식이 가능하다.

1. **제약 완화**: 허용 가능하지만 제외했던 것을 다시 생각한다.
2. **재부호화**: 문제 표상의 일부 측면을 재해석한다.
3. **정교화**: 문제와 관련된 새로운 정보를 표상에 추가한다.

제약 완화는 9개 점 문제([그림 9-5] 참조)를 풀 때 필요한데, 그 이유는 선이 반드시 점으로 이루어진 사각형 안에서 끝날 필요가 없다는 것을 깨달아야 하기 때문이다.

Knoblich와 동료들(1999)은 성냥개비로 수학 문제를 만들었는데, 제약 완화가 문제 풀이의

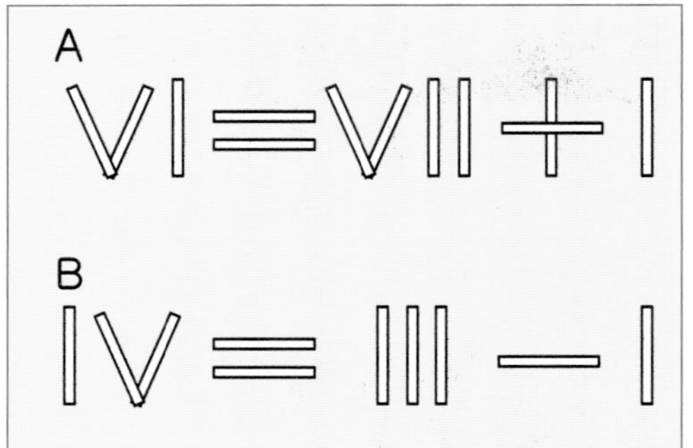

[그림 9-12] 성냥개비 문제의 예. 하나의 성냥개비를 움직여서 등식을 성립하게 만들어야 한다. 딱 하나의 성냥개비만 움직여야 한다(정답은 이 장의 가장 마지막 참조).
출처: Knoblich et al. (1999). the American Psychological Association의 허가를 얻어 재인쇄함.

핵심이었다. [그림 9-12]를 보고 문제를 풀어 보자. 하나의 성냥개비만 움직여서 등식이 성립하게 해야 한다.

A가 B보다 더 쉽다고 느꼈는가? 대부분 그렇게 답을 한다. A는 통상적인 제약 사항이 있다(성냥개비를 옮겨서 등식의 양쪽에 있는 숫자를 바꾼다). 반면, B는 숫자라는 제약에서 벗어나서 기호를 바꾸어야 한다(=는 −가 되고 −는 =가 된다).

연속적으로 제시되는 문제를 풀기 위해 같은 혹은 다른 종류의 통찰이 필요할 때는 어떨까? Öllinger와 동료들(2008)은 Knoblich와 동료들(1999)이 사용한 문제와 비슷한 산수 문제를 사용하여 이 질문에 답을 하였다. 여러 문제에 대해 같은 종류의 통찰(예: 제약 완화)이 적용될 때는 촉진 효과가 있었다. 하지만 이전 문제와 다른 종류의 통찰이 필요할 때는 간섭이나 지연이 나타났다.

Reverberi와 동료들(2005)은 통찰 문제의 처리 과정에서 제약을 부여하는 역할을 하는 부위가 외측 전두엽 겉질(lateral frontal cortex)이라고 주장하였다. 해당 영역에 손상을 입은 사람은 통찰 문제를 풀 때 인위적인 제약을 부여하지 않기 때문에 비손상인에 비해 좋은 수행을 보일 것이라고 주장하였다. 연구 결과는 그들의 주장을 뒷받침했다. 뇌 손상 환자는 성냥개비 수학 문제의 82%를 푼 반면, 비손상인은 43%만 풀었다.

재부호화는 두 번째 표상 변화 전략으로 양말 문제나 잘린 체스판 문제([그림 9-9])를 푸는 데 필요하다. 참가자는 문제에서 주어진 정보에서 벗어나 해결책에서 도출한 정보로 주의를 옮겨야 한다. 실제로 해결책에서 출발해 문제로 돌아갈 때 더 쉬울 때가 종종 있다. 이런 어림법은 특히 시작 시점에 다양한 길이 보이지만 결국 해결책이 하나일 때 적절하게 사용된다(친구를 위해 깜짝 파티를 준비할 때, 친구가 실제 놀라는 시점부터 시작해서 모든 것을 준비하여 친구가 마지막 순간까지 그 장소에 오지 않도록 역순으로 계획을 세우는 것이 좀 더 쉽다).

정교화는 Fleck과 Weissberg(2013)가 사용 방법을 실증하였다. 참가자는 일련의 통찰 문제를 푸는 동안 생각 말하기(think aloud)를 수행하였다. 일부 시행에서 교착−재구조화−통찰이라는 전형적인 순서가 나타났다. 다른 시행에서는 지식의 직접적 적용, 다양한 어림법 사용, 실패에서 도출한 새로운 정보 사용 등 다양한 방법이 적용되었다. 이런 방법 중 상당수는 문제의 정교화 과정을 포함하였다. Fleck과 Weissberg(2013)는 통찰 문제에서 일반적으로 생각하는 것보다 훨씬 더 많은 분석과 정교화가 필요하다고 결론을 내렸다.

중간 요약

- 통찰에서는 문제 형태가 갑작스럽게 변하면서 해결책을 제시한다. 이러한 변화에서 문제의 표상이 바뀌게 되고, '아하' 경험으로 이어진다.

통찰 vs. 비통찰 문제

- 게슈탈트 심리학파는 통찰 문제가 비통찰(분석적) 문제와 완전히 다르다고 주장하였다. 그리고 이런 주장을 뒷받침하는 연구 결과도 상당수 보고되었다. 통찰 문제에서는 해결책에 가까워지는 느낌이 갑자기 증가하였으나 비통찰 문제에서는 점진적으로 증가하였다. 측두엽과 전두엽 일부 영역은 통찰 문제의 해결책에 대해서만 활성화를 보였다. 작업기억 용량의 차이는 통찰 문제보다는 비통찰 문제의 수행을 잘 예측한다.
- 통찰 문제와 비통찰 문제 간에 여러 공통점이 있다. 통찰은 갑작스러운 전환이라기보다는 점진적인 처리로 발생하고, 약한 수준의 단서나 힌트를 제공하는 방법으로 난이도를 조절할 수 있다. 덧붙여 통찰은 종종 의식적으로 인식하기 전에 갑자기 나타난다는 증거도 있다.
- 통찰 문제는 문제 공간에서 막다른 길에 다다른, 그러나 극복해야 하는 문제라고 생각할 수 있다. 그래서 문제의 재구조화가 필요하다. 비통찰 문제에서는 이와 같이 오인하는 경로가 없다.

배양기

- 배양기는 대개 문제 해결을 증진시키는데, 장시간의 준비 기간이 있고 여러 해결책이 있는 문제일 때 특히 그렇다. 배양기는 도움이 되지 않는 전략을 잊어버리는 방식으로 작동한다. 수면은 아주 흥미로운 형태의 배양기인 것으로 보인다.

표상 변화 이론

- 표상 변화 이론에 의하면, 통찰 문제에서 문제 표상의 변화는 제약 완화나 재부호화 혹은 정교화로 나타날 수 있다. 외측 전두엽(처리 과정에 제약 부과)에 손상을 입은 사람이 비손상인에 비해 통찰 문제를 더 잘 푼다.

과거 경험은 얼마나 유용할까

대개 전문성은 문제 해결에 도움이 된다. 그래서 문제에 맞닥뜨리면 자주 전문가를 찾는다. 실제 상황에서 학습에 쓸 수 있는 시간이 전형적인 심리학 실험보다 길 때 그리고 주어진 과제가 지식 최소 요구형이 아니라 지식 요구형일 때 전문성이 유용하다.

전문성

일상생활에서 특정 분야의 지식이나 기술을 습득하는 데 대부분 수년의 시간이 걸린다. 그리고 장기간 학습의 종착점은 전문성 개발이다. 전문성(expertise)은 하나 이상의 과제에서 보

Key term

전문성(expertise): 수많은 연습으로부터 성취된 특정 영역(예: 체스)에서 보이는 아주 높은 수준의 사고와 수행

여 주는 숙련되고 능숙한 수행을 의미한다.

전문가는 자신이 전문성을 가진 영역의 문제 해결에 상당한 경험이 있으므로, 전문성 개발은 문제 해결에 도움이 된다. 전문가는 기억에서 간단하게 해결책을 인출할 수 있어서 문제를 풀어야 할 필요가 없을 때도 종종 있다. 지식 요구형 문제는 문제에 제시된 것을 넘어서는 지식이 필요해서, 이런 문제를 풀 때 특히 전문성이 중요하다.

또한 전문성의 수준이 계획을 수립하는 정도에 영향을 준다. Charness(1981)는 체스 선수에게 다양한 배열의 체스판을 보여 주고 어떻게 진행할 것인지에 대해 생각 말하기(think aloud)를 요청하였다. 체스 경기에서 한 수는 양 선수가 순서대로 한 번씩 말을 움직인 것을 말하고, 플라이(ply)는 반 수이다. 체스 전문가는 비전문가와 비교할 때 대략 3플라이를 더 내다보고 경기에 임한다.

이 절의 나머지 부분에서 체스 전문성에 관해 논의하고자 한다. 체스 경기 연구는 여러 가지 장점이 있다(Gobet et al., 2004). 첫 번째, Elo 체스 순위 시스템(Elo ranking system[2])은 개별 선수들의 전문성을 정확하게 평가한다. 두 번째, 체스 전문가는 특정 인지 능력(예: 형태 재인, 선택적 탐색)을 개발하는데, 이 능력은 다른 분야의 전문성 개발에도 유용하다. 세 번째, 체스 전문가는 체스판의 말의 위치에 대한 놀랄 만한 기억을 보이는데, 이는 다른 유형의 전문성에도 일반화된다.

체스 전문성을 논의한 뒤 의학 전문성(특히 의학적 진단)을 논의하고자 한다. 마지막으로, 정교한 연습이 전문성 발달의 필요 조건이라고 주장하는 Ericsson의 이론적 접근을 살펴보고자 한다.

체스 전문성

체스 경기에서 실력 차이가 나는 이유는 무엇일까? 뻔한 답은 **연습**에 훨씬 더 많은 시간을 투자했기 때문이라는 것이다. 그랜드 마스터[3]가 되려면 1만 시간 정도의 연습을 해야 한다. 연습이 체스 실력 향상에 도움이 되는 이유는 다양하다. 그중에서도 체스 전문가의 장기기억에 체스판 배열에 대한 자세한 정보가 훨씬 더 많이 저장되어 있다는 것이 특히 중요하다. Gobet는 이런 정보 대부분이 형판의 형태로 저장되어 있다고 주장하였다(Gobet & Waters, 2003; Gobet & Chass, 2009). 형판(templates)은 체스 말의 배치에 대한 정보가 포함된 추상적인

---

2) 역주: 전 세계적으로 널리 쓰이는 체스의 순위 시스템. 헝가리계 미국인 물리학자 Arpad Elo의 이름을 따서 명명함.
3) 역주: 최고 수준의 체스 선수

구조이다. 개별 형판은 변하지 않는 핵심 위치와 진행 상황에 따라 변하는 위치로 구성된 특정 형태이다.

Gobet와 Waters(2003)는 체스 전문가가 비전문가보다 형판에 기반한 정보를 훨씬 더 많이 가지고 있다고 주장하였다. 전문가는 형판 기반 정보를 이용해서 체스판 배열을 기억하게 된다. 최대 15개 정도의 체스 말에 대한 정보가 형판에 포함되기 때문에, 매 시점마다 최대 3개 정도의 형판이면 충분하다. 정리하면, 일반적인 기억 능력에서는 체스 전문가와 비전문가의 차이가 없으나, 체스판 배열에 대해서는 전문가의 기억이 훨씬 더 좋아야 한다(De Groot, 1965). Gobet와 Clarkson(2004)의 연구는 이러한 예측을 뒷받침하였다. 형판 개수는 실력에 따라 별 차이를 보이지 않았으나, 개별 형판의 크기는 실력에 비례하였다.

Key term

형판(templates): (지각과 관련해서는) 장기기억에 저장된 형태나 패턴으로, 우리는 입력된 자극을 친숙하고 의미 있는 자극으로 인식하도록 함. 이는 입력 자극을 기억에 저장된 형태 혹은 패턴에 일치시키고 적합한 것을 선택함에 의해 이루어짐. (체스 게임과 관련해서는) 여러 체스 말들에 대한 정보를 포함하는 조직화된 추상적 구조로서, 이 구조(체스 전문가들이 더 큰 구조를 가짐)들은 다음 움직임을 결정하는 데 유용함

다음으로 예측할 수 있는 것은 시간의 압박이 있어도 수행이 저하되지 않으리라는 것이다. 뛰어난 체스 선수가 잘하는 이유가 전략을 잘 세워서 신중하게 정보를 처리하기 때문이 아니라 형판 기반 지식이 월등하기 때문이라면, 상당한 시간의 압박이 있어도 여전히 우수한 수행을 보여야 한다.

Burns(2004)는 이러한 예측을 검증하였다. 그는 일반적인 경기와 블리츠 체스(전체 경기 시간을 5분으로 제한)에서 체스 전문가의 경기 정보를 수집하였다. 블리츠 체스 경기 시간은 일반 경기 시간의 5%에 불과하다. 블리츠 체스 결과와 일반적인 체스 결과의 상관이 높게 나타났는데, 이는 체스 실력이 형판 지식에 의해 좌우될 수 있다는 것을 시사한다.

Burns(2004)의 연구 결과가 신중한 탐색적 처리가 부적절하다는 것을 의미하지는 않는다. Van Harreveld와 동료들(2007)은 체스 말 이동에 쓸 수 있는 시간을 줄였을 때 나타나는 효과를 살펴보았다. 널리 사용되는 Elo 체스 순위는 가용 시간이 줄어들 때 나타나는 경기 결과를 잘 예측하지 못하였다. 이 결과는 신중하고 느린 처리 과정이 체스 선수의 실력 향상에 도움이 된다는 것을 시사하며, 연습량이 같을 때 지능이 높은 참가자가 토너먼트에서 더 높은 순위를 기록한 결과(Grabner et al., 2007)와도 일치한다. Grabner와 동료들(2007)의 연구에서 연습량은 지능보다 전문성을 더 잘 예측했다.

형판 이론의 세 번째 예측은 체스 말의 위치가 무선적일 때보다 형판에 잘 들어맞을 때 전문가의 기억이 더 좋으리라는 것이다. 이 예측 역시 검증되었다. 물론 무선적으로 놓여 있어도 저장된 형판과 일부 겹치는 부분이 있어서, 무선적인 위치도 전문가가 더 잘 기억하는 경향이 나타나긴 하였다(Gobet & Waters, 2003).

의학 전문성

의학적 결정은 삶과 죽음을 가를 수 있는 문제이므로, 신속하고 정확한 진단을 내리는 것은 의사에게 매우 중요한 능력이다. 지금까지 외과나 마취학과를 대상으로 진행하는 **기술적** 전문성에 대한 연구보다 병리학과, 방사선학과, 피부과를 대상으로 진행하는 **시각적** 전문성에 대한 연구가 더 많았는데, 그 이유는 시각적 전문성에 대한 연구가 더 용이하기 때문이다. 특히 안구 운동 측정 기법을 사용하여, 의식적인 내면 보고를 넘어서는 연구도 진행할 수 있게 되었다.

숙련된 의사는 문제 해결 시 초보 의사와 어떤 차이점을 보일까? 이와 관련하여 제기된 명시적 추론과 암묵적 추론의 구별이 매우 흥미롭다(Engel, 2008). 명시적 추론은 상당히 느리고, 정교하며, 의식적인 인식과 연합되어 있는 반면, 암묵적 추론은 빠르고, 자동적이며, 의식적인 인식과 연합되어 있지 않다. 특히 시각적 전문성은 빠르고 자동적인 처리에 점점 더 의존하며, 의심 소견이 있을 때 느리고 정교한 처리 과정으로 이를 보완한다(McLaughlin et al., 2008).

한편, 연습량에 따라 암묵적 추론의 사용 정도가 증가하는 결과가 보고되었다. Krupinski와 동료들(2013)은 유방 조직 검사를 수행하는 병리학 레지던트를 대상으로 4년 동안의 종단 연구를 수행하였다. [그림 9-13]에서 참가자 한 명의 결과를 볼 수 있다.

Krupinski와 동료들(2013)의 자료는 의학, 스포츠, 교통 등 다양한 분야의 전문성에 대한 메타 분석 결과(Gegenfurtner et al., 2011)와 일치한다. 전문가와 비전문가는 이 모든 영역에서

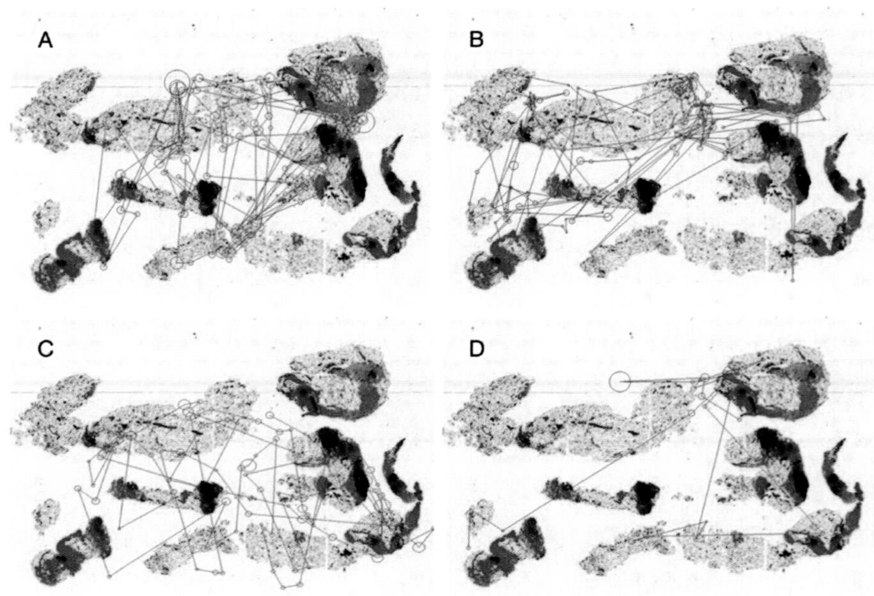

[그림 9-13] 빠른 진단 학습. 동일한 조직 검사 이미지에 대한 병리학 레지던트의 안구 움직임. 1년차부터 4년차까지 (a~d). 동그라미 크기가 큰 것은 안구 고정 시간이 긴 것을 의미함.
출처: Krupinski et al. (2013). Elsevier의 허가를 얻어 재인쇄함.

(1) 짧은 안구 고정 시간, (2) 과제 관련 정보에 첫 번째 안구 고정이 신속하게 이루어짐, (3) 과제 관련 정보에 안구 고정이 자주 발생, (4) 과제 무관련 영역에 안구 고정이 드물게 나타남, (5) 긴 안구 운동 등의 차이를 보였다.

Gegenfurtner와 동료들(2011)은 두 가지 요인으로 인해 이러한 변화가 나타났다고 주장하였다. 첫 번째, 전문성 증가에 따라 선택적 주의를 점점 더 효율적으로 할당한다. 두 번째, 전문가는 넓은 영역에서 정보를 추출하는 반면, 비전문가는 안구를 고정하는 영역에서만 정보를 추출한다.

Melo와 동료들(2012)은 시각 처리가 중요한 의학 분야에서 전문가는 점차 주의 탐색(attentional search)을 사용하지 않고 지각적으로 자극을 처리한다고 주장하였다(2장 참조). 즉, 익숙한 장면을 보는 것처럼 의학적 자극을 처리하기 시작한다는 것이다. 의학 전문가의 시각적 처리와 장면 지각의 비슷한 점이 여러 개 보고되었다. 첫 번째, 방사선학과 전문가는 흉부 X선 사진에서 병변을 찾는 데 걸리는 시간이 동물의 이름을 말할 때 걸리는 시간과 크게 다르지 않았다(1.33초 vs. 1.23초). 게다가, 두 가지 행동은 같은 뇌 영역을 활성화하였다. 병변 탐지 시 전두엽의 활성화가 높게 나온다는 것이 유일한 차이점이었고, 이는 동물 이름 말하기에 비해 진단을 할 때의 인지적 부하가 훨씬 더 크다는 것을 의미한다.

계열적 주의 탐색보다 지각적 처리에 더 많이 의존한다는 것은 Engel(2008)의 제안처럼 명시적 추론에서 암묵적 추론으로 이동한다는 것을 의미한다. 이는 피부 병변 평가에 대한 Kulatunga-Moruzi와 동료들(2004)의 연구 결과와도 일치하는데, 이들의 연구에서 실력이 뛰어난 피부과 의사는 자세한 설명이 **없이** 사진만 보여 주었을 때도 진단 정확성이 높았다. 반면에, 전문성이 조금 떨어질 때는 사진에 대한 설명이 진단에 도움이 되었다. 실력이 뛰어난 피부과 의사는 피부 병변 진단 시 기억에 저장되어 있는 정보를 탐색하여 가장 유사한 형태를 찾는 것이 분명해 보인다. 따라서 자세한 설명을 제공하는 것은 오히려 이러한 전략을 효과적으로 사용하는 데 방해가 된다.

정교한 연습

전문성을 높이려면 연습이 필요하다. Ericsson과 동료들(1993)은 (체스뿐만 아니라) 모든 분야에서 전문성을 키우려면 10,000시간의 연습이 필요하다는 주장을 한 것으로 유명하다. Ericsson과 Ward(2007)는 **효과적인** 연습을 위해 무엇이 필요한지를 상세히 설명하는 이론을 제안하면서, 정교한 연습의 중요성을 강조하였다.

Key term

정교한 연습(deliberate practice): 아주 유용한 학습의 한 형태로, 학습자가 과제를 반복하면서 실수를 수정하고 자신의 수행에 대해 피드백을 받는 학습 방법

장기 작업기억(long-term working memory): 전문가들이 장기기억에 빠르게 관련 정보를 저장하기 위해 사용하며, 작업기억에서 인출 단서를 가지고 접근함

정교한 연습(deliberate practice)에는 네 가지 측면이 있다.

1. 과제의 난이도는 (너무 쉽지도 어렵지도 않은) 적절한 수준이어야 한다.
2. 학습자에게 유용한 피드백을 제공해야 한다.
3. 과제를 반복할 수 있는 충분한 기회가 있어야 한다.
4. 실수를 수정할 수 있는 기회가 있어야 한다.

오랜 기간 정교한 연습을 하면 어떤 결과가 발생하는가? Ericsson과 Kintsch(1995)는 전문성이 작업기억 용량의 한계로 인한 부정적 영향을 줄일 수 있다고 주장하였다. 이들은 장기 작업기억(long-term working memory)이라는 개념을 제안하였다. 장기 작업기억은 장기기억에서의 정보 입출력을 빠르게 해 주는 것으로, 장기기억이 작업기억을 지원하여 작업기억 용량이 증가하는 것처럼 보이게 만들어 준다(4장의 덩이의 영향 참조).

장기 작업기억의 본질을 보여 주는 사례를 살펴보자. 가령 체스 전문가와 초보자가 체스판에서 말의 위치를 보고 있다고 하자. 초보자는 주로 작업기억에 의존하여 정보를 해석하고 해결책을 찾을 것이다. 반면, 전문가는 장기기억의 관련 지식을 이용하여 상황을 해석하고 말 움직임의 결과를 평가할 것이다. 다시 말해, 전문가는 장기기억의 표상을 사용하여 작업기억의 부담을 덜어 줄 수 있다는 것이다.

정교한 연습 이론은 전문성 습득이 연습 시간이 아니라 정교한 연습의 양에 의해 더 많은 영향을 받는다고 예측한다. 그리고 (논란이 많이 있기는 하지만) 정교한 연습만이 전문성 개발에 필요하다는 예측도 하고 있다. 타고난 재능이나 능력은 전문성 개발과 관련이 적거나 없다고 가정한다.

Charness와 동료들(2005)은 토너먼트 등급의 체스 선수를 대상으로 정교한 연습의 중요성을 조사해 보았다. 체스 수준은 개별 연습(정교한 연습) 시간, 토너먼트 경기, 그리고 교습과 비례하였으며, 이 중 정교한 연습이 가장 영향을 많이 주었다. 그랜드 마스터는 체스를 시작한 후 10년 동안 평균 5,000시간을 정교한 연습에 투자하였는데, 이는 중간 수준의 선수에 비해 대략 다섯 배 정도 많은 시간이다.

반면, Hambrick과 동료들(2014)은 체스와 음악에서 정교한 연습의 설명량이 30%(상관 계수 .55와 같음)에 불과하다고 보고하였다.

Campitelli와 Gobet(2011)은 연습 최우선주의에 대해 반대되는 추가 증거를 보고하였다. 이

들은 정교한 연습 이론의 세 가지 예측을 검토하였다.

1. 정교한 연습에 많은 투자를 하면 누구나 최상위 수준에 도달한다.
2. 최상위 수준에 도달하는 데 걸리는 시간은 개인에 따라 차이가 나지 않는다.
3. 정교한 연습에 투자한 시간만큼 실력이 향상된다.

Campitelli와 Gobet(2011)은 체스 경기로 이 세 가지 예측을 확인해 보았으나 어떤 예측도 지지하지 않았다.

첫째, 20,000시간이 넘는 연습을 하였으나 마스터 수준에 도달하지 못한 체스 선수가 상당수 있었다.

둘째, 마스터 수준에 오르는 데 필요한 연습 시간은 3,000시간에서 23,600시간까지 매우 다양하였다. 이는 정교한 연습 이론으로 설명하지 못하는 개인차가 상당하다는 것을 의미한다.

셋째, 예측을 지지하지 않는 증거는 Howard(2009)에서 확인할 수 있다. 그는 세 가지 등급의 체스 전문가[챔피언 후보(세계 챔피언 경기에 참여하는 가장 높은 수준의 선수 8명), 그랜드 마스터(수준이 높으나 세계 챔피언 후보는 아닌 선수), 보통 선수]를 대상으로 연구를 진행했다.

Howard(2009)는 집단별로 선수가 참여한 경기 수와 선수 등급을 그래프에 표시하였는데

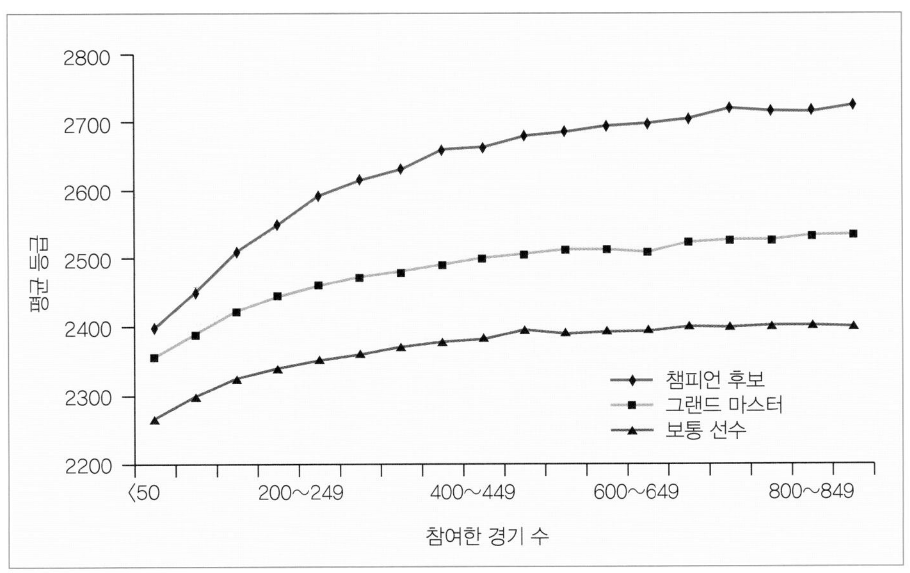

[그림 9-14] 집단별 선수 등급과 경기 수의 관계(챔피언 후보, 그랜드 마스터, 보통 선수).
출처: Howard (2009). The Psychonomic Society의 허가를 얻어 재인쇄함.

([그림 9-14]), 2개의 흥미로운 점을 발견할 수 있다. 첫째, 수준이 높은 선수가 낮은 선수에 비해 빠른 학습 속도를 보였다. 둘째, 선수 등급에서 천장 효과가 나타나, 가장 낮은 수준의 선수는 중간 수준에, 중간 수준의 선수는 상위 수준에 도달하지 못하였다.

이 결과는 타고난 재능의 차이가 있으며, 최상위권 선수가 될 수 있는 사람을 초기에 찾을 수 있다는 것을 의미한다. 최상위권 선수는 연습을 열심히 하고 빨리 배우는 사람이다.

타고난 재능이 뛰어난 사람을 어떻게 찾을 수 있을까? 전문성이 분명하지 않을 때는 지능이 중요하다. Gottfredson(1997)은 지능과 성공에 관한 선행연구를 고찰하였는데, 매우 복잡한 작업을 필요로 하는 직업(예: 회계사, 변호사, 의사)에서 지능과 직무 수행의 상관이 +.58이었다. 이들의 평균 지능지수는 120~130으로 상당히 높은 수준이었다(Mackintosh, 1998). 이 직업에서 성공한 사람 중 지능지수가 100 정도인 사람은 거의 없었다. Grabner와 동료들(2007)도 체스 마스터 중 언어 지능이 110 미만이거나 비언어 지능이 115 미만인 선수가 없다는 것을 확인하였다. 반면, 아주 구체적인 기술과 관련해서는 지능의 중요성이 그다지 높지 않다. 예를 들어, 마차 경주의 우승 가능성을 계산하는 전문가를 대상으로 연구한 결과, 이들은 최대 7개(예: 트랙 크기, 말의 통산 평균 속도 등)에 달하는 복잡한 상호작용을 고려하였다(Ceci & Liker, 1986). 그런데 이들의 지능지수는 낮게는 81에서 높게는 128이었고 수행과 지능 간의 상관 관계는 나타나지 않았다.

Mosing과 동료들(2014)은 연습의 차이가 기량의 차이를 만들어 내기보다는 선천적 차이가 연습의 차이를 좌우하는 원인일 수 있다고 주장하였다. 정교한 연습이 전문적 성과와 정적 상관을 보인다고 해서 연습이 성과의 원인이라고 할 수는 없다(상관 관계는 인과 관계를 의미하지 않는다; 4장 참조). 예를 들어, 재능이 많은 사람이 일찍 성공할 가능성이 크고 그래서 재능이 적은 사람에 비해 더 많은 시간을 연습에 투자할 수 있다. 다시 말해, 성과가 연습량에 영향을 줄 수도 있고 연습량이 성과에 영향을 줄 수도 있다는 것이다. 전혀 재능이 없는데도 기량 개발을 위해 수천 시간을 투자해 연습할 사람은 거의 없을 것이다

Mosing과 동료들(2014)은 자신들의 주장을 검증하기 위해 스웨덴에서 쌍둥이를 대상으로 음악에서의 연습과 능력에 관한 연구를 진행하였다. 유전적 요인이 연습 시간에 중요한 역할을 했다. 아마도 음악적 재능을 타고난 사람이 연습을 더 많이 하기 때문일 수 있다. 중요한 것은 일란성 쌍둥이 간에 연습 시간에 차이가 있어도 음악적 능력에는 차이가 없다는 것이다. 이처럼 음악에서의 연습과 능력의 관계는 둘 간의 인과 관계보다는 유전적 요인에 의해 더 많은 영향을 받는다.

평가

- ⊕ 전문성 개발에 연습이 필수라는 것은 반론의 여지가 없다.
- ⊕ 중간 수준의 난이도를 가진 과제 사용, 피드백 제공, 과제를 반복하여 학습하기, 그리고 오류 교정이 연습을 효과적으로 만드는 주요 요인으로 나타났다.
- ⊖ 선천적 재능이 중요하지 않다는 생각은 설득력이 없다. Sternberg와 Ben-Zeev(2001, p. 302)는 이렇게 말했다. "그 당시로 가면 모차르트가 될 수 있다고 믿는가? 아니면 연습만 하면 아인슈타인이 될 수 있다고 믿는가?"
- ⊖ 연습의 중요성을 아는 것만으로는 충분하지 않다. 여기에 더해 높은 수준의 전문가가 되기 위해 누군가는 수백 혹은 수천 시간을 힘들게 노력에 투자하는지에 대한 이유를 알아야 한다.

기능적 고착

지금까지 연습과 전문성의 유익한 효과에 대한 수많은 증거를 확인하였다. 그래서 과거 경험은 **항상** 유용하다고 말할 수 있을까? 꼭 그렇지는 않다. 독일 게슈탈트 심리학자인 Köhler의 제자 Karl Duncker는 생산적 사고에 관한 일련의 실험을 개발하였다(Duncker, 1945). 그중 대표적인 것이 양초 문제이다. 양초, 성냥이 있는 성냥갑, 압정을 주고, 촛농이 떨어지지 않게 양초를 벽에 붙여야 한다([그림 9-15]). 대부분은 양초를 벽에 직접 고정하려고 하거나 양초를 녹여 붙이려고 하였으나 실패하였다(당신이라면 어떻게 하겠는가?).

소수의 참가자가 해답을 찾았다. 안쪽 성냥갑을 양초 받침대로 사용하고 압정으로 벽에 붙이는 것이다. Duncker(1945)는 참가자 대부분에게 상자의 기능이 받침대가 아닌 용기로 '고착'되어 있으며, 이런 기능적 고착(functional fixedness)으로 인해 문제를 풀지 못한 것이라고 주장했다. 과거 경험으로부터 상자의 용도가 한정되어 있다고 생각한 것이다. 성냥갑이 가득 차 있을 때보다 비어 있을 때 해답을 찾을 가능성이 크다는 결과는 Duncker의 설명을 뒷받침하고 있다. 성냥갑을 비우면 용기로 보일 가능성이 작아진다.

Duncker의 양초 문제에서 좋은 결과를 이끌어 내는 다른 방법을 보자. Frank와 Ramscar(2003)는 '양초' '성냥개비 더미' '압정 상자'라고 표시하였다(이때 압정 상자가 양초 받침대로 사용된다). 이렇게 표시하면 아무 표시가 없을 때보다 해결책을 찾을 확률이 두 배 이상으로 증가하였다. 단순한 표시가 엄청난 개선 효과를 가져오는 **이유**는 무엇일까? 표시를 하게 되면 거기에 더 많은 주의를 기울이게 되고 문제 해결에 필요한 핵심적인 물건에 집중하게 된다.

Key term

기능적 고착(functional fixedness): 문제 해결 시 사물의 통상적 기능(들)을 융통성 없이 사용하는 것

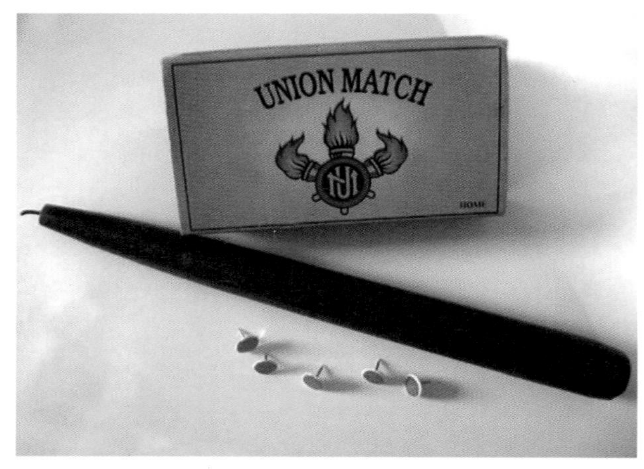

[그림 9-15] Duncker(1945)가 제시한 문제. 제공한 물건으로 양초를 벽에 붙여야 한다.

Duncker의 양초 문제는 오랜 시간 누적되어 온 과거 경험으로 인한 기능적 고착이 문제 해결을 방해할 수 있다는 것을 보여 준다. 한편, 매우 제한적인 경험을 했을 때도 기능적 고착의 부정적 영향이 나타날 수 있다. Ye와 동료들(2009)은 9개의 물건을 주고 용도를 말하게 하였다(예: '포장할 수 있는'—달걀을 상자에 넣는 데 쓸 수 있는 물건). 바로 그다음에 같은 물건을 다른 용도로 사용할 수 있는지(예: 5m 정도 거리에서 '잡을 수 있는')를 물어보았다. 두 가지 기능으로 사용될 수 있는 물건도 있었다(예: 스키 캡, 베개). 주어진 물건의 한 가지 기능을 말하게 되면 다른 기능을 찾을 확률이 낮아졌다. 이를 단기 기능적 고착이라고 한다.

멘탈 세트

Luchins(1942; Luchins & Luchins, 1959 참조)는 물병 문제로 전문성이 문제 해결을 어떻게 방해하는지를 보여 주었다. 문제를 보자. A 물병에는 28L, B에는 76L, C에는 3L의 물을 넣을 수 있다. 25L를 만들려면 어떻게 해야 할까? 문제가 어려워 보이지는 않을 것이다. A에 물을 가득 채운 다음, C에 따르면, A에는 25L가 남는다. 당연히 95%의 정답률을 보였다. 하지만 다른 전략이 필요한 여러 문제를 푼 다음에는, 이렇게 간단한 문제를 푼 사람이 단지 36%에 불과했다([그림 9-16]).

복잡한 문제를 풀고 나서 간단한 문제를 풀지 못하는 이유는 무엇일까? 비슷한 문제를 반복적으로 풀게 되면 일종의 멘탈 세트(mental set)가 형성된다. 멘탈 세트는 과거에 성공적이었던 방식으로 문제에 접근하는 경향을 말한다. 멘탈 세트를 구성하는 것은 매우 중요하다. 그 이유는 같은 전략을 적용해야 하는 문제가 이어질 때 동일 전략을 반복 적용하여 처리 부담을 덜고 문제를 더 빠르게 풀 수 있기 때문이다(Cherubini & Mazzocco, 2004). 하지만 이때 형성된 멘탈 세트가 남아서 다른 문제의 해결책을 찾기 어렵게 만들 수 있다. 심지어는 새로운 문제가 훨씬 더 쉽고 간단한 것일 때도 그렇다. Luchins(1942, p. 1)는 다음과 같이 말했다. "같은 방법을 연

Key term

멘탈 세트(mental set): 특정 방식이 과거에 성공하는 것으로 보였기 때문에 그러한 방식으로 생각하거나 행동할 준비가 되어 있음

속적이고 반복적으로 사용하게 되면, 기계적으로 문제를 풀게 되어 좀 더 직접적이고 간단한 절차를 생각할 가능성을 차단하게 된다."

익숙하지 않은 문제를 연속으로 접할 때 멘탈 세트를 사용하는 것을 충분히 이해할 수 있다. 그런데 전문가도 자신의 전문 분야에서 문제를 풀 때 멘탈 세트를 이용할까? Bilalić와 동료들(2008a)는 **그렇다**고 제안하였다. 그들은 체스 전문가에게 체스 문제를 주고 이길 수 있는 가장 빠른 방법을 찾아보라고 요구하였다. 주어진 문제는 익숙한 전략을 사용하면 다섯 번의 움직임이 필요하지만 덜 익숙한 해결책을 적용하면 세 번의 움직임 만에 가능한 것이었다. 국제 마스터 중 단 50%만이 빠른 방법을 찾았고, 챔피언 후보 마스터는 아무도 빠른 방법을 찾지 못하였다.

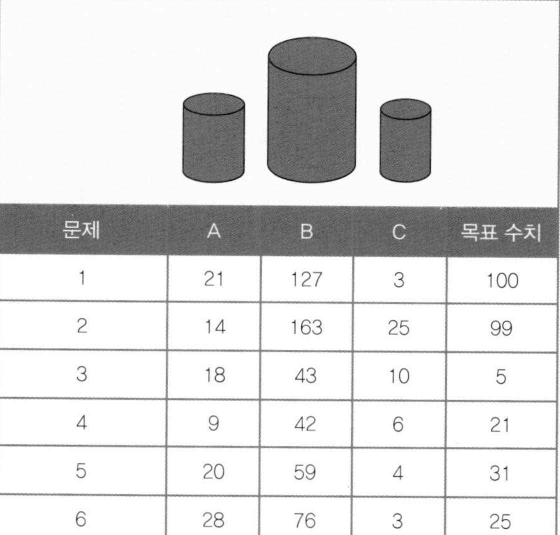

문제	A	B	C	목표 수치
1	21	127	3	100
2	14	163	25	99
3	18	43	10	5
4	9	42	6	21
5	20	59	4	31
6	28	76	3	25

[그림 9-16] 멘탈 세트의 영향을 보여 주는 일련의 물병 문제(Luchins, 1942; Luchins & Luchins, 1959). 참가자는 6문제를 연속으로 풀었다. 각 행에는 A, B, C에 담겨 있는 물의 양이, 마지막 열에는 맞추어야 하는 물의 양이 나와 있다. 1~5번은 계산이 복잡한 문제로 푸는 방식이 비슷한 반면, 6번은 계산 방법이 완전히 다르고 간단하게 풀 수 있는 문제이다. 1~5번을 풀고 난 후 36%만이 6번을 풀었다.

Bilalić와 동료들(2008b)은 체스 전문가가 빠른 방법을 찾지 못하는 이유를 명확하게 찾아내기 위해 유사한 실험을 진행하였고, 실험 참가자들은 익숙한 방법을 찾고 나면 더 나은 것을 찾기 어렵다고 보고했다. 하지만 안구 운동 분석 결과를 보면, 참가자들이 체스판에서 익숙한 방법과 관련된 부분만 보고 있다는 것을 확인할 수 있었다. 즉, 먼저 떠오른 방법을 담당하는 처리 과정과 관련된 쪽으로 여전히 주의를 기울이고 있다는 것이다.

기능적 고착과 멘탈 세트 극복 방법

기능적 고착과 멘탈 세트가 최적이 아닌(혹은 잘못된) 해결책에 관심을 가지게 하면, 오히려 문제 해결을 방해하게 된다. 기능적 고착과 멘탈 세트는 전문성이 문제 해결에 걸림돌이 되는 이유를 보여 주는 사례이기도 하고, 새롭고 창의적인 해결책이 때때로 지식이 축적되지 않은 초보자에게서 나오는 이유를 설명해 주기도 한다.

전문가는 이를 피할 수 없을까? 이전의 지식이 문제 해결을 곤란하게 만드는 상황에서도 전문성이 장점으로 작용할 수 있는 방법은 있을까? 결국 전문가는 더 많은 지식을 축적하여 좀 더 유연하게 적용할 수 있어야 한다.

Challoner(2009)는 1,001개의 중요한 발명과 통찰 문제의 해결책을 분석하여, 대부분 2단계에 걸쳐 이루어진다는 것을 확인하였다.

1. 드물게 관심을 받는 혹은 새로운 특징을 찾는다.
2. 잘 알려지지 않은 특징에 기초해 해결책을 만든다.

Key term

브레인스토밍(brainstorming): 문제해결의 한 방법으로, 사람들은 가능하고 비전형적인 해결책을 아주 광범위하게 도출하고 이후 이러한 생각들 중 일부가 유용한 해결책이 될 수 있는지 살피는 전략. 기능적 고착이나 멘탈 세트가 적용되는 통찰 문제에 직면했을 때 사용됨

McCaffrey(2012)는 두 단계 모두 훈련이 가능하다고 주장하였다. 예를 들어, 기능적 고착은 **명칭 없는 부분 기법(generic-parts technique)**을 적용해 줄일 수 있다. 이 기술은 다음과 같이 작동한다. (1) 각 부분을 기능과 무관하게 표현한다. (2) 다음으로 그 표현이 해당 부분의 새로운 사용법을 제공하는지 확인한다. McCaffrey(2012)가 명칭 없는 부분 기법으로 참가자를 훈련시킨 결과 통찰 문제(예: Duncker의 양초 문제)를 푼 사람의 비율이 83%로 통제집단의 49%에 비해 월등히 높았다.

명칭 없는 부분 기법은 브레인스토밍(brainstorming)의 변종이다. 참가자는 먼저 아주 다양하고 전형적이지 않은 해결책을 생성하고 나서 그중 일부가 유용한 해결책으로 전환될 수 있는지 확인한다. 브레인스토밍은 일반적으로 모여서 진행하지만 Kohn과 동료들(2011)은 구성원에게 먼저 아이디어를 생성하게 한 다음, 모이는 게 훨씬 효율적이라고 주장하였다.

종합적으로 볼 때, 기능적 고착이나 멘탈 세트와 같은 현상이 존재한다는 것을 안다고 해서 전문성 습득이 필요하지 않다는 것은 아니다. 오히려 기능적 고착이나 멘탈 세트가 나타날 수 있다고 인식해야, 생산적인 방법으로 대응할 수 있게 도와줄 수 있다.

중간 요약

전문성

- 전문성은 특정 분야에서 고도로 숙련되고 능숙한 수행을 말한다. 전문가는 계획을 많이 하고 기억에 많은 해결책이 저장되어 있다.

체스 전문성

- 체스 지식은 형판에 저장되어 있고 각 형판마다 대략 10개의 말과 관련된 정보가 저장되어 있다. 체스 전문가는 비전문가에 비해 큰 형판을 가지고 있다. 덧붙여 전문가는 느린, 전략 기반 처리 과정을 좀 더 효과적으로 사용한다.

의학 전문성

- 의학 전문가는 진단 시에 빠르고 자동적인 처리 과정을 자주 사용하는 반면, 비전문가는 느리고 정교한 처리 과정에 더 많이 의존한다. 하지만 전문가는 자신의 진단 결과를 종종 느리고 정교한 처리 과정으로 대조 검토한다. 전문가가 진단할 때 시각적 전략을 사용하는데, 자세한 구두 설명은 이를 방해할 수 있다.

정교한 연습

- 정교한 연습이 다른 형태의 연습보다 더 효과적이고, 타고난 재능은 전문성 개발과 무관하다는 주장이 제기되어 왔다. 연구 결과를 보면, 정교한 연습은 전문성 개발에 필요조건이다(충분조건은 아니다). 선천적 재능이나 능력 역시 필요하다.

기능적 고착과 멘탈 세트

- 일반적으로 경험과 전문성이 중요하지만 문제 해결을 방해할 수 있다. 특정 물건을 사용해 본 경험 때문에 그 물건의 새로운 사용법을 찾지 못하는 기능적 고착, 특정 해결책을 반복적으로 사용하여 다른 종류의 해결책이 필요하다는 것을 보지 못하게 하는 멘탈 세트가 있다. 명칭 없는 부분 기법 혹은 브레인스토밍과 같은 방법은 전문성의 부정적 영향에 대응하기 위해 사용할 수 있다.

가설 검증

가설 검증(hypothesis testing)은 문제 해결의 중요한 부분이다. 문제를 잘 해결하려면 가능성 있는 설명(가설)을 만들고 그 설명이 맞는지 검증해야 한다. 가설이 맞지 않다는 것이 증명되면 다른 가설을 만들고, 문제를 해결할 때까지 반복한다. 그래서 가설 검증을 자세히 살펴보면 문제 해결 방법에 대해 많은 것을 파악할 수 있다.

Key term

가설 검증(hypothesis testing): 가설을 형성하거나 잠정적인 설명에 기반한 문제 해결 접근으로 한 번 이상의 검사를 하게 됨

두 가지 가설 검증 방법

증명과 Wason 과제

가설을 검증하는 두 가지 방법을 살펴보자. 첫 번째는 매우 익숙하지만 (어림법처럼) 실수할 가능성이 있는 방법이고, 두 번째는 더 좋은 방법이지만 과학 이외의 영역에서는 잘 사용되지 않는 방법이다. 친숙한 가설 검증 방식으로는 **증명**이 있다. 가능한 해결책을 도출한 다음, 시도해 본다. 잘 적용되면 좋고, 그렇지 않으면 다른 해결책을 계속 탐색한다.

증명은 오랫동안 과학적 추론과 비과학적 추론을 구분하는 핵심적인 차이로 여겨져 왔다. 과학자는 자신의 설명이 참이라는 것을 증명해야 하는 반면, 비과학자는 자신의 의견을 검증

Key term

확증 편향(confirmation bias): 가설 검증 시 개인의 신념을 지지하는 증거를 찾으려는 경향

하기 위해 신경 쓸 필요가 없다. 마찬가지로, 문제 해결에 능한 사람은 자신의 제안한 방법의 유용성을 검증하지만 문제를 잘 풀지 못하는 사람은 확인 절차를 거치지 않고 조언을 한다.

하지만 Karl Popper(1968)는 증명만으로는 충분히 이해했다고 하기에 부족하다고 주장했다. Karl Popper의 주장은 Wason(1960)이 고안한 간단한 과제로 실증할 수 있다. 참가자는 제시되는 3개의 숫자열(예: 2–4–6)을 보고 숫자열의 생성 규칙을 찾아야 한다. 스스로 숫자열을 만들어 규칙에 맞는지 물어볼 수 있고, 규칙을 찾았다는 확신이 들면 자신이 찾은 규칙을 보고하였다. 대부분의 참가자는 4–6–8, 1–3–5, 22–24–26과 같은 숫자열을 만들어 규칙에 맞는지 확인하고, 규칙은 '선행 숫자에 2를 더하는 것'이라고 자신 있게 대답하였다. 틀렸다는 대답을 들었을 때, 추가로 숫자열을 만들어 규칙을 확인할 수 있었다. 이제 3–6–9, 6–12–18과 같은 숫자열을 만들어 규칙을 따르는지를 물어보았다. 물론 2개 모두 규칙을 따르는 숫자열이다.

첫 번째 시도에 규칙을 찾은 참가자는 21%였고, 28%는 여러 번 시도했으나 결국 규칙을 찾지 못했다(혹시 규칙을 찾았는가? 당신이 생각한 규칙을 증명하려면 어떤 숫자열을 생성해야 하는가?) (Wason, 1960). 사실 규칙은 매우 간단하였다. '순서에 따라 커지는 3개의 숫자열'이었다. 규칙을 찾는 데 실패한 사람이 이렇게 많은 이유는 무엇일까? 그 이유는 빠르게 가설을 형성하고 오직 그 가설을 지지하는 증거(확증)를 찾기 때문이다. '선행 숫자에 2를 더하는 것'이 맞는 규칙이라고 생각했을 때 그 규칙을 따르는 숫자열만 생성해서 확인하였다. 규칙에 맞지 않는 숫자열이 훨씬 더 많은 정보를 제공함에도 불구하고 그러한 숫자열을 생성해서 확인해 본 참가자는 드물었다.

이처럼 가설이 맞는다는 것을 확증하는 정보만을 찾는 경향을 확증 편향(confirmation bias)이라고 한다. Wason의 실험에서 볼 수 있듯이, 오직 증명에만 매달리게 되면 기저의 처리 과정을 잘못 이해할 수 있다. 철학자 Bertrand Russell이 언급한 대로, 칠면조는 '매일 나를 돌봐주고 먹이를 준다.'는 가설을 세웠을지도 모른다. 왜냐하면 칠면조의 일상에서 그 가설이 계속 확증되었기 때문이다. 하지만 이러한 일반화는 어떠한 확신도 줄 수 없다. 다음날이 추수감사절이나 크리스마스라면, 칠면조에게 다음날 먹이를 줄 것이라는 가설은 아마도 틀렸을 것이다.

반증

Popper(1968)는 **반증**이 가설 검증에 훨씬 더 유용한 전략이라고 결론 내렸다. 반증은 가설을 위배하는 증거를 반복적으로 찾는 과정이다. Wason 실험에서 반증을 해 보았다면,

4–6–8이 규칙에 맞는지를 물어보기보다는 3–5–6이나 5–5–5가 규칙에 맞는지를 물어봤을 것이다. 물론 '선행 숫자에 2를 더하는 것'이 맞았다면, 3–5–6이나 5–5–5가 규칙에 맞는지에 대한 대답은 '아니요'였을 것이다. 그런데 만약 대답이 '네'였다면, 가설이 잘못되었고 새로운 가설을 세워야 한다는 것을 알려 주는 아주 중요한 정보가 된다. 그래서 반증을 시도해 보았다면 2–3–4나 2–3–9와 같은 숫자열(숫자 간 차이가 2가 아니거나 동등하지 않음)이 규칙을 따르는지와 3–3–3과 25–25–26(증가하는 숫자열이 아님)이 규칙을 따르지 않는지를 찾아보았을 것이다.

일반적으로 우리는 인간에게 확증 편향이 있다는 것을 알고 있어야 한다. 우리는 믿음을 지지하는 증거를 너무 많이 찾는 경향이 있다. 그래서 흡연이 건강에 나쁘다는 것을 받아들이는 데 그렇게 오랜 시간이 걸리는 것이다. 흡연이 괜찮다는 증거를 찾는 사람들은 쉽게 그런 증거를 찾을 수 있다(예: 흡연하는 노인이나 의사, 일찍 사망한 비흡연자). 그래서 자신의 믿음에 반하는 증거를 찾을 때만 생각을 바꿀 수 있다.

확증 편향에 빠지기가 매우 쉽기 때문에 과학 교육에서 편향 그리고 그걸 교정하기 위해 반증을 사용하는 방법을 배운다. 그렇다고 해서 과학의 진보에 증명이 필요하지 않다는 의미는 아니다. 과학자는 연구의 초기에는 주제를 이해하기 위해서 주로 증명을 사용하고 후기에는 특정 가설을 검증하기 위해서 반증을 사용한다(Manktelow, 2012).

의도적 합리화

10장에서 추론에 대해 좀 더 자세하게 다루겠지만, 지금까지 논의한 확증 편향과 관련이 높은 측면을 하나 살펴보자. 대부분의 추론은 중립적이 아니라 정서와 동기에 의해 영향을 받는다. Epley와 Gilovich(2016, p. 133)은 다음과 같이 주장하였다.

> 일반적으로 추론의 결과는 자신이 지지하는 결론으로 이어지며, 이 과정에서 증거를 수집하는 방법, 논점을 다루는 방법, 과거 경험을 회상하는 방법에 영향을 준다. 그리고 각각의 과정은 자신이 객관적이라는 편향된 믿음으로 이끄는 동기에 의해 민감하게 영향을 받을 수 있다.

이런 현상을 의도적 합리화(motivated reasoning)라고 한다.

증명과 반증에 적용해 보면, 자신의 가설보다는 다른 사람의 가설을 반증할 가능성이 더 높다(Mercier & Sperber, 2011). 마찬가지로, 자신의

Key term

의도적 합리화(motivated reasoning): 선호하는 결론을 내릴 가능성이 높은 쪽으로 추론하는 경향

믿음에 부합하는 주장보다는 싫어하는 주장에 대해 훨씬 더 비판적으로 생각하게 된다. Mata와 동료들(2013)은 이를 입증하기 위해, 대학생들에게 모교와 라이벌 대학을 비교하는 정보를 제공하고 결론에 동의하는지와 그 이유를 물어보았다. 모교에 좋은 결론일 때는 증거가 약하거나 오해의 소지가 있어도 결론을 받아들이는 경향이 나타났다. 반면, 라이벌 대학에 좋은 결론일 때는 증거의 문제를 바로 지적했다.

Cowley와 Byrne(2005)은 Wason 실험에서 참가자가 잘하지 못한 이유가 자신의 가설을 검증했기 때문이라고 주장하였다. 우리는 자신의 가설을 포기하는 것을 극도로 꺼리는 반면, 다른 사람의 가설에 의문을 제기할 때는 그다지 불편해하지 않는다. Cowley와 Byrne은 정말 그런지 확인해 보았다. 모든 참가자는 Wason 과제를 수행하고 질문하는 방식으로 숫자열에 대한 가설을 검증하였다. 이 중 절반은 '당신의 가설이 짝수이면서 2만큼 커지는 숫자열'이라고 들었고, 나머지 절반은 '다른 참가자의 가설이 짝수이면서 2만큼 커지는 숫자열'이라고 들었다. 결과를 보면, 단 25%만이 자신의 가설을 반증할 수 있는 질문을 한 반면, 다른 참가자의 가설을 검증할 때 반증할 수 있는 질문을 한 참가자의 비율은 무려 62%였다.

의도적 합리화에 관한 연구에서 얻을 수 있는 교훈은 의견이 일치하지 않는 사람과의 논의가 중요하다는 것이다. 그렇게 하면 증거를 직접 찾거나 의견이 같은 사람이 찾을 때보다 약점을 찾을 가능성이 훨씬 높다.

중간 요약

- 가설 검증은 문제 해결의 중요한 부분이다. 가능한 해결책을 제안하고 검증한다.
- 가설 검증에는 두 가지 방법, 증명과 반증이 있다. 증명은 본인의 가설을 검증할 때 사용하는 가장 잘 알려진 방법이다. 하지만 확증 편향으로 이어져 진정한 기제를 찾지 못할 수 있다.
- 가설 검증을 좀 더 확실하게 하는 방법은 반증이다. 반증은 직관적이지 않기 때문에 과학 분야에서 반드시 가르쳐야 한다.
- 인간은 의도적 합리화에 빠지기 쉽다. 본인이 좋아하는 결론보다 싫어하는 결론에 훨씬 더 비판적이다. 그리고 본인의 가설보다 다른 사람의 가설에 의문을 제기할 가능성이 훨씬 높다. 그래서 의견이 다른 사람과 논의하는 것이 매우 유용하다.

논술 문제

1. 심리학자는 다양한 상황(예: IQ 검사, 성취도 검사)에서 지식 수준을 검증해야 한다. 잘 정의된 문제, 모호한 문제, 지식 요구형 문제, 지식 최소 요구 문제 중 어떤 문제를 포함하여야 하고 그 이유는 무엇인가?

2. 문제 해결에서 사용하는 주요 전략의 유용성을 기술하고 평가하시오.
3. 통찰은 무엇인가? 통찰이 존재하는가?
4. 정교한 연습은 무엇인가? 정교한 연습은 전문성을 달성하기 위한 필요충분조건인가?
5. 과거 경험이 문제 해결을 촉진하거나 방해하는 상황을 설명하시오.
6. 가설을 검증하는 방법을 기술하시오.
7. 1장에서 내성법의 한계를 확인하였다. 이와 관련해 문제 해결 분야에서 추가할 수 있는 연구를 논하고 이러한 연구가 1장에서 언급한 주장에 문제점을 제기할 수 있는지에 대해 논하시오.

더 읽을 거리

- Ericsson, K. A., Charness, N., Feltovich, P. J., & Hoffman, R. R. (Eds). (2006). *The Cambridge handbook of expertise and expert performance.* Cambridge, UK: Cambridge University Press. 이 책에서 전문성 분야를 선도하는 세계적인 연구자들이 이에 대한 이론과 연구를 논의하고 있다.
- Hambrick, D. Z., et al. (2014). Deliberate practice: Is that all it takes to become an expert? *Intelligence, 45*, 34-45. 이 논문은 정교한 연습만으로는 전문성의 개인차를 설명하기 어렵다는 것을 분명하게 보여 주고 있다.
- Holyoak, K. J., & Morrison, R. G. (Eds.) (2012). *The Oxford handbook of thinking and reasoning.* Oxford: Oxford University Press. 이 책은 추리에 관한 교본으로 세계적인 연구자가 집필한 내용이 포함되어 있다.
- Kounios, J., & Beeman, M. (2014). The cognitive neuroscience of insight. *Annual Review of Psychology, 65*, 71-93. 이 논문은 문제 해결에 관한 인지신경심리학적 접근을 충실히 고찰하고 있다.
- Weisberg, R. W. (2015). Toward an integrated theory of insight in problem solving. *Thinking & Reasoning, 21*, 5-39. Robert Weisberg가 통찰 문제에 관한 이론과 연구를 친절하게 설명한 논문이다.

문제의 답

방사선 문제의 해답: 약한 강도의 방사선을 여러 방면에서 보내어 암세포가 있는 지점에 모이게 한다. 개별 방사선의 강도는 약해서 정상 세포에 해를 입히지 않지만, (암세포가 있는) 수렴 지점에서 합쳐지면 암세포를 죽일 정도로 충분히 강해진다.

[그림 9-7]의 해답: 8개의 공을 3개, 3개, 2개로 나눈다. 첫 번째 3개를 저울의 왼쪽에 올리고 두 번째 3개를 저울의 오른쪽에 올린다. 저울의 균형이 맞지 않는다면, 어느 쪽에 무거운 공이

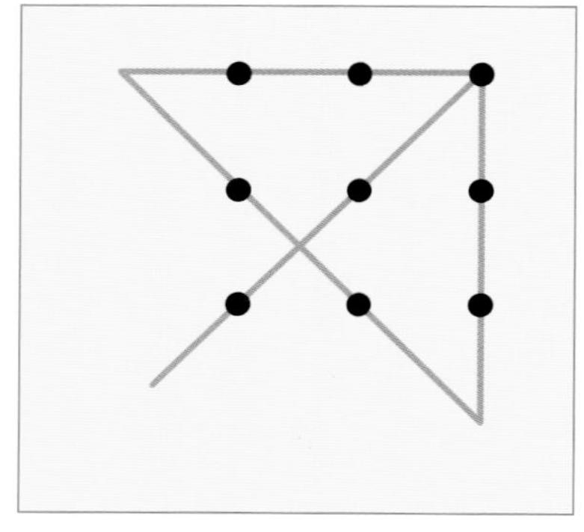

[그림 9-5]

있는지 알 수 있다. 무거운 공이 있는 쪽에서 2개를 선택해 저울에 올린다. 균형이 맞지 않는다면 무거운 공을 찾을 수 있고, 균형이 맞는다면, 나머지 하나가 무거운 것이다. 다음으로 3개씩 올렸을 때 저울의 균형이 맞는다면, 남은 2개 중에 무거운 공이 있다는 것을 알 수 있다. 이제 남은 공 2개를 하나씩 저울에 올리면 무거운 공을 찾을 수 있다.

원격 연합 문제의 해답: Post. Postcard, Postmaster, Lamppost

단어 완성 과제의 해답: K A F M S에서 F를 제외하고 MASK를 만들 수 있음.

성냥개비 문제([그림 9-12])의 해답: (a) VII에서 VI로 이동하면 VI=VII+I(6=7+1)이 VII=VI+I(7=6+1)이 됨 (b) =에서 −로 이동하면 IV=III−I(4=3−1)이 IV−III=I(4−3=1)이 됨.

참고문헌

Bearman, C. R., Ball, L. J., & Ormerod, T. C. (2007). The structure and function of spontaneous analogizing in domain-based problem solving. *Thinking & Reasoning*, *13*, 273-294.

Bilalić, M., McLeod, P., & Gobet, F. (2008a). Inflexibility of experts: Reality or myth? Quantifying the Einstellung effect in chess masters. *Cognitive Psychology*, *56*, 73-102.

Bilalić, M., McLeod, P., & Gobet, F. (2008b). Why good thoughts block better ones: The mechanism of the pernicious Einstellung (set) effect. *Cognition*, *108*, 652-661.

Bowden, E. M., & Jung-Beeman, M. (2007). Methods for investigating the neural components of insight. *Methods*, *42*, 87-99.

Bowden, E. M., Jung-Beeman, M., Fleck, J., & Kounios, J. (2005). New approaches to demystifying insight. *Trends in Cognitive Sciences*, *9*, 322-328.

Burns, B. D. (2004). The effects of speed on skilled chess performance. *Psychological Science*, *15*, 442-447.

Burns, B. D., & Wieth, M. (2004). The collider principle in causal reasoning: Why the Monty Hall dilemma is so hard. *Journal of Experimental Psychology: General*, *133*, 434-449.

Campitelli, G., & Gobet, F. (2011). Deliberate practice: Necessary but not sufficient. *Current Directions in Psychological Science*, *20*, 280-285.

Ceci, S. J., & Liker, J. K. (1986). A day at the races: A study of IQ, expertise, and cognitive complexity. *Journal of Experimental Psychology: General*, *115*, 255-266.

Charness, N. (1981). Search in chess: Age and skill differences. *Journal of Experimental Psychology: Human Perception and Performance*, *7*, 467-476.

Charness, N., Tuffiash, M., Krampe, R., Reingold, E., & Vasyukova, E. (2005). The role of deliberate practice in chess expertise. *Applied Cognitive Psychology*, *19*, 151-165.

Chen, Z. (2002). Analogical problem solving: A hierarchical analysis of procedural similarity. *Journal of Experimental Psychology: Learning, Memory, & Cognition*, *28*, 81-98.

Cherubini, P., & Mazzocco, A. (2004). From models to rules: Mechanization of reasoning as a way to cope with cognitive overloading in combinatorial problems. *Acta Psychologica*, *116*, 223-243.

Cowley, M., & Byrne, R. M. J. (2005). Chess masters' hypothesis testing. In *Proceedings of the twenty-sixth annual conference of the cognitive science society* (pp. 250-255). New York, NY: Psychology Press.

Danek, A. H., Fraps, T., von Müller, A., Grothe, B., & Öllinger, M. (2014). Working wonders? Investigating insight with magic tricks. *Cognition*, *130*, 174-185.

De Groot, A. D. (1965). *Thought and choice in chess*. The Hague, The Netherlands: Mouton.

De Neys, W., & Verschueren, N. (2006). Working memory capacity and a notorious brain teaser - The case of the Monty Hall dilemma. *Experimental Psychology*, *53*, 123-131.

Delaney, P. F., Ericsson, K. A., & Knowles, M. E. (2004). Immediate and sustained effects of planning in a problem-solving task. *Journal of Experimental Psychology: Learning, Memory, and Cognition*, *30*, 1219-1234.

Dunbar, K., & Blanchette, I. (2001). The in vivo/in vitro approach to cognition: The case of analogy. *Trends in Cognitive Sciences*, *5*, 334-339.

Duncker, K. (1945). On problem solving. *Psychological Monographs*, *58* (Whole No. 270).

Ellis, J. J., Glaholt, M. G., & Reingold, E. M. (2011). Eye movements reveal solution knowledge prior to insight. *Consciousness and Cognition*, *20*, 768-776.

Engel, P. J. H. (2008). Tacit knowledge and visual expertise in medical diagnostic reasoning: Implications for medical education. *Medical Teacher*, *30*, e184-e188.

Epley, N., & Gilovich, T. (2016). The mechanics of motivated reasoning. *The Journal of Economic Perspectives*, *30*(3), 133-140.

Ericsson, K. A., & Kintsch, W. (1995). Long-term working memory. *Psychological Review*, *102*, 211-245.

Ericsson, K. A., Krampe, R. T., & Tesch-Römer, C. (1993). The role of deliberate practice in the acquisition of expert performance. *Psychological Review*, *100*(3), 363-406.

Ericsson, K. A., & Ward, P. (2007). Capturing the naturally occurring superior performance of experts in the laboratory: Toward a science of expert and exceptional performance. *Current Directions in Psychological Science*, *16*, 346-350.

Falk, R., & Lann, A. (2008). The allure of equality: Uniformity in probabilistic and statistical judgment. *Cognitive Psychology*, *57*, 293-334.

Farah, M. J. (1994). Specialization within visual object recognition: Clues from prosopagnosia and alexia. In M. J. Farah & G. Ratcliff (Eds.), *The neuropsychology of high-level vision: Collected tutorial essays*. Hillsdale, NJ: Lawrence Erlbaum Associates.

Fleck, J. I. (2008). Working memory demands in insight versus analytic problem solving. *European Journal of Cognitive Psychology*, *20*, 139-176.

Fleck, J. I., & Weisberg, R. W. (2013). Insight versus analysis: Evidence for diverse methods in problem solving. *Journal of Cognitive Psychology*, *25*(4), 436-463.

Frank, M. C., & Ramscar, M. (2003). How do presentation and context influence representation for functional fixedness tasks? In *Proceedings of the 25th annual meeting of the cognitive science society* (p. 1345). Mahwah, NJ: Lawrence Erlbaum.

Gegenfurtner, A., Lehtinen, E., & Säljö, R. (2011). Expertise differences in the comprehension of visualisations: A metaanalysis of eye-tracking research in professional domains. *Educational Psychology Review*, *23*, 523-552.

Gick, M. L., & Holyoak, K. J. (1980). Analogical problem solving. *Cognitive Psychology*, *12*, 306-355.

Glenberg, A. M., Wilkinson, A. C., & Epstein, W. (1982). The illusion of knowing: Failure in the self-assessment of comprehension. *Memory & Cognition*, *10*(6), 597-602.

Gobet, F., & Chass, P. (2009). Expertise and intuition: A tale of three theories. *Minds and Machines*, *19*, 151-180.

Gobet, F., & Clarkson, G. (2004). Chunks in expert memory: Evidence for the magical number four . . . or is it two? *Memory*, *12*, 732-747.

Gobet, F., & Waters, A. J. (2003). The role of constraints in expert memory. *Journal of Experimental Psychology: Learning, Memory, and Cognition*, *29*, 1082-1094.

Gobet, F., de Voogt, A., & Retschitzki, J. (2004). *Moves in mind: The psychology of board games*. Hove, UK: Psychology Press.

Gottfredson, L. S. (1997). Why g matters: The complexity of everyday life. *Intelligence*, *24*, 79-132.

Grabner, R. H., Stern, E., & Neubauer, A. (2007). Individual differences in chess expertise: A psychometric investigation. *Acta Psychologica*, *124*, 398-420.

Howard, R. W. (2009). Individual differences in expertise development over decades in a complex intellectual domain. *Memory & Cognition*, *37*, 194-209.

Kaplan, G. A., & Simon, H. A. (1990). In search of insight. *Cognitive Psychology*, *22*, 374-419.

Keane, M. (1987). On retrieving analogs when solving problems. *Quarterly Journal of Experimental Psychology*, *39A*, 29-41.

Keil, F. C. (2012). Running on empty? How folk science gets by with less. *Current Directions in Psychological Science*, *21*(5), 329-334.

Kliger, D., & Kudryavtsev, A. (2010). The availability heuristic and investors' reaction to company-specific events. *The Journal of Behavioral Finance*, *11*(1), 50-65.

Knoblich, G., Ohlsson, S., Haider, H., & Rhenius, D. (1999). Constraint relaxation and chunk decomposition in insight. *Journal of Experimental Psychology: Learning, Memory, and Cognition*, *25*, 1534-1555.

Köhler, W. (1927). *The mentality of apes*. New York: Harcourt Brace.

Kohn, N. W., Paulus, P. B., & Choi, Y. (2011). Building on the ideas of others: An examination of the idea combination process. *Journal of Experimental Social Psychology*, *47*(3), 554-561.

Krauss, S., & Wang, X. T. (2003). The psychology of the Monty Hall problem: Discovering psychological mechanisms for solving a tenacious brain teaser. *Journal of Experimental Psychology: General*, *132*, 3-22.

Krupinski, E. A., Graham, A. R., & Weinstein, R. S. (2013). Characterising the development of visual search expertise in pathology residents viewing whole slide images. *Human Pathology*, *44*, 357-364.

Kulatunga-Moruzi, C., Brooks, L. R., & Norman, G. R. (2004). Using comprehensive feature lists to bias medical diagnosis. *Journal of Experimental Psychology: Learning, Memory, and Cognition*, *30*, 563-572.

Langer, E. J. (1975). The illusion of control. *Journal of Personality and Social Psychology*, *32*(2), 311-328.

Lavric, A., Forstmeier, S., & Rippon, G. (2000). Differences in working memory involvement in analytical and creative tasks: An ERP study. *NeuroReport*, *11*, 1613-1618.

Luchins, A. S. (1942). Mechanization in problem solving: The effect of Einstellung. *Psychological Monographs*, *54*, 248.

Luchins, A. S., & Luchins, E. H. (1959). *Rigidity of behavior*. Eugene, OR: University of Oregon.

MacGregor, J. N., Ormerod, T. C., & Chronicle, E. P. (2001). Information processing and insight: A process model of performance on the nine-dot and related problems. *Journal of Experimental Psychology: Learning, Memory, and Cognition*, *27*, 176-201.

Mackintosh, N. J. (1998). *IQ and human intelligence*. Oxford, UK: Oxford University Press.

Maier, N. R. F. (1931). Reasoning in humans II: The solution of a problem and its appearance in consciousness. *Journal of Comparative Psychology*, *12*, 181-194.

Manktelow, K. (2012). *Thinking and reasoning: An introduction to the psychology of reason, judgment and decision making*. Hove: Psychology Press.

Mata, A., Ferreira, M. B., & Sherman, S. J. (2013). Flexibility in motivated reasoning: Strategic shifts of reasoning modes in covariation judgment. *Social Cognition*, *31*(4), 465.

McCaffrey, T. (2012). Innovation relies on the obscure: A key to overcoming the classic problem of functional fixedness. *Psychological Science*, *23*, 215-218.

McLaughlin, K., Remy, M., & Schmidt, H. G. (2008). Is analytic information processing a feature of expertise in medicine? *Advances in Health Sciences Education*, *13*, 123-128.

Melo, M., Scarpin, D. J., Amaro, E., Passos, R. B. D., Sato, J. R., Friston, K. J., & Price, C. J. (2012). How doctors generate diagnostic hypotheses: A study of radiological diagnosis with functional magnetic resonance imaging. *PLOS ONE*, *6*(12), e28752.

Mercier, H., & Sperber, D. (2011). Why do humans reason? Arguments for an argumentative theory. *Behavioral and Brain Sciences*, *34*(2), 57-74.

Metcalfe, J., & Wiebe, D. (1987). Intuition in insight and noninsight problem solving. *Memory & Cognition*, *15*, 238-246.

Mosing, M. A., Madison, G., Pedersen, N. L., Kuja-Halkola, R., & Ullén, F. (2014). Practice does not make perfect: No causal effect of music practice on music ability. *Psychological Science*, *25*, 1795-1803.

Newell, A., & Simon, H. A. (1972). *Human problem solving*. Englewood Cliffs, NJ: Prentice Hall.

Ohlsson, S. (1992). Information processing explanations of insight and related phenomena. In M. T. Keane & K. J. Gilhooly (Eds.), *Advances in the psychology of thinking*. London, UK: Harvester Wheatsheaf.

Öllinger, M., Jones, G., & Knoblich, G. (2008). Investigating the effect of mental set on insight problem solving. *Experimental Psychology*, *55*, 269-282.

Öllinger, M., Jones, G., & Knoblich, G. (2014). The dynamics of search, impasse, and representational change provide a coherent explanation of difficulty in the nine-dot problem. *Psychological Research*, *78*, 266-275.

Penaloza, A. A., & Calvillo, D. P. (2012). Incubation provides relief from artificial fixation in problem solving. *Creativity Research Journal*, *24*, 338-344.

Popper, K. R. (1968). *The logic of scientific discovery*. London, UK: Hutchinson.

Reverberi, C., Toraldo, A., D'Agostini, S., & Skrap, M. (2005). Better without (lateral) frontal cortex? Insight problems solved by frontal patients. *Brain*, *128*, 2882-2890.

Robertson, S. I. (2001). *Problem solving*. Hove, UK: Psychology Press. Scharrer, L., Stadtler, M., & Bromme, R. (2014). You'd better ask an expert: Mitigating the comprehensibility effect on laypeople' s decisions about science- based knowledge claims. *Applied Cognitive Psychology*, *28*(4), 465-471.

Sio, U. N., & Ormerod, T. C. (2009). Does incubation enhance problem solving? A meta-analysis review. *Psychological Bulletin*, *135*, 94-120.

Sternberg, R. J., & Ben-Zeev, T. (2001). *Complex cognition: The psychology of human thought*. Oxford, UK: Oxford University Press.

Sweller, J., & Levine, M. (1982). Effects of goal specificity on means-ends analysis and learning. *Journal of Experimental Psychology: Learning, Memory, and Cognition*, *8*, 463-474.

Thomas, L. E., & Lleras, A. (2009). Covert shifts of attention function as an implicit aid to insight. *Cognition*, *111*, 168-174.

Tversky, A., & Kahneman, D. (1974). Availability: A heuristic for judging frequency and probability. *Cognitive Psychology*, *5*(2), 207-232.

Van Harreveld, F., Wagenmakers, E. J., & van der Maas, H. L. J. (2007). The effects of time pressure on chess skills: An investigation into fast and slow responses underlying expert performance. *Psychological Research*, *71*, 591-597.

Wagner, U., Gais, S., Haider, H., Verleger, R., & Born, J. (2004). Sleep inspires insight. *Nature*, *427*, 352-355.

Wallas, G. (1926). *The art of thought*. London: Cape.

Wason, P. C. (1960). On the failure to eliminate hypotheses in a conceptual task. *Quarterly Journal of Experimental Psychology*, *12*, 129-140.

Weisberg, R. W. (2014). Toward an integrated theory of insight in problem solving. *Thinking & Reasoning*. doi:10.1080/13546783.2014.886625.

Ye, L., Cardwell, W., & Mark, L. S. (2009). Perceiving multiple affordances for objects. *Ecological Psychology*, *21*, 185-217.

Chapter

10

판단, 의사결정, 추리

학습 목표

제10장을 공부한 후에 여러분은 다음을 할 수 있어야 한다.

- 판단과 의사결정을 정의하고 차이점을 설명할 수 있다.
- Wason 카드 과제나 몬티 홀 문제로 인간의 결정과 추리가 항상 논리적이거나 이성적이지 않다는 것을 입증할 수 있는 이유를 설명할 수 있다.
- 판단 과정에서 기저율 무시 현상을 보여 주는 실험적 증거를 논의할 수 있다
- 판단과 의사결정에서 사용되는 대표성, 가용성, 재인 어림법을 정의하고 비교하여 설명할 수 있다.
- 부작위 편향, 손실 회피, 틀 효과, 매몰 비용 효과가 의사결정에 영향을 주는 이유를 설명할 수 있다.
- 삼단논법과 조건 추리를 정의하고 이러한 인지적 기술을 실험적으로 평가하는 방법을 서술할 수 있다.
- 일상적 추리와 연역 추리를 정의하고 비교하여 설명할 수 있다.

서론

Key term

판단(judgment): 불완전한 정보에 기초하여 주어진 사건이 발생할 가능성에 대한 평가를 포함하며 **의사결정**의 초기 과정을 형성함

의사결정(decision making): 다양한 선택지에서 하나를 선택하는 과정으로, 모든 정보가 가용하지 않는 경우도 있어서 판단이 요구됨

사후 확신 편향(hindsight bias): 사람들이 실제로 무슨 일이 일어났는지 알고 난 뒤, 자신이 그 사건을 얼마나 정확하게 예측했는가를 과장하는 경향

인간의 생각은 다양한 형태로 이루어진다. 9장에서는 문제 해결을 살펴보았고 10장에서는 세 가지 종류의 생각(판단, 의사결정, 추리)을 추가로 논의해 보고자 한다. 세 가지 중 일상생활에서 중요하지 않은 것은 없다. 먼저, 판단으로 시작해 보자. 판단(judgment)은 가용한 정보에 근거해서 사건의 발생 가능성을 결정하는 것을 말한다. 예를 들어, 다가오는 시험에서 좋은 성적을 얻을 가능성을 추정해 보기 위해 과거에 봤던 시험을 떠올릴 수 있다. 또한 친구나 지인이 얼마나 신뢰 있고 정직하며 의리가 있는지를 판단하기 위해 그들의 과거 행동에 대한 정보를 사용하기도 한다. 그런데 이러한 판단에서 중요한 것은 **정확도**이다.

의사결정(decision making)은 여러 가능성 중에 선택하는 것이다. 우리는 어느 대학에 진학할지, 어떤 과목을 수강할지 등등을 결정해야 하는데, 결정에 관련된 요인은 지금 고민하고 있는 문제가 무엇인지에 따라 달라진다. 예를 들어, 진로 결정은 코카콜라나 펩시콜라 중 하나를 사는 결정에 비해 훨씬 더 복잡하고 시간 소모가 크다.

결정의 질은 보통 **결과**로 평가하지만 그렇게 하는 것이 항상 타당하다고 보기는 어렵다. 한 외과 의사 이야기를 보자. "수술은 성공적이었으나, 불행하게도 환자가 사망하였다!" 마치 블랙 유머처럼 들린다. 그런데 결정은 그 시점에 가용한 정보에 근거해서 내리게 된다. 물론 결과적으로 좋지 않은 것처럼 보일 수도 있다.

다른 사람의 결정을 평가할 때 발생하는 문제 중 하나는 결과에 관한 정보만 가지고 있다는 것이다. 결과가 부정적이면 결정이 좋지 않았던 것으로 평가하고, 결과가 긍정적이면 좋았다고 평가하는 경향이 있다. 하지만 결정을 내리는 그 시점에는 결과를 알 수 없다. 주식 투자자가 특정 회사 지분의 매매를 결정해야 하는 시점에 그 회사 주식의 가격이 상승할지 혹은 하락할지 알지 못한다. 그래서 결정의 품질을 평가할 때는 결정 이후에 발생한 일이 아니라 결정 시점에 고려했던 정보가 무엇인지를 살펴보아야 한다. 결과를 알고 난 후에 마치 그것을 예측하고 결정한 것처럼 생각하는 경향을 사후 확신 편향(hindsight bias)이라고 한다.

판단도 의사결정 과정의 일부라고 볼 수 있다. 차를 구매하려고 할 때 연비, 내구성 등등에 대해 판단한다. 이처럼 판단과 의사결정이 관련되어 있기 때문에 이 장의 첫 번째 파트에서 두 개념을 논의하고자 한다.

이 장의 두 번째 파트에서는 소유하고 있는 지식에 근거해 추론하는 과정과 관련된 추리에 대해 논의할 것이다. 추리 문제를 풀 때 논리를 잘 사용하지 않지만, 추리에 관한 연구 중 상당수가 논리 문제를 포함하고 있다. 그리고 일상생활에서는 놀랄 정도로 자주 추리가 필요하다. 예를 들어, 대학교 도서관에 다음과 같은 규칙이 있다고 해 보자. '반납일까지 책을 반납하지 않으면, 연체료를 내야 한다.' 책을 늦게 반납했다면, 논리적인 결론은 벌금을 내야 한다는 것이다.

물론 의사결정과 추리의 차이점도 분명하다(특히 연역 추리에서). 결정을 내릴 때 모든 정보를 가지고 있지 않은 때가 많고 가지고 있는 정보가 모호한 때도 있다. 그리고 결정을 할 때 그 결정이 좋은지 아닌지를 알게 되기까지 상당한 시간이 걸릴 수 있다. 대조적으로, 추리로 적절한 결론을 끌어낼 때는 관련 정보를 모두 가지고 있다.

중간 요약

- 판단에서 중요한 것은 정확도이다. 그에 반해서 결정의 품질은 결과로 평가한다. 판단은 의사결정 과정의 일부이다. 결정을 내릴 때 모든 정보를 가지고 있지 않을 때가 많은 반면, 연역 추리를 할 때는 적절한 결론을 끌어내기 위한 모든 정보가 제공된다.

판단

판단은 다양한 사건의 발생 가능성을 추정하는 과정을 포함한다. 일상에서도 늘 그렇다. 우비나 우산을 가지고 간다고 결정할 때 당연히 강수 확률을 추정한다. 그런데 심리학자는 판단을 잘했을 때에 대해서는 상대적으로 관심이 적다. 오히려 판단의 오류나 한계에 초점을 맞추어 연구를 진행한다.

발생 가능성은 가용한 정보에 따라 달라진다

우리는 여러 사건의 발생 확률을 지속적으로 판단하여, 좋은 일의 발생 가능성을 증가시키고 안 좋은 일의 발생 가능성을 감소시킬 수 있다. 우리가 알고리듬을 주로 사용한다면, 사건과 관련된 모든 요인을 분석하여 결과 발생 확률을 지속적으로 모니터할 수 있을 것이다. 하지만 9장에서 논의한 대로, 인간의 뇌는 너무 느리기도 하고 이렇게 모든 요인을 분석할 만큼 용량이 충분하지도 않다. 그래서 대부분 잘 작동되는 기법인 어림법(용어 해설 참조)을 주로 사용한다.

알고리듬 체계에서는, 원인이 바뀔 때 확률이 변화한다. 예를 들어, 테러리스트의 공격 확률은 새로운 테러 조직이 등장하여 위협을 할 때 증가한다. 하지만 어림법 체계에서는 질문이 어떻게 구성되었는가에 따라서 확률이 영향을 받을 수 있다.

발견들

가령 다음과 같은 질문을 받았다고 해 보자. '내년 여름 휴가에 사망할 확률은?' 아마도 대부분 이렇게 답할 것이다. '백만 분의 일 정도.' 그렇다면 이런 질문을 생각해 보자. '내년 여름 휴가 중에 질병, 차 사고, 비행기 사고, 혹은 다른 이유로 사망할 확률은?' 두 번째 질문에서 확률을 바꿀 만한 새로운 정보가 추가되지 않았기 때문에, 두 질문에 대한 답은 분명히 같아야 한다. 그런데 첫 번째 질문보다 두 번째 질문에서 더 높은 확률을 보고하였다. 이를 지지하는 Mandel(2005)의 연구를 살펴보자. 참가자에게 2003년 이라크 전쟁의 첫 번째 주에 테러 발생 가능성을 평가하게 하였다. 참가자 중 일부에게는 향후 6개월 동안 최소 한 번 이상의 테러가 발생할 가능성을 평가하게 하였고, 일부에게는 알카에다나 다른 테러 조직이 계획한 테러 가능성을 평가하게 하였다. 두 조건의 확률은 같아야 한다. 그런데 첫 번째 집단의 테러 발생 가능성의 추정치는 30%인 반면, 두 번째 집단은 48%였다(알카에다 30% + 다른 테러 조직 18%).

Redelmeier와 동료들(1995)은 전문가도 비전문가와 마찬가지 결과를 보인다고 보고하였다. 의사에게 젊은 여성 환자의 복통에 관해 설명한 다음, 절반은 위염이나 자궁외임신 둘 중 하나이거나 다른 원인일 가능성을 판단하게 하고 나머지 절반은 위염, 자궁외임신, 맹장염, 신우신염, 골반 내 염증 질환 중 하나이거나 다른 원인일 가능성을 판단하게 하였다. 두 집단에서 핵심적으로 비교하려는 것은 위염과 자궁외임신을 제외한 나머지에 대한 발생 확률 추정치이다. 실험에 참여한 의사의 추정치는 두 가지 증상 조건에서 50%, 다섯 가지 증상 조건에서 69%였다. 위염과 자궁외임신의 발생 확률 추정치는 질문을 어떻게 구성했는가에 따라 달라졌다.

판단은 정서에 의해서도 영향을 받을 수 있다. Lerner와 동료들(2003)은 9/11 테러 직후 온라인 연구를 진행하였다. 참가자는 두려움, 분노, 슬픔을 유발하는 측면에 초점을 맞추어 응답하였다. 주요 결과를 보면, 슬픔이나 분노에 초점을 맞추었을 때보다 두려움에 초점을 맞추었을 때 추가 테러 가능성을 더 크게 추정하였다.

지지 이론

문제의 구성 방식(세부사항의 포함 정도)에 따라 판단이 달라지는 **이유**는 무엇인가? Tversky와 Koehler(1994)는 **지지 이론**(support theory)을 제안하며, 기억의 한계로 인해 판단에 관련한 모든 정보를 기억할 수 없어서 이런 현상이 나타난다고 주장하였다. 그래서 문제에서 기술하고 있는 측면에 초점을 맞추게 되고, 이것이 판단에 영향을 주게 된다는 것이다. 비슷한 이유로, 인간은 확고한 느낌이 있는 쪽으로 편향을 보인다.

가용성 어림법

지지 이론에서는 판단을 할 때 기억 체계에 있는 정보 중 가장 가용한 정보에 의존한다고 가정하며, 이를 가용성 어림법(availability heuristic)이라고 한다. 가용성 어림법에 따르면, 장기기억에서 관련 정보를 얼마나 쉽게 혹은 어렵게 인출하는지에 따라 사건의 빈도 추정치가 달라진다.

> **Key term**
>
> **가용성 어림법(availability heuristic)**: 해당 사건에 관한 정보를 얼마나 쉽게 장기기억에서 접근할 수 있는지에 기초하여 특정 사건의 빈도를 (종종 틀리게) 추정하는 어림법

가용성 어림법의 사용은 선행연구를 통해 명확하게 입증되어 왔다. Lichtenstein과 동료들(1978)의 연구에서, 여러 사망 원인을 비교하여 각각의 발생 가능성을 추정하게 하였다. 사망 원인 중, 살인과 같이 대중의 주목을 받는 원인의 발생 가능성이 그렇지 않은 경우(예: 자살)보다 훨씬 더 크게 나타났다. 물론 실제로는 반대이다.

Pachur와 동료들(2012)은 다양한 사망 원인의 확률이나 빈도를 판단할 때 세 가지 방법을 사용한다고 주장하였다. 첫째, 직접 경험에 근거하여 가용성 어림법을 사용할 수 있다. 둘째, 전체 경험(직접 경험과 뉴스 보도)에 근거하여 가용성 어림법을 사용할 수 있다. 셋째, **감정 어림법**을 사용할 수 있다. Pachur와 동료들(20120, p. 316)은 감정 어림법을 "A 요인이나 B 요인이 유발하는 두려움을 측정하고 어느 쪽이 좀 더 일반적인지를 추론한다."고 정의하였다.

Pachur와 동료들(2012)은 다양한 사망 원인의 빈도를 판단할 때 직접 경험의 회상에 근거한 가용성이 가장 많이 사용된다는 것을 확인하였다. 다음으로 감정 어림법을 많이 사용하였는데, 두려움을 느끼는 위험 요인의 발생 빈도를 높게 추정하였다. 반면, 뉴스 보도에 근거한 가용성은 상대적으로 많이 사용하지 않았다.

가용성 어림법이 쓰이지 않을 수도 있다. Oppenheimer(2004)는 미국인에게 유명한 성과 그렇지 않은 성으로 구성한 쌍을 제시하고 미국에서 어느 쪽이 더 흔한지를 물어보았다. 예를 들면, 'Bush'와 'Stevenson', 'Clinton'과 'Woodall'과 같은 방식으로 쌍을 구성하여 제시하였다(Bush는 2001년부터 2009년까지, Clinton은 1993년부터 2001년까지 미국 대통령이었다). 참가자들

이 가용성 어림법을 사용했다면, 'Bush'와 'Clinton'을 더 많이 선택했을 것이다. 하지만 결과를 보면 Bush는 12%, Clinton은 30%에 불과했다. 실제로는 유명하지 않은 성이 조금 더 흔하고, 참가자가 정확하게 응답하였다. 이러한 질문에서 가용성 어림법을 사용하지 않은 이유는 무엇일까? 'Bush'나 'Clinton'과 같은 성이 익숙한 이유가 유명하기 때문이라는 것을 알아챘기 때문이다.

이 결과는 정교하게 생각하면 가용성 어림법을 사용하지 않을 수도 있다는 것을 제안한다. 이를 검증하기 위해 Oppenheimer와 Monin(2009)은 참가자에게 인지적 부담을 준 상태에서 어떤 성이 더 흔한지를 물어보았다. 이때는 참가자들이 가용성 어림법 사용을 피하지 못하여, 80%가 잘못 선택하는 결과를 보였다.

[현실세계에서 10-1] 의학적 진단에서 나타나는 가용성 어림법

의료 분야에서 가용성 어림법 사용으로 인해 발생한 나쁜 진단 사례를 살펴보자(Groopman, 2007). Harrison Alter 박사가 애리조나에 있는 병원의 응급실에서 근무할 때, 3주에 걸쳐 10여 명의 바이러스성 폐렴 환자를 치료하였다. 어느 날 Blanche Begaye라는 나바호족 여성이 호흡에 문제가 있어 응급실에 도착하였다. 그녀는 아스피린 몇 알을 복용하였고 정상보다 두 배 빠르게 숨을 쉬고 있었다. Alter 박사는 폐 검사 결과 흰 줄이 없었고 수포음(숨이 찰 때 나는 비정상적인 숨소리)이 들리지 않았음에도 불구하고, 바이러스성 폐렴으로 진단했다. 하지만 혈액이 약한 산성이었는데, 이는 대표적인 감염 증상 중 하나이다. 몇 분 후, 내과 전문의가 아스피린 과다 복용으로 인한 중독 증상으로 보인다고 주장하였다. Alter 박사는 최근에 여러 건의 바이러스성 폐렴을 진단했고 이에 의해 과도하게 영향을 받아 가용성 어림법을 사용하였던 것이었다. Alter 박사는 가쁜 호흡과 혈액 전해질 변화로 볼 때 전형적인 아스피린 중독 증상이며 자신이 잘못 진단하였다고 인정하였다.

기저율

특정 사건의 발생 가능성을 판단할 때 기저율을 고려하는 것이 중요하다. 기저율(base rate)은 사건이나 결과에 대한 전반적인 예측 확률이다. 가령 이른 아침에 스코틀랜드 글래스고 혹은 애리조나 피닉스에 가려고 준비하고 있다고 가정해 보자. 햇볕이 내리쬐고 있다. 하지만 비가 올 수도 있으니 우산을 가져가야 할까? 찬찬히 생각해 본 후, 십중팔구는 한 달에 두세 번 정도 짧게 비가 오는 피닉스보다 비가 오지 않는 날보다 비가 오는 날이 더 많은 글래스고에 갈 때 우산을 가져가야 한다고 결론을 내릴 것이다. 즉, 글래스고나 피닉스에서 일반적으로 예측하는 강수 확률, 즉 기저율을 고려한 것이다.

Key term

기저율(base rate): 하나의 사건이 전집에서 발생할 상대빈도로서, 개인이 판단을 할 때 종종 무시되거나 덜 강조됨 기저율 정보는 **개별화된 정보**와 함께 사용할 때 판단의 정확성을 높일 수 있다. 개별화된 정보는 가까운 장래의 상황에 들어맞는 정보를 말한다. 글래스고에 갈 때 우산을 가지고 갈지 고민하는 과정에서, 그 시점이 봄인지 그리고 지난 이틀간 비가 왔었는지에 대한 정보를 고려할 것이다.

다음 절에서는 (항상은 아니지만) 종종 기저율의 중요성을 과소평가하여 판단이 이루어진다는 증거를 살펴볼 것이다. 글래스고에 우산을 가지고 갈지 결정할 때 글래스고는 비가 오는 날이 더 많다는 정보보다 지난 이틀간 비가 오지 않았다는 정보가 더 많은 영향을 준다는 것이다.

기저율을 무시한다는 증거

Kahneman과 Tversky(1972)는 택시 문제로 기저율을 종종 무시한다는 증거를 보고하였다.

지난밤 택시의 뺑소니 사고가 있었다. 그 도시에는 2개의 택시 회사, 즉 초록 택시와 파랑 택시가 있다. 다음의 자료를 보고 질문에 답을 해 보자.

1. 그 도시에서 택시의 85%는 초록 택시, 15%는 파랑 택시이다.
2. 목격자는 파랑 택시였다고 증언하였다. 법정에서는 어두운 상황에서 목격자가 택시의 색을 정확하게 파악할 수 있는지를 검증하였는데, 정확률이 80%였다.

질문: 뺑소니 사고를 낸 택시가 파랑 택시였을 확률은?

실험 결과를 보면, 대부분 80%라고 응답하였다. 그리고 색깔을 정확하게 파악하는 확률이 80%이기 때문에, 파랑 택시였을 확률도 80%라고 보고하였다. 만약 그 도시에 두 택시의 개수가 같았다면 80%가 정답이었을 것이다. 하지만 초록 택시보다 파랑 택시가 더 많다는 점을 고려하여 다음과 같은 과정으로 계산해야 한다.

실제로 파랑 택시였고 목격자가 파랑이라고 증언했을 확률: *.50 × .80 = .40*
실제로 파랑 택시였으나 목격자는 초록이라고 증언했을 확률: .50 × .20 = .10
실제로 초록 택시였고 목격자가 초록이라고 증언했을 확률: .50 × .80 = .40
실제로 초록 택시였으나 목격자가 파랑이라고 증언했을 확률: .50 × .20 = .10
그래서 실제로 파랑 택시였고 목격자가 파랑이라고 증언했을 확률: *.40 ÷ (.40 + .10) = .80*

하지만 파랑 택시와 초록 택시의 기저율이 다르므로, 이를 반영하여 계산해야 한다.

실제로 파랑 택시였고 목격자가 파랑이라고 증언했을 확률: *.15 × .80 = .12*

실제로 파랑 택시였으나 목격자가 초록이라고 증언했을 확률: .15 × .20 = .03

실제로 초록 택시였고 목격자가 초록이라고 증언했을 확률: .85 × .80 = .68

실제로 초록 택시였으나 목격자가 파랑이라고 증언했을 확률: .85 × .20 = .17

그래서 실제로 파랑 택시였고 목격자가 파랑이라고 증언했을 확률: *.12 ÷ (.12 + .17) = .41*

이렇게 되면 뺑소니 사고를 낸 택시가 파랑 택시였고 목격자가 파랑이라고 증언했을 확률은 불과 41%이다. 그리고 초록 택시가 사고를 냈을 확률이 파랑 택시가 사고를 냈을 확률보다 높다. 이는 앞에서 본 글래스고 사례와 같다. 글래스고에서 아침에 화창한 날씨였다고 하더라도, 비가 내릴 확률은 비가 내리지 않을 확률보다 높다.

Casscells와 동료들(1978)은 전문가도 이와 같은 기저율 무시 경향을 보인다고 주장하였다. 하버드 의대 학생과 의료진에게 다음과 같은 문제를 주었다.

> 발생 확률이 0.1%인 질병을 진단할 수 있는 검사가 있다. 이 검사의 허위 양성률(실제로 있지 않은 질병이 존재한다고 진단할 확률)은 5%이다. 다른 증상이나 징후에 대한 정보가 없는 상황에서, 검사 결과가 양성일 때 실제로 질병에 걸렸을 확률은 얼마라고 생각하는가?

하버드 의대의 참가자 45%가 95%라는 오답을 말했다. 정답은 2%이다(택시 사고 문제를 적용해 보면 쉽게 답을 찾을 수 있을 것이다).

대표성 어림법

개별화된 정보에 너무 많이 집중하고 기저율은 무시하는 현상은 사람들 간의 상호작용에서도 관찰할 수 있다. 다음의 사례를 살펴보자(Swinkels, 2003).

> Swinkels 박사의 사촌인 루디는 조금 특이하다. 영화와 예술에 대한 취향이 색다르고 연기자와 결혼했으며, 몸의 여기저기에 문신이 있다. 그리고 밧줄에 관심이 있다. 여가 시간에는, 요가 수업을 듣고 에스피레코드 판(78rmp record) 수집을 한다. 외향적이고 활기가 넘치는 편이며 연기를 한 적이 있다고 알려져 있다. 루디의 직업은 무엇일까?
>
> (a) 변호사, (b) 학생, (c) 공중곡예사, (d) 도서관 사서

당신은 무엇을 선택했는가? 혹시 공중곡예사를 선택하였는가? 그랬다면, 기저율의 함정에 빠진 것이다. 왜 그럴까? 공중곡예사는 100만 명 중의 한 명 정도에 불과하다. 반면, 10명 중의 한 명은 학생이다. 즉, 루디에 대한 자세한 정보가 학생보다는 공중곡예사에 더 들어맞는다고 하더라도, 루디가 학생일 확률이 훨씬 더 높다. 같은 이유로 루디가 변호사이거나 도서관 사서일 확률이 공중곡예사일 확률보다 높다.

개별화된 정보에 과도하게 집중하여 기저율 정보를 놓치는 현상을 대표성 어림법(representative heuristic)이라고 한다. 대표성 어림법은 전형성이나 대표성으로 인해 주어진 대상을 해당 범주에 넣는 경향을 말한다.

Tversky와 Kahneman(1983)이 제시한 다른 사례를 살펴보자.

> 린다는 31세이고 독신이며, 의견을 말하는 데 거침이 없고 매우 똑똑하다. 그녀는 철학을 전공했고, 학창 시절에 차별이나 사회 정의와 같은 문제에 관심이 많았으며, 반핵 시위에도 참여하였다.

린다가 은행원일 확률과 양성평등주의자 은행원일 확률을 비교하면 어느 쪽이 더 클까? 대부분 린다가 양성평등주의자 은행원일 확률이 더 높다고 답한다. 그렇게 답을 한 이유는 린다에 대한 설명이 양성평등주의자인 것처럼 보여, 대표성 어림법을 사용했기 때문이다. 하지만 양성평등주의자 은행원은 모두 은행원에 속한다. 그래서 린다가 양성평등주의자 은행원일 확률은 무조건 은행원일 확률보다 낮다. 두 사건의 결합 확률이 단일 사건보다 크다는 잘못된 믿음을 결합 오류(conjunction fallacy)라고 한다.

Key term

대표성 어림법(representativeness heuristic): 어떤 물체나 개인이 특정 범위의 대표성이나 전형성을 띠고 있기 때문에 그 범주에 속한다고 생각하는 어림법으로, **판단** 시 사용되며 **기저율** 정보를 무시할 경우 잘못된 답을 산출하게 됨

결합 오류(conjunction fallacy): 두 사건이 함께 또는 결합하여 발생할 확률이 이 사건들이 각각 발생할 확률보다 크다고 생각하는 잘못된 가정으로, 아주 유명한 린다 문제를 가지고 연구됨

일상에서 기저율을 항상 무시하지 않는다는 증거

많은 연구에서 기저율 무시를 확인할 수 있었다. 그런데 잘 생각해 보면, 상당히 놀랄 만한 일이다. 우산을 가지고 가야 하는지 결정할 때 글래스고와 피닉스의 차이를 구별하지 못하는 것과 매우 유사하다. Krynski와 Tenenbaum(2007)은 친숙성과 **인과 지식**이 기저율을 무시하지 않고 정확한 판단을 내릴 수 있게 도와준다고 주장하였다. 가령 친구가 기침을 한다고 해보자. 기침은 일반적인 감기 증상일 수도 있지만, 폐암과 연관되어 있을 수도 있다. 그래서 기저율 정보를 사용하여 폐암 환자보다는 감기에 걸린 사람이 훨씬 더 많다는 것에 근거해 친구

가 감기에 걸렸다고 결론을 내렸다.

인과 지식이 판단에 도움이 된다는 가설을 검증하기 위해서 Krynski와 Tenenbaum(2007)은 참가자에게 기저율 무시 현상이 나타난 과제와 비슷한 판단 과제를 주었다.

> 60세 여성이 X선으로 가슴의 암세포를 탐지하는 유방암 검사를 받았을 때의 통계 수치이다.
>
> - 검사 시점에 유방암이 있는 비율이 약 2% 정도이다. 그들 중 대부분은 검사에서 양성 판정을 받는다.
> - 유방암이 없는 여성이 검사에서 양성 판정을 받을 확률이 6%이다.
>
> 60세 여성이 정기 유방암 검사에서 양성 판정을 받았다고 가정해 보자. 다른 증상에 대한 정보가 없을 때 이 여성이 유방암에 걸렸을 확률은 어느 정도라고 판단하겠는가?

이전에 보았던 것처럼, 이 문제에서 전체 인구 중 암 환자의 수, 즉 기저율을 종종 무시하는 모습을 보인다. Krynski와 Tenenbaum(2007)의 연구 결과도 마찬가지였는데(참가자의 25%만이 정답을 말했다), 이에 대해 참가자가 검사에서 양성이 나오는 유일한 이유가 유방암이라고 생각했기 때문이라고 주장했다. 그렇다면 검사에서 양성이 나온 다른 이유가 있을 수 있다는 식으로 문장을 바꾸면 어떻게 될까? Krynski와 Tenenbaum은 세 번째 문장을 이렇게 바꾸었다.

> 유방암이 없는 여성에게서 암세포처럼 보여 검사 결과가 양성으로 나오게 하는 무해한 낭종이 있을 확률이 6%이다.

Krynski와 Tenenbaum(2007)은 양성 낭종 시나리오를 들었을 때 기저율을 고려할 확률이 훨씬 더 크게 나타난다고 보고하였다. 그 이유는 양성 낭종 시나리오를 들었을 때 가용한 **인과 지식**이 문제를 좀 더 깊게 생각하고 판단하게 만들어 주기 때문이라고 주장하였다.

기저율 무시가 심리학 실험에서 제시하는 것보다 일상에서 별 문제가 되지 않는 두 번째 이유는, 기저율 정보를 사용해야 하는 **동기**가 있을 때는 사용하는 경향을 보인다는 것이다. 가령 리트머스지에 침을 묻히라는 요청을 받았다고 해 보자. 리트머스지가 파란색으로 변하면, 효소 결핍으로 건강에 문제가 생길 가능성이 있다는 것을 의미한다. 검사 결과가 잘못 나올 가능성은 10%이다. 결과를 보니 안타깝게도 파란색으로 변했다.

Ditto와 동료들(1998)의 연구에서, 대부분의 참가자는 기저율 정보를 사용하여 검사 결과가 부정확할 가능성을 제기하였다. 반면, 파란색으로 변하면 건강에 문제가 없다고 들은 참가자는 검사의 문제점을 인식하지 못했다. 아마도 굳이 기저율을 고려해야 할 필요가 없기 때문이었을 것이다(9장의 의도적 합리화 참조). 정리해 보면, 기저율 무시는 과하게 강조된 측면이 있다. 다음의 문제를 살펴보자(Teigen & Keren, 2007).

> 프레드는 매일 집 앞에 있는 정류장에서 정시에 출발하는 버스를 타고 출근한다.
>
> 그간의 경험에 비추어 볼 때, 열 번 중에 평균 한 번 정도 버스가 일찍 출발하고, 여덟 번은 최대 0~10분 늦게 출발하고, 한 번은 10분 이상 늦게 출발한다는 것을 알고 있다.
>
> 프레드가 버스 정류장에 정시에 도착해서 10분을 기다렸는데 버스가 오지 않았다. 버스가 10분 이상 늦게 올(아직 버스가 도착하지 않았을) 확률은 얼마일까?

정답은 얼마라고 생각하는가? Teigen과 Keren(2007)의 연구에서 가장 많이 나온 답은 10%였다(63%가 이렇게 대답하였다). 두 번째로 많이 나온 답은 90~100%였다(26%가 이렇게 대답하였다). 정답인 50%라고 말한 사람은 단지 3%에 불과했다.

정답이 50%인 이유는 무엇일까? 기저율을 보면, 버스가 일찍 도착할 확률이 10%, 0~10분 늦을 확률이 80%, 10분 이상 늦을 확률이 10%이다. 이날 아침에 0~10분 늦는 일은 일어나지 않았기 때문에, 확률 계산에서 제외해야 한다. 이제 버스가 일찍 오거나 10분 이상 늦게 올 확률은 같다. 전체 확률이 100%이므로, 버스가 10분 이상 늦게 올 확률은 50%여야 한다.

앞의 문제에서 많은 사람이 기저율(10%/80%/10%)에 과도하게 의존한 이유는 무엇일까? 첫 번째 이유는 기저율을 계산하기는 쉬운 반면, 이를 넘어서는 계산은 복잡하다는 것이다. 두 번째 이유는 프레드가 버스 정류장에서 아무것도 하지 않고 10분 동안 기다린 이유가 명확하지 않다는 것이 버스가 10분 이상 늦게 올 확률을 계산하는 데 영향을 주었다는 것이다.

Teigen과 Keren(2007)은 버스 문제를 다음과 같이 바꾸어 연구를 진행하였다. A 회사의 버스가 먼저 도착할 확률이 10%, B 회사의 버스가 먼저 도착할 확률이 80%, C 회사의 버스가 먼저 도착할 확률이 10%라고 하자. 어느 날 B 회사가 파업했다. 이렇게 되면 80%를 고려할 필요가 없게 된다. 그래서 참가자의 82%가 C 회사의 버스가 먼저 도착할 확률(50%)을 정확하게 말했다.

요약해 보면, 항상 기저율 정보의 중요성과 관련성을 과소추정한다는 것은 사실이 아니다. 기저율 정보를 계산하기 쉬울 때는 오히려 문제에 적용할 필요가 없음에도 불구하고 적용하는 사례도 확인하였다. 또한 기저율 무시에 관한 연구에서, 과제를 설명할 때 매우 주의해야 한다는 것도 알 수 있다. 단순히 수치만 몇 개 제공하게 되면, 심지어는 전문가도 전체적인 그림을 잘못 이해할 수 있다(Whiting et al., 2015).

자연 빈도 가설

Gigerenzer와 Hoffrage(1999)는 심리학 연구에서 기저율을 제대로 고려하지 못하는 이유가 문제를 빈도가 아닌 확률 방식으로 제시했기 때문이라고 주장하였다. 일상생활에서 특정 범주에 속하는 사례를 접하게 되는 시점은 매우 다양하다. 이를 자연 표집(natural sampling)이라고 한다. Gigerenzer와 Hoffrage(1999)의 **자연 빈도 가설**에 의하면, 여러 사건의 빈도를 찾기는 쉽다. 하지만 대부분의 실험실 연구에서 사용하는 분수나 확률은 일상생활에서 경험하는 사건의 빈도보다 훨씬 더 추상적이기 때문에, 상당히 다루기 어렵다.

그래서 자연 빈도 가설에서는 문제를 만들 때 자연 빈도를 사용하게 되면 수행이 전반적으로 좋아진다고 주장한다. Hoffrage와 동료들(2000)은 의대생에게 실제와 유사한 4개의 진단 과제를 주었다. 이 과제는 확률 혹은 빈도 방식으로 기저율을 포함하고 있었다. 암 검진의 확률 방식은 다음과 같다.

> 결장암 발생 확률은 0.3%이다. 결장암에 걸렸을 때 잠혈검사(hemoccult test)의 양성 확률이 50%이고, 결장암에 걸리지 않았을 때 양성 확률이 3%이다. 잠혈검사에서 양성 반응을 보였을 때 실제로 결장암에 걸렸을 확률은 얼마나 되는가?

암 검진의 빈도 방식은 다음과 같다.

> 10,000명 중 30명이 결장암에 걸린다. 이들 중 15명은 잠혈검사에서 양성 반응을 보일 것이고, 결장암에 걸리지 않은 9,970명 중에도 300명은 양성 반응을 보일 것이다. 잠혈검사에서 양성 반응을 보인 사람 중 실제로 결장암에 걸린 사람은 몇 명이나 될까?

Hoffrage와 동료들(2000)의 연구를 보면, 확률 방식에서는 기저율에 그다지 주의를 기울이지 않은 반면, 빈도 방식에서는 훨씬 더 좋은 결과를 보였다([그림 10-1] 참조).

Garcia-Retamero와 Hoffrage(2013)의 연구 그리고 Brase(2014)의 연구에서도 자연 빈도 가설을 지지하는 증거를 제시하였다. 하지만 모든 연구자가 자연 빈도 가설에 동의하지는 않는다.

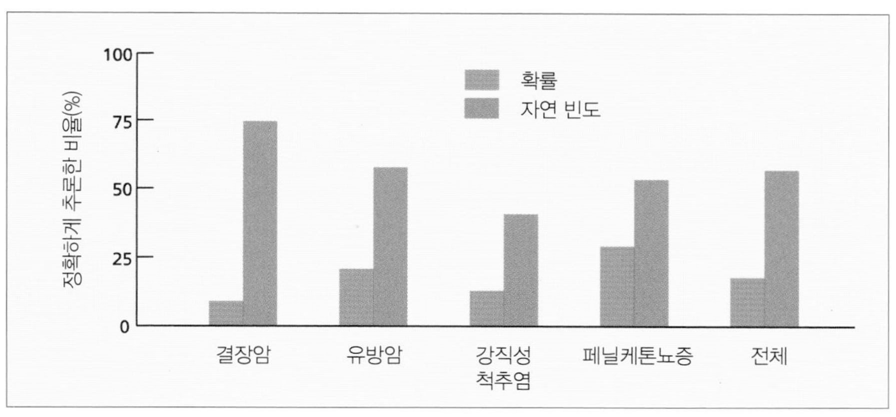

[그림 10-1] 실제와 유사한 4개의 진단 과제를 주었을 때 확률 방식과 빈도 방식에서 의대생이 정확하게 추론한 비율
출처: Hoffrage et al. (2000). AAAS의 허가를 얻어 재인쇄함.

Evans와 동료들(2000)은 빈도 방식으로 문제를 제시하면 기저 구조를 좀 더 확실하게 보여 준다고 지적하였다. 그래서 이러한 혼입 변인의 영향을 제거하고 나면, 빈도 방식과 확률 방식이 별다른 차이를 보이지 않았다(이후 빈도 방식의 문제를 잘 풀지 못한 사례를 살펴볼 것이다).

그리고 자연 빈도와 문제 풀이 규약(problem protocol)을 구분하는 것이 매우 중요하다. 문제 풀이 규약을 제공하게 되면, 자체적으로 빈도 정보를 포함하고 있어서 참가자가 어떻게 자연 표집을 해야 하는지에 대해 이해하려고 노력할 필요가 없다. Fiedler와 동료들(2000)은 빈도 표집을 하게 되었을 때 기저율 정보를 사용할 가능성이 증가한다는 예측을 검증하였다. 이들이 제시한 문제는 다음과 같다. 유방암 검사에서 실제 암에 걸린 사람이 양성을 보일 확률은 80%, 걸리지 않은 사람이 양성을 보일 확률은 9.6%, 유방암의 기저율은 1%이다. 참가자는 유방암 검사가 양성일 때, 환자가 실제로 유방암에 걸렸는지를 진단하였다. 이때 서류철에서 '유방암 환자' 혹은 '유방암 환자 아님'과 같은 카드를 꺼내는 방식으로 진행하였다.

많은 참가자가 유방암 환자 쪽을 선택하였는데, 그 이유는 두 범주로 분류해 놓은 데에 그만한 이유가 있을 것이라고 잘못 생각했기 때문이다. 그래서 양성 검사 결과를 보고 유방암에 걸렸다고 진단한 비율이 평균 63%였다(정답은 7.8%이다). 이렇게 잘못 판단한 이유는 무엇일까? 참가자들이 '유방암 환자'를 선택하는 것이 '유방암 환자 아님'을 선택하는 것보다 훨씬 더 유용한 정보를 준다고 착각하고 있었다. 이런 방식으로 기저율 무시 위험에 노출되었던 것이다.

평가

- ⊕ 자연적 혹은 객관적 표집은 판단의 정확성을 증진시킬 수 있다.
- ⊕ 몇몇 연구에서 빈도 정보에 근거한 판단이 확률 정보에 근거한 판단보다 더 낫다는 결과를 보여 주었다.
- ⊖ 빈도 방식으로 문제를 제시하면 기저 구조를 이해하기 쉽다. 그래서 빈도 방식으로 제시하면 문제를 더 잘 풀 수 있는데, 그 이유는 확률보다 빈도를 더 잘 이해할 수 있기 때문이 아니라 빈도 방식이 문제를 좀 더 쉽고 명확하게 만들어 주기 때문이다.
- ⊖ 일상생활에서 행하는 표집은 실험실에서 제공하는 깔끔하게 짜인 빈도 자료와는 다르다. Fiedler와 동료들(2000)은 참가자가 선택한 표본이 편향된 정보를 제공해 기저율 무시 현상이 나타나게 할 수 있다는 것을 확인하였다.

어림법은 대체로 괜찮다

어림법을 사용하여 부정확한 판단을 하게 되는 상황을 심리학 실험에서 쉽게 만들 수 있다는 것을 이미 확인하였다. 이와 관련하여 Glymour(2001, p. 8)는 이런 질문을 던졌다. "당신이 그렇게 멍청하다면, 어찌하여 이렇게 영리한가?"

이 질문에 답하려면 어림법을 사용하는 이유를 다시 생각해 봐야 한다. 주요 이유로는 두 가지가 있다. (1) 인간의 뇌가 알고리듬을 사용할 정도로 잘 갖추어져 있지 않다(이전 절에서 설명한 문제의 답을 찾기 위해 얼마나 열심히 생각했는가?). (2) 어림법을 사용하면 열심히 생각하지 않고도 대부분 적절한 해결책을 찾을 수 있다(Shah & Oppenheimer, 2008; Todd & Gigerenzer, 2007). 일상생활에서는 대부분 적절한 해결책으로 충분하기 때문에, 판단 과정에서 어림법에 강하게 의존하게 된다.

가용한 정보의 양과 무관하게 사용할 수 있다는 것이 어림법의 또 다른 이점이다. 반면, 알고리듬은 정보가 부족할 때 사용이 제한적이다.

신속 간략 어림법

Gigerenzer는 비교적 적은 정보를 빠르게 처리하는 방식의 신속 간략 어림법(Fast and Frugal heuristics)의 중요성을 강조하였다(예: Hafenbrädl et al., 2016). 그리고 여러 종류의 어림법을 담은 '조절 공구 상자(adaptive toolbox)'가 있다고 주장하였다.

신속 간략 어림법 중 핵심은 **최상 선택 어림법**(take-the-best heuristic)으로, '가장 좋은 것을 취하고 나머지는 무시하는 방식'이다. 독일의 도시 헤르네(Herne)와 쾰른(Cologne) 중 인구가 더 많은 곳은 어디일까? 문제를 풀기 위해, 도시 크기와 관련된 가장 근거 있는 단서를 떠올리는 것부터 시작한다고 해 보자. 일반적으로 이름을 알고 있는 도시가 그렇지 않은 도시보다 인구가 많다고 생각하게 되고, 쾰른을 선택한다. 두 도시 이름을 모두 알고 있다면 어떨까? 그러면 도시 크기와 관련된 다른 변수를 떠올리게 되고, 대성당이 있는 도시가 그렇지 않은 도시보다 인구가 많다고 생각하게 된다. 쾰른에는 대성당이 있는 것을 알고 있지만 헤르네에는 대성당이 있는지 확신하지 못한다면, 쾰른을 선택한다. 두 가지 방식의 어림법으로 정답을 찾게 되는데, 여기서 헤르네와 쾰른의 정확한 인구 수는 중요하지 않다.

최상 선택 어림법에는 세 가지 구성 요소가 있다.

1. **탐색 규칙**: 유효한 순서에 따라 단서(예: 이름 재인 여부, 대성당 존재 여부)를 탐색한다.
2. **중지 규칙**: 구별 단서를 찾으면, 즉 단서가 하나의 선택지에만 적용되면 탐색을 중지한다.
3. **결정 규칙**: 답을 선택한다.

최상 선택 어림법과 관련되어 가장 많은 연구가 진행된 주제는 재인 어림법(recognition heuristic)이다. 재인 어림법에서는 제시된 선택지 중 하나를 재인하는지 확인한다. 앞에서 설명한 대로, 쾰른은 알고 있지만 헤르네는 알지 못한다면 쾰른이 더 큰 도시라고 추측한다.

Key term

재인 어림법(recognition heuristic): 두 물체 사이에서 **판단**(예: 둘 중 어느 도시가 더 큰가?)을 내려야만 할 때 사용되는 어림법으로, 둘 중 재인된 대상을 선택하는 것과 관련됨

Goldstein과 Gigerenzer(2002)는 재인 어림법의 중요성을 보여 주었다. 미국 학생에게 독일 도시 이름을 쌍으로 제시하고 더 큰 도시를 선택하게 하였다. 두 도시 중 하나만 재인했을 때 재인 어림법을 사용한 비율은 90%였다.

Goldstein과 Gigerenzer(2002)는 미국 학생과 독일 학생에게 미국 도시 이름과 독일 도시 이름을 각각 쌍으로 제시하고 각 쌍에서 더 큰 도시를 선택하게 하였다. 그런데 예상과 다른 결과가 나왔다. 양국 학생 모두 자국의 도시가 제시되었을 때는 그다지 잘하지 못했다. 자국 도시 이름은 모두 알고 있었기 때문에 재인 어림법을 사용할 수 없었다.

간단한 어림법이 효과적일 수 있다는 것은 그다지 놀랍지 않다. 오히려 그러한 어림법을 사용했을 때 얻는 결과가 훨씬 더 복잡한 계산에 의한 결과보다 때때로 더 좋다는 것이 상당히 놀랍다. 예를 들어, Wübben과 Wangenheim(2008)은 의류 상점의 매니저가 고객이 옷을 구매할 생각이 있는지를 판단하는 과정을 살펴보았다. 먼저, 아주 간단한 방법으로 **중단 어림법**(hiatus heuristic)이 있다. 최근에 상품을 구매한 적이 있는 고객은 구매할 의사가 있다고 여기는 것이다. 다음으로는 모든 가용한 정보에 근거한 복잡한 모형을 사용하는 방법이 있다. 두

방법을 비교한 결과, 중단 어림법이 정확하게 예측한 비율이 83%였고 복잡한 모형을 사용했을 때는 75%에 불과하였다. 이러한 현상을 '적은 게 더 나은 효과(less-is-more effect)' (더 적은 정보에 근거하여 판단했을 때 더 좋은 결과를 보이는 현상)라고 한다.

신속 간략 어림법의 한계

어림법이 분석적 처리보다 더 좋은 결과를 보인다는 설명의 한계점은 무엇일까? 첫째, Evans와 Over(2010, p. 174)가 지적한 대로 가장 큰 문제점은 "직관 혹은 육감(gut feeling)에 따르는 것이 항상 좋은 결과를 보인다는 주장은 과도하다. 논리적 추리가 아무런 가치가 없다면 인간이 그러한 능력을 가지고 있을 필요가 있는가?"이다.

둘째, 재인 어림법을 사용하는 것은 그동안 가정한 것보다 훨씬 더 복잡하다. 원래 Gigerenzer는 두 가지 선택지 중 하나를 인식할 때는 항상 재인 어림법을 사용한다고 주장하였다. 하지만 일반적으로 그 대상을 인식하는 **이유**를 생각한 다음에야 재인 어림법 사용 여부를 결정한다(Newell, 2011). 가령 두 도시 중 더 북쪽에 있는 도시를 고르는 상황을 가정해 보자. 여기서 두 도시 중 하나를 재인한다고 해서 그 도시를 선택하는 것은 타당한 방법이 아니다. 실제로는 재인 어림법을 사용하는 것이 적절하다고 판단할 때 사용 가능성이 훨씬 더 크게 나타난다. Pachur와 동료들(2012)이 메타 분석(용어 해설 참조)을 수행한 결과, 재인 어림법 사용의 적절성과 실제 사용 간의 상관 계수는 +0.64였다.

셋째, 최상 선택 어림법은 Gigerenzer가 제안한 것보다 훨씬 더 복잡하다. 이 어림법을 사용하려면, 단서를 타당도에 따라 위계적으로 구조화해야 한다. 하지만 단서의 타당도를 잘 알고 있는 경우는 드물다.

넷째, 이러한 접근법으로 의사결정을 설명하게 되면, 결정의 중요성을 경시하게 된다. 결정할 때, 단 하나의 구별 단서를 찾은 후 탐색을 중지한다고 가정한다. 이러한 방법은 두 도시 중 큰 도시를 찾는 문제에서는 괜찮다. 하지만 두 사람 중 결혼할 사람을 선택해야 하는 상황에서 사용하기에는 부적절하다. 후자에서는 대부분 결정하기 전에 관련된 모든 정보를 살펴보고 싶어 한다.

평가

- ⊕ 빠른 판단을 할 때, 재인 어림법이나 최상 선택 전략과 같은 신속 간략 어림법을 종종 사용한다.
- ⊕ 이러한 어림법은 매우 간단하지만 의외로 효과적일 수 있으며, 정보가 많지 않은 사람이 정보가 많은 사람보다 더 좋은 결과를 보일 때가 있다는 점이 인상적이다.

⊕ 친숙성이나 재인 정보는 다른 정보에 비해 더 빠르게 그리고 자동적으로 처리될 수 있다. 그래서 시간의 압박이나 인지적 부하가 클 때는 친숙성이나 재인 정보가 널리 사용된다.

⊖ 중요한 결정을 할 때, 신속 간략 어림법만 사용하는 사람은 거의 없다. 예를 들어, 결혼할 사람을 고를 때 대부분 관련 있는 모든 정보를 살펴보고 싶어 한다.

⊖ 특정 상황에서 어떤 어림법을 사용할지에 대해 미리 알지 못한다. 그래서 이와 관련된 예측에는 제한이 있다.

이중 처리 모형

Evans와 Over(2010, p. 174)는 판단과 결정을 할 때 항상 어림법이나 경험 법칙을 사용하지는 않으며, 때때로 사려 깊게 생각한다는 점을 분명히 하였다. 이와 관련하여 여러 학자(예: Kahneman, 2003; De Neys, 2012)가 이중 처리 모형을 제안하였다.

Kahneman(2003, p. 698)은 두 개의 시스템 내에서 확률 판단에 대한 처리가 이루어진다고 주장하였다.

- **시스템 1**: 직관적이고, 자동적이며, 즉각적이다. Kahneman(2003)은 다음과 같이 설명했다. "시스템 1은 일반적으로 빠르고, 자동적이며, 노력이 필요 없고, 연합에 의해 작동하며, 암묵적이고, 때로 감정의 영향을 받는다. 그리고 제어하거나 변경하기는 어렵다." 대부분의 어림법은 시스템 1에 의해 생성된다.
- **시스템 2**: 좀 더 분석적이고, 통제되어 있고, 규칙에 의해 작동한다. Kahneman(2003)은 다음과 같이 설명했다. "시스템 2는 느리고, 계열적이며, 노력이 필요하고, 의식적으로 추적하고, 정교하게 제어할 가능성이 높다. 그리고 상대적으로 유연하며, 규칙에 의해 작동하는 것으로 보인다."

두 시스템은 어떤 관계를 가지고 있을까? Kahneman과 Frederick(2005)은 다음과 같이 주장했다. 시스템 1은 문제가 주어졌을 때 직관적으로 빠르게 답을 만들어 낸다. 그리고 시스템 2가 이러한 직관적인 답을 관찰하고 평가하며, 답을 수정할 수도 있다. 하지만 시스템 2는 자주 사용하지 않는데, "대충 직관적으로 판단하는 사람은 그들의 판단이 어떻게 이루어졌는지에 대해 잘 모른다."(Kahneman & Frederick, 2005, p. 274)라고 하였다.

발견들

De Neys(2006)는 이중 처리 모형을 검증하였다. 참가자에게 앞에서 보았던 린다 문제 그리고 이와 유사한 결합 오류 문제를 제시하였다. (짐작건대 시스템 2를 사용하여) 정답을 맞혔을 때는 (아마도 시스템 1을 사용하여) 정답을 맞히지 못했을 때에 비해 40% 정도 긴 시간이 소요되었다. 이 결과는 시스템 2를 사용할 때 시간이 오래 걸린다는 가정과 일치한다.

De Neys(2006)는 주어진 문제만 풀게 했을 때와 (인지 부하를 증가시키기 위해) 다른 문제를 함께 풀게 했을 때의 결과를 비교하였다. 정답률이 17%와 9.5%로 다른 문제를 함께 풀게 했을 때 결과가 좋지 않았다. 예측한 대로, 시스템 2 사용에 따른 인지적 부담의 증가가 정답률에 영향을 주었기 때문이다.

De Neys와 동료들(2011)은 기저율 무시 관련 실험으로 이중 처리 모형을 검증하였다. 이들은 기발한 방식으로 문제를 만들었는데, 시스템 1과 시스템 2의 충돌이 있는 문제(**충돌** 문제)와 두 시스템 간에 충돌이 없는 문제(**미충돌** 문제)였다. 충돌 문제 중 하나를 살펴보자.

> 1,000명이 참여한 연구가 있다. 참가자 중 4명은 남성, 996명은 여성이었다. 무작위로 1명을 뽑았고, 조(Jo)가 선택되었다.
>
> 조는 23세이고 곧 공대를 졸업하게 된다. 조는 금요일 밤마다 친구들과 함께 음악을 크게 들으면서 맥주 마시는 것을 좋아한다.
>
> 다음 중 가능성이 더 큰 것은?
>
> a. 조는 남성이다.
>
> b. 조는 여성이다.

이 문제는 개별화된 정보는 남성을 가리키는 반면, 기저율은 여성을 가리키는 충돌 문제이다. 미충돌 문제에서는 두 번째 문장을 다음과 같이 바꾸었다.

> 참가자 중 996명은 남성, 4명은 여성이었다.

충돌 문제에서는 고정관념에 근거한 어림법 처리 과정(시스템 1 처리 과정)을 사용하면 오답이 나오지만, (시스템 2를 사용하여) 기저율을 고려하면 정답을 찾을 수 있다. 한편, 미충돌 문제에서는 시스템 1과 시스템 2 모두 정답을 가리킨다. 추가적으로 참가자가 자신의 답에 대해 어느 정도 확신하는지도 물어보았다.

이중 처리 모형에서 예측한 대로, 충돌 문제의 정답율이 20%로 미충돌 문제의 정답율 95%에 비해 좋지 않았다. 하지만 확신 수치에서는 흥미로운 결과가 도출되었다([그림 10-2]). 기저율 정보를 무시한 것처럼 보이는 충돌 문제에서의 확신 수치가 더 낮게 나타났다.

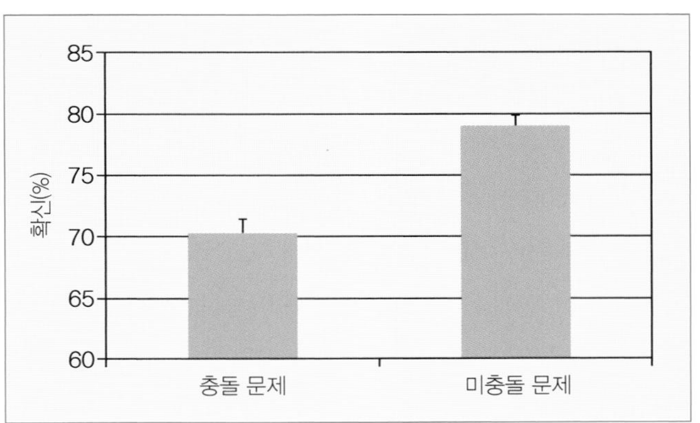

[그림 10-2] 충돌 문제와 미충돌 문제에서 보이는 응답에 대한 확신 수치. 충돌 문제에서 참가자의 응답 중 80%가 시스템 1에서 도출되었으나 응답에 대한 확신은 미충돌 문제에 비해 낮았다.
출처: De Neys et al. (2011). PLOS One의 허가를 얻어 실음.

De Neys와 동료들(2011)의 결과가 의미하는 바는 무엇인가? 표면적으로는 모순되는 것처럼 보인다. 참가자의 응답을 보아도 기저율을 고려했다는 증거는 별로 없다. 하지만 미충돌 문제보다 충돌 문제에서 확신 수치가 낮게 나온 결과는 기저율 정보의 영향이 어느 정도 있었다는 것을 의미한다. 가장 그럴듯한 설명은 기저율 정보를 처리했고 참가자도 직관적인 어림법 기반 추리와 기저율 정보 간에 충돌이 있다는 것을 탐지하였으나 의식적으로 인식할 수 있는 수준이 아니었고, 시스템 1의 오답을 억제할 만큼 아주 강력하지 않았기 때문이라는 것이다.

Pennycook과 Thompson(2012)은 시스템 1과 시스템 2가 단순히 순차적으로 작동하지 않는다는 증거를 보고하였다. 그들은 다음과 같은 문제를 사용하였다.

> 1,000명이 연구에 참여하였다. 참가자 중 995명은 간호사고 5명은 의사였다. 무작위로 1명을 뽑았는데, 폴이었다. 폴은 34세이고 상류층이 거주하는 교외 지역의 아름다운 저택에 살고 있다. 그는 언변이 좋고 정치에 관심이 많다. 그는 자신의 경력 개발에 많은 시간을 투자하고 있다. 폴이 간호사일 확률은?

문제의 핵심은 기저율(폴이 간호사라고 가리킴)과 성격 묘사(의사와 좀 더 일치) 간의 충돌이다. 시스템 1은 대표성 어림법으로 성격 묘사에 집중하게 만들고 폴이 의사라고 결정하게 할 가능성이 있다. 흥미로운 점은 참가자에게 질문에 대한 응답을 두 번 요구했다는 것인데, 먼저 머릿속에 떠오는 답과 좀 더 신중한 답이다.

이중 처리 모형에 의하면 기저율 정보를 고려하려면 시스템 2를 사용해야 한다. 그렇게 되었을 때 두 가지 예측을 할 수 있다. 첫째, 먼저 떠오르는 답은 기저율 정보를 반영할 가능성이 거의 없고 대표성 어림법의 영향을 받을 가능성이 크다. 둘째, 기저율 정보는 신중하게 답을 할 때 좀 더 자주 사용될 것이다. 그런데 두 가지 예측 모두 지지를 받지 못했다는 것이 매우 중요하다. 먼저 떠오른 답의 절반 정도는 기저율 정보에 근거해서 생성되었다. 응답을 바꾼 참가자 중 30%는 신중하게 답을 할 때 기저율 정보를 더 많이 고려하였다. 하지만 신중한 답에서 기저율 정보를 그다지 고려하지 않은 참가자도 비슷한 수준(23%)이었다.

이 결과를 어떻게 해석해야 하는가? 기저율 정보에 근거한 응답은 항상 시스템 2 처리 과정과 관련이 있고 성격 묘사에 근거한 응답은 항상 시스템 1 처리 과정과 관련이 있다는 가정에 문제가 있었던 것이다. 실제로 각각의 처리 과정은 훨씬 더 유연한 것으로 보인다.

대안적 해석

Kahneman의 이중 처리 이론에 잘 맞지 않는 연구 결과를 설명하기 위해 De Neys(2012)는 **논리적 직관 모형(logical intuition model)**을 제안하였다([그림 10-3]). 빠르고 직관적인 처리를 하는 시스템 1이 있다는 것은 본질적으로 동일하지만, 시스템 1이 어림법 관련 정보에만 전적으로 의존하지 않는다는 차이점이 있다. 시스템 1은 직관적 어림법 방식 이외에도 논리적이고 확률적인 원리에 근거하여 직관적-논리적 처리를 할 수 있다(예: 기저율 정보 고려). 판단과 추리 시에는 두 가지 모두를 사용한다. 그리고 충돌을 탐지하게 되면 신중한 처리를 하는 시스템 2가 초기 처리를 대체한다.

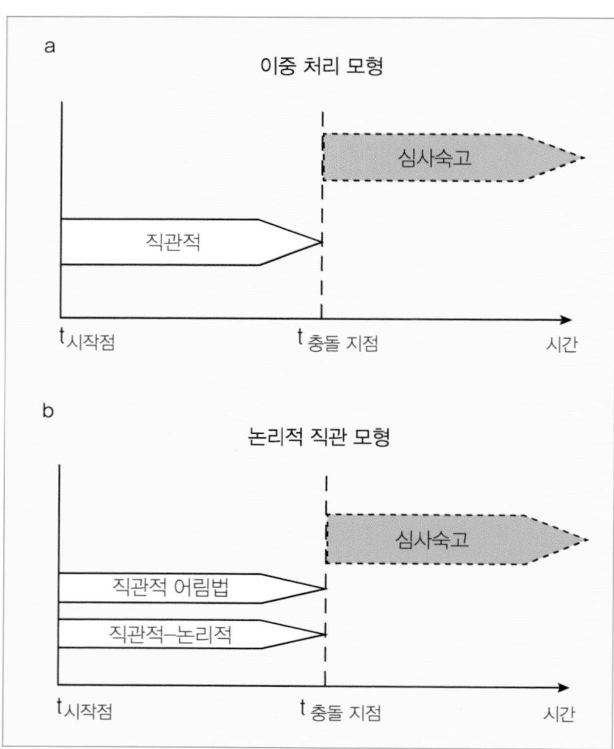

[그림 10-3] 이중 처리 모형 vs. 논리적 직관 모형. 이중 처리 모형에서는 직관적인 시스템 1이 신중하고 정교한 시스템 2에 선행한다고 가정한다. 논리적 직관 모형에서는 시스템 1이 전적으로 어림법에 근거하지 않고 논리적인 사고를 포함한다. 충돌이 탐지되면, 신중하고 정교한 사고가 유발된다.
출처: De Neys (2012). SAGE Publications의 허가를 얻어 재인쇄함.

Kahneman의 이중 처리 모형에 비해 논리적 직관 모형이 가지는 장점은 무엇인가? 첫째, 어림법과 기저율 정보 모두 직관적 처리 과정으로 빠르게 처리될 수 있다는 점으로, 이는 최근 연구 결과와 일맥상통한다(Pennycook & Thompson, 2012). 둘째, 쉽게 처리할 수 있는 기저율 정보는 인지 부하가 있어도 사용된다(Chun &

Kruglanski, 2006). 이러한 결과는 이중 처리 모형으로는 설명하기 어렵지만, De Neys가 제시한 모형으로 설명할 수 있다. 셋째, 어림법과 기저율 정보 간의 충돌을 빠르게 탐지하는 방법을 이해하기 훨씬 쉽다.

하지만 이 모형에는 직관적-논리적 처리 과정의 본질 그리고 명시적인 논리적 사고와의 관련성에 대해서는 별다른 설명이 없다. 신중한 논리적 사고를 하지 않을 때, 직관적-논리적 사고를 하게 되는 이유는 무엇일까? 그리고 여러 실험 과제에서 직관적-논리적 사고가 응답에 영향을 줄 정도로 강하게 나타나지 않는 이유는 무엇일까? 이 두 가지 질문에 답을 찾아야, 논리적 직관 모형으로 선행연구 결과를 기술하고 설명할 수 있을 것이다.

평가

- ⊕ 이중 처리 모형에서 가정하는 두 가지 종류의 시스템이 존재한다는 증거는 충분하다.
- ⊕ 일반적으로 시스템 2가 아닌 시스템 1에 의해 판단이 이루어진다는 주장은 대부분의 연구 결과와 일치한다.
- ⊕ 이 모형은 판단에서 나타나는 개인차를 설명할 수 있다. 시스템 2를 광범위하게 사용하는 사람이 시스템 1을 주로 사용하는 사람에 비해 더 좋은 결과를 보인다.
- ⊖ 이 모형은 대부분이 주로 시스템 1을 사용하여 기저율 정보를 무시한다는 가정에 근거한다. 하지만 실제로는 시스템 1과 기저율 정보 간의 충돌을 대부분 탐지한다.
- ⊖ 논리적 직관 모형은 충돌을 탐지하는 이유를 잘 설명하긴 하지만 직관적-논리적 처리가 어떤 방식으로 작동하는지는 상세히 설명하지 못한다.

중간 요약

- 판단은 가용한 모든 정보를 사용하여 여러 사건의 발생 가능성을 결정하는 것이다. 그 과정에서 중요한 것은 정확도이다.

지지 이론(Support theory)

- 장래에 발생하리라 예측하는 사건의 발생 가능성은 추가적인 정보가 있을 때 더 높아지는 것으로 보인다. 이는 명시적으로 언급하지 않으면 관련된 모든 정보를 기억하지 못하기 때문이다.
- 기억에서 쉽게 인출할 수 있을 때는 발생 가능성을 과대평가하고 인출하기 어려울 때는 과소평가하는 경향을 가용성 어림법이라고 한다.

기저율

- 판단 과정에서 기저율 정보는 자주 사용되지 않는다. 특히 개인적으로 경험한 적이 없는 정보를 접할 때와 발생 가능성을 확률로 표시했을 때, 이런 현상이 두드러지게 나타난다.
- 기저율 정보를 무시하고 개별화된 정보에 과도하게 집중하는 것은 대표성 어림법을 사용하는 사례로 볼 수 있다.

대표성 어림법은 단순히 특정 범주의 전형성이나 대표성에 근거해 대상이나 사물을 그 범주에 속하는 것으로 생각하는 경향을 말한다.

- 기저율 정보 무시 경향은 신중하고 정교한 사고로 극복할 수 있다. 정교한 사고는 판단에 의문이 있거나 주어진 문제가 기저율 차이의 중요성을 강조할 때 주로 나타난다. 또한 문제를 확률 방식이 아닌 빈도 방식으로 구성하면 판단의 정확성이 높아지는 경향을 보인다. 물론 자연 빈도 가설에서 예측하는 만큼은 아니다.

어림법은 대체로 괜찮다

- 실험실 연구에서 참가자가 어림법을 사용하여 잘못된 결론에 쉽게 도달할 수 있다는 것을 확인하였다. 하지만 어림범은 대체적으로 도움이 되기 때문에 매우 자주 사용한다.
- Gigerenzer는 인간이 신속 간략 어림법이라는 공구 상자를 가지고 있어 엄청난 부하를 견디고 생존하는 데 도움을 받는다고 주장하였다. 여기에는 재인 어림법(재인하는 것이 그렇지 않은 것보다 더 중요함)과 최상 선택 어림법(가장 좋은 것을 선택하고 다른 것은 무시함)이 있다. 하지만 모든 연구 결과가 이 가설을 지지하지는 않는다. 그리고 인간이 정교한 판단 능력을 개발한 이유도 설명하지 못한다.

이중 처리 모형

- Kahneman은 확률 판단이 두 가지 시스템에 기반한다고 주장하였다. 하나는 직관적이고 빠르며, 다른 하나는 분석적이고 느리다. 우리는 대부분 직관적인 시스템을 사용한다.
- 시스템 1의 응답이 시스템 2의 응답과 충돌하는 문제로 이중 처리 모형을 검증해 왔다. 연구 결과를 보면, 최종 결정에서는 찾기 어렵다 하더라도 이러한 충돌에 민감하게 반응하는 것으로 보인다. 이에 대한 대안 모형으로 논리적 직관 모형을 제시하였다.

의사결정

인생은 결정의 연속이다. 오늘 저녁에는 어떤 영화를 보러 갈 것인가? 딕과 해리 중에 누구와 나갈 것인가? 대학교 졸업 후 어떤 진로로 나아갈 것인가? 내년에는 누구와 함께 살 것인가?

과거 어느 시기보다 선택의 가능성이 크게 열려 있는 시점에 사는 것은 행운이라고 말하곤 한다. 하지만 Schwartz(2004, 2009)는 이에 대해 동의하지 않으며, 선택의 가능성이 폭발적으로 증가하면 오히려 의사결정에 부담이 된다고 주장하였다. 다음의 일화에서 그 의미를 살펴보자. 청바지를 사려고 갭(Gap) 매장에 들렀다. "내 사이즈를 말하고 나서 점원이 넉넉한 스타일, 편한 스타일, 붙는 스타일, 나팔바지, 단추형, 지퍼형, 스노우 진, 스톤워시 중에 원하는 스타일을 알려 달라고 했다. 그래서 이렇게 말했다. 예전부터 있었던 것을 주세요."(Schwartz, 2004)

Key term

부작위 편향(omission bias): 행동을 해서 위험을 감수하기보다는 하지 않고 위험을 감수하는 경향으로, 심지어 행동을 할 때의 이익이 더 클 때도 나타남

[현실세계에서 10-2] 부작위 편향

우리는 종종 주어진 상황에 잘 대처하는 방법이 특정 행위를 하는 것인지 혹은 하지 않는 것인지를 결정해야 한다. 예를 들어, 부모는 어린아이가 질병에 걸리지 않도록 예방주사를 맞힐지를 결정해야 한다. 여기서 행위를 하지 않게 되면(예방주사를 맞히지 않게 되면) 아이가 질병에 걸려 심지어는 사망할 수도 있으므로 그 위험성이 분명하다. 행위를 한다고 해도(예방주사를 맞힌다고 해도) 백신의 부작용 때문에 나타나는 위험성이 있다.

Ritov와 Baron(1990)의 연구에서, 예방접종 여부와 무관하게 유행성 독감으로 아이가 사망할 확률이 10/10,000이라고 설정하였다. 예방주사를 맞으면 독감에 걸리는 것은 확실하게 막을 수 있지만 치명적인 부작용이 나타날 수 있다는 것이다. Ritov와 Baron은 이 상황에서 위험을 감수하고 예방접종을 결정할 수 있는 사망률의 최대 수치는 10,000명 중 5명이라는 것을 확인하였다. 그래서 예방접종으로 인한 사망률이 질병을 예방할 수 있는 비율보다 훨씬 낮지 않으면 아이에게 예방주사를 맞히지 않을 것이다.

이런 결과가 나온 이유는 **무엇**일까? 참가자의 반응을 보면, 그들이 무언가를 하지 않았을 때보다 무언가를 해서 아이가 사망에 이르게 되면 훨씬 더 많은 책임감을 느끼게 될 것이라고 생각하였다. 이러한 경향을 **부작위 편향(omission bias)**이라고 한다. 부작위 편향은 자신의 행위로 인해 손해가 발생하는 것보다는 설령 손해가 있더라도 아무것도 하지 않는 것을 선호하는 경향을 말한다.

실험실 연구에서 확인한 부작위 편향이 실제 상황에서도 나타날까? DiBonaventura와 Chapman(2008)의 연구에서 그 증거를 찾을 수 있다. 이들은 실험실 상황에서 대학 직원이 보이는 부작위 편향을 평가하였다. 그다음에 직원에게 부작용이 있을 수 있는 독감 예방주사를 무료로 제공한다면, 맞을 의향이 있는지 물어보았다. 결과를 보면 실험실 상황에서 부작위 편향을 보인 사람은 그렇지 않은 사람에 비해 예방주사를 맞을 가능성이 낮았다.

부작위 편향은 의료 분야에서도 나타난다. (폐질환 전공) 흉부외과 전문의에게 폐색전증 진단 및 패혈증 치료와 관련된 시나리오를 제공하였다(Aberegg et al., 2005). 전문의에게 아무것도 하지 않아도 되는 선택지가 주어지면, 최선의 치료 계획을 선택할 가능성이 작아진다. 의료 분야의 전문가도 부작위 편향을 보일 수 있다는 강력한 증거라고 할 수 있다.

라스베이거스의 도박사에게로 시선을 돌려보자. 도박사는 위험을 감수하는 선택을 하기 때문에 부작위 편향을 보이지 않을 것이라고 예상할 수 있다. 하지만 전혀 그렇지 않다. 블랙잭 게임에서 하는 실수를 소극적인 것(부작위 편향)과 적극적인 것(너무 공격적)으로 분류하였다. Carlin과 Robinson(2009)은 도박사 실수의 30%가 부작위 편향과 관련된 소극적인 것이었다는 것을 확인하였다. 부작위 편향을 보인 도박사는 소극적인 실수를 피하려고 했던 도박사에 비해 평균적으로 더 많은 돈을 잃었다.

부작위 편향을 어떻게 설명해야 할까? 일반적으로 본인의 행위로 인해 원하지 않는 결과가 발생하면 예상하는 후회의 수준이 더 커질 것이라고 생각한다. Wroe와 동료들(2005)은 이를 지지하는 결과를 보고하였다. 이들은 홍역, 볼거리, 풍진을 예방하는 MMR 백신을 사용하여 연구를 진행하였다. 영국에서는 예방접종으로 인해 자폐증이 나타날 수 있다는 안 좋은 평판이 있어 수천 명의 부모가 아이에게 예방주사를 맞히지 않는다. 부모들은 예방주사를 맞히지 않았을 때보다 맞혔을 때 예상하는 책임과 후회가 더 클 것이라고 주장하였다.

모든 사람이 부작위 편향을 보이지는 않는다. Baron과 Ritov(2004)의 백신 접종 연구를 보면, 참가자의 58%가 부작위 편향을 보였으나, 22%는 반대 방향의 편향인 '행위 편향'을 보였다. '가만히 앉아 있지 말고 무엇이든 해라.'

부작위 편향에서 문화에 따른 차이도 나타난다. 마야인 대상 실험에서 교육 수준이 높고 도시화된 지역에서 거주하는 사람은 부작위 편향을 보이는 반면, 교육 수준이 낮고 시골에 사는 사람은 이런 편향을 잘 보이지 않았다 (Abarbanell & Hauser, 2010). 교육 수준이 낮고 시골에 사는 사람은 강력한 사회연결망을 가지고 있고, 그들은 행위를 사회적 책무를 다하는 것으로 간주한다.

손실과 이득

우리 모두는 (정서적, 금전적, 업무적) 이득을 얻고 손실을 피하기 위해 많은 시간을 투자한다. 그래서 이득을 얻을 확률을 최대화하고 손실이 발생할 확률을 최소화하는 방향으로 결정을 내리는 것처럼 보인다. 과연 이득 최대화와 손실 최소화에 정말로 능숙할까? 다음 제시한 3개의 문제를 풀어보자.

- **문제 1:** 동전 던지기에서 앞면이 나오면 200달러를 획득하고, 뒷면이 나오면 100달러를 잃는 게임이 있다. 당신이라면 참여하겠는가?
- **문제 2:** 게임 A에서는 800달러를 획득할 확률이 100%이고, 게임 B에서는 1,000달러 획득할 확률이 85%, 아무것도 획득하지 못할 확률이 15%이다. 게임 A와 게임 B 중 어느 쪽을 선호하는가?
- **문제 3:** 게임 A에서는 800달러를 잃을 확률이 100%이고, 게임 B에서는 1,000달러를 잃을 확률이 85%, 아무것도 잃지 않을 확률이 15%이다. 게임 A와 게임 B 중 어느 쪽을 선호하는가?

손실 회피

앞에서 제시한 첫 번째 문제는 Tversky와 Shafir(1992)의 연구에서 가져왔고 나머지 문제는 Kahneman과 Tversky(1984)에서 가져왔다. 대부분은 세 문제 모두에서 최선의 답을 선택하지 않았다.

문제 1에서는 동전던지기 당 평균 기대 이득이 50달러이기 때문에, 이득을 가장 높이는 결정에 참여하는 것이다. 하지만 통상 3분의 2 정도는 참여하지 않는다.

문제 2에서는 게임 B의 기대 가치(850달러)가 게임 A의 기대 가치(800달러)보다 크기 때문에 최선의 선택은 게임 B이다. 하지만 대부분의 실험 참가자는 게임 A를 선호하였다.

문제 3에서는 게임 A의 평균 기대 손실이 800달러, 게임 B는 850달러이다. 따라서 게임 A를 선택해야 한다. 하지만 일반적으로 게임 B를 선호한다.

Kahneman과 Tversky는 두 가지 가정에 기초한 **전망이론**으로 이러한 결과를 설명하였다.

> **Key term**
> **손실 회피(loss aversion):** 의사결정 시 대부분의 사람이 잠재적인 이익보다는 손실에 더 민감한 경향

1. 사람들은 자신의 현재 상태를 보여 주는 참조점을 찾는다.
2. 사람들은 잠재적인 이득보다는 잠재적인 손실에 훨씬 더 민감하다. 이것이 손실 회피(loss aversion)이다.

전망이론은 이러한 결과를 어떻게 설명할까? 사람들이 이득보다 손실에 더 민감하다면, 잠재적 이득이 잠재적 손실보다 크다 하더라도 잠재적 손실이 포함된 게임을 꺼려야 한다. 그리고 잠재적으로 더 크지만 위험을 감수해야 하는 이득에 비해 확실한 이득을 선호할 것이다. 전망이론이 항상 위험을 감수하는 결정을 피하려 한다는 예측을 하지는 않는다는 것에 유의하자. 사람들은 손실을 회피하고 싶기 때문에, 평균 기대 손실이 확실한 손실보다 크다 하더라도 손실 회피의 가능성이 있는 선택지를 선호할 것이다.

TV 게임쇼 〈Deal or No Deal〉은 실제 상황에서 전망이론을 검증할 수 있다. 영국판에서는 22개의 상자에 0.01파운드와 250,000파운드 사이의 돈을 넣어 놓았다. 참가자는 먼저 상자 하나를 선택하고 게임이 끝까지 이어지면 그 상자를 열어 보게 된다. 이제 상자를 하나씩 선택한다.

참가자는 게임 도중에 게임을 지속할 것인지 아니면 제안하는 현금을 받을 것인지를 결정해야 하는 상황을 맞이한다. 게임이 진행될수록 결정이 점점 어려워질 수 있다. 예를 들어, 한 참가자는 44,000파운드를 받을 것인지 아니면 5:5의 확률로 3,000파운드나 250,000파운드 중 하나를 받는 모험을 할 것인지를 결정해야 했다. 그 참가자는 모험을 선택했고 250,000파운드를 상금으로 받았다.

〈Deal or No Deal〉 참가자의 행동 분석 결과는 전망이론을 어느 정도 지지했다. Brooks와 동료들(2009)은 참가자 대부분이 위험 회피 경향을 보였고 걸린 돈이 클 때 위험 회피 경향이 더 크게 나타났다고 보고하였다. 다시 말해, 참가자는 게임을 지속하면 평균적으로 더 큰 보상을 받을 수 있다 하더라도 확실한 현금을 선택했다는 것이다. 그리고 남성의 위험 회피 성향이 여성에 비해 낮게 나타났다.

(전망이론에서는 강조하지 않았던) 개인차도 Josephs와 동료들(1992)의 연구에서 중요한 의미가 있었다. 자존감이 높은 사람이 낮은 사람보다 모험적인 도박을 선호할 가능성이 더 높았다. Josephs와 동료들은 자존감이 높은 사람은 위협이나 손실에 직면했을 때 자존감 유지를

위한 강력한 자기방어 기제를 가지고 있기 때문에 이러한 결과가 나타났다고 주장하였다.

손실 회피의 한 가지 이유로, 일상생활에서 큰돈을 획득하는 일(예: 월급)은 가끔 있지만 작은 손실(물건 구매)은 끊임없이 발생한다는 것을 들 수 있다. 그러한 상황에서는 비용이 역치를 넘어설 때 경보음을 울리게 하는 것이 좋다.

[현실세계에서 10-3] 전문가의 손실 감수

전망이론에 관한 연구는 대부분 실험실에서 진행된다. 그래서 실생활에서의 적용 가능성에 대한 의문이 있다. 특히 전문가라면 손실 회피와 같은 편향이 행동에 영향을 주지 않아 수익이 감소하지 않는 방법을 배우지 않았을까? 실제 사례를 몇 개 살펴보자.

프로 골프 선수에게 버디는 이득이고 보기는 손실이다. 손실 회피로 인해 파 샷보다 버디 샷에서 더 신중하게 샷을 구사할 것이다. 파 샷에서는 홀컵에 넣지 못하면 보기, 즉 손실이 발생하기 때문이다. Pope와 Schweitzer(2011)는 프로 경기의 기록을 검토해서 250만 개가 넘는 퍼팅 샷을 분석하였다. 결과를 보면 홀컵까지의 거리가 같을 때 버디 퍼팅에 비해 파 퍼팅이 짧을 가능성은 크지 않다(손실 회피를 보여 준다). 그리고 타이거 우즈를 포함하여 프로 골퍼의 94%가 이러한 손실 회피 경향을 보였다.

큰 상금이 걸린 경기를 치러 본 경험이 많은 포커 선수를 대상으로 진행된 연구를 살펴보자(Smith et al., 2009). 연구에 참여한 선수 중 50%는 20만 달러를 따거나 잃은 적이 있다. 이런 수준의 포커 선수는 일반적으로 큰 손실이 발생하고 나면 좀 더 공격적인 베팅을 하는데, 이는 손실 회피로 인해 나타나는 것으로 볼 수 있다.

다음으로 평균 240만 유로를 다루는 금융 전문가 대상의 연구를 살펴보자(Abdellaoui et al., 2013). 전망이론의 예측대로, 이들은 이득의 측면에서는 위험 회피 경향, 손실의 측면에서는 위험 감수 경향을 보였다. 그리고 손실을 회피하는 모습도 보였으나 실험실 연구 결과보다는 회피 정도가 덜하였다. 그중 일부는 이득에 집중하고 손실은 대체로 무시하는 모습도 보였다.

요약하면, 결정에 따라 자신의 소득이 좌우되는 전문가조차도 손실 회피 경향을 보였다. 그래서 전망이론은 실제 세계에서도 잘 들어맞는 것으로 보인다. 하지만 전문가는 손실 회피 경향을 줄이는 방법을 학습해 왔다는 연구 결과도 보고되었다(예: Abdellaoui et al., 2013).

틀 효과

Key term

틀 효과(framing effect): 좋은 의사결정과는 무관한 상황적 측면(예: 문제를 얼마나 정확하게 표현했는가)에 의사결정이 영향을 받는다는 발견

틀 효과(framing effect)는 상황과 무관한 측면에 의해 결정이 달라지는 것을 의미하며, 관련된 많은 연구가 진행되어 왔다. Tversky와 Kahneman(1987)이 만든 아시아 질병 문제를 보면, 참가자는 미국에서 아시아 질병이 발병할 우려가 있고 이로 인해 600명이 사망할 수 있다고 들었다. 그래서 이를 해결하기 위해 2개의 프로그램을 제시하였다.

- 프로그램 A: 200명을 살릴 수 있음
- 프로그램 B: 1/3 확률로 600명 모두 살리거나 2/3 확률로 아무도 살리지 못함

이와 같은 방식으로 문제를 제시했을 때, 참가자의 72%가 프로그램 A를 선택했다. 그런데 자세히 보면, 두 프로그램이 평균적으로 살릴 수 있는 사람은 200명으로 같다.

Tversky와 Kahneman(1987)은 같은 문제를 부정적인 틀로 구성하여 다음과 같이 제시하였다.

- 프로그램 A: 400명이 사망함
- 프로그램 B: 1/3 확률로 아무도 사망하지 않거나 2/3 확률로 600명 모두 사망함

긍정적인 틀로 구성한 문제와 생존자나 사망자의 숫자가 같음에도 불구하고, 부정적인 틀로 제시했을 때 참가자의 78%가 프로그램 B를 선택했다.

이러한 결과는 손실 회피로 설명할 수 있다. 두 가지 종류의 문제 모두에서, 참가자 대부분은 사망, 즉 명확한 손실을 회피하는 쪽으로 결정을 내렸다.

전망이론에서는 주어진 문제가 실제로 의미가 있거나 가치가 있을 때만 틀 효과가 나타난다고 주장한다. 그래서 손실이 발생한다 해도 별로 신경 쓰지 않는 상황에서는 손실 회피 경향을 보이지 않는다. 이를 검증하기 위해 Wang과 동료들(2001)은 60억 명의 인간 혹은 60억 개의 외계 생물로 구성한 사활 문제를 사용하였다. 인간의 목숨이 걸려 있을 때는 흔히 보이는 틀 효과가 나타났으나, 외계 생물에 대한 문제에서는 틀 효과가 나타나지 않았다.

더 중요한 것은 전망이론에서는 다루지 않는 사회적 · 도덕적 요인이 아시아 질병과 같은 문제의 수행에 영향을 줄 수 있다는 점이다(Wang, 1996). 참가자는 (1) 환자 중 2/3의 확실한 생존(결정론적 선택)과 (2) 1/3 확률로 환자 모두 생존하거나 2/3 확률로 모두 사망(확률 기반 선택) 중 하나를 선택하였다.

사망자 수를 최소화하기 위해서는 평균 두 배의 생존을 보장하는 결정론적 선택이 훨씬 낫다. 하지만 확률 기반 선택은 모두가 같은 상황에 놓이기 때문에 더 공정해 보인다. 결과를 보면, 환자가 **모르는** 사람일 때는 결정론적 선택을 강하게 선호하였으나, 환자가 **친척**일 때는 공정성을 염려하여 확률 기반 선택을 선호하였다.

틀 효과를 제거하려면 어떻게 해야 할까? Almashat와 동료들(2008)은 암 치료에 관한 다양한 시나리오를 사용하여 틀 효과를 살펴보았다. 참가자가 각 선택지의 장단점을 열거하고 자

신의 결정을 정당화했을 때는 틀 효과가 사라졌다. 즉, 가용한 선택지에 대해 신중하게 생각하게 되면 틀 효과는 사라진다.

Key term

매몰 비용 효과(sunk-cost effect): 아무런 효과도 없이 노력, 시간, 혹은 돈을 투자한 사람이 자신의 투자를 정당화하고자 더 많은 자원을 투자하는 경향이 있다는 것으로, '이미 많은 돈을 낭비하고도 돈을 더 쓰다.'라는 경구가 이 뜻을 잘 나타냄

매몰 비용 효과

매몰 비용 효과(sunk-cost effect)는 "돈, 노력, 시간 등을 투자한 후에, 그 일을 지속하려는 강한 경향"으로 정의한다(Arkes & Ayton, 1999, p. 591). '이미 많은 돈을 낭비하고도 돈을 더 쓴다.'는 표현과 손실 회피가 매몰 비용 효과의 의미를 잘 보여 준다.

Dawes(1988)는 매몰 비용 효과를 논의하기 위해 다음과 같은 상황을 만들었다. 리조트에서 주말을 보내기 위해 100달러를 선금(환불 불가)으로 냈다. 리조트로 가는 길에 몸 상태가 약간 안 좋아져서, 리조트에 가는 것보다는 집에서 쉬는 게 더 나을 것 같다고 느꼈다. 이 상황에서 리조트로 가야 할까 아니면 돌아와야 할까? 참가자 중 상당수가 리조트에 가지 않으면 100달러를 손해 보기 때문에 가야 한다고 응답하였다. 매몰 비용 효과를 보여 주는 사례이다. 그런데 이런 결정을 내리면 추가 비용이 들 뿐만 아니라 집에 있는 것보다 좋지 않을 것이다.

이렇게 명확하게 안 좋은 결정(여행을 계속한다)을 내리는 이유는 무엇일까? 여행을 중단했을 때, 100달러를 낭비한 이유를 본인이나 다른 사람에게 설명하는 게 어렵다고 생각하기 때문이다. 자신의 행위를 정당화할 수 있는지가 매우 중요한데, 이것은 아이들이나 동물이 성인에 비해 매몰 비용 효과의 영향을 덜 받는 이유이기도 하다(Arkes & Ayton, 1999). 인간은 다른 동물에 비해 훨씬 영리하다. 하지만 다른 동물은 자신의 결정을 정당화해서 설명하지는 않는다.

정서적 요인

인간이 잠재적 손실에 이렇게 민감한 이유는 무엇일까? Shiv와 동료들(2005)은 (불안과 같은) 정서가 신중하고 위험을 회피하는 방향으로 생각하게 만든다고 주장했다. 그래서 뇌 손상이 정서 경험을 줄인다는 사실은 도박 실험에서 뇌 손상 환자가 건강한 참가자보다 더 좋은 결과를 보일 것이라는 놀라운 예측으로 이어지게 된다.

Shiv와 동료들(2005)은 참가자를 세 집단으로 나누었다. 첫 번째 집단은 정서와 관련된 영역(편도체, 안와전두피질, 섬엽, 체감각 피질)에 손상을 입은 환자였다. 두 번째 집단은 정서와 무관한 영역에 손상을 입은 환자였고, 세 번째 집단은 건강한 참가자였다. 먼저, 참가자에게 20

달러를 준 다음, 20라운드에 걸쳐 1달러를 투자할지 말지 결정하게 했다. 투자를 결정하면, 동전 던지기를 해서 앞면이 나오면 1달러를 잃고 뒷면이 나오면 1.5달러를 받는다. 즉, 라운드마다 1달러를 투자하면 평균 25센트의 이득을 취할 수 있다. 그래서 이익을 극대화할 수 있는 가장 좋은 전략은 매 라운드마다 투자하는 것이다.

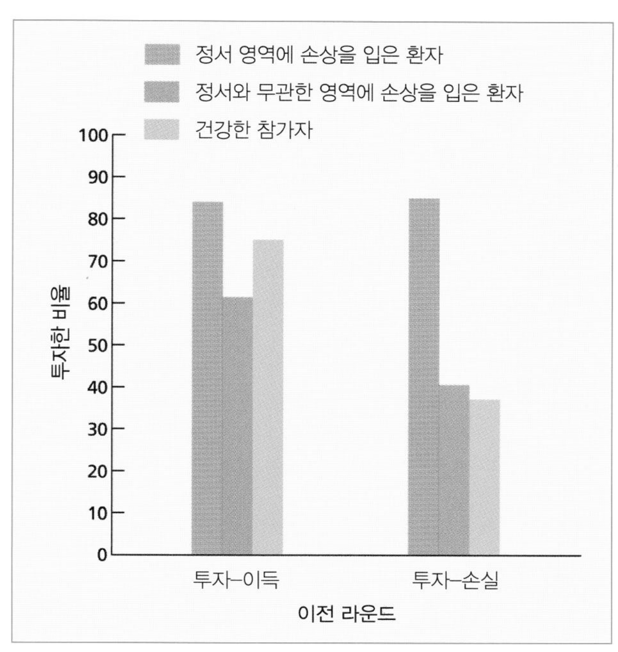

[그림 10-4] 정서 영역에 손상을 입은 환자, 다른 영역에 손상을 입은 환자, 건강한 참가자가 이전 라운드의 결과에 따라 1달러를 투자한 라운드의 비율. 최고의 결정은 매 라운드마다 투자하는 것이다. 건강한 참가자는 이전 라운드에서 이득이 있었을 때만 그렇게 했다. 정서 영역에 손상을 입은 환자는 감정이 결정에 영향을 주지 않기 때문에 매 라운드마다 최고의 전략을 사용하였다.
출처: Shiv et al. (2005).

정서 영역에 손상을 입은 환자는 84%의 라운드에 투자하였고, 정서와 무관한 영역에 손상을 입은 환자는 61%, 건강한 참가자는 58%의 비율로 투자하였다. 이런 결과가 나온 이유는 무엇일까? 정서 영역에 손상을 입은 환자에게는 이전 라운드의 결과가 투자 결정에 전혀 영향을 주지 않았다([그림 10-4] 참조). 반면, 정서와 무관한 영역에 손상을 입은 환자와 건강한 참가자는 이전 라운드에서 손실이 발생했을 때 투자할 가능성이 더 낮았다.

De Martino와 동료들(2010)은 두 사람(SM과 AP)을 대상으로 손실 회피 연구를 진행하였다. 두 사람 모두 공포와 관련 있는 편도체에 심각한 손상을 입었고, 손실 회피 경향을 보이지 않았다. 이 결과는 손실 회피와 공포의 관련성을 보여 준다. De Martino와 동료들(2010)은 편도체가 '경고성 제동장치(cautionary brake)' 역할을 할 것이라고 주장하였다.

요약하자면, 특히 불안과 같은 정서 상태는 손실 회피로 이어진다. 정서가 적응의 측면에서 오랫동안 유효성이 입증되어 온 방식을 알려 주는 '고금의 지식(wisdom of the ages)'과 같은 역할을 한다는 점에서, 이와 같은 현상을 이해할 수 있다(Lazarus, 1991). **신체 표지 가설**(somatic marker hypothesis)에서도 비슷한 주장이 제기되었는데, 결정은 정서가 이끄는 처리 과정이라는 것이다. 실제로 정서 경험에 핵심적인 역할을 하는 안와전두피질에 병변이 있는 환자는 지적 능력에는 별 문제가 없으나 개인적 · 사회적 의사결정에 심각한 장애를 보인다(Damasio et al., 1996; Bechara, 2004). 그래서 Shiv와 동료들(2005)의 연구에 참가한 환자는 베팅 과제에서 더 좋은 결과를 보인 반면([그림 10-4]), 일상에서 해야 하는 중요한 결정에는 어려움을 겪을 가능성이 크게 나타났다.

사회적 맥락

의사결정에 관한 대부분의 실험실 연구에서는 참가자가 본인의 결정을 다른 사람에게 설명할 필요가 없다(Tetlock, 2002). 하지만 일상생활에서는 사회문화적 맥락이 상당한 영향을 주게 된다. 특히 다른 사람에게 자신이 내린 결정의 **정당성**을 설명할 필요를 느낀다는 점이 중요하다.

사회적 맥락의 중요성에 대한 Camerer와 동료들(1997)의 연구를 살펴보자. 이들은 뉴욕 택시 운전사가 근무 시간을 결정하는 요인을 조사해 보았다. 온전히 경제적인 측면에서 보면, 승객이 별로 없을 때는 일하는 시간을 줄이고 승객이 많을 때는 일하는 시간을 늘려야 한다. 그런데 실제로는 반대였다. 그들은 매일 목표 수익을 정하고 그 액수에 도달하면 일을 중단하였다. 그래서 승객이 많지 않을 때 불필요하게 오래 일하고 승객이 많을 때 쉽게 수익을 올릴 기회를 놓친다.

사회적 맥락이 중요하다면 그에 따른 (설명의) 책임이 결정에 영향을 주어야 한다. 이에 대해 Simonson과 Staw(1992)는 매몰 비용 효과 연구를 통해 검증하였다. '높은 설명 책임 조건'의 참가자는 자신의 결정을 다른 학생 및 교사와 공유해야 하고, '낮은 설명 책임 조건'의 참가자는 자신의 결정을 본인만 알고 있었다. 높은 설명 책임 조건의 참가자는 자신의 결정이 효과적이지 않아도 계속 밀고 나가 매몰 비용 효과가 발생할 가능성이 높았다. 이는 자신의 결정을 정당화해야 할 필요성을 느꼈기 때문이라고 할 수 있다.

설명 책임의 압력은 전문가의 결정에도 영향을 줄 수 있다. Schwartz와 동료들(2004)은 의료 전문가에게 골관절염 환자의 적절한 치료법을 결정하게 하였다. 의료진이 자신의 결정에 대한 설명을 적고 환자가 문의를 위해 연락하는 데 동의했을 때, 이들의 결정이 좀 더 편향적이었다.

요약하자면, 의사결정은 사회적 맥락의 영향을 받는다. 관련 연구가 주로 실험실에서 진행되었고 실제로 사회적 책임에 대한 요구를 하지 않는 방식이었다고 하더라도, 사회적 맥락의 영향은 분명해 보인다. 그리고 자신의 결정을 정당화할 필요성을 느끼는 정도는 사람에 따라 다른 것으로 보인다. 하지만 이에 대해서는 아직 명확하게 밝혀지지는 않았다.

중간 요약

- 의사결정은 여러 가능성 중에 선택하는 것이다. 결과에 따라 결정의 질을 평가한다.

부작위 편향

- 부작위 편향은 무언가를 해서 위험을 감수해야 하는 것보다는 하지 않는 것을 선호하는 경향이다. 아주 흔하게 나타나는 현상으로 의료 분야 전문가나 도박사도 이런 경향을 보였다. 부작위 편향은 예상되는 책임과 후회 때문에 나타난다. 부작위 편향과는 반대되는, '가만히 앉아 있지 말고 무엇이든지 해라.'와 같은 어림법도 나타난다.

손실과 이득

- 전망이론은 대부분이 손실 회피, 즉 잠재적 이득보다 잠재적 손실에 훨씬 더 민감한 경향을 보인다고 주장한다. (상황과 무관한 측면이 결정에 영향을 주는) 틀 효과와 (이미 낭비하고도 돈을 더 쓰는) 매몰 비용 효과는 전망이론과 맥을 같이한다.

정서적 요인

- 잠재적 손실에 민감한 이유는 부분적으로 인간의 정서(특히 두려움)가 신중하고 위험을 회피하는 방향으로 행동하게 만들기 때문이다. 의사결정은 온전히 인지적인 과정이기 때문에 정서 관련 영역에 손상을 입은 사람은 보통 건강한 사람에 비해 좋은 결정을 하지 못한다고 예측했다. 하지만 실제로는 정반대이다. 신체 표지 가설에서 주장한 대로, 정서는 의사결정의 본질적인 측면이다. 정서는 고급의 지식을 대표하며 좋은 것과 안 좋은 것을 고를 수 있게 해 준다.

사회적 맥락

- 실제 세계에서 의사결정은 사회적 맥락 그리고 결정을 정당화할 필요성에 의해 영향을 받는다. 결정에 대한 설명책임이 증가함에 따라 결정이 좀 더 편향적이 되기도 한다.

추리

추리는 소유하고 있는 지식으로부터 결론을 끌어내는 추론 과정을 말한다. 먼저, 연역 추리와 귀납 추리의 차이점을 살펴보자.

연역 추리(deductive reasoning)는 전제(premises)가 참이라고 가정할 때 결론이 참이라고 결론을 내리는 추리이다. 연역 추리는 수학자나 논리학자가 좋아하는 추리 형태로, 제한된 전제(공리라고도 불림)로부터 전제에 대한 타당한 결론을 끌어낼 수 있게 해 준다. 전제가 타당하다면 그 전제에서 추출한 모든 지식은 참이기 때문에, 연역 추리는 오랫동안 유일한 형태의 과학으로 간주되어 왔다. 연역 추리는 일상생활에서도 자주 사용된다. 예를 들어, 낸시는 특별한 행사가 있으면 항상 시간을 정확하게 지키는데, 오늘 파티는 특별한

> **Key term**
>
> **연역 추리(deductive reasoning)**: 어떤 진술이나 전제가 참이라고 가정할 때 결론을 타당/타당하지 않음으로 범주화할 수 있는 추리 방식으로, **조건 추리**나 삼단논법에 의한 추리가 연역 추리의 형태임
>
> **전제(premises)**: **연역 추리** 시, 참이라고 가정되는 진술

Key term

귀납 추리(inductive reasoning): 일반적 결론이 일련의 관찰에 의해 도출된다는 추리의 한 형태로, 도출된 결론이 반드시 참(연역 추리에서는 항상 참)일 필요는 없음. 결론은 **가설 검증**을 통해서 평가될 수 있음

삼단논법(syllogism): **연역 추리**에 관한 연구에서 사용되는 문제의 유형으로, 두 개의 진술이나 전제와 이 **전제**들로부터 논리적으로 따르거나 따르지 않을 수 있는 하나의 결론으로 이루어짐

행사이다. 이렇게 두 개의 전제가 주어지면 낸시는 오늘 정시에 나타날 것이라고 결론 내릴 수 있다.

귀납 추리(inductive reasoning)는 연이은 관찰로부터 일반적인 결론을 도출하는 추리이다. 귀납 추리는 현대의 관찰 기반 과학 연구에서 주로 사용되는 추리 형태이다(9장의 가설 검증 참조). 결론이 참이라는 보장을 할 수 없기 때문에, 17세기 과학 혁명이 발생하기 전까지는 귀납 추리에 근거한 정보는 '참'이라고 생각하지 않았다(Brysbaert & Rastle, 2013). 귀납적 지식 역시 일상생활에서 종종 사용된다. 예를 들어, 당신의 동료가 월요일보다는 금요일에 훨씬 더 밝아 보인다는 것을 알아챘다. 이러한 관찰로부터 당신의 동료가 평일보다는 주말을 더 좋아한다는 결론을 도출할 수 있다. (당신의 동료가 목요일보다는 월요일에 술을 더 많이 마셔서 그럴 수도 있으므로) 결론이 필연적으로 참이라고 할 수는 없지만, 참일 가능성은 상당히 크다. 부가적으로 검증할 수 있는 가설이기도 하다. 여기서는 연역 추리에 초점을 맞추려고 한다. 철학자나 논리학자에 의하면 연역 추리는 진실을 보장할 수 있는 유일한 추리 방법이기 때문에 형식 논리에 근거해야 한다. 하지만 연역 추리 문제를 제시해도 대부분 논리를 사용하지 않는다는 것을 심리학 연구에서 발견했다.

삼단논법

연역 추리 연구에서는 삼단논법을 자주 사용한다. 삼단논법(syllogism)은 2개의 전제와 결론으로 구성된다. 삼단논법을 제시하면 전제에 근거해 결론이 타당한지를 결정해야 한다. 결론의 타당성은 오로지 전제로부터 논리적으로 전개되었는지에 달려 있다. 현실에서의 참-거짓과는 무관하다. 그래서 다음의 삼단논법의 결론은 타당하다. 물론 현실에서는 분명히 참이 아니지만, 그것과는 무관하다.

전제: 아리스토텔레스는 기린이다
모든 기린은 목이 길다
결론: 아리스토텔레스는 목이 길다

두 전제가 모두 참이라고 가정한다면, 설령 결론이 상식과 맞지 않더라도 논리 규칙에 따라

결론이 참이라고 결정해야 한다. 결론이 상식적이며 논리적으로 보인다고 하더라도, 논리적으로 반드시 참이 아닐 수도 있다. 다음의 삼단논법을 살펴보자. 논리적으로 타당해 보이는가?

전제: 비가 내리면, 도로가 젖는다.
도로가 젖어 있다.
결론: 비가 내렸다.

이 삼단논법이 타당하다고 생각한다면, 실망할 수도 있을 것이다. 다음과 같이 바꾸어 보면 결론이 반드시 전제에서 도출되지는 않았다는 것을 확인할 수 있을 것이다.

전제: 소방대가 실습을 하면, 도로가 젖는다.
도로가 젖어 있다
결론: 소방대가 실습을 했다.

심리학 연구에서 이와 같은 예시를 쉽게 찾을 수 있다. 사람들은 추리에 관해서 두 가지 접근법을 사용하는데, 하나는 빠르지만 오류 발생 가능성이 크고 다른 하나는 우수한 결과를 내지만 느리고 힘들다. [연구 따라잡기 10-1]에서 추가 사례를 확인해 보자.

[연구 따라잡기 10-1] 삼단논법

다음의 삼단논법을 잘 살펴보고 결론이 타당한지를 결정하여 당신의 연역 추리 능력을 검증해 보자. 다음 사례는 Manktelow(1999, p. 64)에서 가져왔다. 결론이 현실에서 얼마나 합리적인지가 아니라 전제로부터 논리적으로 도출되었는지를 확인해야 한다는 것을 잊지 말자.

1. 전제: 모든 운동선수는 건강하다.
건강한 사람 중 일부는 부자이다.
결론: 운동선수 중 일부는 부자이다.
2. 전제: 모든 학생은 가난하다.
어떤 학생도 어리석지 않다.
결론: 가난한 사람 중 일부는 어리석지 않다.
3. 전제: 모든 남성은 건강하다.
건강한 사람 중 일부는 여성이다.
결론: 남성 중 일부는 여성이다.
4. 전제: 모든 수도사는 남성이다.
어떤 수도사도 여성이 아니다.
결론: 남성 중 일부는 여성이 아니다.

Key term

신념 편향(belief bias): 삼단논법 추론에서, 타당하지 않지만 믿을 만한 결론을 받아들이고 타당하지만 믿기 어려운 결론을 받아들이지 않는 편향

1번과 2번의 결론이 타당하고, 3번과 4번에 대한 결론은 타당하지 않다고 판단했는가? 실제로 2번과 4번에 대한 결론이 타당하고, 1번과 3번에 대한 결론은 타당하지 않다. 1번과 3번의 구조는 같다. 하지만 1번의 결론은 믿을 만해 보이기 때문에 타당하지 않다고 생각하기는 어렵다. 같은 이유로, 2번과 4번의 구조도 같지만, 4번에 대한 결론은 그럴듯해 보이지 않아서 타당하다고 생각하기 어렵다. 이처럼 삼단논법의 결론에 관한 판단은 그럴듯함에 의해 영향을 받는다.

신념 편향(belief bias)은 논리적 타당성과 무관하게 그럴듯한 결론은 받아들이고 그렇지 않은 결론은 받아들이지 않는 경향을 말한다. Evans와 동료들(1983)은 신념 편향의 강도에 관한 연구를 진행하였는데, 관련 내용에 대해 곧 논의해 보기로 하자.

조건 추리

'비가 온다면……'이나 '소방대가 실습을 하면……'과 같은 삼단논법은 조건 추리 사례이다. 조건 추리(conditional reasoning)는 'If …… then' 구문의 타당성을 판단하는 연역 추리의 한 가지 형태이다. 다시 말하지만, 전제에 따른 결론은 논리에 기반하여 참-거짓을 판단한다.

조건 추리의 판단 과정에 **긍정 논법**(modus ponens)과 **부정 논법**(modus tollens)이라는 두 가지 중요한 규칙이 있다. 먼저, **긍정 논법**의 사례를 보자.

전제: 비가 오고 있으면, 낸시는 젖는다.
비가 오고 있다.
결론: 낸시가 젖었다.

부정 논법의 사례를 보자.

전제: 비가 오고 있다면, 낸시는 젖는다.
낸시는 젖지 않았다.
결론: 비가 오지 않는다.

사람들은 일관되게 **부정 논법**보다는 **긍정 논법**을 더 잘한다. 긍정 정보보다 부정 정보를 다

루는 것이 일반적으로 더 어렵다는 점도 어느 정도 영향을 주었을 것이다.

조건 추리에서 논리적으로 잘못된 추론이 발생하는 사례로 **전건 부정**이 있다.

전제: 비가 오고 있다면, 낸시는 젖는다.
비가 오지 않는다.
결론: 그러므로 낸시는 젖지 않는다.

대부분 이 결론이 타당하다고 주장하지만 실제로는 그렇지 않다. 낸시가 젖는다고 해서 반드시 비가 와야 할 필요는 없고, 수영장에 다녀왔을 수도 있다는 것을 생각해야 한다.

오류가 발생하는 다른 사례로 **후건 긍정**도 있다.

전제: 수잔이 화가 나면, 나는 속상하다.
나는 속상하다
결론: 그러므로 수잔은 화가 났다.

이 결론은 타당하다고 인정할 것인가? 그렇게 생각하는 사람이 많지만, 논리 규칙에 따르면 타당하지 **않다**. 다른 이유(예: 신용카드 분실)로 속상할 수 있기 때문이다.

개인차 연구에서도 논리적 추리에 제약이 있다는 증거를 제시하고 있다. De Neys와 동료들(2005)은 지능과 밀접하게 연관된 작업기억 용량(4장 참조)과 조건 추리의 수행 간의 관계를 살펴보았다. 결과를 보면, 작업기억 용량이 클 때 조건 추리의 수행이 더 좋게 나타났다.

Wason 선택 과제

가장 자주 사용되는 추리 과제로 영국 심리학자 Peter Wason의 이름을 빌린 Wason 선택 과제가 있다. Peter Wason은 9장에서 논의한 확증 편향 연구에서 쓰인 2–4–6 과제를 고안한 사람이기도 하다.

Wason 선택 과제는 4개의 카드로 구성되어 있다([그림 10–5] 참조). 다음과 같은 규칙을 적용해 보자. '카드의 한 면에 모음이 있으면, 다른 면에는 짝수가 있다.' 이 규칙이 참이라면 어떤 카드를 뒤집어서 확인해 봐야 하는지 판단해 보자.

가장 일반적인 응답은 A와 2 카드이다. 당신도 이 두 가지를 골랐다면, 안타깝지만 오답이

[그림 10-5] 규칙: 카드의 한 면에 모음이 있으면, 다른 면에는 짝수가 있다. 이 규칙이 참이라면 어떤 카드를 뒤집어 봐야 하는가?

다. 여기서 확인해 봐야 하는 것은 규칙을 따르지 않는 카드이다. 2 카드는 규칙과 무관하다. 다른 면에 모음이 있다면 규칙에 부합한다는 것을 알려 줄 뿐이고, 자음이 있다면 규칙과는 아무런 관련이 없다는 것을 확인할 뿐이다.

그렇다면 정답은 무엇인가? A와 7 카드이다. 그런데 대학생 연구에서 정답을 선택한 비율은 5~10%에 불과했다(Wason, 1968). 7 카드의 다른 면에 모음이 있다면 규칙을 위배하는 것이기 때문에 반드시 7 카드를 확인해야 한다.

발견들

많은 사람이 Wason 선택 과제를 잘하지 못하는 이유는 무엇일까? 첫째, 사람들은 친숙하고 구체적인 항목에 비해 추상적인 항목(예: A와 4)을 추리하는 데 어려움을 보인다. Wason과 Shapiro(1971)는 4개의 카드(Manchester, Leeds, 자동차, 기차)를 사용하였고, 규칙은 'Manchester에 갈 때는 항상 자동차를 가지고 간다.'였다. 영국 학생을 대상으로 규칙을 검증하기 위해 뒤집어 봐야 할 카드를 선택하게 하였을 때, 정답(Manchester, 기차)을 선택한 비율은 62%로, 추상적인 항목을 사용했을 때의 12%보다 훨씬 높았다.

또 다른 이유로는 대응 편향(matching bias)이 있다. 대응 편향은 정답과 무관하게 규칙에 있는 항목과 대응하는 카드를 선택하는 경향이다. Ball과 동료들(2003)이 사용한 문제와 참가자의 선택 비율을 보자.

> **Key term**
>
> **대응 편향(matching bias)**: Wason 선택 과제에 적용되듯이, 카드가 올바른지 아닌지 여부에 상관없이 규칙 내에 포함된 내용과 일치하기 때문에 선택하는 것

1. 규칙: A라면, 3이다.
   카드: A(87%), J(7%), 3(60%), 7(3%)

2. 규칙: E라면, 5가 아니다.
   카드: E(83%), L(23%), 2(13%), 5(43%)

규칙에 있는 항목과 대응하는 카드의 선택 비율이 그렇지 않은 카드보다 훨씬 더 높다. 이 결과는 대응 편향의 강력한 증거라고 할 수 있다. 1번에서 3이 오답인 반면, 2번에서 5는 정답인 것을 유념해야 한다.

Wason 선택 과제를 잘 풀 수 있는 방법은 무엇일까? 오답이 발생하는 주요 원인은 규칙을 위배하는지를 확인하려는 노력을 안 하기 때문이다. 그래서 규칙이 틀렸다는 것을 입증하도록 독려하면 수행이 좋아질 것으로 예측할 수 있다. Dawson과 동료들(2002)이 이 예측을 검증하였다. 참가자는 정서 유연성이 높은 사람이 일찍 사망한다는 규칙을 들었다. 카드의 한 면에는 정서 유연성의 고저, 다른 면에는 사망 시기(이른 혹은 늦은)가 적혀 있었다. 4장의 카드가 주어졌고 참가자에게 보이는 면에는 '낮은 정서 유연성' '높은 정서 유연성' '이른 사망' '늦은 사망'이 적혀 있었다.

정답은 높은 정서 유연성과 늦은 사망이 적힌 카드이다. 정서 유연성이 낮은(그래서 규칙이 틀렸다는 것을 입증해야 할 이유가 별로 없는) 참가자 중 문제를 푼 사람은 9%에 불과했다. 대조적으로, 정서 유연성이 높은 참가자는 규칙이 틀렸다는 것을 입증해야 할 강한 동기가 있기 때문에, 문제를 푼 사람의 비율이 38%에 달했다.

Munro와 Stansbury(2009)는 이 연구를 반복 검증하였다. 정서 유연성이 높은 참가자가 스스로 만족감을 느끼게 하면 규칙이 틀렸다는 것을 입증해야 할 동기가 감소하여 수행이 저조하게 나타났다.

마찬가지로, ('p라면 반드시 q **해야 한다**'와 같은) 규범을 사용하여 규칙이 틀렸다는 것을 입증하도록 설득할 수도 있다. 규범(deontic rules)은 규칙 위반의 탐지와 관련이 있어서, 참가자는 규칙이 틀렸음을 입증하는 데 집중하게 된다.

Sperber와 Girotto(2002)는 선택 과제를 다음과 같이 규범 형식으로 제시하였다. 파울로가 인터넷으로 물건을 사는데, 사기를 당할까 걱정한다. 그래서 주문할 때마다 카드를 쓴다. 한 면에는 주문한 물건을 받았는지에 대해, 다른 면에는 대금을 지불했는지에 대해 기입한다. 파울로는 네 번의 주문을 했고, 카드의 보이는 면에는 '지불 완료' '미지불' '수령 완료' '미수령'이라고 쓰여 있었다.

Paolo가 어떤 카드를 뒤집어 봐야 사기를 당했는지 확인할 수 있는가? Sperber와 Girotto의 결과를 보면, '지불 완료'와 '미수령' 카드를 정

Key term

규범(deontic rules): 추리 과정에서 규칙 위반의 탐지를 강조하는 규칙

확하게 선택한 참가자는 68%였다.

요약하자면, Wason 선택 과제를 잘하지 못하는 이유는 대응 편향과 같은 단순한 전략을 사용하거나 규칙을 확증하려고 노력하기 때문이다. 그래서 참가자가 규칙의 허위성에 주의를 기울이게 하거나 반증하려고 노력하게 만들면 수행의 결과가 매우 좋아진다.

추리에 관한 이론

철학자와 논리학자는 추리에서 논리적 규칙을 따른다고 가정한다는 것을 떠올려 보자. 언어는 명제로 바뀌고(용어 해설; 6장 참조), 명제는 논리에 근거하여 결합된다. 하지만 명제 논리에 근거한 추리는 인지 부하가 너무 크기 때문에, 심리학 연구에서 그렇게 추리를 하는 사람은 거의 없다는 것을 보여 주었다. 그리고 이전 단락에서 '비논리적' 사고의 증거를 충분히 확인해 보았다. 이를 어떻게 설명해야 할까?

첫 번째 요인은 논리학에서의 단어의 의미가 일상 언어에서의 의미와 다를 수 있다는 것이다(Evans, 2002). '비가 오고 있다.'와 같은 명제를 살펴보자. 명제 논리에서는 이 명제가 참이거나 거짓이어야 한다. 반면, 일상에서는 정말 비가 오고 있는 것이 아니라 아주 흐릿해서 거의 비가 온다고 해야 할 것 같은 그런 불확실한 상황일 수도 있다.

다른 사례를 보자. 'If…… then' 구문에서, 통상적으로 if에 서술한 일이 then에 서술한 일보다 먼저 발생할 것으로 생각한다(예: '비가 오면, 나는 젖을 것이다'). 하지만 일상 언어에서는 시간의 순서가 뒤바뀔 수도 있다. 예를 들어, '선반이 무너졌다면, 그 위에 무거운 것을 올렸다.'와 같은 문장을 해석할 때, then에 서술한 일이 if에 서술한 일보다 선행한 것으로 해석한다는 것이다(Byrne & Johnson-Laird, 2009).

조건 추리에서 발생할 수 있는 또 다른 오해를 보자. 고전 논리학에서 'If a, then b'와 같은 명제는 'a가 참이거나 참이 아닐 때' 둘 다 타당하다. 하지만 일상 언어에서는 'if'가 모호하게 사용된다. 'If a, then b'는 종종 'If and only if a, then b', 즉 a라면 b이다라기보다는 a일 때만 b이다의 의미로 쓰인다는 것이다. 사례를 보자. 누군가가 당신에게 '잔디를 깎으면 5달러를 주겠다.'라고 말했다면, '잔디를 깎지 않으면, 5달러를 주지 않을 것이다'라는 의미가 함축된 것으로 해석할 가능성이 높다(Geis & Zwicky, 1971). 물론 이러한 해석은 고전 논리학과는 맞지 않는다. 이와 같은 불일치로 인해 후건 긍정을 사용하는 경향이 있는 것으로 보인다. '비가 왔으면, 도로가 젖어 있을 것이다. 도로가 젖어 있다. 그러므로 비가 왔다.'와 같은 삼단논법은 논리적으로 타당하지 않지만 '비가 왔을 때만, 도로가 젖어 있다. 도로가 젖어 있다. 그러므로 비가 왔다.'와 같은 삼단논법은 타당하다.

'비논리적'으로 생각하는 이유 중 하나로 논리학자가 가정한 것과는 다르게 전제를 이해한다는 것을 들 수 있다. 하지만 이것으로 모든 것을 설명하지는 못한다. 오히려 추리 과정에서 논리가 아니라 원리에 기반한다는 충분한 증거가 제시되고 있다. 많은 연구자가 연역 추리에서 사용되는 원리의 본질을 제안해 왔다(Evans, 2008). 이번 절에서는 이론적 접근 중 가장 중요한 두 가지를 살펴보고자 한다. 첫째는 Johnson-Laird의 심성 모형 접근법이고, 둘째는 Evans의 어림법적-분석적 모형이다

심성 모형

Johnson-Laird(1983, 2004)는 추리에 포함된 처리 과정이 언어 이해에 포함된 처리 과정과 유사하다고 가정하였다. 그리고 이러한 가정에는 아주 중요한 함의가 있다. 첫 번째 함의는, 추리 문제를 풀 때 논리적 사고에 특화된 인지적 처리 과정으로 바로 옮겨 가지 않는다는 것이다. 오히려 이 단락을 이해하는 데 사용하는 것과 매우 유사한 처리 과정을 사용한다. 두 번째 함의는, 글을 읽거나 추리를 할 때 작가가 말하고자 하는 것에 주로 초점을 맞춘다는 것이다. 즉, 적용되지 않는 사례보다 적용되는 사례에 초점을 둔다. 좀 더 구체적으로 보면, 인간의 심성 모형(mental model)은 현실에서 가능한 상태를 대표하는 방식으로 구성된다. 예를 들어, 동전 던지기를 할 때 동전의 궤도는 무한하지만 심성 모형은 앞면과 뒷면 단 두 가지이다. 심성 모형은 보통 참인 것을 표상하고 거짓인 것은 무시하는데, 이를 진실(참)의 원리(principle of truth)라고 한다.

> **Key term**
>
> **심성 모형**(mental model): 추리 과정에서 사용되는데, 세상에서 있을 법한 상황이나 사건의 내적 혹은 정신적 표상
>
> **진실 원리**(principle of truth): 심성 표상이나 **심성 모형**에 참인 것은 포함시키고 거짓인 것은 삭제하는 것
>
> **절약의 원리**(principle of parsimony): **연역 추리** 시, 부가적인 대안들이 구성됨에도 불구하고 하나의 심성 모형만을 형성하려는 경향

좀 더 구체적인 심성 모형의 사례를 보자.

전제: 전등은 받침대의 오른쪽에 있고, 책은 왼쪽에 있다. 시계는 책의 앞에 있고 꽃병은 전등의 앞에 있다.

결론: 시계는 꽃병의 왼쪽에 있다.

Johnson-Laird(1983)는 (참이라고 가정하는) 전제에 포함된 정보를 사용하여 심성 모형을 구성한다고 주장하였다.

책 받침대 전등
시계 꽃병

시계가 꽃병의 왼쪽에 있다는 결론은 심성 모형에서 도출된 것이 명백하다. 전제에 부합하지만 결론에 부합하지 않는 심성 모형을 구성하는 것이 불가능하다는 사실은 결론이 타당하다는 것을 보여 준다.

그렇다면 심성 모형은 어떻게 구성하기 시작할까? 인간의 작업기억의 처리는 제한적이다(용어 해설; 4장 참조). 그래서 결론을 반증하는 심성 모형을 구성하지 못하면, 결론이 타당하다고 가정한다. 심성 모형을 구성할 때는 인지적 부담이 크다. 그래서 절약의 원리(principle of parsimony), "단일의, 단순한, 전형적인 모형을 구성하는 경향"(Jahn et al., 2007, p. 2076)에 따라 심성 모형을 구성한다.

작업기억의 제한적인 용량이 심성 모형을 구성하는 데 필요하다는 가정을 어떻게 검증할 수 있을까? 가정이 정확하다면, 전제에 부합하는 심성 모형의 개수가 늘어남에 따라 추리 문제를 풀기가 어려워져야 할 것이다. 이러한 가정은 Copeland와 Radvansky(2004)에 의해 확증되었다. 이들의 연구에서 전제가 단 하나의 심성 모형을 생성할 때는 참가자 중 86%가 타당한 결론을 이끌어 냈다. 그런데 가능한 심성 모형이 2개일 때는 39%로, 3개일 때는 31%로 하락했다.

작업기억 용량이 큰 사람이 삼단논법 추리를 더 잘할 것이라는 이론에서 나온 결론이다. Copleland와 Radvansky(2004)의 연구 결과와 정확하게 일치한다.

Jahn과 동료들(2007)은 절약의 원리를 검증하였다. 참가자에게 일련의 명제를 제시하였는데, 모든 명제가 서로서로 부합하는지가 마지막 명제에 의해 결정되는 방식이었다. 다음의 사례를 보자.

TV와 의자 사이에 탁자가 있다.
전등은 TV 왼쪽에 있다.
탁자는 전등 옆에 있다.

이 명제는 서로서로 부합하는가? 실제로 부합하지만 참가자 중 상당수는 아니라고 답하였다. 그들은 다음과 같은 하나의 심성 모형을 구성했던 것이다.

전등 TV 탁자 의자
(탁자는 전등 옆에 있을 수 없다)

참가자가 절약의 원리를 신경 쓰지 않았다면, 다음과 같이 모든 명제에 부합하는 심성 모형을 구성할 수도 있었을 것이다.

의자 탁자 전등 TV

추리 전략에 있어서 개인차가 상당히 크게 나타난다. Bucciarelli와 Johnson-Laird(1999)는 삼단논법의 참-거짓을 평가하는 과정을 촬영하여 참가자의 초기 전략을 확인해 보았다. 참가자 중 일부는 첫 번째 전제의 심성 모형을 먼저 구성하고, 두 번째 전제에 근거해 정보를 추가하였다. 반대 순서로 진행한 참가자도 있었는데, 결론을 만족시키는 초기 모형을 구성한 다음, 그것이 잘못되었는지를 확인해 보는 방식으로 진행하였다.

평가

⊕ 설명이 부적절할 때 절약의 원리와 진실의 원리를 사용하기 때문에 추리 오류가 발생한다.
⊕ 추리가 언어 이해와 유사한 처리 과정으로 이루어진다는 주장은 매우 강력하다.
⊕ 추리를 수행할 때 작업기억의 한계가 제약이 된다.
⊖ 심성 모형에 포함할 정보를 결정하는 방법에 대해 명확하게 알려져 있지 않다.
⊖ 추리 전략에서 나타나는 대규모의 개인차를 완전히 설명하지 못하고 있다.

어림법적-분석적 이론

Evans(2006)가 제시한 추리 이론은 심성 모형 이론과 두 가지 측면에서 다르다. 첫째, 일상의 지식과 즉각적 맥락의 사용을 강조한다. 둘째, 연역 추리 사용의 비중은 줄인다. Evans의 어림법적-분석적 이론은 추리가 세 가지 원리에 근거하여 이루어진다고 주장한다.

1. **특이성 원리**: 언제든 단 하나의 심성 모형만 고려한다.
2. **적합성 원리**: 사전 지식과 현재 맥락을 고려하여 가장 적합한 심성 모형을 선택한다.
3. **만족화 원리**: 현재의 심성 모형을 평가하여 적절하면 받아들인다. 그래서 참으로 보이지만 반드시 그렇지 않을 수도 있는 결론을 받아들이게 된다.

왜 그런지 상세하게 살펴보자. 첫째, 추리 문제를 주었을 때 비교적 단순한 어림법을 사용하면 과제의 특징, 현재 목표, 배경지식을 통해 하나의 가설이나 심성 모형을 구성하게 된다. 둘째, 시간 소모가 크고 노력이 필요한 분석적 처리는 이러한 심성 모형을 변경하거나 바꾸기 위해 개입할 수도 있고 그렇지 않을 수도 있다. 이러한 분석적 처리는 지능이 높고, 동기가 확실할 때 그리고 시간이 충분할 때 사용할 가능성이 가장 크다.

어림법적 처리와 분석적 처리를 구분해 주는 가장 유용한 현상은 신념 편향이다. 신념 편향은 논리적으로 타당하지만 믿기 어려운 결론을 거부하거나 논리적으로는 타당하지 않지만 그럴듯한 결론을 받아들일 때 나타난다. 그래서 어림법적 처리와 분석적 처리가 충돌하면 신념 편향이 발생한다. 분석적 처리를 함께 사용할 때보다 어림법적 처리만 사용할 때 신념 편향이 더 강해진다.

추리에 대한 Evans의 관점은 판단과 의사결정의 이중 처리 모형의 해석과 매우 유사하다. 먼저 어림법으로 문제를 다루어 보고, 이후 작업기억 용량과 동기가 충분하고 시간도 넉넉할 때 분석적 처리가 개입한다.

Bonnefon과 동료들(2008)은 추리의 개인차를 분석하였다. 이들은 부정 논법, 전건 부정, 후건 긍정을 포함한 조건 추리에 주목하였다. 이들은 판단의 이중 처리 모형과 유사한 모형에서부터 출발하였으며, 조건 추리 문제를 해결하는 데 2개의 시스템을 사용한다고 주장하였다. 시스템 1은 빠르고 상당히 자동적이고, 시스템 2는 느리고 인지적 부하가 크다. 이들이 제시한 네 가지 처리 전략을 살펴보자.

1. **실용적 전략**(시스템 1): 대화 중에 발생하는 일상적인 처리 과정처럼 문제를 다루는 전략으로, 오류 발생 가능성이 크다.
2. **의미적 전략**(시스템 1): 배경지식을 사용하는 전략으로, 논항과 같은 형태로 처리하지는 않으며 적당한 정도의 성과를 보인다.
3. **억제 전략**(시스템 2): 실용적 전략과 배경지식의 영향을 억제하는 전략으로, 특정 형태의 문제에 적용할 때만 작동한다.
4. **생성 전략**(시스템 2): 억제 전략과 추상적인 분석적 처리를 결합한 전략으로, 모든 문제에 일관되게 좋은 성과를 보인다.

평가

- ⊕ 어림법적 처리와 분석적 처리가 다르며 어림법적 처리보다 분석적 처리에 더 많은 노력이 든다는 증거는 명확하다. 신념 편향이나 대응 편향과 같은 현상은 어림법적 처리의 중요성을 보여 준다.
- ⊕ 추리 문제를 푸는 데 쓰이는 인지적 처리 과정(예: 어림법적 처리, 분석적 처리)이 다른 인지 과제에서 사용되는 처리 과정과 유사하다고 볼 수 있다.
- ⊕ 인간의 사고는 특이성, 적합성, 만족화 원리에 기반한다는 개념을 지지하는 증거가 제시되어 왔다. 추리 문제에서 발생하는 오류의 대부분은 이러한 원리에 너무 충실하여 발생한다.
- ⊕ 추리 문제 해결 과정에서 나타나는 개인차를 설명하는 이론을 보면, 작업기억 용량이나 지능이 높은 사람이 분석적 처리를 사용할 가능성이 높아서 더 좋은 수행 결과를 보인다.
- ⊖ 여러 종류의 분석적 처리 과정도 가정하고 있다(Evans, 2006). 하지만 처리 과정의 선택 방법에 대해서는 잘 알려져 있지 않다.
- ⊖ 추리 과제에서 사용되는 처리 과정을 어림법적 혹은 분석적으로 분류하는 것은 과도한 단순화이다(Keren & Schul, 2009).

일상적 추리

추리에 관한 연구는 오랫동안 명제 논리학에서 영감을 얻어 왔다. 심리학은 논리에서 추출한 가정을 검증한다. 하지만 사람들의 추리 과정이 다르다는 것을 보여 주는 연구 결과가 증가함에 따라 논리학에서 영감을 받은 연구는 매우 제한적이며 일상적 추리와 동떨어져 있다는 것이 명확해지고 있다.

> **Key term**
>
> **일상적 추리(informal reasoning)**: 자신의 관련 지식과 경험에 근거한 논증을 포함하는 추리의 한 형태로, 오류를 일으키기 쉽고 논리에 근거하지 않는다는 측면에서 **연역 추리**와는 다름

일상적 추리(informal reasoning)는 관련 지식을 사용하여 특정 명제에 찬성하거나 반대하는 주장을 설득력 있게 전개하는 것을 말한다. 이러한 추리는 논리와는 거의 관계가 없다. 그리고 우리는 일상적으로 수많은 논쟁에 노출되어 있다. [연구 따라잡기 10-2]를 보면서 일상적 추리의 본질을 좀 더 명확하게 살펴보자.

[연구 따라잡기 10-2] 일상적 추리

Ricco(2007)에서 가져온 다음의 주장을 읽어 보고, 오류가 포함된 것을 찾아보자.

1. 이미 아시아와 유럽의 여러 동맹국이 중독성 없는 마약 사용을 법적으로 허가하였기 때문에 미국도 이를 법적으로 허가해야 한다.

2. UFO가 존재하지 않는다는 것을 증명한 적이 없기 때문에 UFO가 존재할 가능성이 매우 높다.
3. 성인 범죄자의 대부분은 아동기에 의지박약으로 힘들어했다고 알려져 있으므로, 의지박약은 성인기에 범죄자가 되는 원인이다.
4. 학생들에게 양질의 교육을 제공하는 것이 중요하기 때문에 모든 학생에게 외국어를 필수적으로 배우게 해야 한다.
5. 캘리포니아는 안전벨트 착용을 의무화해야 한다. 사람들이 안전벨트 착용을 원하지 않는다고 하더라도, 착용을 강제하는 법이 필요하다.
6. 학교에서 묵도 허가를 위한 운동을 멈춰야 한다. 일단 묵도를 허가하면 기도를 이끄는 선생님들의 시간이 될 것이고, 오래지 않아 학교와 정부는 특정 종교를 지지하게 될 것이다.

사실 모든 주장에 오류가 있다. 다음에서 그 이유를 하나하나 살펴보자.

1. 다른 사람들이 받아들인다는 사실만으로는 충분한 추리를 하지 못한다.
2. 주장에 반대하는 논쟁의 부재는 주장에 대한 논쟁이 아니다.
3. 상관 관계는 반드시 인과 관계를 의미하지는 않는다.
4. 추리가 주장과 아무런 관련이 없는 것으로 보인다.
5. 추리와 주장이 같거나 너무 비슷하다.
6. 하나를 허가했을 때 다음 단계로 이어질 것이라는 주장의 근거가 없다.

일상적 추리 vs. 연역 추리

일상적 추리는 연역 추리와 분명히 다르다. 일상적 추리의 오류를 확인하는 능력과 연역 추리와의 연관성은 매우 약하다(Ricco, 2003). 이는 상이한 인지 처리 과정이 개입되었을 가능성을 시사한다. 한편, 신념 편향(용어 해설 참조)을 잘 극복하는 사람은 일상적 추리의 오류 탐지도 아주 잘한다(Ricco, 2007).

논항의 **내용**은 일상적 추리에서는 중요하지만 연역 추리에서는 그다지 중요하지 않다. 예를 들어, 피상적으로 유사한 2개의 논항을 살펴보자(Hahn & Oaksford, 2007).

1. 아무도 유령이 존재하지 않는다는 것을 증명하지 못했기 때문에 유령은 존재한다.
2. 마약이 안전하지 않다는 증거가 없기 때문에 마약은 안전하다.

유령의 존재를 믿지 못한다는 것은 유령이 존재한다는 논항에 비해 유령이 존재하지 않는다는 논항이 더 설득적이라고 생각하는 사람들이 대부분이라는 의미이다.

일상적 추리와 연역 추리의 두 번째 차이점은 일상적 추리에서 **맥락 요인**이 중요하다는 것이다. 예를 들어, 같은 주장이라고 하더라도 비전문가가 아닌 전문가가 제기했을 때 받아들일 가능성이 더 높다(Walton, 2010; [현실세계에서 10-4] 참조). Hahn과 Oaksford(2007)은 여러 종류의 맥락효과에 대한 증거를 제시하였다. 이들은 시끄러운 소음이 들리면 천둥이 칠 것이라는 각본을 사용하여 연구를 진행하였는데, 공항 주변보다는 수풀이 무성한 캠핑장에서 각본의 설득력이 훨씬 더 높았다.

[현실세계에서 10-4] 일상적 추리는 신경과학의 발견, 즉 뇌 영상 착시에 의해 과도하게 영향을 받을 수 있다.

인지심리학이나 인지신경과학에서 진행된 연구 결과가 설득력이 있는지 어떻게 알 수 있는가? 아마도 fMRI로 연관성이 높은 뇌 영역을 보여 줄 때 가장 설득력이 있다고 생각할 것이다. Weisberg와 동료들(2003)은 인지신경과학 개론을 수강하는 학생을 대상으로 이에 관한 연구를 수행하였다. 학생들에게 다양한 심리적 현상에 대한 적절한 혹은 부적절한 설명을 제공하였는데, 그중 일부에게는 설명의 적절성과 무관하게 신경과학적 증거를 함께 보여 주었다. 학생들은 각각의 설명에 얼마나 만족하는지를 보고하였다.

학생들은 신경과학적 증거가 함께 제시되었을 때 더 영향을 많이 받았는데, 특히 부적절한 설명일 때 더 많은 영향을 받았다([그림 10-6] 참조). 이는 일상적 추리에서 맥락이 주는 불균형한 영향의 사례라고 할 수 있다. 설명의 적절성과 무관하게 신경과학적 증거가 이렇게 설득력이 높은 이유는 과연 무엇일까? 첫 번째, 신경과학 분야의 연구 결과는 복잡하고 비용이 많이 드는 장비를 사용하기 때문에 순수 심리학 연구 결과보다 좀 더 '과학적'으로 보인다. 두 번째, 뇌의 활동은 심리적 처리 과정의 근원적 정보에 상당히 직접적으로 접근할 수 있다고 가정한다.

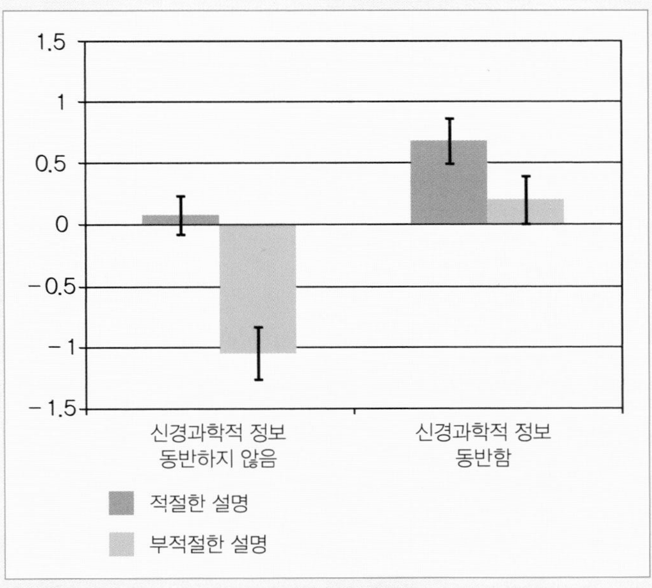

[그림 10-6] 과학적 현상에 대해 신경과학적 정보의 동반 여부에 따른 설명의 적절성 평가 평균 수치

이 연구를 통해 뇌 영상 착시, 즉 경험적 연구에 의한 결과보다 뇌 영상 촬영 연구의 결과를 신뢰하는 현상의 사례를 확인해 볼 수 있었다. 그러므로 신경과학 연구도 심리학 연구처럼 주의 깊게 평가해야 한다는 것을 명심하자.

연역 추리와 일상적 추리의 세 번째 차이점은 연역 추리에 관한 전통적인 연구가 모든 명제는 참 혹은 거짓이라고 가정하는 **2진 논리**(binary logic)에 초점을 맞추는 반면, 일상적 추리는 확률에 기반하기 때문에 모든 진술이나 주장을 확실하게 참 혹은 거짓으로 판단하기보다는 참일 **가능성**을 추정한다.

생각의 오류를 통해 일상적 추리와 연역 추리의 차이점의 중요성을 확인할 수 있다(Hahn & Oaksford, 2014). 예를 들어, **허수아비 논증의 오류**에서는 주장을 약화시키거나 왜곡하는 방법으로 다른 사람의 관점이 잘못 전달되도록 한다. 고전 논리학에서 이러한 오류는 논리에 기반하고 있지 않으므로 매우 부적절한 형태의 주장이다. 하지만 확률에 기반해서 생각해 보면, 이러한 주장은 과도하다. Aikin과 Casey(2011)가 제시한 허수아비 논증의 오류의 형태를 보면, 상대방 주장의 약한 부분을 골라 완전히 무너뜨리는 것이다. 이 형태는 상대방의 입장이 옳게 보일 확률을 확실하게 감소시킬 수 있다.

마지막으로, 연역 추리와 일상적 추리의 **동기**는 종종 다르다. 연역 추리 문제를 풀 때는 가능한 한 논리적이고 정확하게 풀려는 동기가 있다고 가정한다. 하지만 일상적 추리를 풀 때의 동기는 이와 다르다. Mercier와 Sperber(2011, p. 57)는 "일상적 추리의 기능은…… 설득을 위해 주장을 고안하고 평가하는 것이다. 능숙한 토론자는 진실을 추구하는 것이 아니라 자신의 견해를 지지하는 주장을 편다."라고 주장하였다. 이러한 관점은 다소 편협하게 보이지만, 실제로 일반적인 사고나 미래를 위한 예측과 계획을 할 때도 일상적 추리를 사용한다(Evans, 2011).

동기적 요소

설득력 증진의 측면에서 일상적 추리에 관한 Mercier와 Sperber(2011)의 관점이 맞다면, 사람들은 자기중심적 왜곡(혹은 확증 편향, myside bias)을 보여야 한다. 이러한 편향은 평가 과정에서 사람들이 대상의 가치보다는 자신의 관점에 근거하여 평가를 진행하는 경향을 말한다. 이렇게 해야 자신의 관점이 맞다는 것을 확증할 수 있기 때문이다. Stanovich와 West(2007)는 다음과 같이 논쟁을 촉발하는 (하지만 실제로는 정확한) 주장을 제시하여 자기중심적 왜곡을 연구하였다.

Key term

자기중심적 왜곡(myside bias): 일상적 추리 시, 상대방의 장점보다 자기 자신의 신념이나 행동에 비추어 진술문을 평가하는 경향

1. 대학 재학 중에 술을 마신 학생은 이후 알코올 중독자가 될 가능성이 더 높다.
2. 남성과 여성이 같은 위치에 임명되면 일반적으로 급여 차이가 사라진다.

학생들에게 이러한 주장의 정확성을 평가해 보게 하였다.

Stanovich와 West(2007)가 확인한 결과를 살펴보자. 술을 마시는 학생은 그렇지 않은 학생보다 1번 주장의 정확성을 낮게 평가했다. 여성은 남성보다 2번 주장의 정확성을 낮게 평가했다. 자기중심적 왜곡(확증 편향)이 강력하게 나타나는 사례이다.

이 장의 초반부에 신념 편향, 즉 타당하지는 않지만 그럴듯한 결론을 받아들이고 타당하지만 믿기 어려운 결론은 받아들이지 않는 경향에 대해 논의하였다. 연역 추리에 관한 실험실 연구에서는 신념 편향이 잘못된 추론을 유발하는 것으로 간주한다. 하지만 일상생활에서는 조금 다르다(Mercier & Sperber, 2011). 우리는 다른 사람이 나와는 반대의 신념을 보일 때 종종 자신의 신념을 확증하기 위해 매진한다.

본인의 관점을 지지하려는 동기가 추리의 결과를 **향상**시킬 수 있다는 주장에 대해 여러 차례 논의하였다(9장의 의도적 합리화 참조). Wason 선택 과제에서 규칙에 대한 개인적 관련성이 중요하다는 것을 확인하였다. Dawson과 동료들(2002)은 규칙이 틀렸다는 것을 입증하려는 동기가 강하면 추리의 정확성이 더 높다는 것을 보여 주었다.

동기가 일상적 추리에 영향을 주는 또 다른 방법을 보자. 우리는 일상생활에서 작가의 목적이나 동기에 의해 종종 영향을 받지만, 고전적인 연역 추리 과제에서는 전혀 영향을 받지 않는다. 작가의 목적에 집중하게 되면 고전적인 과제에서보다 일상생활에서 더 많은 **추론**을 하게 된다. 예를 들어, '교토 협약을 비준하면, 온실가스를 줄일 수 있다.'는 문장을 보자. 아마도 이 글을 쓴 사람이 온실가스 감축을 지지하며, 그래서 교토 협약을 비준해야 한다고 생각한다고 추론할 수 있다(Thompson et al., 2005).

글쓴이의 관점이나 목적에 초점을 맞추면 추리에는 어떤 영향을 줄까? Thompson과 동료들(2005)은 조건 추리는 글쓴이의 관점에 초점을 맞출 때 우수하다고 주장하였다. 예를 들어, 논리적으로 타당한 **긍정 논법**과 **부정 논법**의 추론은 글쓴이의 관점을 취할 때 받아들이는 경향이 더 크다. 인간은 고전적인 연역 추리 과제의 수행에서 보이는 것보다 더 논리적으로 추리할 수 있다.

결론

연역 추리와 일상적 추리를 구별하는 중요한 차이점이 여러 개 있다. 예를 들어, 세상에 대한 지식은 연역 추리에서는 아무런 필요가 없지만, 일상적 추리에서는 관련성이 매우 높다. 하지만 실제로는 그 차이가 그다지 두드러져 보이지 않는다. 연역 추리 과제에서 신념 편향이 나타난다는 것은, 세상에 대한 지식을 사용하지 말라고 들었을 때조차도 사용한다는 것을 의미한다.

연역 추리 과제의 수행 과정이 생각했던 것보다 일상적 추리의 수행 과정과 더 비슷하다는 것을 보여 주는 사례를 보자. 개인적 동기는 일상적 추리에는 종종 영향을 주지만 연역 추리 과제와는 무관해야 한다. 하지만 개인적 동기가 Wason 선택 과제의 수행에 영향을 주는 것으로 나타났다(Dawson et al., 2002). 다음으로, 일상적 추리에 맥락 요인이 영향을 준다는 증거 역시 풍부하다. 그런데 관련성이 전혀 없는 연역 추리에서도 영향을 주는 것으로 보인다(예: Byrne, 1989).

요약하자면, 연역 추리와 일상적 추리의 처리 과정은 여러 측면에서 서로 닮았다. 그래서 일상적 추리에 관한 많은 연구가 연역 추리 연구와도 관련이 있다. 추후 연구를 통해 두 종류의 추리 과제에서 사용되는 처리 과정의 유사점과 차이점을 확실하게 밝혀야 할 것이다.

일상적 추리 관련 이론

Oaksford와 Hahn(2004)은 일상적 추리에 관한 이론을 제시하였고, 이후 발전시켰다(Hahn & Oaksford, 2007). 이 이론에서 결론이 얼마나 강력하다고 지각하는지에 영향을 주는 여러 요인을 확인하였다.

1. 확신이나 신념의 정도
2. 부정적 주장보다는 긍정적 주장의 영향이 크다
3. 증거의 강력함

Oaksford와 Hahn(2004)은 이와 같은 요인을 다음의 시나리오로 연구하였다.

바바라: 그 소화제 먹고 있어?

애덤: 응, 왜?

바바라: 아, 그 약의 부작용이 있다고 알고 있어서…….

애덤: 맞아, 부작용 있어.

바바라: 어떻게 알아?

애덤: 부작용을 확인한 실험을 알고 있어…….

이 시나리오는 강력한 기존 믿음, 긍정적 믿음(부작용), 약한 증거(하나의 실험)로 구성되어 있다. 그리고 변형 버전도 여러 개 있는데, 약한 믿음, 부정적 믿음, 50개 실험 결과와 같은 방식으로 변형하였다.

참가자는 그 약이 부작용이 있다는 결론을 바바라가 얼마나 믿어야 할지 결정했다. 예측한 대로, 강력한 기존 믿음이 있고, 긍정적 주장을 펼치고, 지지하는 증거가 강할 때 가장 강력하게 결론을 믿게 된다.

중간 요약

- 추리는 소유하고 있는 지식으로부터 결론을 끌어내는 추론 과정을 말한다. 연역 추리는 전제가 참일 때 결론을 참이거나 거짓으로 결정하는 과정이다. 귀납 추리는 여러 차례의 관찰로부터 일반적인 결론을 끌어내는 과정이다. 결론의 타당성을 보장할 수는 없고 검증 가능한 가설을 생성한다. 과학적 연구와 일상에서, 결론에 도달하기 위해 두 가지 형태의 추리를 모두 사용한다.

삼단논법

- 삼단논법은 2개의 전제와 하나의 결론으로 구성된다. 삼단논법은 연역 추리에 속한다. 추리 과정에서 신념 편향으로 인해 많은 오류가 발생한다. 신념 편향은 논리적 타당성보다 결론의 그럴듯함에 초점을 맞추는 것을 말한다.

조건 추리

- 조건 추리는 연역 추리의 두 번째 형태이다. 논리적 사고 능력의 제한과 부적절한 맥락 정보로 인해 많은 오류가 발생한다. 작업기억 용량이 큰 사람이 조건 추리를 더 잘한다.

Wason 선택 과제

- Wason 선택 과제를 잘하지 못하는 이유는 논리적 추리가 아니라 대응 편향과 같은 단순한 전략을 사용하기 때문이다. 규범을 사용하게 되면 그 규범이 틀렸을 가능성에 대해 집중하기 때문에 정답을 맞힐 가능성이 훨씬 더 증가한다. 그리고 친숙한 내용으로 제시하거나 규칙이 틀렸다는 것을 입증하고자 하는 동기가 있을 때 더 좋은 결과를 보인다.

추리 이론

- 심성 모형 이론에 의하면, 추리 시 심성 모형을 구성한다. 이러한 모형은 참인 것을 대표하고 거짓인 것을 무시한다(진실의 원리). 가능한 모형이 여러 개 있다고 하더라도 보통 하나의 모형만 구성한다(절약의 원리). 추리 이론은 어떤 정보가 심성 모형 내에 포함되어 있는지 확인하는 방법에 대해서는 명확하게 제시하지 않는다.
- 어림법적–분석적 이론에 의하면 단순한 어림법적 처리를 사용하여 심성 모형을 구성한다. 이후 시간이 오래 걸리는 분석적 처리를 사용하여 초기 모형을 수정하거나 대체한다.

일상적 추리

- 연역 추리와는 달리, 일상적 추리에서는 주장의 내용이 중요하다. 그리고 맥락도 중요하다. 일상적 추리를 할 때, 다른 사람에게 신념과 관점을 설득하려고 노력한다. 이 과정에서 신념 편향이나 확증 편향과 같은 오류가 발생할

수 있다. 하지만 어떤 상황에서는 좀 더 논리적으로 추리하게 만들 수도 있다. 일상적 추리 과제와 연역 추리 과제를 수행할 때 이론적으로는 차이가 크지만 실제로는 그렇게 많은 차이가 나지 않는다.

- Hahn과 Oaksford(2007)는 일상적 추리에서 결론이 얼마나 강력하다고 지각하는지에 영향을 주는 세 가지 요인, 즉 증거의 강도, 신념의 정도, 긍정적 혹은 부정적 주장을 제시하였다.

인간은 이성적일까

9장과 10장에서 논의한 연구는 인간의 사고와 추리가 종종 부족하다고 지적하고 있다. 보기에도 이성적 사고를 하지 않는 사람들이 많다. 정말 단순한 문제를 풀지 못한다. 기저율 정보를 무시할 때가 많고, Wason 선택 과제에서는 오답율이 90%에 달하며, 삼단논법에서는 신념 편향의 영향을 쉽게 받는다.

이러한 결과는 역설적이다. 사람들 대부분은 일상생활에서의 문제나 어려운 점에 비교적 잘 대처하지만 실험실에서 추리 문제를 풀 때는 비이성적이고 비논리적으로 보인다. 하지만 이는 일상생활과 실험실의 차이를 과장하는 것이다. 일상적인 사고는 우리가 생각하는 것보다 덜 이성적이고 덜 효과적이고, 실험실에서 추리 문제를 풀 때 하는 생각이 그렇게 불충분하지는 않다.

인간의 추리에 제한이 없다면 그 이유는?

인간의 사고 과정과 추리에서 명확하게 보이는 불충분함과 제한점을 액면 그대로 받아들이지 않아야 하는 여러 가지 이유가 있다. 첫째, 어림법 사용을 '오류'로 잘못 기술하곤 한다. 어림법은 빠르면서 비교적 정확한 판단과 의사결정을 가능하게 하는 것이다. Maule과 Hodgkinson(2002, p. 71)은 다음과 같이 지적하였다.

> 흔히…… 상황이나 대상을 판단할 때 시간에 따른 변화를 고려해야 한다. 그런데 정확한 판단을 위해 엄청난 시간을 쓰는 것은 부적절하다…… 좀 더 간단하고 노력이 적게 드는 어림법으로 거의 정확한 판단을 하는 것이 훨씬 더 적절하다.

둘째, 과제 수행이 저조한 것은 어떤 정보가 중요한지 불확실하기 때문일 때가 많다. 판단 문제에서 기저율 정보의 적절성이 잘 드러나지 않기 때문에 이 정보를 무시하곤 한다. 문제를 재기술해서 직관적으로 인과 지식을 사용하여 기저율 정보의 관련성을 이해하게 하면, 수행 결과가 훨씬 더 좋다(예: Krynski & Tenenbaum, 2007).

셋째, 의사결정에서 소위 오류라고 부르는 많은 것은 사회적 진공 상태에서 살아가는 사람을 떠올릴 때와 같은 상황에서 나타난다. 이 장에서 살펴본 대로, 인간의 의사결정은 설명 책임, 즉 자신의 결정을 다른 사람에게 정당화해야 하는 책임에 의해 종종 영향을 받곤 한다.

넷째, 연역 추리 문제에서의 '오류'는 그런 문제가 부자연스럽게 구성되어 있다는 것을 보여준다. 예를 들어, 삼단논법에서 결론의 타당성은 믿을 만한지에 의해 결정되어서는 안 된다. 그런데 배경지식과 무관한 추리를 해야 하는 상황은 실제로 거의 없다. 연역 추리에 관한 실험실 연구에서는 결론의 타당성이 명확하다는 점에서 부자연스러운 점이 있다. 반면, 일상적 추리는 대부분 확실성보다는 확률과 연관되어 있다.

그래서 판단과 추리 과제의 결과만으로는 효과적인 사고 능력을 과소평가할 수 있다. 하지만 모든 어려움이 문제 자체의 부적절성에서 기인한다거나, 문제가 동기 부여를 하는 데 실패했기 때문이라고 주장하는 것도 조심해야 한다. 인간의 사고는 우리가 알고 있는 것보다 오류를 유발할 가능성이 훨씬 더 높다.

인간의 추리에 제한이 있다면 그 이유는?

인간의 추리에 제한이 있다고 믿을 만한 여러 가지 이유가 있다. 여기서 다섯 가지 이유를 살펴보자.

첫째, Camerer와 Hogarth(1999)는 사고와 추리에 미치는 동기의 영향과 관련된 74개의 연구를 검토하였다. 유인책을 제공하면 수행이 일정 수준 향상되지만 무결점 수준까지 올라가지는 못했는데, 이는 동기만으로는 좋은 결과를 끌어내기 어렵다는 것을 의미한다.

둘째, 성과가 좋지 않은 것이 문제 자체가 아닌 참가자가 가지고 있는 제한점 때문인 경우도 있다. Brase와 동료들(2006)은 기저율 정보를 사용해야 하는 복잡한 판단 과제로 연구를 진행하였다. 최상위권 대학의 학생이 2위권 대학의 학생보다 정답을 찾을 확률이 훨씬 더 높았다(40% vs. 19%). 하지만 최상위권 대학의 학생도 그다지 좋은 성과를 보이지 않았다는 점을 주목하자.

셋째, 문제를 온전히 이해하기 위해 노력을 많이 했을 때도 문제를 풀지 못하는 경우가 많다. Tversky와 Kahneman(1983)의 결합 오류 관련 연구에서, 참가자는 린다에 대한 설명을 보

Key term

더닝-크루거 효과(Dunning-Kruger effect): 숙련도가 낮은 사람이 높은 사람보다 자신의 능력을 과대평가하는 현상

고 린다가 은행원일 가능성과 여성운동가이면서 은행원일 가능성 중 더 높은 쪽을 선택했다. '린다는 여성운동 참여 여부와 무관하게 은행원이다'라고 은행원임을 분명하게 표현했을 때도 여전히 결합 오류가 강하게 나타났다.

넷째, 전문가는 문제를 정확하게 해석하여 인지적 편향을 피할 수 있을 것으로 기대한다. 하지만 실제로 의료 전문가도 자신의 전문 분야에서 편향된 판단과 결정을 한다(예: Redelmeier et al., 1995; Schwartz et al., 2004).

다섯째, 더닝-크루거 효과(Dunning-Kruger effect)가 있다. "능력이 없는 사람은…… 자신의 무능력을 잘 알지 못한다."(Dunning, 2011, p. 260) 자신의 사고 오류에 대해 대체적으로 잘 알지 못하는 사람은 시간이 지나도 향상될 가능성이 거의 없고 '비합리성'의 징후를 계속 보이게 된다.

더닝-크루거 효과가 나타나는 이유는 무엇인가? 인지적 부하가 큰 과제에서 본인의 응답이 정확한지 확인하려면, 정답을 찾을 때와 유사한 수준의 지식과 전문성이 필요하다. 이 효과로 인한 차이가 매우 흥미로웠다. Wason 선택 과제에서 계속 정확한 규칙을 적용하여 100%의 성공률을 보인 참가자가 있는 반면, 계속 부정확한 규칙을 적용하여 0%의 성공률을 보인 참가자도 있었다. 그런데 두 집단 모두 자신들의 성공률이 80~90% 정도였을 것이라고

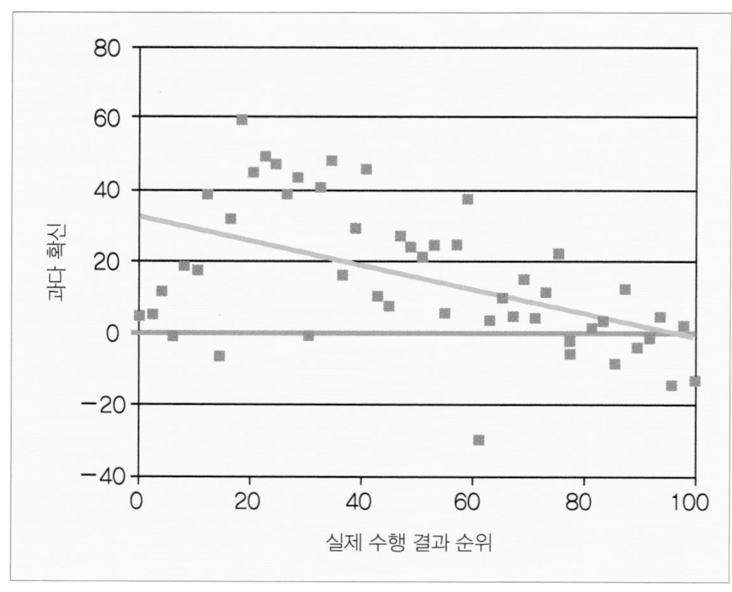

[그림 10-7] 파란선-실제 수행 결과에 따른 과다 확신 비율(%), 녹색선-과다 확신 혹은 과소 확신 부재
출처: Simons (2013). Springer의 허가를 얻어 실음.

추정하였다(Dunning, 2011).

Simons(2013)는 더닝-크루거 효과가 예상외로 탄탄하다는 것을 발견하였다. 브리지 경기 선수들에게 매번 자신의 성과에 대해 피드백을 제공하였음에도 불구하고, 경기력이 약한 선수가 향후 자신의 성과를 여전히 과대평가하였다([그림 10-7] 참조).

합리성이라는 것은 무엇인가

인간이 합리적인지는 '합리성'의 정의에 따라 달라진다. (고전적인 연구자들이 옹호하는) 매우 일반적인 관점은 합리적 사고는 논리에 의해 통제된다는 것이다. 그래서 (논리적 사고를 요구하는 것으로 보이는) 연역 추리가 인간의 합리성을 평가하는 데 매우 적절하다는 결론에 이르게 된다. 애석하게도 사람들 대부분은 복잡한 연역 추리 과제를 잘 풀지 못한다. 그래서 합리성을 논리 규칙에 따른 추리로 정의하면 인간은 전혀 합리적이지 않다.

이러한 주장은 **규범론**에 근거한다. 규범론은 "인간의 사고를 측정하고 평가해야 한다는 견해에 반해, 인간의 사고는 규준과 표준을 따르는 규범적 체계를 반영한다는 견해이다." (Elqayam & Evans, 2011, p. 233) 그래서 인간의 사고는 고전적 논리학을 따를 때 정확하지만 그렇지 않으면 부정확하다.

논리와 연역 추리가 인간의 사고에 대한 적절한 규범 체계를 제공할 수 있는지에 대해 심각한 의문이 제기되어 왔다. 왜 그럴까? Sternberg(2011, p. 280)가 지적한 대로, "인간의 삶에서 연역적인 혹은 의미 있는 어떤 종류의 '정확한' 해법을 가진 결과는 거의 없다. 가능하다면 단 하나라도 생각해 보라."

다른 대안으로, 인간의 합리성이 논리보다는 확률의 효과적 사용을 의미한다는 접근이 있다. 인간이 확실한 논리가 아닌 불확실성과 부적절한 정보로 특징지을 수 있는 세계에 살고 있다는 점에서 이러한 접근이 상당히 의미가 있다. Oaksford와 Chater(2009)는 인간의 추리에 대한 확률적 접근이라는 매우 설득력 있는 제안을 하였다. 이 접근에서는 확률(주관적인 믿음의 수준)을 강조하며, 중심 가설은 사전에 계산한 확률이 새로운 정보에 의해 수정되어 사후 확률이 된다는 것이다. 일상적 추리를 포함한 여러 분야의 연구에서 이 가설을 지지해 왔다.

제한된 합리성

노벨상 수상자 Herbert Simon은 인간의 합리성 연구를 위해 헌신해 왔다(Heukelom, 2007). Simon(1945, p. 5)은 행동이 "이전에 선택한 목적을 달성하는 데 도움이 되는 방안을 고르는

Key term

제한된 합리성(bounded rationality): 제한된 처리 능력에도 불구하고 다양한 지름길 전략(**어림법**)을 사용해 실행 가능한 해결책을 만든다는 가설

데에 있어서는" 이성적이라고 주장하였다. 이러한 관점은 규범론이 아닌 **실용론**적 접근이다. 실용론적 접근에서는 개개인의 일상적 추리가 실험에서 사용하는 규범과 다르다 하더라도 목표를 달성할 수 있다면 합리적이라고 본다.

Simon(1957)은 인간이 제한된 합리성(bounded rationality)을 가지고 있다고 주장했다. 이는 처리 능력에 제한이 있음에도 불구하고 다양한 어림법(지름길)을 사용하여 실행 가능한 해결책을 만들어 낸다는 의미이다. 조금 더 명확하게 하자면, 인간의 사고는 심적 과정의 제약(예: 한정된 주의, 한정된 단기기억)으로 인해 '제한이 있다'는 것이다.

중요한 것은 심적 과정과 환경 간의 대응 정도이다. Simon(1990, p. 7)은 "인간의 합리적 행동은 과업 환경과 계산 역량이라는 2개의 날을 가진 가위와 같다."고 주장하였다. 2개의 날 중 하나만 고려하게 되면, 사고 과정의 일부만 이해하게 된다.

요약하자면, 제한된 합리성의 관점에서는 사고 과정의 '오류'는 비합리성이 아니라 제한된 처리 용량으로 인해 발생한다. Stich(1990, p. 27)는 "안 좋은 결과가 나왔을 때, 뇌가 비행선 정도로 아주 클 때나 쓸 수 있는 전략을 사용하지 않았기 때문이라고 비판하는 것은 매우 잘못된 생각이다."라고 주장하였다.

개인차: 지능

지능이 높은 사람은 낮은 사람에 비해 학업 성적이 좋다. 지능이 높은 학생은 낮은 학생에 비해 의사결정 과제나 추리 과제에서도 좋은 결과를 보여 주기는 하지만 지능의 영향이 그다지 크지 않다. Toplak과 동료들(2011)의 연구에서 15개의 판단과 결정 과제를 주고 그 결과와 인지적 능력 간의 상관 관계를 분석해 본 결과, 상관 계수는 +0.32였다.

사고와 추리에 대한 지능의 영향이 제한적인 이유는 무엇일까? Stanovich(2012)는 이중 처리 모형을 확장한 **3중 구조 모형**으로 이 질문에 답을 하였다([그림 10-8] 참조). 구조의 아래쪽을 보면, 소위 (동물에도 있는) 자율적 사고 내에 (어림법 사용과 같은) 시스템 1 처리 과정이 위치한다. 이 처리 과정은 빠르고 거의 자동적이다. 구조의 위쪽에는 시스템 2 처리 과정이 위치하는데, 이 처리 과정은 느리고 노력이 필요하다.

Stanovich(2012)의 모형에는 두 가지 새로운 특징이 있다. 첫째, 상위 수준에서 인지적 통제를 2단계로 나누었다. 이 중 하나는 시스템 2(알고리듬 사고)로 구성되어 있다. 알고리듬 사고는 "기억에서 인출할 수 있는 규칙, 지식, 절차, 전략으로 구성된 사고방식을 포함하고 있어

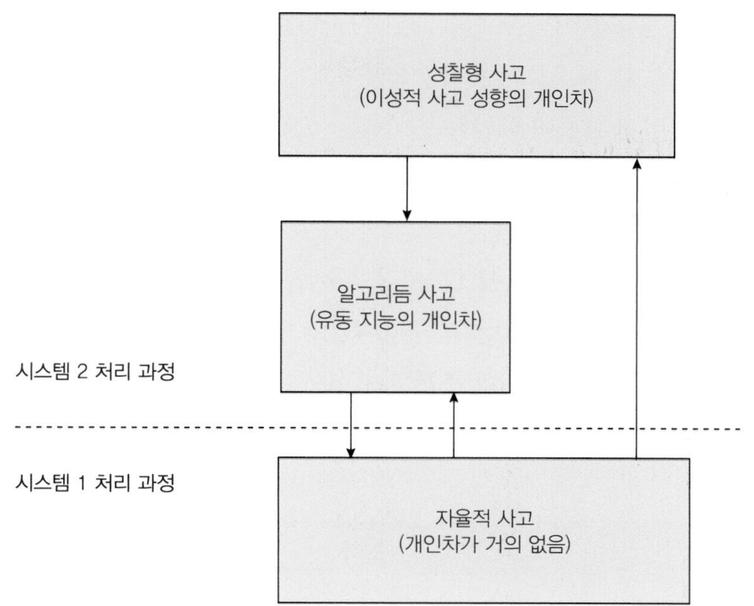

[그림 10-8] Stanovich의 추리에 대한 3중 구조 모형. 모형을 보면, 자율적 사고 내에 빠르고 거의 자동적인 시스템 1 처리 과정이 있다. 시스템 2 처리 과정은 두 가지 형태로 구성되어 있다. (1) 알고리듬 사고에는 규칙, 전략, 절차에 관한 정보가 있다. (2) 성찰형 사고는 개개인의 목표와 신념으로 작동한다. 자율적 사고에 비해 알고리듬 사고와 성찰형 사고에 관한 개인차가 훨씬 더 크다.
출처: Stanovich (2012). Oxford University Press의 허가를 얻어 실음.

의사결정이나 문제 해결에 도움이 된다." (Stanovich, 2012, p. 355) 알고리듬 사고는 자율적 사고로 생성한 어림법 응답이 부정확할 때 이를 대체할 수 있다. 시스템 2는 필요성을 깨닫고 이용하려는 동기가 있을 때만 사용된다. 다른 하나는 성찰형 사고로 개개인의 목표, 신념, 일반적 지식에 의해 작동한다. 그리고 시스템 2 처리 과정의 사용 여부도 결정한다.

모형에서 지능의 개인차의 역할을 살펴보자. **유동 지능**(4장의 작업기억 용량 참조)은 알고리듬 사고의 작동과 직접적으로 관련되어 있다. 높은 수준의 유동 지능을 가진 사람은 시스템 2 처리의 범위가 넓고 좀 더 효율적으로 사용할 수 있다.

3중 구조 이론에서 얻을 수 있는 것은 **무엇**인가? 가장 중요한 점은 문제를 풀 때 오답이 나오는 이유를 세 가지로 나누고 있다는 것이다.

1. 알고리듬 사고 내에서 사용할 수 있는 적절한 사고기제가 부족하여 어림법이 만든 부정확한 답을 대체할 수 없다.
2. 필요한 사고기제를 가지고 있으나 처리 용량이 부족하여 시스템 1이 만든 부정확한 답을 대체할 수 없다.
3. 필요한 사고기제를 가지고 있으나 성찰형 사고에 의해 촉발되지 않아 사용하지 못한다.

이러한 생각은 인간의 합리성 문제와 직접적으로 관련이 있다. Stanovich(2009, p. 35)는 "충

Key term

합리성 장애(dysrationalia): 지적 능력이 충분함에도 불구하고 나타나는 합리적 사고 및 추리의 실패

분한 수준의 지능을 가지고 있음에도 합리적으로 생각하거나 행동하지 못하는 모습"을 지칭하기 위해 합리성 장애(dysrationalia)라는 용어를 사용하였다. 이런 모습이 나타나는 이유는 무엇일까? 대부분의 인간은 인지적 구두쇠이기 때문에, 문제를 풀 때 좀 더 정확하지만 노력이 많이 드는 전략에 비해 빠르고 쉬운 전략을 선호한다.

인지적 구두쇠라서 성찰형 사고를 잘 사용하지 않는 경향은 **인지 성찰 검사**(Cognitive Reflection Test: CRT)로 측정할 수 있다(Frederick, 2005; [연구 따라잡기 10-3] 참조). Toplak과 동료들(2011)의 연구에서 CRT 점수가 낮을 때 판단이나 추론 과제에서도 비교적 좋지 않은 결과를 보였다.

[연구 따라잡기 10-3] 인지 성찰 검사(CRT)

다음의 문제의 정답을 최선을 다해 구해 보라.

1. 야구 배트와 야구공이 합쳐서 1달러 10센트이다. 배트가 공보다 1달러 비싸다면 공의 가격은 얼마인가? ____센트
2. 5대의 기계가 5개의 장비를 만드는 데 5분이 걸린다면, 100대의 기계가 100개의 장비를 만드는 데 얼마나 걸릴까? ____분
3. 호수에 떠 있는 수련 잎이 매일 2배로 커진다. 수련 잎이 호수 전체를 뒤덮는 데 48일이 걸린다면, 호수의 절반을 덮는 데는 며칠이 걸릴까? _____일

정답은 5센트(1번), 5분(2번), 47일(3번)이다. 문제를 맞히지 못했다고 해서 걱정할 필요는 없다. 하버드 대학교와 프린스턴 대학교에서 이 문제를 풀게 했을 때, 1문제 이상 틀린 사람이 75%, 모든 문제를 틀린 사람은 20%였다.

가장 흔한 오답은 10센트(1번), 100분(2번), 24일(3번)이다. 오답을 보면 인간이 인지적 구두쇠처럼 생각하고 행동한다는 것을 볼 수 있다. 즉, 더 정확하지만 더 많은 노력이 필요한 전략보다는 빠르고 쉬운 전략을 선호한다는 것이다.

중간 요약

- 추리 문제의 결과를 보면 종종 부적절한 방식으로 추리가 이루어진다는 것을 알 수 있다. 하지만 상당수의 문제가 부자연스러워서, 이것만으로는 인간의 합리적 사고 능력을 과소평가하게 될 수도 있다. 사람들은 진실을 찾기보다는 설득력 있는 주장을 펴기 위해 많은 시간을 소비하는데, 이로 인해 판단과 연역 추리 과제에서 오류가 발생하기도 한다.
- 동시에 인간의 사고가 제한적이며 부정적인 결과를 가지고 온다는 점도 부인하기는 어렵다. 그런데 사고 과정의

결점을 알아차리지 못하기 때문에 이러한 결과 역시 거의 인식하지 못한다(더닝-크루거 효과). 양질의 정보를 제공해서 이러한 결점을 보완하는 방법에 관한 연구가 진행 중이다.

- 인간의 합리성을 서술할 때 규범적인 틀보다는 실용적인 틀을 사용하는 것이 더 낫다. Simon은 실용적 틀 내에서 제한된 합리성을 주장했다.

지능과 합리성

- 지능이 높은 사람이 낮은 사람보다 판단과 추리 과제를 더 잘하지만 그 효과는 크지 않다. 3중 구조 모형에 의하면, 똑똑한 사람도 부정확한 어림법적 처리를 중단할 수 있는 알고리듬 기반 사고방식을 가지고 있지 않거나 성찰형 사고로 알고리듬을 작동하지 못하기 때문에 성과가 좋지 않을 수 있다. 두 번째 이유는 동기 부족, 즉 인지적 인색함 때문에 나타난다.

논술 문제

1. 판단 과정에서 어림법을 사용하는 이유는 무엇인가? 어림법을 사용하면 얼마나 효과적인가?
2. 잠재적 이득보다 잠재적 손실에 더 민감하다는 결과를 보여 주는 연구를 서술하고 평가하시오.
3. 추리에 관한 심성 모형과 어림법적-분석적 접근을 비교하여 설명하시오.
4. 일상적 추리의 주요 특징은 무엇인가?
5. 인간의 사고와 추리는 얼마나 합리적인가?

더 읽을 거리

- Evans, J. S. T. (2008). Dual-processing accounts of reasoning, judgment, and social cognition. *Annual Review of Psychology, 59*, 255-278. 이 논문은 여러 종류의 이중 처리 모형에 대해 Jonathan Evans가 간결하게 설명하고 있다.
- Gigerenzer, G., & Gaissmaier, W. (2011). Heuristic decision making. *Annual Review of Psychology, 62*, 451-482. 이 논문은 판단과 의사결정에서 어림법의 역할에 관한 연구에 대해 심도 있게 설명한다.
- Johnson-Laird, P. N. (2006). *How we reason*. Oxford, UK: Oxford University Press. Phil Johnson-Laird가 자신이 제안한 심성 모형 이론을 중심으로 추리에 대해 심도 있게 설명한다.
- Kahneman, D. (2011). *Thinking, fast and slow*. London: Penguin Books. 판단과 의사결정에 관해 Daniel Kahneman이 집필한 매우 흥미로운 책이다.
- Mankelow, K. (2012). *Thinking and reasoning: An introduction to the psychology of reason, judgment and decision making*. Hove: Pschology Press. 이 책은 판단, 의사결정, 추리에 관한 훌륭한 입문서이다.

- Mercier, H., & Sperber, D. (2011). Why do humans reason? Arguments for an argumentative theory. Behavioral and Brain Sciences, 34, 57-74. Mercier와 Sperber가 일상적 추리의 기저 동기에 대해 논의하였고, 추리가 종종 편향적으로 보이는 이유에 대해 통찰력 있게 설명하고 있다.
- Pachur, T. & Broder, A. (2013). Judgment: A cognitive processing perspective. *WIREs Cognitive Science, 4*, 665-681. 이 논문은 판단 분야의 연구를 심도 있게 설명하고 이와 관련한 주요 인지 처리 과정을 보여 준다.
- Shah, A. K., & Oppenheimer, D. M. (2008). Heuristics made easy: An effort reduction framework. *Psychological Bulletin, 134*, 207-222. 이 논문은 어림법 혹은 경험칙을 사용할 때 노력을 줄일 수 있다는 것이 아주 중요하다는 주장에 관해 설득력 있는 사례를 보여 준다.
- Stanovich, K. (2010). *Rationality and the reflective mind*. Oxford: Oxford University Press. Keith Stanovich가 인간의 합리성에 관해 사고와 추리에서 지능의 역할에 관한 분석을 포함하여 아주 상세하게 논의하고 있다.

참고문헌

Abarbanell, L., & Hauser, M. D. (2010). Mayan morality: An exploration of permissible harms. *Cognition*, *115*, 207-224.

Abdellaoui, M., Bleichrodt, H., & Kammoun, H. (2013). Do financial professionals behave according to prospect theory? An experimental study. *Theory and Decision*, *74*, 411-429.

Aberegg, S. K., Haponik, E. F., & Terry, P. B. (2005). Omission bias and decision making in pulmonary and critical care medicine. *Chest*, *128*, 1497-1505.

Aikin, S. F., & Casey, J. (2011). Straw men, weak men, and hollow men. *Argumentation*, *25*, 87-105.

Almashat, S., Ayotte, B., Edelstein, B., & Margrett, J. (2008). Framing effect debiasing in medical decision making. *Patient Education and Counseling*, *71*, 102-107.

Arkes, H. R., & Ayton, P. (1999). The sunk cost and Concorde effects: Are humans less rational than lower animals? *Psychological Bulletin*, *125*, 591-600.

Ball, L. J., Lucas, F. J., Miles, J. N. V., & Gale, A. G. (2003). Inspection times and the selection task: What do eye movements reveal about relevance effects? *Quarterly Journal of Experimental Psychology*, *56A*, 1053-1077.

Baron, J., & Ritov, I. (2004). Omission bias, individual differences, and normality. *Organizational Behavior and Human Decision Processes*, *94*, 74-85.

Bechara, A. (2004). The role of emotion in decision-making: Evidence from neurological patients with orbitofrontal damage. *Brain and Cognition*, *55*(1), 30-40.

Bonnefon, J. F., Eid, M., Vautie, S., & Jmel, S. (2008). A mixed Rasch model of dual- process conditional reasoning. *Quarterly Journal of Experimental Psychology*, *61*, 809-824.

Brase, G. L. (2014). The power of representation and interpretation: doubling statistical reasoning performance with icons and frequentist interpretations of ambiguous numbers. *Journal of Cognitive Psychology*, *26*(1), 81-97.

Brase, G. L., Fiddick, L., & Harries, C. (2006). Participants' recruitment methods and statistical reasoning performance. *Quarterly Journal of Experimental Psychology*, *59*, 965-976.

Brooks, R., Faff, R., Mulino, D., & Scheelings, R. (2009). Deal or no deal, that is the question: The impact of increasing stakes and framing effects on decision making under risk. *International Review of Finance*, *9*, 27-50.

Brysbaert, M., & Rastle, K. (2013). *Historical and conceptual issues in psychology* (2nd, revised ed.). Harlow: Pearson Education.

Bucciarelli, M., & Johnson-Laird, P. N. (1999). Strategies in syllogistic reasoning. *Cognitive Science*, *23*, 247-303.

Byrne, R. M. J. (1989). Suppressing valid inferences with conditionals. *Cognition*, *31*, 61-83.

Byrne, R. M. J., & Johnson-Laird, P. N. (2009). "If" and the problems of conditional reasoning. *Trends in Cognitive Sciences*, *13*, 282-287.

Camerer, C., Babcock, L., Loewenstein, G., & Thaler, R. (1997). Labor supply of New York cab drivers: One day at a time? *Quarterly Journal of Economics*, *CXII*, 407-441.

Camerer, C., & Hogarth, R. B. (1999). The effects of financial incentives in experiments: A review and capital-labourproduction framework. *Journal of Risk and Uncertainty*, *19*, 7-42.

Carlin, B. I., & Robinson, D. T. (2009). Fear and loathing in Las Vegas: Evidence from blackjack tables. *Judgment and Decision Making*, *4*, 385-396.

Casscells, W., Schoenberger, A., & Graboys, T. B. (1978). Interpretation by physicians of clinical laboratory results. *New England Journal of Medicine*, *299*, 999-1001.

Chun, W. Y., & Kruglanski, A. W. (2006). The role of task demands and processing resources in the use of base-rate and individuating information. *Journal of Personality and Social Psychology*, *91*, 205-217.

Copeland, D. E., & Radvansky, G. A. (2004). Working memory and syllogistic reasoning. *Quarterly Journal of Experimental Psychology*, *57A*, 1437-1457.

Damasio, A. R., Everitt, B. J., & Bishop, D. (1996). The somatic marker hypothesis and the possible functions of the prefrontal cortex [and discussion]. *Philosophical Transactions of the Royal Society B: Biological Sciences*, *351*(1346), 1413-1420.

Dawes, R. M. (1988). *Rational choice in an uncertain world*. San Diego, CA: Harcourt Brace Jovanovich.

Dawson, E., Gilovich, T., & Regan, D. T. (2002). Motivated reasoning and performance on the Wason selection task. *Personality and Social Psychology Bulletin*, *28*, 1379-1387.

De Martino, B., Camerer, C. F., & Adolphs, R. (2010). Amygdala damage eliminates monetary loss aversion. *Proceedings of the National Academy of Sciences of the United States of America*, *107*, 3788-3792.

De Neys, W. (2006). Automatic-heuristic and executive-analytic processing during reasoning: Chronometric and dual-task considerations. *Quarterly Journal of Experimental Psychology*, *59*, 1070-1100.

De Neys, W., Cromheeke, S., & Osman, M. (2011). Biased but in doubt: Conflict and decision confidence. *PLOS ONE*, *6*(1), e15954.

De Neys, W., Schaeken, W., & d'Ydewalle, G. (2005). Working memory everyday conditional reasoning: Retrieval and inhibition of stored counterexamples. *Thinking & Reasoning*, *11*, 349-381.

DiBonaventura, M. D., & Chapman, G. B. (2008). Do decision biases predict bad decisions? Omission bias, naturalness bias, and influenza vaccination. *Medical Decision Making*, *28*, 532-539.

Ditto, P. H., Scepansky, J. A., Munro, G. D., Apanovitch, A. M., & Lockhart, L. K. (1998). Motivated sensitivity to preference-inconsistent information. *Journal of Personality and Social Psychology*, *75*, 53-69.

Dunning, D. (2011). The Dunning Kruger effect: On being ignorant of one's own ignorance. *Advances in Experimental Social Psychology*, *44*, 247-296.

Elqayam, S., & Evans, J. St. B. T. (2011). Subtracting "ought" from "is": Descriptivism versus normatism in the study of human thinking. *Behavioral and Brain Sciences*, *34*, 233-248.

Evans, J. S. T. (2002). Logic and human reasoning: An assessment of the deduction paradigm. *Psychological Bulletin*, *128*, 978-996.

Evans, J. S. T. (2006). The heuristic-analytic theory of reasoning: Extension and evaluation. *Psychonomic Bulletin & Review*, *13*, 378-395.

Evans, J. S. T. (2008). Dual-processing accounts of reasoning, judgment, and social cognition. *Annual Review of Psychology*, *59*, 255-278.

Evans, J. St. B. T. (2011). Reasoning is for thinking, not just for arguing. *Behavioral and Brain Sciences*, *34*, 77-78.

Evans, J. St. B. T., Barston, J. L., & Pollard, P. (1983). On the conflict between logic and belief in syllogistic reasoning. *Memory and Cognition*, *11*, 295-306.

Evans, J. St. B. T., Handley, S. J., Perham, N., Over, D. E., & Thompson, V. A. (2000). Frequency versus probability formats in statistical word problems. *Cognition*, *77*, 197-213.

Evans, J. St. B. T., & Over, D. E. (2010). Heuristic thinking and human intelligence: A com mentary on Marewski, Gaissmaier and Gigerenzer. *Cognitive Processing*, *11*, 171-175.

Fiedler, K., Brinkmann, B., Betsch, T., & Wild, B. (2000). A sampling approach to biases in conditional probability judgments: Beyond base-rate neglect and statistical format. *Journal of Experimental Psychology: General*, *129*, 1-20.

Frederick, S. (2005). Cognitive reflection and decision making. *Journal of Economic Perspectives*, *19*, 25-42.

Garcia-Retamero, R., & Hoffrage, U. (2013). Visual representation of statistical information improves diagnostic inferences in doctors and their patients. *Social Science & Medicine*, *83*, 27-33.

Geis, M., & Zwicky, A. M. (1971). On invited inferences. *Linguistic Inquiry*, *2*, 561-566.

Gigerenzer, G., & Hoffrage, U. (1999). Overcoming difficulties in Bayesian reasoning: A reply to Lewis and Keren (1999) and Mellers and McGraw (1999). *Psychological Review*, *102*, 684-704.

Glymour, C. (2001). *The mind's arrows: Bayes nets and graphical causal models in psychology*. Cambridge, MA: MIT Press.

Goldstein, D. G., & Gigerenzer, G. (2002). Models of ecological rationality: The recognition heuristic. *Psychological Review*, *109*, 75-90.

Groopman, J. (2007). *How doctors think*. New York: Houghton Mifflin. Hahn, U., & Oaksford, M. (2007). The rationality of informal argumentation: A Bayesian approach to reasoning fallacies. *Psychological Review*, *114*, 704-732.

Heukelom, F. (2007). What Simon says. *Tinbergen Institute Discussion Paper*, No. 07-005(1).

Hafenbrädl, S., Waeger, D., Marewski, J. N., & Gigerenzer, G. (2016). Applied decision making with fast-and-frugal heuristics. *Journal of Applied Research in Memory and Cognition*, *5*(2), 215-231.

Hoffrage, U., Lindsey, S., Hertwig, R., & Gigerenzer, G. (2000). Communicating statistical information. *Science*, *290*, 2261-2262.

Jahn, G., Knauff, M., & Johnson-Laird, P. N. (2007). Preferred mental models in reasoning about spatial relations. *Memory & Cognition*, *35*, 2075-2087.

Johnson-Laird, P. N. (1983). *Mental models*. Cambridge, UK: Cambridge University Press.

Johnson-Laird, P. N. (2004). Mental models and reasoning. In J. P. Leighton & R. J. Sternberg (Eds.), *The nature of reasoning*. Cambridge, UK: Cambridge University Press.

Josephs, R. A., Larrick, R. P., Steele, C. M., & Nisbett, R. E. (1992). Protecting the self from the negative consequences of risky decisions. *Journal of Personality and Social Psychology*, *62*, 26-37.

Kahneman, D. (2003). A perspective on judgment and choice: Mapping bounded rationality. *American Psychologist*, *58*, 697-720.

Kahneman, D., & Frederick, S. (2005). A model of heuristic judgment. In K. J. Holyoak & R. G. Morrison (Eds.), *The Cambridge handbook of thinking and reasoning*. Cambridge, UK: Cambridge University Press.

Kahneman, D., & Tversky, A. (1984). Choices, values and frames. *American Psychologist*, *39*, 341-350.

Kahneman, D., & Tversky, A. (1972). Subjective probability: Judgment of representa tive ness. *Cognitive Psychology*, *3*, 430-454.

Keren, G., & Schul, Y. (2009). Two is not always better than one: A critical evaluation of two-system theories. *Perspectives on Psychological Science*, *4*, 533-550.

Krynski, T. R., & Tenenbaum, J. B. (2007). The role of causality in judgment under uncertainty. *Journal of Experimental Psychology: General*, *136*, 430-450.

Lazarus, R. S. (1991). Progress on a cognitive-motivational-relational theory of emotion. *American Psychologist*, *46*(8), 819-834.

Lerner, J. S., Gonzalez, R. M., Small, D. A., & Fischhoff, B. (2003). Effects of fear and anger on perceived risks of terrorism: A national field experiment. *Psychological Science*, *14*, 144-150.

Lichtenstein, S., Slovic, P., Fischhoff, B., Layman, M., & Coombs, J. (1978). Judged frequency of lethal events. *Journal of Experimental Psychology: Human Learning and Memory*, *4*, 551-578.

Mandel, D. R. (2005). Are risk assessments of a terrorist attack coherent? *Journal of Experimental Psychology: Applied*, *11*, 277-288.

Manktelow, K. I. (1999). *Reasoning and thinking*. Hove, UK: Psychology Press.

Maule, A. J., & Hodgkinson, G. P. (2002). Heuristics, biases and strategic decision making. *The Psychologist*, *15*, 69-71.

Mercier, H., & Sperber, D. (2011). Why do humans reason? Arguments for an argumentative theory.

Behavioral and Brain Sciences, *34*, 57-111.

Munro, G. D., & Stansbury, J. A. (2009). The dark side of self-affirmation: Confirmation bias and illusory correlation in response to threatening information. *Personality and Social Psychology Bulletin*, *35*, 1143-1153.

Newell, B. R. (2011). Recognising the recognition heuristic for what it is (and what it's not). *Judgment and Decision Making*, *6*, 409-412.

Oaksford, M., & Chater, N. (2009). Précis of Bayesian rationality: The probabilistic approach to human reasoning. *Behavioral and Brain Sciences*, *32*, 69-120.

Oaksford, M., & Hahn, U. (2004). A Bayesian approach to the argument from ignorance. *Canadian Journal of Experimental Psychology*, *58*, 75-85.

Oppenheimer, D. M. (2004). Spontaneous discounting of availability in frequency judgment tasks. *Psychological Science*, *15*, 100-105.

Oppenheimer, D. M., & Monin, B. (2009). Investigations in spontaneous discounting. *Memory & Cognition*, *37*, 608-614.

Pachur, T., Hertwig, R., & Steinmann, F. (2012). How do people judge risks: Availability heuristic, affect heuristic, or both? *Journal of Experimental Psychology: Applied*, *18*, 314-330.

Pennycook, G., & Thompson, V. A. (2012). Reasoning with base rates is routine, relatively effortless, and context dependent. *Psychonomic Bulletin & Review*, *19*, 528-534.

Pope, D. G., & Schweitzer, M. E. (2011). Is Tiger Woods loss averse? Persistent bias in the face of experience, competition, and high stakes. *American Economic Review*, *101*, 129-157.

Redelmeier, C., Koehler, D. J., Liberman, V., & Tversky, A. (1995). Probability judgment in medicine: Discounting unspecified alternatives. *Medical Decision Making*, *15*, 227-230.

Ricco, R. B. (2003). The macrostructure of informal arguments: A proposed model and analysis. *Quarterly Journal of Experimental Psychology: Human Experimental Psychology*, *56A*, 1021-1051.

Ricco, R. B. (2007). Individual differences in the analysis of informal reasoning fallacies. *Contemporary Educational Psychology*, *32*, 459-383.

Ritov, J., & Baron, J. (1990). Reluctance to vaccinate: Omission bias and ambiguity. *Journal of Behavioral Decision Making*, *3*, 263-277.

Schwartz, B. (2004). *The paradox of choice: Why more is less*. New York, NY: HarperCollins.

Schwartz, B. (2009). Incentives, choice, education and well-being. *Oxford Review of Education*, *35*, 391-403.

Schwartz, J. A., Chapman, G. B., Brewer, N. T., & Bergus, G. B. (2004). The effects of accountability on bias in physician decision making: Going from bad to worse. *Psychonomic Bulletin & Review*, *11*, 173-178.

Shah, A. K., & Oppenheimer, D. M. (2008). Heuristics made easy: An effort- reduction framework. *Psychological Bulletin*, *134*, 207-222.

Shiv, B., Loewenstein, G., Bechera, A., Damasio, H., & Damasio, A. R. (2005). Investment behavior and the negative side of emotion. *Psychological Science*, *16*, 435-439.

Simon, H. A. (1945). Theory of games and economic behaviour. *American Sociological Review*, *50*, 558-

560.

Simon, H. A. (1957). *Models of man: Social and rational*. New York, NY: Wiley.

Simon, H. A. (1990). Invariants of human behaviour. *Annual Review of Psychology*, *41*, 1-19.

Simons, D. J. (2013). Unskilled and optimistic: Overconfident predictions despite calibrated knowledge of relative skill. *Psychonomic Bulletin & Review*, *20*, 601-607.

Simonson, I., & Staw, B. M. (1992). De-escalation strategies: A comparison of techniques for reducing commitment to losing courses of action. *Journal of Applied Psychology*, *77*, 419-426.

Sperber, D., & Girotto, V. (2002). Use or misuse of the selection task? Rejoinder to Fiddick, Cosmides, and Tooby. *Cognition*, *85*, 277-290.

Stanovich, K. E. (2009, November/December). The thinking that IQ tests miss. *Scientific American*, 34-39.

Stanovich, K. E. (2012). On the distinction between rationality and intelligence: Implications for understanding individual differences in reasoning. In K. J. Holyoak & R. G. Morrison (2012). *The Oxford handbook of thinking and reasoning*. Oxford: Oxford University Press.

Stanovich, K. E., & West, R. F. (2007). Natural myside bias is independent of cognitive ability. *Thinking & Reasoning*, *13*, 225-247.

Sternberg, R. J. (2011). Understanding reasoning: Let's describe what we really think about. *Behavioral and Brain Sciences*, *34*, 269-270.

Stich, S. P. (1990). *The fragmentation of reason*. Cambridge, MA: MIT Press.

Swinkels, A. (2003). An effective exercise for teaching cognitive heuristics. *Teaching of Psychology*, *30*(2), 120-122.

Teigen, K. H., & Keren, G. (2007). Waiting for the bus: When base-rates refuse to be neglected. *Cognition*, *103*, 337-357.

Tetlock, P.E. (2002). Social functionalist frameworks for judgment and choice: Intuitive politicians, theologians, and prosecutors. *Psychological Review*, *109*, 451-471.

Thompson, V. A., Evans, J. St. B. T., & Handley, S. J. (2005). Persuading and dissuading by conditional argument. *Journal of Memory & Language*, *53*, 238-257.

Todd, P. M., & Gigerenzer, G. (2007). Environments that make us smart. *Current Directions in Psychological Science*, *16*, 167-171.

Toplak, M. E., West, R. F., & Stanovich, K. E. (2011). The Cognitive Reflection Test as a predictor of performance on heuristics-and-biases tasks. *Memory & Cognition*, *39*, 1275-1289.

Tversky, A., & Kahneman, D. (1983). Extensional versus intuitive reasoning: The conjunction fallacy in probability judgment. *Psychological Review*, *91*, 293-315.

Tversky, A., & Koehler, D. J. (1994). Support theory: A nonextensional representation of subjective probability. *Psychological Review*, *101*, 547-567.

Tversky, A., & Shafir, E. (1992). The disjunction effect in choice under uncertainty. *Psychological Science*, *3*, 305-309.

Walton, D. (2010). Why fallacies appear to be better arguments than they are. *Informal logic*, *30*, 159-184.

Wang, X. T. (1996). Domain-specific rationality in human choices: Violations of utility axioms and social contexts. *Cognition*, *60*, 31-63.

Wang, X. T., Simons, F., & Brédart, S. (2001). Social cues and verbal framing in risky choice. *Journal of Behavioral Decision Making*, *14*, 1-15.

Wason, P. C. (1968). Reasoning about a rule. *Quarterly Journal of Experimental Psychology*, *20*, 63-71.

Wason, P. C., & Shapiro, D. (1971). Natural and contrived experience in reasoning problems. *Quarterly Journal of Experimental Psychology*, *23*, 63-71.

Whiting, P. F., Davenport, C., Jameson, C., Burke, M., Sterne, J. A., Hyde, C., & Ben-Shlomo, Y. (2015). How well do health professionals interpret diagnostic information? A systematic review. *BMJ Open*, 5(7), e008155.

Wroe, A. L., Bhan, A., Salkovskis, P., & Bedford, H. (2005). Feeling bad about immunizing our children. *Vaccine*, *23*, 1428-1433.

Wübben, M., & van Wangenheim, F. (2008). Instant customer base analysis: Managerial heuristics often "get it right". *Journal of Marketing*, *72*, 82-93.

C h a p t e r

11

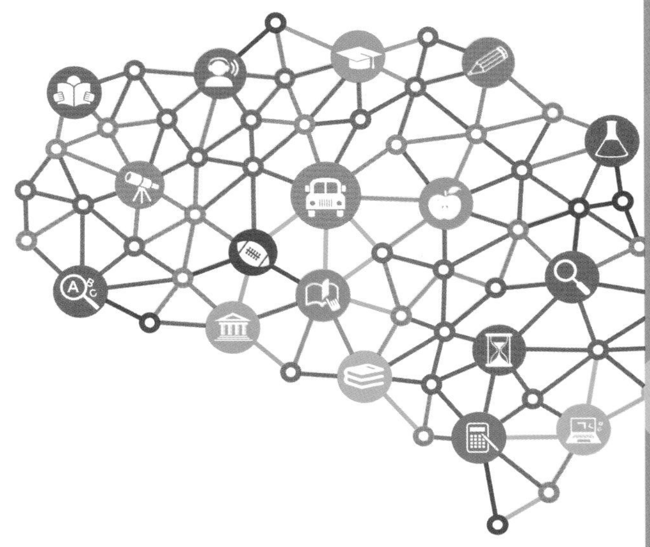

인지와 정서

학습 목표

제11장을 공부한 후에 여러분은 다음을 할 수 있어야 한다.

- 인지가 어떻게 정서에 영향을 주고, 또 정서가 어떻게 인지에 영향을 주는지 알 수 있다.
- 인지와 정서 관련하여 편도체의 중요성을 알 수 있다.
- 정서 조절의 처리 모형, 특히 주의 배치와 인지 변화가 어떻게 작동하는지에 대해 알 수 있다.
- 정서 및 상태 의존적 기억이 무엇인지 정의하고 기억의 부호화와 인출에 미치는 영향을 설명할 수 있다.
- 다양한 정서가(예: 불안, 슬픔, 화) 어떻게 의사결정(예: 위험 회피, 위험 감수, 낙관적인 판단)에 영향을 미치는지 설명할 수 있다.
- 불안과 주의 편향 및 해석적 편향의 관련성을 설명하고 관련 연구 결과가 치료에 어떤 의미를 갖는지 알 수 있다.

서론

인지심리학에서 정보처리 모형들이 강조되는 것을 통해 알 수 있듯이, 역사적으로 인지심리학은 컴퓨터에 비유되고 은유되면서 컴퓨터의 영향을 강하게 받았다. 하지만 이런 접근이 인지와 정서 사이의 관계(특히 인지에 대한 정서의 효과)를 연구하는 것에는 적합하지 않다. 컴퓨터가 정서 상태에 놓인다는 것을 생각하는 것이 어렵기 때문이다.

대다수의 인지심리학자들은 실험 참가자들이 상대적으로 중립적인 정서 상태를 유지하도록 노력함으로써 인지에 대한 정서의 효과를 무시한다. 그러나 정서와 인지를 연구하는 인지심리학자들의 수는 빠르게 증가하였고, 그 사례들을 얼굴 지각(3장), 의미기억(6장), 자서전적 기억(7장), 의사결정(10장)에서 찾아볼 수 있다.

가장 일반적 수준에서 정서와 인지 연구에는 두 가지 주요한 쟁점이 있다. 첫째, 인지 처리가 우리의 정서적 경험에 어떤 영향을 주는가? 둘째, 정서는 인지에 어떤 영향을 미치는가? 예를 들어, 무언가를 배우거나 기억할 때 불안감은 어떤 결과를 유발하는가?

정서의 구조

Key term

유인가(valence): 감정적 요소를 나타내는 정서의 기본 차원으로 부정적(고통스러운)인 것부터 긍정적(쾌락적)인 것으로 이어짐. **각성**에 대한 설명도 참조할 것

각성(arousal): 신체적 흥분 정도를 나타내는 정서의 기본 차원으로 각성의 부재(조용한, 비활동적)부터 강한 각성(각성된, 흥분된) 상태로 변할 수 있음. **유인가**에 대한 설명도 참조할 것

정서의 구조에 관하여 약간의 논쟁이 있어 왔다. 두 개의 주요 학파가 있는데(Fox, 2008), 일부 연구자들(예: Izard, 2007)은 **차원적** 접근을 도입해야 한다고 주장한다. Barrett과 Russell(1998; Warriner et al., 2013 참조)은 유인가(valence: 부정적–긍정적)와 각성(arousal: 조용한, 비활동적–흥분된)이라고 하는 두 개의 기본 차원을 주장하였다. 반면에, 다른 연구자들은 **범주적** 접근을 선호하는데, 이 접근에 따르면 우리는 행복, 화, 두려움, 역겨움, 슬픔과 같은 소수의 기본 정서를 갖는다.

범주적 접근의 장점은 부정적 정서들 간의 구분이 가능하다는 것이다(Stevenson et al., 2007). 한계점은 이 부정적 정서들이 서로 높은 상관(r= .6과 .8 사이)을 가지며 이 부정적 정서 모두가 행복과 부적 상관(상관 계수 r = –.6 정도)을 갖기 때문에, 정서 간 변별력이 그다지 크지는 않을 것이란 점이다. [그림 11–1]은 단어들을 두 접근에 적용해 본 것이다.

정서, 기분, 성격, 그리고 감정

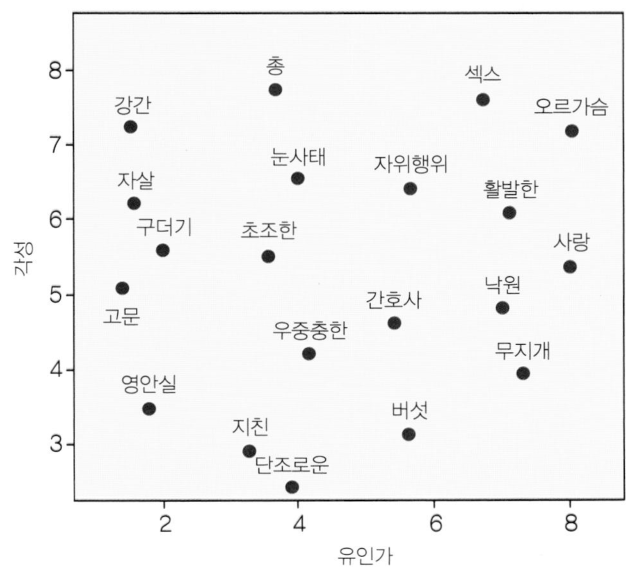

[그림 11-1] 두 종류의 정서 구조. 그림의 첫 부분은 차원적 접근을 보여 주는데, 이 접근에 따르면 정서는 유인가와 각성(1~9점 척도)에 따라 달라진다. 다음에 있는 그림의 두 번째 부분은 범주적 접근을 보여 주는데, 이 접근에 따르면 다섯 가지 기본 정서가 존재한다(1~5점 척도).
출처: Warriner et al. (2013); Stevenson et al. (2007).

정서와 인지 간 상호작용을 알아보는 연구에는 세 부류가 있다. 일부 연구자들은 정서(emotions), 다른 일부 연구자들은 기분(moods), 또 다른 일부 연구자들은 성격(personalities)에 초점을 둔다. 이것들은 서로 어떻게 다른가? 정서는 지속시간이 가장 짧고 강도가 가장 세다. 정서는 보통 인지한 자극(예: 사진, 기억, 타인의 행동)에 의해 유발되고 몇 초 또는 몇 분 동안 유지된다. 기분은 정서에 비해 강도가 약하고 오래 지속되며 어떤 특정한 사건과 (더 이상) 관련이 없는 경우가 자주 있다.

성격 차이란 다양한 정서(특히 [그림 11-1]에 나열된 5개 기본 정서: 행복, 화, 슬픔, 두려움, 역겨움)가 경험되는 정도에 대한 사람들 간의 지속적 차이를 가리킨다. 예를 들어, 어떤 사람들은 전 생애에 걸쳐 높은 수준의 불안(두려움)을 보고한다. 이런 사람들은 일명 **불안 상태**(특정한 사건에 의해 유발된 불안)가 아니라 **특성 불안**(일관된 성격 특성으로서의 불안)을 갖고 있는 것이다. 심장병 전문의들은 Type A와 Type B 성격을 구분한다(Friedman & Rosenman, 1959). Type A는 성취에 대한 강하고 지속적인 욕구를 보여 주며, 일과 여가 활동 모두에서 끊임없이 경쟁하고 마감 시간을 만든다. 이들은 쉽게 화를 낸다. Type B는 반대의 패턴을 보여 주는데, 작은 야망과 훨씬 낮은 각성, 그리고 부정적 정서보다는 긍정적 정서를 갖는다. 성격 특성에 존재하는 개인차는 일반적으로 30~40%가 유전에 의한 것이다. 나머지 중 대부분은 학습에 의한 결과(예: 공포, 공격, 슬픔에 대응하는 방법 또는 부정적 사건들에 대한 무관심 학습)이다. 성격 차이는 몇 분에서 몇 초(정서) 또는 몇 시간에서 며칠 동안(기분)이 아니라 수년간 지속되는 일관된 특성이다.

정서, 기분, 성격 차이를 포괄적으로 지칭하는 데 사용되는 용어가 **감정**(affect)이다. Watson과 Tellegen(1985)은 긍정적 감정과 부정적 감정을 구분하는 것을 제안하였는데, 이들은 긍정적 그리고 부정적 감정을 두 개의 분리된 차원으로 보았다(즉, 긍정과 부정이 반대되는 양 끝에 위치하는 하나의 양극성 차원이 아닌 것으로 보았음). Watson과 Tellegen(1985)에 따르면,

단어	행복	화	슬픔	두려움	역겨움
눈사태	1.23	2.23	2.89	3.88	1.66
단조로운	1.30	1.46	1.72	1.27	1.80
총	1.24	3.02	2.88	3.83	2.30
활발한	4.16	1.17	1.07	1.07	1.07
사랑	4.72	1.70	2.16	2.05	1.22
구더기	1.08	2.21	1.59	2.83	4.50
자위행위	2.66	1.35	1.39	1.23	1.96
영안실	1.02	2.15	3.78	3.56	3.17
우중충한	2.00	1.84	1.52	1.45	2.55
버섯	1.85	1.17	1.23	1.58	2.06
초조한	1.30	1.77	2.08	3.41	1.45
간호사	2.48	1.23	1.53	1.82	1.15
오르가슴	4.63	1.11	1.09	1.25	1.16
낙원	4.79	1.09	1.09	1.05	1.02
무지개	4.00	1.08	1.27	1.07	1.14
강간	1.03	4.50	4.33	3.94	4.65
섹스	4.55	1.41	1.48	1.73	1.25
자살	1.01	3.52	4.53	3.73	3.26
고문	1.03	3.96	3.92	4.27	3.92
지친	1.15	1.72	2.73	2.01	1.50

[그림 11-1] 계속

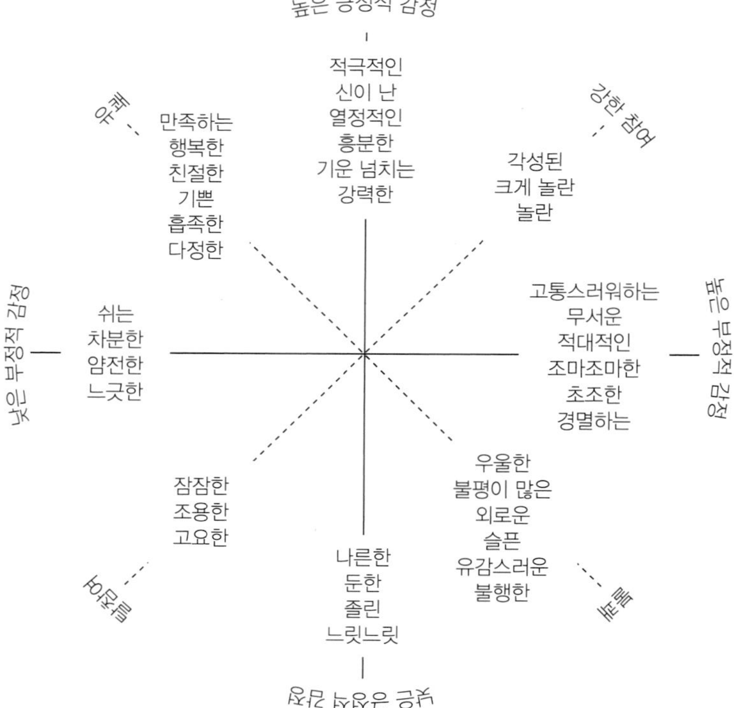

[그림 11-2] 서로 독립적인 긍정적 감정과 부정적 감정 차원으로 이루어진 Watson과 Tellegen(1985)의 모형
출처: Watson & Tellegen (1985). The American Psychological Association의 허가를 얻어 재인쇄함.

이 두 개의 차원은 상관 관계가 거의 없다. 즉, 부정적 감정에서 높은 점수를 보이는 사람이 긍정적 감정에서도 높은 점수를 줄 수 있고 그 반대도 가능하다. [그림 11−2]가 이 모형을 보여준다.

Russel과 Carroll(1999)은 긍정적 감정과 부정적 감정의 독립성에 이의를 제기하면서 이 둘은 서로의 반대가 맞다고 주장하였다. 누군가 더 긍정적인 감정을 경험할수록, 덜 부정적인 감정을 경험하게 되는 것이며 그 반대도 마찬가지라는 것이다. 십중팔구 진실은 그 중간 어디쯤에 있다. 가령 Gill과 동료들(2017)은 실험 참가자들이 보고한 긍정적 그리고 부정적 감정 간 상관 계수가 대략 r=−.55라고 보고하였다. 이 수치는 r=0(독립)과도 다르고, r=−1.0 (반대)과도 다르다.

중간 요약

- 정서와 인지 사이에 발생할 수 있는 두 가지의 상호작용이 있다. 정서에 대한 인지의 효과와 인지에 대한 정서의 효과이다.
- 정서의 구조는 차원적 접근과 범주적 접근으로 설명되어 왔다. 차원적 접근은 정서를 유인가와 각성으로 정의하고, 범주적 접근은 몇 개의 기본 정서 안에서 정서를 구별한다.
- 정서는 기분에 비해 지속시간이 짧고 강도가 세며, 인지된 자극으로부터 유발된다. 기분은 오래 지속되고 강도가 약하며 특정 사건과 관련되어 있지 않다. 성격 차이는 어떤 누군가로 하여금 다른 누군가보다 몇몇 정서를 더 자주 그리고 더 강하게 경험하도록 한다.
- 감정은 포괄적으로 지칭하는 용어로써 종종 사용된다. 긍정적 감정과 부정적 감정이 서로 부적 상관을 보이는 점을 미루어 볼 때, 이 둘은 어느 정도 서로의 반대이다. 하지만 서로 완벽하게 배타적인 것은 아니다. 어떤 사람은 두 감정 모두에서 점수가 높은 반면에, 다른 어떤 사람들은 두 감정 모두에서 낮은 점수를 보인다.

인지는 어떻게 정서에 영향을 미치는가

인지 처리는 우리가 **언제** 정서 상태를 경험하며, 주어진 상황에서 **어떤** 특정한 정서 상태를 경험할 것인지에 대해 영향을 미친다. 예를 들어, 길을 걷고 있는데 누군가와 부딪혔다고 가정해 보자. 만약 당신이 이 행동이 **고의적**이었다고 해석한다면, 아마도 화를 경험하게 될 것이다. 반면에, 만약 이 행동이 **우연**에 의한 것이라고 해석한다면, 아마도 당신은 훨씬 덜한 감정을 경험하게 될 것이다. 인지 과정이 어떻게 우리의 정서 상태에 영향을 미치는지 살펴보도록 하겠다.

인지 처리와 뇌

Key term

편도체(amygdala): 위험 및 다른 정서 유발 자극의 탐지를 위해 특히 중요한 피질하 구조

어떻게 인지 시스템의 작동이 정서적 경험에 영향을 미치는 것일까? 가장 일반적 차원에서 두 가지 주요 가능성이 존재한다.

첫째, 혐오스러운 자극(예: 훼손된 신체 사진) 또는 긍정적 자극(예: 파티의 한 장면 사진)의 제시는 주의와 지각을 동반하는 저차원 상향식 처리(용어 해설 참고)에 의해 정서를 유발할 수 있다.

둘째, 저장된 정서적 지식을 수반하는 고차원 하향식 처리(용어 해설 참조)에 의해서 정서가 유발될 수 있다. 예를 들어, 어떤 미래에 발생할 위협적인 사건(예: 중요한 시험)에 대한 생각은 높은 불안 상태를 만들어 낼 수 있다.

정서적 경험은 대체로 상향식과 하향식 처리 모두에 의존한다(Scherer et al., 2001). Ochsner와 동료들(2009)은 이 두 종류의 처리 과정을 연구하기 위하여 뇌 영상 기법을 사용하였다. 상향식 조건의 실험 참가자들에게는 혐오 사진들을 제시한 뒤, 이 이미지들을 보고 자연스럽게 반응하라고 지시하였다. 하향식 조건의 실험 참가자들에게는 중립적인 사진들을 마치 혐오스러운 것처럼 해석해 보라고 지시하였다.

Ochsner와 동료들(2009)이 무엇을 발견하였을까? 상향식 조건의 경우, 뇌에서 시각 처리와 관련 있는 후두엽, 측두엽, 두정엽의 영역들이 활성화되었다. 더욱 중요한 것은 편도체의 강한 활성화였다. 1장에서 보았듯이, 편도체(amygdala)는 양쪽 측두엽의 앞부분에 묻혀 있는 두 개의 세포핵으로 이루어진 피질하 구조로([그림 11-3] 참조), 다양한 정서(특히 공포)와 관련되어 있다. 편도체의 활성화는 실험 참가자들이 자가 보고한 부정적 감정의 수준과 가장 강한 상관을 보였다.

정서에서 편도체의 역할에 대해 직접적인 방식으로 연구하기 위해 Calder와 동료들(1996) 및 Scott과 동료들(1997)은 DR이라는 여성을 연구하였다. 이 여성은 뇌전증 치료를 위해 수술을 받았는데, 이 수술로 인해 편도체가 크게 손상되었다. DR에게 여러 사람의 다양한 정서 표현을 보여 주고 어떤 정서인지 설명하라고 하였는데, DR은 공포 표현을 특히 잘 알아보지 못했다. 또 다른 실험에서는 DR에게 다양한 정서적 톤으로 발화된 중립 단어들을 들려주고 관련된 정서가 무엇인지 식별하도록 하였다. 그녀는 공포와 화를 식별하는 것에 굉장히 서툴렀다. 이러한 결과들은 정서에서 편도체가 중요하다는 것을 더욱 분명하게 보여 준다.

Ochsner와 동료들(2009)은 하향식 조건에서 활성화된 뇌 영역들이 상향식 조건에서 활성화된 뇌 영역들과 다소 다르다는 것을 발견하였다. 하향식 처리에는 고차 인지 처리와 연관된

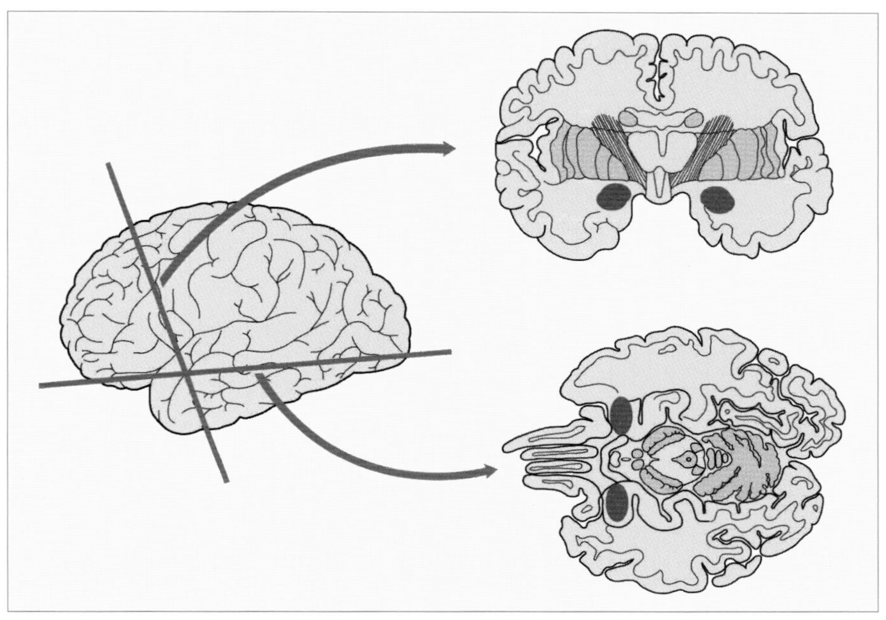

[그림 11-3] 변연계를 구성하는 구조물이자 여러 정서 상태에서 활성화되는 편도체의 그림
출처: Ward (2010). Taylor & Francis의 허가를 얻어 실음.

영역인 배외측 전전두 피질과 내측 전전두 피질이 포함되었다. 전측 대상회와 편도체도 활성화되었다. 내측 전전두 피질은 자극의 의미에 대한 인지적 표상을 생성하는 과정에 관여하는 영역인데, 실험 참가자들이 자가 보고한 부정적 감정의 수준이 내측 전전두 피질의 활성화와 가장 큰 상관을 보였다.

이런 발견들은 어떤 뇌 영역들(예: 전전두 피질)이 하향식 인지 처리 과정에만 관여하는 반면, 다른 뇌 영역들(예: 편도체)은 상향식 감정 처리에 주로 수반될 가능성을 시사한다. 이건 지나치게 단순화된 것일 수도 있다. 실제로 정서적 경험은 전두엽과 편도체를 일부로 하는 뇌 영역들의 상호적 네트워크에 의해 결정된다(Pessoa, 2008; Viviani, 2013).

평가 접근법

많은 이론가는 우리가 어떤 상황에서 무슨 정서를 경험하는가를 결정할 때 평가(역주: 상황에 대한 개인의 인지적 평가)가 중요하다고 주장한다(Smith & Lazarus, 1993). 평가란 무엇인가? 평가는 목표, 걱정, 안녕과 관련된 상황들에 대한 우리의 판단이며, 일반적으로 하향식 처리를 수반한다.

인지적 평가는 어떤 상황에서 우리가 죄책감을 경험할지 아니면 화를 경험할지에 영향을 준다. Scherer와 Ellsworth(2009)는 주요 정서들을 유발할 수 있는 평가 개요에 대해 알아보았다. 예를 들어, 만약 여러분이 현재 상황에 대한 책임이 다른 누군가에게 있으며 현재 상황이 여러분에게 통제력과 권력을 쥐어 주는 상황이라고 평가한다면, 여러분은 화를 경험하게 될 것이다. 반면에, 어떤 상황이 여러분에게 통제력과 권력을 거의 주지 못하는 상황이라고 평가한다면, 여러분은 슬픔을 경험하게 된다.

Fontaine과 동료들(2013)은 정서에 대한 평가의 중요성을 연구하였다. 27개 국가의 실험 참가자들에게 평가 특징들과 정서의 요소들 각각이 특정 정서를 경험하고 있는 사람에게 얼마나 잘 적용될 수 있다고 생각하는지를 평정하도록 하였다. 여러 정서를 대상으로 연구를 진행한 결과, 평가 특징들만으로 71%의 정확률로 정서가 잘 구별되었다. 그 외의 정서 요소들(예: 신체감각, 표정, 행동 경향)은 미미하게 변별 정확도를 향상시켰다. 이 결과는 평가가 정서 상태를 결정짓는 데 매우 중요하다는 것을 보여 준다.

지금까지 살펴본 바에 따르면, 평가가 항상 의도적이고 의식적인 과정을 동반하는 것처럼 보인다. 하지만 대다수의 이론가들은 의식적 자각 없이 평가가 자동적으로 발생할 수도 있다

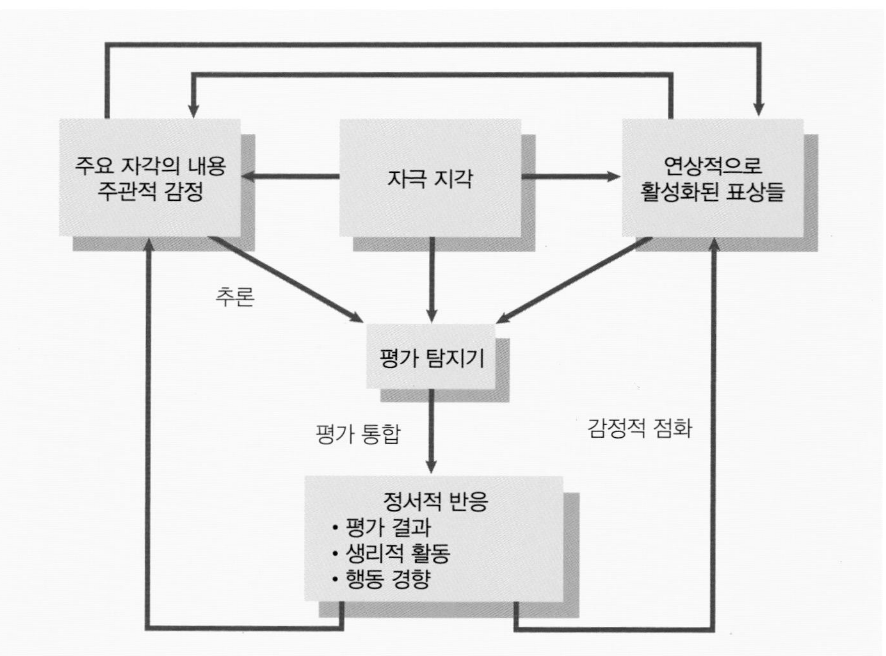

[그림 11-4] 평가 수행의 구조. 의식적이어야 하는 구성 요소는 단 한 곳뿐이고('주요 자각의 내용/주관적 감정'), 다른 처리 과정들은 무의식적이며 자동적일 수 있다는 점에 주목하라.
출처: Simth & Kirby (2001). Oxford University Press의 허가를 얻어 재인쇄함.

고 주장한다. 예를 들어, Smith와 Kirby(2001, 2009)는 추론에 입각한 평가(의도적으로 생각하는 것이 동반됨)와 기억의 활성화에 입각한 평가(자동적 처리가 동반)를 구분하였다([그림 11-4] 참조). 기억의 활성화에 입각한 평가에 비해 추론에 입각한 평가는 더 느리고 더 유동적이었다.

발견들

이 분야에서 수행되는 대다수의 연구들은 시나리오를 사용한다. 실험 참가자들은 시나리오의 주인공과 동일시하라는 요구를 받는다. 주어진 상황에 대한 평가가 정서적 경험에 미치는 영향을 관찰하기 위해 시나리오를 조작한다. Smith와 Lazarus(1993)가 사용한 한 시나리오에는 시험을 망친 한 학생이 등장한다. 이 학생이 시험을 망친 이유를 도움이 안 되는 교사의 탓이라고 비난할 경우, 실험 참가자들은 이 학생이 화를 경험할 것이라고 응답하였다. 반면에, 이 학생이 시험을 망친 이유가 본인에게 있다고 한 경우(예: 시험에 임박해서 공부를 함), 죄책감을 경험할 것이라는 응답이 더 많았다.

Smith와 Lazarus(1993)에서는 조작된 상황과 평가가 동반된다. 그 결과, 실험 참가자들의 정서적 반응이 **직접적으로** 상황에 대한 반응으로서 발생한 것인지 아니면 **간접적으로** 평가에 대한 반응으로서 발생한 것인지 알기가 어렵다. Siemer와 동료들(2007)은 하나의 상황을 사용하였다. 실험 참가자들에 대한 실험자의 태도가 무례하고 거들먹거리며 비판적인 상황을 사용한 것이다. 그 후에 실험 참가자들에게 여섯 가지 정서와 다섯 가지 평가(예: 제어력, 타인의 책임, 자기 책임)에 대해 얼마나 그렇게 생각하는지 평가하도록 하였다. 중요한 발견은 평가가 다양한 정서의 강도를 예측하였다는 것이었다. 예를 들어, 제어력에 대한 평가는 죄책감, 창피함, 슬픔과 부적 상관을 보였고 화와는 이런 상관을 보이지 않았다.

실험에서 실험 참가자들은 일반적으로 가상의 시나리오를 제공받기 때문에 진짜 정서는 거의 경험하지 못한다. Bennett과 Lowe(2008)는 이를 바로잡기 위하여 병원에서 일하는 간호사들을 대상으로 그들이 최근에 경험한 가장 스트레스를 받았던 업무 관련 사건에 대해 알아보았다. 화 그리고 좌절감이 가장 강력하게 경험된 정서였다. 이 정서들은 간호사들이 스트레스 상황을 어떻게 평가하였는지에 의해 상당히 잘 예측되었다. 슬픔은 예외였는데, 이는 아마도 슬픔이 부정적 정서 경험을 말할 때 매우 일반적으로 사용되기 때문일 것이다.

이러한 평가 접근법은 동일한 상황에 대해 서로 다른 정서적 반응을 보이는 개인차를 일부 설명해 줄 수 있다. 한 연구에서(Ceulemans et al., 2012), 실험 참가자들에게 짧은 시나리오(예: '친구가 너에 대한 험담을 퍼트리고 다닌다.')를 읽고 이에 대한 판단을 어떻게 내릴 것인지 응답하도록 하였다. 시나리오에 의해 유발되는 화의 크기에서 개인차가 있었는데, 이 개인차는 두 가지 요인에 의한 결과였다. 그 요인들은 (1) 각 시나리오에 의해 유발되는 평가와 (2) 각 개인별로 화를 경험하기 위해 필요한 특정 평가 요소들의 조합이다.

또 다른 개인차 연구에서는 신경질적 성격 차원을 중시한다. 신경질적 성향이 높은 개인은 낮은 사람들에 비해 훨씬 더 자주 부정적 감정을 경험한다. Tong(2010a)은 네 가지 부정적 정서(화, 슬픔, 공포, 죄책감)에 관한 연구에서 이에 대한 두 가지 이유를 밝혔다. 첫째, 신경질적 성향이 높은 사람들은 낮은 사람들에 비해서 부정적 평가 방식을 더 자주 사용하였다. 둘째, 경험하는 정서와 평가 간 상관이 신경질적 성향이 높은 사람들에게서 더 컸다.

다른 연구들은 평가와 정서 사이에 일대일 대응이 존재하지 않는다는 것을 보여 준다. 여러 다양한 평가 조합들이 어떤 하나의 정서를 유발할 수 있다. Tong(2010b)은 부정적 정서인 화, 슬픔, 공포, 죄책감을 대상으로 연구하였다. 그 결과, 어떤 특정 평가(또는 평가의 조합)가 이 중 어떤 정서에도 충분하지 않았고 또 필수적이지도 않았다.

평가 이론에 따르면, 정서 상태가 평가를 야기하기보다는 평가가 정서 상태를 **야기하는** 것이다. 하지만 대다수의 연구들은 평가와 정서 사이의 연관성을 연구했을 뿐 인과 관계에 대해 직접적으로 연구하지 않았다. 어떤 몇몇 평가는 특정 정서가 경험된 **이후에** 발생하여 그 정서를 정당화하는 데 사용될 수도 있다.

평가가 정서 상태를 야기하는지 확인하기 위해서는 사람들이 정서적 자극을 직면해야 하는 상황에서 이들의 인지적 평가를 **조작하여** 이것이 그들의 정서적 반응에 어떤 영향을 미치는지 알아보아야 한다. Schartau와 동료들(2009)이 바로 이 방법을 사용하였다. 실험 참가자들에게 고통을 경험하는 사람들과 동물들의 영상을 보도록 하였다. 몇몇 실험 참가자들은 긍정적 인

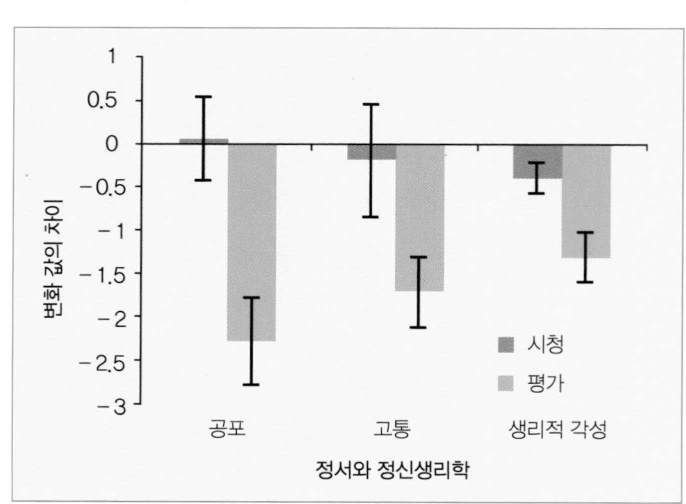

[그림 11-5] 영상 시청만 지시받은 사람들(시청 조건)과 긍정적 인지 평가 훈련을 받은 사람들(평가 조건)의 자가 보고 공포와 고통, 그리고 전기 피부 반응에서의 사전-사후 훈련 차이.
출처: Schartau et al. (2009). The American Psychological Association의 허가를 얻어 재인쇄함.

지 평가에 대한 훈련[예: "밝은 희망: 어떤 상황일지라도 좋은 측면이 있기 마련이다."(p. 19)]을 제공받았는데, 이 훈련은 공포, 고통, 그리고 전기 피부 반응(galvanic skin response: GSR)으로 측정한 생리적 각성을 경감시켰다([그림 11-5] 참조). 생리적 각성은 피부의 땀샘 상태에 따라 달라지는 피부 전도를 측정한 것이다. 땀은 교감신경계(위험 또는 흥분 상황에 의해 활성화되는 신경계)에 의해 통제되기 때문에 피부 전도는 심리적 또는 생리적 각성의 지표가 된다.

평가

- ⊕ 평가는 정서적 경험에 영향을 주는 매우 중요한 요소이다.
- ⊕ 평가 처리는 우리가 정서를 경험하느냐 아니냐를 결정할 뿐만 아니라 어떤 정서를 경험할 것인지에도 영향을 미친다.
- ⊖ 평가와 특정 정서 사이의 연결은 유동적이며 그렇게 강하지는 않다.
- ⊖ 평가가 정서적 경험을 야기한다고 가정되지만, 인과 관계의 방향이 그 반대일 경우도 있다. 좀 더 일반적으로 말하면, 평가와 정서적 경험은 보통 섞여 있다.
- ⊖ 평가 접근법은 대다수의 정서가 경험되는 사회적 맥락을 중요시하지 않았다. 일반적으로 정서적 경험은 적극적인 사회적 상호교류에서 발생한다.

비의식적 정서 처리

여러분이 차 사고로 인해 심각한 상해를 입은 누군가의 사진을 보았다고 가정해 보라. 거의 확실하게 이것은 여러분에게 부정적 정서를 경험하도록 할 것이다. 이번에는 똑같은 사진이지만 매우 빨리 제시되어서 여러분이 이 사진을 의식하지 못했다고 가정해 보자. 이번에도 여러분은 여전히 부정적 정서를 경험하게 될까? 앞서 언급하였듯이, Smith와 Kirby(2001)은 평가 처리가 자동적으로 의식적 자각 수준 이하에서 처리될 수도 있다고 주장하였다. 따라서 이들은 이 질문에 대한 답이 '그렇다'일 것이라고 예측하였는데 이는 실험 증거로 지지되었다.

Chartrand와 동료들(2006)은 실험 참가자들에게 긍정적(예: 음악, 친구들), 부정적(예: 전쟁, 암), 또는 중립적(예: 건물, 식물) 단어들을 의식적 자각 수준 이하로 반복하여 제시하였다. 부정적 단어들을 제공받은 실험 참가자들은 긍정적 단어들을 제공받은 이들에 비해 더 부정적 기분 상태에 있다고 보고하였다.

Öhman과 Soares(1994)는 실험 참가자들이 무엇인지 의식적으로 알아차릴 수 없을 만큼 매우 빠르게 뱀, 거미, 꽃, 그리고 버섯 사진들을 제시하였다. 실험 참가자들 중 일부는 거미 공포 환자들(거미에 대한 극심한 공포)이었고 다른 일부는 뱀 공포 환자들(뱀에 대한 극심한 공포)

이었다. 연구자들은 개인의 공포증과 관련이 없는 사진들에 비해 공포증과 **관련된** 사진들이 더 큰 부정적 기분 상태를 유발할 것이라고 예측하였고, 이 예측과 일치하는 결과를 얻었다.

2장에서 우리는 일차 시각 피질 손상으로 인해 시야의 일부분에 대한 의식적 시지각이 불가능한 환자들에 대해 논의하였다. 하지만 이들은 의식적으로 자각하지 못하는 시각 자극에 대해 적절하게 반응하기도 하는 일부 능력을 보이기도 한다(맹시: 용어 해설 참조). 의식적 지각 없이도 서로 다른 정서적 자극들을 변별할 수 있는 능력을 정서적 맹시라고 한다. 맹시 환자들을 대상으로 정서적 맹시를 연구하였는데 여러 보고들이 정서적 맹시의 존재를 보여 주었다(Tamietto & de Gelder, 2008, 2010).

대다수의 정서적 맹시 연구는 시야의 일부분에 대해서만 의식적 지각이 이뤄지지 않는 환자들을 대상으로 하였다. 따라서 정상적인 시각 처리가 가능한 부분들이 이들의 정서적 맹시에 어느 정도 영향을 주었을 수 있다. 하지만 Pegna와 동료들(2005)이 피질 손상으로 인해 전체 시야를 보지 못하는 52세 남성을 대상으로 연구를 진행하였다. 행복한 얼굴들과 화가 난 얼굴들을 제시했을 때 그는 이것들을 의식적으로 지각하지는 못했지만, 전체 시행의 59%에 대해 정확한 정서를 보고하였다.

Pegna와 동료들(2005)은 뇌 영상 연구도 진행하였는데, 이 연구에서 그에게 화가 난 얼굴, 행복한 얼굴, 두려운 얼굴, 정서 중립 얼굴을 제시하였다. 정서 중립 얼굴에 비해 정서적 얼굴은 오른쪽 편도체를 더 크게 활성화시켰고, 특히 두려운 얼굴에서 가장 큰 활성화가 유발되었다. 이런 결과들은 이 환자가 정서적 얼굴들에 대해 정서적 반응을 하였다는 것을 시사해 준다.

Jolij와 Lamme(2005)은 건강한 개인들에서 정서적 맹시를 알아보기 위한 연구에 착수하였다. 연구자들은 경두개 자기자극(TMS: 용어 해설 참조)을 사용하여 실험 참가자들의 후두엽(시각 처리에 관여하는 뇌 영역) 기능을 잠시 방해하였다. 각 시행에서 실험 참가자들은 4개의 얼굴(3개의 정서 중립 얼굴과 1개의 행복 또는 슬픈 얼굴)을 제시받았다. 경두개 자기자극 이후 실험 자극을 매우 빠르게 제시하면, 실험 참가자들은 이 자극에 대한 의식적 지각 경험을 하지 못하였다. 하지만 이들은 표현된 정서가 무엇이었는지 꽤 잘 알아냈다. 즉, 실험 참가자들이 일종의 정서적 맹시를 보여 준 것이다.

요약하면, 정서를 유발하는 자극에 대한 의식적 자각 없이도 다양한 정서가 경험될 수 있다. 또한 의식적 자각의 부재에도 서로 다른 정서적 자극들이 변별될 수 있다. 이 기저의 자동 처리를 평가 처리로 봐야 하는지는 분명하지 않다.

정서 조절

지금까지 우리는 개인이 어떤 상황에 마주하면 정서적 경험을 하게 된다고 보는 한 단계 접근법에 집중했다. 이와 같은 **정서 생성**은 어떤 상황에 대한 정서적 반응이 저절로 발생한다고 본다. 우리가 앞서 본 것처럼, 생성된 정서에 인지적 평가가 포함되어 있다.

> **Key term**
>
> **정서 조절(emotion regulation):** 특정 정서 생성의 과정에 의해 만들어진 자발적인 (보통은 부정적인) 정서 상태를 변화시키기 위한 의도적이고 공을 들인 정보처리의 사용

하지만 실제 생활에서의 상황은 보통 더 복잡하다. 예를 들어, 권위를 가진 어떤 사람이 무례하게 말함으로써 여러분을 화나게 만들 수 있다. 하지만 여러분은 여러분의 화를 억제하고 모든 것이 괜찮은 척하기 위해 많은 노력을 기울여야 한다. 유사하게, 긴급 구조대원들은 유달리 섬뜩한 장면들을 마주하게 되지만 도움을 주기 위해 스스로 대비하여야 한다. 이것은 두 단계 접근법을 설명해 주고 있다. 두 단계 접근법에서는 초기 정서적 반응 이후에 이 정서적 반응을 바꾸기 위한 노력이 뒤따른다고 본다.

앞서 살펴본 예시들은 정서 조절(emotion regulation)을 동반하고 있다. 정서 조절은 "정서적 반응의 강도나 길이를 높이거나 낮추려는 목표의 활성화를 필요로 한다."(Gross, 2013, p. 359) 즉, 정서 조절은 초기에 저절로 생성된 본인의 정서적 반응을 중단시킬 때 발생한다.

정서 생성과 정서 조절의 구별은 흥미로운 연구 주제이며 연구실에서 연구가 가능할 것으로 직감된다. 동일한 정서적 상황을 두 집단의 실험 참가자들에게 제공한다. 한 집단에게는 자연스럽게 반응하도록 안내하고(정서 생성), 다른 집단에게는 명시된 방법을 사용하여 그들의 정서 반응을 조절하라(정서 조절)고 말한다. 두 조건의 정서 반응(예: 자가 보고한 정서, 뇌 활성화)을 비교하면 된다.

하지만 정서 생성과 정서 조절의 구분은 모호한 경우가 많다(Gross et al., 2011). 정서 생성과 정서 조절의 과정들은 상호작용하며 또한 수반되는 뇌 시스템이 중복된다(Ochsner et al., 2009). 정서 생성 처리 과정은 자기 조절적이어서 스스로 수정한다(Kappas, 2011). 정서 생성 처리 과정은 행동을 자아내어 상황을 바꾸고 따라서 정서적 반응도 바꾼다. 즉, 정서 생성은 특정 지시 없이도 정서 조절과 보통 병행하는 것이다. 그럼에도 불구하고 연구 증거들은 정서 조절이 정서 생성과는 다르다는 것을 보여 준다.

처리 모형

Gross와 Thompson(2007)은 정서 조절 전략들을 범주화한 처리 모형을 제안하였다([그림 11-6] 참조). 이 모형은 정서 조절 전략들이 다양한 시점에서 집행될 수 있다는 가정을 전제한

Key term

주의 분산(distraction): **정서 조절** 시 사용되는 전략으로, 정서 정보로부터 주의를 옮겨서 중립적인 정보에 집중하는 것

재평가(reappraisal): **정서 조절** 시 사용하는 전략으로, 개인이 어떤 사건의 의미를 바꾸기 전에 그 사건으로부터 정서 정보를 정교화하는 것

다. 예를 들어, 사회 불안으로 고통받는 사람들은 잠재적인 스트레스 사회 상황을 피함으로써(상황 선택) 본인들의 정서 상태를 조절할 수 있다.

사회적으로 불안한 사람들이 사용할 수 있는 다양한 정서 조절 전략들이 더 있다. 예를 들어, 친구에게 동행을 부탁함으로써 사회적 상황을 바꿀 수도 있다(상황 수정). 또는 기분 좋은 생각들로 주의를 돌리는 방식의 주의 처리를 사용할 수도 있다(주의 배치).

사회적으로 불안한 사람들은 인지적 재평가를 통해 현재 상황을 덜 위협적인 상황으로 재해석하는 방법도 사용할 수 있다(인지 변화). 예를 들어, 사회적으로 불안한 사람들이 스스로에게 대다수의 사람들은 친절하며 내가 무언가 부적절하게 말하거나 행동하여도 그들이 나를 엄격하게 판단하지 않을 것이라고 말하는 방법이다.

마지막으로, 반응 수정의 전략도 있다. 예를 들어, 화나는 감정을 표출함으로써 이것을 '당신의 시스템 밖으로' 내보내는 것이 최고라고 보통 믿는다. 안타깝게도 화를 표출하는 것은 화를 감소시키기보다는 **증가시킨다**(Bushman, 2002). 왜냐하면 화를 표출함으로써 화가 나는 생각들이 더욱 잘 인출되기 때문이다. 반응 수정의 다른 형태는 정서적 행동 반응을 억제하는 것이다(예: 화나는 감정 감추기).

대다수의 정서 조절 전략들은 주의 배치[예: 주의 분산(distraction)–정서 처리로부터 주의 옮기기] 또는 인지 변화[재평가(reappraisal)–정서 정보를 정교화하여 그것의 의미를 바꾸는 것] 단계에서 집행된다. Sheppes와 동료들(2014)은 어떤 사건에 의한 정서가 정서 조절의 지배를 받지 않으면 그 정서의 강도가 증가하는 경향이 있음을 보여 주는 증거를 제시하였다.

Grossman(2015)은 세 가지 단계가 정서 조절의 시작과 끝에 관여한다고 주장하였다. 첫 번

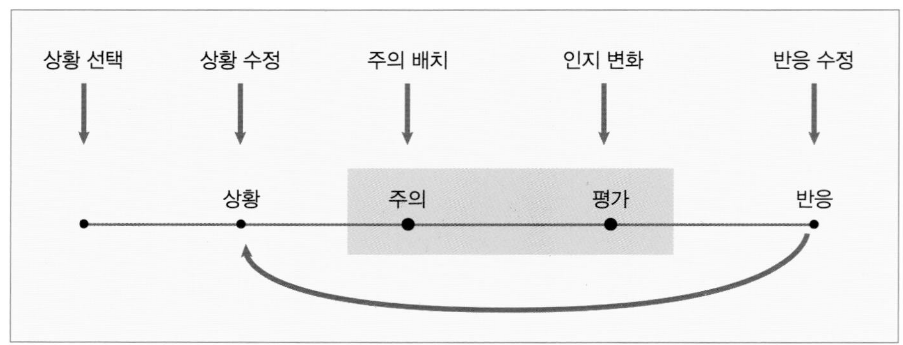

[그림 11-6] 다섯 가지 주요 전략(상황 선택, 상황 수정, 주의 배치, 인지 변화, 반응 수정)에 기반을 둔 정서 조절 처리 모형
출처: Gross & Thompson (2007). Guilford Press의 허가를 얻어 실음.

째는 식별(조절 대상인지 아닌지 결정) 단계이다. 그다음은 선택 단계(전략 선택)이다. 마지막으로는 선택한 전략을 시행하는 것(실제로 사용)이다.

Augustine과 Hemenover(2009)는 다수의 정서 조절 연구들의 결과를 모아 메타 분석을 실시하였다. 대체로 주의 분산과 재평가가 부정적 정서를 줄이는 데 가장 효율적인 전략이었다.

주의 분산

주의 분산은 재평가에 비해 인지적 부하가 적고 부정적 정서 조절에 빠르게 사용될 수 있어서 마치 '싹을 자르는 것'과 같다. 어떻게 주의 분산이 부정적 정서를 감소시킬까? Van Dillen과 Koole(2007)에 따르면, 작업기억 시스템(참조 4장)이 중심적 역할을 수행한다. 작업기억(정보를 처리하고 저장하는 것에 관여함)은 제한된 용량을 갖는다. 만약 대부분의 용량이 주의를 분산시키는 방해 자극을 처리하는 데 사용된다면, 부정적 정서 자극 처리에 남는 용량은 얼마 되지 않게 된다.

Van Dillen과 Koole(2007)은 이 작업기억 가설을 검증하기 위한 연구를 진행하였다. 실험 참가자들은 매우 부정적, 다소 부정적, 또는 정서 중립적 사진들을 제공받았다. 그 후 실험 참가자들은 작업기억에 부담이 크거나 작은 산수 문항들을 풀었다. 마지막으로, 그들은 기분 척도에 응답하였다. 예측한 대로, 매우 부정적 사진들을 제시받고 난 후 작업기억에 부담이 큰 과제를 수행한 경우가 부담이 작은 과제를 수행한 경우에 비해 기분이 덜 부정적이었다.

Van Dillen과 동료들(2009)은 Van Dillen과 Koole(2007)의 연구 결과를 재검증하였다. 이에 더하여, 이들은 과제 부하가 크거나 작을 때 뇌 활성화가 어떻게 다른지를 비교하였다. 과제 부하가 크면 클수록 전두엽(작업기억에 관여함)의 활성화는 더 커지는 반면, 편도체(공포 및 다른 부정적 정서에 관여함)의 활성화는 작아졌다. 즉, 과제 부하가 커질수록 더 큰 작업기억 시스템의 활성화가 이루어진 것이다. 이는 결국 생리적 수준(예: 편도체)과 경험적(예: 자가 보고) 수준에서 부정적 정서의 약화를 일으켰다.

재평가

재평가는 주의 분산에 비해 인지적 부하가 더 크긴 하지만 정서 정보에 대한 재평가로 인한 혜택이 오래 지속된다는 점에서는 이점을 갖는다. 재평가는 무해한 자극에 대해 심신을 약화시키는 정서를 경험하는 사람들 또는 부정적 정서들을 유발하는 상황에 지속적으로 노출될 수밖에 없는 직업을 가진 사람들에게 중요하다.

Sheppes와 동료들(2014)은 주의 분산과 재평가의 차이점들을 바탕으로 언제 이 방법들이 가장 잘 이용될 것 같은지를 예측하였다. 첫째, 주의 분산은 정서 정보가가 강력해지기 전에 정서 정보를 차단하기 때문에, 부정적 정서가가 큰 상황에서 재평가에 비해 더 잘 이용될 것이다. 둘째, 한 번이 아니라 여러 차례 마주해야 할 가능성이 큰 정서 자극에 대해서는 재평가가 더 자주 사용될 것이다. 왜냐하면 재평가로 인해 만들어진 자극들에 대한 새로운 해석은 차후 동일한 자극에 대한 충격을 줄이는 데 사용될 수 있기 때문이다.

최근 뇌 영상 연구들은 인지적 재평가가 어떻게 정서 상태에 영향을 미치는지를 분명하게 보여 줬다. Ochsner와 Gross(2008)는 두 종류의 재평가 전략에 초점을 둔 뇌 영상 연구들을 검토하였다.

1. **재해석:** 자극이 제시된 맥락의 의미를 바꾸기(예: 사진은 조작된 것이라고 상상하기)
2. **거리 두기:** 3인칭의 거리를 둔 관점을 취하기

어떤 전략이 사용되었던 간에 전두엽과 전측 대상회는 항상 활성화되었다. 이 뇌 영역들은 집행 기능과 관련된 영역들로, 이는 정서 조절에 집행 기능 처리가 동반된다는 것을 보여 준다.

또 다른 전반적인 연구 결과는 부정적 정서 반응을 경감시키기 위해 사용된 재평가 전략이 편도체(정서 반응에 크게 관여함)의 활성화를 낮췄다는 것이다. 이는 재평가로 인해 자가 보고된 부정적 정서 경험이 줄어들었음을 보여 준 연구 결과로부터 예측될 수 있었던 결과이다.

한 연구(McRae et al., 2010)에서 매우 부정적 사진들을 실험 참가자들에게 제시하였다. 실험 참가자들은 재평가(이 사진들로 인해 유발된 부정적 감정의 크기는 작다고 재평가) 또는 주의 분산(6개 글자 배열 외우기에 집중)을 사용하도록 지시받았다.

두 방법 모두 편도체의 활성화 및 부정적 감정을 감소시켰지만 재평가가 부정적 감정 감소에 더 효과적이었다. 재평가는 주의 분산에 비해 내측 전전두 피질과 전측 측두엽(정서적 의미 처리와 관련됨)의 활성화를 더 크게 증가시켰다. 재평가가 주의 분산에 비해 정서 상태에 대한 인지적 통제력이 더 크게 작동했던 것으로 볼 때 더 효율적인 것 같다.

암묵적 정서 조절

지금까지의 주안점은 정서 조절에 관여하는 의도적이고 의식적인 처리였다(명시적 정서 조절). Gyurak과 동료들(2011)은 암묵적 정서 조절 또한 중요하다고 주장하였다. 그들의 이론적 접근에 따르면, "암묵적 정서 조절은 자극 자체에 의해 자동적으로 발생되며 완료 시까지 모니터링 없이 계속되는 것으로 믿어지고 있고, 통찰과 의식 없이도 발생할 수 있다."(p. 401) 암묵

적 정서 조절이 어떤 다른 종류의 조절일 필요는 없다. 암묵적 정서 조절은 그저 명시적 조절의 더 연습되고 자동화된 형태인 것이다(자동적 처리와 통제적 처리의 차이점은 3장 참조). 어떤 주어진 정서 조절 전략을 반복적으로 사용하면 암묵적 조절로 발전할 수 있게 되는 것이다.

왜 암묵적 정서 조절이 중요할까? 우리가 마주하는 모든 정서적 상황에 명시적 정서 조절 전략들을 사용하여 처리하려면 과도한 인지적 자원이 요구될 것이다. Koole와 동료들(2015)은 암묵적 정서 조절이 개인들로 하여금 정서 조절을 할 것인지 그리고 어떤 전략을 선택하고 실행하는 것이 용이할지에 대한 결정에 도움을 줄 수 있다고 주장하였다.

정서 특정적 전략과 상황 특정적 전략

정서 조절 전략들의 효용성에 관한 보다 중요한 연구 논문은 Webb과 동료들(2012)에 의해 보고되었다. 이들은 [그림 11-6]의 처리 모형을 사용하여 정서 조절 전략들을 비교한 306개 연구를 대상으로 메타 분석을 실시하였다. 전반적으로 인지 변화(재평가 포함)를 포함한 전략들이 중간 정도의 효과를 보였고, 반응 수정을 포함한 전략들은 작은 효과를 보였으나, 주의 배치(주의 분산 포함)를 포함한 전략들은 유의미한 효과가 없었다.

Webb과 동료들(2012)은 실망스러울 만큼 낮은 이 효과의 이유가 Gross와 Thompson(2007) 처리 모형의 다섯 가지 전략 범주들이 너무 단순하기 때문이라고 주장하였다. 예를 들어, 주의 배치가 전반적으로는 유의미한 효과가 없었지만, 주의 분산은 이 자체로 이익이 되는 효과가 있었다. 인지 변화 전략들의 경우, 정서적 반응에 대한 재평가에 비해 정서적 상황에 대한 재평가가 더 큰 효과를 보였다. 반응 수정과 관련하여, 정서적 경험에 대한 억제는 효과가 없었지만 정서적 표현에 대한 억제는 중간 정도 크기의 정서에 대한 효과를 보였다. 요약하면, 광범위한 범주보다는 **구체적인** 전략이 더 중요한 것이다.

지금까지 논의된 결과들에 대한 추가 검증에 따르면, 어떤 정서 조절 전략의 효용성은 상황에 따라 달라지는 것처럼 보인다. 가령 Troy와 동료들(2013)이 진행한 연구를 살펴보자. 이들에 따르면, 스트레스 상황에 대한 통제력이 낮을 때에는 재평가가 효율적이다. 하지만 스트레스 상황에 대한 통제력이 높을 때는 재평가가 비효율적이기 때문에 이런 경우에는 정서 상태에 대한 변화를 시도하기보다는 문제 중심 대처가 최선의 선택일 수 있다. Troy와 동료들은 실험 참가자들의 재평가 능력, 그들이 최근 경험한 부정적 사건에 대한 스트레스 강도, 이 경험들에 대한 통제력을 평가하였다.

Troy와 동료들(2013)은 무엇을 발견하였나? 높은 스트레스가 통제되지 않는 상황일 때, 재평가 능력이 낮은 사람들에 비해 높은 사람들이 더 **낮은** 우울 수준을 보였다. 이와는 반대로,

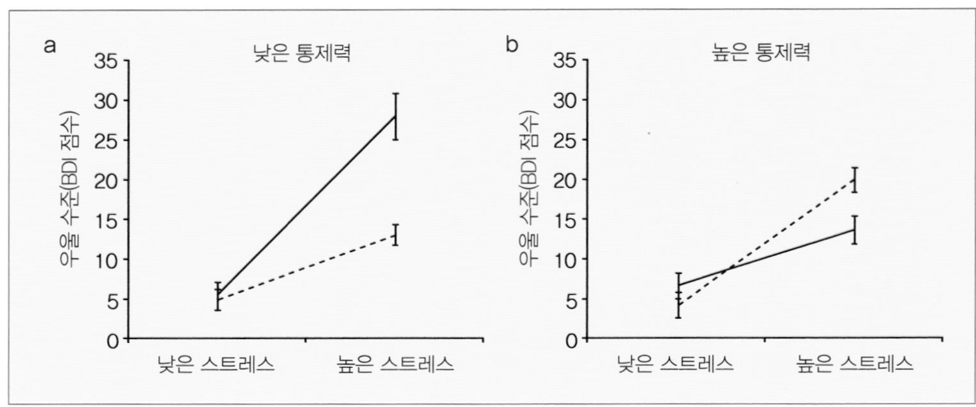

[그림 11-7] 상황에 대한 통제력이 낮을 때(왼쪽)와 높을 때(오른쪽), 스트레스 강도와 인지적 재평가(낮음 = —, 높음 = -----)에 따른 평균 우울 수준.
출처: Troy et al. (2013). SAGE Publications의 허가를 얻어 재인쇄함.

높은 스트레스가 통제되는 상황일 때에는 **높은** 재평가력이 **더 큰** 우울과 연관되었다. 즉, 재평가 능력의 효용성은 스트레스 사건들에 대한 통제력이 있는 경우와 통제력이 없는 경우에 따라 달랐다.

정서 특정적 전략과 상황 특정적 전략의 중요성은 Aldao와 동료들(2010)이 수행한 메타 분석 연구에서도 분명하게 드러났다. 이 연구에서는 다양한 정서 조절 전략이 불안과 우울 증상의 시간에 따른 변화에 어떤 역할을 하는지에 대해 알아보았다. 수용, 문제 해결, 재평가가 이런 증상들에 대해 유익한 효과를 보였다. 반면에, 반추(사안들에 대한 강박적 사고)와 회피는 불안과 우울 증상들을 **증가**시켰다.

요약하면, 정서 조절은 중요하지만, [그림 11-6]의 이론을 포함하여 전반적인 이론들은 실용 가치의 측면에서 제한적이다. 다양한 문제와 상황에서 특정 조절 전략이 얼마나 유용한지를 연구하는 것이 더욱 중요하다. 어떤 상황의 어떤 문제에서 좋았던 전략이 다른 상황의 다른 전략에 반드시 좋지는 않을 것이기 때문이다.

중간 요약

인지 처리와 뇌(Cognitive processes and the brain)

- 정서적 경험은 후두엽, 두정엽, 측두엽(편도체 포함)을 수반하는 상향식 처리와 내측과 배외측 전전두 피질, 전측 대상회, 편도체를 수반하는 하향식 처리에 의해 결정된다. 이 뇌 영역들은 상호작용하는 네트워크를 구축한다.

평가 접근법(Appraisal approach)

- 인지적 평가 처리는 주어진 상황에서 어떤 정서가 경험되는지에 대한 결정에 관여한다. 평가는 보통 의도적이고

의식적인 과정을 동반하지만 자동적일 수도 있다. 동시에 평가와 정서 사이의 연결은 유연하고, 사람에 따라 다르며, 상당히 약하다. 평가와 정서적 경험은 보통 섞여 있다.

비의식적 정서 처리(Non-conscious emotional processing)

- 의식적으로 지각되지 못하는 자극일지라도 정서적 경험을 유발시킬 수 있다. 정서적 맹시 환자들은 의식적 지각이 불가능한 시야의 영역에 제시된 서로 다른 정서적 자극들을 변별할 수 있다. 건강한 실험 참가자들 또한 의식적으로 지각하지 못하는 자극에 대해서 정서적 경험을 할 수 있다.

정서 조절(Emotion regulation)

- 정서 조절은 저절로 생성된 정서 반응을 기각하여 우리의 반응이 우리의 목표에 부합하도록 만들기 위해 사용되는 의도적이고 노력이 필요한 처리 과정이다. 조절은 주로 부정적 정서 반응을 억누를 때 필요하다.
- 처리 모형 설명에 따르면, 조절은 다섯 개의 서로 다른 지점(상황 선택, 상황 수정, 주의 배치, 인지 변화, 반응 수정)에서 발생할 수 있다. 연구들은 특히 주의 분산과 인지적 재평가가 효율적임을 보여 준다. 재평가는 주의 분산에 비해 더 효율적일 때도 있는데, 이는 재평가가 개인의 정서 상태에 대해 더 큰 인지적 통제력을 동반하기 때문이다.
- 통제적 처리들이 자주 사용되면 자동적(암묵적) 처리가 될 수 있다.
- 다양한 상황과 다양한 정서에는 서로 다른 전략이 요구될 수 있다는 것을 보여 주는 연구들이 있다(예: 발생한 사안에 대한 통제력의 크기에 따라 달라짐). '두루 적용되는 해결책'은 없다.

정서는 어떻게 인지에 영향을 미치는가

이제 인지에 대한 정서의 영향을 살펴보자. 인간의 정서 상태는 지각, 주의, 해석, 학습, 기억, 판단, 의사결정, 추리와 같은 다양한 측면의 인지 과정에 영향을 미친다(Blanchette & Richards, 2010). 운전을 생각해 보자. Pêcher와 동료들(2009)은 운전 시뮬레이터를 사용하여 음악이 운전에 주는 영향을 확인하였다. 슬픈 음악은 운전자의 차선 유지에는 영향을 주지 않았으나, 속도를 조금 떨어뜨렸다. 반면, 신나는 음악은 운전을 산만하게 하는 효과를 보였고 통제집단에 비해 차선 유지에도 약간의 문제가 있었으며 운행 속도도 약 13km 정도 줄었다.

운전에 방해를 받게 되면 화가 나고 그래서 위험하게 운전을 하는 '보복 운전'이 나타난다. Stephens와 Groeger(2011)는 운전 시뮬레이터를 사용하여 천천히 가는 차에 막혀 있는 상황을 만들었다. 화가 난 운전자는 앞지르기를 하기 위해서 난폭하게 운전하고 위험 지역을 침범하기도 하였다. Zhang과 Chan(2016)은 분노와 운전에 대한 메타 분석을 수행하였는데, 운전 중 분노 감정이 유발되면 공격적이고 위험하게 운전할 뿐만 아니라 주행 실수도 자주 나타난다는 것을 확인하였다.

인지에 대한 정서의 영향과 관련한 많은 연구에서 기분 상태가 다른 집단의 인지 처리 과정과 수행을 비교한다. 그렇다면 기분을 실험적으로 조작하는 방법은 무엇일까? 일반적으로 참가자에게 특정 정서와 관련된 개인적 경험을 떠올리고 글로 적게 하는 방법을 사용한다. 예를 들어, Griskevicius와 동료들(2010)은 참가자에게 '다른 사람이 당신을 잘 보살펴서 기분이 좋아졌을 때'를 떠올리고 글로 적게 하여 애착 감정을 유발하였다.

Velten(1968)의 방법도 살펴보자. 참가자는 환희 혹은 우울의 감정을 강하게 유발하도록 고안한 일련의 문장을 읽는다. 이 방법이 효과적이긴 하지만 원래 의도한 감정 이외의 여러 감정이 복합적으로 유발될 수 있다는 단점이 있다(Polivy, 1981). 다른 방법으로는 정서적으로 긍정적인 혹은 부정적인 음악이나 동영상 자료를 보여 주는 것이다.

Lench와 동료들(2011)은 참가자의 정서를 실험적으로 조작하는 방법의 사용 빈도를 측정하였다. 정서 유발 영상을 보여 주는 방법이 24%로 가장 많이 사용되었고, 정서적 경험을 글로 적게 하는 자서전적 회상 방법이 20%로 뒤를 이었다. 실제와 유사하게 만든 상황을 사용하는 방법이 15%, 정서 유발 음악을 사용하는 방법이 7%였다.

주의

주변을 바라볼 때 어느 정도 유연하게 초점 주의의 범위를 설정한다(3장 참조). 그래서 시각 주의를 줌 렌즈에 비유하여, 주의 영역이 증가 혹은 감소될 수 있다는 주장이 제기되어 왔다(예: Eriksen & St. James, 1986). 이 점은 주의의 이해를 증진할 뿐만 아니라 장기기억과도 연관되어 있다는 점에서 중요하다. 우리는 사건을 기억할 때 그 시점에 주의를 기울였던 것에 의해 강하게 영향을 받는다.

정서는 주의 폭에 어떻게 영향을 주는 것일까? Easterbrook(1959)은 부정 정서와 관련한 유력한 답을 제안하였다. 그는 각성이나 불안이 증가할수록 단서의 범위(주의 폭)가 줄어든다는 가설을 세웠다. 각성이나 불안은 "무관련 단서의 비율을 줄여서 수행을 향상시킨다…… 그런데 단서 개수를 더 줄이면, 관련 단서만 각성이나 불안의 영향을 받게 되어 수행 결과가 나빠진다."(Easterbrook, 1959, p. 193) 그래서 높은 수준의 부정 정서는 '터널 시야'를 만들게 된다.

Easterbrook의 가설은 실용적인 측면에서 중요하다. 예를 들어, 범죄를 목격하게 되면 스트레스를 많이 받는다는 점을 고려하면, 목격자 기억을 더 잘 이해할 수 있을 것이다(6장 참조). 그리고 운전자가 불안해하면 양쪽 측면의 정보에 주의를 기울이기 어렵다는 증거도 제시되었다(예: Janelle et al., 1999).

긍정 정서는 주의 폭에 어떤 영향을 줄까? Fredrickson과 Branigan(2005, p. 315)은 긍정 정서가 "현재 마음속에 있는 지각 표상, 사고, 행위의 집합체를 확장한다."라고 주장하였다. 그래서 Easterbrook(1959)이 주장한 부정 정서의 효과와는 다르게 긍정 정서는 주의 폭을 늘린다.

Harmon-Jones와 동료들(2011)은 두 접근법 모두 정서를 긍정적 혹은 부정적으로만 나누었다는 제한점이 있으며, **동기의 수준**도 고려해야 한다고 주장하였다. 긍정 정서는 즐거운 음악을 듣거나(낮은 동기) 매력적인 이성을 만날 때(높은 동기) 생성될 수 있고, 부정 정서는 슬픈 상황을 맞닥뜨리거나(낮은 동기) 위협적인 자극/상황에 노출되었을 때(높은 동기) 생성될 수 있다. Harmon-Jones와 동료들의 주장에 따르면, 긍정 정서와 부정 정서 모두 동기의 수준에 의해 영향을 받는다. 높은 동기는 원하는 것을 얻거나(긍정 정서) 불편한 것을 피할 수 있게(부정 정서) 도와주기 위해 주의 폭을 줄인다. 반면에, 동기 수준이 낮을 때는 새로운 기회가 열려 있기 때문에 주의 폭이 증가한다.

Lee와 동료들(2014)은 정서 상태가 시각 처리 과정에 영향을 주는 방법을 확인하였다. 두려움은 동공의 확장과 연관되어 있고, 혐오는 동공의 축소와 연관되어 있다. 동공이 확장되면 시각 자극 탐지 능력이 증진되지만 시각 정확도는 감소하는 반면, 동공 축소는 반대 효과를 보인다. 이러한 효과는 기능적이라고 할 수 있다. 두려움은 위협의 탐지와 위치 특정을 촉진하는 반면, 혐오는 혐오 유발 대상(예: 오염된 음식)을 확인하는 데 도움을 준다.

기억

정서는 여러 가지 방식으로 학습과 기억에 영향을 준다. 이와 관련한 연구 결과를 살펴보자.

기분 일치

개인적으로 심각한 문제가 있어 언짢은(부정적인) 기분 상태라고 가정해 보자. 이때 어떤 기억이 떠오를까? 주로 그런 환경에서 있었던 부정적이거나 불편한 기억을 떠올린다. 반대로, 기분이 좋을 때는 기쁜 기억을 주로 떠올린다. 이는 기분 일치(mood congruity)를 보여 주는 사례이다. 기분 일치는 정서적 가치가 학습자의 기분 상태와 일치할 때 그 정서에 잘 맞는 것을 가장 잘 학습하고 인출하는 현상을 말한다. 기분 일치는 부정적인 기분 상태가 종종 오래도록 지속되는 이유를 잘 설명해 준다. 부정적인 기분 상태는 부정적인 정보의 학습과 인출을 훨씬 더 쉽게 만든다.

> **Key term**
>
> **기분 일치(mood congruity)**: 학습자의 (또는 기억하는 사람의) 기분 상태가 기억할 자료의 정서가와 같을 때(또는 일치할 때) 학습과 인출이 더 잘 된다는 발견

Hills와 동료들(2011)은 학습 시점의 기분에 따른 기분 일치 효과 연구를 진행하였다. 참가자를 기쁜 상태로 유도했을 때 슬픈 얼굴보다 기쁜 얼굴의 재인 기억이 더 좋았다. 슬픈 상태로 유도했을 때도 슬픈 얼굴에 대한 재인 기억이 조금 더 나았으나 유의미한 정도로 차이를 보이지는 않았다.

Miranda와 Kihlstrom(2005)은 참가자에게 즐거운 단어, 불편한 단어, 중립적인 단어를 단서로 제시하고 유년기와 최근의 자서전적 기억을 회상하게 하였다. 그리고 음악으로 기쁜 기분, 슬픈 기분, 중립적인 기분 등의 상태를 유도하였다. 결과를 보면, 참가자가 기쁜 상태였을 때 기쁜 기억을, 슬픈 상태였을 때 슬픈 기억을 더 잘 인출하였다.

Holland와 Kensinger(2010)는 기분과 자서전적 기억에 관한 고찰 연구에서, 부정적인 기분일 때보다 긍정적인 기분일 때 기분 일치 효과가 강하게 나타난다고 보고하였다. 그리고 비자서전적 기억을 대상으로 하는 기분 일치 효과 연구에서도 유사한 결과가 보고되었다(Rusting & DeHart, 2000).

부정적인 기분 상태에서 종종 기분 일치 효과가 나타나지 않는 이유에 대해서는, 참가자가 부정적인 감정을 긍정적인 감정으로 바꾸려는 동기 때문이라는 설명이 가장 타당해 보인다. 정서 조절을 통해 부정적인 기분 상태가 결과적으로 줄어들었고 이로 인해 부정적인 기억에 대한 접근성도 감소한다는 것이다. Rusting과 DeHart(2000)의 연구 결과는 이러한 주장을 지지한다. 이들은 참가자에게 긍정적 단어, 부정적 단어, 중립 단어를 보여 주고, 부정적인 기분을 유도하였다. 부정적인 기분을 줄일 수 있었던 참가자는 기분 일치 효과를 보이지 않았다.

기분 일치의 발생 이유를 어떻게 설명할 수 있을까? Tulving(1979)의 부호화 특수성 원리(5장 참조)를 적용해 볼 수 있다. 이 원리에 따르면, 인출 시에 가용한 정보와 기억 흔적에 있는 정보의 중첩이 기억에 영향을 준다. 그리고 기억해야 할 자료가 기억하는 사람의 기분 상태와 잘 맞을 때 중첩이 더 크게 발생한다. Danker와 Anderson(2010, p. 87)은 이러한 관점을 확장하여 "사건을 기억하는 것은 말 그대로 그 사건이 발생했을 때의 뇌의 상태로 돌아가는 것이다."라고 하였다.

Lewis와 동료들(2005)은 기분 일치의 맥락에서 이 가정을 검증하였다. 참가자는 긍정 단어와 부정 단어를 학습한 다음, 기쁜 혹은 슬픈 상태에서 재인 기억 검사를 수행했고, 기분 일치 효과를 보였다. 긍정적 자극을 제시했을 때 슬하대상회(subgenual cingulate)가 활성화되었고 기억 검사에서 긍정정인 기분 상태였을 때 해당 영역이 다시 활성화되었다. 같은 맥락에서 부정적 자극을 제시했을 때 후외측 안와전두피질(posteriolateral orbitofrontal cortex)이 활성화되었고, 기억 검사에서 부정적인 기분 상태였을 때 해당 영역이 재활성화되었다.

정서 및 상태 의존적 기억

기분 일치와 관련된 현상으로 인출 시 기분 상태가 학습 시 기분 상태와 같을 때 기억을 더 잘한다는 정서 및 상태 의존적 기억(mood-state-dependent memory)이 있다. 영화 〈시티 라이트(City Lights)〉에서 찰리 채플린이 술에 취해 자살하려는 백만장자를 구한 다음, 그와 친구가 되었다. 이후 그 백만장자가 멀쩡한 상태로 찰리 채플린을 다시 만났을 때 누구인지 알아보지 못했다. 그런데 다시 술에 취했을 때 찰리 채플린을 알아보았고, 마치 오랫동안 보지 못한 친구처럼 대하면서 집으로 데리고 갔다.

Key term

정서 및 상태 의존적 기억(mood-state-dependent memory): 개인의 기분 상태가 학습 시와 인출 시에 같을 때가 다를 때보다 기억 수행이 더 좋아지는 현상

Pamela Kenealy(1997)는 정서 및 상태 의존적 기억에 관한 연구에서 참가자에게 지도를 보고 특정 경로에 관한 지시 사항을 학습하게 하고, 다음날 자유 회상과 단서 회상 검사를 실시하였다. 학습과 검사 중에 음악으로 기쁜 혹은 슬픈 상태를 유발하였다.

예측한 대로, 학습과 검사 시의 기분 상태가 같을 때 자유 회상 결과가 더 좋았다([그림 11-8] 참조). 이러한 결과는 학습과 인출 시 맥락이 같을 때 우수한 기억을 보이는 결과(5장 참조)와 비슷하다.

하지만 단서 회상에서는 정서 및 상태 의존적 기억(또는 상황)을 지지하는 결과가 나타나지 않았다(Kenealy, 1997). 이유는 무엇일까? Eich(1995)는 단서 회상에서처럼 결정적인 정보(기억해야 할 자료 혹은 인출 단서)를 명시적으로 제시하면, 기분 상태가 큰 영향을 주지 못한다고 주장했다. Eich는 '스스로 하기 원리(do-it-yourself principle)'를 언급하면서, 학습과 인출 시 노력이 필요한 처리를 해야 하면 기억이 기분 의존적이 될 가능성이 가장 크다고 주장하였다.

Eich와 Metcalfe(1989)는 스스로 하기 원리의 중요성을 보여 주었다. 학습 시에 참가자에게 단어쌍(예: river-valley)을 읽거나 특정 단어와 연관된 쌍(예: river-v)을 떠올리게 하였다. 학습과 회상 시에 음악으로 기분을 유도하였다. 정

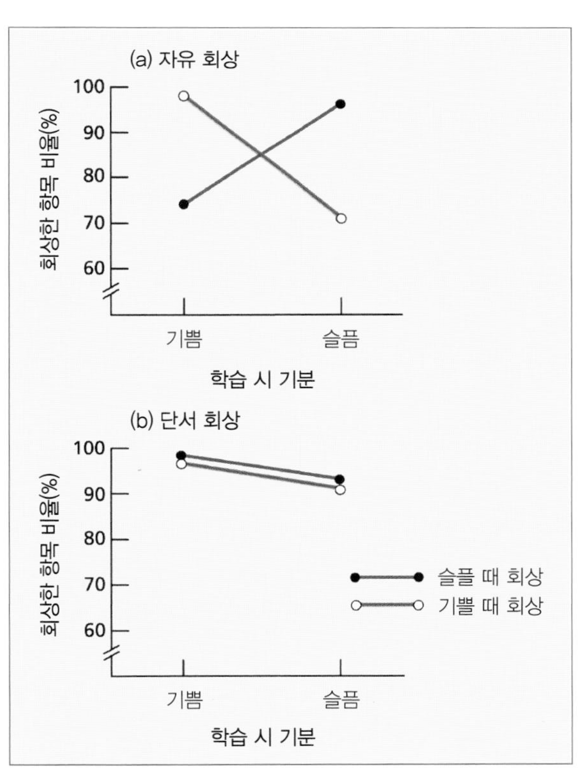

[그림 11-8] 학습과 회상 시 기분 상태(기쁨-슬픔)에 따른 (a) 자유 회상과 (b) 단서 회상 결과
출처: Kenealy (1997).

서 및 기분 의존 효과는 읽기 조건보다 노력이 많이 드는 생성 조건에서 네 배로 크게 나타났다.

Key term

우르바흐-비테 질환(Urbach-Wiethe disease): 편도체와 인접 영역이 파괴되어 나타나는 질환으로, 정서 처리와 정서 자료에 대한 기억의 손상을 야기함

편도체의 개입

이전에 언급한 대로 편도체는 정서 정보처리에 관여하며, 거의 모든 피질 영역에 연결되어 있고 여러 가지 기억 처리 과정을 촉진한다. 그렇다면 정서 학습과 기억에서 편도체의 역할을 확인할 수 있는 방법은 무엇일까? 편도체와 인접 영역이 석회화로 인해 악화되는 우르바흐-비테 질환(Urbach-Wiethe disease) 환자 연구로 중요한 내용을 확인할 수 있었다.

Cahill과 동료들(1995)은 우르바흐-비테 질환을 앓는 환자 BP를 대상으로 연구를 진행하였다. BP에게 아주 정서적인 사건(아이가 교통사고로 심하게 다쳤다)이 중간에 포함된 이야기를 들려주었다. 일주일이 지난 후 통제집단은 중립적인 부분보다 정서적인 사건을 더 잘 기억하였으나, BP는 정서적인 사건을 잘 기억하지 못하였다.

편도체는 부정적 정보뿐만 아니라 긍정적 정보의 기억에도 관여한다. Siebert와 동료들(2003)은 우르바흐-비테 질환 환자 10명과 통제집단의 긍정, 부정, 중립 그림에 대한 장기기억을 비교하였다. 모든 종류의 그림에서 환자의 재인 기억이 안 좋았으며 기억 손상의 정도는 긍정 그림에서 가장 컸고 중립 그림에서 가장 작았다.

정서 항목의 기억에서 편도체의 역할을 평가하는 방법으로 뇌 영상 기법도 있다. 정서 항목 학습 과정에서 편도체 활성화가 크면 그 항목에 대한 장기기억의 수준 역시 높아야 한다. Murty와 동료들(2010)의 메타 분석 결과는 이와 같은 예측을 지지하였다. 좀 더 구체적으로, 정서 항목을 성공적으로 학습할 때 편도체와 내측 측두엽의 기억 체계를 포함하는 뇌의 연결망에서 활성화가 강하게 나타났다.

판단과 의사결정

의사결정(10장)은 다양한 선택지에서 고르는 것으로, 일상적으로 수행하는 작업이다. 사소한 결정(예: 관람할 영화 결정)부터 엄청나게 중요한 결정(예: 결혼 상대자 결정, 진로 결정)까지 매우 다양하다.

판단은 의사결정의 중요한 구성 요소이다. 다양한 사건의 발생 확률을 평가하고 개개의 사건이 실제로 발생했을 때 어떻게 생각할지를 결정한다. 미래에 대해 비관적인 사람이 하는 결정은 낙관적인 사람이 하는 결정과는 다를 것이다.

Angie와 동료들(2011)은 관련 연구를 검토하여 두 가지 일반적인 결론을 도출했다. 첫째, 주요 기분 상태(슬픔, 분노, 불안, 기쁨)는 판단과 의사결정에 유의미한 영향을 준다. 둘째, 평균적으로 기분은 판단보다 의사결정에 더 큰 영향을 준다.

이 절에서, 기분과 성격이 의사결정에 주는 영향을 살펴보고자 한다. 의사결정의 중요한 측면 중 하나는 위험을 어떻게 다루는가이다. 특정 기분이나 성격이 위험 회피와 관련이 있을까? 상식적으로 부정 정서를 경험하면 비관적이고 위험 회피적인 경향을 보이고, 긍정 정서를 경험하면 낙관적이고 위험을 감수하는 경향을 보일 것이라고 생각한다. 하지만 실제로는 그보다 좀 더 복잡하다.

내재적 정서 vs. 부수적 정서

판단과 의사결정에 대한 정서의 영향을 논의하기 위해서 내재적 정서와 부수적 정서를 구별해야 한다(Han & Lerner, 2009). **내재적 정서**는 결정의 결과를 생각할 때 나타난다. 예를 들어, 위험한 프로젝트에 엄청난 자금을 투자하면 불안감을 느낄 가능성이 크다. 반면, **부수적 정서**는 현재 결정과는 전혀 관련이 없는 과거 사건으로부터 유발된다. 예를 들어, 중요한 시험을 통과했다는 소식은 다른 문제의 판단과 결정에 영향을 줄 수 있다.

정서와 의사결정에 관한 대부분의 연구는 부수적 정서와 관련되어 있다(Lench et al., 2011). 예를 들어, 매우 정서적인 경험에 대해 글을 쓰게 한 다음, 전혀 관련이 없는 다른 과제를 수행하게 한다. 하지만 현실에서의 의사결정은 내재적 정서와 관련 있는 경우가 많다. 슬픔이나 우울한 감정을 줄이기 위해 무엇을 해야 하는지 결정하는 것이 한 가지 사례이다.

10장에서 논의한 신체 표지 가설(Damasio, 1994)에 따르면, 내재적 정서는 일상에서 좋은 결정을 할 수 있는 밑바탕이 된다. 자동적인 신체적 각성 반응은 정서적 사건에 의해 촉발되고 의사결정에 영향을 준다. 여기서 가장 핵심적인 것이 바로 미묘한 신체 변화를 탐지하는 능력, **내부감각**(interoception)이다. 내부감각은 의식적인 수준에서 신체 변화를 탐지하는 과정을 말한다.

Dunn과 동료들(2010)은 아이오와 도박 과제(Iowa Gambling Task; Bechera et al., 1994)를 사용하여 이를 지지하는 연구 결과를 보고하였다. 참가자는 4개의 카드 묶음에서 한 장을 선택하였는데, 이 중 2개의 묶음은 평균적으로 돈을 따는 쪽(저수익 저위험)이었고, 다른 2개의 묶음은 평균적으로 이득은 보지 못하지만 가끔 크게 딸 수 있는 쪽(고수익 고위험)이었다. 참가자가 각각의 카드 묶음의 특성을 알지 못하였음에도 불구하고 시간이 지남에 따라 점점 성과가 향상되었다. 카드를 선택하기 직전에 나타나는 신체 변화를 분석한 결과를 보면, 참가자는 심장 박동을 세는 것처럼 내부감각을 정확하게 평가하였다.

Dunn과 동료들(2010)의 연구에서 말하고자 하는 것은 무엇인가? 첫째, 카드 묶음의 종류(유리-불리)에 따라 카드를 선택하기 직전에 나타나는 신체 반응에 차이가 있었다는 것이다. 신체 반응의 차이가 큰 참가자의 의사결정이 작은 참가자의 의사결정보다 훨씬 더 우수했다. 둘째, 내부감각이 좋은 사람은 신체 반응 정보를 훨씬 더 많이 이용한다는 것이다. 그래서 신체 반응과 그 반응의 지각이 의사결정에 영향을 주게 된다.

Key term

낙관 편향(optimism bias): 타인에 비해 자신이 긍정적 사건을 경험할 가능성은 과장하고 부정적 사건을 경험할 가능성은 최소 추정하는 경향

불안

불안은 부정 정서 중에 미래에 대한 비관적 판단과 가장 일관되게 연합되어 있는 정서이다. 예를 들면, Lerner와 동료들(2003)은 9/11 테러 직후에 수행한 온라인 연구에서, 테러에서 참가자를 두렵거나 화나거나 슬프게 만드는 측면에 초점을 맞추게 하였다. 향후 테러 공격이 다시 발생할 확률을 추정하게 했을 때, 슬프거나 화나게 만드는 측면에 초점을 맞춘 참가자보다 두렵게 하는 측면에 초점을 맞춘 참가자의 확률 추정치가 더 높게 나타났다.

사람들 대부분은 낙관 편향(optimism bias)을 가지고 있다. 낙관 편향은 본인이 다른 사람보다 긍정적인 사건을 경험할 가능성이 크고 부정적인 사건을 경험할 가능성은 작다고 생각하는 경향을 말한다. 그런데 불안한 사람은 낙관 편향을 잘 보이지 않는다. Lench와 Levine(2005)은 대학생을 대상으로 다양한 사건이 본인에게 일어날 확률을 판단하게 하였는데, 기쁨이나 중립 정서를 유도했을 때보다 불안한 기분을 유도했을 때 더 비관적이었다.

성격 수준과 관련해 Harris와 동료들(2008)이 유사한 결과를 보고하였다. 대부분은 다른 사람이 자신보다 미래의 위험에 더 취약하다고 지각한다. 하지만 특성 불안이 높은 사람들은 이러한 경향을 거의 보이지 않는데, 어느 정도 사실이기도 하다. 불안한 성격을 가진 사람은 부정적인 사건을 실제로 더 많이 경험한다(van Os et al., 2001).

불안한 상태에서는 위험한 결정을 잘 하지 않는다. Lorian과 Grisham(2011)은 불안 장애 환자를 대상으로 위험 감수에 관한 연구를 수행하였다. 참가자는 위험한 행위에 참여할 가능성을 평가하는 DOSPERT 검사[1]에 응답하였는데, 불안 장애 환자가 통제집단에 비해 위험 감수 점수가 낮게 나타났다.

---

1) 역주: DOSPERT(Domain-Specific Risk-Taking Scale): 경마에 일당을 베팅하기, 무방비로 성관계 하기와 같은 문항이 포함되어 있다.

Raghunathan과 Pham(1999)은 참가자에게 A 일자리(고임금+낮은 직업 안정성)와 B 일자리(평균 수준 임금+높은 직업 안정성) 중 하나를 선택하게 하였다. 불안한 기분 상태의 참가자는 고위험(A 일자리)을 감수하는 선택을 할 가능성이 낮았다.

Gambetti와 Giusberti(2012)는 불안 특성을 가진 사람과 그렇지 않은 사람을 대상으로 실제 상황에서의 재무적 결정에 관한 연구를 진행하였다. 불안 특성을 가진 참가자는 상대적으로 안전하고 보수적인 결정을 했다. 자금을 이자 수익이 있는 계좌에 입금할 가능성이 높았고, 주식이나 지분 투자와 같이 큰돈을 투자할 가능성은 낮은 편이었다.

불안이 위험 회피와 연결되어 있는 이유는 무엇일까? 먼저, 불안한 상태에서는 미래에 부정적 사건이 발생할 가능성이 높다고 생각하기 때문이다. 그리고 불확실성이 높고 상황에 대한 통제감이 낮으면 불안이 유발된다는 연구 결과도 제시되었다(Frijda, 1986). 불확실성은 '안전한' 결정으로 최소화할 수 있다.

불안은 위험 회피만 유발하는 것이 아니라 의사결정의 문제를 일으키기도 한다. Preston과 동료들(2007)의 연구에서, 참가자는 결정에 따른 잠재적 이득과 잠재적 손실에 대해 학습할 수 있는 아이오와 도박 과제를 수행하였다. 공개 발표가 예정되어 있어 불안감을 가졌던 참가자는 통제집단에 비해 학습 속도가 느렸다.

명시적인 규칙에 따라 집행 기능을 사용해야 하는 의사결정 과제인 주사위 게임 과제를 사용한 Starcke와 동료들(2008)의 연구에서 (공개 발표가 예정되어 있어) 불안한 참가자는 통제집단보다 안 좋은 결과를 보였다.

불안이 의사결정을 방해하는 이유는 무엇일까? 상당수의 의사결정 과제는 작업기억, 특히 주의와 깊이 관련된 중앙 집행기의 사용에 관여한다(Baddeley, 1986, 2001; 4장 참조). 복잡한 과제를 수행할 때 중앙 집행기 사용의 효율성을 불안이 저해한다는 증거가 축적되고 있다(Eysenck et al., 2007).

슬픔

슬픔과 불안은 모두 부정적 정서이다. 그런데 슬픔은 긍정적 정서의 부재와 더 강하게 연합되어 있다. 그래서 슬플 때는 자신의 행위에 대해 보상이 없을 것으로 생각하여 위험이 있더라도 보상을 얻기 위해 무언가를 해야 한다는 동기가 발현된다.

Waters(2008)는 건강에 안 좋은 일이 발생할 가능성을 추정할 때 기분 상태가 주는 영향에 관한 연구를 고찰하였다. 슬픈 기분 상태일 때는 긍정적인 기분 상태일 때보다 더 비관적이었고, 슬프거나 우울할 때 낙관 편향의 정도가 줄어든다는 결과도 보고되었다. 이러한 경향을

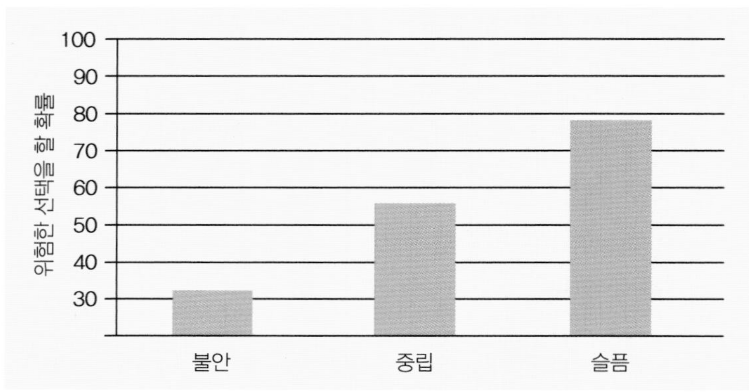

[그림 11-9] 고위험 직업 선택에 미치는 기분(불안, 슬픔, 중립)의 효과
출처: Raghunathan & Pham (1999). Elsevier의 허가를 얻어 실음.

우울한 현실주의(depressive realism)라고 하며, 슬프거나 우울할 때 미래에 대해 좀 더 현실적으로 바라보는 경향을 의미한다. 하지만 우울한 사람들이 그렇지 않은 사람에 비해 수행의 결과가 좋지 않다는 점에서 우울한 현실주의라는 용어의 적절성에 의문이 있다.

불안할 때 고위험 직업보다 저위험 직업을 선호하는 경향이 있다는 Raghunathan과 Pham(1999)의 연구 결과에 대해 이미 논의했다. 이들이 슬픔의 효과에 대해서도 같은 맥락에서 살펴보았는데, 슬플 때는 오히려 고위험 직업을 선택하는 경향이 나타났다([그림 11-9] 참조). 왜 그럴까? Raghunathan과 Pham은 슬픈 사람이 주변 환경을 보상이 없는 것으로 생각하여 보상을 얻는 행위에 대한 의욕이 특히 높다고 주장하였다.

Cryder와 동료들(2008)은 '비참한 사람은 구두쇠가 아니다(the misery-is-not-miserly)' 효과, 즉 슬플 때 물건을 더 많이 사는 경향을 살펴보았다. 이런 효과가 발생하는 이유에 대해 Cryder와 동료들은 슬플 때는 자존감이 약해져서 이를 증진하기 위해 무언가를 소유하려는 욕구가 증가하기 때문이라고 주장하였다. 그래서 슬플 때는 보냉 물병을 사는 데 네 배나 많은 돈을 기꺼이 쓸 용의를 보였는데, 특히 자기 자신에 집중할 때 이런 경향이 확실하게 나타났다.

Lerner와 동료들(2016)은 슬플 때 금전적인 결정을 더 잘하는지를 알아보기 위해, 사람들 대부분은 미래의 큰 보상보다 즉각적인 보상을 선호한다는 아주 유명한 현상을 연구하였다. 중립 정서 조건의 참가자는 일 년 후 받을 수 있는 100달러와 즉시 받을 수 있는 19달러를 비슷하게 취급하였다. 슬픔 조건의 참가자는 놀랍게도 즉시 받을 수 있는 4달러를 비슷하게 취급하였다. 슬플 때 (설령 손해를 보더라도) 즉각적인 보상으로 자존감을 높이려는 욕구가 발생하기 때문에 이런 현상이 나타났을 수 있다.

분노

분노는 보통 부정적 정서로 여긴다. 그런데 분노를 느낄 때 자신이 상황을 통제할 수 있고 싫어하는 사람을 물리칠 수 있다는 생각으로 이어져 오히려 기분 좋은 경험을 할 때도 있다(Lerner & Tiedens, 2006). **샤덴프로이데**(Schadenfreude: 다른 사람의 불행을 보고 즐거워함) 현상을 살펴보자. 분노를 느끼면 **샤덴프로이데**가 증가하지만(Hareli & Weiner, 2002), 분노는 부정적 정서로 이어지기도 한다. 분노를 촉발하는 사건은 불편하게 기억되고 부정적 정서를 유발하는 행동(예: 공격성, 폭력)으로 이어질 수 있다(Litvak et al., 2010).

Waters(2008)는 불안하거나 슬플 때 부정적 사건의 발생 가능성을 비관적으로 예측한다고 주장하였다. 반면, 분노는 놀랍게도 **낙관적인** 예측으로 이어졌다. 분노하게 되면 이혼하거나 업무에 지장이 있거나 심장병을 앓을 가능성이 증가하지만 오히려 이런 사건을 덜 위험한 것으로 평가한다(Lerner & Keltner, 2001).

분노가 비관적 판단이 아닌 낙관적 예측으로 이어지는 **이유**는 무엇일까? 분노는 이미 발생한 일에 대한 **확신** 그리고 그 상황에 대한 **통제감**과 연결된다는 점에서 다른 부정적 정서와는 차이가 있다(Litvak et al., 2010). 이와 같은 분노의 독특한 특징으로 인해 판단에 미치는 영향이 다른 부정적 정서와는 다르게 나타난다.

이제 의사결정에 미치는 분노의 효과를 살펴보자. 분노한 사람은 상황에 대한 통제감을 크게 지각하기 때문에, 상대적으로 위험한 결정을 할 것이라고 예측할 수 있다. Lerner와 Keltner(2001)의 연구는 이러한 예측을 뒷받침하였다. 이들은 많은 사람이 위험 회피 경향을 보이는 아시아 질병 문제를 사용하였는데, 두려움을 느낄 때는 위험 회피 경향을 보였으나 분노를 느낄 때는 오히려 위험 추구 경향이 나타났다. Gambetti와 Giusberti(2012)는 실제 금전적 의사결정에서 분노 조건의 참가자가 더 위험한 결정을 하는 것을 확인하였다(예: 주식을 하거나 큰돈을 한 번에 투자할 가능성이 더 높음).

Kugler와 동료들(2012)은 의사결정에 대한 분노의 효과가 지금까지 논의한 것보다 더 복잡하다고 주장하였다. 첫 번째, 당첨금이 큰 복권 과제에서 분노한 참가자가 기쁜 혹은 두려운 참가자에 비해 위험 회피 경향을 덜 보인다는 결과를 재검증하였다. 그런데 참가자를 둘씩 짝을 지었을 때는 반대의 결과를 보였다. 참가자는 무위험 조건(결과가 다른 사람의 선택과는 관련이 없음)과 위험 조건(결과가 다른 사람의 선택과 연관되어 있음) 중 하나를 골랐다. 분노한 참가자는 두려운 참가자에 비해 위험한 선택지를 고를 가능성이 적었는데(56% vs. 93%), 이는 분노한 상태에서 위험한 선택으로 인해 상황에 대한 통제력을 잃고 싶지 않다는 것을 보여 주었다.

대개 분노가 논리적으로 생각하는 능력을 저해한다고 가정한다. 미국의 사상가 Ralph Waldo Emerson은 분노가 논리적 접근을 사라지게 만든다고 하였다. Bright와 Goodman-Delahunty(2006)의 연구 결과도 이러한 관점을 지지하고 있다. 모의 배심원에게 부인 살해죄로 기소된 피고인에 대한 20쪽 분량의 재판 내용 요약을 읽게 하였다. 사건 내용은 실제 범죄 사례에서 추출하였으며, 피고인에게 불리한 증거는 충분하지 않았다. 참가자 중 살해된 여성의 섬뜩한 사진을 본 사람은 보지 않은 사람보다 피고인을 유죄로 판단할 가능성이 더 크게 나타났다(41% vs. 9%). 사진이 피고인에 대한 배심원의 분노를 증가시켰다는 점이 왜곡 효과에 부분적으로 영향을 주었다고 할 수 있다.

Stephens와 Groeger(2011)는 운전 시뮬레이션 연구에서 분노가 의사결정을 저해한다는 것을 확인하였다. 좀 더 구체적으로 보면, 분노한 상태에서는 위험하고 부주의한 방식으로 운전했다.

분노가 종종 의사결정을 저해하는 이유는 무엇일까? 분노가 체계적 · 분석적 처리보다는 어림법(용어 해설 참조)에 의존한 얕은 수준의 처리를 하게 만들기 때문일 가능성이 있다(Litvak et al., 2010). Coget와 동료들(2011)은 이를 지지하는 결과를 보고하였다. 이들은 7명의 영화감독을 대상으로 연구를 진행하였는데, 영화감독 대부분은 화났을 때는 직관적인 결정에 의지하였고 불안했을 때는 분석적 처리를 사용하였다.

Small과 Lerner(2008)는 이혼 후 3명의 아이를 키우는 젊은 여성 패트리샤 스미스라는 가상 인물의 이야기를 참가자에게 들려주었다. 분노 조건에서는 중립이나 슬픔 조건에서보다 그녀가 복지 혜택을 적게 받아야 한다고 반응하였다. 참가자에게 부차적인 과제를 부여해서 인지적 부하를 증가시켜 분석적 처리의 사용을 줄이게 했을 때, 분노 조건의 참가자는 별다른 영향을 받지 않았다. 이는 분노한 상태에서는 분석적 처리를 잘 사용하지 않는다는 것을 의미한다.

분노는 판단과 결정에서 어림법 사용을 유발한다. Ask와 Granhag(2007)은 분노한 혹은 슬픈 수사관에게 형사 사건의 요약본과 두 명의 목격자 진술을 읽게 한 다음, 목격자의 진술을 평가하고 용의자가 유죄일 가능성을 추정하게 하였다. 분노한 수사관은 사건 정보를 훨씬 더 피상적으로 처리하였다(예: 목격자 진술의 내용이 미친 영향이 적었다).

분노가 항상 얕은 수준의 어림법적 처리로 이어지는 것은 아니다. Moons와 Mackie(2008)는 참가자를 분노 정서와 중립 정서 조건으로 나누고, 대학생이 금전 관리의 좋은 습관이 있다는 주장을 약하게 혹은 강하게 제시하였다. 분노 조건에서는 주장을 강하게 제시했을 때 설득이 더 잘 되었는데, 이는 분석적 혹은 체계적 처리 과정이 개입되었을 가능성을 의미한다. 반면, 중립 정서 조건에서는 주장의 강도가 별다른 영향을 주지 않았다. 이러한 결과는 분노가 의도적인 방향으로 생각을 이끌 가능성을 제시한다.

긍정적 기분

이전에 언급한 대로 낙관 편향에 많은 관심을 보여 왔다. 낙관 편향은 부정 혹은 중립 정서일 때보다 긍정 정서일 때 더 강하게 나타날 것으로 예측할 수 있다. Lench와 Levine(2005)은 참가자에게 여러 가지 가상의 사건을 제시하였다. 결과를 보면, 공포 조건보다 기쁨 조건에서 낙관 편향이 더 강하게 나타났으나, 중립 정서 조건보다는 덜 하였다.

긍정 정서는 의사결정 상황에서 주로 위험 회피 경향으로 이어진다(Blanchette & Richards, 2010). 예를 들어, Mustanski(2007)는 남성 동성애자가 보이는 HIV 관련 위험 행동이 긍정 정서의 수준이 높은 사람들에게서는 상대적으로 덜 나타난다고 주장했다. 가상의 경마 베팅 상황에서 긍정 정서 조건의 참가자가 중립 정서 조건보다 덜 위험한 쪽으로 베팅을 하였다. 긍정 정서 조건에서는 현재의 기쁜 감정을 유지하려는 동기로 인해 위험 회피 경향이 나타난 것으로 보인다.

긍정 정서 상태에서는 어림법의 사용이 증가하고 분석적 처리 사용이 감소하였다(Griskevicius et al., 2010). De Vries와 동료들(2012)은 참가자에게 매 시행마다 2개 중 하나를 선택하게 하였다. 이는 (1) 1.20유로를 딸 확률 50% & 아무것도 따지 못할 확률 50%, 그리고 (2) 1유로를 딸 확률 50% & 아무것도 따지 못할 확률 50%이다. 분석적 사고를 하게 되면 매번 (1)번을 선택해야 한다. 그런데 기쁨 조건의 참가자는 일관되게 분석적 처리를 사용하지 않고, 어림법적 처리를 사용하는 모습을 보였다(1번을 선택했는데 성공적이지 않으면, 2번으로 바꾸었다).

정서 연구를 보면, 부정 정서는 불안, 슬픔, 분노, 혐오 등 여러 개로 세분화하여 진행하였으나 긍정 정서는 기쁨 하나에 대해서만 연구가 진행되었다. 이는 부정적 자극이 긍정적 자극보다 더 극단적이기 때문에 나타나는 현상일 수도 있다(Alves et al., 2017). 그래서 부정 정서가 좀 더 강력하고 다양하다. 하지만 긍정 정서의 차별화 부족으로 인해 부정 정서 연구가 더 많이 이루어졌다는 주장도 제기되었다. Campos와 동료들(2013)은 최대 8개의 긍정 정서(경외, 재미, 흥미, 긍지, 고마움, 환희, 사랑, 만족)가 존재한다고 주장하였다.

Griskevicious와 동료들(2010)은 여러 가지 긍정 정서가 설득력 평가에 미치는 영향을 살펴보았다. 열정, 재미, 연모와 같은 세 가지 긍정 정서를 경험했을 때는 어림법을 사용하고 약한 주장에도 설득되었으나, 다른 두 가지 긍정 정서(경외, 모성애)를 경험했을 때는 어림법 사용이 줄었다. 긍정 정서를 세부적으로 분류하여 연구를 진행했을 때 얻을 수 있는 점에 관해 추가적인 연구를 진행할 필요가 있다.

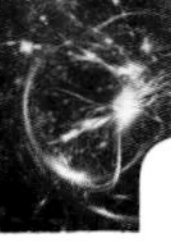

결론 및 평가

판단과 의사결정에 대한 기분의 효과에 관한 연구를 보면 기분에 따라 효과가 달라진다는 것을 알 수 있다. 왜 그럴까?

불안은 불확실성 및 예측 불가능성과 관련된 위협적인 상황에서 나타난다. 그래서 불안한 사람은 불안감을 줄이기 위해 확실성과 예측 가능성을 증가시키고 위험을 최소화하며 되도록 위험하지 않은 선택지를 고른다.

소기의 목표를 달성할 수 없다는 것을 알게 되면 슬퍼지거나 우울해진다. 달성 불가능한 목표를 포기하고 새로운 목표를 찾기 위해 폭넓은 사고를 하게 된다(Andrews & Thompson, 2009). 동시에 신속한(그래서 위험한) 보상에 대한 욕구가 증가하여 좋은 결정을 하지 못하게 된다.

분노는 직접적이고 공격적인 행위로 중요한 목표에 대한 장애물을 극복하는 기능을 가지고 있다. 통제 가능하다고 생각하여 목표에 대해 낙관적인 느낌을 가질 때 이러한 양상이 나타날 가능성이 크다. 분노 상태에 있을 때 통제감을 지각하게 되면 목표 달성을 위해 위험을 감수하기도 한다.

긍정적 기분 상태의 중요한 기능은 현재 기분을 유지하려는 것이다(Oatley & Johnson-Laird, 1987). 그래서 기쁜 상태에서는 얕은 혹은 어림법적 처리를 사용하고, 긍정적인 기분 상태를 저해할지도 모르는 위험은 회피하려고 한다.

이 분야의 연구에서 **한계점**은 무엇일까? 첫째, 대부분의 연구가 판단이나 결정 과제와 직접적인 관련성이 없는 부수적 정서 상태에 관해 진행되었다는 점이다. 그래서 내재적 정서 상태의 효과에 대해서는 말해 줄 수 있는 부분이 별로 없을 수 있다.

둘째, 실험실 연구는 대부분 실험실 밖에서 적용하기 어려운 사소한 판단이나 결정을 사용하여 진행되어 왔다. 그래서 그러한 과제를 부여했을 때 어림법적 처리를 주로 사용하는 것은 별로 놀랍지 않다. 하지만 현실에서의 상황은 아주 달라서 강한 정서 상태에서 결정을 한다.

셋째, 대부분 어림법적(혹은 얕은 수준의) 처리와 분석적(혹은 정교한) 처리로 구분하여 설명해 왔다. 이러한 구분은 지나치게 단순하며, 많은 인지 처리 과정이 둘의 조합으로 이루어질 가능성을 무시한다(Keren & Schul, 2009).

도덕적 딜레마: 정서 vs. 인지

지금까지 논의한 연구 대부분에서 실험적으로 조작한 기분의 수준이 약한 편이었다. 하지만 현실에서는 판단과 의사결정 상황에서 정서가 강력하게 관여하게 된다. 예를 들어, 도덕적 딜레마 상황을 보면, 도덕적 요구 사항이 서로 충돌한다.

공리주의적 vs. 의무론적 결정

전차 문제는 도덕적 딜레마의 대표적 사례이다([그림 11-10 (a)] 참조). 제어 불능인 전차가 5명의 생명을 위협하고 있는데, 전차의 경로를 바꾸면 5명은 살리지만 다른 1명을 죽이게 된다. 이 상황에서 당신은 경로를 변경할 것인가? 다른 사례로 **육교 문제**도 있다([그림 11-10 (b)] 참조). 전차가 달려오는 경로에 5명이 있어 멈추지 않으면 5명이 사망하게 된다. 육교에 서 있는 당신은 5명을 구하기 위해 육교에 있는 다른 1명을 밀어 전차를 멈추게 할 수 있다. 당신은 그 사람을 밀어 전차를 멈추게 할 것인가?

실험 결과를 보면, 참가자의 90%가 전차의 경로를 바꾸겠다고 응답하였고 단 10%만 육교

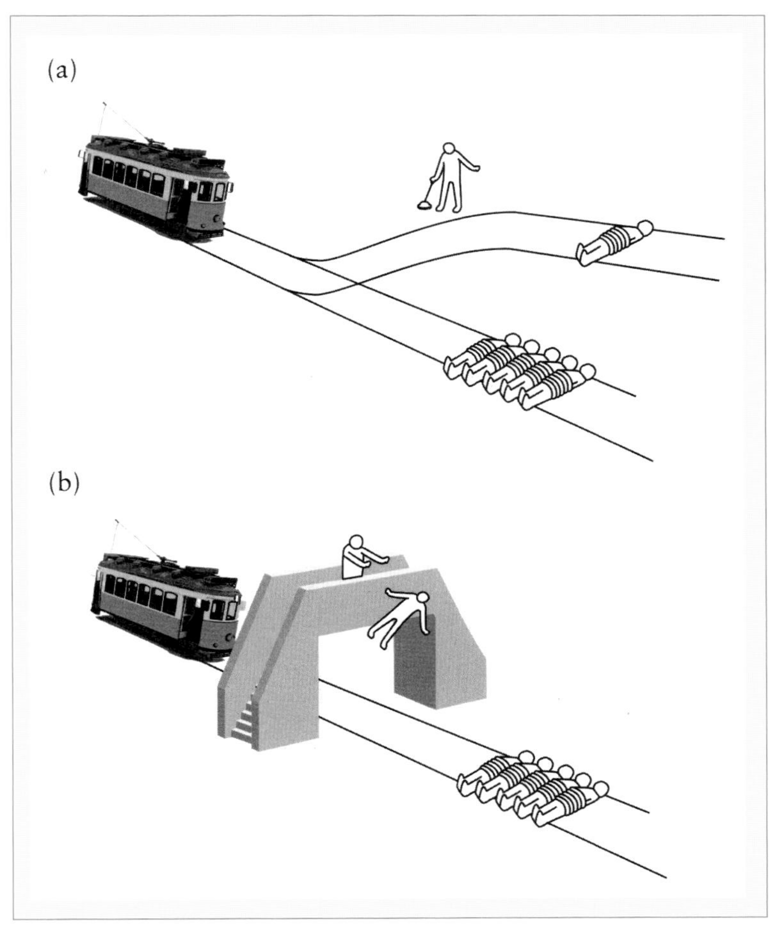

[그림 11-10] 유명한 도덕적 딜레마 문제: (a) 전차 문제, (b) 육교 문제

Key term

개인화된 도덕적 딜레마(personal moral dilemma): 사람들을 해하거나 죽일 수 있는 대안적 행동들 사이에서 복잡한 판단과 의사결정을 해야만 하는 상황으로, 자신의 행동이 자신과 상호작용하는 다른 이들의 행복에 직접적인 영향을 미침

에서 사람을 밀겠다고 응답하였다(Hauser, 2006). 육교 문제에서는 응답자의 행위가 직접적으로 해를 가하거나 사람을 죽이는 결과로 이어지게 되어 이러한 딜레마를 개인적인 것으로 받아들이게 된다(Greene et al., 2008). 반면, 전차 문제에서는 응답자의 행위가 직접적이고 즉각적인 손해를 유발하지 않기 때문에 **딜레마를 개인적인 것으로 받아들이지 않는다**. 대부분의 연구는 개인적인 것으로 받아들이는 도덕적 딜레마(이후 개인화된 도덕적 딜레마, personal moral dilemma)로 연구를 진행해 오고 있다.

Greene과 동료들(2008)은 개인화된 도덕적 딜레마가 강력한 정서 반응을 촉발한다고 주장하였다. 육교 문제에서 심각한 갈등을 겪게 되는데, 한 사람을 밀어서 더 많은 사람을 살려야 한다는 인지적 주장과 그 사람을 죽이면 안 된다는 정서적 주장이 강하게 충돌한다.

Greene과 동료들(2008)은 이중 처리 모형으로 이를 설명하고 있는데, (1) 빠르고, 자동적이며, 정서적인 체계와 (2) 느리고, 노력이 필요하며, 좀 더 인지적인 체계로 구별한다. 이러한 딜레마에서 도덕적인 규칙이나 의무에 근거하여 결정을 내리는 사람은 주로 정서적인 체계를 따르는 것이다. 반면, 가능한 한 더 많은 사람을 구하는 실용적인 결정을 하는 사람은 인지적인 체계를 따르는 것이다. 서툰 표현으로 하자면, 도덕적 딜레마를 풀 때는 머리 혹은 마음을 사용한다는 것이다. 머리로 하는 실용적인 결정은 **공리주의적 결정**이라 하고, 도덕 규칙이나 의무를 따르는 (마음으로 하는) 정서적 결정은 **의무론적 결정**이라 한다.

발견들

Greene과 동료들(2008)은 이중 처리 모형에서, 개인화된 도덕적 딜레마에 대한 공리주의적 판단은 보통 인지 체계를 사용한다고 주장하였다. 도덕적 판단을 하는 동안 인지적 부하가 큰 과제를 수행하는 상황을 생각해 보자. 이때 Greene과 동료들(2008)이 주장한 대로, 의무론적 판단보다 공리주의적 판단에 더 많은 시간이 소요되었다.

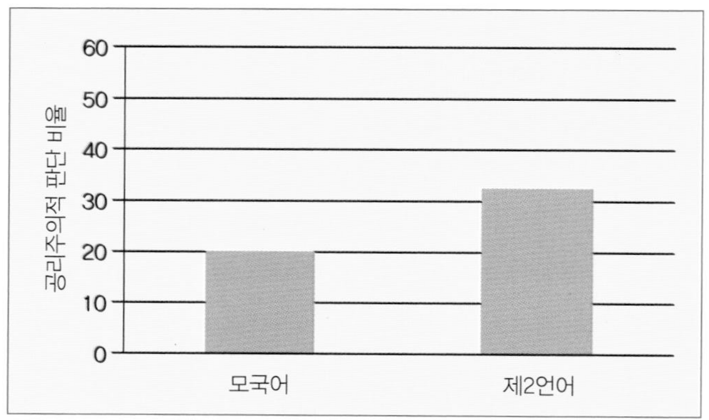

[그림 11-11] 육교 문제에서 모국어와 제2언어로 문제를 읽었을 때 공리주의적 판단의 비율
출처: Costa et al. (2014).

이론적으로, 개인화된 도덕적 딜레마에서는 의무론적 판단이 공리주의적 판단에 비해 정서에 의존하는 정도가 더

크지만, 비개인화 도덕적 딜레마에서는 그렇지 않다고 가정한다. 이러한 가정을 검증하기 위해, 항불안제를 복용하게 하여 판단에 대한 정서의 영향을 줄였다(Perkins et al., 2013). 예측한 대로, 항불안제 복용 시 개인화된 도덕적 딜레마에서는 공리주의적 판단이 증가하였으나 비개인화 딜레마에서는 판단에 영향을 주지 않았다.

Costa와 동료들(2014)은 이중 언어 사용자에게 육교 문제를 제시하였다. 흥미롭게도 모국어로 문제를 제시했을 때보다 제2언어로 제시했을 때 의무론적 결정이 줄어들었다([그림 11-11]). 저자는 제2언어 사용으로 정서 반응이 감소하였고, 이에 따라 정서적인 걱정이 줄어들었다고 주장하였다. 좀 더 구체적으로 보면, 제2언어 사용으로 인해 증가한 심리적 거리가 공리주의적 판단을 더 많이 하게 만들었다는 것이다.

공리주의적 결정이 의무론적 결정보다 더 나은가?

도덕적 결정의 이중 처리 모형이 가지고 있는 잠재적인 문제점을 살펴보자. 이 모형은 공리주의적 결정이 의무론적 결정에 비해 우수하다고 가정하는 것으로 보인다. 하지만 Kahane과 동료들(2015)은 개인화된 도덕적 딜레마에서의 공리주의적 판단이 다소 비도덕적인 관점과 연관되어 있다는 것을 확인하였다.

이와 관련하여 Broeders와 동료들(2011)은 공리주의적 결정은 실용적 고민에서 나오고 의무론적 결정은 도덕적 규칙에 근거한다는 가정이 지나치게 단순하다고 주장하였다. 이들은 이러한 가정을 검증하기 위한 연구를 수행하였다. 참가자에게 '살생하지 마라' 혹은 '생명을 구하라'와 같은 도덕적 규칙에 주의를 기울이도록 고안한 정보를 보여 준 다음, 육교 문제를 제시하였다. '생명을 구하라'는 규칙을 본 참가자가 공리주의적인 결정을 더 많이 하였다. 그러므로 공리주의적 결정도 도덕적 규칙에 따라 이루어질 수 있으며, 두 가지 결정의 차이점은 일반적으로 생각하는 것보다 작을 것이다.

Kahane와 동료들(2012)은 대부분의 연구에서 쓰인 공리주의적 결정이 직관에 반하는 혹은 상식에 반하는 것이라고 지적하였다. 그래서 그러한 결정에 의무론적 결정보다 오랜 시간이 걸렸던 이유는 공리주의적이었기 때문이 아니라 직관에 반하기 때문일 수 있다는 것이다.

Kahane와 동료들(2012)이 주장하는 바가 무엇인지 살펴보자. 다음과 같은 상황을 가정해 보자. 여러분은 음식점 직원이다. 잘 아는 손님이 당신에게, 본인이 수감되기 전 48시간 동안 가능한 한 많은 사람에게 HIV를 감염시키기로 결심했다고 말했다. 그런데 당신은 그 손님이 양귀비 씨에 심한 알레르기가 있다는 것을 알고 있다. 그래서 음식에 양귀비 씨를 조금 넣으면 그 손님은 최소 48시간 동안 입원하게 될 것이다. 당신은 어떻게 할 것인가? 이 사례에서 공리주의적 결정(양귀비 씨를 음식에 넣는 것)은 직관적으로 받아들일 만한 것이다.

Kahane와 동료들(2012)은 공리주의적 결정과 의무론적 결정이 직관적인지 혹은 직관에 반하는 것인지를 살펴보았다. 이들은 결정의 종류와 무관하게 직관에 반하는 결정을 직관적인 결정보다 어렵게 느끼는 것을 관찰하였다. 뇌의 반응도 공리주의적-의무론적 결정보다는 직관적 결정과 직관에 반하는 결정에 따라 더 많은 차이를 보였다. 그래서 직관적-비직관적 결정의 구분이 공리주의적-의무론적 결정의 구분보다 더 본질적인 것으로 보인다.

평가

⊕ 도덕적 딜레마에 관한 연구는 일상생활에서 경험하는 복잡한 감정적 문제를 다룬다.

⊕ 도덕적 딜레마를 접했을 때 빠른 정서적 처리 과정 및/또는 느린 인지적 처리 과정을 사용할 수 있다는 이론적 가정이 지지를 받고 있다.

⊕ 뇌 손상 환자 연구와 뇌 영상 연구에 근거하여 두 가지 처리 과정을 연결하는 뇌 영역을 찾는 작업이 진전되어 왔다.

⊖ 반사회적 성격 장애를 가진 사람이 공리주의적 결정을 선호하는 경향을 고려하면, 공리주의적 결정이 더 좋다는 가정은 받아들이기 쉽지 않다.

⊖ 도덕적 규칙이 의무론적 결정에서는 사용되지만 공리주의적 결정에서는 사용되지 않는다는 생각은 지나치게 단순하다. 공리주의적 결정도 도덕적 규칙에 근거할 수 있다.

⊖ 공리주의적 결정과 의무론적 결정을 구별하는 것은 직관적 결정과 직관에 반하는 결정을 구별하는 것만큼 기능적으로 중요하지는 않다.

중간 요약

서론

- 정서 상태는 인지의 다양한 측면에 영향을 준다.
- 개인적인 정서 경험에 집중하게 하거나 정서적 음악이나 영상을 보여 주는 방법으로 기분 상태를 실험적으로 조작할 수 있다. 이런 방식의 실험적 조작은 매우 효과적이다.

주의

- 주의 폭은 넓을 수도 좁을 수도 있다. 부정적 정서는 범위를 줄이고 긍정적 정서는 넓히는 경향이 있다. Harman-Jones와 동료들(2011)은 이러한 결론에 동의하지 않았으며, 결정 변수를 긍정적-부정적으로 구분하기보다는 동기 수준의 고-저로 구분해야 한다고 주장하였다.

기억

- 정보의 정서적 가치가 학습자의 기분 상태와 부합할 때 학습 및 인출이 가장 우수하다. 이를 기분 일치라고 한다.
- 인출 시의 기분 상태가 학습 시의 기분 상태와 같을 때 대개 기억이 더 우수하다. 특히 노력이 필요한 처리 과정이 사용될 때 이런 현상이 더 두드러지며, 이를 정서 및 상태 의존적 기억이라고 한다.

- 중립 정보보다 정서적인 정보의 기억을 증진하는 데 편도체가 중요한 역할을 한다.

판단과 의사결정

- 기분 상태는 판단과 의사결정에 큰 영향을 준다.
- 종종 결정의 결과로 내재적 정서가 유발된다. 하지만 과거 사건에 대한 부수적 정서도 결정에 영향을 줄 수 있다.
- 불안은 (낙관 편향과는 반대로) 미래에 대한 비관적인 판단으로 이어진다. 게다가, 좋지 않은 결정과 위험 회피로 이어지기도 한다.
- 슬픔도 미래에 대한 비관적인 판단으로 이어지지만, 위험 회피로 이어지지는 않는다. 위험 회피는 즉각적인 보상에 대한 요구와 부분적인 관련성을 가진다.
- 분노는 미래에 대한 낙관적인 판단으로 이어지고 얕은 처리로 인해 좋지 않은 결정을 하게 만들 수 있다. 분노의 효과와 다른 부정적 기분의 효과에서 차이점이 나타나는 이유는 분노에 대해서 지각된 통제감이 훨씬 더 크기 때문이다.
- 긍정적 기분은 미래에 대해 어느 정도 긍정적인 판단과 위험 회피로 이어지는데, 이는 현재 기분 상태를 유지하려는 동기를 반영하기 때문으로 보인다.

도덕적 딜레마: 정서 vs. 인지

- 도덕적 딜레마는 인지보다 정서가 강력한 조건에서 형성된다. 특히 의사결정의 결과를 개인적으로 받아들일 때 더 그렇다. 전차 문제와 육교 문제로 연구가 많이 진행되었다.
- 이중 처리 모형으로 결과를 해석하고 새로운 예측을 할 수 있다. 근본적으로 첫 번째 처리 과정은 의무론적 처리 과정에 관여하고 두 번째는 공리주의적 처리 과정에 관여하는 것으로 보인다. 하지만 직관적 처리 과정과 직관에 반하는 처리 과정으로 구분하는 것이 더 나아 보인다.

불안과 인지적 편향

지구상에 살아가는 수백만 명이 만성 불안을 겪고 있다. 부정적인 기분 상태가 인지 과정의 다양한 효과와 연관되어 있으며 이런 효과가 부정적인 기분 상태를 유지하는 데 기여한다는 가정하에 많은 연구가 진행되어 왔다.

이 분야에서는 주로 불안 장애 환자를 대상으로 연구를 진행하였으며, 특성 불안(불안 경험의 빈도 및 강도와 관련)이 높은 사람을 대상으로 진행하기도 하였다.

불안에 관한 연구는 복잡하다. 불안한 사람이 우울 증상을 보이는 경향이 있으나 반대의 경우도 있기 때문이다. **동반질병**(comorbidity)은 2개 이상의 심적 장애를 동시에 가지고 있는 환자를 지칭할 때 사용하는 용어이다. 불안 장애나 주요 우울 장애 환자에게는 매우 흔하다. 그리고 불안한 성격을 가진(특성 불안이 높은) 사람은 우울한 성격 특성을 보이는 경향이 있다.

불안과 우울은 중첩되는 부분이 있지만, 중요한 차이점도 있다. 과거의 상실은 주로 우울과 연관되는 반면, 미래의 위협은 불안과의 연관성이 더 크다. Eysenck와 동료들(2006)은 중증 질환 진단과 같은 여러 부정적인 사건에 대한 시나리오를 3개 형태(과거 사건, 미래에 발생할 사건, 미래에 발생할 것 같은 사건)로 구성하여 참가자에게 제시하였다. 참가자는 시나리오를 보고 개개 사건이 얼마나 불안하게 혹은 우울하게 만드는지를 보고하였다. 불안은 과거보다는 미래 사건과 더 연관되어 있고 우울은 과거와 더 연관되어 있었다.

불안과 우울 증상을 살펴보면, 전술한 개념을 지지하는 증거를 추가로 확인할 수 있다. 미래에 발생할 사건에 대한 걱정은 여러 불안 장애의 주요 증상이며(Hirsch & Mathews, 2012), 다양한 업무, 대상, 관계 등에 대해 과도한 걱정을 하는 범불안장애의 핵심 증상이기도 하다. 반면, 과거의 부정적 감정과 경험을 곱씹는 반추는 우울증 환자의 흔한 증상이다.

불안 및 우울과 관련한 인지 처리 과정을 연구하는 것이 중요한 이유는 무엇인가? 임상적으로 불안이나 우울을 보이는 환자는 건강한 사람과 여러 측면(인지, 행동, 생리, 생화학 등)에서 차이를 보인다. 따라서 어떤 증상에 초점을 맞추는가에 따라 치료법이 달라진다(Kring et al., 2012). 이런 맥락에서 인지적 요인과 정서적 요인의 상호작용을 규명하는 것은 이론적으로 매우 중요하다.

불안이 인지 처리 과정과 수행에 여러 가지 영향을 준다는 것을 이미 확인하였다. 이 절에서는 임상적 불안을 보일 때 특히 중요하다고 보고된 두 가지 인지 편향(주의 편향과 해석 편향)을 주로 다루고자 한다. 여러 연구자는 이러한 편향이 임상적 불안에 대한 취약성을 높이거나 현재 겪고 있는 불안 장애를 유지하도록 돕는다고 가정한다(예: Eysenck, 1997; Williams et al., 1997).

주의 편향

Key term

주의 편향(attentional bias): 중립 자극과 동시에 제시된 위협 관련 자극에 주의를 선택적으로 할당하는 것

불안한 사람이 위협 관련 단어에 더 많은 주의를 기울인다는 가정은 합리적으로 보인다. 이들이 위협 관련 자극에 선택적으로 주의를 할당하는 주의 편향(attentional bias)을 보인다는 것이다. 무언가를 갈망하는 사람들이 관련 자극에 특별히 주의를 기울인다고 예측하는 것과 유사한 맥락이다.

발견들

다양하게 변형한 스트룹 과제를 사용한 연구에서 관련 증거를 확인할 수 있다. **정서 스트룹 과제(emotional Stroop task)**에서, 불안 관련 단어 혹은 중립 단어를 참가자에게 제시하였다.

불안 수준이 높은 참가자는 중립 단어보다 정서적으로 부정적인 단어를 명명하는 데 걸리는 시간이 더 길었으나 통제집단은 이런 차이를 보이지 않았다(Bar-Haim et al., 2007).

주의 편향은 **점 탐사 과제(dot-probe task)**로 평가할 수 있다. 이 과제에서는 두 개의 단어를 동시에 제시하는데, 주요 시행에서 위협 관련 단어와 중립 단어를 같이 제시한다. 그리고 단어를 대체하는 점을 탐지하는 속도를 기록하여 주의 할당을 평가한다.

이 과제에서는 주의를 기울인 영역의 탐지 시간이 더 짧다. 그래서 중립 단어보다 위협 관련 단어를 대체했을 때 점의 탐지 시간이 일관되게 짧은 경향이 나타나면 주의 편향이 있다고 볼 수 있다. 그림의 정서 반응 유발 효과가 더 크다는 것에 착안하여 일부 연구에서는 단어가 아닌 그림을 사용하기도 한다.

정서 스트룹 과제와 점 탐사 과제에서 위협 자극을 역치보다 낮은 수준으로 제시했을 때도 주의 편향이 나타났다(Bar-Haim et al., 2007). 이후 연구에서는 주의 편향과 불안의 관련성이 양방향으로 나타난다고 보고하였다. 다시 말해, 불안 수준의 변화가 주의 편향의 변화를 이끌 수 있고, 주의 편향의 변화가 불안 수준의 변화를 초래할 수 있다. 그래서 주의 편향과 불안의 관계는 양방향적이고, 서로를 유지하며, 상호 간의 관계를 강화한다고 기술하는 것이 가장 적절하다(Van Bockstaele et al., 2014).

Rudaizky와 동료들(2014)은 특성 불안이 높으면 부정적 자극에 주의를 **기울일** 가능성이 커지고 그러한 자극에서 주의를 **분리하는** 데도 시간이 걸린다는 것을 보여 주었다. 하지만 두 현상 간의 상관 관계는 없었다. 즉, 주의를 기울이는 현상과 분리하는 현상은 **개별적으로** 불안에 대한 취약성에 영향을 준다는 것을 시사한다.

주의 편향 수정

주의 편향 관련 연구에서 최근에 아주 흥미로운 진전이 있었다. 가령 주의 편향이 불안이나 갈망을 높은 수준으로 유지하게 만든다고 해 보자. 그렇다면 주의 훈련으로 주의 편향을 줄이거나 제거하는 효과를 얻을 수 있다는 결론에 다다른다. 이러한 주의 훈련을 **주의 편향 수정**이라고 한다.

주의 편향을 어떻게 줄일 수 있을까? 점 탐사 과제를 변형하여 중립 단어가 제시되는 지점에 **항상** 점이 나타나게 하였다. 이렇게 하여 위협 단어에 대한 주의 할당을 피하는 것을 배우게 된다.

MacLeod와 동료들(2002)은 점 탐사 과제에서의 주의 훈련이 주의 편향을 줄이고 만족감을 향상하는 데 효과적일 수 있다고 주장하였다. 이들은 특성 불안이 높은 학생에게 6,000회 이상의 주의 훈련을 수행하게 하였으며, 주의 편향이 유의미하게 감소하는 것을 관찰하였다. 더 중요한 것은, 참가자의 특성 불안 점수 역시 유의미하게 낮아졌다는 것이다. 비슷한 방법으로, 사회 불안을 보이는 사람도 훈련을 받은 후 주의 편향이 감소하였으며, 공개 발표할 때도 불안 수준이 낮아졌다(Amir et al., 2008).

Mogoase와 동료들(2014)의 메타 연구에서, 주의 편향 수정이 불안 장애의 치료에 대해서는 유용한 수준의 효과를 보였으나 우울이나 고통의 치료에는 별다른 효과를 보이지 않았다. 그리고 약물 남용에는 효과가 있었으나, 관련 연구의 수가 너무 작아 효과가 확실하다고 주장하기는 어려웠다. 마지막으로, 건강한 참가자가 스트레스 상황에 대처할 때 약간의 이득이 있었다.

요약하자면, 주의 관련 연구에서 전반적으로 개인차를 다루지 않고 있으나, 자극이 주의를 유발하는 정도에는 분명히 개인차가 있다. 그리고 주의 편향을 수정하는 훈련이 만성 불안이나 갈망을 줄여 삶의 질을 향상시킬 수 있을 것이라는 예측이 특히 중요하다. 하지만 그 효과가 그다지 크지 않았고, 대부분의 연구는 단기간의 효과만 살펴보았다. 그래서 주의 편향 수정은 광범위한 치료의 한 가지 구성 요소라고 보는 것이 가장 적절하다.

해석 편향

일상생활에서 종종 모호한 사건을 접한다. 예를 들어, 한밤중에 밖에서 소음이 나면, 도둑이 들었다는 것인가 아니면 고양이 소리인가? 누군가가 당신을 빠르게 지나쳐 간다면, 당신을 싫어한다는 것인가 아니면 단지 당신을 알아보지 못한 것인가?

모호한 상황을 위협적인 것으로 해석하는 경향은 사람들마다 크게 차이가 있다. 좀 더 구체적으로, 불안한 사람이 해석 편향(interpretive bias), 즉 모호한 자극이나 사건을 위협적으로 해석하려는 경향을 보인다는 가설이 제시되었다.

불안한 사람이 보이는 해석 편향에 관한 연구는 대부분 단어나 문장의 해석에 초점을 맞추어 왔다([연구 따라잡기 11-1] 참조). 하지만 불안감은 주로 사회적 상황에서 발생하기 때문에 얼굴 표정과 관련하여 해석 편향을 살펴보는 것도 좋은 방법이다. Yoon과 Zinbarg(2008)는 사회 불안이 높은 사람과 낮은 사람에게 중립적인 표정을 제시하고 해석하게 하였다. 사회 불안이 높은 참가자는 불안한 상황의 예측과 무관하게 중립 표정을 부정적으로 해석하였는데, 이 경우에는 해석 편향이 성격으로 인해 나타났다고 볼 수 있다. 반면에, 사회 불안이 낮은 참가

Key term

해석 편향(interpretive bias): 모호한 자극이나 상황을 위협적인 방식으로 해석하려는 경향

자는 불안한 상황을 예측할 때만 해석 편향을 보였는데, 이 경우에는 해석 편향이 성격이 아니라 불안감을 유발하는 상황으로 인해 나타났다고 볼 수 있다.

[연구 따라잡기 11-1] 해석 편향

불안한 사람의 해석 편향에 관한 연구에서 동음이의어(homographs)의 해석을 다룬 사례가 있다. 동음이의어는 철자는 같지만 서로 다른 2개 이상의 의미를 가진 단어를 말한다. 다음의 단어를 보고(Grey & Mathews, 2000에서 발췌), 먼저 떠오르는 의미를 써 보자.

beat(이기다 & 비트)	nag(잔소리하다 & 경주마)
tank(전차 & 저장소)	maroon(캠프 여행 & 고동색)
stole(훔치다 & 숄)	hang(교수형에 처하다 & 걸다)
strain(염좌 & 종족)	patient(환자 & 참을성 있는)
lie(거짓말 & 누워 있다)	drop(떨어지다 & 방울)
break(부수다 & 휴식)	throttle(목을 조르다 & 연료 조절판)

괄호 안에 있는 해석을 확인하고 당신의 해석이 위협적인 것인지 혹은 중립적인 것인지 확인해 보자. 친구와 비교해 보는 것도 흥미로울 것이다.

많은 연구에서 동음이의어의 해석에 불안감이 미치는 영향을 살펴보았다. 불안한 성격을 가진 집단과 불안 장애 환자가 통제집단에 비해 위협적인 해석을 할 가능성이 더 크게 나타났다(Mathews & MacLeod, 2005).

해석 편향이 처리 과정의 어느 단계에서 발생하는지도 중요한 문제이다(Blanchette & Richards, 2010). 첫 번째 가능성은 모호한 단어나 문장의 모든 의미가 먼저 활성화된 후, 처리 과정의 후반부에 불안 집단이 위협적인 해석을 선택하는 것이다. 다른 가능성은 불안 집단이 처리 과정의 전반부에서부터 위협적인 해석을 선택하는 것이다.

대부분의 연구는 해석 편향이 처리 과정의 후반부에 나타난다는 주장을 선호하였다. Calvo와 Castillo(1997)는 불안감이 높은 사람과 낮은 사람에게 개인적 · 사회적 위협과 관련된 모호한 문장을 제시하였다. 결과를 보면, 불안감이 높은 사람은 문장 제시 후 1,250ms에서 해석 편향을 보였다. 이 결과는 해석 편향이 빠르고 자동적으로 나타난다기보다는 이후의 통제된 처리 과정에 의해 나타난다는 것을 시사한다.

Huppert와 동료들(2007)은 모호한 문장의 해석이 반응 생성과 반응 선택으로 이어지는 단계와 관련되어 있다고 주장하였다. 이들은 참가자에게 '연단으로 갈 때 심장 박동이 빨라진다는 것을 느끼면, 당신은 ____(이)다.'와 같은 불완전한 문장을 보여 주었다. 참가자는 문장을 완성할 수 있는 단어를 골라 채워 넣어야 했다. 사회 불안을 보이는 사람은 생성과 선택 단계에서 해석 편향을 보였다.

[현실세계에서 11-1] 불안 장애와 해석 편향

세 가지 불안 장애(사회 공포증, 공황 장애, 범불안장애)에서 해석 편향의 역할을 살펴보자. 사회 공포증은 사회적 상황에 대한 극도의 불안과 회피 증상을 말한다. 사회 공포증에 핵심적 역할을 하는 것이 해석 편향이다. 사회 공포증 환자는 본인의 사회적 행동이 보이는 것보다 더 부적절하다고 해석한다(Rodebaugh et al., 2010).

공황 장애 환자는 공황 발작으로 고통을 받지만, 이들이 스트레스 사건에 대해 과도한 생리적 반응을 보이는 것은 아니다(Eysenck, 1997). 오히려 공황 장애 환자가 다른 사람에 비해 자신의 신체감각을 재앙적인 수준으로 잘못 해석하기 때문이다(Clark, 1986). Austin과 Kiropoulos(2008)는 참가자에게 '당신은 숨이 차다. 왜 그런가?'와 같은 질문을 하였다. 공황 장애 환자는 사회 공포증 환자나 통제집단에 비해 모호한 내적 자극을 훨씬 더 해로운 것으로 해석하였다. 게다가, 해롭거나 불안한 결과를 훨씬 더 파멸적인 것으로 해석하였다.

범불안장애 환자는 다양한 문제에 대해 과도한 수준으로 걱정하는 모습을 보인다. 이러한 걱정이 진짜로 개인적인 문제를 반영하기도 하지만 일부는 해석 편향으로 인해 나타나기도 한다. Eysenck와 동료들(1991)은 범불안장애 환자와 통제집단에게 다음과 같은 모호한 문장을 들려주었다.

1. At the refugee camp, the weak/week would soon be finished.(weak와 week는 발음이 같아, 소리로 들려주면 두 가지로 해석할 수 있음)
2. The doctor examined little Emma's growth.
3. They discussed the priest's conviction.

제시된 문장에서 불안증 환자만 해석 편향을 보였다[예: '약한(weak)'이란 단어와 연결하여 growth는 암세포의 성장으로, conviction은 법정에서의 유죄 판결로 해석하였다].

지금까지 불안 장애와 해석 편향 간의 연합을 보아 왔다. 하지만 이것만으로는 불안 장애가 해석 편향으로 이어지는지 혹은 그 반대인지를 명확하게 설명하기 어렵다. 해석 편향이 불안 장애를 만들거나 유지하는 데 역할을 한다면, 해석 편향을 줄이거나 제거하는 치료를 받으면 불안 수준이 감소해야 한다.

인지 편향 수정

해석 편향이 불안을 유발하면, 편향을 수정하여 불안감을 줄일 수 있어야 한다.

Rodebaugh와 동료들(2010)은 사회 공포증이 있는 사람에게 두 번의 대중 연설을 하게 하였다. 첫 번째 연설 이후, 해석 편향을 줄일 수 있는 영상 피드백을 받은 사람은 해석 편향이 감소하였고 두 번째 연설 전에 나타나는 예측 불안이 줄었다([그림 11-12]).

Hayes와 동료들(2010)은 범불안장애 환자가 동음이의어와 각본을 위협적이지 않게 해석하

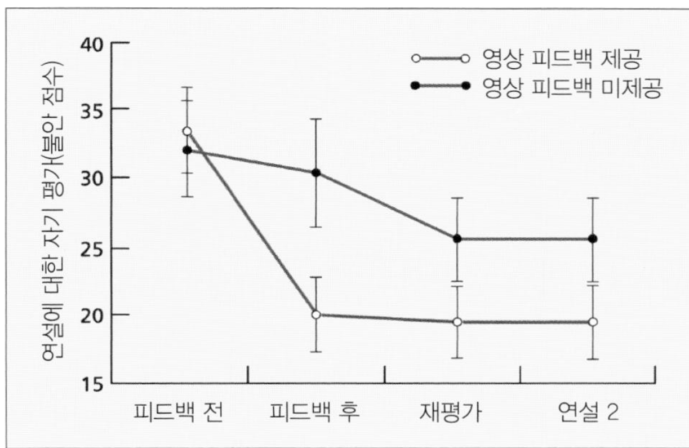

[그림 11-12] 영상 피드백 제공 여부에 따른 연설에 대한 자기 평가. 영상 피드백 제공 후의 자기 평가가 좀 더 긍정적이었고 두 번째 연설에 이런 효과가 이어졌다.
출처: Rodebaugh et al. (2010). Elsevier의 허가를 얻어 재인쇄함.

도록 훈련시켰다. 이와 같은 방식의 중재는 해석 편향과 부정적 생각의 개입을 줄이는 데 효과적이었다.

인지 편향 수정 요법의 효능에 관한 메타 분석에서 Hallion과 동료들(2011)은 해석과 관련한 효과 크기는 컸으나 불안 징후에 관한 효과 크기는 작았다고 보고하였다. 즉, 훈련을 받고 나서 자극을 다르게 해석하였으나, 증상에는 큰 변화가 없었다는 것이다. 이러한 결과는 Cristea와 동료들(2015)이 수행한 메타 분석에서도 반복 검증되었다.

주의 편향에서 논의한 내용과 비슷하게, 해석 편향의 수정이 광범위한 치료의 일부분으로 유용하지만 불안 자체를 없앨 만큼 강력하지는 않다고 결론을 내려야 할 것으로 보인다. 해석 편향과 불안의 상호작용이 편향에서 감정으로 향하는 일방향적인 것이라기보다는 Van Bockstaele와 동료들(2014)이 제안한 대로 상호 간 관계를 유지하고 강화하는 양방향적인 것임을 시사한다. 연구에서 시행한 중재가 간단하여 단기적인 효과만을 보여서 효과 크기가 작게 나타났을 가능성이 있다. 이 방법은, 환자와 치료자가 부적응적 생각을 꺼낼 수 있도록 함께 노력하는 집중 인지 행동 치료와는 다르다(MacLeod & Mathews, 2012).

중간 요약

- 오랫동안 지속되는 만성 불안으로 고생하는 사람 중에 우울증을 겪는 사람도 종종 있다. 관련 연구에서 두 가지 인지 편향(주의 편향, 해석 편향)이 어떤 역할을 하는지를 확인하였다.

주의 편향

- 불안한 사람은 정서 스트룹 과제와 점 탐사 과제에서 주의 편향을 보인다.
- 주의 훈련은 편향과 불안감을 어느 정도 감소시키지만, 유일한 치료법으로 사용하기에는 효과가 충분하지 않다.

해석 편향

- 불안한 사람은 모호한 표정, 단어, 문장을 볼 때 해석 편향이 나타난다. 해석 편향은 처리 과정의 후반부에서 나타난다.
- 해석 편향을 줄이면 불안 장애 환자의 불안 수준이 약간 줄어드는데, 해석 편향이 불안을 증가시키기 때문에 불안과 해석 편향이 부분적으로 연결되는 것으로 보인다. 하지만 그 효과가 개별적인 치료 방법으로 사용할 만큼 크지는 않아서, 하나의 요법으로 사용하는 것이 적절하다.

논술 문제

1. 어떤 정서를 경험하는지 확인할 때 평가의 역할을 논하시오.
2. 정서 조절 시 사용하는 주요 전략을 기술하고, 그중 어떤 전략이 특히 효과적인지를 설명하시오.
3. 기분이 학습과 기억에 어떻게 영향을 미치는가?
4. 여러 가지 기분 상태가 판단과 의사결정에 미치는 효과는 무엇인가?
5. 도덕적 딜레마 상황에서 정서가 결정에 미치는 영향은 무엇인가?
6. 주의 편향과 해석 편향이 불안 장애 및 우울과 어떤 관련성이 있는지 논하시오.

더 읽을 거리

- Blanchette, I., & Richards, A. (2010). The influence of affect on higher level cognition: A review of research on interpretation, judgment, decision making and reasoning. *Cognition & Emotion, 24*, 561-595. Isabelle Blanchette와 Anne Richards가 인지 처리 과정에 대한 정서의 영향에 관해 광범위하게 논의하고 있다.
- Fox, E. (2008). *Emotion science*. New York, NY: Palgrave Macmillan. Elaine Fox가 인지와 정서의 관계에 대해 상세하게 논의하고 있다.
- Gross, J. J. (2015). Emotion regulation: Current status and future prospects. *Psychological Inquiry: An International Journal for the Advancement of Psychological Theory, 26*, 1-26. 정서 조절 분야의 선도적인 연구자가 이에 관한 이론과 연구를 논의하고 있다.
- Lerner, J. S. et al., (2015). Emotion and decision making. *Annual Review of Psychology, 66*, 799-823. 이 논문에서 저자들은 정서와 의사결정에 관한 기존 연구들을 심도 있게 검토하고 있다.
- MacLeod, C., & Mathews, A. (2012). Cognitive bias modification approaches to anxiety. *Annual Review of Clinical Psychology, 8*, 189-217. 이 논문은 불안을 촉발하는 과정에서 주의 편향과 해석 편향의 역할에 대해 상세하게 논의하고 있다.
- Robinson, M. D., Watkins, E. R., & Harmon-Jones, E. (Eds.) (2013). *Handbook of cognition and emotion*. New York: Gulford Press. 이 책은 여러 분야의 영향력 있는 연구자가 인지와 정서에 관한 연구의 개관을 제공한다.

참고문헌

Alves, H., Koch, A., & Unkelbach, C. (2017). Why good is more alike than bad: Processing implications. *Trends in Cognitive Sciences, 21(2)*, 69-79.

Amir, N., Weber, G., Beard, C., Bomyea, J., & Taylor, C. T. (2008). The effect of a single- session attention modification program on response to a public-speaking challenge in socially anxious individuals. *Journal of Abnormal Psychology*, *117*, 860-868.

Augustine, A. A., & Hemenover, S. H. (2009). On the relative merits of affect regulation strategies: A meta-analysis. *Cognition & Emotion*, *23*, 1181-1220.

Austin, D., & Kiropoulos, L. (2008). An internet-based investigation of the catastrophic misinterpretation model of panic disorder. *Journal of Anxiety Disorders*, *22*, 233-242.

Baddeley, A. (2001). Is working memory still working? *American Psychologist*, *56*, 851-864.

Baddeley, A. D. (1986). *Working memory*. Oxford, UK: Clarendon Press.

Bar-Haim, Y., Lamy, D., Pergamin, L., Bakermans-Kronenburg, M. J., & van IJzendoorn, M. H. (2007). Threat-related attentional bias in anxious and nonanxious individuals: A meta-analytic study. *Psychological Bulletin*, *133*, 1-24.

Barrett, L. F., & Russell, J. A. (1998). Independence and bipolarity in the structure of current affect. *Journal of Personality and Social Psychology*, *74*, 967-984.

Blanchette, I., & Richards, A. (2010). The influence of affect on higher level cognition: A review of research on interpretation, judgment, decision making and reasoning. *Cognition & Emotion*, *24*, 561-595.

Bright, D. A., & Goodman-Delahunty, J. (2006). Gruesome evidence and emotion: Anger, blame, and jury decision-making. *Law and Human Behavior*, *30*, 183-202.

Bushman, B. J. (2002). Does venting anger feed of extinguish the flame? Catharsis, rumination, distraction, anger, and aggressive responding. *Personality and Social Psychology Bulletin*, *28*, 724-731.

Cahill, L., Babinsky, R., Markowitsch, H. J., & McGaugh, J. L. (1995). The amygdala and emotional memory. *Nature*, *377*, 295-296.

Calder, A. J., Young, A. W., Rowland, D., Perrett, D. I., Hodges, J. R., & Etcoff, N. L. (1996). Facial emotion recognition after bilateral amygdala damage: Differentially severe impairment of fear. *Cognitive Neuropsychology*, *13*, 699-745.

Calvo, M. G., & Castillo, M. D. (1997). Mood-congruent bias in interpretation of ambiguity: Strategic processes and temporary activation. *Quarterly Journal of Experimental Psychology*, *50A*, 163-182.

Clark, D. M. (1986). A cognitive approach to panic. *Behaviour Research and Therapy*, *24*, 461-470.

Costa, A., Foucart, A., Hayakawa, S., Aparici, M., Apesteguia, J., Heafner, J., & Keysar, B. (2014). Your morals depend on language. *PloS One*, *9*(4), e94842.

Cristea, I. A., Kok, R. N., & Cuijpers, P. (2015). Efficacy of cognitive bias modification interventions in anxiety and depression: Meta-analysis. *The British Journal of Psychiatry*, *206*(1), 7-16.

Easterbrook, J. A. (1959). The effect of emotion on cue utilization and the organization of behavior. *Psychological Review*, *66*, 183-201.

Eich, E. (1995). Searching for mood-dependent memory. *Psychological Science*, *6*, 67-75.

Eich, E., & Metcalfe, J. (1989). Mood-dependent memory for internal versus external events. *Journal of Experimental Psychology: Learning, Memory & Cognition*, *15*, 443-455.

Eriksen, C. W., & St. James, J. D. (1986). Visual attention within and around the field of focal attention: A zoom lens model. *Perception & Psychophysics*, *40*, 225-240.

Eysenck, M. W. (1997). *Anxiety and cognition: A unified theory*. Hove, UK: Psychology Press.

Eysenck, M. W., Derakshan, N., Santos, R., & Calvo, M. G. (2007). Anxiety and cognitive performance: Attentional control theory. *Emotion*, *7*, 336-353.

Eysenck, M. W., Mogg, K., May, J., Richards, A., & Mathews, A. (1991). Bias in interpretation of ambiguous sentences related to threat in anxiety. *Journal of Abnormal Psychology*, *100*, 144-150.

Fox, E. (2008). *Emotion science*. New York, NY: Palgrave Macmillan.

Friedman, M., & Rosenman, R. H. (1959). Association of specific overt behavior pattern with blood and cardiovascular findings: blood cholesterol level, blood clotting time, incidence of arcus senilis, and clinical coronary artery disease. *Journal of the American Medical Association*, *169*(12), 1286-1296.

Frijda, N. H. (1986). *The emotions*. Cambridge, UK: Cambridge University Press.

Gill, N. P., Bos, E. H., Wit, E. C., & de Jonge, P. (2017). The association between positive and negative affect at the inter-and intra-individual level. *Personality and Individual Differences*, *105*, 252-256.

Grey, S., & Mathews, A. (2000). Effects of training on interpretation of emotional ambiguity. *Quarterly Journal of Experimental Psychology*, *53*, 1143-1162.

Griskevicius, V., Shiota, M. N., & Neufeld, S. L. (2010). Influence of different positive emotions on persuasive processing: A functional evolutionary approach. *Emotion*, *10*, 190-206.

Gross, J. J., & Thompson, R. A. (2007). Emotion regulation: Conceptual foundations. In J. J. Gross (Ed.), *Handbook of emotion regulation*. New York, NY: Guilford Press.

Hallion, L. S., & Ruscio, A. M. (2011). A meta-analysis of the effect of cognitive bias modification on anxiety and depression. *Psychological Bulletin*, *137*(6), 940-958.

Hareli, S., & Weiner, B. (2002). Dislike and envy as antecedents of pleasure at another's misfortune. *Motivation and Emotion*, *26*, 257-277.

Hayes, S., Hirsch, C. R., Krebs, G., & Mathews, A. (2010). The effects of modifying interpretation bias on worry in generalized anxiety disorder. *Behaviour Research and Therapy*, *48*, 171-178.

Huppert, J. D., Pasupuleti, R. V., Foa, E. B., & Mathews, A. (2007). Interpretation bias in social anxiety: Response generation, response selection, and self-appraisals. *Behaviour Research and Therapy*, *45*, 1505-1515.

Izard, C. E. (2007). Basic emotions, natural kinds, emotion schemas, and a new paradigm. *Perspective in Psychological Science*, *2*, 260-280.

Jolij, J., & Lamme, V. A. F. (2005). Repression of unconscious information by conscious processing: Evidence for affective blindsight induced by transcranial magnetic stimulation. *Proceedings of the National Academy of Sciences of the United States of America*, *102*, 10747-10751.

Kenealy, P. M. (1997). Mood-state-dependent retrieval: The effects of induced mood on memory reconsidered. *Quarterly Journal of Experimental Psychology*, *50A*, 290-317.

Keren, G., & Schul, Y. (2009). Two is not always better than one: A critical evaluation of two-system theories. *Perspectives on Psychological Science*, *4*, 533-550.

Koole, S. L., Webb, T. L., & Sheeran, P. L. (2015). Implicit emotion regulation: Feeling better without knowing why. *Current Opinion in Psychology*, *3*, 6-10.

Lench, H. C., & Levine, L. J. (2005). Effects of fear on risk and control judgments and memory: Implications for health promotion messages. *Cognition & Emotion*, *19*, 1049-1069.

Lerner, J. S., & Keltner, D. (2001). Fear, anger, and risk. *Journal of Personality and Social Psychology*, *81*, 146-159.

Lerner, J. S., & Tiedens, L. Z. (2006). Portrait of the angry decision maker: How appraisal tendencies shape anger's influence on cognition. *Journal of Behavioral Decision Making*, *19*, 115-137.

Lerner, J. S., Gonzalez, R. M., Small, D. A., & Fischhoff, B. (2003). Effects of fear and anger on perceived risks of terrorism: A national field experiment. *Psychological Science*, *14*, 144-150.

Litvak, P. M., Lerner, J. S., Tiedens, L. Z., & Shonk, K. (2010). Fuel in the fire: How anger impacts judgment and decision-making. In M. Potegal, G. Stemmler, & C. Spielberger (Eds.), *International handbook of anger: Constituent and concomitant biological, psychological, and social processes* (pp. 287-310). New York, NY: Springer.

MacLeod, C., & Mathews, A. (2012). Cognitive bias modification approaches to anxiety. *Annual Review of Clinical Psychology*, *8*, 189-217.

MacLeod, C., Rutherford, E., Campbell, L., Ebsworthy, G., & Holker, L. (2002). Selective attention and emotional vulnerability: Assessing the causal basis of their association through the experimental manipulation of attentional bias. *Journal of Abnormal Psychology*, *111*, 107-123.

Mathews, A., & MacLeod, C. (2005). Cognitive vulnerability to emotional disorders. *Annual Review of Clinical Psychology*, *1*, 167-195.

McRae, K., Hughes, B., Chopra, S., Gabrieli, J. D. E., Gross, J. J., & Ochsner, K. N. (2010). Neural systems supporting the control of affective and cognitive conflicts. *Journal of Cognitive Neuroscience*, *22*, 248-262.

Miranda, R., & Kihlstrom, J. F. (2005). Mood congruence in childhood and recent autobiographical memory. *Cognition & Emotion*, *19*, 981-998.

Mogoaçe, C., David, D., & Koster, E. H. (2014). Clinical efficacy of attentional bias modification procedures: An updated meta-analysis. *Journal of Clinical Psychology*, *70*(12), 1133-1157.

Moons, W. G., & Mackie, D. M. (2008). Thinking straight while seeing red: The influence of anger on information processing. *Personality and Social Psychology Bulletin*, *33*, 706-721.

Ochsner, K. N., & Gross, J. J. (2008). Cognitive emotion regulation: Insights from social cognitive and affective neuroscience. *Current Directions in Psychological Science*, *17*, 153-158.

Ochsner, K. N., Ray, R. R., Hughes, B., McRae, K., Cooper, J. C., Weber, J., et al. (2009). Bottom-up and top-down processes in emotion generation: Common and distinct neural mechanisms. *Psychological Science*, *20*, 1322-1331.

Öhman, A., & Soares, J. J. F. (1994). "Unconscious anxiety": Phobic responses to masked stimuli. *Journal of Abnormal Psychology*, *103*, 231-240.

Pecher, C., Lemercier, C., & Cellier, J. -M. (2009). Emotions drive attention: Effects on driver's behaviour.

Safety Science, *47*, 1254–1259.

Pegna, A. J., Khateb, A., Lazeyras, F., & Seghier, M. L. (2005). Discriminating emotional faces without primary visual cortices involves the right amygdala. *Nature Neuroscience*, *8*, 24–25.

Pessoa, L. (2008). On the relationship between emotion and cognition. *Nature Reviews Neuroscience*, *9*, 148–158.

Polivy, J. (1981). On the induction of emotion in the laboratory: Discrete moods or multiple affect states? *Journal of Personality and Social Psychology*, *41*, 803–817.

Preston, S. D., Buchanan, T. W., Stansfield, R. B., & Buchanan, A. (2007). Effects of anticipatory stress on decision making in a gambling task. *Behavioral Neuroscience*, *121*, 257–263.

Raghunathan, R., & Pham, M. T. (1999). All negative moods are not equal: Motivational influences of anxiety and sadness on decision making. *Organizational Behavior and Human Decision Processes*, *79*, 56–77.

Rodebaugh, T. L., Heimberg, R. G., Schultz, L. T., & Blackmore, M. (2010). The moderated effects of video feedback for social anxiety disorders. *Journal of Anxiety Disorders*, *24*, 663–671.

Russell, J. A., & Carroll, J. M. (1999). On the bipolarity of positive and negative affect. *Psychological Bulletin*, *125*(1), 3–30.

Rusting, C. L., & DeHart, T. (2000). Retrieving positive memories to regulate negative mood: Consequences for mood-congruent memory. *Journal of Personality and Social Psychology*, *78*, 737–752.

Scherer, K. R., Schorr, A., & Johnstone, T. (Eds.). (2001). *Appraisal processes in emotion: Theory, methods, research*. Oxford, UK: Oxford University Press.

Schwarzkopf, D. S., Zhang, J. X., & Kourtzi, Z. (2009). Flexible learning of natural statistics in the human brain. *Journal of Neurophysiology*, *102*, 1854–1867.

Scott, S. K., Young, A. W., Calder, A. J., Hellawell, D. J., Aggleton, J. P., & Johnson, M. (1997). Impaired auditory recognition of fear and anger following bilateral amygdala lesions. *Nature*, *385*, 254–257.

Small, D. A., & Lerner, J. S. (2008). Emotional policy: Personal sadness and anger shape judgments about a welfare case. *Political Psychology*, *29*, 149–168.

Smith, C. A., & Kirby, L. D. (2001). Toward delivering on the promise of appraisal theory. In K. R. Scherer, A. Schorr, & T. Johnstone (Eds.), *Appraisal processes in emotion: Theory, methods, research*. Oxford, UK: Oxford University Press.

Smith, C. A., & Lazarus, R. S. (1993). Appraisal components, core relational themes, and the emotions. *Cognition & Emotion*, *7*, 233–269.

Starcke, K. W., lf, O. T., Markowitsch, H. J., & Brand, M. (2008). Anticipatory stress influences decision making under explicit risk conditions. *Behavioral Neuroscience*, *122*, 1352–1360.

Stevenson, R. A., Mikels, J. A., & James, T. W. (2007). Characterization of the affective norms for English words by discrete emotional categories. *Behavior Research Methods*, *39*(4), 1020–1024.

Tamietto, M., & de Gelder, B. (2008). Affective blindsight in the intact brain: Neural interhemispheric summation for unseen fearful expressions. *Neuropsychologia*, *46*, 820–828.

Tong, E. M. W. (2010a). The sufficiency and necessity of appraisals for negative emotions. *Cognition & Emotion*, *24*, 692–701.

Tong, E. M. W. (2010b). Personality influences in appraisal-emotion relationships: The role of neuroticism. *Journal of Personality*, *78*, 393-417.

Tulving, E. (1979). Relation between encoding specificity and levels of processing. In L. S. Cermak & F. I. M. Craik (Eds.), *Levels of processing in human memory*. Hillsdale, NJ: Lawrence Erlbaum.

Van Bockstaele, B., Verschuere, B., Tibboel, H., De Houwer, J., Crombez, G., & Koster, E. H. (2014). A review of current evidence for the causal impact of attentional bias on fear and anxiety. *Psychological Bulletin*, *140*(3), 682-721.

Van Dillen, L. F., & Koole, S. L. (2007). Clearing the mind: A working memory model of distraction from negative mood. *Emotion*, *7*, 715-723.

Van Dillen, L. F., Heselenfeld, D. J., & Koole, S. L. (2009). Turning down the emotional brain: An fMRI study of the effects of cognitive load on the processing of affective images. *NeuroImage*, *45*, 1212-1219.

Velten, E. (1968). A laboratory task for induction of mood states. *Behaviour Research and Therapy*, *6*, 473-482.

Viviani, R. (2013). Emotion regulation, attention to emotion, and the ventral attentional network. *Frontiers in Human Neuroscience*, 7, 746. doi: 10.3389/ fnhum.2013.00746

Ward, J. (2010). *The student's guide to cognitive neuroscience* (2nd ed.). Hove, UK: Psychology Press.

Warriner, A. B., Kuperman, V., & Brysbaert, M. (2013). Norms of valence, arousal, and dominance for 13,915 English lemmas. *Behavior Research Methods*, *45*, 1191-1207.

Waters, E. A. (2008). Feeling good, feeling bad, and feeling at risk: A review of incidental affect's influence on likelihood estimates of health hazards and life events. *Journal of Risk Research*, *11*, 569-595.

Watson, D., & Tellegen, A. (1985). Toward a consensual structure of mood. *Psychological Bulletin*, *98*(2), 219-235.

Williams, J. M. G., Watts, F. N., MacLeod, C. M., & Mathews, A. (1997). *Cognitive psychology and emotional disorders* (2nd ed.). Chichester, UK: Wiley.

Yoon, K. L., & Zinbarg, R. E. (2008). Interpreting neutral faces as threatening is a default mode for socially anxious individuals. *Journal of Abnormal Psychology*, *117*, 680-685.

Zhang, T. R., & Chan, A. H. S. (2016). The association between driving anger and driving outcomes: A meta-analysis of evidence from the past twenty years. *Accident Analysis and Prevention*, *90*, 50-62.

DRC 모형(DRC-mode): 지역 표상에 기반하여 어떻게 문자언어 입력이 음성언어 출력으로 변환되는지에 대한 계산 모형. **삼각 모형**에 대한 설명도 참조할 것

가설 검증(hypothesis testing): 가설을 형성하거나 잠정적인 설명에 기반한 문제 해결 접근으로 한 번 이상의 검사를 하게 됨

가용성 어림법(availability heuristic): 해당 사건에 관한 정보를 얼마나 쉽게 장기기억에서 접근할 수 있는지에 기초하여 특정 사건의 빈도를 (종종 틀리게) 추정하는 어림법

각성(arousal): 신체적 흥분 정도를 나타내는 정서의 기본 차원으로 각성의 부재(조용한, 비활동적)부터 강한 각성(각성된, 흥분된) 상태로 변할 수 있음. **유인가**에 대한 설명도 참조할 것

감각(sensation): 수용기에 의해 정보를 받아들여 뇌가 처리할 수 있는 신호로 변환하는 것으로 이미지, 소리, 냄새, 맛과 같은 것임

개념(concept): 사물의 범주를 나타내는 심적 표상으로, 장기기억에 저장되어 있음

개인화된 도덕적 딜레마(personal moral dilemma): 사람들을 해하거나 죽일 수 있는 대안적 행동들 사이에서 복잡한 판단과 의사결정을 해야만 하는 상황으로, 자신의 행동이 자신과 상호작용하는 다른 이들의 행복에 직접적인 영향을 미침

결합 오류(conjunction fallacy): 두 사건이 함께 또는 결합하여 발생할 확률이 이 사건들 각각 발생할 확률보다 크다고 생각하는 잘못된 가정으로, 아주 유명한 린다 문제를 가지고 연구됨

경계 확장(boundary extension): 시각적 장면의 내적 표상이 실제 장면보다 더 완전하고 광범위하다는 발견으로 지각적 도식과 기대에 의존함

경두개 자기자극(transcranial magnetic stimulation: TMS): 자기 펄스가 특정 뇌 영역의 기능을 잠시 방해하여 짧은 시간 동안의 병변을 만들어 내는 기법. 몇 개의 펄스가 연속적으로 빠르게 주어지면 그 기법을 반복 경두개 자기자극(rTMS)이라고 함

계산 모형(computational model): 과제 수행을 위해 필요한 인간의 인지 정보처리를 모사하고 흉내 내는 컴퓨터 프로그램

계산 모형화(computational modeling): 인간 인지 기능의 특정 측면을 모사하고 흉내 낼 수 있는 컴퓨터 프로그램을 구성하는 것

계열적 처리(serial processing): 특정 순간에는 단 하나의 처리만 일어나며 이 처리는 다음 단계가 시작되기 전에 끝남. **병렬적 처리**에 대한 설명도 참조

고무손 착시(rubber hand illusion): 고무손이 자기의 손이라는 오지각으로, 눈에 보이는 고무손이 자신의 숨겨진 손과 동시에 만져질 때 발생함

고정(fixations): 읽기 시 눈이 멈춰 있는 순간으로, 이 시간에 글로부터 정보가 획득되며 평균 250ms 정도 지속됨

고정관념(stereotypes): 특정 집단에 대한 지나치게 단순화된 (보통 부정적인) 일반화를 포함하는 도식

공감각(synesthesia): 한 감각 양상(예: 청각)에서의 자극이 다른 감각 양상(예: 시각)에서 이미지를 환기시키는 감각 경험

공통 기반(common ground): 화자와 청자 모두가 가진 공유된 지식 및 신념으로 의사소통의 도움을 위해 사용됨

과잉 기억 증후군(hyperthymestic syndrome): 자신의 삶의 사건에 대한 엄청나게 뛰어난 기억 능력. 즉, 매우 뛰어난 자서전적 기억

구(phrase): 하나의 생각을 표현하기 위해 문장에서 사용되는 일군의 단어들. 절에 대한 설명도 참조할 것

구문 분석(parsing): 듣거나 읽은 문장의 문법 구조를 파악하는 것

군중 속의 얼굴 효과(face-in-the-crowd effect): 위협적인(특히 분노가 표현된) 얼굴은 다른 얼굴들과 함께 있을 때 다른 정서 표현을 가진 얼굴보다 더 빨리 지각되는 현상

귀납 추리(inductive reasoning): 일반적 결론이 일련의 관찰에 의해 도출된다는 추리의 한 형태로, 도출된 결론이 반드시 참(연역 추리에서는 항상 참)일 필요는 없음. 결론은 **가설 검증**을 통해서 평가될 수 있음

규범(deontic rules): 추리 과정에서 규칙 위반의 탐지를 강조하는 규칙

기능적 고착(functional fixedness): 문제 해결 시 사물의 통상적 기능(들)을 융통성 없이 사용하는 것

기능적 자기공명영상(functional magnetic resonance imaging: fMRI): 자기공명영상 기기를 이용하여 혈

액의 산소포화도 영상에 기초하여 뇌를 영상화하는 기법으로 아주 좋은 공간 해상도를 가지며, 합리적 수준의 시간 해상도를 가짐

기능적 전문화(functional specialization): 인지적 기능(예: 색상 처리, 얼굴 처리)이 특정한 뇌 영역에서만 일어난다는 (일부분만 옳은) 가정

기록 분석(protocol analysis): 어떤 과제를 수행하는 동안 참가자가 말한 내용을 분류 또는 연구하는 것

기분 일치(mood congruity): 학습자의 (또는 기억하는 사람의) 기분 상태가 기억할 자료의 정서가와 같을 때 (또는 일치할 때) 학습과 인출이 더 잘 된다는 발견

기술 학습(skill learning): 절차 기억에 대한 설명을 참조할 것

기억상실증(amnesia): 장기기억(특히 서술 기억)의 심각한 장애가 있는 뇌 손상으로 인한 질환

기억술(mnemonics): 학습자들이 정보에 대한 장기기억을 강화시키기 위해 사용할 수 있는 다양한 방법이나 체계로 구성됨

기억폭(memory span): 한 사람이 정확한 순서로 즉시 기억해 낼 수 있는 항목(예: 숫자나 단어)의 수로서, 단기기억 용량의 측정치로 사용됨

기저율(base rate): 하나의 사건이 전집에서 발생할 상대빈도로서, 개인이 **판단**을 할 때 종종 무시되거나 덜 강조됨

길 혼돈 이론(garden-path theory): 통사적 중의성은 일단 통사적 원리에 의해 해소된다고 상정하는 구문 분석 이론. **제약 기반 이론**에 대한 설명도 참조할 것

낙관 편향(optimism bias): 타인에 비해 자신이 긍정적 사건을 경험할 가능성은 과장하고 부정적 사건을 경험할 가능성은 최소 추정하는 경향

난독증(dyslexia): 읽기와 쓰기 학습에서의 지속적인 문제로서, 그 사람의 지능이나 교육 수준을 바탕으로 기대되는 수준보다 더 낮은 읽기 및 쓰기 수행을 보이도록 이끎

내성법(introspection): 주의 깊게 한 사람의 내적인 정신 과정과 상태에 대해 조사하고 기술하는 것

내적 사전(internal lexicon): 장기기억에 저장된 단어의 소리, 철자, 의미에 대한 정보로, 마치 사전과 같은 기능을 함

뇌자도(magneto-encephalography, MEG): 뇌의 활동에 의해 유발된 자기장의 기록에 기초한 비침습적 두뇌 촬영 기법으로, 아주 뛰어난 시간 해상도와 비교적 좋은 공간 해상도를 지님

다중 감각 주의(cross-modal attention): 두 개 혹은 그 이상의 감각 양식(예: 시각과 청각)에 걸친 주의 조정

다중작업(multitasking): 같은 시간에 두 개 혹은 그 이상의 과제를 수행하는 것

단어 길이 효과(word-length effect): 옳은 순서로 단어 목록을 즉시 회상할 때 긴 단어가 짧은 단어에 비해 더 적게 회상되는 현상

단어 빈도 효과(word frequency effect): 언어생활에서 더 많이 사용되는 단어가 그렇지 못한 단어에 비해 더 쉽게 처리되는 현상

단어 연상 과제(word association task): 참가자들은 제시된 단어를 보고 머릿속에 떠오르는 첫 번째 단어(또는 첫 세 단어)를 말해야 함. 단어들 사이의 의미적 관련성을 결정하기 위해 사용되는 과제임

단어 우월성 효과(word superiority effect): 목표 글자가 비단어 안에 있을 때보다 단어 안에 있을 때 더 잘 탐지되는 현상

단어 조각 과제(word-fragment task): 암묵적 학습 연구를 위해 종종 사용되는 과제로, 운동 반응에 기초하지 않음. 참가자는 한 단어의 일부를 제시받고 그 단어를 완성해야 함. 이 과제를 수행하기 전에 이루어진 앞선 과제에서 그 단어를 본 경우 단어 완성의 수행이 더 좋아지는데, 심지어 두 과제 사이의 관련성을 인식하지 못하고 있을 때도 수행 향상이 나타남

단원성(modularity): 인지 체계가 상당히 독립적이거나 개별적인 여러 모듈 또는 프로세서로 구성되어 있으며, 각각의 모듈 또는 프로세서는 특정 유형의 정보처리에 특화되어 있다는 가정(예: 얼굴 정보처리)

담화(discourse): 최소 몇 개의 문장이 연결된 형태의 언어로 문어 텍스트나 구어 발화의 형태 모두 해당됨

담화 표지(discourse markers): 화자가 사용하는 단어나 구[예: '오(oh)' '그래서(so)']인데, 메시지의 내용과는 직접적인 관련이 없음에도 불구하고 의사소통에 도움을 줌

대응 편향(matching bias): Wason 선택 과제에 적용되듯이, 카드가 올바른지 아닌지 여부에 상관없이 규칙 내에 포함된 내용과 일치하기 때문에 선택하는 것

대표성 어림법(representativeness heuristic): 어떤 물체나 개인이 특정 범위의 대표성이나 전형성을 띠고 있기 때문에 그 범주에 속한다고 생각하는 어림법으로, **판단** 시 사용되며 **기저율** 정보를 무시할 경우 잘못된 답을 산출하게 됨

더닝-크루거 효과(Dunning-Kruger effect): 숙련도가 낮은 사람이 높은 사람보다 자신의 능력을 과대평가하는 현상

덩이(chunks): 더 작은 조각의 정보를 통합하여 생성된 정보의 저장 단위

도식(schema): 연관된 명제들의 집합으로, 세상, 사건, 사람들에 대한 전형적 지식 모둠

동사 편향(verb bias): 몇몇 동사들은 다른 구조에서보다 특정 통사적 혹은 문법적 구조에서 더 자주 사용된다는 발견

동시조음(coarticulation): 한 음소의 산출은 그 전이나 그 다음 소리에 의해 영향을 받는다는 발견으로, 이는 청자에게 유용한 단서를 제공함

동음이의어(homographs): 철자는 같은데 적어도 두 가지 이상의 의미를 가진 단어들로(예: maroon, throttle), 해석적 편향을 연구하는 데 사용됨

따라 말하기(shadowing): 소리로 제시되고 있는 한 메시지를 그대로 반복해 말하는 것. 이때 두 번째 메시지 역시 동시에 소리로 제시되고 있음

리버스 문제(rebus problems): 잘 알려진 구의 일부를 다양한 언어적/시각적 단서들로 대체하여 제공한 문제로, 통찰에 의해 종종 해결됨

만족화(satisficing): 의사결정 시, 개인의 최소 요구를 만족시키는 첫 번째 선택지를 고르는 것과 관련된 어림법으로 'satisfactory'와 'sufficing'의 합성으로 만들어짐

말한 대로 믿는 현상(saying-is-believing effect): 주어진 청중에 맞게 어떤 사건에 대한 메시지를 각색하면 그것이 나중에 그 사건에 대한 부정확한 기억을 유발하는 현상

매몰 비용 효과(sunk-cost effect): 아무런 효과도 없이 노력, 시간, 혹은 돈을 투자한 사람이 자신의 투자를 정당화하고자 더 많은 자원을 투자하는 경향이 있다는 것으로, '이미 많은 돈을 낭비하고도 돈을 더 쓰다.'라는 경구가 이 뜻을 잘 나타냄

맥거크 효과(McGurk effect): 발화된 음소와 화자의 입술의 움직임이 불일치할 때 청자는 청각과 시각 정보를 결합하여 이 소리를 지각함

맹시(blindsight): 일차 시각 피질의 손상에 의해 종종 발생하는 명백히 역설적인 질환으로, 의식적 자각의 부재에도 시지각의 행동적 증거가 나타나는 현상

메타 기억(meta-memory): 기억 시 사용한 전략을 포함한 자신의 기억에 관한 신념이나 지식

메타 분석(meta-analysis): 특정 주제에 대한 수많은 연구에서 나온 발견들의 결합에 기초한 통계 분석의 한 형태

멘탈 세트(mental set): 특정 방식이 과거에 성공하는 것으로 보였기 때문에 그러한 방식으로 생각하거나 행동할 준비가 되어 있음

명시적 학습(explicit learning): 무엇을 배우고 있는지에 대한 의식적 자각이 수반된 학습의 한 형태로, 장기기억에 저장됨

명제(proposition): 정해진 수의 결합 규칙에 기반하여 정보를 표상하는 개념 구성이며, 진위 진술로 표현됨. 의미기억의 저장 단위로 가정됨

모호한 문제(ill-defined problems): 문제 진술문의 정의가 정확하지 않은 문제로, 목표 상태와 문제를 해결하기 위해 사용되어야 할 방법이 불명확함. **잘 정의된 문제**에 대한 설명도 참조할 것

무기 초점(weapon focus): 목격자가 특정 상황에서 한 가지 중요한 측면에만 너무 몰두한 나머지 다른 세부사항들을 무시하는 현상

무시증(neglect): 손상된 뇌 부위의 반대편에 제시된 자극이나 자극의 일부가 탐지되지 않거나 반응할 수 없는 시각 주의 장애로, 소거와 비슷한 장애이지만 좀 더 심각함

무의식적 이동(unconscious transference): 목격자가 친숙한 (그러나 죄가 없는) 얼굴을 범죄를 저지른 사람으로 오인하는 경향

문제 공간(problem space): Newell과 Simon(1972)에 의해 사용된 모형으로, 문제를 푸는 사람을 미로에서 길을 찾으려는 사람과 비교함. 이 미로에서 사람들은 문제의 초기 상태에서 일련의 중간 상태를 거쳐 바람직한 최종 목표 상태로의 심적 여정을 가짐

미래 기억(prospective memory): 그 일을 하도록 명시적으로 상기시키지 않아도 의도된 행동을 수행할 것을 기억하는 것. **회고적 기억**에 대한 설명도 참조할 것

반복 경두개 자기자극(repetitive transcranial magnetic stimulation, rTMS): 경두개 자기자극을 빠르게 연속해서 반복적으로 시행하는 것

반복 점화(repetition priming): 자극이 처음보다 두 번째 만났을 때 더 효율적으로 처리된다는 발견. **점화** 또는 **의미 점화**에 대한 설명도 참조할 것

방추상 얼굴 영역(fusiform face area): 얼굴 처리와 연관된 하측두 피질의 한 영역으로, 실제로 다른 범주의 시각적 사물의 처리에도 관여하기 때문에 용어 자체는 오해의 소지가 있음

배양기(incubation): 일정 시간동안 문제를 한 쪽에 놓아두는 문제 해결의 한 단계로, 이 단계가 문제 해결을 촉진시킨다고 함

범주(category): 함께 속할 수 있는 물체의 집합이나 종류(예: 가구류, 네발 동물)

범주 지각(categorical perception): 어떤 소리가 두 음소 사이에서 중간일 때, 듣는 사람은 일반적으로 그 두 음소 중 하나로 지각한다는 발견

변화맹(change blindness): 시각 자극이 다른 자극으로 이동, 변경 또는 대체되었음을 감지하지 못하는 현상

변화맹에 대한 무지(change blindness blindness): 개인이 자신의 시각적 변화 탐지 능력을 과신하여 본인은 변화맹을 피할 수 있을 것이라고 생각하는 경향

병렬적 처리(parallel processing): 두 개 혹은 그 이상의 처리가 동시에 일어나는 것. **계열적 처리**에 대한 설명도 참조할 것

복화술사 착시(ventriloquist illusion): 복화술에서처럼, 소리가 분명한 시각적 원천으로부터 나온다는 잘못된 지각

부분-전체 효과(part-whole effect): 얼굴의 일부가 그것만 제시될 때보다 전체 얼굴 맥락에서 제시될 때 더 쉽게 재인되는 현상

부작위 편향(omission bias): 행동을 해서 위험을 감수하기보다 하지 않고 위험을 감수하는 경향으로, 행동을 할 때의 이익이 더 클 때도 나타남

부주의맹(inattentional blindness): 사람들이 중요한 사물이나 사건을 종종 지각하는 데 실패하는 현상으로, 특히 다른 것에 집중할 때 발생함

부호화 특수성 원리(encoding specificity principle): 기억 인출은 인출 시 가용한 정보와 기억 흔적 안의 정보 사이의 중첩 정도에 달려 있다는 생각으로, 중첩의 정도가 높을 때 인출이 가장 잘 됨

분리뇌 환자(split-brain patients): 두 반구 사이의 직접적 연결고리의 대부분이 끊어진 환자로, 이 결과 정보처리와 행동을 조정하는 데 문제를 겪을 수 있음

분리 주의(split attention): 시각 공간의 인접하지 않은 두 개(혹은 그 이상)의 영역에 주의를 할당하는 것

분산 주의(divided attention): 동시에 두 과제를 수행하는 상황으로 다중작업으로도 알려져 있음

분절(segmentation): 연속된 발화를 개별 단어로 나누는 것

불명확한 경계(fuzzy boundary): 많은 범주들 사이에는 점진적 전이 영역이 존재하는데, 대부분의 경우 필수적인 특징의 목록만 가지고는 해당 개념을 정의하는 것이 불가능함을 가리키는 용어

브레인스토밍(brainstorming): 문제 해결의 한 방법으로, 사람들은 가능하고 비전형적인 해결책을 아주 광범위하게 도출하고 이후 이러한 생각들 중 일부가 유용한 해결책이 될 수 있는지 살피는 전략. 기능적 고착이나 멘탈 세트가 적용되는 통찰 문제에 직면했을 때 사용됨

비단어(nonwords): 발음은 가능하지만 실재하는 단어가 아닌 문자열이나 소리열

비서술 기억(non-declarative memory): 암묵기억으로도 알려져 있으며, 정보의 의식적 회상을 포함하지 않는 기억. **서술 기억**에 대한 설명도 참조할 것

빠른 도약(saccades): 고정(fixation)에 의해 분리되는 빠른 안구 움직임

사건 관련 전위(event-related potentials: ERPs): 같은 혹은 유사한 자극이 반복적으로 제시될 때 뇌의 반응을 평균하여 얻은 뇌파(electroencephalograph: EEG) 활동의 양상

사건기반 미래 기억(event-based prospective memory): 미래 기억의 한 종류로, 특정 사건(예: 식료품점을 보는 것)이 특정 행위(예: 과일을 사는 것)를 수행하도록 하는 단서가 되는 것

사물 우월성 효과(object superiority effect): 어떤 특질이 사물의 일부일 때가 모르는 형태의 일부일 때보다 더 쉽게 처리되는 현상

사전 어구(preformulation): 화자가 이전에 빈번하게 사용했던 구를 반복해서 산출하는 현상으로, 음성 산출에 필요한 인지적 요구를 경감시키기 위해 사용함

사후 오정보 효과(post-event misinformation effect): 범죄나 사건 후에 잘못 제공되는 정보에 의해 증인의 기억이 왜곡되는 현상

사후 확신 편향(hindsight bias): 사람들이 실제로 무슨 일이 일어났는지 알고 난 뒤, 자신이 그 사건을 얼마나 정확하게 예측했는가를 과장하는 경향

삼각 모형(triangle model): 문어 입력이 구어 출력으로 변환되는 것에 관한 분산 표상 기반의 계산 모형. DRC **모형**에 대한 설명도 참조할 것

삼단논법(syllogism): **연역 추리**에 관한 연구에서 사용되는 문제의 유형으로, 두 개의 진술이나 **전제**와 이 전제들로부터 논리적으로 따르거나 따르지 않을 수 있는 하나의 결론으로 이루어짐

상관 계수(correlation coefficient): 두 개의 변수가 얼마나 관련되어 있는가를 나타내는 통계 측정치로, −1에서 1 사이의 값을 가짐. 양의 값은 두 변수가 같은 방향으로 변한다(한 변수의 값이 증가하면 다른 변수의 값 역시 증가함)는 것을 의미하고, 음의 값은 두 변수가 반대 방향으로 변한다(한 변수의 값이 증가하면 다른 변수의 값은 감소함)는 것을 의미함. 1이나 −1과 가까운 값일수록 더 강한 상관 관계를 나타내며, 이때 한 변수를 기반으로 다른 변수의 값을 더 잘 예측할 수 있음. 상관 계수가 0에 가깝다는 것은 두 변수가 독립적이라는 것을 나타내고, 이 경우 한 변수에 기초하여 다른 변수의 값을 예측하는 것은 불가능함

상향적 처리(bottom-up processing): 개인의 지식과 기대보다는 환경의 입력자극에 의해 직접적으로 결정되는 처리

생태학적 타당성(ecological validity): 특히 실험실에서 이루어진 연구의 결과가 현실세계에서 일반화될 수 있는 정도

인생 대본(life script): 자신이 살아가는 사회에서 개인의 전형적인 중요한 인생의 사건으로 결혼이나 출산과 같은 예가 있음

서술 기억(declarative memory): 외현기억이라는 용어로도 알려져 있으며, 정보에 대한 의식적 회상과 관련되어 있음. **비서술 기억**에 대한 설명도 참조할 것

선조체(striatum): 기저핵의 한 부분으로 뇌간과 대뇌 반구 사이에 놓인 피질하 구조. 암묵적 학습에서 중요한 역할을 함

선택 주의(selective attention): 다른 자극을 무시하면서 한 가지 정보의 원천에만 주의를 기울이도록 힘쓰는 상황으로, 초점 주의로도 알려져 있음

설단현상(tip-of-thc-tongue state): 머릿속에 떠오르는 생각이나 개념을 표현하는 적절한 단어를 찾을 수 없을 때 화자들이 겪는 좌절감

섬광기억(flashbulb memories): 극적이고 중요한 사건에 대한 생생하고 자세한 기억

소거(extinction): 시각 주의와 관련된 장애로, 손상된 뇌의 같은 쪽 시야에 자극이 제시되었을 때, 동시에 반대쪽 시야에 제시된 자극을 탐지하지 못하는 현상

손상(lesion): 질병이나 부상으로 인한 뇌 내부의 구조적 변화

손실 회피(loss aversion): 의사결정 시 대부분의 사람이 잠재적인 이익보다는 손실에 더 민감한 경향

수단-목표 분석(means-ends analysis): 문제의 현재 상태와 최종 또는 목표 상태의 차이를 줄이기 위해 고안된 하위 목표를 생성하여 문제를 해결하는 **어림법**

순차 반응 과제(serial reaction time task): 암묵적 학습 연구에서 사용되는 주요 과제들 중 하나임. 참가자들은 컴퓨터 화면에 나타나는 일련의 자극과 연관된 키를 눌러야 함. 참가자들은 인식할 수 없지만, 실제 이 자극의 연쇄는 계속 반복되지만 의식적으로 파악하기에는 너무 어려운 복잡한 순서로 이루어져 있음

순행성 간섭(proactive interference): 이전에 학습된 (종종 유사한) 자료에 의한 기억의 혼란. **역행성 간섭**에 대한 설명도 참조할 것

순행성 기억상실증(anterograde amnesia): 기억상실증 환자가 발병 후에 습득한 정보를 기억하거나 배우지 못하는 질환

스크립트(scripts): 특정 사건(예: 식당에서 밥 먹기, 풋볼 게임)과 관련된 전형적인 행위를 나타내는 도식(schema)과 동일한 개념을 지칭하는 용어

스트룹 효과(Stroop effect): 인쇄된 단어의 색상과 색 단어가 불일치할 때 그 단어의 인쇄된 색상을 명명하는 시간이 더 길어지는 현상(예: 초록색으로 쓰인 '빨강'이라는 단어)

스푸너리즘(spoonerism): 두 단어의 첫 번째 글자(혹은 글자들)와 관련된 소리가 실수로 바뀌어서 나타나는 말실수로 어휘 편향의 한 예임

습득 연령 효과(age-of-acquisition effect): 생애 초기에 습득한 단어를 후기에 습득한 단어보다 더 처리하기 쉬운 현상

시간기반 미래 기억(time-based prospective memory): 미래 기억의 한 형태로, 특정 행위를 수행할 필요가 있다는 것을 알려 주는 단서가 시간임

시공간 잡기장(visuo-spatial sketchpad): **작업기억**의 한 성분으로, 시각 및 공간 정보를 처리하고 이를 짧게 저장하는 데 사용됨

시상(thalamus): 뇌의 의식 상태를 조절하는 것과 연관된 피질하 구조

시연(rehearsal): 언어 자료(예: 단어들)를 반복하여 속으로 말하는 것으로, 기억해야 할 정보의 양을 증가시키려는 목적으로 사용됨

시험 효과(testing effect): 일정 학습 시간을 기억해야 할 정보를 인출하는 데 사용할 때 장기기억이 강화되는 현상

식물인간 상태(vegetative state): 뇌 손상으로 인해 야기되는 질환으로, 깨어 있지만 의식과 목적적 행동이 명백히 결여된 상태

신념 편향(belief bias): 삼단논법 추론에서, 타당하지 않지만 믿을 만한 결론을 받아들이고 타당하지만 믿

기 어려운 결론을 받아들이지 않는 편향

신체 교환 착각(body swap illusion): 다른 사람의 신체 일부나 전체가 자기 자신의 것이라는 잘못된 인식으로, 예를 들어 다른 사람의 시각에서 무슨 일이 일어나고 있는지를 보면서 타인과 악수할 때 발생함

신체 크기 효과(body size effect): 신체 교환 착각의 연장선상에서, 자신의 신체 크기를 잘못 인식한 것이 환경 내의 사물의 지각된 크기에 영향을 주는 현상

실어증(aphasia): 뇌 손상으로 인해 환자의 언어 능력이 심각하게 저하된 질환

심리적 불응기 효과(psychological refractory period (PRP effect): 첫 번째 자극과 두 번째 자극이 시간상 너무 가깝게 제시될 때 두 번째 자극에 대한 반응이 느려짐

심성 모형(mental model): 추리 과정에서 사용되는데, 세상에서 있을 법한 상황이나 사건의 내적 혹은 정신적 표상

심성 어휘집(mental lexicon): 한 사람이 알고 있는 단어에 대한 정보들이 포함된 데이터베이스로, 내적 사전과 같이 기능함

아동기 기억상실증(childhood amnesia): 성인들이 아주 어린 시절의 자서전적 기억을 회상하지 못하는 것

아동 지향적 발화(child-directed speech): 한정된 어휘를 기반으로 한 아주 짧고 간결한 발화로, 아이들이 쉽게 현재 의사소통을 이해할 수 있게 하려는 목적으로 계획됨

알고리듬(algorithm): 전체의 문제 공간을 섭렵하여 해결책이 존재한다면 거기에 이르게 만드는 단계별 작업의 체계적 세트. **어림법**과 비교해 볼 것

알고 있다는 착각(illusion of knowing): 사람들이 어떤 주제에 대해 자신이 실제 아는 것보다 더 많이 알고 있다고 확신하는 것

암묵적 학습(implicit learning): 배운 것을 의식적으로 자각하지 못한 채 장기기억에 저장되는 학습의 한 형태

앤톤 증후군(Anton's syndrome): 시각 장애인이 시각적 심상이 실제 시각적으로 지각된 것이라고 오인하는 상태

양안 경쟁(binocular rivalry): 두 개의 서로 다른 시각 자극이 각각의 눈에 하나씩 제시될 때, 오직 하나의 자극만 보이는데, 보여지는 자극이 시간에 따라 번갈아 나타나는 경향

양전자 방출 단층촬영(positron emission tomography: PET): 양전자의 탐지에 기초해서 뇌를 영상화하는 기법으로 적절한 수준의 공간 해상도를 가지지만 시간 해상도는 좋지 않음

어림법(heuristic): 인지적으로 덜 부담스러우면서도 종종 대략적인 정답을 내는 경험 법칙. **알고리듬**에 대한 설명도 참조할 것

어휘 판단 과제(lexical decision task): 화면에 제시된 문자열이 단어인지 아닌지 최대한 빨리 결정하여 반

응하는 과제

어휘 편향 효과(lexical bias effect): 말 산출 오류는 비단어로 형성되기보다는 단어로 형성되는 경향. **스푸너리즘**에 대한 설명도 참조할 것

억압(repression): 외상적이거나 아주 위협적인 사건의 의도적 망각

언덕 오르기(hill climbing): 문제 해결 시 사용되는 간단한 어림법으로, 목표나 문제의 해결책에 더 가까이 다가갈 수 있는 방법에 초점을 맞춤

언어적 보편성(linguistic universals): 촘스키에 따르면 거의 모든 언어에서 일반적인 (어순과 같은) 특질로, 이러한 특질이 존재하는가에 관해서는 논쟁이 있음

얼굴 실인증(prosopagnosia): 뇌 손상에 의해 야기되는 질환으로, 대부분 얼굴 인식에 심각한 손상이 있고 물체 인식에 거의 또는 전혀 손상이 없음. 일반적으로 얼굴맹으로도 알려져 있음

얼굴 역전 효과(face inversion effect): 상하가 바뀌어 제시되었을 때 다른 사물들보다 얼굴을 재인하기 더 힘든 현상

역하 지각(subliminal perception): 의식적 자각의 수준 아래에서 일어나는 지각적 처리이지만 행동에 영향을 줄 수 있음

역행성 간섭(retroactive interference): 어떤 정보를 보존하는 시간 동안 새롭게 배우거나 처리한 내용 때문에 그 정보에 대한 기억이 방해받는 것. **순행성 간섭**에 대한 설명도 참조할 것

역행성 기억상실증(retrograde amnesia): 기억상실증의 시작 이전 기간의 정보와 사건(서술 기억)에 대한 기억에 손상이 있는 장애

연결주의 네트워크(connectionist networks): 자극에서 반응에 이르는 직접적 연결 없이 다양한 계층 안에서 연결되는 단위나 노드(node)로 구성됨

연역 추리(deductive reasoning): 어떤 진술이나 전제가 참이라고 가정할 때 결론을 타당/타당하지 않음으로 범주화할 수 있는 추리 방식으로, **조건 추리**나 삼단논법에 의한 추리는 연역 추리의 형태임

연합 실어증(associative aphasia): 장기기억에 저장되어 있는 관련 사물에 대한 지식에 접근하는 데 문제가 있어서 대상 재인에 손상을 입는 것으로, 뇌 손상으로 인한 질환

연합 실인증(associative agnosia): 시각 실인증의 한 형태로, 지각 처리는 꽤나 정상적으로 일어나지만 시각적 입력으로부터 사물의 의미를 도출하는 능력에 장애가 있는 질환

예외성 어림법(unusualness heuristic): 새로운 가설이나 일련의 실험들로 이어질 수 있는 특이하거나 예상치 못한 발견에 중점을 두는, 과학자들에 의해 사용되는 어림법

오기억(false memories): 실제 있었던 사건이나 경험이 아니라 실제로 일어나지 않은 사건을 상상하여 떠올린 기억

우르바흐-비테 질환(Urbach-Wiethe disease): 편도체와 인접 영역이 파괴되어 나타나는 질환으로, 정서 처리와 정서 자료에 대한 기억의 손상을 야기함

우연 학습(incidental learning): 학습의 의도가 전혀 없이 일어나는 학습

운율 단서(prosodic cues): 운율이나 강세와 같은 발화의 다양한 측면으로, 의사소통을 돕기 위해 화자가 사용함. 말하는 바가 다소 모호할 경우 보통 많이 사용됨

원형(prototype): 범주의 주요 특징을 포함하는 중심 설명 또는 개념적 핵심으로, 어떤 특징들은 일반적으로 다른 특징들보다 더 가중치가 있음

유인가(valence): 감정적 요소를 나타내는 정서의 기본 차원으로 부정적(고통스러운)인 것부터 긍정적(쾌락적)인 것으로 이어짐. **각성**에 대한 설명도 참조할 것

유추적 문제 해결(analogical problem solving): 과거에 해결된 문제와 현재의 문제 사이의 유사점을 탐지하는 것에 기초한 문제 해결의 한 유형

은닉 주의(covert attention): 대상을 향한 안구 움직임 없이 그 대상에 할당된 주의

은유(metaphor): 어떤 사물이나 사람을 단지 닮은 어떤 것의 의미를 통해 표현하는 것, 예를 들어, 아주 용감한 사람은 '전장의 사자'와 같이 묘사됨

음소(phoneme): 단어의 음운의 일부로 구어에서 의미 있는 소리 단위

음소 복원 효과(phonemic restoration effect): 청자가 문장의 맥락 정보를 이용하여 빠진 음소를 채워 듣는 현상으로, 청자는 그 음소가 빠졌다는 것을 알아차리지 못함

음운론(phonology): 단어의 소리 정보를 나타내며 읽기에서 중요한 요인임

음운 루프(phonological loop): **작업기억**의 한 구성 요소로, 소리 기반으로 정보가 처리되고 저장되며 내적 발화를 통해 작동됨

음운 유사성 효과(phonological similarity effect): 순서에 맞게 즉시적 회상이 필요한 단어 목록이 있을 때 그 안의 단어들이 음운적으로 유사할 경우 수행이 방해를 받는 현상

음운성 난독증(phonological dyslexia): 뇌에 손상을 입은 환자들이 음운 처리에 어려움을 겪는 질환으로, 소리 내어 읽을 때 낯선 단어와 비단어를 발음하는 데 어려움을 겪음(그러나 친숙한 단어에 대해서는 이런 어려움이 나타나지 않음)

응고화(consolidation): 장기기억을 형성하는 것과 관련된 생리적 과정으로, 수 시간 혹은 그 이상 지속되며 응고가 진행 중인 새롭게 형성된 기억은 손상되기 쉬운 상태에 있음

의도 학습(intentional learning): 학습된 정보를 유지하려는 의도에 의해 동기화되고 목표 지향적인 학습

의도적 합리화(motivated reasoning): 선호하는 결론을 내릴 가능성이 높은 쪽으로 추론하는 경향

의미기억(semantic memory): 서술 기억의 한 형태로, 세상, 개념, 언어 등에 대한 일반적인 지식으로 구성

됨. **일화기억**에 대한 설명도 참조할 것

의미기억상실형 치매(semantic dementia): 뇌 손상에 의해 야기되는 질환으로, 단어나 개념의 의미에 대한 지식의 광범위한 손실이 주로 나타남

의미 점화(semantic priming): 무관련 점화 단어(예: 횃불)보다 의미적으로 연결된 점화 단어(예: 왕관)가 제시되었을 때 이 후 나오는 목표 단어(예: 왕)가 더 빨리 식별되는 현상

의사결정(decision making): 다양한 선택지에서 하나를 선택하는 과정으로, 모든 정보가 가용하지 않는 경우도 있어서 **판단**이 요구됨

의식(consciousness): 주어진 순간에 우리가 깨어 있다는 정보로, 환경을 지각하고, 지금 그리고 여기(here-and-now)와 관련되지 않은 사건이나 쟁점에 대해서 생각하며, 타인이 생각하고 있는 것을 이해하고, 자신의 행동을 통제하는 것과 관련됨

이중 해리(double dissociation): 어떤 사람(종종 뇌 손상을 입은)은 한 과제에서는 온전한 수행을, 다른 과제에서는 낮은 수행을 보이지만, 또 다른 사람은 반대의 양상을 보이는 현상

인지신경과학(cognitive neuroscience): 뇌의 활동과 행동으로부터 나온 정보를 결합하여 인간 인지 과정을 이해하려는 목적을 가진 학문적 접근

인지심리학(cognitive psychology): 정보를 습득, 저장, 변형하는 것과 관련된 처리를 연구하는 학문

일상적 추리(informal reasoning): 자신의 관련 지식과 경험에 근거한 논증을 포함하는 추리의 한 형태로, 오류를 일으키기 쉽고 논리에 근거하지 않는다는 측면에서 **연역 추리**와는 다름

일화기억(episodic memory): 특정 시간과 장소에서 일어나는 개인적인 경험이나 일화와 관련된 서술 기억의 한 종류. **의미기억**에 대한 설명도 참조할 것

일화기억 버퍼(episodic buffer): 작업기억의 한 구성요소로서, 음운 루프, 시공간 잡기장, 장기기억으로부터 정보를 잠시 동안 통합하고 저장하는 데 사용됨

읽기폭(reading span): 일련의 제시된 문장들에서 각 문장의 마지막 단어를 회상할 수 있는 문장의 최대 수

자기 연령 편향(own-age bias): 범인의 연령대가 자신의 연령과 비슷할 때 더 잘 알아보는 경향

자기중심적 어림법(egocentric heuristic): 청자가 화자의 말을 해석할 때 둘 사이의 공통 기반에 의해서가 아니라 청자 자신의 지식에만 의존하는 어림법으로, 효과적인 의사소통을 억제할 수 있음

자기 참조 효과(self-reference effect): 학습 시 자신과 관련된 정보에 대해 향상된 장기기억을 갖는 현상

자기중심적 왜곡(myside bias): 일상적 추리 시, 상대방의 장점보다 자기 자신의 신념이나 행동에 비추어 진술문을 평가하는 경향

자동적 처리(automatic processes): 용량의 제한도 없으며, 주의를 요구하지도 않고, 일단 학습되면 수정하기도 매우 힘든 정보처리 과정으로 병렬적 처리와 관련되며 습득하기 위해서는 엄청난 연습이 요구

됨. **통제적 처리**에 대한 설명도 참조할 것

자서전적 기억(autobiographical memory): 서술 기억의 한 형태로, 일생에 걸친 개인적인 사건에 대한 기억

자소(grapheme): 음소에 대응되는 문자언어의 기본 단위로, 예를 들어 글자 연쇄 'ph'는 하나의 자소인데, 이는 한 음소 'f'로 발음되기 때문임. 한 단어는 한 개 이상의 자소로 이루어짐

자유 의지(free will): 우리가 수많은 선택지로부터 우리가 할 일을 자유롭고 자발적으로 선택한다는 생각으로, 무의식적 과정이 우리의 행동을 결정한다고 주장하는 사람들에 의해 도전받는 생각

작업기억(working memory): 다른 정보를 처리하는 동안 잠시 정보를 저장할 수 있는 시스템

작업기억 용량(working memory capacity): 동시에 얼마나 많은 정보가 처리되고 저장될 수 있는지에 대한 평가로, 이 용량의 개인차는 지능과 주의 통제 능력의 차이와 연관됨

작업폭(operation span): 수리 질문과 단어로 이루어진 항목들에서 개인이 회상할 수 있는 각 항목의 마지막 단어들의 최대 수

잘 정의된 문제(well-defined problems): 특정 문제를 해결하기 위한 초기 상태, 목표, 가용한 수단이 명확하게 제시되어 있는 문제. 모호한 문제에 대한 설명도 참조할 것

장기 작업기억(long-term working memory): 전문가들이 장기기억에 빠르게 관련 정보를 저장하기 위해 사용하며, 작업기억에서 인출 단서를 가지고 접근함

장소법(method of loci): 기억해야 할 항목을 학습자에게 잘 알려진 다양한 장소와 연관시키는 기억 기법

재응고화(reconsolidation): 이전에 형성된 기억의 흔적이 다시 활성화될 때 발생하는 새로운 응고화 과정으로, 이 과정을 통하여 기억 흔적이 업데이트 될 수 있음

재인 기억(recognition memory): 주어진 자극이 이전의 특정 맥락(예: 전에 제시된 단어 목록)에서 보았던 것인지를 결정하는 것

재인 어림법(recognition heuristic): 두 물체 사이에서 판단(예: 둘 중 어느 도시가 더 큰가?)을 내려야만 할 때 사용되는 어림법으로, 둘 중 재인된 대상을 선택하는 것과 관련됨

재평가(reappraisal): **정서 조절** 시 사용하는 전략으로, 개인이 어떤 사건의 의미를 바꾸기 전에 그 사건으로부터 정서 정보를 정교화하는 것

전경-배경 조직화(figure-ground organization): 시각적 장면을 구별된 형태를 가진 전경과 구별된 형태가 없는 배경으로 나누는 것으로, 전경과 배경을 나누는 윤곽은 전경에 포함된 것으로 보이며 이것이 전경이 배경으로부터 두드러지도록 함

전문성(expertise): 수많은 연습으로부터 성취된 특정 영역(예: 체스)에서 보이는 아주 높은 수준의 사고와 수행

전이 적합성 처리(transfer-appropriate processing): 인출 시점에의 처리가 학습 시점에서의 처리와 아주

유사할 때 장기기억이 가장 잘 이루어질 것이라는 개념

전제(premises): **연역 추리** 시, 참이라고 가정되는 진술

전체적 처리(holistic processing): 사물의 전체(특히 얼굴)로부터 정보를 통합하는 것과 관련된 정보처리

전형성 효과(typicality effect): 한 범주에 해당하는 구성원이 그 범주에 속한다고 결정하는 데 걸리는 시간이 덜 전형적일 때보다 전형적일 때 더 빠른 현상

절(clause): 주어와 동사를 포함하는 문장 안에서의 단어 집합. **구**에 대한 설명도 참조할 것

절약 법칙(principle of parsimony): **연역 추리** 시, 부가적인 대안들이 구성됨에도 불구하고 하나의 심적 모형만을 형성하려는 경향

절차기억(procedural memory): 기술이나 이와 관련된 노하우를 포함하는 **비서술 기억**의 한 형태

점화(priming): 목표 자극과 같은 혹은 유사한 자극이 앞에 나와서 목표 자극(혹은 이에 대한 반응)의 처리가 촉진되는 것을 포함하는 **비서술 기억**의 한 형태

정교한 연습(deliberate practice): 아주 유용한 학습의 한 형태로, 학습자가 과제를 반복하면서 실수를 수정하고 자신의 수행에 대해 피드백을 받는 학습 방법

정서 및 상태 의존적 기억(mood-state-dependent memory): 개인의 기분 상태가 학습 시와 인출 시에 같을 때가 다를 때보다 기억 수행이 더 좋아지는 현상

정서적 맹시(affective blindsight): 의식적 지각 없이도 서로 다른 정서적 자극들을 식별할 수 있는 능력

정서 조절(emotion regulation): 특정 정서 생성의 과정에 의해 만들어진 자발적인 (보통은 부정적인) 정서 상태를 변화시키기 위한 의도적이고 공을 들인 정보처리의 사용

제약 기반 이론(constraint-based theory): 구문 분석의 한 이론으로, 통사적 애매성은 모든 가용한 정보를 동시에 이용함으로써 해결된다고 가정함. **길 혼돈 이론**에 대한 설명도 참조할 것

제한된 합리성(bounded rationality): 제한된 처리 능력에도 불구하고 다양한 지름길 전략(**어림법**)을 사용해 실행 가능한 해결책을 만든다는 가설

조건 추리(conditional reasoning): 연역 추리의 한 형태로, '만약 ~라면' 형식의 진술 후에 논리적으로 타당하거나 타당하지 않은 결론이 따라 나옴

좋은 형태의 법칙(law of Prägnanz): 시각적 장면을 가장 단순하게 조직화하여 지각한다는 것으로 게슈탈트 심리학자들이 제안함

주의력 결핍 및 과잉 행동 장애(ADHD): 주의력 결핍, 과잉 행동, 충동성의 특징을 갖는 발달 장애

주의 분산(distraction): **정서 조절** 시 사용되는 전략으로, 정서 정보로부터 주의를 옮겨서 중립적인 정보에 집중하는 것

주의 편향(attentional bias): 중립 자극과 동시에 제시된 위협 관련 자극에 주의를 선택적으로 할당하는 것

중앙 집행기(central executive): **작업기억**에서 가장 중요한 구성 요소로, 계획과 주의 통제와 관련되며 용량의 제한이 있음

지각(perception): 감각 정보의 이해와 해석

지시된 회고(directed retrospection): 작문 연구에서 사용되는 기법으로, 연구 참여자가 글을 쓰면서 관여했던 과정들을 범주화하는 것

지식 요구형 문제(knowledge-rich problems): 상당히 많은 관련 선행 지식을 통해서만 풀 수 있는 문제. **지식 최소 요구 문제**에 대한 설명 참조

지식 최소 요구 문제(knowledge-lean problems): 선행 지식의 사용 없이도 해결할 수 있는 문제로, 문제를 풀기 위해 필요한 대부분의 정보가 제공됨. **지식 요구형 문제**에 대한 설명 참조

지식 효과(knowledge effect): 글쓴이가 쓴 글을 읽는 사람이 같은 지식을 갖고 있다고 (종종 실수로) 착각하는 경향

지온(geons): 대상 재인 시 결합되는 기본 모양이나 구성 요소로, 기하학적 이온(geometric ions)의 약어임. Biederman에 의해 제안됨

진실 원리(principle of truth): 심성 표상이나 **심성 모형**에 참인 것은 포함시키고 거짓인 것은 삭제하는 것

진전도 점검(progress monitoring): 문제 해결 시 사용되는 어림법으로, 해결책을 향한 진전이 충분히 빠르지 않을 경우 다른 전략을 채택하도록 이끄는 것

집행 기능(executive functions): 인지 능력과 행동을 통제하고 조정하는 데 필요한 일련의 인지적 기술

집행 기능 악화 증후군(dysexecutive syndrome): 전두엽의 손상으로 인해 중앙 집행기의 기능이 악화됨. 행동을 조직화하거나 계획하는 데 결함을 보임

차폐(masking): 아주 빨리 뒤이어 나오는 자극(차폐 자극)에 의해 (시각 또는 청각) 자극의 처리를 억제하는 것

착각(illusion): 물리적으로 제시된 것이 아닌 어떤 다른 것을 사람이 지각하는 현상. 연구자들은 이 현상을 통해 지각 과정을 연구할 수 있음

착각적 결합(illusory conjunction): 서로 다른 두 개의 자극으로부터 각각의 특징을 잘못 결합하여 제시되지 않은 사물을 지각하는 것

찰스 보넷 증후군(Charles Bonnet syndrome): 눈의 질병이 있는 사람이 생생하고 자세한 시각적 환각 상태를 실제 시지각을 경험한 것으로 생각하는 질환

처리 수준 이론(levels-of-processing theory): 주어진 자극의 의미가 더 깊이 처리될수록 학습이나 장기기억이 더 잘된다는 가정

철자법(orthography): 문자 언어의 철자 정보

체화된 인지(embodied cognition): 개념의 의미가 주변 세계와 우리 몸의 물리적 상호작용에 의존한다는 가설

초점 주의(focused attention): 한 개인이 한 가지 정보의 원천에만 주의를 기울이는 상황으로 다른 자극들은 무시됨. **선택 주의**라고도 알려져 있음

총체적 언어 접근법(whole-language approach): 어린아이들에게 글의 의미를 이해하는 데 중점을 두는 읽기를 가르치는 방법. 모르는 단어의 의미를 추측하기 위해 문장 문맥을 사용하는 것을 포함함

최신성 효과(recency effect): 자유 회상 시, 단어 목록의 가장 마지막(보통 2~3개) 단어들에 대한 회상이 목록 중간에 제시된 단어들에 비해 더 잘 되는 경향으로, 이 효과는 단기기억의 용량을 측정하기 위해 사용됨

추론(inference): 장기기억에 저장된 담화 및 도식에 기반한 정보에서 도출된 담화 처리의 논리적 결론

출처 오귀인(source misattribution): 인출된 기억의 출처나 기원에 대해 잘못 알 때 발생하는 장기기억의 오류

충분 가설(good-enough hypothesis): 사람들이 문장을 아주 자세하게 처리하도록 동기화되어 있지 않은 경우, 통사적으로 복잡한 문장의 세부사항을 종종 잘못 이해한다는 가설

코르시 블록 검사(Corsi block test): 미리 정해진 순서를 따라 블록을 가리켜야 되는 검사로, 시공간 잡기장의 용량을 측정하기 위해 사용됨

타인종 효과(cross-race effect): 같은 인종의 얼굴에 대한 재인 기억이 타인종의 얼굴보다 더 정확한 현상

텍스티즘(textisms): 문자 메시지를 보낼 때 사용되는 새로운 약어들로, 종종 기호와 글자가 혼합된 형태로 사용됨

통각 실어증(apperceptive aphasia): 지각적 처리의 결함으로 인해 주로 나타나는 대상 재인능력에 장애가 생기는, 뇌 손상으로 인한 질환

통각 실인증(apperceptive agnosia): 시각 실인증의 한 형태로, 친숙한 사물의 지각적 분석에 장애가 나타남

통사 점화(syntactic priming): 화자에 의해 산출된 문장이 자신이 듣거나 조금 전에 읽었던 문장과 같은 구문 구조를 가지는 경향

통제적 처리(controlled processes): 주의가 필요하고 변화하는 환경에 유연하게 사용할 수 있는 제한된 용량의 처리 과정으로 계열적 정보처리가 관련됨. **자동적 처리**에 대한 설명도 참조할 것

통찰(insight): 문제를 어떻게 해결해야 하는가에 대하여 갑자기 깨달음을 얻는 경험

특이성(distinctiveness): 장기기억에 저장된 다른 기억 흔적들과는 구별되거나 상이한 기억 흔적을 말하며, 기억의 향상을 가져옴

틀 효과(framing effect): 좋은 의사결정과는 무관한 상황적 측면(예: 문제를 얼마나 정확하게 표현했는

가)에 의사결정이 영향을 받는다는 발견

파닉스 접근법(phonics approach): 어린아이들에게 읽기를 가르치는 한 방법으로, 개별 글자와 글자열을 소리에 대응시키는 것을 배우는 것임. **총체적 언어 접근법**에 대한 설명도 참조할 것

판단(judgment): 불완전한 정보에 기초하여 주어진 사건이 발생할 가능성에 대한 평가를 포함하며 **의사결정**의 초기 과정을 형성함

편도체(amygdala): 위험 및 다른 정서 유발 자극의 탐지를 위해 특히 중요한 피질하 구조

표층성 난독증(surface dyslexia): 뇌 손상 환자들이 자신의 심성 어휘집, 혹은 사전에 있는 단어에 접근하는 데 어려움을 겪는 장애로, 불규칙 단어를 소리 내어 읽는 데 어려움을 야기함

표현적 글쓰기(expressive writing): 글쓴이에게 개인적으로 중요한 주제에 대하여 진심 어린 방식으로 글을 쓰는 것으로, 정서 상태와 건강에 이로운 효과가 있음

프로이트식 말 실수(Freudian slip): 화자의 (종종 무의식적인) 성적인 혹은 다른 욕망이 드러나는 말 산출 오류

하향적 처리(top-down processing): 자극에 의해 직접적으로라기보다는 기대, 기억, 지식에 의해 결정되는 자극 처리

합리성 장애(dysrationalia): 지적 능력이 충분함에도 불구하고 나타나는 합리적 사고 및 추리의 실패

합리화(rationalization): Bartlett의 이론에 따르면, 이야기에 대한 회상 기억 수행 시, 사람의 문화적 기대에 부합하는 방향으로 오류가 만들어짐. 이는 **도식**의 영향 때문임

해리(dissociation): 뇌 손상 환자와 관련된 개념으로, 한 과제에서는 온전한 수행을 보이지만 다른 과제에서는 심하게 손상된 수행을 보이는 것

해마(hippocampus): 기억 부호화와 공간적 지식에 특히 중요한 피질하 구조

해석 편향(interpretive bias): 모호한 자극이나 상황을 위협적인 방식으로 해석하려는 경향

행동주의(behaviorism): 엄격한 실험적 절차와 학습 시의 조건화의 역할을 강조하는 심리학적 접근

허브 스포크 모형(hub-and-spoke model): 어떻게 추상적 개념이 서로 다른 유형의 정보에 기초할 수 있는지와 그것들이 안정적이면서 동시에 맥락 의존적일 수 있는가에 대한 생각을 제공하는 모형

형태소(morphemes): 의미의 최소 단위로, 단어는 하나 혹은 그 이상의 형태소로 이루어짐

형태 재인(pattern recognition): 2차원으로 입력된 형태를 기억에 저장된 범주 정보에 맞추는 것으로 대상 재인의 필수적인 단계임

형판(templates): (지각과 관련해서는) 장기기억에 저장된 형태나 패턴으로, 우리는 입력된 자극을 친숙하고 의미 있는 자극으로 인식하도록 함. 이는 입력 자극을 기억에 저장된 형태 혹은 패턴에 일치시키고 적합한 것을 선택함에 의해 이루어짐. (체스 게임과 관련해서는) 여러 체스 말들에 대한 정보를 포

함하는 조직화된 추상적 구조로서, 이 구조(체스 전문가들이 더 큰 구조를 가짐)들은 다음 움직임을 결정하는 데 유용함

혼합 오류 효과(mixed-error effect): 잘못 발화된 단어가 옳은 단어의 의미와 발음 둘 다와 연관되어 있는 형태의 말 산출 오류

화용론(pragmatics): 문장 이해 시, 주어진 내용의 의도된 의미 이해를 위해 사회적 맥락이나 기타 정보를 이용하는 것

확증 편향(confirmation bias): 가설 검증 시 개인의 신념을 지지하는 증거를 찾으려는 경향

활성화 확산(spreading activation): 의미망 안의 한 개념에 해당하는 노드가 관련된 노드들의 활성화로 이어진다는 것. 이를 통해 그 개념의 의미는 점점 더 풍부해짐

회고적 기억(retrospective memory): 과거에 만나거나 경험했던 사건, 단어, 사람 등에 대한 기억. 미래 기억에 대한 설명도 참조할 것

회고 절정(reminiscence bump): 노인들의 자서전적 기억에서 특히 청소년기와 초기 성인기의 기억이 유난히 많이 회상되는 경향

회복된 기억(recovered memories): 경험 후 수년이 지난 뒤 떠오르는 어린 시절의 외상적이거나 위협적인 기억들

회상(recall): 단서의 유무에 상관없이, 장기기억으로부터 정보를 인출하는 것

| 찾아보기 |

2진 논리 526
3중 구조 모형 534

ACT-R 모형 44
DOSPERT 검사 570
DRC 모형 405
E-Z Reader 모형 402
IQ 독립성 234
TRACE 모형 391
Wason 과제 471, 474
Wason 선택 과제 515, 527, 532

ㄱ

가설 검증 471
가용성 어림법 446
가족 유사성 289
감각 59
감각 저장소 25
감쇠 이론 128, 129
강건성 233
개념 285
개별화된 정보 487, 488
개인화된 도덕적 딜레마 578
결합 오류 489
경두개 자기자극 41
계산 모형 391
계산 모형화 43
계산인지과학 28
계열적 처리 24
고무손 착시 142
고전적 조건화 231
고정 401
고정관념 316
공간 기반 주의 136
공리주의적 결정 578
공통 기반 427
공황 장애 586
과정 보편성 234
과제 설정 213
관찰 학습 231
구 380
구문 분석 417
구조적 유사성 449
규범 517
긍정 논법 514
기능적 고착 467
기능적 자기공명영상 33
기능적 전문화 38
기분 일치 565
기억상실증 256
기억폭 193
길 혼돈 이론 418

ㄴ

나이 독립성 233
난독증 410
낮은 변산성 234

내부감각 569
내성법 19
내인성 주의 통제 133
내재적 정서 569
논리적 직관 모형 500
뇌 영상 착시 525
뇌전도 35

ㄷ

다중 감각 주의 141
다중 저장 모형 25, 26
다중작업 157
단기 저장소 25
단어 빈도 효과 414
단어 연상 과제 307
단어 우월성 효과 395
단어 조각 과제 244
단원성 39
단일 저장소 모형 215
담화 421
대략적 지식 271
대상 기반 주의 136
대응 편향 516
대표성 어림법 489
더닝-크루거 효과 532
덩이 193
도덕적 딜레마 576
도식 315
동반질병 581
동시통역 205
따라 말하기 127

ㅁ

만족화 원리 521
말소리 산출 377
말실수 383
말한 대로 믿는 현상 331
매몰 비용 효과 508
맥거크 효과 131, 399, 400
맹시 110
메타 기억 364
메타 분석 243
멘탈 세트 468
명시적 학습 231
명제 313
명칭 없는 부분 기법 470
모호한 문제 438
목표 주도적 주의 시스템 130
몬티 홀 문제 439
무기 초점 353
무시증 137, 153
무의식적 이동 351
문제 공간 442
문제의 재구조화 452
미래 기억 358

ㅂ

바비 인형 착시 143
반복 경두개 자기자극 41
반복 점화 76
반증 472
발달성 얼굴 실인증 89
방추상 얼굴 영역 89
배측 경로 97
범불안장애 586
범주 285
변화맹 101
병렬적 처리 26
복측 경로 97
복화술사 착시 141
부분-전체 효과 86
부수적 정서 569
부작위 편향 503
부정 논법 514
부주의맹 101
부호화 특수성 원리 265, 566
분리 주의 134
분산 주의 126
분산 코호트 모형 396
분산형 표상 45
분절 390
불명확한 경계 288
브레인스토밍 470
비단어 384
비서술 기억 251
빠른 도약 401

ㅅ

사건 관련 전위 35, 137
사건기반 미래 기억 360
사건-색인 모형 314
사물 우월성 효과 71
사전 어구 376
사회 공포증 586

사회 불안 584
사후 오정보 효과 348
사후 확신 편향 273, 482
삼각 모형 408
삼단논법 512
상관 계수 220
상향식 처리 130
상향적 처리 24
생성적(자발적) 인출 343
생태학적 타당성 30
샤덴프로이데 573
서술 기억 250
선조체 236
선택 주의 126
설단현상 379
성분 재인 이론 75
세부특징 이론 68
소거 153
손상 38
손실 회피 505
수단-목표 분석 444
순차 반응시간 과제 231
순행성 간섭 267
순행성 기억상실증 258
스트룹 효과 28
스푸너리즘 381, 384
슬하대상회 566
습득 연령 효과 414
시각 실인증 80
시각 탐색 126, 144
시간기반 미래 기억 360
시공간 잡기장 203
시상 32
시스템 1 497, 534
시스템 2 497, 534
시연 191, 241
시험 효과 248
신체 교환 착각 142
신체 크기 효과 143
신체 표지 가설 509, 569
실무율의 법칙 165
실어증 387
실험인지심리학 27
심리적 불응기 효과 165
심성 모형 519
심성 어휘집 405
심성 집합 전환 212

ㅇ

아동기 기억상실증 340
아이오와 도박 과제 569
안와전두피질 509
알고 있다는 착각 447
알고리듬 442
암묵적 학습 230
양분 청취 과제 128
양초 문제 467
어림법 443
어림법적-분석적 이론 521
어휘 편향 효과 384
억압 338
억제 212
언덕 오르기 445
얼굴 실인증 39, 88
얼굴 역전 효과 87
업데이트 212
역하 지각 107
역행성 간섭 268
역행성 기억상실증 257
연결 가정 261
연결주의 네트워크 45
연역 추리 511
연합 실인증 81
영상기억 190
오기억 339
외인성 주의 통제 133
우르바흐-비테 질환 568
우연 학습 230
원격 연합 문제 454
원형 289
유인가 546
유추적 문제 해결 448
은닉 주의 132
음소 378
음운 루프 203
음운 유사성 효과 194
응고화 271
의도 학습 230
의도적 합리화 473
의무론적 결정 578
의미 점화 415
의미기억 255
의사결정 482

의식 113
이중 처리 모형 497
이중 해리 40
인공 지능 43
인생 대본 341
인지 성찰 검사 536
인지 혁명 23
인지신경과학 28, 30
인지신경심리학 28
인지심리학 16
인지적 구두쇠 536
일화기억 252
일화기억 버퍼 203
읽기폭 219

ㅈ

자극 주도적 주의 시스템 130
자기 연령 편향 354
자기 참조 효과 242
자기공명영상 33
자기기억 체계 343
자기중심적 어림법 427
자기중심적 왜곡 526
자동성 165
자동적 처리 162
자서전적 지식 기반 343
자연 빈도 가설 492
자연 표집 492
자유 의지 170
작업기억 202
작업폭 220
잘 정의된 문제 438
장기 저장소 25
재부호화 457, 458
재응고화 272
재평가 558
적은 게 더 나은 효과 496
적합성 원리 521
전경-배경 조직화 64
전망이론 505
전문가 가설 90
전문성 459
전이 적합성 처리 245
전제 511
전체적 처리 86
전측 대상 피질 454
전측 상측두회 454
전형성 효과 289
절 380
절약법 264
절약의 원리 520
절차기억 252
절차적 유사성 449
점 탐사 과제 583
점검 212, 213
점화 169, 252, 404
정교화 457, 458
정서 및 상태 의존적 기억 567
정서 조절 557
정서적 맹시 111
제약 기반 이론 419
제약 완화 457
제한된 합리성 534
조건 추리 514
조작적 조건화 231
좋은 형태의 법칙 62
주의 분산 558
주의 탐색 463
주의 편향 583
주의력 결핍 및 과잉 행동 장애 155
중단 어림법 495
중앙 집행기 203
증명 471
지각 59
지각적 예측 이론 299
지능 534
지문 분석 72
지식 요구형 문제 439
지식 최소 요구 문제 439
지역형 표상 45
지온 75
지지 이론 485
직접적(비자발적) 인출 343
진실(참)의 원리 519
진자 운동 문제 455
진전도 점검 445
집행 기능 212, 317
집행 기능 악화 증후군 213

ㅊ

차폐 175
착각 60

착각적 결합 148
착시 95
처리 성분 모형 263
처리 수준 이론 241
철자법 399
체화된 인지 298
초기 선택 이론 128
총체적 단어 접근법 407
총체적 언어 접근법 407
최상 선택 어림법 494, 496
최신성 효과 195
추론 422
출처 오귀인 349
충분 가설 420

ㅋ

캡차 테스트 43
코르시 블록 검사 209
코호트 393

ㅌ

타인종 효과 351
터널 시야 564
통각 실인증 81
통사 점화 377
통제적 처리 162
통찰 451
특이성 246
특이성 원리 521
특징 통합 이론 146
틀 효과 506

ㅍ

파닉스 접근법 407
판단 482
편도체 32, 550
포스너 패러다임 132
표면적 유사성 449
표상 변화 이론 457

ㅎ

하향식 처리 25, 130, 150
합리성 장애 536
합리화 315
해리 40
해마 32
행동주의 21
허브 스포크 모형 301
혈중산소농도의존(BOLD) 신호 33
형태 재인 67
형태소 378
형판 460
형판 이론 67
혼합 오류 효과 385
화용론 425
확증 편향 352, 472
활성화 213
활성화 확산 310, 383
회고 문제 233
회고 절정 340
회고적 기억 358
회복된 기억 338
회상 195
회상/앎 과제 254
후기 선택 이론 128
후외측 안와전두피질 566

저자 소개

Michael W. Eysenck

런던 대학교 로얄 홀로웨이 대학 심리학과의 명예교수이자 영국 로햄튼 대학교의 교수이다. 『인지심리학(Cognitive Psychology)』『기억(Memory)』『인지심리학의 기초(Fundamentals of Cognition)』 등 베스트셀러 대학 교재를 집필하였다.

Marc Brysbaert

벨기에 겐트 대학교의 심리학 교수이다. 『Quarterly Journal of Experimental Psychology』의 편집자이고, 많은 대학 교재를 집필하였다.

역자 소개

김태훈(Kim, Taehoon)

Ohio State University (Ph.D., 인지심리학 전공)

현) 경남대학교 심리학과 교수

taehoonk@kyungnam.ac.kr

이윤형(Lee, Yoonhyoung)

University of North Carolina at Chapel Hill (Ph.D., 인지심리학 전공)

현) 영남대학교 심리학과 교수

yhlee01@yu.ac.kr

최원일(Choi, Wonil)

University of North Carolina at Chapel Hill (Ph.D., 인지심리학 전공)

현) 광주과학기술원 기초교육학부 교수

wichoi@gist.ac.kr

최지연(Choi, Jiyoun)

Max Planck Institute for Psycholinguistics (Ph.D., 인지심리학 전공)

현) 숙명여자대학교 사회심리학과 교수

jiyoun.choi@sookmyung.ac.kr

인지심리학의 기초

Fundamentals of Cognition, 3rd Edition

2021년 9월 30일 1판 1쇄 발행
2023년 3월 20일 1판 2쇄 발행

지은이 • Michael W. Eysenck · Marc Brysbaert
옮긴이 • 김태훈 · 이윤형 · 최원일 · 최지연

펴낸이 • 김진환
펴낸곳 • ㈜학지사
04031 서울특별시 마포구 양화로 15길 20 마인드월드빌딩
대표전화 • 02-330-5114 팩스 • 02-324-2345
등록번호 • 제313-2006-000265호

홈페이지 • http://www.hakjisa.co.kr
페이스북 • https://www.facebook.com/hakjisabook

ISBN 978-89-997-2504-3 93180

정가 30,000원